揚州年鉴

YANGZHOU YEARBOOK

2011

扬州市地方志年鉴编纂委员会　编

新 华 出 版 社

图书在版编目（CIP）数据

扬州年鉴．2011 / 扬州市地方志年鉴编纂委员会编．

北京：新华出版社，2011.10

ISBN 978-7-5011-9748-4

Ⅰ.①扬… Ⅱ.①扬… Ⅲ.①扬州市-2011-年鉴 Ⅳ.①Z525.33

中国版本图书馆CIP数据核字（2011）第200390号

扬州年鉴 2011

责任编辑：鞠 景

装帧设计：葛玉峰 杨 鉴

出版发行：新华出版社

网 址：http://www.xinhuapub.com

地 址：北京石景山区京原路8号

邮 编：100040

经 销：新华书店

印 刷：南京凯德印刷有限公司

开 本：889mm×1194mm 1/16

印 张：32.5

字 数：800千字

版 次：2011年10月第一版

印 次：2011年10月第一次印刷

书 号：ISBN 978-7-5011-9748-4

定 价：200.00元

注：乡镇名下加单黑线为省级重点中心镇，加双黑线系省政府小城镇建设联系点。

扬州市民政局区划地名处编绘

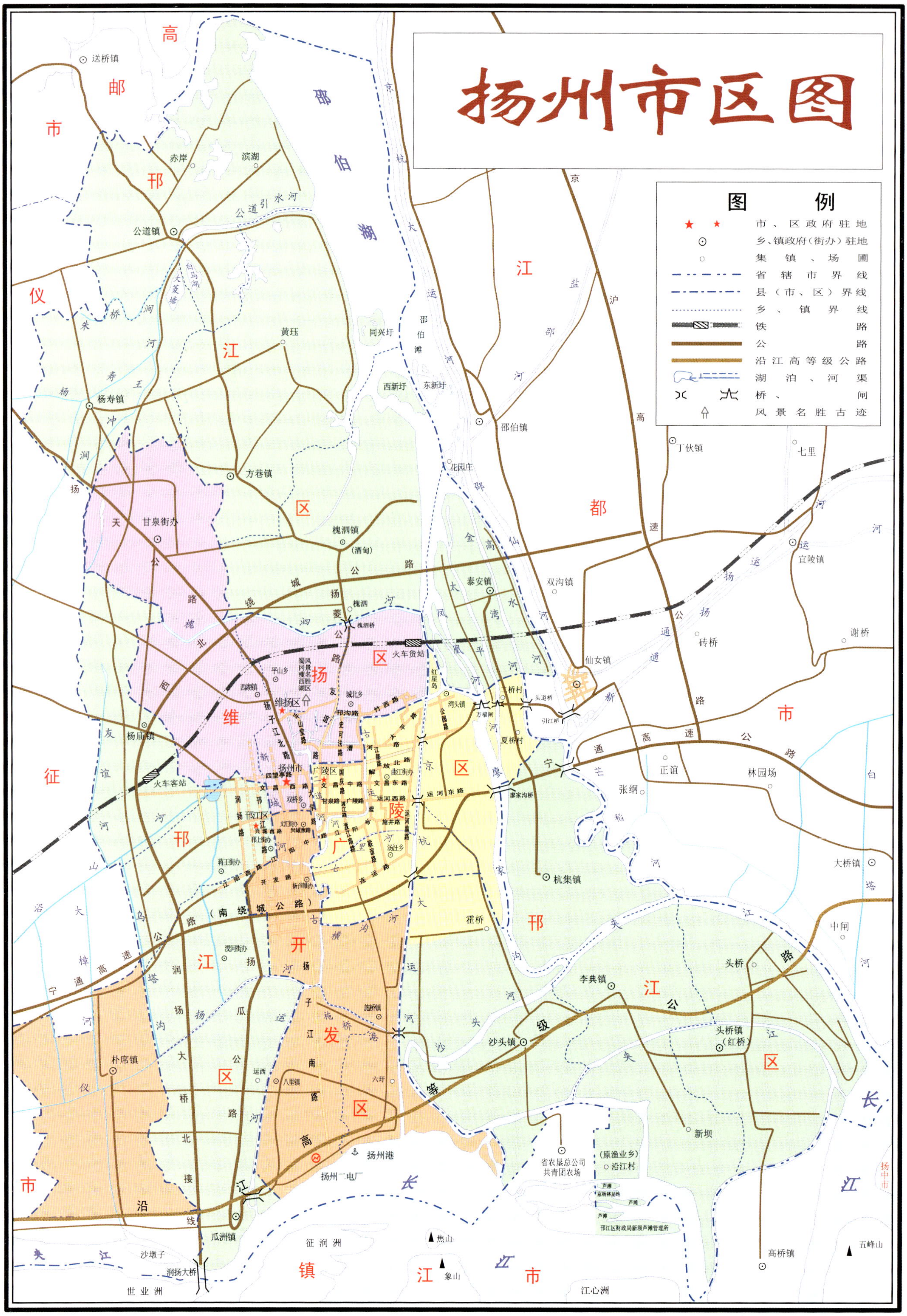

扬州市民政局区划地名处编绘

城市荣誉

中国历史文化名城

全国双拥模范城

全国社会治安综合治理先进单位

中国优秀旅游城市

国家环境保护模范城市

国家园林城市

中国人居环境奖

全国节水型城市

国家级生态示范区

联合国人居奖

国家卫生城市

全国科技进步先进市

全国创建文明城市工作先进城市

中国数字化创新管理奖

中国和谐管理城市

全国实施畅通工程模范管理城市

全国无偿献血先进市

全国创建学习型家庭示范城市

城市管理人民满意城市

全国法制宣传教育先进城市

国家森林城市

数字扬州 SHUZI

2010年地区生产总值构成

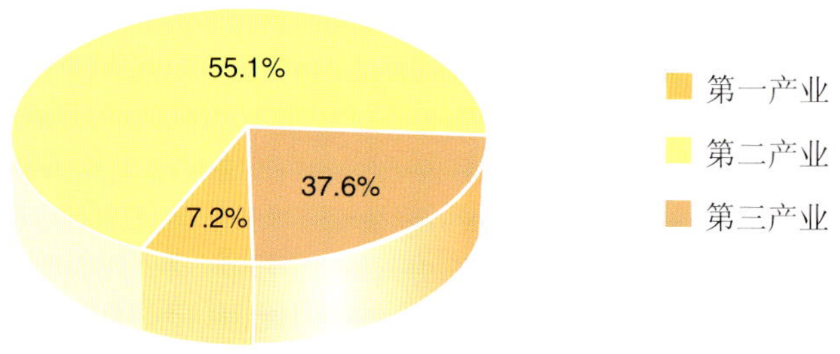

地区生产总值

单位：亿元

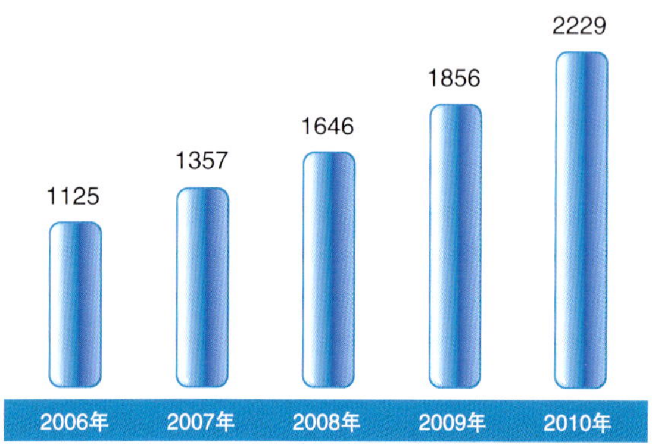

人均地区生产总值

单位：元

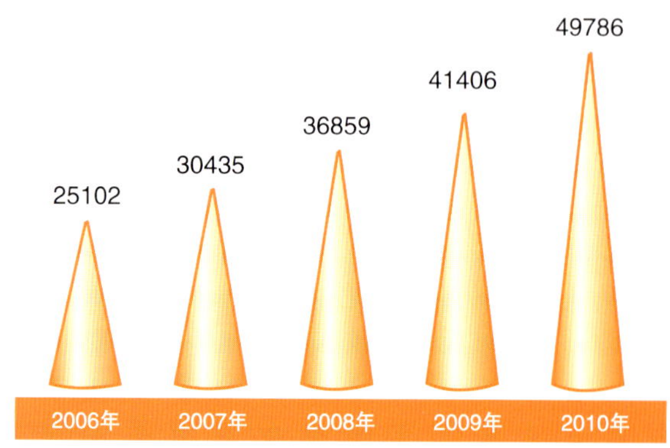

规模以上工业总产值

单位：亿元

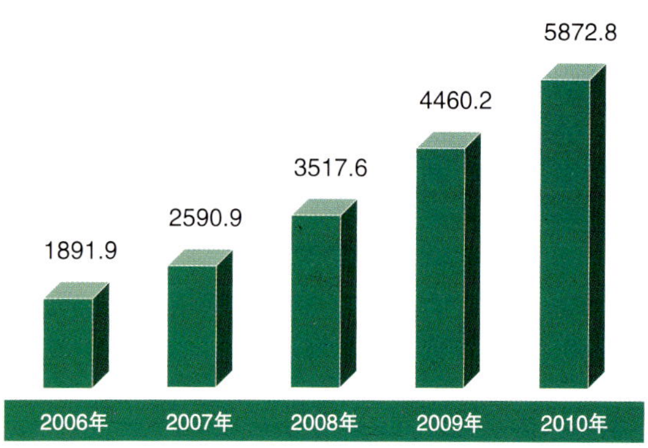

全社会固定资产投资总额

单位：亿元

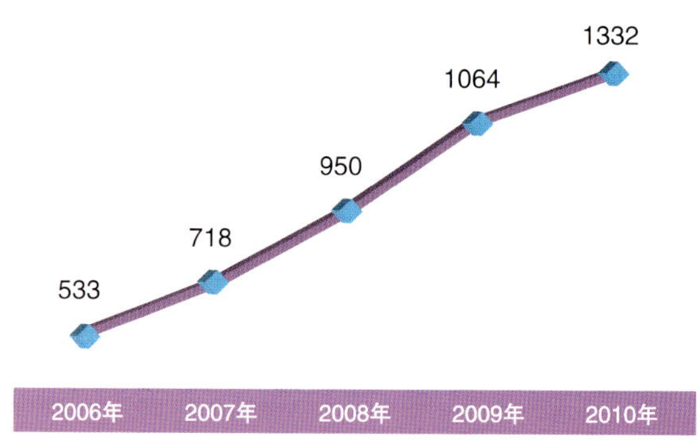

财政收入

单位：亿元

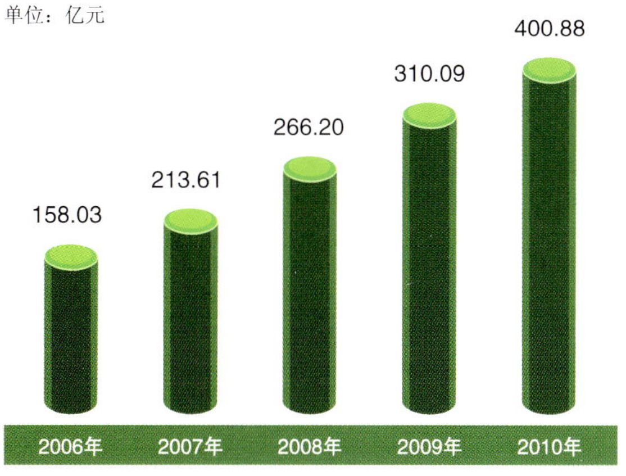

出口总额

单位：亿美元

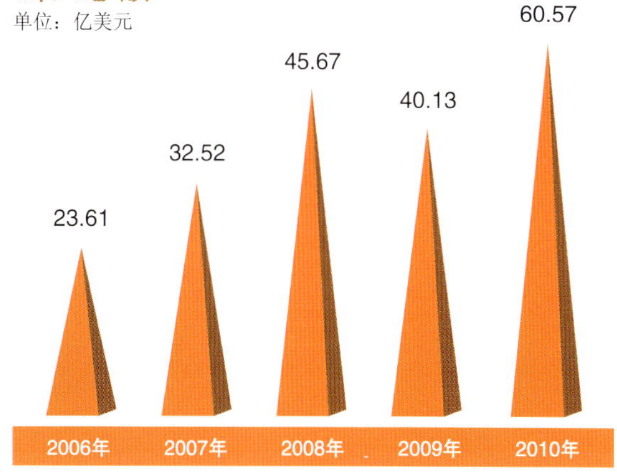

社会消费品零售总额

单位：亿元

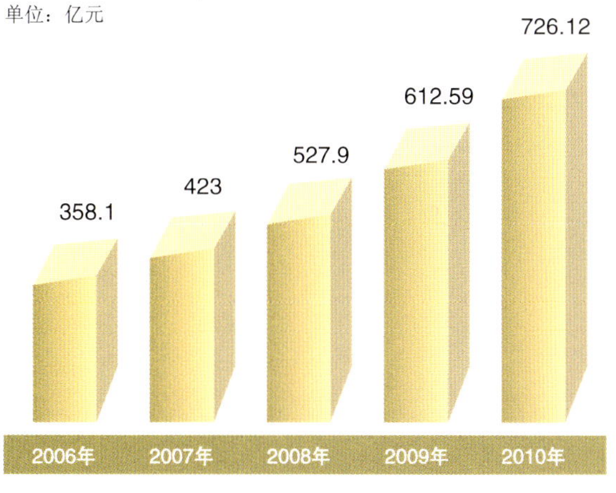

城镇居民人均可支配收入与农村居民人均纯收入

单位：元

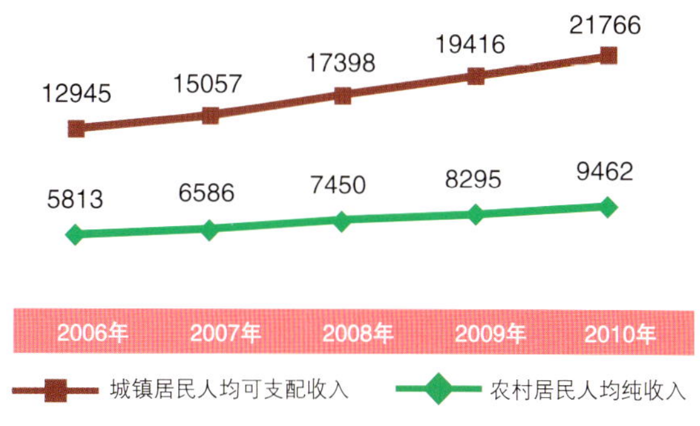

2010年扬州市的一天

地区生产总值	财政收入	城乡居民储蓄	粮食产量	出口总额	社会消费品零售额
61082万元	10983万元	34312万元	7865吨	1659万美元	19894万元

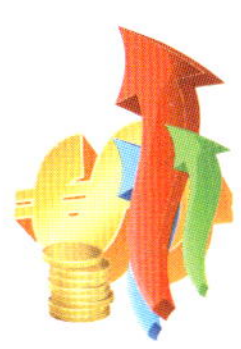

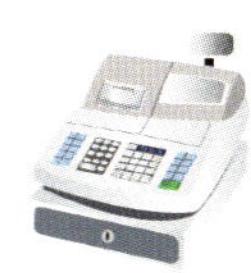

2010中国·扬州世界运河名城博览会暨运河名城专家论坛开幕式
Opening Ceremony of 2010 China Yangzhou World Canal Cities Expo & Canal Cities Expert Forum

市委书记王燕文在运博会开幕式上致辞

4月18日，扬州市举行市政府经济顾问聘请仪式暨扬州产业发展咨询会议

9月25日晚，2010中国·扬州世界运河名城博览会暨运河名城专家论坛开幕

9月27日，参加运博会的嘉宾参观扬州“智谷”展示中心

6月25～27日，2010中国扬州—海湾阿拉伯国家石油化工产业合作论坛在扬州举行

4 月 19 日，第二届扬州智能电网产业发展国际论坛在扬州经济技术开发区举行，期间，美国通用电气公司、德国西门子公司等与扬州市签订合作协议。图为市长谢正义在会上致辞

扬州市积极推广生态农业技术。图为市现代农业展示中心

扬州市大力发展智能电网产业，成为江苏省智能电网产业基地、国家火炬计划智能电网特色产业基地

蓬勃发展的化工园区

11月11日，57000吨散货船“慈云山”轮在中国海运集团江苏造船基地江都三江营命名、交接。至此，该基地2010年交船总量突破100万吨

2010年，总投资4.2亿欧元的玛切嘉利项目竣工投产

仪征汽车工业园上汽仪征分公司生产的荣威750轿车

现代服务业成为扬州市新的经济增长点。至2010年末，江苏信息服务产业基地（扬州）已入驻企业58家

4月19日，集研发、示范、展示、交易、创业孵化、产业服务于一体的扬州“智谷”暨智能电网展示中心启用，为科技创新、产业创新提供平台

扬州市积极创新人才机制，大学生村官拔任用工作受到中央领导肯定。7月31日，州市又一批大学生村官完成岗前培训，奔村、社区一线

4月18日，扬州市举行“科技创新·产业合作”推介会，现场签订合作项目协议36项

扬州市积极发展投融资平台，服务创新、创业。11月28日，江苏省信用再担保有限公司扬州分公司、扬州英飞尼迪创业投资中心、扬州科技金融服务有限责任公司开业

精致扬州

JINGZHI

扬州城市建设处处体现精致、优雅的古城风貌

古朴、典雅的街景

扬州市着力建设生态城市。图为风景秀丽的宋夹城生态公园

充满现代气息的扬州文化艺术中心

揚州文化藝術中心
江澤民

古运河边春色宜人

景色天成的银杏大道

锦泉花屿

7月30日，“绿杨清声”李政成扬剧专场演出在扬州大剧院上演

中国历史文化名街——东关街

扬州市积极保护和发扬传统工艺。图为新建成的工艺美术馆展厅

寄啸山庄　　何园一景

国家5A级风景区——瘦西湖公园

1 月 12 日，市领导王燕文、谢正义等向市民代表发放廉租房钥匙

1 月 12 日，在第四期“市民论谈”上，市委书记王燕文、代市长谢正义和市委常委、常务副市长张爱军走进录播现场，围绕“改善民生，共享和谐”话题与市民、社区基层工作者代表及专家面对面交流，解读市委、市政府刚刚出台的“一号文件”

杉湾花园是扬州市规模较大的保障房小区，采取廉租住房、经济适用房、解危房和拆迁安置房复合开发模式，规划用地 25.7 公顷

扬州市积极支持大学生创业，从工商注册、卫生许可证申领、店面选址等方面为创业者开辟“绿色通道”。扬州大学旅游与烹饪学院毕业生半年时间开办 3 家“扬八怪姜糖”连锁店

低保户领到了政府、社区和社会资助的节日食品

幸福扬州 XINGFU

全民健身节上，小伙子们舞出了奋发向上的精气神

幸福的小虎娃

老扬州的闲适生活——早上“皮包水”

老有所乐

新年钟声寄托了人们对幸福生活的美好憧憬

福
賓
進
財
福
福
福

扬州市加强社会主义核心价值观教育，开展推荐、学习、宣传、争做“扬州好人”活动，引起全社会反响。10月9日，中央文明办“道德传承 情暖扬州——全国道德模范与身边好人现场交流活动”在扬州举行

邗上街道兰庄社区党员志愿者服务队开展护绿行动

“社区空巢老人之家”让空巢老人感受到家的温暖

小朋友为甘肃舟曲灾区献爱心

扬州市交巡警二大队早间在史可法路、四望亭路等处学校门前段增设“高峰岗”，保障学生安全。图为交警带着孩子过马路

本专题图片由李斯尔、王卓、郭义富、程建平、丁春晴等供稿

年鉴荣誉

- 1994年获首次全国地方年鉴评奖综合二等奖、框架设计一等奖、条目编写二等奖、印刷装帧一等奖
- 1999年获第二次全国地方年鉴评奖综合二等奖、框架设计二等奖、条目编写一等奖、印刷装帧、版式设计一等奖
- 2001年获江苏省第三次地方志系统优秀成果特别荣誉奖
- 2004年获第三届全国年鉴编纂出版质量评比 “中国年鉴奖”暨综合一等奖、条目编写一等奖、装帧设计一等奖，首届中国地方志年鉴奖特等奖
- 2005年获全省首次优秀档案编研成果评比一等奖
- 2006年获第二届全国年鉴编校质量检查评比一等奖，江苏省第四次地方志优秀成果评比年鉴类一等奖
- 2007年获第三届全国年鉴编校质量检查评比二等奖，第二次全省优秀档案编研成果评选一等奖
- 2009年获第四届全国年鉴编纂出版质量评比综合特等奖、框架设计特等奖、条目编写特等奖、装帧设计一等奖，江苏档案文化精品评选一等奖
- 2010年获首届江苏省年鉴奖综合特等奖、全国地方志系统第二届年鉴评奖特等奖
- 2011年获第四届全国年鉴编校质量评比特等奖

扬州市地方志年鉴编纂委员会

主任委员　谢正义

副主任委员　卢桂平　董玉海　何金发　宗金林

委　　员　（以姓氏笔画为序）

丁　毅　万一芹　马　俊　王庆山　王炳松
王庭国　尤如贵　申忠民　刘在銮　刘星驰
刘晓明　仲　彬　李忠盛　李鸾鸣　沙志芳
杨正福　杨　蓉　季允丰　张长金　张福堂
张耀武　陈　曦　范天恩　单启宁　周春光
柏桂林　徐少龙　徐晓明　康盛君　韩　方
程　希

扬州年鉴编辑部

主　　编　卢桂平　何金发

副 主 编　沙志芳　张耀武　宗金林　姚　震（常务）

主　　任　戴淑敏

编　　辑　（以姓氏笔画为序）

李全权　杨文才　姚　震　戴淑敏

编 辑 说 明

1.《扬州年鉴》是中共扬州市委、扬州市人民政府主持编纂的地方综合性年鉴。1991年出版首卷，本卷为第21卷。

2.《扬州年鉴》（2011）以马克思列宁主义、毛泽东思想、邓小平理论和“三个代表”重要思想为指导，坚持科学发展观，实事求是地、较为全面翔实地记述了2010年扬州市政治、经济、文化、社会等各方面的基本情况、主要内容和发生的各种大事、要事、新事和有影响的事，反映了全市人民在改革开放、经济建设以及社会发展中取得的新成就、新进展、新经验。

3.《扬州年鉴》采用分类编辑法，以“类目”为单元，下设“栏目”和“条目”。个别类目在栏目下设分目。2011年卷共分33个类目：特载、专记、概貌、大事纪要、党政机关、民主党派 工商联 人民团体、政法、军事、开发园区、农业和农村经济、工业、建筑业 房地产业、交通 邮政、信息业、商贸服务业、对外经贸、旅游业、金融业、财政 税务、经济管理与监督、城乡建设与管理、历史文化名城保护、环境保护、水利、科学技术 社会科学、教育、文化、卫生、体育、社会民生、区县市、人物和附录。本卷共设204个栏目，收录2152个条目和资料。

4.《扬州年鉴》卷首有中文详细目录和英文要目，卷末有索引。全书所有资料可通过目录、书眉、索引等检索渠道查阅。

5.《扬州年鉴》刊用的文稿，由市各部门、各县（市、区）及驻扬单位提供，有关数据、资料均经各部门领导审阅、核实。全书主要综合性统计资料由市统计局提供。全书所用统计数据，由于统计的来源、口径、方式、方法和时间的不同而有一定差异，使用时请以市统计局提供的“统计资料”数据为准。凡市统计局未予统计和提供的，则以单位提供的数据为准。

6.《扬州年鉴》所登载的照片或文字稿件若署名遗漏或有误，请摄影者或撰稿人与编辑部联系，以便发放稿酬。

7.《扬州年鉴》的编纂出版，得到了全市各级领导和各有关部门、单位、各县（市、区）及社会各界的关心、帮助和支持，在此一并致谢。

目　　录

大事纪要

党政机关

民主党派 工商联 人民团体

政　　法

军　　事

开发园区

农业与农村经济

工　业

建筑业 房地产业

交通 邮政

信息业

商贸服务业

对外经贸

旅游业

金融业

环境保护

水　利

科学技术 社会科学

教　育

文　化

卫 生

区县市

附　　录

Main Contents

Culture

Health Care

Sports

People's Livelihood

District, County and City

Figures

Appendix

特载

Tezai

本栏责任编辑 姚 震

万众一心 开启扬州“十二五”科学发展新航程

——在市政协六届四次会议开幕式上的讲话

市委书记 王燕文

（2011年1月15日）

各位委员，同志们：

在回眸“十一五”辉煌成就、开启“十二五”新的航程的重要时刻，政协扬州市第六届委员会第四次会议今天隆重开幕了！我代表中共扬州市委，向大会的召开表示热烈的祝贺！向全市各级政协和广大政协委员，向市各民主党派、工商联、人民团体、无党派爱国人士和社会各界人士，致以新年的问候和诚挚的祝福！

回首2010，我们共度风雨、共享收获。一年来，全市经济高开稳走，转型发展卓有成效，重大产业项目和重大基础设施项目实现突破；一年来，城乡统筹发展进程提速，城镇化步伐明显加快，名城形象进一步提升；一年来，第九个“一号文件”全面实施，和谐社会建设富有成效，幸福扬州建设深得民心。2010年的全面发展，为“十一五”目标任务的完成画上了圆满句号。我们可以欣喜地说，刚刚过去的“十一五”，是扬州历史上极不平凡、充满挑战、经受考验的五年，是扬州坚持科学发展、跨越发展、和谐发展的五年，是扬州实力增强、形象提升、信心倍增的五年。五年来的负重前行，夯实了发展基础，优化了经济结构，积蓄了发展能量，增添了发展后劲。这些成绩的取得，是全市各级党组织和广大干部群众迎难而上、奋力拼搏的结果，也是全体政协委员和社会各界人士同心同德、凝聚智慧、积极履职、开拓创新的结果。在此，我代表中共扬州市委，向大家表示衷心的感谢和崇高的敬意！

各位委员，同志们，“十二五” 时期是扬州蓄势发展、加速崛起、跨越腾飞的关键期，是扬州经济转变、社会转型、体制转轨的攻坚期，也是扬州传承文化、塑造精神、提升幸福的黄金期。扬州“十二五”更好更快发展，需要全市上下形成共识、凝聚力量，也需要广大政协委员和社会各界人士和衷共济、携手共进，万众一心开启“十二五”科学发展的新航程。

2011年1月15日，政协扬州市六届四次会议开幕。市委书记王燕文到会讲话 王 卓/摄

要聚共识。达成共识是统一步调、统一行动的基础。共识来自于对发展目标的高度认同，来自于对面临形势的科学分析，来自于对肩负使命的清醒认知。面向“十二五”，必须把社会不同阶层、不同利益群体的认识、理想和追求，统一到科学发展上来，万众一心，众志成城，全力推进扬州经济社会的更好更快发展。我们要看到，科学发展是硬道理。当今中国，坚持发展是硬道理的本质要求就是坚持科学发展。“十二五”时期，我们建设“三个扬州”要靠发展，全面建成更高水平小康社会并向基本现代化迈进要靠发展，加快建设“古代文化与现代文明交相辉映的名城”也要靠发展。这是扬州又一次新的出发。我们唯有坚持以发展为第一要义，坚持以以人为本为核心，坚持以全面协调可持续为基本要求，坚持以统筹兼顾为根本方法，紧紧抓住并用好可以大有作为的战略机遇期，不懈奋进，科学发展，才能创造出无愧于时代使命的新业绩，才能实现好“十二五”发展的新蓝图。我们也要看到，创新发展是真本领。踏上“十二五”征程的扬州，蕴藏着无限的生机与活力，也面临着更加艰巨的任务和考验。国际金融危机的深层次影响依然存在，全球经济复苏之路曲折起伏；世界经济社会发展格局正在

发生深刻变化，抢占创新发展制高点的竞争日趋激烈；气候变化、能源资源安全等全球性问题错综复杂，对经济社会持续快速健康发展提出严峻挑战。我们唯有鼓足勇气，激发智慧，以积极变革应对纷繁变局，以创新之举破解发展难题，才能不断增创发展新优势，实现发展新跨越。我们还要看到，转型发展是新出路。近年来我们在转变经济发展方式方面作了许多积极的探索，积累了不少有益的经验，但对照科学发展的要求，还存在一些不相符不适应的地方。我们唯有着眼长远、放眼未来，下更大决心把产业调强、结构调优、机制调活，才能有效化解结构调整的压力；花更大气力推进集中、集聚、集约开发，才能打破路径依赖、克服粗放增长弊端；用更有效的实招去推进城乡居民权利的平等、分配的合理、机会的公平，才能冲破体制机制障碍，促进城乡二元结构向一体化发展转变；以更为多元的投入去强化基层基础、创新社会建设管理，才能真正实现社会和谐进步。

要重民力。发展的巨大力量蕴藏于广大人民群众之中，扬州"十二五"发展的美好蓝图和"三个扬州"建设的宏伟目标，只有内化为全市人民的共同意志，外化为全市人民的自觉行动，才能胜利实现。要激发民力推动创新发展。进一步营造鼓励创新的氛围，培育创新文化，激发创新智慧，点燃创新热情，让一切创新的愿望都能得到及时的回应；进一步培厚支持创新的土壤，加大创新投入，优化创新机制，改进创新服务，让一切创新的行动都能得到有力的帮助；进一步汇聚有利创新的资源，培育创新产业，引进创新人才，发展创新载体，让一切创新的要素都能在扬州落地生根。要汇集民力建设精致城市。进一步增强人民群众对扬州的自豪感和归宿感，把民力汇集到扬州城市的精当规划、精致建设和精细管理上来，让人们更加积极地关注城市未来发展的谋划，更加主动地参与城市特色的打造，更加自觉地融入扬州文化的传承和城市文明的创建。要调动民力共创幸福生活。进一步完善人民群众利益诉求、利益维护和利益实现机制，在满足老百姓生存性需求的基础上，更加重视关注其发展性需求，让人民群众成为幸福扬州的共享者和建设者，用心感受幸福，用心创造幸福，用心收获幸福。

要塑精神。人的精神是一座城市的发展之魂、文化之根、活力之源。新的时代，呼唤新的扬州人精神。要以崇文尚德的传统充实扬州人的精神世界。推崇文化、尊重知识，弘扬美德、修炼品行，这是扬州人的人文传统和价值取向。面对价值多元和重名重利的多重考验，新时期扬州人应当大力弘扬崇文尚德的传统，更爱学习，更重品行，更讲诚信，更显文明，以醇厚的文化积淀和高尚的道德情操不断丰富自己的精神家园。要以开明开放的心态提升扬州人的精神境界。历史反复证明，开放则兴，封闭则衰，扬州的繁华史就是一部开放史。宽容大度，兼容并蓄，不仅是融和达观的生活态度，也是海纳百川的品格气度。面对全球化、市场化、信息化的浪潮和更趋复杂的外部环境，新时期扬州人应当豁达自信、胸怀全局、志存高远、博采众长，以开明开放的胸襟气度，为扬州发展引人气、聚商机，在开明开放中不断拓宽自我的精神空间。要以创新创造的作为实现扬州人的精神价值。革故鼎新、创新求变，勇于开拓、敢为人先，是扬州文化的鲜明特征，也是新时期扬州人亟须传承的可贵品格。面对创新变革的时代召唤和创新扬州建设的迫切需要，扬州人应当树立正确的人生观和幸福观，摒弃安逸享乐的陋习，革除散漫清谈的积弊，释放创新创造的活力，弘扬勤勉笃实的作风，用创新的智慧谋划发展，用创造的行动赢得未来，让创新创造在扬州大地上蔚然成风。要以仁爱爱人的情怀升华扬州人的精神追求。自古以来，宽厚包容、谦恭温和，乐善好施、济世利人，延续着扬州人绵绵不绝的大爱情怀。面对社会转型发展的新任务和建设幸福扬州的新要求，扬州人应当秉承传统，弘扬新风，始终以善良仁爱之心待人，以感恩利他之心处事，邻里相亲、守望相助，尊老爱幼、扶贫济弱，关爱生命、善待环境，树立扬州人仁德、大爱、亲善、利他的道德境界。

聚共识、重民力、塑精神，是实现扬州"十二五"科学发展的思想基础、推动力量和动力源泉。我们坚信，一个有着共同意志、行动合力和高尚追求的城市，一定是一个充满活力、富有魅力、人人向往的城市，一定是一个可以托付梦想、成就事业、幸福生活的城市。有了这样的意志、行动和追求，扬州市民人人都能成为"十二五"发展目标任务的担当者、"三个扬州"的建设者、经济社会发展成果的得益者，扬州一定会在新一轮发展中再创佳绩、再铸辉煌。

聚共识、重民力、塑精神，奋力干好"十二五"，离不开人民政协的共同努力。在新的一年里，希望全市各级政协组织把推动扬州科学发展、实现"十二五"良好开局作为履行职能的重要目标，把握主题、贯穿主线，充分发挥政协人才荟萃、智力密集、联系广泛的优势，更加积极地履行政治协商、民主监督、参政议政职能，更加充分地发挥协调关系、汇聚力量、建言献策、服务大局的重要作用，更加有效地加强政协组织自身建设，把思想统一到市委的决策部署上来，把力量凝聚到实现"十二五"时期的目标任务上来，多做服务全局、促进发展的大事，多做凝聚人心、鼓舞士气的要事，多做关注民生、化解矛盾的好事，为扬州"十二五"发展凝心聚力，为"三个扬州"建设贡献智慧和力量！

各位委员、同志们，"十二五"科学发展新的航程已经开启，我们肩负的使命光荣而艰巨。让我们紧密团结在以胡锦涛同志为总书记的中共中央周围，高举中国特色社会主义伟大旗帜，以邓小平理论和"三个代表"重要思想为指导，深入学习实践科学发展观，万众一心、风雨同舟，抢抓机遇、奋发有为，不断开创政协工作新局面，为实现全市国民经济和社会发展第十二个五年规划的精彩开局，为深入推进"三个扬州"建设，为建成"古代文化与现代文明交相辉映的名城"而努力奋斗！

最后，祝政协扬州市六届四次会议取得圆满成功！

政府工作报告

——2011 年 1 月 16 日在扬州市
第六届人民代表大会第四次会议上

市长 谢正义

各位代表：

现在，我代表扬州市人民政府向大会作工作报告，请予审议，并请市政协各位委员和其他列席人员提出意见。

2010 年和"十一五"时期工作回顾

2010 年，我们在中共扬州市委的正确领导下，团结和依靠全市人民，以科学发展观为统领，保增长、调结构、抓创新、惠民生，较好地完成了市六届人大三次会议确定的各项任务。预计全市实现地区生产总值 2200 亿元，增长 13.6%；财政总收入 400.88 亿元，其中一般预算收入 167.78 亿元，分别增长 29.3%和 31%；城镇居民人均可支配收入 21750 元，农民人均纯收入 9295 元，均增长 12%。全市经济社会呈现持续稳定健康发展的良好态势。

一、经济持续较快发展

工业经济快速发展。全市规模以上工业实现产值 5873 亿元、增加值 1389 亿元、利税 620 亿元，分别增长 34.7%、16.1%和 40%。汽车船舶、机械装备、石油化工三大支柱产业产值 4217 亿元，增长 38.4%。工业重大项目建设取得重要突破，上海大众整车、天威太阳能电池组件、华电天然气发电等一批重大项目开工建设。全市新增产值过百亿元企业 1 家、过 50 亿元企业 6 家。全市建筑业总产值 1560 亿元，增长 20%。

现代农业持续发展。粮食总产量 287 万吨，连续 7 年实现丰收。高效农(渔)业园区面积 5.19 万公顷，新增 1.8 万公顷；设施农(渔)业面积 2.91 万公顷，新增 1.17 公顷。以海峡两岸(扬州)农业合作试验区为载体打造农业亮点工程，新引进农业项目 634 个。90 家市级以上农业龙头企业销售收入增长 20%。农民专业合作组织新增 631 个。通过复垦与综合整治新增耕地 1400 公顷。开工建设万顷良田建设试点工程 5733 公顷。水利、农业开发、粮食、供销、农机、气象、农业科研等工作进一步加强。

服务业加速发展。实现增加值 814 亿元，增长 13.8%。出台鼓励发展软件和信息服务业专项政策，惠普外包、税友软件等一批项目落户。江苏(扬州)信息服务产业基地快速发展，扬州"智谷"、维扬动漫创意产业基地、邗江文化创意产业园等加快建设。扬州入选"中国城市信息化 50 强"。港口、石化、公铁水、商贸四大物流园区营业收入增长 90.2%。成功举办第 45 届全国"旅交会"。接待来扬游客 2700 万人次，旅游业总收入 300 亿元，分别增长 16.6%和 18.6%。蜀冈—瘦西湖风景区晋升为国家 5A 级景区，东关街跻身十大"中国历史文化名街"。"富春"和"玉缘"商标成为中国驰名商标。冶春茶社台北分店开张营业。扬州农村商业银行、南京银行扬州分行挂牌营业，新建农村小额贷款公司 7 家。全市金融机构年末存款余额 2431 亿元、贷款余额 1486 亿元，分别增长 17.6%和 22.5%。

2011 年 1 月 16 日，市长谢正义在市六届人大四次会议上作政府工作报告　　王　卓/摄

二、转型发展迈出新的步伐

产业结构进一步优化。"三新"产业产值 571 亿元，增长 49.6%，占规模以上工业产值比重 9.7%。服务业增加值占地区生产总值比重比上年提高 0.9 个百分点，软件和信息服务、现代物流、金融等生产性服务业增加值占服务业比重 31%。高效农业、渔业面积分别占耕地和养殖水面的 38.2%和 70.2%。

科技创新成效显著。全市实现高新技术产业产值 2224 亿元，增长 43.5%。全社会研发投入占地区生产总值比重 1.9%。专利申请、专利授权分别增长 34%和 43%。我市"数字化测土配方施肥技术"获全国地级市唯一的国家农业科技成果推广一等奖。新设立省级以上"两站两中心"94 家，新认定国家高新技术企业 64 家。成功举办"院士专家扬州行"活动和上海、武汉、成都"科技创新·产业合作"推介会，签订产学研合作协议 286 项。扬州成为国家"中小企业知识产权战略推进工程"首批实施城市、国家火炬计划智能电网特色产业基地。扬州光电科技创新园被评为全省首批创新型园区。江苏(扬州)数控机床研究院列入全省首批 4 家产业技术研究院建设计划。全市获省高层次创新创业人才项目 26 个。

内需拉动作用明显。全市社会消费品零售总额 718 亿元，增长 18.6%。全市十大百货商场销售额、五大食品批发市场成交额分别增长 23.3%和 26.8%。全社会固定资产投资 1332 亿元，增长 25.2%。市级重点固定资产投资项目累计开工 303 个。全市房地产投资 165 亿元，增长 27.5%，商品房合同成交面积 562 万平方米。

节能减排扎实有效。全市完成节能减排年度目标。实施节能改造项目 130 个、循环经济项目 36 个、资源综合利用项目 107 个。对 112 家企业组织开展清洁生产审核。淘汰落后用能设备 2371 台(套)，关闭"五小"企业 91 家。实施减排项目 86 个。扬州被选为国家可再生能源建筑应用示范城市。市经济技术开发区创成国家生态工业示范园区。

三、城乡统筹协调推进

重大基础设施加快建设。苏中江都机场开工建设。江海高速扬州段建成通车，安大公路全线贯通，京杭运河扬州段“三改二”工程全线竣工，南水北调东线一期工程三阳河、潼河、宝应站全面建成。沪陕高速江六段、扬州港5号泊位、宁启铁路复线及电气化改造、乌塔沟分洪道等工程抓紧建设。淮河入江水道治理工程、扬州西500千伏输变电工程获国家批复。

中心城市功能继续完善。编制完成扬州市城市总体规划(2010～2020)和14项专项规划。开工建设文昌路东延及跨廖家沟、芒稻河大桥和328国道连接线。新建和改建北环路、鉴真路等17条道路。加快建设广陵新城、临港新城、蜀冈生态新区和蒋王片区等。新城西区功能进一步完善。建成城北客运站并投入使用。新增公交车400辆、公交停车场和首末站6个。建成六圩污水处理厂二期和赵庄垃圾焚烧发电厂一期工程。宋夹城遗址保护展示工程、南门遗址展示馆建成开放。打通古运河至二道河、瘦西湖水上游览线。完善数字化城管体系。大力整治城市出入口环境。市区新增绿化面积150万平方米。

城镇化建设有力推进。着力构建中心城市、县城、重点中心镇、一般镇协调发展的城镇体系。县城建设步伐加快。研究制定了推进城镇化建设实施意见，出台了加快11个重点中心镇建设的奖励政策和考评办法。完成了全市村庄布局规划。新建农民新社区240个。深入推进国家生态市和国家森林城市创建工作。68个乡镇建成垃圾中转站，61个乡镇建成污水处理设施，51个乡镇通过国家生态乡镇考核或命名，创成生态村824个。江都、邗江国家生态县(市)创建通过省考核。全市新增造林面积1.07万公顷，成片造林率居全省第一，森林覆盖率20.1%。

农村实事工程有效落实。新建改造农村公路280公里、公路危桥150座，所有行政村通上四级路。完成县乡河道、河塘疏浚3070万立方米。新改建无害化卫生户厕8万座、“一池三改”户用沼气池10100座。机插秧和秸秆机械化还田取得新的进展。新创成农村环境综合整治和“四位一体”长效管护达标乡镇30个。新创成全面小康村100个、新农村建设示范村31个。第三轮农村扶贫任务全面完成。

四、改革开放活力显著增强

招商引资取得新进展。成功举办“烟花三月”国际经贸旅游节和世界运河名城博览会。全市注册外资实际到账25.7亿美元，增长13.5%。新增民营企业注册资本金634亿元，增长16.7%。全市出口60亿美元，增长50%。完成外经营业额2.35亿美元，增长16%。新办境外投资项目21个。

园区实力明显提升。“八区二园”业务总收入5230亿元，增长40%。30强乡镇工业集中区实现产值2400亿元，增长40%。开发园区注册外资实际到账、地方一般预算收入、自营出口均占全市50%以上；基础设施建设新增投入198亿元，增长95%。

各项改革深化推进。完成市、县(市、区)政府和乡镇机构改革。全面完成集体林权制度改革。潍柴与亚星集团实现战略重组。出台《扬州市创新型经济金融助推计划》。汇银家电、长青股份成功上市。启动医药卫生体制改革，制定实施公立医院改革试点方案。推进文化体制改革，组建扬州报业传媒集团、广电传媒集团和市歌舞剧院公司。

五、社会建设富有成效

民生工程全面完成。城镇新增就业8.8万人，零就业家庭连续40个月保持动态清零，城镇登记失业率2.7%。

新的市人力资源市场投入使用。全市企业职工基本养老保险净增缴费4.4万人，新农保参保率及基础养老金发放率均达99.7%。为全市19万企业退休人员上调养老金10%。全市城镇居民医保覆盖率95%，新型农村合作医疗覆盖率99.8%。新建残疾人康复中心2个、县级残疾人托养机构4个。建成市救助中心。住房公积金新增扩面6.88万人。市区新增经济适用房1260套、廉租房230套、公租房1850套(间)，公有住房解危6.2万平方米，改造老小区17个、“城中村”15个，新建和改造农贸市场10个。建成市区第五水厂一期工程。区域供水市区和仪征实现全覆盖，高邮、江都、宝应按序时推进。加强物价监管，全年物价上涨3.4%，市区累计向低保对象、特困职工等发放物价补贴1700多万元。

社会事业全面发展。大力开展全国文明城市创建工作，城市公共文明指数和未成年人思想道德建设测评均列全省第一，“扬州好人”蔚然成风。启动义务教育优质均衡示范区建设，市区树人学校和育才小学跨区办学。邗江、广陵创成省教育现代化建设先进单位。全市本二以上万人上线率达30.4，居全省第一方阵。所有乡镇、街道建成文化站。组织文化惠民活动1万多场。建成包括市图书馆新馆、美术馆、音乐厅在内的市文化艺术中心。建成扬州工艺美术馆新馆、扬州工艺坊和中国淮扬菜博物馆。中国雕版印刷技艺入选联合国“人类非物质文化遗产名录”。基本建成“15分钟健康服务圈”，为城乡居民免费提供22项基本公共卫生服务。体育公园游泳跳水馆建成并运行。鉴真马拉松赛成为国际田联“银标”赛事，并被评为“全国首批体育旅游精品项目”。全市新增有线电视用户4万户。组织开展全国第六次人口普查。计划生育民生牵手工程和数字计生工作获省创新奖。市档案馆晋升为国家一级综合档案馆。成立扬州市社会科学院。成功举办日本东大寺鉴真坐像回扬省亲活动。台湾事务、侨务、外事和工会、青年、妇女、儿童、慈善、老龄等事业取得新的进步。

社会建设和管理有力有效。深入开展和谐社区创建活动，积极构建“四位一体”社区管理服务体制机制，推进社区工作站和社区服务中心建设，实现省级村民自治模范县(市)全覆盖。扎实推进“平安扬州”建设，公众安全感满意率和基本满意率连续8年保持在96%以上。建立健全矛盾纠纷排查化解机制，人民来信来访工作进一步加强。出台并实施加强校园安全20条措施，强化安全生产监管，加强食品药品安全专项整治，全市未发生有影响的重大案件和责任事故。积极做好国防后备力量建设和双拥工作，扬州市被南京军区表彰为“国防动员工作先进单位”。民防、仲裁、地震工作扎实开展。

六、服务型政府建设进一步加强

监督制度不断健全。自觉接受市人大及其常委会的法律监督、工作监督，主动接受市政协的民主监督，认真听取各民主党派、工商联、无党派人士和各人民团体的意见。办理人大议案1件、代表建议344件，办理政协提案488件。加强监察和审计监督。高度重视新闻舆论和人民群众监督，市政府公开电话和《寄语市长》回复率均在90%以上。

行政权力规范运行。出台《扬州市依法行政考核办法》，落实行政执法责任制，行政执法自由裁量权进一步规范。完成"五五"普法任务。加强政府新闻发布工作。建成行政权力网上公开透明运行系统，基本实现县级以上行政机关、行政权力事项和网上行政监察全覆盖。

能力作风有新的提升。制定并实施政府能力作风建设20条意见。试点推行并联审批，推进"三集中、三到位"，市级行政审批事项88%进入行政办事服务中心集中办理，对外承诺事项提前办结率97.1%。加强公务员学习培训，举办"新知学堂"讲座9期。聘请11位政府经济顾问。认真落实党风廉政建设责任制，查处了一批违法违纪案件。

在肯定成绩的同时，我们也清醒地认识到，全市经济社会发展中还存在一些深层次的矛盾和问题。主要是：经济实力和核心竞争力需要不断增强，转变发展方式还有大量工作要做；城乡二元矛盾依然突出，统筹发展任务十分艰巨；城市功能品质仍需提升，生态环境和城市管理有待继续改善；事关群众切身利益的就业、住房、教育、医疗、社会保障和增加收入等还有许多问题需要解决；政府及公务员队伍能力作风建设、反腐倡廉工作还要不断加强。这些问题需要我们高度重视，并切实采取措施认真加以解决。

各位代表，2010年工作任务的完成，标志着"十一五"规划确定的主要目标和各项任务胜利实现。五年来，在中共扬州市委的坚强领导下，全市坚持科学发展、克难求进、开拓创新，特别是克服了全球金融危机带来的巨大冲击和影响，经济社会保持了又好又快的发展。

这五年，是扬州综合实力不断增强、发展后劲大提升的五年。五年全市累计地区生产总值8185亿元，是"十五"的2.4倍，可比价年均增长14.3%；财政一般预算收入549.4亿元，是"十五"的3.4倍，年均增长27.6%；全社会固定资产投资4597亿元，是"十五"的3.5倍，年均增长26.6%。工业的主体地位进一步凸显，工业发展的脉络进一步清晰，工业经济的稳定性和成长性进一步增强。全市规模以上工业企业数、总产值、10亿元以上企业数，分别是"十五"末的1.9倍、4.1倍和7.5倍。

这五年，是扬州产业结构不断优化、创新型经济大突破的五年。全市三次产业结构由2005年的9.7∶55.3∶35调整为2010年的7.2∶55.8∶37。高新技术产业迅速壮大，新兴产业快速成长，现代服务业充满生机。先后创成汽车及零部件、数控金属板材加工设备、半导体照明、绿色新能源、智能电网等五大国家级特色产业基地，建成国家光电产业检测重点实验室、中科院扬州应用技术研发与产业化中心等一批重要研发平台。

这五年，是扬州各项改革不断深化、开发开放大推进的五年。行政体制改革不断深化。医药卫生、文化等体制改革逐步深入。五年累计注册外资实际到账84.6亿美元、出口202亿美元，分别是"十五"的3.9倍和3.5倍；新增民资注册资本金1579亿元，是"十五"的4倍。扬州经济开发区晋升为国家级经济技术开发区，扬州化工园区、邗江开发区、维扬开发区升格为省级开发区。

这五年，是扬州城乡统筹不断推进、名城建设大跨越的五年。"一体两翼"交通框架加快构建，"江河海沟通、公铁水联运"的现代交通格局基本形成。率先推进市区1100平方公里城乡统筹发展，全市城镇化率达54.4%。新农村建设成效显著，农村"新五件实事"和新农村建设"十大工程"持续推进，农村生产生活条件和农村环境明显改善。大力实施城市建设和环境提升工程，古城保护与新区建设同步推进，市区城市建设五年累计投入490亿元，是"十五"的1.6倍。扬州在全省首家荣获"联合国人居奖"。城市的知名度、美誉度进一步提高。

这五年，是扬州社会发展不断进步、人民生活大改善的五年。市委、市政府每年都出台和实施改善民生的"一号文件"。全市就业形势稳中向好，社会保障体系逐步健全、保障水平明显提高。基本公共服务及均等化取得新进展，一批公益设施建成开放。全市财政五年累计用于社会事业的投入超过前20年的总和。城乡居民收入年均分别增长13.8%和12.3%。人民群众幸福感明显提升。

"十二五"时期的目标任务

各位代表，根据《中共扬州市委关于制定扬州市国民经济和社会发展第十二个五年规划的建议》，市政府制定了"十二五"规划纲要（草案），提请本次大会审议。纲要（草案）提出了扬州市"十二五"时期经济社会发展的指导思想、发展目标和主要任务，经审议批准、颁布实施后，必将推动扬州市在新的起点上开创科学发展新局面。

"十二五"时期全市经济和社会发展的指导思想是：高举中国特色社会主义伟大旗帜，以邓小平理论和"三个代表"重要思想为指导，深入贯彻落实科学发展观，始终坚持发展第一要务，以坚持科学发展、建设"创新扬州、精致扬州、幸福扬州"为主题，以加快转变经济发展方式、"发展创新型经济、建设创新型城市"为主线，大力实施创新发展、城镇化、民生幸福、改革开放、可持续发展五大战略，更加注重发展的质量和效益、更加注重产业结构的优化和升级、更加注重城镇化水平的提升、更加注重区域统筹协调发展、更加注重人的全面发展、更加注重扬州"人文、生态、精致、宜居"特色的彰显，到"十二五"期末全面建成更高水平的小康社会并向基本现代化迈进，初步建成"古代文化与现代文明交相辉映的名城"。

今后五年全市经济社会发展的主要预期目标为：地区生产总值年均增长12%左右，财政一般预算收入年均增长20%，城镇居民人均可支配收入和农民人均纯收入年均增长12%,节能减排完成国家和省下达目标任务。全面建成更高水平小康社会,为2020年基本实现现代化打下坚实基础。

实现"十二五"发展目标,必须牢牢把握主题和主线。突出坚持科学发展、建设"创新扬州、精致扬州、幸福扬州"这一主题,坚持发展第一要务,坚持以人为本,更加注重全面协调可持续发展,更加注重保障和改善民生。把加快转变经济发展方式、"发展创新型经济、建设创新型城市"作为"十二五"时期发展的主线,坚定不移地推进结构调整和自主创新,着力推动经济发展方式由主要依靠物质资源消耗向创新驱动转变、粗放式增长向集约型发展转变、城乡二元结构向城乡一体化发展转变。

实现"十二五"发展目标,必须深入实施五大战略。大力实施创新发展战略,坚持把创新发展作为经济社会发展的主引擎,努力把扬州建成创新产业发达、创新技术领先、创新载体优良、创新人才富集、创新体系健全的创新型城市。大力实施城镇化战略,坚持工业化、城镇化"双轮驱动",加快形成城乡经济社会发展一体化新格局。大力实施民生幸福战略,不断提升保障和改善民生水平,促进人的全面发展和社会全面进步。大力实施改革开放战略,深入推进各项改革,加快经济国际化步伐。大力实施可持续发展战略,建设资源节约型、环境友好型社会。

实现"十二五"发展目标,必须认真落实六项重点任务。一是推进创新型城市建设。突出创新驱动,坚持教育和人才优先发展,期末全社会研发投入占地区生产总值比重达到2.5%,高新技术产业产值占规模以上工业产值40%以上。二是推进经济转型升级。推动先进制造业提升发展、现代服务业加速发展、现代农业规模发展。工业着力打造3个3000亿元级支柱产业、4个1000亿元级新兴产业和6个1000亿元级特色产业基地或集群。服务业着力构建"一城一市四中心"的现代服务业发展格局。农业着力建设一批重点现代农业园区和农业科技示范园区。三是推进城乡一体化进程。科学构建区域城镇体系,促进城乡基本公共服务均等化,期末城镇化率达62%。以扬州建城2500周年为时间节点,加快推进"精致扬州"建设,城市品质和核心竞争力进一步提升。进一步加快县域经济发展步伐。四是推进民生幸福建设。坚持以人为本、民生优先,打造充分就业城市,不断提升社会保障水平,加强社会建设和管理,创建全国文明城市,建设更加符合人民群众期盼、社会更加和谐安宁的幸福扬州。五是推进改革扩大开放。深度融入长三角,推进宁镇扬同城化。加快重点领域和关键环节改革步伐,着力构建充满活力、富有效率、更加开放、有利于科学发展的体制机制。打造开放型经济发展新优势,提升经济国际化水平。六是推进生态文明建设。坚持环保优先、节约优先方针,创成国家森林城市和国家生态市,全面提升城乡生态文明水平。

2011年主要工作任务

今年是"十二五"开局之年,是建设"三个扬州"的关键之年。全市经济社会发展的主要预期目标为:地区生产总值增长12%。财政总收入增长20%,其中一般预算收入增长22%。全社会固定资产投资增长25%。研发投入占地区生产总值比重2%以上。社会消费品零售总额增长14%。城镇居民人均可支配收入和农民人均纯收入增长12%。居民消费价格总水平涨幅控制在4%以内。城镇登记失业率控制在4%以内。节能减排完成省下达任务。

完成上述目标,必须全力以赴促增长、转方式、提品质、控物价、惠民生。着力抓好八项工作:

一、突出创新转型,加快提升工业发展层次和水平

狠抓工业重大项目建设。集中资源,重点抓好上海大众整车、天威太阳能电池组件、华电天然气发电、康博6000吨高纯硅和潍柴亚星新能源汽车等重大项目建设。继续推进晶澳扬州基地、中海运江都基地、中外运仪征基地、玛切嘉利等重大项目的增量扩产。加快远东100万吨精对苯二甲酸、建滔200万吨重油催化裂解等投资过亿美元在谈项目的落实。全市工业投资1400亿元,新开工10亿元以上项目40个。

提高自主创新能力。加强创新载体建设,重点推进市经济技术开发区新兴产业研发园、邗江大学科技城、广陵信息产业基地、维扬文化创意产业园、仪征汽车科技城、江都软件园、高邮光电科技园、宝应输变电装备科技园等载体建设,新建省级以上"两站两中心"50家以上。突出企业创新主体地位,推动企业技术需求与高等院校、科研院所科技成果的深度对接,促进扬州大学及地方高校的办学和科研与扬州经济社会发展相融合,新签产学研合作协议250项,建成一批产学研合作战略联盟。抓好企业品牌创建工作。加快引进国内知名理工类院校、科研机构落户扬州。认真实施"绿扬金凤计划"。全年新认定国家高新技术企业50家以上,获批省级以上高新技术产品和重点新产品400项,实现高新技术产业产值2500亿元。

做大做强新兴产业。围绕打造"中国光电城"完善产业链,着力发展以晶澳、天威为龙头的国家绿色新能源产业,积极发展半导体照明及背光源终端应用产品。大力发展高压超高压电缆、智能电网终端设备、应用软件等,争创国家智能电网示范试点城市。推进电子书与文化、出版、教育、网络融合发展。全市"三新一网一书"产业产值增长30%以上。继续跟踪研究和布局其他新兴产业的发展。

拓展提升支柱产业。积极开发生产新能源汽车、环保型发动机,加快进入海工装备制造领域。依托现有优势,促进机械装备业实现智能化、柔性化、成套化。以乙烯、丙烯、芳烃以及氯碱类产品为主体,促进石化产业链增粗接长。全市汽车船舶、机械装备、石油化工产业分别实现产值960亿元、1900亿元和1200亿元。加快运用信息技术改造、提升传统产业,培育"两化融合"试点示范企业100家。全市实现建筑业产值1800亿元,增长15%。

促进资源节约、环境友好。积极发展节能型产业,创建节能示范企业22家。加快电机系统等10项先进节能型技术的应用,做好可再生能源建筑应用示范市建设工作,推动全社会节能。大力发展循环经济,组织开展80家企业清洁生产审核，实施30项循环经济试点项目。支持扬州环保科技产业园发展。

二、推进城乡统筹，大力发展县域经济和农村经济

加快发展现代农业。加大新品种、新技术推广力度。进一步提升发展农业亮点工程，打造高效设施农业特色乡镇和专业村。壮大发展农业龙头企业，提升农民专业合作，推进"农超对接"和农业产业化。加大海峡两岸（扬州）农业合作试验区项目引进力度，农业新增利用外资3亿美元、民资和工商资本70亿元。新增高效农（渔）业面积和农业适度规模经营面积各1.33万公顷。继续大力推广水稻机插秧和秸秆机械化还田及综合利用。

加强农村基础设施建设。大力推进农田水利建设，疏浚县乡河道、整治村庄河塘2500万立方米，除险加固小水库24座。加快中低产田改造，推进1万公顷高标准农田建设。新建农村公路200公里，改造公路危桥100座。新改建无害化卫生户厕6万座、"一池三改"户用沼气池7600座。实施新一轮农村电网改造。

大力推进城镇化建设。深化市区城乡统筹发展规划。继续加强县城建设。编制完成11个重点中心镇镇区建设用地控制性详规，优先实施20项基础设施和民生项目。加大户籍制度改革力度。有序、有力推进土地股份合作、万顷良田建设工程试点和城乡建设用地增减挂钩。

推进县域经济争先进位。围绕实现县域经济"三年跨越、争先进位、创新发展"计划目标，继续大力实施工业强县战略，做大做强主导产业，加快发展新兴产业。全力发展省级开发区和重点乡镇工业集中区，着力打造专业特色园区和产业特色乡镇。

三、聚焦重点行业，提速发展现代服务业

强力发展软件和信息服务业。进一步明确全市软件和信息服务业主攻方向，围绕呼叫中心、数据中心、容灾备份中心和嵌入式、信息安全、物联网等软件，组织对国内重点企业和培训机构点对点招商。开拓境外服务外包市场。全面推进中心城区各区和江都等有条件县（市）软件和信息服务业载体建设，新增载体面积55万平方米。推动传统产业信息化改造和社会信息化应用，推进市政府部门网站整合和集中数据中心建设。

大力发展旅游业。深化文化旅游综合开发，启动扬州古城和古运河风光带国家5A级景区创建工作。加快"一县一品"和市县旅游资源整合、联动发展步伐。加大城市旅游推介，突出对北京、上海等大城市和日韩、欧美等国家地区的市场开拓。办好大陆和台湾2011江苏（扬州）灯会。继续壮大发展瘦西湖旅游发展集团有限公司。优化旅游发展环境，强化餐饮、宾馆、旅行社等行业管理，加大星级宾馆尤其是五星级宾馆建设力度。全年接待旅游总人数、旅游总收入均增长20%以上。

加快发展现代物流业。提升完善四大物流园区综合配套服务能力。推进扬州港与太仓港深度合作。加快出口加工区保税物流仓储、长江石化物流中心、医药物流配送基地、化工园区公共液体码头等项目建设。推进制造业企业主辅分离和社会物流资源整合。引进培育一批第三方、第四方物流品牌企业。

加速发展文化产业。重点发展文化创意、影视制作、出版印刷、演艺娱乐、文化会展、动漫等行业。加快推进邗江文化创意产业园、市工艺美术集聚区等载体建设。积极培育文化龙头企业和骨干企业。

创新发展金融服务业。健全投融资体系，新增上市公司2家以上。大力发展信托投资、金融租赁、融资担保、投资银行等金融产品和专营机构，新引进2家银行机构，建成1家村镇银行，完成11个重点中心镇小额贷款公司布点。

积极发展其他服务业。提升发展传统商贸业，稳步发展连锁经营、电子商务等新型业态。提升优化文昌商圈，继续打造京华城全生活广场等城市新型商贸集聚区。推进农村"新网"工程和"家电下乡"。培育壮大家庭服务业。大力发展农业服务业。

四、深化改革开放，不断增强发展活力

积极推动宁镇扬同城化。推动建立多层次多形式的宁镇扬区域协商协调机制。推动宁镇扬同城化战略规划不断细化。推动宁镇扬三市规划、环保、公共服务等一体化。加快推进城际轨道交通、直通高速公路建设，打造宁镇扬半小时交通圈。

进一步提高开放开发水平。继续办好"烟花三月"国际经贸旅游节。大力实施产业链招商，精心组织战略性新兴产业招商活动，全市注册外资实际到账增长20%。制定完善综合奖励政策，大力发展总部经济。调整优化出口产品结构，全市出口增长20%。深入开展以"创新转型"为主题的园区"二次创业"活动。

壮大发展民营经济。强化政策扶持，优化发展服务，进一步推动自主创业。积极引导和推动民营企业向现代企业制度转变。更大力度地组织开展民资招商活动，全市新增民营企业注册资本金增长20%，总投资亿元以上项目100个，开工项目当年注册率90%以上。鼓励和支持行业商会发展。

深入推进各项改革。完善国有资产管理体制，推进企业战略性重组。继续深化医药卫生、文化体制改革。提高财政科学化、精细化管理水平，加强对已有重点支出项目绩效评价，对新增财政较大专项试行绩效预评估。积极推进其他领域改革。

五、放大精致特色，进一步加强中心城市建设

完善提升城市规划。按照新一轮城市总体规划，优化完善城市用地布局和道路交通规划，重点深化城市综合交通枢纽及轨道交通规划。抓好古运河沿线及重点地段的城市设计，编制历史文化名城保护规划。推进中心城区控制性详规全覆盖。完善规划设计方案优选制度，强化对城市规划的批后监管。

实施新一轮重大基础设施建设。加快苏中江都机场、沪陕高速江六段、宁启铁路复线及电气化改造、扬州港"一港三区"、淮河入江水道整治工程、扬州西500千伏输变电工程等项目建设。推动实施长江深水航道治理工程。推进连淮扬镇铁路和长江公铁大桥、京沪高速公路扩容及南延过江工程、省国信扬州电厂三期工程等重点项目的前期工作。

全面提升城市品质。建成328国道连接线,基本建成文昌路东延工程。开工建设瘦西湖地下通道和江都路延伸、开发路东延等工程。加快古运河沿线、文昌路等“五路一环一河”景观改造,整治甘泉路、广陵路和彩衣街等传统街巷。继续推进文化博览城建设。开工建设瘦西湖旅游文化广场、动物之窗二期工程。继续提升“双东”片区,建成街南书屋和东关美食文化广场,整修岭南会馆等历史建筑,修缮传统民居200户以上。加快建设城市规划展示馆和市民中心、运博会永久会址、科技馆、体育公园体育场等项目。启动实施扬州城国家遗址公园建设。加强城市防洪排涝工程建设。新建7座污水提升泵站。建设天然气利用二期工程。

加强城市精细管理。大力开展市容环境综合整治,健全城市管理长效机制。扩大市区数字化城管覆盖范围,进一步提高处置效率。市区街巷实现市场化保洁全覆盖。继续对公交站台、指示路牌等“城市家具”进行统一更新。建设市区小贩中心3个。市区新建垃圾中转站2座、公共厕所14座、公共停车场(库)4~6个。加强城市道路交通管理,加强学校周边环境整治。

六、坚持以人为本,努力提升民生幸福

促进就业再就业。围绕打造充分就业城市的目标,制定实施完善创业就业服务体系、保障重点行业和企业劳动力需求、促进重点人群就业、创业带动就业四项行动计划。完善城乡统筹就业政策,建设“15分钟就业服务圈”,重点做好高校毕业生、农村转移劳动力、城镇就业困难人员、退役军人等就业服务工作。全市新增城镇就业4.6万人、农民转移就业2万人以上。

加强物价监管调控。切实抓好新一轮“菜篮子”工程,市区启动实施“菜篮子1161计划”。加强粮油肉等基本生活品储备。强化价格监测预警,将价格监测从主要关注主副食品价格拓展到关注整体民生价格。大力开展价格专项检查,整顿市场价费秩序。做好普通商品住房价格备案工作。严格执行涉及保障群众基本生活稳定的各类收费标准和条件,落实对弱势群体价费优惠政策,适时实施低收入群体价格补贴。深化资源节约和生态环境价格改革。

完善提升社会保障。提高城乡低保和农村“五保”标准。全市城镇职工基本养老保险净增缴费3.2万人,城镇职工、城镇居民基本医疗保险和农村新型合作医疗参保率稳定在98%以上,工伤保险新增参保3.2万人。全市新农保参保率稳定在95%以上,基础养老金发放率稳定在98%以上。启动市区被征地农民和失地农民转换参加企业职工基本养老保险。

办好民生实事工程。启动实施居民收入六年倍增计划。加强食品安全监督。实施市区第一水厂水质提标改造。继续推进区域供水工作,江都、高邮实现全覆盖,宝应达80%以上。整治改造市区老小区15个、“城中村”15个,新建和改造农贸市场11个。优化调整公交线路,推进公交优先。加强保障性住房建设。市区新建经济适用房1000套、公租房2000套(间)、廉租房100套,实施公有住房解危6万平方米。全市住房公积金扩面6万人以上。加强老小区物业管理。大力发展慈善事业和老龄事业。全市免费对残疾人技能培训1500人以上,帮扶残疾人就业1000人以上。做好农村扶贫和集体经济薄弱村帮扶工作。

七、加快发展社会事业,提高社会建设和管理水平

坚持教育优先发展。贯彻落实国家和省中长期教育规划纲要,大力推进教育改革创新和教育现代化建设。切实加强学前教育,加大公办幼儿园建设力度,广陵、维扬各新建一所公办幼儿园。推动义务教育优质均衡发展,市区建成京华中学、维扬中学新校区、育才小学东部分校。优质特色发展高中教育,创新发展职业教育,优化发展高等教育。加快实施中小学校舍安全工程。确保来扬务工人员子女100%入学。

提高医疗卫生服务水平。全面推进公共卫生服务项目和基本药物制度实施。启动区域卫生信息平台建设。加强城市医院与社区卫生机构的对口支援和双向转诊,加快基层卫生人才的引进和培养,启动农村医疗急救网络建设。完成苏北医院三期病房楼、市人医东区医技楼、市中医院综合楼扩建工程建设,基本完成市二院异地重建。

繁荣发展文化事业。加强文化设施建设,完成市文化馆迁建并达到国家一级馆标准,建设200个农村文化广场。制定出台政策和办法,促进使用好、管理好市文化艺术中心。支持艺术团体和艺术家开展文艺创作。继续举办各类公益演出和“市民日”活动,办好市第七届少儿艺术节和农民艺术节。继续挖掘整理扬州历史文化,加强策划、包装和对外宣传。做好非物质文化遗产保护、展示和传承工作。

协调推进其他各项社会事业。继续稳定低生育水平,提高人口素质。大力开展全民健身活动,推进“三边”工程建设,举办好鉴真国际半程马拉松赛。维护妇女儿童合法权益,深入推动妇女创业和发展。加快档案馆新馆建设。继续做好二轮修志工作。理顺红十字会管理体制,加强救助能力建设。做好民族宗教工作。做好新疆新源县等对口支援工作。加强国防后备力量建设,争创新一届全国“双拥模范城”。

创新加强社会管理。认真实施“六五”普法。加快构建“四位一体”社区治理模式,强化社区管理和服务。积极发展社会组织,壮大志愿者队伍。加强社会稳定风险评估,畅通和规范群众诉求表达、利益协调、权益保障渠道。继续深化“平安扬州”建设,完善社会治安防控体系。进一步健全大调解机制,强化社会矛盾调处中心建设,做好群众信访工作。促进仲裁事业和法律援助事业健康发展。加强应急管理体系建设,提升突发公共事件预防和应对处置能力。继续抓好安全生产、消防、食品药品质量监管。

八、咬定创建目标,扎实推进“三创一申”工作

认真落实2011年创建各项任务和责任,坚持创建为民、创建惠民、创建靠民,扎实推进“三创一申”工作。狠抓全国文明城市创建工作。对照全国文明城市测评体系要求，硬件抓达标，软件抓提升，基础抓夯实，广泛开展文明单位(行业)、文明村镇、文明社区等群众性精神文明创建活动，落实长效管理措施，切实加强未成年人思想道德建设，力争创成全国文明城市。狠抓国家森林城市创建工作。实施5大类18项重点绿化工程，全市新增造林1.03万公顷，市区新增绿地100万平方米以上，力争创成国家森林城市。加快国家生态市创建步伐。完善县乡污水收集主干管网系统，提高污水收集率和处理率。全市80%的乡镇创成国家级生态镇，所有县(市、区)通过国家生态县考核。做好申遗工作。细化“扬州盐商历史遗迹”申遗各项基础工作，发挥大运河联合申遗牵头城市作用。办好世界运河名城博览会。

努力建设人民满意的政府

着力建设服务型政府。始终坚持群众立场，牢记为人民服务的宗旨。自觉、主动深入群众，倾听群众呼声，高度关注并认真解决事关群众切身利益的热点难点问题。精细分析各类经济主体需求，既为所有经济主体的发展营造机会均等、公平竞争的市场环境，又为重点行业、重点企业提供专业化的精准服务。主动帮助基层和企业向上争取政策支持和资金扶持。重视来扬客商和旅行旅游者的需求，参照国际通行城市管理方式和服务标准，加强城市标志、问询、紧急援助等服务设施建设，提供及时、周到、便捷的帮助和服务。

着力建设法治政府。自觉接受人大法律监督和工作监督、政协民主监督，主动听取民主党派、工商联、无党派人士和社会各界意见。认真办理人大代表建议和政协提案。深度推进政务公开。完善重大事项集体决策、专家咨询论证、新闻发布会制度。继续办好市政府公开电话、《寄语市长》和部门服务热线。加强行政复议规范化建设。严格执行行政监察法、公务员法和党政领导干部问责暂行规定。强化审计监督。

着力建设创新型政府。把开拓创新作为政府工作的鲜明导向。面对发展过程中出现的新情况和新问题，注重对国内外促进经济发展和加强城市管理的经验、做法的研究和借鉴，注重对已有成功探索的总结和推广，注重从工作失误中吸取教训，开阔眼界、拓宽思路，创新办法、破解难题。以人民群众的服务需求为中心，加强政府工作业务流程重组和部门协同，注重发挥大众传媒和新型服务载体作用，提高政府各项惠民政策的通达性，实现为民服务简便、快捷、高效。充分利用社会力量，整合社会资源，增强政府公共服务能力。继续举办“新知学堂”，加强公务员队伍新知识、新业务、新技能的学习培训。

着力建设廉洁政府。深入开展廉政建设和反腐败斗争，认真落实党风廉政建设责任制，进一步建立健全教育、制度、监督并重的惩治和预防腐败体系。强化公务员队伍理想信念和廉洁自律教育。加强对公共服务部门的职责监管，开展对部门重要岗位的满意度测评。坚持为民、务实、清廉，坚决抵制和反对一切消极腐败现象，坚决纠正损害群众利益的不正之风，以干净干事、坦诚坦荡、清正廉洁的政府形象取信于民。

各位代表，我们已经踏上“十二五”新的征程。宏伟目标激励我们团结拼搏，美好蓝图需要我们同心绘就。让我们在中共扬州市委的领导下，高举邓小平理论和“三个代表”重要思想伟大旗帜，深入贯彻落实科学发展观，解放思想，开拓创新，锐意进取，扎实工作，为完成2011年和“十二五”时期的各项目标任务，为建设“创新扬州、精致扬州、幸福扬州”而努力奋斗！

扬州市国民经济和社会发展第十二个五年规划纲要(摘要)

第一章　发展基础和目标

第一节　发展基础(略)

第二节　发展环境(略)

第三节　发展阶段

“十二五”时期，扬州市将处于人均地区生产总值跨越1万美元的发展阶段，将在全面建成更高水平小康社会基础上向基本现代化迈进，经济社会发展将进入新的阶段，创新发展、转型发展成为这一时期发展的主旋律。

发展方式进入加速转型期。经济增长由主要依靠第二产业带动向第一、第二、第三产业协同带动转变；由主要依靠投资、出口拉动向依靠消费、投资、出口协调拉动转变；由主要依靠增加物质资源消耗向主要依靠科技进步、劳动者素质提高、管理创新转变。

社会建设进入全面加强期。需要更加关注社会建设和管理、社会公平和社会稳定，更加重视发展的协调性和均衡性，要妥善解决就业、医疗、教育、住房、社会管理等方面存在的突出问题，努力实现基本公共服务均等化，使人民群众共享改革发展成果，提升人民群众幸福感与满意度。

城乡结构进入深度调整期。城市基础设施加快向农村辐射延伸，城乡产业布局进一步优化，农村劳动力逐步转移，农村人口加快向中心城市、重点中心镇集聚，社会保障和各项社会管理服务体系逐步实现城乡一体化。

城市建设进入品质提升期。扬州将立足“创新扬州、精致扬州、幸福扬州”目标，全面建成全国文明城市、国家生态市、国家森林城市，成功申报世界文化遗产城市。全市的基础设施更加完善，生态环境更加秀美，文化影响力更加广泛，城市品质、市民生活质量大幅提升。

第四节　指导思想

“十二五”期间，扬州经济和社会发展的指导思想是：高举中国特色社会主义伟大旗帜，以邓小平理论和“三个代表”重要思想为指导，深入贯彻落实科学发展观，始终坚持发展第一要务，以坚持科学发展、建设“创新扬州、精致扬州、幸福扬州”为主题，以加快转变经济发展方式、“发展创新型经济、建设创新型城市”为主线，大力实施创新发展、城镇化、民生幸福、改革开放、可持续发展五大战略，更加注重发展的质量和效益、更加注重产业结构的优化和升级、更加注重城镇化水平的提升、更加注重区域统筹协调发展、更加注重人的全面发展、更加注重扬州“人文、生态、精致、宜居”特色的彰显，到“十二五”期末全面建成更高水平的小康社会并向基本现代化迈进，初步建成“古代文化与现代文明交相辉映的名城”。

第五节 发展目标

“十二五”时期，全面推进科学发展、转型发展、创新发展，力争通过五年的努力，实现经济综合实力、人民生活水平和可持续发展能力明显提升，全面建成更高水平的小康社会，市区和有条件的地区在巩固全面小康成果基础上进入基本现代化。

综合实力。到2015年，全市地区生产总值达到4500亿元，年均增长12%，人均地区生产总值达到10万元左右；财政一般预算收入超过400亿元，年均增长20%；全社会固定资产投资达到3000亿元以上，年均增长20%；进出口总额保持年均15%的增速；全社会消费品零售总额年均增长14%；居民消费率提升到30%以上。

产业结构。产业层次明显提高，高新技术产业产值占规模以上工业产值比重达到40%；产业结构明显优化，三次产业结构调整为4.4∶50.6∶45.0；经济发展后劲和主要产业的竞争力明显增强。

科技创新。建立健全有区域特色的自主创新体系，增加科技、人力、知识要素的投入，到“十二五”期末，全社会研发投入占地区生产总值比重达到2.5%，百亿元GDP专利授权数提高到313件，科技进步贡献率达到60%。

城乡功能。城乡布局更加合理，“一体两翼”发展的城市格局基本形成，城乡各类功能设施和公共服务设施更加完善，城市辐射带动和集聚高端要素的能力显著增强，城乡基本公共服务均等化显著推进。城市建成区绿化覆盖率达到45%，城市生活污水集中处理率达到90%、生活垃圾无害化处理率达到100%，城市化水平达到62%。

人民生活。城乡居民收入普遍较快增长，启动实施六年倍增计划，努力实现居民收入增长和经济发展同步。到2015年，城市居民人均可支配收入、农民人均纯收入分别达到38400元和16700元，年均增长12%。城镇登记失业率控制在4%以下，社会就业质量明显提升。恩格尔系数下降到35%以下，居民消费价格指数低于全省平均水平，城乡居民生活质量和幸福指数明显提升。

生态文明。耕地保有量保持28.33万公顷，森林覆盖率提高到23%；单位地区生产总值能源消耗降低、主要污染物和二氧化碳排放减少完成省下达目标，生态环境质量和生态文明建设成效显著，人民群众对生态环境的满意度进一步提升。

改革开放。财税金融、要素价格等重点领域和关键环节改革取得明显进展，政府职能加快转变，政府公信力和行政效率进一步提高。加快融入长三角一体化进程，宁镇扬同城化取得实质性进展。民营经济长足发展，整体素质显著增强。不断加强对外合作与交流，城市国际化程度和开放型经济发展水平全面提升。

社会建设和管理。高水平普及十五年基础教育，高中阶段教育普及率稳定在99%以上，高等教育毛入学率达50%以上；人口自然增长率控制在4‰以内，医疗服务体系进一步完善，万人拥有病床数达到40张左右；城乡基本社会保险覆盖率稳定在98%以上，城乡三项医疗保险参保率达到95%以上；市区政府保障性住房五年新增2.575万套。文化事业和文化产业加快发展，文明城市创建成效显著，公民文明素质普遍提高。加强国防动员和后备力量建设，深入开展“双拥”创建活动。法治扬州、平安扬州建设进一步加强，民主法制更加健全，社区和社会组织稳步健康发展，社会管理机制更趋完善，社会环境更加和谐、稳定。

第二章 推进创新型城市建设

深入实施创新驱动，坚持教育和人才优先发展，加快产业创新、科技创新、载体创新、人才创新和制度创新，推动经济发展由主要依靠物质资源消耗向创新驱动转变，加快建设创新型城市。

第一节 构建区域创新体系

加快构建政府引导、企业主体、市场导向、产学研相结合的技术创新体系，吸引科技资源向扬州集聚，提升区域科技创新水平。

提升产业技术创新能力。着眼于攻克制约产业发展的重大共性关键技术，在汽车船舶、机械装备、石油化工、新能源、新光源、新材料、智能电网、软件和信息服务业、节能环保等领域启动一批重大专项。以培育自主知识产权为核心，优先支持具有自主知识产权的重大科技成果产业化，鼓励企业对自主拥有、购买、引进的专利技术等进行产业化，不断提升产业创新能力。坚持开放式创新，把技术引进与消化吸收更好地结合起来，掌握一批关键核心技术，加速实现科技成果产业化。

强化企业技术创新主体地位。推动企业进一步成为技术创新需求主体、研发投入主体、技术创新活动主体和创新成果应用主体，引导和支持创新要素向企业集聚。鼓励企业加大研发投入，大幅度提高研发经费占企业销售收入比重。

打造科技创新平台。在建好用好现有平台基础上，建成一批国家级工程研究中心和省级“两站三中心”(博士后工作站、院士工作站，工程研究中心、工程技术研究中心、企业技术中心)，形成一批具有辐射力和推动力的重点研发机构。推动企业与高等院校、科研机构开展技术转让、技术入股等多种形式的合作，协同推进原始创新、集成创新和引进消化吸收再创新。加快推进与西安交大合建智能电网产业园，推进中科院应用技术研发与产业化中心、南大—扬州光电研究院、南大—扬州化学化工研究院、扬州数控研究院等建设。推进省、市与扬州大学共建重点学科、科研院所、重点实验室，加大驻扬大企业研究所与本地企业的合作力度，推进资源共享。

第二节 建设创新载体

创新载体是承载区域创新的重要平台，以创新型园区、特色园区、大学科技城为主阵地，优化建设“创新扬州”的载体平台。

加快建设创新型经济先导区。充分发挥扬州经济技术开发区作为国家级开发区的优势，积极放大国家级半导体照明产业化基地、国家绿色新能源特色产业基地和江苏省首批创新型园区的品牌效应，加大产业集聚力度，做大做强太阳能光伏、半导体照明、电子书、智能电网等新兴产业，推进新兴产业研发园区建设，率先建设以创新为驱动，经济、科技、文化、产业和社会、民生持续协调发展的创新型先导区。

加快建设创新型特色产业园区。以省级开发园区为主体，加快推进LED产业园、光伏产业园、创意产业园等特色园区建设，加快建设科技创业园、留学人员创业园、孵化器等高层次人才创业孵化载体，争创国家级或省级特色产业基地。推进邗江建设大学科技城、广陵建设信息产业基地、维扬建设文化创意产业园、仪征建设汽车科技城、江都建设软件园、高邮建设光电科技园、宝应建设输变电装备科技园。

加快建设创新型科教园区。积极探索以项目引领、创新基金支持、创新创业基地为支撑的创新技术转移转化和创新创业人才培养的校(院)地合作模式，加快推进与扬州大学等高等院校共建大学科技园。将大学科技园打造成我市新兴的、具有活力的科技研发基地、创新创业基地和高新技术产业化基地。

第三节 大力推进金融创新

创新金融资本体系。积极推进金融生态市建设，基本实现金融市场多层次、金融产品多样化、金融企业经营特色化和金融服务精细化，加快现代金融转型步伐。通过多渠道引进境内外银行、证券、保险、期货等机构，鼓励建立村镇银行、社区银行，发展农村新型金融组织和小额信贷，引导金融机构加大对科技创新、“三农”、城镇化、中小企业的信贷支持等。加快建立多层次、多元化资本市场体系，发展地方产(股)权交易市场，壮大中介服务机构，引导和支持各类企业通过企业上市、企业(公司)债券、创业(风险)投资、股权投资等扩大直接融资规模，加快制定出台优惠政策吸引创投公司来扬发展，放大政府风投基金功能。逐步完善加强中小企业担保体系，加快新建小额贷款公司，为中小高科技企业提供资产管理、创业投资、融资担保、小额贷款、并购重组、股权私募等综合金融服务。

加快金融产品创新。创新信贷产品，对融资需求较大的高新技术产业化、创新型园区建设项目，合作组织银团贷款。鼓励中小银行差异化竞争，满足不同层次创新需求。积极开展出口信贷以及贸易融资，提高创新型出口企业的国际竞争力。创新抵(质)押方式，发展供应链融资、应收账款质押、存货质押、组合担保贷款等业务，推进知识产权质押、股权质押融资，探索国内保理、股权类理财产品。鼓励银行及中介机构设立研发中心、科技金融服务平台，对授信、担保、保险等业务开展集成创新。创新非信贷业务，引导优质科技创新型企业通过短期融资券、中期票据以及中小企业集合票据等债务融资工具筹集发展资金。围绕软件信息服务业、文化创意等产业，探索集体打包贷款方式融资。加强银信合作，探索产业投资信托基金、中小企业集合信托等业务。

第四节 营造创新良好环境

建立多元化的创新投入机制。

建立完善的创新服务体系。

加大知识产权保护力度。

加强质量和标准建设。

第五节 实现教育现代化

推进教育优先发展，建立完善的现代国民教育体系、终身教育体系和优质教育体系，促进城乡教育一体化进程，加快实现教育现代化。

高水平发展基础教育。加快学前教育优质普及发展，建立政府主导、社会参与、公办民办并举的办园体制，加大优质幼儿园创建力度，实施农村幼儿园规范化工程。到2015年，省优质幼儿园比例达80%以上。推进义务教育优质均衡发展，所有县(市、区)均创建成为义务教育优质均衡先行区，全市义务教育由基本均衡达到优质均衡，义务教育优质学校比例达90%以上。推动普通高中优质特色发展，实施普通高中特色创建工程，鼓励学校加强自身文化建设，形成教学特色，加快提升普通高中整体办学水平和学生综合素质，所有普通高中学校建成为省优质高中。强化基础教育公平，努力使每个适龄儿童都能接受适合自身发展的良好教育。

优化发展职业教育。完善普职互通、中高等职业教育衔接、学历教育与职业培训并举、城乡一体发展、国内教育与国际教育对接的区域现代职教体系。

创新发展高等教育。逐步普及高等教育，到2015年，全市学龄青年接受高等教育的比例达到50%以上。优化高等教育布局结构、层次结构、学科专业结构，支持民办高校发展，提高办学层次。

积极发展终身教育。依托大学、社区学院和镇(乡、街道)社区教育中心，推动学习型社区、学习型企业、学习型组织和学习型城市的形成。

第六节 培养造就创新人才

坚持人才优先，以用为本，充分利用国内国际两种人才资源，努力建设一支结构合理、发展均衡、素质良好、优势明显的人才队伍，为创新发展、转型发展提供人才保障和智力支持。

大力引进和培养人才。围绕全市经济社会发展目标及产业发展规划，坚持党管人才原则，深入实施“绿扬金凤”计划，推进“六大人才高峰”建设二期发展规划，积极开展招才引智活动，大力引进急需的高层次创业创新领军人才和各类紧缺专门人才，5年引进高层次创业创新领军人才200名，优秀博士人才500名。大力实施“千名企业家培养计划”、“万名经管人才素质提升工程”、“百千万专业技术人才能力提升行动计划”、“名师名医培养工程”、“百万职工大练兵大比武素质提升工程”等各专项计划工程，统筹抓好党政、企业经营管理、专业技术、高技能、农村实用、社会工作人才等“六支队伍”建设，加大培养培训力度，大力提升各类人才的能力素质。

有效使用和留住人才。创新人才培养开发、评价发现、选拔使用、流动配置和激励保障机制，制定集人才引进、培养、激励、保障、服务于一体的综合性政策。最大限度调动人才的积极性和创造性。

第三章 推进经济转型升级

推进先进制造业加快发展、现代服务业加速发展、现代农业规模发展，以科技创新推进产业升级，以产业升级推动结构优化，加快构建特色鲜明、竞争力强的现代产业体系，推进经济转型升级。

第一节 构建现代制造业体系

坚持工业第一方略，充分发挥比较优势，加强自主创新和结构优化，着力推动产业结构向高新型转变，骨干企业向规模型转变，产业质态向效益型转变，增长动力向创新型转变，制造模式向低碳型转变，实现工业经济规模扩张和转型升级双跃升。到2015年，全市规模以上工业产值达到17500亿元。

全面提升支柱产业。推进汽车船舶、机械装备、石油化工等支柱产业向高端化、品牌化发展，提高工艺、技术和装备水平，促进产业向高技术、高增值环节延伸，增强新产品开发能力，加快产品升级换代，实现产业特色化、集聚化发展。

培育壮大新兴产业。巩固扩大新能源、新光源产业既有优势，重点发展新能源、新光源、智能电网、电子书、软件和信息服务业，重视培植新材料、节能环保和现代生物技术产业发展。培育一批具有国际竞争力、引领产业发展的创新型龙头企业，打造一批千亿元级特色产业基地或产业群。组织实施一批新兴产业产品应用示范工程。

改造提升传统制造业。加快工艺及装备技术改造和产品升级换代，优化生产模式，提升纺织服装、玩具及旅游用品、食品制造等传统产业竞争力。加快推进纺织新产品的研发和产业化，大力推动先进工艺和高性能纤维在纺织材料生产中的应用，提高信息化管理水平和产品开发设计及市场快速反应能力。积极借助半导体照明、太阳能光伏、无线传感、微霓虹等高科技，实现与玩具创意及旅游用品的完美嫁接，加强与文化创意产业的互动发展，提升产品档次和市场竞争力。大力推动食品制造行业积极利用生物、信息、新材料应用、节能节水和综合利用等技术，提高产品加工水平和品质。

推进企业做强做大。到2015年，全市力争有15个企业年产销过百亿元，40个企业年产销过50亿元，200个企业年产销过10亿元，形成百亿元企业为龙头、50亿元企业为支撑、10亿元企业为后备的梯次结构。

做大做强建筑业。放大华建、江都建设、弘盛等骨干企业的品牌优势，通过改组、联合、兼并、股份合作等形式进行资源整合，形成一批资质等级高、资产规模大、发展活力强的建筑企业集团。大力发展高效产业，改变以房建施工为主的状况，逐步向机电安装、钢结构、环保、园林古建、建筑幕墙、防腐工程等专业发展。到2015年，全市建筑业总产值达到2640亿元，年均增长12%，创鲁班奖8项以上，全面建成省内一流、国内知名的建筑强市。

第二节 加速发展服务业

大力发展生产性服务业，提升发展生活性服务业，扩大服务业总量，优化服务业结构，增强服务业综合服务和配套能力，推动全市服务业发展提速、结构提升、比重提高，构筑高增值、强辐射、广就业的现代服务业体系。到2015年，服务业增加值占地区生产总值比重达到45%；生产性服务业增加值占全市服务业增加值比重达到40%。

提升服务业整体实力。促进生产服务业集聚化、生活服务业便利化、基础服务业网络化、公共服务业均等化。突出发展软件与信息服务业、现代物流业、旅游业、金融业和文化产业五大重点产业，提升发展商贸流通业，培育壮大家庭服务业，构建生产性服务业与生活性服务业、传统服务业与现代服务业、劳动密集型服务业与知识密集型服务业协调发展的新格局。

加快服务业融合发展。以产业融合为重点，积极推动农业、制造业向价值链两端延伸，促进农业、制造业企业内部服务性功能的专业化分离，继续推进企业非核心业务外包。加快推动分离由物流、采购、售后服务等重点环节，拓展到科技研发、安装维修、检验检测、后勤保障等一般环节，从工业企业向农业和服务业企业拓展；从实施分离向承接外包拓展，加快培育壮大一批现代物流、科技研发、贸易营销等专业化服务企业，提高服务外包承接能力，形成一、二、三产业互动发展格局，推动产业结构转型升级。

打造现代服务业集聚区。着力打造信息服务、科技创业、现代物流、文化创意、商务、职业教育及产品交易市场等服务业集聚区。推进现代服务业集聚区由量的扩张向质的提升转变。

第三节 大力发展现代农业

按照优质、高效、外向、生态、安全的要求，用现代理念经营农业、现代科技提升农业、现代装备武装农业，努力实现传统农业向现代农业转变。到2015年，农业增加值达到200亿元。

调整优化农业结构。稳定发展粮食生产，推广良种良法，提高单产和效益。到2015年，粮食生产稳定在33万公顷左右，总产量25亿公斤以上。巩固和发展品质优良、特色明显、附加值高的宝应荷藕和大闸蟹、高邮罗氏沼虾和高邮鸭、仪征茶果、食用菌和扬州鹅、江都花木和蔬菜等特色产业，加强特色农业产业良种的保种、纯化和新品种的培育，每个产业形成1～2个区域性主打农产品品种，建设区域化、规模化特色农产品生产基地。重点建设百万亩现代设施农业基地、百万亩高效渔业基地、百万亩特种作物生产基地，提升百万亩高标准粮油生产基地，打造5000万只特色水禽养殖基地。抓好肉、蛋、奶、鱼、菜、果等产品生产，形成生产稳定、供应充足、产销衔接、质量可靠的"菜篮子"供应基地。大力发展休闲观光农业，将农业的文化功能开发和旅游开发有机结合。

大力发展科技农业。加强产学研结合，强化扬州特色农业新品种、新技术等应用性、基础性研究，提高特色农业自主创新能力和持续发展动力。大力发展和运用现代高效农业前沿高技术，推进现代生物技术研究和应用，开展本地品种保存与选育，做好国外优质品种引进、示范和推广工作。大力发展生态循环农业，形成农业标准化、工厂化生产。到2015年，全市培育开发引进推广新品种、新技术100项，组织实施农业科技计划项目100项。

提升农业装备水平。实施国家新增千亿斤粮食生产能力规划，推进灌区改造、高标准农田建设、小型农田水利工程建设、土地整理、沃土工程、农业综合开发等项目，加大各类资金的整合使用，改善农业生产条件和环境，提高农业综合生产能力。到2015年，全市80%以上的农田达到高标准农田要求。以“现代农业亮点工程”为引领，以现代农业示范园区建设为载体，发展以钢架大棚、温室、棚架种养以及节水灌溉、先进农机等为重点的设施农业，加强现代农业示范基地建设。到2015年，形成镇建有千亩、县建有万亩的设施农业布局网络。引导农民和农业专业合作组织使用先进适用的农业机械，创新机制，培育和发展农机农技专业服务体系，不断提高农业生产率。到2015年，全市农业综合机械化水平达到85%以上。

完善农业组织经营方式。到2015年，全市农业适度规模经营达70%以上。重点建设5个有影响的农产品集中加工区，发展农产品精深加工业，培育提升100家市级以上农业龙头企业。进一步加强农产品产销衔接，提高农产品产销率。

构建农业现代服务体系。到2015年，形成社会化农业服务组织1000家。全面提高农业信息的服务水平。健全和完善政策性农业保险经营机制和运行模式，逐步建立市、县两级财政支持农业保险健康发展的长效机制。

第四节　提升信息化水平

推进信息基础设施建设和先进智能技术广泛应用，提高经济社会各领域信息化水平，加快实施“两化融合”、“四网融合”，促进资源整合和资源共享，实施“数字惠民”行动，深入推进“数字城市”、“智慧城市”建设。

加快工业化信息化融合发展。分类推进企业信息化，深入探索汽车船舶、机械装备、石油化工、智能电网、现代物流等行业信息化，推动信息技术在产品研发设计、生产过程控制、市场营销、企业管理等环节的应用，推进企业生产经营过程的自动化、网络化、智能化。推进信息技术在节能减排中的应用。

推进“四网融合”。积极推进电信网、广播电视网、互联网、智能电网“四网融合”，促进业务运营相互准入、对等开放、合理竞争。

实施“数字惠民”行动。让广大市民享受城市信息化建设成果，改善市民生活品质。进一步推进市民卡工程，拓展市民卡应用领域。完善以公民和企业为中心的电子政务公共服务体系，加快建立覆盖全市的社区信息化综合平台和面向家庭的社会信息服务网络。普及并推广信息技术在农村的应用，缩小城乡数字鸿沟。

第五节　提高消费贡献率

坚持把扩大内需作为经济发展的基本立足点，充分挖掘内需特别是消费需求的巨大潜力，不断增强经济增长的内生动力。到“十二五”期末，居民消费率提升到30%以上。

扩大居民消费需求。继续实施消费需求重点工程，完善和落实鼓励消费的各项政策，释放城乡居民消费潜力。增加就业创业机会，完善收入分配制度，加快提升城乡居民收入水平，增强消费能力。完善社会保障体系，加强社会公共服务，形成良好的居民消费预期，增加即期消费，稳步提高居民消费率。“十二五”期间，全社会消费品零售总额年均增长14%以上。

拓展消费新空间。顺应居民消费结构升级的趋势，发展新型消费业态，培育消费热点，扩大文化、体育健身、娱乐、旅游、信息等服务型消费，推动大宗消费，实现消费结构升级。大力开拓农村消费市场，创造和激发农村新的市场需求。积极落实带薪休假制度。

改善居民消费环境。

第四章　推进城乡一体化进程

科学构建区域城镇体系，完善城镇功能，提升城市品质，促进城乡基本公共服务和基础设施逐步均等化，加快城乡二元结构向城乡一体化转变，逐步形成主体功能清晰、发展导向明确、开发秩序规范，高效、协调、可持续的国土空间开发格局。

第一节　合理布局城镇体系

按照城乡统筹、布局合理、资源集约、功能完善、以大带小的原则，着力构建“一带一轴”城镇空间布局。“一带”是沿江城镇带，以扬州市区为核心，以江都、仪征城区为两翼，加快扬州市区与江都、仪征城区及各个卫星镇的空间、功能整合，形成“一体两翼”都市区发展新格局，成为长三角沿江主轴线上的重要组成部分。“一轴”是淮江城镇发展轴，以宝应、高邮城区及范水、邵伯等重点中心镇为节点，形成辐射东部腹地、产业特色鲜明的城镇发展轴。在“一带一轴”周边，规划曹甸、射阳湖、临泽、三垛、菱塘、小纪、郭村、谢集、大仪等重点中心镇，带动周边乡镇共同发展。形成以扬州中心城市为核心、以县城为支撑、以重点中心镇为节点、以一般镇和农村新型社区为基点的较为科学合理的城镇体系。到2015年，扬州市区人口达到135万以上；4个县城中江都城区人口35万以上，仪征城区人口30万以上，高邮、宝应城区人口各25万以上；力争重点中心镇镇区人口3万以上，培育5万人以上重点镇3个。

第二节　做强做优中心城市

坚持把做强做优中心城市作为城镇化发展的龙头工程，不断提升扬州中心城市首位度、辐射带动能力和国际影响力。以扬州建城2500年为重要的时间节点，加快推进新一轮城市形象和品质提升工程，建设“精致扬州”。

加快城市建设。提升城市规划设计水平，提高城市建设品位。加快新区建设步伐，全面推进广陵新城、新城西区、开发区临港新城、蜀冈生态新区、蒋王片区等城市新区错位发展，形成各具特色的城市新区。加大旧城改造力度，强化环境综合整治，着力提升旧城形象。加强生态园林绿化建设，建设国家生态园林城市，进一步提升城市品质。

彰显古城魅力。坚持可持续发展理念和申遗标准，全面保持古城的总体风貌。继续推进东关街、南河下、仁丰里、湾子街等历史街区的保护，加快整治国庆路、广陵路、甘泉路、渡江路老城区十字街街景。继续实施老城区盐商建筑的保护利用，重点修缮刘庄、岭南会馆等一批古宅名居。通过改造建设文博场馆、休闲会所、民居式客栈等途径，加强对名居名宅的合理开发利用，使古城成为充满活力的城市中心区和旅游胜地。充分挖掘和展示扬州深厚的运河文化，加强运河沿线文化遗产点（段）的保护。加快建设茱萸湾至瓜洲古运河沿线30公里风光带，完成古运河沿线企业搬迁，重点改造南门外街，整治高旻寺周边环境，建设三湾湿地公园，全线开通古运河水上游览线。扩容提升瘦西湖景区，丰富完善万花园、宋夹城文化游览内涵，实施唐子城大遗址保护利用工程，建设相别路一线国际休闲度假集聚区、长春路一线文化休闲康体旅游产业带，加快精品酒店、温泉度假村等项目建设，开通扬州环城水上游览线，把瘦西湖景区打造成国际著名、国内一流的旅游景区。

完善城市功能。推进城市公用设施建设，加快推进第五水厂二期工程建设，完成供水管网改造和区域供水工程，城乡供水普及率达100%。适时开工建设六圩污水处理厂三期工程，提高城市污水收集率和处理率。全面改造城区燃气管网，规划建设一批加气站，燃气普及率达99%以上。扩大城市集中供热范围，鼓励大型公建和住宅小区发展地源热泵。赵庄焚烧垃圾发电厂全面运行，加快完善城市垃圾中转站、公共厕所、果壳箱等环卫配套设施。健全城市地下空间档案，合理开发地下空间资源。继续完善城市防洪体系。加快建设市民中心、城市规划展览馆、科技馆、青少年活动中心等重大功能性设施。大力实施“公交优先”，到2015年，市区万人公交车拥有量达到15标台。推行城市精细化管理，继续完善提升数字化城管模式，建立健全“以块为主、重心下移、权责配套、严格考核”的城市管理责任机制，形成统一高效的大城管格局。巩固和提升道路交通“畅通工程”模范管理水平。强化市区农贸市场、环卫等城市管理基础设施建设改造。合理布局沿街、沿路的商业业态，选址建设“小贩中心”。

第三节　加快发展县域经济

坚持工业化、城镇化双轮驱动，推进县域经济跨越发展、争先进位。到“十二五”期末，江都、仪征人均主要经济指标达到苏南中等县（市）水平，高邮、宝应争取达到省均水平，县域经济在全省的位次显著提升。到2015年，江都、仪征、高邮、宝应的城镇化率分别达到60%、53%、53%和53%。

壮大县域经济综合实力。加快园区和重大项目建设，大力推进开发园区和重点乡镇工业集中区发展，重点打造专业特色园区和产业基地，把开发园区建设成为高端要素的集聚地、新兴产业的生成地、创新企业的源发地，把重点乡镇工业集中区打造成为农村经济社会发展的“增长极”和“助推器”，实现工业化和城镇化、开发园区和城镇建设的互促并进。

加快发展县城镇。加大县城与周边集镇及开发园区的资源整合，推进县城扩容提质，优化空间布局、功能性设施建设和产业发展，努力打造产业发达、功能完善、承载力强、特色鲜明的中等城市，增强县城辐射能力，带动县域经济发展。

提升重点镇集聚力。按照规模适度、布局合理、功能健全、突出特色的要求，推进重点中心镇、区域重点镇和特色镇的建设。加快推进工业向产业园区集中、农业向规模经营集中，积极引导镇村二、三产业及人口向重点中心镇集聚。大力发展一镇一品特色产业，培育各具特色的产业重镇、商贸强镇、旅游名镇，增强小城镇的综合实力。

加快城镇公用设施建设。实现区域供水，配套完善供水管网和供水设施；加强防汛排涝基础设施建设，提高抗灾减灾能力；提升重点镇燃气供应和管理水平，加快推进农民集中居住区燃气供应系统建设；加快重点镇供配电网络的改造提升，配套推进老镇区和农民集中居住区的供配电设施建设，提高保障水平；统一安排镇村通信设施建设布点，逐步将光缆铺设到所有乡镇和农民集中居住区；建设完善城乡垃圾和污水集中收集与处理基础设施。

完善城镇公共服务体系。推动社会公共服务资源向基层和社区转移。加大优质学校与薄弱学校整合、重组和资源共享力度，建立健全教师交流机制；加快城镇（社区）卫生服务机构标准化建设，推动农村卫生机构向社区卫生服务转型；抓好公共文化设施建设，实现县（市、区）有两馆（文化馆、图书馆）、乡镇（街道）有达标文化（体）站、村（社区）有达标文化（体）室；加快乡镇全民健身场地建设。

第四节　引导人口向城镇集聚

积极引导农村工业向园区集中、居住向中心镇或集中安置区集中、人口向城镇集中。加大户籍制度改革力度，进一步放开中心城市、全面放开县城、优先放开乡镇落户条件。鼓励在城镇拥有合法固定住所的本市农民在实际居住城镇建成区落户；允许拥有稳定收入、不间断缴纳企业职工养老保险1年以上的本市农民，在实际从业城镇建成区落户；支持各类被征地农民到城镇落户。对拥有稳定收入且正常缴纳城镇职工社会保险5年以上的外来务工人员，可申请到实际居住的城镇以投靠亲友或集体户的形式落户。推进实施外来务工人员居住证制度，积极推进居住证与城镇户籍的接轨。在充分尊重本人意愿基础上，通过城镇吸纳、撤村转居等多种方式，使农民由在城镇落脚变为到城镇落户。“十二五”期间，累计推动50万农民有序转为市民，让已落户城镇的农业转移人口在教育、医疗、社保、住房等方面享受城镇居民同等待遇。

第五节　建设社会主义新农村

紧紧围绕“城乡统筹、强镇兴村、创业富民、建设农民幸福生活的美好家园”目标要求，贯彻落实工业反哺农业、城市支持农村和多予少取放活方针，大力实施农民增收、农业转型等“八大工程”，努力实现农业持续增效、农民持续增收、农村持续发展。

大力发展农村经济。到2015年,创建新农村能力建设百强村100个、达标村1000个,创建市级以上"五好"示范合作社1000家以上,农户入社率达70%以上。

扎实推进新农村实事工程。进一步改善农村道路、饮水安全、医疗卫生、环境整治、出行、信息畅通、灾害防御等基础设施条件。"十二五"期间,建设农村公路1200公里,新建、改造农村公路桥梁500座,完成水利建设土方7500万立方米,新建、改建排水泵站1270座,农村基础设施进一步加强;农村清洁能源入户率、生活垃圾集中无害化处理率均达90%以上,"四位一体"长效管护机制全面建立。

第六节　加快基础设施建设

加大交通、水利、能源等基础设施投入,提高扬州与周边重大交通枢纽的沟通衔接,加快形成立体交通网络,努力实现扬州主城区10分钟上高速、30分钟达机场,尽快融入"宁镇扬"半小时都市圈和上海1小时都市圈。

优先发展城市交通体系。建设扬州综合客运枢纽站,构建多层次、立体化、零换乘的现代城市交通体系。积极完善畅通"一体两翼"路网,构建市区快速通道环线,重点实施瘦西湖地下隧道、文昌路东延、扬仪路、328国道连接线工程,加快推进江阳路快速化改造和延伸江都路、运河南路南延、西三环、北环路、大学南路南延、开发东路东延等主次干道,规划启动"一体两翼"城市轨道交通建设。

加快构建高速公路网。突出区域骨干通道和跨江大桥建设,巩固和提升我市的交通枢纽地位,形成"一环七射"高速公路网。建成沪陕高速江都至六合段,开工建设沪陕高速江广段扩容改造、京沪高速(扬州段)扩容改造及南延过江、扬宿高速公路等工程。

提升改善干线路网。完善提升"六横四纵二环"干线公路网,突出升级改造、联网加密,建成一级公路为主的干线公路网。加快S333、S237、S331、S332、S244等干线公路建设,逐步将干线公路提升为一级公路。

大力提高水运能力。构建"江河联动、优势互补"的区域港口群,长江港形成"一港三区、八个作业区",内河港形成"五个港区、十五个作业区",扬州港货物吞吐能力达亿吨,集装箱吞吐能力达100万标箱。实施长江深水航道治理,构建干线航道网,推进航道升级、船闸扩容。加快建设京杭运河邵伯、施桥三级船闸扩容,规划实施宝应船闸、高邮运东船闸、芒稻船闸扩容改造工程。

推进轨道交通建设。规划构建"二横一纵"铁路网,二横分别为宁启铁路和宁扬城际铁路,一纵为连淮扬镇铁路,突出铁路枢纽建设、过江通道建设,实现铁路的跨江联网。宁启铁路复线及电气化改造工程全线贯通,全面开工建设连淮扬镇铁路和五峰山过江通道,争取建成公铁两用大桥,形成铁路网在扬州"十字"交会。加快推进宁扬、扬镇等轨道交通前期工作,力争宁扬城际铁路开工建设。

全面进入空港时代。加快苏中江都机场建设,机场集疏运道路同步建设通车。进一步增强空港吞吐能力,口岸开放取得突破性进展,空港经济初具规模。

实施江淮干流治理工程。全面实施淮河入江水道治理工程,逐步推进长江河势整治及沿线建筑物除险,努力提高我市的流域防洪能力。加快区域挡排工程建设,全面推进区域重点中小河流综合整治、大中型水闸除险加固建设,改变区域性水利保障能力不足的问题。

着力构建能源保障体系。加快能源和电网建设步伐,优化能源结构和能源布局,大力推进智能电网建设,保障扬州电网可持续发展。建立天然气供应和健全成品油分销体系,完善油气管网,积极推进太阳能发电和分布式能源建设,增强能源供给保障能力。积极推进电源点项目扩容,鼓励发展清洁能源。重点推进国信扬州电厂三期工程、华电扬州公司天然气发电机组或"上大压小"工程。新建500千伏变电站2座(扬州西、扬州北),线路420公里;220千伏变电所新改扩建20座,线路654公里;新建110千伏线路257公里。

第五章　推进民生幸福建设

坚持以民生幸福为导向,努力扩大就业,切实提高城乡居民收入,健全社会保障制度,着力保障和改善民生,加强社会建设和管理,繁荣发展文化事业和文化产业,全面提升市民素质,努力建成"人人崇文尚德、家家安居乐业、社会公平正义、追求创新创造、充满人文关怀"的幸福扬州。

第一节　努力扩大和稳定就业

实施更加积极的促进与稳定就业政策,在保持就业局势基本稳定的基础上,使城乡劳动力更加充分就业。"十二五"期间,每年新增就业岗位确保达到10万个以上。

建立促进就业再就业长效机制。进一步完善促进就业再就业的扶持政策,逐步形成覆盖城乡劳动者就业再就业政策体系,形成促进就业再就业长效机制。建立就业与失业评价监测体系,完善城乡劳动力抽样调查制度和失业预警机制,采取有效措施,规范企业规模性裁员,分散失业压力,把失业率控制在社会可承受的限度内。

千方百计扩大就业。把调整产业结构与扩大就业有机结合起来,努力实现促进经济增长与扩大就业的良性互动。大力发展吸纳劳动力能力强的第三产业和民营企业、中小企业,畅通大学生到城乡基层、中小企业和自主创业的就业渠道。积极探索政策性安置就业人群的就业工作,通过财政购买公益性就业岗位、拓宽公益性岗位的范围与规模,帮助城镇双失业职工、农村零转移家庭等困难人员实现就业。

促进创业带动就业。充分发挥创业带动就业的倍增效应,鼓励有创业愿望并具备创业条件的城乡劳动者自主创业。完善创业培训服务体系,全面建立创业指导服务中心;优化创业环境,开辟创业"绿色通道";加强创业服务,建设一批创业孵化基地、创业实训基地。

完善公共就业服务制度。建立市、县(市、区)、乡镇(街道)、村(社区)信息网络贯通、城乡一体的人力资源市场，提高公共就业服务质量和效率。对城镇登记失业人员、进城登记求职的农村劳动者提供免费的职业介绍服务。健全面向全体劳动者的职业技能培训制度，实施有针对性的培训。规范劳动者求职、用人单位招用和职业中介行为。完善职业介绍补贴政策，建立与服务成效挂钩的机制。

构建和谐劳动关系。大力推进劳动合同制度和集体协商集体合同制度，健全劳动关系三方协调机制，进一步强化工时、定额等劳动标准管理，加大欠薪清偿保障力度。指导督促企业增强劳动法制意识和社会责任意识，规范用工行为，改善劳动条件，落实人文关怀。健全劳动保障监察工作体系，加大劳动保障监察执法力度，完善劳动争议处理机制，切实维护劳动者特别是一线职工、劳务派遣职工和进城务工人员的合法权益。

第二节 提高城乡居民收入水平

把“富民”作为改善民生的突出任务，着力拓宽城镇居民和农民收入渠道，保证劳动者收入与经济发展同步提高，不断提高群众生活品质，让老百姓生活得更加幸福。

切实提高城镇居民收入。完善机关、事业单位工资决定机制和调整机制。继续推进企业工资集体协商制度，继续稳步提高最低工资标准，健全工资保证金制度，形成合理有序的企业工资收入分配格局。提高城镇居民经营性收入和财产性收入，扩大中等收入人群的比重。到2015年，城市居民人均可支配收入达38400元，年均增长12%以上。

努力增加农民收入。推进农业富民，增加农民家庭经营性收入；推进就业富民，增加工资性收入；推进创业富民，增加农民财产性收入。加大农业农村有关补贴、保护价收购和农村社会保障等力度，增加农民转移性收入。实施农村扶贫工程，加大政策扶持和强化“造血”功能，支持低收入户通过就业创业脱贫。到2015年，农民人均纯收入达16700元，年均增长12%以上，所有贫困农户人均纯收入5000元以上。

第三节 完善提升社会保障体系

健全社会保障体系，扩大覆盖范围，稳步提高保障水平，完善社会福利服务体系，提高管理和服务水平。

完善各项社会保障制度。推进社会保险城乡统筹，建立健全社会养老保障机制，完善城镇职工基本养老保险，进一步提升新型农村社会养老保险全覆盖水平，畅通各类群体、各个险种之间的衔接渠道，推进失地农民、被征地农民养老保险与城镇职工养老保险接轨；健全城镇职工、城镇居民基本医疗保险和农村新型合作医疗政策，逐步缩小城乡差别；加强和改善失业保险、工伤保险和生育保险制度；提升各类保险的统筹层次，加快机关事业单位养老保险体系改革进程。扩大社会保险覆盖面，养老保险、医疗保险实现各类人群的全覆盖，城镇职工失业保险、工伤保险、生育保险基本实现全覆盖，并有序向城镇灵活就业人员、乡村企业与个体经济组织推进。

稳步提高保障水平。稳步提高企业退休人员养老金标准；进一步降低参加医疗保险的城乡各类人员就医就诊自付的比例；合理调整失业保险的支付水平；扩大工伤保险的支付范围。提高政府公共财政对社会保障的引导与支撑作用，合理提高城镇居民医疗保险和农村居民参保缴费的标准，缩小城乡居民医保差别。

完善社会福利服务体系。推进社会福利社会化，基本建成以国办社会福利机构为示范、其他多种所有制形式的社会福利机构为骨干、社区福利服务为依托、居家供养为基础的社会福利服务网络。逐步建立市、县、乡三级捐助工作接收网络。建立项目募集机制，拓展慈善资金募集渠道。

健全社会救助体系。努力实现社会救助工作由救济型向适度普惠型转变。统筹协调各方救助资源，发挥社会救助体系的整体效能。在确保应保尽保的基础上，城乡低保、农村五保、重残人员生活救助标准随城乡居民收入逐步提高。坚持救灾减灾并重、城市农村统筹、政府社会协同、治标治本兼顾，不断提高应对自然灾害的防范和处置能力。

构建住房保障体系。建立健全以廉租住房、经济适用住房和公共租赁住房为主要制度的住房保障机制。扩大保障范围，提高保障标准，对城市低收入住房困难家庭实行“应保尽保”。严格规范资格审核程序，建立保障审核退出机制和廉租住房资金保障机制。适度建设经济适用住房，大力发展公共租赁住房，完善住房公积金制度，扩大住房公积金制度覆盖面，努力实现“应建尽建”、“应缴尽缴”，逐步解决城市中低收入家庭以及新就业人员、外来务工人员的住房问题。

第四节 提高全民健康水平

保障基本医疗卫生服务。建成覆盖城乡居民的公共卫生服务体系、医疗服务体系、医疗保障体系、药品供应保障体系，形成“四位一体”的基本医疗卫生制度，卫生事业发展水平明显高于全省平均水平，居民健康主要指标处于全省前列。政府办好县级医院和在每个乡镇（街办）政府所在地办好一所公办卫生院（社区卫生服务中心），推进乡村一体化管理；完善基层医疗急救体系，优化和提升城乡社区卫生服务功能，提升城乡“15分钟健康圈”服务水平；国家基本药物制度全面建立，政府举办的基层医疗卫生机构全部配备使用和零差率销售基本药物；公立医院改革取得积极进展，公益性质进一步彰显，多元化办医格局进一步巩固；完善鼓励中医药事业发展政策，加快传统医药持续健康发展；加强公共卫生服务网络和信息化服务平台建设，拓展公共卫生服务项目，开展健康宣传和促进工作，推进社会卫生服务从疾病管理向健康管理转变。卫生镇村和无害化卫生厕所普及率显著提高。

提升体育公共服务水平。贯彻落实《全民健身条例》，完善全民健身服务体系，将全民健身工作组织和机构向社区和农村延伸，推动基层群众体育的发展。广泛开展元旦长跑、全民健身体育节等大型群众性体育活动。推动竞技体育发展，到2015年，力争在全市范围内新建2～5个国家级体育后备人才基地，办好扬州市第十二届运动会和中国扬州鉴真国际半程马拉松赛，将马拉松赛打造成金牌赛事。推动体育产业发展由政府主导向社会多元参与的转变。调整体育产业结构，形成以竞技体育、体育咨询培训、体育广告、体育彩票、体育健身等产业为主的体育产业结构。加快体育设施建设，完善老城区体育设施，完成体育公园项目建设，积极推进县(市、区)体育场馆设施建设，建成江苏省体育强市。

第五节 加强社会建设和管理

进一步完善"党委领导、政府负责、社会协同、公众参与"的社会管理格局，加大社会建设力度，创新社会管理机制，保障社会公共安全，促进经济社会发展的良性互动。

加强基层和社区建设。全面推进和完善社区党组织、社区居委会、社区工作站和社区服务中心"四位一体"的社区治理模式。全面提升城市社区建设水平，深入开展农村社区建设，健全新型社区管理和服务体制，完善基层服务和管理网络，推进社会管理重心向基层组织转移。加强基层自治组织建设，拓展基层群众自治范围，不断提升自治水平。建设社区参与社会管理的平台，赋予社区更多的管理和服务职责，加强社区服务设施建设，推进公共资源向城乡社区延伸，积极开发多样化的社区服务项目。加强城乡社区信息化建设，推进政府公共信息网与居民需求服务网的有效对接。建立健全社会管理和综合服务平台。努力把全市90%以上的城乡社区建设成为管理有序、服务完善、文明祥和、环境友好的社会生活共同体。

推进社会组织建设。加强社会组织能力建设，充分发挥慈善公益组织、行业组织、社会中介组织、志愿者团体提供服务、反映诉求、规范行为的作用。降低社会组织准入门槛，加强政策扶持，培育发展文体志趣类、协调管理类、公益志愿类等社区社会组织，鼓励和支持其依法有序参与社会管理。建立社会组织评估体系，推进政府购买社会组织服务，提升社会组织管理和发展水平。

完善社会矛盾调解机制。建立公平规范的利益协调机制，全面推行重大决策、重大项目社会稳定风险评估，妥善处理和协调好各种利益关系，兼顾不同利益群体，体现社会公平正义。提升民族宗教工作能力。建立渠道畅通的诉求表达机制，拓宽社情民意表达渠道，关注网络民意，引导各个利益群体以理性、合法的形式表达利益诉求，形成有效的对话和协商制度。加大信访的解决处理力度，推动领导干部接访、下访工作制度化。建立科学有效的矛盾调处机制，完善社会矛盾纠纷大排查、大调解组织管理体系和工作运行机制，促进人民调解、行政调解、司法调解衔接配合和相互融合，形成以人民调解为基础的多层次、宽领域、规范化的调解组织网络体系，妥善处置群体性事件。建立全方位的权益保障机制，加强多部门协调，实施综合决策，切实保障人民群众在经济、政治、文化、社会等方面的权益。

加强社会民主法治建设。健全民主制度，丰富民主形式，坚持科学决策、民主决策、依法决策，切实保障人民群众的知情权、参与权、表达权、监督权。全面推进依法行政，加强权力运行监控，落实行政执法责任制和执法过错追究制，提高行政执法制度化、规范化水平。积极维护司法公正，大力推行仲裁制度，提高司法的权威性和仲裁的公信力。大力发展法律服务业，规范律师、公证和司法鉴定行业管理，不断提高法律援助的能力和水平，市、县两级法律援助中心达到省级规范化建设水平。实施"六五"普法规划，深入推进法治城市建设进程，全面提升公民法律素质和守法意识。

建设更高水平平安扬州。加强社会治安综合治理，完善打防管控一体化机制建设，构建立体化社会治安防控体系，依法打击和防范各类违法犯罪活动，打造"技防城市"，提升社区矫正和帮教安置水平，不断增强人民群众安全感。依托公安综合管理服务平台，推动警务机制创新。深入推进公安基层基础建设，提升维护公共安全的保障能力与水平。

健全公共应急管理体系。建立健全分类管理、分级负责、条块结合、平战结合的突发公共事件应急管理体制，加快建设覆盖全市的突发事件应急预案、救援队伍、监测预警、宣传教育、综合保障等应急管理基础工作体系，积极推进以应急指挥信息平台为核心的应急工作信息化、防灾减灾现代化建设，基本形成符合实战要求的应急指挥、应急力量、应急资源、应急演练、应急培训系统，不断提升突发公共事件的应对处置能力和群众自救互救能力。不断推进地震、消防、气象、环保、防汛抗旱等防灾减灾体系现代化建设，推行自然灾害风险评估，科学安排危险区域生产和生活设施的合理避让。

健全安全生产管理体系。完善安全生产制度建设。强化企业安全生产主体责任，建立起较为完善的企业自我约束、自我激励的安全生产管理体系和责任体系；加强监管监察体系建设，健全市、县、乡三级安全监管机构和以社区、村组为基础的基层监控网络；强化重点行业专项治理，对煤矿、非煤矿山、危险化学品、烟花爆竹、道路交通、建筑等重点行业加强监管，实施职业卫生安全许可证制度，强化职业危害监管。建立重大危险源动态监管及监测预警机制，排查治理重大事故隐患；广泛开展安全生产宣传教育，提高全社会的安全意识；加大企业各类人员安全培训力度，加快安全生产中介机构及社团组织建设步伐。"十二五"期间，杜绝重特大事故的发生，有效遏制较大事故，各类事故的发生起数和死亡人数逐年下降。

构建食品药品安全保障体系。推行农产品质量安全监测经常化、制度化。规范餐饮卫生量化分级管理。建立食品生产营销链的全过程控制体系，加强食品安全监测，提升食品安全检验检测水平；充分利用现有信息资源和基础设施，建立市、县两级食品安全信息网络；建立食品安全评估评价体系，完善食品安全诚信体系；提高全社会食品安全意识，增强消费者的自我保护和参与监督能力。建立健全药品安全责任体系，强化基本药物全过程监管；加强药品生产质量监管，监督实施药品生产质量管理规范，重点抓好生物制品、注射剂等高风险品种监管及安全性再评价工作；规范药品经营行为，全面按药品经营质量管理规范执行检查；完善医疗器械生产监管机制，规范医疗器械经营行为,全面推行医疗器械生产质量管理规范;推进药品电子监管工作,深化药品安全信用体系建设,完善药品、医疗器械不良反应监测体系。

第六节 提高人口服务水平

坚持计划生育基本国策。依法稳定低生育水平,统筹解决人口问题,促进人口长期均衡发展。到2015年,全市计划生育率达98%以上,人口自然增长率控制在4‰以内。完善人口和计划生育公共服务体系,努力提高出生人口素质。加快流动人口服务管理体制改革,建立以现居住地为主的流动人口计划生育服务管理体制。

保障妇女儿童和残疾人权利。

积极应对人口老龄化。全面建立基本养老服务体系。完善老龄人口社会保障,稳步提高养老保障和老年人医疗保障水平,建立高龄老人福利津贴制度和财政性老年医疗救助基金,发展普惠型的老年健康医疗福利。“十二五”期间,力争全市机构养老床位数保持年均增长10%以上,到2015年,机构养老床位数达到老年人总数的4%左右。重视老年人精神文化生活需求,制定各类老年人优待措施,弘扬敬老风尚。

第七节 建设全国文明城市

塑造文明精神,提升文明素质,树立文明形象,倡导文明行为,弘扬文明新风,让市民为城市而自豪,让城市为市民而骄傲,建成全国文明城市。

增强社会责任感。深入推进公民社会公德、职业道德、家庭美德、个人品德建设;提倡科学精神和人文关怀;倡导爱国主义和集体主义精神;弘扬“开放、创新、精致、优雅”的市民精神。加强未成年人思想道德建设,倡导敬老、爱老、助老的道德风尚。放大“扬州好人”效应。综合运用教育、法律、行政、舆论手段,引导人们知荣辱、讲正气、尽义务,形成扶正祛邪、惩恶扬善的社会风气。

构建诚信社会。扎实推进政务诚信、商务诚信和社会诚信。

推进文明城市创建。深入开展市民素质提升、公共环境优化、城市文明交通、公共服务提升、和谐社区创建、社会关爱倡导“六大行动”。推进城市文明建设的长效化、常态化、制度化管理,让城市更文明、更有魅力、更有品位,努力建成全国文明城市。

第八节 推动文化繁荣发展

坚持文化立市、文化强市,加快发展文化事业,建设覆盖全社会的公共文化服务体系,显著增强文化服务功能,大力发展扬州特色文化产业,提升城市文化影响力。

提高公共文化服务能力。建设和完善一批高水平城市公共文化功能设施,推动公共文体设施免费开放。到2015年,全市文化馆、公共图书馆均达国家等级馆标准,其中,一级馆占60%以上。文化站、乡镇(街道)、村(社区)文化室全部达标。继续办好各类公益演出和市民活动,社会文化活动丰富多彩,公共文化服务体系更加完善。实施文化精品战略,扶持原创性和地域性文学作品,加强重大题材的创作和演出,突出现实题材和主旋律作品的创作生产。大力发展和繁荣文化市场,形成统一、开放、竞争、有序的文化市场体系。高度重视艺术人才的培养、引进,提升扬州文化艺术类院校办学水平。以应用研究为重点,大力繁荣发展哲学社会科学,推进学科体系、学术观点、科研方法创新。

加强文化遗产传承和保护。继续加强扬州城遗址考古、研究和保护,挖掘和展示优秀传统民俗文化。大力推进扬州盐商历史遗迹和大运河联合申报世界文化遗产工作。加快建设文化博览城,到2015年,文博场馆总数达到100座以上。全面实施名城解读工程,挖掘展示各类文化遗产,传承扬州历史文脉。

推进文化服务方式创新。到2015年,基本实现城市图书馆“一卡通”等现代服务方式,加快建设数字图书馆、群众文化、企业文化、职工文化等活动的远程指导网络。继续推进有线电视网络整合,全市广播电视人口综合覆盖率达到100%,所有县(市)实现有线广播电视户户通。移动多媒体广播电视、网络广播电视、高清电视、数字声音广播等快速发展,下一代广播电视网建设取得成效。持续推动广播电视的数字化、网络化,增强双向互动服务功能,做好增值业务延伸拓展,加快发展高清互动电视。

大力发展文化产业。做大做强文化旅游业、工艺美术业、古玩拍卖业等优势文化产业。积极发展艺术创作、时尚设计、网络游戏、动漫、文化会展等文化新业态。大力培育具有扬州特色的文化品牌,打造“烟花三月”国际经贸旅游节、世界运河名城博览会、中国扬州鉴真国际半程马拉松赛、扬州智谷笛莎动漫文化周、中国邮文化节等品牌活动。着力提升扬州文化旅游、工艺、琴筝、雕版印刷等品牌档次,加快形成名人、名团、名剧、名品的带动效应。大力开展对外文化贸易和友好交流,重点扶持扬州木偶、工艺、音乐舞蹈等产品和服务的出口。培育壮大骨干文化企业,加强各类文化产业园区和文化创意产业基地建设,使文化产业成为扬州的支柱产业。到2015年,文化产业增加值占GDP比重达6%以上。

提升档案事业发展水平。创新档案管理体制机制,依法增强档案行政监督管理能力。档案馆功能逐步实现向档案安全保管基地、爱国主义教育基地、档案利用中心、政府信息查阅中心、电子文件中心“五位一体”的转变,档案室基础业务建设及信息化建设进一步加强。大力推进档案信息化建设,建设以收集、管理、保管和利用为核心的数字档案馆。有效整合、深化利用档案信息资源,基本建立覆盖民生重要领域的档案资源体系、有效服务人民群众的档案利用体系。

第六章 推进改革扩大开放

“十二五”期间,立足社会变革和区域融合的时代背景,加快融入长三角城市群,加快推进区域协同发展,加快重点领域和关键环节改革步伐,全面提高开放水平,着力构建充满活力、富有效率、更加开放、有利于科学发展的体制机制。

第一节 推动宁镇扬同城化和区域合作发展

积极推进宁镇扬同城化。从推进南京、镇江、扬州三市"交通网络"对接与同享"市民待遇"入手,主动与南京、镇江沟通衔接,在公用基础设施互享、政策互联、产业互补、市场互通、要素互流、资源互用等方面加强联动发展,加快推进三市交通、产业、规划、环保、公共服务和制度同城化,促进区域经济一体化,打造富有活力的"宁镇扬经济板块",建立江苏创新型经济合作示范区,推动形成江苏新经济增长中心和长三角北翼新增长极。

深度融入长三角一体化。以融入"上海一小时都市圈"为目标,加强与各中心城市间的经济联系,加快融入长三角城市群进程,尽快融入长三角核心区区域合作。深化区域内在交通、信息网络、生态环境治理、旅游、人力资源开发、信用体系、社会保障体系建设等各个领域的专题合作。发挥我市江河联动的优势,加强与长江中上游地区的区域合作,深入推进沿江开发,加快发展现代服务业和先进制造业。

加强对口支援和经济协作。以科学规划为引导,从扬州、新源两地实际出发,优先考虑群众期盼的民生项目、公益性项目和基础设施项目,让当地群众真正体会到援疆所带来的成果和实效。继续做好对口支援西藏曲水县、陕西汉中市、三峡库区秭归县工作,同时充分利用中西部地区资源丰富、生产要素成本低的比较优势,努力拓展中西部市场,提升区域经济合作水平,促进我市产业结构的战略调整与转型升级。

第二节 深化经济体制改革

围绕转变经济发展方式,坚定不移地推进各项改革,力求在加快政府职能转变,优化公有制结构,深化要素市场和资源性产品价格改革等方面取得突破性进展。

深化行政管理体制改革。

深化国有资产管理体制改革。

深化要素市场和资源性产品价格改革。

深化农村综合配套改革。

第三节 发展壮大民营经济

切实转变政府职能,完善财税、社会服务和金融服务,着力消除制约民营经济发展的制度性、政策性障碍,积极鼓励、支持、引导非公有制经济发展,强化民资招商,加快推进民营经济转型发展。

扩大民营企业发展空间。鼓励民间资本参与农田水利、可再生能源开发、土地整理、市政公用事业、保障性住房、医疗、教育和社会培训、社会福利、文化、旅游、体育等领域投资建设。支持民间资本重组联合和参与国有企业改革,开办村镇银行、贷款公司、农村资金互助社等金融机构,规范设置民间资本进入门槛,为民营经济加快发展和做大做强拓展空间。

引导民营企业转型升级。鼓励民营企业增加研发投入,提高自主创新能力;鼓励民营企业引进职业经理人才、高端技术人才,开展技术人才培训;支持民营企业应用信息技术等高新技术改造提升产品档次,大力发展循环经济、绿色经济;支持民营骨干企业上市融资、增资扩股,通过兼并重组向集团化、品牌化方向发展;引导中小民营企业向"专、精、新"方向发展。

改善民营经济服务环境。着重解决民营企业融资难问题,着力构建指导和服务中小企业的社会化服务体系,培育民营企业商会、行业协会组织,加强和改善对民营企业的监管。

第四节 打造开放型经济新优势

加快转变开放型经济发展方式,进一步拓展对外开放的广度和深度,推进开发园区转型升级,全面提升开放型经济发展水平和经济国际化程度,增强整体竞争力和辐射带动力。

提升利用外资质态。在继续扩大利用外资总量的基础上,更加注重提高利用外资的质量。围绕重点产业、新兴产业和重大项目,大力引进科技含量高、产业关联大、区域带动性强的龙头型、基地型项目。坚持招商引资和招才引智、引技并举,加快吸收国外先进技术和管理经验。进一步创新利用外资方式,大力引进境外各类投资基金。

加快转变外贸发展方式。优化调整出口产品结构,保持船舶、纺织服装、轻工等传统产品出口稳步增长,提高高技术产品和高附加值产品的出口比重;推进出口市场多元化,在巩固美国、欧盟、日本等主体市场的同时,开拓东盟、非洲、中东、南美等新兴市场;优化对外贸易结构,做强一般贸易,引导加工贸易向产业链上下游发展,发展其他贸易;壮大出口企业规模,进一步优化进出口贸易环境,加大对重点出口企业和具有发展潜力的中小出口企业的扶持力度,不断壮大外贸经营主体,加快出口品牌和特色基地培育;推进国际电子商务进程,鼓励引进关键设备、核心技术和重要原材料。到2015年,全市年出口10亿美元以上企业1家,出口1亿美元以上的企业10家。

积极扩大对外经济合作。大力发展对外承包工程EPC总承包项目;拓展中高级国际劳务市场;加快企业"走出去"步伐。

促进开发园区转型升级。推进发展方式创新,加快开发区从规模扩张为主向注重质量效益转变,从发展加工制造业为主向发展现代制造业、新技术产业和现代服务业协同发展转变。加快开发区功能创新,进一步提升综合服务水平,提高产业配套能力,用好出口加工区、保税物流园区等特殊功能区资源,为企业提供高质量、低成本的社会化服务。

第七章 推进生态文明建设

深入实施可持续发展战略,坚持环保优先、节约优先方针,加快构建资源节约、环境友好的生产生活方式,提升全民的生态文明意识和全社会生态文明建设水平。全面建成国家生态市和国家森林城市。

第一节 强化资源节约与利用

坚持开发和节约并举,大力推进资源节约与利用,积极发展循环经济,推进发展低碳经济,不断提高资源利用效率,加快建设资源节约型社会。

提高资源利用效率。大力发展新能源,重点发展太阳能光伏发电和LED新光源，开发利用秸秆、污泥、垃圾、沼气等生物质能；严格开展节能监察和能耗评估，全力推进工业、建筑、交通等重点领域节能；加强节能新技术、新工艺、新材料和新设备的开发和利用，不断提高能源利用效率。合理利用和节约水资源。严格保护耕地。

大力发展循环经济。发展种养相结合的生态立体循环农业技术和生产模式，加快农村大中型沼气建设；推进开发园区、乡镇工业集中区转型升级为循环经济示范园区，积极支持市经济技术开发区循环经济示范区和邗江静脉产业园建设。鼓励企业中水回用和发展机电装备再制造产业，不断提高工业固体废弃物综合利用率；大力开发"城市矿山"资源，逐步建立覆盖全市的餐厨垃圾、医疗垃圾、废旧电子产品等回收利用体系，规范报废旧机动车、旧船舶拆解市场，不断提高垃圾资源化利用率。

推进发展低碳经济。

第二节　建设国家生态市

以建设国家生态市为目标，严格执行环境保护制度，有效控制环境污染和生态破坏，全面提高城乡环境质量，切实减轻经济社会发展对资源环境的压力。

保护水环境。实施严格的饮用水源地保护制度，切实加大全市集中式饮用水水源地综合整治力度，保障城乡百姓饮水安全。加强全市重点断面、区域内长江、淮河、城市内河及湖泊的水污染防治，全力打造南水北调"清水走廊"；加快推进城镇污水处理厂和管网建设，"十二五"期间，规划新建37座乡镇污水处理设施，建设荣信、青山、清源、江都沿江开发区、仙荷污水处理厂二期工程，切实提高污水的达标处理率和收集率；有效控制农业面源污染。到2015年，保持水功能区达标率省领先水平，全市各城区河流消除劣Ⅴ类水体。

保护大气环境。全面实施"蓝天工程"，加快工业企业大气污染综合防治，对辖区内的7家发电厂实施脱硫设施改造工程、新建脱硝设施；进一步强化汽车尾气治理，严格车辆的年检标准；全面推行"绿色施工"，控制建设施工、道路及物料堆场作业扬尘，加强港口、码头、车站等地装卸作业扬尘防治；提高秸秆综合利用水平，实行秸秆全面禁烧；扩大空气质量监测范围，建立灰霾监测网络，逐步建立健全二氧化碳等温室气体排放监控体系。城市空气质量良好以上的天数保持在320天以上，酸雨频率小于25%。

保护声环境。通过对工业噪声、交通运输噪声、社会生活噪声的监督管理和综合防治，加快推进城市噪声达标区的建设。"十二五"期间，确保城市噪声达标区覆盖率保持100%。控制社会生活噪声污染，重点整治文化娱乐业、餐饮服务业和商业经营活动中的噪声污染；生活小区严禁设置噪声污染严重的文化娱乐业和各类产生噪声污染的加工作坊；鼓励并要求采取先进工艺和先进设备，减少工业噪声污染；巩固和扩大禁鸣成果，增加城市禁鸣路段，加强机动车、船舶等的交通噪声检测；综合防治建筑施工噪声，严格执行建筑噪声排污申报制度，强化夜间施工管理。

有效防治固体废弃物污染。研究开发固体废物污染防治技术，提高工业固废处理利用水平，综合利用处理率达98%；实施生活垃圾分类收集、运输、填埋与处理利用相结合的综合处理工程，到2015年，生活垃圾收集覆盖率确保达到100%，城市生活垃圾无害化安全处置率保持在100%；统一规划和建设危险废物处置中心，建设扬州恒宇危险废物处置和扬州东晟危险废物处置扩建工程，推动扬州化学工业园区固体废弃物填埋场一期工程建设；强化医疗废物安全处置，充分发挥市医疗垃圾集中处理中心的处理能力，扩大医疗废物的收集面，提高收集处置量，到2015年，扬州市城乡医疗废物收集率达到100%。建立市、县污水处理厂污泥处置设施，安全处置和综合利用污泥；重视和解决重金属、核辐射、电磁辐射、电子垃圾、有机毒物等新的环境污染问题。

保护生态功能区。全市重要生态功能区保护面积约1287.8平方公里，占全市国土面积的19.4%，其中禁止开发区约141.6平方公里、限制开发区约1146.2平方公里。

建设各类生态示范区。到2015年，全市所有乡镇创成国家级生态乡镇。"十二五"期间，7个省级经济开发区以及广陵产业园全面创成省级生态工业园区。全市80%的村建成国家级生态村，50%的社区建成绿色社区，80%的学校建成绿色学校。

第三节　建设国家森林城市

深入推进绿化工程，打造"绿杨城郭新扬州"，构建生态林业优良、特色林业发达、人文林业先进的现代林业体系。城市建成区绿化覆盖率达到45%以上，人均公园绿地面积10平方米以上，建成国家森林城市。

加强森林生态网络建设。根据"一带连一轴，三区织三网"的城市森林建设布局，沿江城镇带大力发展成片林，营建城市功能区之间的隔离林带，同时保护好沿江湿地；沿淮城镇发展轴重点发展特色明显的工业原料林和经济林果，积极发展沿湖生态防护林和加强湿地资源保护，建设一批具有水乡特色的湿地公园和森林公园；发展低山丘陵地区公益林、里下河地区用材林、沿江高沙土地区经济林和水系、道路和农田林网。

稳步推进林业产业发展。积极发展木材加工业、经济林果（茶）加工业、野生动植物及其制品经营加工业，推进林业产业基地化、规模化、集约化、标准化、市场化。

丰富森林文化内涵。加大古树名木和森林文化遗产保护力度，传承发扬扬州竹、银杏、琼花、芍药、盆景等传统林业文化，营建纪念林、文化林、教育林、休闲林，加快野生动植物及湿地自然保护区、森林公园建设步伐，发展现代林业文化。

第八章　形成规划实施强大合力

按照社会主义市场经济体制的要求，充分发挥市场配置资源的基础性作用，正确履行政府职责，调动社会各界和广大人民群众的积极性，推进规划公开化、透明化，落实规划责任，形成全社会推动规划实施的强大合力。

专记

Zhuanji

本栏责任编辑 戴淑敏

“十一五”回眸

■概述 “十一五”期间，扬州市围绕“全面达小康，建设新扬州”目标，贯彻落实科学发展观，积极应对国际金融危机，完成“十一五”规划纲要提出的推进经济跨越发展，促进城乡协调发展，促进区域协调发展，加强科技和教育创新，进一步深化改革，进一步扩大开放，建设资源节约型、环境友好型社会和加快构建和谐社会等8项主要任务，基本实现全面建设小康社会的目标。在中国社科院《2009～2010年度全球城市竞争力报告》中，扬州跻身全球500个城市中综合竞争力名次上升最快的前10名城市行列。 （赵 亮）

■经济实力提升 2010年，全市地区生产总值(GDP)2229.49亿元，是2005年的2.27倍；人均GDP 49786元，是2005年的2.29倍。财政总收入400.88亿元，其中一般预算收入167.78亿元，均为2005年的3.4倍。“十一五”期间，全市地区生产总值累计8214.21亿元，是“十五”期间的2.4倍，年均增长14.3%；财政总收入累计1348.81亿元，其中地方一般预算收入累计550亿元，分别是“十五”期间的3.5倍和3.3倍，年均分别增长27.9%和27.6%。

全市粮食总产量287.09万吨，比2005年净增60.6万吨。农民人均纯收入9462元，比2005年净增4247元，年均增长12.7%。“十一五”期间，全市农村通达工程、教育培训、环境综合整治、文化建设、农民健康等农村“新五件实事”和高效农业规模化工程、农民就业创业工程、农村规划建设工程、农村通达工程、农村清洁工程、农民健康工程、农村文体工程、农村社会保障工程、创建示范工程、农村扶贫工程等新农村建设“十大工程”持续推进，农村生产生活条件明显改善，农村环境治理成效显著。全市37个乡镇工业集中区营业收入年均增长近35%。全市高效农(渔)业总面积16.9万公顷，建成农业园区561个，入园企业2430家，其中农业产业化经营龙头企业350家，比“十五”期末增加144家。全市有各类农民合作组织3127个，入社农户58.3万户，占农户总数的63%。推动户籍、土地和社会保障制度创新，促进产业发展与城镇化良性互动，全市城镇化水平由2005年的48.3%提高到2010年的54.4%。

全市规模以上工业总产值自2007年起每年新增约1000亿元，2010年达5872.8亿元。“十一五”期间，全市累计完成规模以上工业产值1.8万亿元，是“十五”期间的4.1倍，年均增长34.7%。2010年，全市规模以上工业实现销售收入5648.3亿元，比上年增长34%，是“十五”期末的4.1倍；实现利税635.5亿元，比上年增长45.9%，是“十五”期末的6.2倍；实现利润369.5亿元，比上年增长46.4%，是“十五”期末的7.3倍。全市有规模以上工业企业3728家，比“十五”期末净增1683家，其中10亿元以上企业105家，是“十五”期末的7.5倍。规模以上工业企业单体平均规模1.6亿元，比“十五”期末增加8915万元。

全市服务业增加值从2005年的383.84亿元增加到838.78亿元，增长1.4倍，年平均增幅14.9%，服务业增加值占GDP比重由2005年的35.0%提高到37.6%。发展传统产业和新兴产业，突出商贸和旅游特色主导产业，市区“1+4”商业中心(1个商圈：文昌商圈；4个中心：东部曲江商品集散中心、南部扬州商城副中心、西部京华城商业副中心、北部瘦西湖新天地商业副中心)框架初步成型，全市社会消费品零售总额增幅连续4年超过15%。丰富和完善城市综合服务功能，现代物流业、信息服务业和金融业增加值分别占全市服务业增加值的14.9%、6.7%和9.0%。服务业集聚区发展初具规模，经济和社会效益凸显。2007～2010年，全市认定22个园区服务业集聚区，其中江苏信息服务产业基地(扬州)等7个集聚区被认定为省级现代服务业集聚区。全市服务业从业人员从2005年的81.08万人增加到2010年的106.54万人，占全市就业人员比重从34.3%提高到35.9%。 （赵 亮）

■城乡建设发展 “十一五”期间，扬州市城市建设投资490亿元，是“十五”期间的1.6倍。扬州市在2006年获“联合国人居奖”的基础上，实施第三轮城市建设和环境提升工程。投入4亿元实施古城保护工程，修缮卢氏盐商住宅、李长乐故居、阮元故居等20多处文保单位和历史建筑，建成东门、北门、南门遗址公园，东关街获评"中国历史文化名街",宋夹城考古遗址公园被命名为"国家考古遗址公园"。推进文化博览城建设,5年新增文博场馆38个,蜀冈—瘦西湖风景名胜区成为全国首个"文化旅游示范区"。加快新区建设,新城西区10平方千米区域内基础设施和重要功能性设施基本建成;广陵新城建设全面启动,信息产业基地首发工程呼叫中心建成;临港新城、蒋王片区、瓜洲片区、蜀冈生态片区建设加快推进。完善城市路网,城区新建、改造132条道路和40多座桥梁,扬州市获评全国实施畅通工程模范管理城市;加快构建"一体两翼"(扬州中心城区及江都、仪征城区)交通骨架,"江海河沟通、水公铁联运"立体交通运输格局基本形成。城市绿化5年新增870万平方米,绿化覆盖率43.6%;实施市区河道整治,污水集中处理率85%以上。"人文、生态、精致、宜居"的城市特色日益彰显。根据《2010年中国城市竞争力蓝皮书》,扬州市在全国294个地级以上城市中,环境优美竞争力名列第四。(赵　亮)

■社会民生改善　市委、市政府实施"富民优先"战略,每年出台"一号文件",专题部署、推进保障和改善民生工作。2010年,城镇居民人均可支配收入和农民人均纯收入分别为21766元和9462元,5年年均增幅分别为13.9%和12.7%。实施积极的就业政策,城乡就业形势稳中向好,城镇登记失业率控制在3%以内。城乡社会保障扩面提标,全市城镇职工、居民基本养老保险、基本医疗保险等覆盖面均超过96%;新型农村社会养老保险、新型农村合作医疗覆盖面分别为99.69%和99.8%,农村老年居民享受基本养老补贴基本实现全覆盖,"五保"(保吃、保穿、保住、保医、保葬(孤儿保教))集中供养率80%,市区被征地农民基本生活保障"即征即保"率100%。建设多层次住房保障体系,通过拆迁安置、解危解困、建设保障性住房,改善1.8万户5万多人住房条件,城乡居民人均居住面积分别为37.9平方米和42.2平方米,分别比2005年增加5.5平方米和7.8平方米。CCTV2009年经济生活大调查结果显示,扬州市民幸福感在江苏省地级市中位居第一。2010年,扬州市组织的城市幸福感问卷调查结果显示,扬州市民的幸福感平均得分87分以上。(赵　亮)

■创新能力提高　推进石油化工、汽车船舶、机械装备等三大主导产业转型升级,中海造船、大众整车等特大产业项目落户扬州。发展新能源、新光源、新材料、智能电网、电子书等"三新一网一书"战略性新兴产业,创成半导体照明、数控金属板材加工设备、汽车及零部件、绿色新能源、智能电网等五大国家级特色产业基地和江苏信息服务产业基地等,扬州经济开发区升格为国家级经济技术开发区。先后建成国家光电产业检测重点实验室、国家洗漱用品质量检验检测中心、南京大学—扬州光电研究院、南京大学—扬州化工研究院、西安交大智能电网技术装备研究院等重点研发平台,牵头组建半导体照明、饲料机械加工装备、家禽等3个省级产业技术创新战略联盟。全市建成省级企业院士工作站10家、省级以上博士后科研工作站27家、省级以上工程技术中心60家,拥有市级以上研发机构的企业占规模以上企业的比例由2005年的6.9%上升到14.0%。启动实施"绿扬金凤"引才计划;5年引进国家海外高层次人才引进计划高层次人才4人,70名创新创业领军人才获省人才资金资助。2010年,全市高新技术产业实现产值2224亿元,是2005的8.18倍,年均增长52%;高新技术产业产值占全市规模以上工业总产值的37.9%,比"十五"期末提高19.1个百分点。(赵　亮)

■发展活力增强　深化行政管理体制改革,建设公共服务型政府,重点推进行政审批"三集中、三到位"(部门行政许可职能向一个处室集中,部门行政许可处室向市行政服务中心集中,行政审批事项集中在网上办理;部门行政许可项目进市行政服务中心落实到位,部门对窗口工作人员授权到位,行政审批事项网上规范办理到位)工作,基本实现内控事项与预控措施全覆盖。企业债券发行取得突破性进展,扬州经济开发区开发总公司、城建控股公司发行企业债券28亿元。汇银家电、长青股份上市。"十一五"期末,全市有7家上市公司。"十一五"期间,全市民营企业快速发展,5年新增民资注册资本2219亿元,是"十五"期间新增民资注册资本的5.6倍。利用外资规模增长,5年累计注册外资实际到账69.95亿美元,是"十五"期间到账外资总量的3.2倍。中海造船、玛切嘉利液压机械、上海大众整车、天威新能源太阳能电池组件、华电燃气热电等外资、民资重大项目先后落地。(赵　亮)

中国扬州"烟花三月"国际经贸旅游节

■概述　2010年中国扬州"烟花三月"国际经贸旅游节(简称"烟花三月"节)4月18日开幕,历时一个月,5月18日结束。此次"烟花三月"节以"创新扬州、精致扬州、幸福扬州"为主题,举办经贸、旅游、市民文化等主题活动和大型综合活动35项,宣传扬州宜业宜居的发展环境,推动招商引资工作;推介扬州创新型经济发展情况,促进科技与产业合作;展示扬州"开放、创新、精致、优雅"的城市形象,促进旅游业持续发展;营造亲民富民的良好环境,促进全市全面达小康目标的实现。

节庆期间,全市签约协议外资2000万美元以上新项目103个,协议利用外资38.47亿美元,其中协议利用外资3000万美元以上项目53个、5000万美元以上项目24个;签约协议注册资本金1000万元以上民资项目229个,注册资本金116.85亿元,其中注册资本金3000万元以上民资项目116个、5000万元以上项目69个。全市新开工、投产注册外资1000万美元以上外资项目68个,注册外资17.69亿美元,其中注册外资2000万美元以上项目43个、注册外资5000万美元以上项目14个。民资投入5000万元以上项目开工135个,注册资本金87.28亿元;

民资投入1亿元以上项目开工77个，注册资本金74.75亿元。全市签约产学研项目60个，其中4月18日当天集中签约项目35个。

节庆期间，2233名外商到扬州参加活动，其中1005人参加4月18日的活动；6401名国内客商到扬州参加活动，其中2194人参加4月18日的活动；31名科技宾客到扬州参加活动。全市接待游客550万人次，同比增长22%；累计实现旅游收入54亿元，同比增长24.14%。 （郁 堃）

■“烟花三月”节开幕式 4月18日下午，“烟花三月”节开幕式在宋夹城考古遗址公园举行。省委常委、宣传部长杨新力宣布“烟花三月”节开幕。全国社保基金理事会理事长戴相龙，十届全国人大常委会委员、外事委员会主任姜恩柱，国家旅游局党组副书记、副局长王志发，江苏省人大常委会副主任丁解民，副省长张卫国，省政协副主席张九汉，南京大学党委书记洪银兴，全国工商联副主席、苏宁电器董事长张近东，中国专业国际投资有限公司董事会主席沈田义，国务院参事、中国可再生能源学会理事长石定寰，中国兵器装备集团公司总经理助理、保定天威集团有限公司总经理丁强，国务院发展研究中心研究员李善同，国家电网公司智能电网部主任王益民，中科院半导体研究所所长李晋闽，江苏太平洋重工集团有限公司董事长梁小雷，中科院长春应用化学所党委书记张洪杰，中国中化集团副总裁潘正义、李彬，市领导王燕文、谢正义、徐益民、洪锦华、王荣平等出席开幕式。香港凤凰卫视资讯台副台长吴小莉主持开幕式。市委书记王燕文致辞，市长谢正义宣读《扬州市人民政府关于授予丁强等22人城市贵宾的决定》，王燕文、谢正义共同为城市贵宾颁发证书。 （郁 堃）

■产业发展咨询会议 4月18日，市政府经济顾问聘请仪式暨产业发展咨询会议在扬州迎宾馆举行，市长谢正义主持会议。会上，招商银行董事长马蔚华、台湾远东企业集团董事长徐旭东、国家电网公司智能电网部主任王益民、中科院半导体研究所所长李晋闽、江苏太平洋重工集团有限公司董事长梁小雷等10名产业、科技、金融等领域人士受聘担任市政府经济顾问。会议以“产业创新——扬州市‘十二五’产业发展的机遇与对策”为主题，全国社会保障基金理事会理事长戴相龙和市政府经济顾问围绕发展创新型经济、推动产业转型升级等课题作主题演讲。 （陈 健）

■“科技创新·产业合作”推介会 4月18日，中国扬州“科技创新·产业合作”推介会暨项目签约仪式在扬州迎宾馆举行。全国社保基金理事会理事长戴相龙，国务院参事室原副主任蒋明麟，南京大学党委书记洪银兴，华中科技大学校长、工程院院士李培根，中国专业国际投资有限公司董事会主席沈田义，国务院参事、中国可再生能源学会理事长石定寰，市领导王燕文、谢正义、徐益民、王荣平等出席会议。参加此次推介会的500多名嘉宾大部分是“三新一网一书”（新能源、新光源、新材料，智能电网，电子书）新兴产业以及机电装备、汽车船舶等领域领军企业的负责人或代表。推介会上，谢正义作题为《致力创新发展 合作共赢未来》的推介演讲。扬州市政府与中国矿业大学等单位签订36项科技、产业开发合作协议。 （陈 健）

■扬州“智谷”启用 4月19日，扬州“智谷”暨智能电网展示中心在扬州经济技术开发区启用。扬州“智谷”集研发、示范、展示、交易、创业孵化、产业服务为一体，由展示中心、研发中心、公共服务中心组成。美国通用电气公司、韩国LS电线电缆集团、德国西门子公司、台湾大同公司和国电南瑞公司等代表国内外最高水平的智能电网企业汇聚“智谷”，清华大学韩英铎院士工作站、西安交大扬州智能电网技术与装备研究院、群硕软件开发（扬州）有限公司、西门子—北辰智能电网研发中心等研发机构也在“智谷”集聚。副省长曹卫星，美国通用电气公司全球副总裁、输配电及数字能源业务全球总裁鲍勃·格力甘，市领导谢正义、徐益民、王荣平、张爱军等参加启用仪式。启用仪式上，省经济和信息化委员会负责人分别为扬州市“江苏省智能电网产业基地”、扬州经济技术开发区“江苏省绿色新

4月18日，2010中国扬州“烟花三月”国际经贸旅游节在宋夹城考古遗址公园开幕 王 卓/摄

光源产业示范基地”、邗江经济开发区“江苏省数控成型机床产业示范基地”授牌。（陈 健）

■ **信息服务外包大会** 4月21日，2010中国扬州信息服务外包大会暨“数字扬州”展示体验中心开展仪式在江苏信息服务产业基地（扬州）举行。市委书记王燕文、国家工业和信息化部信息化推进司副司长张宝泰出席仪式，市长谢正义致辞。信息服务外包大会上，“中国声谷”江苏信息服务产业基地（扬州）通过主题推介、现场观摩等形式为信息服务外包相关产业的企业提供交流合作平台。国内涉及金融保险、电子商务、网络游戏、商旅服务、消费电子、软件研发、数据服务等行业的主管部门及重点企业负责人参会，并现场签约一批合作项目。（陈 健）

中国扬州世界运河名城博览会暨运河名城专家论坛

■ **概述** 9月25～27日，扬州市举行2010中国扬州世界运河名城博览会暨运河名城专家论坛（简称运博会）。此次运博会的主题是：通过探讨和交流“运河城市发展低碳经济的重大意义及其途径”，进一步促进运河城市经济可持续发展和经济社会协调发展；展示扬州市新能源、新光源和智能电网等产业发展以及相关示范应用情况，扩大扬州对外合作，推进经济结构优化和发展方式的转变。

运博会期间，举行花船巡游启动仪式，运博会水上入城式、开幕式，世界运河名城专家论坛，运博会“绿色旋律”文艺晚会，并组织参加运博会的嘉宾参观“中国大运河保护与申遗图片展”和扬州“智谷”展示中心，宣传大运河的历史、大运河的保护和申报世界文化遗产工作，展示扬州市“三新一网一书”产业发展情况。

运博会期间，扬州市举办“三爱”（爱运河、爱扬州、爱生活）市民论谈、“三爱”征文活动、运河民歌演唱和诗词朗诵会、“三爱”书画作品展、运河城市桥牌邀请赛等活动以及群众文艺表演活动。（陈 健）

■ **运博会开幕式** 9月25日晚，运博会水上入城式、开幕式在唐城南门遗址广场举行。参加运博会的中外嘉宾在东关古渡码头乘船，沿古运河向南，在南门遗址码头登岸入城。省委常委、宣传部长杨新力，住房和城乡建设部总规划师唐凯，国家文物局副局长顾玉才，外交学会副会长陈永龙，工业和信息化部节能与综合利用司司长周长益，外交部气候变化特别谈判代表黄惠康，国家林业局创建森林城市办公室主任程红，联合国人居署高级顾问沈建国，省经济和信息化委员会副主任顾瑜芳，省国土资源厅纪检组长陈茹华，省外事办公室副主任张立荣，中国太平洋经济合作全国委员会常务副会长邹明榕，中国太平洋经济合作全国委员会秘书长吴正龙，内河国际理事会秘书长麦多高，世界运河历史文化城市合作组织副主席穆斯塔法，15个国外运河城市、35个中国大运河沿线城市、3个友好城市和友好交往城市、7个国际组织机构、4家世界500强企业的嘉宾及市领导王燕文、谢正义、徐益民、洪锦华、王荣平等约400人出席开幕式。中外运河城市市长共同开启53个城市会聚一堂、亲切对话、友好交流的大幕。开幕式由中央电视台主持人芮成钢主持，市委书记王燕文致欢迎辞，市长谢正义等启动发展低碳经济的“智慧之源”，省委常委、宣传部长杨新力宣布运博会开幕。（郁 堃）

■ **世界运河名城专家论坛** 9月26日，“运河城市与低碳经济”世界运河名城专家论坛在扬州迎宾馆举行。此次论坛由中央电视台主持人芮成钢主持，主题为“运河城市发展低碳经济的重大意义及其实现途径”。国外运河城市、有关国际组织、运河管理机构、外国驻华机构和国内运河沿线35个城市的代表和专家学者等190人参加论坛。在上午的特邀嘉宾演讲和主题演讲环节中，市长谢正义作题为《推进绿色低碳发展 建设精致幸福名城》的演讲；清华大学副教授、哥本哈根气候变化大会中国政府代表团成员滕飞，外交部气候变化谈判特别代表黄惠康，河北省邢台市市长刘大群，英国政府气候变化和低碳发展顾问琼斯·阿尔伯特·嘉瑞宝迪，零碳中心中国区总裁陈硕，中美气候行动计划项目主任麦文·莱斯等嘉宾先后发表演讲。在下午的分组互动活动中，与会专家、学者分别就“低碳与产业发展”、“低碳与城市建设”、“低碳与城市交通”、“低碳与市民生活”四大专题进行对话，探讨运河城市低碳发展的趋势、方向和路径，以及各自的成功做法与经验。会议发布《2010中国扬州世界运河名城博览会专家论坛共识》：以世界运河城市联盟和

9月26日，2010中国扬州世界运河名城专家论坛在扬州举行

王 卓/摄

运河博览会为平台，加强发展低碳经济的技术、经验和成果等方面的交流和共享，共同推动世界运河城市低碳建设和可持续发展。　（郁　堃）

鉴真大和尚坐像回扬省亲

■ 概述　11月23日～12月8日，扬州市举行日本奈良东大寺鉴真大和尚坐像回扬省亲活动。此次活动以弘扬鉴真大师“献身、执著、拼搏、开拓、无私”精神为主题，先后举办首届中国扬州“鉴真杯”国际书画邀请大展、鉴真大和尚坐像回扬省亲迎奉仪式、鉴真路开通仪式、鉴真大和尚坐像回扬省亲揭幕仪式、第二届鉴真精神论坛、扬州讲坛《鉴真大师与中日友好》主题演讲、庆祝鉴真大和尚善像回扬省亲专场音乐会、鉴真坐像欢送仪式等8项活动。活动结束后，扬州市政府被中国人民对外友好协会授予“弘扬鉴真精神 共促中日友好”铜牌，并获中日友好协会“特别贡献奖”。

11月24日，奈良东大寺木质鉴真和尚坐像在上海博物馆展出50多天后回到扬州省亲。

11月25日，鉴真大和尚坐像回扬省亲揭幕仪式在鉴真图书馆南广场举行。前国务委员、中日友好协会名誉顾问、第五届中日友好21世纪委员会中方首席委员唐家璇，中央社会主义学院党组书记叶小文，省政协主席张连珍，副省长张卫国，中国人民对外友好协会副会长井顿泉，中国佛教协会会长传印法师，中国人民外交学会秘书长黄星原，中日友好协会秘书长袁敏道，台湾佛光山开山宗长星云大师，凤凰卫视副总裁、中文台台长王纪言，市领导王燕文、谢正义、徐益民等出席揭幕仪式。参加揭幕仪式活动的日方嘉宾有：前国土交通大臣冬柴铁三，奈良县知事荒井正吾，日本驻中国大使馆公使山田重夫，日中友好交流促进协会副理事长玉川正幸，奈良市市长仲川元庸，唐津市市长坂井俊之，唐津市议会议长进藤键介，厚木市议会副议长神子雅人，东大寺别当、华严宗管长北河原公敬，唐招提寺前长老、壬生寺住持松浦俊海等。揭幕仪式上，表演大型古筝协奏曲《东渡》，700多名佛光山信众现场唱诵由星云大师创作的佛教圣歌《三宝颂》；著名学者、复旦大学教授钱文忠介绍鉴真大师事迹；唐家璇、张连珍、冬柴铁三、荒井正吾为鉴真坐像揭幕；王燕文、荒井正吾、传印法师、井顿泉、星云大师先后致辞。日本厚生劳动大臣细川律夫为此次活动发来贺信。中央电视台和凤凰卫视全程直播揭幕仪式。截至12月7日，有8万人次到鉴真图书馆瞻仰大师坐像。　（陈　鹏　杨　乐　杨　鉴）

鉴真大和尚坐像回扬省亲揭幕仪式现场　　程建平／摄

■ 首届中国扬州“鉴真杯”国际书画邀请大展　11月23日，由扬州市人民政府主办、中国扬州鉴真书画院承办的首届中国扬州“鉴真杯”国际书画邀请展在扬州美术馆开展，展出以弘扬鉴真大师精神为主题创作的220幅作品，其中国家、省、市知名书画家作品100余幅、日本和韩国书画家作品100余幅。12月12日，首届中国扬州“鉴真杯”国际书画邀请大展评奖结果揭晓，鉴真书画院王朝永创作的《鉴真东渡》以及出生在扬州的旅美画家严建民创作的《天地》获一等奖，另有4件作品获二等奖、6件作品获三等奖、20件作品获优秀奖。　（杨　鉴）

■ 鉴真路开通　11月24日，鉴真路开通仪式在鉴真学院西门广场举行。王燕文、徐益民等市领导为鉴真路开通剪彩，鉴真路成为迎接日本东大寺鉴真大和尚坐像回扬省亲的“迎宾大道”。鉴真路东起鉴真佛学院，西至扬子江北路，道路全长344米、宽28米，双向四车道，道路中间绿化带和两侧栽有樱花树。在鉴真路樱花树种植过程中，扬州市人民对外友好协会专门设立“鉴真基金”，面向国内外公开募集认植樱花树的资金，得到日本和扬州民众的热烈响应。日本政府职员和民众389人捐款508.5万日元（折合人民币40.68万元）认植樱花树；扬州市民724人通过“认植樱花热线”和扬州市人民对外友好协会捐款49.46万元认植樱花树。　（杨　鉴）

■ 第二届鉴真精神论坛　11月26日，由扬州市人民政府和日本奈良市政府共同主办的第二届鉴真精神论坛在扬州迎宾馆举行，论坛主题是“鉴真与中日文化交流”。复旦大学教授钱文忠主持论坛。中央社会主义学院党组书记叶小文、省政协主席张连珍、中国人民对外友好协会副会长井顿泉、中国佛教协会副会长心澄法师、中国人民外交学会秘书长黄星原、中日友好协会秘书长袁敏道、省政协办公厅副主任李乐民、省民族宗教局副巡视员马冬青、扬州市市长谢正义、扬州市政协主席徐益民，日本前国土交通大臣冬柴铁三、日本奈良县知事荒井正吾、日本驻中国大使馆公使山田重夫、日中友好交流促进协会副理事长玉川正幸、日本奈良市市长仲川元庸、日本东大寺别当北河原公敬等参加论坛。谢正义、仲川元庸、心澄法师、井顿泉分别致辞。叶小文、北河原公敬等10名嘉宾围绕“鉴真与中日文化交流”主题发表演讲，其中叶小文的演讲稿《说不尽的鉴真和尚》被当天的《人民日报(海外版)》刊载。 (杨　鉴)

■《鉴真大师与中日友好》主题演讲　11月27日，唐家璇在扬州讲坛作《鉴真大师与中日友好》主题演讲，高度概括“博爱、和平、开拓、开放”的鉴真精神内涵，推动中日友好。叶小文、张卫国、井顿泉、黄星原、袁敏道，市领导王燕文、谢正义、徐益民等出席讲坛。日本前国土交通大臣冬柴铁三，奈良县知事荒井正吾，东大寺别当、华严宗管长北河原公敬，唐招提寺前长老、壬生寺住持松浦俊海等日方嘉宾参加活动。 (杨　鉴)

对口援建绵竹九龙镇

■概述　2008年5月12日，四川汶川发生特大地震。扬州市委、市政府组织、动员全社会参加抗震救灾。6月25日，江苏省委、省政府明确扬州对口支援九龙镇；7月4日，扬州市政府向江苏省政府上报对口支援四川绵竹九龙镇灾后重建工作领导小组名单；8月4日，扬州市对口支援四川绵竹市九龙镇地震灾后恢复重建指挥部(简称市援建指挥部)进驻九龙镇；8月25日，扬州市举行对口援建九龙镇首期项目启动仪式；8月，扬州市根据《江苏省对口支援绵竹市地震灾后恢复重建工作方案》，制定《扬州市对口支援四川绵竹九龙镇地震灾后恢复重建工作方案》，从基本原则、机构设置及工作职责、内设机构及人员配备、干部选派及管理、对口支援方式及任务、对口支援工作要求六个方面作出要求；9月5日，扬州市对口援建四川绵竹九龙镇地震灾区领导小组正式成立，下设办公室(设在市发改委)，负责援建日常工作。至2010年9月，扬州市提前实现中央和省委、省政府提出的“三年任务两年基本完成”目标。在抗震救灾和九龙镇的恢复重建中，扬州市累计投入财政资金和捐款捐物3.77亿元(其中，政府财政资金3.08亿元，社会捐赠资金4237万元，社会捐赠的帐篷、衣被、医药用品等物资2617.28万元)，超额完成中央和省委、省政府下达的3.5亿元资金援建任务，其中3.20亿元用于九龙镇恢复重建、0.57亿元由省援建指挥部统筹用于绵竹市恢复重建。扬州市在九龙镇重点建设19个基础设施项目，完成援建公共建筑2.6万平方米、场镇及乡村集中居住点道路86千米、桥梁11座、输水管道36千米，电力设施由250千瓦增容到1645千瓦，整个场镇实现雨污分流。市援建指挥部获“德阳市青年突击队”称号，有2人获评全省优秀援建干部、3人获评绵竹市劳动模范、1人获评四川省灾后重建先进个人。 (刘　军　王妮姗)

■援建规划　援建任务下达后，扬州市按照“规划先导、民生优先、着眼长远、突出特色”的重建理念，派出以市规划局总规划师刘雨平为组长的6名规划师到绵竹，对九龙镇进行精当规划。先后编制《绵竹市九龙镇总体规划(2008～2020)》，集镇近期建设、镇村路网、给排水、农民集中居住点、沿山旅游等5个专项规划，以及镇区总体规划深化设计、九龙水街控制性详细规划、九龙山风景旅游区震后恢复重建景点规划、九龙山风景旅游区概念规划等一批详细规划，为灾后重建提供科学依据和技术支撑，保障援建项目顺利推进。在科学规划的指导下，九龙镇成为四川地震灾区最优美、最具特色的乡镇，受到中组部、受援市县和灾区群众的高度赞扬。市规划局被省建设厅评为“援助绵竹城乡规划编制工作先进单位”，刘雨平被省建设厅评为“援助绵竹城乡规划编制工作先进个人”，姚爱国被省委、省政府评为“援川工作先进个人”。 (姚爱国)

■援建项目全面竣工典礼　2010年9月14日，扬州市援建指挥部在九龙镇悦音台广场举行援建九龙镇工程项目全面竣工典礼。扬州市委书记王燕文向当地政府负责人发放象征4批19个援建项目的“金钥匙”。江苏省援建指挥部党委副书记、常务副总指挥李亚平，德阳市委常委、绵竹市委书记兰开驰出席竣工典礼。市人大常委会副主任李福康代表扬州市向当地捐赠慰问金100万元；市政协副主席、市委统战部部长杨明荣代表扬州市向九龙学校捐赠第四学年度助学金10万元。副市长王玉新主持竣工典礼。 (袁　建)

9月14日，扬州市援建九龙镇工程项目全面竣工，市委书记王燕文向九龙镇领导递交“金钥匙”

郭义富/摄

扬州市对口支援四川绵竹九龙镇地震灾后恢复重建重点项目一览表

项目批次	项目名称	建设内容	援建资金（万元）	开工时间	竣工时间
第一、二批项目	九龙学校	新建小学、幼儿园、成人教育中心，占地2.53公顷，建筑面积9902平方米	3433.55	2008年10月18日	2009年8月14日
	九龙镇卫生院	新建卫生院、康复中心、计生指导站，建设规模50个床位，占地0.4公顷，建筑面积2559平方米	881.76	2008年12月12日	2009年8月8日
	九龙镇敬老院	新建敬老院，建设规模80个床位，占地0.43公顷，建筑面积2459平方米	766.88	2008年12月12日	2009年6月8日
第三批项目	九龙镇廉租房	新建廉租房100套4738平方米及配套设施，完成征地拆迁工作	1172.74	2009年5月1日	2010年1月13日
	清泉村异地安置工程	建设清泉村安置点329户配套工程，完成高效农业示范园规划区域内47户拆迁安置及场地平整，建设九肖路1.3千米	657.81	2009年11月3日	2010年5月13日
	九龙镇给水工程	新建水厂1座、减压水池2座、增压泵站2座，铺设管网41.8千米	1961.99	2009年5月11日	2009年12月1日
	镇区道路及相关配套设施工程	新建道路8条3.34千米，维修道路4条1.37千米，新建中心街1条510.46米，新建道路绿化、照明、管网等配套设施	3037.50	2009年4月30日	2010年1月28日
	镇域桥梁工程	修建老二龙桥、双建桥、红庙子桥、丰家桥、水泥厂桥	252.09	2009年4月30日	2010年1月28日
	综合农贸市场工程	新建农贸市场及配套基础设施，建筑面积1121.5平方米	345.99	2009年8月16日	2010年1月28日
	沿山基础设施恢复工程	新建山门广场（含农耕文化馆）、演艺广场及配套工程，完成景观及市政室外配套、道路恢复	970.74	2009年8月16日	2010年5月13日
	双红路工程	该项目为“交支票工程”，为改造7.55千米双红路、改建1座桥梁、新建13座涵洞及相关配套提供资金	1390	2009年11月20日	2010年3月20日
	老红岩村村民回迁工程	该项目为“交支票工程”，为场地平整及基础设施建设、15.7千米村组路建设提供资金	300	2009年8月	2010年4月
	江苏工业园玉妃路工程	新建玉妃路，长968.3米、宽37米，完成照明、绿化等配套建设	3102.84	2009年7月15日	2009年12月30日
第四批项目	九龙镇道路桥梁及镇区配套设施工程	完成农业示范园路边景观改造，建设镇区厕所、乡村道路桥梁和广场	1248.00	2010年1月5日	2010年6月24日
	九龙山沿山旅游开发项目	建设滑草场、跑马岭登山道、白云山登山道、山地自行车道工程等	2087.17	2009年12月7日	2010年6月24日
	污水管网	完成九龙镇场镇沿主要道路的污水管网建设，进行雨污分流，将镇区污水通过化粪池处理后排往镇区外塘库，最后用于农田灌溉	247.23	2009年4月30日	2010年1月28日
	九龙镇文广中心	建筑面积600平方米，配套广播电视设备及网络	297.73	2009年1月15日	2010年6月24日
	九龙镇灵官楼社区综合服务中心	建筑面积800平方米，主要包括司法调解室、法律咨询室、会议室、远程教育培训室、党员活动室	541.25	2009年12月15日	2010年6月18日
	无隐寺	该项目为“交支票工程”，为修复无隐寺提供资金	429.05	2009年10月	2010年3月

（刘　军）

扬州市援建的九龙学校　　郭义富 / 摄

■ **九龙镇敬老院**　该项目 2008 年 9 月 5 日立项，12 月 12 日开工。敬老院为四合院形式，二层框架结构，建筑面积 2459 平方米，抗震设防烈度为 8 度。2009 年 5 月 12 日，九龙镇敬老院竣工交付。这是扬州市首个竣工的援建项目。　（袁　建）

■ **九龙学校**　九龙学校总用地面积 2.53 公顷，总建筑面积 9902 平方米，工程总投资 3433.55 万元。学校由小学、幼儿园和成人教育中心三部分组成。小学教学楼抗震烈度 8 度（地震动峰值加速度 0.3g），其他单体建筑抗震烈度 8 度（地震动峰值加速度 0.2g），建筑结构安全等级二级，节能标准 50%。该工程 2008 年 10 月 19 日开工，2009 年 8 月竣工并交付使用。工程获 2009 年度四川省灾后援建项目“天府杯”银奖。　（袁　建）

参与上海世博会

■ **概述**　2008 年 2 月初，市委、市政府成立“扬州市 2010 年上海世博会参展工作领导小组”，市政府制订“扬州市参与 2010 年上海世博会工作方案”，启动全市参与世博会的前期准备工作。市政府及商贸、旅游等部门与上海世博局签订旨在宣传世博、支持世博、参与世博、服务世博的全面合作框架协议。世博会期间，扬州市举办第三类展馆（又称联合馆）展示、“长三角城市友谊日”，参与世博会“江苏宣传周”和江苏馆展示等重点活动。　（潘阳春　杨　鉴）

■ **扬州案例馆**　2009 年 7 月，“扬州古城保护”项目通过世博会专家委员会遴选，获批参加世博会城市最佳实践区第三类展馆展示。7 月 24 日，“2010 年上海世博会最佳实践区案例展示扬州案例”签约仪式在长乐客栈举行。根据协议，扬州市在“城市最佳实践区”设立扬州案例馆，其展示主题为扬州古城保护，通过各种形式向世界展示扬州精致的城市形象、舒适的人居环境和博大精深的传统文化，让世界了解扬州。2010 年 3 月 29 日，扬州案例参展方案通过省住房和城乡建设厅专家组论证。

2010 年 5 月 11～14 日，以“历史文化名城　精致宜居扬州”为主题的 2010 上海世博会城市最佳实践区扬州案例馆在城市未来馆三楼展出。扬州案例馆总面积 1150 平方米，其中主展厅案例报告厅 450 平方米、门厅和临展区面积 700 平方米。

案例报告厅展示形式包括体现扬州传统民居形式的木构架，图片、电子翻书、触摸屏和多媒体演示及模型展示，游客可在虚幻的空间中游览扬州，体验扬州现代宜居特点。报告厅还展示扬州市 11 家骨干企业的产品模型和实物，宣传扬州市企业研发实力和扬州城市活力。

门厅和临展区为演出和非物质文化遗产展示区域，安排古筝演奏、雕版印刷、剪纸、木偶演出和扬州“八刻”、扬派盆景展示等，通过图片展示、电子屏触摸、多媒体演示、现场表演等多种形式，让参观者参与互动，了解和体验扬州特色文化，展示扬州“人文、生态、精致、宜居”的城市特色。　（潘阳春　杨　鉴）

■ **扬州友谊日**　6 月 8～9 日，上海世博局和扬州市人民政府联合举办上海世博会“扬州友谊日”活动。活动吸引 57 个国家和地区的 77 名世博嘉宾到扬州参观游览、交流合作。上海世博局领导莫负春及相关部门负责人和《人民日报》等主流媒体记者 29 人参加活动。活动期间，中外嘉宾参观游览以“烟花三月下扬州”、“寻找大运河的源头”、“绿杨城郭　宜居之城”和“精致的盐商生活”为主题的 4 个世博游扬州示范点，欣赏具有浓郁地方特色的文艺表演；扬州市有关部门与境外嘉宾探讨投资合作等方面事宜。　（潘阳春　杨　鉴）

■ **参与“江苏活动周”文化活动**　4 月 12～17 日，上海世博会“江苏活动周”在宝钢大舞台举行。扬州市杖头木偶表演《生旦净末丑》、高邮民歌《数鸭蛋》、扬州特色曲艺《板桥道情》、扬州民歌《拔根芦柴花》参加小舞台演出，扬州雕版印刷技艺、扬州漆器和扬州剪纸参加非物质文化遗产展演。22 人参加展演、展示，展示作品 29 件（套）。　（潘阳春）

■ **参与江苏馆展示**　做好江苏馆“物联天下”、“江海经略”等资料征集工作。“物联天下”通过 6 张图片的视频播放，全面反映扬州著名景点和标志性建筑；“江海经略”展示扬州市沿江开发成果与规划。按照网上世博会江苏省体验馆建设要求，从扬州的文化艺术、园林建设、城市新貌、工艺美术、特色菜肴、古城保护等方面做好展示准备，提供何园、个园、扬州评话、古运河两岸风貌、联合国人居奖、扬州古城、漆器、玉雕、维扬精菜馆和“骑鹤下扬州”的图片、视频和文字介绍。扬州玉器厂国宝级翡翠手工艺品“螳螂白菜”、瘦西湖风景区 6 件盆景（其中扬派盆景 5 件、水旱盆景 1 件）进入江苏馆展示。　（潘阳春）

概貌

Gaimao

本栏责任编辑　戴淑敏

地理

■位置面积　扬州市地处江苏省中部，位于长江北岸、江淮平原南端。现辖区域在东经 119°01′至 119°54′、北纬 32°15′至 33°25′之间。南部濒临长江，北与淮安市、盐城市接壤，东与盐城市、泰州市毗邻，西与南京市、淮安市及安徽省滁州市交界。扬州城区位于长江与京杭大运河交汇处，东经 119°26′、北纬 32°24′。

全市总面积 6591.2 平方千米，其中市区面积 1020.8 平方千米（其中建成区面积 82.0 平方千米）、县（市）面积 5570.4 平方千米（其中建成区面积 119.9 平方千米）。

境内有长江岸线 80.5 千米，沿岸有仪征、江都、邗江等两市一区；京杭大运河纵穿腹地，由北向南沟通白马湖、宝应湖、高邮湖、邵伯湖，汇入长江，全长 143.3 千米。

■地形地貌　扬州市境内地形西高东低，以仪征市境内丘陵山区为最高，从西向东呈扇形逐渐倾斜，高邮市、宝应县与泰州兴化市交界一带最低，为浅水湖荡地区。

扬州市区和仪征市的北部为丘陵，京杭大运河以东、通扬运河以北为里下河地区，沿江和沿湖一带为平原。

境内主要湖泊有白马湖、宝应湖、高邮湖、邵伯湖等。除长江和京杭大运河以外，主要河流还有东西向的宝射河、大潼河、北澄子河、通扬运河、新通扬运河。

■气候　扬州市属于亚热带季风性湿润气候向温带季风气候的过渡区。气候主要特点是：盛行风向随季节有明显变化。冬季盛行干冷的偏北风，以东北风和西北风居多。夏季多为从海洋吹来的湿热的东南到东风，以东南风居多。春季多东南风，秋季多东北风。

冬季偏长，4 个多月；夏季次之，约 3 个月；春秋季较短，各为 2 个多月。

2010 年，扬州市平均气温偏高，高温日数较常年偏多；年降水量北部与常年基本持平略少，南部持平略多；日照基本正常。

1. 气温

全市年平均气温市区 16.0℃、宝应县 15.6℃、高邮市 15.9℃、江都市 15.7℃、仪征市 16.1℃，与常年相比，偏高 0.5℃～0.8℃。从各月平均气温看，全市仅 4 月气温较常年同期偏低 2℃左右，3 月、10 月气温与常年基本持平，其余 9 个月气温均比常年同期偏高 1℃～2℃。

扬州市 2010 年极端最高气温 38.5℃（8 月 13 日，江都），极端最低气温 -6.6℃（2 月 13 日，宝应），市区 35℃及以上高温日数 19 天。市区初霜期比常年早 10 天（常年为 11 月 7 日），终霜期比常年晚 16 天（常年为 3 月 31 日）。

2. 降水

全市年降水量市区 1120 毫米、宝应 958 毫米、高邮 990 毫米、江都 1131 毫米、仪征 1079 毫米，与常年相比，宝应、高邮、仪征基本持平，市区、江都偏多一成左右。各月降水量比常年偏少的月份有 1 月、5 月、6 月、10 月、11 月，偏多的月份有 2 月、3 月、4 月、9 月、12 月；区域分布有多有少的月份有 7 月和 8 月。全市汛期降水量分布不均，南部偏多、北部偏少；汛期气温偏高；入梅正常，出梅正常偏迟，梅期偏长；持续性暴雨少，短时强降水频繁，雷电灾害多发。

3. 日照

全市年日照时数市区 2041 小时、宝应 2134 小时、高邮 2167 小时、江都 1870 小时、仪征 1931 小时。与常年相比，高邮持平略多，其余持平略少。全市日照时数较常年偏少的月份有 2 月、5 月、7 月、9 月、10 月，偏多的月份有 1 月、8 月、11 月、12 月，其余各月基本接近常年或区域分布有多有少。

4. 气象灾害

2010 年，扬州市重大灾害性天气有暴雨、雷电、雷雨大风、大雾等。

■资源　资源以矿产资源和水产资源为主。

扬州市已发现矿产资源 15 种，其中已探明储量的矿产资源 12 种。石油、天然气储量居全省前列，邗江、江都、高邮一带有丰富的油、气资源，邵伯湖滨地区和里下河洼地素有“水乡油田”的美誉。砖瓦黏土、石英砂、玄武岩、砾（卵）石、矿泉水、地热等矿产资源较丰富。仪征、邗江丘陵山区有黄沙储量 2 亿～3 亿吨，石料储量 1.2 亿多吨，卵石储量约 3 亿吨。全市玄武岩远景储量约 2.5 亿吨。扬州市城区北部及仪征、高邮等地地下矿泉水资源丰富，品质优良，含有可溶性偏硅酸等10多种对人体有益的矿物质和微量元素，符合国家饮用天然矿泉水标准。

全市水面广阔，资源丰富，江河湖荡中盛产鱼、虾、蟹、蚌、龟、鳖、珍珠、荷藕、芦苇等。

行政区划

扬州市现辖的3区、1县和3个县级市是中华人民共和国成立时扬州专区的大部分辖区。

1950年1月，扬州专区与划出如皋县、海安县给南通专区，划出东台县、台北县（今大丰市）给盐城专区以后的泰州专区合并，设立泰州专区，辖扬州市、泰州市、兴化县、高邮县、宝应县、靖江县、泰兴县、江都县、泰县、仪征县、六合县2市9县。

1953年1月，泰州专区改称扬州专区，专署由泰州市迁驻扬州市，原属皖北行署领导的江浦县和原苏北人民行政公署直辖的扬州市划归扬州专区领导。1956年2月，六合、仪征、江浦3县划归镇江专区，原属镇江专区的扬中县划归扬州专区。1956年3月，江都县析为江都、邗江2县。1956年12月，扬中县划归镇江专区，六合、仪征、江浦划回扬州专区。1958年7月，六合、江浦2县划归南京市。1960年4月，宝应县、高邮县析湖西地区为金湖县。1966年3月，仪征、六合、金湖3县划给新设立的六合地区。1971年3月，六合地区撤销，仪征、六合2县划回扬州专区。5月，扬州专区改称扬州地区。1975年，六合县划归南京市，扬州地区辖2市9县。

1983年3月，江苏省改革地市体制，调整行政区划，扬州地区行政公署撤销。原属扬州地区的泰州市和江都、邗江、泰县、高邮、靖江、宝应、泰兴、兴化、仪征9个县划归扬州市管辖。扬州市改由省管辖，设广陵区和郊区。1986年4月，仪征县撤县设市；1987年12月，兴化县撤县设市；1991年4月，高邮县撤县设市；1992年9月，泰兴县撤县设市；1993年8月，靖江县撤县设市；1994年4月，江都县撤县设市；1994年7月，泰县撤县设立姜堰市。撤县设市中，行政区划均未改变。

1996年8月，经国务院批准，扬州市行政区划调整，撤销县级泰州市，设立地级泰州市，原由扬州市代管的泰兴、姜堰、靖江、兴化4个县级市划归泰州市管辖。扬州市设广陵

2010年扬州市行政区划和土地面积表

地　区	镇（个）	乡（个）	街道（个）	居民委员会（个）	村民委员会（个）	面　积（平方千米）	
							建成区面积
总　计	**70**	**7**	**13**	**381**	**1097**	**6591.2**	**201.9**
市　区	16	4	13	152	199	1020.8	82.0
广陵区	1	1	4	50	24	77.7	
维扬区	1	3	3	44	8	111.2	
邗江区	11		4	32	140	698.7	
宝应县	14			57	224	1461.6	28.5
仪征市	8	2		55	133	857.1	38.0
高邮市	19	1		52	278	1921.8	22.4
江都市	13			65	263	1329.9	31.0

注：扬州经济技术开发区（简称扬州开发区）代管的镇、街道数计入市区。

2010年扬州市乡镇、街道一览表

地　区	乡　镇、街　道　名　称
扬州开发区	施桥镇　八里镇　朴席镇　扬子津街道　文汇街道
广陵区	湾头镇　汤汪乡　东关街道　汶河街道　曲江街道　文峰街道
维扬区	西湖镇　平山乡　城北乡　双桥乡　梅岭街道　瘦西湖街道　甘泉街道
邗江区	瓜洲镇　李典镇　杭集镇　公道镇　头桥镇　槐泗镇　沙头镇　方巷镇　杨寿镇　泰安镇 杨庙镇　邗上街道　蒋王街道　汊河街道　新盛街道
宝应县	安宜镇　范水镇　山阳镇　曹甸镇　鲁垛镇　西安丰镇　望直港镇　小官庄镇　夏集镇 射阳湖镇　广洋湖镇　柳堡镇　黄塍镇　泾河镇
仪征市	真州镇　青山镇　新城镇　新集镇　大仪镇　陈集镇　马集镇　刘集镇　月塘乡　谢集乡
高邮市	高邮镇　三垛镇　界首镇　临泽镇　八桥镇　送桥镇　横泾镇　汉留镇　车逻镇　郭集镇 卸甲镇　天山镇　汤庄镇　龙虬镇　马棚镇　甘垛镇　周巷镇　司徒镇　周山镇　菱塘乡
江都市	仙女镇　邵伯镇　大桥镇　丁伙镇　小纪镇　樊川镇　真武镇　丁沟镇　宜陵镇　郭村镇 浦头镇　武坚镇　吴桥镇

区、郊区,辖宝应县、邗江县,代管仪征、高邮、江都3个县级市。2000年12月,邗江县撤销县级建制,改设扬州市邗江区。扬州市设广陵、郊区(2002年更名为维扬区)、邗江3个区,辖宝应县,代管仪征、高邮、江都3个县级市。

2010年,扬州共有70个镇、7个乡、13个街道。

史略

扬州有近2500年有文字可考的历史。

大约距今7000～5000年前,淮夷人就在扬州一带劳动生息,并有了水稻栽种。

春秋时期,今扬州市区西北部一带称邗。公元前486年,吴灭邗,筑邗城,开邗沟,连接长江、淮河。越灭吴,地属越;楚灭越,地归楚。公元前319年,楚在邗城旧址上建城,名广陵。秦统一六国后,设广陵县,属九江郡。

汉代,今扬州称广陵、江都,长期是诸侯王的封地。吴王刘濞"即山铸钱、煮海为盐",开盐河(通扬运河前身),促进了经济的发展。为改善和巩固民族关系,元封六年(公元前105年),汉武帝把江都王刘建的女儿刘细君嫁到乌孙国,比王昭君和亲匈奴还早80多年。东汉末年,张婴率领的农民起义军在广陵一带转战10余年后,被广陵太守张纲劝降。但不久,许多曾参与起义的农民又响应并参加了黄巾起义。

三国时期,魏吴之间战争不断,广陵为江淮一带的军事重地。

南北朝时期,广陵屡经战乱,数次变为"芜城",但由于劳动人民数百年的辛勤开发,经济地位在恢复中不断提高。山东青州、兖州一带的移民南迁广陵一带,促进了扬州的经济发展。北周改广陵为吴州。

589年,隋灭陈,建立了统一的隋政权,改吴州为扬州,置总管府。至此,完成了历史上的扬州和今天的扬州在名称、区划、地理位置上的基本统一。隋炀帝时,开大运河连接黄河、淮河、长江,扬州成为水运枢纽。大运河不仅便利交通、灌溉,而且对促进黄河、淮河、长江三大流域经济、文化的发展和交流起到重要作用,奠定了唐代扬州空前繁荣的基础。隋炀帝大业初年改州为郡,扬州随之改为江都郡。605～616年,隋炀帝三下江都。618年,隋炀帝被部将宇文化及所杀,葬于扬州城西北五里吴公台下,后迁葬于雷塘。619年,李子通率农民起义军攻克江都,称皇帝,国号吴。620年,扬州为唐军占,名称屡有更改;626年,复称扬州,治所在今扬州。

唐代扬州农业、商业和手工业相当发达,出现了大量的工场和手工作坊,不仅富甲江淮,而且是中国东南第一大都会,时有"扬一益二"之称(益州为成都古称)。扬州是南北粮草、盐、钱、铁的运输中心和海内外交通的重要港口,曾为都督府、大都督府、淮南道采访使和淮南节度使治所,领淮南、江北诸州。在以长安为中心的水陆交通网中,扬州始终起着枢纽作用。唐代扬州和大食(阿拉伯)交往频繁。侨居扬州的大食人数以千计。侨居扬州的客商主要来自波斯、大食、新罗、日本等国。日本遣唐使到扬州和高僧鉴真东渡日本促进了中日两国的政治、经济、科学和文化交流。扬州人李善在吸收前人成果的基础上,重新注释《文选》,旁征博引,为后人保存了大量重要文献资料;其子李邕能诗善文,工书法,尤擅行书,是继虞世南、褚遂良之后的大书法家。张若虚为"吴中四杰"之一,《春江花月夜》有"以孤篇压全唐"之誉。684年,徐敬业、骆宾王在扬州起兵反对武则天政权。

唐末五代,军阀混战,扬州遭到严重破坏。887年,杨行密开始入主扬州。919年,其子杨渭(隆演)就吴国王位,改元武义。920年,杨渭卒,弟杨溥即吴王位;927年,杨溥即皇帝位,改元贞元,史称"杨吴"。937年,徐知诰迫杨溥禅位,自即帝位,国号为唐,史称"南唐"。957年,后周取南唐江都府,复称扬州。

960年,北宋建立。农业、手工业迅速发展,商业进一步繁荣,扬州再度成为中国东南部的经济、文化中心,与都城开封相差无几。每年商业税收约8万贯,居全国第三位。1127年,高宗赵构迫于金人进逼,在迁都过程中以扬州为"行在"一年,促进了扬州的繁荣。100多年间,扬州一直是抗金、抗元的战场。韩世忠、刘琦、岳飞等南宋名将在这一地区进行了艰苦的斗争。1275～1276年,李庭芝、姜才率军队和扬州人民一起与元军展开不屈的斗争,不幸殉难,扬州城仅剩数千人。战争使经济和社会遭到严重破坏,但在局势相对稳定的时期,扬州的经济又不断恢复发展。文化方面,欧阳修、苏轼、秦观、姜夔、王令等在扬州留下大量传世名作。

元、明两代,扬州经济发展加快。到扬州经商、传教、从政、定居的外籍人日渐增多,其中仍以波斯人和阿拉伯人为最。元时,运河扬州段经几次整治,基本形成了今天的走向,恢复了一度中断的漕运,扬州又迅速繁华起来。明代,商品经济的发展孕育了资本主义生产关系的萌芽。扬州的商业主要是两淮盐业的专卖和南北货贸易,盐税收入几乎与粮赋相等。商业扩大到旧城以外。手工业作坊生产的漆器、玉器、铜器、竹木器具和刺绣品、化妆品都达到相当高的水平。为防止倭寇再次入侵,1556年,扬州建"新城"。文化方面,出现了睢景臣等一批著名杂剧、小说作家。明朝灭亡

扬州东门遗址　　丁春晴/摄

后，为阻止清兵南进，南明督师史可法在扬州率军坚守孤城，宁死不降，表现出坚贞不屈的民族气节。城陷后，清军屠城十日，死者数以万计。

清代，康熙和乾隆多次“巡幸”，使扬州出现空前的繁华，城市人口超过50万，成为中国的八大城市之一，也是18世纪末、19世纪初世界十大城市之一。当时的扬州，居交通要冲，富盐渔之利，盐税与清政府的财政收入关系极大。各地商人纷纷在扬州建起会馆，各有营业范围和地方特色。同时兴起的还有会票——信用汇兑。一些盐商广结文士，爱好藏书，捐资修建府学、县学，恢复名胜古迹，兴建园林，对扬州的文化发展有一定贡献。这期间出现了以金农、汪士慎、黄慎、李鱓、郑燮、李方膺、高翔、罗聘等“扬州八怪”为代表的扬州画派，以任大椿、汪中、焦循、阮元和王念孙、王引之父子为代表的扬州学派。扬州戏剧历史悠久，至清代大盛。1790年，为庆祝乾隆皇帝80寿辰，以宝应高朗亭为班主的三庆班进京演出，与其他剧种一起，对京剧的形成和发展产生重要影响。扬州的雕版印刷和评话、清曲、扬剧、木偶剧以及棋、琴等均在清代达到了较高的水平，形成了自己的特色，奠定了扬州成为当时中国文化中心的基础。

19世纪中叶以后，由于运河山东段淤塞，漕粮改经海上运输，淮盐改由铁路转运，加上其他方面的原因，扬州在经济上逐渐衰落。第一次鸦片战争期间，扬州府属的瓜洲、仪征等地人民奋起抵抗英军侵略。太平天国农民起义军先后3次在扬州一带抗击清兵南北大营的分兵合击。在孙中山领导的民主主义革命中，扬州人熊成基在安徽以陆军炮营队官的身份，于1908年11月组织、领导了著名的安庆新军起义，开始武装夺取政权的尝试。1911年11月，孙天生与同盟会联系，在扬州发动武装起义，史称“扬州光复”。

1912年，中华民国废扬州府，置江都县。1922年，扬州境内第一条公路建成。1925年，中国共产党开始在扬州一带组织、领导人民进行新民主主义革命。1931年，扬州洪水泛滥，长江和运河沿线决口60余处，死于水灾、饥饿和疫病者数十万。1937年10月，中共中央长江局派员在扬州建立中共扬州特别支部，与扬州各界人士一同开展抗日救亡运动；12月，侵华日军占据扬州，以陈文为首的扬州抗日义勇团在扬州北乡展开抗日斗争。1939年初，新四军贯彻中共中央东进北上的方针，着手创建苏中抗日根据地。1940年7月，陈毅、粟裕率新四军主力北渡长江、挺进苏中，在江都建立新四军江北指挥部。在抗日战争和解放战争中，扬州人民在中国共产党领导下，进行了艰苦卓绝的斗争，为新民主主义革命的胜利，尤其为淮海战役和渡江战役的胜利作出了重要贡献。

辛亥革命以后，扬州的文化艺术领域名家辈出，比较有影响的有朱自清、刘师培、李涵秋、贡少芹、张丹斧、陈含光、潘月樵和革命作家李进、李俊民、韩北屏、许幸之、江树峰等。朱自清是对中国文学很有影响的人物；李涵秋创作的33部小说中，以反映扬州里巷风俗轶闻的《广陵潮》最为著名。

1948年底至1949年4月，扬州各县相继解放。1949年1月25日，今扬州市区解放，设置扬州市；以仙女庙镇为治所，另建江都县。

人口 民族 语言

■ **人口**　2010年末，扬州市户籍总人口459.12万，比上年末增加3183人，增长0.07%。其中，男性230.20万人，占总人口的50.14%；女性228.91万人，占总人口的49.86%。男女性别比为100.56。人口密度为696人/平方千米。2010年，扬州市公安机关登记出生人口3.54万、死亡人口4.29万，全市人口自然增长-0.75万，人口自然增长率-1.63‰。

■ **民族**　扬州市有46个民族。汉族人口最多，占人口总数的99.60%。少数民族人口1.78万，占0.40%。其中，回族人口最多，约1.07万，占少数民族人口总数的60.28%。

超过100人的少数民族有回族、苗族、彝族、土家族、满族、壮族、侗族、蒙古族、布依族、维吾尔族、朝鲜族、黎族、哈尼族，其他如景颇族、京族、纳西族、高山族、毛南族、俄罗斯族、裕固族、基诺族、柯尔克孜族、塔塔尔族、赫哲族、鄂伦春族人数相对较少。

少数民族人口分布较广泛，但又相对集中。回族主要分布在高邮、广陵、维扬、江都、邗江；在高邮，回族又相对集中在菱塘一带。菱塘回族乡是江苏省唯一的少数民族乡。土家族分布在江都、仪征、高邮和邗江一带。满族分布在维扬、仪征、邗江、江都一带。侗族主要分布在仪征。仪征市月塘乡龙山村、大仪镇河北村为民族村。

少数民族在各县（市、区）的分布情况：广陵区和维扬区35个，邗江区38个，江都市39个，仪征市32个，高邮市32个，宝应县34个。

■ **语言**　扬州市的语言是以“扬州话”为代表的江淮官话。扬州市城区、仪征、宝应、高邮（除东部与兴化交界的边缘地区外）和江都红旗河、野田河以西地区属江淮官话的洪巢片；江都红旗河、野田河以东地区，高邮东部与兴化交界的边缘地区属江淮官话的泰如片。

宝应中港渔业村是中原官话方言岛。

扬州市区的语言——“扬州话”是江淮官话的重要代表之一。

风景名胜

蜀冈风景区

■ **概述**　蜀冈地处扬州市区北部，绵延起伏，上有三峰。西峰上旧有司徒庙、吴公台、玉钩斜等古迹；中峰有大明寺、栖灵塔、鉴真纪念堂、平山堂、西园、天下第五泉等名胜；东峰最高，上有观音禅寺、鉴楼、唐城、唐城遗址等胜迹。蜀冈风景区是集园林风光、宗教建筑、文化古迹于一体的游览胜地。

■ **平山堂**　位于蜀冈古刹大明寺内

鉴真纪念堂　　周泽华／摄

西侧，始建于北宋庆历年间，为扬州太守、著名文学家欧阳修所筑。平山堂为敞口厅，单檐硬山带卷棚廊，面阔五间，进深三间。堂前为平台，平台尽端有石栏槛。栏外幽篁古木，随山势而下，一片郁郁葱葱。立平台远眺，江南诸山奔来眼底，故有平山堂之称。平山堂上木制匾联与勒石诗词甚多。“衔远山，吞长江，其西南诸峰林壑尤美；送夕阳，迎素月，当春夏之交草木际天”用集句手法巧妙地表现了平山堂迷人的景色。伊秉绶所撰“过江诸山到此堂下，太守之宴与众宾欢”以及朱公纯所撰“晓起凭栏，六代青山都到眼；晚来对酒，二分明月正当头”亦为脍炙人口的佳联。

■栖灵塔　栖灵塔原建于隋仁寿年间，系为庆祝隋文帝生日所建全国30座宝塔之一，内供奉舍利，故名栖灵塔，唐会昌三年（843年）毁于火。现塔建于20世纪90年代中期。栖灵塔坐落于大明寺内东侧，风格仿唐，轮廓雄健有力；塔身方形，九级佛塔置于2.5米高的承台之上，塔下设地宫；主体结构为钢筋混凝土，内部为木结构楼阁式。塔底层供奉4尊玉佛，面朝四方。九层宝塔内绘制系列壁画《善财童子五十三参》。

■西园　西园即西苑芳圃，亦称御苑芳圃，坐落于大明寺平山堂西侧，初建于清雍正年间，后为迎接乾隆帝南巡陆续修建。乾隆元年（1736年），扬州巨富、光禄寺少卿汪应庚购地数十亩扩建芳圃。四周冈阜起伏，层峦耸翠，富有山林野趣；中部凹陷若釜，一池清泓碧波沦涟。建筑物依山傍水，因势嵌缀，或舫浮水面、亭悬山腰，或厅栖阜顶、榭临岸侧。园内尚有天下第五泉、御碑亭、鹤冢等文物景点。

■观音山　观音山在蜀冈东峰，又名功德山，山上有观音禅寺、上苑、鉴楼等。鉴楼在寺之东部。据载，隋炀帝于扬州建宫室，役夫数万，经年而成。其中楼阁高下，玉栏朱楯，幽房曲室，互相连属。炀帝喜顾左右曰：“使真仙游其中，亦当自迷。”故以“迷楼”称之。隋亡，楼亦毁。后人于今址建楼，内悬“鉴楼”匾额，以示鉴戒。上苑在寺西南，小院内多紫竹名木。1982年于小院之南山崖边建“夕照亭”，接以跌落长廊。于亭廊中观景，境界开阔，湖山如画。

瘦西湖风景区

■概述　扬州瘦西湖风景区为国家重点风景名胜区、国家5A级旅游区。在清康熙、乾隆时期即已形成的“两堤花柳全依水，一路楼台直到山”的湖上园林之景融南方之秀、北方之雄于一体，以风韵独具而蜚声海内外。景区内窈窕曲折的一湖碧水串以卷石洞天、西园曲水、长堤春柳、荷蒲熏风、四桥烟雨、徐园、月观、小金山、钓鱼台、水云胜概、五亭桥、白塔晴云以及二十四桥景区、万花园（石壁流淙）景区、锦泉花屿景区、蜀冈朝旭景区等名园胜迹，俨然一幅次第展开的国画长卷。

■盆景园　该景点在绿杨村花鸟虫鱼市场之西，南临城河，北为高坡，主要包括清代二十四景的卷石洞天、西园曲水和虹桥修禊等。卷石洞天利用中国古典园林以小见大的造园方法，在室内展现自然风光，室外假山山奇、石怪、洞幽。洞由峰回，清泉回旋，水音与岩壑共鸣。西园曲水地处瘦西湖和南湖水以及北城河交汇的地方，水势曲折，水中有岛，岛外有桥，歌咏厅、薜萝水榭、拂柳亭、南漪石舫、浣香榭等具有明清特色的建筑面水而立，相映成趣。虹桥修禊位于园之南部，四面环水，为清“倚虹园”旧址，岛上回廊蜿蜒曲折，饮虹轩、饯春堂二厅随形傍水。

■长堤春柳　长堤春柳起于虹桥西岸，向北止于徐园，为清乾隆时盐商黄为蒲构筑。后渐渐荒废，至咸丰、同治年间，堤柳已不复存。1915年建徐园时，恢复旧观。此景南北500多米，沿堤遍植杨柳，每至春日，柳絮随风飞舞，迷离如烟；垂柳间植有桃树，桃花开时，与杨柳相互映衬，更显清纯飘逸，艳丽多姿。长堤中段建有方亭，枕于湖上，游人于此小憩，宛如走入画图。

■徐园　徐园系1915年为祀民国初年扬州都督徐宝山而建。园门南迎长堤春柳。园内有一泓池水，湖石驳岸，池内养睡莲，岸边植有红蓼、菖蒲、垂柳、木香。池北有听鹂馆。馆前平台上置南朝萧梁时代铁镬两只，馆西有“青草池塘吟榭”。榭后转侧门，内有雅室三间，为冶春后社旧址。康有为游扬州时，曾小住于此。西折有曲廊逶迤，接疏峰馆，馆前多腊梅、紫藤，花树间垒以湖石，颇有幽致。

■小金山　小金山原名长春岭，清乾隆年间加葺而成。四面环水，形如青螺。有琴室、棋室及月观等景。月观之北，为岭之东麓，有梅岭春深之景。沿磴道、土坡至岭上风亭，为湖上最高观景之点，可北望平山堂、栖灵塔诸胜，南眺金山、焦山。

■ 四桥烟雨楼 四桥烟雨楼位于瘦西湖东岸，与小金山隔湖相望，旧为盐商黄履暹别墅，乾隆南巡时赐名“趣园”。现存四桥烟雨楼为1960年重建，面西，二层三楹，四面廊。雨中登楼远眺，春波桥、大虹桥、长春桥、莲花桥空蒙变幻，可得“四桥烟雨”之意境。

■ 钓鱼台 深入瘦西湖湖心的钓鱼台是中国众多钓鱼台中体量最小、也是极富特色的一座。站在钓鱼台斜角60度，从北边的圆洞中可以看到五亭桥横卧波光，从南边的圆洞中则正好可以看到巍巍白塔，那洞中借景的画面一彩一素、一横一卧，堪称绝妙。它是中国名亭建筑的典范，是中国园林“框景”艺术的代表作品。

■ 莲花桥 乾隆二十二年(1757年)，巡盐御史高恒开莲花埂新河抵平山堂，同时于此建桥，以便南北通行。因桥在莲性寺北，桥上五亭聚如金莲，故名莲花桥，俗称五亭桥。五亭桥形态独特，仿自北京北海金鳌玉蝀桥和五龙亭，但又创造性地将五亭聚合，再将桥亭合二为一构筑而成。五亭之中，中间一亭重檐，略高；四角四亭单檐，稍低。五亭之间有短廊相接。上覆金黄色琉璃瓦，空花脊，24个檐角平出后又略略飞举，似盛开的金莲花花瓣。桥上朱红亭柱，周边护以石栏，有条石供人憩坐。桥身下支四翼，共有正、侧拱洞15个。《扬州画舫录》记载，“月满时，每洞各衔一月，金色混漾”。五亭桥结构严谨，多有创意，茅以升曾誉之为“中国古代交通桥与观赏桥结合的典范”、中国“最具艺术美的桥”。

■ 白塔 白塔在五亭桥南侧莲性寺内，于清乾隆年间建造，仿北京万寿山喇嘛塔形式。三层，下为高大白石台基，四周亦以白石为栏。台上砖石塔座，作须弥座式，八角四面，每面三龛，龛内置砖雕十二生肖。塔身古瓶状，瓶腹南向辟莲瓣形龛，内供白衣大士。塔顶有宝葫芦式塔刹，金顶华盖，青铜璎珞，垂以塔铃，迎风叮当，悠扬清越，如来自天外。白塔与邻近之五亭桥一立一卧，一素一彩，一为绿树拥簇、一在碧波之上，成为湖上十分独特的景观。

■ 熙春台 熙春台在瘦西湖水向北转折处，朝东面水，与五亭桥遥遥相对，碧瓦朱甍，颇具皇家园林气派，为清乾隆年间扬州官绅为皇帝祝寿之所，故又名“春台祝寿”。熙春台建于三级平台之上，面阔五楹，前有抱厦，二层重檐，四面有廊，飞檐翘角。台内有云纹梁柱，云月漏窗，中置仿古编钟。台之北，有游廊数折与十字阁相接。台之南，有湖石假山、风亭、复道廊组合为景。台前偏北处有汉白玉诗碑一座，镌毛泽东手书杜牧《寄扬州韩绰判官》诗。

莲花桥 茅永宽／摄

■ 二十四桥 据《扬州画舫录》记载，二十四桥原在熙春台后。因杜牧诗句“二十四桥明月夜，玉人何处教吹箫”而得名。姜夔《扬州慢》中有“二十四桥仍在，波心荡，冷月无声。念桥边红药，年年知为谁生”，因而又称“红药桥”。二十四桥为白矾石玉带状单孔拱形桥，长24米，宽2.4米，两边桥坡台阶各24级，两侧汉白玉栏杆24根，石栏上雕云月图案。桥头接水处以湖石叠作巧云状，近植桂树，桥东水上接三折平桥，并于小岛屿上构吹箫亭。如临月夜，桥洞拱形与水中半圆之影相合，恰成为一轮圆月，观之似霓虹卧波，令人赏心悦目。

■ 万花园 据清康熙朝《扬州府志》记载，“万花园，宋端平三年(1236年)制使赵葵即堡城统制衙为之”。现今的万花园西、南两面与瘦西湖相邻，北临小运河，东靠平山堂路，总面积约33万平方米，包含石壁流淙、静香书屋等景区，具有花事、博览、观奇、体验、智趣、休闲、教育、生态、娱乐、审美十大功能。万花园强调“万花”主题，在塑造群芳竞秀氛围的同时，多方位展示花与国家、花与城市、花与名人、花与诗词、花与民俗、花的寓意等花卉文化。

住宅园林

■ 何园 何园位于古运河东南段之北，系归隐扬州的湖北汉黄德道台何芷舠始建于清光绪元年（1875年）。园主取陶渊明“倚南窗以寄傲”、“登东皋以舒啸”之意境，题园名为“寄啸山庄”。何园是一座大型住宅园林，由东西花园、住宅楼群、片石山房组成，尤以复道行空、回廊曲折著称。园居院落融中西建筑艺术于一体，前进楠木大厅气势雄伟，后两进两层洋楼工艺精细考究。片石山房为大画家石涛和尚所拟构，占地不广，

个园竹林小径　　周泽华 / 摄

却丘壑宛然，被称为“江南园林中的孤例”。

■ **个园**　个园为全国重点文物保护单位，由两淮盐总黄至筠于清嘉庆二十三年(1818 年)在明寿芝园旧址重建。园主生性爱竹，园名取自清代诗人袁枚的名句“月映竹成千个字”。园景以竹石为主，以分峰用石为特色。其最负盛名者乃四季假山：春山笋石参差，修篁弄影；夏山中空外奇，深潭清冽；秋山黄石丹枫，峻峭依云；冬山宣石似积雪未消。南墙设风洞，有朔风之声，而西墙漏窗却又远远招来春色。园北区有竹百余种，为赏竹佳处；南区为园主人住宅，均已对外开放。

■ **汪氏小苑**　汪氏小苑坐落在地官第 14 号，是扬州保存最为完好的清末民初大型盐商住宅之一。小苑建筑占地 3000 余平方米，遗存老屋近百间，建筑面积 1600 余平方米。小苑建筑组群布局规整，住宅庭院比例均衡，采光充足，纵横互联相通，内外分合自如，体现扬州大宅门传统格局。庭园玲珑精巧，厅前屋后辟“可栖椰”、“小苑春深”、“迎曦”小苑。装修雕琢精湛，木雕、砖雕、石雕技法多样，门楣、石额、匾额、楹联皆出自名家之手。

■ **小盘谷**　小盘谷在城南大树巷内，初有旧园建于清乾隆、嘉庆年间。光绪三十年(1904 年)，两江总督周馥购为家园。园内苍峰耸翠、行盘水曲，与楼、堂、桥、阁、亭、廊共纳于方寸之地，且又能组合得体，疏密有致，故得名“小盘谷”。

寺院道观

■ **大明寺**　大明寺为淮左著名古刹，始建于 5 世纪南北朝宋孝武帝刘骏大明年间。因历史久远，原寺已废圮，现寺为清同治年间重建。曾有西寺、栖灵寺、法净寺之称。大明寺矗于蜀冈中峰，寺庙依山而建，殿宇楼台，层层相接；古树排空，万绿深锁；红墙青瓦，巍峨古朴。寺内有古朴典雅的平山堂、谷林堂、欧阳祠、栖灵塔。寺东幽静的庭院为鉴真纪念堂。

■ **高旻寺**　高旻寺位于扬州南部古运河西岸，势扼三汊河，为佛教名刹，与镇江金山寺、常州天宁寺、宁波天童寺并称中国佛教禅宗四大丛林。始建于清顺治年间，初有天中塔，后建梵宇三进，称“塔庙”。其后曹寅又在寺院西侧建行宫，规模数倍于寺。咸丰年间毁于火，同治、光绪年间稍复旧观。1982 年，高旻寺被列为汉族地区重点开放寺庙之一。

■ **文峰寺**　文峰寺位于扬州南郊古运河畔，始建于明万历十年(1582 年)，由僧人镇存募化，知府虞德晔建浮屠，邵御史题名“文峰塔”，寺亦名“文峰寺”，兵部尚书王世贞作记。文峰塔七层八面，砖木结构，如孤峰耸秀，矗立云霄。

■ **琼花观·琼花园**　蕃釐观，俗称琼花观，在文昌中路北侧，汉代为后土祠，汉成帝元延二年(公元前 11 年)建，祀土神。唐僖宗中和二年(882 年)，淮南节度使高骈重建，供奉主管大地万物生长的女神后土夫人。北宋至道二年(996 年)，王禹偁为扬州太守，观内有奇花盛开，俗谓琼花。今之琼花观临街建石牌坊，上额“蕃釐观”之名为宋徽宗政和年间所赐。北有山房、大殿，东西两边建二层廊楼。殿后有门通琼花园。琼花园正门在观巷内，园门西向。园之东部有古琼花台，台上植高大琼花一株。台北数步叠湖石假山一座，山上建重檐圆攒尖顶亭，名“无双亭”。山之偏西，有玉钩洞府。园之中部凿一曲池，池西建有平台、花厅，园南有曲廊绵延。园内古木参天，幽静怡人。

陵园

■ **扬州汉陵苑**　汉陵苑位于平山堂附近，又名汉广陵王墓博物馆。汉陵苑主要展示西汉第一代广陵王、汉武帝之子刘胥及王后的木椁墓。两座墓同属于帝王级的“黄肠题凑”式木椁墓，规模宏大，结构严谨，是全国罕见的大型汉代墓葬之一，距今有 2000 多年的历史。苑内地形起伏，建筑古朴雄浑，林木葱郁，绿草如茵，是融文物与园林为一体的汉文化展示中心，为国家 3A 级景区。

■ **隋炀帝陵**　隋炀帝陵位于扬州城北，邗江区槐泗镇雷塘北侧，占地 3 公顷，由石牌楼、陵门、城垣、石阙、侧殿、墓冢等组成。

■ **普哈丁墓园**　普哈丁墓园在古运河东岸、解放桥东南。门额题“天方矩矱”，意为阿拉伯楷模人物。正门上额为“西域先贤普哈丁之墓”。墓园内有清光绪三十四年（1908 年)《先贤历史记略》碑，称“普哈丁者，天方之贤士，负有德望者也。相传为穆罕默德圣人十六世裔孙。宋咸淳年间来扬州”。普哈丁在扬州生活十年，布教、传播伊斯兰文化，并建仙鹤寺。墓园之门及主建筑皆朝西，阿拉伯式，富有异域情调。墓园内又陆续葬有宋、明其他西域先贤及虔诚教徒。

其他景区

■ **茱萸湾风景区**　茱萸湾风景区为国家 3A 级旅游区，地处扬州市区东北部，面积约 50 公顷，东临古运河，西傍京杭大运河，北通邵伯湖，南望

茱萸湾风景区一角　　丁春晴/摄

江都水利枢纽工程。茱萸湾风景区是一座融自然风光、人文景观、植物和动物观赏、现代游乐为一体的半岛生态型动植物园，景区内建有华东地区一流的动物散养观赏区。其园坐山造势，小桥流水，植物点缀，合理配置植物品种。环岛建有8千米的运河风光带，有季节特征明显的植物林带及各类花卉观赏园。

■ **竹西公园**　竹西公园位于古运河之北的黄金坝，取唐朝诗人杜牧《题扬州禅智寺》"谁知竹西路，歌吹是扬州"诗意命名。隋代此地建有禅智寺，又名竹西寺，清咸丰年间毁于兵火。竹西公园位于昔日禅智寺附近，园内有竹西亭、竹西精舍、月明桥诸景点，再现"竹西佳处"景观。

■ **荷花池公园**　荷花池本为南湖，与瘦西湖相通。其址原有九莲庵，后建南园。公园面积8.5公顷，其中水面约5公顷，因水中广植荷花，俗称荷花池。该园系在明末清初历史名园影园和九峰园（南园）故址上复建。

■ **凤凰岛生态旅游区**　扬州凤凰岛生态旅游区位于扬州城区东北，邵伯湖南端与京杭大运河相接的湖口处。138平方千米的邵伯湖水面上，漂浮着8个柳叶般的岛屿。这里江、河、湖相连，水天相望，岛上草深林密、杂树生花；水边芦花飞扬，禽鸟相逐，是江淮平原上自然生态环境保持最完好的平原—湖泊类型湿地景观。扬州凤凰岛生态旅游区是首批国家级农业旅游示范点和省级森林公园。

市花 市树 市歌

■ **琼花**　1985年7月18日，扬州市第一届人民代表大会常务委员会第十六次会议决定，扬州市市花为琼花。

琼花属忍冬科荚蒾属，是一种落叶或半常绿灌木，高可达数米。

琼花的枝条多呈灰黑色，幼枝、芽、叶柄均有灰白色或黄白色的垢屑状星状毛。叶对生，卵形、椭圆形或卵状长圆形，长5～11厘米，边缘有细齿，表面疏生星状柔毛，背面密生星状柔毛。每年4月中下旬开花，5月上中旬终花。花为大型聚伞花序，由大型不孕花和两性小花两部分构成。大型不孕花多为8朵，分布于花序周围，也偶有7朵、9朵、10朵甚或更多者。花冠直径约3.2～4.5厘米，最大可达7厘米，每朵5瓣，初开芽绿色，渐转黄白色，盛开全白色；花序中间簇生的数十朵乃至近百朵两性小花朵花冠轮状，白色，直径仅7～10毫米，亦分5瓣，有雄蕊5枚（黄色）、雌蕊1枚，子房下位。两性小花有奇香。大型不孕花比两性小花早开7天左右，凋落亦比两性小花早。如遇秋季气温回升或暖冬天气，可二度开花。琼花果实由两性小花受粉后形成，初时青绿，继而米黄，再转暗红，最后紫黑，百果成簇，每粒长约10～12毫米，宽约7～8.8毫米，呈扁平、椭圆形。

琼花性强健，喜光、喜肥，较耐阴寒，不耐水渍，不耐干旱。用播种、嫁接、扦插和压条等方法均能繁殖。

■ **芍药**　2005年1月5日，扬州市第五届人民代表大会常务委员会第十二次会议决定，增补芍药为扬州市市花。

芍药为毛茛科芍药属多年生宿根草本植物。有肉质的粗大主根，茎丛生，茎和叶梗有紫红和绿色两种。叶互生，二回三出复叶，小叶三裂，呈尖椭圆形。花蕾单生于分枝顶端，立夏前后开花。花大而艳丽，有单瓣或重瓣，花型多样，花色或红、或白、或紫、或黄，灿烂绚丽，很多品种都能散发芳香。

芍药喜温和、较干燥的气候，喜肥、耐寒、耐旱、耐阴，宜植于土层深厚、排水良好、疏松肥沃的沙质土壤。

市花琼花（上）、芍药（下）　周泽华/摄

市树柳树　　周泽华 / 摄

芍药又称“将离”，古代男女交往中会赠送芍药，以表达结情之约或惜别之情。芍药的别名还有没骨花、余容、犁食、娄尾春、黑牵夷等。芍药根可入药，味微苦，有镇痛等功效。

芍药在中国有3000多年的栽培历史。历史上，扬州的芍药闻名遐迩，一度与洛阳牡丹齐名，早有“扬州芍药甲天下”之誉。据记载，扬州芍药栽培始于隋唐，盛于宋代，衰于元明，复兴于清代。宋时，蜀冈禅智寺、龙兴寺等寺院都大量栽培，朱氏南北两圃植芍药五六万丛，盛极一时。

■银杏　1985年7月18日，扬州市第一届人民代表大会常务委员会第十六次会议决定，扬州市市树为银杏、柳树。

银杏，裸子植物门、松柏纲、银杏目、银杏科、银杏属，落叶乔木，叶扇形，雌雄异株，为距今1.5亿年左右的侏罗纪孑遗植物，国内栽培颇多，是珍贵果树和绿化观赏树种。繁殖用实生和分蘖。果实杏形，因附有白粉而得名。又因果色、叶形和结果迟而被称为白果、鸭脚和公孙树。树龄极长，可千年以上。

银杏全身是宝。其果仁富含淀粉、脂肪、蛋白质、维生素、糖、纤维素和矿物质，是健身营养补品；又可入药，性平、味苦，有小毒，功能敛肺定喘，主治痰哮喘咳、遗精带下、尿频等症。叶可提取有效成分制药，用于治疗心血管系统疾病。果皮可提取栲胶。木质轻软细密，不易变形，是建筑、雕刻、制作家具和工艺品的上等木料。银杏在扬州各县（市、区）均有种植。

■柳树　柳树，杨柳科柳属植物，落叶乔木或灌木。叶多狭长，雌雄异株。春天开花，其种子包裹在柳絮中，随风飘扬，遇土即活，繁殖极易，常用桩、枝扦插。枝条柔韧，自然下垂，随风飘舞，婀娜多姿，为历代文人墨客吟咏绘画的题材。

■《茉莉花》　2003年3月21日，扬州市第五届人民代表大会常务委员会第一次会议决定，扬州市市歌为扬州民歌《茉莉花》。

扬州是民歌《茉莉花》最早的主传唱地区之一，已有数百年历史。歌词是：好一朵茉莉花，好一朵茉莉花，满园花草香也香不过它；我有心采一朵戴，看花的人儿要将我骂。好一朵茉莉花，好一朵茉莉花，茉莉花开雪也白不过它；我有心采一朵戴，又怕旁人笑话。好一朵茉莉花，好一朵茉莉花，满园花开比也比不过它；我有心采一朵戴，又怕来年不发芽。

国民经济和社会发展

■概述　2010年，扬州市实现地区生产总值2229.49亿元，按可比价计算，比上年增长13.5%。其中，第一产业增加值161.37亿元，比上年增长4.5%；第二产业增加值1229.34亿元，比上年增长14.6%；第三产业增加值838.78亿元，比上年增长13.9%。全市人均地区生产总值49786元。三次产业比例由上年的7.8：56.1：36.1调整为7.2：55.1：37.6。第二、第三产业增加值占地区生产总值的92.8%。

全年居民消费品价格指数为103.4%，比上年上涨3.4个百分点，商品零售价格总指数为102.7%。

扬州市总体达到省定全面小康标准，全面小康四大类18项25个指标中有24个指标达到目标值。江都市、仪征市通过全面小康达标验收，高邮市达到省定县级小康验收标准。

（杨　桐）

■农业　全市粮食总产量287.09万吨，比上年增长1.68%；生猪出栏136.28万头，存栏75.78万头，分别增长5.4%、2.6%；家禽出栏4133.34万只，存栏1525.32万只，分别增长2.6%、3.8%；肉类总产量17.95万吨，增长3.8%。农林牧副渔业总产值285.9亿元，增长11.5%。全年新增高效农（渔）业园区面积1.8万公顷、设施农（渔）业面积1.17万公顷，累计建成农业园区561个5.19万公顷；新发展农民专业合作组织631个。

（杨　桐）

■工业　全市规模以上工业完成总产值5872.8亿元，增长34.7%；实现工业增加值1388.7亿元，增长16.1%。在工业35个大类行业中，产值超过100亿元的行业有17个，其中电气机械及器材制造业、交通运输设备制造业、化学原料及化学制品制造业产值总量分别为981.2亿元、801.3亿元和732.2亿元，分别增长38.1%、46.8%和35.0%。全市有规模以上工业企业3728家，比上年底增长8.2%；企业单体平均规模1.6亿元，增长23.0%。全市1135家产值1亿元以上企业总产值占规模以上工业总量的83.0%。机电装备、车船制造、石油化工等三大支柱产业完成工业总产值4216.7亿元，比上年增长38.4%，占全市规模以上工业总产值的71.8%。“三新”（新能源、新光源、新材料）产业累计完成工业总产值571.2亿元，增长49.6%。其中，61家新能源企业完成产值227.3亿元，增长72.3%；51家新光源企业完成产值161.4亿元，增长41.7%；68家新材料企业完成产值182.5亿元，增长34.2%。

全市规模以上工业实现销售收入5648.3亿元，增长34.0%；实现利税635.5亿元，增长45.9%；实现利润369.5亿元，增长46.4%。

全市完成全社会用电量151.09亿千瓦时，比上年增长17.0%。其中，

工业用电量 109.96 亿千瓦时，增长 17.3%。 （杨 桐）

■ 建筑业和房地产业 2010 年，扬州市建筑企业完成建筑施工总产值 1553.43 亿元，增长 19.7%。全年建筑企业施工的房屋建筑面积 1.36 亿平方米，增长 20.3%；房屋竣工面积 6749 万平方米，增长 21.2%。全市完成房地产开发投资 165.16 亿元，增长 27.5%。房地产新开工面积 657.58 万平方米，增长 33.09%；竣工面积 469.15 万平方米，下降 7.26%。全市商品房合同成交面积 561.64 万平方米，下降 7.12%。 （杨 桐）

■ 固定资产投资 全年完成全社会固定资产投资 1331.85 亿元，增长 25.2%。其中，规模以上项目完成投资 1235.55 亿元，增长 23.5%，占全社会投资的 92.8%；规模以下项目完成投资 96.3 亿元，增长 50.8%，占全社会投资的 7.2%。规模以上项目投资中，城镇项目完成投资 725.52 亿元，增长 22.1%；农村项目完成投资 344.87 亿元，增长 24.8%；房地产开发投资 165.16 亿元，增长 27.5%。

全市第一产业完成投资 14.64 亿元，增长 29.7%；第二产业完成投资 895.26 亿元，增长 24.5%，其中工业投资 891.67 亿元，增长 24.6%；第三产业完成投资 421.95 亿元，增长 26.5%。第一、第二、第三产业投资分别占全社会投资的 1.1%、67.2%和 31.7%。

推进重大基础设施建设，沿江高等级公路、安大公路、江海高速公路建成通车，京杭运河扬州段“三改二”（三级航道改二级航道）工程全线竣工，扬州港“一港三区”（扬州港，扬州港六圩港区、江都港区、仪征港区）加快建设，苏中江都机场、沪陕高速江都至六合段、宁启铁路复线及电气化改造工程开工，“江河海沟通、公铁水联运”的现代交通格局基本形成。

（杨 桐）

■ 邮电通信和交通运输 全市邮政业务收入 4.03 亿元，增长 17.4%；电信业务收入 33.85 亿元，增长 6.9%。年末电话用户 572.05 万户，其中移动电话用户 409.43 万户，增长 13.2%。互联网宽带接入用户 68.62 万户，增长 20.5%。

年末全市公路里程 1.02 万千米（新增 170.48 千米），其中高速公路里程 266.6 千米（新增 26 千米）。全市公路、水路完成货物运输总量 9312 万吨，增长 16.4%；货物周转量 183.9 亿吨千米，增长 19.2%；客运量 7140 万人次，增长 12.2%；旅客周转量 45.83 亿人千米，增长 12.9%。港口完成货物吞吐量 7385 万吨，增长 15.0%；完成集装箱吞吐量 31.8 万标箱，增长 37.3%。年末民用汽车拥有量 23.84 万辆，私人汽车拥有量 18.15 万辆。 （杨 桐）

■ 国内贸易 全市实现社会消费品零售总额 726.12 亿元，增长 18.5%。其中批发和零售业实现零售额 651.4 亿元，增长 18.2%；住宿和餐饮业实现零售额 68.1 亿元，增长 24.0%。按新的城乡标准划分，城镇市场实现零售额 679.9 亿元，乡村市场实现零售额 46.2 亿元。

限额以上批发和零售企业中，食品、饮料、烟酒类零售额 26.8 亿元，增长 19.3%；服装、鞋帽、针纺织品类零售额 20.7 亿元，增长 15.8%；日用品类零售额 6.5 亿元，增长 17.4%；化妆品类零售额 2.9 亿元，增长 13.4%；金银珠宝类零售额 6.6 亿元，增长 30.4%；家用电器和音像器材类零售额 30 亿元，增长 22.0%；汽车类零售额 76 亿元，增长 42.9%。

全市“家电下乡”销售量 36.65 万台，销售额 8.06 亿元；家电“以旧换新”回收 5 类旧家电 40.6 万台（部），销售新家电 41 万台（部），销售额 14.59 亿元。 （杨 桐）

■ 财政和金融 2010 年，全市财政总收入 400.88 亿元，增长 29.3%；一般预算收入 167.78 亿元，增长 31.0%。全年实现税收收入 121.08 亿元，增长 31.5%，占一般预算收入的 72.2%。其中，增值税 23.55 亿元，增长 11.8%；营业税 36.61 亿元，增长 28.3%；企业所得税 15.29 亿元，增长 66.5%。

全市一般预算支出 201.68 亿元，增长 26.8%。其中，一般公共服务支出 30.18 亿元，增长 12.5%；教育支出 36.34 亿元，增长 23.9%；科学技术支出 6.78 亿元，增长 65.8%；社会保障和就业支出 15.87 亿元，增长 35.2%；医疗卫生支出 10.56 亿元，增长 28.2%；环境保护支出 6.72 亿元，增长 21.7%。

全市金融机构年末人民币存款余额 2430.5 亿元，比年初增加 363.4 亿元，同比增长 17.6%。其中，企业存款余额 628.0 亿元，比年初增加 32.8 亿元；储蓄存款余额 1252.4 亿元，比年初增加 157.1 亿元。年末人民币贷款余额 1486.1 亿元，比年初增加 273.3 亿元，同比增长 22.5%。扬州农村商业银行、南京银行扬州分行挂牌营业。全年新增农村小额贷款公司 7 家。

全市 28 家寿险公司、24 家财险公司合计实现保费收入 65.98 亿元，增长 22.0%。其中，寿险实现收入 52.03 亿元，增长 19.0%；财险实现收入 13.95 亿元，增长 34%。累计理赔支出 7.96 亿元，增长 7.5%。全市 9 家证券公司营业部累计开户 25.98 万户，全年证券交易额 3029.5 亿元，其中股票交易额 2942.7 亿元、基金交易额 30.33 亿元。 （杨 桐）

■ 对外经济 全市实际利用外资总额 20.56 亿美元，比上年增长 13.5%。全年新批外资项目 335 个，其中协议外资 1000 万美元以上项目 159 个、协议外资 3000 万美元以上项目 32 个，大项目平均单体协议外资规模 2484 万美元。

全市进出口总额 82.41 亿美元，比上年增长 51.7%。其中，出口总额 60.57 亿美元，增长 50.9%；进口总额 21.84 亿美元，增长 53.8%。从贸易方式看，一般贸易累计出口 35.21 亿美元，增长 40.62%；加工贸易累计出口 23.75 亿美元，增长 71.95%。从出口商品看，船舶、纺织原料与纺织制品、化学化工制品、液晶显示面板与电子纸、半导体器件及延伸产品等出口额位居前列。从出口市场结构看，对欧盟累计出口14.91亿美元，增长11.94%；对美国累计出口9.65亿美元，增长25.95%；对南美洲、大洋洲市场累计出口8.69亿美元、3.53亿美元，分别增长219%、163%。

全年新签外经合同额1.58亿美元，增长13%；完成外经营业额2.35亿美元，增长16%。新批境外投资项目21个，合作项目分布在10个国家和地区。（杨　桐）

旅游业　2010年，全市接待境内外旅游者2703.23万人次，比上年增长16.8%；实现旅游总收入307.67亿元，增长21.5%。其中，接待国内旅游者2647.22万人次，国内旅游收入271.84亿元，分别增长16.8%、20.3%；接待入境旅游者56.01万人次，旅游外汇收入4.6亿美元，分别增长12.0%、14.6%。全市有星级饭店59家、对外开放游览点70个、各类旅行社105家。（杨　桐）

科技和教育　全市实现高新技术产业产值2224亿元，增长43.5%，占规模以上工业产值的37.9%。全年专利申请量9980件，其中发明专利申请2066件；专利授权量3790件，其中发明专利授权214件。

新设省级以上"两站两中心"（院士工作站、博士后工作站，工程技术研究中心、技术中心）94家，新认定国家高新技术企业64家。举办"院士专家扬州行"活动和上海、武汉、成都"科技创新·产业合作"推介会，签订产学研合作协议286项。扬州成为国家首批实施"中小企业知识产权战略推进工程"城市、国家火炬计划智能电网特色产业基地，扬州光电科技创新园获评全省首批"十大创新型园区"，江苏（扬州）数控机床研究院获批列入全省首批产业技术研究院建设计划。全市获批省高层次创新创业人才项目26个。

全面普及十五年基础教育，邗江区、广陵区创成省教育现代化建设先进地区。全市幼儿园毛入学率93.7%，义务教育入学率100%，高中阶段教育毛入学率99.8%。1.40万人达高考本二线，比上年增长9.5%，万人上线率30.4。全市有普通高校在校生7.33万人、普通中学在校生22.25万人、小学在校生22.74万人。（杨　桐）

文化、卫生和体育　公共文化服务体系基本覆盖城乡，所有乡镇、街道建成文化站。建成市文化艺术中心，市图书馆新馆、美术馆、音乐厅启用。建成扬州工艺美术馆新馆、扬州工艺坊和中国淮扬菜博物馆。全市有公共图书馆7家，图书总藏量223.2万册；有各类艺术表演团体10个。全市有线电视用户106.7万户，其中数字电视用户41.3万户，增长35.4%。

城乡社区卫生机构实现全覆盖，基本形成"15分钟健康服务圈"，为城乡居民免费提供22项基本公共卫生服务。新型农村合作医疗制度逐步完善，人均筹资标准不低于150元，市区农民人均筹资172～192元，新型农村合作医疗覆盖率99.8%。年末有各类卫生机构2028个，其中医院、卫生院180家；各类卫生机构有病床1.63万张，其中医院、卫生院病床1.47万张；有卫生技术人员2.28万人，其中执业（助理）医师7881人、注册护士7257人。

全民健身事业发展加快。扬州代表团获江苏省运动会体育道德风尚奖，金牌数和总分均列全省第七位。鉴真国际半程马拉松赛成为国际田联"银标"赛事，获评"全国首批体育旅游精品项目"。体育公园游泳跳水馆建成并投入使用。全市有各类体育场馆58个。（杨　桐）

城乡建设和生态环境　2010年，扬州市开工建设文昌路东延及跨廖家沟、芒稻河大桥和328国道连接线，新建和改建北环路、鉴真路等17条市区道路。加快建设广陵新城、临港新城、蜀冈生态新区和蒋王片区等，完善新城西区功能。城北客运站建成并投入使用，市区新增公交车400辆、公交停车场和首末站6个。建成六圩污水处理厂二期和赵庄垃圾焚烧发电厂一期工程。建成、开放宋夹城遗址保护展示工程、南门遗址展示馆，打通古运河至二道沟、瘦西湖水上游览线。

全市新建、改造农村公路302千米、公路危桥150座，所有行政村通上四级公路；全年疏浚县乡河道、河塘3070万立方米；新建、改建无害化卫生户厕9.24万座、"一池三改"（建沼气池，改圈、改厕、改厨）户用沼气池9200座；新创成农村环境综合整治和公路养护、河道管护、村庄保护、绿化植树"四位一体"长效管护达标乡镇30个、全面小康村100个、新农村建设示范村31个。

推进国家生态市和国家森林城市创建工作。全市创成国家生态乡镇59个、各级生态村824个，67个乡镇基本建成污水处理设施。城市饮用水源水质达标率保持100%。全年空气质量达到或优于二级的天数334天。全市新增造林面积1.08万公顷，森林覆盖率20.2%；市区新增绿化面积154.75万平方米。化学需氧量、二氧化硫排放量分别削减4.3%和18.56%，扬州入选国家可再生能源建筑应用示范城市。（杨　桐）

人民生活和社会保障　2010年，扬州市区居民人均可支配收入21766元，比上年增长12.1%；人均消费性支出13679元，增长6.1%；人均住房建筑面积37.8平方米，百户家庭电话、电脑拥有量分别为306部、85.5台；恩格尔系数38.0%。农村居民人均年纯收入9462元，增长14.1%；人均消费性支出6782元，增长14.4%；人均住房面积42.4平方米，百户家庭电话、电脑拥有量分别为300部、35台；恩格尔系数38.0%。

全年采集就业岗位15.02万个，城镇新增就业8.83万人，年末城镇登记失业率2.72%；完成就业再就业培训5.38万人、创业培训1.2万人、农村劳动力培训7.53万人。年末全市城镇企业职工基本养老保险、城镇职工基本医疗保险、失业保险参保人数分别为77.1万人、94.67万人和55.85万人，分别增加4.41万人、4.42万人和2.76万人，保险覆盖率均超过97%。城镇居民基本医疗保险参保率95%，新型农村社会养老保险覆盖面99.7%。（杨　桐）

■**体制改革** 深化干部人事制度改革。运用公开选拔、公推公选、竞争上岗、公推直选、跨部门交流、岗位培育锻炼等选拔方式，初步建立干部竞争性选拔任用制度体系。2010年，首创"三推三考"(笔试，第一轮推荐；面试，第二轮推荐；考察，第三轮推荐)干部选拔任用优选模式选拔市管领导干部，实行干什么考什么和实名制推荐。

行业协会发展市场化改革。出台《关于全市行业协会与行政机关脱钩的实施意见》、《关于加强全市社会团体收费管理的暂行办法》，整改政会不分、服务不规范等问题。各协会有任职或兼职的357名公务员辞去领导职务，选举产生新的领导班子。行业协会市场化运作机制基本形成，运行质态改善。

规范行政权力运行监控。加强行政审批电子监察系统建设，强化对部门权力运行过程和结果的全程监控，提高行政运行效能。总结试点部门和部分县(市)内控体系建设经验，在市直各部门和各县(市、区)全面推开。市级部门梳理、优化权力事项3573项，排查风险点9032个，制订相关预控措施1.78万条，基本达到内控事项与预控措施全覆盖。

城乡统筹协调发展制度化。推进城乡统筹协调发展，实行市区先行、同步实施，全面建设小康社会。编制完成城市总体规划和29个单元控制性详规以及村庄布局规划，开展城乡建设用地增减挂钩、万顷良田建设工程、环境综合整治等。推进城乡基础设施、公共服务同城化对接，实现主城区与镇村交通运输全覆盖，区域供水延伸到周边25个乡镇，统一市区基本养老和医疗保障标准，完善农村基础教育、基础医疗卫生服务、公共文化建设。 (陈 武)

■**扬州市综合竞争力列全国第50位** 4月26日，中国社科院发布《2010年中国城市竞争力蓝皮书：中国城市竞争力报告》，扬州在全国294个地级以上城市综合竞争力排名中位列第50位。报告显示，扬州市有6个分项指标列全国十强。其中，营销环境竞争力列第二位，社会秩序竞争力列第三位，环境优美度竞争力列第四位，社会性服务业竞争力列第九位，企业创新能力竞争力、科研机构竞争力均列第十位。 (杨 俭)

精神文明建设

■**文明创建** 下发《扬州市创建全国文明城市2009～2011年规划》、《扬州市创建全国文明城市2010年行动计划》和《扬州市精神文明创建管理办法》。组织创建全国文明城市春、夏、秋、冬4个战役。成立扬州市志愿者协会，发展注册志愿者25.24万人。开展市民教育活动、志愿文明劝导专项行动、"机关结对社区"活动、关爱空巢老人志愿服务行动，组织开展"做文明优雅的扬州人"、第六届"幸福扬州·市民日"、"我们的节日"等系列主题活动。在中央精神文明建设指导委员会办公室(简称文明办)组织的全国城市公共文明指数测评和未成年人思想道德建设工作测评中，扬州市分获第五名和第八名，均位列江苏省第一。中央文明办组织《人民日报》、新华社、中央电视台、中国文明网等中央主流媒体宣传报道扬州市创建做法；省文明办在扬州市召开文明创建现场会。加强社会主义核心价值体系教育，开展推荐、学习、宣传、争做"扬州好人"系列活动。配合中央文明办、中央电视台开展"激情广场·我们的节日——中秋篇"主题歌会活动；配合中央文明办举办"道德传承 情暖扬州——全国道德模范与身边好人现场交流活动"。组织市级媒体宣传"创先争优"、"发展创新型经济，建设创新型城市"、"三个扬州"(创新扬州、精神扬州、幸福扬州)建设的典型。宣传陈小星、高邮菱塘回族乡、江都市公安局特警大队等省级典型。配合省委宣传部、省文明办等部门在仪征市举行科技、文化、卫生"三下乡"集中行动。推进未成年人思想道德建设，建成市未成年人素质教育基地和74所乡村少年宫。 (崔道锋)

■**群众性精神文明建设** 开展农村精神文明创建活动。围绕服务新农村建设大局、促进农村发展、满足农民需求，开展农村精神文明建设专题调研，推广、宣传各地、各部门好经验、好做法。开展文明村镇、文明户(文明家庭)、文明集市、文化广场、农家书屋等创建活动和"城乡结对文明共建"、"城乡一体文明建设"等活动，促进乡风文明，提升农民文明素质，培育新型农民。4月26日，扬州市在邗江区召开农村精神文明建设现场会，组织参观方巷镇"好人馆"、公道镇"家规家训"、杭集镇农村环境和李典镇文化墙。省广电总台宣传江都市"城乡文明共建四季歌"案例。

推进文化、科技、卫生"三下乡"。

8月5日，扬州市举行"扬州好人"事迹报告会。市委书记王燕文与参加报告会的"扬州好人"代表亲切握手 程建平／摄

1月15日，扬州市文化、科技、卫生“三下乡”活动启动　　郭义富/摄

在江都市樊川镇举行“三下乡”活动，参加活动的单位捐赠19.8万元、各类物资价值3.6万元，提供家电维修、书写春联、宣传咨询等服务。

开展群众性文化活动。“幸福扬州·市民日”活动期间，举办扬州非物质文化遗产展示活动、“百寿宴”、综艺文化活动、瘦西湖风景区游园、千人围棋赛和万人健身等活动，丰富市民文化生活。

开展“我们的节日”主题实践活动。春节、元宵节期间，组织“送文艺下乡”、新春联欢会、元宵灯会、民俗文化表演等群众文化活动；清明节期间，组织“我们的节日·清明”第二届扬州咏诗会；端午节期间，组织端午音诗画演艺会；“七夕”期间，组织“社区大家唱”爱情歌会；重阳节期间，组织经典诵读进校园活动；中秋节期间，承办中央文明办、中央电视台“激情广场·我们的节日——中秋篇”主题歌会活动。

开展群众性精神文明创建活动。举办“创文明单位、建文明城市”百场科教、文体、法律、卫生“四进社区”活动和窗口行业文明优质服务百日竞赛活动。城区45家窗口单位在每个社区举行一场创建全国文明城市专题文艺演出，组织一次“科教、文体、法律、卫生”专题图片展览，举办一场创建全国文明城市专题讲座，组织志愿者开展一次宣传走访活动，建一个“中华经典”传诵岗，组织一次“文明社区、幸福家园”摄影采风活动。　（杨晋苏）

■ **未成年人思想道德建设**　扬州市明确由市文明委负责指导、组织协调和督促检查全市未成年人思想道德建设工作，调整未成年人思想道德建设领导小组成员；市文明委下发《关于进一步推进未成年人思想道德建设的任务分工》，明确各部门职责任务；将未成年人思想道德建设纳入全市精神文明工作目标管理和考核体系，要求各级财政加大对未成年人工作的投入。

完善学校、家庭、社会“三结合”教育网络。学校教育将未成年人思想道德建设工作纳入常规教学课程、教育教学评估体系，定期开办形式多样的道德课堂，探索、总结德育工作创新案例，形成“入学第一课”、“国旗下的讲话”、“成人宣誓仪式”等德育工作品牌，引导未成年人树立社会主义核心价值观。家庭教育利用“网上家长学校”、“家校通”等网络信息教育平台，引导家长身体力行给孩子做榜样，让学生受到良好家庭教育。开辟社区未成年人活动场所，设立未成年人课外活动中心、校外教育辅导站等教育阵地，依托教育部门和老教师、老专家、老模范等“五老”人员组织开展思想教育活动。

净化未成年人成长的社会文化环境。2月起，扬州市开展净化网吧市场专项行动，重点清查网吧接纳未成年人行为、“黑网吧”、是否亮证经营和是否按要求悬挂“未成年人禁止入内”标志，检查网吧2000多家次，查处违规经营网吧5家次。4月，市公安、工商、城管等部门组织3次校园周边环境专项检查，依法取缔在中小学校周围200米内开办的电子游艺室、歌舞厅、网吧、彩票投注站点，清理、整顿成人用品商店，整治校园周边交通治安秩序。规范广告发布行为，掌握违法广告发布数量，重点监测保健食品、医疗、药品等广告，查处各类广告违法违章案件20余件。

建设未成年人校外活动阵地。全市建成乡村少年宫74所，初步实现乡（镇）“中心少年宫”全覆盖、“学校少年宫”全覆盖。市文明办、教育局、关工委和扬州报业传媒集团联合建设扬州市未成年人素质教育基地，总面积11万平方米，建有22个实践教室、12个科技互动展馆，有约1000张床位，是苏中、苏北地区规模最大、功能最全的青少年素质教育和社会实践场所，全年接待2万人。

市教育局、团市委、市妇联、市关工委等部门共同开展“创建文明城，做好小主人”主题教育活动，通过“文明素质提升行动”、“万民小记者争当文明小卫士”、“红领巾与文明同行”、“美德少年”评选表彰等活动，引导全市中小学生做文明的倡导者、传播者和创建活动的宣传者、参与者，提升自身文明素质，带动家长讲文明、树新风，增强未成年人在创建全国文明城市活动中的主人翁意识。

（杨晋苏）

■ **志愿服务**　4月，扬州市成立志愿者协会，建立由市文明办牵头，市民政局、团市委等9家单位参加的市志愿服务活动协调小组；整合、新建青年志愿者协会、职工志愿者协会、巾帼志愿者协会等15家下属协会和17支志愿服务直属总队；出台《扬州市志愿者协会章程》、《扬州市注册志愿者管理办法》、《关于进一步加强和改进志愿服务工作的意见》。普及志愿服务知识，弘扬“奉献、友爱、团结、互助”的志愿服务精神，面向全社会公开征集市志愿者协会会徽、会歌。发出志愿者招募倡议。截至年底，全市志愿者组织发展注册志愿者25.24万人，其中市区各级各类志愿服务组织注册志愿者17万人。

拓宽志愿服务活动领域。组织“迎世博、讲文明、树新风”志愿服务活动、“文明出行·幸福扬州”交通劝

12 月 5 日是第 25 个国际志愿者日，扬州市 12 万志愿者参加便民服务活动
王　卓／摄

导活动、"喜迎'4·18'，我参与，我奉献，我快乐"志愿者集中服务周活动和"12·5"国际志愿者日志愿服务活动，维护交通秩序、美化人居环境、提升市民素质。城区近万名干部以志愿者身份直接参与文明城市创建活动。

培育志愿服务特色品牌。7 月，市文明办、市志愿者协会启动"一地一品牌"志愿服务特色项目申报工作。经初审、复审，全市评选出 15 个品牌项目。5 月 14 日，扬州市举行"关爱空巢老人志愿服务行动"（简称"关爱行动"）启动仪式，筹措 100 多万元建立市"关爱行动"基金。10 月，召开全市"关爱行动"工作推进会，打造"亲子岗"等"关爱行动"品牌。

建立志愿服务保障机制。规范市社会志愿服务活动协调小组运行机制，建立联席会议、信息报送、督促检查等制度，细化志愿服务工作任务，落实各项目标。推进社区（村）志愿服务工作站、"空巢老人之家"建设。开展志愿服务工作站试点，制定"空巢老人之家"管理办法、活动制度等，逐步落实"六个到位"（场所到位、设施到位、制度到位、人员到位、项目到位、资金到位）要求。完善考核评价激励机制，建立志愿服务组织星级评定制度。建立志愿服务资金补偿机制，引入扬州国寿财险公司为参加交通劝导的学生志愿者捐赠 112 万元人身和医疗保险。　（杨晋苏）

组织机构及负责人

中国共产党扬州市委员会

书　记　王燕文（女）
副书记　谢正义
　　　　洪锦华（正市级）
　　　　王荣平
常　委　陈卫庆
　　　　丁　纯（10 月 13 日任）
　　　　张跃进　张爱军
　　　　蔡爱华（10 月 13 日免）
　　　　袁秋年　卢桂平　卜　宇
　　　　王松林
秘书长　卢桂平（兼）
副秘书长　王　敏（女，副市级）
　　　　沙志芳　单启宁
　　　　季培均（1 月 31 日免）
　　　　马　宁（女）　金春林
　　　　韩　劬
　　　　陈长新（1 月 31 日免）
　　　　马顺圣（1 月 31 日任，11 月 22 日免）
　　　　平志明（1 月 31 日任）
　　　　肖卫东（1 月 31 日任）

市委工作机构、直属单位

市委办公室
主　任　沙志芳（兼）
副主任　许　明
　　　　殷元松（3 月 15 日免，10 月 10 日任，正处级）
　　　　平志明（1 月 31 日免）
　　　　许德奎（1 月 31 日任，试用期 1 年）

市委研究室（与市委办公室合署办公）
主　任　季培均（兼，1 月 31 日免）
副主任　张宏康（1 月 31 日止）
　　　　徐永泰（10 月 10 日任，试用期 1 年）

市委组织部
部　长　蔡爱华（兼，10 月 12 日免）
　　　　丁　纯（兼，10 月 12 日任）
常务副部长　仲　生（1 月 31 日免）
　　　　张长金（女，12 月 30 日任）
副部长　钱国龙（8 月 10 日免）
　　　　臧　民
　　　　张长金（女，12 月 30 日止）
　　　　马顺圣（11 月 3 日任）
部务委员　赵长松（12 月 24 日免）

市委宣传部（挂"市精神文明建设指导委员会办公室"牌子）
部　长　袁秋年（兼）
常务副部长　丁　毅
副部长　陆苏华　叶冠军
　　　　王晓庆（1 月 31 日免）
　　　　王根宝　董　雷　夏洪春
　　　　李继业（1 月 31 日任）

市精神文明建设指导委员会办公室
主　任　王晓庆（兼，1 月 31 日免）
　　　　李继业（兼，1 月 31 日任）
副主任　强学民　卫　军
　　　　徐歌平（1 月 31 日任，试用期 1 年）

市委统一战线工作部
部　长　杨明荣（兼）
常务副部长　徐少龙
副部长　黄士明（1 月 31 日免）
　　　　陈云观
　　　　王　坚（女，正处级）
　　　　赵振东

市委政法委员会（挂"市社会治安综合治理委员会办公室"、"市依法治市领导小组办公室"牌子）
书　记　陈卫庆（兼）
常务副书记　尤如贵
副书记　陈博文（8 月 10 日明确正处级）

政治部主任　周　宏(女)
市社会治安综合治理委员会办公室
主　任　尤如贵(兼)
副主任　兰建华　徐　闽
市依法治市领导小组办公室
主　任　陈卫庆(兼)
副主任　陈博文(兼,1月31日任)
　　　　葛鸿翔
市委农村工作办公室(挂"市政府农村工作办公室"牌子)
主　任　单启宁(兼)
副主任　熊仕芝(正处级,援疆,11月28日免)
　　　　朱伯萍(女)　陈家根
　　　　陈晓明
市委台湾工作办公室
主　任　纪　凯
副主任　蒋清桃　蔡　平
市委市级机关工作委员会
书　记　葛社清
副书记　朱东亚　田　伟
　　　　周步祥(12月24日任)
纪工委书记　朱东亚(兼)
市机构编制委员会办公室
主　任　臧　民(兼,1月31日免)
　　　　徐益民(1月31日任)
副主任　房学明
市委610办公室
主　任　刘重庆(兼)
副主任　翟效良　王恒弟　刘　剑
市委老干部局
局　长　钱国龙(兼,8月10日免)
　　　　徐　萌(女,8月10日任)
副局长　徐　萌(女,8月10日止)
　　　　万家祥　沈兆琼
市信访局
局　长　韩　劬(兼)
党组副书记　于万祥
副局长　于万祥(兼)　陆　明
　　　　刘　钢　佟家农
***市委保密委员会办公室**
主　任　胡云章(女,1月31日免)
市档案馆(挂"市档案局"、"市地方志办公室"牌子)
馆　长　刘训扬(7月9日辞职)
　　　　宗金林(8月10日任)
副馆长　崔隆平(1月31日免)
　　　　万一芹(女)
　　　　姚　震(7月9日辞职)
　　　　柏桂林

市委党史办公室
主　任　陈荣坤(12月30日免)
　　　　王振宗(12月30日任)
副主任　单杰华　黄文明
市委讲师团
团　长　夏洪春(兼)
副团长　丁新伯
市委党校
校　长　王荣平(兼)
党委书记　徐益民(1月31日免)
　　　　林正玉(1月31日任,4月10日明确副市级)
副校长　徐益民(兼,常务,1月31日免)
　　　　林正玉(兼,常务,1月31日任)
　　　　贾同跃
纪委书记　黄　波
***全国党校系统扬州烹饪培训中心**
主　任　空　缺
扬州报业传媒集团(扬州日报社)(7月1日组建扬州报业传媒集团)
集团党委书记　王根宝(8月7日任)
集团党委副书记　陈征宇(8月7日任)
　　　　陈剑峰(正处级,8月7日任)
　　　　徐向明(8月7日任)
集团纪委书记　陈剑峰(兼,8月7日任)
扬州日报社社长　王根宝(兼)
扬州日报社副社长　杨曾硕
　　　　史康宁
　　　　陈征宇
《扬州日报》总编辑　陈征宇
《扬州日报》副总编辑　杨曾硕
　　　　周保秋(女)
　　　　徐向明
　　　　张志虹(女,12月30日任,试用期1年)
***扬州晚报社**
总编辑　徐向明
***扬州时报社**
总编辑　袁文生
市委教育工作委员会
书　记　余如进(兼)
副书记　何明华(女,正处级)

***接待办公室**
主　任　马　宁(女,兼)

扬州市人大常委会

主　任　王燕文(兼,1月22日当选)
副主任　桑光裕(女)　孙永如
　　　　李福康　高瑞芹　王康华
秘书长　宗有刚
副秘书长　祁跃辉(正处级)
　　　　刘星驰(2月8日任)
　　　　任新林

市人大常委会办公室、研究室,各工作委员会

办公室
主　任　刘星驰(兼,2月8日任)
副主任　沈宏跃　陶建年　毕　刚
　　　　罗庆玖
***信访室**
主　任　空　缺
研究室
主　任　李济泰
副主任　周　蕾(女)
内务司法工作委员会
主　任　张日才
副主任　唐文波
财政经济工作委员会
主　任　毛　奇
副主任　高　阜
农村工作委员会
主　任　李士清(8月7日退休)
副主任　阚成法
教育科学文化卫生工作委员会
主　任　孙建成
副主任　金爱民
环境资源城乡建设工作委员会
主　任　宋建国
副主任　鲁家德　侯载铭
人事代表工作委员会
主　任　丁建民(女)
副主任　陈明敏(女)　许金荣
民宗侨台外工作委员会
主　任　陈志宏
副主任　秦亚平(正处级)　郑国华

扬州市人民政府

市　长　谢正义(1月22日当选)
副市长　张爱军　纪春明　闻道才

王玉新　董玉海　王少鹏
陈　扬
秘书长　何金发
副秘书长　姚其立(7月30日免)
殷圣元(正处级)
刘德林(2月8日免)
陈天泉(2月8日免)
季允丰
丁华国(2月8日免)
周正权
王炳松(2月8日免)
龚振志
汤天波(2月8日免)
韩　蚴　吴振邦
王东升(正处级,2月8日任)
王　骏(2月8日任)
陈长新(2月8日任)
张　彤(2月8日任)
勾凤诚(2月8日任)
仲衍书(2月8日任)
姜开圣(2月8日任)
张耀武(7月30日任)
牛　强(11月6日任,挂职)

市政府工作机构

市政府办公室
主　任　姚其立(兼,7月30日免)
张耀武(兼,7月30日任)
副主任　苏迎春
仲衍书(2月8日免)
宋振邦(2月8日任)
雍有瑜(10月10日任,试用期1年)
市政府研究室
主　任　刘德林(兼,2月8日免)
陈长新(兼,2月8日任)
副主任　肖卫东(2月8日免)
李红卫
张新钢(1月31日任,试用期1年)
市政府金融工作办公室
主　任　陈天泉(兼,2月8日免)
张　彤(兼,2月8日任)
副主任　程兆君(女)　戴　锋
市发展和改革委员会(挂"市经济协作办公室"牌子)
主　任　李忠盛
副主任　唐正元(1月16日去世)
张曙升　蒋　珊　洪庆生
王东升(2月8日免)
周　冰(女)
姜开圣(2月8日免)
苏爱根(2月8日任)
郭志咸(2月8日任)
黄俊华(10月10日任,试用期1年)
纪检组长　董兆芝
市经济协作办公室
主　任　王东升(兼,2月8日免)
副主任　吴建东
市经济和信息化委员会(1月31日组建,挂"市中小企业局"牌子,不再保留市经济贸易委员会、市信息化领导小组办公室、市无线电管理办公室,不再保留"市乡镇企业管理局"牌子)
主　任　刘在銮(2月8日任)
副主任　魏　洁(正处级,2月8日任,12月31日免)
吴顺文(2月8日任)
王华平(2月8日任)
钱中声(2月8日任)
杨福喜(2月8日任)
林建明(10月28日任,试用期1年)
纪检组长　陈　军(1月31日任)
市中小企业局
局　长　吴顺文(兼)
副局长　张德山(兼,2月8日免)
张云翔
市经济贸易委员会(挂"市乡镇企业管理局"、"市中小企业局"、"市商业贸易局"牌子)
主　任　刘在銮(2月8日止)
副主任　王华平(2月8日止)
钱中声(2月8日止)
吴顺文(2月8日止)
纪检组长　陈　军(2月8日止)
市乡镇企业管理局
局　长　吴顺文(兼,2月8日止)
副局长　张德山(2月8日止)
张云翔(2月8日止)
*** 市无线电管理办公室**
主　任　杨福喜(兼,2月8日止)
市教育局
局　长　余如进
党委副书记　陆纪坤(正处级)
副局长　陆纪坤(兼)　穆光曙
周应华　王玉军
匡成兰(女)
纪委书记　蒋仲林
市科学技术局(挂"市知识产权局"、"市地震局"牌子)
局　长　申忠民
副局长　蒋志远(兼,2月8日任)
戴日千　陈小浩　周　军
陈　星
赵松林(10月10日任,试用期1年)
纪检组长　盛　俊(8月7日免)
戴日千(兼,12月24日任)
市知识产权局
副局长　何业栋
市地震局
局　长　蒋志远
副局长　李凤如　方开宏
市公安局
局　长　王少鹏(兼)
党委副书记　刘重庆
杭建强(正处级)
副局长　刘重庆(兼)
韦立华(正处级,8月20日免)
李后生(正处级)
常和平(正处级)
丁小明(1月31日明确正处级)
翁国彦(8月20日任)
张晓泓(12月31日任)
姜扬生(12月31日任)
纪委书记　杭建强(兼,12月30日免)
秦雨花(12月30日任)
政治部主任　翁国彦(12月30日免)
基国平(12月30日任)
市监察局(与市纪律检查委员会合署办公)
局　长　刘世奇
副局长　宋祥林　蔡　蕾(女)
戴前良
李　锋(12月13日任,试用期1年)
市民政局
局　长　顾　敏
党委副书记　潘小宁
副局长　潘小宁(兼)　陈国祥

王振祥
陈晓星(2月8日任)
纪委书记 毕顺元
＊市老龄工作委员会办公室(1月31日,职责划入市民政局,不再保留单独机构)
主 任 顾 敏(兼,2月8日止)
市司法局
局 长 阚肖虹
副局长 袁 明 胡登华
刘 柏(2月8日免)
纪检组长 徐建新
市财政局
局 长 范天恩
党组副书记 朱 林(11月28日免)
副局长 朱 林(兼,11月28日免)
吴淼新 罗庆寿
纪检组长 樊庆道
市人力资源和社会保障局(1月31日组建,不再保留市人事局、市劳动和社会保障局)
局 长 臧 民(兼,2月8日任)
党委书记 周晓华(1月31日任)
党委副书记 臧 民(兼,1月31日任)
副局长 周晓华(兼,2月8日任)
曹荣辉(2月8日任)
王振宗(2月8日任,12月31日免)
吴 芳(女,2月8日任)
颜 军(2月8日任)
孙玉金(2月8日任)
纪委书记 于瑞华(女,1月31日任)
市人事局
局 长 臧 民(兼,2月8日止)
党组书记 臧 民(兼,1月31日止)
副局长 曹荣辉(2月8日止)
王振宗(2月8日止)
纪检组长 吴 芳(女,1月31日止)
市劳动和社会保障局
党委书记 周晓华(1月31日止)
副局长 周晓华(兼,2月8日止)
颜 军(2月8日止)
孙玉金(2月8日止)
纪委书记 于瑞华(女,1月31日止)
市规划局
局 长 汤卫华
党组书记 汤卫华(兼,1月31日任)
副局长 郑 路(女,2月8日免)
刘 流(女)
吴宝安(1月31日任,试用期1年,4月12日去世)
姚爱国(8月10日任,试用期1年)
裴东伟(10月28日任,试用期1年)
纪检组长 吴海波
总规划师 刘雨平
市城乡建设局(1月31日,市建设局更名为市城乡建设局,挂“市建筑工程局”、“市古城保护办公室”牌子)
局 长 王 骏(兼,2月8日任)
党委副书记 康盛君(1月31日任)
副局长 康盛君(兼,2月8日任)
郑 路(女,2月8日任)
徐惟涛(2月8日任)
顾文鸣(2月8日任)
耿 良(2月8日任)
纪委书记 肖 波(1月31日任)
市古城保护办公室
主 任 郑 路(女,兼,2月8日任)
副主任 顾文鸣(兼,2月8日任)
叶善祥(1月31日任,试用期1年)
薛炳宽(1月31日任,试用期1年)
市建筑工程局
局 长 王 骏(兼)
副局长 成自勇
市建设局
局 长 王 骏(2月8日止)
党委副书记 康盛君(1月31日止)
副局长 康盛君(兼,2月8日止)
徐惟涛(2月8日止)
顾文鸣(2月8日止)
耿 良(2月8日止)
晏 明(2月8日止)
纪委书记 肖 波(1月31日止)
市城市管理局(挂“市城市管理行政执法局”牌子;1月31日,不再保留市数字化城管指挥中心,市数字化城管监督中心更名为市数字化城管监督办公室,在市城市管理局挂牌)
局 长 杨正福
副局长 汪元才
王应福(1月31日明确正处级)
钱晓红(女) 汤 勇
郭家驯(2月8日任)
夏顺义
纪委书记 朱从安
市数字化城管监督办公室
主 任 杨正福(兼,2月8日任)
副主任 王应福(兼,2月8日任)
陈建华(2月8日任,12月5日免)
王德伟(2月8日任)
市数字化城市管理指挥中心
主 任 杨正福(2月8日止)
副主任 王应福(2月8日止)
汪元才(2月8日止)
郭家驯(2月8日止)
市数字化城市管理监督中心
党组副书记 王应福(1月31日止)
副主任 王应福(2月8日止)
陈建华(2月8日止)
王德伟(2月8日止)
市住房保障和房产管理局(1月31日,市房产管理局更名为市住房保障和房产管理局)
局 长 杨学华(2月8日任)
副局长 魏旦晨(2月8日任)
杨 云(2月8日任)
徐志文(2月8日任)
孙 蔚(女,1月31日任,试用期1年)
王 恺(12月31日任)
纪检组长 虞克宁(1月31日任)
市房产管理局
局 长 杨学华(2月8日止)
副局长 魏旦晨(2月8日止)
杨 云(2月8日止)
徐志文(2月8日止)
纪检组长 虞克宁(1月31日止)
市交通运输局(1月31日组建,不再保留市交通局)
局 长 蒋爱祥(2月8日任)
党委书记 尹建平(1月31日任)
党委副书记 蒋爱祥(兼,1月31日任)
黄为民(兼,正处级,月31日任)
副局长 尹建平(兼,2月8日任)
江国勤(2月8日任)
晏 明(2月8日任)
徐 渊(1月31日任,试用期1年)
徐 斌(12月31日任,试用期1年)
纪委书记 马长辉(1月31日任)

市交通局
局　长　蒋爱祥(2月8日止)
党委书记　尹建平(1月31日止)
党委副书记　蒋爱祥(兼,1月31日止)
何伟华(1月31日止)
黄为民(兼,正处级,1月31日止)
副局长　尹建平(兼,2月8日止)
何伟华(正处级,2月8日止)
朱国林(2月8日止)
江国勤(2月8日止)
徐　渊(2月8日止)
纪委书记　马长辉(1月31日止)

市水利局
局　长　李春国
副局长　周海军(2月8日免)
吴芝山　俞长健　杭学军
凌国栋
纪检组长　徐卫宏

市农业委员会(1月31日组建,挂“市农业资源开发局”、“市农业机械管理局”、“市林业局”牌子,不再保留市农业局,不再保留“市畜牧兽医局”牌子)
主　任　朱柏兴(2月8日任)
副主任　樊必余(兼,2月8日任)
肖鸣祥(兼,2月8日任)
邵科明(正处级,2月8日任,12月5日免)
张秀美(2月8日任)
周学金(2月8日任)
徐煜峰(2月8日任)
吴永宏(12月30日任,试用期1年)
纪检组长　杨举善(1月31日任)

市林业局
局　长　朱柏兴(兼)
副局长　丁翠柏

市农业资源开发局
局　长　樊必余
副局长　叶新华(12月5日免)
陆玉明　杨志海　顾加旺

市农业机械管理局
局　长　肖鸣祥
副局长　郭金平　殷立松

市农业局(挂“市林业局”、“海峡两岸(扬州)农业合作试验区管理办公室”、“市畜牧兽医局”牌子)
局　长　朱柏兴(2月8日止)
副局长　邵科明(正处级,2月8日止)
张秀美(2月8日止)
周学金(2月8日止)
纪检组长　杨举善(1月31日止)

市畜牧兽医局
局　长　朱柏兴(兼,2月8日止)
副局长　徐煜峰(2月8日止)

海峡两岸(扬州)农业合作试验区管理办公室
主　任　丁华国(兼,2月8日免)

市商务局(1月31日组建,挂“市口岸办公室”牌子,不再保留市对外贸易经济合作局,不再保留“市商业贸易局”、“市口岸管理办公室”牌子)
局　长　朱路跃(2月8日任)
副局长　万　军(2月8日任)
周春光(兼,2月8日任)
倪锡宏(2月8日任)
何　炜(2月8日任)
陈　清(12月5日任)
陈　建(10月10日任,试用期1年)
纪委书记　彭如桂(1月31日任)

市口岸办公室
主　任　万秀华(女,2月8日任)
副主任　张德云(2月8日任)

市对外贸易经济合作局(挂“市口岸管理办公室”、“中国国际贸易促进委员会扬州市支会”牌子)
局　长　朱路跃(2月8日止)
副局长　周春光(兼,2月8日止)
万　军(2月8日止)
何　炜(2月8日止)
纪委书记　彭如桂(1月31日止)

市商业贸易局
局　长　刘在銮(兼,2月8日止)
副局长　倪锡宏(2月8日止)

市口岸管理办公室
主　任　万秀华(女,2月8日止)
副主任　张德云(2月8日止)

市文化广电新闻出版局(1月31日组建,挂“市版权局”、“市文物局”牌子,不再保留市文化局、市广播电视局,不再保留“市新闻出版局”牌子)
局　长　陆苏华(2月8日任)
党委书记　颜志林(1月31日任)
党委副书记　陆苏华(兼,1月31日任)
刘　俊(1月31日任)
副局长　颜志林(兼,2月8日任)
吴宝根(2月8日任,8月20日免)
刘　俊(兼,2月8日任)
仲玉龙(2月8日任)
周启云(2月8日任)
张亚华(2月8日任)
纪委书记　徐朝平(1月31日任)

市版权局
局　长　陆苏华(兼,2月8日任)

市文物局
局　长　陆苏华(兼,2月8日止)
顾　风(2月8日任)
副局长　顾　风(2月8日止)
徐国兵(10月28日任,试用期1年)

市文化局(挂“市新闻出版局”、“市版权局”、“市文物局”牌子)
局　长　陆苏华(兼,2月8日止)
副书记　刘　俊(1月31日止)
副局长　吴宝根(2月8日止)
仲玉龙(2月8日止)
周启云(2月8日止)
纪委书记　刘　俊(兼,1月31日止)

市广播电视局
局　长　颜志林(2月8日止)
副局长　张亚华(2月8日止)
纪检组长　徐朝平(1月31日止)

市卫生局
局　长　潘　惠
党委副书记　王　骏
副局长　刘歆农　杨　军　尹　亮
孙　洁(女,12月5日免)
纪委书记　王　骏(兼)

市体育局
局　长　王建台
副局长　刘家荣　刘　洁(女)
周　烈
陆永进(女,10月10日任,试用期1年)
纪检组长　桑育林

市人口和计划生育委员会
主　任　王鸣芳(女)
副主任　陈军波
刘焕琴(女,1月31日明确正处级)
尤传利　陈　雷

市审计局
局　长　张　俐(女)
副局长　蔡先建　袁竹青
李福祥(10月28日任,试

用期1年）
李永高（12月30日任，试用期1年）
纪检组长 张 峰

市统计局
局 长 刘晓明
副局长 刘正东 徐 健 陈凤桂 刘网华
纪检组长 周玉清

市安全生产监督管理局
局 长 马 群
副局长 戚安宝 杨 成（正处级） 林永志
纪检组长 林永志（兼，11月22日免）
史美章（12月24日任）

市食品药品监督管理局（1月31日，调整食品药品监督管理体制，省垂直管理的扬州食品药品监督管理局改为市政府工作部门，更名为市食品药品监督管理局）
局 长 华阳明（2月8日任）
副局长 何秀珍（女，2月8日任）
谈法华（2月8日任）
王海峰（2月8日任）
纪检组长 王 睿（12月24日任）

江苏省扬州食品药品监督管理局
局 长 华阳明（2月8日止）
副局长 何秀珍（女，2月8日止）
谈法华（2月8日止）
王海峰（2月8日止）

市环境保护局
局 长 金秋芬（女）
副局长 王寿宽 王和清 吴延龙 滕远东 陈修道
姚江潮（10月28日任，试用期1年）
纪检组长 戴克俭

市旅游局
局 长 王克胜（兼，2月8日免）
汤天波（2月8日任）
党组书记 刘星驰（1月31日免）
汤天波（1月31日任）
副局长 刘星驰（兼，2月8日免）
王明宏 陈玲春（女）
毛卫东（10月28日任，试用期1年）
纪检组长 姜秀志

市粮食局
局 长 李明安
党委副书记 陈三林
副局长 沈荣训 马建荣 刘桂松
纪委书记 陈三林（兼）

市物价局
局 长 潘建民
副局长 沈洪林 管兴余 管宏喜
纪检组长 张玉林（12月24日免）
张正华（12月24日任）

市民族宗教事务局
局 长 陈云观（兼）
副局长 郑 阳 朱建明
薛 清（1月31日任，试用期1年）

市民防局（1月31日，市人民防空办公室更名为市民防局，挂“市人民防空办公室”牌子）
局 长 张 跃（2月8日任）
副局长 段成宝（2月8日任）
殷 杰（11月28日，试用期1年）
纪检组长 滕泽宏（1月31日任）

市人民防空办公室
主 任 张 跃（兼，2月8日止）
副主任 段成宝（2月8日止）
纪检组长 滕泽宏（1月31日止）

市政府外事办公室（1月31日，市外事办公室更名为市政府外事办公室，挂“市政府港澳事务办公室”牌子）
主 任 邓 清（女，2月8日任）
党组书记 丁章华（女，1月31日任，8月7日免）
邓 清（女，11月22日任）
党组副书记 邓 清（女，兼，1月31日任，11月22日止）
副主任 左为民（2月8日任）
张连生（2月8日任）
徐 静（10月28日任，试用期1年）
纪检组长 蒋旭东（1月31日任）

市政府港澳事务办公室
主 任 邓 清（女，兼）

市外事办公室（挂“扬州市人民政府港澳事务办公室”牌子）
主 任 邓 清（女，2月8日止）
党组书记 丁章华（女，1月31日止）
党组副书记 邓 清（女，兼，1月31日止）
副主任 左为民（2月8日止）
张连生（2月8日止）
纪检组长 蒋旭东（1月31日止）

市政府侨务办公室
主 任 杨 敏
副主任 方 军
梁新民（8月20日免）
周海东
王绍云（12月10日任，试用期1年）

市政府法制办公室
主 任 朱宏翔
副主任 陈大山 厉海涛

市政府国有资产监督管理委员会（1月31日由市政府直属特设机构调整为市政府工作部门）
主 任 黄道龙（2月8日任，11月24日免）
朱 林（11月24日任）
党委副书记 倪 冬（正处级）
副主任 徐佩宏 陈贵江 孔庆友
沈家宽（11月28日任，试用期1年）
纪委书记 倪 冬（兼）

市级机关事务管理局（1月31日由市政府直属事业机构调整为市政府工作部门）
局 长 王洪林（2月8日任，11月24日免）
熊佳芝（11月24日任）
副局长 毛汉银 肖庆安
马恒玉（8月20日免）
范钦华
陈仁茂（12月31日任）
纪委书记 毛汉银（兼）

市园林管理局（1月31日由市政府直属事业机构调整为市政府工作部门）
局 长 张福堂（2月8日任）
党委副书记 顾爱华（女）
副局长 张家仁 赵御龙
唐红军（10月28日任，试用期1年）
纪委书记 张志安

市政府派出机构

市行政办事服务中心
主 任 张耀武（兼，12月31日任）
党组书记 张耀武（兼，12月24日任）
党组副书记 王 强
副主任 王 强 倪旭平

扬州经济技术开发区管理委员会(国办函〔2009〕77号:国务院同意扬州经济开发区升级为国家级经济技术开发区,定名为扬州经济技术开发区)
工委书记　孔令俊(9月18日任)
工委副书记　季允丰(兼,10月14日任)
　　顾承斌(12月30日明确正处级)
主　任　季允丰(9月18日任)
副主任　朱定国(2月8日免)
　　戴日千(兼,12月31日免)
　　吴华祥(正处级,12月5日免)
　　周春光　施益香(女)
　　吴效安　张连生(兼)
　　洪　扬(女)
纪工委书记　顾承斌(兼)
政法委书记　谢百川
扬州化学工业园区管理委员会
工委书记　费高云(兼)
工委副书记　周正权(兼,12月30日免)
　　程　希(兼)
　　王庆山(兼,12月30日任)
主　任　周正权(12月31日免)
　　王庆山(12月31日任)
副主任　匡　坚
　　周　冰(女,2月8日免)
　　邵　卫(兼)
　　纪　明(12月31日免)
　　吴　汛(女)　许林灿
　　张宏康(2月8日任)
　　唐　虎(12月5日任)
纪工委书记　陈晓星(1月31日免)
　　刘尚玉(11月28日任)
扬州市新城西区管理委员会
工委书记　王炳松(兼,1月31日免)
　　杨　云(1月31日任)
主　任　王炳松(兼,2月8日免)
　　杨　云(2月8日任)
副主任　任秋平　印德明
纪工委书记　颜　非
扬州市蜀冈—瘦西湖风景名胜区管理委员会
工委书记　姚苏华(兼)
工委副书记　张福堂(兼)
　　徐宝林　陈克祥
主　任　张福堂
副主任　刘马根(2月8日任)
　　林宝荣　李长明
　　黄建灿(12月5日任)
纪工委书记　李厚林(8月7日免)
　　郭　坚(8月10日任,试用期1年)

市直属单位

市供销合作总社
主　任　沈仁贵
副主任　卢爱生　徐兆书
纪委书记　王　宪
扬州仲裁委员会秘书处
秘书长　刘　柏(2月8日任)
副秘书长　胡士博
扬州广电传媒集团(扬州广电总台)(7月1日,组建扬州广播电视传媒集团)
集团党委书记　徐丽玲(女,8月7日任)
集团党委副书记　陈韵强(8月7日任)
　　吴黎宁(8月7日任)
集团纪委书记　赵浩嵩(8月7日任)
广电总台台长　徐丽玲
广电总台副台长　陈韵强　陆建华
　　陈颂平(12月5日免)
　　陈里连　周明涛
广电总台总编辑　陈韵强(8月20日任)
***市住房公积金管理中心**
主　任　杨　云(兼)
党支部书记　王正凡
江苏里下河地区农业科学研究所
所　长　马谈斌
党委书记　陈秀兰(女)
党委副书记　马谈斌(兼)　戴正元
副所长　陈秀兰(女,兼)
　　苏建坤　周如美
　　李爱宏(10月28日任,试用期1年)
纪委书记　戴正元(兼)
江苏省工人扬州疗养院
院　长　张恒运(1月31日免)
　　樊秉强(10月28日任)
副院长　葛礼敏(女)　王淦宝

政协扬州市委员会

主　席　徐益民
副主席　钱小平(女)　赵南军
　　王克胜　高　瑛(女)
　　朱正海　程吉林　王静成
　　杨明荣
秘书长　赵永华
副秘书长　周晓晴(女,正处级)
　　高文朗(兼,3月16日免)
　　李晓向　沈红云(女,兼)
　　王惠依(兼,8月10日免)
　　徐晓明

市政协办公室、研究室,各专门委员会

办公室
主　任　徐晓明(兼)
副主任　聂永明
研究室
主　任　李晓向(兼)
提案委员会
主　任　曹良福
副主任　姚其立(兼)　朱　康(兼)
　　梅翠珍(女,兼)
经济科技委员会
主　任　朱建国
副主任　胡康金(正处级)
　　刘晓明(兼)
　　钱中声(兼)　朱　林(兼)
　　陈小浩(兼)
城乡建设委员会(人口资源环境委员会)
主　任　周国生
副主任　于　进　康盛君(兼)
　　郑　路(女,兼,3月16日免)
　　刘　俊(兼)
教育文化卫生体育委员会
主　任　范征南(11月22日退休)
副主任　陈　有(正处级)
　　潘　惠(兼)　曹永森(兼)
　　穆光曙(兼)
社会和法制委员会
主　任　陈明山
副主任　徐长富　浦志强(兼)
　　周晓华(兼)　潘小宁(兼)
文史和学习委员会
主　任　王虎华
副主任　姚文放(兼)　贾同跃(兼)

袁　淮(兼)

港澳台侨委员会(外事委员会)
主　任　梅广泉
副主任　纪　凯(兼)
　　徐　选(女,兼)
　　祁文帆(兼)

中共扬州市纪律检查委员会

书　记　张跃进
常务副书记　刘世奇
副书记　朱宗亚　张　勤(女)
常　委　宋祥林　蔡　蕾(女)
　　戴前良　吴庆春　郑晓雨
　　高玉庆(8月10日任)

民主党派　工商联

中国国民党革命委员会扬州市委员会
主任委员　王静成
副主任委员　祁文帆　阮家祥
　　丁卫社
中国民主同盟扬州市委员会
主任委员　程吉林
副主任委员　蒋念祖　王永平
　　葛晓群(女)
中国民主建国会扬州市委员会
主任委员　王克胜
副主任委员　高文朗(1月31日免)
　　徐家昌　黄建灿
中国民主促进会扬州市委员会
主任委员　董玉海
副主任委员　沈红云(女)　姚文放
　　殷士学　余　珽
中国农工民主党扬州市委员会
主任委员　朱　妍(女)
副主任委员　颜安明(女,1月31日任)
　　郑陆骅　张新江
　　李政成
中国致公党扬州市委员会
主任委员　高　瑛(女)
副主任委员　王兰海(女,12月30日任)
　　王　忠　张仁田
　　曾祥华(女)
九三学社扬州市委员会
主任委员　孙怀昌
副主任委员　王惠依(8月7日免)
　　蒯建敏　余海鹏
　　钟思瑛(女)
扬州市工商业联合会
党组书记　赵振东
主　席　孙永如
副主席　赵振东
　　梅翠珍(女,12月24日免)
　　吴　钧　韩国平　王　平
　　严旭明　王　璘(女)

人民团体

扬州市总工会
主　席　蔡爱华(兼,11月28日免)
　　丁　纯(兼,11月28日任)
党组书记　张立坤
副主席　张立坤(兼)　刘孝慈
　　马　庆　陈锡朝(正处级)
　　朱　明
纪检组长　陈锡朝(兼)
中国共产主义青年团扬州市委员会
书　记　张震宇(11月3日免)
　　王志海(12月31日任)
副书记　陈　洁
　　徐明玥(10月28日任,试用期1年)
扬州市妇女联合会
主　席　杨　敏(女)
副主席　杨为民(女)　陈　静(女)
扬州市文学艺术界联合会
主　席　曹永森
党组书记　叶冠军(兼)
副主席　陈家庆(10月25日任)
　　杨小扬(10月25日止)
　　姚文放(兼,10月25日止)
　　周永平(兼)　李政成(兼)
　　陈韵强(兼)
　　张美林(兼,10月25日任)
　　周启云(兼,10月25日任)
扬州市科学技术协会
主　席　林　群(女)
党组书记　林　群(女,10月19日任)
党组副书记　林　群(女,10月19日止)
副主席　陈宏云　葛明顺　王德平
　　周骥平(兼)
　　王华平(兼,10月19日止)
　　朱　妍(女,兼,10月19日止)
　　丁爱军(兼,10月19日任)
　　王大新(兼,10月19日任)
　　王国宏(兼,10月19日任)
　　孙　岩(兼,10月19日任)
　　程顺和(兼,10月19日任)
扬州市哲学社会科学界联合会
主　席　董　雷(兼)
副主席　张　雷　刘　斌(10月25日任)
　　季培均(兼,1月31日免)
　　吴建华(兼,10月25日止)
　　周新国(兼)　朱　林(兼)
　　肖卫东(兼,10月25日任)
　　陈长新(兼,10月25日任)
　　洪　扬(兼,10月25日任)
　　贾同跃(兼,10月25日任)
　　谈正鑫(兼,10月25日任)
扬州市归国华侨联合会
主　席　高　瑛(女)
副主席　徐　选(女)　高志刚(兼)
　　雍自成(兼)
扬州市残疾人联合会
理事长　姜春兰(女)
副理事长　刘金仁(2月8日免)
　　龚　智　陈　林
中国国际贸易促进委员会扬州市支会
会　长　空　缺
副会长　杜　滨
扬州市红十字会
会　长　董玉海(兼)
副会长　陈　煜

法院　检察院

扬州市中级人民法院
院　长　时永才
党组副书记　徐　军
副院长　徐　军(兼,正处级)
　　张森荣(正处级,11月24日免)
　　王继荣
　　李风光(11月24日任)
纪检组长　吴　健
政治部主任　张一民
审判委员会专职委员　刘　珍(女,挂职)
　　纪晓东(11月24日任)
扬州市人民检察院
检察长　王方林(7月30日辞职)
代理检察长　闵正兵(7月30日任)
党组副书记　成吉喜
副检察长　闵正兵(7月30日任)
　　成吉喜(兼,正处级)
　　浦志强(正处级)

张开峰(正处级)
范　耘(正处级)
刘加云(正处级)
纪检组长　倪逸仙
政治部主任　杨　哲
检察委员会专职委员　王晓尧(1月31日任)

武装部队

中国人民解放军扬州军分区
第一书记　王燕文
司令员　袁启俊
政治委员　王松林
副司令员　李鸾鸣
参谋长　李国强
政治部主任　曹云林
后勤部部长　王　睿(6月11日免)
缪　新(6月11日任)

中国人民解放军江苏陆军预备役高射炮兵第二师
第一政委　李小敏
师　长　苏文渊
政　委　吴天津(12月21日免)
金登尚(12月21日任)
参谋长　刘党胜
政治部主任　杜新江
后勤部部长　杜成明(5月30日免)
李炳鸿(5月30日任)
装备部部长　张希亚

中国人民武装警察部队扬州市支队
第一政委　王少鹏(兼)
支队长　陈清华(4月8日免)
陈　源(8月4日任)
代理支队长　杨昌元(4月8日任,8月4日免)
政　委　邹启堂
副支队长　顾华强(4月8日免)
张　虎(4月8日任)
副政委　杜益军
参谋长　杨三勇
政治处主任　郝　敏(4月8日免)
张兴国(4月8月任)
后勤处处长　张　虎(4月8日免)
赵　犁(4月8日任)

中国人民解放军武装警察部队扬州消防支队
政　委　顾东明
支队长　王献忠
副支队长　周开吉　倪兴林

中华人民共和国扬州边防检查站
站　长　何舜荣
政　委　冯雅勤
副站长　曹华军

高等院校

扬州大学
党委书记　陈章龙
校　长　郭　荣
党委副书记　郭　荣(兼)　刘延庆
芮鸿岩
副校长　周新国　焦新安　范　健
陈　耀　芮鸿岩(兼)
胡效亚　叶柏森
纪委书记　严华海

江苏省扬州环境资源职业技术学院
党委书记　朱　康
院　长　吴春笃
党委副书记　吴春笃(兼)　丁　琫
副院长　王如平　陈亚鸿　许晓宁
纪委书记　丁　琫(兼,1月31日任)

市职业大学(挂"扬州市广播电视大学"、"扬州教育学院"牌子)
党委书记　张网女(女)
校　长　周　胜
党委副书记　周　胜(兼)
林道立　许金如
副校长　林道立(兼)
蒋树山　刘　宏
纪委书记　刘建伟

市广播电视大学
校　长　周　胜(兼)

扬州教育学院
院　长　周　胜(兼)

江苏省扬州技师学院
党委书记　钱晓勤
院　长　徐祥华
党委副书记　徐祥华(兼)
王　竞(12月24日免)
陈大斌(11月22日免)
副院长　刘海光
纪委书记　王　竞(兼,12月24日免)

国家税务总局扬州税务进修学院
院　长　解爱国
副院长　朱诗柱　柳现青　王锦锋

工业职业技术学院
党委书记　曹雨平
院　长　张新科
党委副书记　郁　明
副院长　王亚河　秦建华　李晓明
纪委书记　郁　明(兼)

商务高等职业学校
校　长　周　俊
党委副书记　梅纪萍
副校长　杨存根　徐　明　宋金海
纪委副书记　张兰云

生活科技学校
校　长　高洪树
党委书记　朱海洋
副校长　袁建中
聂　阳(10月26日任)

驻扬机关单位

国土资源局
局　长　徐洪喜
副局长　汪庆湖　严　寒　吴志良
叶卫东　周国清
纪检组长　夷　彬

工商行政管理局
局　长　何月林(11月4日免)
吴永才(11月4日任)
副局长　蔡忠云(5月30日免)
陈荣进
朱为民(4月20日免)
胡春风
朱　彤(女,11月4日任)
苏　明(7月20日任)
刘　建(11月4日任)
党组副书记　蔡忠云(5月30日免)
纪检组长　朱　彤(女,11月4日免)
刘观清(11月4日任)
开发区分局局长　宋晔森(副处级)

质量技术监督局
局　长　何西环
党组副书记　孙福泰(正处级)
副局长　孙福泰(兼)
包荣誉(正处级)
彭金山　朱　桥
纪检组长　包荣誉(兼)

国家税务局
局　长　殷天成
党组副书记　孔霁武
副局长　孔霁武(兼)　祝树人
周　林　曹筱三
总会计师　张汉东
纪检组长　何　敏(女)
开发区国税局局长
陈国华(副处级,8月30日免)
蔡年青(副处级,8月30日任)

稽查局局长　周光祥(副处级)

地方税务局

局　长　唐晓鹰(8月31日免)
　　　　徐祖跃(8月31日任)

副局长　尹家朋　翁进进
　　　　赵凤琴(6月24日免)
　　　　李　璐(6月24日任)

总经济师　李玉群

纪检组长　柏兆邦

四分局局长　仲崇文(副处级)

扬州出入境检验检疫局

局　长　施　军

副局长　赵江生　徐汉清

纪检组长　王　斌

江苏出入境检验检疫局轻工产品与儿童用品检测中心主任　陈　明(副处级)

扬州气象局

局　长　周国华

副局长　黄荣凯(8月17日免)
　　　　王　令

纪检组长　朱学宝

扬州海关

关　长　白铁平

副关长　汪　洁(正处级)
　　　　魏建和(7月28日免)
　　　　周明晨
　　　　陈道亮(7月28日免)
　　　　韦　兵(7月28日任)

南京海关驻扬州海关纪检监察特派员
　徐忠建(7月28日免)
　张　跃(7月28日任)

缉私分局局长　汪　洁(兼)

缉私分局政委　蒋祺中(正处级,7月28日免)

缉私分局副局长　陈锡京(7月28日免)
　　　　徐旭辉(7月28日任)

扬州海事局

局　长　徐旭峰(5月10日免)
　　　　李恩东(5月10日任)

党委书记　蒋家祥(5月11日免)
　　　　邓振钢(5月11日任)

党委副书记　祝忠武(5月11日任)

副局长　冯荷书(5月10日免)
　　　　邓振钢(兼)

纪委书记　蒋家祥(兼,5月11日免)
　　　　祝忠武(兼,5月11日任)

中国人民银行扬州市中心支行

行　长　仲　彬

纪委书记　封学义(2月3日免)
　　　　陈旭之(9月19日任)

副行长　崔　萌
　　　　陈小梅(女,2月4日免)
　　　　叶小玲(女)
　　　　张秋冬(9月18日任)

工会主席　沙益群

扬州银监分局

局　长　杨龙玉

副局长　丁文恪　刘　晹

纪委书记　杨　光(6月14日任)

国家统计局扬州调查队

党组书记　刘晓明

队　长　刘春来

副队长　薛爱群
　　　　游立华(12月6日任)

纪检组长　黄祥凤(12月6日任)

省高宝邵伯湖渔管会

主　任　董祥浦

副主任　陈日明　景晓滨

专职纪检员　孙家云(11月16日任)

区县市

广陵区

中共广陵区委

书　记　孔令俊(10月22日免)
　　　　陈锴竑(10月22日任)

副书记　陈锴竑(10月22日止)
　　　　夏祥生(12月30日免)
　　　　陈　曦(10月22日任)
　　　　赵长松(12月24日任)

常　委　薛高辉(12月30日免)
　　　　陶伯龙
　　　　史美章(8月4日免)
　　　　刘新伟(12月30日免)
　　　　陈　曦　居益芬(女)
　　　　魏德余(8月4日任)
　　　　张震宇(10月22日任)
　　　　陈荣华(12月30日任)
　　　　周鸿钧(12月30日任)

广陵区人大常委会

主　任　马恒宝

副主任　蔡雨萍(女)　薛清华
　　　　张祥生　张　华

广陵区人民政府

区　长　陈锴竑(10月29日免)

代区长　陈　曦(10月29日任)

副区长　张震宇(10月29日任)
　　　　陈　曦　陈荣华　刘忠华
　　　　张贵联　李成志　郭长明
　　　　王洪俊(1月6日任)

政协广陵区委员会

主　席　董德利

副主席　杭春明　姜志坚　孙志南
　　　　丁卫社

维扬区

中共维扬区委

书　记　姚苏华

副书记　杨　蓉(女)
　　　　张　建(12月30日免)
　　　　苏满满(12月30日任)

常　委　基国平(12月24日免)
　　　　马顺圣(2月3日免)
　　　　苏满满
　　　　余通海(12月24日免)
　　　　潘学元　袁余富
　　　　李广春(8月4日任)
　　　　刁顺勤(12月24日任)

维扬区人大常委会

主　任　潘长正

副主任　李宝山　吴华祥　严功林
　　　　赵宝庆　陈克鸣

维扬区人民政府

区　长　杨　蓉(女)

副区长　潘学元
　　　　李广春(8月18日免)
　　　　陈德宏　曹占田　申高青
　　　　王相柏
　　　　徐　晟(1月6日任)
　　　　徐长金(8月18日任)

政协维扬区委员会

主　席　尹宏宝

副主席　潘长海　吴明菊(女)
　　　　刘学根　姚家驹

邗江区

中共邗江区委

书　记　程裕松

副书记　韩　方　何广陵
　　　　陈佳宏(12月30日任)

常　委　徐圣龙(12月30日免)
　　　　陈佳宏　赵华定
　　　　勾凤诚(2月3日免)
　　　　祁胜媚(女)　蒋元峰
　　　　王庭国(8月10日免)
　　　　王　平(8月4日免)

李厚林(8月4日任)
陆士坤(8月4日任)
朱发奎(12月30日任)

邗江区人大常委会

主　任　潘恒惠
副主任　王桂英(女)　吴怀珣
　　　　柏高瑾　徐金才　刘如松

邗江区人民政府

区　长　韩　方
副区长　赵华定　尤在晶
　　　　王庭国(8月20日免)
　　　　朱跃龙　范梅青(女)
　　　　胡明寿　王　峰　彭苏宁
　　　　徐　飞
　　　　赵志红(挂职,8月20日任)

政协邗江区委员会

主　席　田圣春
副主席　吴德阳　范建生(女)
　　　　李德居　冯筱白(女)
　　　　王金强
　　　　许宏楼(1月29日任)

宝应县

中共宝应县委

书　记　林正玉(1月29日免)
　　　　仲　生(1月29日任)
副书记　张耀武(7月27日免)
　　　　王庭国(7月27日任)
　　　　周玉宝
常　委　秦有芳(12月24日免)
　　　　陈金荣
　　　　刁顺勤(12月24日免)
　　　　侯承海　王友芳(女)
　　　　朱宋华　江　涛(挂职)
　　　　夏学永　翟士高

宝应县人大常委会

主　任　林正玉(2月28日免)
　　　　仲　生(2月28日任)
副主任　杨善慧　夏征宇　李长春
　　　　王振亚

宝应县人民政府

县　长　张耀武(7月27日免)
代县长　王庭国(7月27日任)
副县长　王庭国(7月27日任)
　　　　侯承海　王友芳(女)
　　　　江　涛(挂职)　顾长荣
　　　　华德荣　陈　石　左智慧
　　　　王岚峰

政协宝应县委员会

主　席　韩国柱
副主席　华德荣　黄才堂
　　　　吴晓荻　徐建林
　　　　王松年(2月27日任)

仪征市

中共仪征市委

书　记　费高云
副书记　程　希
　　　　周正权(12月24日免)
　　　　宗金林(8月10日免)
　　　　高　云(12月24日任)
　　　　王庆山(12月24日任)
常　委　高　云　邵　卫
　　　　赵　明　李　琪(女)
　　　　李继业(2月3日免)
　　　　仲　玲(女)　王庆山
　　　　王鲁宁(挂职)　梁继广
　　　　佘俊臣(12月30日任)

仪征市人大常委会

主　任　刘本义
副主任　顾　展　董志诚　陈恩平
　　　　骆　翔

仪征市人民政府

市　长　程　希
副市长　邵　卫　赵　明
　　　　王鲁宁(挂职)　张家来
　　　　韩兰芬(女)　崔学锋
　　　　李春阳
市长助理　唐　虎

政协仪征市委员会

主　席　周农生
副主席　陈　鸿　袁安国
　　　　赵建芳(女)　王雪峰
　　　　郭道林

高邮市

中共高邮市委

书　记　丁　一
副书记　夏正祥　张安龙
常　委　张秋红(女)　钱　峰
　　　　沈兴华　刘春晓　王正年
　　　　缪　新(8月4日免)
　　　　汪爱智(8月4日任)
　　　　朱　勇(11月24日任)

高邮市人大常委会

主　任　朱德辉
副主任　尤泽勇　吴平权　郭海平
　　　　薛晓寒

高邮市人民政府

市　长　夏正祥
副市长　王正年　徐永宝　钱富强
　　　　汤学仁　乔国银(女)
　　　　高长明　孙建年
　　　　朱振中(挂职,5月25日任)
　　　　钱　峰(8月9日任)
　　　　徐　健(援青,8月10日任)

政协高邮市委员会

主　席　倪文才
副主席　姚美学　赵谈理　肖伯群
　　　　王志强　王　薇(女)

江都市

中共江都市委

书　记　倪士俊(副市级)
副书记　杨　云(2月3日免)
　　　　王炳松(1月22日任)
　　　　季培均(2月3日任)
常　委　许　煜(12月24日免)
　　　　张永庭
　　　　王　恺(12月24日免)
　　　　李　杰
　　　　王志海(12月30日免)
　　　　曾庆玲(女)　蒋孝文
　　　　张正华(8月4日免)
　　　　马小平(女,挂职)
　　　　崇玉强(8月4日任)
　　　　余通海(12月24日任)
　　　　田醒民(12月30日任)

江都市人大常委会

主　任　李涛庆
副主任　严鸿翔　刘惠鹏　张永根
　　　　谢秀生　孙逸山

江都市人民政府

市　长　丁　一(2月6日免)
　　　　王炳松(2月6日任)
副市长　张永庭
　　　　马小平(女,挂职)
　　　　姜际芳(女)　袁中飞
　　　　于　越
　　　　张　彤(3月25日免)
　　　　苏文奇　秦雨花
　　　　冬　冰(1月27日任)
　　　　李　杰(8月12日任)
　　　　李桂山(援疆,8月12日任)
　　　　刘金存(挂职,11月30日任)

政协江都市委员会

主　席　倪玉泉
副主席　朱永明　潘安健　王桂榆
　　　　韩玉龙　孙　明　王勤宏

说明:注有“*”的为副处级建制单位。

大事纪要

Dashi Jiyao

本栏责任编辑　姚　震

2010年扬州市十件大事

1. 国内中型机场——苏中江都民用机场在江都丁沟开工建设，将于2011年底建成。苏中江都机场的建设对构建和完善扬州乃至苏中地区现代化的综合交通运输体系，全面提升城市综合竞争力，完善长三角民航机场布局，加快推进长三角经济一体化进程有着重大意义。

2. 东关街被授予"中国历史文化名街"称号，瘦西湖风景区被评为"国家5A级旅游景区"，扬州京华城被评为"国家4A级旅游景区"，宝应湖湿地公园成为扬州首个国家级湿地公园，扬州玉器博物馆晋升为中国玉器博物馆，宋夹城考古遗址公园建成开放。

3. 扬州市广泛开展推荐、学习、宣传、争当"扬州好人"活动，推出"扬州好人"200多名，在全社会激起热烈反响，形成"扬州好人"品牌，有7人入选"中国好人榜"，12人被中央电视台、《人民日报》等主流媒体报道。

4. 扬州市入选"中国城市品牌榜50强"、"中国十大休闲城市"、"全国创建学习型家庭示范城市"、"全国白内障无障碍市"、"2010中国城市信息化50强"、"城市管理人民满意城市"。

5. 鉴真坐像时隔三十年后再次从日本回扬省亲，中央电视台新闻频道、中文国际频道、英语新闻频道并机直播，凤凰卫视同时向全球直播。

6. 在2010上海世博会城市最佳实践区展示扬州案例馆；扬州玉雕翡翠《螳螂白菜》入选2010年上海世博会江苏馆，成为"镇馆之宝"。

7. 扬州市成功举办"名城扬州港澳行"活动，共签约项目32个，总投资17.54亿美元，协议外资9.1亿美元；其中合同项目21个，总投资10.59亿美元，协议外资5.68亿美元。此项活动在港澳引起巨大反响，香港无线电视、亚洲电视、凤凰卫视等16家港澳媒体给予高度关注。活动结束后，香港特别行政区行政长官曾荫权、澳门特别行政区行政长官崔世安分别到扬州访问。

8. 扬州市在全国公共文明指数测评中，取得全国第五、江苏省第一的好成绩。《人民日报》、新华社、中央电视台等10多家中央主流媒体介绍"扬州经验"。

9. 扬州市积极打造"三新一网一书(新能源、新光源、新材料、智能电网、电子书)"产业，获国家火炬计划首个"智能电网特色产业基地"称号，率先开展"电子书进校园"试点活动，并在2010中国国际工业博览会"移动互联网产业发展"国际论坛上获"2010年度移动互联网影响力产业基地"大奖。保定天威集团在扬州投资40亿元生产太阳能电池组件。

10. 上海大众汽车有限公司整车新项目成功落户仪征，计划2012年底投产，规划年产30万辆。该项目对扬州市产业结构性调整特别是提升汽车工业发展水平以及加快经济转型升级都有积极意义。

1～12月扬州大事

1月

1日　扬州市举行"全民健身，你我同行"元旦万人健身长跑活动。

4日　部分在扬州的全国人大代表到仪征市视察新农村建设工作。

8日　扬州市电子监察系统正式启用。

△　市六届人大常委会第十五次会议通过市人大常委会关于《迎接扬州建城2500周年，全面提升城市品质的议案》的决定。

10～14日　市委副书记洪锦华、副市长纪春明率创建国家森林城市专题考察团到长沙、贵阳、无锡学习考察。

11日　省委副书记、组织部长王国生到扬州，就贯彻落实党的十七届四中全会精神，进一步做好党的建设和组织工作进行调研。

△　市委、市政府印发"一号文件"《关于进一步保障和改善民生工作的意见》。

12日　挪威贸工部部长特隆德·吉斯克率团到扬州访问。

13日　扬州市维扬公安分局副政委兼社区民警徐兆华入选"江苏省十大爱民警察"。

13～14日　全国人大调研组一行到扬州专题调研农民工问题。

15日　扬州市召开2010年城市建设和环境提升动员大会。

△　扬州市第三座国字号专业性博物馆——中国淮扬菜博物馆主

馆展示区试开馆。

△ 由江苏省工艺美术行业协会、江苏省非物质文化遗产保护中心、扬州工艺美术集团、扬州工艺美术协会主办的"非物质文化遗产——扬州工艺美术精品展"在南京图书馆开幕。

△ 2010年扬州市文化、科技、卫生"三下乡"活动启动仪式暨集中服务在江都市樊川镇举行。

△ 全球最大中文搜索引擎百度落户"中国声谷"——江苏(扬州)信息产业服务基地,将扬州作为"百度扬州"的营销中心。

△ 江都市邵伯镇渌洋湖村、高邮市菱塘回族乡菱塘村、仪征市马集镇金营村、宝应县安宜镇三里村、扬州市邗江区瓜洲镇建华村、扬州市维扬区甘泉街道双塘村入选全省100个"江苏省社会主义新农村建设示范村"。

△ 宝应湖湿地公园被国家林业局批准为国家级湿地公园,成为扬州首个"国字号"湿地公园。

16日 淮安市委书记、市人大常委会主任刘永忠率市党政代表团到扬州考察访问。

△ 由广陵书社转企改制的江苏广陵书社有限公司成立。

△ 《扬州艺术丛书》发行。

18~21日 政协扬州市第六届委员会第三次会议在扬州举行。

19~22日 市六届人大第三次会议在扬州举行。大会选举王燕文为扬州市第六届人民代表大会常务委员会主任、谢正义为扬州市市长。

21日 江苏首家专门面向大学生村官的科技创业园——江苏省仪征大学生村官科技创业园暨江苏省级科技创业园在仪征揭牌。

22日 扬州市与中国银行江苏省分行签署全面战略合作协议。

23日 扬州军分区党委十二届五次全体(扩大)会议在扬州召开。

△ 市委、市政府召开全市工业发展大会。

△ 由扬州电视台《关注》栏目等举办的"关注"2009扬州年度新闻人物评选活动揭晓,郑福源、扬州援川指挥部、李彬、杨乐意、许芩、谈浩、周丽、《桥墩》表演组、大学生船娘、徐兆华等获评"关注"2009年十大新闻人物。

24~26日 韩国丽水市议会议长朴正采率团到扬州访问,重点考察扬州化工园区建设。

26日 扬州"十大经济新闻人物"评选活动揭晓,扬州亚普汽部件有限公司董事长孙岩等10人当选2009年度扬州"十大经济新闻人物"。

28日 扬州丝绸馆挂牌。

30日 中共扬州市第五届纪律检查委员会第六次全体会议在扬州召开。

△ 扬州京华城举行"国家4A级旅游景区"揭牌仪式。

△ 扬州市开通全国首个"法治文化名城网"。

2月

1日 市委、市政府召开全市农村工作会议。

3日 省委副书记、组织部长王国生,副省长曹卫星看望、慰问扬州市城乡困难群众和老党员。

△ 扬州援建四川省绵竹市九龙镇第三批项目竣工并交付使用。

4日 南京市人大常委会主任陈家宝率队到扬州考察。

5日 江苏预备役高炮第二师党委一届九次全体(扩大)会议在扬州召开。

6日 扬州市人民币流通满意工程启动。

7日 省委常委、省纪委书记弘强到扬州调研党风廉政建设和反腐败工作。

7~9日 第五届中日友好21世纪委员会第一次会议在扬州召开。江苏省委书记、省人大常委会主任梁保华,省长罗志军会见中方首席委员唐家璇、日方首席委员西室泰三。

8日 扬州市举行反复合式恐怖袭击综合演练,市公安局、安监局、卫生局、反恐工作办公室等10多个单位和部门参加演习。

9日 国务院和中央军委批复同意,在扬州市江都新建苏中江都机场。

20日 扬州市召开全市双资利用暨机关综合考评总结表彰大会。

△ 扬州市与日本奈良市签署友好备忘录。

21日 市委、市政府召开创建全国文明城市动员大会。

23日~3月1日 市长谢正义率扬州经济友好代表团到美国考察推介。

24日 全省农村劳动力转移培训券发放暨"春风行动"启动仪式在高邮举行。

28日 力铼光电科技(扬州)有限公司在扬州出口加工区开工建设。

3月

1日 扬州市为民办实事的重点项目——西屏山殡仪馆落成。

2~3日 中央财经工作领导小组办公室副主任、中央农村工作领导小组办公室副主任唐仁健一行到扬州调研贯彻落实中央一号文件、统筹城乡和水利改革发展等情况。

4日 扬州市全国人大代表陈先岩再次被选入十一届全国人大三次会议主席团,同时被中央电视台聘请为两会新闻观察员。

7日 扬州市首届"十大女杰"名单揭晓,拥军模范陈巧云等当选。

8日 扬州市举行纪念"三八"国际劳动妇女节100周年大会。

11日 市长谢正义主持召开市政府第28次常务会议,原则通过《扬州市人民政府工作规则》、《2010年市政府及工作部门领导干部能力作风建设实施方案》、《扬州市人民政府依法行政考核办法》、《扬州市人民政府重大行政决策程序规定》,以及市长、副市长、市长助理工作分工等。

12日 苏州市委常委、宣传部长徐国强,副市长王鸿声率党政代表团到扬州考察古城保护情况。

14日 市委、市政府在京举行2010扬州(北京)经济社会发展成果汇报会,报告扬州最新的发展成果。会上,扬州市与保定天威集团正式签订合作协议,该集团将投资40亿元在扬州生产太阳能电池组件。

△ 扬州市在北京举行"烟花三月下扬州"旅游推介会。

16 日　市委、市政府举行扬州革命烈士陵园全国和全省重点烈士纪念建筑物保护单位揭碑暨纪念馆开馆仪式。

17 日　世界动物之窗举行全国科普教育基地揭牌仪式，成为扬州市唯一全国科普教育基地。

△　扬州玉雕大师江春源和其徒弟时庆梅雕刻的《螳螂白菜》被选入 2010 年上海世博会江苏馆，成江苏馆“镇馆之宝”。

18 日　苏中江都机场奠基仪式在江都丁沟举行。

△　盐城市委书记、市人大常委会主任赵鹏，市长李强率党政代表团到扬州考察新兴产业发展情况。

19 日　扬州市在全省率先成立大学生村官工作领导小组。

△　江苏华扬新能源集团与上海世博会中国民企联合馆签订合作协议，获得参展资格。华扬太阳能成为扬州唯一世博会“民企馆”参展企业。

20 日　扬州市旅游景区营销中心在迎宾馆举行合作签约仪式。瘦西湖风景区管理处、个园管理处分别与汉陵苑、唐城遗址、八怪纪念馆和史可法纪念馆等 4 家文博景点签订 10 年门票经营权合作协议。

21 日　新疆维吾尔自治区人大常委会常务副主任张国梁一行到扬州考察旅游业发展情况。

22～28 日　扬州市开展为期一周的“名城扬州港澳行”活动。

23 日　市政府召开新一轮市级政府机构改革后的第一次全体（扩大）会议。

24 日　市物价局向市区各房地产开发企业下发《关于市区新建普通商品住房实行价格备案制度的通知》。

25 日　第 45 届全国工艺品·旅游纪念品暨家居用品交易会在扬州开幕。

△　汇银家电（控股）有限公司在香港联交所主板挂牌上市。

26 日　扬州玉器博物馆开馆。

△　维扬区公安分局副政委、友谊社区民警徐兆华出席全国公安机关爱民模范先进事迹报告会，获“全国爱民模范”称号。

△　扬州市兴化商会挂牌成立。

△　全省文化产业和文化科技大会公布第三批江苏省文化产业示范基地，邗江区规划建设的扬州“智谷”入选，这是扬州市第二家获命名的省级文化产业示范基地。

29 日　扬州港内贸集装箱直达班轮开通。

△　2010 年中国扬州民资招商推介会在浙江省宁波市举行。推介会上，共有 42 个项目签约，总投资达 53.7 亿元，协议注册资本金 20 亿元。

4 月

2～3 日，国务委员、公安部部长孟建柱在扬州检查公安工作，慰问基层公安干警，看望徐兆华等公安英模。省委书记梁保华陪同考察。

3 日　日本厚生劳动省副大臣、国会众议员细川律夫率日中友好交流推进协会“思源之樱”植树访华团到扬州访问。

△　市委书记王燕文会见韩国驻华大使柳佑益及夫人表明允一行。

△　市妇幼保健院举行“三级甲等”医院揭牌仪式。

5 日　中国人民大学校长、经济学教授纪宝成返回故乡，将部分图书资料捐赠扬州市档案馆。

5～6 日　中央纪委驻新闻出版总署纪检组长宋明昌率检查组到扬州，对扬州市有关中央扩大内需促进经济增长政策落实暨工程领域突出问题专项治理情况进行检查。

6 日　经扬州工商部门批准，邗江区汊河街道高桥社区股份专业合作社领取“社区股份专业合作社法人”营业执照，成为《江苏省农民专业合作社条例》颁布后，全省首个农民社区股份专业合作社法人。

6～12 日，台湾海基会董事长江丙坤夫人陈美惠率台湾雅乐合唱团一行到扬州访问。

8 日　位于邗江区蒋王街道的高老庄大舞台开业，填补市民间演艺文化的空白。

9 日　扬州市志愿者协会召开第一次会员大会。会议选举产生协会领导机构，市委副书记王荣平任扬州市志愿者协会会长，市委常委、宣传部长袁秋年任常务副会长，副市长王玉新、董玉海任副会长。

△　“富春茶点制作技艺传习所”举行成立仪式。中国烹饪大师徐永珍被授予“富春茶点制作技艺”国家级传承人称号。

11 日　扬州数控机床研究院揭牌。该院由中科院沈阳自动化研究所、清华大学机械工程学院、华中科技大学、中科院济南铸锻所等 4 家著名科研院所和高校联合建立。

13 日　内蒙古自治区乌海市委书记白向群率乌海市党政代表团到

3 月 25 日，第 45 届全国工艺品·旅游纪念品暨家居用品交易会在扬州国际展览中心开幕　　王　卓／摄

扬州考察。

14日 市政协举办"委员活动日"，听取扬州古城遗址保护和创建全国文明城市情况的通报，并开展视察活动。

15～16日 省政协委员、徐州市政协主席庄华平率驻徐州的省政协委员到扬州，就"旅游和人居环境"进行专题考察。

16日 市委书记王燕文、市长谢正义会见全国社会保障基金理事会理事长戴相龙一行。

△ 世界盆景友好联盟交流中心在扬派盆景博物馆揭牌。

△ 扬州市农村合作金融体制改革后首家正式开业的农村商业银行——江都农村商业银行开业。

△ 扬州市与马可·波罗诞生地——克罗地亚共和国科尔丘拉市签约结为友好城市。

17日 扬州市举办电子书产业发展战略研讨会暨项目签约仪式。

△ 由中国烹饪协会与扬州市政府共同举办的第三届扬州中国淮扬美食节开幕。

△ 扬州市在全球率先推行"电子书进校园"试点活动。

△ 扬州市举行海峡两岸（扬州）农业合作试验区推介会，现场签约项目60个，合同利用外资、民资分别达到2.48亿美元和37.5亿元。

18日 中国扬州"科技创新·产业合作"推介会暨项目签约仪式举行。市长谢正义作《致力创新 发展合作共赢未来》的推介演讲。

△ 瘦西湖风景区获国家5A级旅游景区称号。

△ 扬州市举行2010年中国扬州"烟花三月"国际经贸旅游节开幕仪式。开幕式上，王燕文、谢正义共同为丁强等22名城市贵宾颁发证书。

△ 第三届中国扬州万花会开幕。

△ 南京银行扬州分行开业。

18～20日，由省委书记梁保华、省长罗志军率领的江苏省党政代表团先后到新疆克孜勒苏柯尔克孜自治州、伊犁哈萨克自治州调研考察和工作对接。市委书记王燕文，市委副书记洪锦华，市委常委、秘书长卢桂平等随团参加活动。

19日 通用电气、韩国LS公司等分别与扬州市政府和扬州经济技术开发区签署6项智能电网领域合作协议。

△ 江苏省首座典型设计大型电动汽车充电站——扬州吴州路充电站投运，途经大学城、智谷产业园、蜀冈—瘦西湖风景区的50路电动公交示范线路同步开通。

△ 扬州"智谷"暨智能电网展示中心在扬州经济技术开发区启动。省经济和信息化委员会负责人分别为扬州市"江苏省智能电网产业基地"、扬州经济技术开发区"江苏省绿色新光源产业示范基地"、邗江经济开发区"江苏省数控成型机床产业示范基地"授牌。

4月17日，第三届扬州中国淮扬美食节开幕　　李斯尔／摄

△ 扬州市举行2010中国扬州文化旅游产业发展论坛暨中英文扬州旅游网站开通仪式。

△ 第二届扬州智能电网产业发展国际论坛开幕。

△ 扬州市举行项目集中开工投产仪式，共有120个注册外资1000万美元以上外资项目和投入5000万元以上的民资项目集中开工投产。

20日 南京市政协主席缪合林等全国副省级市政协领导到扬州考察城市建设和古城保护情况。

△ 扬州市举行2010中国扬州文化创意产业项目签约会暨扬州智谷笛莎动漫文化周活动启动仪式。扬州智谷联盟正式揭牌并被授予省文化产业示范基地称号。

21日 2010中国扬州信息服务外包大会在广陵新城江苏信息服务产业基地开幕。"数字扬州"展示体验中心同时开展。

△ 第五届亚洲女性论坛在扬州开幕。

22～23日，省委常委、纪委书记弘强一行到扬州调研基层党风廉政建设情况。

23日 9.25万吨干散货海轮——"长航安海"号举行首航仪式。该轮是位于仪征市的中国长航江苏金陵船舶有限责任公司为长航凤凰股份有限公司建造的第三艘9万吨级以上的干散货海轮，是同类船舶中单船吨位最大、环保节能性最强、设计技术性能最好的船舶。

23～25日 住房和城乡建设部组织专家组对《扬州市城市总体规划（2009～2020）》纲要进行论证，原则通过《扬州市城市总体规划（2009～2020）》纲要。

24日 安徽省淮北市委副书记殷光临、副市长方宗泽率领党政代表团到扬州，专题考察党校改革和建设管理情况。

△ 应上海世博会组委会邀请，市委书记王燕文率扬州市党政代表团参加上海世博园试运营仪式。

△ 在由中国产业集群研究院、中国发展战略学研究会经济战略专业委员会联合主办的"2010中国产

业发展大会”上，中国县区产业发展能力研究评价课题组发布中国县区产业发展能力排行榜，江都成为苏中地区唯一入选县(市)。

25 日 联合国副秘书长、人居署执行主任安娜·蒂贝琼卡到扬州访问。市委书记王燕文、市长谢正义会见客人一行。

△ “中国海运杯”中国扬州第五届鉴真国际半程马拉松赛暨 2010 年全国半程马拉松锦标赛举行。摩洛哥选手阿·贝蒂以 1 小时 01 分 48 秒夺得男子组冠军，并打破赛会纪录；新西兰选手妮娜·利尔斯通获女子组冠军。

△ 日本唐津市市长坂井俊之、议长进藤健介率团到扬州参加 2010 中国扬州鉴真国际半程马拉松赛。

27 日 扬州市举办 2010 中国扬州创新型经济发展论坛。

28 日 2010“院士专家扬州行”活动启动。市长谢正义致辞，并为“企业院士专家工作站服务中心”揭牌，为首批 11 家“企业院士工作站”授牌。

29 日 省长罗志军在扬州会见到江苏省访问的香港特别行政区行政长官曾荫权。

△ 农业部部长韩长赋一行到扬州调研指导春季农业生产工作，省长罗志军在扬州会见韩长赋一行。

△ 扬州市召开庆祝大会，表彰全国劳动模范和全国先进工作者，获省、市五一劳动奖状、奖章的先进集体、先进个人以及扬州市职工经济技术创新成果特别奖获得者。

△ 在第四届南京都市圈市长峰会上，南京、镇江、扬州、淮安、马鞍山、芜湖、滁州、巢湖八市市长共同签署《第四届南京都市圈市长峰会备忘录》。

29～30 日，山东德州市市长吴翠云率市政府代表团到扬州，重点考察扬州市成功举办世界运河名城博览会、“烟花三月”国际经贸旅游节，促进城市建设、提升城市形象的经验做法。

30 日 柳工集团与维扬经济开发区签订合作协议，共建柳工建设机械(扬州)产业园。

5 月 2 日，扬州市规划展览馆暨市民中心开工　　王　卓／摄

5 月

2 日 市委、市政府举办“百寿宴”，宴请全市百名老人代表。

△ 扬州市规划展览馆暨市民中心在曲江公园开工。

△ 南京军区副司令员、南京军区空军司令员江建曾中将到扬州视察苏中江都机场建设情况。

2～3 日 澳门特别行政区行政长官崔世安到扬州访问。

3 日 中共江苏省委书记梁保华在扬州会见到江苏省访问的中国国民党荣誉主席吴伯雄和夫人戴美玉一行。省委副书记、省长罗志军，海峡两岸关系协会副会长王富卿，扬州市委书记王燕文，市长谢正义等参加会见。

△ 最高人民检察院常务副检察长张耕、江苏省人民检察院检察长徐安一行到扬州，视察市警示教育基地。

4 日 江都仙女镇党委副书记兼横沟村党委书记黄俊获第 14 届“中国青年五四奖章”。

5 日 科技部公布 2009 年度第五批高新技术企业名单，扬州市 21 家企业成为新国标下的国家高新技术企业，全市国家高新技术企业增至 131 家。

6～12 日 市政协举行 2010 年度政协委员联系群众“界别活动周”活动，主题为“推进全国文明城市创建工作”。

8 日 扬州市连续第六年开展人大代表与选民“统一见面日”活动。

9 日 市直困难职工帮扶慈善基金设立并发放首批帮扶资金。

△ 全国口腔护理用品标准化技术委员会和牙刷分技术委员会在邗江区杭集镇成立。

11 日 2010 上海世博会城市最佳实践区扬州案例馆在城市未来馆三楼开幕。

14 日 科技部、中宣部和中国科协联合发文表彰全国科普先进，北京新东方扬州外国语学校教师王克勤当选为“全国科普工作先进工作者”。

△ “老吾老以及人之老——扬州关爱空巢老人志愿服务行动”在文昌花园社区启动。

△ 扬州市获得“全国创建学习型家庭示范城市”称号，陈巧云家庭被评为“全国五好文明家庭标兵”，张卫兵、邹尔强家庭被评为“全国五好文明家庭”。

15 日 扬州市第 22 个科普宣传周开幕式在文昌广场举行，主题是“坚持科学发展，走进低碳生活”。

△ 苏北医院与韩国建国大学医疗中心签约缔结姊妹医院。

16 日 市长谢正义会见比利时林堡省省长哈曼·任德斯、布瑞市市长雅克·嘉布里埃尔一行。

△ 扬州市举行纪念第 20 个“全国助残日”公益活动，凌国成、胡青、于万定、缪明安、楚昭阳、姚力、宋

扬、戴汝松等8名残疾人被授予“扬州市残疾人自强模范”称号。

17日 由人民文学杂志社、扬州市委宣传部主办，扬州日报社、扬州市文联承办的首届“朱自清散文奖”颁奖典礼举行。

△ 宿迁市委书记张新实、市长缪瑞林率宿迁市党政代表团到扬州考察经济社会发展情况。

△ 全国人大常委会委员、全国人大教科文卫委员会副主任委员宋法棠率全国人大调研组到扬州，专题调研医疗保障工作。

△ 中国淮扬菜饮食文化传承基地命名授牌大会在扬州举行，40家餐饮企业单位成为首批“中国淮扬菜饮食文化传承基地”，其中扬州有20家餐饮企业获得该称号。

△ 文化部公示第三批国家级“非遗”名录，扬州毛笔制作技艺入围。

18日 2010“烟花三月”国际经贸旅游节闭幕。

△ 扬州首家纯民资创投基金公司——江苏华工创业投资基金公司成立。

△ 由市政府主办、维扬区人民政府承办的第五届中国扬州毛绒玩具礼品节暨中国扬州文化创意衍生品博览会开幕。

18～20日 扬州和南京、镇江、马鞍山等四城市联合在深圳、珠海和广州进行旅游推介。

19日 扬州市第九个“慈善一日捐”活动启动，市慈善总会和各县(市、区)慈善总会同时举行现场捐赠仪式。全市慈善机构共募集爱心善款2380万元，其中扬州市慈善总会募集善款600万元。

19～24日 市委常委、常务副市长张爱军率扬州市友好访问团到日本考察。

20日 市工商部门在高邮郭集镇举行授牌仪式，授予高邮灯具产业集群首批“江苏省产业集群品牌培育基地”称号。

△ 扬州市首个基层无党派知识分子联谊会——邗江区无党派知识分子联谊会成立。

20～27日 市委副书记洪锦华率扬州经贸考察团到台湾进行经贸访问考察。

23日 扬州与日本奈良市正式签约缔结友好城市。

△ 央视新影扬州戏曲影视基地签约揭牌仪式在宋夹城考古遗址公园举行。

24日 扬州市首批对外宣传采访基地挂牌，瘦西湖景区、“双东”(东关街、东圈门)历史街区、朱自清故居等30个部门和单位入选。

25日 扬州市扬剧青年表演艺术家、市扬剧团团长李政成在第九届中国艺术节上获“文华表演奖”。

26日 由曙光光电有限公司和西南技术物理研究所(成都)共同组建的北方激光科技集团有限公司揭牌。

△ 加拿大旺市市长凌婕舜率大多伦多华商总会代表团到扬州访问。

△ 扬州市仪征化纤、宝胜集团、江苏石油勘探局入选2009年江苏营业收入百强企业名单，分别列第65位、75位和88位。

29日 市长谢正义会见挪威克里斯蒂安森市市长佩尔·西古德·瑟伦森一行。

△ 市第五水厂一期工程竣工通水。

6月

1～2日 湖北省政协副主席、民建湖北省委主委仇小乐率湖北省党外人士考察团到扬州考察古城保护和城市建设工作。

2日 总投资1880万欧元的宝胜普睿司曼500千伏超高压电缆二期项目开工。

3日 中国工艺美术协会复函，同意扬州玉器博物馆晋升为“中国玉器博物馆”。

4日 扬州市举行“市民翼机通”业务开通仪式，扬州市民可用手机刷卡乘坐公交车。

5日 扬州市召开扬州—台北农业合作恳谈会议。扬州市和台北市农会首次签署农业全方位合作交流协议。

△ 比利时安特卫普港与扬州港务集团签署《友好交流与经济合作备忘录》。

△ 世博会文化广场“周周演”扬州专场演出在上海南京路世纪广场举行。

6～8日 市委书记王燕文率团赴韩国，围绕扬州市新兴产业进行专题考察和招商推介。

7日 扬州市发布《2009年度扬州市环境质量状况公报》，同时公布市直197家企业的环境行为评级结果。

8～9日 上海世博会“扬州友谊日”在扬州举办。57个国家和地区的近百名世博会参展国家及国际组织的官员、上海世博局有关领导和30余名海内外媒体记者分别游览以“烟花三月下扬州”、“寻找大运河的源头”、“绿杨城郭 宜居之城”和“精致的盐商生活”为主题的4个世博游扬州示范点。

9日 全国政协副主席张梅颖一行到扬州调研城镇化发展和新农村建设情况。

△ 由文化部主办，文化部非物质文化遗产司、中国非物质文化遗产保护中心承办的“巧夺天工——中国非物质文化遗产百名工艺美术大师技艺大展”在北京开展。扬州市顾永骏、江春源、张来喜、戴春富的作品亮相展览。

△ 扬州市民郭洪青、叶多刚、马亮、刘宝根当选“江苏见义勇为新市民”，扬州成为获得该称号人数最多的城市。

9～11日 市委副书记王荣平、副市长闻道才率扬州党政代表团到武汉参观考察，并举行2010中国扬州“科技创新·产业合作”推介会。

10～11日 中央文献研究室主任冷溶一行到扬州，就“落实科学发展观，转变经济发展方式”课题进行专题调研。

11日 市委、市政府召开创建国家生态市推进会。

△ 扬州现代农业展示中心开展，农业科技博士后科研工作站同时揭牌。

12日 第二届“中国历史文化名街”评选结果揭晓，扬州东关街入

6 月 18 日，江苏华电仪征燃机热电联产项目在扬州化学工业园开工

郭义富 / 摄

选。7 月 6 日，扬州市举行东关街“中国历史文化名街”挂牌仪式。

14 日 扬州市举行“扬州的夏日”夏季旅游系列活动启动仪式。启动仪式上，瘦西湖公园、个园、何园、汪氏小苑被授予“长三角世博体验之旅示范点”称号。

15 日 在第三届上海大学生电视节上，扬州大学新闻与传媒学院学生张月等创作的 DV 作品《聆听扬州》获最佳剪辑奖和最佳实验片提名奖。

18 日 由中国华电江苏分公司、中石油昆仑天然气公司、仪征市和扬州化学工业园合作共建的江苏华电仪征燃机热电联产项目在化学工业园开工奠基。

△ 在第四届中国生物产业大会上，扬州江苏金土地种业有限公司“抗条纹叶枯病、高产、优质粳稻新品种扬辐粳 7 号、8 号良种繁育高技术产业化示范工程项目”、江苏高邮鸭集团“高邮鸭良种繁育高技术产业化示范工程项目”获“国家高技术产业化示范工程”称号。

20 日 扬州经济技术开发区创建“国家生态工业示范园区”通过省考核验收组验收。

22 日 电影《徐兆华》在市工人影剧院举行首映式。

23 日 市政府举行 2010 年扬州市产学研合作推介会，46 家本土企业与扬州大学、扬州工业职业技术学院、扬州环境资源学院等本地院校和科研院所签订产学研合作项目 46 个。

23～24 日 国家粮食局局长聂振邦一行到扬州调研粮食生产与经营情况。

24 日 中央文明办专职副主任王世明一行到扬州考察双博馆、瘦西湖景区，指导文明创建工作。

26 日 扬州市开展系列活动，纪念郭村保卫战胜利 70 周年。

△ 育才小学西区校在新城西区揭牌。

26～27 日 “2010 中国扬州—海湾阿拉伯国家石油化工产业合作论坛”在扬州举办。论坛通过《互利共赢 合作发展——中国扬州—海湾阿拉伯国家合作委员会国家石化产业论坛宣言》。

29～30 日 省政协副主席张九汉率省政协视察组到扬州视察“绿色交通”工作。

7 月

2 日 市委、市政府召开全市园区工作会议。

△ 江都市举行大学生村官“创业贷款券”发放仪式，发放“贷款券”37 万元。

2～3 日 中共中央对外联络部副部长陈凤翔率团到扬州考察基层党组织创先争优活动和学习型党组织建设情况，以及优化产业结构、推进节能减排、走新型工业化道路等工作情况。

3 日 “2010 年江苏省首批中青年优秀演艺人才专场演出”首场——“绿杨清声”李政成个人扬剧专场演出在南京紫金大戏院举办。

5～6 日 市委、市政府召开全市城镇化工作会议。

5～8 日 扬州市组织“运河名城扬州旅游推介团”到香港和澳门开展旅游推介。

△ 2010 年大运河保护和申遗会议在扬州召开。

△ 扬州大学社会发展学院被中央文明办、民政部、中国残联联合命名为“全国志愿助残示范基地”。

13 日 省人大常委会副主任李全林、张艳率调研组到扬州专题调研人大工作。

△ 浙江省政协副主席徐辉率调研组到扬州，考察“创新扬州”建设情况。

14 日 市政协召开六届十四次常委会，围绕园区转型升级开展专题评议。这是市政协首次以常委会议形式，就经济社会发展中的重要课题进行专项评议和督查。

15 日 上海大众汽车有限公司江苏仪征项目在南京举行签约仪式。省委书记、省人大常委会主任梁保华，省长罗志军，上汽集团董事长胡茂元，上汽集团总裁陈虹，大众汽车集团董事、副总裁海兹曼，大众汽车集团执行副总裁、大众汽车（中国）总裁兼首席执行官范安德，市委书记王燕文，市长谢正义等出席签约仪式。

△ 扬州瘦西湖旅游发展集团有限公司挂牌成立。该集团注册资本 7 亿元，总资产 37 亿元。

△ 国内最大的整合型 IT 服务商神州数码公司在扬州举行“数字卫生”研发中心成立仪式。这是该公司落户扬州以后，首次将研发中心建在扬州。

17 日 在由民政部社会工作研究中心、新华社经济参考报社等单位联合主办的中国城市科学发展市民满意度调查研究成果暨中国城市科学发展高层论坛上，扬州市获全国十佳“城市管理人民满意城市”称号。

19 日 扬州市歌舞剧院有限公司揭牌成立。

20 日 中美脑中风合作基地、

全民健康管理示范医院揭牌仪式在苏北人民医院举行。

20～21日 新疆伊犁哈萨克自治州党委书记李湘林率伊犁党政代表团到扬州考察。

23～24日 市委五届九次全体会议在扬州召开。会议审议通过市委、市政府《关于建设创新扬州、精致扬州、幸福扬州的实施意见》。全会首次安排全市基层一线的乡镇党委书记列席。

25日 由亚太地区城市信息化合作办公室与中国计算机用户协会主办的“2010中国城市信息化峰会暨AMD杯第二届中国城市信息化50强发布会”在沈阳市召开。会上，扬州市获“2010中国城市信息化50强”称号，仪征市、高邮市同时获“2010中国城市信息化创新奖”。

27日 国内首款投入运营的3G平板电脑——天翼LifePad在扬州举行首发式，这是中国电信与扬州市信息产业骨干企业万事通通讯电子发展有限公司联手打造的3G平板电脑。

28日 扬州市首家残疾人法律救助工作站在市法律援助中心揭牌。

△ 仪征市、江都市、维扬区、邗江区、高邮市在江苏省第九届双拥模范城命名表彰大会上被命名为双拥模范城(区)。

30日 “绿杨清声”李政成扬剧专场汇报演出在扬州大剧院举行。

△ 市委和军分区党委联合召开市委常委议军会暨人武部党委第一书记述职报告会。

8月

3日 市委、市政府召开全市工业经济转型升级创新发展推进大会。

5日 扬州市在会议中心举行“扬州好人”事迹报告会。

10日 扬州市获科技部国家火炬计划首个“智能电网特色产业基地”称号。

11～12日 苏州市市长阎立率苏州市代表团到扬州，就古城保护、文化传承等进行专题考察。

12日 副省长何权到扬州调研血防工作。

13日 市委书记王燕文、市长谢正义会见中国石化仪征化纤股份有限公司新任董事长卢立勇一行。

△ 越共中央委员、中央民运部常务副部长阮世忠率越南党政干部考察团一行到扬州，就非国有企业党建工作等进行考察。

14日 应中国人民外交学会邀请，美国众议院民主党党团执行主任乔治·谢弗林率美亚协会第77批美国国会助手团一行到扬州访问。

18日 扬州市和太仓市签署集装箱物流战略合作协议，搭建港口集装箱物流江河海联运体系。

19日 由文化部主办的中国入选联合国教科文组织非物质文化遗产名录项目颁证仪式在京举行。以扬州广陵古籍刻印社为申报主体的中国雕版印刷技艺获颁证书。

△ 国家质检总局副局长魏传忠一行到扬州，考察扬州市质量监督检验平台建设情况。

20日 宿迁市委常委、秘书长田洪率宿迁市党政代表团到扬州，实地考察江都市现代农业产业园区。

△ 2010年中国扬州“科技创新·产业合作”推介会在安徽合肥举行，活动共签订意向协议60项。

22日 扬州市中小学素质教育实践基地、扬州市未成年人社会实践基地揭牌。

24日 全国政协人口资源环境委员会副主任、“中国园”中方建设领导小组组长江泽慧在扬州会见美国农场局联盟主席、“中国园”美方筹资小组组长鲍勃·斯多曼一行。25日，“中国园”项目中方建设领导小组在扬州召开第14次会议，增补谢正义为“中国园”中方建设领导小组副组长。

△ 在扬州的全国人大代表王燕文、郭荣、王静成、陈秀兰、陈先岩、陆琴、高毅进等到扬州经济技术开发区进行专题调研。

25日 韩国全罗北道议会议长金镐绪、副议长文勉镐率全罗北道议会代表团到扬州考察。

28日 2010年中国餐饮业年度大奖——金鼎奖在沈阳举行颁奖典礼，中国烹饪大师薛泉生获“中国十大名厨”称号。

30日 省人大常委会副主任、党组副书记柏苏宁，省政协原副主席吴冬华率省人大代表省直扬州组到扬州，专题调研新兴产业发展情况。

31日 市委书记王燕文、市长谢正义走访慰问抗日老战士。

△ 副省长徐鸣率省民委负责人到高邮菱塘回族乡调研。

△ 环保部、商务部、科技部联合验收小组结束在扬州考察，宣布扬州经济技术开发区通过国家生态工

8月5日，少先队员向参加“扬州好人”事迹报告会的“扬州好人”献花

王 卓/摄

业示范园区验收。

△ 国家电监会副主席史玉波一行到扬州考察扬州“智谷”等。

9月

2日 国务院节能减排工作督查组专程到扬州，对节能减排工作进行专项督查。

3日 扬州市扬子江集团投资的冶春台北店在台北京华城开业。这是大陆国有资本进入台湾实体投资第一例，也是大陆在台投资规模最大的餐饮项目。

△ 市长谢正义会见新加坡贸工部部长李奕贤一行。

3～8日 市委书记王燕文率扬州经贸考察团到台湾考察，并举办扬州旅游说明会、2010扬州·台北石化界企业家恳谈会、呼应ECFA(《海峡两岸经济合作框架协议》)——扬州(台北)商机说明会。

4日 中国工程院党组副书记、院长周济到扬州考察机械制造产业发展情况。

△ 2010年中国企业500强评选结果公布，宝胜集团有限公司第三次进入排行榜，位列第455位。

8～10日 全国人大常委会副委员长乌云其木格到扬州考察新兴产业发展及古城保护工作。

9日 市委、市政府召开第26个教师节庆祝大会。会上，表彰全市11名江苏省第二批教授级中学高级教师、23名江苏省第11批特级教师和2010年度扬州市“十佳师德标兵”、扬州市“师德标兵”。

10日 扬州市与南京林业大学签署全面合作协议。

11日 2010年国家司法考试在市旅游商贸学校开考，扬州考区1138名考生参考。

12日 云南省委常委、统战部部长黄毅率云南党外人士代表团到扬州考察古城保护工作和旅游业发展情况。

14日 扬州在四川绵竹九龙镇举行对口援建工程项目全面竣工典礼。市委书记王燕文出席典礼并向当地发放象征着4批共计19个援建项目的“金钥匙”。市人大常委会副主任李福康代表扬州市向当地捐赠100万元慰问金；市政协副主席、市委统战部部长杨明荣代表扬州市向九龙学校捐助第四学年度10万元助学金。

9月20日，扬州工艺美术馆新馆开馆　　程建平／摄

△ 第六届中国曲艺牡丹奖在南京揭晓，扬州评话大师王丽堂获“牡丹奖”终身成就奖，扬州市曲艺团青年演员包伟获表演奖，扬州学者韦明铧获理论奖。

15～16日 副市长闻道才率扬州市代表团一行，考察成都市天府软件园以及园区内的重点企业，与西南交通大学举行院地合作座谈会，并举办2010中国扬州“科技创新·产业合作”(成都)推介会。推介会上，扬州23家企业与当地8家科研院校所签订科技合作协议24项，16家企业与20名博士签订人才引进协议20项，四川大学、西南交通大学和扬州市分别签订全面合作协议。

18日 扬州报业传媒集团、扬州广播电视传媒集团揭牌成立。

20日 扬州工艺美术新馆开馆，扬州工艺坊同时试营业。

21日 天津三维显示技术有限公司、Living 3D昆蓝电子科技有限公司和邗江经济开发区正式签约，共同建设中国三维成像科技产业园(3D科技产业园)。

△ 市政协举办2010年度“政协论坛”，专题研讨“提升城市品质”问题。

24日 扬州体育公园体育场、国展中心二期开工。

25日 2010中国扬州世界运河名城博览会开幕。省委常委、宣传部长杨新力，住房和城乡建设部总规划师唐凯，国家文物局副局长顾玉才，外交学会副会长陈永龙，内河国际理事会秘书长麦多高等国内外嘉宾出席开幕式。市长谢正义和邯郸市市长郭大建共同启动象征发展低碳经济的“智慧之源”。

△ 市委书记、市人大常委会主任王燕文会见到扬州出席运博会的韩国济州市市长金柄立一行。

△ 市长谢正义会见内河国际理事会秘书长麦多高等到扬州参加运博会的国外嘉宾。

△ 市长谢正义会见外交学会副会长、全国气候变化专家委员会委员陈永龙，外交部气候变化谈判特别代表黄惠康等到扬州参加运博会的部分国内嘉宾。

26日 2010中国扬州世界运河名城专家论坛在迎宾馆举行。国外运河城市、有关国际组织、运河管理机构、外国驻华机构以及中国大运河沿线35座城市的代表和专家学者，围绕“运河城市与低碳经济”主题展开研讨。市长谢正义作题为《推进绿色低碳发展 建设精致幸福名城》的演讲。与会代表达成《2010中国扬州世界运河名城博览会专家论坛共识》。

△ 2010中国扬州世界运河名

城博览会“绿色旋律”大型文艺晚会在扬州市体育公园举行。

△ 《扬州市志(1988～2005)》总纂篇目通过省方志办专家组评审。

27 日 梁思成铜像揭幕仪式在大明寺举行。

△ 高邮市与荷兰泰尔讷曾市签署建立友好关系备忘录。

28 日 扬州经济技术开发区举行 10 个项目的集中开工仪式。

△ 市委、市政府召开城市建设和环境提升总结表彰暨迎接建城 2500 年动员大会。

10 月

4 日 中国兵器装备集团公司副总经理、中国长安汽车集团总裁、重庆长安汽车股份公司董事长徐留平一行到扬州进行商务考察。

5 日 2013 年国际盆栽协会 50 周年庆典暨国际盆景大会签约仪式在扬州举行,扬州市获大会举办权。

8 日 扬州市对口支援新疆伊犁州新源县工作启动,前方指挥组在新源县挂牌。

8～9 日 新华社、《人民日报》、中央电视台、《农民日报》、《中国环境报》、《科技日报》、《新华日报》等多家中央、省级媒体到扬州,专题采访报道由扬州市农科院自主研发的“麦(油)套稻”低碳稻作新技术。

9 日 中央文明办在扬州举行“道德传承 情暖扬州——全国道德模范与身边好人现场交流活动”。

△ 由市委宣传部、市文明办、市档案局共同举办的“大爱之城——‘扬州好人’先进事迹图片展”在扬州市档案馆展厅开幕。

△ 扬州市军队离退休干部服务中心揭牌。

11～13 日 由美国、澳大利亚、瑞典等国 12 家华文媒体负责人组成的海外华文媒体高层参访团到扬州进行实地考察和采访。

12 日 中国雕版印刷技艺入选联合国科教文组织“人类非物质文化遗产代表作名录”授牌仪式在扬州迎宾馆举行。

△ “福布斯 2010 中国大陆最佳商业城市”榜单公布,扬州第七次上榜,并从上年的第 46 位提升到第 36 位。

13 日 省人大常委会副主任朱龙生率部分省人大代表到扬州实地查看供水设施建设、运行和管理情况。

14 日 市委书记、市人大常委会主任王燕文会见韩国前国会议员崔载千一行。

△ 2010 中国玉(石)器百花奖颁奖典礼在北京人民大会堂举行,扬州市获 10 个金奖、9 个银奖、7 个铜奖,并获 2 项最佳创意、2 项最佳工艺奖。杨光、单春平、孙有庚、张锦飞等 4 人获“中国青年玉石雕艺术家”称号。

△ 国家电监会副主席王野平、国家电网公司副总经理栾军一行到扬州考察智能电网建设工作。

△ “走进韩国——韩国风情图片展”在崔致远纪念馆开幕。

16 日 由中国伦理学会、中国艺术家协会以及宁波市主办的第二届当代中华十大慈孝人物颁奖晚会在浙江宁波举行。扬州市的李彬成为江苏省唯一当选人物。

△ 在“2010 第三届中国(国际)休闲发展论坛”上,扬州入选“中国十大休闲城市”。

△ 由中央电视台农业频道主办的首届三农“致富榜样”推介活动颁奖典礼在北京举行。全国人大代表、修脚大师陆琴成为全国十大三农“致富榜样”。

17 日 河北省邢台市委书记姜德果率党政代表团到扬州,就新兴产业发展、城市建设进行专题考察。

18 日 市委召开县处级党政主要负责人廉洁从政情况汇报会。

△ 《梅兰竹菊》特种邮票暨《扬州八怪珍邮》邮册全国首发式在扬州八怪纪念馆举行。

△ 江苏省第 17 届运动会闭幕,扬州代表团获金牌 55.5 枚、总分 1577.75 分,列全省综合金牌榜与综合积分榜第七位。

18～19 日 浙江省杭州市人大常委会主任王国平一行到扬州考察。

21～22 日 扬州市科协第五次代表大会召开。

23 日 由扬州市政府、北京市社会科学院、南开大学和扬州大学联合主办的“盛清社会与扬州”高端学术研讨会在扬州开幕。研讨会上,被列入国家清史工程的《清宫扬州御档》举行首发式。

24 日 由世界 500 强企业力宝集团投资、位于邗江中路扬州汽车西站北侧的力宝广场暨乐宾百货开业。

25 日 第三届江苏省新人新作歌舞大赛获奖名单揭晓,扬州舞蹈《渴泉》获表演二等奖、创作二等奖,舞蹈《希望》(原名《活》)获创作三等奖、集体优秀表演奖。

27 日 扬州市社科联第五次代表大会召开。

27～28 日 中共中央政治局委员、全国政协副主席王刚到扬州,在省委书记梁保华、省长罗志军、省委副书记王国生、省政协副主席张九汉的陪同下,先后考察扬州智谷、中科院山西煤化所扬州碳纤维工程技术中心、卢氏古宅、瘦西湖景区等,对扬州市的新兴产业发展、古城保护和文化扬州建设给予充分肯定。

△ 韩国丽水市新当选市长金忠锡、议长金荣珪率丽水市友好代表团一行到扬州访问。

28 日 扬州文化艺术中心落成开放。

△ 扬州市在辽宁省大连市举办 2010 扬州现代服务业招商推介会。

△ “中国扬州汽车电子产业园”揭牌。市长谢正义代表扬州市与国家开发银行江苏省分行行长茆君才签署新一轮合作框架协议。

29～30 日 扬州市文联第五次代表大会召开。

30 日 广西壮族自治区党委常委、南宁市委书记车荣福率南宁市党政代表团一行到扬州考察。

31 日 “扬州工”第七次蝉联第 11 届中国工艺美术大师作品暨国际艺术精品博览会“天工艺苑·百花杯”特等奖,并获全部 3 个特等奖中的 2 个。获奖作品为国家级工艺美术大师薛春梅的玉雕《人生如意 福泽千秋》、扬州润祥漆器厂制作的纯雕漆地屏《琼楼仙庆》。

11月

1日 第六次全国人口普查工作开始，扬州市入户登记工作同时启动。

△ 交通银行党委书记、董事长胡怀邦一行到扬州考察金融服务、信息服务等现代服务业情况。

△ “‘12351’全市工会维护保障职工权益行动周”启动仪式在文昌广场举行。

1～5日 经过国际电工委员会（IEC）光伏领域专家的现场评审，扬州光电产品检测中心被认定为全国第一家获得CBTL国际认可的光伏检测国家实验室。

2日 扬州军地双方举行活动，庆祝老红军刘应启百岁寿辰。

3日 省政府在江都市举行江（都）海（安）高速等4条高速公路通车庆典。省委书记梁保华同参与高速公路建设的技术专家代表、工程建设者代表一起为公路通车剪彩。省长罗志军在庆典上讲话。省委常委、秘书长李云峰出席仪式，副省长史和平主持仪式。市委书记王燕文代表江海高速公路沿线党委、政府致辞。

△ 扬州市在上海举行扬州旅游（上海）座谈会。

△ 厄瓜多尔共和国布埃那费市市长路易斯·赞布拉诺一行到扬州考察。

4日 市委、市政府在南京召开新一轮重大基础设施“十二五”规划对接座谈会。

5日 省委常委、组织部长石泰峰到扬州考察战略性新兴产业发展、古城保护和基层党建工作。

6日 武警江苏省总队医院举行三级甲等医院挂牌、医技综合楼启用暨解放军总医院PET－CT分中心成立庆典仪式。

△ 在江苏省第三届森林旅游节暨凤凰岛首届芦花节开幕式上，凤凰岛生态旅游区被授予“省级湿地公园”称号。至此，扬州共有1个国家级和3个省级湿地公园。

8日 黑龙江省伊春市委常委、宣传部长华景伟率伊春市文明城市创建考察团到扬州专题考察创建全国文明城市的经验。

11日 5.7万吨散货船“慈云山”轮在中国海运集团江苏造船基地江都三江营江边命名交接。至此，该基地2010年交船总量突破100万载重吨，创历史新纪录。

12日 2010年扬州“科技创新·产业合作”推介会在上海举行，共签约外资、科技和人才引进项目88个，其中30个项目现场集中签约。

15日 扬州市档案馆通过国家档案局国家一级综合档案馆测评组评审，晋升为国家一级档案馆。

17日 中华海外联谊会常务理事、美国美东华人社团联合总会共同主席梁冠军率中华海外联谊会海外理事考察团到扬州参观访问。

△ 江都市建成全国首个国家级园艺标准化示范区，并通过国家标准化管理委员考核验收。

18日 省长罗志军到扬州调研并召开苏中片经济工作座谈会。

11月18日，省长罗志军在扬州调研　　王　卓/摄

11月3日，江海高速公路建成通车。省委书记梁保华为高速公路建成通车剪彩　　王　卓/摄

19日 市委书记王燕文会见台湾苗栗县县长刘政鸿一行。

23日 由市政府主办、鉴真书画院承办的首届中国扬州“鉴真杯”国际书画邀请大展在市美术馆开幕。

△ 富春“中国驰名商标”授牌仪式暨富春茶社125周年庆典活动在扬州举行。

24日 日本东大寺鉴真坐像回到扬州。

△ 国务院南水北调办公室主任鄂竟平到扬州进行专题考察。

25日 市委书记王燕文，市长谢正义在迎宾馆会见奈良县友好交流访问团名誉顾问、前日本国土交通大臣冬柴铁三，奈良县知事荒井正吾，日本驻华公使山田重夫等日本客人。

26日 日本东大寺鉴真坐像回扬省亲揭幕仪式在鉴真图书馆南广场举行。前国务委员、中日友好协会名誉顾问、第五届中日友好21世纪委员会中方首席委员唐家璇，省政协主席张连珍，日本前国土交通大臣冬柴铁三，日本奈良县知事荒井正吾为鉴真坐像揭幕。市委书记王燕文，奈良县知事荒井正吾，中国佛教协会会长传印法师，中国人民对外友好协会副会长井顿泉，台湾佛光山开山宗长星云大师先后致辞。

△ 由扬州市人民政府和日本奈良市政府共同主办的第二届鉴真精神论坛在扬州迎宾馆举行，论坛主题是“鉴真与中日文化交流”。

26～27日 中共中央政治局常委、中央政法委书记周永康一行在省委书记梁保华、省长罗志军的陪同下，到扬州考察扬州市新兴产业发展、公安司法以及和谐社区建设情况。

28 日 扬州市新增 3 家新型金融机构：江苏省再担保公司扬州分公司、扬州英飞尼迪创业投资中心和扬州市科技金融服务公司。

△ 为"三农"和中小企业发展量身定做的村镇银行——江都吉银村镇银行挂牌开业。该银行由吉林银行和江苏省内部分企业及自然人出资，注册资本金 1.8 亿元，为省内注册资本金规模最大的村镇银行。

12 月

11 月 30 日～12 月 3 日 市委书记王燕文、市长谢正义率扬州市党政代表团先后到宁波、杭州、无锡考察，学习借鉴当地的先进发展理念和经验。

1 日 在省委、省政府召开的江苏省对口支援四川省绵竹市地震灾后恢复重建总结表彰大会上，扬州市援川指挥部被评为先进集体，总指挥王东升、副总指挥姚爱国、工程科副科长徐银鸣被评为先进工作者。

3 日 意大利在华最大投资项目——玛切嘉利扬州基地举行项目投产仪式。

△ 2010 年扬州民资招商推介会在福建省厦门市举行，共签约项目 37 个，总投资 150.2 亿元，协议注册资本金 37.36 亿元。

4 日 市委召开全市人大工作会议。

△ 扬州市和陕西省渭南市签约缔结友好城市。

6～7 日 10 多家中央媒体聚焦扬州文明城市创建，集中报道扬州创建为民、惠民，着力提升人民群众生活品质的做法。

7 日 扬州第一家中瑞（瑞典）合资企业——江苏瑞联电子科技有限公司开业。

8～10 日 副市长纪春明率市政府"菜篮子"工程考察组到上海、温州、镇江等地考察学习当地先进经验。

9 日 市委召开党外人士座谈会，就"十二五"规划建议（征求意见稿）听取市各民主党派、工商联负责人和无党派代表人士的意见和建议。

11 日 建筑面积 1.15 万平方米，能同时容纳数百家用人单位和上千名求职者的扬州市人力资源市场正式启用。

12 日 市委书记王燕文在迎宾馆会见到扬州访问的韩国驻上海总领馆总领事金正基一行。

14 日 邗江区被中华诗词学会授予"全国诗词之乡"称号。

16～17 日 市委五届十次全体会议在扬州召开。会议审议通过《中共扬州市委关于制定扬州市国民经济和社会发展第十二个五年规划的建议》。

18 日 由台湾 LED 领军企业璨圆光电股份有限公司等在扬州投资组建的江苏璨扬光电有限公司正式投产。

△ 总投资 20 亿美元的新日能扬州光伏项目在邗江经济开发区奠基。新日能扬州光伏项目由美国硅谷新日能控股公司与中国环保能源控股有限公司共同投资，主要生产硅基薄膜太阳能电池、发电系统集成以及太阳能电站建设 EPC 总包等，首期投资 9998 万美元，注册资本 4998 万美元。

20 日 甘肃省兰州市委常委、副市长周丽宁率兰州市政府代表团到扬州考察信访、应急、公安等方面工作。

21 日 市委召开全市政协工作会议。

22 日 由扬州市农委研制推广的"数字化测土配方施肥技术"获全国农牧渔业丰收奖科技成果推广一等奖。

24 日 扬州市举行第七次见义勇为先进分子暨第三次见义勇为工作先进集体、先进个人表彰大会。

△ 四川省副省长陈文华、四川省政协副主席陈次昌一行专程到扬州考察，并代表灾区人民感谢扬州人民对四川绵竹市九龙镇的援建之情。

25 日 由扬州市区农村信用合作联社改制而成的江苏扬州农村商业银行开业。这是扬州市首家以"扬州"命名的银行。

△ 苏北人民医院举行国家级博士后科研工作站揭牌暨首期博士后进站仪式。

26 日 扬州市木偶剧团选送的新版大型木偶剧《白雪公主》获第三届"金狮奖"全国木偶皮影戏比赛最高奖项——剧目金奖。

29 日 2011 年江苏省暨扬州市文化科技卫生"三下乡"活动在仪征市谢集乡启动。

△ 世界最大教学船——上海海事大学 4.8 万吨教学实习船在江都沿江中海工业（江苏）有限公司开工。

木偶剧《白雪公主》 王 卓／摄

党政机关

Dangzhengjiguan

本栏责任编辑　杨文才

中共扬州市委员会

重要会议

市委五届九次全会　7月23～24日，中共扬州市委召开五届九次全体（扩大）会议。会议回顾总结上半年工作情况，研究部署下半年工作任务。会上，市委书记王燕文代表市委常委会作工作情况报告和题为《坚持以人为本，提升名城品质，为建设创新扬州精致扬州幸福扬州而努力奋斗》的主题报告，市委副书记、市长谢正义就下半年经济和社会发展重点工作提出部署意见。会议审议并通过《关于建设创新扬州 精致扬州 幸福扬州的实施意见》，动员全市上下进一步贯彻落实科学发展观，围绕名城建设总目标，加快经济发展方式转变，推动全市经济社会更好更快发展。（童　林）

7月23日，扬州市委召开五届九次全体会议　王　卓/摄

市委五届十次全会　12月16～17日，中共扬州市委召开五届十次全体（扩大）会议。会议学习贯彻党的十七届五中全会、中央经济工作会议和省委十一届九次全会精神，总结“十一五”及2010年工作，研究提出关于制定扬州市国民经济和社会发展“十二五”规划的建议，对扬州市“十二五”时期的经济社会发展和2011年的工作作出部署，动员全市上下贯彻落实科学发展观，进一步认清形势、抢抓机遇，坚持科学发展，加快转变经济发展方式，建设创新扬州、精致扬州、幸福扬州。（童　林）

重要决策

保障和改善民生　1月11日，市委、市政府下发《关于进一步加强和改善民生工作的意见》，提出5个方面措施：1.实施更加积极的就业政策，努力扩大就业；2.不断完善社会保障体系，进一步提高社会保障水平；3.加大社会救助力度，保障城乡困难群众基本生活；4.大力兴办社会事业，推进基本公共服务均等化；5.着力推进城乡建设，营造文明秀美宜居环境。（童　林）

推进统筹城乡发展　3月30日，市委、市政府下发《关于加快推进统筹城乡发展进一步强化农业农村发展基础的意见》，提出7个方面要求：1.大力发展现代高效农业，全面提高农业发展水平；2.着力推进城乡统筹发展，加快城乡一体化进程；3.深入推进农村改革，加快发展县域经济；4.着力打造创业就业新平台，进一步拓宽农民增收渠道；5.切实保障和改善农村民生，缩小城乡公共事业发展差距；6.落实强农惠农政策，推动资源要素向农村流动；7.进一步加强党对农村工作的领导，巩固党在农村的执政基础。（童　林）

推进城镇化　7月23日，市委、市政府下发《关于大力推进城镇化的意见》，提出推进城镇化的总体要求，要求科学构建城镇体系，鼓励引导人口向城镇集聚，大力提升城镇综合承载能力，不断推进体制机制创新，切实加强推进城镇化工作的组织领导。（童　林）

建设“三个扬州”　8月5日，市委、市政府印发《关于建设创新扬州 精致扬州 幸福扬州的实施意见》，提出建设创新扬州、精致扬州、幸福扬州（简称“三个扬州”）的指导思想、奋斗目标、基本原则和具体措施，要求

全市上下坚持以人为本、创新引领、和谐发展，以创新理念引领经济发展、推动经济转型升级，以精致理念引领城市建设、推动城市品质提升，以幸福理念引领民生改善、推动社会文明和谐，积极探索和实践具有时代特征、区域特点、扬州特色的发展道路，全面提升城市竞争力、影响力和美誉度。在总体全面建成小康社会的基础上，建设具有核心竞争力的创新城市、秀美宜居的精致城市、文明和谐的幸福城市，加速基本实现现代化的进程。到2014年扬州建城2500年时，全市地区生产总值在2009年基础上翻一番，财政一般预算收入占地区生产总值的比重达8%，创成全国文明城市、国家生态市、国家森林城市、世界文化遗产城市，创新活力迸发、城市品质提升、人民生活幸福，成为扬州人自豪、投资者向往、外地人羡慕的创新之城、精致之城、幸福之城。（童 林）

宣传工作

■ **理论学习与研究** 组织党的十七届四中、五中全会和市委五届九次、十次全会精神宣讲，市委常委、党员副市长分别到各自工作联系点宣讲，《新华日报》、江苏电视台报道扬州市做法。市委下发《关于进一步加强学习型党组织建设的意见》，分层分类建设示范点，召开工作会议和经验交流会，开展以学理论提升思想素质、学法规提升政策水平、学科学提升创新能力、学业务提升发展本领为主题的“四学四提升”活动、“书香扬州 同读经典”全民读书等系列活动。加强党委中心组学习，邀请高层专家、领导为市委中心组授课，开展中心组学习百分考核、农村党员干部冬训工作创新活动。在省委召开的学习型党组织建设工作推进会上，扬州市作交流发言。召开《江泽民思想年编》理论研讨会，编辑出版《与时俱进 开拓创新》、《科学发展观：马克思主义中国化的新境界》、《当代中国马克思主义大众化》等书籍。开展“发展创新型经济、建设创新型城市”专题学习调研活动，在全省县以上领导干部学习调研论文评选中获较好成绩。开展社科重大课题招标，举办第二届哲学社会科学学术年会，编撰出版《2010年度扬州经济社会发展蓝皮书》。（崔道锋）

■ **新闻宣传** 实施人大和政协“两会”、“烟花三月”国际经贸旅游节、世界运河名城博览会、“科技创新·产业合作”推介会、扬州参与上海世博会、“名城扬州港澳行”、中阿石化论坛、日本奈良东大寺鉴真坐像回扬“省亲”等重大活动宣传。新华社、《人民日报》、《求是》杂志、中央电视台等中央主流媒体集中报道扬州市建设幸福扬州的实践。建立健全党委新闻发言人制度、网络发言人制度、突发公共事件新闻报道制度、对外宣传联席会议制度、网络舆情专报制度、网评工作制度等舆论引导制度，加大网情监测和有害信息处置力度。全年编发舆情专报51期，向各地、各有关部门通报网上舆情200多次，处理负面报道40多起。编辑出版2010年度《主流媒体聚焦扬州》。扬州网通过国务院新闻办审批，获新闻网站资格。（崔道锋）

■ **文化建设** 制定、实施《扬州市文化体制改革实施方案》，市文化局（文物局、新闻出版局、版权局）和市广播电视局合并，组建市文化广电新闻出版局。完成广陵书社转企改制。扬州报业传媒集团、扬州广播电视传媒集团挂牌成立。整合市歌舞团、市京剧团、扬州大剧院等资源，组建扬州市歌舞剧院有限公司。推进文化馆、图书馆、扬州博物馆和中国扬州雕版印刷博物馆（简称双博馆）等12家公益性事业单位内部机制改革。制定、实施《扬州市2010年文化产业发展行动方案》，召开全市文化产业工作现场会，举行全市文化产业项目集中签约仪式。至2010年底，全市有文化产业项目80多个，其中1亿元以上项目40个、10亿元以上项目4个，总投资250多亿元。评选、命名首批24家扬州市文化产业示范基地。推进文化博览城建设，建成宋夹城国家考古遗址公园、扬州工艺坊、扬州书院博物馆等项目。推进申报文化遗产工作。公布第二批49个扬州市非物质文化遗产代表性项目名录。健全公共文化服务体系，丰富文化活动。扬州文化艺术中心建成开放。市、县（市）文化信息资源共享工程支中心全部建成。在南京、扬州举办江苏省中青年优秀演艺人才专场演出——“绿杨清声”李政成扬剧专场演出。举办首届“朱自清散文奖”评选颁奖活动、汪曾祺诞辰90周年纪念活动、“春江花月夜”全球华人征歌大赛、“扬州智谷杯”全国大学生创意设计大赛。推进文艺精品创作，制作、拍摄电影《新柳堡的故事》和电视剧《潮人》、《青春岁月》等。木偶剧《白雪公主》获中国“金狮奖”金奖；李政成获2010年文华表演奖，并被评为全国劳动模范。完成市社科联和市文联换届工作。（崔道锋）

■ **宣传队伍建设** 开展“创先争优”活动，推进机关党员干部能力作风建设，营造创新实干的工作氛围。在全市宣传思想文化系统开展年度创新项目征集评选活动，征集创新项目70多个。举办网络发言人暨网络发言人助理培训班、企事业单位政工干部培训班、基层理论骨干培训班、全市基层文化干部培训班，新闻战线开展中国特色社会主义理论体系、马克思主义新闻观、职业精神职业道德的学习教育活动，组织评选、表彰市十佳新闻工作者，提升宣传思想文化队伍的理论水平、专业素养。围绕提高宣传思想文化工作科学化水平、学习型党组织建设、文化改革发展、基层宣传队伍建设、“扬州好人”宣传等专题开展调研，并完成调研报告。建立舆情深度分析专报制度，《当前社会矛盾激化趋势》、《复杂社会心态成因对策》等深度分析报告被中宣部《舆情专报》、《网上动态》等刊物采用。全市舆情信息工作位居全省前列。（崔道锋）

■ **推选“扬州好人”** 6月10日起，市委宣传部、市文明办、扬州日报社、扬州广电总台联合开展推荐、宣传、学习、争做“扬州好人”系列活动，通过组织推荐、群众举荐等方式，每两天在媒体上报道1名“扬州好人”事迹。至12月底，市各媒体累计报道200多名“扬州好人”近600条信息。组织“扬州好人”先进事迹报告会、理论研讨会、图片展、征歌(曲)等活动。7月上旬，中央文明办、中国名博沙龙到扬州采风，深度剖析“扬州好人”现象。8月14日，《新华日报》头版以《一群好人，满城新风》为题，长篇报道“扬州好人”现象，并配发评论员文章。中国文明网多次刊登“扬州好人”消息，并以《大爱之城塑好人群像》为题系统介绍扬州市推荐、宣传、学习、争做“扬州好人”活动。10月9日，由中央文明办主办的“道德传承 情暖扬州——全国道德模范与身边好人现场交流活动”在扬州举办。在中央文明办主办的“我推荐、我评议身边好人”活动中，扬州市龚文凤、王文清、冯伯来夫妇、张梅琴、耿高鹏等9名“扬州好人”入选“中国好人榜”。中央电视台《道德观察》摄制组先后5次到扬州，拍摄近20名“扬州好人”故事；中央电视台《身边的感动》栏目报道扬州市“献血大王”孙程、拾金不昧的“卖唱妈妈”管霞、好医生陈宏如、送气工颜展红的先进事迹；中央电视台《感动中国》栏目报道颜展红、“癌症妈妈”郭雪姣的感人事迹；王文清被新华社评为感动2010十大网络人物；《光明日报》在头版显要位置报道陈宏如事迹。12月中旬，开展评选2010年度“十大扬州好人标兵”(道德模范)活动。(崔道锋)

组织工作

■第三批学习实践科学发展观活动结束 1～3月，扬州市第三批学习实践科学发展观活动进入整改落实阶段，市委学习实践科学发展观活动办公室指导基层按照“四明确一承诺”(明确整改落实目标、时限、措施、责任，向党员、群众作出公开“承诺”)的要求，制定整改落实方案或整改落实措施，要求基层“围绕市县的承诺，继续抓一批项目；围绕基层的实际，继续办一批实事；围绕群众的需求，继续解一批难事”，建立完善为民办实事的长效机制。全市各基层党组织围绕整改落实，集中力量办实事、好事，开展“关爱农民工，温暖大行动”等专项活动，为农民工送政策信息、送岗位技能、送社会保障、送爱心帮扶、送健康温暖，提高农民工及其家庭的生存质量。3月，以创建全国文明城市为契机，组织开展“积极投身文明创建，争做文明、优雅的新扬州人”倡议活动，把学习实践活动引向深入。4月6日，市委召开深入学习实践科学发展观活动总结大会，对历时1年多的学习实践活动进行全面回顾和总结。举办“科学发展在扬州”图片展，制作30块展牌，展示全市学习实践活动成果。扬州市第三批学习实践活动得到中央非公经济组织学习实践活动第二巡回检查组和省委学习实践活动办公室肯定。扬州市温州商会获评全国“社会组织深入学习实践科学发展观活动先进单位”，扬州市机动车驾驶员协会获评“全国先进社会组织”。(闫庭青)

■创先争优活动 6月28日，结合纪念建党89周年，市委召开全市创先争优活动部署推进会，要求全市基层党组织和党员以“争先进位推动科学发展，创新实干建设幸福扬州”为主题，开展“四比四做”活动，推动基层党组织比发展、做争先进位的表率，比服务、做群众满意的表率；推动广大共产党员比贡献、做爱岗敬业的表率，比境界、做奉献社会的表率。市委成立创先争优活动领导小组和办公室，成立市级机关、教育系统、卫生系统、非公有制经济组织、社会组织和驻扬单位等6个指导协调组，协同推进全市创先争优活动。建立市、县、乡三级创先争优活动领导联系点300多个。8月，组织开展“一支部一主题、一党员一规划”活动，各级基层党组织明确创先争优主题和载体，每个党员订立创争规划。结合全市经济转型发展和全国文明城市创建工作，组织开展党员志愿服务活动和“创建文明城、党员做先锋”、“亮身份、树形象、作表率”等实践活动，为民办实事、办好事。为党员办实事，推动全市各地全面落实农村“一定三有”(对村党组织书记定权责立规范，工作有合理待遇、干好有发展前途、退岗有一定保障)、社区“三有一化”(有人管事、有钱办事、有处议事，推进城市基层党建区域化建设)，建立和完善党内激励、关怀、帮扶机制，全市村党组织书记报酬全部达到当地上年农民人均纯收入的2倍，社区党组织书记报酬全部达到当地上年城镇居民人均可支配收入的1.5倍，全市所有村、社区主要干部均参加城镇职工养老保险。为群众办实事，全市各级党组织采集就业岗位近13万个，发放帮扶救助资金9200万元，成立党员志愿服务队近900支，基层党组织和党员为群众办实事、好事5万多件。为基层办实事，重点帮助解决农村、社区基础设施薄弱，办公活动场所和党员服务中心建设等问题。宣传先进典型，选树“扬州好人”，集中报道江都市特警大队、邗江区头桥镇田桥村、宝应县安宜镇三里村等一批创先争优重大先进典型，为开展创先争优活动、加强基层党建工作树立新标杆。(闫庭青)

■领导班子建设 加强县(市、区)和开发园区领导班子建设。全年调整县(市、区)党政正职负责人5人次，选派18名优秀干部充实县(市、区)党政领导班子，选派17名优秀干部进入省级开发园区领导班子。优化市级机关部门领导班子，选派一批政治强、业务精、作风正的年轻干部充实到经济、城建、信访等一线部门领导班子。加强考评，市委制定县(市、区)党政正职负责人考核奖励办法和干部明确职级、高配职级的政策意见。采取召开座谈会、实地考察、群众评议等方式，加强对2009年选派到基层实践锻炼的1013名年轻干部的跟踪管理。召开全市县、乡党委换届工作会议，部署换届工作。(闫庭青)

■干部人事制度改革 2月7日，市委召开全市组织部长会议，要求以整体推进干部资源科学配置为重点，组织实施一批干部人事制度改革重点项目。7月26日，市委召开全市公开选拔领导干部动员大会，面向社会公开选拔24名市管领导干部。此次公开选拔采取“三推三考”模式，以“笔试，第一轮民主推荐；面试，第二轮民主推荐；考察，第三轮民主推荐”为核心环节，将笔试、面试、推荐、考察有机结合，相互验证补充，实现综合研判，提高公开选拔工作的科学化水平。8月底，公选职位正式人选基本产生。11月1日，市委召开公选干部任前集体谈话会，正式任命24名公选干部。扬州市公开选拔领导干部工作获全省市县组织部门2010年度创新创优优秀成果奖。市政协、扬州职业大学通过竞争上岗方式产生25名处级干部。12月30日，市委出台《关于贯彻〈2010～2020年深化干部人事制度改革规划纲要〉的实施意见》，明确扬州市深化干部人事制度改革的28项重要目标任务。（闫庭青）

■ 干部教育培训 围绕“发展创新型经济、建设创新型城市”需要，深化党校主体班教学管理改革，完善“菜单式、模块化、学分制、双评价”干部教育培训模式，班次设置上，春、秋两季主体班开设财税与资本运作、新型工业化、党的建设等8个专题培训班，供干部选学；课程设计上，注重把经济社会发展热点、市委中心工作和学员个人需求结合起来，开设“党内民主建设”、“扬州产业演进与新兴产业发展”、文明礼仪等课程，满足学员多样化学习需求。全年党校培训轮训干部500多人次。加大境外培训力度，紧贴全市经济社会发展需要和干部岗位需求，定制培训课程，确定美国“园区转型与产业升级”、新加坡“城市管理”、以色列“科技创新”等重点境外培训项目，200多名基层和发展一线干部参加培训。加强干部在职自学载体建设，“扬州市党政干部网上学习城”全面升级改造，完成网站物理地址变更、新址网络架构、网站新功能开发、课程库更新等工作，方便干部网上学习。放大教育培训成果，完善学习成果汇报交流制度。重要境外培训或者重点专题培训结束后，组织参训学员向市委和学员所在单位集体汇报、交流学习成果及运用情况，由市领导或相关专家现场点评，巩固与提升培训成果。（闫庭青）

■ 人才工作 健全人才工作领导机制。3月，市委召开全市人才工作领导小组第一次全体会议，明确市人才工作领导小组和成员单位的主要职责，确定年度重点工作目标任务，分解工作责任，推动各地完善人才工作网络。会上，市委决定实施“绿扬金凤计划”，确定3年内引进创新创业领军人才100人（2010年引进30人左右）、每年引进优秀博士人才100人的目标，出台引进创新创业领军人才、优秀博士人才等4个政策意见，资助金额最高达300万元。开展招才引智活动，先后到武汉市、成都市、深圳市、上海市举办“科技创新·产业合作”洽谈会，组织科技创新型企业与高校院所进行人才引进和产学研对接。组织申报国家、省级引才计划，26人获省高层次创新创业人才引进计划资助，受助金额1850万元。重视本土高层次人才培养，选派120名本土高层次人才到美国斯坦福大学、北京大学等著名高校进行专题培训，遴选、推荐64名优秀人才获省以上专项支持。建立“绿扬金凤计划”网站，在市级媒体开辟专栏、举办“市民论谈”，宣传扬州市人才政策和优秀高层次创新创业人才先进典型；在《人民日报》等国家级媒体发布扬州市高层次人才需求目录。全年有4名国家海外高层次人才引进计划（简称“千人计划”）资助获得者落户扬州，267名高层次创新创业领军人才和优秀博士人才到扬州发展，108名首批“绿扬金凤计划”引进人才获得资金资助。（闫庭青）

■ 基层组织建设 突出扩大覆盖和发挥作用两大重点，统筹推进基层党建工作。加强商圈党建，打造“文昌党建示范商圈”，开展党群共建活动，在全市各商圈联动开展“党员示范店”、“青年文明号”、“巾帼示范岗”、“和谐劳动示范单位”等创争活动，在推动商圈有序竞争、合作共赢中扩大党组织的凝聚力、影响力。加强社会组织党建，制定加强社会组织党建工作专项意见，强化对社会组织党建工作的指导。分类推进社会组织组建党组织，通过单独建、联合建、设立片区“党建工作站”等方式扩大党组织工作覆盖面，全市社会组织党组织单独组建率超过30%。推进非公企业党建，加强党员业主、党务工作者、党建工作指导员、蓝领党员等4支队伍建设，壮大非公企业党建主体力量。选派3000多名政治素质高、业务能力强的党员干部担任党建工作指导员，帮助非公企业开展党建工作。加大规模以上非公企业党组织组建力度，应建已建率动态保持98%以上。推行非公企业党群一体化，开展党群共建活动。做好村（社区）党组织换届工作，加强对换届工作的指导，建立换届工作月报制度，各县（市、区）、乡镇（街道）机关选派换届选举工作指导员，帮助开展换届选举工作。在换届中普遍推行公推直选，扩大一票直选（党员一人一票直接选举）和一肩挑（党委、村委正职负责人由一人担任）、两委交叉（党委正职兼村委副职，村委正职兼党委副职）任职的比例，把基层组织建设实际与扩大基层党内民主结合起来，保证换届工作的开展。至年底，全市村（社区）党组织换届工作结束。（闫庭青）

■ 大学生村官工作 2010年，扬州市加强大学生村官管理工作，构建大学生村官成长成才的长效机制。健全组织领导机制。3月，市委召开大学生村官工作领导小组第一次会议，明确领导小组各成员单位的工作职责，分解落实重点目标任务，健全工作网络。创新招录选聘机制。参加全省大学生村官新闻发布会，举办大学生村官选聘“重点高校行”推介活动，在北京大学、清华大学、中国人民大学、西安交通大学、南京大学、南开大学等12所重点高校招录毕业生108人，其中清华大学、北京大学5人。改进日常管理机制。开展定期培训，提升大学生村官服务发展、服务基层的意识和能力；邀请专家学者作专题报告，开阔大学生村官的视野；组织参观勤政廉政教育基地，引导大学生村官树立勤政廉政意识；开展首届大学生村官素质拓展活动，拍摄大学生村官电视剧《大学生村官之歌》，展示大学生村官推进新农村文化建设的成果；建立大学生村官档案管理制度。

加大大学生村官的选拔使用力度。至年底,全市有 100 名大学生村官担任村党组织书记和村委会主任。落实社会关爱机制。开展各级领导干部、社会各界志愿者与大学生村官“结对牵手、交友连心”活动,市委、市政府领导带头与大学生村官结对交友;推动社会各界与大学生村官“结对子、交朋友”,市经济技术开发区党工委组织 4 家企业向大学生村官赠送 100 台笔记本电脑;市委党史办、市新四军研究会组织大学生村官开展“弘扬革命传统、建设幸福扬州”活动;江苏油田、扬州友好医院组织开展“关爱大学生村官送健康”活动,为大学生村官免费健康体检,建立健康档案;市委组织部、市妇联联合举办“春天有约、缘来是你”大学生村官联谊会和“情系村官、缘定扬州”大学生村官集体婚礼,解决大学生村官婚姻情感问题。完善创业扶持机制。市委组织部牵头协调银行金融业单位和市担保中心,帮助有创业项目的大学生村官落实扶持贷款 60 万元;联合仪征市建立江苏省仪征大学生村官科技创业园,为大学生村官创业提供信息咨询、技术培训、注册登记等服务。至 2010 年底,全市 287 名大学生村官投身创业,有创业项目 170 个。6 月 7 日,中央政治局委员、书记处书记,中央组织部部长李源潮批示肯定扬州市大学生村官工作。 (问庭青)

统战工作

■ 多党合作和政治协商 2010 年,市委、市政府召开党外人士协商会、座谈会、通报会 4 次,就政府工作报告、重要人事任免和“十二五”规划建议等内容听取意见、建议。贯彻落实中央统战部《关于支持民主党派树立和践行社会主义核心价值体系的意见》,组织收看中央统战部召开的“学与行”先进人物事迹报告电视电话会。扬州市各民主党派全年开展“学与行”活动 40 余次,参加者 4000 多人次。市委召开大统战联席会议,听取民主党派基层工作情况专题汇报。出台《关于重视和支持民主党派基层工作的意见》,市委统战部、市委办公室以发督查函、上门调研等方式推动“意见”的贯彻落实;召开民主党派基层工作经验交流会,推进民主党派基层工作。争取财政支持,帮助民主党派机关改善办公条件。开展“我为科学发展献一策”优秀调研成果评选活动,组织市各民主党派、工商联、无党派知识分子联谊会围绕“发展创新型经济、建设创新型城市”40 个课题提交调研论文 40 篇。其中,15 篇作为市政协六届四次会议大会发言,21 篇转化为党外人士意见、建议在省级以上刊物登载,3 篇得到市委主要负责人批示。市无党派知识分子联谊会撰写的《推进长三角港口经济一体化发展,提升扬州港规模质态》在第二届苏浙沪无党派知识分子联谊会主题论坛上作大会发言。支持民主党派挂钩联系乡镇和社区,开展各类咨询服务活动。市民进设立“1+1 爱心基金”,定向帮助贫困儿童;市致公党向菱塘乡捐赠 20 台电脑,举办“致福工程”信息技术培训班;市九三学社组织社内专家在邗江区、江都市设立“专家工作站”,服务农业生产。各民主党派开展“送医疗”、“送文化”、“送科技”以及与社区共建活动 21 场次。 (茅建刚)

■ 经济领域统战工作 市委统战部建立领导班子成员联系非公有制经济代表人士和非公有制企业制度,走访扬州东方医院、江苏江扬电缆有限公司等 10 多家非公有制企业,了解和反映非公有制经济人士的意见、建议,帮助协调解决实际问题。联合市经济和信息化委员会等五部门表彰 33 名扬州市首届“优秀中国特色社会主义事业建设者”,召开非公有制经济代表人士学习贯彻《关于鼓励和引导民间投资健康发展的若干意见》(“新 36 条”)座谈会,调动非公有制经济人士创业发展的积极性。组织非公有制经济科学发展专家服务团成员为仪征市月塘乡种植、养殖户,邗江区大学生村官创业代表和民营企业“新生代”负责人提供创业指导和帮扶服务。引导非公有制经济人士参与光彩事业。指导全市非公有制经济组织开展创先争优活动,服务非公有制经济党组织“达标创建”和企业“转型升级”。 (茅建刚)

■ 党外干部和党外知识分子工作 落实《扬州市 2009~2012 年党外人士队伍建设规划》,开展党外科级干部现状调研,筛选 100 人建立党外后备人才库并实行动态管理。推荐 18 名可作实职安排的党外干部建议人选。2010 年,市委任命党外干部李永高担任市审计局副局长,并在县处级领导干部公推公选中安排 3 个岗位面向党外干部公开竞聘。李峰、陆永进、姚江潮、徐静等 4 名党外干部通过竞聘分别担任市监察局、市体育局、市环保局和市政府外事办公室领导。至年底,全市有 12 名党外干部在市级机关部门和单位任领导职务。组织 63 名党外科级干部参加党外干部培训。建立非公有制经济代表人士信息库,对非公有制经济代表人士开展综合评价,为使用非公有制经济代表人士提供依据。 (茅建刚)

■ 服务菱塘回族乡 2010 年,市委统战部开展“服务菱塘科学发展,促进民族团结进步”系列活动,为菱塘回族乡发展办实事。市委统战部会同市民族宗教事务局到菱塘回族乡走访调研,梳理出六大类 21 个帮扶项目,落实承办单位。组织市民革、市民盟、市民进、市农工党成员开展“健康快车”走进民族乡、“文艺周末大放送”等活动,举办农业养殖和植保防疫专题讲座;市致公党举办“致福工程”培训班,帮助农民学习信息技术。动员和组织有关部门到菱塘回族乡现场办公,协调解决问题,重点帮扶建设民族大道、整治双庆河、建设民族风情园,帮助减免规费、落实资金、规划立项,为菱塘回族乡争取资金 300 万元。市工商联组织“银企座谈会”,帮助菱塘回族乡筹建中小企业发展担保公司,取得银行综合授信 6000 万元。市房管部门提供 30 万元培训经费,举办“物业管理”中等职业培训班,解决 100 名学生就业。市教育部门组织菱塘回族乡初中、小学与扬州市名校开展校领导、部门、教研组、教师、学生之间的“五结对”活动,进行面对面交流和上门培训 10 次。

组织市民族宗教局、高邮市委统战部等单位，开展《宗教事务条例》、社会主义核心价值观宣传教育活动，促进民族团结和谐。设立“少数民族服务中心”结对共建活动，落实10项惠民措施，在信教群众中开展“三好信教群众”、“五星文明户”评选活动，选树、表彰先进典型，营造回汉群众团结互助、共同发展的氛围。（茅建刚）

机关党建

■ 学习型党组织建设 2010年，中共扬州市级机关工作委员会（简称市级机关工委）在市级机关党组织和党员干部中开展“读书·创新，读书·奋进”活动，推进学习型党组织建设。向机关党组织推荐学习书目，赠送《推进学习型党组织建设实用手册》、《第二次转型》等书籍，集中开展党员学习日活动。在《机关党建》上设置专栏，交流、推广学习型党组织建设成果。开展“弘扬社会主义核心价值体系学习讨论和党员箴言征集”主题活动，收集箴言2万余条，向省级机关工委推荐5000余条，其中25条被收入《理想与信念——江苏省市级机关共产党员箴言录》。（任 灏）

■ 创先争优活动 7月16日，市级机关工委召开市级机关创先争优活动推进会，部署市级机关创先争优活动。分片召开8次座谈会，分类指导创先争优工作。以“机关结对社区，干部联系市民”为主题，开展机关创先争优主题实践活动。在国家文明城市创建中，市级机关志愿者7万多人次参加志愿服务，办理实事2000多件。（任 灏）

■ “三走进、三服务”主题实践活动 开展“走进企业、走进社区、走进农村，服务科学发展、服务城乡基层、服务人民群众”主题实践活动，市级机关各部门、单位为困难群众捐款捐物折合人民币380多万元，1万多人次党员干部服务群众4.5万多人次，办理实事1600多件。（任 灏）

■ 基层党组织建设 年初，市级机关工委制定市级机关基层党建工作目标管理考核意见，围绕思想建设、组织建设、能力作风建设、党风廉政建设、群团工作等5个方面16项重点工作对市级机关基层党建工作实施百分制考核。市级机关全年新建党组织20个，14个党组织调整设置，42个党组织换届改选，发展新党员118人，116名预备党员转正。市级机关工委全年举办各类培训班12期，创建国家文明城市辅导员、入党积极分子、新党员、科级干部、党务干部、团干部、《机关党建》通讯员等1000多人参加培训。（任 灏）

■ 党组织领导班子公推直选试点 在市级机关党组织换届改选中试行公推直选领导班子。市级机关工委拟定《关于在市级机关基层党组织中试行公推直选工作的意见（试行）》和《市级机关基层党组织公推直选基本程序》，确定市国税局机关党委、市民防局党总支、市委统战部党支部、市仲裁委党支部、市级机关工委党支部为试点单位；对试点单位党组织有关人员进行培训，明确任务，规定程序，提出要求。年内5家单位的党组织完成领导班子公推直选。（任 灏）

■ 机关作风建设 市级机关工委将2009年度机关作风建设综合考评结果及440条社会评议意见、建议反馈给被考评单位，督促整改落实。加强作风监督员队伍建设，及时换聘监督员，新聘30名人大代表、政协委员、民主党派人士、企事业单位工作人员担任行风监督员。全年协调处理群众上访、投诉7起，满意率100%。全年编发《机关作风建设简报》15期。（任 灏）

■ 机关纪检工作 市级机关工委征订1000本《廉洁从政行为规范读本》下发机关各党组织；设计制作文明城市创建暨廉政文化记事周历1900份，赠送给市级机关副处以上领导干部及各级党组织负责人。组织学习“十佳勤廉公仆”事迹，开展反腐倡廉“电教月”和“5·10”、“12·9”党风廉政教育日活动，63家单位近4900人次接受反腐倡廉电化教育。培植市级廉政文化精品示范点1个、市级廉政文化示范点2个。审结违纪案件7件，结案率100%。（任 灏）

老干部工作

■ 概述 2010年，市委老干部局落实全市离退休老干部政治、生活待遇，组织老干部文体活动。发挥老干部作用，开展老干部与大学生村官“结对牵手、交友连心”活动，共有1759名老干部参加结对活动。该项工作获2010年度全省老干部部门工作创新创优优秀奖和2010年度扬州市党政机关工作创新奖。开展“情系老干部，关爱暖桑榆”主题实践活动，中组部《组工信息》介绍该活动情况。至12月24日，7个县（市、区）老干部工作网站（网页）全部开通。

截至12月31日，全市有离休干部2362人，其中第二次国内革命战争时期参加革命的1人、抗日战争时期参加革命的591人、解放战争时期参加革命的1770人。离休老干部中，享受副省级医疗待遇的3人、厅局（含副厅局）级待遇的126人、厅局级医疗乘车待遇的166人、副厅局级医疗待遇的340人、县处（含副处）级待遇的698人；80岁及以上1659人。2010年，全市离休干部去世149人。（翁广琪）

■ 落实政治待遇 春节期间，市领导走访慰问地市级老领导和在医院治疗的老干部，全市各地、各部门走访慰问所属单位的离休干部、离休干部遗属和部分退休干部。6月24～25日，市委老干部局组织市直部门500余名离退休干部考察扬州宋夹城考古遗址公园和扬州“智谷”、声谷高新产业展示中心，参观扬州市警示教育基地。8月31日，市领导走访慰问部分抗日老干部、老战士。纪念抗战胜利65周年期间，全市走访慰问参加过抗日战争的离休干部648人。9月2日，市委老干部局和市委宣传部、市委党史办、市新四军和华中抗日根据地研究会（简称市新四军研究会）、扬州大学社会发展学院联合举行纪念抗日战争胜利65周年座谈会。11月8日，市委在迎宾馆会议厅举行老干部情况通报会，传达党的十七届五中全会和省委常委（扩大）会议精神，通报全市经济社会发展情况。12月6日，市委在迎宾馆召开座谈会，就《关于制定扬州市国民经济和社会发展第十二个五年规划建议（征求意见稿）》听取市老领导意见。

2010年，全市老干部部门引领老干部党员开展争创“五好”（支部班子好、党员队伍好、组织设置好、活动开展好、群众反映好）离退休干部党支部和“四好”（学习活动好、教育后代好、发挥作用好、保持本色好）党员活动，组织老干部学习党的十七届四中、五中全会精神和市委、市政府关于建设“三个扬州”的决策部署。10月21～22日，市委老干部局举办市直部门离退休老干部学习十七届五中全会精神暨老干部党支部书记培训班。市委老干部局全年编发4期6500份老干部学习资料。

（翁广琪）

■**落实生活待遇** 1月27日，扬州市委老干部局下发《关于开展全市老干部工作督查的通知》。至4月中旬，全市老干部工作自查、督查工作取得阶段性成果。全市加强对改制单位和高龄离退休干部服务管理工作，市委老干部局3次召开市直部门老干部工作会议，会商、解决问题。5月起，全市启动利用社区资源建立离退休干部“四就近”（就近组织学习、就近参加活动、就近得到关心照顾、就近发挥作用）服务机制工作。10月，市委老干部局印发《关于组织开展关爱老干部志愿服务行动的通知》，举行全市“关爱老干部志愿服务行动”启动仪式，市委老干部局成立“关爱老干部义工队”。10月11～18日，市委老干部局组织市级机关离休干部和副处级以上退休干部500余人健康体检。11月下旬起，全市部署建设利用社区资源服务老干部省级社区示范点。

（翁广琪）

■**老干部文体活动** 4月11日，市老干部艺术团与台湾“雅乐”合唱团在扬州大剧院举办“两岸情”联谊晚会，600余人观看演出。23日，全市老干部部门在市区漕河门球场举行“迎世博”2010年全市老干部门球交流活动，14支代表队参赛。5月，市老干部舞蹈队参加扬州市第二届“琼花奖”舞蹈大赛，获最佳节目奖和演出奖。6月1日，市老干部集邮协会在市少儿图书馆举办庆“六一”老少联谊邮品展。6月8日，市老干部桥牌队参加全省老干部桥牌比赛，获团体第六名、双人赛第三名。6月13日，市诗词协会在市委老干部局举办“千秋端午咏诗魂”诗歌朗诵会。9月下旬，市老干部舞蹈队参加全省第四届老干部现代交谊舞比赛，获优胜奖。10月22日，“宝胜杯”全市老干部象棋比赛在宝应县举行，9支代表队参赛，颜锦福夺冠。9月中旬起，市委老干部局组织老干部参加第四届扬州老年艺术节系列活动，老干部艺术团合唱节目《大漠之夜》、《蓝色多瑙河》获声乐类一等奖，舞蹈《红红的中国结》获舞蹈类一等奖；老干部书画研究会送展的书画作品获一等奖5个、二等奖3个、三等奖5个。10月15日，市委老干部局举办庆祝全国首个敬老月和省第23个敬老日文艺专场演出。

（翁广琪）

党史工作

■**贯彻落实党史工作会议精神** 11月16日，市委召开常委会，传达全国全省党史工作会议精神，学习《中共中央关于加强和改进新形势下党史工作的意见》和省委《关于贯彻落实〈中共中央关于加强和改进新形势下党史工作的意见〉的实施意见》，听取市委党史办公室（简称市委党史办）加强和改进新形势下党史工作的情况汇报，研究党史部门提出的8条建议。12月24日，市委下发《中共扬州市委关于贯彻落实〈中共中央关于加强和改进新形势下党史工作的意见〉的实施意见》。12月25日，市委召开全市党史工作会议。会上，市委、市政府表彰全市党史系统先进集体3个、先进工作者6人。

（高忠林）

■**党史资料征编研究** 2010年，市委党史办完成扬（泰）地方党史二卷本（1949～1978）40多万字的初稿。征集改革开放新时期党史专题资料70余篇120多万字，其中21篇40多万字编入专题资料集《潮涌滨江》第一辑。编辑出版《抹不掉的记忆——扬州市抗战时期人口伤亡和财产损失调研》。3月2日，市委党史办到北京参加江上青与抗演六队专题资料交接仪式，永久保存专题资料。研究扬州地区民主革命时期历史，编写专题资料20余篇。征集《建国后扬州英烈传》600多名烈士名录，收集整理其中100名烈士事迹材料。

（高忠林）

■**党史宣传教育** 5月4～5日，市委党史办与市委组织部、市新四军研究会及江都市委联合开展“弘扬革命传统、建设幸福扬州”主题实践活动，组织近百名大学生村官代表参观郭村保卫战纪念馆、江都大桥革命纪念馆、许晓轩故居等革命遗址。9月2日，扬州市革命传统教育宣讲团成立，全年到机关、企业、学校、社区、农村宣讲党史和革命传统10余场。9月28日，市委党史办与市教工委、市新四军研究会在江海学院举行革命传统教育报告会，400名师生听取报告；邀请8所驻扬高校分管宣传工作的负责人参加革命传统教育宣传工作座谈会。向大学生村官、驻扬高校学生赠送《挺进苏中》、《光荣的历程辉煌的业绩》和《大江南北》等党史书籍和宣传读物。在《扬州日报》刊发“纪念抗日战争胜利65周年”专版，在各类媒体上发表党史方面的文章10余篇。

（高忠林）

■**党史纪念活动** 6月26日，市委党史办举行纪念郭村保卫战胜利70周年纪念活动。9月2日，市委宣传部、市委党史办、市委老干部局、市新四军研究会及扬大社会发展学院联合召开纪念抗战胜利65周年座谈会。12月16日，市委党史办、市新四军研究会、市中共党史学会和高邮市委、市政府联合举办高邮战役胜利65周年纪念活动，举行高邮战役胜利65周年报告会和“高邮战役是抗日战争最后一役”研讨会。12月24日，宝应县委、县政府举行纪念陈处

泰烈士诞辰100周年纪念活动，市委党史办撰写纪念文章，回顾与总结陈处泰烈士的奋斗历程。（高忠林）

■**革命遗址普查** 3~8月，市委党史办组织开展全市革命遗址普查，采取走访当地群众，召开座谈会，现场察看，对革命遗址进行测量、拍照、摄像和勘察记录等方法采集资料，并与党史资料比对核实，填写《革命遗址普查登记表》和《革命遗址普查县级党史部门统计表》，认定全市革命遗址131处、其他遗址14处。

（高忠林）

党校工作

■**教学工作** 2010年，市委党校举办科技创新与新型工业化、城乡统筹与新农村建设、城市规划与建设、财税与资本运作、社会事业发展与幸福扬州建设、旅游与服务产业、提高党建工作科学化等主体班18个，与相关单位联合办班10个，培训干部2300多人次。开发培训专题，分类列出25个必选专题和104个选修专题，新专题更新比例超过50%。以案例式教学为重点，打造精品课程，创建特色品牌。收集富有时代特征、扬州特色、党校特点的案例素材300多个，编写教学案例44个，全年开展案例式教学活动25次，学员参与率90%，学员测评满意率95%。与四川锦竹市委、北京房山区委、安徽蚌埠市委组织部等联合办班。8名教师参加市委宣讲团，到党政机关、企事业单位和乡镇、街道宣讲党的十七届四中、五中全会和市委五届九次、十次全会精神80多场。新招研究生72人。（钱存林）

■**科研工作** 围绕市委、市政府2010年重大调研课题开展科研调研。由市委党校牵头，市委政法委、市发改委、市人力资源和社会保障局（简称市人社局）等单位参与的"加强社会建设与管理，打造幸福扬州"被确定为2010年度市级重点课题，该课题研究报告以高分通过省、市专家组评审验收。全校开展"三个扬州"建设调研月活动和"扬州经济社会发展情况县（市、区）调研行"活动，形成21篇调研报告。全校在省级以上报刊发表论文60多篇，其中32篇论文入选省、市研讨会。（钱存林）

扬州市人民代表大会

■**概述** 2010年，市人大常委会共举行7次常委会会议，听取和审议"一府两院"（市政府、市中级法院、市检察院）16项工作报告，作出11项决议、决定，任免市级国家机关工作人员121人次，组织开展对3部法律执行情况的检查，召开26次主任会议。

创新监督工作实践。市人大常委会组织对市政府落实常委会审议意见书工作进行满意度表决，增强监督刚性；分年度听取常委会决议、决定落实情况汇报，有选择地组织满意度测评，提高监督实效；制定专项评议工作办法，组织三级代表评议，闭会期间代表履职和常委会监督有机结合，加大监督力度；运用《人大内参》，提出针对性建议，推动政府完善政策、改进工作；改进视察调研方式，明察与暗访相结合，在调查研究中与"一府两院"交换意见、解决问题；人大监督与舆论监督相结合，提高监督影响力。

扩大人大工作的开放度。市人大常委会开展"民情民意征集月"活动，通过设置意见征集信箱、"民情绿色通道"等方式，面向社会征求民众对常委会工作的意见、建议。与扬州日报社联合开设《民意直通车》、《市民议案》等专栏，广泛收集民情民意，使代表提出的议案、建议能更好地反映民意、集中民智。通过《网络视频直播》、《寄语人大》栏目，邀请公民旁听常委会会议等形式，宣传人民代表大会制度和人大工作，扩大公众有序的政治参与。

围绕市委中心工作和人大重要议题，开展43项调查研究，及时反映民情民意和工作建议。市人大全年接待美国、日本、韩国等国家和地方议会代表团15批170多人次。

（沈宏跃 罗庆久）

■**六届人大三次会议** 扬州市第六届人民代表大会第三次会议于1月19~22日在扬州举行。427名市六届人大代表中，有419人出席会议。

会议听取和审议代市长谢正义代表市政府所作《扬州市人民政府工作报告》，审议市发展和改革委员会主任李忠盛受市政府委托提交的《关于扬州市2009年国民经济和社会发展计划执行情况与2010年计划草案的报告》、市财政局局长范天恩受市政府委托提交的《关于扬州市2009年财政预算执行情况和2010年财政预算草案的报告》，听取和审议市人大常委会副主任桑光裕受市人大常委会委托所作《扬州市人民代表大会常务委员会工作报告》、市中级法院院长时永才所作《扬州市中级人民法

1月19日，扬州市六届人大三次会议开幕 郭义富/摄

院工作报告》、市检察院检察长王方林所作《扬州市人民检察院工作报告》。会议一致通过6个工作报告的决议。

会议收到议案96件。其中,《关于迎接扬州建城2500周年,全面提升城市品质的议案》被列入大会议程,经大会审议,形成《关于迎接扬州建城2500周年,全面提升城市品质议案的决议》;其余95件议案转为建议、批评和意见。会议收到代表提出的建议、批评和意见251件。所有建议、批评和意见按规定交有关机关和组织研究处理、答复。

会议选举王燕文为扬州市第六届人民代表大会常务委员会主任,选举谢正义为扬州市市长。

(沈宏跃 罗庆久)

■六届人大常委会会议 市六届人大常委会第十五次会议于1月8日在扬州举行。会议听取市人大常委会副主任、执法检查组组长高瑞芹关于检查农产品质量安全法贯彻实施情况的报告;审议通过市人大常委会《关于迎接扬州建城2500周年,全面提升城市品质的议案》的决定、关于个别代表的代表资格的报告、市人大常委会工作报告、市人大常委会2010年度工作要点和议题安排计划、市六届人大三次会议主席团和秘书长建议名单、市六届人大三次会议国民经济社会发展计划和财政预算审查委员会建议名单、增补市人大常委会代表资格审查委员会委员名单。会议补选谢正义为江苏省十一届人大代表。

市六届人大常委会第十六次会议于2月8日在扬州举行。会议听取并审议市长谢正义关于市政府机构改革方案的备案报告,听取人事任免事项的说明以及被提请任命人员的拟任职发言。会议通过有关人事任免事项,并向任命人员颁发任命书。

市六届人大常委会第十七次会议于3月29~31日在扬州举行。会议听取并审议副市长陈扬代表市政府所作的关于城市管理工作、扬州市"五五"普法决议落实情况的汇报。会议通过关于表彰市人大代表活动先进小组的决定,通过代表资格审查委员会关于个别代表代表资格的报告;听取被提请任命人员的拟任职发言,通过有关人事任免事项,并向任命人员颁发任命书。会议期间,举办循环经济促进法辅导讲座。

市六届人大常委会第十八次会议于5月26~28日在扬州举行。会议听取并审议副市长闻道才代表市政府所作的全市工业重大项目建设情况的汇报,副市长张爱军代表市政府所作的关于落实市人大常委会《关于加快推进区域供水,切实解决农村饮用水安全的决议》情况、关于农产品质量安全法执法检查整改落实情况的汇报。会议对市政府落实市人大常委会《关于加快推进区域供水,切实解决农村饮用水安全的决议》情况进行满意度表决,表决结果为满意。会议通过关于加强流通环节食用农产品质量安全管理的决议。会议期间,举办审计法及实施条例辅导讲座。

市六届人大常委会第十九次会议于7月28~30日在扬州举行。会议听取并审议副市长张爱军代表市政府所作的关于上半年全市经济和社会发展情况的汇报,市财政局局长范天恩受市政府委托所作的关于提请审议扬州市市级2010年地方政府债券收支安排及市级预算调整方案(草案)的议案的说明、上半年财政预算执行情况的汇报、关于扬州市2009年市级财政决算(草案)的报告,市审计局局长张俐受市政府委托所作的关于扬州市2009年度市级财政预算执行和其他财政收支情况的审计工作报告,通过关于批准扬州市市级2010年地方政府债券收支安排及市级预算调整方案的决议、关于批准扬州市2009年市级财政决算的决议;听取并审议副市长董玉海代表市政府所作的关于扬州市卫生工作情况的汇报。会议通过市人大常委会专项评议工作办法、关于许可对市人大代表卜树领采取强制措施的决定。会议通过关于接受王方林辞去市人民检察院检察长职务的请求的决定;会议听取闵正兵的拟任职发言,通过任命闵正兵为扬州市人民检察院副检察长、代理检察长的决定,并向闵正兵颁发任命书。会议期间,举办农民专业合作社法辅导讲座。

市六届人大常委会第二十次会议于9月28~29日在扬州举行。会议听取并审议副市长纪春明代表市政府所作的关于推进统筹城乡发展情况的汇报、副市长陈扬代表市政府所作的关于扬州市城市总体规划(2010~2020)编制情况的汇报。会议对市政府落实市人大常委会关于城市管理工作审议意见书情况进行满意度表决,表决结果为满意。会议通过有关人事免职事项,通过关于接受李士清辞去市人大常委会委员职务的请求的决定。会议期间,举办法官法、检察官法、人民警察法辅导讲座。

市六届人大常委会第二十一次会议于11月23~24日在扬州举行。会议听取市人大常委会副主任、执法检查组组长王康华关于检查法官法、检察官法、人民警察法贯彻实施情况的报告。会议听取并审议副市长张爱军代表市政府所作的关于市六届人大三次会议议案和代表建议、批评、意见办理情况的汇报,市人大常委会人事代表工作委员会主任丁建民所作的关于市六届人大三次会议议案和代表建议、批评、意见办理情况的汇报。会议听取并审议市财政局局长范天恩受市政府委托所作的关于2010年市级财政预算调整方案(草案)、2010年全市财政预算预计执行和2011年财政预算初步安排情况的汇报,听取关于召开市六届人大四次会议有关事项的说明。会议通过关于批准扬州市2010年市级财政预算调整方案的决议、个别代表的代表资格的报告、召开市六届人大四次会议的决定、市六届人大四次会议建议议程、市六届人大四次会议列席人员范围等事项。会议通过关于接受张震宇、董雷辞去市人大常委会委员职务的请求的决定。会议听取人事任免事项的说明以及被提请任命人员的拟任职发言;通过有关人事任免事项,并向任命人员颁发任命书。会议期间,举办侵权责任法辅导讲座。

(沈宏跃 罗庆久)

监督工作 促进经济平稳较快增长。市人大常委会审议国民经济和社会发展计划执行、重大工业项目建设、现代服务业和高效农业发展、城乡统筹等情况汇报，督促和支持政府采取措施，巩固全市经济发展积极向好势头。专题视察市区重点税源企业、新农村建设和农业资源综合开发，提出建议。强化工业第一方略导向，重视工业重大项目在增强经济发展后劲中的支撑作用，审议工业重大项目实施专项工作报告，逐一察看29个重大项目进度，督促政府强化组织领导，解决制约项目实施的资金、土地和人才等突出问题，落实相关政策，推动项目落地率提高。市人大常委会组织调研，提出对扬州市“十二五”规划建设性建议。

审查监督财政预决算。审查批准2009年市级财政决算报告，审议2010年上半年财政预算执行情况，批准市级2010年地方政府债券收支安排及预算调整方案。督促市政府重视提高一般预算收入中税收比重，优化财政收入质量，增加可用财力；调整优化支出结构，增加对“三农”(农业、农村、农民)、教育、科技、社保、医疗卫生等民生保障的投入，加大对战略性新兴产业的支持力度；促进出台推进财政预算科学化、精细化管理意见，完善财税管理机制，加强经营性国有资产管理。听取融资资金管理使用情况汇报，支持市政府开展多种形式的融资活动，推动出台融资管理办法，提高融资资金使用的安全和绩效。督促和支持审计部门依法对民生专项资金、重点建设项目资金以及新城西区、蜀冈—瘦西湖风景区财政、财务资金使用情况跟踪监督，推动整改审计中发现的问题。

推进依法行政公正司法。围绕“法治扬州”、“平安扬州”建设，市人大常委会审议“五五”普法工作，要求提升普法层次和质态，提高普法教育绩效，创建全国普法先进城市。加强对法院、检察院工作的监督。组织人大代表旁听市中级法院庭审8次，参加“检察开放月”活动，视察预防打击职务犯罪工作。检查归侨侨眷权益保护法贯彻执行情况，对12份规范性文件开展备案审查，加强对政府抽象行政行为的监督，促进依法行政，维护法制统一。重视社区建设，推动提升社区服务和发展水平，发挥社区在构建和谐社会中的基础作用。

（沈宏跃　罗庆久）

关注民生工作 推动城市品质提升。市六届人大三次会议作出《关于迎接扬州建城2500周年，全面提升城市品质议案的决议》。市人大常委会将城市管理作为落实决议的阶段性目标和创建全国文明城市的关键环节，对影响市容市貌的突出问题进行暗访，拍摄、制作专题片，组织有关部门集中观看；将曝光的问题分解成51个小项，交由市政府有关部门整改；审议市政府关于城市管理工作的专项报告，提出理顺管理体制、创新管理机制、加大管理投入、解决突出问题、加强管理监督等5个方面审议意见，督促和支持市政府落实审议意见，在扩大道路清扫保洁市场化覆盖面、狠抓农贸市场管理、整治流动摊点占道经营和车辆乱停乱放、加快老小区整治和城中村改造等方面加大工作力度；关注文化体制改革，推动文化产业发展，加快文化博览城建设，建设文化强市；听取和审议城市总体规划修编工作报告，在优化城市空间布局、突出历史文化名城保护、完善城市交通体系、利用地下空间资源等方面提出意见。

保障农产品质量安全。市人大常委会对56家农产品生产企业（大户）、11个农产品批发市场、68个农贸市场和25家食品加工企业进行暗访调研，委托市农产品质检中心抽检农产品样品359个，督查整改存在的问题；作出《关于加强流通环节食用农产品质量安全管理的决议》，督促市政府出台《关于进一步加强农产品质量安全工作的意见》、《扬州市农产品市场准入管理办法》，明确责任单位和序时进度，启动联谊批发市场迁建前期工作。

督查区域供水决议落实。市人大常委会组织对《关于加快推进区域供水，切实解决农村饮用水安全的决议》落实情况进行专题评议，听取区域供水工程实施情况汇报并进行满意度表决，督查2009年水污染防治法执法检查意见的落实情况，督促市政府按照“市区2010年、各县（市）2012年底全部实现区域供水”的要求，加强集中式饮用水水源地保护，加快实施廖家沟水源地、第五水厂保护区范围内造船厂搬迁等重点治污项目，加速推进管网改造和小水厂回购，保障城乡居民吃上安全卫生的饮用水。年底，市区实现区域供水全覆盖，县(市)区域供水按进度有序推进。

督促为民办实事。市人大视察市政府2010年度为民办实事项目，督促加大推进落实力度，强化投入绩效考核，完善长效管理措施，促进市政府落实15件民生实事。重视医疗、教育等民生热点、难点，审议全市卫生工作专项报告，要求深入推进医药卫生体制改革，优化区域卫生资源配置，加快医疗卫生公共信息平台建设，提高城乡居民医疗保障水平。督促完善学前教育办园体制和管理机制，提高师资水平和办园质量，扩大优质教育资源，满足各个层次的需求。视察市区公共交通、固体废物处置、人民防空、人口与计划生育、企业职工劳动安全卫生、社会救助等民生工作，维护人民群众的合法权益。

（沈宏跃　罗庆久）

执法检查 市人大常委会开展法官法、检察官法和人民警察法执法检查，召开各类座谈会15次。组织检查组暗访基层院所，发放问卷500多份。组织法律专家咨询委员会成员查阅案件卷宗100多件。组织市、县、乡“三级代表议公正”活动，发动6918名三级人大代表，从队伍素质、公正办案等四个方面，对公检法机关进行满意度测评，收到评价意见、建议1237条。针对检查和评议中发现的问题，督促公检法机关整改。

（沈宏跃　罗庆久）

组织代表活动 完善“百名代表参与常委会审议”工作机制。整合“统一见面日”、“民情绿色通道”等6种渠道，围绕常委会议题，提高代表参与率和活动实效,提高意见和建议质量。全市6930名五级人大代表直接听取选民意见和建议。其中,409名市人大代表联系选民1574人，收集意见、建议1014条。对"统一见面日"活动中涉及市级机关的484条选民建议进行交办,组织办理单位与选民见面会,面对面答复办理情况。全年组织市人大代表651人次参加5次常委会审议，将与议题有关的1242条意见、建议汇编成册,供常委会组成人员参阅,通过决议决定、审议意见书和提交"一府两院"办理等途径加以吸纳转化。"社区办公用房紧缺"、"城区工业垃圾污染"、"城郊新建小区基础设施不配套"等一批群众反映的问题基本得到解决。

市人大常委会坚持"主任接待代表日"和主任会议成员走访联系代表制度,倾听代表意见和建议。常委会组织执法检查、专题视察和评议时，邀请相关代表参加,扩大代表的参与面。加强对基层人大工作的调研指导,推动"一个载体、两项制度"(人大代表之家,代表联系选民制度和代表向选民述职制度)建设。截至年底,全市整合建立512个"人大代表之家"。强化代表活动服务工作,运用人大综合信息应用系统，向代表发送信息150多条;向代表通报人大常委会和"一府两院"主要工作情况,拓宽代表知情渠道;做好代表持证视察活动的联系保障工作，为扬州市的全国、省人大代表开展活动提供保障。

（沈宏跃　罗庆久）

■督办代表建议　市人大常委会出台《关于改进代表议案和建议办理工作的实施意见》,从提交、办理结果分类、评价方式、督查、答复、评优奖励6个方面提出改进意见,制定办理工作具体操作办法,促进承办部门规范办理工作。办理结果分类和评价方式由代表与承办部门"面对面"改为"背靠背",办理实效明显提高。选择《关于实施宁镇扬都市圈战略》等30件建议，由常委会领导牵头重点督办;常委会工作机构分片、分口加大督办力度,并通过《TV议案365》专栏等方式督查、反馈。对代表反馈不满意的建议事项,及时重新交办;对"一次答复"未解决或正在解决的建议事项,要求做好"二次答复"。2010年"二次答复"的49件建议事项全部办结,其中解决(采纳)44件、滚动办理5件。市六届人大三次会议期间和闭会期间提出的359件建议全部办复,解决率66%,比上年提高16.5个百分点。全年评选表彰34件优秀建议。

（沈宏跃　罗庆久）

■创办"人大网坛"　市人大常委会借助网络信息平台创办"人大网坛",拓宽公民民主政治参与渠道。围绕常委会重点议题,邀请市人大常委会组成人员和"一府两院"及有关部门负责人,通过现场直播和互动方式与代表、网民交流。2010年举办6期"人大网坛",分别就城市管理、农产品质量安全等议题与代表和网民在线交流,收集意见、建议517条,现场答复212条。将"人大网坛"收集到的意见、建议编入《人大内参》,供市委、市政府决策参考,供常委会组成人员审议参阅;梳理网民反映强烈的民生问题,及时交办、督办,推动解决落实。

（沈宏跃　罗庆久）

■信访工作　市人大常委会全年受理来信418件,接待来访254批450人次。坚持司法信访会商等制度,加强对涉法涉诉信访件的督办、会办,促进一批信访问题的妥善处理和解决。（沈宏跃　罗庆久）

扬州市人民政府

■市政府全体会议　1月10日,代市长谢正义主持召开市政府全体(扩大)会议,讨论审议《政府工作报告(征求意见稿)》,部署工作。谢正义要求各地、各部门抓好全年目标任务落实,确保事事有责任,件件有落实;推动大项目建设，实现经济发展开门红;抓好扩大消费、保障供应工作,改善民生；做好节日期间社会稳定工作,保持社会和谐稳定。

3月23日,市政府召开全体(扩大)会议。市长谢正义布置市政府上半年10项重点工作：一是推进重大工业项目建设;二是研究和推进城镇化,促进城乡统筹;三是推进苏中江都机场、文昌路东延、328国道连接线等重大基础设施建设；四是筹办"烟花三月"国际经贸旅游节和鉴真国际半程马拉松比赛;五是抓好民生工作,落实民生大事;六是落实市六届人大三次会议决议,研究制订迎接扬州建城2500周年工作方案和规划框架;七是推进"四城同创"(创建全国文明城市、国家森林城市、国家生态市和世界文化遗产城市)阶段性工作;八是调研、对接、推进创新型经济、战略性新兴产业的合作与发展;九是确定政府机构改革后的部门"三定"方案,争取上半年完成市级机关改革任务;十是高度关注、及时分析研判经济运行形势,确保经济健康平稳发展。会议讨论通过《扬州市人民政府工作规则》,下发《关于2010年度市政府及工作部门领导干部能力作风建设的实施意见》。

7月26日,市政府召开全体(扩大)会议。市长谢正义要求各地、各部门稳增长,抢抓国家保持经济平稳增长的政策机遇,扩大投资、消费和出口拉动，推动三次产业增量发展,多措并举提高财政收入;促转型,加强科技引领，加快产业结构优化升级,做好节能减排工作;增后劲,抓好重大工业项目和重大基础设施项目建设,狠抓招商引资工作,做大做强民营经济;抓统筹,统筹做好城乡发展、"十二五"规划编制、运博会和"四城同创"等工作;惠民生,完善社会保障体系,稳定扩大就业,完成各项民生实事工程,确保社会和谐稳定。强调突出执行力、创造力和公信力,推动政府能力作风建设。　（顾友红）

■市政府常务会议　1月8日,市政府召开第27次常务会议，专题讨论《政府工作报告(征求意见稿)》。

3月11日,市政府召开第28次常务会议,主要议题:1.关于《扬州市人民政府工作规则》;2.关于2010年市政府及工作部门领导干部能力作风建设实施意见;3.关于市级政府国有资产经营公司融资资金管理暂行办法;4.关于加快推进行业协会与行政机关脱钩的实施意见;5. 关于《扬州经济发展咨询会议章程》;6. 关于《数字化城市管理综合考核办法》;7. 关于文昌东路东延和328国道连接线建设方案;8. 关于2010年民资考核奖励办法;9. 关于《扬州市依法行政考核办法》;10. 关于《扬州市人民政府重大行政决策程序规定》;11. 关于市长、副市长、市长助理分工。

4月14日,市政府召开第29次常务会议,主要议题:1. 关于2010年城市贵宾推荐情况的汇报;2. 关于进一步解决市区低收入家庭住房困难实施意见的补充意见;3. 关于"十二五"规划编制工作进展情况汇报;4. 关于与日本奈良市缔结友好城市的情况汇报;5. 关于参与上海世博会的情况汇报;6. 关于《扬州市市区城市道路管理办法》;7. 关于《2010年农业农村和城乡统筹工作考核办法》。

6月8日,市政府召开第30次常务会议,主要议题:1. 关于生态市创建情况的汇报;2. 关于旅游产业三年(2010~2012)发展行动计划;3. 关于市区市容环卫责任管理办法;4. 关于安全生产责任保险实施办法;5. 关于市级政府非税收入征收管理考核奖励办法;6. 关于建立第二批市级非物质文化遗产名录工作情况的汇报。

7月22日,市政府召开第31次常务会议,主要议题:1. 关于城市总体规划(2010~2020)的汇报;2. 讨论市长谢正义在市委全委会上的讲话稿;3. 关于组织开展市区农村住宅置换城镇安置房,农村土地承包经营权置换城镇社会保障试点工作的指导意见;4. 关于扬州市区新型农村社会养老保险制度实施办法;5. 关于调整退休企业军转干部定补标准的情况汇报。

8月13日,市政府召开第32次常务会议,主要议题:1. 关于省医改工作会议主要精神和市医改工作提请研究的有关问题;2. 关于住房保障工作情况的汇报;3. 关于促进房地产市场平稳健康发展的意见;4. 关于贯彻落实省征地拆迁专项治理工作会议精神的汇报;5. 关于全省统计执法大检查扬州情况通报;6. 关于协调处理市直工业职工"小工资"问题的汇报;7. 关于鼓励促进软件和信息服务业加快发展的意见及实施细则;8. 关于市直机关事业单位养老保险情况的汇报;9. 关于提高内退、协保人员生活费标准的情况汇报;10. 关于《扬州市知识产权战略纲要》。

9月24日,市政府召开第33次常务会议,主要议题:1. 关于全市重大工业项目建设情况;2. 关于国民经济和社会发展"十二五"规划;3. 关于综合交通、水利、电网和新兴产业发展"十二五"规划;4. 关于2014年前城建重点项目情况。

9月27日,市政府召开第34次常务会议,主要议题:关于表彰城市建设和环境提升先进单位、建设功臣、先进个人的决定,城市建设和环境提升总结表彰暨迎接建城2500周年动员大会方案。

10月26日,市政府召开第35次常务会议,主要议题:1. 关于潍柴集团与亚星集团重组方案;2. 关于调整263号地块规划容积率等规划指标。

11月24日,市政府召开第36次常务会议,主要议题:1. 关于进一步加快金融发展的意见;2. 关于扬州市重点中心镇城镇化工作年度奖补考评试行办法;3. 关于落实兑现对持"独生子女父母光荣证"退休的企业职工实行一次性奖励政策;4. 关于调整2010年企业军转干部生活困难补贴标准;5. 关于扬州市古城保护管理办法;6. 关于扬州市市区养犬管理暂行办法;7. 关于扬州市气象探测环境和设施保护办法;8. 关于扬州市科学技术奖励办法;9. 关于安全生产工作中几个具体问题的汇报。

12月14日,市政府召开第37次常务会议,主要议题:1. 关于提高2011年城乡低保标准问题;2. 关于扶持扬州环保科技产业园加快开发建设的政策;3. 关于市长质量奖2010年度评选情况;4. 关于扬州市梅岭中学和扬大附中东部分校清理规范问题;5. 关于进一步保障和改善民生,推进幸福扬州建设的意见;6. 关于2010年度为市区人民办实事实施情况和2011年度为市区人民办实事初步安排情况的汇报;7. 关于推进财政预算科学化精细化管理的意见;8. 关于调整市区2011年社会保险缴费基数及费率问题。

12月22日,市政府召开第38次常务会议,主要议题:1. 讨论《扬州市政府工作报告(征求意见稿)》;2. 讨论《扬州市国民经济和社会发展第十二个五年规划纲要(征求意见稿)》;3. 讨论关于贯彻国家和省中长期教育改革和发展规划纲要(2010~2020年)的实施意见。 (朱亚平)

■政务信息 2010年,市政府办公室编发《信息专报》339期、《政务动态》62期、《领导参考》39期、《领导批示与反馈》10期、《要情参阅》36期。上报信息3900多条。其中,被国务院办公厅采用20条,被省政府办公厅采用300多条;获国务院领导批示9条,获省政府领导批示11条。扬州市政务信息工作年度得分在全省13个省辖市中名列第二。 (陈 健)

■政府公开电话、《寄语市长》意见办理 2010年,市政府公开电话"12345"一级平台和二级网络接听群众来电2.61万件。其中,市政府公开电话室直接接听受理4443件;交各网络成员单位办理1419件,办结1392件,办结率98.1%。"中国扬州"门户网站《寄语市长》栏目收到群众发帖1.57万条,其中市领导直接批示17条,各网络成员单位回复、办理1.51万条,回复率96.43%。群众反映的问题主要集中在城市管理、公共事业、劳动用工、社会治安、房产建设、环境保护、新农村建设以及小区物管、工商、教育等方面,群众的建议主要集中在城市建设、城市管理和公平教育等方面。 (李志勇)

■完成2010年市区为民办实事项目 至年底,市政府确定的2010年15个市区为民办实事项目全部完成。1. 就业与社会保障。市区共采集就业岗位5.58万个,完成全年目标的124%;就业再就业培训2.77万人,完成全年目标的173.1%;实现城镇新增就业4.32万人，完成全年目标的166.2%；推荐就业2.89万人，完成全年目标的152.1%；开展技能鉴定5.07万人，完成全年目标的145%；培养技师、高级技师1105人，完成全年目标的110.5%；市区建立创业孵化基地11个，完成全年目标的137.5%；推介创业项目193个，完成全年目标的193%；扶持成功创业1191人，完成全年目标的212.7%；企业职工基本养老保险净增参保1.89万人，完成全年目标的111.2%；城镇职工基本医疗保险新增参保1.75万人，完成全年目标的175%；市区新型农村社会养老保险新增参保4.87万人，参保覆盖率98.8%；农民工参加工伤、医疗、养老保险人数分别新增1.13万人、1.02万人和1.1万人，分别完成全年目标的102.7%、102%、110%。2.基本住房保障。全年发放廉租房租赁补贴181万元，向171户低收入家庭发放购房政策性补贴544万元，审核、公示申购经济适用房保障家庭2024户，审核、公示、确认廉租房保障家庭159户，其中实物配租81户、租赁补贴78户。市区新增公租房1850间(套)。市区公有住房解危6.24万平方米，其中异地搬迁解危2.03万平方米。3.老小区整治。市区12个老小区完成整治并通过验收，惠及居民1.65万户5.3万人。4.生态环境保护。第五水厂一期工程投产运行。市区区域供水管网铺设完成，沙头镇、杭集镇、瓜洲镇并网供水，市区实现区域供水全覆盖。建设规模10万吨/日的六圩污水处理厂二期通水运行。完成15个老小区地下燃气管网改造工程，更新管道22千米，完成全年目标任务的125%。5.城市公共交通建设。新购公交车400辆，新增、调整公交线路14条，新、改建公交站台(棚)58座，完成全年目标任务。开发区江海学院公交首末站、邗江区马庄公交首末站、瘦西湖景区动物之窗公交首末站、广陵区文昌花园公交首末站、维扬区运河北路公交停车场、汽车东站公交停车场竣工并投入运营。6.住房公积金。市区新增住房公积金缴存职工3.28万人，完成全年目标任务的252%。

2010年，扬州市政府确定的15个市区为民办实事项目全面完成。图为新建的汽车东站公交停车场　城控公司/供稿

7.文化设施建设。文化艺术中心于10月28日落成开放。为市民组织公益性演出132场，完成全年目标任务的132%。8."宏志班"招生。市区新设"宏志班"14个，完成全年目标任务的140%。9.医疗卫生。医院副高级以上职称临床医疗专家进社区坐诊帮扶累计1005个工作日。市区社区卫生服务机构覆盖率100%，居民在社区就诊率46.5%，60岁以上居民健康档案建档率91.2%。广陵区、维扬区11个公办基层医疗卫生机构全面实施599种基本药物制度试点工作，推行零差率销售。全市惠民医院服务门诊及住院病人1.8万人次，减免费用300.2万元。低保群众和特困群体在惠民医院平均每门诊人次费用和每住院人次费用比三级医院低30%。10.社区建设。15个社区服务中心建成并投入使用。对市区城市低保对象实行常见病常用药药品资助，资助标准为月人均30元，共资助871人，支出资助金25.5万元。11.残疾人帮扶。培训残疾人755人，安置593名残疾人就业，分别完成全年目标任务的118%、148%。建成维扬区和邗江区残疾人康复中心。12.电力供应。布点变压器151个，完成全年目标任务的151%。13.农贸市场改造。建成运河佳园、施井、蒋王、文昌、贵宇5个农贸市场和联谊瓜果批发市场，完成荷花池、大舞台、新城花园、朴席等4个农贸市场改造工程。14.城市建设。五台山东路、淮海路、马太路北段、老虎山东路建成通车。翻建街巷66条，改造街巷路灯856盏，分别完成全年目标任务的132%、107%。市区新增绿化面积154.75万平方米，完成全年目标任务的154.75%。15.环卫设施建设。新(改)建垃圾中转站12座、公厕36座，配置果壳箱、垃圾桶2163只。（赵立志）

■政府目标管理　2010年，市委、市政府将668项工作纳入年度重点工作考评目标，并分解到98个责任单位。各责任单位围绕目标任务，抓好分解落实，明确序时进度，做到以月保季、以季保年。建立健全从领导、处室到具体承办人员的三级网络负责制，推动政府目标的落实。全年完成目标任务662项，完成率99.1%。

（赵立志）

■政务督查　2010年，各地、各部门围绕政府中心工作，突出重点，服务大局，注重实效，开展督查工作。市政府主要负责人督查重大工业项目、招商引资、市容环境整治、"烟花三月"国际经贸旅游节等重大节庆活动，分管负责人督查分工范围内的重点工作。市政府督查机构根据市政府全体会议、市政府常务会议和市长办公会议以及市领导的批示下发督查通知单，及时督办，全年下发督查通知单23件，各单位全部按时办复；围绕市

区为民办实事等工作开展现场督办，推动项目实施；对“省长信箱”中的群众来信实行限时办复，全年办理“省长信箱”信件121件，按时答复和妥善处理群众反映的拆迁补偿、环境污染、生活困难等问题。（赵立志）

建议和提案办理 2010年，市政府办理市人大议案1件、代表建议344件，市政协提案488件。市人大代表建议被采纳解决的230件，占66.9%；计划解决的90件，占26.2%；留作参考的24件，占6.9%。市政协提案解决或基本解决的208件，占42.6%；正在解决或列入计划逐步解决的264件，占54.1%；难以解决或留作参考的16件，占3.3%。代表对办理结果满意或基本满意率100%；提案人对办理态度满意或基本满意率100%、对办理结果满意和基本满意率99.8%。各承办单位做好2010年人大代表与选民“统一见面日”活动、市政协“界别活动周”收集的591件建议和意见办理工作，按期书面答复代表和委员。（赵立志）

行政权力网上公开透明运行系统建设 2010年，扬州市建成行政权力公开透明运行系统，并与省平台联网，实现行政权力“外网受理、内网办理、外网反馈、内部监控”。10月，扬州市行政权力网上公开透明运行系统通过江苏省行政权力网上公开透明运行领导小组考核，获得优秀等次。

扬州市行政权力网上公开透明运行系统包括7个县（市、区）、42个统建部门、2个自建部门和3个省统建部门行政权力库、业务资源库、行政权力网上公开平台、行政权力网上运行平台、行政监察平台和法制监督平台、部门内部人财物管理平台等“两库五平台”。

行政权力库包括全市所有行政权力新增、变更、挂起、废止的动态管理，全市执法人员和执法主体信息，各县（市、区）行政权力展现，以及执法人员在线考试等。每一项权力都包括基本信息、内外部流程图、内部流程环节信息、流程比对信息以及行政处罚自由裁量基准信息等。全市11类5430项行政权力信息全部入库。业务资源库以信息共享和业务衔接为目标，建立可供比对、查询的业务资料数据库，提高资源的利用效率和工作成效。行政权力公开平台将全市所有行政权力基本信息、相关事项办理结果信息等在互联网上公开，并提供在线办理、在线咨询、效能投诉和常见问题解答等服务。

行政权力网上运行平台将全市所有行政权力运行流程标准化、规范化、电子化、透明化，以信息化手段规范政府行为，提高工作效率，提升服务能力。全市11类权力全部实现网上运行、网上办理、网上监督、网上反馈。2010年，扬州市市行政权力运行平台共办理行政权力12.09万件，其中行政许可1.56万件、行政处罚7.52万件、其他行政权力3.01万件。

行政监察平台对全市所有行政权力运行状态、4个公共资源交易市场（土地交易市场、政府采购市场、产权交易市场以及建设工程招投标市场）运行状态、重大项目推进状态及各部门人财物管理情况进行风险控制和监督，对出现异常的情况进行预警、分析、督查，对各部门及其工作人员的工作情况进行绩效统计和考核，保证各部门对外行政权力行使和对内事务管理的规范化、透明化、效能化。

法制监督平台以权力管理、规范性文件管理、执法行为监督、行政复议应诉监督为内容，建立规范性文件监督系统、执法行为监督管理系统、执法主体与执法人员监督管理系统、行政复议应诉监督系统、查询统计等功能，将全市行政权力的行使纳入法制化轨道，按照法定的权限、程序、方式和时限履行职责和行使权力。

内部人财物管理平台加强对部门内部人财物的网上管理。

（黄玉国 陈传庚 葛 辕）

应急管理

应急队伍建设 5月5日，市政府成立市减灾委员会。8月20日，市政府印发《关于调整市部分领导小组的通知》，调整市突发公共事件应急委员会（简称市应急委）主任、副主任和成员。

8月26日，市政府在仪征市召开基层应急队伍建设推进会，要求各县（市、区）政府、市应急委成员单位抓好8个方面工作：1.加强应急组织体系建设；2.建立健全基层应急队伍体系；3. 加强预案管理和应急演练；4.加强应急值守和信息报送工作；5.推进应急物资保障建设；6.开展应急管理的宣传教育和培训；7.做好应急避难场所建设；8.抓好应急体系建设“十二五”规划编制工作。

12月18日，市综合应急救援支队成立仪式在市公安消防支队举行。市综合应急救援支队依托市消防支队，整合市有关部门或行业专业力量，由抢险救援大队、机动救援大队、医疗救护大队、环境监测大队、气象监测大队、供水保障大队、电力保障大队、供气保障大队、通信保障大队及专家组计1350人组成。各县（市、区）分别成立综合应急救援大队。

（卢宏来）

应急基础设施建设 10月22日，新建的市救灾物资储备库启用。该仓库建筑面积2000平方米，为地下单层库房，承担扬州市以及苏中、苏北地区的抢险救灾物资储备和省救灾物资中转职能。

推进应急避难场所建设，对市区可用于应急避难的场所进行调研评析。12月，扬大附中东部分校、体育中心体育场、南门遗址广场、宋夹城遗址公园、科技学院（筹）、体育公园等6处应急避难场所挂牌。

（卢宏来）

应急处置演练 2月8日，市应急办牵头，组织市反恐工作办公室、市公安局、市安监局、市卫生局等17个部门和单位，出动救援人员约1000人、各种救援车辆50辆，联合举行反恐怖袭击演习。此次演习共设计13个流程，以抢救伤员、灭火防爆、卡口布控、解救人质、缉捕犯罪嫌疑人、维护社会稳定为主线，体现针对恐怖活动的组织指挥、部门协调、科学决策、反恐突击等应对处置能力。

11月13日，扬州市组织开展重大危险化学品泄漏事故应急处置综

12 月 18 日,扬州市举行重大危险化学品泄漏事故应急处置演练

王 卓/摄

合演练。演练模拟在市开发西路与祥和路交界北侧发生三车相撞事故,造成其中一辆装载液氯钢瓶的卡车发生液氯泄漏。演练设计接警联动、先期处置、预案启动、现场处置、应急结束和新闻发布会等 6 个流程,涉及扬州经济技术开发区和市公安、消防、安监、交通、卫生、民政、人防、环保、气象、城建、电信、供电等 10 多个部门和单位,动用人员约 200 人,调用各类车辆 30 辆。 (卢宏来)

人事工作

■ **高层次人才队伍建设** 推进“人才强市双行动计划”,全年引进高层次领军人才 174 人、产业发展急需的专业技术人才 1608 人、各类储备性人才 2.38 万人。4 月,市委、市政府实施“绿扬金凤计划”,提出 3 年引进 100 名创业创新领军人才、每年引进 100 名优秀博士人才的目标任务,市财政设立 4000 万元专项资金,明确对引进的创业创新领军人才给予最高 300 万元资助,对企事业单位引进的优秀博士人才给予最高 6 万元补助。经过申报、评审等程序,全市资助创业创新领军人才 50 人、优秀博士人才 58 人,市、县两级兑现奖励资金 5806 万元。面向全市征集创业创新领军人才和优秀博士人才需求信息,编制《扬州欢迎您》宣传手册和《“绿扬金凤计划”——创业创新在扬州》宣传光盘,在《人民日报》、《新华日报》、《扬州日报》等平面媒体以及中国人才热线、教育部留学服务中心、科学网等人才网站上刊登“绿扬金凤计划”公告和需求信息;设计制作“绿扬金凤计划”专题网站,8 月 1 日开通专门申报系统。组团到澳大利亚、新西兰进行海外人才招聘,举办扬州创新型经济发展论坛,组织县(市、区)及重点企业到武汉、成都举办“百名优秀博士人才集中招引活动”,组团参加广州、深圳、南京等地高层次人才交流活动。推进人才载体建设,新增 5 个国家级、8 个省级博士后科研工作站。

鼓励符合条件的教育、医药卫生、电子信息、机械汽车、建筑、农业等六大行业单位和技术人员申报省“六大人才高峰”高层次人才资助项目,全市申报第七批“六大人才高峰”资助项目 33 个。(居乃军 高 展)

■ **高技能人才队伍建设** 健全高技能人才培养网络,动员社会力量培养高技能人才,举办化学检验工、修脚师、电线电缆检验工、焊工等“示范性、高水平”职工职业技能竞赛,实现高技能人才培养网络化、制度化。全市新增高技能人才(高级工以上)1.00 万人,其中新增技师、高级技师 2310 人(市区 1105 人)。确立“质量立校”理念,推进技工院校内涵发展,评选市级重点专业 49 个,获评省级重点专业 29 个,其中扬州技师学院获评省级重点专业 16 个。推行学生技能等级逐级考核制度,开展“十校百企”双向对接活动,促进技能人才培养与扬州产业发展“无缝对接”。2010 年,全市 13 所技工院校招生 1.12 万人,毕业生就业率 99.03%。

(居乃军 高 展)

■ **专业技术人员管理** 推进企业博士后科研工作站等人才载体建设,2010 年,邗江数控金属板材加工设备产业基地、江苏里下河地区农业科学研究所、扬州经济技术开发区管理委员会、江苏亚威机床股份有限公司、江苏省苏北人民医院等 5 家单位获准设立国家级博士后科研工作站,江苏华富控股集团有限公司、江苏史福特光电科技有限公司、江苏华伦化工有限公司、扬州龙川钢管有限公司、江苏里下河地区农业科学研究所、扬州恒信仪表有限公司、江苏金鑫电器有限公司、扬州经济技术开发区管理委员会等 8 家单位获准设立省级博士后科研工作站。做好 2010 年享受国务院特殊津贴人员和省专家选拔推荐工作,李爱宏、唐崇健、陈鹏、吴利群、董宏斌、王如军、李政成、束余声等 8 人入选 2010 年度江苏省有突出贡献的中青年专家。推进“人才强市双行动计划”,全年培训各类专业技术人员 2543 人。2010 年,1.32 万人次参加专业技术人才继续教育培训、农村实用技术培训、基层文化干部培训、创业辅导培训等。开展专业技术职务任职资格评审工作,全年受理申报、组织评审或委托省有关部门评审高、中级专业技术职务 5476 人,其中高级 1807 人、中级 3669 人。 (居乃军 高 展)

■ **国外智力引进** 全年执行引进国(境)外技术(管理)人才项目 55 个、国(境)外培训项目 5 个,邀请国(境)外专家 80 多人次到扬州指导,选送 100 名各类高层次人才到美、德、英等 20 多个国家(地区)培训、考察和执行访问学者项目。联系 60 家科技创新

型企业和300家成长型科技型企业，了解企业在技术创新和二次创业中的引智需求，申报2011年度引进国外技术(管理)人才项目52个，为企业办理经济技术类外国专家证23件。12月，到澳大利亚、新西兰等国举办“扬州市城市推介暨招才引智说明会”，在悉尼科技大学、昆士兰大学和奥克兰大学举办专场招聘推介会，200多人次留学生与会。建设引智成果示范推广基地，全年实施农业引智成果示范推广项目4个，申报国家引进国外智力成果示范推广基地1个、省引进国外智力成果示范推广基地3个。11月19日，省引进国外智力成果示范推广基地在市畅博彩色园林有限公司揭牌。（居乃军　高　展）

■ **公务员管理**　公务员招录。2010年，全市考录公务员和机关工作人员288人，其中市级机关考录55人；招录、培养10个职位30名政法干警；省、市机关从扬州基层选调公务员11人。

公务员培训。2010年，组织288人参加公务员初任培训，组织1.78万人参加任职培训、保密教育培训、生态环保知识教育培训和普法培训。推荐20名在职公务员及参照公务员法管理的事业单位工作人员参加南京大学、东南大学、扬州大学等高校MPA(公共管理硕士)学位培训。全年举办“新知学堂”专家讲座9期，内容涉及节能减排、森林城市建设和危机管理等方面，培训市级机关干部4578人次。

公务员考核。全市完成8.54万名机关、事业单位工作人员年度考核备案和75名市级机关下派各县（市、区)挂职干部的年度考核工作。规范公务员队伍奖惩管理，评选推荐国家部委先进集体9个、先进工作者11人，全省先进集体9个、先进工作者29人。（居乃军　高　展）

■ **事业单位人事管理**　完成324家市直事业单位岗位设置方案审批。推进事业单位聘用制，全市事业单位聘用合同签订率95.2%。检查义务教育学校奖励性绩效工资实施情况。市人社局组织实施两次市直事业单位44个岗位公开招聘考试，2849人参加笔试，168人参加面试；配合市委组织部完成261名大学生村官的选聘考试工作，1296人参加笔试，803人参加面试。（居乃军　高　展）

■ **军队转业干部安置**　2010年，全市接收计划分配的军转干部143人，接收军转干部家属全迁户50户、随调配偶32人。首次组织市直安置的营级以下军转干部参加文化考试，在网上公布文化考试成绩，提高安置工作透明度。（居乃军　高　展）

■ **人事考试培训**　2010年，组织45项各类人事考试，4.56万人次通过审核并缴费报考9.40万科次，实际参加7.65万科次考试。全年查处考试违纪事件9起，处理违纪考生48人。组织43人参加市直事业单位工作人员岗前培训、130多人参加人力资源管理从业人员知识更新教育培训、84人参加市级机关任职干部培训。

新的市人事考试中心服务基地建成并投入使用，新中心建筑面积3000平方米，内设标准化教室21个。（居乃军　高　展）

机构编制管理

■ **概述**　2010年，围绕服务经济社会发展，推动政府机构改革，完成38个市级政府机构、158个县(市、区)政府机构和53个乡镇机构改革。全市精简县(市、区)政府部门55个、乡镇行政编制349个、乡镇事业编制2897个。整合教育资源，核减、增加教育系统10所学校教职工编制90名。优化、调整市直15个事业单位机构编制。完善机构编制年报统计数据库，调整38家行政机关机构编制信息库。全年办理机构编制审核、备案手续520人次。（黎小生）

■ **市级政府机构改革**　2月9日，市委办公室下发《关于印发〈扬州市人民政府机构改革实施意见〉的通知》，市政府部门组织实施机构改革工作。改革方案规定，市政府设置39个部门，即市政府办公室、市发展和改革委员会、市经济和信息化委员会、市教育局、市科学技术局、市公安局、市民政局、市司法局、市财政局、市人力资源和社会保障局、市国土资源局、市规划局、市城乡建设局、市城市管理局、市住房保障和房产管理局、市交通运输局、市水利局、市农业委员会、市商务局、市文化广电新闻出版局、市卫生局、市体育局、市人口和计划生育委员会、市审计局、市统计局、市安全生产监督管理局、市食品药品监督管理局、市环境保护局、市旅游局、市粮食局、市物价局、市民族宗教事务局、市民防局、市政府外事办公室、市政府侨务办公室、市政府法制办公室、市政府国有资产监督管理委员会、市市级机关事务管理局、市园林管理局；市监察局与市纪律检查委员会机关合署办公，列市政府工作部门序列。2月10日，市政府召开扬州市级政府机构改革动员会，部署全市政府机构改革工作。2月26日，市机构编制委员会办公室（简称市编办）布置市政府工作部门“三定”工作。8月，市政府批复38个部门“三定”规定(市公安局暂未实施“三定方案”)。（黎小生）

■ **县(市、区)政府机构改革**　5月，市机构编制委员会审核批准7个县(市、区)政府机构改革方案(不含食品药品监督部门)，并上报江苏省机构编制委员会办公室备案。审核批复宝应县、江都市、高邮市、仪征市4个县(市)设置24个政府工作部门，维扬区、广陵区设置20个政府工作部门，邗江区设置22个政府工作部门。县(市、区)政府机构改革后，全市7个县(市、区)政府机构总数从213个精简到158个，精简25.8%。（黎小生）

■ **乡镇政府机构改革**　3月，扬州市召开县级政府机构改革暨乡镇机构改革推进工作会议，启动乡镇政府机构改革。宝应县、江都市、仪征市、维扬区、广陵区和邗江区6个县（市、区)53个乡镇参加乡镇机构改革(高邮市20个乡镇2008年通过省第二批乡镇机构改革试点验收)。改革后，

6个县(市、区)53个乡镇行政编制从3499名精简为3150名，精简10%；乡镇事业单位由“七站八所”改为农业服务中心、经济发展服务中心、社会保障服务中心、村建环保服务中心、社会公共事业服务中心“五大中心”(10万人口以上的中心镇增设一个社区管理服务中心)，机构数由784个精简为271个，精简65.4%；乡镇事业单位编制由6358名精简为3461名(含各乡镇的畜牧兽医、水利机构编制)，精简45.6%。（黎小生）

■“三责联审”工作 按照省委、省政府办公厅《江苏省党政领导干部“三责联审”办法(试行)》精神，市机构编制委员会办公室协同市委组织部、市审计局参与党政领导干部“三责联审”工作。对高邮市和江都市市委、市政府3名主要负责人进行离任行政编制责任审核。对市物价局、市水利局、市住房保障和房产管理局、市农业资源开发局、新城西区管委会等5个部门主要负责人进行行政编制责任审核。（黎小生）

■事业单位登记年检 组织2009年度全市事业单位法人年检工作，市直371家事业单位通过网上年检，参检率100%，网上申报率100%，合格率100%。全市政务和公益中文域名注册管理工作取得新进展。

（黎小生）

信访工作

■概述 2010年，市、县(市、区)两级信访部门受理来信来访3.18万件次，比上年下降0.2%。其中，来信7033件，比上年下降5.1%；来访5888批2.48万人次，分别比上年上升16.3%和1.3%；集体上访976批1.65万人次，分别比上年下降20.7%和5.8%。市信访局受理来信来访1.04万件次，比上年上升3%。其中，来信2662件，比上年下降9.3%；来访1798批7759人次，分别比上年上升37.9%和8.1%；集体上访244批5204人次，分别比上年下降13.5%和1.2%。扬州市群众去省上访371批1131人次，分别比上年下降6.8%和5%，其中群访35批509人次，分别比上年下降5.4%和5%；进京上访196人次，比上年上升36.1%。重大节日、重大活动和敏感时期，全市未发生有影响的信访事件。扬州市被省驻沪信访工作领导小组授予“上海世博会信访工作成绩突出单位”奖牌。（娄广定）

■落实领导责任制 各级党委、政府重视信访工作，主要领导带头处理重要信访问题。在各重要时段，市、县(市、区)两级领导，特别是分管领导到一线检查、指导工作，协调、处理突出问题。对信访突出问题，落实县(市、区)和市直部门领导包案责任；对市委、市政府主要领导直接收阅的群众来信，要求由各地、各部门主要领导亲自阅处、亲自过问。坚持领导干部接待群众来访制度，市委、市政府主要领导带头，市委常委、副市长按照分工开展下访、督查工作。市、县(市、区)两级党政领导全年接访590批2769人次，其中党政主要领导接访148批851人次；解决问题562件，解决率95.3%。（娄广定）

■提高源头预防化解矛盾能力 实施社会稳定风险评估工作，成立由市政府主要领导担任组长的领导小组，制定考核办法。全市信访系统开展“有效初信初访规范办理促进年”活动。市信访局制订工作规程，对来信来访的接待、登记、转送、交办、督查、答复等环节作出具体规定，坚持百分之百登记、百分之百回复。举办两期基层信访干部培训班，500人受训。各级信访部门牵头协同相关职能部门联合接待集体上访、突发信访等；主动协调会办跨地区、跨部门的问题；对一些可能反复的问题，现场调查了解，督促办理。群众重复信访明显减少，群众满意程度明显提升。

（娄广定）

■解决突出信访问题 市信访工作联席会议办公室（简称市信访联席办）全年开展9次矛盾纠纷排查活动，交办重点信访事项1299件，办结率80%以上。全年开展两次信访积案化解活动，交办积案231件，结案208件，结案率90%。在全省征地拆迁专项治理工作中，市信访联席办、市信访局梳理排查、集中交办372件征地拆迁信访问题，办结313件，办结率84.1%。其中，省信访局交办200件，办结184件，办结率92%。

（娄广定）

■基层基础工作 开展“三无”(无进京集体上访和到省重复集体访、无历史遗留信访案件、无因信访问题引发的有影响事件)县(市、区)和“四无”(无进京集体上访和到省重复集体访、无历史遗留信访案件、无因信访问题引发的有影响事件、无进京非正常上访和重复访)乡镇(街道)创建活动，5个县(市、区)和扬州经济技术开发区被省信访工作领导小组命名为“三无”县(市、区)。实行信访工作重点管理乡镇(街道)制度，完善信访工作“两员”(信访事项代理员、信访信息联络员)制，改变重点管理乡镇(街道)信访工作被动落后局面。市、县(市、区)联动，开展系列信访法制宣传活动，营造良好的社会氛围。市委政法委牵头，市法院、市检察院、市公安局、市司法局参与，成立扬州市涉法涉诉接待中心，在市人民来访接待中心设立接待窗口。市信访联席办牵头，市法院、市检察院、市公安局、市司法局、市信访局联合下发《关于进一步依法规范全市信访工作的意见》，依法处理信访问题，规范信访秩序。

市信访局坚持全员督查、督办制度，主动牵头协调、会办跨地区、跨部门的信访问题；每日梳理来信来访情况，每周编发一周信访动态，每月下发信访通报，重要情况及时报市委、市政府领导批示办理。各级信访部门加强信息收集、预警预报、形势研判等工作，开展政策调研，为党委、政府提供决策依据。（娄广定）

民族事务

■概述 全市有45个少数民族，少数民族人口1.78万，其中回族人口1.07万。全市有外来穆斯林约6000人，除107名也门、约旦、叙利亚、摩洛哥、阿尔及利亚等国家留学生外，

菱塘回族乡成为高邮市线缆产业基地　　李斯尔／摄

大多是从新疆、青海、宁夏、甘肃等地到扬州经商人员。全市有1个民族乡（高邮市菱塘回族乡）、2个民族村（仪征市月塘乡龙山村、大仪镇河北村）和4个省级民族工作示范社区。邗江中学开设新疆班，有7个班、339名学生；高邮市菱塘回族乡有中学2所、小学2所、幼儿园1所；扬州市科技学院（筹）高邮学院新疆班有学生68人，其中少数民族学生43人。全市开放清真寺8处，有回民墓地12处4.67公顷，有民族用品生产定点企业6家、领取清真标志牌的清真网点25家，确认清真基本供应点8家、来自西部地区少数民族经营的拉面店105家。

2010年，高邮市菱塘回族乡清真村被国家民委授予“全国少数民族特色村寨”称号。市民族宗教事务局王清荣获评全国少数民族古籍编撰工作先进个人。

（王清荣　郭宏芳　陈　鹏）

■ **开展民族团结进步模范创建活动**　8月，市民族宗教事务局组织开展主题系列活动。邀请市委讲师团宣讲“三个扬州”的内涵；组织穆斯林到社区开展“美化城市，夏日送爽”等活动，增强穆斯林维护民族团结、社会稳定的责任感和使命感。12月31日，举办以“弘扬民族文化，构建和谐社区”为主题的曲江街道解放桥社区首届民族文化艺术节。社区居民自编自演回、满、朝鲜等少数民族歌舞以及拉面表演、诗朗诵、快板等跟少数民族有关的节目，促进民族间交流，展示社区民族团结和谐的良好氛围。年底，全市评选出15个民族工作示范社区、2个和谐小康村、17个民族团结进步宣传教育示范单位和10家清真拉面示范店。

（王清荣　郭宏芳　陈　鹏）

■ **为少数民族群众办实事**　把好清真食品市场准入关。重大节日期间，市民族宗教事务局对市区鸿兴饭店、好心情清真饭店、雪峰清真牛羊肉批发店及市区拉面店等12家清真网点及其食品卫生情况和进货渠道进行检查并建档，检查结果均符合要求。

服务少数民族群众和民族贸易企业。2010年，全市办理少数民族成分更改手续63件，少数民族学生参加中、高考证明244件（高考证明5件、中考证明239件）。完成全省少数民族传统体育项目选拔赛工作。帮助2家民族贸易企业申报生产补助资金，4家民族贸易企业申报技术改造贴息贷款补助资金。经审批，扬州纪元有限公司获国家民委生产补助资金50万元，扬州漆器厂获国家民委技术改造贴息贷款补助资金8万元、江苏省配套技术改造贴息贷款补助8万元。全市6家民族贸易企业获国家2.88%贴息返还贷款资金481.69万元。

扶持少数民族贫困户脱贫致富。2010年，市、县（市、区）两级利用扶贫资金95万元，帮助149户少数民族贫困户脱贫达小康。

（王清荣　郭宏芳　陈　鹏）

宗教事务

■ **概述**　扬州市佛教、道教、伊斯兰教、天主教、基督教有教职人员712人、信徒约50万人。全市有宗教活动场所211处，按教别分，佛教118处、道教3处、伊斯兰教8处、天主教2处、基督教80处；按区域分，宝应县48处、高邮市47处、江都市46处、仪征市31处、邗江区24处、广陵区8处、维扬区3处、扬州经济技术开发区4处。全市宗教教职人员中，佛教491人、道教21人、伊斯兰教13人、天主教1人、基督教186人。全市有4个市级宗教团体、12个县级宗教团体。2010年，文峰寺获评全国创建和谐寺观教堂先进集体，观音山禅寺方丈法融获评全国创建和谐寺观教堂先进个人。

鉴真图书馆举办扬州讲坛20期。（王清荣　郭宏芳　陈　鹏）

3月20日，星云大师在扬州讲坛作题为《我如何走向世界》的演讲　　李斯尔／摄

2010 年扬州讲坛情况一览表

时 间	主 讲 人	讲 题
3 月 20 日	星云大师	我如何走向世界
3 月 23 日	于 丹	感悟中国智慧
4 月 3 日	台湾作家团体	展望新世纪台湾文学
4 月 11 日	吴建民	世界的变化与中国外交
4 月 17 日	郝万山	五行与音乐养生
5 月 3 日	吴伯雄	因缘与福报
5 月 15 日	凌 峰	八千里路云和月，见证历史大变迁
6 月 5 日	纪连海	通鉴与历代王朝兴衰启示录
6 月 19 日	钱文忠	国学与国运
7 月 3 日	柴松林	经济生活新面貌
7 月 17 日	莫砺峰	苏东坡的文化意义
8 月 7 日	孙科志	中华文化与韩国文化
8 月 21 日	马瑞芳	红楼电视梦
9 月 18 日	毕淑敏	心理健康与人生幸福
10 月 9 日	王运天	鉴真东渡空海西来
10 月 30 日	康 尔	艺术与人生
11 月 6 日	对中如云	从徐福开始——中日文化悠久
11 月 27 日	唐家璇	鉴真大师与中日友好
12 月 4 日	蒙 曼	唐玄宗与长恨歌
12 月 18 日	杨 澜	我以提问生

（王清荣　郭宏芳　陈　鹏）

■ 宗教团体自身建设　9 月 27～29 日，扬州市伊斯兰第三次代表会议召开，选举产生市伊斯兰协会第三届委员会，薛清当选会长。

实施《宗教活动场所财务监督管理办法》，完成市区 11 家宗教活动场所的财务审计工作，指导建立符合《民间非营利组织会计制度》要求的财务制度体系。

组织城区阿訇述职述评；举办培训班，组织宗教团体负责人及教职人员学习《汉传佛教教职人员资格认定办法》、《道教教职人员认定办法》、《伊斯兰教教职人员资格认定办法》、《中国天主教教职人员认定办法》、《中国基督教教职人员认定办法》及《宗教活动场所财务监督管理办法》；编印宗教基础数据统计手册，完善基础数据。

（王清荣　郭宏芳　陈　鹏）

■ 宗教场所管理　2010 年，推进和谐寺观教堂创建活动和平安宗教活动场所创建工作。印发《2010 年度社会治安综合治理和平安场所建设工作要点》和《2010 年度安全生产工作要求》，签订社会治安综合治理和安全生产责任状，落实抵御渗透和场所安全具体责任。将文明敬香列入城区佛教寺院日常工作重点，督查“贴、讲、收、送、配”工作落实情况。发布《关于市区“6·19”香期文明敬香的通告》，采取切实措施，实现城区观音山禅寺、大明寺周边文明敬香长效管理。

依法整治基督教私设聚会点。至年底，劝散基督教私设聚会点 20 余处，取缔非法聚会点 2 处。

治理宗教活动场所环境。补充场所绿化，完善场所无障碍厕所、无障碍设施指示牌、无障碍道路等无障碍设施，实行场所环境专人保洁。

2010 年，全市宗教系统未发生安全事故和违法案件。市民族宗教事务局获评市安全生产合格单位和市社会治安综合治理先进集体。

（王清荣　郭宏芳　陈　鹏）

■ 宗教矛盾和纠纷调解　2010 年，市民族宗教事务局协调扬州大学使用基督教“神在堂”和两幢牧师楼问题、祇陀林花园归还佛教问题和天主教在东关街 262 号、264 号、270 号房地产问题，推动宗教房地产矛盾和纠纷的解决。

召开两次穆斯林代表座谈会，听取对仙鹤寺修复、清真饭店经营等方面的意见和建议，帮助解决实际困难。安排专人参加高旻寺“拜月活动纠纷”调查，协调观音山禅寺与文物单位的矛盾纠纷，解决大明寺僧人医疗保障问题，参与查处高邮如来庵、扬州某大酒店藏传佛教内地活动问题，配合公安机关查处仪征基督教非法培训活动。

（王清荣　郭宏芳　陈　鹏）

■ 鉴真大和尚坐像回扬省亲　参见第 25 页

外事工作

■ 外事接待　全年接待来自美国、挪威、德国、西班牙、日本、韩国、荷兰、英国、比利时、克罗地亚、意大利、法国、瑞典、加拿大、阿联酋、沙特阿拉伯、科威特、卡塔尔、毛里求斯、巴拿马、厄瓜多尔等国家和地区的客人 192 批 1517 人次，其中有挪威贸工部部长特隆德·吉斯克、挪威驻上海总领事诺和平、德国曼海姆市长彼得·库尔茨、日本日立公共株式会社代表取缔役社长森内康浩、德国 VDE 电气电子和信息技术检测所董事长言蔚德、美国 PCC 公司董事柯克·普利、比利时林堡省省长哈曼·任德斯、比利时布瑞市市长嘉布里埃尔、马赛克市市长让·克里默斯、比利时哈蒙特—亚珂市市长舒曼斯、美国高露洁棕榄公司主席兼首席执行官康逸安、美国驻上海总领事馆首席商务领事高大伟、瑞典驻上海总领事姚汉生、加拿大旺市市长凌婕舜、挪威克里斯

2010年到扬州市访问主要团组一览表

到 访 者	人数	到访目的
挪威贸工部、驻上海总领事馆	11	考察交流
德国曼海姆市政府代表团	13	考察交流
西班牙驻上海总领事馆	5	考察交流
美国PCC公司	7	商务洽谈
日本日立公共株式会社日立信息系统(上海)有限公司	5	考察交流
比利时布瑞市代表团	3	友好访问
克罗地亚科尔丘拉市代表团	3	缔结友城
美国西雅图中华商会、肯特市代表团	36	友好访问
美国国际日报代表团	18	友好访问
IBM代表团	6	考察交流
德国VDE电气电子和信息技术检测所	3	友好访问
比利时林堡省代表团	55	友好访问
美国高露洁棕榄公司、美国驻上海总领事馆	24	考察交流
挪威太阳能光伏代表团	26	考察交流
加拿大旺市代表团	9	友好访问
挪威克里斯蒂安森市代表团	8	友好访问
比利时安特卫普港代表团	9	缔结友港
美国夏威夷太平洋大学	4	友好访问
海湾阿拉伯国家石油化工产业合作论坛	19	出席论坛
上海大众汽车公司江苏仪征项目签约组	20	考察访问
美亚学会第77批美国国会助手团	12	友好访问
美国海蓝学院	3	友好访问
美国纽约华人总商会代表团	6	友好访问
毛里求斯国会议员团	3	友好访问
荷兰布雷达市友好代表团	33	参加运博会
荷兰泽兰省友好代表团	4	参加运博会
荷兰博根·欧普·祖姆市议员(另政府及水管理机构代表团)	23	参加运博会
厄瓜多尔驻上海总领馆、布埃那费市市长	5	友好访问
日本唐津市长议长团	19	友好访问

(杨 乐)

蒂安森市市长佩尔·西古德·瑟伦森、美国通用电气公司副总裁大中华区总裁罗邦民、美国海蓝学院院长伯明翰、比利时安特卫普港港务局首席商务总监路克·阿诺特、美国夏威夷太平洋大学副校长约翰·科恩斯、美国纽约华人总商会会长徐家澍、太平洋经合组织常务副会长邹明荣、上海大众汽车公司仪征项目签约组副总经理海兹曼、美国众议院民主党党团执行主任乔治·谢弗林、法国阿尔斯通公司中国地区总经理吴玉华、加拿大江苏商会会长蒋涛、英国政府气候变化和低碳发展顾问嘉瑞宝迪、巴拿马—中国贸易发展办事处代表莫福杰、荷兰泽兰省省长卡拉·佩斯、荷兰布雷达市市长范德维尔敦、厄瓜多尔驻上海总领事孔嘉铭、厄瓜多尔布埃那费市市长路易斯·赞布拉诺等。

(杨 乐)

■**招商引资** 市政府外事办公室(简称市外办)利用市赴国(境)外团组考察、培训、参展等活动在欧洲、日韩等地区招商,通过国外相关交往城市和友好人士协助招商,配合市相关园区开展汽车船舶、石化、机械、太阳能光伏、LED等产业链招商,利用接待重要来访机会招商,利用节庆活动开展招商,市外办驻欧洲、韩国两个办事处派员到广陵产业园和化工园区挂职,为园区招商服务。

市外办全年提供招商引资有效信息1.6亿美元,引进注册外资5780万美元。 (杨 乐)

■**对外宣传** 邀请智利国家电视台、西班牙加泰罗西亚电视台、日本NHK电视台、《产业时报》、《朝日新闻》等境外媒体和中新社、新华社、《人民日报》、中央电视台、中国国际广播电台、人民网和《能源》、《当代世界》、《人民中国》杂志等国家级媒体报道第五届中日友好21世纪委员会第一次会议闭幕式、"烟花三月"国际经贸旅游节、2010中国扬州—海湾阿拉伯国家石油化工产业合作论坛、第四届中国扬州世界运河名城博览会暨世界运河名城专家论坛和日本东大寺鉴真坐像回扬省亲等重大外事活动,以及扬州市"三新一网一书"(新能源、新光源、新材料,智能电网,电子书)产业情况和亲商、富商、宜商的良好环境。对到扬州参加访问、考察等活动的前国务委员唐家璇,中共中央对外联络部副部长李进军,全国对外友好协会副会长井顿泉,外交学会秘书长黄星原,荷兰泽兰省省长、女王特派专员卡拉·佩斯,韩国前国会议员崔载千,第五届中日友好21世纪委员会日方首席委员、东京证券交易所会长西室泰三,日本前国土交通大臣冬柴铁三,日本东亚地方政府会议执行委员会委员长石原信雄,奈良县知事荒井正吾等中外嘉宾和俄罗斯巴拉什赫、荷兰布雷达、意大利里米尼、法国斯特拉斯堡、奥地利维也纳、埃及伊斯梅利亚、日

2010年扬州市主要出访团组一览表

出访者	人数	出访国家	团长	出访时间	出访目的
市经济友好代表团	10	美国	谢正义	2月22~3月1日	经济考察
市城市建设考察团	5	韩国、日本	陈　扬	2月22~3月1日	参加韩国首尔“世界设计城市峰会”，考察韩、日市政建设
市友城交流团	6	日本、韩国	张爱军	5月20~25日	招商推介、友城交流
市教育交流团	6	美国、加拿大	董玉海	6月10~17日	教育交流
市商检考察团	5	德国、挪威	陈　明	7月7~16日	商检合作考察
市人大考察团	6	俄罗斯、乌克兰	李福康	7月15~22日	友好访问
市政协考察团	6	以色列、埃及	钱小平	7月22~29日	友好访问
市商会代表团	10	以色列、埃及	梅翠珍	7月22~29日	经济考察
市友好代表团	6	荷兰、瑞典	张跃进	8月27~9月3日	友好访问
市经济代表团	6	德国、意大利	闻道才	10月12~18日	项目考察推介
化工招商团	5	沙特、阿联酋	卜　宇	12月24~30日	化工招商

（杨　乐）

本奈良等世界运河城市和友城的市长、专家进行采访、报道。全年组织媒体宣传报道500多篇(条)次，组织撰写文章19篇(次)、调研材料11篇，拍摄资料图片2900多幅，制作照片资料U盘(光盘)87个(张)。

（杨　乐）

■外事管理　市外办全年下发因公出国(境)任务批件115批447人次，下发任务确认件21批47人次，确认省批件189批236人次，上报请示件62批381人次，办理护照签证307批835人次、通行证73批239人次。加强出国(境)管理，出台加强因公出国(境)管理的规范性文件，履行初审职能，制止、调整、压缩出国(境)人员16批36人次。做好来华团组(外宾)邀请工作，全年发出邀请来华签证通知函电225批423人次。加强护照管理。加大护照签证办理审查力度，严格护照出入库制度，护照回收率99%以上。加强涉外工作管理、指导和服务，为企业涉外合作提供政策支持和服务。联合市公安、教育、安全等部门，对申报涉外饭店、申请聘用外教的学校、申请涉外居住地的5家单位进行联合检查；全年协调处理10余件境内外涉外事(案)件。加强境外非政府组织管理，完成境外非政府组织在全市的活动情况调查，召开境外非政府组织管理小协调范围机制成员单位会议。加大办理APEC商务卡的力度。1月，扬州市举行第一批APEC商务旅行卡颁发仪式。扬州市企业家全年申办APEC卡100余张。

（杨　乐）

■缔结友城　2月，日本奈良市市长仲川元庸和议长山本清访问扬州，在扬州签署扬州市与奈良市缔结友好城市备忘录。

5月20~25日，以常务副市长张爱军为团长的扬州市政府友好团一行6人访问日本。5月23日，奈良市市长仲川元庸、扬州市常务副市长张爱军在奈良百年会馆签署《扬州市奈良市友好城市盟约宣言》和《扬州市奈良市缔结友好城市协议书》。

克罗地亚科尔丘拉市是马可·波罗的出生地。4月16~20日，由副市长弗兰茨·斯代尼克带领的克罗地亚科尔丘拉市政府代表团一行3人访问扬州。16日晚，扬州市副市长闻道才与科尔丘拉市副市长弗兰茨·斯代尼克在扬州迎宾馆2号楼会见厅签署两市缔结友好城市协议书。

（杨　乐）

侨务工作

■概述　2010年，全市侨务工作围绕经济建设中心，服务归侨侨眷、服务地方经济、服务侨资企业，接待来信来访40件(次)，办结涉侨信访案件39件(次)，结案率97.5%、满意率100%；接受捐赠475万余元，扶助学生110人；举办境内外招商招才推介会19场；引进外资注册项目8个，注册资金1.42亿美元；接待华侨华人580人次，其中海外高层次专业人士105人次。

2010年，扬州市人民政府侨务办公室(简称市侨办)获评全省侨务外联经科工作先进单位，市侨办人秘处、侨政处分获全省侨务宣传工作先进单位、全省侨务系统侨政工作先进单位称号；广陵区东关街道琼花观社区、维扬区双桥街道武塘社区获评全省侨务系统“五五”普法示范单位；高邮市高邮镇水观社区、广陵区汶河街道荷花池社区获评全省侨务系统社区侨务工作示范单位。

（王　晔　王爱萍）

■侨胞考察投资　5月7日，英国扬州同乡会会长陈俊一行到宝应考察。

6月7~9日，马来西亚长征机构有限公司董事经理徐秀生到高邮考察。

7月8日，由美籍华人马庆鸣组织实施的移动云计算项目签约落户仪征市经济开发区。

7月23~25日，日本大阪华侨

江苏同乡会会长许士超率考察团到仪征考察、磋商“日本工业园”和“日本四季生态花园”建设项目。

（王 晔 王爱萍）

■**侨胞公益捐赠** 新加坡华人郭晓清捐款10万元为家乡宝应县小官庄镇老年活动中心、幼儿园添置活动器材和教学设施，新修一条水泥路，出资请剧团为乡亲演出。

（王 晔 王爱萍）

■**服务招商引智** 3月31日～4月9日，高邮市侨办组织经贸考察团到马来西亚、印度尼西亚、新加坡等国招商推介、考察访问，考察团在国外举办6场商机说明会、座谈会，考察林木生集团、齐力集团、科士威集团、马星集团等10多家上市集团公司，拜访100多位华人华商。

应大阪华侨江苏同乡会的邀请，4月1～4日，仪征市经济开发区、汽车工业园、外经贸局、财政局、侨办组团到日本开展招商推介活动。

4月24日，市侨办、市人力资源和社会保障局联合邀请的“海外博士团”一行13人到扬州参观考察。

4月，印尼著名侨领、印尼中华总商会永久名誉主席、友光集团总裁陈大江被高邮市政府聘请为高邮市经济发展顾问。

6月29日，由江苏省侨办、扬州市政府主办，扬州市侨办和邗江区政府承办的2010“海外华侨华人高层次人才江苏行”扬州站活动开幕式暨项目座谈会在扬州金陵大饭店举行。

12月13～15日，市政府主办、市侨办和广陵区政府联合承办2010“华侨华人专业人士创业扬州广陵行”活动。（王 晔 王爱萍）

■**服务归侨侨眷侨企** 2月8日上午，市侨办、市侨联举行迎新春市区归侨侨眷餐叙会，市侨办、市侨联领导与市区30名归国华侨与侨务工作者同庆新春。

4月下旬～5月上旬，江都市侨办开展以“走侨企、分侨忧、聚侨力”为主题的“走进侨港资企业”专题调研活动。

9月15日，市侨办、市侨联联合召开纪念《中华人民共和国归侨侨眷权益保护法》颁布20周年暨迎中秋座谈会，向到会的22名归侨代表通报市侨办、市侨联执行侨法、维护侨权、纾解侨困等方面情况。

（王 晔 王爱萍）

港澳事务

■**名城扬州港澳行** 3月22～28日，市委书记王燕文率团到香港、澳门举办为期一周的名城扬州港澳行活动，围绕促进扬州与港澳的交流合作，开展各项拜访活动23次，拜访特区政府和经济、金融、工商界以及侨界新老朋友；举办新春联谊会5场，邀请240多名港澳各界人士参加联谊交流活动。邀请300多名香港、澳门社会各界知名人士参加2010中国扬州“烟花三月”国际经贸旅游节。名城扬州港澳行活动共签约项目32个，总投资17.54亿美元，协议外资9.1亿美元。其中，合同项目21个，总投资10.59亿美元，协议外资5.68亿美元。各县（市、区）、开发园区利用名城扬州港澳行平台，洽谈项目67个。广陵区签约项目5个，总投资2.8亿美元。化工园区与香港建滔化工集团签署5万吨级码头仓储和25万吨轻油芳构化项目，总投资额6200万美元。（杨 乐）

■**港胞考察投资** 4月20～21日，华润集团有限公司董事长宋林到扬州考察。

6月7～9日，香港有机美国际有限公司董事林来璋到高邮考察。

6月11～12日，市侨联和维扬区委、区政府邀请香港南安公会司库、香港世朗公司董事总经理黄智灿一行4人到维扬区考察，洽谈高科技热敏纸项目，双方签订总投资3600万美元、注册资本1280万美元的项目协议书。

8月15日，香港城市大学校长郭位一行8人到扬州，参加该校与香港文汇报江苏办事处（位于江苏信息产业服务基地（扬州））EMBA（高级管理人员工商管理硕士）项目签约仪式。

8月20日，香港商务及经济发展局副局长苏锦梁一行到扬州考察，并参加香港人才交流中心扬州基地暨江苏迈创科技公司开业仪式。

（王 晔 王爱萍）

■**港胞公益捐赠** 2010年，港胞熊家荣、阎秀兰夫妇捐资57万港元（合50万元），在江苏省高邮中学设立“熊家荣奖学金”。

8月16日，扬州市举行“隆星教育发展基金”奖、助学金发放仪式，向97名学生发放奖、助学金19.49

名城扬州港澳行活动期间，市委书记王燕文拜会澳门特别行政区长官崔世安 杨 婉/摄

2010 年扬州市到港澳地区访问主要团组一览表

团组名称	人数	出访地区	团　长	访问时间	访问目的
赴港澳先遣组	6	香港、澳门	徐少龙	1 月 11～17 日	名城扬州港澳行先遣
赴港澳先遣组	6	香港、澳门	杨明荣	2 月 22～28 日	名城扬州港澳行前期准备
名城扬州港澳行	30	香港、澳门	王燕文	3 月 22～28 日	城市推介、项目对接
市行政服务中心考察团	12	香港	王　强	6 月 11～15 日	行政服务考察
市旅游推介团	5	香港、澳门	王玉新	7 月 4～10 日	旅游推介
市城建考察团	5	澳门、香港	陈　扬	10 月 16～23 日	城建管理考察

（杨　乐）

万元。其中，参加全省“中学生学科素质能力展示活动”获一等奖的学生及“全国（省）职业学校学生技能大赛”获奖的学生分别获 1000～1500 元奖学金，40 名家境贫寒、品学兼优的中、小学生分别获每人 5000 元、3000 元的助学金。该基金由港胞程余斋、辛德俊于 1992 年 10 月捐资设立，市侨办代为管理。（王　晔　王爱萍）

涉台事务

■概述　对台经济。全市新批台资项目 130 个，总投资 38.5 亿美元，注册台资 27.3 亿美元，实际利用台资 12.8 亿美元。截至年底，全市有台资项目 1300 多个，其中投资 1 亿美元及以上项目 10 个。全年办理赴台经贸考察手续 89 批 447 人次，其中市、县（市、区）政府和扬州经济技术开发区、扬州化工园区经贸考察团 24 批 184 人次。市领导王燕文、洪锦华、闻道才、王少鹏先后率团到台湾开展经贸考察活动，在台签订一批扬台经贸合作项目。全年邀请并接待台湾客商 81 批 488 人次，其中“烟花三月”国际经贸旅游节期间邀请并接待台商 5 批 86 人，他们中有台湾工业总会常务副理事长、台玻集团董事长林伯丰，台湾工商建研会理事长、乡林集团董事长赖正镒，全国台湾同胞投资企业联谊会副会长刘璟芳，台北 101 金融大楼董事长林鸿明，台湾李国鼎数位知识促进会秘书长李伟等重要台商。开展台商服务工作，全年市、县（市、区）台办走访当地台资企业，向政府反映台商意见和建议，帮助解决台资企业在生产经营、安全生产等方面的问题；帮助台商办理签证、协调解决台商子女就学、车辆办证等事务。全年受理市委、市政府和省台办交办涉台投诉案件 3 件，结案率 100%；受理台资企业投诉 18 件，结案率 90%；受理台胞、台属来信来访 10 件，结案率 100%。2 月 20 日，市台办获评 2009 年度市级机关部门引荐外资先进单位和招商引资十佳优质服务单位。

对台交流交往。全年办理非经贸赴台交流团组 19 批 65 人，其中副厅级干部 4 人。市中级人民法院首次派员随省法官协会到台湾，开启江苏、台湾法务交流新篇。接待台湾文化交流团组 8 批 166 人、旅游台胞 8.27 万人次。4 月 11 日，以台湾海峡交流基金会（简称海基会）董事长江丙坤夫人江陈美惠为团长的雅乐合唱团在扬州大剧院与扬州老干部合唱团同台举办“两岸情”联欢晚会；9 月 20 日，台湾爱乐剧工厂双城恋曲剧组在扬州大剧院上演《双城恋曲》；台湾扬州同乡会组织访问团到扬州作“文化寻根之旅”；台湾艺人凌峰、学者柴松林在扬州讲坛分别主讲《八千里路云和月，见证历史大变迁》、《经济生活新面貌》。

对台联络。全年接待台湾联络团组 6 批 93 人，其中有国民党荣誉主席吴伯雄、亲民党主席宋楚瑜、苗栗县县长刘政鸿、新店市市长王美月等重点联络对象。

对台宣传。2010 年，扬州市接待台湾 17 家媒体记者 31 人次，编辑内刊《扬州台情》12 期，寄发给台湾扬州同乡会《扬州剪报》12 期，收到台湾扬州同乡会《扬州乡讯》4 期。开展入岛宣传。9 月下旬，邀请台湾中时媒体集团旗下的《中国时报》、《旺报》、中天电视台、中时电子网等记者参访团一行 9 人到扬州采访扬州经济、文化等各方面发展情况。《中国时报》、《旺报》、中天电视台、中时电子网记者回台后，在同一时段内专题报道扬州，扩大扬州在台湾的影响。组织扬州记者入台。9 月 2 日，扬州电视台、《扬州日报》记者随市政府经贸考察团到台湾，采访 9 月 3 日冶春茶社（台北店）开业和市政府经贸考察团在台湾活动情况，增强涉台宣传效果。建立扬州台办网络发言人制度，发布扬州市涉台权威信息，回应、处置网民各类涉台投诉、咨询，把党和政府的涉台方针、政策传递给人民群众。（骆礼国）

■省领导在扬州会见吴伯雄　5 月 2～4 日，中国国民党荣誉主席吴伯雄夫妇一行 13 人到扬州参访。3 日下午，吴伯雄在扬州讲坛作《因缘与福报》演讲。3 日晚，省委书记梁保华、省长罗志军在扬州迎宾馆会见吴伯雄一行。吴伯雄高度赞扬扬州在弘扬传统文化、保护古城风貌等方面取得的成果，表示要向更多的台湾同胞推荐介绍扬州和江苏。（古　刚）

■市领导会见宋楚瑜　11 月 2～4 日，台湾亲民党主席宋楚瑜一行 9 人到扬州参访。2 日，市委书记王燕文在迎宾馆会见宋楚瑜一行，并介绍扬州的发展情况。在扬期间，宋楚瑜一行参观“双东”历史街区、双博馆、扬州美术馆“八怪书画展”、史可法纪念馆和城市风貌，游览瘦西湖、个园、何园、大明寺。（古　刚）

■ **王燕文率团到台湾考察** 9月2～10日，市委书记王燕文率扬州市经贸考察团到台湾作经贸考察。考察团先后组织"百年老字号"冶春茶社（台北店）开业庆典，扬州市石化项目推介、旅游服务业项目推介、呼应ECFA（《海峡两岸经济合作框架协议》）——扬州（台北）商机说明会等宣传、推介活动，拜会连战、王金平、江丙坤、林丰正、詹春柏、星云大师、吴志扬等知名人士和王文渊、徐旭东等重要台商，签订一批招商项目。

9月3日，扬州冶春（台北）店举行开业庆典，台湾知名人士王金平以及台湾行业公会代表等100多名嘉宾应邀参加，台湾9家主流媒体报道开业庆典情况。9月4日，考察团在台北亚太会馆举行扬州（台北）旅游推介会，台湾旅游业界、新闻界100多人参会。9月5日，考察团在台北君悦大饭店组织"扬州—台北石化界企业家恳谈会"，台湾远东新世纪、东联化学、长春化学、大连化工、台塑集团、国光石化、奇美实业、苯乙烯、石化合成、立大集团、中石化等30多家知名石化企业的65名代表参会。9月6日，考察团在香格里拉酒店举行"呼应ECFA——扬州（台北）商机说明会"，200多名台商参会；9月8日，考察团在亚太会馆举行"扬州服务业·新城西区（台湾）产业推介会"，展示扬州新城西区经济社会发展的最新成果和蕴含的巨大商机。

在台期间，扬州市旅游局与台北市旅行商业同业公会签订《旅游合作协议》，双方约定在旅游信息互通、发展空间互拓、互访机制建立、旅游产品互推和旅游客源互送等五个方面加强合作。新城西区管委会、中华海峡两岸产业资讯化促进会和台湾威京集团三方共同签订《新城西区战略性合作框架协议》，明确三方合作方向和重点。

考察团与远东集团签署PTA（精对苯二甲酸）项目投资合作意向书，与有关企业签署年产500兆瓦晶硅太阳能组件、年产400万片蓝宝石衬底基板、年产25万片投射电容式触控显示屏生产线等项目投资协议，与台湾中国生产力中心签订合作共建CPC（扬州）教育培训基地初步框架协议；与台湾海峡两岸观光协会对接和落实2011年第二届苏台大型春节灯会在扬州举办的具体事宜；到高雄佛光山拜会星云大师，邀请大师11月回乡主持日本东大寺鉴真坐像回扬省亲大典。 （骆礼国）

■ **洪锦华率团到台湾经贸考察** 5月20～27日，市委副书记洪锦华率市经贸考察团到台湾开展为期一周的经贸考察活动。在台期间，考察团考察台湾的工商业、农业和旅游服务业，拜会海基会董事长江丙坤、威京集团主席沈庆京、台北金融大楼股份有限公司董事长兼总经理林鸿明、宝成国际集团董事长蔡其建、大连化学副总经理朱正章、亚洲水泥股份有限公司首席副厂长何恒张、乡林建设专业股份有限公司执行副总经理吕理全、台湾农民团体干部联合训练协会及农业旅游发展协会负责人洪崇仁等数十位台湾企业家、农业农村专家，向台湾各界推介扬州投资环境和合作机遇，邀请台湾企业到扬州投资置业、观光旅游。考察团先后考察台北县文山农场、台中县隆谷养菇场、中社休闲观光花海基地、丰源花卉苗木市场、台东新光兆丰农场等，推介仪征枣林湾生态园、高邮邮文化、高邮鸭集团等，宣传扬州农业和知名农产品，与台湾朋友就双方农业合作达成意向协议。 （赵晓艳）

政府法制

■ **推进依法行政** 2010年初，扬州市出台《关于2010年推进依法行政工作的意见》，明确全市依法行政工作目标，分解责任。7个县（市、区）相应出台年度意见和责任分解表。

加强依法行政工作考核。2月24～25日，省依法行政工作考核组到扬州考核依法行政工作。考核结果，扬州市2009年依法行政工作在苏北、苏中地区名列第二。

4月，出台《扬州市依法行政考核办法》。5月，出台《2010年度依法行政工作考核标准》。市委、市政府将依法行政工作列入48个市直部门年度目标绩效考核内容。

开展依法行政示范单位创建和法制工作评先工作。全市新命名市级依法行政示范单位21家，评选出2010年度政府法制机构先进单位10家、政府法制工作先进个人10人、政府法制信息工作先进单位13家、政府法制信息工作先进个人13人以及"十佳行政执法标兵"和"十佳行政执法卷宗"。 （葛 辕）

■ **规范性文件管理** 2010年，全市制定、出台规范性文件57份，其中市政府文件12份、市政府部门文件29份、各县（市、区）政府及其部门文件16份。对22份省法规、规章征求意见稿提出修改意见和建议。市政府通过新闻发布会发布新出台的规范性文件。市、县两级政府及其部门出台的规范性文件，全部按规定向上级政府和同级人大报备。改进规范性文件制定方式，畅通民意渠道，实行"开门立法"。《扬州市养犬管理暂行办法》出台前通过《扬州日报》、《扬州晚报》、扬州电台、扬州电视台、"中国扬州"门户网站和市政府法制办公室（简称市法制办）网站，向社会公开征求意见，收到意见和建议近400条。试行规范性文件实施后评估制度。2月，召开相关部门、社区居民和社区主任代表、政府"立法"咨询员座谈会，对有关优待老年人的3份规范性文件实施情况进行政策评估。创新规范性文件备案审查方式。对2009年报备的69份规范性文件，在常规审查的基础上，由10名市政府"立法"咨询员和相关部门法制机构进行交叉审查，召开4场规范性文件备案评审交流会。 （葛 辕）

■ **行政执法监督** 优化行政执法方式。2010年，市法制办开展行政指导试点工作。确定宝应县、扬州工商行政管理局、市物价局为试点单位，征求社会各界对实施行政指导工作的意见，评估试点工作成果，筛选行政指导典型项目。推行说理式执法。7月，召开全市说理式执法文书工作推进会，提出说理式执法文书比例要求。各执法部门改进执法方式，引导执法人员讲清法理、事理和情理，做到事前劝说到位、事中劝诫到位、事后劝勉到位，体现和谐的执法效果。

轮训行政执法人员。2010年，全市培训行政执法人员777人，2008～2010年累计培训行政执法人员2061人，市直部门所有行政执法人员均参加轮训，完成全市行政执法人员三年轮训任务。

重大行政处罚案件备案。6月，市法制办对上半年报备的重大行政处罚案件进行审查，并现场点评。市直行政执法部门全年报备重大行政处罚案件532件。

加大行政执法监督力度。12月，出台《扬州市行政执法争议协调暂行办法》、《扬州市行政执法主体资格审查及公告暂行办法》、《扬州市行政执法人员资格审查及证件管理暂行办法》。全年办理行政执法投诉案件8件。指导并督促有行政处罚职能而多年未履行职能的部门履行职责。2010年，市住房公积金管理中心查处4件行政处罚案件，推动近百家单位主动办理公积金缴存手续，为职工缴纳住房公积金。（葛　辕）

■行政复议与应诉　全市行政复议机关收到行政复议申请205件，受理184件，审结143件（维持64件，变更1件，撤销2件，确认违法4件，调解2件，申请人撤回69件，驳回行政复议申请1件）。其中，市法制办收到向市政府提出的行政复议申请44件，受理38件，审结35件（维持12件，变更1件，确认违法4件，申请人撤回17件，驳回1件）；县（市、区）政府收到行政复议申请86件；市直部门收到行政复议申请75件。4月，市法制办联合市依法治市办公室、市中级人民法院出台《关于进一步完善行政首长出庭应诉制度的意见》；5月，召开行政首长出庭应诉工作推进会，组织与会人员现场观摩行政应诉案件庭审。市法制办全年办理行政首长出庭应诉案件52件，比上年增长33.3%，其中直接办理行政诉讼4件（法院判决维持3件，当事人撤回1件）。全市一审行政应诉案件199件，开庭102件，行政首长出庭92件，行政首长出庭率90.2%。（葛　辕）

■行政复议规范化建设　2010年，市法制办关于行政复议工作规范化建设工作获全省政府法制工作创新奖。

行政复议办案场所建设。2010年，市法制办投入50多万元建成行政复议听证室和行政复议接待室。高邮市、仪征市等建成行政复议办案场所，维扬区在每个乡镇（街道）设立复议接待室，市农业委员会设立专用复议听证室。

行政复议机构建设。2010年，江都市、邗江区等4个县（市、区）政府法制办增设独立的行政复议科室。全市各县（市、区）政府法制机构充实行政复议专职工作人员5人。市、县（市、区）政府法制办行政复议专项经费全部纳入政府财政预算，全年核拨专项经费70余万元。

行政复议人员管理。8月，举办全市行政复议应诉人员知识更新培训班。全年换发行政复议应诉人员资格证书270余本。

行政复议工作机制建设。市法制办出台《扬州市行政复议专家咨询论证办法》、《关于进一步加强行政复议与信访衔接的意见》，联合市律师协会开展“百名律师行政复议信息联络员”工作，召开律师行政复议信息联络员代表座谈会，建立行政复议与信访、律师协会的衔接机制，实现行政复议与行政诉讼、信访处理的合理分流。（葛　辕）

行政审批

■概述　2010年，市行政办事服务中心（简称市行政服务中心）办结行政审批和配套服务事项19.25万件，服务对象月均满意率99.9%，收到服务对象赠送的锦旗114面。

（李项雁）

■推进行政审批“三集中、三到位”　市政府召开全市行政审批“三集中、三到位”推进会，落实“部门行政许可职能向一个处室集中，部门行政许可处室向市行政服务中心集中，行政审批事项集中在网上办理；部门行政许可项目进市行政服务中心落实到位，部门对窗口工作人员授权到位，行政审批事项网上规范办理到位”工作。市政府公布第四批进入市行政服务中心办理的行政许可事项。至年底，244项行政许可事项进入市行政服务中心，占市级公布保留的行政许可事项的86%，达到省政府依法行政考核指标。（李项雁）

■优化行政审批运行机制　完善行政审批和电子监察系统建设，改造视频监控系统，增加音频监控功能，改进服务评价器，增强系统监察效果。成立交联审批改革组和政府信息公开组，推进并联审批改革和政务公开工作。以餐饮企业注册登记为试点，采取边制作和完善操作软件、边联动办理的方式，先后分3批推进并联审批工作，涉及化学危险品运输、药品经营等6类事项，对工商注册登记中涉及前置审批的事项全部实施并联审批。实施重大项目办理跟踪机制，编制市政府重大工业项目目录，要求各窗口提升服务水平，对重大项目做到特事特办、急事急办、难事巧办、事事快办。（李项雁）

■服务窗口规范化　组织开展“双争”活动，制定“争创标准化服务窗口、争当标准化服务个人”实施方案和衡量标准，定期组织检查、分析和通报，宣传推广先进窗口和先进个人经验。印发《关于统一启用新的行政审批专用章的通知》，具有行政审批职能的部门窗口在办理行政审批事项时，统一使用新刻制的“行政审批专用章”。建立电话回访服务对象制度，总结分析和通报每月电话回访收集的意见和建议，督促各窗口重视服务质量，保持高满意率。组织服务技能培训、测试和竞赛，举办行政许可法、档案管理知识、服务礼仪专题讲座，组织法律知识和计算机操作技能竞赛，新进市行政服务中心的45人经考核全部达到普通话测试三级甲等及以上水平。（李项雁）

机关事务管理

■推进公共机构节能　2010年，扬州市市级机关事务管理局（简称市机关事务局）贯彻落实《公共机构节能条例》，成立节能管理处，对公共机构能源消耗实行量化考核，推动公共机构低碳运行。市机关事务局对市机关各单位2009年能源消耗统计数据进行核算、分析；组织全市各级公共机构参加全国和省节能知识竞赛；组织各级公共机构参加全国“节能宣传周”活动，在市政府机关大院内展示宣传节能产品（节能设备）。召开全市公共机构节能工作会议，下达2010年节能降耗指标任务。统计汇总全市各机关单位2010年度上半年能源消耗情况，抓好各县（市、区）和市级部门直属事业单位节能基础信息的收集、整理、归类统计；制定《扬州市创建绿色机关考评意见》、《扬州市绿色机关考评内容》，起草扬州市“十二五”公共机构节能工作规划。为市级机关购置智能移动式电源节能插座（电脑插座、空调插座）500只、节能灶具1台，落实机关大院内新光源太阳能光伏节能项目。（曹　妍　雷呈建）

■机关公务用车管理　加强市级机关各部门公务用车管理，印发《市级机关驾驶员行为规范》，将公车管理工作从车辆延伸到驾驶员。全年经集体会审同意购车46辆，其中使用财政经费购车19辆；报废无使用价值的旧公车16辆，回收尚有使用价值的旧公车7辆。（曹　妍　雷呈建）

政协扬州市委员会

■概述　2010年，市政协召开6次常委会议、6次主席会议、1次专题评议会，完成调研视察课题9项，向市委、市政府及有关部门递交相关调研视察报告，围绕全市经济、政治、文化、社会建设中的重要问题履行职能。

调研、视察。分别就推进扬州市经济转型和结构调整、旅游经济发展、古城保护与利用、“十二五”规划制定、文化创意产业发展、海外人才资源汇聚、住房保障体系建设、食品安全、养老和医疗保障城乡一体化、特殊人群教育与管理、文明创建、人口和计划生育、知识产权保护、农产品质量安全、学前教育、污水管网建设等工作进行调研视察、协商讨论、建言献策。

民主监督。运用政协例会、调查视察、通报座谈等形式组织委员就扬州市社会经济建设和群众关心的热点、难点问题提出意见、建议和批评。组织专题视察公安、教育、房管、卫生、绿化造林、低碳节能住宅建设、体育健身设施、商品检验检疫、物价、城建、人力资源和社会保障、地税、法院、检察院、水利、交通等工作；选派政协委员担任特约监督员和行风监督员，参与政务公开、机关作风等视察、检查活动；组织政协委员评议市级机关作风建设情况。

关注民生。组织委员和机关干部就保障型住房建设、老小区综合整治、商业噪声扰民、健身器材更新维护等民生问题开展调研协商，提出建议。整理报送《政协内参》、《社情民意》34期，为党政领导了解社情、掌握民意提供信息，推动一批问题的解决。

提案与办理。市政协六届三次会议召开以后，征集委员提案522件，立案515件，其中5件重点提案由主席分工牵头督办。坚持专门委员会联系对口部门推动提案办理，各专门委员会协助督办26件提案。召开提案见面协商会、提案见面答复会等承办部门与相关提案人集中协商答复活动，对委员反馈“不满意”的提案，组织重新办理。截至10月底，所有立案的提案全部办复。其中，所提问题解决和基本解决的提案239件，占总数的46.4%；意见被采纳、有待逐步实施的提案259件，占总数的50.3%；因各种原因暂不能实施的提案17件，占总数的3.3%。市政协在“界别活动周”期间收集的意见中，有107件交市政府各承办单位办理并收到书面答复。开通网上征集提案线索平台，拓宽各界群众参与提案工作的渠道。（徐晓明　许　勇）

■政协六届三次会议　1月18～21日，市政协召开六届三次会议。市委书记王燕文到会并作题为《坚持以民为本　建设幸福扬州》的讲话。徐益民作市六届政协常务委员会工作报告，赵南军作市六届政协常务委员会关于提案工作情况的报告。会议举行大会发言，市委副书记、代市长谢正义到会并讲话。会议期间，政协委员分组讨论王燕文讲话，审议市政协常委会工作报告和提案工作情况报告；列席市人大六届三次会议，听取并讨论政府工作报告和法院、检察院工作报告；视察维扬经济开发区、广陵信息产业基地、杭集工业园等地工业项目建设情况；分5个大组与市领导座谈协商。会议通过市政协六届三次会议决议。（徐晓明　许　勇）

■政协常委会议　1月5日，市政协召开六届十一次常委会议。会议听取《政府工作报告（征求意见稿）》起草情况的说明并进行分组讨论，就“社

1月18日，市政协六届三次会议开幕　郭义富／摄

会治安综合治理工作”议题与市委、市政府进行民主协商，协商通过关于召开市政协六届三次会议的决定、市政协六届三次会议议程（草案）、会议日程、秘书长名单、副秘书长名单、决议起草委员会名单、委员分组及各组召集人名单、大组协商分组及各组召集人名单，讨论通过《市政协常委会工作报告》和《提案工作情况的报告》及报告人。

1 月 19 日和 21 日，市政协分两段召开六届十二次常委会议。会议听取市政协六届三次会议小组讨论情况汇报，讨论、通过市政协六届三次会议决议（草案），通过《扬州市政协 2010 年工作要点》。

3 月 16～17 日，市政协召开六届十三次常委会议。会议听取扬州市新一轮重大基础设施建设情况通报，部署下一阶段市政协工作，通过委员和人事调整名单，组织常委围绕“提升城市品质”课题到杭州市考察调研。

7 月 14 日，市政协召开六届十四次常委会议，专题评议园区转型升级。会前，市政协组成 4 个专题督查组，分别到扬州经济技术开发区和江都市、仪征市、邗江区、广陵区、维扬区调研、视察，形成督查评议报告。

11 月 1～2 日，市政协召开六届十五次常委会议，与市政府专题协商旅游经济发展情况。会议组织常委视察南门遗址展示馆、市文化艺术中心、工艺坊等新建文化旅游设施，听取并讨论市政府关于 2010 年度提案办理情况的通报、旅游经济发展情况的通报；市政协经济科技委员会代表专题调研组发言。

12 月 31 日，市政协召开六届十六次常委会。会议听取《政府工作报告（征求意见稿）》起草情况的说明并进行分组讨论；专题协商扬州市古城保护和利用工作，协商、通过召开市政协六届四次会议的决定和有关事项，讨论并原则通过《常委会工作报告》和《提案工作情况的报告》；市政协各专门委员会向常委会书面报告 2010 年度工作情况。会议协商决定，中国人民政治协商会议江苏省扬州市第六届委员会第四次会议定于 2011 年 1 月 15～18 日在扬州举行。

（徐晓明　许　勇）

■政协主席会议　4 月 9 日，市政协召开六届二十一次主席会议，就“完善住房保障体系”议题与市政府协商。会议听取并讨论市住房保障和房产管理局的情况通报以及市政协城乡建设（人口资源环境）委员会代表专题调研组所作发言。

5 月 6 日，市政协召开六届二十二次主席会议，就“城乡养老和医疗保障建设”议题与市政府协商。会议听取并讨论市人力资源和社会保障局、市卫生局的情况通报以及市政协社会和法制委员会代表专题调研组所作发言。

6 月 2 日，市政协召开六届二十三次主席会议，专题协商和评议扬州市贯彻落实食品安全法情况。会议听取并讨论市政府情况通报，市政协教文卫体委员会和市各民主党派、工商联分专题作评议发言。

8 月 5 日，市政协召开六届二十四次主席会议，就“汇聚海外人才资源”工作与市政府专题协商。会议听取并讨论市侨办、市台办、市外办等部门情况通报和市政协港澳台侨（外事）委员会代表专题调研组所作发言。

9 月 1 日，市政协召开六届二十五次主席会议，就“推进扬州市特殊人群教育和管理工作”与市政府协商。会议听取并讨论市司法局、市公安局、市民政局、市人力资源和社会保障局情况通报和市政协社会法制委员会代表专题调研组所作发言。

12 月 7 日，市政协召开六届二十六次主席会议，就“发展扬州市文化创意产业”与市政府协商。会议听取并讨论市发展和改革委员会情况通报以及市政协教文卫体委员会代表专题调研组所作发言。

（徐晓明　许　勇）

■全市政协工作会议　12 月 21 日，中共扬州市委召开全市政协工作会议，贯彻落实《中共中央关于加强人民政协工作的意见》和胡锦涛总书记在庆祝人民政协成立 60 周年大会上的讲话精神，总结 2005 年全市政协工作会议召开以来各级政协组织履行职能、开展工作的经验和做法，研究部署新形势下加强和改进党对政协工作领导的新思路、新举措。市委书记王燕文出席会议并讲话，市委副书记、市长谢正义主持会议，市政协党组书记、主席徐益民总结和部署全市政协工作。市委、市人大、市政府、市政协领导及有关单位负责人出席会议。与会人员观看《创新政协工作，推进扬州发展》电视专题片，中共江都市委、宝应县政协党组、广陵区政协党组、市委农村工作办公室、市教育局党委等单位作交流发言。

（徐晓明　许　勇）

■界别活动周　5 月 6～12 日，举办 2010 年度政协委员联系群众“界别活动周”活动。市、县（市、区）两级政协 2000 多名委员紧扣“倾听民声、广纳民智，推动全国文明城市创建”主题，组织 186 项集中活动，联系群众上万人次，收集意见和建议 1600 多条，形成创建工作评议意见 27 份。6 月 10 日，市政协召开“千名政协委员议文明、促创建”专题民主评议会，各界别小组的政协委员围绕创建文明城市工作中的重点问题进行民主评议，建言献策。《人民政协报》在 7 月 3 日头版头条以《有序的绿色通道——扬州市政协专题民主评议活动纪实及启示》为题报道市政协 2010 年度“界别活动周”情况。

（徐晓明　许　勇）

■扬州政协论坛　9 月 21 日，市政协围绕“提升城市品质”主题，举办 2010 年度扬州政协论坛。此次论坛征集论文 120 多篇，内容涉及城市结构与功能、品味和特色，城市建设与古城保护，产业发展与生态环境，城市文化与市民素质等方面。

（徐晓明　许　勇）

■加强与委员联系　坚持政协领导分工联系委员小组和委员制度。各专门委员会定期向委员通报政协和专门委员会工作情况，组织委员参加各项调研视察、协商议政活动，协助联系委员小组开展活动。4月14日,举办“委员活动日”活动,组织200多名委员听取扬州古城遗址保护和创建全国文明城市情况通报,视察小盘谷、琼花观、宋夹城考古遗址公园、万花园、扬派盆景博物馆等地,实地了解扬州城遗址保护工作。5月6～12日,举办第四次政协委员联系群众“界别活动周”活动。10月14日,围绕“发展旅游经济”主题,组织驻县(市)市政协委员视察宝应大道、宝应博物馆、宝胜集团、宝应湖粮食物流中心、宝应湖国家湿地公园等,听取宝应县委、县政府的情况汇报。选派委员担任特约监督员、行风评议员,参与行风监督、加强机关作风建设等视察检查活动。通过扬州电视台《TV提案365》、《扬州日报》《政协之声》专栏、政协网站、《扬州政协》会刊发表委员对全市经济、政治、文化、社会、生态建设的建议、提案,宣传委员参政议政的成果和在本职工作中取得的成绩。（徐晓明　许　勇）

中共扬州市委纪律检查委员会

■监督检查　2010年,全市各级纪检监察机关开展重大政策措施落实情况监督检查,推动全市4批177个中央扩大内需项目落实,确保新增22.8亿元投资计划安全落实到位,受到中央扩大内需检查组、省扩大内需检查组、国家发改委稽查办、审计署南京特派员办事处肯定。加强对援建四川九龙地震灾区建设项目和抗震救灾资金使用情况的监督检查,扬州市援建项目全部交付使用,做到质量优良、账目干净、干部安全。启动创建全国文明城市、国家生态市、国家森林城市和申报世界文化遗产“三创一申”工作专项督查,制定问责办法。12家单位54人因创建工作不力被问责追究。协助市委召开推进机关作风建设典型案例通报大会。

（李　颖）

■反腐倡廉教育　组织学习《中国共产党党员领导干部廉洁从政若干准则》(简称廉政准则)。市纪委就廉政准则的学习宣传工作组织“十个一”活动:编写一本融条款内容、相关法规、案例剖析于一体的辅导读本;开展一次网络宣传互动,市及部分县(市、区)、部门纪委主要负责人通过《党报在线》网络平台,与网民“面对面”交流廉政准则学习贯彻情况;组织一次主题教育活动,开展“学习廉政准则,争做勤廉表率”系列活动;开展“一把手”系列专访,在《扬州日报》刊登各县(市、区)党委主要负责人系列学习体会文章;播发一期手机短信,向全市县处级以上干部发送“八个严禁”内容;组织一次县处级领导干部专题学习辅导,听取廉政准则辅导讲座;协助市委组织一次中心组理论学习,观看中央纪委副书记干以胜的报告录像;组织一次学习宣传工作专题检查;开展一次全市党员领导干部廉政准则知识测试,测试结果,平均得分98分以上;组织一场党员领导干部廉政准则电视知识竞赛,各县(市、区)由2名领导班子成员和1名正科职领导干部组成代表队参赛。

开展分类分层次反腐倡廉教育。市纪委制定《开展岗位廉政教育的工作意见》,督促各系统、各单位结合岗位职责、业务范围分别制定廉政教育方案。实施分类分层次教育,面向党员领导干部,开展首次“5·10”、“12·9”党风廉政教育日活动,针对县处级、乡科级和一般干部分别编印廉政教育读本;面向市直机关行使审批权、管理权、执法权的450名中层“实权人物”,组织专题廉政教育;面向大学生村官,开展“强素质、树新风、保廉政、促发展”主题教育活动;面向社会大众,组织廉政文化小戏小品比赛、廉政书画大赛、廉政诗文朗诵比赛、廉政电视讲坛以及廉政文艺“三下乡”等系列活动。扬州市选送42幅作品参加省廉政文化美术作品展,获佳作奖3个、优秀奖5个、入选奖13个。廉政题材扬剧《县长与老板》公演百余场,入选世博会期间上海国际艺术节参演剧目。发挥警示教育基地作用,全年有25个系统142家单位1.4万多人接受警示教育。

（李　颖）

■反腐倡廉制度建设　召开全市反腐倡廉制度建设推进会,印发《关于进一步加强反腐倡廉制度建设的意见》,分解落实13项重点制度建设任务。下发《扬州市加强县处级党政正职监督暂行办法》、《关于党政主要负责人汇报廉洁从政情况的暂行办法》、《扬州市拟担任市管干部申报个人有关事项暂行规定》、《扬州市部门内控机制建设基本规范(试行)》。改进“反腐倡廉好制度”评选标准,着重考量制度执行效果。5月,市纪委采取听取情况汇报、查看台账资料、召开座谈会等形式,集中调研检查廉政准则学习宣传贯彻情况、各层各级制定的“扬州市反腐倡廉好制度”执行情况。在主流媒体开设专栏,宣传、推广各地“好制度”和执行制度的先进典型。启动构建全市反腐倡廉制度库,完成基本框架。4月22日,中国纪检监察报社在扬州召开反腐倡廉制度建设座谈会,市纪委作大会发言,介绍构建具有扬州特色的制度体系的经验和做法。围绕示范工程、教育工程、制度工程、监督工程、网络工程、保障工程等六个方面,开展农村党风廉政建设专项研究,召开“农村大监督”机制理论研讨会。（李　颖）

■案件查办　2010年,全市纪检监察机关接到信访举报2204件,新立案件671件,其中县处级干部案件7件,比上年上升75%;652人次受到党政纪处分;挽回经济损失3179.11万元。查处市经济和信息化委员会原副主任范某受贿案、广陵新城管委会原主任卜某受贿案等。坚持依纪依法、安全、文明办案。设立案件管理部门,督查县(市、区)办案场所规范化建设和安全工作。建立办案专业陪护人员队伍。建立案件线索统一管理和集体排查机制、“两规”案件“一案一档”机制,做到规范管理、科学管理、全程管理。出台《关于实行初核审理工作的实施意见》、《关于规范涉刑案件党纪处理工作的意见》,初核审理案件11件。制定《关于对简单案件、特殊案件简化办理程序的意见》,提高办案效率。加强信访举报工作,提高信访接待水平,查办信访案件。开通网上“QQ 信访接待室”，加强“12388”信访举报电话管理，开展“接访特派员”下基层接受群众举报活动。强化信访监督工作，实现信访监督、干部任用、评先评优的信息共享。（李　颖）

■**建立纠风工作长效机制**　市纪委印发《扬州市民主评议政风行风暂行办法》，开展对 43 个市、区两级部门和承担民生重点工程的 10 个部门、行业的行风评议活动，公开通报评议结果。推进清理规范行业协会和市场中介机构工作，市区 65 个行业协会中，有 1 个注销、54 个与机关脱钩，市级机关 146 名干部退出行业协会。开展庆典、研讨会、论坛活动清理摸排工作。对《行风热线》节目进行新一轮改版，调增两档群众随机提问和与部门行业连线的节目。12 月，省、市、区三级联动，在广陵区举办一期《行风热线》户外活动。扬州市在纠风工作中探索建立维护群众利益“四民”（民情采集点、民意代言人、民情恳谈会、民间评议团）载体的做法，受到国务院纠风办和省纠风办的肯定。推进专项治理。组织开展强农惠农资金使用情况专项治理工作，联合民政部门制定《关于进一步加强村民监督组织建设的意见》。开展农村党风廉政建设示范乡镇创建活动，全年表彰 7 个乡镇(街道)。查处公路、河道“三乱”（乱罚款、乱收费、乱摊派）案件。加大对社保资金和扶贫基金的监管力度。加强食品药品安全监管，对食品加工小作坊、市区学校周边食品安全管理、废弃食用油脂管理等进行专项治理。制定《关于建立制度廉洁性评估备案机制的暂行办法》，对部门制定的制度是否合理设置自由裁量权事项，办事流程是否科学、规范、公开、便民，权力行使是否设置有效的监督制约措施和相应的责任追究机制等可能存在的廉洁性问题进行评估，并依据评估结果作出相关处理。全年审查全市各级行政机关涉及评估内容的新制度 20 多项。（李　颖）

■**效能监察**　推进重大项目效能建设。在全市交通、城建、民生和产业等四大领域 328 个重大建设项目中，选择 20 个投资额 5000 万元以上的项目，建立项目建设单位、主管单位、监管部门沟通协调机制，实施市纪委、监察局领导挂钩督查，对项目建设进度、规范实施、资金管理、质量安全、监督管理和廉洁服务等 6 个方面进行全程监督和跟踪问效。开展淮河流域环境保护专项治理，房地产开发领域违规变更规划、调整容积率专项治理，秸秆禁烧全量还田专项督查。对江六高速、宁启铁路扬州段征地拆迁等项目进行 4 次专题督查，下发督查通报 7 期。提高效能监察科学化水平。在邗江区、市环保局实施绩效评估试点工作，指导制定考核评价指标体系，在市行政办事服务中心先行开展绩效评估。推进行政权力网上公开透明运行，实现行政机关、权力事项、电子监察全覆盖，以优秀等次通过省考核检查组验收。督促国土部门查处土地违规违纪问题，全年立案 10 件，党、政纪处分 5 人。查处维扬区经圩村老年公寓变相出售问题，追究 6 人刑事责任，党、政纪处分 2 人，行政问责 9 人。开展全市住房保障工作专项效能监察。2010 年，市发展软环境投诉中心受理投诉 101 件次，对 12 人实施责任追究。（李　颖）

■**推进党员领导干部廉洁自律**　开展 2009 年度落实党风廉政建设责任制检查考核，抓好检查后整改措施的落实；建立市、县两级党委常委、党员副市长对分管部门落实党风廉政建设责任制情况进行年度检查考核的制度，确保市、县分管领导“一岗双责”要求落到实处。组织江都市开展县(市)委权力公开透明运行试点。加强节日期间党风廉政建设，通过设立网络、电话举报平台，发送廉政短信，播放廉政公益广告等形式，营造廉洁过节氛围。开展制止党员领导干部违规收、送礼金礼券活动，在银行设立“购物卡上缴廉政专柜”。全年有 182 人次上缴购物卡价值 12 万余元、礼金礼券 23 万余元，全市“510”账户入账 306.4 万元；压缩出国(境)经费 29 万余元。

加强对党政正职监督。出台《关于加强对县处级党政正职监督的暂行办法》，修订《关于党政主要负责人汇报廉洁从政的暂行办法》，将原先“一把手”向市纪委全委会汇报升格为向市委全委会汇报，提高监督的针对性和权威性。10 月 18 日，维扬区委、高邮市政府及市级机关 3 个部门主要负责人向市委全委会汇报廉洁从政情况。“市委全委会集体问廉县处级党政正职”项目获省纪委“工作创新奖”一等奖。（李　颖）

■**工程建设领域专项治理**　排查全市 2008 年以来立项、在建、完工、竣工的 1118 个规模以上建设项目，查出问题 2275 个。查处工程建设领域违纪违法案件 52 件，党、政纪处分 52 人，其中 26 人被移送司法机关。组织开展政府投资工程监理行为专项检查，5 家监理企业和 22 名监理人员获不良记录。推动工程建设项目信息公开和诚信体系建设试点，在扬州门户网站和各试点单位网站开通工程建设领域项目信息公开专栏。推行建设工程远程异地评标，省监察厅、省住建厅在扬州市召开全省建设工程远程异地评标工作推进会。全面清理、完善工程建设领域相关制度，梳理制度 169 项，其中保留 147 项、废除 7 项、修改 15 项，新建制度 16 项。（李　颖）

■**“群众满意学校、群众满意医院”创建**　扬州市从 2010 年起，利用三年时间开展“群众满意学校、群众满意医院”创建活动，并将 2010 年定为“深化治理强基年”。全市确定 108 所学校和 52 所医院为首批推进单位，建立优质服务、社会沟通和监督管理三大创建体系。推行建立学校家长委员会；清理、规范公办改制学校，有 2 所学校被收回公办。加强对基本药物遴选和采购工作的监管，对广陵区、维扬区和仪征市 53 家基层医疗卫生机构配备使用基本药物试点工作进行全程监管，加大对 23 家二级以上医疗机构和市级机关门诊部落实省标药品遴选工作的监管力度；开展规范医院接受社会捐赠行为试点、推进工作。（李　颖）

民主党派 工商联 人民团体

Minzhudangpai Gongshanglian Renmintuanti

本栏责任编辑 杨文才

民主党派 工商联

■**民革** 参政议政。2010年,中国国民党革命委员会扬州市委员会(简称市民革)主要领导参加中共扬州市委、市政府召开的协商会、座谈会,为地方大政方针出谋划策,履行参政党职能。在市政协六届三次会议上提出集体提案10件。其中,《完善城建多元化投融资体制 保障城市建设可持续性发展》被列为大会发言材料,并被市委、市政府采纳,促成出台《关于扬州市市级政府融资平台融资资金管理暂行办法》;《关于推进我市中小企业污染治理的建议》被列为大会书面发言材料;《关于发展扬州县、市旅游的几点思考与建议》被列为市政协重点提案。市民革全年撰写调研报告37篇,其中《关于发展我市客车产业的建议》受到市委书记王燕文批示;报送社情民意36篇;在扬州政协论坛上建言献策,有6篇论文入选《扬州政协论坛》。

组织建设。2010年,市民革开展"学习和践行社会主义核心价值体系"活动和"推进基层组织建设年"活动。4月,市民革召开全市民革组织工作会议,通过《民革扬州市委员会基层组织工作条例》、《民革扬州市委员会组织发展工作意见》、《关于市委会机关工作人员联系基层总支、支部的意见》,下发民革扬州市基层组织建设考核表。加强党员骨干队伍建设。注重吸收综合素质高、参政议政能力强、热心民革工作的优秀中青年知识分子加入民革组织。2009～2010年发展新党员34人,平均年龄40.7岁,知识层次较高,整体素质增强。2010年,民革扬州科技学院(筹)支部获评民革全国先进支部,民革扬州科技学院(筹)支部、民革仪征市支部、民革扬州市经济总支部、民革扬州市直属支部获评民革全省先进支部;黄蕾获评民革全国优秀女党员,杨志才、李燕、李秀华、程济威、李萍、于伟平、尤广秀、阮大荣获评民革全省优秀党员,朱玲玉、姚颖获评民革全省优秀女党员,阮家祥、黄余敏获评民革全省优秀党务工作者。

社会服务和祖国统一工作。2010年,市民革与市开发区春江社区开展共建和谐社区活动,举办"民情恳谈会"和医学专家服务进社区活动,开展免费检测新装修住宅环境质量、检测天然气安全、维修家电、疏通下水道、抽化粪池、清运杂物、送文化进社区、提供法律知识咨询、向特困户赠送牛奶等服务活动。市民革医卫支部到高邮市菱塘乡、宝应县、邗江区杨寿镇、扬州经济技术开发区春江社区开展义诊活动,受益者800多人次。

5月13日,市民革接待以台湾海军退役少将符子正为领队的中国国民党黄复兴、黄国梁党部参访团18人。 (姜 斌)

■**民盟** 参政议政。2010年,中国民主同盟扬州市委员会(简称市民盟)向市政协六届三次会议提交集体提案12件、个人提案33件。其中,《统筹城乡就业 促进一体化发展》被列为市政协1号提案,《完善我市农村土地流转制度的建议》被选作大会发言,《重视幼儿教育 完善办学机制》、《加快农业科技创新 加速推进我市现代农业发展》被选为大会书面交流材料。有2件提案被民盟江苏省委提交到省政协大会。"界别活动周"期间,向市政协提交4件集体提案。全年完成《大力发展学前教育 完善幼儿教育体制》、《加强中等职业教育 提供优质技术人才》等调研报告6篇。2篇论文被市政协论坛采用。《农药包装污染不可小觑,建立回收制度是关键》和《"建材下乡"实施细则应充分考虑建材商品的特殊性》信息被民盟中央采用。在市委统战部组织的"我为扬州发展献一策"活动中,市民盟获组织三等奖。

组织建设。2010年,市民盟完成扬州大学一支部、二支部、三支部、五支部和科技文艺支部换届工作,教育学院支部和职大支部合并为扬州职业大学支部。发展教育、医卫、科技、金融界别新盟员29人,举办第18期新盟员培训班。至年底,市民盟有盟员532人。

社会服务。2010年,市民盟开展关注残疾儿童活动,组织民盟界别政协委员和部分盟员走访、慰问市聋儿康复中心及市孤独症儿童康复中心,与市残联、市残疾儿童救助单位座谈,了解全市残疾儿童的救助、治疗和康复情况,向有关部门反映残疾儿童救助事业的困难,促进问题的解决。维扬区支部与扬大第七支部开展"专家教授服务企业行"活动,先后到6家企业举办市场营销、品牌建设和企业战略等方面系列巡回讲座。教院附中支部继续在沙头镇北洲中学开展关注“留守儿童”活动。玉树地震发生后，市民盟向灾区捐款1.32万元，支援灾区灾后重建工作。9月，在盟省委社会服务工作表彰大会上，市民盟获评“服务社会 促进发展”先进集体，维扬区支部和教院附中支部获评社会服务工作先进基层组织；徐卯林获评社会服务工作先进个人。

（秦 敏）

■民建 参政议政。中国民主建国会扬州市委员会（简称市民建）在2010年人大、政协会议上提出提案、议案、建议71件，其中集体提案10件。《创新思路 优化环境 加速推进创业》被选作市政协大会发言，《关于发展扬州物业服务业的调查与建议》被列为市政协大会书面发言材料，《做优做响“扬州群众文化”的建议》被评选为市政协重点提案，《关于疏通古城市中心文昌阁交通拥堵的建议》在全市统一战线“我为扬州科学发展献一策”活动中获“金点子”奖。在市政协“界别活动周”期间，市民建在相关协商会上作《加强出租车行业管理 擦亮“城市名片”》专题发言。关于城市公交、农村养老保险、老小区改造等一批社情民意引起政府相关部门重视，提案、建议得到办复。

全年编发《民建信息》40期。《加大金融对文化产业扶持与发展的建议》等被民建中央采用，《语言规范迫在眉睫》被民建江苏省委采用，《民建扬州市委涉农提案力推“扬州鹅”喜上保险》等被《人民政协报》登载。

协商监督。市民建负责人参加中共扬州市委、市政府民主协商会、情况通报会和市政协常委会、主席会以及相关视察活动；参与全市重大决策和重要人事安排协商，提出意见和建议。《加强流通领域食品安全监管》、《对我市旅游管理体制创新的几点建议》、《以战略思维与超前意识精深谋划我市文化创意产业发展》参加市政协常委会交流发言；《加快道德信用体系建设 合力提升城市信用品质》等18篇论文参加市政协“提升扬州城市品质”论坛交流并被收入论文集。市民建26名会员担任省、市、县政府行风、纪检、监察、物价、环保等方面的特邀监督员。

宣传工作。市民建全年在各类媒体登载稿件、信息270篇次。《民建扬州市委“情系南涧”捐款仪式》等6篇在《人民政协报》发表，《民建扬州市委举办“民建情 和谐颂——送文艺进社区暨庆祝中国民主建国会成立六十五周年文艺演出”》等36篇在《民建中央网站》登载。扬州民建网站点击量突破175万人次，日均点击量1000人次。《扬州民建》会刊改为季刊。组织电视剧《黄炎培》观后感征文活动，在《扬州民建》专刊上刊登26篇观后感。在民建江苏省委电视剧《黄炎培》观后感征文活动中，扬州市有4篇征文获优秀作品奖，市民建获优秀组织奖。举办庆祝中国民主建国会成立65周年文艺演出、书画展。2010年，市民建新闻宣传工作获民建江苏省委表彰。

组织建设。2010年，市民建发展新会员56人，平均年龄36.2岁，全部具有大专以上学历。举办科学发展观培训班，培训市委委员、专委会主任、支部主任和骨干会员。选派28名骨干会员分别参加民建江苏省委、江苏省社会主义学院和市委统战部举办的各类培训班学习。

社会服务。春节、中秋节、重阳节前，市民建安排专项资金慰问原工商业者、骨干会员和老年会员。开展联系新经济阶层会员工作，组织企业家会员听取专题讲座、参加“2010中国风险投资论坛”和“2010中国（陕西）非公有制经济发展论坛”等活动。

组织救灾援建和扶贫助学活动。市民建向西南干旱重灾区云南省大理市南涧县乐秋小学捐款1万余元。民建江都市支部向玉树地震灾区捐款近1万元，向江都市特殊教育学校赠送学习文具和生活用品。市民建全年扶贫助学捐款92万元。

实施“思源工程”，全年走访慰问81户计划生育困难家庭，发放慰问金4.1万元。

（张 进）

■民进 参政议政。2010年，中国民主促进会扬州市委员会（简称市民进）在市政协六届三次会议上提出提案49件，其中集体提案8件，内容涉及职业教育、食品安全、旅游资源、文化产业、居家养老等方面。关于职业教育的提案作大会发言，关于居家养老的提案作大会书面发言，关于食品安全的提案提交市政协主席会议专题协商，关于古运河旅游资源的提案在市政协常委会上发言。

市民进开展调查研究工作，《关于政府为我省中小企业技术创新做好服务工作的建议》等3篇调研材料被民进省委采用并作为省政协十届三次会议集体提案，其中《关于切实解决农村饮用水安全问题的建议》被省政协选作主席督办提案。《关于在规划和建设项目中应加强和突出社会影响评价内容的建议》获民进中央2010年度参政议政成果三等奖，并被全国政协采纳。组织市民进会员参加市政协论坛，有6篇文章在论坛上交流。在全市统一战线“我为扬州科学发展献一策”活动中，市民进提出的《文化遗产保护政府要充分发挥主体作用》被评为“金点子”二等奖。

市民进全年在民进中央、民进省委网站登载文章110余篇，在各级报刊刊登报道文章46篇。市民进获评民进江苏省委宣传工作先进集体。2010年，会员李锋和陆永进通过竞聘分别担任市监察局和市体育局副局长。

组织建设。市民进全年发展新会员16人，成立经济支部和广陵综合支部，在长江钢业重工有限公司设立广陵综合支部活动室。市民进维扬区支部、职业大学总支获评民进全国先进基层组织，市民进、仪征市民进获评民进江苏省先进地方组织，民进扬州市育才小学支部、市一中支部、法律支部、歌舞团支部获评民进江苏省先进基层组织；8名会员获评民进江苏省优秀会员。

社会服务。市民进开展“一个好人带动一群好人、一群好人营造满会春色”“爱心1+1”系列活动。4月3日，举行“爱心1+1”系列活动启动仪式，6家民进会员企业捐款6万元设立“民进扬州市委会爱心1+1基金”，专门用于资助贫困残疾儿童。资助贫困学生。向渡江路社区贫困学生捐赠读书卡，向特殊教育学校盲童捐赠60台收音机，到仪征后山区关心孤贫学童。举办文艺演出活动。到邗江区建华村、高邮市菱塘回族乡举办专场演出，为在扬州度中秋节的农民工举办慰问演出，参加扬州市为玉树赈灾义演。送医送药。民进会员、扬州百信缘大药房常务副总经理孙勇向特困家庭赠送价值10多万元的常用药品；民进会员、扬州东方医院董事长赵顺祥联合香港天邻基金会为19名孤儿免费实施唇腭裂修补手术，为千余名出租车司机和环卫工人进行免费体检。2010年，市民进获评扬州市"博爱募捐先进集体"。（余宏明）

■**农工党** 参政议政。2010年，中国农工民主党扬州市委员会(简称市农工党)提交议案、提案113件，其中集体提案11件。《培养城市精神，提升城市品质》、《加强优秀传统文化教育，提高青少年人文素质》等9篇论文被市政协"提升城市品质"主题论坛采用。《关于发展文化创意产业的建议》等6个调研课题被农工党江苏省委立项，并完成调研报告。5月8日，农工党界别市政协委员参加市政协"界别活动周"系列活动，到维扬区双桥街道和武塘社区调研社区卫生服务和全国文明城市创建工作。7月31日，农工党界别市政协委员到宝应县调研县市旅游经济发展情况。

组织建设。2010年，市农工党选送5名后备干部参加市委统战部组织的党外干部培训班。市农工党开展考评活动，表彰2010年度先进基层组织8个，2009～2010年度党务工作先进个人4人、社会服务工作先进个人6人、参政议政工作先进个人10人。市农工党所属江苏省五台山医院支部、江苏省苏北人民医院新区分院支部、扬州市疾控中心支部、仪征市总支完成换届，12月20日成立农工党广陵区支部。全年发展新党员42人，其中医卫界22人，平均年龄40.64岁。

信息宣传与理论研究。市农工党全年报送社情民意和统战信息108篇(条)。其中，《新闻媒体对医疗事故的报道要力求公正属实》被中央统战部《零讯》采用，《进一步推进基础设施建设》等9篇(条)被农工党中央采用。市农工党撰写的文章多次在各级报刊、网站上发表，其中《人民政协报》17篇、人民网7篇、《中国统一战线》2篇、中央统战部网站1篇、农工党中央网站3篇、《团结报》20篇、《前进论坛》1篇、《新华日报》1篇、省委统战部网站1篇、《挚友》2篇、《江苏社会主义学院学报》1篇。市农工党全年向农工党省委报送统战理论研究论文7篇。2010年，市农工党获评农工党省委统战宣传工作一等奖、社情民意信息工作二等奖。

社会服务。2010年，市农工党组织开展9次"健康服务行"活动，宣传结核病防治知识，开展义诊活动。组织党员向青海玉树地震灾区捐款4.87万元。（尹大新）

■**致公党** 参政议政。2010年，中国致公党扬州市委员会（简称市致公党）完成调研报告18篇，其中《内陆欠发达乡村发展模式》被致公党中央采用，《我省农业技术服务体系现状调研》等5篇被致公党江苏省委采用，《长远规划 合理布局 稳步推进我市农民集中居住区建设》被列为2011年度市政协大会发言材料。市致公党多次参加中共扬州市委、市政府情况通报会、协商会、座谈会，担任各级人大代表、政协委员的致公党成员提出议案、提案、建议30余件，内容涉及"三农"(农业、农村、农民)、旅游、交通、医疗等方面，为推进扬州市经济社会发展及"三个扬州"(创新扬州、精神扬州、幸福扬州)建设建言献策。全年通过致公党江苏省委、市政协、市委统战部反映社情民意20条。

组织建设。市致公党发展成员10人，平均年龄34.4岁。截至2010年底，市致公党成员总数156人，平均年龄54岁。市致公党3名成员参加扬州大学处级领导干部公开选拔，分别当选物理学院院长、园艺与植物保护学院副院长和医学院副院长。启动"市委委员联系基层支部制度"，市致公党市委委员每人联系一个基层支部，参加活动，听取对市委的建议和意见，督促支部完成市致公党布置的中心工作和支部考核工作。建立"支部负责同志述职制度"，支部主要负责人年初向市委报告当年支部工作计划，每季末向支部成员通报下一季度支部活动内容，年底向支部成员通报支部经费使用情况、向全体党员做支部工作总结。

宣传工作。市致公党全年组织撰写宣传报道稿件52篇，被各级媒体采用58篇次，其中《人民政协报》7篇、《团结报》5篇、《中国致公》4篇、《江苏致公》8篇；被中央统战部网站及中国致公党网站采用19篇。编辑出版《扬州致公》2期。市致公党获致公党江苏省委宣传工作三等奖。

社会服务。2010年，市致公党就引进海外高层次人才开展调研，提出建议，推动扬州市引才政策的完善。配合致公党江苏省委实施"引凤工程"，引荐海归人才丁辉文在扬州经济技术开发区创办易狄欧电子科技有限公司，打造扬州电子书生产基地。"烟花三月"国际经贸旅游节期间，市致公党配合维扬区委、区政府邀请海外客商50多人，提供合作项目信息10多个，促成香港世朗有限公司与维扬区物流园区签订总投资3600万美元的热敏纸项目协议。

2010年，市致公党帮助高邮市菱塘回族乡成为全省首批"致福工程"试点乡镇，并获省政府农民上网培训扶持资金每年2.5万元。担任省人大代表的市致公党成员为高邮市郭集村交通基础设施建设争取到30万元专项经费。（孙宇河）

■**九三学社** 参政议政。2010年，九三学社扬州市委员会(简称市九三学社）负责人22人次参加市委、市政府、市政协召开的通报会、协商会，献计献策，发挥参政议政作用。市九三学社在市政协六届三次会议上提出集体提案6件，其中《关于启动我市农村消费市场的建议》被评为重点提案；在九三学社省委举办的"科技创新与促进江苏经济发展方式转型升级"论坛上，4篇论文入选；在市政协论坛上，5篇论文被收入《扬州政协论坛》，其中1篇在论坛上作主题发言。

5月，九三学社界别政协委员到树人苑社区开展“市政协界别活动周”活动，与石塔、皇宫、通泗、树人苑等居委会主任座谈，整理、上报居委会主任反映的情况。

开展调研活动。调研报告《关于宁镇扬一体化的七条建议》获市委书记王燕文两次批示。

市九三学社全年在《人民政协报》上发表文章9篇，在《扬州晚报》上发表文章1篇，在江苏省委统战部网站上发表文章1篇，在《扬州政协》上发表文章7篇；向社省委和市委统战部报送信息28条，其中8条被社省委采用、6条被市委统战部采用。

组织建设。市九三学社全年发展新社员15人。其中，高级职称社员7人、中级职称社员6人，扬州市人大代表1人、扬州市政协常委1人、区人大代表1人、区政协委员3人。

2010年，王惠侬、毛羽扬、包元海等3名社员受到九三学社中央表彰。市九三学社机关支社、扬州职大支社、扬大基层委员会、江都市基层委员会获评九三学社省委先进集体，7名社员获评先进个人，2名社员获评有突出贡献的女社员。

社会服务。市九三学社实施2010年度“百名专家进乡村行动”。设在邗江区泰安镇的九三专家工作站服务对象从2个奶牛场300多头牛扩大到全镇范围内5个奶牛场近1000头牛。全年派出专家18批80多人次到泰安镇，提供养牛技术指导服务，免费为奶牛体检治病，赠送消毒药品。

7月20日，市九三学社江都市基层委员会在江都市小纪镇东舍村挂牌成立第二个九三专家工作站，10余名水产、畜牧、蚕桑、花木专家现场为村民提供技术指导，传授农科知识，并将价值8000多元的水质改良剂和虾苗免费发放给养殖户。11月，江都市基层委员会医疗卫生专家为小纪镇东舍村农民义诊，接诊200多人次，发放健康宣传资料近百份。

社务活动。2月，市九三学社参政议政委员会召开参政议政研讨会，协商2010年参政议政工作；4月，开展学习社会主义核心价值体系征文活动，收到征文6篇，在《扬州社讯》上发表，其中有社员创作的歌曲《祝福祖国永远蓬勃》；10月，组织社员座谈交流学习中共十七届五中全会文件、科学发展观重要论述和“六个为什么”的体会；11月，在第22届国际科学与和平周活动中，市九三学社举办《绿色低碳——可持续发展之路》讲座。（刘　文）

工商联　服务经济。2010年，扬州市工商业联合会（简称市工商联）发挥专家团作用，为民营企业转型发展提供服务。与市委统战部联合在邗江区举办民企创新暨大学生村官创业座谈会；邀请市科技局走访民营科技企业，指导企业科技创新；组织专家到仪征市月塘乡提供企业技术咨询，帮助仪征市月塘乡和江都市丁伙镇民营企业建立合作关系；联合市交通银行帮助高邮市菱塘乡16家民营企业解决融资困难，全年累计融资1.6亿元。

市工商联全年组织会员企业外出参加经贸活动7次。4月8～12日，组织10家民营企业参加第14届中国东西部合作与投资贸易洽谈会，签订合作项目7个。其中，投资类项目2个，投资总额2700万元；贸易类项目5个，成交金额2130万元。4月下旬，组织民营企业参加南京第七届城市友好商会会长会议暨中国民营企业家峰会。8月，组织会员企业参加“长三角十五城市民营经济和商会工作合作与交流机制”会议。9月，组织民营企业参加在无锡举办的“走出去”培训班，并将培训光盘赠送给相关行业商会和会员企业。11月，组织3家会员企业参加武汉东湖行活动，组织5家会员企业到连云港参加苏北投资贸易洽谈会。

市工商联全年完成13项经济调研工作，形成《2009年度民营经济发展报告》、《扬州民营经济转型发展情况调研报告》、《加快我市民营经济发展调研报告》等调研文章。

帮助西贝电子公司等11家民营企业获批成为省创新型企业；会员企业扬州东方吊架公司获全国工商联科技进步奖二等奖。

参政议政。2010年，市工商联组织召开民营企业家座谈会，推进民营企业与党委、政府间的互动交流。召开2010年工商界新春联谊会，市领导、市相关部门主要负责人和100多名民营企业家代表欢聚一堂，共谋发展。

在市政协六届三次会议上，市工商联作《发挥行业商会作用 促进创新型经济发展》的大会发言，工商联界别政协委员提交提案16件。5月，组织工商联界别政协委员参加市政协“界别活动周”活动。6月22日，与市委统战部联合召开非公经济代表人士座谈会，学习贯彻《国务院关于鼓励和引导民间投资健康发展的若干意见》（简称新36条）。9月21日，参加扬州政协论坛，4篇文章入选《扬州政协论坛》。

组织建设。1月30日，市工商联召开六届五次常委会和四次执委会，增补总商会副会长2人，工商联常委5人、执委5人、替补常委1人。4月7日，市工商联召开六届六次常委会，增补工商联副主席1人、总商会副会长1人。

全年新增市休闲服务业商会、市策划业协会、市文昌商圈商会、市企业咨询服务业商会等4个直属商会，归口管理市兴化商会。截至2010年底，全市有行业（异地）商会64个、基层商会86个，会员1.2万个（人），其中企业会员7088个。

市工商联指导全市2539个非公有制经济组织党组织、2.55万名党员参加创先争优活动。

交流联络。4月，市工商联与大庆市工商联（总商会）缔结为友好商会；5月，接待到扬州访问的比利时王国安特劳国际律师事务所代表团，组织金飞驰公司、日利达公司、江都商会、温州商会、钢铁贸易商会等与代表团交流；5月，接待常州市企业家代表团，陪同代表团考察扬州投资环境，参加邗江区、广陵区项目推介会；7月，组织10名民营企业家访问埃及、以色列；9月，接待埃及商会代表团和德国IMG公司代表团；10月，组织6名企业家到台湾考察交流。

宣传培训。全年编发《工商联简讯》5期,《扬州时报》刊出商会宣传专版6期。上报省工商联网站信息123条,被采用86条。5篇文章被《人民政协报》、《中华工商时报》等国家、省级媒体采用。

2010年,市工商联举办“中国经济热点话题经济名家系列大讲堂之郎咸平论道”讲座;与市委组织部、市国资委、浙江大学联合举办企业家培训班7期,培训民营企业家1600人次。

光彩事业。2010年春节前,市工商联组织开展向困难群体送温暖系列活动。慰问市区原工商业者75人,发放政府慰问金3.9万元;慰问担任过市工商联常执委的原工商业者11人;帮助2户原工商业者家庭获得民政临时困难救助近6000元。

组织市工商联机关工作人员向玉树地震灾区捐款3700元;组织市工商联钢铁贸易行业商会20家会员企业向灾区捐款14.52万元。福建商会、温州商会分别捐款23.88万元和20万元用于光彩事业和社会公益事业。 (管 娟)

人民团体

扬州市总工会

■ **工会组织建设** 2010年,市总工会开展“广普查、深组建、全覆盖”集中行动和外商投资企业专项行动,开展“外商投资企业工会组建年”活动,全市新组建基层工会1491家,其中外商投资企业工会102家,新发展会员4.7万人。截至2010年底,全市有职工105.98万人、基层工会2.43万家、工会会员99.45万人;有农民工45.07万人,其中入会农民工40.94万人。全市10个“省工会工作模范乡镇(街道)”和32个“省模范职工之家”、48个“省模范职工小家”通过省总工会考核验收。开展创建星级基层工会活动,144家基层工会直选产生主席。省、市总工会和仪征市委分别作出向优秀工会干部陈小星学习的决定。陈小星被中央文明办评为“中国好人”。

(马 庆 陈维权 孙一平)

■ **职工竞赛** 全市86%以上企事业单位开展“创优质量、创高效益、创新技术、创低能耗”劳动竞赛和现代服务业创优竞赛活动。各级工会组织职工参加节能减排达标竞赛、“六小”(小革新、小改进、小建议、小节约、小核算、小经验)岗位创新竞赛和百佳优秀合理化建议等活动。全市职工提出各类合理化建议6.51万条,完成科技创新成果5543项,开展科技攻关2023项。江苏油田高级技师田明“试油测试工艺配套工具的研制与应用”获评“江苏省十大科技创新成果”,江苏华电扬州发电公司“高桂锋煤样制备法”、扬州邮政局“吕茜‘一、二、三’窗口服务工作法”、扬州电信公司“赵强ITV安装六步操作法”获评“江苏省职工十大先进操作法”。4月28日~5月10日,市总工会在文昌广场举办全市职工经济技术创新展,展出展牌250多平方米,近2万人参观展览。

市总工会举办全市职工经济技术创新展

总工会/供稿

在全市石油化工、汽车船舶、机械装备、“三新”产业等重点行业举办化学检验工、船舶焊接工、叉车司机、电缆检验工等工种245场技能竞赛,首次举办工艺美术创新设计大赛。全市36.01万人次参加技能培训,15.63万人次参加技术比武,6.83万人次参加技能竞赛,5912名职工晋升职业资格等级,其中60名职工通过市级职业技能竞赛晋升为技师。

(马 庆 陈维权 孙一平)

■ **班组建设** 2010年,各基层工会以创建“工人先锋号”为载体,开展“班组建设推进年”活动。评选表彰省工人先锋号19个、市工人先锋号60个。至2010年底,全市有1941个企业先进班组,763个班组达到市级工人先锋号标准;有扬州市工人先锋号170个、江苏省工人先锋号57个、全国工人先锋号7个。

(马 庆 陈维权 孙一平)

■ **维护职工权益** 召开全市企务公开民主管理、工资集体协商工作研讨会,出台《关于加强职工代表大会制度规范化建设的意见》。全市建立职代会制度、实行企务公开单位占单位总数的95%。全市有18家单位获评省厂务公开民主管理先进单位,市总工会获评省推动厂务公开民主管理工作先进单位,江苏扬州汽车运输集团获评全国厂务公开民主管理先进单位。全市生产经营正常的建会企业工资协商面和集体合同签订率95%,女职工特殊保护专项集体合同签订率93%,江都市小纪镇等区域性、行业性工资协商典型案例被编入《协商工资在江苏》。在全市生产型规模企业中开展“安康杯”安全生产竞赛;劳动安全卫生专项集体合同纳入全市职业病防治工作重点考核内容,合同签订率80%;“1+3”(事故隐患和职业危害监控法加动态管理、持续改进、系统评价机制)安全监控体系纳入市政府考核目标;全市70%工会创建成劳动保护合格工会,10%工会创建成市级劳动保护示范工会。在全市开展“送法到工地、到企业、到基层”法律宣讲、咨询活动536场,“‘12351’工会维护保障职工权益行动周”活动受理职工各类咨询、求助722件、893人次。建立工会系统紧急信息报送绿色通道,及时调解劳动关系矛盾纠纷和群体性事件，全市有1.15万家企业建立企业劳动争议调解委员会、实行劳动调解制度，占企业总数的95%。扬州市总工会获评全国“五五”普法工作先进单位。

（马　庆　陈维权　孙一平）

■创建和谐劳动关系企业　召开2010年度市政府与市总工会联席会议，协商创建和谐劳动关系企业、建立职工收入增长机制等议题。飞利浦照明工业（中国）有限公司等142家企业获评“2010年度扬州市和谐劳动关系三星级企业”。在非公企业评选、表彰十佳“关爱职工的好经营者”和十佳“爱岗敬业的好职工”。会同市人力资源和社会保障局对市区200家企业、2000名职工和200名工会主席进行企业职工工资收入状况抽样调查，形成调查报告。

（马　庆　陈维权　孙一平）

■劳模工作　2010年，经推荐评选，时庆梅等8人获评全国劳动模范，蒋跃芳等13人获省五一劳动奖章、6家单位获省五一劳动奖状，蒋明兰等79人获市五一劳动奖章、29家单位获市五一劳动奖状。全市建立劳模创新工作室86个，命名劳模创新工作室示范基地11个；举办劳模大讲堂16场。投入近20万元为500多名劳模进行健康体检，建立劳模健康档案；组织200多名劳模参观世博会，组织300多名劳模到北京、四川、广东等地学习考察；全市发放劳模慰问金、特殊困难补助金、低收入劳模补助金等180万元，慰问、补助劳模2300多人次。

（马　庆　陈维权　孙一平）

■建设工会大学校　市总工会开展“我是时代主力军　文明新风我先行”主题活动，开展职工志愿者队伍进社区、进广场、进路段、进站台服务2000多人次。会同市委宣传部、市文明办评选表彰十佳“文明标兵职工”。举办第二届职工读书节，推荐50本好书，开展职工读书征文、纳凉书市等活动，全市建成全国职工书屋示范点10个、省级职工书屋示范点17个、市级职工书屋示范点38个。工会数码电影放映队全年为职工播放电影103场，观众超过12万人次。职工大舞台举办纪念“三八”国际妇女节100周年、支持玉树地震灾区、红歌演唱会、慰问农民工专场演出等活动。完成扬州市承办的江苏省第十七届运动会职工部大众体育比赛各项赛事。组织开展“百名专家企业行”活动，利用百名专家智囊团的优势资源，开展“菜单式”培训。富士康跳楼事件发生后，市总工会在园区企业、非公企业为职工免费举办心理疏导、心理知识讲座和各类技能培训90多场，培训职工2.1万人次。举办女性健康流动课堂55场、健康讲座34场，培训女职工4700多人次。全市工会举办各类培训156期，培训工会干部1.5万人次。

（马　庆　陈维权　孙一平）

4月29日，扬州市召开庆祝五一国际劳动节暨劳动模范、先进工作者表彰大会　总工会／供稿

■帮扶困难职工　市总工会设立“市直困难职工帮扶慈善基金”，有69家企事业单位向基金捐款56.9万元。2010年元旦、春节开展“心系职工情，温暖进万家”送温暖活动，全市各级工会筹集712.56万元，加上政府行政拨款814万元和社会捐款217.26万元，慰问困难企业565家、困难职工（含农民工）2.22万户，发放款物1693.45万元。通过送温暖系列活动，分两批向市直326户特困职工发放春节慰问款和水电粮油补贴56.34万元；向市直87家困难企业300名困难职工发放一次性春节补助9万元；向80名困难工会主席发放补助4万元；市总工会领导与春节期间坚守岗位的42名农民工代表联欢，同吃年夜饭。爱心超市全年为1558人次特困职工家庭成员服务，营业额20.6万元。市、县两级全年认定建档特困职工970户。2010年，市总工会在职职工住院医疗互助会互助范围从市直职工扩大到区属在职职工，新发展团体会员单位15家，新增会员5318人，会员累计3.2万人；全年向1230人次发放互助会补助款137.94万元。全市各级工会投入112.7万元，加上各级党委、政府和社会各界捐助582.72万元，开展“金秋助学”活动，资助困难职工和农民工子女9542人。向市总工会“五一托阳学校”捐赠10台新电脑，改善办学条件，发放困难师生生活补助款3.6万元。市总工会困难职工帮扶中心开展免费就业培训和职业介绍工作，全年培训下岗失业人员、农民工729人次，介绍就业1506人次。市、县两级218家工会会员服务窗口单位及500余家连锁店全年优惠让利工会会员3万多人次，优惠金额112.4万余元。

（马　庆　陈维权　孙一平）

■工运研究与信息工作　召开市工运研究会第五次会员代表大会，表彰市工运研究先进集体6个、先进个人23人;评选出工运论文优秀成果一等奖8篇、二等奖12篇、三等奖15篇。《扬州工运》全年出刊6期,总发行107期。全年编发《扬州工会工作动态》50期,采用各级工会信息578条(篇)。市总工会上报工会信息375条(篇)。(马 庆 陈维权 孙一平)

共青团扬州市委员会

■概述 2010年,共青团扬州市委员会(简称团市委)发挥共青团“组织、引导、服务、维权”四大职能作用,深化“双基”工作(基层团组织建设与团基层工作),引领青年创新创业,弘扬志愿服务精神,各项工作总体呈现良好态势。

至2010年底,全市有各级共青团组织6057个,其中基层团委365个、团总支255个、团支部5412个、基层团工委25个,有团员241112人。全年新发展团员19934人,流入团员4384人,流出团员4780人;1854名团员加入中国共产党,24318名团员申请入党。(马 俊)

■“双基”工作 基层基础建设。团市委开展争创“五四红旗团委(团支部)”、争当“优秀共青团员团干部”主题实践活动,推进创先争优工作;下发《扬州市基层团建示范点创建标准》,确立64个“基层团建示范点”;确定145个团组织为市级实施单位,优选其中30个团组织作为省级实施单位。全市各级团组织、青年联合会、青年创业促进会与实施单位结对开展基层团建示范点创建工作,共结对子96对,确定工作项目200个。团市委指导各县(市、区)团委创新团建组织模式。共青团广陵区委利用商圈党建联席会的资源优势,探索商圈团建新模式;共青团维扬区委构建“一体双带(以党群一体化模式为抓手,实现对‘非公企业’团员青年的广泛覆盖,以‘带青年志愿者、带大学生村官’为突破,夯实党执政的青年基础)”的基层工作新格局;共青团邗江区委、共青团开发区区委以传统和新兴的产业链为重点,开展非公企业团建“百日会战”(用四五个月时间集中推进非公组织的团组织建设),扩大团建覆盖率。广陵区曲江街道和江都市仙女镇团组织公开选聘、择优录用编制外副书记。

团干部队伍建设。实施“一村官一团建”项目,全市各级村官团干部确定基层团建项目455个。发挥大学生村官联谊会和各地分会的作用,关心、培养大学生村官。宝应县启动全县各镇大学生村官团支部书记“公开竞选”工作;江都市组织大学生村官集体婚礼;仪征市下发《关于进一步加强大学生村官培养管理的意见》;广陵区组织大学生村官与社区主任结对拜师活动;邗江区组织大学生村官参加“周末课堂”学习,举办“大学生村官风采”汇报演出。加强团干部能力作风建设,团市委采用“个人自学、集中领学、交流互学、参观导学、调研提炼、培训修炼、实践锻炼”方式,提高学习效果,提升团干部素质。(马 俊)

■青年就业创业 金融扶持。2010年,团市委协调市财政局、市政府金融工作办公室、人民银行扬州市中心支行、市人力资源和社会保障局制定小额担保贷款财政贴息和担保基金扶持政策。市级财政每年安排担保基金100万元,各县(市)安排相应配套资金,扶持青年创业。团市委与人民银行扬州中心支行联合在仪征市开展“农村青年信用示范户创建及融资扶持”试点,开展征信体系建设、信用知识、信贷政策、金融工具等内容的宣传和培训;完成农村青年信用档案信息征集和前期电子录入,强化信用示范户评价成果的应用,推动涉农金融机构出台对应的优惠信贷政策。团市委联合人民银行扬州市中心支行、市银监分局普及金融知识,开展“金融知识进乡村春天行动”和“送金融知识下乡”活动。建立“金融知识进乡村”央行志愿者讲师团、金融青年志愿者讲师团、金融知识文艺宣传队,开设大学生村官金融知识讲堂、金融知识宣传“流动课堂”和“网络课堂”;开展金融需求专项调查和专场咨询,创业、经营资金需求对接,农户小额贷款集中授信,农村金融服务网络宣传,定向扶持等服务。全年开展金融知识专题培训7场,培训农村青年800余人;讲师团宣讲金融知识4场;7支宣传队到农村宣传金融知识20场。

创业辅助服务。分类实施技能培训。全年完成青年农民工“订单式”技能培训800人次,其中农村“两后生”(没有继续深造的初、高中毕业生)劳动预备制培训400人次;完成青年农民工在岗技能提升培训800人次;完成青年农民创业培训400人次。开展SYB(创办你的企业)青年创业培训,在扬州大学广陵学院举办培训班20期,培训学员1000余人。建设见习基地。团市委与市人才市场合作,建立50个扬州市高校毕业生就业见习基地,提供见习岗位500个。同时,团市委落实就业创业扶助措施,向列入计划的见习人员每人每月发放500元生活补贴,为他们购买人身意外伤害保险和城镇居民医疗保险。选树创业榜样。开展第四届“扬州市十佳青年创业先锋”评选和国家、省、市农村青年致富带头人评选推荐工作,为青年创业树立榜样。

完善服务机构。发挥市青年创业促进会(简称市青创会)作用,健全副会长轮值制度,加强会员管理,规范入会程序,扩大入会领域,搭建交流平台。2010年,市青创会组织会员企业家到菱塘回族乡考察电缆行业发展情况,到仪征市西郊花园开展商务交流,到高邮市八桥镇举办招商推介活动。(马 俊)

■青少年教育 团市委开展不同青少年群体的思想教育工作,在团中央划定的四类分类引导人群(大学生、企业青年、进城务工青年、农村青年)基础上,增加青年企业家和弱势青少年两类群体,针对不同群体思想状况,策划与之相适应、满足其诉求的引导路径。召开企业青年分类引导试点工作座谈会;提高青年企业家的自主创新能力和社会责任意识,组织相关志愿活动和主题论坛;加强大学生就业创业意识教育,实施“大学生就业创业助推计划”;以服务促引导,以关爱促教育,深化“做一个有道德的人”主题活动。

以先进典型教育青年。开展“青年创业先锋”、新长征突击手、优秀团干部和优秀团员、扬州市优秀(十佳)少先队员、扬州市优秀(十佳)辅导员等评选工作，宣传“扬州好人”张德兵和大学生村官典型、第14届中国青年五四奖章获得者黄俊的先进事迹，让青年学有榜样。

全市各级少先队组织开展中小学分层教育体系建设，由初中局部探索向小学、高中拓展、延伸，实现中小学十二年全过程、全方位的团队分层教育，54所试点中小学取得初步成效。2010年，团市委在全市开展争当“四好少年”(热爱祖国、理想远大的好少年，勤奋学习、追求上进的好少年，品德优良、团结友爱的好少年，体魄强健、活泼开朗的好少年)活动，各少先队大、中、小队争创“四好少年”集体，少先队员争当“四好少年”。活动中，产生一批理论成果，《四好少年培育路径和载体的研究》被全国少工委确定为全国少先队工作研究重点课题，《“四好少年”教育指导》在第六次全国少代会上受到领导和专家的肯定。2010年，市少工委完成第二轮辅导员专业职级评定工作。全市学校大队辅导员和县(市、区)、乡镇总辅导员由团委、教育部门联合聘任。

(马　俊)

■**服务文明创建**　组织实施“文明城市创建我知晓”、“文明城市创建我行动”等宣传教育活动，开展“我为文明创建献一策”青少年网上大讨论和“我眼中的文明”全市青少年摄影大赛。开展青年志愿服务活动。2010年，组建教育志愿者总队，扩大志愿服务队伍。结合文明城市创建，集中开展志愿服务进社区活动。3月，开展“学雷锋志愿者服务月”活动，动员全市近万名青年志愿者服务社会、服务社区、服务人民。5月3日，开展“播撒文明火种、唱响青春之歌——青年志愿者进社区统一行动日”活动，参加者近千人。实施“关爱空巢老人，关爱农民工子女”青年志愿者专项行动，全市各级团组织和团员青年组织志愿者与空巢老人、农民工子女集体结对31对、个人结对204对，向关爱对象发送慰问款物75万元。

(马　俊)

■**青少年维权**　下发《2010年全市预防青少年违法犯罪工作要点》，部署全市预防青少年违法犯罪工作。下发《关于组织动员团员青年参与维护校园安全工作的通知》，号召全市各级团组织将维护校园安全作为维护青少年合法权益的重要工作纳入年度计划，组织动员团员青年参与维护校园安全工作。调整市社会治安综合治理委员会预防青少年违法犯罪工作领导小组成员，召开领导小组联席会和全市共青团权益工作会议。

(马　俊)

■**希望工程**　通过基金捐赠、“1+1”结对(捐赠者与资助对象结对)资助等形式，组织开展“爱在扬州”希望工程助学活动。全年募集各类捐款101.05万元(累计768.94万元)，捐建“希望图书角”20个，发放希望工程助学款、奖学金116.56万元，资助贫困大中小学生1540人。4月，组织扬州市2010年“希望工程贡献奖”和“扬农集团希望之星”推荐、评选工作。宝应县地方税务局等9个单位(个人)获“希望工程贡献奖”，李文君等10人获“扬农集团希望之星”称号，朱颖等10人获“扬农集团希望之星提名奖”。

(马　俊)

扬州市妇女联合会

■**概述**　扬州市妇女联合会(简称市妇联)落实省、市政府“十一五”妇女儿童发展规划，推进落实妇科病检查、妇女儿童活动中心建设、扶持女大学生就业创业、推进农村妇女参与基层民主管理、建立受害妇女庇护场所、加强农村学前儿童教育、改善农村留守少年儿童食宿条件和残疾儿童康复等八件实事项目。开展“巾帼科技创新联盟行动”、“巾帼牵手就业援助行动”、“家庭服务创牌行动”，促进妇女就业、创业。贯彻落实妇女权益保障法，开展“平安家庭”创建活动，化解家庭矛盾，防止家庭暴力，维护妇女儿童权益。开展多种形式的主题实践活动，引领妇女参与文明城市创建。

加强妇女干部队伍建设，联合市委组织部举办第三期中青年女干部培训班，组建扬州市妇女干部教育培训师资库，通过培训、论坛、外出学习考察等形式，提升妇女干部素养和科学发展能力。加强基层组织建设，新建立市级机关妇女工作委员会、市中级人民法院妇女代表委员会和市新城西区妇女工作委员会等3个基层妇女组织，推进新经济组织建立妇女组织，成立外资企业妇女联谊会。培植省级“妇女儿童之家”示范点20个，新增市级基层组织建设示范乡镇(街道)8个、示范村(社区)24个。

推进女性进村“两委”工作。扬州市将女性进村党支部委员会和村民委员会工作要求纳入换届文件。全市妇联系统完成专题培训64次，培训5978人，基本实现2010年换届工作中女性进村“两委”的目标。

(朱春芳)

■**促进妇女就业创业**　2010年，市妇联开展“巾帼科技创新联盟行动”。引导女企业家科技创新、助推妇女就业创业。以科技创新为目标，为创业成果初具规模的女企业家搭建产学研对接平台。建立女性科技人才库、科技政策库、科研项目库，组织专家与女企业家“面对面”，发布科研成果信息，为妇女创业、调整产业结构搭建平台。组织女企业家到上海、义乌等地学习考察，拓宽视野，推进扬州女企业家融入长三角都市圈。全市组织女科技人员服务企业23次，提供科研成果65项，建立研发基地15个，举办女职工培训39场次；举办女大学生、女大学生村官SYB创业培训6场次，培训324人。召开城乡妇女统筹发展工作会议，推广妇女在发展高效农业、创办经济合作组织方面的经验和做法。争取省、市资金40万元，对22个基地进行以奖代补。促进科技人员与乡村女能手结对共建，全市组织女科技人员服务乡村82次，开办实用技术培训班71期，为农村妇女举办咨询活动88场。培树37名巾帼科技创新典型，表彰“十佳巾帼科

12 月 2 日，扬州市妇联绿杨好阿姨家政服务中心开业 妇联／供稿

技创新之星”。

开展“巾帼牵手就业援助行动”。关注女经纪人群体，成立扬州市农产品经纪人协会女经纪人分会，通过技能培训、信息发布等方式，提高农产品女经纪人搞活农村市场、带领农民姐妹增收致富的能力和水平。举办女性专场招聘会和技能培训班，为下岗失业妇女、转移就业妇女和农村留守妇女送政策、送项目、送信息、送岗位。启动妇女小额担保贷款工作，筹集 100 万元建立扬州市妇女创业贷款担保基金，建立联席会议制度、小额担保贷款信息月报制度、现场办公制度、实地调查制度，推进工作开展。全年向创业妇女发放小额担保贷款 2363.5 万元。市翔宇妇女儿童基金会为创业女性、女大学生村官等提供创业帮扶资金 101 万元。

开展“家庭服务创牌行动”。组建江苏省定点家政服务培训机构——扬州市“绿杨好阿姨”家政服务实训中心，提供培训、职介一条龙服务，打造“绿杨好阿姨”家政服务品牌。全市举办家政服务员培训班 20 期，培训 670 人。 （朱春芳）

■**妇女参与文明创建** 成立扬州市巾帼志愿者协会，建立“爱心妈妈”、“巾帼维权”两支志愿者队伍，以“争做幸福特色家庭，共创全国文明城市”为主题，深化“五好文明家庭”创建，开展学习型家庭、低碳型家庭、美德型农家、廉洁型家庭等“十型”幸福特色家庭创建活动。启动“创文明城市，展巾帼风采”、“机关结对社区，干部联系市民”、文明使者社区行、“低碳家庭，时尚生活”、“倡导绿色理念、共建绿色家庭”等主题实践活动，在家庭、社区、各级巾帼文明岗中宣传文明礼仪知识。评选、表彰“十型百佳”特色家庭、160 户市级绿色家庭。2010 年，扬州市被全国妇联等六部委命名为全国创建学习型家庭示范城市（城区），3 户家庭分别被评为“全国五好文明家庭标兵”、“全国五好文明家庭”。 （朱春芳）

■**维护妇女儿童权益** 开展“法律平安知识进家庭”活动。联合扬州电视台举办《以案说法》栏目进社区活动，普及法律知识；举办维权沙龙以及妇女维权系列节目，推动保障妇女权益法律法规宣传进社区、进家庭。开展“技防进我家，平安你我他”主题活动。表彰创建活动先进集体 50 个、“平安家庭”创建先进个人 20 人；组织家庭与村签订“创平安和谐家庭约法三章”，签订率 85%；评选“平安家庭示范户”100 户。市妇联获评 2006～2010 年全省社会治安综合治理先进集体。市妇联联合市公安局设立 5 个家庭暴力投诉中心、120 个家庭暴力投诉站；联合市司法局开设经济困难妇女法律援助绿色通道；联合市民政局完善家庭暴力庇护中心建设，健全庇护设施。全市 7 个县（市、区）和扬州经济技术开发区全部建有家庭暴力庇护中心，部分乡镇、村建立家庭暴力庇护场所。依托乡镇（街道）大调解中心、社区（村）开展基层妇女维权站（点）建设，把维权服务送到妇女身边。开展“矛盾纠纷调解进家庭”活动。招募巾帼维权志愿者队伍 189 支。举办维权骨干培训班，开展专题辅导，组织志愿者协调解决个案、旁听庭审，提升志愿者队伍维权实战能力。完善值班律师制度，为信访妇女提供法律咨询。2010 年，全市妇联接待来信来访 743 件，件件有落实。

（朱春芳）

■**关爱妇女儿童** 8 月，扬州市开展“献爱心、助春蕾行动月”活动，全市妇联系统共募集“春蕾资金”130 多万元，新增 6 个“春蕾班”；向省儿童少年福利基金会争取 7 万元帮扶金，资助 70 名贫困孤儿每人 1000 元助学金。举办“春蕾计划”新闻发布会，表彰一批“爱心妈妈”，扩大“春蕾计划”社会影响。整合社会资源，组织开展新一轮“恒爱行动”、“我的第一个书包”和“福禄满堂聚爱心、万名客户助春蕾”活动，为贫困孤残儿童送去温暖和关爱。开展“访贫问苦、进村入户”活动，全市各级妇联干部走访慰问妇女先进典型和贫困妇女 120 多户，发放慰问金 6 万余元。三八妇女节期间，组成爱心帮教团到南京女子监狱、扬州市收容教育所开展“送技能、唤回归”爱心帮教活动。依托翔宇妇女儿童基金会，援助遭遇灾难病患的妇女儿童。建立“好韵通”爱心基金。关爱儿童健康成长，开展家教知识“进社区、进乡村、进机关、进学校、进企业”活动，发挥市网上家长学校作用，开展家庭教育研究，组织家教知识辩论赛等活动，传播科学家教理念。全市建立 24 个“儿童快乐家园”，完善“妇工＋义工＋社工”运作模式，面向城乡困难儿童，特别是留守、流动儿童及其家长，开展心理、学习、生活等方面的服务与指导。 （朱春芳）

■**推进省、市“十一五”规划落实** 6 月 9 日，召开全市妇女儿童工作会议，实行八件实事月报制，推进扬州市妇女儿童“十一五”发展规划的落实。市妇联组织两个督查组到各县（市、区）督查、调研实事项目和“两规”（省、市政府“十一五”妇女儿童发展规划）重点指标完成情况及“十二五”规划编制进展情况。评选、表彰“十一五”期间为妇女儿童办实事、解难事工作实案。扬州市贯彻落实《妇女权益保障法》、《江苏省实施〈妇女权益保障法〉办法》工作通过省人大执法检查，扬州妇女儿童八件实事项目及妇女儿童"两规"贯彻落实工作通过省政府妇儿工委督查。

（朱春芳）

■ **助推女大学生村官成长** 市妇联完善女大学生村官人才库，建立"女大学生村官联谊会"和"牵手连心"两个在线QQ群，组织开展"结对牵手、交友连心"和"百名知识女性牵手关爱女大学生村官"主题活动，建立"1＋X"结对帮带模式，保证每个女大学生村官与两三名优秀女性结对交友。把女大学生村官纳入全市女性人才培训总体计划，组织新农村建设、法律政策、实用技术、创业技能和社会工作知识等方面的专题培训，提高女大学生村官综合素质。为女大学生村官搭建实践锻炼平台，组织1700多人次参加妇联组织相关活动。注重从女大学生村官中培养、选拔基层女干部，18人通过竞聘担任乡镇(街道)妇联副主席，4人担任县级妇联执行委员会常委，220人担任基层妇女儿童工作信息员。推荐女大学生村官进村"两委"，至2010年底，478名女大学生村官进入村"两委"领导班子，其中21人担任正职领导。关心女大学生村官生活，市妇联举办"春天有约·缘来是你"、"动感夏日·相约你我"等联谊交友活动，牵头举办"情系村官·缘定扬州"全国首场大学生村官集体婚礼。扬州市女大学生村官工作获评2010年度全省妇联系统创新工作特等奖。（朱春芳）

扬州市科学技术协会

■ **概述** 2010年，扬州市科学技术协会(简称市科协)实施《全民科学素质行动计划纲要》，开展科普宣传活动，提升全民科学素养。

第三次承办"院士专家扬州行"活动，签订合作协议9项。加快企业院士工作站建设，建立11家市级企业院士工作站。实施"百名科技专家兴农富民工程"、"科普惠农兴村计划"，开展各类科技咨询和学术活动。

组织开展2007～2009年度扬州市企业科技人员"讲创新、比贡献"竞赛活动，市政府表彰10个先进集体、27名先进个人。江苏金方圆数控机床有限公司宓仲业获评全国优秀科技工作者；江苏扬农化工集团有限公司获评全国"讲创新、比贡献"竞赛先进集体；华富控股集团周寿斌、扬建集团有限公司张迎春等6人获评第九届江苏省优秀科技工作者；市科协、宝应县科协，江苏联环药业集团有限公司吴健等11人分获江苏省科协系统先进集体、先进个人称号。

成立扬州市科普志愿者总队及卫生、农村、社区、青少年和企业等5个科普服务分队，全市有科普志愿者近4000人。组织科技专家答复《关于加快建设扬州科技馆的建议》等5件人大代表和政协委员建议、提案。

在市新华中学增设全国科技工作者状况调查站点，并指导站点开展工作。报送《关于"坚持科学发展 打造低碳经济运河名城"的建议》等4件"科技工作者建议"。

10月21～22日，市科协第五次代表大会在扬州市会议中心召开。会议听取和审议《市科协第四届委员会工作报告》；审议、通过《扬州市科协实施〈中国科学技术协会章程〉的细则》；表彰全市科协系统30个先进集体、80名先进工作者；选举产生科协第五届委员会，林群当选主席。

（李佳坤）

4月29日，市委组织部、市妇联举办扬州市大学生村官集体婚礼

张孔生／摄

■ **"院士专家扬州行"活动** 4月28日，由扬州市人民政府主办、扬州市科学技术协会承办的"烟花三月"节"院士专家扬州行"活动开幕式在扬州花园国际大酒店举行。副市长闻道才主持开幕式。省科协党组书记、常务副主席徐耀新，市长谢正义到会讲话，并为扬州市企业院士专家工作站服务中心揭牌，为11家市级企业院士工作站授牌。中国科学院院士程耿东、郑有炓，中国工程院院士侯保荣、麦康森、刘秀梵等21位院士专家参加活动。开幕式上，9个院士专家团队分别与扬州市9家企业签订合作协议。（陈 健）

■ **企业院士工作站建设** 2010年，市科协联合市科技局、市财政局等部门，建立首批11家市级企业院士工作站，指导7家企业成功申报省级院士工作站，获省、市奖励扶持资金800多万元，推动企业与高等院校、科研机构合作，开展技术攻关，促进科技成果转化。制定《扬州市企业院士(专家)工作站建设与运行管理办法》、《扬州市企业院士(专家)工作站奖励扶持专项资金管理办法》。企业院士(专家)工作站服务中心年终走访督查市区8家市级企业院士工作站。（李佳坤）

■ **企业院士(专家)工作站服务中心成立** 4月28日，企业院士(专家)工作站服务中心揭牌。企业院士(专家)工作站服务中心由扬州市科协与中国科技咨询服务中心合作共建，旨在从技术研发、成果转化、培养人才、推进产学研用和提高管理水平等多

个方面，为企业建立院士(专家)工作站提供基础调研、建站策划、过程协调、追踪问效、示范推广等全方位服务，推动全市企业院士(专家)工作站建设。（杨 鉴）

■兴农富民工程 2010年，扬州市按照“有固定场地、有师资队伍、有规章制度、有培训器材、有示范基地、有宣传画廊”的标准创建25家科普惠农服务站，其中5家被命名为省级服务站。11月30日，召开兴农富民工程推进会暨表彰会，表彰6家优秀组织单位、10个市级重点项目、14名优秀科技专家和12个优秀示范项目。兴农富民工程实施两年来，共对接197个项目、374个行政村，推广新品种、新技术128个(项)；辐射带动农户3964户，项目直接带动农户人均年纯收入增长20%。

2010年，全市1个协会、1个基地和1名个人获国家级表彰，1个协会、1名个人获省级表彰，共获奖扶资金53万元。（李佳坤）

■科技咨询活动 市科协完善“厂会协作”、“金桥工程”、“技术论证”、“保险理赔”等科技服务体系。出台“厂会协作”工作意见和管理办法，全年结成厂会协作对子20个，完成“厂会协作”项目10个，评选出2009～2010年度市级“厂会协作”优秀项目16个、优秀组织单位3家、先进个人10人。实施“金桥工程”项目10个，其中5个申报省重点项目。完成7个保险理赔论证项目，为企业减少损失600多万元；完成技术合同认定登记项目100多个，技术交易额6000多万元，促进科技成果转化。（李佳坤）

■学术活动 2010年，市科协开展各类学术交流和研讨活动120余场次，1万多人次科技工作者参与活动。以“发展创新型经济，加快转变经济增长方式”为主题，举办首届扬州市科协学术年会，下设“机械工业创新研讨会”、“智能电网关键技术及产业发展”等10个分会场，邀请中科院院士潘云鹤作“物联网的发展趋势”主题报告，600余人听取报告。与英国驻上海总领事馆文化教育处联合举办“科技咖啡馆”活动，100多名科学爱好者与宁波诺丁汉大学可持续能源技术研究中心主任乔·达克瓦等人探讨城市可持续发展问题。承办国家级“淮河流域综合治理和科学开发”研讨会，30多名水利专家参加交流研讨，研讨成果以“科技工作者建议书”形式由中国科协上报中共中央和国务院。（李佳坤）

■学会和企业科协管理 市科协印发《2010年度扬州市科协所属学会(协会)活动计划》、《关于进一步加强企业科协工作的意见》及《扬州市企业科协考评办法》。全市各级科协加强对学会及企业科协的管理，推动市级学会和企业科协健康发展。2010年，5家市级学会(协会)换届改选；全市新成立25家企业科协，企业科协总数达109家。（李佳坤）

扬州市归国华侨联合会

■服务经济建设 4月16～18日，市归国华侨联合会（简称市侨联）和维扬区委、区政府邀请美国华美半导体协会上海分会考察团一行16人到扬州，参加“烟花三月”国际经贸旅游节活动，考察维扬区半导体集成电路发展环境并寻求商务合作机会。

6月21～22日，市侨联邀请国际半导体设备及材料协会新任全球副总裁、中国区总裁陆郝安率光伏产业界专家考察团一行5人到扬州，考察扬州新兴产业发展情况。考察团先后考察扬州智能电网展示中心、晶澳太阳能集团、中科半导体等企业，洽谈加强合作事宜。（陶金柱）

■聘请特聘顾问 市侨联聘请20名海内外侨界人士担任特聘顾问，向每位特聘顾问发出公开信，征询海内外侨情动态和最新侨情数据、海内外侨界代表性人士和华侨社团的意见和建议、涉侨重大突发事件分析和对策建议、海内外侨界人士关注的热(难）点问题或需要有关部门重视的问题、海内外产业项目和人才信息、对扬州创新发展以及吸引海外人才工作的意见和建议等信息。7月8日，市侨联向美国纽约中美文化交流中心主任朱晨光、美国美中文化交流协会副秘书长陈致等12名特聘顾问颁发聘书。（陶金柱）

■举办海归创业人士联谊沙龙 10月23日，市侨联在瘦西湖静香书屋举办部分海归创业人士联谊沙龙，上海易狄欧电子科技有限公司董事长丁辉文、江苏真云科技有限公司留美博士马庆鸣、扬州集福新能源有限公司董事长韩伟、扬州生命之数生物科技进出口公司高级顾问陈厚琦等20人应邀参加活动。市侨联就加强侨联组织的凝聚力以及成立扬州海归创业人士联谊会有关事宜听取与会人员意见和建议。（陶金柱）

■新华侨工作联谊会成立十周年庆祝活动 12月17日，市侨联在扬州宾馆举行新华侨工作联谊会成立十周年庆祝活动，回顾10年工作情况，表彰热心参加联谊会组织的各项活动，在引资引智、对外宣传、参政议政、民主监督等方面发挥积极作用的15名会员。市区归侨侨眷代表200余人参加活动。

10年间，市侨联新华侨工作联谊会发挥亲情、友情等民间联络优势，为新华侨眷属、出国留学人员家属和留学回国人员提供全方位服务，先后组织“侨界看扬州”、侨界金婚家庭评选、表彰侨界杰出人物、“喜迎国庆六十周年红歌演唱会”等侨界特色活动；组织会员到国内外自费旅游10多次；组织会员向海外子女和亲友发出介绍家乡发展变化的信件2500余封，提出有价值的建议200余条，促进扬州市与海内外经济、科技、文化、教育等方面的交流与合作。会员人数从建会初期的70人增加到250余人，成为扬州市具有一定影响的群众性联谊组织。

（陶金柱）

政法

Zhengfa

本栏责任编辑　杨文才

综述

■概况　2010年，全市各级政法机关推进社会矛盾化解、社会管理创新、公正廉洁执法等3项重点工作，深化平安扬州、法治扬州建设，维护社会稳定。扬州市获评全省2010年度社会治安综合治理先进市，7个县(市、区)和经济技术开发区获评全省2010年度平安县(市、区)。

化解社会矛盾。市委、市政府专题部署社会稳定风险评估工作。各地对重大决策、重大事项和重大项目开展社会稳定风险评估，落实源头防范措施。查找并解决突出信访问题、征地拆迁矛盾、安全生产隐患、基层组织建设薄弱环节。完善“大调解”机制，形成人民调解、行政调解和司法调解合力，全市群体性事件、“民事转刑事”案件、进京访事件呈下降趋势。推进涉法涉诉信访工作，建立市、县两级涉法涉诉联合接访中心。2008～2010年，中央政法委交办的20件涉法涉诉重点案件全部化解，省委政法委交办的536件案件息诉罢访率97.57%。维护社会政治大局平稳，完成各级人大和政协“两会”、上海世博会、中国扬州“烟花三月”国际经贸旅游节(简称“烟花三月”节)、世界运河名城博览会暨运河名城专家论坛(简称运博会)等重大活动的安全保卫和维护稳定工作。

创新社会管理。探索新思路和新办法，促进社会管理工作整体推进、创新发展。实施外来人口服务管理“安心工程”，为外来人口提供良好的创业、务工和生活环境。实施预防青少年违法犯罪“关爱工程”。实施重点人员“转化工程”，刑释解教人员重新犯罪率连续多年保持在省控范围内，社区矫正对象再犯罪率为零。实施困难群体“帮扶工程”，探索建立社会救助中心、案件执行救助基金和信访矛盾调处基金等，促进社会和谐。实施社会组织和虚拟社会“导控工程”，健全工作机制，引导规范运行。加大学校、幼儿园安全防范工作力度，全市未发生有影响的校园案件和安全事件。深化严打整治斗争，44起命案全破，71处治安混乱地区得到整治，省、市挂牌督办的“文昌商圈”治安整治取得成效。完成技防入户工程，技防监控系统在协破刑事案件、开展治安防范、应急处置重大事件中发挥重要作用。2010年，群众对社会治安满意率98.14%。

推进公正廉洁执法。结合创先争优活动，开展“公正廉洁执法”主题实践活动，深化社会主义法治理念教育，强化干警的宗旨意识、大局意识、奉献意识。加强教育培训，分层分类组织执法执勤干警全员培训，与市委组织部和复旦大学联办全市基层政法综治领导干部培训班，提升业务水平和工作能力。建立健全政法队伍教育、管理、监督体系，规范执法监督巡视制度，开展百案评审活动，促进公正廉洁执法。完善全市政法系统执法档案制度，对执法工作的重点环节、整体流程以及执法效果进行考核评估、跟踪管理，形成科学的评价体系，提高执法公信力。深化干部人事制度改革，完善选拔任用、轮岗交流、挂职锻炼机制。坚持考评制度，开展“政法工作创新奖”、“双满意”(人民满意的政法单位、人民满意的政法干警)评选活动，表彰宝应县公安局城北派出所等28个“人民满意的政法单位”、吴文斌等20名“人民满意的政法干警”，营造创先争优的浓厚氛围。放大徐兆华、江都特警大队等先进典型示范作用，引导政法干警严格执法、公正执法、文明执法、廉洁执法。

深化法治扬州建设。开展法治城市、法治县(市、区)创建活动，实现法治建设与政治、经济、社会、文化、生态建设协调发展。表彰江都市、维扬区、高邮市、仪征市、邗江区等5个2010年度法治扬州建设先进县(市、区)、市地税局等32个2010年度法治扬州建设先进单位。经验文章《创新思路、突出重点，积极探索扬州特色法治创建之路》被省依法治省办公室以正式文件全文转发。县级法治中心建设实现全覆盖。推广行政执法部门“集体审议、阳光问责”机制，落实行政执法责任制和错案责任追究制。出台《建设法治文化名城实施方案》，推进法治文化建设。强化村(居)务公开和民主管理，开展“民主法治示范村（社区)”、“基层满意站所”、“基层文明单位”创建活动。深化“法企合作”平台建设，全市152家重点企业与56家法律服务机构签订合作协议。推进“加强食品流通领域安全监管”等实事项目。

加强基层基础工作。各级党委、政府把社会治安综合治理（简称综治)和平安建设工作作为“一把手”工程，纳入经济社会发展总体规划，建立领导干部履职档案，落实工作责任制。2010年，先后对11个单位提出警示，对111个单位实施督促整改，对8个单位实行一票否决。各地加大基层政法综治组织规范化建设，强化乡镇（街道）综治办、乡镇（街道）政法综治中心和村（社区）综治办规范化建设，考核验收达标率均在90%以上。开展"十佳"政法综治中心、星级技防乡镇（街道）、星级村（社区）综治办、矛盾纠纷调处服务中心规范化建设等系列创建活动，推动基层落实综治和平安建设工作各项措施。23项系列平安创建活动进展顺利。市委、市政府表彰宝应县安宜镇等81个2010年度社会治安安全乡镇（街道）。市综治委表彰仪征市、维扬区2个2010年度社会治安综合治理先进县（市、区）、市公安局等24个2010年度社会治安综合治理先进单位、宝应县安宜镇政法综治中心等34个2010年度优秀乡镇（街道）政法综治中心、宝应县安宜镇三里村综治办等47个2010年度优秀村（社区）综治办。（吴明安）

■重点地区整治 市综治委成立社会治安重点地区整治领导小组，印发《全市社会治安重点地区排查整治工作方案》，检查督导全市71个重点地区的整治工作，确保整治措施到位，治安情况好转。在文昌商圈整治工作中，整合各方力量实施综合治理，落实长效措施。一是成立一支30人的商圈巡逻队，提高商圈的见警率；采取人犬合防方式，增设3个帐篷式流动治安岗亭，提高防范的机动性。二是在商圈主干道、交叉路口、敏感部位、重点场所增装监控探头324个，实行24小时监控；推进商圈技防入户工作，新增红外线报警装置、电子眼、监控探头1300余处。三是建立"红袖标"治安联防队伍、"红马夹"治安义工队伍和"红徽章"治安巡视队伍，提升群防群治质态，形成综治主导、公安主抓、部门联动、社会参与的大防控格局。宝应县在宝应车站地区整治工作中，以中小旅馆、出租户暂住人口登记和残疾车、人力车非法营运为整治重点，打击"两抢"（抢劫、抢夺）和黄娼赌毒等违法犯罪，强化联合执法、专项打击和基础防范，改变车站地区治安面貌。（王振东）

■县级法治中心建设 2010年，扬州市推进县级法治中心建设，拓展群众参与法治建设新途径，搭建县域法治建设新平台，开辟法治文化和法律监督新阵地。3月，市委提出县级法治中心在全市基本实现全覆盖目标。10月，扬州市依法治市领导小组办公室（简称市依法治市办）印发《关于进一步规范县级法治中心建设的意见》，明确县级法治中心的功能定位和运行机制。至年底，县级法治中心在全市范围内实现全覆盖，基本达到"场所固定、人员稳定、职能确定"的目标。（徐李华）

全副武装的特警和武警在文昌商圈巡逻　　王　卓／摄

■法治文化建设 市依法治市领导小组、市法制宣传教育领导小组联合制定《建设法治文化名城实施方案》。组织评选扬州市年度十大法治人物。组织扬州市第二届"绿杨城郭法治明"法治文艺调演，举行以法治创建为主题的大型文艺汇报演出，评选优秀法治文艺节目。命名第二批市级法治文化教育基地10个，评选扬州市十大优秀法治文化建设成果。广陵区建设东关街道琼花观社区法治文化阵地，开展法治历史名人名言解读。维扬区康乐小区建设"法趣"广场，将普法工作与各项趣味活动相结合，建立由价值追求、行为规范、社区形象三大核心模块组成的社区法治文化模型，保证社区法治工作常规化运作。（徐李华）

■法治创建活动 市委印发《2010年法治扬州建设工作要点》，市依法治市领导小组以市委名义与各县（市、区）签订法治创建责任书，落实责任倒查和追究制度，确保法治创建重大决策部署落到实处。全市建立党政推动、部门联动、上下互动、社会齐动的创建工作机制。市依法治市办明确工作目标和序时进度，发挥典型示范引领作用，培植各类典型，打造特色品牌，从8个方面推进全市法治创建活动：以召开现场会方式，培植典型、推广经验；以召开理论研讨会方式，汇聚智力、凝聚共识；以召开联席会方式，整体联动、形成合力；以法治文艺调演方式，展示形象、营造氛围；以专题调研方式，了解实情、研拟对策；以工作例会方式，部署工作、交流做法；以专项督查方式，重点推进、强势运行；以制定文件方式，明确要求、规范引领。优化工作方式。改革对县（市、区）创建考核方式，实行规范性文件备案制度，变年底检查为平时督查，变查看台账为实地了解，突出考核的针对性和实效性。开展法治城市创建绩效评估工作，市依法治市办邀请部分区法治办和市直部门、社会中介组织、媒体人员组成4个评估组，分别对市属20个部门（单位）、区属16个部门（单位）开展评估。（徐李华）

■ **涉法涉诉联合接访中心建立** 8月1日，扬州市建立市涉法涉诉联合接访中心。至10月底，各县(市、区)全部建立涉法涉诉联合接访中心，形成市、县两级上下贯通、相互配合、协调行动的接访中心网络。省委政法委在全省推广扬州市涉法涉诉联合接访中心建设工作。（成 勇）

■ **“百案评审”活动** 围绕交通肇事案件，分自查自纠、专家评审、建章立制、巩固成果四个阶段开展“百案评审”活动。各地、各部门从程序合法性、实体公正性、文书规范性、效果统一性等方面对近年来办理的500余件交通肇事案件逐案自查。组织专家评审组集中评审129件交通肇事案件，从案件认定事实是否清楚、证据是否确实充分、适用法律是否准确、执法程序是否合法、文书制作是否规范、是否充分体现法律效果和社会效果的统一等6个方面逐案剖析，重点查找执法工作中带有普遍性、倾向性的问题和执法制度建设方面存在的薄弱环节，发掘好的经验和做法。编辑交通肇事《案例指导》，探索建立案例指导制度。通过“百案评审”活动，全年为320多名交通事故受害人提供法律援助，帮助其获赔偿1605万元；涉及交通事故的执行案件执结率80.1%，执行到位1981万元，提供救助资金30.76万元。（成 勇）

■ **专项执法活动** 重大疑难案件协调和专项执法活动。督查协调党委交办和政法部门提请办理的重大疑难案件。全年协调重点案件27件，召开协调会68次、督办会17次。集中清理涉法涉诉信访积案。中央政法委交办的35件案件化解率91.4%，省委政法委交办的536件案件化解率98.8%。推进案件评查工作。全市评查涉法涉诉案件322件，其中涉及法院系统283件、检察机关12件、公安机关27件。组织市政法各部门评查案件102件。开展执法监督巡视工作。分两组巡视高邮市、江都市贯彻落实“社会矛盾化解、社会管理创新、公正廉洁执法”三项重点工作、规范自由裁量权、办案安全防范工作、重点涉法涉诉信访案件处理情况。针对巡视中发现的问题提出整改意见和解决办法。（成 勇）

■ **基层队伍建设督查** 市委政法委牵头组织7个检查组，对全市政法基层窗口单位队伍建设情况进行明察暗访。检查组通过便装求助、上门咨询、实地查看、走访群众、发放调查问卷等形式，检查71个基层政法单位。调查问卷反馈结果显示，群众对当地政法工作总体评价“基本满意”率98%以上，对公开办事流程、服务态度、服务质量、办事效率等满意率均在97%以上。市委政法委通报检查中发现的问题，督促各地、各部门整改。（闫昌洲）

■ **公正廉洁执法主题实践活动** 2010年，全市政法系统开展“公正廉洁执法”主题实践活动，提升执法公信力。活动期间，各地、政法各部门以执法干警和执法权力相对集中的部门单位为重点，分动员学习、深入排查、整改提高、检查总结四个阶段，围绕执法理念、执法能力、执法作风、执法质量等四个方面，排查影响、制约政法干警公正廉洁执法的突出问题。全市两级政法委向社会各界发放“公正廉洁执法”调查问卷1500份，回收1000余份，重点调查群众对当地政法工作的总体评价，干警的执法能力、执法水平、工作作风以及“公正廉洁执法”方面存在的主要问题。活动期间，全市政法各部门召开各类座谈会433次，发放征求意见表1.37万份，走访基层群众2.41万人，收到意见、建议1408条，查找影响公正执法方面的共性问题53条、廉洁执法方面的共性问题29条、其他问题4条。各级政法机关围绕排查出来的重点问题和群众反映的突出问题，制定整改方案，解决群众反映强烈的突出执法问题。整改过程中，政法各部门注重吸收群众参与整改过程，评判整改结果。（闫昌洲）

■ **先进典型宣传** 6月22日，由市公安局等单位组织并投资拍摄的电影《徐兆华》在扬州工人影剧院举行首映式。这是扬州市首次运用电影形式宣传英雄模范人物，也是第一次以真人、真事、真景创作艺术作品。市委政法委印发《关于开展向江都市公安局特警大队学习活动的决定》。11月19日，市委政法委、市委宣传部、市公安局联合举办江都特警大队先进事迹报告会，以《“特警”特别能战斗，城市安宁的“守护神”》、《“特警”特别会创新，社会管理的“先行者”》、《“特警”特别有感情，人民群众的“贴心人”》、《“特警”特别能奉献，公安队伍的“排头兵”》为题，介绍江都特警大队立足岗位争一流、创新实干讲奉献，牢记宗旨、热心为民的先进事迹。（闫昌洲）

11月19日，扬州市举办江都特警大队先进事迹报告会　王 卓／摄

公安

概述 2010年，全市公安机关以推进“三项重点工作”(社会矛盾化解、社会管理创新、公正廉洁执法)、“三项建设”(信息化、执法规范化、和谐警民关系建设)和上海世博会安保为主线，着力提高公安工作水平。社会治安稳定。全市刑事发案率保持平稳，“八类”(杀人、抢劫、伤害、强奸、放火、爆炸、投毒、绑架)严重刑事犯罪处于全省最低水平，未发生有重大影响的案件、事件和事故；2010年内发生的44起命案全破，“八类”案件破案率92.9%，社会治安群众满意率98.14%。完成上海世博会、广州亚运会、“烟花三月”节、运博会等重大活动安全保卫和重要警卫任务。社会管理创新。改革警务机制，创新矛盾化解、治安防控、人口管理、虚拟社会管控等社会管理实践，提升公安机关核心战斗力。服务措施优化。全警投入文明城市创建，扬州市蝉联全国“实施畅通工程模范管理城市”称号；开展警民恳谈等爱民活动，解决犬类管理、渣土车管理、校园安全、城中村整治等民生问题；办结市人大、市政协建议、提案162件，代表、委员满意和基本满意率100%；办理省、市领导信箱和互联网网民留言、市政府公开电话事项1387件，办结率、回复率100%。公安队伍素质提升。出台《领导干部能力作风建设准则》，制定执法标准，提高队伍整体素质；健全干部竞争上岗机制，激发队伍凝聚力、创造力。市公安局广陵分局民警刘光兵被公安部记一等功，市公安局获省文明委“2007～2009年度江苏省文明行业”称号。 （黄太鹏）

打击严重刑事犯罪 开展“2010严打整治行动”，组织“打盗抢、促防范、追逃犯、提绩效”百日竞赛活动、“反盗抢、除黑恶、保世博”专项行动、“严打整治夏季攻势”、“严打整治秋冬攻势”，严厉打击各类违法犯罪，遏制突出治安问题。构建“从案到人”大案攻坚、“从线到人”打黑除恶、“从串到人”打击多发性犯罪侦查模式，提升打击犯罪水平。对重大案件实行刑侦、技侦、网侦、图侦、情侦等5种侦查手段同步上案，拓宽侦查破案途径。摧毁高邮黄桂海黑社会性质组织，打掉恶势力和涉恶团伙195个，抓获团伙成员739人，破获案件286起。加大对毒品、网络犯罪的打击力度，破获涉毒、涉网刑事案件463起，抓获犯罪嫌疑人726人。开展打击整治发票、银行卡、假币犯罪专项行动，破获经济案件433起，挽回经济损失3.6亿元。2010年，全市公安部、省公安厅挂牌督办的29起案件（其中公安部挂牌督办案件9起)全破。 （陈红华）

社会治安防控 坚持屯警街面，实行“四色预警”(以红、橙、黄、绿四色区分不同布警等级)和等级化布警机制，强化案件高发、防范薄弱、群众最需要的重点部位、重点时段的巡防控制。调整流动哨卡、治安岗亭布局，增设114个帐篷式流动岗亭，加大防控网络密度。强化处警指挥，提高快速反应能力，抓获现行“两抢”(抢夺、抢劫)等犯罪嫌疑人67人。推进“红袖标”工程建设，全市有义务巡防队员10万余人。加强校园安保工作，落实学校门卫管理、防卫器械配备、技防建设、应急演练等安防措施。举办巡防和岗亭值守民警、保安员实战技能培训班、技能比武竞赛，强化盘查录入信息、街面案件研判，定期开展检查通报，推进巡防工作规范化建设。江都市公安局特警大队开发巡防综合信息平台，实施外地车积分查控法，提升巡防质效。 （蒋鸿飞）

公安干警检查市场管制刀具 王 卓/摄

矛盾纠纷排查调处 围绕各级人大、政协“两会”、上海世博会、广州亚运会、“烟花三月”节、运博会等重大活动以及敏感节点，组织民警进村入户，开展矛盾纠纷排查疏导工作。建立健全“公调对接”(公安派出所与人民调解对接工作)、“交调对接”(公安交巡警与人民调解对接工作)、“网调对接”(公安机关依托互联网调解纠纷）机制，在全市124个派出所、48个交巡警大(中)队建立人民调解室，1326个社区(村)警务室实现与调解中心一体化运作，全年调解纠纷3.4万余起、治安案件(交通事故)1.2万余起。建立涉法信访“四色风险评估”(以红、橙、黄、绿四色区分不同风险等级)机制，组织开展“保两会、迎世博”涉法信访问题集中攻坚行动，化解信访积案。开展社会稳定“四项排查”(信访热点难点问题、征地拆迁问题、安全生产事故隐患、基层基础建设薄弱环节排查)工作，协助党委、政府和有关部门落实隐患整改、矛盾化解措施。2010年，全市未发生人员进京赴沪滋事事件。 （苗新军）

突出治安问题整治 扬州市社会治安综合治理委员会（简称市综治委）和市公安局确定89个重点整治地区、部位和场所行业，制定评估验

暑运期间，扬州铁路公安部门向旅客宣传铁路安全知识，检查违禁物品，保证暑运和世博会期间的社会稳定和交通运输安全　王　卓、臧　霞／摄

收标准，实行分类分层整治，基本整治到位。严厉打击“黄、赌、毒”等社会丑恶现象和制售假冒伪劣产品违法犯罪活动，净化社会治安环境。推进“平安企业”、“平安医院”、“平安金融”、“平安水域”等系列创建活动，维护单位（区域）及周边治安秩序的稳定。（周　震）

■**侦破“1·7”抢劫杀人案**　1月7日晚7时许，受害人万某在扬子江北路与四望亭路交界处的中国银行自动取款机处取款时，遭歹徒持刀抢劫，被歹徒连捅数刀，后经抢救无效死亡。案发后，市公安局、维扬公安分局启动重大刑事案件处置预案，开展侦查工作，8日下午锁定犯罪嫌疑人，9日上午在宝应县经济开发区施庄小区抓获犯罪嫌疑人陈伟。（周　震）

■**流动人口服务管理**　开展流动人口信息社会化采集系统建设和应用，建成流动人口信息社会化采集点4471个。推行场所行业“集宿化”管理、出租房屋“旅馆式”管理，建立以证管人、以房管人、以业管人等服务管理机制。完善以居住地登记户口为基本形式、以合法固定住所和稳定职业为基本落户条件的城乡统一的新型户籍管理制度，促进人口合理、有序流动。在全市乡镇（街道）、社区（村）建立流动人口服务管理中心，推广政府主导流动人口管理模式，推动落实流动人口免费就业培训、免费身体检查和子女免费义务教育、免费防疫接种等保障措施。（陈红华）

■**校园安全防范**　市政府下发《关于加强校园安全管理的意见》，落实安全防范措施。加大学校技防设施建设力度。按“一校一园一策”原则，在校园及周边地区增设监控探头，并与各派出所技防监控平台联网。2010年，全市在学校宿舍、教学区出入口等重点部位新安装技防设施1500余套。强化人防力量建设。各地党委、政府拨专款为各学校、幼儿园配备专职保安和必要的防护用品。落实“一校一园一警”。每天上学、放学期间，在每个学校门前至少安排一名民警、两名保安执勤，并配齐配强校园警务室民警和辅警人员，注意盘查在校园周边逗留的可疑人员，及时发现和制止各类违法犯罪活动。组织“防范意识进校园”活动，开展形式多样的自我保护防范意识教育，结合案例讲解安全防范和紧急避险知识，增强师生自我防范意识和能力。（王振东）

扬州市加强校园安全，开展安全技能培训　王　卓／摄

■**“虚拟社会”管控**　建设市、县（市、区）、派出所三级网络安全管理体系；扩大“虚拟社区警务室”、“虚拟警察”、网上“治安岗亭”覆盖面，畅通网上报警渠道，公安部、省公安厅在网络安全工作会议上推广扬州市的做法。打击网上赌博、诈骗、淫秽色情等犯罪活动，破获案件77起，抓获违法犯罪嫌疑人242人。开展互联网“平安祝福进万家”活动，适时向全市电信上网用户发送预警防范信息。（陈红华）

■**服务群众载体建设**　推进互联网公安门户网站建设，建设以出入境、法制、治安、交通、消防网上服务大厅和网上博客、网上QQ群警民互动恳谈室为主要内容的“五厅两室”网上服务平台，实现部分行政许可事项网上受理、网上审批。邗江公安分局在新浪网开通“邗江公安微博”和48个社区民警微博，搭建警民联系新渠道。市公安局把每月16日定为“警民恳谈日”，定期组织各级公安机关领导和民警听取群众意见，了解群众需求，帮助解决问题。（陈红华）

■**治安交通管理**　开展交通秩序、学校及周边治安秩序、网吧、文化娱乐服务场所、市容市貌及窗口服务单位整治行动，提升文明城市创建水

扬州市交巡警支队在学校上学、放学高峰期设立临时交通灯，确保学生交通安全　　王　卓／摄

平。对市区所有交通道口实行渠化分流，出台公交优先服务措施，建设社区交通管理服务站，组织开展三轮车、渣土车、电动车和违法鸣号、酒后驾车等交通秩序专项整治行动，解决群众行车难、停车难问题。在渣土车整治中，采取成立专业运输公司、实行准入制、喷涂放大号牌、现场查纠等措施，遏制渣土车违法行为。

（陈红华）

出入境管理　围绕上海世博会安保工作，建立警企联动治安防控机制、涉外案（事）件快速处置工作机制和出入境案件查处工作机制。全年受理、审批公民出国（境）证照5.58万件，比上年增长38.4%，其中出国2.75万件、赴港澳2.24万件、赴台5818件、前往港澳通行证29件；办理境外人员签证（注）、证件3494件，比上年增长14.4%。全市常住境外人员1921人，临时到扬州住宿境外人员5.19万人次，比上年增长50.2%。查处“三非”（非法入境、非法居留、非法就业）外国人13人，查处各类涉外案（事）件46起，抓获犯罪嫌疑人44人、网上追逃26人。（李春军）

消防安全　2010年，全市消防部队开展执勤岗位练兵和打造消防“铁军”活动，组织开展各类场所和跨区域联合灭火演练。全年接警1958起，其中火警285起、抢险救援981起，出动人员1.9万人次，出动车辆3911车次，抢救群众198人，抢救财产价值6177万元。

加强消防监督执法。扬州消防支队贯彻执行新修订的消防法，推动落实消防工作责任和火灾防控基础建设，建成市灭火求援应急中心和7个社区消防执勤点。以“扫雷”和“查违除患”、“建筑消防设施专项治理”、“消防安全大检查”等专项行动为抓手，开展消防安全专项整治活动，消除火灾隐患。严格消防审验制度，提升消防行政许可服务质量。全年办理审核项目208个，审核备案项目589个，办理验收项目173个，验收备案项目569个。严格消防产品和阻燃制品监督管理，抽查和检测消防产品及建筑装修材料3501次，办理行政处罚案件3508起。推进社会单位“四个能力”（检查消除火灾隐患能力、组织扑救初起火灾能力、组织人员疏散逃生能力和消防宣传教育能力）建设，各级公安消防机构累计召开消防安全“四个能力”建设现场会47场次，培训单位消防安全负责人5000余人，培育试点单位179家，印发“防火墙”工程宣传资料2万余份、宣传卡片3万余张，张贴消防标志6万余处。全市消防监督部门出动消防警力2.8万人次，检查单位1.27万家，发现火灾隐患7165处，下发《责令限期改正通知书》4141份，存在重大火灾隐患的20家单位全部整改完毕。

（李　瑞）

公安信息化　全市公安机关加强信息警务平台应用配套机制建设，实现公安工作由人工密集型向科技密集型转变。建成内外网数据交换、异构数据交换、平台数据备份等系统，为依托“大平台”（全省信息化运用共享平台）开展网上办公、网上办案提供技术支持。市公安局制定《公安源头数据质量管理考核办法》和暂住人口、房屋出租户、接处警信息、案件信息、盘查信息等10类业务数据质量要求，确定源头信息采集人为数据质量的终身责任人。自主研发“大平台”数据质量管理系统，对信息数据开展常态化的质量检查，及时发现、整改问题信息，数据增量和质量均处于全省前列。建立信息采集同功同奖和责任追究制度，全年奖励民警126人，通报批评13个基层单位和6名民警。推进情报信息平台建设，实现对重点人员和暂住人口、盘查人员、从业人员等6类数据的实时比对，共收、发预警指令7.5万余条，抓获违法犯罪嫌疑人员669人，信息利用率全省第一。加强内外信息整合，把旅馆住宿人员、场所行业、网吧上网人

消防战士苦练灭火技能　　王　卓／摄

员等9类内部信息资源以及政府信息中心15类500余万条社会信息纳入“大平台”,实现信息资源共享。推进“技防城”、技防入户和“3·20”工程(卡口型高清式闯红灯自动记录系统)建设,强化视频监控资源整合汇聚,全市新增监控探头6661个。全市公安机关利用信息化手段破案比例67.2%。（张继东）

■**警务机制改革** 优化配置警务资源,调整一线实战单位的警务运行模式。建设市、县、派出所三级情报信息中心和警种专业情报研判机构,各县(市)公安局、公安分局均成立5人以上的综合情报信息中心。全面推行“110”接处警室、监控室、信息研判室、装备室“四室合一”以及社区警务与巡逻防范“社巡合一”等勤务运作模式,提升警务效能。建立健全与信息化条件下社区管理体制相适应的警务工作机制,明确派出所勤务指挥室和社区民警工作职责,规范社区警务工作。宝应县公安局推进入户调查“日均五户熟”工作,夯实社区警务工作。（栾祺俊）

■**执法规范化建设** 开展争当全国执法规范化建设“领头羊”活动,执行省公安厅《执法标准化管理手册》和《公安民警执法执勤用语手册》,编写《扬州市公安局执法标准》,规范接处警、行政执法、刑事执法、行政处罚自由裁量等四个方面的行为标准和执行标准。推进网上执法办案,实行执法流程网上管理、执法活动网上监督、执法质量网上考核,促进规范、高效执法。加强执法办案基础设施建设,强化监所安全管理工作,确保执法安全。开展执法示范单位创建活动,评出1个“执法示范县级公安机关”、103个“执法示范单位”、19个“执法示范所队”和32个“执法示范岗位”。邗江公安分局邗上派出所被公安部命名为“全国执法示范单位”。开展警车和涉案车辆违规问题专项治理、涉案人员非正常死亡问题集中整治活动,集中解决一批突出问题,全市连续6年未发生涉案人员非正常死亡事件。建成行政权力网上公开透明运行系统和执法监督管理、涉案财物管理系统,实现权力运行、涉案财物网上监督管理,促进公正廉洁执法。（张继东）

检察

■**概述** 2010年,全市检察机关推进“社会矛盾化解、社会管理创新、公正廉洁执法”三项重点工作和“质量品牌”、“能力作风”、“数字检察”三大工程。全市检察工作注重维护社会和谐稳定,探索化解社会矛盾的新方法、新机制;注重查办职务犯罪的力度、质量、效率和效果,突出查办大案要案,强化反渎职侵权工作;完善预防职务犯罪工作机制,推进预防工作专业化;强化法律监督,完善同步监督、量刑建议、抗诉等工作机制,保障严格执法、公正司法;深化检察体制和工作机制改革,规范职务犯罪批捕权上提一级改革、检察建议改革等工作;加强党建工作,推进检察机关自身建设,提升队伍能力作风和形象。仪征市检察院获评全省先进基层检察院;全市检察机关有13个集体、19名个人获省级以上表彰。（叶燕琼 任晓）

■**推进三项重点工作** 贯彻中央政法委关于深入推进“社会矛盾化解、社会管理创新、公正廉洁执法”三项重点工作的部署,制定《扬州市人民检察院深入推进三项重点工作的实施意见》,提出45项具体措施,解决影响社会和谐稳定的源头性、根本性、基础性问题。转变工作方式,把化解矛盾贯穿执法办案的始终,强化检调对接和释法说理,做到案结、事了、人和。延长检察工作链条、延伸检察工作触角,推进社会管理创新。加强社会稳定风险分析研判,全年向党委、政府和上级检察机关报送风险研判报告20余份;针对刑事案件中暴露出的管理问题,发出检察建议,督促有关部门健全制度、堵塞漏洞;对侵害外来务工人员劳动报酬、医疗保险等利益的行为,支持当事人提起民事诉讼,维护其合法权益。（叶燕琼 任晓）

■**打击刑事犯罪** 全市检察机关批准逮捕各类刑事犯罪嫌疑人3185人,提起公诉4628人,分别比上年上升26.5%和6%。加大对严重暴力犯罪、多发性侵财犯罪的打击力度,提起公诉故意杀人、抢劫等严重暴力犯罪448人、侵犯财产犯罪1939人。仅用4天时间完成审查、起诉陈伟在闹市区抢劫、杀害银行储户案,依法从快批捕、起诉全市首例以危险方法危害公共安全的孙福成醉酒驾车肇事案,成功办理黄桂海等8人黑社会性质组织犯罪案。打击破坏市场经济秩序和损害群众利益的经济犯罪,全市审查起诉各类破坏社会主义市场经济秩序犯罪251人,比上年上升23%。依法起诉李荣等8人亿元传销案。加大打击侵犯知识产权犯罪力度,审查、起诉刁平原等5人利用网络开设赌场案以及公安部挂牌督办的周树林、周树德生产、销售伪劣产品、非法经营、假冒注册商标案等。（叶燕琼 任晓）

■**从宽处理轻微刑事案件** 依法从宽处理轻微犯罪,减少社会对立面。对无逮捕必要的不批准逮捕395人,对情节轻微的决定不起诉92人,分别比上年上升27.8%和142%。探索未成年犯罪嫌疑人教育、感化、挽救机制,采取法律援助、社会调查、分案起诉等举措,保护未成年犯罪嫌疑人身心健康。（叶燕琼 任晓）

■**化解涉检信访和社会矛盾** 全市检察机关推进与社会大调解相衔接的“检调对接”,办理“检调对接”案件113件。构建分级分类化解涉检矛盾纠纷的工作机制,建立52个检察工作站,办理群众信访1079件。开展信访积案化解攻坚战,化解信访积案23件。制定《民行办案环节息诉工作指导意见》,针对人民法院判决裁定正确而当事人仍向检察机关申请抗诉的220件民事、行政案件,做好释法说理工作。全市检察机关连续5年实现涉检案件进京“零上访”,市检察院连续11年被市委、市政府表彰为信访工作先进单位。（叶燕琼 任晓）

■查办贪污贿赂和渎职侵权犯罪 全市全年立案侦查贪污贿赂案件89件104人。其中,涉案金额百万元以上的案件7件,立案侦查科级干部22人、处级干部7人。立案侦查渎职侵权犯罪案件21件34人,其中重特大案件10件22人。依法查处扬州大学信息中心原主任沈洁、市信息化领导小组办公室原主任范荷香、广陵新城管委会原主任卜树领等贪污贿赂案。邗江地税局一分局原局长姚远徇私舞弊不征税款、受贿案中,仅渎职犯罪就被判处有期徒刑6年。查办涉及民生的职务犯罪案件,开展工程建设等领域专项行动。全年立案侦查工程建设领域职务犯罪案件61件78人,查办侵犯农民利益、贪污挪用农村建设资金和支农惠农专款等案件16件22人,查处重大责任事故背后渎职案件7件9人。查办维扬区西湖镇经圩村非法转让土地使用权过程中滥用职权犯罪的窝串案、仪征市大仪镇非法行医致人死亡事件背后的失职渎职案,引起社会反响。全年挽回直接经济损失3892.9万元。

（叶燕琼　任　晓）

■预防职务犯罪 发挥市警示教育基地作用,在教育党政机关、行政执法机关、司法机关新提拔的领导干部、新录用的公务员的同时,将警示教育范围和对象向社区、乡镇、家庭延伸。组织选调生、大学毕业生、大学生村官参观市警示教育基地;联合市妇联组织科级以上领导干部家属300余人开展家庭助廉教育活动。全年组织市直机关和各县(市、区)142家单位168批1.4万余人接受警示教育,“扬州市警示教育”网络平台点击率超过13万人次。市警示教育基地获市委、市政府“党政机关工作创新创优奖”,获评扬州市“十大优秀法治文化建设成果”,被省纪委等九部门确定为省级廉政教育示范基地。全市检察机关针对全市10个重大工程建设项目开展职务犯罪同步预防;开展行贿犯罪档案查询;有针对性地发出预防检察建议,帮助金融、医药卫生、教育等领域完善规章制度,构建系统预防网络。（叶燕琼　任　晓）

■侦查监督 依法监督侦查机关纠正应当立案而不立案案件54件、撤销不当立案70件,对不构成犯罪的不批捕56人,对侦查违法行为提出书面纠正意见153条。对应当逮捕而未提请逮捕的,纠正漏捕86人;对应当起诉而未移送起诉的,纠正漏诉134人。在公安派出所设立检察官办公室,加大对基层执法的监督。开展“另案处理专项监督”活动,深化行政执法与刑事司法“两法衔接”工作,督促行政执法机关向司法机关移送刑事犯罪线索40条。（叶燕琼　任　晓）

■刑事审判监督 落实检察长列席同级法院审判委员会制度,坚持检察长办案制度。对重特大刑事犯罪案件、社会各界关注的案件、职务犯罪大要案,检察长直接出庭支持公诉24件。规范刑事裁判审查工作,复查全市1572件已决案件;组织开展“刑事抗诉工作百日会战”活动,全年依法对12件刑事裁判提出抗诉。市检察院与市公安局、市中级法院会签《关于办理赌博机刑事案件适用法律若干问题的意见》,统一执法尺度。深化简易程序庭审监督机制,对所有简易程序案件均出庭支持公诉。推进量刑程序改革,在庭审中单独设立量刑辩论程序,规范量刑建议的程序和方法,量刑建议采纳率90%以上。

（叶燕琼　任　晓）

■民事审判和行政诉讼监督 对认为确有错误的民事、行政判决和裁定,市检察院向省检察院提请抗诉15件、向市中级法院提出抗诉17件,抗诉后法院再审改变原判10件;发出再审检察建议10件;监督案件执行16件。开展“民事行政检察宣传服务月”活动,畅通申诉渠道。办理督促起诉案件68件,协助清收国有资产4亿多元。市检察院与市中级法院、司法局、人力资源和社会保障局等六部门建立支持起诉工作协作机制,全年支持起诉301件,涉及金额200余万元。（叶燕琼　任　晓）

■刑罚执行和监管活动监督 完善同步监督机制,审查监管单位提请的减刑、假释、暂予监外执行182人,对其中40人提出否定意见。开展看守所安全管理大检查活动,强化收押检察和事故检察,提出检察建议46件。组织开展缓刑罪犯交付执行、保外就医专项检察活动,配合司法行政机关加强对社区矫正对象的管理,监督纠正监外执行期间有违法违规行为的矫正对象106人,监督收监12人。

（叶燕琼　任　晓）

■强化内部制约 围绕执法办案,健全制度,规范办案流程。对执法关键岗位、办案重点环节实行风险评估预警,健全检察权力运行内控机制。强化对职务犯罪案件线索的管理和初查工作,完善对大要案立案的备案制度和请示报告制度,对适用监视居住等强制措施、调查取证规范化等提出严格的要求。出台《办案质量品牌建设工作意见》,打造执法质量品牌;强化案件质量监管,随机抽取两级法院办结的1012件案件进行考评。制定《执法过错责任追究实施办法》,创建“询案、述案、评案、问责”工作机制,对9件案件启动询案、述案程序,并向全市通报问责情况。完善案件监督管理制度和检务督察工作,促进执法办案制度的落实。（叶燕琼　任　晓）

■人民监督员制度试点 执行《扬州市检察机关人民监督员监督案件“两确定”办法》,对职务犯罪案件中犯罪嫌疑人不服逮捕决定、拟作撤销、拟作不起诉处理的案件以及有超期羁押和违法搜查、扣押、冻结等情形的,启动人民监督员监督程序。全年监督20件案件。邀请人民监督员参与接访、化解矛盾、执法办案等,发挥人民监督员的监督促进作用。改革人民监督员的选任方式和案件监督范围,全面推行人民监督员制度。

（叶燕琼　任　晓）

审判

■概述 2010年,全市法院受理各类案件4.07万件、审结3.91万件。其中,扬州市中级人民法院(简称市

中级法院）受理各类案件3603件、审结3471件。（袁江华 黄 燕）

民商事审判 全年受理民商事案件2.77万件，比上年上升5.62%；审结2.63万件，比上年上升5.14%；解决诉讼标的额31.6亿元。强化民事审判工作。处理婚姻家庭、交通事故、医疗纠纷等案件，全市法院启动家庭暴力案件"人身保护令"工作，维护妇女儿童合法权益。处理劳动争议案件2142件，其中调解撤诉结案1585件，维护职工权益，服务企业发展。依法审结征地拆迁纠纷案件42件，促进扬州市城市化和新农村建设。化解房地产纠纷案件326件，促进房地产市场发展。强化商事审判工作。受理群发化工公司等企业破产案件38件，依法处置破产企业资产0.6亿元、债务1.36亿元，配合安置职工1136人；调解结案涉及琼花集团案件22件，促进企业资产重组。审理金融、投资及企业债务等案件，营造诚信和谐的交易环境。依法调解结案江苏顺大半导体发展有限公司与苏州某上市公司0.6亿元买卖合同纠纷案件。依法审结民间借贷案件3343件；开展涉及民间借贷等专题调研15次，提出专题报告8份，宣传剖析45件典型案件。强化知识产权和涉外商事审判工作。市中级法院与中国贸促会江苏调解中心共同建立涉外商事案件诉调对接机制。依法审结131件知识产权民事案件和涉外商事案件，调解撤诉率76.66%。推行知识产权案件刑事、民事、行政"三审合一"改革试点工作，设立开发区知识产权巡回法庭，建立由25名技术专家组成的知识产权审判技术专家库。

（袁江华 黄 燕）

行政审判 全年受理行政案件和国家赔偿案件1059件、审结1047件。依法审理土地征收、劳动和社会保障等各类行政诉讼案件，审查涉及重大建设项目非诉行政执行案件。市中级法院连续16年保持行政审判无改判、无发回重审案件。推进行政首长出庭应诉工作，行政首长出庭应诉率96.67%。加大行政案件协调力度，化解赵长来、荣维纯诉省人民政府渔业行政复议案等行政争议纠纷案件。加强国家赔偿审判工作，维护赔偿请求人合法权益，探索赔偿委员会委员听证审理等国家赔偿审判方式改革。

（袁江华 黄 燕）

刑事审判 全年受理刑事案件3335件、审结3301件，判处人犯4860人，其中判处15年有期徒刑以上直至死刑的18人。依法打击杀人、抢劫等暴力犯罪、毒品犯罪、多发性侵财犯罪等严重危害人民群众生命财产安全的犯罪。依法审结陈伟"1·7"抢劫杀人案、孙福成"醉酒驾车"危害公共安全案和孙玉明领导、组织黑社会性质组织案等严重刑事犯罪案件。依法惩处经济犯罪和职务犯罪，审结经济犯罪案件275件、职务犯罪案件76件，其中包括连云港市原副市长杨少华受贿案等职务犯罪案件。依法适用财产刑，为国家、集体和个人挽回经济损失3000万元。贯彻落实宽严相济刑事政策，减少社会对立面。建立量刑吸纳民意机制，制定《关于在刑事审判工作中注重吸纳民意、进一步推进量刑规范化改革的指导意见》。建立"三书一志"工作机制，制作、送达判后答疑书、司法建议书、思想与心理辅导书，建立案件回访日志。建立刑事案件院长、庭长、审判长、合议庭层级把关机制，提升审判质量。建立司法人文关怀机制，加强对刑事被害人的司法救助。

（袁江华 黄 燕）

立案信访 落实司法为民，强化便民举措，建成诉讼服务中心，为当事人提供立案咨询、司法救助等"一站式"司法服务。推行涉诉案件风险评估、提示制度和律师参与社会矛盾纠纷化解工作机制。完善大调解工作格局，强化诉调对接和诉前调解工作。全市法院民事案件调解撤诉率61.71%，比上年提高3.76个百分点；诉前调解案件5257件，调解成功率86.89%；重点涉诉信访案件息诉率100%。市中级法院先后被省委政法委、省司法厅、省高级人民法院表彰为全省诉调对接先进法院、全省涉法涉诉信访工作先进集体、全省法院涉诉矛盾纠纷化解工作先进集体。

（袁江华 黄 燕）

平安创建 推进"法治扬州"和"平安扬州"建设。加强未成年人案件审判工作，审结未成年人案件526件。推行"圆桌审理"、聘请心理咨询师参与等适合未成年人特点的案件审理方式，依法维护未成年人权益。规范减刑、假释工作，办理减刑、假释案件131件。配合有关部门做好缓刑犯、刑满释放人员的跟踪回访、帮教工作。加强与社区矫正机构的对接，开展社区矫正工作。关注"新生代农民工"犯罪问题，中央电视台、《中国青年报》等百余家媒体报道扬州市法院"新生代农民工"犯罪问题调研成果。加强司法宣传。在省级以上媒体发表新闻稿件900余篇；与扬州日报社、扬州电视台合办《小邵跑法庭》、《法庭传真》、《法苑》等栏目，以案释法，宣传法律。（袁江华 黄 燕）

执行工作 全年受理执行案件8532件、结案8359件，执行到位标的额15.4亿元。强化执行措施。与公安、金融、工商、房地产管理、出入境管理、车辆管理等部门合作，建立执行联动机制。在全市各乡镇、街道聘请副书记、副镇长、司法所长、综治办主任、村主任等488人担任执行联络员，建立基层协助执行网络。建立执行公开曝光制度，敦促被执行人自觉履行义务，对拒不执行法院裁判的252名被执行人实施司法拘留直至追究刑事责任。对涉及企业发展、民生利益和社会稳定的案件，讲究执行方式方法，实现执行工作社会效果和法律效果的统一。执结东升船厂、金三角船厂违法建设依法拆除案件，按时关闭两船厂，执结涉及东升船厂的71件债务纠纷，保证扬州第五水厂顺利投产和安全供水。规范执行行为。建立执行实施权分权运行机制，执行财产的调查、评估、处置等环节分别由不同人员实施，既相互制约，又提高效率。建立庭审式摇号工作室，规范对外委托鉴定拍卖工作流程，由当事人通过庭审式摇号选择鉴定机构，实现阳光操作。规范执行资源配置，统一组织和调度全市法院执行人员，有效使用警力。实行交叉和指定执行，对涉及地方保护的案件和执行关联案件，由市中级法院统一组织交叉执行和指定执行，全年执结交叉执行和指定执行案件62件。提升执行效果。开展集中清理执行积案活动。全市法院2008～2009年间可恢复性程序终结的3467件案件和委托执行的201件案件全部清理完毕，执行到位标的额2.7亿元。全面推行执行公开制度。开展"三公开、两参与、一在线"活动，即公开执行卷宗、公开执行日志、公开听证，邀请相关当事人、信访人参与执行活动和邀请人大代表、政协委员参与"一日执行活动"，与扬州电视台联办《执行在线》栏目。完善执行救助机制，对确有困难的申请执行人实施司法救助。（袁江华　黄　燕）

■审判管理　加强案件质量管理，推行审判执行工作目标管理责任体系，落实分管院长、庭长和承办法官等不同主体的审判管理职责。加强案件效率管理，注重对案件审理工作的日常督促，实现均衡结案。加强案件管理监督，关注案件质量效率指标变化情况，加强评估分析，加大考核通报力度，推动审判执行工作良性发展。强化管理结果的运用，将法官审判业绩考核结果与办案激励、评先评优、晋级晋职直接结合。在14项审判质量效率基础指标中，市中级法院民商事案件调解率、执行标的额到位率、被改判发回率等10项重要指标居全省法院前五位。（袁江华　黄　燕）

■参与社会管理　开展大学生村官与法官结对共建工作，255名法官与546名大学生村官签订结对共建协议，推动大学生村官与法官共同创新社会管理，化解基层社会矛盾。加强司法建议工作。针对"民工荒"、企业破产、征地拆迁、劳动争议等易引发群体性纠纷的情况，提出司法建议262份。（袁江华　黄　燕）

■杨少华受贿案　2006年1月至2009年3月，罪犯杨少华在担任连云港市人民政府副市长期间，利用职务之便，收受江苏鼎大集团有限公司董事长苏某某、连云港仕方房地产开发有限公司总经理范某某、连云港恒润置业有限公司副董事长张某、江苏华航建设集团有限公司法定代表人孙某某等人所送钱物，合计价值42.0万元，并为苏某某、范某某、张某、孙某某等人谋取利益。2010年6月18日，市中级法院以受贿罪判处杨少华有期徒刑7年，并处没收财产20万元。（袁江华　黄　燕）

■陈伟抢劫案　1月7日中午，罪犯陈伟到扬州寻找女友，因手头拮据，产生抢劫之念。当日下午，陈伟先后在扬州嘉信茂广场内沃尔玛超市、中联大药房购买明庭牌单刃尖刀1把、口罩1只。随后，陈伟先后两次进入中国银行扬州百合园支行自助服务区踩点，伺机作案。当日19时18分，被害人万某进入该自助服务区取款。陈伟尾随进入，待被害人万某从取款机内取出2000元现金放入包内时，陈伟上前用刀抵住被害人万某腰部，当即遭到反抗。陈伟随后用刀猛刺被害人万某胸部3刀，劫得女式拎包后逃离现场。被害人万某随后被送至医院，经抢救无效死亡。经法医鉴定，被害人万某系被他人以单刃刺器刺入右胸，造成胸腹贯通伤导致急性失血而死亡。9日上午，罪犯陈伟在宝应县经济开发区施庄小区被抓获。2月6日，市中级法院以抢劫罪判处陈伟死刑，剥夺政治权利终身，并处没收个人全部财产。（袁江华　黄　燕）

■孙福成以危险方法危害公共安全案　2月10日20时许，罪犯孙福成在位于扬州市广陵区泰州路的田园肥牛饭店大量饮酒后，独自驾驶轿车离开饭店。当孙福成驾车由北向南行驶至江都路接近东园饭店的交叉路口时，撞倒李某某驾驶的摩托车，但他没有停车仍继续驾车向南行驶。当孙福成驾车行至该路段东园饭店交叉路口时，撞击徐某某驾驶的轿车尾部，随后又从左侧碰撞马某某驾驶的轿车，但他仍未停车并驾车右转逃离现场。当孙福成驾车由西向东行驶至文昌路曲江公园附近交叉路口时，汽车撞击杨某某驾驶的小型汽车尾部，但他仍未停车并驾车折返逃跑。当孙福成驾车由西向东行驶至解放北路与花园路交叉路口时，汽车猛撞朱某某驾驶的小型客车尾部，造成小型客车乘坐人员田某某、田某、陈某某、李某、朱某某等人受伤，小型客车被冲撞后失控撞倒道路北侧隔离道边的路灯杆；孙福成驾驶的汽车随后冲向道路北侧人行道，撞击停放于路边的轿车以及电瓶车等物品，直至撞到路边顺云日杂商店的墙面才停住。公安机关接到报案后派员赶至现场将孙福成抓获，被害人田某某经抢救无效死亡。经检验，孙福成血液中乙醇含量272.6毫克/100毫升，属醉酒驾车。6月29日，市中级法院以以危险方法危害公共安全罪，判处孙福成有期徒刑11年，剥夺政治权利1年。（袁江华　黄　燕）

■扬州久扬渔具有限公司群体性劳动争议纠纷案　1999年前后，原告俞某等100多人到被告扬州久扬渔具有限公司工作。2009年1月5日，双方签订劳动合同，约定合同期限自2009年1月1日至2009年12月31日止，原告实行日薪工作制。该劳动合同经扬州市维扬区劳动和社会保障局鉴证。原告在被告久扬公司工作至2009年12月3日离职。同年12月22日，原告通过特快专递向被告发出告知函，以被告未依法为原告缴纳社会保险、未依法支付加班工资为由，要求与被告解除劳动合同，并要求经济补偿和赔偿。市中级法院与维扬区法院坚持保障劳动者权益与促进企业生存发展并重，针对已经提起的诉讼和大量可能提起诉讼的纠纷，坚持调解优先，召集劳资双方当事人，分析案情，析法明理，化解心结，阐明调解的共赢效果，寻求法律规定与劳动者诉求之间的合理连接点，说服双方寻找最佳途径解决纠纷，使100余件纠纷化解在诉讼之外，其余诉讼案件通过和解均得到妥善处理。（袁江华　黄　燕）

司法行政

概述 2010年，全市所有乡镇(街道)全部建立司法所。至年底，全市有49家律师事务所、8家公证处、89家基层法律服务所和5家司法鉴定机构；有司法行政人员465人、律师486人、公证人员67人、基层法律服务工作者384人、司法鉴定人员68人。全年办理各类公证5万多件、出具司法鉴定书6113件，为社会提供各类法律服务。《法制日报》两次报道扬州市法治文化名城实施战略和“双促双助”(促转型、促升级，助稳定、助发展)活动的情况。 (朱一羽)

法律服务 2010年，全市司法系统开展“双促双助”活动，融入经济发展大局，参与政府重大决策、重大投资项目法律评估，为全市贸易项目洽谈、合同审查等提供法律建议2万多条，律师、公证员服务苏中江都机场等1亿元以上项目418个；公职律师服务“鉴真坐像回扬省亲”等重大活动；全程介入“城中村”改造，调配骨干力量保障拆迁改造，提供“一站式”法律服务；公证机构为重点工程招投标、解困房安置、土地征用补偿等提供公证服务5000多件，减免公证费用60多万元。举办扬州市青年律师论坛(沙龙)，引导律师为全市300家创新型企业提供专项服务。服务扬州“智谷”高新产业园、“三新一网一书”(新能源、新光源、新材料，智能电网，电子书)建设，研究解决项目开工建设、产业转型升级中的各种法律问题；开展法律服务“园区行”、“沿江行”、“进企业”活动，走访企业2500多家，排查调处各类涉企纠纷1000多件，避免和挽回企业经济损失9.3亿元；高朋律师事务所成功办理扬州市首件国际反倾销案件，产生较好影响。推进“一村一顾问”(一村配备一名法律顾问)和“所所结对挂钩”工作，实现律师事务所、基层法律服务所与司法所的有机衔接，发挥法律服务整体效应。市司法局、市经济和信息化委员会等部门成立扬州市依法诚信经营促进会，联合召开深化“法企合作”推进会，与市重点企业签订“法企合作”协议。组建由律师、公证员组成的扬州市法律服务专家团，为城市交通、环保、新能源等民生、公益事业开展专项法律服务。全市建立“法企合作”平台21个，3210家企(事)业单位有律师担任法律顾问，“一村一顾问”建成率100%。加强法律服务机构管理。印发《星级律师事务所评定活动方案》，评出首批28家星级所；建立网上律师、律师事务所诚信档案；研制公证机构形象导视识别系统，推进公证机构信息平台建设；全市5家司法鉴定所全部通过司法部能力验证，1家鉴定所通过国家级检查机构资质认定。全年1118人参加国家司法考试，通过率23.1%。全市法律服务业总收入1.3亿元，比上年增长25%；公证机构办理各类公证5万多件，司法鉴定机构出具司法鉴定书6113件，采信率99%。 (朱一羽)

法制宣传 2010年，扬州市推进“五五”普法，创建法治文化名城。市委、市政府先后3次发文并召开会议部署“五五”普法检查工作，市领导带队对各地、各部门普法工作进行随机抽查，检查情况在全市通报。印发《建设法治文化名城实施方案》，推进机关法治文化普及化、法治文化广场系列化、文化解读工程大众化、法治文艺渗透经常化和媒体法治阵地立体化“五化”建设，实施法治文化解读工程，建成扬州青少年法制宣传教育馆等法治文化教育基地。市依法治市领导小组、普法领导小组转发广陵区《大学生村官积极参与基层普法依法治理工作意见》，全市成立80支大学生村官普法宣传队。推行法制宣传教育工作月度通报制度，召开扬州市市直学校法制教育观摩交流会和首届校园法治文化节；命名表彰扬州市第六批民主法治村(社区)135个，市级民主法治村(社区)建成率96.1%。 (朱一羽)

人民调解 落实政法“三项重点”工作，指导全市人民调解组织和人民调解员开展人民调解工作，排查、化解社会矛盾纠纷，预防犯罪。2010年，市社会矛盾纠纷调解工作指导办公室设立民生、经济、执法类矛盾纠纷调解指导小组，成立大调解专家指导委员会，指导化解重大矛盾纠纷。完善人民调解、行政调解、司法调解衔接配合新机制，全市23个基层人民法院(法庭)、116个基层派出所全部建立人民调解工作室，各县(市、区)组建医患纠纷、交通事故损害赔偿纠纷人民调解委员会，宝应县研发“网上大调解服务中心”，仪征市司法局增设人民调解科。制定县、乡两级社会矛盾纠纷调处服务中心规范化建设贯彻实施意见，3个县(市、区)、30个乡镇调处中心达到规范化建设标准。全市有调解员8116人，全年受理

扬州市采取多种形式开展农民普法教育 李斯尔/摄

矛盾纠纷1.82万件，调解成功1.79万件，调处成功率98.5%。（朱一羽）

社区矫正 指导、监督各县（市、区）的社区矫正、帮教安置工作；强化对全市“两类人员”（刑释解教人员、社区矫正对象）的管控，压缩两类人员重新犯罪空间，维护社会和谐稳定。2010年，扬州市开展社区矫正“教育矫正年”活动，市司法局下发《关于做好当前两类人员管理工作的意见》，加强社区矫正教育基地（中心）建设。全市接受刑释解教人员1107人、社区矫正对象1178人，“两类人员”重新犯罪率低于全省平均水平。全年11批次700名“两类人员”参加技能培训，420名矫正对象接受心理矫正。（朱一羽）

法律援助 深化法律援助便民主题活动，健全市、县、乡三级服务网络，依托村（社区）司法站建立法律援助联络员制度；建立、完善工会、共青团、妇联、老龄委、残联等社团法律援助工作站，新增律师事务所、企业、建筑工地等150多个受理点，畅通困难群众申请法律援助的渠道。推广非诉讼法律援助工作经验，加强援调对接（法律援助与大调解对接），化解琼花集团等10多件次农民工群体性案件，非诉讼调解占法律援助案件总量的70%。将省新增的法律援助事项纳入援助范围，妥善办理一批涉农种子质量法律援助事件。扬州市2件法律援助案件分别入选省十大优秀法律援助案件和省十大优秀提名案件。2010年，全市受理法律援助案件4922件，比上年增长25%；接待来访、来电、网上咨询1.88万件，比上年增长28.6%；市法律援助中心受理案件808件，比上年增长12.4%，服务对象满意率99%以上。建成市法律援助中心，设立市残疾人法律救助工作站，推出法律援助免费心理咨询服务。公交车体公益宣传广告获全国法律援助宣传平面类优秀作品奖。扬州在全国法律援助联系点座谈会上作交流发言。中央、省、市领导先后8次视察指导扬州市法律援助工作，省内外11批200人到市法律援助中心参观考察。（朱一羽）

“双促双助”活动 2010年初，市司法局召开“双促双助”动员大会，成立市“双促双助”法律服务专项活动领导小组，全市司法行政系统开展“法律服务园区行”活动。制定《扬州市司法行政系统服务经济转型升级的意见》。全市法律服务机构围绕市政府在建的387个1亿元以上项目，完善重点园区、重点企业、重点项目法律服务“一条龙”机制。全市各级司法行政部门以“双促双助”和“一村一顾问”活动为契机，完善公职律师和政府法律顾问制度，为政府出台涉及企业发展、产业结构调整和扩大投资项目等宏观调控政策提供法律建议，代表政府处理涉法疑难问题。各级司法行政部门推进司法行政职能向基层延伸工作，将村（社区）法律顾问纳入“大调解维稳网络”，建立横向到边、纵向到底的维稳网络。组织律师事务所、公证处、基层法律服务所、法律援助中心、司法鉴定机构联合开展自查排险活动，排查调处存在问题，提高司法行政各项工作的质量和水平。（朱一羽）

仲裁

仲裁案件 2010年，扬州市仲裁委员会（简称市仲裁委）受理案件543件，其中消费纠纷150件、商品房合同纠纷135件、借款合同纠纷113件、物业合同纠纷38件、租赁合同纠纷16件、买卖合同纠纷18件、欠款纠纷17件、其他类经济纠纷56件，涉案标的4.51亿元；当年办结案件476件，其中和解调解成功327件，和解调解率68.7%。（龚名之）

仲裁服务 4月，市仲裁委启动基层仲裁联络员试点工作，聘请近20名基层法律服务工作者担任仲裁联络员。通过联络员在乡镇宣传民商事仲裁法律制度，规范各类合同文本，引导当事人通过仲裁方式化解纠纷。与市残联、市工商联联系，构建仲裁工作为残疾人免费服务、为非公企业优质服务的平台。

2010年，市仲裁委将宣传拓展与仲裁服务向房产、金融、建设、工商、经贸、科技等重点行业、重点领域和案源基地延伸；改变仲裁服务方式，从办案裁决为主向案前风险防范、注重和解结案和案后跟踪服务转变，增强仲裁工作的针对性和实效性。（龚名之）

仲裁宣传 市仲裁委加大仲裁法律制度的宣传力度，在《扬州日报》、《扬州时报》、《扬州广播电视报》开设宣传专栏，与扬州电视台《说法》栏目合作制作仲裁宣传片，召开各类协会及相关行业座谈会，推广仲裁法律制度。参加“3·15”消费者权益保护日宣传活动和“12·4”法制宣传日活动，现场解答群众咨询、宣传仲裁工作。开展“送法进社区”活动，深化“五五”普法教育。组织“十佳仲裁员”评选活动。在《扬州日报》刊登候选人事迹简介、参评事项和选票，引导公众参与，共回收选票1万余张，在全市仲裁工作会议上表彰“十佳仲裁员”。（龚名之）

机构建设 11月2日，市仲裁委召开三届一次全体委员会议。会议通过扬州市仲裁委员会章程修改草案、工作规则修改草案、仲裁暂行规则修改草案和第三届仲裁员名单草案，王玉新当选市仲裁委主任。

2010年，市仲裁委制定《扬州仲裁委员会咨询委员会专家小组会议工作细则》，明确专家小组会议的启动程序；出台《扬州仲裁委员会办案监督制度》，对仲裁员实施案前、案中、案后监督。（龚名之）

军事

Junshi

本栏责任编辑　杨文才

军分区

■概述　2010年，中国人民解放军扬州军分区(简称军分区)加强党建和思想政治建设。围绕提高党的建设科学化水平议题，召开党建座谈会。开展"强党性、干事业、树形象"教育，促进党委班子和干部队伍思想作风建设。坚持重大问题集体讨论研究，发挥党委核心领导作用。开展党委班子岗位练兵活动，制定《团级单位目标管理考核办法(试行)》。运用参谋军官考评体系，考评72名参谋军官，加强干部队伍管理，提高干部队伍能力素质和爱岗敬业意识，在省军区组织的党委班子岗位练兵、通信指挥军官、政工业务、干部业务、后勤专业技能等比武考核中取得优异成绩。开展党风廉政建设，抓好廉洁征兵工作。推进"部所挂钩帮建"活动，军分区机关、人武部投入40多万元，帮助干休所建设"智能服务管理平台"。

学习胡锦涛关于新形势下国防和军队建设重要论述，党的十七届四中、五中全会精神。对学习实践科学发展观活动进行总结，围绕坚持实践科学发展观工作进行动员部署。组织使命任务和拒腐防变教育，开展"当代革命军人核心价值观引领我成长"、"学习何祥美，践行当代革命军人核心价值观"活动，培育当代革命军人核心价值观。学习贯彻政工条例，提升政治工作水平。11月2日，举行老红军刘应启百岁生日庆典活动，弘扬长征精神。宣传江都市退伍军人李彬25年如一日照顾烈士家属的事迹。

推进军事斗争准备。修订完善应急预案，落实军地情报信息会商研判机制，做好上海世博会安保"环沪护城河"各项工作。开展首长机关"两实"(实弹、实投)作业、信息化知识训练、战术作业和指挥所演习，对人武部参谋人员进行考评。开展民兵规范化训练，组织民兵骨干参加全省"三精"(精准射击、精熟操作、精确指挥)比武竞赛。抓好国防动员，更新完善数据库。按照士官直招、兵员征集主体调整和女兵征集方式改革的要求，完成征兵任务。市国防动员委员会获评南京军区"国防动员先进单位"。

推进基层建设。对全市186个基层武装机构情况进行调研梳理，突出抓好广陵区、维扬区、邗江区和非公有制企业、普通高校武装机构建设，巩固基层武装工作阵地。依托现有民兵"四防"(抗灾防洪、反恐防暴、救援防化、战时防空)队伍，整合组建省级合成化民兵应急救援营。开展基层党组织和党员创先争优活动。

从严治军。学习新颁布的内务条令、纪律条令、队列条令(统称共同条令)，开展安全形势教育，加强军营安全文化建设。抓好"学条令、训队列、整纪律"和交通安全教育整训，开展暑期安全竞赛，组织安全隐患排查整治。采取"三个超常"(超常的重视程序、超常的工作力度、超常的措施办法)的办法，抓好节日期间安全管理；严格车辆使用手续，加强车辆使用管理；为军分区所有办公计算机、移动硬盘建立户籍档案，开展定期、不定期检查，抓好涉密载体和纸质文件管理；落实一日生活制度，机关科室每星期轮流查铺查哨，抓好公勤人员管理；开展军分区和民兵武器仓库警卫执勤人员的针对性演练，对军分区本

扬州军分区组织军事训练　　军分区／供稿

级营区监控设施进行升级，军分区值班人员每天两次通过视频监控系统检查市、县武器库值班情况，确保安全无事故。

提升后勤装备保障能力。加强后勤专业保障队伍建设，抓好后勤专业技能训练，参加省军区后勤专业比武竞赛。严格执行财经制度，坚持党委集体理财，推进公务卡支付结算和物资集中采购改革。组织财务人员培训和比武竞赛。开展公寓区改造，整治办公区和公寓区绿化带，完成第二次军用土地普查。清退不合理住房。机关生活服务中心投入使用。市国防园新征土地 0.58 公顷，二期工程复工建设。落实武器装备管理制度，完善基础设施建设，改进技术防范手段，规范民兵装备仓库、兵器室战备秩序，保证武器弹药安全管理。12 月 16～20 日，完成 72 吨报废弹药就地销毁工作。（朱惠平）

■ 市委常委议军会暨人武部党委第一书记述职会 7 月 30 日，扬州市委常委议军会议暨人武部党委第一书记述职报告会在仪征召开，市委书记、军分区党委第一书记王燕文主持会议。会上，各县(市、区)人武部党委第一书记围绕履行党管武装职责情况进行口头或书面述职，军分区政委王松林对人武部党委第一书记履行党管武装职责情况进行讲评，军分区司令员袁启俊代表军分区党委汇报全市国防后备力量建设情况及提请研究解决的问题，市委常委就如何更好地关心支持国防后备力量建设发表意见，市委副书记、市长、市国动委主任谢正义就加强扬州市国防动员工作作讲话，王燕文作总结讲话。会议提出，当前要进一步认清做好党管武装工作的重大意义，加强领导，强化责任，努力形成党管武装的整体合力，大力抓好“四防”队伍建设、应急物资的储备和组织民兵预备役人员参建参治等工作，并就有关问题进行研究，明确解决的办法和要求。

（郜广勇）

■ “三精”比武竞赛 6 月 20 日～7 月 24 日，军分区组织广陵区、维扬区民兵应急分队干部骨干 90 余人到仪征市民兵训练基地进行封闭式集中强化训练，挑选 30 名骨干，组队参加 7 月 25～26 日举行的全省民兵应急分队“精准射击、精熟操作、精确指挥”比武竞赛，获团体综合第五名、“精准射击”第三名、手枪和冲锋枪射击第一名，3 人获评省军区“神枪手”，11 人获评“技术能手”。（朱春足）

■ 防洪抢险演练 7 月 2～8 日，军分区会同市防汛防旱指挥部，组织江都市抗洪抢险分队 140 余名民兵完成以钢木土石组合坝、克服管涌、子堤构筑为主要内容的防洪训练。7 月 8 日，组织抗洪抢险演练。（朱春足）

■ 组建省级合成化民兵应急救援营 提高后备力量遂行军事任务的能力，依托现有民兵“四防”队伍，整合组建省级合成化民兵应急救援营。按照“人武系统建队伍、地方政府配装备、军地联合抓训练”的模式，落实专用装备器材，强化一专多能训练，基本实现“当年整合、当年训练、当年形成战斗力”目标。4～9 月，组织高邮市、江都市、仪征市、广陵区、邗江区和扬州经济技术开发区合成化民兵应急救援分队 605 人次，完成防化救援、抗震救灾、维稳处突、森林防火、抗洪抢险等训练。（周一鸣）

■ 后勤专业技能集训和考核比武 9 月 25～29 日，军分区选派人员参加省军区后勤专业技能集训和考核比武。在个人项目比武中，获卫生专业气管内插管术一等奖，交通运输专业指挥车驾驶一等奖、运输车驾驶二等奖，炊事专业面食制作二等奖。江都市人武部民兵医疗救护队参加野战救护所展开与转移演练，获评江苏省后勤专业技能训练演练示范单位。

（王元顶）

9 月 26 日，扬州军分区参加省军区后勤专业技能考核比武　军分区／供稿

预备役师

■ 班子队伍建设 1 月 22 日和 2 月 5 日，江苏陆军预备役高射炮兵第二师(简称预备役师)在扬州召开党委一届九次全体(扩大)会议，传达贯彻南京军区和江苏省军区党委扩大会议精神，总结上年工作，表彰先进，部署新年度任务。

春节前，预备役师党委学习贯彻党的十七届四中全会精神，开展“知世情、知国情、知党情、知军情”形势教育活动。

从 1 月中旬开始，历时 3 个多月，全师进行部队整组工作。整组后，全师人员中退伍军人占 83.5%，人员专业对口率 82.6%，党、团员占 95.7%，人员经训率 81.6%，人员在位率 92.3%，高中以上文化程度人员占 80.7%，人员出入队比例 8.7%。

6 月上旬，预备役师组织新共同条令学习集训，并组织全体官兵参加总参军务部和解放军报社主办的新共同条令知识竞赛活动。

6 月 1～11 日，预备役师师团党委机关开展第二季度理论学习暨“强党性干事业树形象和使命任务”专题教育活动，采取理论灌输与专题辅导、典型引导与案例警示、自我剖析与组织帮教、整改落实与健全机制“四结合”，按照动员学习、典型教育、党性分析、总结提高四个步骤组织实施，达到增强党性观念、弘扬优良作风、振奋精神状态、提高素质能力、严守纪律规定、树立良好形象的目的。

6月，预备役师装备部开展以“为装备健身、为打赢砺剑”为主题的“爱装管装宣传月”活动，增强官兵爱装管装意识。

8月25～27日，预备役师在师团营连四级同步开展“坚定理想信念、自觉拒腐防变”专题教育活动。采取讲课辅导、读书学习、“扬州好人”宣讲、听取反腐倡廉形势报告、交流发言等形式，解决理想信念、道德情趣、遵规守纪、严格自律等方面存在的问题。

12月7日，预备役师在江苏省政府召开第一政委履职情况考察座谈会。会上，政委吴天津介绍师第一政委履职情况，第一政委李小敏就任职以来开展工作情况作发言，省军区政治部主任汪晓荣高度评价第一政委履职以来工作开展情况，并对进一步推进预备役师部队科学发展提出希望。（于　峰）

■ **军事训练**　2010年，预备役师狠抓师团机关干部和公勤人员体能训练，组织以仰卧起坐、俯卧撑、100米跑、器械等项目为重点内容的考核。

1月，预备役师组织实施“三实”（实枪、实弹、实爆）训练与考核，全师292人参训、参考，消耗手枪弹2260发、步机枪弹4325发、手榴弹120枚、TNT炸药40千克，总评成绩良好，训练安全无事故。

2月，预备役师开展以“整治新营区办公场所秩序、组织学条令训队列”为主要内容的“学、训、整”活动，318人参训。2月1～12日，师首长机关组织机关各部、相关库室搬迁，下发新营区管理规定，整治、规范新营区办公秩序。2月20～24日，开展安全法规理论授课、队列训练、信息安全保密检查、车辆及装备技术性能检测等活动，落实安全管理工作。

5月14～25日，预备役师组织各团（群）、营、连三级指挥所参加省军区组织的战备等级转换、兵力机动集结、战斗准备、战斗实施、实弹射击、撤出战斗等六个方面的实弹战术考核，提高师团首长机关的组织指挥能力、分队战技术水平和作战保障能力。

6月1日～9月30日，全师部队开展暑期安全竞赛活动。各单位分析安全形势，查找安全隐患，落实安全防范措施。组织驾驶员、思想骨干和安全员参加教育培训。

6月21～24日，预备役师组织防空兵综合训练系统软件集训，15人参训，完成防空兵群集成训练综合信息系统、飞行目标识别训练、空情仿真录入、雷达电磁干扰图谱识别与反干扰操作和江苏省兵要地志信息系统等相关软件操作、使用与维护的训练任务。

7月19～23日，预备役师组织各团和直属分队26名应急指挥干部骨干集训，以抢险救灾部队行动为重点，通过学理论、研训法、练技能、谋战术，强化指挥骨干的责任意识，提高组织、指挥分队行动的能力。

8月5～10日，预备役师在高炮二团组织师预编医院119名新进人员军训，完成单个军人队列动作、班队列、军体拳等军训内容。

10月18～30日，预备役师完成师团首长机关对抗训练。训练以《预备役部队军事训练与考核大纲》、预备役高炮部队对抗训练组织原则和实施方法为依据，分理论辅导、要素演练、指挥所演习和成果梳理四个阶段组织实施，摸索、总结预备役防空兵部队对抗训练方法，提高师团指挥员和机关组织指挥能力，深化防空作战问题研究。（于　峰）

■ **后勤和装备保障**　4月27日，预备役师师机关在扬州市国防园举行新营区入驻仪式，省委、省政府、省军区、市委、市政府领导出席仪式。

预备役师对师团应急指挥平台和组合式扩展方舱进行升级改造。改造后的应急指挥平台和组合式扩展方舱，平时用于训练演习、抢险救灾和维稳行动的组织指挥，战时用于师团防空作战的指挥控制，既可单独执行任务，也可通过多种通联方式相互联网，构成师团（营）一体化指挥平台。

6月上旬，组织8名驾驶员参加换手训练，按照理论教学、场地驾驶、一般城市道路驾驶和复杂城市道路驾驶的步骤训练77课时，道路驾驶训练总行程850千米。12月下旬，组织4名新训驾驶员复训，按照先理论后操作的步骤训练129课时，道路驾驶训练总行程420千米。

12月22日，南京军区检查组对预备役师营房建设和规范化管理工作进行综合考评，对预备役师发挥军地优势，按照“整体规划、顶层设计，分步实施、滚动发展”的思路建设新师部，促进营区房地产管理正规化、常态化的做法给予肯定。（于　峰）

武警扬州市支队

■ **思想政治建设**　2010年，武警扬州市支队以科学理论武装官兵，组织“培育核心价值观，争做忠诚卫士”主题教育活动。学习贯彻武警总部、武警江苏总队经常性思想工作现场会、推进会精神和《武警部队经常性思想工作实施细则》，组织保卫委员、思想骨干集训；根据形势任务和官兵思想动态，开展针对性教育。构建传统文化、战斗文化、廉政文化、网络文化“四位一体”警营文化格局，投入经费100万元，完善警示室、廉政室、荣誉室、图书阅览室、网络学习室建设，探索楼梯文化、走廊文化和营区政治环境建设。（杨　勇）

■ **执勤处突**　规范战备秩序，制定《“三员一兵一组”值班执勤实施细则》、《“三防”工作指示》、《哨兵防袭击工作措施》、《哨兵防袭击情况处置指导案》等12份指导性文件；结合重点、敏感时期开展形势任务教育，落实各项战备制度，完善各类预案，增强部队应急处置能力。坚持把军事训练作为提高官兵执勤能力的根本途径，按照“前期抓稳定、中期打基础、后期抓提高”的要求，组织新兵入伍教育训练、勤训轮换、反恐特战队员集训、“三长”（队长、排长、班长）集训、预提指挥士官和拟任骨干集训，提升部队执勤处突能力。全年完成一级加强警卫勤务1起、二级警卫勤务6起和世博安保中石化仪征储油站重大临时守卫勤务、扬州市“烟花三月”国际经贸旅游节、世界运河名城

8月20日，武警扬州支队官兵在扬州国防园进行体能、技能训练和反恐演习　　曹　燕、汪　武/摄

博览会等重大安保任务8起；到苏州执行跨区维稳任务，1个中队、2名个人立功，18名官兵受嘉奖。武警扬州市支队司令部政治协理员王广仿被武警总部表彰为“世博安保先进个人”。（杨　勇）

■**基层建设**　组织轮训。5月24日～6月13日，武警扬州市支队举办3期勤训轮换暨警官《军队基层建设纲要》轮训，解决执勤分队勤训矛盾，增强机关按纲指导和基层按纲抓建能力。开展创先争优活动，设置创先争优活动专栏，开展党支部、党员公开承诺活动，设立党员示范岗，成立党员突击队，发挥基层党支部战斗堡垒作用和党员先锋模范作用。开展大练基本功活动，通过下基层传帮带、举办党支部书记和士官支委培训班等途径，区分层次，分类指导，重点突破，扭转基层党支部自建能力偏弱、工作能力不强的问题。2010年，扬州市中队被武警江苏总队评为“基层建设标兵中队”并记集体二等功，直属大队二中队、仪征市中队、宝应县中队被武警江苏总队评为“基层建设先进中队”；扬州市中队指导员张来健被武警江苏总队评为“优秀基层干部标兵”。（杨　勇）

■**后勤应急保障**　修订完善后勤战备计划和保障预案，保障物资充实。加强基层伙食管理，开展扬州地区农副产品市场调研并定期公布参考价目，组织基层伙食费管理专项检查。加强车辆、枪弹、营产、被装、卫勤管理和传染性疾病预防，提升后勤规范化管理水平。坚持党委（支部）集体理财和“一支笔”审批制度，加强对经费开支的预算审批和计划管理。机关部门事业经费实行定额包干、控制使用，重大开支集体研究决定；预算外经费管理实行“财务归口”和“收支两条线”，加强对地方资助经费和专项经费的管理，实现经费收支的综合平衡。核实清算资产存量，健全资产账目，对2010年度新增营产营具、公用物资等实行计价管理，定人、定位、定责任。（杨　勇）

■**党委班子建设**　组织党委中心组理论学习，强化讲团结、守规矩、听招呼意识，开展风气教育整顿活动，制定《支队党委机关关于加强风气建设的措施》，倡导新风正气，狠刹各种不正之风，做到“四个坚持”（坚持把解决问题作为正风之举，坚持把公正用权作为正风之要，坚持把领导干部作为正风之重，坚持把建章立制作为正风之基）。全年按照程序提拔使用干部29人、发展党员45人、确定考学苗子9人、推荐技术学兵21人和保送入学对象1人、大学生直接提干对象1人。2010年，高邮市中队、武警扬州市支队杜益军分别被武警江苏总队表彰为党风廉政建设先进单位和优秀纪检干部。（杨　勇）

边防检查站

■**概述**　2010年，扬州边防检查站以“三基”工程和“三项建设”为重点，以上海世博会“环沪护城河”安保工作为中心，推进爱民固边战略和基础设施、执法规范化、基层文化建设，提高边检服务水平。全年检查出入境船舶371艘次、出入港船舶114艘次、出入境（港）员工7931人次，办理边防行政许可1.23万份，开启绿色通道4次，办理行政案件5起5人次。扬州边防检查站获评省口岸办公室文明口岸先进单位，副站长曹华军获评省口岸办公室文明口岸先进个人，执勤业务科姚丹峰获评江苏公安边防总队全省公安边防部队执法标兵。（钱　君）

■**执法规范化建设**　2010年，扬州边防检查站突出理念更新和制度规范两方面工作，开展社会主义法治理念教育、边防职业道德教育和公正廉洁执法教育。建立健全执法制度，修订、完善《集体通案规定》、《执法过错追究制度》，出台《扬州边防检查站执法质量考评实施细则》，编印《边检执法工作流程》。监护中队设立边检询问室，基层执法科队配备“警务鹰”（多功能现场执法纪录仪）。开展边检执法模拟活动，通过设定执法场景、

4月16日，扬州边防检查站开展水上执法行动　　王　卓/摄

组织模拟执法、开展讨论讲评，提高执法人员的实际操作水平。开展边检大走访活动，征求驻地党委、政府和服务对象的意见、建议。（钱　君）

■信息化建设　全年投入专项经费41万元，完成扬州港和大洋船厂执勤点视频监控系统建设；完善视频监控系统架构，整合已建视频监控系统资源，改造视频会议室，安装高清视频会议系统，更新边检梅沙系统电脑；健全信息网络管理规章，实现信息应用系统化。提升指挥中心实战效能，完善远程指挥作战体系，实现指挥作战扁平化。推广应用“公安边防部队应用软件一体化平台”，组织开展一体化培训6批次，录入各类模块数据近5000条，向公安部边防局一体化工作组反馈意见、建议150余条。（钱　君）

■上海世博会安全保卫　4～11月，扬州边防检查站实施上海世博会“环沪护城河”工程，完成扬州口岸的安全保卫任务。世博会期间，扬州边防检查站动用警力4800余人次、车(艇)960余辆(艘)次，开展各类口岸安全清查行动17次。构建世博会安保预警评估和立体防控体系。加大情报信息搜集研判力度，编报《世博安保安全风险评估报告》，按需调整警力部署；强化科队联勤巡查机制，江面巡查与登轮检查、武装巡逻与视频监控相结合，实施全方位、不间断巡查管控，实现“执勤人员管点、科队联勤巡线、视频终端控面”的立体防控格局。建立“警政、警警、警企”协作机制。每月向驻地政府通报入出境动态信息和世博会安保口岸安全形势分析；与市国家安全局、市公安局、市海事局等驻地执法单位建立联席会议制度，开展信息交流、联合演练和联合执法行动；与16家口岸企业签订“世博安保工作责任状”和“反偷渡工作责任状”，形成群防群治、警企联动的安保工作格局。提升处突工作能力。绘制世博会安保警力和警务部署图，修订、完善突发事件处置预案，开展综合实战演练20场次。（钱　君）

■部队正规化建设　开展“大力弘扬海地维和精神，培育当代革命军人核心价值观”主题教育。学习贯彻新条令，印发新条令100册。加强干部“八小时外”管理，建立与干部家庭联系制度，定期向干部家属发送短信、举办家属联谊会，动员家属参与干部管理和监督。加强对执勤点等零散人员管理，规范执勤点秩序，确保执勤点纪律不松、作风不散。开展军事业务岗位技能练兵活动，坚持每周组织一次会操、每月进行一次军事考核。开展滚动式“百日安全竞赛”活动，每月召开安全分析会，排查安全隐患。开展车辆管理使用专项治理和驾驶员纪律作风教育整顿活动，对综合考核不合格的驾驶员实行停驾待岗，严禁战士请假离队和休假期间驾驶地方车辆。2010年，扬州边防检查站连续第13年实现“无行政责任事故、无执勤事故、无案件”目标。（钱　君）

扬州边防检查站开展世博安保口岸反恐处突演练

费伯俊／摄

人民防空

■人防指挥体系建设　完善由大型指挥车、通信车、信息采集车和指挥保障车组成的应急机动指挥所。完成人防地面指挥所和地下指挥所的改造，扬州市指挥所系统达到全省先进水平。加强指挥所的规范化管理，人防地下指挥所申报“军事管理区”。参与城市应急管理工作，配合市应急办调研城市紧急避难场所建设情况。完成全市反恐综合演习、重大化学品泄漏事故应急处置演习的机动指挥场所保障和应急通信保障任务。人防专业队通过南京军区人防办组织的考核与点验。参加省民防局组织的指挥比武活动，获女子冲锋枪射击团体第一名，女子冲锋枪射击个人第二名、第五名和班队列会操团体第三名。（倪方勇）

■人防通信建设　按照省《有线通信建设规范》要求，利用电信专用光缆，建成覆盖各县(市、区)，具备语音、数据和视频通信功能的民防有线通信网。新增5台固定防空警报器和2台车载警报器，警报音响覆盖面98%以上。利用“10·29”防空警报试鸣，组织汤汪中学近千名师生就近掩蔽演习，组织联谊路社区、东花园小学300余名居民、小学生紧急疏散演习。（倪方勇）

■人防工程建设与管理　人防工程新立项面积、开工面积和竣工面积分别完成全年目标任务的127%、138.66%和102.28%。加大对人防工程的技术审查力度，完成在建人防工程的隐蔽验收和专项验收。加强人防工程维护管理，签订安全责任书，消除各种安全隐患，全年人防工程未发生渗漏和安全事故。

依法征收人防建设费，在市行政办事服务中心人防窗口集中办理缴费事宜。（倪方勇）

■民防宣传　2010年10月31日是新中国人民防空事业创立60周年纪念日。扬州市举办纪念新中国人民防空60周年宣传活动；市民防局通过报刊、广播、电视、网络等媒体宣传民防工作；组织民防知识竞赛；组织人员参加全省民防系统业务比武；建立市青少年素质培训教育基地“人防展馆”和“广陵民防知识教育展馆”；举办书画笔会和“人防杯”摄影大赛；宣传人防建设先进单位和先进个人事迹；举办扬州市纪念新中国人民防空60周年主题晚会；结合“10·29”防空警报试鸣，首次在市“防空林”进行防空袭紧急避险演练；组织学生、市民、媒体代表参观扬州人防建设成就展。市民防局获评全国人防通讯报道先进单位。（倪方勇）

拥政爱民

■**概述** 驻扬部队开展以“深化双带双扶、共建美好扬州”为主题的拥政爱民活动，推进“五项工程”（重点建设工程、扶贫济困工程、文明示范工程、岗位创新工程、治安维稳工程）建设，参加国防教育、抢险救灾、扶贫帮困活动，支持地方经济建设。“双拥月”期间，各部队走访各级地方党政机关和社会团体72个，慰问贫困家庭162户，发放慰问金17万元，捐资7万元帮助88名贫困学生解决就学困难。植树节前，驻扬部队官兵100多人次参加西屏山和市郊沙头水源保护区植树活动，植树700多棵。驻扬部队参与市“‘5·19’慈善一日捐”活动，开展向玉树、舟曲、陕西等地灾区及新疆雪灾地区“送温暖、献爱心”活动，捐款捐物70多万元，支持慈善事业；组织义务献血活动。（袁德鹏 周梅红）

■**军分区发展军政军民关系** 扬州军分区组织民兵参与重大活动安保执勤，协助地方做好维稳工作。组织部队官兵、民兵预备役人员无偿献血4.38万毫升、清扫积雪道路20千米、植树17公顷，参加扬州市争创国家文明城市活动。抓好“双带双扶”（带头致富、带领致富，扶持一个贫困村、扶助一名贫困生）和扶贫帮困工作，出资30余万元帮扶仪征市陈集镇高集村、慰问贫困户、资助“八一”希望小学，捐款13余万元支援玉树地震灾区和扬州市慈善事业。

开展全民国防教育，推广中小学生国防教育“三进”（进课表、进教案、进课堂）经验。军分区司令部、政治部与市教育局联合下发《关于加强高级中学学生军训工作的意见》，规范训练内容、组训办法、保障措施以及承训单位管理等。9月14～27日，组织干部、民兵骨干与省军区通信站官兵95人完成扬州职业大学5000余名新生军训。指导各县（市、区）人武部完成1.81万名学生军训任务，组织城区780名中学生到市国防园接受国防教育和军事训练。（朱惠平 朱春足）

■**预备役师双拥共建活动** 市图书馆与预备役师建立共建关系，开展“图书进军营”共建活动，在师阅览室建立“图书流通点”，设置图书专柜，坚持每季度更换一次图书，常年存放书籍300本，满足官兵学习科学文化知识的需求。10月26日，预备役师机关派出3辆运输车和8名官兵，协助市图书馆将馆藏1400多箱13万册珍贵古籍和藏书搬入新馆。预备役师高炮四团机关连续17年结对帮扶高邮市特殊学校，全年为结对帮扶的10名残疾贫困生捐款8000元。4月22日，师团官兵向青海玉树地震灾区捐款6.2万元。（于 峰）

■**武警部队拥政爱民活动** 武警扬州市支队全年出动7179人次，看守犯罪嫌疑人1.1万人，押解罪犯600余人，抓获不法分子近100人，完成“烟花三月”国际经贸旅游节、观音山香会等临时性勤务183起。全年组织慈善义捐4次，捐款7万余元；无偿献血3万毫升。10月，协助扬州市图书馆转运古籍善本13万余册。

武警总队医院坚持开展“双拥爱民日”活动。全年组织200多人次医护人员上街下乡义务巡诊20次、诊治5000余人，向驻地卫生所赠送价值8万余元的医疗器材，发放价值2万余元的药品。

扬州市消防支队全年接警出动1614次，出动官兵1.57万人次、车辆3243辆次，扑救火灾500起、处置各类灾害事故800余起，抢救170人，抢救财产价值5000多万元。（杨 勇 袁德鹏 周梅红）

■**边防检查站实施爱民固边战略** 扬州边防检查站推进“爱民固边模范码头”创建工作，召开扬州口岸开展“爱民固边模范码头”创建活动推进会。10月25日，市政府命名扬州大洋船厂码头为“爱民固边模范码头”。开展双拥共建工作，组织官兵定期走访慰问仪征市陈集镇“八一”希望小学10名困难学生、驻地附近6名无助儿童以及扬州市特殊教育学校残障儿童。开展“送温暖、献爱心”活动，连续9年组织官兵参加扬州市“‘5·19’慈善一日捐”活动，累计捐款6万余元。监护中队定期组织官兵慰问施桥镇敬老院孤寡老人，开展“认亲接力”活动。到扬州职业大学等学校举办国防教育讲座4场，完成5000多人军训任务。执勤业务一科宰学飞获评江苏省双拥工作先进个人。（钱 君）

6月8日，武警扬州边防检查站官兵帮助驻地缺少劳动力的家庭抢收小麦　王 卓/摄

开发园区

Kaifayuanqu

本栏责任编辑　李全权

综述

■概况　2010年底,扬州有10家开发园区,其中国家级开发区1家(含国家级出口加工区1家)、省级开发区7家、市级产业园2家。全市开发园区完成业务总收入5856.3亿元、地方一般预算收入98.98亿元,分别比上年增长45.1%、56.8%。其中,国家级开发区完成业务总收入1855.1亿元、地方一般预算收入37.5亿元,分别比上年增长34%、66%。省级开发区完成业务总收入3416亿元、地方一般预算收入53.5亿元;市级产业园完成业务总收入585.1亿元、地方一般预算收入7.9亿元。

(梁顺龙)

■工业经济　全市开发园区利用产业和区位优势,注重政策扶持和规划引导,发展石油化工、汽车船舶、机电装备及"三新一网一书"(新能源、新光源、新材料,智能电网和电子书)等特色产业集群。2010年,国家级开发区完成工业总产值1372亿元,其中规模以上工业总产值1330.5亿元,均比上年增长42.1%;省级开发区完成工业总产值2957.8亿元,其中规模以上工业总产值2628.5亿元,分别比上年增长50.2%和58.2%;市级产业园完成工业总产值563.1亿元,其中规模以上工业总产值432.2亿元,分别比上年增长54.7%和44.3%。国家级开发区完成工业增加值321.8亿元,增长47.9%;省级开发区完成工业增加值738.29亿元,增长49.3%;市级产业园完成工业增加值78.3亿元,增长18.2%。加快产业结构调整,发展先进制造业和现代服务业产业。国家级开发区完成主导产业增加值267.1亿元,比上年增长43.5%;省级开发区完成主导产业增加值532.4亿元,增长43.2%;市级产业园完成主导产业增加值56.9亿元,增长9.6%。

(梁顺龙)

■固定资产投资　2010年,各园区构筑承载跨越发展的优质载体。国家级开发区完成全社会固定资产投资200亿元,其中工业项目固定资产投资145亿元,分别增长32%和43.8%;完成基础设施投入294.4亿元,比上年增长146%。省级开发区完成全社会固定资产投资621.4亿元,其中工业项目固定资产投资484.4亿元,分别比上年增长69%和72.3%;完成基础设施投入87.85亿元,比上年增长74%。市级产业园完成全社会固定资产投资105.6亿元,其中工业项目固定资产投资71亿元,分别比上年增长48.5%和27.2%;完成基础设施投入20.7亿元,比上年增长83.2%。

(梁顺龙)

■招商引资　2010年,全市开发园区提升开发开放水平。围绕产业发展重点,推进招商选资。全年实际利用外资20.69亿美元,比上年增长62.9%;新增外资项目222个、内资项目665个,分别比上年增长32.1%和1.8%。

(梁顺龙)

■科技进步　全市开发园区获批国家高新技术企业250多家,新增省以上高新技术产品1900多个,签订产学研合作协议300多项。全市开发园区累计引进高层次领军人才153人;累计建立国家级、省级公共检验测试平台11个,国家级、省级重点实验室3家,高新技术创业服务中心9家,留学人员创业园3家;2家国家级、省级高新技术产业基地获批挂牌;建立研发中心、产学研联合体79个。园区有孵化企业470家,孵化用房面积83.9万平方米。

(梁顺龙)

■特色产业　2010年,扬州经济技术开发区获批设立"国家火炬计划智能电网特色产业基地"、"扬州智能电网产业基地",广陵产业园获批设立"江苏扬州液压装备产业园",宝应开发区获批设立"江苏宝应智能电网装备产业园"等。至年底,全市园区累计获批设立国家级基地2家、省级基地1家、省级特色产业园6家。

(梁顺龙)

■可持续发展　全市开发园区坚持科学发展、生态开发,加大生态园区建设力度,提高开发园区可持续发展能力。2010年,全市开发园区全部通过ISO 14000认证,园区内有20.4%的企业通过ISO 14000认证,园区万元增加值能耗控制在0.6吨标准煤以下,污水处理能力95%以上。扬州经济技术开发区成为国家级生态工业示范园区,其他省级开发园区全面启动生态工业园创建工作。

(梁顺龙)

■**出口加工区** 至2010年底，出口加工区累计完成注册项目15个，投资总额8.6亿美元，注册资本5.2亿美元；投产和开工项目10个，总投资5.8亿美元，注册资本3.4亿美元，初步形成以电子和光伏产业为主的特色产业链经济。2010年，出口加工区实现工业总产值20.3亿元；进出口总额9.5亿美元，比上年增长143.6%。（梁顺龙）

扬州经济技术开发区

■**概述** 2010年，扬州经济技术开发区实现地区生产总值401亿元，比上年增长28.94%；完成全社会固定资产投资200亿元，比上年增长32%；实际利用外资5.04亿美元；完成进出口总额28.48亿美元，其中出口额16.26亿美元。

至年底，开发区代管面积120.2平方千米，下辖3个镇、2个街道，有中国扬州出口加工区、扬州国家半导体照明产业化基地、国家生态工业示范园区、国家级高新技术创业服务中心、国家光电产品检测重点实验室、中国国际人才市场扬州市场、国家循环经济试点单位、国家火炬计划扬州汽车及零部件产业基地等8个"国字号"品牌。（彭培伦）

■**基础设施建设** 至2010年底，开发区建成道路27条35千米，建设安置房186.8万平方米。建成区路网全面形成，出口加工区和太阳能光伏、半导体照明、汽车装备产业基地实现"七通一平"（通给水、排水、电、通讯、路、燃气、热力，场地平整），排污、排水、供电、供气、供热、海关直通点等基础配套趋于完善。推进"二城"、南部临港、港口物流园开发。重点实施环境基础设施建设、生态工业示范园区建设、集中供热建设，优化产业结构和布局，控制污染物排放总量。创成国家生态工业示范园区，初步形成以清洁生产、ISO 14001认证、循环经济建设和绿色产品生产为主体的低碳绿色生态经济框架。（彭培伦）

■**招商引资** 2010年，开发区加快"三新一网一书"项目集聚，全年新批外资项目58个，新增协议注册外资15.4亿美元，实际利用外资5.04亿美元。当年注册内资企业701家，注册资本60亿元。（彭培伦）

■**高新技术产业** 2010年，全区实现高新技术产业产值388亿元，比上年增长35%。加快公共技术服务平台建设，建成外商公共服务中心、"智谷"，提升国家级创业服务中心孵化功能。累计组织申报国家、省、市级各类科技计划项目370余个。新增3个国家级基地、9家国家高新技术企业。新增1个"863"计划项目、3个国家创新基金项目、12个国家火炬计划项目、4个省科技成果转化项目、5个省科技支撑项目、12个省基础研究计划（自然科学基金）项目。深化产学研合作，分别与中科院半导体所、南京大学共建扬州中科公司、南京大学—扬州光电研究院，与中国电子科技集团第55研究所合作开展MOCVD（金属有机化合物化学气相淀积的英文缩写）技术研究，筹建江苏光电研究院。2010年，全区申请专利835件，获专利授权715件。（彭培伦）

■**产业布局** 以太阳能光伏、半导体照明、智能电网、电子书为代表的"三新一网一书"产业发展较快。科技部批复以扬州经济技术开发区为核心，在扬州建立国家半导体照明工程产业化基地、国家绿色新能源特色产业基地和国家智能电网特色产业基地。太阳能光伏、半导体照明产业集聚顺大公司、晶澳公司、尚德公司、铼德公司、中科公司、璨圆公司、蓝宝公司、乾照公司、真明丽公司、川奇公司、艾笛森公司等核心企业和配套企业，初步形成太阳能光伏"多晶硅料—晶硅拉棒、铸锭—硅片—电池片—电池组件"、半导体照明"衬底—外延片—芯片—封装—应用"两条完整的产业链。MOCVD设备规模处于国际、国内领先地位。智能电网产业开工建设国电南自产业园，与美国通用、德国西门子等国际知名企业开展合作。电子书、RFID（无线射频识别）产业集聚川奇光电电子纸、易狄欧电子书、川扬电子电子书面板等项目。其中，川奇光电公司电子纸销售量占国际市场90%以上份额；RFID产业以永道无线射频公司为核心，产能位居全国第一。（彭培伦）

5月8日，扬州易狄欧电子科技有限公司生产的世博限量珍藏版电子书上架开售　王　卓/摄

■**扬州"智谷"启用** 参见第23页

■**第二届扬州智能电网产业发展国际论坛** 4月19日，第二届扬州智能电网产业发展国际论坛在开发区开幕。国内外有关知名企业负责人、科研院所学者、智能电网专家齐聚扬州"智谷"，探讨智能电网产业发展之道。论坛上，美国通用电气公司、韩国LS电线电缆集团、台湾大同集团等国际知名企业与开发区签署合作协议，双方拟在智能电网产业各个环节展开合作。（胡　岩）

■**参加"2010台湾国际光电周"活动** 6月，开发区组团参加"2010台湾国际光电周"活动。这是扬州经济技术开发区首次参加台湾大型光电展会，设立专门展位，采用图片、文字、声像的形式宣传投资环境，向全球各地参访者推介扬州经济技术开发区。（胡　岩）

■ **创建国家生态工业示范园区** 8月31日，由环保部、商务部、科技部组成的国家生态工业示范园区建设领导小组办公室组织专家对扬州经济技术开发区创建生态工业示范园区工作进行现场验收。专家们在考察江苏顺大公司、川奇光电公司、电动车充电站、扬州"智谷"等现场后宣布，园区基本条件达到国家《综合类生态工业园区标准》的要求，通过考核验收。（胡 岩）

扬州化学工业园区

■ **概述** 2010年，扬州化学工业园区(简称化工园区)全部工业产值首次突破200亿元，其中规模以上工业实现产值182亿元、利税10.5亿元，分别增长36.6%、42.9%。完成全社会固定资产投资62亿元，其中工业投资51亿元，分别增长23.5%、38%。实际利用外资9193万美元，新增民资注册资本7.2亿元。完成自营出口总额1.3亿美元，增长46.3%。实现财政总收入6.43亿元、一般预算收入2.89亿元，分别增长24%、28%。园区石油化工、精细化工、化工新材料、石化物流等产业发展态势良好。9月21日，化工园区项目建设服务中心揭牌。（缪 东）

■ **基础设施建设** 2010年，化工园区完成基础设施投入11亿元。完成经七路、旭升桥、龙安路改造等路桥工程；肖山、胥南两座11万伏变电所投入运行，仪化电厂至总降变电站110千伏线路完成迁移；烯烃管道地埋工程完工；特勤消防站投入运行；润扬国泰等项目场地交付使用；浦西小区一期Ⅰ标段交付使用，青山沿江小区一期工程竣工。坚持市场化运作、企业化管理，实施投资公司转型改革，确立融资、建设和管理三大职能。拓展融资渠道，全年融资3.28亿元，实际新增到账贷款2.68亿元。（孙 毅）

■ **招商引资** 2010年，园区坚持产业招商，多层次、宽领域招商，创新招商引资体制，营造快捷、高效、优质的招商引资软环境，完善投资硬环境。先后组织境外招商活动、境内集中推介各6次，举办扬州—台北石化界企业家恳谈会、扬州—海湾阿拉伯国家石化产业合作论坛。利用海峡两岸石化科技经贸交流大会平台作主题推介，扩大化工园区在台湾的知名度和影响力。全年实际利用外资9193万美元，新增民资注册资本7.2亿元。（缪 东）

■ **对外贸易** 2010年，园区实现进出口总额3.4亿美元，比上年增长35.6%。其中，出口额1.3亿美元，增长46.3%；进口额2.1亿美元，增长29.6%。以中化扬州石化码头仓储有限公司和扬州恒基达鑫国际化工仓储有限公司为核心的保税仓储企业成为园区外贸新的出口增长点，合计实现出口0.19亿美元。中化扬州石化码头仓储有限公司成为园区第二家年出口额超过1000万美元的企业。（缪 东）

化工园区大连化工(江苏)有限公司生产装置 化工园区/供稿

■ **项目建设** 园区推进重点项目建设，强化重点项目建设前期、在建、新开工、竣工投产4个环节的跟踪服务，及时掌握项目进展情况，协调解决问题。全年实施1亿元以上工业项目30个，奥克化学硅切割液等10个项目竣工投产；EA/EOD、轻/重芳烃加氢、苯酚/丙酮、热电联产一期、扬农Ⅰ地块系列项目等5个总投资1亿美元或10亿元以上的重大项目开工建设；推进远东PTA(精对苯二甲酸)及再生瓶片、实友化工二期、大连化工1,4-丁二醇扩能、住友高纯氨等重大项目。（缪 东）

■ **高新技术产业** 2010年，园区推进高新技术产业园和创业服务中心建设。南京大学—扬州化学化工研究院运作有序。与北京化工大学、扬州大学共建的中试生产基地申报江苏省扬州化学化工科技公共技术服务中心。大连化工聚四亚甲基醚二醇(PTMEG)被认定为国家重点新产品，"DCC"被认定为江苏省著名商标。优士化学公司获批扬州市创新型企业。培育科技型中小企业，吸引艾格化工公司、住友化工公司等10多家科技型企业入驻园区。全年园区高新技术产业实现产值139亿元，比上年增长49%，占全部工业产值的69.5%；企业研发投入占销售收入的2.1%。（缪 东）

■ **产业升级** 2010年，园区优化产业结构，石油化工产业实现产值150亿元，占规模工业产值的82%；服务业主营业务收入17.8亿元，增长18%。全年引进高层次创新创业人才5人，实施产学研合作项目15个，新增省创新型企业1家，认定江苏省著名商标、省高新技术产品及国家重点新产品各1个，南京大学—扬州化学化工研究院5个科研项目入选省科技计划，扬州新友化学有限公司、仪征市森泰化工有限公司等科技型企业落户。全年创建节能示范企业1家，实施节能改造项目5个、循环经济项目3个，工业增加值能耗下降8%。 （孙　毅）

■ **奥克化学扬州有限公司年产3万吨太阳级硅切割液项目** 6月8日，奥克化学扬州有限公司年产3万吨太阳级硅切割液项目开工建设。项目总投资1.19亿元，重点生产周边市场广泛需求的太阳级硅切割液，可实现年销售收入4.2亿元。 （杨　志）

■ **中国扬州—海湾阿拉伯国家石油化工产业合作论坛** 参见第145页

■ **实友化工（扬州）三期项目签约** 9月9日，实友化工(扬州)有限公司三期项目在香港签约。2010年，由香港建滔集团投资建设的实友化工一期100万吨重油催化裂解项目形成产值60亿元，二期项目在建。三期项目预计总投资3亿美元，注册利用外资1.2亿美元，计划2012年开工建设。 （胡　岩）

维扬经济开发区

■ **概述** 2010年，维扬经济开发区实现业务总收入240亿元，工业产值140亿元，固定资产投资58亿元，均比上年增长45%以上；实现财政收入6.5亿元、税收收入5.1亿元，分别比上年增长30%、16%。 （柏　丽）

■ **基础设施建设** 2010年，开发区先后完成蜀冈东路东延段、小官桥路延伸段、金槐路北侧、高蜀北路及新甘泉路(扬天公路以西路段)新建绿化工程，尚桥水库驳岸绿化种植工程和扬州北出入口绿化改造工程；实施国际汽车城中心景观带建设工程。全年新增绿化面积16.8万平方米。3月31日，扬州北出入口绿化改造工程全面完成。12月，创智湖景观工程开建，工程总面积16.67公顷(包括6.67公顷水面、创智大厦、银杏广场及沿湖景观等)。 （柏　丽）

■ **招商引资** 2010年，开发区根据产业定位分类招商，成立4个产业招商局，分别开展汽车电子及零部件产业、生物医药产业、节能环保及新材料产业和软件研发产业招商。开发区全年新增民资注册12亿元以上，合同利用外资1.4亿美元，外资实际到账0.61亿美元。

举办以电子及新材料产业为主题的扬州市维扬区(中山)招商座谈会、上海生物医药及电子信息投资说明会、瑞安汽配产业小型招商推介会、“海峡两岸交流俱乐部扬州行”活动、上海汽车零部件及“三新”产业推介会和以汽车电子及新材料为主题的扬州市维扬区(上海)招商座谈会等6场专题招商活动。

围绕汽车零部件、汽车电子、生物医药等主导产业组织招商活动，总投资9800万美元的嘉捷特种车辆、总投资25亿元的柳工机械产业园、总投资13亿元的税友软件、总投资2亿美元的维普生物医药产业园、国际汽车城标志性建筑宝马大厦等项目落户开发区。 （柏　丽）

维扬经济开发区顶津食品生产现场　王　卓／摄

■ **项目建设** 开发区全年新开工1亿元以上项目15个，总投资40亿元。亚联钢管、顶津食品(二期)和荣镁汽车轮毂等3个工业项目投资均在10亿元以上。新吉绅汽配、宝硕光电等1亿元级工业项目和上汽荣威、五亭龙商务广场等15个服务业项目开工建设。 （柏　丽）

■ **高新技术产业** 开发区新增永信计算机公司、建业庆松公司、三鑫矿业公司等3家国家高新技术企业，累计有国家高新技术企业15家。全年新认定省级以上高新技术产品47个，比上年增长45%。获批国家创新基金项目4个，累计12个；获批省级创新基金产品27个。

4月，扬杰电子公司、联能电子公司和宏福铝业公司获批建立扬州市企业院士工作站；12月，扬州宏福铝业公司孟健团队入选江苏省科技厅首批100家省级科技创新团队培养名单。 （柏　丽）

■ **省内首个分布式能源站项目签约** 9月，江苏华电扬州发电有限公司与维扬经济开发区签订协议，在开发区甘泉片区建设燃气分布式能源站。该项目占地10公顷，总投资15亿元，由中国华电集团公司江苏分公司投资兴建。分布式能源站由LNG(液化天然气)燃气—蒸汽联合循环机组及配套设施、热水制备站、冷冻站等组成。 （柏　丽）

■ **生态科技园项目启动** 维扬经济开发区生态科技园位于扬州北绕城高速公路北侧，总面积10平方千米。生态科技园首期启动5平方千米，建设项目主要包括研发基地、小型产业孵化基地和产业集聚区。一期项目总投资150亿元，涵盖生物医药、电子信息、精密机械、新能源等多个门类。6月，生态科技园开发公司——扬州光电科技有限公司成立，注册资本2.1亿元。 （柏　丽）

■ **国际汽车城** 至2010年底，扬州国际汽车城引进各类品牌汽车4S店25家，奔驰、大众、沃尔沃等世界知名汽车品牌相继进驻，其中15家品牌汽车4S店正式对外营业，全年实现汽车销售营业额25亿元，比上年增长208%。总投资2.3亿元的宝马大厦在建。汽车城投入200多万元打造中央景观带，公共服务平台、车管所等开工建设，汽车尾气检测中心签约入驻，二手车交易市场建成启用。（柏 丽）

邗江经济开发区加快数控机床产业发展。图为扬州锻压机床集团有限公司 邗江信息/供稿

邗江经济开发区

概述 2010年，邗江经济开发区实现地区生产总值76亿元、工业总产值251亿元、规模以上工业总产值236亿元、服务业增加值16.8亿元，入库税收7.78亿元，均为2005年的5倍以上，年均增幅近40%。在省商务厅组织的2009年度全省国家级和省级经济开发区建设发展情况综合评价中，邗江经济开发区在全省108个省级开发区中列第19位。

至2010年底，开发区累计引进项目380多个，总投资200多亿元；有规模以上企业86家，产值1亿元以上企业56家，国家级高新技术企业20家，入库税收过1000万元企业17家。开发区先后建成国家级创业服务中心、中科院扬州应用技术研发与产业化中心和数控机床研究院。中小企业产业化平台创富工场在建。有国家级博士后科研工作站1家、省级博士后科研工作站4家、省级院士工作站1家、市级以上"两站两中心"（院士工作站、博士后科研工作站和工程技术研究中心、企业技术中心）67家、中国名牌产品5个。开发区依靠自身产业优势和龙头骨干企业，初步形成智能化装备、新能源新光源、文化创意、生物科技等4个重点发展产业和以江阳西路为中心的市场带，先后获得国家火炬计划邗江数控金属板材加工设备产业基地、省机械装备制造之都、省金属板材加工设备出口基地、省新型工业化产业示范基地、省信息化和工业化融合示范区以及省级、国家级文化创意产业示范基地等称号。（童瑞明）

基础设施建设 2010年，开发区加快城市化步伐，投入基础设施建设资金近7亿元。建成宏溪路（一期）等4条道路，开建兴农路等4条道路，开建青年公寓、创富工场。完善配套设施，完成3.5千伏贾瓜线华油支线迁移改造、横二路供热管网和南园供热主管网建设，延伸胡庄站天然气主管道至汊河片区，架设路灯1300杆。开展水体整治，加固仪扬河河堤，疏浚黄泥沟，整治友谊河，建成宏溪路、夹桥河和古运河污水提升泵站。开建安置房20万平方米，分配安置房17万平方米，改造和扩建玉盛公园等公共设施，完善居民小区配套设施和污水管网。（童瑞明）

招商引资 2010年，开发区突出项目招商、产业招商、科技招商，全年完成协议注册外资2.4亿美元，自主招商外资实际到账9834万美元。新发展私营企业（含个体工商户）160家（户），新增私营企业注册资本金12.4亿元。总投资20亿美元的新日能太阳能薄膜电池项目开工建设，总投资约40亿元的三维成像科技产业园项目签约。（童瑞明）

扬州完美日用品有限公司开业 6月13日，扬州完美日用品有限公司开业。该公司是完美（中国）日用品有限公司和香港侨益国际投资有限公司投资设立的合资企业，项目占地23.87公顷，首期投资逾5亿元，设有保健食品厂、日用化妆品厂、品质保证暨检测中心等。（童瑞明）

中国三维成像科技产业园项目签约 9月21日，天津三维成像技术有限公司、Living 3D昆蓝电子科技有限公司与邗江经济开发区签订协议，共建中国三维成像科技产业园。根据协议，中国三维成像科技产业园将实施自由立体显示终端研究及产业化、手机立体显示技术及产业化、多视点立体摄像机系统研究等项目，并建立中国三维成像科技研究院、中国三维成像科技博物馆、中国立体影视制作中心、中国三维成像技术学院、涉及三维成像技术的多家专业工厂。项目预计总投资约40亿元。（史 建）

新日能公司落户开发区 11月8日，由美国新日能控股有限公司与中国环保能源控股有限公司合作共建的全球最大硅基薄膜太阳能电池项目落户邗江经济开发区。项目总投资约20亿美元，主要涉及硅基太阳能薄膜电池制造、发电系统集成以及太阳站建设EPC（总承包）等领域。项目计划用3～5年时间，新建40条硅基薄膜电池生产线，年产能1000兆瓦。（童瑞明）

宝应经济开发区

概述 2010年，宝应经济开发区实现全部工业产值354.62亿元、销售入 341.58 亿元，分别比上年增长 75%、68%；规模以上工业完成产值 332.37 亿元、销售 321.59 亿元，分别增长 112%、104%。完成外资注册 2.64 亿美元，到账外资 1.4 亿美元，分别增长 73%、72%。完成新增民资注册资本 42.59 亿元，增长 36%。实现财政收入 16.04 亿元，其中地方一般预算收入 7.92 亿元，分别增长 113%、125%。税收收入 9.5 亿元，增长 136%。（戴 倩）

■基础设施建设 围绕 30 平方千米的园区总体规划布局，建成 3.86 平方千米北区一期工程，累计投入 1.2 亿元，完成 6.3 千米“两纵两横”道路工程和 30 万平方米道路绿化。规划建设总建筑面积 20 万平方米的科技创业园。投入资金 1 亿元，对新城规划区域实施连片拆迁，拆迁 488 户。加快开发区国际学校、华美达大酒店、新长途客运站等城市功能项目建设，筹建开发区地段医院、大型超市、农贸市场、城市河驳岸等功能设施，完善新城功能。（戴 倩）

■招商引资 2010 年，开发区签约项目 24 个，其中 10 亿元或 1 亿美元以上项目 2 个（康源 30 万纱锭、50 万吨聚酯材料）、5 亿元或 5000 万美元以上项目 2 个（科技创业园、昌辰锦纶长丝）、1 亿元或 1000 万美元以上项目 5 个。开工建设 10 亿元以上项目 1 个（康源 30 万纱锭），竣工 1 亿元或 1000 万美元以上项目 3 个（宝源高新电工、中恒铝业和俊宝电工），在建、待建 1 亿元以上项目 15 个。完成外资注册 2.64 亿美元，到账外资 1.4 亿美元；完成新增民资注册资本 42.59 亿元。（戴 倩）

■项目建设 2010 年，开发区在建 1 亿元或 1000 万美元以上项目 10 个，总投资分别为 30.1 亿元和 5000 万美元，其中固定资产投资分别为 18.75 亿元和 3500 万美元，注册资本分别为 8.45 亿元和 6500 万美元。签约待建 1 亿元或 1000 万美元以上项目 5 个，总投资分别为 15.9 亿元和 3000 万美元，注册资本分别为 4.3 亿元和 1500 万美元。（戴 倩）

■产业培育 规划建设输变电装备（智能电网）主导产业园区、泵阀管件压力容器特色产业园区和新兴产业园区。智能输变电产业园获批江苏省特色园区。全区主导特色产业新增企业 12 家。出台鼓励区内企业发展的政策和措施，将资金、土地、税费、人才等生产要素向重点企业倾斜，引导质态良好的企业实施技术改造，推进低效企业“腾笼换鸟”或合资合作。全年有 43 家企业实施技术改造，完成技改投资 15.01 亿元，新增开票销售 1000 万元以上企业 10 家，其中 3 亿元以上企业 1 家、5000 万元以上企业 1 家、3000 万元以上企业 4 家。布利杰针织公司年产销额超 1 亿元，远扬管业公司、宝杰隆电磁线公司等 5 家企业年产销额超 2 亿元。开发区内企业申请专利 32 件，获专利授权 21 件。筹建产业共性技术研发中心、博士后工作站、院士工作站等高层次研发平台和转化基地，为开发区主导特色产业的创新发展、转型升级提供技术和人才支撑。（戴 倩）

■财税融资 2010 年，开发区实现财政收入 16.04 亿元。与江苏省中物联再生资源有限公司签订项目合作协议，全年开票销售 5.2 亿元。依托区属开发投资公司和担保公司，加强与中国农业发展银行等政策性银行和农业银行、工商银行、江苏银行等商业银行合作，放大融资平台效应，全年融资 4.8 亿元。（戴 倩）

仪征经济开发区

■概述 2010 年，仪征经济开发区实现工业总产值 559 亿元、销售收入 548 亿元，分别增长 73.9%、57%；其中规模以上工业实现产值 500 亿元、销售收入 160 亿元，分别增长86.2%、46.4%。实现工商税收 14 亿元、一般预算收入 9.5 亿元，分别增长97.9%、73.4%。船舶、高新企业完成工业产值 286 亿元。其中，船舶产业完成造船量 226 万载重吨，新增订单比上年增长 45.9%，实现产值 192 亿元，增长 37.4%；高新企业实现工业产值 94 亿元，增长 708%。重点企业规模扩大，全区有产值过 10 亿元企业 8 家，金陵船舶公司、国裕造船公司等企业产值均超过 30 亿元。全区 21 家市属重点企业完成工业产值164 亿元，占规模工业总量的 33%。提升企业运行质态，船舶工业实现税收 2.5 亿元，占全区工商税收的 18%。全区有利税过 5000 万元的企业 5 家，龙头企业支撑作用增强。

2010 年底，开发区行政管辖面积 105 平方千米，规划面积 60 平方千米，建有汽车工业园、高新产业园、船舶工业园和科教产业园等。在高新产业园发展节能环保产业、循

4 月 25 日，仪征经济开发区重点企业江苏金陵船舶公司建造的 9.25 万吨散货海轮“长航安海”号交付使用 郭义富 / 摄

环经济产业、现代信息技术产业，建设科技创业中心。（卢烨坪）

■**基础设施建设** 全年累计投入基础设施建设资金2.1亿元。新增道路5千米、雨污管道7千米、供水管道7千米、供电线路13千米、绿化面积15万平方米。开工建设锦华路、三益大道、仪扬河南堤道路改造及区内绿化提升等工程，推进十二圩新区、沙河安置小区、闽泰小区、榕侨房产、新圩房产、同泰房产、新世纪房产和船舶企业行政生活服务区等工程，新增房屋建筑面积7万平方米，新建集贸市场1个。沙河安置小区一期工程建成，二期工程完工交付，三期工程开工建设。船舶配套服务区金陵船厂宿舍楼建成并投入使用，国裕船舶生活区全面建设。（卢烨坪）

■**招商引资** 全年完成合同利用外资4.8亿美元，实际利用外资1.73亿美元，分别增长33.3%、12%；新增民资注册资本22.9亿元，实际利用民资26.2亿元。引进新项目42个，其中外资项目12个、民资项目30个。至2010年底，园区有注册资本1000万美元以上外资项目21个，累计总投资5.4亿美元；注册资本5000万元以上民资项目27个，累计总投资57.5亿元。（卢烨坪）

■**项目建设** 全年有重点建设项目45个，其中10亿元级项目9个、5亿元级项目6个、1亿元级项目19个。全年完成投资73亿元，26个项目开工建设，9个项目竣工投产。（卢烨坪）

■**高新技术产业** 全年高新技术产业实现产值17.3亿元，增长48.5%。新增万事通公司和嘉德光电公司等2家国家级高新技术企业、SC1500镍锌动力电池等8个省级以上高新技术产品和重点新产品，新增省级以上研发机构3个。各级各类计划项目立项16个。申请专利140件，其中发明专利30件。签订产学研合作项目协议8项。引进高层次领军人才8人、产业发展急需专业技术人才50人。4人获江苏省高层次创新创业人才项目立项。争取科技创新扶持配套资金1500多万元。仪征市科技创业服务中心一期工程投入使用，二期工程主体建筑封顶。（卢烨坪）

高邮经济开发区

■**概述** 2010年，高邮经济开发区实现地区生产总值119亿元；地区工业总产值327.5亿元，其中规模以上工业产值309.5亿元，均比上年增长55.8%；税收总额12.13亿元，增长109%；财政收入15.55亿元，增长123%；完成全社会固定资产投资87.3亿元，增长123%；协议注册外资3.74亿美元，实际到账1.22亿美元；自营出口1.9亿美元，增长314%；实际利用民资84亿元，增长138%；新增注册资本43.6亿元，增长249%；新增产值1亿元以上工业企业16家，新增规模工业企业26家；新增省级品牌5个。（詹东周）

■**基础设施建设** 2010年，高邮经济开发区加大园区环境建设力度，编制99平方千米范围的总体规划。投入7亿元，实施基础设施“12345”工程，即：规划建设1个污水管网，建设成长型项目园和安置小区四期等2个园区，架设兴欣路东延跨北关河一桥、珠光路北延跨北关河二桥、波司登大道东延跨北关河三桥等3座桥梁，整治二号河、四号河、六号河和安置小区周边河流等4条河流，新建波司登大道东延、金桥北路北延、珠光路北延、兴欣路东延和华山路南延等5条道路并配套建设美化、绿化、亮化工程。启用第二自来水厂。开工建设20万平方米尚程国际家居广场。规划建设关河风光带、东湖湿地公园、人才公寓、外来职工服务中心等商务休闲和生活服务设施。（詹东周）

■**招商引资** 2010年，开发区组织举办苏州、上海、无锡、萧山招商推介会以及“百日招商”活动，落实电子触摸屏、中天水力、羽绒加工、多晶浇铸、石英坩埚、丙纶纤维、防静电材料、医用高分子材料等项目。总投资60亿元的6000吨高纯硅项目和总投资10亿元、首期投资5亿元的中天水力项目签约。全年落户5亿元以上项目6个，协议注册外资3.74亿美元，实际到账外资1.22亿美元；实际利用民资84亿元，比上年增长138%；新增注册资本43.6亿元，比上年增长249%。（詹东周）

■**项目建设** 2010年，开发区建设51个项目，其中新开工项目38个、续建项目13个。新开工项目中有36个是工业项目，其中外资项目2个、民资项目34个；有永辉丙纶纤维、万利置业家具广场、宝源机械、成长型工业园、新潮光伏、华尔光电石英坩埚、锦绣前程电子触摸屏、三弘集团羽绒制品等1亿元以上项目8个，宏远高压电极箔、戚伍水产、福娃电子、华胜科技机电设备制造、嘉鑫纤维织造、天成工贸汽车配件、大晟医药用材料、兴益机械等5000万元以上项目12个。新潮光伏、石英坩埚等项目实现当年签约、当年开工、当年投产。（詹东周）

■**科技创新** 开发区建成省级科技企业孵化器孵化用房8万平方米。江苏矽太信息科技有限公司引进江苏国际技术转移中心高邮分中心项目。加大企业研发投入力度，拥有1个院士工作站、1个博士工作站和4个省级研发中心。推进产学研合作，实施产学研合作项目26个，转让科研成果6项。扬州宏远电子有限公司特高压电极箔项目申报省科技重大成果转化项目。招引10家高科技成长型企业，永济医药范军、绿科生物马放、宏远电子吴昊、苏安物联胡荣林等4名高层人才入围扬州“绿扬金凤计划”并得到资助。区内企业申请专利289件，其中发明专利107件。为生产企业兑现奖励基金和扶持基金1700多万元。（詹东周）

■**产业布局** 开发区形成五大产业集群。服装服饰产业主要有波司登公司、雅鹿公司、沙龙公司等品牌企业，实现年产值70亿元；电子电气产业主要有传艺科技公司、均英光电公司、广源电缆公司、宏远电子公司等企业，实现年产值70亿元，成为柔性线路板和特高压电极箔全球制造基地；机械制造产业主要有华兴石油机械公司、高扬煤矿机械公司、和益电动工具公司、精佳汽摩轮毂公司等企业，实现年产值120亿元；医药化工产业主要有中韩合资一洋制药公司和沪港新亚制药公司、天健药业公司等企业，实现年产值30亿元；太阳能光伏产业主要有康博高纯硅公司、华尔光电公司、新潮光伏公司、腾大光电公司等企业，主要生产从单晶硅及硅片（多晶硅及硅片）到太阳能电池、组件、太阳能发电系统及石英坩埚等产品，实现年产值50亿元。（詹东周）

江都经济开发区

■概述 2010年，江都经济开发区实现地区生产总值285亿元，业务总收入862亿元，工业产值783亿元，财政收入24.3亿元，其中地方一般预算收入13.5亿元，协议利用外资6.8亿美元，实际到账外资3.2亿美元。

至2010年底，江都经济开发区累计完成基础设施投入50亿元；先后引进投资1000万美元或1亿元以上项目70个，计划总投资380亿元，其中"中字头"、"国字号"企业投资项目8个，分别是中海造船、中远物流、中航鼎衡、中信泰富、中材国际、中石油、宝钢金属、海螺水泥等；协议利用外资16亿美元，实际到账外资8.3亿美元。初步形成船舶制造及配套件、特钢生产加工两大主导产业。2009年，江都经济开发区建设发展水平在全省108家省级开发区中排名第14位。（韩思思）

■基础设施建设 2010年，开发区完成基础设施建设投入9.5亿元。基本建成区域供水工程；建成科技大厦主体和占地5万平方米的滨江生态广场，启动滨江科技城人工湖工程；11万伏变电所2座投运、1座在建；建成中油江都气站，铺设天然气门站管网12千米；省级可持续发展实验区、省级扬州（江都）软件园相继获批，推进生态工业园、特钢产业园申报工作。（韩思思）

■招商引资 2010年，开发区新批外商投资项目29个，其中工业项目16个；新批注册外资6.87亿美元，其中增资1.42亿美元；实际到账外资3.28亿美元，其中工业项目到账外资2.18亿美元。（韩思思）

■项目建设 2010年，开发区新开工海螺水泥、皇马电动车、鲲鹏电机、电子海绵、工业气体等工业项目8个，诚德三期、中允机械、凯尔斯迈电动车等6个工业项目竣工投产。长青农化集团上市；中海造船公司建成26万平方米船体车间、国内最大的3号干船坞和900吨龙门吊1台；投资15亿元的中航鼎衡二期项目开工建设；中信泰富公司600万吨球团和码头项目报批工作启动；诚德钢管公司建成三期项目厂房20万平方米，完成6300吨压力机和1500吨轧机安装；龙川钢管公司建成三期720毫米大口径无缝钢管项目厂房10万平方米；海昌物流项目建成2号泊位；投资10亿元的三江钢材城项目完成注册；投资10亿元的分布式能源电站项目列入省试点项目。（韩思思）

江都经济开发区江苏长青农化公司成功上市 江都/供稿

广陵产业园

■概述 2010年，广陵产业园实现业务总收入346亿元，完成工业生产总值323亿元，全社会固定资产投资70亿元，实现税收8.32亿元、财政收入15.6亿元，实际利用外资1.78亿美元，新增民资注册资本12.26亿元。各项经济指标增幅均在35%以上。园区规模以上企业完成产值242亿元、销售收入236亿元、利税6.24亿元。

2010年，广陵产业园以海沃机械公司、中冶京诚公司、万方电子公司、怡丰通信公司、东方吊架公司、嘉和散热器公司为代表的高新技术产业实现产值68亿元。优化产业布局，初步形成以海沃机械公司、中冶京诚公司等为龙头的精密机械制造产业集群，以暻泰车材公司、英瑞汽材公司等为依托的汽车及零部件产业集群，以万方电子公司、怡丰通信公司等为支撑的电子信息产业集群，三大主导产业占园区经济总量的80%。

至2010年底，广陵产业园累计完成基础设施建设总投入50亿元，形成"八纵六横"40多千米长的路网，供水、供电、天然气、排污、路灯、绿化、公交、垃圾处理等基础与配套设施同步到位。形成精密机械、汽车及零部件、电子信息三大主导产业，世界液压油缸产业基地逐步成形。至年底，园区共引进玛切嘉利、暻泰车材、海沃机械、中冶京诚、明发商业广场等317个项目。其中，外资项目107个，合同利用外资16亿美元，实际利用外资6.2亿美元；民资项目210个，累计注册资本金67亿元。近

200个项目建成投产，30个项目在建。（朱海清）

■**基础设施建设** 2010年，广陵产业园完成基础设施投入10亿元，新建道路10千米，新增绿化面积15万平方米。扬霍路全线贯通，第三横向干道东西两段和经三路、七里路、横三桥等工程在建。开工建设强民路、宝林南路延伸段、经一路延伸段、沪西高速备交道、京杭路延伸段等工程，龙泉路延伸段、大众港路在建。实施潮龙港新建，纵二河整治，沙河、团结河清淤治理，大众港绿化等工程。（朱海清）

■**招商引资** 2010年，广陵产业园引进新项目50个、企业增资扩股项目12个，其中新批外商投资企业25家、新设立民资企业25家、外资增资项目4个、民资增资项目8个。引进注册资本1000万美元以上外资项目18个、注册资本3000万元以上民资项目4个。全年实际到账外资1.78亿美元，完成民资注册12.26亿元。（朱海清）

■**项目建设** 2010年，广陵产业园项目建设进展顺利。玛切嘉利项目6条生产线投产；太极新材料项目一期工程10.4万平方米生产及附属厂房完成80%基建工作量，订购设备230台套；奔多新材料项目一期12万平方米厂房基建结束，设备安装结束，水、电、燃气管路全部到位；科技创业园项目2万平方米厂房投入使用，5.5万平方米厂房在建；明发商业广场项目A区6万平方米沿街营业用房、B区15.8万平方米营业用房封顶，室内外装饰工程在建。（朱海清）

杭集工业园

■**概述** 2010年，杭集工业园实现业务总收入239.54亿元，比上年增长27%；工业品销售收入239.39亿元，增长27%；实现地方一般预算收入1.37亿元，增长7%；自营出口额1.81亿美元，增长31%；完成基础设施投入1.45亿元，增长21%；新批外商投资企业3家，协议注册外资8420万美元，下降31%；外资实际到账4130万美元，增长2%。推进国家优质洗漱用品生产示范区创建活动，创成省级优质洗漱用品示范区、江苏省产业集群品牌培育基地、江苏省中小企业产业集聚示范区和江苏省新型工业化产业示范基地。引导企业强化质量管理，争创品牌。全年推进企业质量管理体系认证3项，采用国际标准4项，完成计量确认4项，获批江苏省著名商标3件。推进现代服务业发展，全年实现服务业增加值12.9亿元，比上年增长43.98%。商业步行街、工业园配套服务中心、锦都国际酒店用品城三期等服务业重点项目有序推进。（杨　志）

■**基础设施建设** 2010年，杭集工业园新增开发面积0.5平方千米，完成基础设施投入1亿元。延伸兴园路、伟业路、四通路、利民路等道路2600米。呼应文昌路东延工程，启动预计总投资1.2亿元的曙光北路拓宽改造工程。实施双都广场、殷庄小区和徐桥小区10万平方米绿化景观提升工程。全年新增绿化造林面积100公顷。完成江六高速杭集段、泰李高公路、文昌东路延伸段拆迁工作。全年拆除违章建设72处，总面积3472平方米。实施污水管网建设工程，建成夏庄、新联、王桥等3座农村生活污水处理装置。强化土地管理，全年征地62公顷，协议补偿资金4748万元。（杨　志）

■**国家牙刷分标委落户杭集** 5月9日，全国口腔护理用品标准化技术委员会和牙刷分技术委员会在杭集成立，牙刷分技术委员会秘书处设在杭集五爱集团。（胡　岩）

■**高露洁公司最大生产基地投入使用** 5月22日，高露洁三笑公司新工厂在杭集启用。新厂占地16公顷，采用生态环保节能设计，是美国高露洁公司在全球最大、最先进的牙刷生产基地，产品出口80多个国家和地区。项目建成后，高露洁—棕榄公司在扬州累计投资超过2亿美元。（史　建）

■**杭集工业园获评江苏省中小企业产业集聚示范区** 10月2日，省经济和信息化委员会、省中小企业局公布首批19家江苏省中小企业产业集聚示范区名单，杭集工业园成为全市唯一江苏省中小企业产业集聚示范区。2010年，杭集工业园规模以上企业完成产值242亿元、销售收入236亿元、利税6.24亿元。（胡　岩）

杭集五爱集团牙刷生产场景　　张贵洪／摄

农业与农村经济

Nongye Yu Nongcunjingji

本栏责任编辑 李全权

综述

概况 2010年，扬州市农林牧渔业实现产值285.89亿元，比上年增长11.49%。其中，农业产值136.98亿元、林业产值7.17亿元、牧业产值50.65亿元、渔业产值78.02亿元、农林牧渔服务业产值13.06亿元。全市农民人均纯收入9462元，比上年增长14.1%。新组建"三大合作"组织(土地股份合作社、社区股份合作社和农民专业合作社)631个，累计3127个，农户入社率56%。

城市规划区外的67个乡镇全部完成总体规划修编。在建和建成50户以上规模的农民集中居住区240个，规划户数7.35万户；年内建成或入住2.74万户，占规划数的37.2%。全市新增高效农(渔)业园区面积1.8万公顷，总面积5.19万公顷。

全市水稻、小麦、油菜等主要种植业品种承保率98%以上，能繁母猪和奶牛承保率100%；实现保费收入9095.4万元，其中农民自缴保费2630.7万元、财政补贴6464.7万元。有478个村实施一事一议财政奖补项目502个，覆盖率39.21%，资金预算总额近1亿元。

全市77个乡镇建立农村土地流转服务中心和服务大厅。适度规模经营总面积15.97万公顷，占耕地面积的54.5%。

引进项目635个，合同利用外资2.77亿美元、内资65.4亿元。向各级财政争取各类项目资金13.7亿元。全市疏浚县乡河道、村庄河塘3070万立方米，新建或改建无害化卫生户厕9.24万座、"一池三改"(建沼气池，改圈、改厕、改厨)户用沼气池9200座。新创农村环境综合整治与"四位一体"(农村公路养护、河道管护、村庄保洁以及绿化植树)长效管护达标乡镇30个，农村垃圾集中处理率90%。新增造林面积1.08万公顷，其中成片造林6933公顷。创建成全面小康村100个、市级新农村建设示范村31个。

(袁强华 吴兆明 杨 志)

农业产业化 2010年，扬州市形成优质粮油、畜禽产品、蔬菜加工、水产品加工、林木产品加工等五大农业产业化加工企业集群。全市有市级以上龙头企业90家，其中国家级3家、省级20家；市级以上农业产业化龙头企业经营业绩保持20%以上的增速。2010年，市级以上龙头企业销售收入、利税、出口额分别为212亿元、13.7亿元和3.8亿美元，分别比上年增长20.4%、35.6%和48%。全年62.7万户农户签订订单收购协议，带动农户112.2万户。 (孙建勇)

农业招商引资 2010年，全市实施农业利用外资、民资、工商资本项目635个，其中外资项目66个、民资和工商资本项目569个；利用外资2.77亿美元，利用民资和工商资本75亿元。举办海峡两岸(扬州)农业合作试验区推介会，组织参加"江苏台湾周"、海峡两岸(昆山)农业合作洽谈会等展会。6月，扬州市与台北市农会签署农业合作框架协议。

(袁秋华)

政策性农业保险 2010年，扬州市主要种植业参保率和保费收入创历史新高；开发的肉用仔鹅保险品种

宝应县数万亩荷花荡衍生出集荷藕种植、加工和销售于一体的巨大产业链 张元奇/摄

被列入江苏省试点品种范围。承保水稻面积20.11万公顷，实际参保率98.5%;承保小麦面积18.43万公顷，实际参保率99.5%;能繁母猪和奶牛参保率100%;实施蔬菜大棚、蔬菜大棚附加蔬菜(瓜果)、肉用仔鹅、育肥猪、肉鸡等保险试点。全年实现保费收入9095.4万元,支付理赔款3848万元。（陈五湖）

■农村土地承包经营管理 2010年,扬州市组织实施农村土地承包经营权登记试点工作,确定1个部级试点镇(高邮市车逻镇)、1个省级试点村（江都市大桥镇常平村)、11个市级试点村。宝应县、高邮市、江都市、仪征市和邗江区建成土地流转服务中心,77个乡镇建成农村土地承包经营权流转服务所(中心)。宝应县、高邮市、江都市、仪征市和邗江区建立县级土地承包经营纠纷调解仲裁机构,初步建立“乡镇调解、县(市)仲裁、司法保障”组织体系。全市新增农业适度规模经营面积2.36万公顷。（孙步山）

■农村集体财务规范化管理 2010年,全市确定第二批村级集体财务管理薄弱村35个,按照“三化、四个一、五规范”(“三化”即公开内容通俗化、重点问题专项化、检查监督经常化,“四个一”即每村必须有一个公开栏、一本民主理财簿、一个群众意见箱和一部监督电话,“五规范” 即内容规范、阵地规范、时间规范、程序规范和制度规范)的要求,抓好村组财务公开。开展村务监督组织调研检查工作,下发《关于进一步加强村民监督组织建设的意见》。

实施《扬州市农村集体经济组织审计暂行办法》，提高农村审计人员业务素质,提升农村审计工作水平。3月,举办全市农村审计业务骨干培训班,培训农村审计人员100多人。各县(市、区)开展农村审计培训工作。300多名农村审计人员经培训、考核合格取得扬州市农村集体经济组织审计证。

全市第九届村委会换届选举前,开展村级财务和村干部离任审计工作。至11月底,审计任务全面完成。（刘乃祥）

■农村集体资产管理 市政府办公室下发《关于全面开展农村集体资产清产核资和确权发证工作的意见》。至11月底，农村集体资产清产核资和确权发证工作全面完成，发证率100%。全市登记账内核算总资产52.9亿元,净资产30.8亿元;账外登记公益性资产22.4亿元，资源性资产31.4万公顷。全市核增资产4890笔2.35亿元，核减资产1.41万笔1.75亿元,核销债权1.35万笔7069万元，核销债务6780笔9238万元。

江都市、仪征市等地创新管理手段,推进信息化管理,增强农村“三资”(资金、资产、资源)管理透明度。（刘乃祥）

■农民负担监管 2010年，全市有1111个村开展一事一议筹资,871个村实施一事一议筹劳,一事一议筹资筹劳（以下简称筹资筹劳）覆盖面92%。筹资筹劳总额3.07亿元,全部实行项目化管理。其中,卡内承担和自愿以资代劳金0.81亿元，人均27.38元;卡外代收费用2.26亿元。农民获补贴资金4.04亿元，人均137元。（马饶燕）

■农村扶贫 2008～2010年，扬州市实施第三轮农村扶贫脱贫攻坚工程。至2010年底,全市累计组织500多家机关部门和企业,结对帮扶253个集体收入1万元以下的经济薄弱村,投入帮扶资金1.08亿元,帮扶经济薄弱村落实“物业、产业”项目980个。其中,市级组织72个机关部门和企业帮扶36个村，投入帮扶资金4363.5万元,帮扶实施“物业、产业”项目126个。

2010年,253个被帮扶村实现集体经济总收入7717.1万元，其中市直重点帮扶的36个村村均集体经济收入超过20万元,总收入843.2万元。组织开展“万企联万户、共奔小康路”结对帮扶活动，全市动员9770家企业结对帮扶2.74万户低收入农村家庭,累计投入帮扶资金1136万元,安排贫困劳动力5595人就业，帮助低收入农户开发创业项目3375个。至年底,全市建档的5.3万户低收入农村家庭10.3万人全部实现脱贫,基本消除绝对贫困现象。（张长山）

■农经综合服务 2010年，扬州市开展农经综合服务创新创优和明星单位创建活动。全市在90个镇(乡、街道)中开展农经综合服务,其中57个设有服务大厅，服务场所总面积6971平方米。代管村组资金8.96亿元,占村组资金总额的91.8%。签订各类合同4.06万份，合同金额2.15亿元,到账1.75亿元。有60个乡镇建立招投标中心。采集为农服务信息5778条，通过网络发布信息5544条次，通过公开栏发布信息4090条次，通过其他方式发布信息1602条次。新增农民资金互助合作组织3家，新增入社股民400多人，新增入股资金600万元。25个乡镇开展信用评估服务,为4.4万户农户贷款1.03亿元。全年接待咨询4690人次,群众满意率97.6%。

宝应县西安丰镇农经服务中心、广洋湖镇农经服务中心,高邮市甘垛镇农经服务站、天山镇农经服务站,江都市仙女镇经营管理站、邵伯镇经营管理站、武坚镇经营管理站,仪征市新集镇农经服务中心,邗江区杨寿镇经营管理站、沙头镇经营管理站获评扬州市2010年度农经综合服务明星单位。（刘乃祥）

■设施农业与园区建设 2010年，扬州市有设施农（渔）业面积2.91万公顷,其中新增面积1.17万公顷。15个现代农业亮点工程全年投入资金8.12亿元,入驻企业501家、大户5265户。至年底,全市有农(渔)业园区561个,总面积5.19万公顷,其中新增面积1.8万公顷。江都市蔬菜产业园被省政府命名为全省首批现代农业产业园区,小纪蔬菜产业园被农业部确定为国家级蔬菜示范标准园;宝应有机农业园区正润生态园被确定为国家级湿地森林公园,兴泰农牧公司成为国家级标准化生态养殖示

小纪蔬菜育苗中心　　江都／供稿

范场；市现代农业展示中心成为特色农业展示窗口和新技术、新品种、新模式教育示范基地。宝应县获评江苏省荷藕产业基地，高邮市获评江苏省扬州鹅产业基地，江都市获评江苏省花木产业基地。邗江区双隆村、仪征市枣林村、江都市永安村等3个村获评江苏省现代农业示范村。（孙建勇）

■农村人才工程　2010年，全市各地根据农业优势特色产业发展需要，围绕"一村一品"和农业新品种、新技术、新模式确定培训内容，列出培训菜单供各村农民选择。全市完成实用技术培训9万人次、农民创业培训5016人次。（郑　伟）

■农村能源建设　全市新建"一池三改"户用沼气池9200座、秸秆联户沼气工程2处（供气200户），新增农村沼气用户1万多户，新建养殖场沼气治理工程39处，建成农村沼气村级服务网点33处。（戴　敬）

■全面小康村创建　2010年，全市新增全面小康村100个；累计建成全面小康村1040个，占全市行政村总数的87%。2010年，新建成的100个全面小康村平均每村完成总产值5200万元、村集体年可支配收入逾36万元，农民人均纯收入9620元，累计投入创建资金6020多万元，新建农村"三大合作"组织62个，新建6.67公顷以上高效农业示范方42个，新建村级便民服务中心72个，河塘清淤320万立方米，新建通村通组硬质化道路468千米，全市农村新增绿化面积48.67公顷。

（吴兆明　张长山）

■强镇富民　2010年，扬州市实现乡镇财政总收入100亿元，比上年增长35.3%，有财政收入过1亿元乡镇32个。其中，江都市仙女镇财政总收入13亿元，排名第一；宝应县射阳湖镇财政总收入增幅最大。全市乡镇高效农业总面积1.45万公顷，增长21.6%。其中，江都市小纪镇高效农业面积居全市之首，为6867公顷；高邮市界首镇高效农业面积增幅列全市第一。全市村均集体经济收入58.26万元，增长20.2%。其中，广陵区汤汪乡村均集体经济收入居全市之首，为657.75万元；高邮市八桥镇增幅列全市第一。全市有在工商部门登记的农民专业合作社2211个，入社成员43万人。全市农民人均纯收入9462元，增长14.1%。其中，邗江区、江都市农民人均纯收入超过1万元，其他县（市、区）农民人均纯收入均达到小康标准。（张长山）

■农民专业合作经济组织　2010年，全市新增各类农民专业合作经济组织631个，累计3127个；入社农户58.3万户。至年底，全市有在工商部门登记的农民专业合作社2211个，入社成员43万人。其中，土地股份合作社778个，入股土地4.28万公顷；社区股份合作社255个，折股量化资产7.99亿元。合作社工商登记率71%。

4月，邗江区高桥社区股份合作社变更登记成农民专业合作社法人，为《江苏省农民专业合作社条例》实施以来首个登记成立的农民专业合作社。（孙步山）

■海峡两岸（扬州）农业合作试验区推介会　4月17日，扬州市举行海峡两岸（扬州）农业合作试验区推介会，近300名中外客商应邀参加活动，现场签约项目60个，合同利用外资2.48亿美元、民资37.5亿元。宝应县、邗江区、广陵区等分别在会上推介有机农业、观光农业、食品加工业发展情况。

正式签约的60个项目中，种植、养殖项目26个，合同利用外资3680万美元、民资15.1亿元；农产品加工项目15个，合同利用外资1.36亿美元、民资6.2亿元；农业观光旅游项目15个，合同利用外资505万美元、民资13.9亿元；农产品流通项目4个，合同利用外资2500万美元、民资2.4亿元。总投资超过1000万美元的外资项目有9个，其中投资5000万美元的生物科技项目落户扬州市食品工业园；45个民资项目的平均投资额8300万元，其中投资2.6亿元的"万亩花卉苗木项目"落户宝应县。（胡　岩）

■扬州—台北签署农业全方位合作交流协议　6月5日，扬州—台北农业合作恳谈会在扬州举行，扬州市和台北市农会首次签署农业全方位合作交流协议。根据协议，双方将在加工农业和生态、观光农业等方面加强合作。（史　建）

农业机械化

■农机装备水平　2010年，全市获各类农机项目资金7385万元，其中购机补贴资金5190万元，受益农户和农机服务组织超过8000户（个）。

扬州市农业机械化水平不断提高　　陆业斌/摄

全市新增大中型拖拉机1135台、高效植保机1633台、秸秆还田机1291台、渔业机械6118台。至年底,全市农机总动力222.7万千瓦,有大中型拖拉机9123台、联合收割机7417台、插秧机近6000台。主要农作物机械化种植水平81.5%,小麦、水稻机收水平逾97%。（刘恒美　马　勇）

■**水稻种植机械化**　2010年,全市新增水稻插秧机1562台,总数近6000台。全市水稻种植面积20.82万公顷,机插面积10.72万公顷,机插率首次超过50%。高邮市成为全市第二个基本实现水稻种植机械化的县(市)。（刘恒美　马　勇）

■**秸秆机械化还田**　2010年,市农机部门提前部署,试点、推广、培训秸秆机械化还田技术。全年完成稻麦秸秆机械化全量还田26.53万公顷,其中夏季完成12万公顷、秋季完成14.53万公顷。（刘恒美　马　勇）

■**农机跨区作业**　2010年,扬州市以农机跨区作业合作社作为农忙的骨干力量和市场主体,开展现代化信息服务、系统化作业服务、多元化经营服务、多样化技术服务等"四化服务",发放跨区作业证3310张,组建跨区作业队330个。有4680余台联合收割机外出作业,作业面积66.67万公顷,实现跨区作业收入5.7亿元。（刘恒美　马　勇）

■**农机服务组织建设**　2010年,全市新增农机合作组织72个,农业部授牌全国农机合作社示范点2个、农机大户示范点1个,省农机局授牌五星级合作社2个、四星级合作社11个。江都市小纪镇依托当地蔬菜生产龙头企业,建立超大农机服务专业合作社,成为全市第一家为高效农业提供农机作业服务的合作社。（刘恒美　马　勇）

■**农机安全生产**　2010年,扬州市开展"农机安全生产年"活动,提高牌证管理率、年检率、年审率,开展农机安全专项整治,加强变型拖拉机安全生产监管,农机安全隐患整改率逾90%。仪征市创新手段、完善机制,被评为省级平安农机示范县,并申报国家级平安农机示范县。

（刘恒美　马　勇）

■**农机人才培养**　2010年,农机培训纳入农民"阳光工程",享受财政补贴。扬州市开展农机使用与维修和机防手培训工作,举办培训班13期,培训人员1050人次。全年技能鉴定合格人数2385人。举办"牧羊杯"扬州市第二届农机行业职业技能竞赛,选拔优秀队员参加江苏省"常发杯"农机职业技能大赛,获团体三等奖。

（刘恒美　马　勇）

农业综合开发

■**概述**　2010年,扬州市农业综合开发项目争取财政资金1.72亿元,比上年增长14.7%。实施国家农业综合开发项目19个、省级丘陵山区农业综合开发项目12个。全市建成宝应鲁垛、小官庄,江都樊川,邗江方巷等连片667公顷以上的高标准农田;建成高邮横泾、汉留、汤庄,江都小纪、樊川,邗江沙头、杨寿及仪征枣林湾等高效农业园区;扶持联谊批发市场、邗江口缘食品有限公司等龙头企业及一批农民专业合作经济组织。

扬州市及各县(市、区)完成《2010~2020年高标准农田建设规划》编制,规划投入资金20亿元,在全市新建9.92万公顷高标准农田,总面积增至19.28万公顷,占现有耕地的63.43%。组织编制全市"十二五"农业开发规划以及丘陵山区、高沙土和沿安大线农业开发规划。

（陈曙光）

■**国家农业综合开发项目**　2010年,全市实施国家农业开发土地治理项目10个,财政总投资1.02亿元。其中,国家土地治理规模项目2个,治理面积1333公顷;国家土地治理高标准农田项目3个,财政投资3960万元,治理面积2200公顷;国家土地治理一般项目4个,投入3800万元,治理面积3667公顷;国家土地治理试点项目1个,投入104.75万元。农业开发项目区新建田间道路273.12千米,新建和维修排灌站227座,新建衬渠258.58千米,配套田间建筑物6962座。在项目区培训农民1.68万人次,田间植树52万株。

实施国家产业化经营项目9个,其中财政补贴项目6个、贷款贴息项目3个,投入财政无偿资金840万元。其中,扬州市江都市3000吨果品种植基地项目、扬州市仪征市1万吨速冻食品加工改扩建项目、扬州市仪征市40吨茶叶加工改扩建项目、扬州市邗江区40万只肉鹅加工改扩建项目、扬州市邗江区2850吨无公害蔬菜生产基地建设项目、扬州市广陵区新增20万吨农副产品交易批发市场扩建项目等6个财政补贴项目投入财政资金440万元。（陈曙光）

■**省级丘陵山区农业综合开发项目**　2010年,扬州市组织实施丘陵山区农业综合开发高效农业基地项目12个,总投资6571.7万元(省级财政资金1770万元,市、县财政配套资金525万元,群众自筹资金4276.7万元),重点扶持发展丘陵山区经济林茶果、种草养禽和观光农业,涉及仪征市、高邮市及邗江区11个乡镇。其中,仪征市有枣林湾经济林果高效农业基地项目、康大枣林观光农业示范园项目、新城坡山经济林果基地项目、刘集达天观光农业基地项目、陈集丰瑞草食畜禽基地项目等5个项目,高邮市有江苏天山神爽农业基地项目、送桥镇种草养鹅示范基地项目、高邮市郭集腾发花卉苗木基地建设项目、清真林牧综合生态景观园建设项目等4个项目,邗江区有方巷镇花卉苗木基地建设项目、槐泗现代生态农业基地建设项目、杨寿镇特色林果基地建设项目等3个项目。

通过项目建设,丘陵山区新增经济林果641公顷、花卉苗木86公顷、牧草170公顷、林果种苗40公顷。2010年,项目区配套建设输变电线路4.75千米、机耕路82.35千米,修建排灌站8座、渠系建筑物1253座、衬砌渠道20.28千米,埋设灌排管道4.3千米,新建喷灌和微灌面积25.33公顷,建设农田林网25公顷;搭建钢架大棚1.33公顷、连栋大棚日光温室4公顷、棚架30公顷、食用菌菌棚100座,建成简易分装流水线1条、仓容1万吨简易冷库1座,建成禽类房舍、生产设施2.47万平方米,引进新品种18个、新技术12项,培训项目区农民2720人次。(陈曙光)

■省级高沙土农业综合开发项目 2010年,扬州市在江都市吴桥镇和宜陵镇的5个行政村实施省级高沙土农业综合开发项目,项目总投资960万元(省级财政资金600万元,县级财政配套资金180万元,群众自筹资金180万元),改造中低产田666.67公顷。项目实际完成土方36万立方米,修建电灌站11座、中沟建筑物10座、衬砌渠道25.7千米、机耕路5.18千米、水泥路6.22千米、低压管输水灌溉面积36.67公顷,配套田间建筑物189座。项目建成后,新增灌溉面积33公顷,改善耕地面积633公顷,增加农田林网防护面积667公顷。(陈曙光)

种植业

■概述 2010年,扬州市粮食生产克服夏熟多次遭受低温、寒潮、雨雪天气和光照偏少、积温偏低、雨水偏多、苗小苗弱、秋熟水稻播栽期推迟等不利因素,保持良好的发展态势。全年粮食种植面积41.03万公顷,每公顷产量6996千克,总产量287.09万吨。(袁秋勇)

■夏粮生产 2010年,全市夏粮播种面积18.26万公顷,每公顷产量5869千克,比上年增加14千克;总产量107.18万吨,比上年增加3.04万吨,增长2.92%。夏粮播种以小麦为主,播种面积17.65万公顷,比上年增加5220公顷,每公顷产量5922千克,比上年增加14千克,增长0.24%;总产量104.5万吨,比上年增加3.3万吨,增长3.26%。(袁秋勇)

■秋粮生产 2010年,全市秋粮播种面积22.77万公顷,每公顷产量7901千克,比上年增加57千克;总产量179.9万吨,比上年增加1.69万吨,增长0.95%。秋粮播种以水稻为主,播种面积20.82万公顷,与上年持平;每公顷产量8213千克,比上年增加58千克,增长0.71%;总产量170.99万吨,比上年增加0.97万吨,增长0.57%。(袁秋勇)

■油菜生产 2010年,全市油菜播种面积2.92万公顷,与上年持平;每公顷产量2586千克,比上年减少30千克;总产量7.56万吨,比上年减少3501吨。(袁秋勇)

■棉花生产 2010年,全市棉花种植面积3773公顷,比上年增加173公顷,增长4.8%;每公顷产量1426.5千克,比上年增加151.5千克,增长11.9%;总产量5378吨,比上年增加890吨,增长12%。(袁秋勇)

■粮食种植效益提高 2010年,小麦收购价每千克1.98元,比上年提高0.3元,全市农民因小麦提价增收3.14亿元;小麦每公顷成本增加270元,合计增加成本4764万元。全市农民种植小麦实际增加收入2.71亿元。水稻收购价每千克2.7元,比上年增加0.6元,全市农民因水稻提价增收10.25亿元,因增产增收3370万元;水稻每公顷成本增加660元,合计增加成本1.37亿元。全市农民种植水稻合计增收9.21亿元。全年农民因增产和提价人均增收380元。(袁秋勇)

■粮棉油万亩高产增效创建示范片 2010年,扬州市有农业部、江苏省粮棉油万亩高产增效创建示范片31个,其中水稻示范片18个、小麦示范片9个、油菜示范片3个、大豆示范片1个。18个水稻示范片中有部级7个、省级11个,分布在全市20个乡镇,面积1.27万公顷。各示范片克服积温低、雨水多、光照少、让茬迟等不利因素影响,实现粮棉油持续增产。高邮市小麦万亩示范片每公顷实收测产7990.5千克,比上年增加1668千克,增长26.4%;宝应县小麦万亩示范片每公顷实收测产7828.5千克,比上年增加1408.5千克,增长21.9%;宝应县油菜万亩示范片每公顷实收测产3480千克,比上年增加930千克,增长36.5%;高邮市周巷镇陈甸村和钱境村水稻万亩示范片每公顷产量10657.5千克,宝应县曹甸镇—西安丰镇水稻示范片每公顷产量10551千克,江都樊川水稻示范片每公顷产量10554千克。全市有6个示范片参加省级A级示范片考核评估,参评数位列全省第一。(袁秋勇)

■秸秆禁烧和综合利用 2010年,扬州市城郊秸秆禁烧区18个乡镇1.01万公顷农田实现秸秆禁烧。麦稻收割季节,省农作物秸秆综合利用示范县邗江区、仪征市、高邮市、江都市和省农作物秸秆综合利用推进县宝应县均未发现秸秆大范围连片焚烧现象。其中,宝应县未发现火点,邗江区、仪征市、高邮市、江都市仅发现零星火点,全市基本实现全面禁烧。

推广秸秆机械化全量还田和麦套稻技术。全市稻麦秸秆全量还田面积26.87万公顷,占稻麦播种面积的近70%;麦套稻技术推广面积5.33万公顷。(袁秋勇)

■惠农补贴 2010年，扬州市落实粮食直补、农资增支补贴、良种补贴资金3.57亿元。其中，水稻直补面积21.23万公顷，补贴6369万元；农资增支补贴21.99万公顷，补贴2.28亿元；小麦良种补贴面积9万公顷，补贴1350万元；油菜良种补贴面积2.54万公顷，补贴381万元；水稻良种推广补贴面积21.35万公顷，补贴4803.4万元；棉花良种推广补贴面积3333公顷，补贴资金75万元；玉米良种推广补贴面积1000公顷，补贴15.1万元。（袁秋勇）

■植保社会化服务 2010年，市委、市政府将植保社会化服务工作列入《扬州市2010年农业农村工作考核办法》，从行政推动、组织建设、示范引导和植保专业化防治成效等方面对各县（市、区）人民政府进行考核。全市4个县（市）及邗江区被农业部列入农作物病虫专业化统防统治示范县、示范片。其中，邗江区被列为全省示范县，水稻示范面积3333公顷；宝应县、高邮市、江都市和仪征市被列为示范片，水稻示范面积各667公顷。全市获省级财政植保专业化扶持资金逾400万元。全市建立县、乡、村病虫防治示范方251个，总面积2万多公顷。全市由植保专业队防治的水稻平均每公顷用药6次，比农民自防少用药2次，每公顷节省药本、工本585元，防治效果提高15%，每公顷多挽回粮食损失375千克，累计为农民节本增效1.1亿元。（袁秋勇）

■“宝应泰基”有机大米获金奖 5月27日，由中国绿色食品发展中心与德国纽伦堡会展公司共同主办的第四届中国国际有机食品博览会在上海举办。20多个国家和地区的300多家企业和近1000家采购商参会。会上，“宝应泰基”有机大米获评博览会金奖。（胡 岩）

蔬菜业

■概述 2010年，全市蔬菜生产基地面积3.8万公顷，比上年增加2667公顷；播种面积9.33万公顷（含1万公顷水生蔬菜），比上年增加6667公顷。全年蔬菜总产量250万吨，比上年增加10万吨；产值33亿元，比上年增加5亿元。

新技术推广应用成效明显。推广应用嫁接苗、组培苗、工厂化育苗技术，喷滴灌、无纺布、防虫网、遮阳网等栽培设施和大棚多层覆盖、病虫害综合防治技术。农业园区扩展功能，提升生产水平。沙头园区新建现代农业展示中心，小纪园区新增新品种展示区，望直港园区新建1万平方米展示温室，吴桥园区创成全省首批现代高效农业园区。发展观光农业，沙头蓝天生态园、汤汪生态休闲度假农庄、蒋王农业园区等开发蔬菜自耕农场。重视蔬菜标准化生产和质量安全，全市有209个蔬菜产品通过无公害品牌认证，新增“三品”（无公害农产品、绿色食品、有机食品）产地面积2220公顷。（陈志明 袁 霖）

■新品种培育与引进 扬子蔬菜科技发展有限公司借助省农业“三项工程”（农业品种、技术、知识更新工程）项目扶持，与扬州大学园艺植保学院合作培育“扬椒1号”、“扬椒2号”辣椒新品种，通过省级审定。借助海峡两岸（扬州）农业合作试验区和省设施园艺高效示范创建活动，小纪园区、吴桥园区、沙头园区均引进30个以上国内外蔬菜优质高产新品种。扬州大学园艺植保学院与扬州蔬菜科技发展有限公司合作建立水生蔬菜品种基因库基地。（陈志明 袁 霖）

■栽培设施建设 2010年，扬州市推广设施栽培条件下高效优质栽培技术，发展冬春大棚栽培、夏季防雨遮阳栽培，扩大防虫网、遮阳网、无滴长寿膜的使用面积，在宝应县和江都市推广工厂化育苗和嫁接苗技术。沙头园区的扬州现代农业展示中心展示蔬菜生产的新品种、新设施、新技术；超大集团和淮扬公司在大棚、田间安装自动气象观测仪；扬州大学机电工程学院在淮扬公司新建集约型日光温室。泾河园区和吴桥园区引进西瓜种植技术人员，推广西瓜嫁接育苗栽培技术。扬州大学、扬州环境资源职业技术学院和扬子蔬菜公司合作研制蚯蚓粪蔬菜育苗基质，并在生产中推广应用。里下河地区农科所在吴桥园区建立技术推广示范基地。（陈志明 袁 霖）

菜农种植的冬季蔬菜长势良好　　汪 武/摄

■江都现代蔬菜产业园区入选省现代农业产业园区 7月16日，省政府办公厅公布23家江苏省现代农业产业园名单，以吴桥镇万亩蔬菜园区为核心申报的江都现代蔬菜产业园区入选，被认定为江苏省江都现代农业产业园区，成为扬州市唯一省级现代农业园区。

江都现代蔬菜产业园区位于江都市吴桥镇北部，2006年下半年启动建设，规划面积2000公顷，建成760公顷，完成投资1.15亿元。园区有农业龙头企业6家，组建合作经济组织3家，有进园创业农户386户，吸纳劳动力2000人。园区以发展设施蔬菜为主，运用大棚设施进行反季节生产和特色生产；按照无公害农产品、绿色食品生产技术要求进行生产管理，产品品种以西瓜、甘蓝、西兰花等茄果类和瓜菜类蔬菜为主。（史 建）

林业

■概述 2010年，全市新增造林1.08万公顷，其中成片造林6933公顷；新建、完善农田林网2.6万公顷，四旁植树1068万株。至年底，全市林木覆盖率20.22%。11月17日，《扬州市城市森林建设规划（修编）》通过国家级专家评审。（孙羊林 赵景奎）

■集体林权制度改革 2010年，扬州市完成集体林权制度改革（简称林改）。全市各地调查统计村级集体林地、林木状况，梳理统计数据；重点调查集体统一经营、流转、拍卖、出租的林地、林木；核查家庭承包经营林地、自留山、自留地和单位使用地等。结合森林资源二类调查结果，审核数据，确保林改资料的可靠性。开发林权登记发证网上运行管理系统，提高林权发证工作效率和透明度，提升林业管理的信息化水平。做好林改档案工作，举办林改档案管理培训班，召开市林改档案归档示范现场会，部署林改档案归档工作，按照省林改档案管理要求收集、整理林改文件及材料。全市完成集体林权制度主体改革确权到户面积5.17万公顷，涉及农户78.9万户，改制率100%；2.13万公顷林地完成林权证发放，1.04万公顷林地完成股权证发放，两证发放率100%。1.04万公顷林地实行均股均利，20公顷林地实行均山均林，4160公顷林地由集体统一经营，3.67万公顷林地采用其他经营形式。林改确权到户工作基本完成。（吴建华）

■生态园区建设 2010年，全市加大重点区位绿化厚度，加密全市绿化节点，拓展园区建设规模，提升公园湿地绿化水平。新建或完善扬子津生态园、宋夹城生态园、三湾湿地公园、春江花月生态园等单体面积20公顷以上的城市生态园区。（孙羊林 赵景奎）

■村庄绿化 2010年，全市整体推进村庄绿化工作，量化建设围庄林和四旁植树创建任务，推广应用经济树种、乡土树种，开拓村民创收渠道，提高村庄绿化层次和品位，推行“一村一品种”绿化。全市新建绿化合格村300个，其中省绿化示范村100个。（孙羊林 赵景奎）

扬州市发展高效林业，增加农民收入。图为邗江区槐泗镇杨氏猕猴桃生产基地果农正在采摘猕猴桃 郭义富／摄

■高效林业 2010年，全市新造林中高效林业面积比例逾30%，宝应县夏集镇、高邮市三垛镇、仪征市枣林湾生态园等地高效林业面积比例超过50%。全市建成多个“千亩花木园”、“千亩果园”等高效林业基地。创新建设理念，高邮市菱塘回族乡吸收民营资本500多万元，种植香樟、桂花、广玉兰等高档花木，打造总体规划66.7公顷以上的林牧生态景观园区；宝应县夏集镇“万亩花木园”实施林农复合经营，苗木产业与休闲观光旅游相结合，建设多功能现代化特色农业园区。（孙羊林 赵景奎）

■《扬州市森林资源规划设计调查报告》通过评审 2010年，全市完成近8万个调查小班、7166个四旁树点的调查工作，编制完成《扬州市森林资源规划设计调查报告》。6月18日，《扬州市森林资源规划设计调查报告》通过省级评审，外业质量优良。（孙羊林 赵景奎）

■市政府与南京林业大学签署校地合作协议 9月10日，市政府与南京林业大学签署创建国家森林城市合作协议。根据协议，南京林业大学向扬州市创建国家森林城市工作和城市森林建设提供政策咨询、技术支撑、人才培养等服务；双方发挥各自资源优势、技术优势，推进项目合作和实施。（孙羊林 赵景奎）

■扬州市第八次森林资源清查工作 2010年，扬州市完成第八次森林资源清查工作，调查固定样地554个，其中乔木林样地57个、散竹林样地1个、特灌林样地8个、其他灌木林样地2个、未成林样地1个、苗圃地样地4个。全市3312个遥感样地判读完全符合正判率标准。提交江苏省社会调查纪录5份、江苏省访问调查问卷24份。（孙羊林 赵景奎）

畜牧业

■概述 2010年，全市生猪出栏168.9万头，比上年增长4.3%；家禽饲养量7704万只，比上年增长0.9%；肉类总产量24.3万吨，比上年增长7%；禽蛋产量13.2万吨，奶产量1.24万吨，均与上年基本持平。全市实现畜牧业总产值52亿元，比上年增长4%。

全市有市级以上畜禽规模养殖场3378家。全年创建国家级标准化养殖示范场5家，创建省、市两级畜禽生态健康养殖示范场49家，其中

省级23家。全年创建省级畜禽良种化示范场11家。控制重大动物疫病，遏制生猪高热病发生。畜牧投入品和畜产品全年检测合格率99.6%。全年未发生重大畜产品质量安全事故。（段宝法）

畜禽规模养殖 2010年，全市生猪规模养殖比重65.4%，比上年提高8.4个百分点；蛋禽规模养殖比重79.9%，比上年提高8.9个百分点；肉禽规模养殖比重77.4%，比上年提高2.4个百分点。全市有规模以上奶牛养殖场25家，规模养殖比重100%。宝应金来宝农牧发展有限公司、扬州创日畜牧科技有限公司、扬州方陵养殖有限公司、扬州锦程禽业有限公司等畜禽规模养殖企业建成投产。（段宝法）

"苏邮1号"蛋鸭配套系通过国家级审定 11月，国家级新品种"苏邮1号"蛋鸭配套系现场审定会在扬州召开。"苏邮1号"蛋鸭配套系是国内首个经国家级审定的蛋鸭配套系，保持地方鸭种独有的优良特性，商品蛋鸭青壳率逾95%，72周产蛋数超过300枚。（段宝法）

生猪自宰自销试点 扬州市下发《关于开展大型规模猪场自宰自销试点工作的实施方案》，在扬州市隆盛畜禽有限公司和高邮市巧妹子科技养殖园开展自宰自销试点工作。扬州隆盛公司征地2万多平方米，建设现代化的屠宰车间；高邮市巧妹子科技养殖园实行代宰自销模式，在高邮城区设立猪肉销售专柜，注册"水乡巧妹子"商标。（段宝法）

重大动物疫病防控 2010年，全市下发禽流感疫苗1782万毫升、猪口蹄疫疫苗286万毫升、牛羊疫苗27.8万毫升、高致病性猪蓝耳病灭活疫苗0.5万毫升、弱毒疫苗193万头份、猪瘟疫苗223万头份。重大动物疫病的免疫密度100%。强化夏季生猪高热病的防控，集中开展夏季大消毒工作，在扬州市流行10年的生猪高热病得到控制。（段宝法）

动物免疫监测 2010年，全市采集牲畜样品1.05万份、家禽样品1.17万份，检测结果免疫抗体达到规定保护水平。配合国家禽流感参考实验室完成禽流感例行监测任务。（段宝法）

动物防疫管理 2010年，制定和完善全市重大动物疫情管理总预案和高致病性禽流感预防等4个分预案。调整和更新应急预备队员。全市建立应急预备队16支，有队员308人。制定全市规范乡村兽医及村级防疫员管理工作方案，开展乡村兽医登记工作，规范乡村兽医从业行为，提高重大动物疫病防控能力和水平。建立村级动物防疫员档案制度和村级动物防疫员工作责任制。全市有村级防疫员992人，其中在编防疫员482人。（段宝法）

畜产品质量安全监管 强化屠宰场监管，严格管理生猪进场、宰前检查、屠宰检疫、宰后出证、无害化处理等环节。全市组织屠宰场检查876次，查处不合格生猪及产品1500多千克，查处违规人员120人次，罚款23.8万元。组织对城区屠宰场检查38次，查处违规行为8次，罚款0.5万元。强化农贸市场和超市监管，执行市场准入制度、休市制度和例行监测制度等。全市检查农贸市场160家、冷库15座、超市143家，出动执法人员830人次，查处违规单位13家，没收、销毁不合格产品1.5吨，罚款1.1万元。强化集伙单位监管，检查工地122个、学校34所，查处违规单位33家，没收、销毁不合格产品0.5吨。强化规模养殖企业监管，建立规模企业纸质和电子档案。市、县、乡安排人员挂钩到规模企业，实行定点联系制度。（段宝法）

畜禽养殖示范创建 2010年，全市有兴泰(扬州)农牧科技发展有限公司、宝应县新安肉鸡养殖场、扬州市华兴乳业有限公司、江苏高志农业股份有限公司、扬州翔龙禽业发展有限公司等5家省级规模养殖企业通过农业部畜禽标准化养殖示范创建验收。有78家养殖企业申请参加畜牧生态健康养殖示范创建活动，其中生猪养殖企业32家、蛋鸡养殖企业

扬州鹅育种中心 李斯尔／摄

24家、奶牛养殖企业9家、肉鹅养殖企业4家、其他类养殖企业9家；申请企业中有49家通过创建考核。有16家畜禽养殖企业参加畜禽良种化示范创建活动，11家通过现场考核，其中种畜禽企业3家、商品化畜禽场8家。 （段宝法）

■动物防疫规范达标示范创建 8月，市农委召开动物防疫规范达标示范创建工作现场会。至年底，江都陵都等19个猪场通过省级验收，占市级以上规模猪场的12.6%。扬州市获评2010年江苏省动物防疫规范达标示范创建奖。 （段宝法）

水产业

■概述 2010年，全市水产养殖总面积7.53万公顷，比上年增加667公顷；水产品总产量37.8万吨，比上年增加5000吨；实现渔业产值78亿元，比上年增加5亿元；实现渔业增加值32亿元，增加3亿多元。全市有渔业经济合作组织184个。

全市新增养殖水面逾667公顷，其中高邮新开池塘逾333公顷、宝应新增养殖水面逾200公顷。改造养殖大水面7187公顷、池塘8767公顷，新铺硬质护坡3.4万平方米；维修改造大中型养殖水面圩堤和围栏设施。

调整产业结构，发展名特水产品。全市特种水产品养殖面积6.47万公顷，比上年增加1333公顷；其中河蟹养殖面积3.37万公顷、罗氏沼虾养殖面积1.11万公顷、小龙虾养殖面积1000公顷、鳜鱼养殖面积1467公顷。

推广适应科技，扩大高效渔业面积。宝应县、高邮市、江都市和邗江区结合渔业科技入户工程，加大技术培训和推广新技术、新品种的力度，全年举办各类技术培训班112期，培训水产养殖户1.65万人次，重点推广河蟹和罗氏沼虾生态健康养殖技术。全市水产业生产效益提高，每公顷养殖效益3.15万元以上，其中河蟹每公顷养殖效益逾4.8万元。全市高效渔业面积逾5.33万公顷，新增高效设施渔业面积7333公顷、新增设施渔业面积2667公顷。 （李荣福）

■水产品质量安全 扬州市制定《2010年扬州市深化农产品质量安全整治方案》，成立水产品质量安全整治工作领导小组，加强水产品质量安全建设。全市有无公害水产品基地72处、无公害水产品基地面积4.64万公顷，其中2010年新增无公害基地6处、新增面积693公顷；有机水产品基地7800公顷，比上年增加1267公顷。水产品“三品”覆盖率80%。全市有无公害水产品63个，申报绿色水产品12个、有机水产品55个。2010年新增水产品“三品”44个。

加强水产苗种管理。组织全市水产苗种场业务骨干人员参加水产苗种法律法规和有关专业知识培训，对全市水产苗种生产企业进行普查登记。组织水产品质量安全及水产苗种生产专项执法检查，全市出动执法人员检查生产经营企业74家次（其中水产苗种生产单位16家次），查处问题2起，责令整改2起。 （李荣福）

■高宝邵伯湖渔业 高宝邵伯湖湖区实现渔业总产量1.30万吨，比上年下降2.3%。其中，养殖产量6341吨，下降7.3%；捕捞产量6709吨，增长3.1%。捕捞品种中，青虾捕捞产量增长8%，梅鲚捕捞产量增长20%，白虾捕捞产量下降15%，银鱼捕捞产量下降10%。全年实现渔业总产值1.66亿元，比上年增长20.0%。其中，养殖产值1.16亿元，增长27.9%；捕捞产值4992万元，增长5.0%。

全年查处各类案件936件，其中地笼网案件380件、电毒案件57件、高踏网案件9件，销毁地笼网3023条。

全年投入放流资金296万元，放流蟹种5472.5千克、大眼幼体250千克、鳜鱼夏片8万尾、鲢鳙夏片1.75万千克、草鱼夏片3585.5千克、幼蟹1860.5千克、鳙鱼鱼种9.25万千克、草鱼鱼种2.1万千克、翘嘴红鲌鱼种43万尾。推广实用新型专利“浮式抗风浪网围”1333公顷。

组建高宝邵伯湖首家渔民专业合作联社——扬州湖泊渔业专业合作联社。联社出资额1288万元，有社员1960户、无公害养殖基地2466.67公顷、有机水产品基地6000公顷。 （渔管会）

6月19日，扬州市举行首届“江湖连通·生态扬州”放鱼节启动仪式 郭义富／摄

■宝应湖牌中华鳖获评“中国名鳖” 1月22日，中国渔业协会龟鳖产业分会公布“中国名鳖”评比结果。江苏水仙实业有限公司的宝应湖牌中华鳖获首届“中国名鳖”评比第一名。参加此次评比的均为国内经商标注册的中华鳖养殖企业。通过外观、品种体系及产品烹饪制作等环节，组委会专家组一致认为宝应湖牌中华鳖味道清新、质感细腻、胶原蛋白丰富，各项评价指标均得高分，综合得分第一名。 （史　建）

■首届“江湖连通·生态扬州”放鱼节 6月19日，首届“江湖连通·生态扬州”放鱼节在万福闸启动。活动现场放流四大家鱼原种后备亲本20尾、四大家鱼夏花400万尾、四大家鱼鱼种1200千克、翘嘴红鲌大规格鱼种1000尾、河蟹幼蟹5万只、鳜鱼夏花1万尾。启动仪式后，扬州市分别在长江及高邮湖、邵伯湖等重点水域放流水产苗种。 （李荣福）

工业

Gongye

本栏责任编辑　李全权

综述

■**概况**　2010年，全市规模以上工业完成现价产值5873亿元，比上年增长34.7%；实现工业增加值1389亿元，增长16.1%，增加值总量居全省第六位、增幅居全省第七位；实现销售收入5648亿元，增长34%；实现利税635亿元，增长45.9%；实现利润369亿元，增长46.4%。

石油化工、汽车船舶、机械装备三大主导产业完成产值3586亿元，增长36%；占全市工业总产值的61.1%，比上年提高2个百分点。高新技术产业完成产值2224亿元，增长43.5%；占全市工业总产值的37.9%，比上年提高3.2个百分点。新能源、新光源、新材料、智能电网、节能和环保、电子书等六个新兴产业完成产值1522亿元，增长38.9%，占全市工业总产值的25.9%，比上年提高1.3个百分点，成为全市工业结构优化的先导性产业。

全市重点监控的100个工业经济新增长点项目累计新增现价产值390亿元、销售369亿元、利税44亿元，分别拉动全市规模以上工业现价产值、销售收入、利税增长8.7个百分点、8.7个百分点和13.5个百分点，对支撑全市工业经济发展和产业结构优化升级起到促进作用。

（杨　志）

■**工业投资**　2010年，全市完成工业投资1180亿元，比上年增长30.7%；工业投资增幅高于江苏省平均水平8个百分点，居全省第三位。全年实施1亿元以上项目508个，比上年增加93个；在建10亿元及1亿美元以上重大项目56个，平均单体投资规模16亿元，比上年增加2.4亿元。新开工10亿元及1亿美元以上重大项目33个，平均注册资本3.1亿元，比结转的23个重大项目单体注册资本提高5000万元；新开工40亿元以上重特大项目3个，分别是总投资91.3亿元的上海大众30万辆整车项目、总投资40亿元的天威新能源1500兆瓦太阳能电池项目和总投资53亿元的江苏华电仪征燃机热电联产项目。全年设备抵扣税额12.6亿元，增长81.3%。

全年新增竣工及部分投产的10亿元以上重大项目21个，完成投资240亿元。工业重大项目向主导产业和新兴产业集中，全年实施10亿元

2010年扬州市总产值前20名工业企业一览表

排名	单　位　名　称	地　区
1	中国石化仪征化纤股份有限公司	仪征市
2	宝胜集团有限公司	宝应县
3	扬州大洋造船有限公司	邗江区
4	晶澳(扬州)太阳能科技有限公司	开发区
5	实友化工(扬州)有限公司	仪征市
6	中国石化集团江苏石油勘探局	开发区
7	中海工业(江苏)有限公司	江都市
8	江苏国信发电有限公司	开发区
9	川奇光电(扬州)有限公司	开发区
10	江苏三笑集团	邗江区
11	仪征汽车配件有限公司	仪征市
12	江苏扬力集团有限公司	邗江区
13	江苏顺大半导体发展有限公司	高邮市
14	江苏波司登制衣有限公司	高邮市
15	扬州诚德钢管有限公司	江都市
16	扬州国裕船舶制造有限公司	仪征市
17	江苏金陵船舶有限责任公司	仪征市
18	扬州科进船业有限公司	江都市
19	扬州市环洲船用材料有限公司	邗江区
20	海信容声(扬州)冰箱有限公司	开发区

（杨　志）

以上三大主导产业和新兴产业项目53个，占在建10亿元以上项目的94.6%(三大主导产业占48.2%、新兴产业占46.4%)。其中,汽车产业链项目有上海大众整车、九龙、潍柴等6个，船舶产业链项目有中海工业、国裕、科进、江城船用材料等6个,太阳能光伏产业链项目有天威新能源太阳能电池组件、晶澳太阳能电池片、力铼光电CIGS薄膜太阳能电池、尚德多晶单晶电池组件等4个,LED(发光二极管)产业链项目有隆耀光电、璨扬光电、德豪电子、银雨光电等4个。工业重大项目加快向专业特色园区集聚，汽车产业项目向仪征、江都汽车产业园集聚,船舶产业项目向仪征、邗江、江都船舶产业园集聚,太阳能光伏、LED产业项目90%以上向扬州经济技术开发区集聚。

(杨 志)

■**重点企业** 2010年，全市有规模以上工业企业3728家，比上年增加282家,增长8.2%;企业单体平均规模1.6亿元，比上年增加0.3亿元，增长23%。有现价产值1亿元以上企业1135家,比上年增加315家,增长38.4%;产值1亿元以上企业总产值占全市规模以上工业总量的83%，比上年提升4.2个百分点,成为全市工业经济中坚力量。其中,产值5亿元以上企业208家,总产值占全市规模以上工业总量的53.3%;产值10亿元以上企业105家,总产值占全市规模以上工业总量的42.8%。全市规模以上工业亏损企业数降至112家，比上年下降53.1%;亏损面降至3%，亏损企业亏损额比上年下降41.7%。 (杨 志)

扬力集团研发人员在车间试验新技术 周文娟/摄

■**科技创新** 全市规模以上工业实现高新技术产业产值2224亿元,比上年增长43.5%,高于全市工业增幅8.8百分点;占规模以上工业总量的37.9%,比上年提高3.2个百分点。全市新增高新技术企业64家，比上年增长6.7%；新认定省级以上高新技术产品589个,比上年增长65%。

全年新增市级以上企业研发机构257个，其中省级以上研发机构96个，分别比上年增长83.6%和231%;建成国家标准化授权机构1个。扬州光电产品检测中心获得CBTL(国际电工产品安全测试报告互认体系实验室)国际认可。全市全年申请专利9980件,其中发明专利2066件,获专利授权3790件,增幅分别为33.8%、78.9%和50.2%。创新型企业培育初见成效，获批国家创新型试点企业1家、省创新型企业66家、市创新型企业60家、市创新型试点企业300家。360家创新型(试点)企业年度研发投入占销售收入的1.35%，超过全市规模以上企业平均水平0.65个百分点。新增省级以上品牌62个(件),其中中国驰名商标6件。

实友化工(扬州)有限公司生产装置一角 化工园区/供稿

加大政策扶持力度,出台《扬州市实施八大产业振兴行动计划奖励扶持专项资金管理试行办法》、《扬州市"八大产业"科技攻关与成果转化专项资金管理试行办法》。兑现创新型经济和八大产业振兴等奖励扶持政策,市级财政安排资金3.79亿元,比上年增长84.6%。各县(市、区)出台相应奖励扶持政策,共计投入4.4亿元,比上年增长77.4%。(杨 志)

■**节能降耗** 2010年，全市实施节能改造项目130个、循环经济项目36个，淘汰落后用能设备2371台(套),关闭"五小"(小钢铁、小电镀、小水泥、小印染、小化工)企业91家。120家企业实施节能监察,20家企业实施能源审计,112家企业实施清洁生产审核。创建节能示范企业26家,推广节能灯33.5万只，实施资源综合利用项目107个,帮助企业减免税收4500万元；申报省级以上节能项目41个，争取奖励扶持资金4347万元,节能50万吨标准煤。全市单位地区生产总值能耗由2005年的0.86吨标准煤降至0.69吨标准煤,下降20.35%。 (杨 志)

■**中小工业企业** 全市有规模以上中小工业企业3710家，比上年增加282家,占企业总数的99.5%。规模以上中小工业企业完成产值5041亿元、营业收入4862亿元、利税527.5亿元、利润303.5亿元，分别比上年增长

35%、34.9%、45.8%和46.8%。规模以上中小工业企业总产值占全市规模企业工业总量的86%。全市有年产值超过1亿元的中小企业600家。

100家“千企升级”示范企业中有23家示范企业成为市创新型试点企业;20家中小企业的20个产品被认定为省中小企业专利新产品;10家中小企业被认定为省中小企业创新能力建设示范企业和中小企业创新能力建设示范企业重点培育企业;10家中小企业被认定为高成长型中小企业和高成长型中小企业重点培育企业;10家中小企业被认定为江苏省中小企业信息化应用示范单位。

全市中小企业在建项目3200个，投资总额1560亿元，当年投入980亿元，分别比上年增长26.3%、47%和32%；实施1亿元以上项目360个。项目单体投入规模明显增大，大桥前进船业公司投资22亿元实施船舶制造项目，扬州秦邮特种材料有限公司投资20亿元实施特种材料项目等。 (杨 志)

中小企业服务管理 2010年，扬州市形成融资担保、创业辅导、人才培训、公共技术服务平台等中小企业服务网络，有6家服务机构被评为江苏省三星级公共服务平台。全市有备案登记的担保机构56家，注册资本32亿元，为2313家中小企业担保3431笔，当年担保额79.9亿元;新增注册资本比上年增长20%以上，当年新增担保额比上年增长80%以上。全市培训中小企业人员3.9万人次，其中社会化服务机构培训中小企业人员1.73万人次。 (杨 志)

乡镇工业集中区 2010年，全市30强乡镇工业集中区完成基础设施投入21亿元、项目投入531亿元，实现营业收入2476亿元、利税217亿元、利润126亿元。其中，江都仙女工业集中区实现产值370亿元，邗江杭集工业集中区实现产值240亿元，邗江李典工业集中区实现产值172亿元；宝应安宜和江都大桥、丁伙乡镇工业集中区跨入百亿元工业集中区行列。 (杨 志)

2010年扬州市部分重点乡镇工业实绩一览表

单位:亿元

乡镇名称	工业增加值	销售收入	利税总额
江都市仙女镇	132.61	561.57	67.39
江都市大桥镇	88.20	330.87	33.63
邗江区杭集镇	61.07	239.43	24.75
江都市小纪镇	54.93	219.08	28.21
邗江区李典镇	54.02	215.02	27.37
江都市丁伙镇	35.01	140.58	23.33
江都市邵伯镇	34.34	132.77	23.21
宝应县安宜镇	30.96	150.98	15.10
邗江区槐泗镇	28.76	104.22	9.19
江都市樊川镇	28.73	102.84	9.29
邗江区沙头镇	26.43	116.56	11.22
江都市宜陵镇	26.14	116.06	15.07
江都市真武镇	25.01	90.38	8.54
高邮市高邮镇	23.65	139.31	9.16
江都市武坚镇	20.78	78.20	8.45
邗江区头桥镇	20.22	82.01	7.19
高邮市天山镇	19.73	77.49	6.66
江都市丁沟镇	18.33	72.95	13.11

(杨 志)

煤炭工业 2010年，扬州市在徐州市、贵州省的4家煤矿共生产原煤61.77万吨。其中，王庄煤矿生产原煤21.79万吨，拾屯煤矿生产原煤15.89万吨，振兴煤矿生产原煤10.97万吨，旭东煤矿生产原煤13.12万吨。完成综合进尺1.25万米，其中开拓进尺1439米。全系统实现销售收入3.79亿元，实现利税8155.6万元，上缴税金7020.5万元。《扬州市矿务局“十二五”发展战略规划》通过评审。

振兴煤矿复产，瓦斯发电项目被国家发改委批准为国家清洁发展机制项目，可向国外有偿转让项目产生的温室气体减排量。贵州煤矿变电所从振兴煤矿分离出来，成立兴仁县振兴煤矿用电服务有限责任公司，为当地7家煤矿供电。扬州市矿务局分别与中国大唐集团广西分公司、中国国电集团广西分公司签订入股振兴煤矿合作意向书，完成振兴煤矿清产核资、财务审计和资产评估工作。振兴煤矿资产评估价值9.37亿元。

制定《煤矿领导带班下井及安全监督检查的规定》，落实矿领导下井带班制度。全年各矿领导下井4322班次，带班1244班次。抓好隐患排查和安全专项整治。推进质量标准化管理，提升矿井安全可靠性。组织学习新的煤矿安全质量标准化标准及考核评级办法，对4家煤矿进行矿质考核评级。按国家煤矿安全监察局要求，推进井下安全避险系统建设。扬州市在徐州市、贵州省的4家煤矿全年安全形势稳定，发生重伤事故2起，无死亡事故。至年底，王庄、拾屯、旭东三矿分别实现连续安全生产2357天、5805天和1686天。

(王美娟)

建材工业 2010年，扬州市建材行业协会会员单位完成工业总产值59.73亿元，实现销售收入59.63亿元，实现利润2.49亿元。

全市10家水泥企业生产水泥433.86万吨,比上年增长38%;完成工业总产值10.94亿元,增长75%;完成销售收入10.97亿元,增长76.4%;实现利润7835万元。8月,扬州一全水泥股份有限公司破产。

全市有32家混凝土企业取得从业资质,有9家企业申报资质或在建。32家企业有生产线71条,年生产能力2325万立方米,比上年增长24%;有汽车泵110台(其中40米以上长泵56台),比上年增加60台。全年生产混凝土766万立方米,比上年增长44.8%;完成产值21.4亿元,增长56%;实现利润7490万元,增长49.7%。

全市有钢结构会员单位28家,其中一级资质企业5家、二级资质企业10家、三级资质企业13家。全年制作各类钢结构产品21万吨,制作安装钢结构建筑物126万平方米,完成产值23.5亿元,实现利税1.20亿元,完成技改固定资产投入1960万元。

全市生产墙体材料(折合标准砖)15.67亿块。其中,烧结空心砖956万块,烧结多孔砖8.07亿块,蒸压粉煤灰砖1.16亿块(10.85万吨);加气混凝土砌块47.72万立方米(28.99万吨),小型混凝土砌块27.47万立方米(30.14万吨);保温砂浆2.24万立方米(5157.29吨),磨细粉煤灰45.94万吨。完成工业总产值3.90亿元,销售收入3.76亿元,实现利润1915万元。

全年利用各种工业固体废弃物、废灰渣271.12万吨,节约土地、矿产资源180.75万立方米。(姜淑芳)

■扬州工业资产管理公司 2010年,扬州工业资产管理公司完成现价工业总产值24.5亿元,比上年增长22.9%;完成销售收入24亿元,比上年增长20%;实现利税1.3亿元,比上年增长91.1%;实现利润0.38亿元,扭亏为盈;完成技改投入1.5亿元,比上年增长22.9%。

扬州五亭桥缸套公司同时开拓主机市场和配套市场,全年实现工业产值逾5亿元,比上年增长37.5%;扬州晶新微电子公司实现销售2.48亿元,比上年增长61.5%;通裕集团重组后扭亏为盈,全年实现产值7.2亿元;江苏亲亲集团、扬州宝军电子公司、扬州鑫华印刷公司、扬州四菱电子公司等企业发展增速。

出台《科技创新奖励办法(试行)》。加强产学研合作。扬州宝军电子公司分别与清华大学、中电集团14所、东南大学、合肥解放军电子工程学院、南京理工大学等高校和科研院所开展高端军工产品5项技术合作,扬州通信设备公司与中电集团22所、解放军电子工程学院、解放军理工大学开展技术合作,扬州五亭桥缸套公司与2所高校签订产学研合作协议。加强新品开发。全年完成科技投入2.1亿元,开发新品220个,新品销售率38.5%。技术改造进展顺利。扬州五亭桥缸套公司园区项目全部建成,部分生产线投入试生产。2010年,扬州五亭桥缸套公司获批国家级高新技术企业,扬州宝军电子公司获评江苏省创新型企业,扬州晶新微电子公司申报P-JET与双极IC混合制造工艺发明专利和P-JET与双极IC结构实用新型专利。

通裕集团与美迪集团重组。亲亲集团与香港五丰行开展重组洽谈。亲亲集团、扬州伟扬建筑五金有限公司完成退城进园,扬州中芯晶来半导体制造公司实施退城进园方案。扬州亚细亚商业总公司启动破产清算程序。江苏远扬箱包公司完成歇业清算。原扬州服装总厂、江苏远扬箱包公司着手交地、债务打包等工作。协助中国包装总公司开展扬州彩印厂政策性破产各项前期工作。推进扬州琼友工贸公司、扬州轻工实业总公司改制工作。

修订、完善决策管理制度,加强对委派董事、监事的管理。开展"小金库"自查自纠,重点抽查亲亲集团、扬州鑫华印刷公司并及时整改。加强资本运作,通裕集团等企业投资组建江苏辰霖置业公司,介入房地产市场。坚持年终财务审计制度化管理,加强资金预决算管理。加强对改制重组企业资产处置、产权转让的监督。参与通裕集团、扬州宝力电器公司的股权转让审计、评估工作。完成扬州四通电光源公司、扬州琼友工贸公司、扬州测绘仪器厂的资产拍卖,涉及金额150万元。以1936万元对扬州亚细亚商业总公司、原扬州服装总厂的银行债务打包,豁免债务4100万元。

(张志容 施晓明)

■高压电极箔产业化项目获评国家高技术产业化示范工程 11月16~21日,第12届中国国际高新技术成果交易会在深圳举行。会上,扬州宏远电子有限公司"高压电极箔产业化"项目被国家发改委评为国家高技术产业化示范工程。

宏远电子公司是江苏省首批按新标准认定的国家高新技术企业,建有江苏省低压电极箔工程技术研究中心、江苏省企业技术中心、江苏省博士后科研工作站,生产线全部自行设计制造,是国内唯一在低压箔产品领域能够全方位替代日本进口产品的企业。宏远电子公司"高压电极箔产业化"项目总投资8517万元,于4月通过专项验收。该项目改变国内高性能高压电极箔长期依赖进口的局面,推动国内电容器行业向高端化方向发展,为国内电子信息产业的快速发展提供功能材料支撑。

(史 建)

■扬州市13家企业入选2010中国工业行业排头兵企业 11月29日,《中国工业报》发布2010中国工业行业排头兵企业上榜名单。江苏扬力集团有限公司、扬州中集通华专用车有限公司等13家扬州市企业榜上有名,涉及工业自动控制系统装置制造等10个行业。(史 建)

石油化工产业

■概述 2010年,扬州市石油化工产业完成工业总产值1034.72亿元,比上年增长26.56%;实现销售产值1015.75亿元,实现工业增加值225.54亿元。石油化工产业产值占全市工业总产值的17.6%,比上年下降0.7%。其中,石油加工、炼焦及核燃料加工业产值21.42亿元,比上年下降66.13%;化学原料及化学药品制造业产值732.22亿元，比上年增长48.88%；化学纤维制造业产值40.60亿元，比上年增长20.67%；橡胶制品业产值46.25亿元，比上年增长34.10%；塑料制品业产值133.85亿元，比上年增长32.12%；医药制造业产值60.37亿元，比上年增长25.33%。（杨 志）

■ 中国扬州—海湾阿拉伯国家石油化工产业合作论坛 6月26～27日，由中共中央对外联络部中国经济联络中心和中共扬州市委、扬州市政府联合主办，扬州化工园区承办的2010中国扬州—海湾阿拉伯国家石油化工产业合作论坛在扬州举行。阿联酋、阿曼、巴林、卡塔尔、科威特、沙特等海湾六国的驻华大使、代办和商务参赞，海湾阿拉伯国家部分大型石化企业负责人，以及江苏省内30余家石化企业代表参加论坛。中共中央对外联络部副部长李进军、中共扬州市委书记王燕文出席开幕式并致辞。

论坛上，双方就中国与海湾阿拉伯国家烯烃产业发展现状、趋势及投资动态，中国与海湾阿拉伯国家石化产业合作的可行性等议题展开交流、探讨，双方石化企业间同时开展经贸洽谈活动。中阿双方通过《互利共赢合作发展——中国扬州—海湾阿拉伯国家合作委员会国家石化产业论坛宣言》。（杨 志）

江苏金茂化工医药集团

■ 概述 2010年，江苏金茂化工医药集团（简称金茂化工集团）实现工业现价产值72.1亿元，比上年增长29.3%；销售收入73.4亿元，比上年增长30.4%；利税7.2亿元，比上年增长45.8%；利润5.2亿元，比上年增长60.5%。（戴华侨）

■ 营销管理 提升经营理念。江苏扬农化工集团有限公司（简称扬农集团）掌握供销生产峰谷节奏，优化客户结构，引导区域市场有序竞争，环氧氯丙烷、环氧树脂销量分别比上年增长39.6%、92.6%。主要产品高效氯氟氰菊酯销量比上年增长37%。江苏联环药业集团有限公司（简称联环药业集团）完善销售考核责任制，实行普药队伍专业化管理，扩大爱普列特、苏迪等重点产品市场份额。谢馥春化妆品有限公司（简称谢馥春）发展电子商务，加强与个园合作，增开连锁门店，销售收入比上年增长80%以上。国药控股江苏有限公司（简称国药控股公司）及时调整销售策略，控制调拨业务、壮大销售业务、发展配送业务，销售结构更趋合理。江苏太极实业新材料有限公司（简称江苏太极公司）开拓新客户，月销售量首次突破700吨。

拓展国际市场。金茂化工集团全年完成出口交货值18.8亿元，比上年增长22.9%。江苏扬农化工股份有限公司（简称扬农股份公司）做好重点产品出口，加大新药登记力度，草甘膦销量比上年增长22.08%，麦草畏销量增长93.52%，氯氟醚取得海外登记证。联环药业公司原料药外销业务量大幅增加，醋氢销量比上年增长62.4%，盐酸土霉素销量增长20.9%。

加强风险防范。扬农集团稳定出口，扩大进口，全年自营出口1.02亿美元，进口0.84亿美元。国药控股公司重新评定下游客户资信，实行额度、资信双重控制；停止与回款期长、超过信用额度客户的业务往来。（戴华侨）

■ 质量管理 扬农集团环氧氯丙烷产品获国家重点新产品证书。扬农锦湖化工有限公司（简称扬农锦湖公司）通过QEO（质量管理体系、环境管理体系、职工健康安全管理体系）三体系整合认证证书。扬农股份公司被评为2010年度中国最诚信企业，“优士”商标被认定为中国驰名商标，墨菊牌拟除虫菊酯通过江苏省出口名牌产品复评。联环药业集团2种原料药和固体制剂生产线通过省药监局组织的GMP认证（药品生产质量管理规范认证），盐酸左旋咪唑原料药通过美国食品和药物管理局（FDA）组织的现场检查，“敏迪”被认定为江苏省著名商标。（戴华侨）

■ 生产管理 金茂化工集团各企业主要生产装置基本处于满负荷运行状态，产销平衡，全年工业用电量比上年增长15.8%，产销率101.1%。扬农集团、扬农股份公司、江苏新业化工有限公司（简称新业化工公司）、江苏太极公司等产销率均在100%以上。扬农集团调整优化生产运行方式，完成年度大修；扬农股份公司统筹抓好新产品、重点产品和各类小产品的开车，保障市场供应。（戴华侨）

■ 成本管理 扬农集团关注大宗原料、燃料行情变化，整合国内外采购供应渠道，坚持主要原辅材料厂家直供为主，避峰吸谷，发挥综合物流优势，促进采购及物流的降本增效。联环药业集团开展技术攻关，年均节约生产成本约400万元。扬农股份公司把2010年定为“降本增效深化年”，抓好全面预算管理，拟定降本增效方案，降低采购成本。（戴华侨）

■ 安全管理 做好安全日常管理和节假日安全检查工作，做好危化品安全专项整治。成立安全生产专家工作组，首批聘用8名注册安全工程师担任安全生产工作专家。全年未发生大的安全事故。扬农集团落实各级管理者安全责任，提高在岗人员安全生产意识，加强安全检查，严把外包单位安全准入关，堵塞安全管理漏洞，获评江苏省安全生产标准化企业。联环药业集团举办安全生产知识竞赛，完成加氢工艺自动控制技术改造。扬农股份公司全年投入739万元完善安全消防设施。（戴华侨）

■ 节能降耗 扬农集团推进能源合同管理，组织实施重点节能减排项目，万元产值综合能耗比上年下降17.7%，循环水重复利用率93.2%，获评国家“千家企业节能行动”先进单位。联环药业集团加强能源消耗考核力度，进行管网改造，实施错峰生产，水、电、汽等能源消耗比上年大幅下降，万元产值能耗比上年下降14.2%。扬州群鑫粉体材料有限公司（简称群鑫公司）完善峰谷用电管理制度，实行奖惩考核制度，月均节约电费1万元；用亿丰磨代替行星磨生产，全

年节约电费10万元。 （戴华侨）

环境保护 扬农集团推进清洁生产，加强重点“三废”（废气、废水、固体废弃物）装置的监管、考核，严格执行COD（化学需氧量）及烟气在线监测仪操作规程，保证达标排放。扬农股份公司完善相关措施，加大废气回收利用力度。联环药业集团完成制药三车间及制药二车间部分生产区域的清污分流工程，在线监控室通过省环保厅组织的验收。扬州联博药业有限公司（简称联博公司）年产1000吨多西环素项目完成环评工作并获批复。 （戴华侨）

拓展投融资渠道 和扬公司与扬农集团共同出资组建宁夏瑞泰科技有限公司，注册资本7500万元。扬农集团发行3亿元无担保短期融资券，期限1年，采用固定利率方式，利率3.23%。 （戴华侨）

新品研发 金茂化工集团全年申报专利28件，获得专利证书15件。扬农集团采用新工艺开发多晶硅，产品纯度达到11个9，能耗为业内通行工艺的一半；开发出6个品种的特种环氧树脂。扬农股份公司全年申请发明专利1件，组织氯氟醚电片等10个剂型的开发，通过江苏省拟除虫菊酯工程技术中心验收，贲亭酸甲酯下游创新产品的开发及应用项目获评中国石油和化工行业科技进步一等奖。联环药业集团爱普列特缓释片进入临床研究，原料药新品地塞米松磷酸钠、醋酸地塞米松获得药品生产批件，盐酸多西环素片入选第16届亚运会运动员专用药品。谢馥春升级改造传统产品，为不同消费群体提供多样化选择。 （戴华侨）

技术改造 金茂化工集团推进技改项目，全年完成技改投入6亿元。扬农集团组织实施丙环唑、溴环氧树脂、离子膜烧碱、对氨二期等项目，办妥化工园区1号地块土地征用手续；宁夏瑞泰科技有限公司一期工程完成生产装置及公用工程的施工设计和招标采购；扬农股份公司完成青山厂区多功能生产装置、1200吨/年麦草畏工程技改项目等建设；联环药业集团完成固体制剂车间GMP改造和联博公司扩产项目，南京仙林大学城科技楼项目完成奠基；江苏太极公司加快广陵产业园项目建设，科研综合楼及主要生产车间建成封顶，捻织车间部分机台开车成功并投入生产。 （戴华侨）

退城进园 启动天灿光源玻璃有限责任公司搬迁工作，完成2台窑炉的停产、拆除。原陶瓷厂地块完成退出并砌围墙。推进磷肥厂地块退城进园。扬农集团、扬农股份公司形成退城进园方案。江苏群发化工有限公司（简称群发公司）进行房地产拍卖。 （戴华侨）

拓展发展空间 扬农集团宁夏中卫生产基地项目启动建设，一期工程计划投资2亿元，主要建设多菌灵、甲基硫菌灵、对氨基苯酚等项目。联环药业集团邗江新区联博公司完成盐酸土霉素、盐酸多西环素扩产改造，产能大幅提升；扬州联澳生物医药有限公司加快发展，全年销售额比上年增长136%。谢馥春加强与联环药业集团合作，护肤、护发产品生产线从东关街迁至扬大联环基因工程公司，注册成立全资子公司扬州谢馥春美妆制造有限公司。 （戴华侨）

江苏扬农化工集团有限公司 2010年，扬农集团实现现价产值53.38亿元，比上年增长32.5%；销售收入54.7亿元，增长32.3%；利润4.5亿元，增长53.1%。

扬农集团全年自营出口1.02亿美元、进口0.84亿美元。

全年完成或阶段性完成科研项目19个、中试项目6个，申报专利6件。完成技术改造投入3.56亿元。完成丙环唑、新牌号特种环氧树脂、离子膜烧碱、对氨二期等项目建设，完成多晶硅项目详细设计。宁夏瑞泰公司一期工程完成各生产装置及公用工程的施工设计、设备及材料招标采购。

5月28日，环氧氯丙烷产品通过国家重点新产品计划项目认证，获得科技部、商务部、环境保护部、国家质检总局联合颁发的2010年国家重点新产品证书。

完善新、老厂区安全生产管理体系，明确各层各级安全生产责任。编制完成安全标准化管理手册，取得安全标准化二级企业证书。组织开展重点防火部位灭火实地演练，增强应对突发事故的处置能力。全年新、老厂区未发生重大事故。

加强节能减排。全年节约原（辅）材料消耗1800万元；万元产值综合能耗1.16吨标准煤，比上年下降17.7%；循环水重复利用率93.2%。 （戴华侨）

扬农集团获清洁生产示范项目专项资金 7月21日，财政部向全国2010年度17个清洁生产示范项目下发专项资金。扬农集团1万吨/年对氨基苯酚清洁生产技术改造项目获奖励资金1100万元。

该项目从源头降低废水的产生量，每吨产品产生的废水量比国内对氨基苯酚行业普遍采用的铁粉还原工艺下降65%以上；通过对废水资源化利用，实现废水的资源化、零排放和生产固态废弃物的零排放。该项目实施后，每年减少高含盐废水排放30万吨，生产系统减少废水COD排放750吨，削减废铁泥排放3万吨；每年回收废水中的对氨基苯酚300吨，回收10%氯化钠盐水10万吨，资源综合利用总价值960万元。 （史　建）

江苏扬农化工股份有限公司 2010年，扬农股份公司完成销售收入15.67亿元，比上年增长1.4%。

稳定农药市场，全年销售农用菊酯5.09亿元，比上年增长31.66%。加强外贸出口，全年完成自营出口1.32亿美元，比上年增长12%。

全年立项开发产品15个。完成YS001等4个产品的小中试，开发氯氟醚电片等10个剂型。完成青山厂区多功能装置、1200吨/年麦草畏工程技改、青山第二台75吨/小时锅炉等项目建设。

加强安全生产投入，全年投入739万元引进先进设备。抓好“三废”处理技术攻关，加强废水溶剂回收，废水COD比上年下降70%。做好节能管理，通过扬州市节水型企业审核。（戴华侨）

■江苏联环药业集团有限公司 联环药业集团实现现价产值12.02亿元，比上年增长16.5%；销售收入11.82亿元，增长18.2%；利润4300万元，增长5.3%。

加大原料药出口，全年销售氢化可的松8.6吨，比上年增长12.5%；销售醋酸氢化可的松4.6吨，增长62%；销售盐酸土霉素913吨，增长21%；销售盐酸多西环素1370吨，增长23%。做好制剂销售工作，扩大爱普列特、苏迪、联环尔定、征之等重点产品市场份额，全年实现销售收入2.5亿元。

激素原料药醋酸地塞米松和地塞米松磷酸钠品种获生产批件，复方非洛地平缓释片等4个品种申报生产，头孢等3个品种进入临床研究；依巴斯汀、特非那定等6个公司年度重点科技攻关项目取得进展。

加强质量管理，组织参加GMP及美国食品和药物管理局认证。加强节能管理，全年万元产值能耗0.14吨标准煤，比上年下降14.2%。加强安全管理，完成加氢工艺自动控制技术改造工作。加强资金调度，压缩贷款总额，降低财务费用。（戴华侨）

江苏油田

■概述 江苏油田为中国石化集团江苏石油勘探局（简称江苏石油勘探局）和中国石油化工股份有限公司江苏油田分公司（简称江苏油田分公司）的统称，是以油气勘探开发为主，石油工程技术服务、石油炼制和盐卤盐硝开发生产综合发展的大型国有企业。油田主要分布在江苏、安徽两省的8个地级市，油田机关及主要科研单位设在扬州市。

2010年末，江苏油田资产总值163亿元，其中固定资产净值116亿元。江苏油田分公司有油气勘查开采项目区块28个，总面积4.23万平方千米。其中，探矿权项目区块9个，面积4.15万平方千米；采矿权项目区块19个，面积922平方千米。共探明油气田37个，累计探明石油地质储量2.26亿吨，生产原油3460.58万吨。（唐富华）

2009～2010年江苏油田主要生产建设指标一览表

指标名称	单位	2010年	2009年
原油产量	万吨	171.01	171.01
天然气产量	亿立方米	0.56	0.57
新增原油生产能力	万吨	24.57	26.3
新增探明石油地质储量	万吨	1063	1067
二维地震	千米	3211.79	3247.97
三维地震	平方千米	816.58	562.21
石油完井	口	380	323
其中：探　井	口	93	77
开发井	口	287	246
钻井进尺	万米	93.37	81.59

（唐富华）

■石油地质勘探 2010年，江苏油田设置8个勘探项目，完成勘探投资6.26亿元。动用4支地震队，完成三维地震满覆盖面积289.69平方千米、二维地震测线850.39千米。出站三维资料处理项目19块，满覆盖面积3364.89平方千米；出站二维资料处理测线77条，剖面长度2825.06千米。全年探井开钻43口，完井48口，完成探井进尺11.38万米。28口新井投入试油，完成试油交井26口39层，试获19口工业油流井。新增石油探明地质储量1063万吨，含油面积9.70平方千米，技术可采储量180.80万吨；新增石油控制地质储量1057万吨，含油面积10.88平方千米，技术可采储量165.60万吨；新增石油预测地质储量1051万吨，含油面积8.76平方千米，技术可采储量218.50万吨。（唐富华）

■原油生产 2010年，江苏油田滚动勘探开发完钻15口井，探明地质储量255万吨；新区产能建设完钻30口井，新建产能9.1万吨；老油田综合调整与治理共钻井112口，新增产能15.47万吨；技术改造完钻和实施侧钻井40口，恢复产能2.2万吨；新投（转）注水井70口，注水井开井584口，年注水量627万立方米，累计注采比0.65。全年生产原油171.01万吨。动用储量采油速度0.79%，剩余可采储量采油速度9.21%，累计产油3460.58万吨。动用储量采出程度15.93%，可采储量采出程度65.0%。老井自然递减率13.79%，老井综合递减率7.63%。（唐富华）

■石油工程 2010年，江苏油田石油工程实现业务收入41亿元。全年完成钻井进尺93.37万米，比上年增长14.44%。推广应用近钻头地质导向、高精度三维地震资料采集、喷砂压裂、CFT套管测井等新技术。地震现场处理剖面合格率100%，钻井井身质量优质率88.3%，井下作业一次成功率98.6%。引进428道地震仪、5千米和4千米电动钻机、5700测井仪等设备。（唐富华）

■安全生产与环境保护 2010年，江苏油田完善HSE管理体系（健康、安全和环境管理体系的简称），发布HSE管理手册和32个程序文件，推进HSE作业计划书、岗位HSE作业指导书的编制与实施，保证HSE体系落实到项目、班组和岗位。开展安全文化建设，发布《江苏油田安全文化手

册》,组织“我要安全大家谈”、“我与安全同行”、“辨隐患、促安全”等活动。强化对重点领域、关键环节和要害部位的安全监督,落实干部值查等3项制度。排查、治理隐患,全年投入4000多万元用于安全技术措施和隐患治理。推进清洁化生产,建设项目环境影响评价和环保“三同时”(建设项目中防治污染的措施与主体工程同时设计、同时施工、同时投产使用)制度执行率100%。推广应用节能技术,完善节能达标措施,江苏油田分公司万元产值综合能耗比上年下降0.5%,江苏石油勘探局万元产值综合能耗比上年下降0.66%。

(唐富华)

■江苏油田勘探开发一体化数据中心上线运行 12月9日,江苏油田勘探开发一体化数据中心及其业务协同平台项目正式上线运行。项目始建于2007年,分三期实施,2010年12月全面完工。数据中心的上线运行为油田经营、科研、管理发挥支撑作用,初步形成基于勘探开发一体化数据中心的油田信息化技术架构,基本实现油田测井、录井、钻井、采油、注水、井下作业、油气集输、地质研究、物探管理和生产管理等跨专业、跨单位的一体化协同作业和信息资源共享。 (唐富华)

仪征化纤

■概述 中国石化仪征化纤股份有限公司(简称仪征化纤股份公司)和中国石化集团资产经营管理有限公司仪征分公司(简称资产公司仪征分公司)统称仪征化纤,位于仪征市,占地10平方千米。

2010年,仪征化纤股份公司生产PTA(精对苯二甲酸)104.12万吨、聚酯涤纶产品213.80万吨,PTA、聚酯装置产能利用率分别为99.18%和96.65%;产销率99.67%,实现营业收入163.48亿元,盈利12.18亿元。资产公司仪征分公司实现营业收入23.57亿元。

4月22日,中国石化上海石油化工研究院仪征分院在仪征化纤揭牌,分院实行两块牌子、一套机构运作,以企业为主、直属院为辅进行管理。 (于 岚)

2009～2010年仪征化纤主要产品产量表

单位:万吨

产品名称 \ 年份	2010年	2009年
涤纶产品	236.36	224.05
聚酯切片	104.64	108.69
瓶级切片	54.42	41.17
涤纶短纤维	55.39	51.16
#中空纤维	5.55	5.27
涤纶长丝	15.26	16.32
加弹丝	6.65	6.71
PTA	104.12	102.33
PBT树脂	2.40	2.32
四氢呋喃	0.11	0.12
聚酯薄膜	—	2.39

注:从1月起,仪化东丽公司数据不再计入,海南盛之业公司数据计入。

(于 岚)

■产品和技术开发 2010年,仪征化纤加大产品和技术开发力度,聚酯专用料率85.61%,纤维差别化率82.05%,差别化产品比常规产品多增加毛利2.58亿元。FG620膜级专用切片优化工艺配方,提质扩量;有光缝纫线升级产品FR211质量稳步提高,实现进口替代;开发1.33分特织物专用料,实现批量生产销售;开发牛仔布、医用弹力布等PBT长丝产品,扩大产销量;开发POY263/288单板生产技术,降低生产成本;实施PBT装置30%增容改造,提高产能5000吨,增加效益900多万元;通过优化工艺操作,薄膜2号线DFR产品合格率提高3.3%;完成聚酯薄膜1号线薄型化改造,每吨产品多创效益约4000元。 (于 岚)

■项目建设 至年底,10万吨/年1,4-丁二醇项目完成场地平整、基础设计编制和长周期设备订货工作;6万吨/年PBT项目进入安装调试和开车准备阶段,四氢呋喃回收装置试生产成功;薄膜4号线项目和3000吨/年高纤一期工程进入设备安装阶段,高纤二期工程可行性研究报告报中石化总部审批;百吨级对位芳纶工业化试验项目经过技术改造,基本实现装置稳定运行;完成千吨级工艺软件包开发。 (于 岚)

■节能减排 2010年,仪征化纤实施PTA 2号装置压力过滤机代替压力离心机改造项目,降低装置能耗3千克标准油/吨。完成聚酯14单元增容改造,装置产能提高到780吨/天,能耗降低6%。2月,用天然气替代燃料油作为热媒炉燃料的重大技改项目建成投运。工程总投资4600多万元,为22台燃油热媒炉增设天然气燃烧系统,全年使用天然气1.04亿立方米,节约成本1.33亿元。8月,污泥干化送烧改造项目投运,环保效果明显。2010年,仪征化纤股份公司万元产值综合能耗517.6千克标准煤,比上年节约2823吨标准煤;主产品综合能耗比上年下降2%。全面完成节水减排任务。资产公司仪征分公司万元产值综合能耗131.2千克标准煤,比上年下降5%。

(于 岚)

■仪征化纤新型高速纺涤纶短纤维原料填补国内空白 3月,国内某知名纺织企业使用仪征化纤高速自由端纺纱专用涤纶短纤维原料生产的

产品销往台湾等地，标志着仪征化纤自主开发生产的高速纺短纤原料填补国内空白，仪征化纤在纤维市场应用与推广方面的竞争力和影响力得到提升。

新型高速纺包括气流纺和涡流纺等纺纱技术，速度快、工艺流程短、纱线品质好、用工少、成本低。仪征化纤成立研发团队，完成实验室试纺评价，并通过小试和前期用户试纺，生产出用户满意的气流纺和涡流纺2种新型高速纺专用涤纶短纤维原料。产品比常规普通涤纶短纤维多创收650元／吨。（于 岚）

■仪征化纤瓶级切片成为可口可乐唯一A类供应商 3月22日，可口可乐中国有限公司将仪征化纤瓶级切片产品评为2009年可口可乐唯一A类供应商，并给予仪征化纤3年有效期技术认证。（于 岚）

■功能性聚酯专用料项目 仪征化纤致力于饮用水桶用聚酯瓶片专用料开发、CHDM改性共聚酯的开发和抗紫外瓶片的工业化开发，分别针对功能性聚酯专用料的卫生与安全、退色与变味、韧性改善等方面进行研究开发。通过不同的产品配方、聚合工艺小试、中试合成及工业化生产试验研究，开发、生产饮用水桶用聚酯瓶片专用料BG803、CHDM改性共聚酯PG501及抗紫外瓶片BG802U等产品。4月13日，仪征化纤功能性聚酯专用料科研项目通过中国石油化工集团公司（简称中国石化）鉴定。（于 岚）

■细旦涤纶中空纤维项目 仪征化纤细旦涤纶中空纤维项目2007年获中国石化批准。2008年3月～2009年8月，项目组经细旦中空纤维、棉型细旦中空纤维和有硅细旦中空短纤维批量和规模试验，开发出2种规格细旦涤纶中空纤维，所生产的纤维兼具细旦和中空的特点。棉形细旦中空纤维经纺纱、织造，可生产保暖衣袜；有硅细旦中空纤维更柔软，保暖性更好，可用于床上用品、防寒服、睡袋等充填。2010年4月13日，仪征化纤细旦涤纶中空纤维项目通过中国石化技术鉴定。（于 岚）

■差别化短纤改造项目 仪征化纤差别化短纤改造项目2009年8月开工建设。该项目由中国石化天津分公司4条闲置封存的1.5万吨/年涤纶短纤设备整体搬迁改建而成，每年可新增1.33分特有光缝纫线6万吨、1.56分特水刺专用料1万吨。4月26日，差别化短纤改造项目4条生产线建成投产。项目比新建同等规模装置节约投资近50%。（于 岚）

■生化污泥干燥无害化处理项目 仪征化纤生化污泥干燥无害化处理项目2009年12月开工，2010年8月16日投料成功。项目总投资500万元，日处理生化污泥50吨，实现对生化污泥的低成本、无公害化环保处理。项目利用东南大学能源与环境学院对生化污泥干燥处理的专利技术，根据仪征化纤现有设备的配套情况，处理生化污泥，干燥后送到燃煤系统处理。（于 岚）

汽车及零部件产业

■概述 2010年，全市汽车及零部件工业规模以上企业实现工业总产值330亿元，比上年增长23.1%，占全市规模以上工业总量的5.6%。（杨 志）

■编制《扬州市汽车产业“十二五”发展规划》 2010年，扬州市经济和信息化委员会根据国家、省有关规划和《全市工业和信息化“十二五”发展规划》，编制《扬州市汽车产业“十二五”发展规划》。规划提出：以打造汽车强市、成为江苏乃至全国汽车工业重要产业基地为方向，努力实现“111”和“18168”的总量目标。即：到2015年，全市汽车整车达到100万辆的年生产能力，其中年生产新能源轿车10万辆、新能源客车1万辆；实现工业总产值1800亿元，其中：汽车整车生产行业实现总产值1000亿元，整车产销量力争超过60万辆（上海大众30万辆，新能源汽车5万辆，亚星等客车1万辆，中集通华等特种及专用车5万辆，江淮轻卡10万辆，九龙商务车、微型车10万辆），零部件行业实现总产值800亿元。（耿江波）

扬柴公司新厂区一派繁忙景象

郭义富／摄

■江都九龙汽车公司商务车出口南非 1月6日，江苏九龙汽车制造有限公司（简称九龙汽车公司）举行一期项目投产暨首批出口南非车辆交车仪式，项目投产后具备年产5万台汽车生产能力。南非CAM公司是九龙汽车在南非的整车代理商，向九龙汽车公司订购1000辆商务车作为2010年南非世界杯足球赛服务用车。此次交付的32辆九龙商务车是双方确立合作关系后的第一次批量交车。（胡 岩）

■新扬柴公司揭牌 2月1日，潍柴动力扬州柴油机公司（简称新扬柴公司）举行揭牌仪式。新扬柴公司由潍柴动力股份有限公司与扬柴动力有限公司合资组建，注册资本3亿元。

潍柴动力股份有限公司注资2.4亿元,占80%股份,扬柴动力有限公司占20%股份。根据规划,新扬柴公司在3年内形成年产30万台柴油机生产能力,5年内形成年产50万台车用发动机生产能力,最终形成年产100万台发动机产能。（胡 岩）

■江苏亚星汽车集团有限公司股权转让 5月31日,江苏亚星汽车集团有限公司与中国华融资产管理公司签订《关于扬州亚星客车股份有限公司的部分股份转让协议》,江苏亚星汽车集团有限公司将其持有的扬州亚星客车股份有限公司(简称亚星客车公司)607.24万股股份(占亚星客车公司总股本的2.76%)转让给中国华融资产管理公司。9月7日,江苏亚星汽车集团有限公司收到国务院国有资产监督管理委员会《关于扬州亚星客车股份有限公司国有股东转让所持股份有关问题的批复》;9月29日,江苏亚星汽车集团有限公司与中国华融资产管理公司在中国证券登记结算有限责任公司上海分公司办理转让股份的过户登记手续。股份转让后,江苏亚星汽车集团有限公司持有亚星客车公司11843万股股份,仍为亚星客车公司控股股东。（耿江波）

■凯尔斯迈公司被确定为省新能源汽车重点发展企业 6月22日,省经济和信息化委员会(简称省经信委)发布2010年新能源汽车产业发展行动计划,扬州市凯尔斯迈电动器材科技有限公司被确定为发展小型新能源汽车的重点企业,重点研发和生产电动巡逻车、场馆车、警车、高尔夫球车等小型低速电动车辆。（胡 岩）

■扬州汽车企业参加江苏新能源汽车及零部件展洽会 6月27～28日,江苏新能源汽车及零部件展洽会在南京举办。亚星客车公司、凯尔斯迈公司、扬州五环龙电动车有限公司、扬州飞驰动力科技有限公司、华富集团、欧力特电源有限公司、别克机电有限公司等企业参加展会,展示纯电动公交车、纯电动微型乘用车、电动旅游观光车、电动巡逻车和电动专用车、动力系统集成、动力电池及零部件等产品。（耿江波）

■上海大众整车新项目落户仪征 7月15日,上海大众汽车有限公司江苏仪征项目在南京签约,上海大众规划年产30万辆整车的新基地落户仪征市。上海大众江苏仪征整车新项目计划于2012年底投产,产能规划为30万辆。（胡 岩）

■九龙汽车携手上海大众服务世博 9月,由上海大众交通集团采购的首批九龙商务车亮相上海世博园区内,作为世博VIP服务车辆。九龙汽车成为国内自主汽车品牌中唯一服务上海世博会的商务车品牌。（耿江波）

6月29日,江苏扬州凯尔斯迈电动车有限公司电动轿车项目竣工试产,成为扬州首条纯电动汽车总装生产线　　濮德才、郭义富/摄

■仪征双环活塞环有限公司连获全国"百强"称号 9月24日,中国国际汽车零部件博览会(CIAPE)举办的2010年"最具竞争力"汽车零部件供应商百强奖项评选结果公布,仪征双环活塞环有限公司获评2010"最具竞争力"汽车零部件百强,并成为行业内唯一发动机零部件十强企业。12月2日,中国汽车报社和中国汽车零部件企业信息联盟联合主办中国汽车零部件发展战略论坛暨第七届全国百家汽车零部件供应商颁奖典礼。仪征双环活塞环有限公司成为国内唯一连续七届获评全国百强汽车零部件供应商的企业。（耿江波）

■新扬柴公司获评2010年度中国十大柴油机品牌 11月30日,在中国汽车报社、中国内燃机工业协会联合主办的2010年度"绿色柴油机"、"柴油机十大品牌"颁奖典礼上,新扬柴公司获评国内十大最著名柴油机品牌。新扬柴公司生产的4DA1-30型柴油发动机获评2010年度"绿色动力"金奖。（耿江波）

■亚普汽车部件有限公司 亚普汽车部件有限公司(简称亚普公司)成立于1988年12月,由国投高科技投资有限公司(66%股权)和华域汽车系统股份有限公司(34%股权)合资经营。亚普公司是专业从事汽车油箱系统开发、制造和销售的集团化公司,为国家重点高新技术企业。总部和研发中心在扬州,有扬州等8个国内生产基地和印度、俄罗斯、澳大利亚、捷克等4个海外生产基地。主要客户为大众、通用、奔驰、上海汽车等国内外汽车制造企业。

亚普公司研发中心有亚洲最完整的开发手段和汽车油箱系统成套检测设备,具备全球同步开发能力。研发中心实验室获ISO/IEC 17025实验室能力国家认可,其出具的实验报告得到国际承认(54个国家和地区的认证机构互认)。公司管理体系通过QS 9000、VDA 6.1、TS 16949、

ISO 14001 和 OHSAS 18001 等国际认证。

2010 年，亚普公司销售油箱 339.9 万只，完成销售收入 23 亿元，比上年增长 23.32%。2 月 27 日，亚普公司全面完成对澳大利亚 Nylex 集团的燃油箱系统业务单元的接管；3 月 1 日，亚普澳大利亚汽车系统有限公司的第一只油箱顺利下线。3 月 29 日，亚普成都分厂建设项目在成都经济技术开发区汽车工业园内奠基。（史 建）

船舶制造产业

■概述 2010 年，扬州市船舶工业造船完工量 525.4 万载重吨，实现现价产值 471.8 亿元、利润 28 亿元。全市有在册造、修船企业 177 家，主要造、修船骨干企业集中在邗江船舶（重工）产业园、江都船舶工业园、仪征船舶工业园和太平洋船舶配套产业基地。沿江地区船厂占用岸线约 20.5 千米，其中长江岸线 15.1 千米、夹江岸线 5.4 千米。全市有 5 万吨级以上船坞 9 座、船台 18 座，在建 5 万吨级以上船坞 3 座，年造船生产能力 700 万载重吨。扬州大洋造船有限公司（简称大洋造船公司）、中海工业（江苏）有限公司、江苏金陵船舶有限公司等 3 家大型龙头造船企业可生产 10 万吨级以上的远洋船舶及石油平台供应船、化学品船和成品油船等高附加值、高技术含量的船舶；以扬州科进船业有限公司、扬州国裕船舶制造有限公司、舜天造船（扬州）有限公司等为代表的中型骨干造船企业可生产 5 万吨级的远洋船舶及成品油船、化学品船、工程船等各种类型船舶；江苏龙海船舶制造有限公司、江苏圣淘沙船业有限公司等中小型造、修船企业可生产 5 万吨级以下远洋船舶及长江、内河标准船舶。扬州市生产的船舶远销全球 20 多个国家和地区。（朱海风）

■2010 中国船舶配套及服务业发展论坛 9 月 16 日，2010 中国船舶配套及服务业发展论坛在仪征市举行。论坛由仪征市船舶工业行业协会发起，国联资源网和中国海洋产业传媒事业部共同举办。论坛期间，中国船舶工业行业协会秘书长王锦连、中船重工经济研究中心副主任蒋日富和江苏科技大学船舶产业经济研究院院长陶永宏等专家作专题报告。与会代表考察仪征船舶工业园，对提高仪征造船企业的市场应变能力、抗风险能力、自主创新能力和运营管理水平等方面提出意见和建议。（胡 岩）

5 月 30 日，扬州大洋造船有限公司为希腊船东建造的首艘液化气船交付。大洋造船公司成为国内唯一能建造液化气船的民营造船企业

鲍 仁、邹 平/摄

■扬州大洋造船有限公司 大洋造船公司位于扬州市邗江船舶（重工）产业园内。建有以散货船和集装箱船、海洋石油平台供应船、液化石油气船为主的 3 条生产线，建造的船舶全部出口美国、法国、希腊、德国及土耳其等国家。公司是国家级高新技术企业，被认定为江苏省企业技术中心和江苏省数字化船舶工程技术中心，通过一级Ⅰ类钢质一般船舶生产企业专家评价。公司有 10 万吨级船坞 1 座、5 万吨级船台 1 座、舾装码头 5 座、900 吨龙门吊和 400 吨龙门吊各 2 座，年造船生产能力 200 万载重吨。全年造船完工量 167.8万载重吨，列江苏省造船企业第五位，产值逾 100 亿元，实现利税 14.7 亿元。（朱海风）

■大洋造船公司第一艘液化气船交付 5 月 30 日，大洋造船公司为希腊船东建造的首艘 1.65 万立方米液化气船交付船东，大洋造船公司由此成为国内唯一能够建造液化气船的民营造船企业。该液化气船为钢质船体，单甲板、球鼻艏，尾机型柴油机驱动，属单螺旋桨结构型液化气运输船；总长 155 米，宽 23.1 米，载重 1.7 万吨，配置 3 个 5500 立方米半冷半压式大型液化气罐，极限低温 -48℃。（史 建）

■大洋造船公司获评国家一级Ⅰ类钢质船舶生产企业 11 月 25 日，大洋造船公司通过江苏省国防科技工业办公室组织的生产条件评价，成为一级Ⅰ类钢质船舶生产企业。

按照《船舶生产企业生产条件基本要求及评价方法》，钢质一般船舶生产企业分成 3 级 12 类，其中一级Ⅰ类是最高等级。江苏省有 6 家一级Ⅰ类船舶生产企业，大洋造船公司是扬州市首家获评该级别的船舶生产企业。（胡 岩）

■中海工业（江苏）有限公司 中海工业（江苏）有限公司是中国海运集团大型船舶建造基地，占地 192 公顷，利用岸线 3500 米。公司主要从事超大吨位的集装箱船、散货船、成品油船、化学品船、水上浮动装置以及海洋工程装备的生产制造，有大型船坞 2 座、10 万吨级船台 1 座、900 吨

龙门吊 4 座、2000 米长船舶舾装码头 1 座（泊位 4 个），在建 10 万吨级以上大型船坞 1 座。2010 年，公司造船完工量 114.5 万载重吨，完成现价产值 58 亿元，实现利税 9.9 亿元。

5 月 26 日，中海工业（江苏）有限公司在其 2 号船坞实施"六船并造、六浮四出"，4 艘 57300 吨散货船先后出坞，创下国内船坞造船新纪录。（朱海风　史　建）

■ **江苏金陵船舶有限责任公司**　江苏金陵船舶有限责任公司是中国长江航运集团 5 万吨级以上大中型船舶建造基地，主营产品为 5 万吨级以上巴拿马型和阿芙拉型油船、散货船等。公司有 10 万吨级以上船坞 2 座、500 米长船舶舾装对外开放码头 1 座、500 吨龙门吊 4 座、420 米×36 米船体车间 8 跨、四喷六涂标准化环保型喷砂涂装车间以及压延设备、焊接设备、数控切割机床和宽型钢板预处理流水线，形成完整的船舶和分段建造体系。公司年造船生产能力 150 万载重吨，可建造 5 万吨级以上巴拿马型和阿芙拉型油船或散货船 10～14 艘。2010 年，公司造船完工量 70.5 万载重吨，现价产值 31 亿元，实现利税 2.2 亿元。（朱海风）

■ **龙和造船公司 7.6 万吨系列散货船开建**　9 月 25 日，扬州龙和造船有限公司（简称龙和造船公司）熔盛重工龙和工程项目部揭牌，开工建设熔盛重工 7.6 万吨系列散货船。龙和造船公司由扬州龙川船业有限公司与新加坡金阳投资有限公司投资组建，年造船能力逾 50 万载重吨，年产销规模近 20 亿元。龙和造船公司与江苏熔盛重工有限公司签订战略合作协议，为其建造 24 艘 7.6 万吨系列散货船。此次开工建设的第一艘 7.6 万吨系列散货船总长 225 米、型宽 32.25 米、型深 20 米，计划 3 年建成。（胡　岩）

机电装备产业

■ **概述**　扬州机电装备产业主要包含以数控锻压设备、钢管、集装箱等制造为代表的金属板材加工设备及制造业和以电线电缆、电工设备制造为代表的电工电缆制造业等。

扬州是国内知名的压力机之乡，2004 年获批国家火炬计划邗江数控金属板材加工设备产业基地，拥有扬力集团、金方圆数控机床、扬州锻压机床集团等重点企业，初步形成产品设计、毛坯铸造、焊接、零部件加工、模具、电器、控制电缆、总装的产业链。电工电缆制造业拥有宝胜集团、金飞达电动工具公司等知名企业，形成宝胜工业园、高邮湖西两个产业群。其中，电线电缆形成以电力电缆为龙头，通信电缆（含光纤电缆）、各类专用特种电缆等为两翼的多品种生产格局，销售市场覆盖全国。电工电器产品涉及发电机及发电机组、配电开关、电动机、电工仪器仪表、电工材料、电器元器件、电动工具、电站部件、电光源及照明灯具等 10 多个门类上千个品种。

2010 年，扬州市机电装备产业完成工业总产值 2318.86 亿元，比上年增长 39.55%，占全市工业总产值的 39.48%；实现销售产值 2271.25 亿元、工业增加值 442.04 亿元。其中，金属制品业完成产值 195.93 亿元，比上年增长 34%；通用设备制造业完成产值 360.43 亿元，比上年增长 35.35%；专用设备制造业完成产值 293.81 亿元，比上年增长 48.29%；电气机械及器材制造业完成产值 981.2 亿元，比上年增长 40.8%；通信设备、计算机及其他电子设备制造业完成产值 233.61 亿元，比上年增长 49.38%；仪器仪表及文化、办公用机械制造业完成产值 253.87 亿元，比上年增长 28.35%。（胡　岩）

■ **宝胜集团有限公司**　宝胜集团有限公司（简称宝胜集团）是专业生产 500 千伏及以下电线电缆、电缆材料、超导导体材料以及变压器、开关柜等电气产品的国有大型企业，宝胜品牌是"中国驰名商标"、"中国名牌产品"、"国家免检产品"、"中国电线电缆行业标志性品牌"。集团建有国家级企业技术中心和博士后科研工作站，相继入选中国企业 500 强、中国制造业 500 强、中国机械工业 100 强和江苏省企业 100 强。2010 年，宝胜集团完成现价产值 112.97 亿元，销售收入 97.68 亿元，实现利税 2.58 亿元，其中利润 1.41 亿元；集团旗下宝胜电气股份有限公司入选第三批江苏省创新型企业，宝胜科技创新股份有限公司入选国家火炬计划重点高新技术企业。（杨　志）

■ **宝胜电缆连续三届获评中国电线电缆行业标志性品牌**　6 月 1 日，中国品牌研究院公布第三届中国行业标志性品牌名单，宝胜电缆连续三届获评中国电线电缆行业标志性品牌。根据《中国行业标志性品牌评定标准和实施细则》规定，中国行业标志性品牌是指能够代表中国同行或在全

宝胜电缆生产车间　　日报／供稿

球同行中较有影响力的品牌;只有获得中国驰名商标或中国名牌产品的品牌,才有资格参加中国行业标志性品牌评定;每个行业只有一个品牌能获得此项荣誉,中国标志性品牌具有唯一性和排他性,是中国企业的最高品牌荣誉,也是中国对外展示形象的"国家名片"。（胡　岩）

■亚洲最大超高压电缆基地落户宝胜　宝胜普睿司曼公司由意大利普睿司曼公司与宝胜集团于1999年合资建立。6月2日,总投资1880万欧元的宝胜普睿司曼500千伏超高压电缆二期项目开工建设。项目主要引进VCV(立式交联)生产线1条、压铝机1台及检测设备1套,升级改造现有2条VCV生产线,配套铜大拉机、盘框绞机、包带屏蔽机等,并新建立塔及附属用房9500平方米。项目实施后,该公司将成为亚洲规模最大的高压、超高压电缆生产基地。（史　建）

■江苏牧羊集团有限公司　江苏牧羊集团有限公司（简称牧羊集团)开发研制饲料、粮食机械产品100多个系列、600多个品种,其中国家级高新技术产品18个、国家级重点新产品16个;承担国家火炬计划项目7个、省级火炬计划项目6个,获省部级以上科技进步奖13个,拥有专利技术近200件,其中申请国外专利5件。2010年,牧羊集团实现现价产值30.11亿元,销售收入17.72亿元,实现利税1.52亿元,其中利润4248万元。

7月30日,2010年《中国机械500强研究报告》发布会在北京举行。牧羊集团以综合分79.54分位居第260位,连续4年入选中国机械500强。

12月11日,牧羊集团研制生产的PHY200型膨化机、小麦粉碎技术及设备、SZLH460X160型制粒机、饲料加工冷却系统、MYKC型秸秆块机、SJHS6A型双层高效混合机等6个产品通过省级新产品投产鉴定。通过鉴定的6个新产品均由牧羊集团自主研发,整机技术性能处于国际同类产品先进或领先水平,取得专利10件,备案标准8个。（胡　岩）

■牧羊集团承接全国最大稻谷加工线项目　3月17日,牧羊集团与辽宁中稻股份有限公司签订日加工稻谷600吨项目的工艺设计合同;4月23日,签订44台输送设备的采购合同。该项目是牧羊集团承接的单厂规模最大的设计项目,建成后将成为国内单厂生产能力最大的稻谷加工线。项目由4条日处理稻谷150吨的生产线组成,分2期进行。（史　建）

■扬州诚德钢管有限公司　扬州诚德钢管有限公司是国内最大的大口径无缝钢管生产企业。2010年,扬州诚德钢管有限公司实现现价产值32.37亿元,比上年增长1.01%;销售收入31.83亿元,增长4.78%;实现利税2.78亿元,其中利润2.47亿元。

1月,美国PCC集团与美国凯雷投资集团完成股权交易,通过其在香港设立的子公司诚德钢管香港有限公司持有合资公司扬州诚德钢管有限公司49%的股权。美国PCC集团是世界500强企业,其生产的高镍合金、核电站用管道、航空锻件等居世界同类技术前列。

10月11日,全国工商联在北京召开2010中国民营企业500强发布会,经中国民营企业联合会、中国统计协会、中国管理科学研究院企业发展研究中心联合组织的2010年中国民营500强企业调研排序,扬州诚德钢管有限公司以42.23亿元的年营业收入列第414位。（胡　岩）

"三新"产业

■概述　2010年,全市"三新"产业实现产值571.2亿元、出口额173.4亿元,分别比上年增长49.6%和73.1%。其中,新能源产业继续保持高位增长,实现产值227.3亿元,比上年增长72.3%;新光源产业实现产值161.4亿元,比上年增长41.7%;新材料产业实现产值182.5亿元,比上年增长34.2%。"三新"产业总产值占规模以上工业总产值的比重由2009年的7.7%提高到9.4%。

2010年,全市有"三新"产业规模以上企业177家,比上年增加29家。顺大电子公司年产高纯多晶硅材料1350吨;晶澳太阳能公司建成生产线29条,全年产值超过75亿元,年产能突破1200兆瓦;乾照光电公司形成月产高亮度LED外延片3.5万片、芯片4.6亿颗的生产规模;川奇光电公司完成电子纸产量1000万张;中科半导体公司、乾照光电公司、璨扬光电公司、隆耀光电公司等LED企业蓝绿光和红黄光外延片以及高亮度芯片年生产能力分别为8万片、3.5万片和16200KK。（王　峰　张　媛）

■项目建设　2010年,全市在建、拟

扬州璨扬光电有限公司生产车间一角　郭义富/摄

建1亿元以上“三新”产业项目103个(其中新开工项目52个),计划总投资496亿元,当年完成投资137.4亿元,分别占全市1亿元以上项目投资总额的19.3%、18.1%和22.3%。晶澳太阳能公司启动三期工程800兆瓦太阳能电池生产线项目,扬州经济技术开发区天威新能源公司300兆瓦光伏组件和荣德新能源一期300兆瓦铸锭切片、璨扬光电公司LED外延片芯片等项目建成投产。奔多新材料公司的新型膜材料生产线项目进入试生产阶段。太极新材料有限公司的高模低收缩涤纶浸胶帘子布项目一期建成投产。永辉公司聚丙烯特种纤维系列产品项目进入设备安装阶段。天龙公司玄武岩连续纤维项目4台电炉正常生产,日产量700千克。林源科技公司自主研发的国内首台固定床生物质气化装置获得省并网发电许可。(王 峰 张 媛)

■科技创新 2010年,全市“三新”产业新增省级以上工程技术研究中心14家、省级以上企业技术中心2家,中科半导体公司、江苏华富控股集团有限公司(简称华富控股公司)等11家企业被认定为国家级高新技术企业。扬州经济技术开发区、史福特公司、华富控股公司等3家单位获准设立省级博士后科研工作站,其中扬州经济技术开发区设立国家级博士后科研工作站。乾照光电公司“超高亮度InGaAlP(铟镓铝磷)LED外延片与芯片”、神州风电公司“户用50千瓦风力发电机组”等108个产品被认定为省级高新技术产品。中科半导体公司的“半导体照明外延材料及芯片设计产业化”和新扬科技公司的“高性能碳纤维织物和预浸料的开发及产业化”等6个项目获省科技成果转化专项资金扶持。

(王 峰 张 媛)

■品牌标准建设 2010年,全市“三新”企业制定、备案各类企业产品标准48项。新奇特电缆公司的新奇特牌高阻燃包带等5个产品被认定为江苏省名牌产品,天龙照明电器公司的“昊天龙”等3件商标被认定为江苏省著名商标。江苏史福特光电科技有限公司被列入全省高新技术标准化试点单位。宏远电子公司、三得利化工公司成为标准化良好行为试点企业。江苏省华扬太阳能有限公司(简称华扬太阳能公司)获批成立全国太阳能标准委员会带辅助热源的太阳能热水工程工作组。由扬州市标准化协会和扬州市产品质量监督检验所承担的江苏省LED路灯地方标准项目获省级立项。(王 峰 张 媛)

天威新能源(扬州)有限公司车间 王 卓/摄

■招商引智 全年新批“三新”产业外资项目46个,投资总额20亿美元,协议注册外资11.3亿美元;工商登记注册“三新”企业137家,注册资本17.86亿元。天威新能源、宇理光电、新日能光伏、纤联光伏、潍柴新能源汽车、剑腾液晶显示、泽宇高新材料、远东新能源科技等一批重大项目落户;美中能源促进会、美国通用电气公司等一批世界知名企业和机构到扬州考察并寻求合作。2010年,全市引进“三新”产业相关高层次领军人才82人,引进产业发展急需的专业技术人才599人,实施“三新”产业引智项目15个。(王 峰 张 媛)

■示范应用 推进“十城万盏”半导体照明应用示范工程,安装LED灯具约2万盏。启动太阳能屋顶计划,扬州大学附属中学、苏北人民医院(西区分院)等项目在建,国展中心和扬州双博馆项目进入招标程序。扬州“智谷”建成12.6千峰瓦太阳能发电走廊和10千峰瓦低风速风力发电站。推进新能源汽车应用示范,亚星客车公司JS6106GHEV等3款混合动力城市客车进入《节能与新能源汽车示范推广应用工程推荐车型目录》,按照国家电网典型设计标准建设的吴州路电动汽车充电示范站投入运营,6辆亚星新能源城市公交车投入示范运行。编制完成《扬州市电动汽车充电站“十二五”发展规划》和《扬州市加油、加气与充电站布点规划》。(王 峰 张 媛)

■天威新能源(扬州)有限公司 3月14日,扬州市与中国兵器装备集团旗下的保定天威集团签订合作协议,由该集团投资40亿元在扬州设立天威新能源(扬州)有限公司,生产太阳能电池组件。项目分三期建设,一期总投资13.5亿元,注册资本5亿元。

8月18日,天威新能源(扬州)有限公司太阳能电池组件项目一期300兆瓦组件工程在扬州出口加工区内投产。(胡 岩)

■顺大公司等发起成立中国光伏产业联盟 5月17日,扬州顺大公司等国内22家光伏企业发起成立中国光伏产业联盟。

22家发起单位涵盖多晶硅及硅片、太阳能电池及组件、应用系统及专用设备等产业链骨干企业,多晶硅总产量占全国产量的70%以上,太阳能电池总产量占全国产量的50%以上,其中4家企业为2009年全球光伏十强企业。(胡 岩)

■江苏省半导体照明产业技术创新战略联盟大会 7月25日,江苏省半导体照明产业技术创新战略联盟大会在扬州“智谷”召开,全省61家企业和科研院所结成战略联盟,致力于LED产业技术的创新研发和转化应用。联盟集成江苏半导体照明研发机构、高等院校、半导体照明产业链相关企业的产学研合作资源，吸引海内外半导体照明著名专家、学者参与，联合对产业共性技术、前瞻性技术及标准化技术进行开发研究，争取国家半导体照明领域的重点项目、扶持政策和资金，推动江苏省半导体照明产业技术创新和快速健康发展。大会通过《江苏省半导体产业技术创新战略联盟章程》、《江苏省半导体照明产业技术创新战略联盟公约》，推举产生理事单位和理事会任职人员。扬州中科半导体照明有限公司总经理王国宏当选联盟理事长。（史 建）

■天翼3G平板电脑上市 7月27日，国内首款投入运营的3G平板电脑——天翼Life Pad在扬州举行首发式。该产品由扬州市万事通通讯电子发展有限公司与中国电信集团公司共同设计制造。

万事通通讯电子发展有限公司位于仪征经济开发区，是中外合资的高科技企业，注册资金2600万美元，有手机生产线7条，可年产手机500万只。从2008年起，公司投入2500万元，研发天翼Life Pad 3G平板电脑作为新一代移动互联网终端。天翼Life Pad具有第三代移动通信上网功能，支持整句联想的国笔混合手写输入法、快速查找、网页放大缩小等本土化、人性化的诸多应用，具有便携性、智能性和超长待机等特点。

（史 建）

■扬州成为国家级智能电网特色产业基地 8月10日，扬州市被科技部授予国家火炬计划首个智能电网特色产业基地称号。

扬州市依托科技创新寻求智能电网产业的技术突破，初步形成以企业为主体的技术创新体系，骨干企业全部建设高水平研发中心，拥有国家级企业技术中心1家、省级工程技术研究中心6家、市级工程技术研究中心18家。扬州"智谷"、扬州光电产品检测中心、韩英铎院士工作站和清华大学晶旭电源研发中心、西安交通大学扬州智能电网技术与装备研究院等一批高校院所研发平台在基地内集聚。全市形成以太阳能并网发电、智能电表应用示范工程和坚强智能电网改造为切入点，以扬州经济技术开发区为核心区，辐射宝应、高邮、江都、邗江等县（市、区），在国内外具有一定影响力的产业集群。（史 建）

■华扬太阳能公司通过欧盟认证 8月24日，华扬太阳能公司的承压一体系统通过欧盟Solar Keymark认证，成为国内首个通过该认证的太阳能承压一体系统。华扬太阳能公司的Solar Keymark认证由德国权威认证机构DIN CERTCO颁发。在欧洲，使用拥有Solar Keymark标志的产品，消费者可获得政府发放的节约能源补助。（胡 岩）

■扬州光电产品检测中心获得CBTL认可 11月1～5日，经过国际电工委员会光伏领域专家的现场评审，扬州光电产品检测中心成为全国第一家获得CBTL认可的光伏检测国家实验室。扬州光电产品检测中心是经国家质检总局批准的全国首家国家级光电产品检测重点实验室，主要从事光伏和LED产品从原料到成品的全系列检测服务。中心于2009年4月21日落成并投入运行，相继通过国家CNAS实验室认可/计量认证评审和德国TUV南德集团测试能力验证考核，成为国际权威认证机构TUV南德集团在大中华地区唯一的光伏和LED产品指定检测实验室，检测面覆盖整个亚太地区。扬州光电检测中心通过CBTL认可后，可以国际标准的测试认证服务，为中国企业提供本地检测服务和通向全球的国际通行证。

（史 建）

工艺美术工业

■概述 2010年，扬州工艺美术大楼和扬州工艺美术馆新馆建成营业。扬州玉器博物馆开馆，并晋升为中国玉器博物馆。扬州玉器厂"玉缘"商标被认定为中国驰名商标。国家标准委授权扬州玉器厂起草《玉器雕琢通用技术标准》。扬州漆器厂技术中心升级为省级技术中心。扬州市举办第45届全国工艺品、旅游纪念品暨家居用品交易会；获上海世博会礼品生产和零售特许权；参加第11届中国工艺美术大师作品暨国际艺术精品博览会，共获22个奖项，连续第七年获评2个特等奖。

2010年，扬州工艺美术集团有限公司实现产值3.62亿元，销售收入3.35亿元；实现利税2200万元、利润740万元，分别比上年增长36%、63%。（工 艺）

■扬州工艺美术馆新馆开馆 9月20日，扬州工艺美术馆新馆开馆。扬州工艺美术馆新馆面积3970平方米，有漆器、玉器、剪纸、刺绣、民间工艺等5个展区、10间大师工作室和非物质文化遗产保护项目表演区，展示20个品类300余件（套）扬州工艺美术精品。扬州工艺美术馆是扬州工艺美术的展示平台，是江苏省规模最大、藏品最丰富的工艺美术文化展示场馆。（工 艺）

■扬州工艺精品西博会上再获佳绩 10月28日～11月1日，第11届中国工艺美术大师作品暨国际艺术精品博览会（简称西博会）在杭州举行。扬州工艺美术集团组织漆器、玉器、刺绣、剪纸、通草花、瓷刻等33件作

西博会金奖作品纯雕漆《琼楼仙庆》地屏 工艺公司/供稿

翡翠地屏《四季平安》 晚报／供稿

品参展，获评特等奖2个、金奖6个、银奖6个、铜奖2个、优秀奖6个。扬州再次成为全国参评作品数最多、获奖总数最多、获最高奖奖项最多的城市。白玉《人生如意 福泽千秋》和纯雕漆地屏《琼楼仙庆》获特等奖。白玉《人生如意 福泽千秋》长156厘米、宽32厘米、高28厘米，重200多千克，如意状人参如美女而卧，人参上面26个孩童生动而形象，整件作品雕刻工艺娴熟，寓意吉祥，形神兼备。纯雕漆地屏《琼楼仙庆》以天然中国大漆精工雕刻而成，漆层髹涂400多层，以蓬莱仙山为主要内容，殿宇宏伟，山石嶙峋，神仙云集，仙鹤飞舞，烘托出群仙祝寿的主题。此外，点螺楠木雕《绿荫幽居》漆砂砚、翡翠《四季平安》地屏、白玉《福寿如意瓶》、白玉《水仙链瓶》、和田籽玉《福寿图》、剪纸《鸟语花香》等6件作品获金奖；脱胎漆艺《龙兴天下》陈设品、纯雕漆《碧溪渔乐》台屏、白玉籽《吹箫引凤》、刺绣《柳塘花坞》、刺绣《太白醉酒》、通草花盆景《琼花》等6件作品获银奖；单面刺绣挂屏《河塘小鸭》、象牙微刻《书画合璧》等2件作品获铜奖。 （史 建）

■第45届全国工艺品、旅游用品暨家居用品交易会 3月25日，第45届全国工艺品、旅游纪念品暨家居用品交易会（简称旅交会）和第五届中国玉石雕精品博览会在扬州国展中心开幕。第45届旅交会由扬州市政府、中国工艺美术协会、中国工艺（集团）公司联合主办，是旅交会连续第二年在扬州举办，吸引全国31个省、市的近400家展商参展，有展位650个。旅交会期间，举办2010年“金凤凰杯”创新产品设计大奖赛、“百花玉缘杯”中国玉石雕精品奖评奖活动和2010年度联合国教科文组织“杰出手工艺品徽章”认证活动。旅交会为期5天，接待观众10万余人次，总成交额2.6亿元，其中直接销售额3000万元、订货金额2.3亿元，总成交额比上年增加1.12亿元。813件参评作品中有496件作品获奖；扬州市有152件作品参评，108件作品获奖，获奖数占全部奖项的21.8%。 （工 艺）

■扬州工艺美术集团获上海世博会礼品生产和零售特许权 2010年，扬州工艺美术集团成为扬州唯一获得上海世博会礼品生产和零售特许权的企业，获批生产60多种世博产品，在扬州市区开设6家世博特许商品专营店（柜）。 （工 艺）

■扬州玉器“玉缘YUYUAN及图”商标获中国驰名商标认定 “玉缘”是扬州玉器厂注册商标、江苏省著名商标。10月，国家工商总局商标局行政认定“玉缘YUYUAN及图”商标为中国驰名商标，类别及使用商品（服务）为玉雕、玉雕首饰、翡翠。

（工 艺）

电力工业

■用电 2010年，扬州市完成全社会用电量151.09亿千瓦时，比上年增长16.98%。其中，工业用电量109.96亿千瓦时，增长17.33%。全社会用电量和工业用电量增幅分别高于江苏省平均水平0.37个百分点和1.34个百分点。全市工业用电量占全社会用电量的72.78%，城乡居民生活用电量占全社会用电量的14.40%。

从各县（市）区用电量完成情况来看，全年累计用电量增幅最高的是邗江区，为31.65%；其次是维扬区，为29.50%。 （电力处）

■发电 2010年，扬州市16家电力生产企业有发电机组44台，总装机容量399.01万千瓦；全年完成发电量236.96亿千瓦时，比上年增长0.59%。其中，统调电厂4家，有发电机组21台，总装机容量364.30万千瓦，完成发电量216.39亿千瓦时，比上年增长0.77%；非统调公用电厂5家，有发电机组11台，总装机容量20.7万千瓦，完成发电量11.43亿千瓦时，比上年减少7.00%；企业自备热电厂7家，有发电机组12台，总装机容量14.01万千瓦，完成发电量9.14亿千瓦时，比上年增长6.90%。

（杨 志）

■江苏华电扬州发电有限公司 2010年，江苏华电扬州发电有限公司（简称扬电公司）有1台22万千瓦和2台33万千瓦发电供热机组，总装机容量88万千瓦。全年完成发电量37.44亿千瓦时，实现销售收入20.06亿元、利润4031万元，实现扭亏增盈。至12月31日，公司连续安全无事故纪录4175天。 （蒋 幸）

■扬电公司6号机组大修 9月，扬电公司实施6号机组首次大修。建立完善“五化”（组织管理程序化、过程控制精细化、作业实施标准化、工期控制网络化、修后评估科学化），检修管理体系制订《6号机组大修准备全过程管理程序》、《检修管理考核细则》，确保各项准备工作按期执行到位。编制、启用新的大修文件包，严格程序控制，落实施工计划和安全技术措施。锅炉水压、辅机试转、汽轮机冲转、发电机并网均一次成功，修后各项经济技术指标优于检修目标，大修全过程未发生人身、设备安全事件，创历次大修最高水平。 （蒋 幸）

■高桂锋煤样制备法获评江苏省十大先进操作法 扬电公司根据煤质检验国标要求并结合实际工作经验，

2010 年扬州市电力生产企业情况一览表

发电企业		发电完成情况			
		发电机组台数（台）	总装机容量（万千瓦）	发电量（亿千瓦时）	比上年增长（%）
总　计		**44**	**399.01**	**236.96**	**0.59**
统调电厂	江苏国信扬州发电有限责任公司	4	252.00	164.21	6.75
	江苏华电扬州发电有限公司	3	88.00	37.44	-18.13
	仪征化纤热电中心	4	24.00	14.69	-3.16
	江都提水站	10	0.30	0.05	500.00
非统调公用电厂	扬州威亨热电有限公司	3	5.50	1.97	-34.77
	扬州港口污泥发电有限公司	2	4.80	3.01	-4.14
	宝应协鑫生物质发电有限公司	2	3.00	1.79	-19.00
	仪征联众热电有限公司	2	5.00	3.73	-2.61
	扬州东北热电有限公司	2	2.40	0.93	933.33
企业自备热电厂	江苏扬农集团热电站	5	3.00	2.32	-2.52
	扬州燃气总公司热电站	1	0.30	0.00	—
	扬州新业化工有限公司热电站	1	0.60	0.28	—
	扬州石油化工厂热电站	1	0.30	0.14	1300.00
	扬州联合安邦化工公司热电站	1	0.15	0.06	50
	仪征瑞祥化工有限公司热电站	2	6.00	4.27	7.83
	永丰余造纸(扬州)有限公司	1	3.66	2.07	0.98

（电力处）

优化流程，形成标准化制样操作流程和操作方法，并制作高桂锋煤样制备法教学片。高桂锋煤样制备法既与行业标准紧密相连，具有很高的规范性，又结合扬电公司多渠道、多煤种的供煤特点，有很强的适应性和独创性。高桂锋煤样制备法教学片实用、直观，具备较好的实用性、推广性，便于学习掌握。

11 月 30 日，江苏省总工会、江苏省发展和改革委员会、江苏省经济和信息化委员会、江苏省科学技术厅等 8 家单位联合发文，表彰高桂锋煤样制备法等江苏省十大先进操作法。

（蒋　辛）

江苏华电仪征热电有限公司成立

6 月 18 日，江苏华电仪征燃机热电联产项目开工建设。该项目是江苏省能源局挂牌成立后核准的第一个燃机热电联产项目，也是江苏省第一个 3 台机组同时核准的项目。项目总投资 53.3 亿元，规划用地 18 万平方米。其中一期工程总投资 25.78 亿元，主要建设 3×200 兆瓦级燃气—蒸汽联合循环供热机组，规划年发电能力 34.47 亿千瓦时、年供热能力 484 万吉焦以上。

9 月 8 日，江苏华电仪征热电有限公司投资合作协议在北京签订。江苏电力发展股份有限公司、中石油昆仑天然气利用有限公司、仪征市扬子投资发展有限公司和扬州化工产业园区投资发展有限公司四方代表共同审议并签署相关合作协议和公司章程。12 月 16 日，江苏华电仪征热电有限公司在扬州化工园区正式成立。

（杨　志）

江苏国信扬州发电有限责任公司

2010 年，江苏国信扬州发电有限责任公司完成发电量 164.2 亿千瓦时，其中基数电量 134.4 亿千瓦时、市场电量 29.8 亿千瓦时。全年实现销售收入 56 亿元、利润 6.02 亿元。公司全年未发生设备、人身伤亡和火灾事故，年内实现 3 个百日安全无事故周期。至年底，连续安全生产 3708 天。

2 月 20 日，公司 0 号高备变经带电压冲击及带负荷试验，移交运行。12 月 1 日，江苏国信扬州发电有限责任公司 4×630 兆瓦机组烟气脱硫系统效率提高技改项目通过江苏省环保厅组织的环保验收，成为江苏省首家完成脱硫系统提高燃煤硫份适应性技改任务的火电企业。

（芮　虎）

建筑业 房地产业

Jianzhuye Fangdichanye

本栏责任编辑　李全权

建筑施工安装

■概述　2010年，全市建筑业实现总产值1553.43亿元，比上年增长19.72%；实现增加值154.73亿元。全市建筑企业上缴税收16.47亿元，比上年增长13.83%，占全市地税总额的18.8%；市区建筑企业上缴税收5.09亿元，比上年增长10.45%，占市区地税总额的16.08%。完成房屋建筑施工面积1.36亿平方米，比上年增长20.3%；竣工面积10万平方米以上的项目97个，比上年增长67%；建成29层以上的高层建筑455幢，比上年增长33%。全市境外市场完成外经营业额4.3亿美元，增长40%以上。　（徐　柔）

■市场开拓　2010年，市外建筑业实现总产值1136亿元，40多万建筑工人在市外施工，分别占全市总量的72.8%和71.4%。市外规模市场发展迅速，有产值20亿～50亿元市场11个、产值50亿～100亿元市场5个、产值100亿元以上市场2个。以西安市为中心的西北市场完成施工产值130亿元，成为继广东市场后全市第二个100亿元级建筑业基地。江都建设集团有限公司（简称江建集团）承建的蒙古奥尤陶勒盖项目合同额34.5亿元，是江苏省体量最大的境外建筑项目。江苏扬安集团有限公司承接的四川天赋军安项目安装工程造价9亿元。　（徐　柔）

■转型升级　2010年，全市有16家建筑企业晋升为一级资质或增项一级资质，累计有特级、一级资质企业67家。80%以上的骨干企业从事多元经营，企业资质涵盖房建、市政等7个总承包领域和机电、钢结构等30多个专业承包领域。全市建筑业实现多元经营产值140亿元，比上年增长近1倍。江苏邗建集团有限公司（简称邗建集团）改制后，逐步提高安装、装潢等专业施工产值份额，房建和专业施工产值比例近1∶1。（徐　柔）

■品牌创优　全年获评中国建筑工程鲁班奖（简称“鲁班奖”）1个、国家优质工程（简称国优工程）奖9个，全市累计获评“鲁班奖”29个、国优工程奖35个。江苏省华建建设股份有限公司（简称江苏华建）承建的深圳荣超经贸中心获评“鲁班奖”；江苏扬建集团有限公司（简称扬建集团）承建的扬州深国投商业中心工程、邗建集团承建的扬州市第一人民医院西区医院工程、江苏华宇装饰工程有限公司承建的扬州金陵大饭店装饰工程分获国优工程奖。广陵区意轩公司承建的山西晋城儿童公园项目和河南驻马店半岛小区项目获评古典园林建筑国优工程奖。全市创省、市级优质工程200多项，有一半以上的规模公建项目（指以政府名义发文修建的项目）获市级以上优质工程奖。　（徐　柔）

■科技创新和人员培训　2010年，全市建筑业新增专利48件，其中发明专利4件；主编国家行业标准1项；获评国家级新技术示范工程3个、省级施工工法23项、省级新技术应用示范工程27个。新增一级建造师128人、二级建造师637人；全市有各类技术人员6万多人，占全市建筑业从业人员总数的11%，其中一级建造师1324人、二级建造师3819人。　（徐　柔）

■江苏华建入选2010年中国承包商60强　12月9日，由中国《建筑时报》和美国《工程新闻纪录》（Engineering News-Record，简称ENR）杂志合作举办的2010年ENR中国承包商60强排名在黑龙江省哈尔滨市发布。江苏华建以总承包营业收入110.6亿元入选，名列60强第38位，是扬州市唯一入选的建筑业企业。　（胡　岩）

■江建集团承接全省体量最大的境外项目　12月31日，江建集团签约承建蒙古奥尤陶勒盖有限公司项目。奥尤陶勒盖项目主合同额34.5亿元，由选矿厂外混凝土、基础设施建设、选矿厂物料输送与尾矿、中国输电设施EPC、中国输电设施EPC之管理与保证等5个工作包组成，工期18个月。奥尤陶勒盖项目内容涉及供水、消防、电力、供热、工业管道、压力容器、电气仪表、钢结构等专业，工程采用英国标准，是一个跨行业、跨专业、工艺复杂、标准高、要求严的综合性系统工程，也是江苏省建筑企业承接的体量最大的境外建筑项目。

（胡　岩）

■江苏省华建建设股份有限公司　2010年，江苏华建完成建筑业总产值

90.45亿元,比上年增长18.02%;完成企业总产值110.6亿元,比上年增长33.41%;施工面积883.16万平方米,比上年增长26.38%;竣工面积165.9万平方米;新签项目合同总额56.94亿元。全年承建超高层项目75个,承建10万平方米以上工程33个。

开拓大型工程。深圳公司中标南山建工村保障性住房和深圳前海地铁上盖保障性住房项目,承接的宏欣豪苑项目建筑高度145米,是深圳在建最高的纯住宅项目。北京公司在内蒙古承接10万平方米以上项目2个,工程总价逾3亿元。惠州公司中标大隆企业财富广场项目,建筑面积14.8万平方米、高度近140米。上海公司承接总造价4亿元的上海长宁区240街宁国府邸总承包工程。海南公司承接政府投资工程及规模工程。珠海公司承接金地集团软基处理工程,实现业务发展多样化。

推进市场开拓。深圳公司开辟成都市场。北京公司立足首都,辐射内蒙古、天津、河北等地市场,落实大华北区域市场发展战略。海南公司开拓宜都市场,承接3项工程。珠海公司新成立中山、阳江、澳门3个分公司。上海公司开拓江苏市场,成立苏南分公司,形成苏鲁沪联动格局。

2010年,江苏华建公司承建的深圳荣超经贸中心获评"鲁班奖",深圳香蜜湖第一生态苑被国家工程建设质量奖审定委员会评为2010年度国优工程银质奖,海南省全民健身中心运动场看台工程被中国质量协会用户委员会评为2010年度全国用户满意工程。至年底,江苏华建公司累计获评15个"鲁班奖"、5个国优工程、11个全国用户满意工程。

2010年,江苏华建获得由住房和城乡建设部(简称住建部)颁发的工程设计甲级资质证书。全年获评全国建筑业新技术应用示范工程1个、省级新技术应用示范工程14个;获发明专利2件,实用新型专利2件;获评省级工法9项。12月1日,江苏华建参与主编的行业标准《建筑地面工程施工质量验收规范》在全国施行。 (戴壮民 纪小力)

江苏华建总包承建的深圳荣超经贸中心

华建/供稿

江苏扬建集团有限公司 扬建集团实现总产值30.14亿元,比上年增长14.38%;实现利润3170.16万元,增长11.60%;名列江苏省建筑业综合实力50强企业第39位。全年获评国优工程奖1个、全国用户满意工程1个、国家电网优质工程1个,获评江苏省"扬子杯"优质工程(简称"扬子杯")9个、江苏省建筑装饰优质工程奖(简称"紫金杯")3个。取得建筑幕墙专业一级资质。成立扬州华发装饰设计事务所有限公司,华融中原物业公司注册成立佛山、海南分公司。成立扬州市建筑新材料研发中心,年内晋升省级研发中心。获国家QC(质量管理)小组成果优秀奖3个、实用新型专利3件,获评江苏省新技术应用示范工程11个、省级QC成果6项、省级工法2项,获全国建筑装饰行业科技创新奖2个。参与住建部《建筑机械使用安全技术规程》及国家标准《建筑施工安全技术统一标准》制定。

承接"京杭之心"、苏中江都机场等重大项目。承接宁波深国投项目,单体面积12.4万平方米、地下面积4.68万平方米。承建"烟花三月"国际经贸旅游节主会场宋夹城项目、世界运河名城博览会主会场南门遗址项目、扬州古城保护方案展览项目和扬州工艺坊项目等。承建秦皇岛数谷大厦项目,承接海南占地8.2万公顷的中国(海南)改革发展研究院项目。承建的扬州深国投商业中心获评2010年国优工程,海南省文体看台获评2010年度全国用户满意工程,六圩220千伏变电所获评电力系统国优工程。扬州珍园街坊改造工程、迎宾馆8号楼、市第一人民医院西区医院病房楼四标段、扬州汽车东站一期等4个工程获江苏省"扬子杯";上海枫林雅苑AB块(一期)工程,北京冷泉西A区9号楼、10号楼工程和政泉花园8号楼工程,深圳星河·丹堤E区等5个工程获江苏省省外"扬子杯";扬州友好医院门诊医技病房楼幕墙工程、长乐客栈装修工程二标段、市委党校图书馆综合楼A区装饰工程等获评"紫金杯"。全年创省级安全文明工地11个。其中,扬州工艺坊A地块和B地块,移动通信话务楼,南通航运学院,中集集品嘉园,四川九龙敬老院、卫生院援建项目获评江苏省文明工地;北京保利嘉园、温榆小镇项目获评北京市文明安全工地。 (蒋贵涛)

江苏邗建集团有限公司 2010年,邗建集团实现建筑业总产值65亿元,比上年增长30%;实现利税3.45亿元。全年在建工程总面积325万平方米。全年获国家级表彰14项、省级表彰50项、市级表彰99项,获评国优工程2个、中国安装之星项目1个,发布国家行业标准1项,入选全国民营企业500强,获评全国建筑业AAA级信用企业、全国企业文化建设优秀单位等。

拓展扬州、北京、上海、深圳、西安、海南等核心市场,提升其支撑作用。提高上海四处江阴阳光项目、深圳四处南山沙河建工村项目、西安分公司上海绿地项目以及南京分公司金科东方大院项目等规模工程的贡献率。上海四处、设备安装处、协和装潢公司等单位开辟安徽、云南、山东等地市场。集团公司与大庆圣地置业公司签订战略合作协议,开发大庆市场。在沙特承建沙特阿吉马坎别墅一期工程。

加快专业拓展,各分(子)公司寻求BT(建设—转让)模式项目、新农村项目等领域合作。集团公司筹资购置大庆地块,组建大庆高地房产开发公司;与省属水利企业签订战略合作协议,组建水利分公司,在徐州等地承接箱涵、水闸、堤岸等水利项目。

全年发表获奖学术论文19篇、QC成果15项,获评省级工法4项。申报国家专利5件,其中4件通过认定。集团公司参与主编的《建筑机械使用安全技术规程》通过审定。万和公司在混凝土外加剂生产的基础上,研制保温砂浆等节能材料,新增防腐保温与外墙保温等施工业务。扬州体育公园游泳跳水馆和扬州首席国际大厦等2项工程获评省级新技术应用示范工程,扬州粮库项目部QC小组获评国家工程建设优秀质量管理小组。(居建平)

勘察设计管理

■概述 2010年,全市有具备资质的勘察设计单位41家,其中各类甲级资质单位15家、乙级资质单位20家、丙级资质单位6家。勘察设计单位涉及工程勘察、建筑、市政、水利、水运、电力、通信、石油、化工、化纤、轻纺等11个行业及建筑装饰、建筑幕墙、环境工程、轻钢结构、照明工程等6个专项。有从业人员1123人,全年实现产值1.9亿元。(汪 美)

■优秀勘察设计评选 开展2010年度扬州市优秀勘察设计评选活动,评出一等奖6个、二等奖6个、三等奖10个。推荐12个优秀勘察设计项目参加江苏省优秀勘察设计评选,获一等奖1个、二等奖5个、三等奖4个。勘察设计企业参加江苏省住房和城乡建设厅(简称省住建厅)开展的

2010年扬州市优秀勘察设计项目一览表

奖项及等级		项 目 名 称	获 奖 单 位
优秀设计奖	一等奖	扬州东关街街面整治工程	扬州市建筑设计研究院有限公司
		扬州傍花村温泉度假村	扬州市建筑设计研究院有限公司
		扬州帝景蓝湾花园住宅小区	扬州市建筑设计研究院有限公司
		扬州古运河大水湾人行桥工程	扬州城市规划设计院有限公司
		扬州扬子·豪泽苑(南浦花园三期工程)	扬州城市规划设计院有限公司
	二等奖	扬州个园扩建与通道整治工程	扬州市建筑设计研究院有限公司
		扬州教场改造一期	扬州市建筑设计研究院有限公司
		扬州体育运动学校	扬州市建筑设计研究院有限公司
		文昌路延伸(文昌大桥—沙湾路)道路工程	扬州城市规划设计院有限公司
		扬州凯运壹位商业广场	扬州大学工程设计院
	三等奖	扬州引潮河景观建筑群	扬州市建筑设计研究院有限公司
		兴化高谷故居和李善浮沤山庄重建	扬州市建筑设计研究院有限公司
		扬州瘦西湖华庄	扬州市建筑设计研究院有限公司
		邗江人民防空办公室612工程	扬州大学工程设计院
		扬州文汇路改造工程(新城河路—淮海路)	扬州城市规划设计院有限公司
		扬州万都五金机电城	扬州城市规划设计院有限公司
		扬州唐代罗城西门遗址保护工程	扬州市建筑设计研究院有限公司
优秀勘察奖	一等奖	京杭大运河扬州文昌大桥工程地质勘察	江苏省工程勘测研究院有限公司
	二等奖	江苏曙光光电有限责任公司科技综合楼	扬州东方工程勘察公司
		太湖流域重要报汛站水准几面校测	江苏省工程勘测研究院有限公司
	三等奖	江海学院图书馆	扬州市勘测设计研究院有限公司
		扬州127地块岩土工程勘察报告	江苏时代建筑设计院有限公司

(汪 美)

2010 年扬州市勘察设计甲级资质单位一览表

单位名称	资质情况
江苏中核华纬工程设计研究有限公司	甲级化工石化医药
江苏石油勘探局勘察设计研究院	甲级石油天然气
江苏省水利勘测设计研究院有限公司	甲级水利
扬州市建筑设计研究院有限公司	甲级建筑工程
江苏工程勘测研究院有限公司	甲级工程勘察综合类
扬州大学工程设计研究院	甲级建筑工程
扬州勘测设计院有限公司	甲级工程勘察岩土工程
江苏时代建筑设计有限公司	甲级建筑工程
扬州城市规划设计研究院有限责任公司	甲级建筑工程
江苏华建建设股份有限公司	甲级建筑工程
江苏江都建设工程有限公司	甲级建筑工程
江苏扬建集团有限公司	甲级建筑工程
扬州日模邗沟装饰工程有限公司	甲级建筑装饰
扬州华发装饰装潢配套公司	甲级建筑装饰
扬州华宇装饰工程有限公司	甲级建筑装饰

（汪　美）

农村节能抗震住宅优秀设计方案竞赛，获一等奖 1 个、二等奖 2 个、三等奖 4 个；参加江苏省公共租赁住房优秀设计方案竞赛，获二等奖 2 个、三等奖 3 个。（汪　美）

工程建设管理

招投标管理　2010 年，扬州市加强对招投标工作重点项目、重点对象、重点环节的监管力度，提高招投标监管及服务工作规范化和程序化水平。出台低价评审办法，推出投标报价警戒指标，遏制恶意低价竞标现象；利用招投标企业信息库资料及时公布项目经理在手项目情况，推行项目经理答辩制度，加大对中标项目经理的变更监管力度；开展招标代理机构专项检查活动，制定并实施国有投资工程预选招标代理机构名录管理办法，开发、应用代理机构考核系统，规范代理机构及从业人员行为；推行远程评标工作，远程评标的项目数量、涉及范围、远程抽取异地评委人数均处于全省前列。全市组织实施异地远程评标项目 347 个，总投资额 63.4 亿元，邀请外地评委 990 人次参加评审；完成进场交易项目 2122 个标段，合同价 227.62 亿元，比上年增长 27%。通过招投标节约资金 4.21 亿元。（王双芹　卞海波）

施工许可与竣工验收备案　2010 年，扬州市规范施工许可和竣工验收备案的发证条件和工作程序，利用施工许可和竣工验收备案系统完善网上申报、审查、批准程序，缩短审批时间；加强对提前开工项目的监管，完善部门联合查勘制度，实现闭合联动管理。全市发放建筑工程施工许可证 1028 份，建筑面积 1260 万平方米；完成竣工验收备案项目面积 687 万平方米。（王双芹　卞海波）

施工图审查　2010 年，扬州市加强对审图质量的考核，多次组织质量考评小组抽查和考核审图质量。市区全年完成施工图审查项目 641 个，查出违反强制性条文行为 2385 条次，违反强制性标准行为 6294 条次。加快县（市）施工图审查机构建设，高邮市获施工图审查资格，宝应县施工图审查资质通过核查。（王双芹　卞海波）

建筑市场信用体系建设　2010 年，扬州市建筑市场信用体系、信用评价内容增加预拌砼生产企业类别，加大对各类注册执业人员的信用评价力度。信用信息系统对 312 家企业和 362 名个人形成评价成果，产生各类信用记录 1429 条，比上年增长 24%。其中，个人评价记录 469 条，比上年增长 49.3%。明确以信用等级为依据的差别化管理措施，建立注册执业人员的分类动态管理机制，加大信用评价成果在市场准入、评优评先、资质资格晋升等方面的应用力度。（王双芹　卞海波）

工程质量管理　2010 年，扬州市组织市区在建项目拉网式检查 2 次，其他形式的工程检查 4 次、综合检查 22 次；立案查处各类违法违规案件 256 件，下达处罚决定书 174 份。联合公安部门开展城建执法案件调查，查处 901 胶假冒伪劣建材案等重大案件。加大工程实体质量监督抽测力度，执行监督抽测申报制度、3 个工作日检测时限制度、施工和监理见证现场抽测制度等，提高质量预控能力，确保检测结果的准确性、公正性。对拆迁安置房等民生工程实行双倍监督抽测，隐蔽验收巡查到位率逾 40%。市区监督抽测工程 906 批次，其中抽测框架结构工程 712 批次，抽测工作量分别比上年增长 8.3%、43%。引进预拌砼生产企业远程监控系统，将预拌砼的“路查”和“夜查”纳入巡查机制。市区全年监督抽测 263 个单位工程，其中 4 个工程砼强度不合格，占总数的 0.4%，不合格率比上年下降 80%。强化分户验收工作，实施《江苏省住宅工程质量分户验收规程》。全年有 1300 多人参加规程培训学习，室内开间、净高尺寸、室内地面、墙面、门窗质量、护栏高度、玻璃种类等方面的分户验收工作质量大幅提高，分户验收覆盖率 100%。推进市政工程质量通病防治工作，出台《市政工程质量通病防治导则（道路篇）》，加大重点建设项目巡查和抽测力度。全年监督巡查 30 次，下发整改通知书 93 份，记录不良行为 21 条，查处违反强制性条文行为 28 起；对在建工程的回填土压实度、基层灰剂量等指标进行 13 次飞行检测，并督促相关单位落实整改措施。全市受理132项、314个单位工程申报优质结构工程，比上年增长45%；评选出扬州市“琼花杯”优质工程104个、“五亭杯”优质工程53个，获评市外优质工程45个、江苏省“扬子杯”优质工程13个，扬州市第一人民医院综合楼等4个工程获评国优工程。

（王双芹　卞海波）

■工程监理　2010年，全市有4家监理企业晋升资质，累计有甲级监理企业13家，占总数的36%；有396人通过省监理员考核、71人通过省监理工程师考试，全市累计有国家注册监理工程师559人、省注册监理工程师592人。监理企业全年完成监理收入1.8亿元，比上年增长18%；新承接监理项目合同金额2.7亿元，增长20%。扬州建苑监理公司获评中国工程监理行业先进工程监理企业。

（王双芹　卞海波）

■工程造价管理　2010年，造价管理部门执行信息测报员工作例会、价格信息监督例会和听证例会等制度，提高造价指数指标测报工作质量。全年发布造价指数12期，涉及25个类型材料；发布造价指标60例；书面回复造价争议57份，网上回复定额解释313条，电话解答咨询2000多条。开展造价咨询成果专项检查、咨询成果质量剖析、典型经验交流和质保机制研究等活动，提升造价咨询质量。推进施工合同网上备案和招标控制价、竣工结算价备案制度，加强国有投资项目造价全过程监管。《扬州工程造价管理》发行量2500份，连续3年获评全国优秀造价类期刊。

（王双芹　卞海波）

■工程检测管理　2010年，扬州市加强对检测机构的监管，邀请外市专家检查17家检测机构，严查检测机构出具虚假报告和人情报告行为，规范检测行为。市区检测机构全年上报不合格报告9256份，签发整改和检测通知949份，比上年增长33%；检测783个单位工程合同备案，备案率91%。（王双芹　卞海波）

■建筑节能与建设科技　印发《关于进一步加强民用建筑节能管理工作的通知》，落实新建建筑6项节能管理制度；下发《关于新建民用建筑设计方案征求建筑节能意见的通知》，建立新建民用建筑设计方案节能审查机制。6月，开展全市建筑节能专项检查，检查工程项目35个，下发整改通知书22份。在2010年省住建厅组织的建筑节能专项检查中，扬州市被查项目全部合格。

出台《扬州市建筑节能材料和产品备案管理暂行办法》。全年审查、发布5批扬州市建筑节能材料和产品备案目录，累计备案建筑节能材料和产品156种。

推进太阳能、浅层地能等可再生能源在全市建筑领域的应用，组织编制《扬州市可再生能源建筑应用专项规划（2009～2012年）》和《扬州市可再生能源建筑应用实施方案》。申报国家可再生能源建筑应用示范城市，获财政部专项补助资金8000万元。成立扬州市城乡建设局可再生能源建筑应用示范工程建设领导小组，组建扬州市可再生能源建筑应用和建筑节能评审专家委员会，开展可再生能源建筑应用示范工作。

“扬州市北区市政道路建设关键技术研究与应用”项目通过省住建厅组织的专家鉴定。开展全国无障碍建设示范城市创建活动，确定市区100家无障碍创建示范单位，制作、发放无障碍设施标志牌及指示牌4500块。创建工作通过省住建厅及省残联等联合组织的中期验收。（汪　美）

房地产开发

■房地产开发投资　2010年，全市完成房地产开发投资165.16亿元，其中住宅投资137.16亿元，分别比上年增长27.51%、28.98%。市区完成房地产开发投资69.56亿元，比上年增长2.05%。其中，住宅投资55.16亿元，比上年下降1.97%。

（方　观）

2010年扬州市销售额前10名房地产项目一览表

排名	项目名称	开发企业	销售额（万元）	销售面积（平方米）
1	京华城中城	扬州京华城中城生活置业有限公司	77192	100882
2	新能源虎豹·阳光美第	扬州新能源虎豹房屋开发有限责任公司	55936	61824
3	依云城邦	江苏中泽房地产开发有限公司	55196	87367
4	中信泰富·锦苑	中信泰富（扬州）置业有限公司	55024	68955
5	骏和玲珑湾	扬州骏和房地产开发有限公司	45551	69511
6	绿地运河纪·上方公馆	上海绿地集团扬州铭源置业有限公司	40960	58744
7	碧水栖庭	扬州美特房地产开发有限公司	40753	68815
8	骏和国际公馆	扬州骏和房地产开发有限公司	40059	41054
9	公园一号	扬州明源房地产开发有限公司	39890	52829
10	首开·水晶城	扬州首开衡泰置业有限公司	37725	54878

（方　观）

2010 年扬州市区房地产开发投资结构图

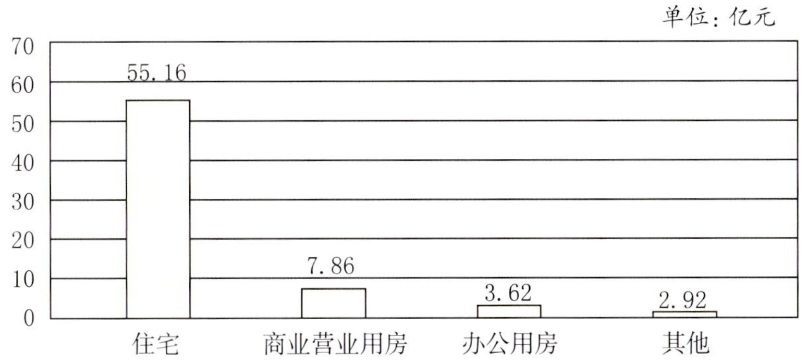

2009～2010 年扬州市区商品房开发建设情况图

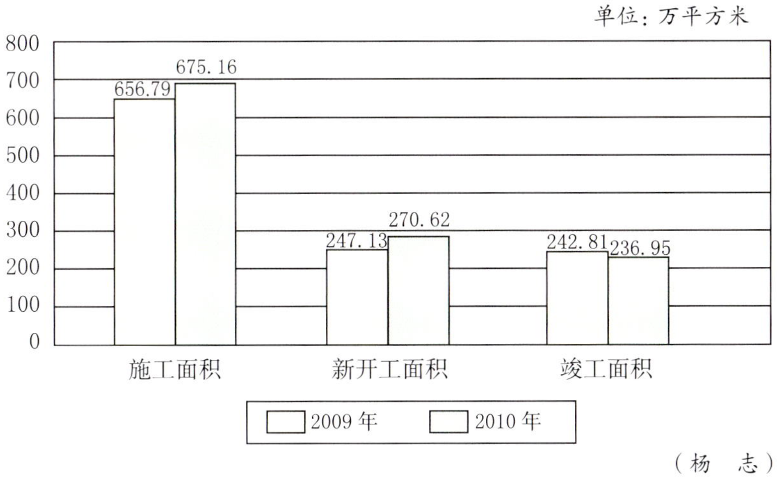

（杨　志）

■**房地产开发建设**　全市房地产新开工面积 657.58 万平方米，比上年增长 33.09%。其中，住宅新开工面积 544.25 万平方米，比上年增长 38.88%。房地产竣工面积 469.15 万平方米，比上年下降 7.26%。其中，住宅竣工面积 372.34 万平方米，比上年下降 14.26%。

市区房地产新开工面积 270.62 万平方米，比上年增长 9.51%。其中，住宅新开工面积 193.03 万平方米，比上年下降 1.94%。市区房地产竣工面积 236.95 万平方米，比上年下降 2.41%。其中，住宅竣工面积 180.86 万平方米，比上年下降 11.88%。

（方　观）

2010 年，扬州市区商品房市场保持稳定。图为市民在了解新开盘楼盘信息
王　卓／摄

■**商品房成交**　2010 年，全市商品房合同成交面积 561.64 万平方米，比上年下降 7.12%。市区商品房合同成交面积 228.51 万平方米，比上年下降 22.86%。其中，商品住宅合同成交 172.48 万平方米，比上年下降 30.64%。

2010 年，全市新建商品住宅价格比上年上涨 6.1%。　（方　观）

住房保障和房产管理

■**概述**　2010 年，扬州市健全住房保障工作体系，完善廉租住房、经济适用住房、公共租赁住房等保障体系，逐步解决中低收入家庭住房问题。提高房地产业整体发展水平，规范房地产交易市场秩序，落实调控房地产市场、稳定住房价格的各项措施，全市房地产市场基本保持平稳健康运行状态。推进住宅区物业管理，提高管理覆盖率和规范化管理水平。

（方　观）

■**住房保障**　2010 年，市政府出台《〈关于进一步解决市区低收入家庭住房困难的实施意见〉的补充意见》和《关于大力发展市区公共租赁住房的实施意见》。市房管部门强化对住房保障的动态管理，修订《扬州市区廉租住房保障实施细则》和《扬州市区经济适用住房保障实施细则》，完善市区廉租住房、经济适用住房、公共租赁住房三大住房保障政策体系。廉租住房保障城市居民中收入较低的住房困难家庭，具体保障形式分实物配租、发放租赁补贴、一次性给予 11 万元购房补贴；经济适用住房主要保障城市居民中以低收入家庭为主体的住房困难家庭，具体保障形式分政府建房供购、给予购房政策性补贴、发放低收入租赁补贴；公共租赁住房主要保障城市居民中住房困难的中等偏下收入家庭、外来务工人员和新就业大学生。全年有 931 户家庭

新建成的新星拆迁安置小区 张孔生/摄

获得廉租住房；公示确认经济适用住房保障家庭2702户，供应经济适用住房707套；有5529户家庭取得公共租赁住房租赁补贴资格。市区新增廉租住房实物配租家庭80户，新增符合申购经济适用住房条件家庭1819户，新增公共租赁住房1850套；对经审核公示确认符合廉租住房租赁、购房政策性补贴和低收入租赁补贴条件的家庭实现应保尽保，累计发放各类住房补贴728万元。（方 观）

■**房地产市场管理** 扬州市房管部门坚持房地产市场运行情况分析制度，实行商品房价格备案制度；加强商品房预（销）售方案管理，界定开盘规模；加强房地产市场风险防控，开展商品房预（销）售资金监管；加强存量房交易网上备案管理，规范中介服务机构管理；完善商品房交付使用备案制度，强化商品房售后服务管理，减少商品房交付环节的矛盾和纠纷。市政府出台文件促进房地产市场平稳健康发展，全面清理土地，促进房地产项目开工建设；对存量商业办公用房采取促销措施，推动商业办公用房转化利用；编制《扬州市住房保障和房地产业发展“十二五”专项规划》、《扬州市区住房建设规划（2010～2012年）》，引导住房需求和消费。市政府每月召开新闻发布会，向社会发布房地产市场信息，加强市场预期管理，实现管理手段和措施前移，严格监管开发商销售行为，引导市场预期。加大房地产执法巡查、检查力度，促进售购信息对称，查处房地产市场违法违规行为，规范房地产市场秩序，营造公平有序的房地产业发展环境。（方 观）

■**物业管理** 市房管部门开展物业服务管理调研活动，制定实施《关于规范市区前期物业服务招投标工作的实施意见》、《扬州市市区2010年度实施“三位一体”服务协调工作机制住宅小区达标评比办法》、《扬州市2010年度优秀业主委员会评比办法》、《扬州市2010年度物业服务行业服务标兵评选办法》等，建立健全物业服务管理体系，规范物业服务管理行为，增强物业服务企业及项目经理、从业人员工作责任感。全年新增实施物业服务管理的住宅小区660万平方米，其中市区256万平方米。住宅物业服务覆盖率76%，比上年上升4.8个百分点。推广“三位一体”物业服务协调机制，发挥物业服务企业、业主委员会、社区三方资源优势和职能作用，协商、协调处理物业服务管理问题。全年创建省级物业管理优秀项目4个、市级优秀项目17个。加强住房专项维修资金归集、使用和管理工作，全市归集住房专项维修资金1.6亿元，其中市区0.87亿元。市区审核批准使用维修资金572万元。（方 观）

■**房屋拆迁管理** 市政府下发《关于加强市区集体土地拆迁安置房建设和管理的意见》，市房管部门实行拆迁项目和安置协议网上备案，建立集体土地拆迁安置房建设和管理模式。2010年，市区经过国土部门批准的集体土地征地项目均按照《扬州市市区集体土地房屋拆迁管理暂行办法》规定的程序办理申报拆迁手续，经批准发布拆迁通告后实施拆迁。全年批准集体土地拆迁项目43个，拆除各类建筑面积126万平方米；市区24个项目经审核批准获得国有土地房屋拆迁许可证，拆除各类房屋建筑面积18.74万平方米，拆迁通告发布率100%。市政府开展房屋拆迁专项治理，加强对拆迁人、评估人、实施人的教育、管理和培训，做好拆迁信访事项调查和矛盾纠纷调处工作。全年全市未发生因拆迁引起的重大社会矛盾和群体性事件。（方 观）

■**老小区综合整治** 2010年，市区整治东花园（河北片）、四季园新村等老小区17个，其中广陵区10个、维扬区5个、邗江区1个、蜀冈—瘦西湖风景名胜区1个，整治楼房555幢、面积129.3万平方米，5.8万人受益。市房管部门发挥长效管理补贴资金的杠杆作用，推动整治后的老小区落实长效管理措施，其中7个小区实施专业化物业服务、5个小区实施准物业服务模式。（方 观）

■**公房管理和解危** 市房管部门修订市区直管公房管理暂行办法。直管公房管理主体责任明确，委托管理措施执行有力，直管公房承租权有偿转让、直管公房管理工作等进入规范化管理轨道。制定《扬州市区2010年度公有住房解危异地安置实施细则》，原地原样修缮和异地搬迁解危相结合，推动实施公有住房解危工作，改善城市居民居住条件。全年实施危旧房改造58.48万平方米。市区实施危旧房改造17万平方米，其中公有住房解危6.24万平方米（含异地搬迁解危2.03万平方米）；公有住房中，直管公房解危4.5万平方米，自管公房解危1.74万平方米。（方 观）

■**房屋安全管理** 市房管部门与市公安、武警、教育、文化等部门沟通协调,建立房屋安全管理工作机制和覆盖县(市、区)的房屋安全管理工作网络。市区全年完成施工对相邻房屋的影响、火灾爆炸事故、房屋质量纠纷、陈旧危房改造、装修拆改等房屋安全鉴定业务 38 万平方米，比上年增长 35%。

完成中国白蚁防治氯丹灭蚁灵替代示范项目扬州地区总安装任务的 90%。在白蚁危害较为严重的税务学院等单位推广白蚁地上型饵剂系统，对市区 400 多棵古树名木进行白蚁危害情况调查。市区全年白蚁预防竣工面积 280 万平方米。 （方 观）

■**房屋权属登记管理** 市房管部门制定《扬州市房产服务大厅管理办法》、《扬州市房产服务大厅窗口服务工作考评实施细则》、《驻房产服务大厅单位联席会议制度》，坚持每日巡查，重点检查工作人员在岗在位、服务态度、仪表整洁、遵守纪律、服从管理等情况。根据住建部关于房屋交易与权属登记规范化管理要求,调整业务系统关联,实现与测绘、商品房网上备案、二手房网上备案等业务系统相互衔接;开辟预约服务、上门服务、延时服务、大宗业务办理、提前领证等绿色通道。与市地税、物价等部门协作,建立、完善二手房交易纳税指导价格体系和房屋拆迁、住房保障、危房改造、落实私房等方面的档案查询机制。市区全年登记交易面积 291.59 万平方米，发放房产证 6.86 万本。 （方 观）

■**房产测绘** 市房管部门完善房产测绘运行工作机制;开展全市房产测绘工作百日赛活动。修订《测绘质量检查评定办法》、《房产测绘作业规程》等测绘产品质量内部管理文件。实现全市房产测绘业务流程、业务平台、房产面积计算口径“三统一”。市区全年完成房产测绘面积 735 万平方米，测绘产品质量符合 ISO 9000 质量管理体系目标要求。 （方 观）

■**商品房展示服务** 5 月,市房管部门建成商品房展示服务中心。年内开展“手拉手”二手房、“心连心”精品特惠房及“连连看”租赁房展示活动,为市民提供优惠买房、租房的服务平台;举办“面对面”房产大讲堂活动;实行市场行情和房地产政策发布制度,发布市区涉房信息。至年底,商品房展示服务中心接待 1 万多人次,促成商品房成交 60 余套、二手房成交 110 余套。 （方 观）

住房公积金管理

■**住房公积金扩面** 2010 年，全市新增开户单位 978 家,其中城区(广陵区、维扬区)282 家、仪征市 212 家、高邮市 170 家、江都市 131 家、邗江区 92 家、宝应县 88 家。全市新增住房公积金归集人数 6.89 万人,比上年增长 49.5%,其中城区 3.28 万人、邗江区 1.14 万人、江都市 6714 人、仪征市 6195 人、宝应县 6122 人、高邮市 4566 人、仪征化纤 290 人、江苏油田 845 人。年末,全市有住房公积金实际缴存职工 51.83 万人,比上年净增 4.92 万人，其中封存缴存状态职工 14.68 万人、正常缴存状态职工 37.15 万人。 （杨粉梅）

■**住房公积金缴存** 2010 年，全市住房公积金年缴存额 22.77 亿元,比上年增长 13.7%,其中城区 9.71 亿元、仪征市 2.27 亿元、江都市 2.19 亿元、宝应县 1.70 亿元、邗江区 1.66 亿元、高邮市 1.48 亿元、仪征化纤 1.48 亿元、江苏油田 2.29 亿元。全市住房公积金累计归集 131.4 亿元，归集余额 62.8 亿元,比上年净增 10.1 亿元。 （杨粉梅）

■**住房公积金贷款发放** 2010 年，全市向 8081 户家庭发放住房公积金贷款 17.87 亿元,其中城区 6.63 亿元、江都市 2.81 亿元、仪征市 2.40 亿元、宝应县 1.66 亿元、高邮市 1.47 亿元、邗江区 1.25 亿元、仪征化纤 9048 万元、江苏油田 7508 万元，平均每户获贷款 22.1 万元。贷款户数比上年下降 19.6%，贷款额比上年下降 24.1%。至年底，全市累计向 7.09 万户家庭发放住房公积金贷款 101.67 亿元，贷款余额 50.55 亿元，比上年增加 7.64 亿元。2010 年底,全市个人贷款逾期余额、逾期率均为零,为历史最高水平。 （杨粉梅）

■**住房公积金提取** 全市提取住房公积金 12.66 亿元，比上年增长 1.8%,其中城区 5.57 亿元、江都市 1.35 亿元、仪征市 1.21 亿元、宝应县 9146 万元、高邮市 8763 万元、邗江区 8222 万元、仪征化纤 6319 万元、江苏油田 1.28 亿元。当期提取比率 55.6%。 （杨粉梅）

■**住房公积金运用和使用** 2010 年，全市实现住房公积金营运收入 2.23 亿元，营运支出 1.04 亿元;住房公积金营运净增值 1.19 亿元,比上年增加 1775.36 万元、增长 17.6%,增值收益率 2.1%,为历史最高水平。至年底,全市储备的贷款风险准备金余额 1.73 亿元，风险准备金充足率 3.95%;全市当年住房公积金资金使用率 92.4%，资金运用率 84.0%。 （杨粉梅）

■**政策调整** 2010 年，经市政府批准，扬州市调整住房公积金缴存基数，最高基数上限从 8100 元提高到 8800 元。

8 月 1 日，扬州市恢复异地贷款、商业贷款转公积金贷款及小公寓贷款业务;9 月 10 日,恢复又提又贷业务,提高资金使用效率。11 月,出台《关于规范扬州市住房公积金个人住房贷款政策的通知》的实施意见，调整全市住房公积金个人住房贷款政策。新政策支持缴存职工购买普通自住住房首次申请住房公积金贷款的需求,控制发放第二次住房公积金贷款,停止向现有人均住房建筑面积高于当地平均水平的缴存职工家庭发放第二次住房公积金个人住房贷款,停止向第三次及以上申请住房公积金贷款的缴存职工家庭发放住房公积金个人住房贷款。 （杨粉梅）

交通 邮政

Jiaotong Youzheng

本栏责任编辑 陈永华

综述

概况 2010年，全市交通基础设施建设完成投资43.12亿元。其中，高速公路建设完成投资13.54亿元；国家、省干线公路建设完成投资9.30亿元；地方干线公路建设完成投资2.04亿元；农村公路建设完成投资2.11亿元，建成农村公路302千米；航道、船闸建设完成投资3.18亿元；港口建设完成投资2.95亿元；宁启铁路复线电气化改造工程扬州段完成投资10.00亿元。公路、铁路、水路分别完成客运量7101万人次、136万人次、39万人次，货运量5886万吨、38.64万吨、21万吨；港口完成货物吞吐量7385万吨。城市公共交通行业全年完成客运量1.95亿人次。

加强运政管理。推进客运班线公司化经营改造，全年改造市、县际客运班车8辆，全市市、县际公司化经营车辆累计420辆，公司化经营率83.0%。加强路政、航政管理。保障路航设施产权完整；及时清除路航非标物，增设交通安全设施，保持路航通行环境良好。保障内河水上交通安全畅通，未发生死亡3人以上的重特大水上交通事故和船舶污染水域事件，京杭运河扬州段等干线航道未发生航道堵塞4小时以上责任事件。完成汛期、枯水期及雨雪灾害天气条件下的公路、水路运输保障任务，畅通电煤、鲜活农副产品等重要物资运输“绿色通道”，保障上海世博会、中国扬州“烟花三月”国际经贸旅游节(简称“烟花三月”节)、第四届世界运河名城博览会(简称运博会)等重大活动期间交通运输安全和行业稳定。

2010年，全市交通系统创成2007～2009年度江苏省文明行业1个(含3个单位)、江苏省文明单位1个。市行政办事服务中心交通局窗口获评2008～2009年度全国交通运输行业文明示范窗口，扬州市获2009年度全省农村公路工作一等奖。

2010年，全市实现邮政业务总量7.69亿元，比上年增长11.55%。推进实体化运作，强化经营管理体系，加强资源平台和信息化建设，优化邮运网路和生产流程，推进营销体系和营投(营业和投递)终端建设。重点业务发展加快。函件业务总量4397.25万件，电子商务平台交易量超1亿元。举办《梅兰竹菊》、“鉴真坐像回扬省亲”等邮品首发式，发展邮政代理金融保险业务。

(马舟 王东 扬邮)

苏中江都机场开工建设 3月18日，苏中江都民用机场(简称苏中江都机场)奠基仪式在江都市丁沟镇举行，江苏省委书记梁保华为奠基石揭幕，省长罗志军、国家民用航空局局长李家祥、解放军总参作战部副部长孟国平、扬州市委书记王燕文、泰州市委书记张雷等为奠基石培土。苏中江都机场由扬州、泰州两市联合共建，距扬州主城区直线距离30千米，距泰州主城区直线距离约20千米，立足苏中，辐射苏南、苏北及皖北地区，与南京禄口机场衔接、补充。项目占地131.20公顷，其中飞行区占地119.93公顷、航站区占地11.27公顷，计划总投资16亿元；按照近期(2020年)旅客吞吐量150万人次、货邮吞吐量1.8万吨的目标设计，规划飞行区等级标准4C级，预留4D发展空间；主要建设2400米×45米的跑道和1.66万平方米的航站楼，同

3月18日，苏中江都民用机场奠基仪式结束后，欢欣的群众在现场留影
程建平/摄

步建设航管、通讯、导航、气象、供电、供水、供油、消防等地面设施；机型以波音 737、空中客车 A320 系列为主，计划 2012 年投入运营。 （江　渡）

■**扬州市交通产业集团**　1 月，经扬州市政府批准、市工商局变更登记，原扬州交通产业投资有限责任公司更名为扬州市交通产业集团有限责任公司。公司为扬州市人民政府出资设立的专司国有资产经营管理的国有独资有限公司。主营重大交通基础设施项目的筹资、投资、建设和运营管理；兼营路桥、港口工程项目的建设、养护与经营，物流与网上配送，客货运输，港口装卸及国家鼓励发展的其他行业。公司下辖江苏省扬州汽车运输集团公司、江苏省扬州港务集团有限公司、扬州苏中物流发展有限公司、扬州华进交通建设有限公司等；参股企业有江苏京沪高速公路有限公司、江苏宁扬高速公路有限公司、江苏宁靖盐高速公路有限公司等；代管企业有江苏润扬交通工程集团有限公司、扬州远通交通工程有限公司、扬州润扬路面工程有限公司、扬州九洲交通物流有限公司、扬州兴洋船务有限公司等。扬州市交通产业集团有限责任公司总资产 30 亿元，注册资本 5.96 亿元。

2010 年，公司国有资本实现营业收入 7.31 亿元，比上年增长 27.84%；完成利税总额 3750 万元，比上年增长 29.04%；净资产收益率 1.34%；完成投资 1.75 亿元，比上年增长 25.9%。

环保天然气公交车投入运行　　张孔生／摄

加强基础设施建设。公司完成扬州港 5 号泊位水工主体工程。投入约 2530 万元，新购燃气公交车 60 辆，开通 212 公交线路和 219 免费公交线路，更新改造和加密 202、203、209 等公交线路，延伸 201 公交线。投入 200 万元改造汽车东站和汽车西站内外部环境、200 多辆公交车配套设施以及洗车台、例保台，成立监控中心，使用公交智能(GPS)报站系统及车厢内监控系统。扬州城北汽车客运站建成。出资 1.60 亿元建设江海高速三期、江六高速二期、宁启铁路复线电气化改造二期。

开展合作交流。扬州港分别与比利时安特卫普港、荷兰泽兰港和江苏太仓港建立合作关系。扬汽集团与中国移动联手推出“手机汽车票”。

公司获评扬州市 2007～2010 年度城市建设和环境提升先进单位。连续第六年获评市安全生产先进单位，连续第二年获评市信访工作先进单位。 （龚宇峰　陈海涛　夏　俊）

交通基础设施建设

■**干线公路建设**　全年国家、省干线公路建设完成投资 9.30 亿元，建成

2010 年扬州市公路里程到达数一览表

单位：千米

项　目	总　计	等级公路								等外公路
		合计	高速公路			一级公路	二级公路	三级公路	四级公路	
			小计	四车道	六车道					
年底到达数	**10230.97**	**8934.34**	**266.59**	**229.87**	**36.72**	**305.83**	**1218.02**	**894.94**	**6248.96**	**1296.67**
国道	234.65	234.65	207.12	194.87	12.25	27.53	0	0	0	0
国家高速公路	207.12	207.12	207.12	197.87	12.25	0	0	0	0	0
省道	516.12	516.12	59.47	35.00	24.47	153.40	291.63	11.62	0	0
县道	1325.88	1311.45	0	0	0	87.27	685.42	333.73	205.03	14.44
乡道	3617.45	3545.42	0	0	0	32.44	115.78	448.34	2948.86	72.04
村道	4536.87	3326.69	0	0	0	5.19	125.19	101.25	3095.07	1210.19

（丁　鼎）

新建成的江海高速公路　　交通局/供稿

里程22.8千米,工程优良率95%以上。336省道江都段、244省道邗江段、244省道仪征段、233省道高邮和江都段、243省道扬瓜线通过竣工验收。332省道京沪高速以西段9.5千米建成通车,完成投资1.62亿元。237省道扬州段完成投资3.6亿元,其中宝应段3千米和江都先导段2.5千米建成通车。333省道高邮段完成投资3.33亿元,京杭运河新民滩特大桥主桥合龙,先导段2.5千米建成通车。333省道仪征段完成投资7686万元,先导段5.3千米建成通车。

(丁　鼎)

■ 安大公路建设　2010年,安大公路三垛镇以北段工程完成投资1.51亿元。宝应段331省道至高邮交界处(长约25千米)通过市交通工程质量监督站的交工检测,331省道至淮安交界处(长约15千米)二灰碎石基层全部完成,进行路面下面层施工;全线18座桥梁建成17座、在建1座。

(农路办)

■ 江海高速扬州段建设　11月3日,江海高速全线建成,在江海高速郭集服务区举行通车庆典。江海高速是省高速公路网"五纵九横五联"第二横的重要部分,也是国家高速公路网中沪陕高速公路的重要组成部分,向西通过扬州西北绕城高速公路接扬溧高速公路,向东连接规划建设的海启高速公路,全长98.1千米。江海高速扬州段长23.3千米,2007年12月27日开工,总投资58.03亿元,采用双向六车道高速公路标准,沿线建有1个枢纽、3个互通,穿经江都市丁伙、宜陵、丁沟、郭村等4个镇。2010年,江海高速扬州段完成投资3.94亿元。

(张志超)

■ 沪陕高速江六段建设　2010年,沪陕高速江(都)六(合)段完成投资9.6亿元,完成工程征地448.73公顷,拆迁1356户居民房屋31.99万平方米、62家企业厂房,迁移杆线1080道,落实取土坑167.62公顷。至年底,工程软基处理湿喷桩完成95.2%,PTC管桩(预应力混凝土薄壁管桩)完成65.9%,路基土石方开挖完成62%,路基回填完成54%,桥梁钻孔桩完成94%,下部结构砼完成51%,上部预制砼完成24%。

(张志超)

■ 宁启铁路复线电气化改造　宁启铁路复线电气化改造工程扬州段完成投资10.00亿元。施工单位全线进场,施工通道贯通,6座特大桥等单体控制性工程开工,"三电"(通信线路、广播电视线路、电力线路)迁改、"三改"(改沟、改渠、改路)工程有序推进。铁路既有线实施换枕换轨,新线进入路基铺筑压实处理及路肩砌筑施工。12月28日,全线首座公铁立交高桥北路公铁立交开工。

(铁　办)

■ 客运站建设　2010年,宝应县汽车客运站、扬州城北客运站站场主体全部建成。宝应县汽车客运站建设标准为一级站,占地6.27公顷,设计日均旅客发送量1.8万人次,总投资1.3亿元。2010年完成投资500万元,主要实施修理厂、加油站等辅助设施建设。扬州城北客运站建设标准为二级站,占地2.53公顷,设计日均旅客发送量5000人次,总投资1.16亿元。2010年完成投资800万元,主要实施室内外装潢工程。全市新建农村客运站1座,城乡

10月22日,宁启铁路复线电气化工程首孔T梁在仪征龙河大桥上架设
程建平/摄

公交一体化候车亭 50 对。全市 58 个乡镇建有客运站，覆盖率 85.3%。（扬运管）

■**港口建设** 2010 年，全市港口完成建设投资 2.95 亿元。高邮港区城北作业区码头一期工程通过竣工验收；扬州内河港扬城港区槐泗作业区码头工程通过交工验收；扬州港区 5 号泊位、江都港区海昌公用码头完成主体水工工程建设。（张文婕）

■**京杭运河扬州段“三改二”工程** 京杭运河扬州段“三改二”（三级航道改二级航道）工程投资 350 万元，完成城区段绿化提升工程，在沿河两岸种植女贞、金丝垂柳、夹竹桃等植物，形成 10 千米绿化带。（陈三保）

■**三线船闸工程** 施桥三线船闸工程完成投资 1.67 亿元，建设上游靠船墩、上游驳岸、上游远调码头及施桥运河大桥，推进启闭机、闸阀门、电气工程项目。邵伯三线船闸工程完成投资 1.49 亿元，建设船闸主体、下游导航墙、远调站及锚地等，推进闸阀门、启闭机、房建等项目。（陈三保）

■**高东线高邮城区段航道整治工程** 12 月 21 日，高东线高邮城区段航道整治工程交工验收，新建护岸 5855 米、二级挡墙 3407 米，疏浚土方 34.8 万立方米，新建人行道路 2117 米，安装花岗岩栏杆 2925 米，配套征用土地 8.68 公顷，拆迁房屋 1.5 万平方米，拆除危桥 3 座，改建地下污水管 1 道。（陈三保）

公路运输

■**公路客运** 2010 年，全市完成营业性公路客运量 7101 万人次，旅客周转量 45.82 亿人千米。全市 23 户道路客运经营业户有营运客车 9200 辆、客位 7.58 万个，其中 6 户市区道路客运经营业户有营运客车 490 辆、客位 2.07 万个。全市开通客运班线 406 条，其中省际线路 121 条、市际线路 162 条、县际线路 41 条、县内线路 82 条，客运班线覆盖全省 13 个市及全国其他省、市大部分地区。（扬运管）

2010 年扬州市营业性公路运输车辆情况表

地　区	公路客运		公路货运	
	客车数(辆)	客位数(个)	载货汽车数(辆)	吨位数(吨)
合　计	**9200**	**75768**	**32299**	**164691**
市　区	4174	28100	15832	79548
宝应县	924	11046	2013	14876
仪征市	1390	7362	3958	25411
高邮市	1018	10736	3911	17697
江都市	1694	18524	6585	27159

注：公路客运客车数、客位数含客运出租车。（扬运管）

2010 年扬州市公路营业性运输量表

地　区	公路客运		公路货运	
	客运量（万人次）	旅客周转量（万人千米）	货运量（万吨）	货物周转量（万吨千米）
合　计	**7101**	**458222**	**5886**	**703431**
市　区	2963	199547	2985	355579
宝应县	843	49762	375	64720
仪征市	982	64235	526	71548
高邮市	843	56487	770	72648
江都市	1470	88191	1230	138936

（扬运管）

■**公路货运** 2010 年，全市完成营业性公路货运量 5886 万吨，货物周转量 70.34 亿吨千米。全市有专业道路货运企业 107 家，其中道路化学危险品货物运输企业 42 家。有载货汽车 3.23 万辆，总吨位 16.47 万吨，分别比上年增长 11.9%、24.3%。其中，厢式货车 9133 辆、集装箱车 515 辆、罐式货车 975 辆，分别增长 16.7%、31.0%和 10.7%；危险货物运输车辆 923 辆，增长 4.4%。货车平均吨位 5.1 吨 / 辆，增长 10.9%。（李超华）

■**物流联运** 扬州城北物流园、高邮诚信物流中心、扬州三笑物流中心、扬州现代物流中心等 4 家重点物流企业被列入江苏省“十二五”交通物流中心布局，扬州公铁水联运物流集聚区争取列入市政府重点物流基地、省交通运输厅全省“十二五”重点物流园规划项目。拓展多式联运的经营理念，整合物流资源。分别在扬州城北物流园和扬州港务集团有限公司开展多式联运项目和甩挂、网络化运输试点。（李超华）

铁路运输

■**铁路客运** 2010 年，宁启铁路扬州站发送旅客 136 万人次，到站旅客 130.54 万人次，实现客运收入 2.69 亿元。（扬　铁）

■**铁路货运** 2010 年，宁启铁路扬州站发送货物 21 万吨、装车 7928 辆，到站货物 72.34 万吨、卸车 1.18 万辆，实现货运收入 1.13 亿元。发车货物主要为钢管等大件产品，到站货物主要为电煤、化工产品、木材等。（扬　铁）

2010 年扬州火车站客车车次情况表

车　次	列车等级	始发站	终点站
Z29	直通直达	北京	扬州
Z30	直通直达	扬州	北京
K61	直通快速	西安	扬州
K62	直通快速	扬州	西安
K245	直通快速	扬州	成都
K246	直通快速	成都	扬州
K415	直通快速	扬州	青岛
K416	直通快速	青岛	扬州
K93	直通快速	深圳	泰州
K94	直通快速	泰州	深圳
K223	直通快速	广州	泰州
K224	直通快速	泰州	广州
K383	直通快速	汉口	泰州
K384	直通快速	泰州	汉口
K567	直通快速	重庆	南通
K568	直通快速	南通	重庆
K8455	管内快速	南京	南通
K8456	管内快速	南通	南京
K8503	管内快速	南京	南通
K8504	管内快速	南通	南京
K8577	管内快速	南京	盐城
K8578	管内快速	盐城	南京
T7787	管内特快	义乌	泰州
T7788	管内特快	泰州	杭州

（扬　铁）

水运与港口

■水路运输　2010 年，全市完成全社会水路营业性客运量 39 万人次，旅客周转量 125 万人千米。全市有水路客运经营业户 2 家、客船 11 艘（928 个客位）。全市完成水路营业性货运量 3426 万吨，货物周转量 113.56 亿吨千米。全市有营业性货船 2293 艘（吨位 131.19 万吨），船舶数和吨位数分别比上年增长 2.3%、10.3%；船舶平均吨位 572.1 吨/艘，比上年增长 4.8%。其中，液货危险品船 527 艘，比上年增长 4.8%；沿海运输船舶 37 艘，比上年增长 32.1%。

（扬运管）

■港口营运　全市港口完成货物吞吐量 7385 万吨（含南京港六公司、仪化码头货物吞吐量 1029 万吨），比上年增长 14.97%。沿江港口完成货物吞吐量 4671 万吨。其中，外贸吞吐量 405 万吨，比上年增长 19.54%；集装箱吞吐量 31.8 万标箱，比上年增长 37.3%。内河港口完成货物吞吐量 2714 万吨。（张文婕）

■扬州港、太仓港集装箱物流合作　8 月 18 日，扬州港、太仓港签订集装箱物流战略合作协议。合作双方以太仓港为干线枢纽港、扬州港为运河中转港、上海东翰物流公司为运河及长江支线战略合作单位，以运河与长江水路班轮集疏运系统为纽带，搭建江河海联运服务体系。太仓港、扬州港联合开发运河集装箱市场，引导运河集装箱在运河内各港口出运后至扬州港集并，通过长江快速运至太仓港后出运，最终打通运河集装箱运输通道，建立高效稳定的运河集装箱运输服务体系，降低苏中、苏北及运河辐射区域企业物流成本，凸显扬州苏中、苏北水运枢纽地位。（扬港办）

■扬州港集装箱吞吐量超 30 万标箱　截至 12 月 28 日，扬州港集装箱吞吐量超 30 万标箱。扬州港近年累计投入近 10 亿元，先后建成扬州港 3 号、4 号泊位，收购江都港 1 号、2 号泊位，开工建设扬州港 5 号泊位，启动江都港 3 号、4 号、5 号泊位前期工作，港口吞吐量保持每年 20%以上的增幅。2010 年，全港货物吞吐

2010 年扬州市长江港口情况表

泊位长度（米）	泊位个数（个）	年总通过能力（万吨）	年专项通过能力				
			货物（万吨）			集装箱（万标箱）	旅客（万人次）
			矿石	煤炭	液体化工材料		
7872	71	4196	100	760	2485	23	10

（张文婕）

2010 年扬州市营业性运输船舶情况表

地　区	水路客运		水路货运	
	船舶数(艘)	客位数(个)	船舶数(艘)	载重吨位(吨)
合　计	**11**	**928**	**2293**	**1311855**
市　区	7	408	162	73769
宝应县	0	0	833	240156
仪征市	4	520	203	431548
高邮市	0	0	537	142892
江都市	0	0	558	423490

（扬运管）

2010 年扬州市水路营业性运输量表

地　区	水路客运		水路货运	
	客运量（万人次）	旅客周转量（万人千米）	货运量（万吨）	货物周转量（万吨千米）
合　计	**39**	**125**	**3426**	**1135557**
市　区	0	0	994	321124
宝应县	0	0	116	33873
仪征市	39	125	1056	385462
高邮市	0	0	234	65447
江都市	0	0	1026	329651

（扬运管）

量2855.8 万吨，集装箱吞吐量超 30 万标箱，分别比上年增长 36.8%、36.9%。

（龚宇峰　陈海涛　夏　俊）

城市交通

■概述　2010 年底，市区有公交车 1354 辆、公交线路 71 条，分别比上年增长 16.3%和 7.6%，公交线路总长 1092.3 千米。市区 162 个行政村开通公交车，占总数的 74.7%。全年公交客运总量 1.65 亿人次，公共交通出行分担率 15.02%。市区有出租汽车 1838 辆，人力观光三轮车 240 辆。市区城市公共客运行业有从业人员 6000 多人。服务扬州创建全国文明城市，开展车容车貌、服务质量、文明公交线路评比活动，提高行业文明服务水平和文明理念，评选一批省“和谐劳动关系模范企业”、“工人先锋号”、“用户满意服务明星班组”及市五一劳动奖章获得者、“十大女杰”等先进集体和先进个人。　（张　俊）

■发展公共交通　2010 年，市区新购公交车辆 400 辆；新辟公交线路 6 条，分别为 50 路（城北客运总站—江海学院）、51 路（瘦西湖—汽车西站）、53 路（槐泗—黄珏）、55 路晚班线（荷花池—石油山庄）、212 路（汽车西站—汽车东站）、219 路（在杭集镇及其园区内循环运行）；调整公交线路 8 条，分别为 1 路、13 路、15 路、17 路、30 路、56 路、61 路（旅游专线）、212 路。开通通村公交 65 路（汽车西站—建华村）。全年新（改）建文昌西路、大学路、漕河路等地公交站棚 58 座，建成汽车东站、运河北路等 2 个公交停车场和文昌花园、邗江蒋王、江海学院、动物之窗等 4 个公交首末站，总面积 4.4 万平方米。全年更新出租汽车 108 辆，建设联谊路出租车服务中心。　（张　俊）

■城市客运管理　11 月 1 日起，扬州市城市客运管理处整体划入市交通运输局，承担城市客运市场监管、新辟（调整）公交线路、建设和管理城市客运场站、参与编制城市客运规划和计划及公交汽车、出租汽车、人力旅游观光三轮车行业管理等职能。

（张　俊）

交通运输管理

■公路安全保障　投入 500 多万元更新 40 国道沪陕高速扬州段标牌，统一高速公路命名编号；完成全市普通国、省道指路标志与高速公路命名编号配套调整项目，全市新增国、省道公路警告、禁令、指路、指示等交通标志牌 436 块；完成 328 国道仪征段 15 座桥梁栏杆和防撞护栏改造及 237 省道高邮段临河堤坝路肩维修加固工程，在 237 省道江都段安设 183 根警示柱。　（丁　鼎）

■公路养护　全市干线公路平均优良路率 95.5%，一、二类桥梁比例 98.6%。全年投入养护大中修工程资金 1.25 亿元，工程优良率 100%。完成 328 国道八字桥至原黎明汽车厂段、廖家沟立交至京杭运河大桥段、界沟至砖桥段，331 省道宝应运东段，332 省道宝应东段，333 省道高邮东段，237 省道宝应段、高邮段、江都段道路改造和 331 省道宝应运河二桥、328 国道新集互通立交危桥改造。推进农村公路综合环境整治和示范乡镇创建，投入 5717.2 万元完成农村公路大中修 248.3 千米，投入 500 万元完成 12 条 194.7 千米县道标准化创建。县道优良率和乡道、村道好路率分别为 81.1%、79.8%、79.7%。高邮市菱塘乡创成全省农村公路管养及安保工程示范乡镇。

推广公路施工新技术、新工艺。引进法国 EME（耐久性高模量沥青混合料）路面新技术处置平交道口车辙；采用碎石化加泡沫沥青场拌冷再生柔性基层、AR-AC 橡胶沥青混凝土罩面新技术，处置 328 国道仪征段路面病害。在新民滩特大桥设置无线视频监控系统，实现对施工现场远程实时监控，提升数字公路技术实用化程度。237省道宝射河大桥主桥采用SCC(自密实混凝土)浇筑主桥拱脚，攻克拱脚部位成型形状复杂、配筋密集、混凝土难以振捣的技术难题。332省道宝应湖退水闸大桥采用抛丸工艺处理混凝土桥面，清除混凝土表面浮浆、杂质，实施打毛处理，延长桥梁面层使用寿命。（丁　鼎）

■公路应急体系建设　扬州市建成公路路网管理与应急指挥中心、市级公路养护应急处置中心及宝应县、高邮市、江都市、仪征市公路养护应急处置基地。制定、完善《扬州市公路交通突发事件应急预案》，省、市、基层站三级路网运行管理互动机制、路网突发事件处置协作机制有序运作。10月21日，举行全市普通国、省干线公路防台防汛应急演练。（丁　鼎）

■路政管理　全年查处各类路政违法案件1.12万件，结案率100%。清除障碍物1.26万立方米、违法摊点2175个、非公路标志2064块。强化超限运输治理长效管理，扬州市建成一类超限检测站，宝应县、高邮市、江都市、仪征市建成二类超限检测站。固定治超和流动治超相结合，全年依法查处超限车辆853辆，卸（驳）货9402吨，超限超载率控制在3%以下。（丁　鼎）

■客运市场管理　全市有中高级客车819辆，其中高级客车597辆、中级客车222辆，省、市际线路中高级车辆占95%，县际线路中高级车辆占33%。客运班线车辆、旅游包车车辆平均座位数分别为31.9个、44.3个，分别比上年增长11%、0.7%。对江都至南京客运班线进行“二次改造”，制订高邮至扬州、高邮湖西四乡镇至扬州等重点线路资源整合方案，完成市区30辆旅游包车运力经营权服务质量招投标，规范全市旅游客运市场发展。扬州市区开通“手机购票”业务，宝应县王桥、西安丰、广洋湖，江都市小纪、东进、樊川，仪征市新城等7个农村客运站实行联网售票。6月29日，扬州交通“96196”服务热线开通。2010年，全市评定AAA级道路客运企业5家、AA级道路客运企业6家、AAA级汽车客运站7家，19辆班车达到“江苏快客”品牌班车标准。（扬运管）

■货运市场管理　2010年，扬州市建成公铁水物流信息平台。完成农村物流示范点布局规划，形成农村物流发展中期报告，在各县(市)建立农村物流试点单位9家。推动“江苏快货”品牌建设，全市有10条线路获“江苏快货”品牌称号。开展道路、水路货运企业质量信誉考核，考核率100%。加强交通物流资源整合，整合社会散、小经营者进场经营。（李超华）

■汽车维修市场管理　2010年，全市有各类机动车维修企业782家，比上年增长4.41%，其中一类企业61家、二类企业197家、三类企业(含摩托车维修)524家；完成维修产值5.67亿元，增长37.48%；完成维修工作量92.63万辆次，增长12.95%。创建“江苏快修”品牌企业4家(累计14家)。扬州市选手参加全省交通运输行业机动车检测维修职业技能竞赛，获机电维修项目第一名和第三名，钣金项目第三名和第十名，空调维修项目第三名；机电维修和钣金项目选手代表江苏省参加全国总决赛，获团体第二名。（李超华）

■驾培市场管理　全市有机动车驾驶员培训学校35家，比上年增长6.1%，其中综合类一级4家、综合类二级14家、专项类三级17家；有在册初驾教练员1185人、教学车辆884辆；实现培训产值1.58亿元，比上年增长17.0%。12家驾校配备驾驶模拟器，实现数据传输上传智能化。全年9.13万人报名参加初驾培训，比上年增长16.8%，其中道路运输从业人员1.02万人。完成2.74万名营运驾驶员诚信考核。（李超华）

■航闸养护改造　全年实施航道养护项目43个，总投资5503万元。完成高东线(高邮镇、三垛镇、汤庄镇段)4000米养护改善，仪扬河1000米护岸补贴，盐邵、樊川船闸抢修维护，运东船闸上下游导航设施改造，8座船闸中修、维护等工程；完成干、支线航道扫床2632.03千米。养护改善工程、航道日常维护工程质量合格率100%。省级干线航道通航保证率98%，船闸通航保证率95%以上，航标正常率99%以上。（陈三保）

■内河航政管理　开展“水运管理规范年”活动，航政艇全年巡航1.96万小时7.49万千米。实施航道行政处理16起、行政处罚74起(其中一般程序案件58起、简易程序案件16起)。行政许可与通航有关的设施29处(其中五级以上航道设施8处)；维护航产航权，累计收取赔(补)偿费284万元，27座航标发光率、正位率均达省定标准。未发生行政诉讼案件及行政复议撤销案件。（陈三保）

■船舶建造技术监督　全年完成船舶建造检验1424艘(总吨位135.52万吨)，受检船舶平均吨位接近1000吨，最大吨位2.8万吨。完成营运船舶检验2103艘(总吨位94.9万吨)。审查造船施工图纸104套，检验船用产品1630件。（王雪鸿）

■危险品船舶安全管理　强化京杭运河扬州段船舶垃圾、油废水送交管理，开展全市水上加油站点专项整治，危险品船舶签证率100%。全年实施危险品运输船舶安全检查7240艘次，检查率100%。组织危险品运输企业专项检查活动，检查面100%，发放整改通知178份。开展长江干线船型标准化工作，建立专门组织机构，制订工作方案。开展全省油船拆解试点工作，制订《油船拆解工作规范》，全年拆解船舶22艘。（扬运管　王雪鸿）

■内河水上交通安全管理　2010年，全市发生水上交通事故2起，沉船2艘，经济损失59万元；未发生水上交通死亡事故、干线航道4小时以上(支干线航道24小时以上)责任堵航事件和重特大船舶污染事故；水上搜救成功率100%。完成上海世博会期间水上运输安保任务，办理入沪船舶签证 758 艘次，实船签证率 100%。强化汛期、枯水期京杭运河通航安全监管，护送 115 个船队、2160 艘单机船通过泄洪水域。强化水上风景旅游区交通安全监管，完成“烟花三月”节、运博会花船巡游等重大涉水活动保障工作。全年海事搜救“12395”接处警 134 次，巡航 10.74 万千米，抢救遇险船舶 11 艘。（王雪鸿）

■**港口安全管理** 修订《扬州市港口经营许可实施细则》。全年换发港口经营许可证 54 份，新发港口经营许可证 18 份。扬州港区 1、2、3 号泊位通过省交通运输厅港口局港口设施保安证书年度核验。强化港口安全现场检查，督查港区整改安全隐患 43 处，开展港口运输超限超载车辆治理和“平安港口示范点”创建活动，做好上海世博会期间港口设施和进沪船舶安保工作。全年完成沿江、内河港口危险货物网上申报审批 3084 艘次、191.2 万吨，完成船厂舾装码头外籍船舶交船审批 48 艘。（何 宇）

■**海事行政许可** 2010 年，扬州海事局完成各类行政许可 14.38 万件。其中，船舶进出港签证 13.92 万艘次，船舶进出口岸查验 489 艘次，船舶登记受理、初审 900 件。办理国际航行船舶进口岸审批 271 艘次，比上年增长 33.5%；进出口岸查验 489 艘次，增长 11.9%；临时停靠非开放水域码头审批 67 艘次，增长 63.4%；船舶防污作业审批 125 艘次，增长 95.31%；辖区水工作业审批 77 件，增长 67.4%；船舶载运危险货物审批 3508 艘次，增长 16.43%；各类报备 259 件，增长 19.35%。（陈菊琴）

■**海事行政检查** 2010 年，扬州海事局开展各类船舶安全检查 378 艘次，检出缺陷 3823 项。其中，内河船舶安全检查 300 艘次，检出缺陷 2977 项，平均单船缺陷 9.9 项，滞留船舶 10 艘次；中国海船安全检查 61 艘次，检出缺陷 700 项，平均单船缺陷 11.5 项，滞留船舶 4 艘次；港口国船舶安全检查 17 艘次，检出缺陷 146 项，平均单船缺陷 8.6 项，滞留船舶 2 艘次。未发生不当滞留事件。全年查处各类海事违法行为 161 起。（陈菊琴）

4 月 16 日，扬州边防检查站与扬州海事局举行水上联合执法，营造良好口岸环境 王 卓/摄

■**水上巡航与搜救** 2010 年，扬州海事局完善动态应急值班督察制度，宣传、贯彻《江苏省水上搜寻救助条例》，修订、完善《扬州市水上搜救应急预案》，举行水上防污搜救综合演练。全年接报各类水上险情报警 41 次，组织实施水上救助行动 19 次，协调出动救助船艇 42 艘次，成功救助 17 艘遇险船舶和 70 名遇险人员，挽回直接经济损失 1000 余万元。开展区段日常巡查，加强季节性监管和恶劣天气预警巡查；实行巡航工作机制，落实应急值班制度和巡航搜救一体化要求。全年巡航 2524 次，巡航 4738 小时 4.13 万海里，出动执法人员 3837 人次，巡查重要航路 2477 次，执行交通组织和安全维护任务 294 次。（陈菊琴）

■**船舶登记** 扬州海事局全年办理船舶登记 1552 艘次。其中，船名审核 329 艘次，比上年增长 2.5%；船舶所有权登记 90 艘次，比上年增长 18.4%；船舶国籍登记 356 艘次，比上年增长 21.1%；船舶光船租赁登记 63 艘次，比上年增长 50%；船舶注销登记 123 艘次，比上年增长 23%；船舶最低配员登记 321 艘次，比上年增长 34.3%；变更登记 35 艘次，比上年增长 52.2%。（陈菊琴）

■**海事专项整治与隐患治理** 2010 年，扬州海事局开展“安全生产年”活动，重点加强对“三无”（无船名船号、无船舶证书、无船籍港）船舶、船舶下水试航作业、桥梁汽渡、危险品运输等监管和世博安保工作。开展打击非法生产经营建设、非法采砂碍航违法行为集中治理、船舶安全配员和 AIS（船舶自动识别系统）设备专项检查、整治船舶超载运输、“大船小证”综合治理、规范引航安全监管等专项活动，出动执法船艇 585 艘次、执法人员 1046 人次，实施海事行政处罚 8 起、其他处罚 28 起。（陈菊琴）

邮政

■**概述** 2010 年，扬州市实现邮政业务总量 7.69 亿元，比上年增长 11.55%，实现邮政业务收入（含邮政储蓄银行、速递物流）6.79 亿元，比上年增长 25%，其中邮政局实现业务收入 4.03 亿元，比上年增长 17.4%。扬州邮政局获评全国用户满意服务明星企业、江苏省用户满意服务明星企业、江苏省质量管理优秀企业。扬州邮政系统获评 2007～2009 年度江苏省文明行业。扬州邮政电子商务局获评 2010 年度江苏省文化科技卫生

"三下乡"先进集体，扬州邮政局荷花池支局和文昌支局获评2007～2009年度江苏省群众性精神文明建设先进单位。

推进实体化运作。营业局、发行投递局、邮区中心局和数据服务咨询中心实施实体化运营，各实体由成本中心向利润中心转变。电子商务局设立会计部，建立邮政电子商务产品经营财务管理制度，完善市、县一体损益责任管理体系。2010年，扬州邮政局取得一般纳税人资格。

强化经营管理体系建设。电子商务局与营业局合署；发行投递局市场部成立商函营销投递中心，对银企对账单实施专网、专段和专人投递；开展邮政业务营销工作。

发展业务。函件专业打造"邮政信函传媒＝企业＋品牌效应"模式，做大数据库商函业务规模。2010年，函件业务总量4397.25万件。报刊发行专业完成一次性征订任务，开展补收订和日常收订工作，日常收订流转额比上年增长18%。集邮专业开发《精致扬州》套装和具有扬州文化特色的邮册，举办《梅兰竹菊》、"鉴真坐像回扬省亲"等邮品首发式。电子商务专业加强"苏邮惠民"连锁体系建设，电子商务平台交易量突破1亿元。邮储银行邮政代理金融业务重点发展代理保险业务，制定邮政企业公司业务发展方案和小额信贷业务营销方案，开拓增量业务市场。高邮、江都两局(行)分别与两市政府职能部门签订新型农村社会养老保险(简称"新农保")、新型农村合作医疗(简称"新农合")合作项目。推进速递物流专业化，公司运营能力增强，效益稳步提高。

资源平台和信息化建设。建设农村综合服务平台，全年建成直营店147家、加盟店580家。加强数据采集和维护工作，采集、上报农村数据167.24万条，维护基础数据9.37万条、组织机构数据12.28万条。

优化邮运网路和生产流程。调整邮路，解决《现代快报》、《扬州晚报》等报刊的早报早投问题。取消纸质封发清单，实现全网全流程普通给据邮件封发无纸化；在干线、区内等运能较高的邮路中使用集装笼，简化封发和开拆环节，提高装卸、分拣效率。

营销体系和营投终端建设。创新百队营销模式，成立"精英"、"先锋"、"超越"三大系列营销团队310支营销突击队。营销活动实现市县联动、专业互动。完善员工营销业绩计分制，提升业绩计分制管理水平。全区改造网点35个，新增邮政营业网点6个，建成集邮专卖店1家，停用的金融许可证全部恢复使用。加快金融网点VIP理财专区、理财专柜建设，市区99个代理网点完成金融许可证换证工作，规范网点经营行为。 (奚水清)

仪征、胥浦邮政局合并 1月，仪征、胥浦邮政局合并，撤销原胥浦邮政局，在胥浦设立营业区局，隶属仪征市邮政局。原仪征市邮政局、胥浦邮政局的资产、债务、人员自1月1日起全部划入合并后的仪征市邮政局。仪征市邮政局的服务区域、经营范围涵盖原两局范畴。 (奚水清)

农村邮政公共服务平台建设 扬州邮政局发挥邮政信息传递、物品运送、资金流通的行业优势，推进邮政农村公共服务平台建设，推出总店(总分店)、直营店和加盟店管理模式。2010年，扬州邮政局建成直营店147家、加盟店580家，其中加盟店全部建在行政村。扬州邮政局对农村直营店、加盟店实行采购、配送、经营、核算、价格、管理及形象的统一管理和集中监控，实现经营资源、品牌资源、服务资源的优化配置和共享，建立服务"三农"的农村新型电子商务物流配送系统。 (奚水清)

"中邮快购"网站登陆扬州 3月30日，扬州邮政局举办"中邮快购网"扬州店开业仪式。"中邮快购网"采取实体化运作、商业化运营的经营模式，建有网上商城、自助缴费、网上邮局、趣味互动四大板块。

网上商城有家居日用、数码家电、服饰鞋包、母婴用品等12个大类5000多种产品，自助缴费提供网上缴纳水费、电费、燃气费、有线电视费以及预订机票等便民服务，网上邮局提供贺卡制作、邮政特快专递收寄、邮品订购、报刊订阅等服务，趣味互动提供闲置商品交易、积分抽奖、互动论坛等服务。

(奚水清)

《扬州八怪》邮册 张孔生/摄

《梅兰竹菊》、"鉴真坐像回扬省亲"等特种邮品首发 10月18日，《梅兰竹菊》特种邮票暨《扬州八怪》邮册首发式在扬州八怪纪念馆举行。《梅兰竹菊》特种邮票有3枚邮票，主图选用金农的《绘梅花册》、郑板桥的《兰竹图册》、李鱓的《菊花图》等扬州八怪绘画作品，发行的小版票首次采用扇形的形式。

11月24日，"鉴真坐像回扬省亲"纪念邮品首发式在扬州市鉴真学院举行。发行"鉴真坐像回扬省亲"系列邮品——"鉴真坐像回扬省亲"纪念封、个性化邮票及相关邮册，刻制大明寺等风景纪念戳。限量发行纪念鉴真大师的邮票金砖、银砖(以30年前鉴真坐像首次回扬州时中国邮政发行的"鉴真"邮票为蓝本)，真金鉴真坐像，真金、真银鉴真东渡船模型，金银纪念章和银质纪念胸章。

(奚水清)

信息业

Xinxiye

本栏责任编辑　杨文才

综述

■概况　2010年，扬州市调整信息化领导小组及其办公室，明确各成员单位信息化工作职责；先后召开全市"两化融合"推进工作会议、全市软件和信息服务业发展推进会议、县（市、区）信息化工作座谈会；组织编制《扬州市"十二五"信息化发展规划》、《"智能扬州"发展规划》。

推进信息化与工业化融合，编制《扬州市推进信息化与工业化融合三年行动计划》，启动实施以"八区试验、十企示范、百企试点、千企升级"为内涵的"八十百千"工程。编印《"两化融合"简明知识读本》，实施信息技术改造传统产业试点项目5个，组织申报2010年度省级"两化融合"示范区、试点示范企业和示范项目，邗江经济开发区获批示范区，宝应经济开发区获批试验区，大洋造船公司和仪征化纤公司获批示范企业，亚星客车股份有限公司等19家企业获批试点企业，恒远国际公司的生产集成控制和大洋造船公司的ERP（企业管理信息系统）项目获批示范项目（获资助经费200万元）。扬农化工公司获批全国"两化融合"促进节能减排试点示范重点关注企业。组织24家重点企业与通信运营商、高校、IT公司开展"信企合作"服务，加快推进企业信息化建设。

市经济和信息化委员会（简称市经信委）组织认定市级信息化试点示范村（社区）21个、试点示范镇（街道）11个；完成工业和信息化部电子政务发展水平评估试点工作。

全年完成信息产业产值1071.8亿元；新认定软件企业16家、软件产品44个；新增注册资金100万元以上信息服务企业50家。实施信息技术改造传统产业重点项目5个、电子信息产品制造业1亿元以上投资项目80个、软件与信息服务外包1000万元以上投资项目10个、社会信息化重点项目18个。

（常家斌　卞晓卫　刘艺发）

■目标管理考核　出台《2010年全市信息化工作要点》和《2010年下半年工业转型升级、创新发展"数字扬州"提升行动计划》，修订《全市工业经济目标管理考核奖励暂行办法》，增加实施省级信息化试点企业数、省电子政务发展水平试点县（市）评估、市级信息化试点示范镇（街道）和市级信息化试点示范村（社区）4个考核项目，从信息产业发展、项目建设和试点示范三个方面细化目标任务，落实责任。全年有实施省级信息化试点企业19家、示范项目2个，7个县（市、区）参加省电子政务发展水平试点县（市）评估，认定市级信息化试点示范镇（街道）11个、市级信息化试点示范村（社区）21个。　（江凌霄）

■信息安全　做好信息安全及无线电保障工作，确保全市基础信息网络和重要信息系统平稳运行。组织实施全市政府信息系统安全保密检查，组织各部门自查自纠，开展外部安全测试和政府信息系统安全抽查，提升安全防护能力。加强无线电管理，开展11次国家级考试防无线电作弊工

12月31日，扬州市与省经信委就共同推进扬州智能电网产业基地建设签订框架协议　王　卓／摄

作，维护社会公平。完成2项省级无线电系统试点，启动苏中江都机场周边电磁环境测评和公众移动通信基站共建共享及美化工作。

（刘天昀　曹　莉）

无线电管理　2010年底，全市有各类无线电发射设备332.2万部，比上年增加2.2万部；有专业无线电台站1.08万个。全年新指配频率19个，收回频率12个。

2010年，扬州市完成“无线扬州”宽带网建设项目二期工程，无线网络覆盖城区90平方千米。完成苏中江都机场奠基仪式、人大和政协“两会”、“烟花三月”国际经贸旅游节、第五届中国扬州鉴真国际半程马拉松赛、第四届世界运河名城博览会等重大活动的通信保障任务。修订反无线电插播工作预案，开展反无线电插播演练，保证无线电通信安全。选派技术骨干参加世博会现场无线电通信保障工作，参与排查世博园区首例无线电干扰。完成全国研究生入学、高校招生、国家和省招聘公务员、英语四六级、全国一级和二级建造师、司法、执业医师、执业兽医资格考试等考试防无线电作弊工作。在一级建造师考试期间，发现作弊信号4个，实施无线电阻断5次，查处作弊案件3件，抓获涉案人员6人，查获涉案设备5台（套）。推动工作创新。制订《基于RFID的无线电台站监管系统的创新方案》、《关于无线电管理绩效评估工作的创新方案》、《关于拟定建设“地市级无线电管理专用机房建设标准”的创新方案》。《扬州市无线电管理“十二五”规划》通过专家评审。扬州市获评省2010年无线电管理宣传工作先进单位。

无线电频率台站管理。市经信委开展专项台站核查工作，下发《关于开展2010年台站核查工作的通知》，全年完成1440个台站核查任务。下发《关于加强世博会期间校园广播管理工作的通知》，召开校园广播安全管理工作会议，检查校园广播电台管理工作，限期整改问题。下发《关于开展全市电力系统无线电台站核查工作的通知》和《关于开展全市民防系统无线电台站核查工作的通知》，组织核查电力、民防系统设台情况和频率需求，跟踪督查电力系统电力负荷终端数量漏报问题。全年开展行政执法督查28次，形成执法卷宗21卷，累计查处无线电对讲机94部、中继台2个、广播电台1个、无线电作弊器材2套。查处江海学院擅自使用校园广播电台行为，罚款1000元。依法征收频率资源占用费，全年征收率超过98%。

无线电技术管理。强化日常监测、检测工作，对11个频段实施占用度测试6042小时，发现不明信号24个（其中非违规信号14个），为用户排查干扰7起。检测新设台站设备194部。

加强无线电基础设施建设，对网络管理机房、设备管理库房、“无线扬州”一期和二期固定站实施规范化建设和改造。完成扬州市频管监管分中心会商室建设，完善监测主机房功能，实现监测、会商音视频互传和信息传输以及数字会议系统功能。制定《扬州城区公众通信基站共建共享和无线美化方案》，实施通信基站共建共享和无线美化工作。

搭建“无线电管理合作服务平台”。5月28日，扬州市举行无线电技术服务机构与设台单位主题服务签约仪式，6家销售维护商与50余家设台单位签约，约定签约双方“技术咨询与服务”、“设备维修与保养”和“设备更新与升级”三方面权利和义务。

（刘天昀　曹　莉）

国防信息动员　2010年，扬州市推进信息动员工作机制体制建设，细化市、县两级信息动员工作机制与体制建设，组织召开机构改革后各地经信委信息化工作分管负责人专题会议，将信息动员工作纳入市对县综合考评内容。组织参加市国防动员委员会组织的动员支前演习，完成网络资源支前、信息物资备用和民兵信息支援保障等任务。

（王　伟）

城市信息化

概述　全年投资15亿元完善信息基础设施，完成3G网络覆盖、“光进铜退”宽带工程和数字电视转换工程，“无线扬州”宽带网覆盖城区90平方千米，建成政务内网平台。优化电子政务应用，行政权力网上公开透明运行系统被省考核组定为优秀等次，综合治税信息平台被工业和信息化部（简称工信部）列为“全国信息共享和业务协同典型应用”；完成工信部电子政务发展水平评估试点和行政审批、城市三维等项目实施工作。信息化惠民成效显现，开展城乡学校网上结对，逐步实现城乡教育均衡化；旅游中英文网站当选2010年度全国十大优秀旅游政府网站；在地市级城市中第一个获批使用“社会保险管理信息系统核心平台三版”；“扬州数字化测土配方施肥技术推广”项目获全国农牧渔业丰收奖科技成果推广一等奖；“数字扬州”展示体验中心累计接待参观者4000多人次。

（朱　敏）

区域信息化　扬州市成为全省首个、全国首批十大无线宽带城市。2010年底，“无线扬州”宽带网实现城区90平方千米全覆盖。3G移动网络建成并投入商用，全市覆盖率90%以上。实现行政村“村村通宽带”并向自然村推进。全市移动电话普及率92部／百人；互联网城市出口带宽170G；无线宽带城域网覆盖率100%；市区有线电视覆盖率95%，并实现数字电视整体转换；互联网应用普及率超过65%。

（陈锦龙）

“数字扬州”建设　作为建设部全国首批10个数字化城市管理试点城市之一，建成、推广中等城市数字化管理“扬州模式”，教育、房管、环保、公安、社保、农业等部门（行业）信息化应用特色显著，社区管理与社区服务试点示范工程建设稳步推进，区域信息化应用各具特色。“扬州市民卡”在全国地级市中率先实现“三卡合一、一卡多用”，打造城市综合服务与管理信息平台。

全市政务信息化工作通过整合资源、优化网络，建立网络、资源、应用及交流平台，政务信息化由政府管理向社区服务延伸。“中国扬州”门户网站突出“政务信息公开、在线服务办事和政民互动参与”，规范53个部门政务公开目录，分别为企业、市民提供256项和158项办事服务指南，将信息发布交互拓展到事务处理反馈，网站连续第五年获评全国优秀政务网站，连续第三年在全国性测评中位居地级市前10名；政务应用与信息交换平台横向覆盖市党政机关、社区街道，纵向连接省、县（市、区）党委、政府；公文交换、网上审批、统一OA（办公自动化）、移动办公、视频会议与视频点播、财税库银互联、国库集中支付、税收在线征管等40多个应用系统为全市行政管理、经济建设、社会发展提供支撑。9月，扬州市获中国信息协会颁发的中国城市信息化管理创新奖和中国城市信息化成果应用奖。（朱　敏）

■**扬州网**　2010年，扬州网网络覆盖从电信单一线路发展为多线路访问，网站浏览量从日均100万人次提升至120万人次。扬州网在首页辟出主头条区域，每天发布市委、市政府重要决策及相关活动，主动参与采访，整合政务报道。12月，开通“中国电信天翼手机报”。2010年，扬州网摄制运博会专题片，网络视频现场直播开幕式全程，2500人同时在线观看。10月，首创手机、宽带、电视“三网合一”直播技术，直播全国文明办组织的全国道德模范与身边好人现场交流活动，当天有6000多人次通过扬州网观看活动情况，专题网站点击量4.7万人次。10月下旬，扬州网建立扬州市新闻发言人网络平台，首批66家市直机关单位进入平台。（胡克明）

■**扬州晚报网**　扬州晚报网在博客网、“扬州e家”论坛等传统品牌基础上，推进“报网互动”，打造全媒体采编队伍。扬州晚报网记者运用摄像机、话筒、无线上网笔记本进行采访报道，让读者在第一时间看到以视频、音频、文字、图片等多媒体方式组合呈现的扬州本地新闻；推出“股海点金”、“名医大讲堂”等多档视频访谈节目。4月18日，扬州晚报网推出“扬州微博”，每周一至周五17时试播《扬晚播报》。（胡克明）

■**行政权力网上公开透明运行系统建设**　参见第78页

■**公安信息化**　参见第110页

■**教育信息化**　开展城乡学校“网上结对”活动。5月26日，市政府召开全市城乡学校网上结对工作推进会，各结对学校签订“网上结对”目标责任书，制订结对学校“三年行动方案”和年度工作计划。暑假期间，举办城乡学校“网上结对”工作技术人员业务培训和骨干教师培训，完善网络平台建设。11月，市教育局召开全市城乡学校“网上结对”工作现场推进会，交流扬州教育学院附属中学、扬州大学附属小学、扬州市沙口小学、宝应桃园小学等城乡学校结对“1＋2”（1所市区学校，2所农村学校）共同体的经验，促进城乡教育均衡发展。

加强“数字化校园”建设，宝应泰山小学等110所学校建成扬州市“数字化校园”，69所学校通过信息化基础环境验收。截至2010年底，全市建成“数字化校园”264个，占全市中小学校总数的65.5%。

加强“同步课程”建设。市电教馆拍摄、制作小学一、二年级语文、数学、外语3门课程教学视频，同步课程覆盖义务教育阶段主要学科，总量近3000课时。市电教馆推出初中《名师大讲堂》，制作100节中考复习讲座视频和220余节小学语文阅读欣赏、小学数学思维训练、小学英语情境对话、小学作文辅导训练等课程视频，定期在校园网站传播。7月1日，新版“同步课程”网站开通。（杨林山　刘　荣）

■**扬州旅游网改版**　4月19日，中英文扬州旅游网完成改版，完善电子商务功能，实现在线预订酒店和瘦西湖、大明寺、个园、何园、汉陵苑五大景点的电子门票，增添中国移动手机支付功能。改版后的扬州旅游网获“2010年度优秀旅游政府网站奖”。（程嘉同）

信息产业

■**概述**　2010年，全市完成信息产业产值1071.8亿元，比上年增长32.3%。其中，信息产品制造业产值991亿元，增长33%；软件服务业收入80.8亿元，增长24.3%。新认定软件企业16家、软件产品44个；新增注册资金100万元以上信息服务企业50家。实施信息技术改造传统产业重点项目5个、电子信息产品制造业1亿元以上投资项目80个、软件与信息服务外包1000万元以上投资项目10个。（常家斌　刘艺发　卞晓卫）

9月28日，扬州市举行国电南自智能电网产业园奠基暨入园企业揭牌仪式　王　卓／摄

■信息产品制造业 2010年，扬州市有规模以上电子信息产品制造业企业359家，全年总产值991亿元，比上年增长33%，实现销售收入744亿元。全市重点骨干企业加快信息化与工业化融合，提高生产装备自动化水平，初步形成半导体分立器件、通信设备、TFT-LCD光电产品、单晶硅、太阳能光伏、电极箔等新材料和电线电缆、数字传输线缆产业群。

（刘艺发）

■智能电网产业 扬州市培植发展智能电网产业，启动运营国内第一家以推进智能电网科研开发、展示孵化、创业服务为主导的“智谷”展示中心。美国通用电气公司、韩国LS集团、德国西门子公司等多家跨国公司与扬州市签署智能电网合作协议，建设具有国际先进水平的智能电网产业制造基地和国际智能电网服务外包基地。南京南瑞科技股份有限公司、南京自动化股份有限公司、群硕软件开发有限公司等知名企业将相关产业向扬州转移。4月，省经信委批准在扬州市建立“江苏省智能电网产业基地”。（刘艺发）

■信息产品应用 扬州市是国家半导体照明产业基地，信息产品在新光源产业应用广泛。到2010年底，全市累计安装LED（发光二极管）灯具2.45万盏，其中市区2.15万盏。全市新光源产业初步形成“蓝宝石衬底—外延片—芯片—封装—应用”产业链，围绕产业链上下游，集聚扬州乾照光电有限公司、江苏璨扬光电有限公司、扬州隆耀光电科技有限公司、扬州银雨芯片半导体有限公司、扬州中科半导体照明有限公司等优势企业。扬州乾照光电有限公司形成月产高亮度LED外延片3.5万片、芯片4.6亿颗的生产规模，扬州艾迪森光电有限公司大功率封装月产量增加到3KK，扬州峻茂光电有限公司背光封装器件月产量300KK，帝豪电子（扬州）有限公司LED背光模组月产量600K。高亮度外延片产业化规模扩大，扬州中科半导体照明有限公司、扬州乾照光电有限公司、江苏璨扬光电有限公司、扬州隆耀光电科技有限公司等LED企业2010年共购置MOCVD（金属有机化合物化学气相淀积）设备50台，其中26台投入生产，蓝绿光和红黄光外延片以及高亮度芯片年产能分别达到8万片、3.5万片和1.62万KK。川奇光电科技（扬州）有限公司电子纸产量1000万张，占全球市场90%的份额；扬州易狄欧电子科技有限公司电子书产量3万台。推进“十城万盏”半导体照明应用示范工程，安装LED灯具1.53万盏。

9月28日，扬州市启动智能电表安装工程

汪 武／摄

易狄欧电子科技有限公司工作人员正在辅导同心学校学生使用电子书 王 卓／摄

扬州市发展绿色新能源产业，初步形成以扬州经济技术开发区为核心，辐射高邮市、广陵区、仪征市、维扬区、宝应县等区域的产业集群，拥有天威新能源（扬州）有限公司、江苏顺大电子材料科技有限公司、扬州尚德太阳能电力有限公司、晶澳（扬州）太阳能科技有限公司等核心企业，形成“多晶硅—单晶硅—硅片—太阳能电池及组件—光伏照明（发电）”产业链条。龙头企业江苏顺大电子材料科技有限公司生产成本降至30万元／吨以下，多晶硅月产量最高达143.4吨，全年生产高纯多晶硅材料1350吨。晶澳（扬州）太阳能科技有限公司建成生产线29条，电池片产量740兆瓦，年产值超过75亿元，年产能突破1200兆瓦，成为全球单体最大的太阳能电池片生产企业。全市实施6个国家太阳能光电建筑应用示范项目，装机容量和获批补贴资金均位居江苏省第一。扬州经济技术开发区“智谷”建成12.6千峰瓦太阳能发电走廊和10千峰瓦的低风速风力发电站。太阳能光伏产业在下游照明应用领域与LED产业对接。扬州经济技术开发区聚集国家光电产品检测重点实验室、扬州—南京大学光电研究院等研发机构10多家，建立信息服务中心、标准检测中心、设施共用中心等八大系统公共服务平台，为企业提供技术支撑，先后研发出品质为国内之最的多晶硅、转化率达国际先进水平的太阳能电池等拥有自主知识产权的高新技术产品。2010年初，扬州市被科技部命名为国家级“绿色新能源特色产业基地”。（刘艺发）

■信息产业政策服务 成立扬州市推进软件和信息服务业发展领导小

组及其办公室。组织各县(市、区)经信委、220家重点企业和部分生产性信息技术服务企业300人参加全市"两化融合"培训会。按照《扬州市实施八大产业三年振兴(快速发展)行动计划》及保障措施,向全市电子信息产品制造业、软件和信息服务业18个项目发放1197万元奖励资金,调动企业积极性。制定《扬州市关于鼓励促进软件和信息服务业加快发展的政策意见》、《扬州市鼓励促进软件和信息服务业加快发展的政策细则》,明确产业用地、财政支持、市场培育、投融资等关键环节扶持政策。采取设立绿色通道、保障土地供应、放宽外汇管理、给予社保补贴、培育本土市场、加大奖励力度等六大措施,帮助企业争取国家、省专项支持。 (常家斌 卞晓卫)

软件服务业

■概述 2010年,扬州市238家软件服务企业业务收入80.8亿元,比上年增长24.3%。其中,通信运营业实现销售33.8亿元,增长5%;软件业务实现收入6.08亿元,增长25%。全市新认定软件企业16家(累计51家)、软件产品44个(累计167个),1家企业通过CMMI(能力成熟度模型集成)3级认证,10家企业通过ISO 27001(信息安全管理实用规划)认证。在2010中国工业软件高峰会上,扬州市获中国软件行业协会"2010年度中国工业软件政府推进奖"。扬州万方电子公司总经理周平被省经信委授予"江苏省优秀软件企业家"称号。 (卞晓卫)

■项目建设 市经信委编印《软件服务业百强企业、知名培训机构、重点集聚区名录》,引导各县(市、区)开展软件服务业招商,定期跟踪了解重点项目落实情况,指导各区定点跟踪走访客商。至2010年末,江苏信息服务产业基地(扬州)累计入驻软件服务业企业58家,注册资金2.9亿元,总投资6亿元,形成5000个运营坐席规模。税友软件公司在维扬经济开发区创业园启动生产。邗江三维科技产业园有限公司完成营业执照办理。仪征真云科技、江都惠普等重大项目签约。 (卞晓卫)

■争取政策扶持 全年争取国家、省级项目扶持资金1160万元。万方电子公司、恒信仪表公司入选省经信委"江苏省规划布局内重点软件企业",成为扬州市软件服务业领头兵。国宇电子公司"新型电力电子器件研发及产业化"等4个电子信息产业项目获工信部"2010年度电子发展基金"项目资金750万元,神州数码公司"基于健康档案的区域卫生建设项目"等3个软件类项目和ISO 27001、CMMI3认证获"2010年江苏省省级现代服务业(软件产业)发展专项引导资金"410万元。 (卞晓卫)

■软件服务业管理 市经信委加强对软件服务业企业的管理,理清企业基础台账,编印《全市软件和信息服务业企业名册》,并按照注册资金分地区、分档管理;掌握全市行业发展趋势和重大项目进展情况,维护行业发展环境。指导企业申报省级现代服务业专项引导资金(软件产业)、江苏省规划布局内重点企业和江苏省优秀企业家,指导江苏信息服务产业基地(扬州)申报省经信委"江苏省软件和信息服务产业示范园";引导企业开展软件企业、软件产品认证和系统集成等资质认证;组织企业学习《软件服务业发展趋势及"十二五"展望》,帮助软件企业开阔视野、拓宽思路;开展服务基层、服务企业、服务项目活动和"信企合作",走访企业,听取企业困难、了解企业需求、宣传最新产业政策。 (卞晓卫)

■中国电信扬州分公司 2010年,中国电信扬州分公司(简称扬州电信分公司)实现业务总量12.4亿元。电话交换机总容量267万门,年底有固定电话用户143万户、移动电话用户53.98万户、宽带用户48万户。公司获评2007~2009年江苏省文明行业、全国用户满意企业,"无线城市建设"获全国通信行业管理现代化创新三等奖。

开通市人大、市政协综合信息应用系统。1月8日,市人大、市政协综合信息应用系统启用。该系统由电子签到系统、智能信息终端网站、若干智能信息终端构成,能通过市人大和市政协总机、互联网、智能信息终端完成文件传达、会务管理、委员服务、提案建议等任务,具有市人大和市政协总机、代表和委员管理、建议和提案管理、会务管理、市人大和市政协专栏及综合资讯服务等六大功能。

推出"融合翼卡通"业务。扬州电信分公司推出的翼卡通项目代表江苏公司获中国电信集团政企应用类创新一等奖。"融合翼卡通"项目由校园翼卡通、企业翼卡通、公交翼卡通、银行翼卡通、手机翼支付和积分支付、第三方手机支付等多个移动支付产品构成。校园翼卡通业务在扬州技师学院率先放号,企业翼卡通业务与高邮机械厂等30余家企业签约。扬州电信分公司和扬州市民卡公司运用物联网传感技术,将通信的手机卡功能,市民卡公交刷卡功能、小额支付功能,企业员工的考勤卡和饭卡功能,集成融合到天翼手机中,实现"多卡合一、一机通用"。

10月,扬州电信分公司完成"无

1月8日,市人大、政协综合信息应用系统开通。图为人大代表用手机签到 王 卓/摄

线扬州”二期工程建设。二期工程投资2800万元，新建室外覆盖无线访问节点(AP)386个、室内覆盖无线访问节点415个。新增无线覆盖道路16条，道路长度约50千米，将网络覆盖范围从主城区25平方千米拓展到整个城区90平方千米，为覆盖范围内的主要交通干道、星级宾馆、政府办公楼、工业园区、市民广场、交通枢纽提供高速宽带无线上网服务。“无线扬州”项目建设获全国通信行业创新成果三等奖。

加强对外合作。6月25日，扬州电信分公司与英特尔(中国)有限公司、清华同方公司、华夏易思公司等合作推出“家校e学”业务。“家校e学”业务基于电信网络服务、互联网内容到软硬件解决方案的全产业链合作，以学生为中心，由相关教育软件、硬件、网络服务和教学资源集成创新，形成全新教学平台。

7月下旬，扬州电信分公司与扬州广播电视总台合作，利用天翼3G流媒体平台向手机客户推出本地视频节目服务。扬州广电总台提供扬州电视台新闻、城市、生活、时尚和财经等5个电视频道自办节目的直播和点播，扬州电信分公司提供接入服务。

12月27日，中国电信天翼3G品牌进京专列冠名启动仪式在扬州举行。扬州电信分公司与华铁传媒合作，将扬州—北京Z29/Z30次列车打造成“天翼3G畅游神州”中国电信品牌宣传专列。（杨 珺 钱江鸿）

■中国移动江苏扬州分公司 中国移动江苏扬州分公司(简称扬州移动分公司)主要从事移动通信网络的运营、维护，向公众提供移动通信服务。2010年底，扬州移动分公司拥有客户300多万户，设有各类移动服务网点1800余个、乡镇营业网点900余个。全年收入18.3亿元，比上年增长9.8%。

扬州移动分公司有移动基站1300多座、TD(时分同步码分多址)站点400多个，可为540万2G及TD用户提供语音及数据业务。推进光纤到户工作，实现对45万户家庭的规模覆盖以及对高校、宾馆酒店以及党政机关等3000多个重要场所的光纤接入，建成1000平方米的互联网数据中心，提供游戏、视频、数据应用等服务。推进无线局域网扩容优化工作，完善城市热点区域的无线宽带网络覆盖能力。至2010年底，扬州移动分公司在市区和县(市)主城区网络覆盖率99.99%，并实现室内、地下场所、电梯等地深度覆盖。

2010年，扬州移动分公司与扬汽集团合作开发手机汽车票业务，市民通过互联网或无线应用协议方式可直接在计算机端或手机端进行票务查询及订票，也可通过“12580”进行票务咨询及订票。与扬州市城市照明管理处合作建设GPRS(通用分组无线服务技术)路灯远程精确管理系统，可远程控制扬州1.21万盏路灯和景观照明灯。该项目获全国信息化应用成果奖银奖。关注与推动中小企业信息化建设，依托中小企业信息化应用托管平台，为中小企业提供覆盖营销服务、生产控制、办公管理等方面的移动信息化解决方案。（移 动）

■中国联合网络通信有限公司扬州市分公司 2010年，中国联合网络通信有限公司扬州市分公司（简称扬州联通分公司）实现通信业务收入3.1亿元，移动网在网用户55.45万户，固网各类用户总数超16万户。截至年底，扬州联通分公司设有移动基站1500座，2G网络覆盖99%的区域，3G网络覆盖所有城区、重点乡镇、高速公路、国道、铁路及各风景区；传输网络建成光电缆近7000千米、管道1400多千米，具备专线接入服务能力；扬州联通分公司互联网国际出口总带宽40G，宽带互联网覆盖230个小区、5600幢住宅楼、50幢商务楼宇，为家庭客户提供带宽10兆的互联网服务，为集团客户提供多条百兆、千兆互联网专线接入服务。公司利用3G业务优势及行业解决方案，加强与产业链上下游合作，实现与多行业、多领域的业务合作，形成一批在全省有影响的信息化应用成果。（屠 静）

■扬州市民卡有限责任公司 扬州市民卡是由扬州市人民政府授权发放给市民用于办理个人社会事务和享受公共服务的集成电路卡。2010年，市民卡实现园林年票卡功能、“天翼通”手机刷卡坐公交与消费支付功能，小额支付功能增加六必居、永和豆浆、捷强糖烟酒等市民卡消费网点。市民卡有限责任公司全年换发20万张市民卡标准卡，发行市民卡副卡10.29万张；累计售卡44.04万张。年收入307.14万元，比上年增长8.54%；年刷卡总额7794.5万元，比上年增长54.2%。（景惠萍）

8月3日，两位年轻人用天翼手机刷卡乘坐公交车，体验“市民翼机通”业务带来的方便、时尚的信息化生活 日报/供稿

商贸服务业

Shangmao fuwuye

本栏责任编辑　李全权

综述

■**概况**　2010年，全市实现服务业增加值838.78亿元，服务业增加值占地区生产总值的37.6%，比上年提升1.5个百分点。全市服务业实现全社会固定资产投资421.95亿元，增长26.5%，占全社会固定资产投资总额的31.7%。其中，城镇固定资产投资384.31亿元，增长26.6%。服务业上缴税收86.55亿元，增长38.7%；服务业税收占全市税收总额的38.5%，比上年提高3.6个百分点。服务业税收成为地方财政收入主要来源。

以现代物流业为代表的生产性服务业成为拉动服务业增长的生力军，扬州港集装箱年吞吐量首次突破30万标箱；服务业发展主体增添新军，力宝广场、工艺坊、国际汽车城二期等项目建成，总投资500万美元的大润发项目落户维扬区城北乡御龙湾；扬州汇银家电(控股)有限公司(简称汇银家电)在香港上市，“富春”商标被认定为中国驰名商标，江苏大德生药房连锁有限公司等4家企业入选商务部第二批保护与促进中华老字号名录。冶春茶社台北分店开张营业，品牌企业的辐射带动力增强。

2010年，全市商贸部门开展“放心酒”、“放心豆制品”专项整治工作，开展打击私屠滥宰和病死猪、病害猪肉非法交易专项整治活动，开展“百城万店无假货”创建活动和“窗口”单位文明城市创建活动、食品安全“放心消费”活动等，维护消费者利益。

（杨　志）

■**服务业集聚区建设**　2010年，全市加快服务业集聚区建设，各地从服务业产业导向和空间布局等方面培育各具特色的现代服务业集聚区。至年底，全市22个市级现代服务业集聚区入区企业实现营业收入279.64亿元，比上年增长47%。　（单　婵）

■**政策扶持**　市政府出台《2010年扬州市各县(市、区)商务内贸目标管理考核奖励办法》。市商务局、财政局、环保局、工商局、物价局等部门围绕家电以旧换新政策推广实施期的工作部署和要求，联合下发《家电以旧换新实施办法(修订稿)》。市商务局、财政局联合下发《商贸业发展专项资金管理暂行办法》，重点扶持社区商业示范区、商贸品牌化等13个项目建设和发展，发挥全市200万元商贸业发展专项奖励资金的引导作用。　（杨　尚）

■**社区商业建设**　围绕社区商业“双进市场工程”(便利消费进社区、便利服务进家庭)，推进城市社区商业体系建设。12月底，市商务局依据《扬州市社区商业建设规范标准(试行)》，经材料审核和实地验收，评选出维扬区双桥街道康乐社区、广陵区汶河街道石塔社区、邗江区邗上街道贾桥社区、高邮市高邮镇康华社区、宝应县安宜镇南园社区、仪征市真州镇鼓楼社区、维扬区西湖镇翠岗社区、广陵区曲江街道东花园社区、广陵区东关街道东关街社区、邗江区邗上街道文昌社区、维扬区梅岭街道广储社区等11个市级社区商业示范区。

推进社区商业升级，组织维扬区武塘社区和广陵区连运社区创建国家级社区商业示范区，组织邗江区邗上街道兰庄社区等6个社区创建省级社区商业示范区。　（杨　尚）

■**生猪屠宰行业管理**　2010年，扬州市规范生猪屠宰行业运作，推进“放心肉”工程建设，执行定点屠宰、集中检疫、统一纳税、分散经营的生猪屠宰管理制度，市区定点屠宰率

“扬州炒饭”获国家工商总局商标局证明商标注册证　朱敏贤／摄

100%。

加大市场监管和检查力度，打击私屠滥宰和不合格肉品上市行为。全年出动执法人员4796人次，查处案件20件，取缔私宰窝点17个，检疫检验病害猪6884头，没收非法肉制品6130千克，查处病害猪肉2630千克，罚没金额1.7万元，投入屠宰场改造资金150万元，培训从业人员530人。

建设"放心肉"服务体系，规划在市区生猪屠宰环节4个屠宰企业建立追溯系统，实现市区全覆盖；规划在市区符合条件的18个农贸市场、11个大超市(卖场)建立追溯系统；在扬州大学、扬州大学附属中学、扬州中学、苏北人民医院和市人民医院等5个单位建立肉品追溯系统。

（杨　尚）

■酒类流通管理　根据《酒类流通管理办法》规定和要求，开展酒类备案登记、随附单和日常管理工作。至年底，全市有酒类备案登记企业1502家，发放随附单5万份。

（杨　尚）

■豆制品市场专项整治　开展豆制品市场专项整治活动。取缔违规使用添加剂、卫生条件差和有明显违法违规行为的豆制品生产小作坊，查处、关闭小作坊5个。开展放心豆制品创建活动和放心豆制品生产经营基地创建活动。市级财政对22个放心豆制品销售网点给予每个点4000元财政补贴。（杨　尚）

■茧丝绸市场管理　根据省商务厅《关于做好鲜茧收购资格复审工作的通知》要求，完成鲜茧收购证新证授发工作。全市20家企业获鲜茧收购证。宝应县、高邮市、仪征市等地因无桑园未发证。3家缫丝生产企业关停，无企业办理缫丝生产准产证。

（杨　尚）

■万村千乡市场工程　2010年，全市各地及时协调处理农家店建设中出现的问题，保证农家店建设有序推进。加强在空白镇村布点，提高覆盖率；加强配送中心建设，提高配送能力。至年底，农家店覆盖全市70多个乡镇和涉农街道，村组覆盖率逾50%。全年获"万村千乡市场工程"政策扶持资金48.4万元。（杨　尚）

■家电下乡　9月，市商务局、市财政局联合开展"'家电下乡'销售网点专项整治月"活动。检查网点668个，查出有问题网点213个，其中93个网点实施限期整改、11个网点被取消"家电下乡"销售资格、109个网点被劝退。启动电动车"家电下乡"，完成首批电动车销售网点备案，新增电动车销售网点100个。提升农村家电销售网络建设，新建1个家电配送中心。至年底，全市"家电下乡"累计销售家电50.7万台(部)，实现销售额10.96亿元。其中，2010年销售家电36.65万台（部），实现销售额8.06亿元。

从"家电下乡"分区域销售情况看，江都市实现年销售额1.64亿元，比上年增长155%；高邮市实现年销售额1.52亿元，增长222%；邗江区实现年销售额1.36亿元，增长196%；宝应县实现年销售额1.24亿元，增长187%。（胡　岩）

■家电以旧换新　2010年，扬州市家电以旧换新工作历经试点期和政策推广实施期。5月31日，家电以旧换新试点期结束。试点期间，全市累计回收5类废旧家电27.76万台，销售新家电26.93万台，实现销售额9.85亿元；扬州市民获财政补贴资金7147.9万元。至年底，全市11家中标企业的43个网点累计回收旧家电40.6万台，回收金额307.25万元；销售新家电41万台，实现销售额14.59亿元，占全市社会消费品零售总额的2.03%。扬州市民全年获国家财政补贴1.17亿元。

5类家电以旧换新商品中，电视机、空调和电脑等3类商品销售量位居销售收入前三位。其中，销售电视机12万台，销售收入4.93亿元；销售空调13.8万台，销售收入4.4亿元；销售电脑6.4万台，销售收入2.8亿元。冰箱、洗衣机累计销售收入分别为1.43亿元、1.01亿元。

广陵区和邗江区合计回收旧家电19.8万台、销售新家电19.81万台、实现销售收入7.37亿元，分别占全市总量的48.77%、48.32%和50.51%。江都市、仪征市、宝应县和高邮市销售额分别为2亿元、1.72亿元、1.65亿元和1.22亿元；维扬区和扬州经济技术开发区家电以旧换新网点数量较少，分别实现销售收入0.46亿元和0.16亿元。

推动本土企业参与家电以旧换新，扬州新力电器有限公司入围第二批家电以旧换新中标企业，江苏宏信股份有限公司和扬州恒丰电气有限公司入围第三批中标企业。宣传家电以旧换新政策，做好单位和个人大宗购买审核工作，确保财政资金安全。开展家电以旧换新自查自纠和集中整治活动，查访各门店140家次，规范全市家电以旧换新经营秩序。

（杨　尚）

■2010中国扬州现代服务业招商推介会　10月28日，2010中国扬州现代服务业招商推介会在大连市举行。各县(市、区)、扬州经济技术开发区、新城西区和市发改委、工商局、经济和信息化委员会、旅游局、商务局等部门参加活动。广陵区、维扬区、邗江区邀请参会客商80多人。会上，副市长王玉新做主题推介，广陵区、维扬区、邗江区分别作江苏信息产业基地、文化创意产业、科技服务业专题推介。推介会期间，江苏信息产业基地(扬州)管理办公室与大连高新技术园区设计产业办公室、江苏信息产业基地(扬州)管理办公室与大连留学生创业园、扬州文化创业产业园与大连15库文化创意产业园、邗江经济开发区管委会与大连科技城发展有限公司、邗江经济开发区管委会与大连冠豪科技发展有限公司分别签订合作协议。（胡　岩）

批发零售业

■概述　2010年，扬州市批发业实现社会消费品零售总额51.95亿元，其中市区18.30亿元；零售业实现社

2010年扬州市零售额前20名商贸企业一览表

位次	企业名称	地区	零售额(万元)
1	扬州金鹰国际实业有限公司	广陵区	167709.3
2	国药控股江苏有限公司	广陵区	102933.0
3	江苏宏信商贸股份有限公司	江都市	82902.7
4	扬州汇银家电有限公司	邗江区	77791.2
5	扬州东星汽车维修服务有限公司	维扬区	59738.7
6	扬州润良商业有限公司	邗江区	56460.4
7	江苏金澳汽车销售服务有限公司	开发区	56395.7
8	江苏汇银电器连锁有限公司	广陵区	53629.7
9	扬州广源汽车销售服务有限公司	开发区	46560.8
10	扬州苏宁电器有限公司	广陵区	44928.8
11	扬州丰祥商业有限公司(万家福商城)	广陵区	44345.6
12	扬州名城汽车销售服务有限公司	维扬区	40637.9
13	扬州润通汽车销售服务有限公司	广陵区	38331.3
14	扬州宏图三胞科技发展有限公司	广陵区	32052.5
15	江苏中亚糖酒有限公司	维扬区	31279.5
16	扬州东峻汽车销售有限公司	开发区	30421.7
17	扬州润扬汽车销售有限公司	维扬区	30297.9
18	扬州瑞丰汽车销售服务有限公司	维扬区	29082.6
19	苏果超市(仪征)有限公司	仪征市	28795.9
20	苏果超市(扬州)有限公司	广陵区	27371.1

(杨　志)

2010年扬州市部分重点批发市场经营情况表

市场名称	市场成交额(亿元)	比上年增长(%)
江苏曲江小商品市场	100.43	22
扬州大桥食品城有限公司	15.87	-3
江苏联谊农副产品批发市场	84.23	31.5
江苏亚联农副产品有限公司	36.46	24.6
扬州商城	25.31	-5
扬州五亭龙国际玩具礼品城	36.00	44
扬州白天鹅家禽蛋类批发市场	15.2	22
扬州联谊朝苏冷冻食品批发市场	23.37	43.4
扬州市银河电子城	9.09	6.1
扬州市扬子江钢材市场	8.08	-3.6
扬州市江阳商贸城	7.16	-9.58
扬州市兴森木业市场	4.27	-33.3

(胡　岩)

会消费品零售总额599.45亿元,其中市区278.84亿元。全市批发零售业有限额以上法人企业307家,营业面积74.22万平方米,从业人员2.60万人。其中,批发业企业135家,营业面积8.78万平方米,从业人员8671人;零售业企业172家,营业面积65.44万平方米,从业人员1.74万人。百货零售业以文昌商圈为中心呈现区域集中效应,扬州金鹰国际实业有限公司、万家福商城和扬州时代广场等3家龙头企业分别实现商品销售额14.38亿元、4.43亿元和6.1亿元,增幅均超过15%。大型连锁超市以扬州大润发超市有限公司、昆山润华商业有限公司江苏扬州店、扬州欧尚超市、沃尔玛(江苏)商业零售有限公司扬州四望亭路分店等为代表,营业面积均在1万平方米以上。专营连锁业包括汇银家电、苏宁电器、五星电器、国美电器等家电专营店,其中扬州本土品牌汇银家电(控股)有限公司3月25日在香港联交所主板挂牌上市,成为扬州市第一家上市商贸企业。

2010年,全市各地发挥区位优势和产业优势,批发市场基本形成集群化布局。市区曲江小商品市场、联谊农副产品批发市场、五亭龙毛绒玩具市场,江都鞋城、阿波罗花木市场,高邮纺织服饰市场,宝应荷藕市场等特色市场发展良好。全市亿元以上商品交易市场年末已出租摊位数量2.07万个,全年实现商品成交额559.24亿元,其中消费品零售额154.41亿元。其中,综合市场年末已出租摊位数量8977个,实现商品成交额170.08亿元,其中消费品零售额84.24亿元;专业市场年末已出租摊位数量1.17万个,实现商品成交额389.16亿元,其中消费品零售额70.17亿元。曲江小商品市场全年完成销售额100.43亿元,成为全市首家年销售额过100亿元的市场。通过市场的集聚,扬州市区形成以曲江小商品市场、联谊农副产品批发市场、大桥副食品城为主的东部市场群,以红星美凯龙、扬州商城、高力汽配城、万都装饰城为主的西南市场群,以五亭龙玩具城、江阳商贸城、扬子江钢

华东旧机动车交易市场　　郭义富/摄

材市场为主的北部市场群等。

（胡　岩）

■ **商业服务业收银员职业技能竞赛**　3月5日，市人力资源和社会保障局、团市委、扬州市银行卡应用工作领导小组办公室等单位共同举办的扬州市第三届“银联杯”商业服务业收银员职业技能竞赛在人民银行扬州中心支行举行。竞赛包括个人笔试和实际操作两部分，涉及收银机基本知识、条码知识、金融POS机基础知识等。扬州金鹰国际实业有限公司、汇银家电等企业的64名收银员参加比赛，李文静等30名选手获评优秀收银员，扬州百盛商业大厦有限公司、江苏五星电器有限公司扬州大卖场、扬州丰祥商业有限公司万家福商城等3家单位获团体一等奖。扬州百盛商业大厦有限公司的李文静经综合考核后被市总工会授予扬州市五一劳动奖章，被市人力资源和社会保障局授予扬州市技术能手称号。

（胡　岩）

■ **汇银家电在香港联交所上市**　参见第215页

■ **力宝广场·乐宾百货开业**　10月24日，力宝广场·乐宾百货开业。该商业广场由世界500强企业印度尼西亚力宝集团和扬州金阳光房地产开发有限公司共同投资建设，位于扬州市汽车西站北侧，建筑面积2.3万平方米，是集百货、休闲、娱乐、文化、体育运动及体育用品、影视、城市餐饮、酒吧文化、居住功能于一体的综合性多业态大型广场。（胡　岩）

■ **万家福商城**　万家福商城营业面积1.8万平方米，有从业人员1040人。商城自1996年开业以来，连续多年获评百城万店无假货省级示范店，是江苏省放心消费创建示范单位、全国百城万店无假货示范店。2010年，商城实现销售额4.43亿元，比上年增长17.55%。（胡　岩）

■ **扬州金鹰国际实业有限公司**　2010年，扬州金鹰国际实业有限公司实现商品销售额16.77亿元；其中，文昌店实现商品销售额14.38亿元，比上年增长15.77%。

4月24日是公司京华城店开业一周年纪念日，当日完成销售额602万元，比上年同期增长64.03%；开业第一个年度完成销售额1.8亿元。

6月12～16日，公司完成销售额2975万元，创扬州零售企业端午长假期间最高销售纪录。其中文昌店完成销售额2526万元、京华城店完成销售额449万元，两店销售额同比增幅均逾20%，其中京华城店增幅65%。（胡　岩）

■ **扬州京华城全生活广场**　2010年底，扬州京华城全生活广场有营业面积10万平方米，设有世纪联华超市、金鹰京华城店、流行名店、青春工厂、喜满客影城等休闲、娱乐、商贸企业，有从业人员2000人。全年实现商品销售额2.06亿元，比上年增长5.65倍。

1月30日，扬州京华城“国家AAAA级旅游景区”授牌仪式在京华城全生活广场中庭举行，以京华城全生活广场为主体的扬州京华城休闲旅游区成为扬州市第六家4A级旅游景区。（胡　岩）

■ **扬州汇银家电（控股）有限公司**　扬州汇银家电(控股)有限公司总部设在扬州市，销售及售后网络覆盖江苏、安徽两省27个城市。2010年，汇银家电实现销售收入17.85亿元，比上年增长43.01%；实现利润3.21亿元，增长55.51%；毛利率18.0%，比上年提高1.5个百分点；经营盈利1.42亿元。

2010年底，汇银家电有自营店53家，比上年增加26家，其中省内新增门店20家。自营店全年实现销售收入7.69亿元，比上年增长74.72%，占公司销售总收入的43.1%。有227家特许经营店，比上年增加7家，其中新增加盟店21家、关闭门店14家。特许经营店实现销售收入4.48亿元，比上年增长20.06%，占总收入的25.1%。（胡　岩）

4月24日，在金鹰京华城店购物的顾客排起长队等待缴费　日报/供稿

1月28日，汇银家电公司与索尼、松下、夏普、三星、LG、海尔等液晶电视机生产企业签下10亿元液晶电视采购订单　　汪　武/摄

■江苏曲江小商品市场　江苏曲江小商品市场营业面积3.2万平方米，有经营商户1383户、从业人员3950人，主营服装、布匹、家具、小百货、文具礼品、五金水暖、电子电器、针织用品、箱包皮具、床上用品等10个大类数万种商品，是中国服务业500强企业、江苏省百强市场、扬州市十大商品市场。2010年，市场实现成交额100.43亿元，比上年增长22%。

（胡　岩）

■江苏联谊农副产品批发市场　江苏联谊农副产品批发市场营业面积8.5万平方米，有从业人员1500人，主营业务包括蔬菜批发、南北货与炒货批发、家禽批发、冷冻食品批发、瓜果批发，辐射黑龙江、内蒙古、山东、河南、河北、海南、广东等20多个省（市、自治区），是苏中、苏北地区最大的农副产品综合性批发市场，30家省级重点农产品批发市场之一。2010年，市场实现成交额84.23亿元，比上年增长31.5%。

（胡　岩）

■江苏亚联农副产品有限公司　2010年，江苏亚联农副产品有限公司营业面积7.54万平方米，有经营户450户、从业人员3500人，全年完成成交额36.46亿元，比上年增长37.2%。江苏亚联扬州农副产品交易中心位于广陵区商贸物流园，规划占地面积38.5公顷，建筑总面积40万平方米，由江苏亚联农副产品有限公司投资建设，预算总投资12亿元。其功能包括蔬菜、果品、干货、肉类、水产品等一站式农副产品交易，以及商务办公和冷藏冷冻。扬州市农副产品交易中心作为苏北地区的物流枢纽，辐射周边地区，功能覆盖近1000万人。

（胡　岩）

■扬州五亭龙国际玩具礼品城　扬州五亭龙国际玩具礼品城（简称五亭龙玩具城）营业面积18万平方米，有经营户1200户、从业人员3000多人，是玩具、礼品专业批发市场，可提供金融、贸易、信息、物流、研发、展示、培训、办公、仓储等服务。五亭龙玩具城是扬州最大的毛绒玩具及辅料集散中心，市场分为玩具辅料区、玩具成品区、物流仓储区和动漫衍生产品研发中心等四大区域，经营品种3万多个，形成“设计、研发、加工、生产、销售”产业链，经营业务辐射江苏、浙江、安徽、湖南、山东、广东等省和东北地区。五亭龙玩具城是江苏省消费者协会诚信单位、江苏省放心消费市场先进单位、中央电视台指定动画形象毛绒玩具产品研发生产基地。

2010年底，五亭龙玩具城引进玩具设计打样公司8家，与全国各地12家动漫公司签订合作协议；动漫衍生产品研发中心入驻动漫设计公司1家；电子商务交易区配有独立的打包、发货区，与国内11家快递公司建立合作关系，入驻率100%；精品玩具区入驻企业15家。2010年，五亭龙玩具城获评江苏省五星级文明市场；全年实现成交额36亿元，比上年增长44%。

（胡　岩）

■扬州红星美凯龙全球家居广场　扬州红星美凯龙全球家居广场（简称扬州红星美凯龙）占地8.67公顷，建筑面积18万平方米，是苏中地区规模最大的家具、建材、装饰材料专业卖场。2010年底，扬州红星美凯龙营业面积12万平方米，有经营户488户、员工151人。全年完成成交额6.45亿元，比上年增长32.4%。

（胡　岩）

扬州红星美凯龙全球家居广场　　王　卓/摄

粮食购销

■概述 2010年，全市国有粮食企业实现粮食购销总量33.55亿千克，其中粮食收购13.05亿千克、粮食销售20.50亿千克；实现销售收入75亿元，比上年增长12.7%；实现利税2.53亿元。推进县(市、区)"放心粮店"建设，全市累计建成128家"放心粮店"、12家"放心粮油示范单位"、59家粮食收购规范站点(示范)。增强粮食流通能力，建成宝应湖粮食物流园、高邮双兔物流中心、扬州粮食储运加工中心、江都永安粮库等。

(江 敏)

■粮食购销 2010年，全市粮食行政管理部门落实国家粮食收购政策，指导和督促国有粮食企业发挥主渠道作用，引导、鼓励多元市场主体入市收购。国有粮食收购企业通过代购代销、边购边销、即购即销、外购外销、延伸收购站点等方式争取粮源。全市入库小麦11.58亿千克，比上年增加1.56亿千克。其中，国有粮食购销企业入库小麦9.58亿千克，比上年增加1.36亿千克。小麦最高收购价格2.10元/千克，平均价格1.98元/千克，比上年提高0.30元/千克。入库稻谷3.24亿千克，其中国有粮食购销企业入库稻谷3.10亿千克。粳稻平均收购价2.70元/千克，籼稻平均收购价2.10元/千克，分别比上年提高0.60元/千克和0.14元/千克。

(江 敏)

■粮油加工产业化经营 2010年，全市粮油加工业龙头骨干企业完成产值70.7亿元，比上年增长18%，占全市粮油加工业产值的90.7%；完成销售收入66亿元，增长12.4%，占全市粮油加工业销售收入的88%；完成利税2.36亿元，增长11.3%，占全市粮油加工业利税的93.3%。

提升粮油工业技术水平。开工建设占地33公顷、投资10亿元的牧羊科技产业园；牧羊集团牵头组建江苏省饲料机械加工装备产业技术创新战略联盟。加大技改投入。全市粮油工业完成技改投入2.17亿元，比上年增加3400万元、增长18.6%。拓展基地建设。新建高邮双兔10万亩稻谷基地、宝泰米业5000亩有机稻米基地、高邮万嘉3000亩糯性小麦基地等。粮油企业牵头新建粮油专业合作组织8个。

(江 敏)

■粮食管理基础设施建设 建成扬州粮食储运加工中心8.1万吨仓容的仓储区、1000吨级园区码头和道路等设施。宝应湖粮食物流中心按照"四散化"(散储、散运、散装、散卸)要求完成基础设施建设。县(市、区)5个烘干中心进入设备安装阶段。

启动"数字粮食"信息化工程。开通售粮款网上银行结算业务，在仪征市、邗江区和高邮市推广使用；江都市投资40多万元，开通粮食物联网管理系统，分地磅管理、粮情监测和报表传输3个子系统，实现粮食管理智能化。宝应国家有机食品质检中心开工建设。

(江 敏)

■粮食流通管理 扬州市成立保供稳价领导小组，加强对粮食价格和库存的监测，制定保供稳价方案，实现市县联动、政企联动、储备与经营联动，保障粮油市场正常供应和价格稳定。市粮食局指导国有粮食购销企业落实地方储备粮轮换计划，落实7500万千克粮食储备和180万千克油脂储备。开展全市粮食库存检查，保证粮食库存真实，账账、账实相符。抓好粮食产销衔接。举办南京、徐州、扬州等六市粮食产销对口衔接洽谈会。开展粮食购销存统计、粮油加工业统计和供需平衡调查等工作。完善全市粮食应急预案，健全应急保障体系。全年核查确认粮食收购许可证505份，发出整改通知书144份，规范粮食收购市场秩序。市粮食局、工商局、公安局等部门成立联合检查组，查处无证经营、违法收购人员23人。

(江 敏)

供销合作事业

■概述 全市供销合作社系统实现商品销售总额210.15亿元，实现利润4218.26万元；建办村级便民服务中心222家，创建省三星级为农服务社40个，培育"四有"(有组织制度、有合作手段、有较大规模、有明显效益)农民专业合作社示范社34个。全年供应化肥22.68万吨、农药1963吨；实现农资销售额3.29亿元、消费品零售额34.37亿元。全市获批国家、省"新农村现代流通服务网络工程"(简称"新网工程")项目10个，获"新网工程"专项补助资金430万元。扬州市西湖为农服务社、仪征市大仪镇盛棠村为农服务社等7个为农服务社被省供销社表彰为百佳为农服务社，扬州润扬豆品专业合作社、高邮市兴旺鸭业产销合作社等7个专业合作社被省供销总社表彰为百佳农民专业合作社。

市政府出台《关于加快供销合作社改革发展的实施意见》，仪征市、江都市、宝应县等地方党委、政府分别下发文件明确供销合作总社单独设置。

(马越飞 陈 旭)

■农村供销合作经济联合会 2010年，全市供销合作社按照基层社"实体、载体、联合体"三位一体建设思路，引导农村合作经济组织规范运作，建立基层社"三位一体"挂钩联系制度，分别在江都市大桥镇、仪征市陈集镇等13个乡镇成立农村供销合作经济联合会。全市农村供销合作经济联合会坚持为"三农"(农业、农村、农民)服务，引导农民调整农业结构，促进农业产业化经营，提高农民组织化程度；引导农村各种力量依托主导产业和优势农产品组建各具特色的农民合作经济组织，促进联合与合作，逐步建立并完善联合会的组织体系；引导农民发展高效农业，打造农业合作经济特色品牌，发挥自主经营的实体、为农服务的载体和农村各类合作经济组织的联合体功能，促进农民增收、农业增效、农村繁荣。

(马越飞 陈 旭)

■"新网工程"建设 2010年，全市供销合作社推进以连锁经营为主要特征的现代商品流通体系建设，构建日用消费品、农业生产资料、农副产品、烟花爆竹、再生资源等五大连锁网络。全市系统培育连锁企业23家，建成连锁网点2332个，实现连锁销售额48.65亿元，组织申报2010年度省级“新网工程”项目7个。

全市供销合作系统累计获中央和省“新网工程”项目扶持资金897万元，其中2010年度获扶持资金430万元；获省为农服务社专项补贴资金、国家扶持供销社农业综合开发项目资金252万元。

（马越飞　陈　旭）

■**十佳农产品经纪人和优秀农产品市场评选**　9月30日，扬州市供销合作总社组织开展“红菱杯”扬州市十佳农产品经纪人和优秀农产品市场评选表彰活动。经过资格审查、综合初评、公开投票以及公示等程序，王鹏等10名农产品经纪人获评“红菱杯”扬州市十佳农产品经纪人，宝应苏中农副产品批发市场等5家市场获评“红菱杯”扬州市优秀农产品市场。（马越飞　陈　旭）

■**省级专业合作社联合社建设**　全市供销合作社强化专业合作社之间的联合与合作，鼓励专业合作社根据产业特点和当地生产实际，组建跨区域的专业合作社联合社，提高带动能力和市场竞争力。扬州市供销合作总社全年牵头组建苏润农产品销售、苏菱鸭业、茗润茶叶等3家省级专业合作联社。（马越飞　陈　旭）

■**农超对接和农产品直销**　3月，市供销合作总社建立扬州市供销信息服务中心，聘请50名信息员，以市供销合作社网站和手机短信为平台，免费向会员发布政策法规、主要农副产品市场行情及走势、农业科技等信息。全年发送各类信息3000多条。

举办2期农产品经纪人培训班。多次组织开展农产品进社区活动，销售150多种优质农产品，累计接待社区居民2万多人次。城区供销合作社组建的农产品直销公司在市区及各社区设立农产品直销网点12个，引导农民专业合作社抱团进城，扩大农产品销售量。

4月，市供销合作总社组织6家超市和市场参加由省供销总社和台湾农产品流通经纪人协会等单位在南京举办的台湾精致农特产品江苏推介会。6月15日，江都市供销合作总社、江都市小纪镇人民政府、上海世纪联华江苏分公司、小纪农村供销合作经济联合会联合在小纪镇举行小纪农村供销合作经济联合会经营实体成立暨“农超对接”启动仪式，小纪镇专业合作社生产的农产品进入江都世纪联华农产品专区。9月，市供销合作总社组织全市重点农民专业合作社20多种名特优农产品参加由全国供销合作总社组织的国际合作社联盟亚太地区大会供销合作社参与新农村建设成果展。12月，市供销合作总社组织66家农业龙头企业、专业合作社和超市218种农副产品参加2010海峡两岸(江苏)名优农产品展销会暨产销对接洽谈会，现场销售农产品64.5万元，签订意向性订单3.71亿元。（马越飞　陈　旭）

专项经营

■**盐业经营**　2010年，全市购进盐5.68万吨，销售盐5.67万吨，其中食盐4.69万吨（小包装盐2.33万吨）。商品销售收入1.21亿元，实现利润292万元。（赵　磊）

■**盐业市场管理**　2010年，扬州盐业市场碘盐合格率98.04%，合格碘盐食用率97.78%，碘盐覆盖率99.73%。全年查处盐业违法案件38件，查处并没收违法盐产品8525千克，销毁卤水370立方米，罚款11.7万元。检查用盐企业973家、农贸市场697家、食盐零售商店7837家、食品加工作坊1066个、饭店和食堂1167家，走访居民3210户，截获违法车辆6辆。（赵　磊）

■**卷烟销售**　2010年，扬州市烟草专卖局、江苏省烟草公司扬州市公司全年实现卷烟销量16.93万箱，比上年增长1.52%；实现税利8.97亿元，比上年增长3.12%；实现利润5.47亿元；卷烟含税单箱销售额2.29万元，比上年增长6.7%。（卢世平）

■**烟草专卖管理**　市烟草专卖局全

2010年扬州市盐业购销存情况表

单位：吨

地　区	采购量		销售量			库存量	
	实绩	比上年增减	实绩	其中小包装盐销售量		实绩	比上年增减
				实绩	比上年增减		
合　计	**56816**	**9807**	**56667**	**23307**	**2213**	**12610**	**147**
市　区	15833	3399	15737	7395	1063	5315	96
宝应县	16153	5103	14798	3513	398	2168	1355
高邮市	9874	-329	11041	3879	-114	1193	-1167
江都市	10420	1114	10384	5022	427	2453	36
仪征市	4536	520	4707	3498	439	1481	-173

（赵　磊）

年出动1.07万人次开展打假、打私，查获各类案件2570件（其中假烟案件468件），查获涉案卷烟1009.84件（其中假烟103.42件），上缴国家罚没款77.03万元。涉案人员中有44人被刑事拘留、4人被逮捕、15人被判刑。

提高烟草专卖队伍和专卖执法人员素质，全系统专卖执法人员技能鉴定通过率96.2%。开展“闪电7号”、“闪电8号”及夏日市场专项整治行动，规范卷烟市场秩序，破获非法经营网络案件3件。（卢世平）

■成品油市场管理 2010年，全市销售成品油75.9万吨，比上年增加6.7万吨，其中销售汽油28.9万吨、柴油47万吨。中国石化扬州石油分公司销售成品油51.1万吨，占全市销售总量的67.3%；中石油扬州销售公司销售成品油15.4万吨，占全市销售量的20.3%；其他社会加油站点合计销售成品油9.4万吨，占全市销售量的12.4%。

加强市场供应监测，及时启动保供机制。10月起，受国际油价持续高位运行，国内柴油库存下降、柴油供需不平衡、批零倒挂等多种因素影响，国内成品油供应紧张，扬州市出现排队加油现象，部分加油站点柴油脱销。市政府召开专题协调会，明确各部门职责、分工和应急状态下的保供重点。制定全市成品油市场应急保供方案，针对关系国计民生的重点行业、产业和项目车辆设立保供加油站或开辟绿色通道，确保消防、供电、环卫、运钞等车辆正常运行。向上争取增加计划供应量，多方组织货源，明确保供重点，优化资源配置，缓解柴油供应紧张对生产生活造成的不利影响。

严格执行成品油市场准入制度，开展辖区内加油站点成品油零售经营证书年审工作。

组织成品油市场专项检查，打击成品油倒买倒卖、囤积居奇、制假售假、哄抬价格等违法行为，维护市场秩序。

确保农忙期间农业用油供应。秋收期间，全市设立近70家农用柴油保供站。采用开辟加油绿色通道、根据收割期时间先后优化资源配置、为离加油站较远的乡镇送油到田头等供应方式，加大对乡镇、农村加油站的资源投放，为农业用户提供便利，确保全市秋收期间农业用油供应。

（陆 扬）

■中国石化扬州石油分公司 中国石化扬州石油分公司是扬州地区最大的成品油经销企业。2010年底，公司有员工1377人，总资产4.08亿元；有加油站139座，其中129座正常营业；有正常营业的油库3座，库容4.74万立方米，年吞吐量90多万吨。2010年，公司销售成品油51.1万吨，实现销售额34.7亿元，完成利税总额1.5亿元，上缴税金5909万元。全年有正常营业门店103个，实现非油品销售额（不含润滑油）2038万元。

农忙期间，通过设立农业用油定点供应加油站、开辟绿色通道、开展送油到田头服务活动等措施方便农机加油。开展农忙用油“双优”（优先、优惠）供应工作，制定农忙用油供应方案，在全区设立68个“双优”供应定点加油站和4个移动充值点；开辟农机加油绿色通道，与农机管理部门联合发放中石化农忙用油“双优”卡；在邗江区方巷镇、仪征市大仪镇、高邮市马棚镇、宝应县夏集镇、江都市郭村镇等农机集中区的农机服务站装配移动充值点，方便农机用户的“双优”卡集中充值，免费提供价格优惠信息、介绍专业油品知识和农机保养常识等。（万江华）

物流业

■概述 2010年，全市物流业保持快速发展的态势。全年完成公路货运周转量70.34亿吨千米，比上年增长18.3%；完成水路货运周转量113.56亿吨千米，增长19.8%；沿江港口集装箱吞吐量31.8万标箱，增长37.3%。全市实现物流业增加值122.6亿元，增长23%，占全市服务业增加值的15%。

市政府制定《扬州市现代物流业产业（2010～2012）三年振兴行动计划》。全市争取国家级、省级用于物流业项目扶持资金1520万元，支持扬州粮食储运加工中心、江苏亲亲食品冷链物流中心、高邮威伍特种水产加工制品冷链物流等项目建设；市级服务业引导资金中支出物流业扶持资金120万元。

至年底，扬州市市级服务业集聚区中有8家市级物流园区、2家省级物流园区。各物流园区全年完成投资20.21亿元，实现营业收入109.70亿元，完成税收1.19亿元，分别增长29.1%、24.8%和45.9%。（吴 柳）

■固定资产投资 2010年，全市物流业相关领域中，交通运输业完成固定资产投资41.3亿元，增长42.9%；仓储业完成固定资产投资5.3亿元，增长89.3%。扬州港口物流园、扬州长江石化物流中心、扬州公铁水联运物流集聚区、扬州商贸物流园区等4家物流园区完成投资18.7亿元，增长21.2%；17个物流重大建设项目实现投资16.5亿元。（吴 柳）

■物流业与制造业联动发展 2010年，全市制造业企业物流业务分离出运输企业59家，新增税收3221.43万元。杭集镇整合全镇物流资源，建成占地12.07公顷的三笑物流园，入园物流经营户86家；政府配套建立园区物流服务中心，为企业提供一体化物流服务。（吴 柳）

■拓展物流领域 上汽赛克物流中心物流信息服务平台建成，基本形成集现代运输、仓储、搬运、包装、部件加工、组装、配送、产品流通、物流信息及汽车零部件制造于一体的汽车零部件及商品车物流中心。扬州食品工业园、扬州联谊朝苏冷冻食品批发市场仓容5.2万吨的冷库投入运营，初步形成冷链物流业。高邮威伍水产发展股份有限公司（简称威伍公司）建成仓容1.5万吨的冷库，新建面积1.5万平方米的受控低温生产车间、面积1000平方米的质控中心，新添冷链运输车辆及制冷设备，提高冷链处理能力。高邮诚信应急物流中心建成面积2.5万平方米的应急物资专

用仓库和面积5000平方米的应急指挥中心，装备货运网络系统，配套建设应急物流信息平台。（吴 柳）

扬州港口物流园 扬州港口物流园是省级现代服务业集聚区。2010年，港口物流园实现货物吞吐量2800万吨，比上年增长35%。其中，钢材86万吨，比上年增长100%；煤炭1587万吨，比上年增长136%；木材120万立方米，与上年持平。集装箱吞吐量30.5万标箱，比上年增长38%。

项目建设取得进展。5号泊位完成工程量的90%，建成4万平方米后方堆场，二期6万平方米堆场在建；宽瑞物流项目建成，成为珠海格力电器股份有限公司苏中地区物流集散地和汇银家电(控股)有限公司物流基地。新慈物流项目2座标准仓库竣工，信息中心主体工程完成，主要从事汽车零部件物流配送、装配和集装箱拆装箱等相关业务。12月，港口公共服务平台项目签约。（吴 柳）

扬州长江石化物流中心 2010年，扬州长江石化物流中心依托省重点物流基地的品牌优势，形成工业、物流业和石化贸易相互促进、相互配套的发展格局，全年完成销售收入17.8亿元，上缴税收1650万元，完成投资5.6亿元，实现社会物流总额81.6亿元，分别增长18%、60.2%、11.2%、20%。

完成物流中心规划修编工作，项目建设取得突破。江苏长江石化交易市场二期工程投资1.9亿元建设面积3.4万平方米的商务大楼、公寓及配套设施等；仪征润洋国泰石化仓储项目投资1.5亿元建设容积18.5万立方米的液体化工储罐；8月，石油分输站40万立方米石油储罐工程完工。（吴 柳）

扬州公铁水联运物流集聚区 2010年，扬州公铁水联运物流集聚区完成服务业项目投入4.2亿元，实现营成额3.2亿元。

北环路建成通车，太平路工程在建；聚龙钢材市场一期工程建成并投入运营，入驻商户200多家。新凯建材物流项目注册资本5000万元，总投资8000万元；高扬国际商贸城项目注册资本2980万美元，总投资5000万美元；医药物流项目开工建设；润滑油仓储、中泰物流和中亚糖烟酒配送基地等项目地块陆续上市。（胡 岩）

扬州商贸物流园区 2010年，扬州商贸物流园区完成固定资产投资6.3亿元，注册民资3亿元，合同利用外资5000万美元，实际利用外资2500万美元。

扬州港吞吐量攀升　　程建平／摄

园区全年启动项目6个，总投资11.7亿元，占地51.33公顷，建筑面积43.7万平方米。推进注册资本4000万美元的仓储配送中心项目建设。

3月23日，扬州商贸物流园区东方国际食品城项目开工。东方国际食品城由香港星鸿置业有限公司投资开发，项目总投资5000万美元，注册资金2000万美元，总占地17.5公顷，分两期实施。开工的一期工程投资2亿元，占地8.33公顷，建筑面积15万平方米，可容纳600多家商户。（吴 柳）

扬州粮食储运加工中心 2010年，扬州粮食储运加工中心建成总仓容量8.1万吨的11幢大型平房仓及附属地磅房、机修车间、4座1000吨级泊位码头和配套防洪墙、室外道路管网、围墙、堆场等。10月，仓库工程投入试运行。基本完成烘干塔土建工程和生产办公楼的规划设计。

引进福建省长乐市东方面粉有限公司在物流园区设立扬州麦道粮油实业发展有限公司，投资1.8亿元建设总容量16万吨的立筒库群和15万吨稻谷加工项目、20万吨小麦加工项目。

2010年，粮食烘干项目获省财政厅、省粮食局设备款补贴150万元，中心库项目获补贴110万元，国债项目获补贴400万元。（吴 柳）

宝应湖粮食物流中心 2010年，宝应湖粮食物流中心有入园企业30家，中心实现主营业务收入7亿元，增长15%。投资500万元组建的粮食物流运输公司有各类车辆42辆，年运输能力50万吨；总投资6500万元的扬州市名佳面粉有限公司年处理小麦15万吨面粉生产线投产；总投资4000万元的国家级有机食品质量监督检验中心建成投用；投资1000万元的千吨级粮食专用码头在建。（吴 柳）

上汽赛克物流中心 上汽赛克物流中心主要为上海大众、广州本田、上海汇众、上汽仪征、南汽等汽车厂家提供仓储、运输、配送及整车物流等服务，实现运输、仓储、部分零部件组装、配送一体化经营。2010年，中心有入驻企业15家，实现营业收入逾9亿元，基本形成集现代运输、仓储、搬运、包装、部件加工、组装、配送、产品流通、物流信息及汽车零部件制造于一体的汽车零部件及商品车物流中心。中心投资3000多万元建设的公共服务信息平台基本建成，并获得国家专利。（吴 柳）

■冷链物流 2010年，扬州市食品工业园有2座总容量2.8万吨的冷库投入运营，被中国食品工业协会评为中国食品物流示范基地。锦通冷库容量1.3万吨，按照HACCP（鉴别、评价和控制对食品安全至关重要的危害的一种体系）标准建造，一期配有1万吨容量的-22℃超低温库和3000吨容量的高温库。亲亲集团冷库规划容量5万吨，容量1.5万吨的一期冷库投入使用，可容纳550家商户的交易展示中心营运情况良好。

2010年，扬州联谊朝苏冷冻食品批发市场形成2万吨容量的低温冷藏和4000吨容量的高温保鲜能力，经营范围涉及家禽、猪牛羊肉、海产品、淡水产品、冷饮、速冻点心、休闲食品等9类数百个品种，辐射周边10多个县（市），市场交易额每年递增30%以上，是苏中、苏北地区设备最新的集冷冻食品贮藏、批发、零售、商务、加工、配送为一体的专业市场和冷冻食品集散地。

2010年，戚伍公司实施特种水产品加工制品冷链物流项目，扩建冷库，新建制冰车间、受控低温生产车间、质控中心楼、车库等，购置及安装冷库配套设备56台（套）、制冰间配套设备19台（套）、质检设备31台（套）、直销网点冷藏设备26台（套）、冷链物流信息系统设备42台（套）、运输车28辆。新建原料产品养殖基地3666.67公顷。

2010年，扬州市华鼎农产品仓储有限公司实现各类冷冻农产品周转量1万多吨。建成3800平方米的冷库1座，与山东新程金锣肉制品有限公司、江苏洪泽湖食品有限公司、山东绿维果蔬汁有限公司等签订合作协议，提供金枪鱼、速冻食品、果蔬汁等特色农产品的冷冻仓储服务；投资5500万元，建设6000平方米的冷库。（吴 柳）

扬州“三把刀”

■富春茶点制作技艺传习所成立 4月10日，富春茶点制作技艺传习所在扬州成立。在成立仪式上，扬州籍“中国烹饪大师”徐永珍被授予富春茶点制作技艺国家级传承人称号。富春茶点制作技艺于2008年被国务院列入国家级非物质文化遗产项目，富春茶点制作技艺传习所旨在促进具有自主知识产权、传承民族传统文化和技艺的中华老字号餐饮的创新发展。（栾 宇）

■20家扬州餐饮企业获评中国淮扬菜饮食文化传承基地 5月17日，中国淮扬菜饮食文化传承基地命名授牌大会在扬州举行，40家餐饮企业（单位）成为首批中国淮扬菜饮食文化传承基地，扬州宾馆、西园大酒店、江苏食为天假日酒店等20家扬州餐饮企业入选。该活动旨在加快推进全省餐饮业品牌建设，树立行业典型，传承淮扬饮食文化，推动淮扬菜健康发展。（栾 宇）

■扬州商务高等职业学校在全国职业院校技能大赛上获奖 6月24～27日，2010年度全国职业院校技能大赛在天津市举行。扬州商务高等职业学校代表队获7块金牌、3块银牌、2块铜牌，获金牌数列全国第一。该校6名选手参加12个项目的比赛，全部获奖，其中王斌获烹饪组果蔬雕和冷拼两个项目金奖；以豆腐为主材制作的“绒花豆腐”获得热菜金奖。（栾 宇）

■薛泉生获评中国十大名厨 8月28日，2010年中国餐饮业年度大奖——金鼎奖颁奖仪式在沈阳举行，共颁发中国十大餐饮品牌、中国十佳餐饮企业、中国餐饮业十大人物和中国十大名厨等4类奖项。“中国烹饪大师”、扬州人家国际大酒店的薛泉生获评中国十大名厨。颁奖期间，举行中国十大名厨经典菜肴演示，薛泉生展示其创新菜“如意带鱼”。（栾 宇）

■冶春茶社台北京华城分店开业 9月3日，大陆在台投资的第一家独资餐厅冶春茶社在台北京华城开业，同时也成为扬州百年名店冶春茶社开设的第一家分店。冶春茶社台北京华城分店位于台北京华城的11楼，占地1653平方米，资本额约6000万元。

4月10日，富春茶点制作技艺传习所在扬州成立，中国烹饪大师徐永珍受聘担任传习所技术顾问 晨 曦、潘 翔／摄

9月3日，一系列经典淮扬美食在冶春茶社台北分店的开业庆典上展出　　季　煜/摄

店内提供小吃与名宴两项服务。小吃区的大汤包定价120元;名宴部分首推“红楼宴”,由身着古装的服务员现场说菜,包括扬州炒饭、狮子头等,套餐价5000元。（栾　宇）

■国内首家烹饪研究院在扬州大学成立　9月8日,由扬州大学与益海嘉里集团联合创办的国内首家国际化烹饪研究院——扬州大学旅游烹饪学院丰益国际烹饪研究院成立。丰益国际烹饪研究院是国内第一家校企联合办学、培养烹饪专业人才的孵化基地,旨在传承饮食文化、传播烹饪技艺、探索烹饪科学、培养烹饪人才。学院以全日制本科教育为基础,以短期培训烹饪高级人才为特色,为中国顶级厨师构建提高、交流和学习的平台。烹饪研究院的办学方式有3种,一是开设益海嘉里班,选择扬州大学旅游烹饪学院高年级的优秀学生进入该班学习,成绩优异者毕业后可直接进入益海嘉里集团工作；二是为到扬州大学旅游烹饪学院学习的留学生举办培训班；三是专门为五星级总厨、高级技师等举办短期培训班。（栾　宇）

■扬州大学旅游烹饪学院师生服务第16届亚运会　11月5日起，扬州大学旅游烹饪学院48名师生为第16届亚运会汕尾赛区餐饮服务。亚运会汕尾赛区帆船赛于11月14～21日举行,运动员分村11月5日起对外供餐。运动员分村的餐饮由曾经服务过2008年北京奥运会的扬州大学旅游烹饪学院教授朱云龙厨师团队负责。师生们的服务表现受到亚运会组委会和与会运动员的好评。（栾　宇）

■扬州“狮子头”实现工业化生产　“狮子头”是扬州淮扬菜经典名菜。12月7日，全国各地50多家食品经销商与扬州五亭食品有限公司签下10多万只“狮子头”订单,标志扬州“狮子头”成功实现工业化生产。扬州五亭食品有限公司旗下扬州天歌鹅业发展有限公司工业化生产的“狮子头”采用铝箔袋包装,开袋即食。（栾　宇）

■扬州市在东亚沐浴联盟年会上获奖　11月6～8日,由中国商业联合会沐浴专业委员会主办的2010东亚沐浴联盟第五届年会在西安市召开。国内30多个城市的沐浴协会和沐浴企业以及日本、韩国、蒙古、芬兰等多个联盟成员国代表参会。年会就沐浴业发展状态与世界沐浴业发展趋势与创新、如何看待休闲产业发展等问题展开讨论。

会上，扬州市沐浴协会获评2010年度全国优秀沐浴行业组织，市沐浴协会会长张泉生和扬州修脚大师陆琴获评2010中国沐浴行业影响力人物，扬州人家商务会所获评2010中国沐浴行业品牌企业，扬州陆琴脚艺三把刀发展有限公司、扬州富宝足浴服务有限公司获评2010足浴行业品牌企业,扬州市广陵区五柳堂实用化工技术新品开发中心获评2010中国沐浴行业品牌产品奖。扬州市成为获奖最多的城市之一。（栾　宇）

■2010扬州沐浴养生节　12月26日，扬州市举行2010扬州沐浴养生节发布会暨启动仪式。2010扬州沐浴养生节由市旅游局、商务局等单位主办，时间为2010年12月26日～2011年2月26日。活动期间,举办扬州市沐浴养生搓背、保健按摩技艺竞赛和扬州养生菜展示鉴赏暨养生宴体验;瘦西湖、大明寺、个园、何园、汉陵苑、唐城遗址、八怪纪念馆、汪氏小苑、古运河水上游、史可法纪念馆、茱萸湾、世界动物之窗、馥园等13个景点门票针对10人以上旅游团队实行5～8折优惠；扬州迎宾馆、花园国际大酒店、新世纪大酒店等18家宾馆客房按门市价5折优惠;从2010年12月26日～2011年2月1日,扬州醉温泉、帝豪浴都等9家市沐浴协会单位为残疾人提供免费沐浴服务。（栾　宇）

■陆琴脚艺开出第70家分店　10月31日,陆琴脚艺徐州西街店开业,该店营业面积2700平方米;11月4日,陆琴脚艺江阴店开业,营业面积3000多平方米,是陆琴脚艺在全国开设的第70家分店。陆琴脚艺徐州、江阴店首次采用传统脚艺加沐浴中心服务模式,形成连锁业态。（胡　岩）

对外经贸

Duiwai Jingmao

本栏责任编辑　李全权

对外贸易

■概述　2010年，扬州市实现进出口总额82.41亿美元，比上年增长51.7%。其中，出口60.57亿美元，比上年增长50.9%，增幅居全省第三位；进口21.84亿美元，增长53.8%。累计实现贸易顺差38.7亿美元，增长49.2%。（潘阳春）

■大类商品出口　2010年，全市大类商品出口稳步增长，船舶、纺织原料与纺织制品、化学化工制品等十大类商品实现出口额38.6亿美元，占全市出口额的64%；其中船舶出口额逾10亿美元，占全市出口额的16.6%。（潘阳春）

2010年扬州市外贸进出口完成情况排名表

排序	地　区	进出口总额(万美元)	比上年增长(%)
	全　市	**824056**	**51.7**
1	开发区	284776	93.3
2	邗江区	195799	46.9
3	江都市	84297	33.9
4	广陵区	60288	52.5
5	维扬区	58450	33.4
6	宝应县	44276	28.6
7	高邮市	35070	34.6
8	化工园区	34063	35.6
9	仪征市	25145	-17.9

（潘阳春）

■出口市场结构　2010年，欧盟、美国等传统出口市场稳步复苏，新兴市场成为增长新动力。全年对欧盟国家出口14.91亿美元，比上年增长11.94%；对美国出口9.65亿美元，比上年增长25.95%。由于船舶出口带动，对南美洲、大洋洲市场出口分别为8.69亿美元和3.53亿美元，比上年增长219%和163%。（潘阳春）

扬州大洋造船公司建造的各类船舶远销德国、挪威等国家　郭义富／摄

■县域出口　2010年，全市实现外贸出口60.57亿美元，比上年增长50.9%。全市9家列统单位中，除广陵区增长29.2%、宝应县增长26.8%外，其他7家均有30%以上增幅。其中，邗江区出口17.64亿美元，增长55.4%；扬州经济技术开发区出口16.26亿美元，增长84.3%；江都市出口7.35亿美元，增长37.7%；扬州化工园区出口1.32亿美元，增长46.3%；仪征市出口1.76亿美元，增长30.7%；高邮市出口3.21亿美元，增长36.2%；宝应县出口3.24亿美元，增长26.8%；广陵区出口4.34亿美元，增长29.2%；维扬区出口5.42亿美元，增长32.7%。（杨　年）

■重点出口企业　2010年，全市重

点出口企业普遍复苏，出口额前30位的企业合计出口30.98亿美元，比上年增长79.5%，高于全市平均增幅水平28.6个百分点，占全市出口总额的51.1%。全市有出口额1亿美元以上企业5家。其中，扬州大洋造船有限公司完成出口额9.6亿美元，比上年增长93.82%；川奇光电科技（扬州）有限公司完成出口额3.1亿美元，增长116.02%；晶澳（扬州）太阳能科技有限公司完成出口额1.4亿美元，增长1005.36%；扬州诚德钢管有限公司完成出口额1.3亿美元，增长111.49%；高露洁三笑有限公司完成出口额1.1亿美元，增长14.77%。（潘阳春）

2010年，川奇光电科技（扬州）有限公司出口额实现倍增　程建平／摄

2010年扬州市进出口额前20名企业一览表

排序	企业名称	进出口额（万美元）	比上年增长(%)
1	扬州大洋造船有限公司	109908	71.03
2	川奇光电科技(扬州)有限公司	41297	68.22
3	晶澳(扬州)太阳能制造有限公司	34162	912.55
4	立奇光电科技(扬州)有限公司	20567	95.97
5	扬州诚德钢管有限公司	13114	111.43
6	高露洁三笑有限公司	11989	10.63
7	江苏扬农化工集团有限公司	11179	69.96
8	森萨塔科技(宝应)有限公司	10186	38.21
9	扬州峻茂光电有限公司	10156	125.26
10	扬州润扬物流装备有限公司	9729	289.15
11	江苏优士化学有限公司	9643	12.76
12	扬州中外运物流有限公司	9159	42.45
13	亚普汽车部件有限公司	8708	65.48
14	扬州荣德新能源科技有限公司	7914	—
15	扬州天华光电科技有限公司	7798	122.9
16	扬州骏升科技有限公司	7740	19.18
17	海信容声(扬州)冰箱有限公司	7441	34.11
18	扬州恒基达鑫国际化工仓储有限公司	7244	—
19	江苏璨扬光电有限公司	6997	—
20	创利皮革(扬州)有限公司	6563	11.36

（潘阳春）

政策扶持　2010年，市商务局开展“政策服务县市行”活动，联合相关部门到各县（市、区），向企业宣传外经贸发展扶持政策。开展扶持项目申报和资金拨付工作，全年申报资金2.42亿元，拨付资金7868万元。

（潘阳春）

口岸建设　扩大口岸开放范围。仪征市境内胥浦河西以下部分、江都市嘶马树至杨湾段海事监管权移交扬州海事局。苏中江都机场列入省政府“十二五”口岸开放规划。改善口岸基础设施，扬州海事局、扬州水上搜救中心以及扬州边防检查站、仪征监护中队营房在建。

提高通关效率，大洋造船公司临时查验监管点运行质态良好。海事、海关、边防、国检等查验单位坚持“无假日”办公，为进出口企业提供方便、快捷通关服务。全市有31家企业获政府奖励资金230多万元。

（潘阳春）

口岸运输　2010年，扬州港实现外贸运量569.8万吨，增长23.4%，其中外贸进口运量382.4万吨、出口运量187.4万吨。由中远太平洋有限公司、江苏省扬州港务集团有限公司、张家港永嘉集装箱码头有限公司三方共同出资组建的扬州远扬国际码头有限公司实现外贸运量358.8万吨，增长22.9%，其中外贸进口运量275万吨、出口运量83.8万吨。

扬州港全港外贸集装箱运量13.3万标箱，比上年增长20.6%。其中，重箱运量9万标箱，增长26.1%；空箱运量0.5万标箱，下降32.3%；商品箱运量3.8万标箱，增长241.7%。

2010年，全港有出入境船舶899艘，比上年增长6.9%；有到港集装箱船舶7145艘，增长10.25%；船厂新船出口口岸交船58艘。（杨　志）

4月19日，扬州市与美国通用电气公司、德国西门子公司等举行项目合作签约仪式　李斯尔/摄

外资利用

■概述　2010年，全市新批准外商投资企业581家，协议利用外资55.48亿美元；实际到账25.7亿美元，比上年增长13.5%。江苏省商务厅确认扬州市利用外资20.56亿美元，比上年增长35.41%，增幅高于全省平均水平22.9个百分点。（潘阳春）

■外资项目　2010年，实际到资大项目支撑全市外资实际到资总量。实际到资项目中，500万美元以上项目到资22.67亿美元，占全市上报数的88.55%，其中1000万美元以上项目到资16.05亿美元，占全市上报数的62.7%。到资金额最大的晶澳太阳能项目，实际到资6800万美元。

实际到资项目中，第一产业实际到资1.2亿美元，比上年增长18.38%，占全市比重4.66%；第二产业实际到资18.6亿美元，比上年增长11.27%，占全市比重72.65%；第三产业实际到资5.8亿美元，比上年增长51.19%，占全市比重22.69%。全市有3000万美元以上新批项目32个，比上年增加9个，增长39.13%。（潘阳春）

2010年江苏省商务厅确认的扬州市利用外资情况表

地　区	协议注册外资(万美元)	实际到账外资(万美元)
全　市	**554782**	**205645**
开发区	154321	50406
化工园区	11361	3509
广陵区	65998	17975
维扬区	38506	9623
邗江区	74381	32031
宝应县	29173	14131
高邮市	36053	9040
江都市	79909	26645
仪征市	65080	15904

（潘阳春）

■出台《关于进一步优化外商投资项目审批登记运行机制的若干意见》　6月8日，扬州工商局、扬州市商务局联合出台《关于进一步优化外商投资项目审批登记运行机制的若干意见》。该意见是省内首次以部门联合发文的形式、以制度化的方式对审批登记中的一些难题作出创新性规定，将项目审批服务工作前移，提前做好项目落地的相关准备工作，提高审批效率。意见在优化审批运行机制等方面作出若干规定，并随附外商投资企业合同章程示范文本、利用外资特殊行业目录、企业登记前置许可目录、涉及前置许可外商投资企业提示函等4个附件，便于审批、登记人员以及项目申请人快速把握，实现格式化审批。（杨　志）

对外经济技术合作

■概述　2010年，全市新签外经合同额1.58亿美元，比上年增长13%；完成外经营业额2.35亿美元，比上年增长16%。（潘阳春）

■外经市场　扬州市外经合作项目汲及36个国家，比上年增加7个国家；合作项目分布在五大洲各国，其中亚洲20个、非洲13个、欧洲1个、大洋洲1个、南美洲1个。有涉及8个国家的外经项目完成外经营业额超过1200万美元，其中亚洲5个、非洲3个。外经营业额列前三位的国家

2010年扬州市对外经济技术合作情况一览表

地　区	外经合同额（万美元）	比上年增长（%）	外经营业额（万美元）	比上年增长（%）	期末在外人数（人）	比上年增长（%）
全　市	**15836**	**13**	**23520**	**16**	**5844**	**12**
开发区	800	-77	6150	20	540	7
广陵区	5106	-14	4149	-5	1584	-13
维扬区			850	1	49	-43
邗江区	1800	13	3640	17	1219	14
宝应县			545	76	140	-33
江都市	8130	166	8006	22	2284	50
仪征市			180		28	

注：外经营业额基数不含华兴公司2009年基数。（潘阳春）

2010年扬州市境外投资情况一览表

单　位	新批项目数(个)	中方协议投资额(万美元)
全　市	**21**	**3024**
开发区	6	1546
化工园区	2	1000
维扬区	1	300
邗江区	7	40
高邮市	1	10
江都市	3	28
仪征市	1	100

（潘阳春）

依次是阿尔及利亚(3760万美元)、新加坡（3488万美元）和马达加斯加(2945万美元)；完成外经营业额前四名的企业依次是江都建设集团(6450万美元)、江苏油田(6150万美元)、邗建集团(2980万美元)和华建集团(2500万美元)。（潘阳春）

■国际工程业务　2010年，国际工程业务完成营业额2.08亿美元，比上年增长16.7%。其中，亚洲市场完成9991万美元，比上年增长1.3%，占工程承包营业额的48.1%；非洲市场完成1.01亿美元，比上年增长35.7%，占工程承包营业额的48.7%。对外承包工程完成营业额与对外劳务合作完成营业额的比例继续拉大，由上年同期的81.1∶18.9提高到88.4∶11.6。（潘阳春）

■国际劳务合作　2010年，派出纯劳务882人次，比上年增长23.7%。扬州市的传统劳务市场日本和新加坡均出现回暖，累计派出730人次，比上年增加28人次。全市纯外派劳务完成营业额2734万美元，比上年下降34.2%。全市对外劳务市场经营秩序日趋规范，劳务纠纷和突发事件显著下降。（潘阳春）

■境外投资　2010年，扬州市新办境外投资项目21个，中方协议投资额3024万美元。项目分布在亚洲、欧洲、美洲的10个国家和地区，其中贸易型企业4家、生产型企业5家、窗口型及其他类型企业12家。投资主体以民营企业为主。境外投资有2个县(区)空白。（潘阳春）

江苏省华建建设股份有限公司承建的新加坡实龙岗中心　华建／供稿

旅游业

Lüyouye

本栏责任编辑　陈永华

综述

■**概况**　2010年，全市旅游接待总人数2703.23万人次，入境游客56.01万人次，分别比上年增长16.8%和12.0%；旅游总收入307.67亿元，旅游创汇4.60亿美元，分别比上年增长21.5%和14.6%。扬州瘦西湖风景区获批国家5A级旅游景区，扬州市入选“2010中国十大休闲城市”。

（程嘉同）

2010年扬州市入境旅游人数前10位客源国情况表

序　号	国　别	游客数量(万人次)	比上年增长(%)
1	日本	7.54	20.83
2	美国	5.13	-1.54
3	澳大利亚	4.07	7.11
4	韩国	3.95	38.60
5	英国	3.30	10.37
6	加拿大	1.76	3.53
7	新加坡	1.65	-19.90
8	法国	1.53	2.00
9	德国	1.33	3.10
10	新西兰	1.27	0.00

（陈　实）

■**扬州瘦西湖风景区创成国家5A级旅游景区**　扬州瘦西湖风景区2006年启动国家5A级旅游景区创建工作，累计投入30亿元，新建、复建景区景点20多个，新增游览面积5平方千米，规范和完善公共设施，先后获“国家重点风景名胜区”、“全国文明风景旅游区”、“国家文化旅游示范区”称号。2010年4月18日，国家旅游局在瘦西湖万花园举行“江南园林迎世博”旅游景区服务质量提升月活动暨国家5A级旅游景区颁牌仪式，扬州瘦西湖风景区成为扬州市首家国家5A级旅游景区。

（万　平　程嘉同　褚剑衡）

4月18日，旅游景区服务质量提升月活动暨国家5A级旅游景区颁牌仪式在瘦西湖公园举行　　李斯尔／摄

■**《扬州旅游产业(2010～2012)三年发展行动计划》出台**　6月8日，市政府常务会议讨论通过《扬州市旅游产业(2010～2012)三年发展行动计划》，明确扬州市旅游产业发展总体布局，提出以“国际化”战略为导向，建设“一城(主城区)一轴(古运河和大运河沿线风光轴)四片(东片养生休闲度假区、南片滨江时尚休闲度假区、西片运动健身休闲体验区、北片环湖自然生态旅游区)”旅游板块，凸显“一心一线”，即以蜀冈—瘦西湖风景名胜区为核心，将平山堂(大明寺、鉴真图书馆)—瘦西湖风景区(宋夹城遗址)—盐阜路两侧(个园、汪氏小苑、“双东”历史街区、史可法纪念馆、扬州八怪纪念馆、工艺坊)—泰州路(扬大烹饪学院、基督教堂)—南通

4月19日，中国·扬州文化旅游产业发展论坛暨中英文扬州旅游网站开通仪式在扬州举行　李斯尔/摄

西路（吴道台宅第、1912街区、卢氏盐商古宅）—徐凝门街（何园）等文化旅游景点串联为扬州旅游精品线。提升旅游市场竞争力，把旅游产业打造成扬州支柱产业、富民产业和营销幸福产业。（程嘉同）

■《扬州市旅游发展总体规划》通过评审　11月19日，江苏省旅游局和扬州市政府共同主持修编的《扬州市旅游发展总体规划（2009～2030）》通过专家组评审。评审组认为，规划顺应扬州市旅游业持续发展态势，对扬州市旅游发展基础、发展条件和旅游市场的分析准确，战略定位和发展思路清晰，空间布局合理，旅游产业要素、旅游服务体系以及旅游支持系统等内容全面，符合旅游规划通则要求，是一项优秀的规划编制成果。（程嘉同）

■文化旅游产业发展论坛　4月19日，2010中国·扬州文化旅游产业发展论坛暨中英文扬州旅游网站开通仪式在扬州金陵大饭店举行。论坛围绕"战略转型期的文化旅游产业化发展"主题，旨在打造精致扬州，探讨扬州旅游在从旅游城市向城市旅游转型的过程中，文化与旅游融合、文化旅游产业发展的新理念、新思路、新举措，发挥扬州旅游的文化特质，提升城市品质，实现扬州旅游的成功转型和跨越式发展。（陈　实）

■扬州旅游网改版　参见第177页

■扬州市世博主题体验之旅获奖　11月18～21日，由上海市旅游局、江苏省旅游局、浙江省旅游局共同主办的首届"最受欢迎2010奖"世博主题体验之旅在2010中国国际旅游交易会上揭晓。扬州市世博主题体验之旅"绿杨城郭，宜居之城"成为长三角2010世博主题体验之旅最受欢迎的20个示范点之一，包含扬州市体验之旅线路的"古都天下闻，新城人间情"入选10条最受欢迎的世博主题体验之旅线路。（程嘉同）

旅游资源开发

■概述　扬州市根据旅游发展空间布局，推动"一城一轴四片"及"一心一线"建设。完善、提升市区重点项目，保护、整治古城历史街区，开发提升古运河旅游功能，开发文化旅游产品，打造新型业态旅游产品，推进乡村旅游项目。推进市旅游项目库建设，推荐优质项目申报省级现代服务业（旅游产业）发展引导资金。全年争取省级资金1020万元，增长35%。2010年，扬州市有100多处景区及旅游配套项目在建，总投入43亿元，占全社会固定资产投资的3.2%。

各县（市）加大旅游项目投入，仪征市枣林湾、宝应县白鹿岛、高邮市高邮湖、江都市渌洋湖成为市（县）旅游发展排头兵。（吕　优）

■旅游景区提档升级　2010年，扬州市有4个景区、2个旅游点提档升级。其中，扬州瘦西湖风景区晋升国家5A级景区，隋炀帝陵景区创成2A级景区，高邮市文游台和镇国寺创成3A级景区；凤凰岛生态旅游区、宝应白鹿岛生态旅游区成为江苏省四星级乡村旅游点，其中宝应白鹿岛生态旅游区创成江苏省精品乡村旅游点。东关街创成"中国历史文化名街"，仪征红山体育公园通过省自驾游基地验收。（程嘉同）

2010年扬州市国家级旅游景区一览表

景区名称	等级	景区名称	等级
扬州瘦西湖风景区	5A	高邮文游台	3A
大明寺	4A	江都邵伯湖旅游区	2A
个园	4A	扬州西郊森林公园	2A
何园	4A	宝应周恩来少年读书处	2A
扬州双博馆	4A	朱自清故居	2A
京华城休闲旅游区	4A	隋炀帝陵景区	2A
汉广陵王墓博物馆	3A	宝应宁国寺	2A
茱萸湾风景区	3A	宝应"二妹子"模范民兵活动中心	2A
史可法纪念馆	3A	扬州五亭龙国际玩具礼品城	2A
凤凰岛生态旅游区	3A	江都龙川盆景艺苑	2A
吴道台宅第	3A	江都朴园	2A
宝应纵棹园	3A	宝应博物馆	2A
仪征博物馆	3A	宝应射阳湖荷园生态旅游区	2A
高邮镇国寺	3A	宝应革命烈士纪念馆	2A

注：扬州双博馆即扬州博物馆、扬州中国雕版印刷博物馆。（陈　实）

2010 年扬州市工业旅游示范点

扬州二电厂
扬州漆器厂
扬州玉器厂 （陈 实）

2010 年扬州市农业旅游示范点

凤凰岛生态旅游区
江都现代花木产业园
兴科农业科技博览园
仪征登月湖农业旅游区
宝应白鹿岛生态旅游区
宝应射阳湖荷园生态旅游区
高邮临泽生态度假村 （陈 实）

■ **旅游景点合作协议签订** 3 月 20 日，扬州市"旅游景点合作签约仪式暨旅游合作伙伴奖励大会"在扬州迎宾馆国际会议厅举行。扬州市瘦西湖风景区管理处分别与扬州汉陵苑、扬州唐城遗址博物馆、扬州八怪纪念馆就营销支持、票务管理、导游服务等方面达成合作协议，接管 10 年的门票经营权，承包合作期限为 2010 年 3 月 26 日至 2020 年 3 月 25 日。扬州市个园管理处与扬州史可法纪念馆达成协议，接管史可法纪念馆 10 年的门票经营权，承包合作期限 2010 年 3 月 26 日至 2020 年 3 月 25 日。 （万 平）

■ **对外宣传采访基地挂牌** 5 月 24 日，瘦西湖风景区、个园、何园、大明寺、双博馆、"双东"（东关街、东圈门）历史街区、扬州瘦西湖天沐温泉度假村、崔致远纪念馆、朱自清故居、史可法纪念馆等 30 个单位作为扬州市首批对外宣传采访基地正式挂牌。 （万 平）

■ **国际盆栽协会 50 周年庆典暨 2013 年国际盆景大会签约** 10 月 5 日，国际盆栽协会 50 周年庆典暨 2013 年国际盆景大会签约仪式在扬州举行，扬州获国际盆栽协会 50 周年庆典暨 2013 年国际盆景大会举办权。20 个国家和地区的 130 余名嘉宾参加签约仪式。国际盆栽协会是一个世界性盆景组织，1963 年在美国成立，会员分布在 50 多个国家和地区，每年在不同的国家或地区举行大会和年展。国际盆景大会是世界上规模最大、水平最高的盆景交流盛会。 （万 平）

蜀冈—瘦西湖风景名胜区

■ **概述** 2010 年，蜀冈—瘦西湖风景名胜区完成宋夹城考古遗址公园、傍花村商业休闲街区、长春路景观及亮化提升、万花园提升等 5 个重点项目建设，宋夹城考古遗址公园获评市"十大精品工程"，宋夹城考古遗址公园建设获扬州市 2010 年创新创优奖，傍花村休闲商业街区建成中高端餐饮集聚区。建成 36 万平方米高品质三期安置区，规划、策划瘦西湖文化休闲广场、水上游览线、科技馆、世界动物之窗等项目。

瘦西湖旅游发展公司升格为集团公司。扬州古典园林建设有限公司、扬州瘦西湖天沐温泉实业有限公司、扬州古城文化旅游发展有限公司等子公司经营业绩增幅均超 15%，扬州古典园林建设有限公司实现施工产值 6.3 亿元，扬州古城文化旅游发展有限公司实现盈利。瘦西湖游船公司开展水上游览业务的游线组织、游览策划等上市前期工作。与亚洲第一温泉 SPA 品牌柏联集团签约，合作开发高端温泉、精品酒店等度假休闲产品。扬州"乐翻天"、台湾乡林集团在扬州投资建设的休闲度假饭店"涵碧楼"等项目形成总体方案。发挥"国家文化旅游示范区"品牌作用，推进宋夹城文化研究等文化解读工程。

加大资源整合力度，整合景区旅游资源与宗教资源、文博资源。对景区内唐城遗址博物馆、汉陵苑、史可法纪念馆、八怪纪念馆等景点实施经营权收购，统一对外经营、统一文化包装。主办、协办中国扬州万花会、苏台扬州灯会、中国扬州"烟花三月"国际经贸旅游节等重大节庆活动。

2010 年，瘦西湖风景区累计实现门票和经营收入 2 亿元，获评国家 5A 级景区，被江苏省中华文化促进会授予"中华文化示范基地"称号。蜀冈—瘦西湖风景名胜区管理委员会获江苏省五一劳动奖状。 （褚剑衡）

■ **瘦西湖旅游发展集团有限公司揭牌** 7 月 15 日，扬州瘦西湖旅游发展集团有限公司揭牌。瘦西湖旅游发展集团有限公司前身为扬州瘦西湖旅游发展有限责任公司，由瘦西湖公园管理处、扬子江集团、城投控股公司于 2004 年 4 月共同出资 5000 万元成立。2006 年，经过股本改造，公司规模扩张。至 2007 年底，公司注册资本由 1310 万元增加到 5.55 亿元，资产由 1300 多万元增加到 12 亿元，融资能力由 3000 万元提高到 6 亿元。2008 年，公司由"融资平台"向"产业平台"转型，投资组建扬州古典园林建设有限公司、扬州瘦西湖天沐温泉实业有限公司、扬州古城文化旅游发展有限公司等参股、控股子公司，公司经营规模、经营范围扩张，成

扬州史可法纪念馆 王 卓/摄

春天的瘦西湖公园繁花似锦，游人如织　　日报／供稿

为扬州旅游业龙头企业。2010年4月，经市政府同意，瘦西湖旅游发展公司被批准升格为集团公司，注册资本7亿元，总资产规模37亿元。（褚剑衡）

举办2010中国扬州万花会　4月18日，中国扬州万花会在瘦西湖五亭桥北广场开幕。此次万花会安排花卉展示、花卉知识普及、地方民俗特色游园、花卉产品销售和旅游纪念品开发等六大板块20多项活动，吸引苏、浙、沪、京、皖、鲁等地30多家景区和媒体参与。（褚剑衡）

瘦西湖风景区建设　2010年，瘦西湖风景区打造精致型景区，提升景区品位。设计冶春后社景点方案和世界动物之窗二期项目方案；实施办公区域搬迁，瘦西湖南大门至吟月茶楼道路改造及景观提升，西门客服中心加接及装修，游乐场改造，夜间亮化景观照明，春波桥、前花房修缮，南门围墙沿线环境整治，沿湖亲水平台、亭、水榭石材挂贴工程及建筑维修，电瓶车棚设计施工，万花园东门、北门自行车棚新建，万花园道路、熙春台西侧地面铺装，趣园、熙春台消防和电路等设施改造，望春楼落地罩及南门、卷石洞天、西园曲水厕所隔断更新等工程；拆除影响景观的售货亭；整治、美化白塔广场。调整扬派盆景博物馆等主要厅馆的家具陈设，更新景区导览图、旅游指南、触摸屏系统及标志系统、电子导游、电子商务等信息，完成瘦西湖风景区监控及背景音乐系统修复工程。建设园林景观。全年布置盆花130余万盆，栽植养护花坛花卉面积近1万平方米，设计、改造花坛4处，补栽树木3万余株，移栽植物2万余株，生产各类菊花2.4万盆。（万　平）

春波桥修缮工程　1月20日～2月8日，实施春波桥修缮工程。增设两道钢梁，对新旧钢梁作长效防腐处理；重新制作安装桥面圆木，作防腐处理；重新制作安装桥栏，榫卯接点处用铁件加固；整修桥亭屋面，修补出新装饰面层，对木构架、所有木制品及桥墩处进行白蚁防治，对木构件进行刷色、油漆。（万　平）

瘦西湖南大门至吟月茶楼工程　瘦西湖南大门至吟月茶楼道路改造及景观提升工程8月20日开工，10月20日竣工。工程新建道路4600平方米，改造原有道路3800平方米、绿地1.2万平方米，拆除影响景观的建筑2100平方米，形成步游、船游、车游三线合一的立体游览观光体系。工程主要项目有：1.藕香桥至晴云桥河道扩宽、清淤，堆砌驳岸及湖面中心岛绿化，对藕香桥—莲性寺—玲珑花界一线实施大规模外扩，将历史上属于瘦西湖景区的残水荒地改造为河道潆洄、冈峦起伏的自然生态景区。2.电瓶车主干道浇筑和道路两侧绿化，其中电瓶车主干道为混凝土压模地面，全长1200米、宽4米。3.白塔区域地形和绿化改造。4.五亭桥南广场铺装，玲珑花界湖边园路改造及配套绿化。5.晴云轩区域原建筑改造维修及仿古建筑营造。6.晴云轩西侧亲水木平台修建。7.白塔南侧木桥、观光车站和南大门观光车站建设，其中木桥长13.6米、净高2.8米、宽6米，可通船。8.南大门区域小广场及台阶改造。9.藕香桥至南门大环境整治。10.过河、过路管道铺设等。（万　平）

宋夹城考古遗址公园工程　宋夹城考古遗址公园2月1日开工，4月10日竣工。该工程依据考古勘探资

宋夹城考古遗址公园复建的宋军营　　李斯尔／摄

9月29日，瘦西湖古运河环城水上游全线贯通　　王　卓、汪　武／摄

料，部分恢复与展示宋夹城原貌。工程占地面积157万平方米，建筑面积2.8万平方米。工程主要项目包括复建宋夹城月城、西瓮城、东瓮城、北城门、角楼等。恢复的遗址城墙部分，采用不同于周边的立体式绿化，以高差来标志城墙的位置和轮廓。复建宋军营粮仓、帐篷和木结构兵器库、马棚、点将台、瞭望塔及浮桥，改造宋代木屋和泵房，其中粮仓建筑面积271平方米、帐篷建筑面积1280平方米、兵器库面积360平方米、木屋改造面积466.70平方米、泵房改造面积205.90平方米。北城门外浮桥长147米、宽6米，用上铺木板的约1000只油桶搭建而成。植物景观以现有植被为基础，以"野趣"为主调，进行局部调整、优化、完善和提升。结合历史文献，布置"淮左名都"宋代扬州历史文化陈列馆和"古代竞技场"体验互动项目。　（万　平）

■ **平山堂东路入口牌楼工程**　工程1月8日开工，3月28日竣工。平山堂东路东牌楼位于平山堂东路东入口处，为明清风格过街牌楼，四柱三楼，总跨度近20米，中间（即明间）净高6米，两边次间净高5.5米，牌楼总高度11.6米，柱子为方柱，梁柱用钢结构外包杉木。中间门楼斗拱采用九踩，两边次间门楼斗拱采用七踩，东向中间门楼上方有"蜀冈—瘦西湖风景名胜区"字样，西向中间门楼上方有"诗画瘦西湖 人文古扬州"字样。三门楼均有镂空花雕，灰筒瓦屋面，屋脊处设有兽吻。四柱下方分别设有莲花图案的方形苏州麻石夹杆石。

平山堂东路西牌楼位于平山堂东路西入口处，为明清风格过街牌楼，两柱三楼，总跨度15米，净高6米，牌楼总高度13米，柱子为方柱，梁柱用钢结构外包杉木。中间斗拱为九踩，两边斗拱为七踩，东向中间门楼上方有"诗画瘦西湖 人文古扬州"字样，西向中间门楼上方有"蜀冈—瘦西湖风景名胜区"字样，三门楼均有镂空花雕，灰筒瓦屋面，屋脊处设有兽吻。两柱下方分别设有莲花图案的方形苏州麻石夹杆石。　（万　平）

■ **瘦西湖—古运河水上游览线开通**　9月29日，瘦西湖—古运河水上游览线在瘦西湖东堤码头举行首航仪式。该游览线全长30千米，由瘦西湖东堤码头起航，沿二道河，经荷花池，过二道沟、通江门桥，经过通江门船闸的水位调节，进入古运河，最后到达古运河便益门码头。此游览线向北可延伸至瘦西湖北区、万花园、小运河、平山堂、宋夹城河、保障湖，向南可延伸至大王庙、东关古渡、茱萸湾，贯穿"两古一湖"（扬州古城、古运河，瘦西湖），实现河湖一船通和水上陆地游览交替进行，形成覆盖景区的水上大旅游通道。　（万　平）

其他景区

■ **个园盐商生活馆开馆**　9月21日，位于个园南部住宅内的个园盐商生活馆开馆。该馆展示个园主人黄至筠及其子女的生活起居场所和生活场景。静态景观分为室内陈设布置（包括小姐起居室、老爷起居室、少爷书房和卧室、厨房）和园主人盐商文化史料展示两部分；动态景观设计各种互动项目，个园所有工作人员穿戴清代服饰，扮演扬州盐商老宅里各类人物，让游客体验扬州盐商生活。　（万　平）

■ **何园修缮**　7月5日～8月20日，实施玉绣楼修缮工程，维修面积750平方米。翻修屋顶，砖瓦落地，更换部分腐烂的梁、柱、椽；统一门窗格式；对玉绣楼东廊变形墙体实施拆除、重砌，对玉绣楼东、西两侧廊墙体实施水泥灌浆；改造全部电路。

8月30日～9月21日，完成新史料馆提升工程。新史料馆位于玉绣楼南楼一楼，按人物、时代分类展示，

枫红醉何园　　郑　力／摄

茱萸湾风景区动物园　　张孔生／摄

面积250平方米。新史料馆展示内容由三部分组成。第一部分(第一展厅)为“归去来兮在何园”，展示何园概况、4个“天下第一”(天下第一廊——复道回廊、天下第一亭——水心亭、天下第一窗——花窗、天下第一山——片石山房)、“名家名园两相惜”等文字、图片，设有触摸屏。第二部分(第二、第三展厅)为“昔日何人风采”，展示何、孙、李三大家族关系，介绍何园园主何芷舠及“何家代有人才出”等情况，设有电子翻书系统。第三部分(第四展厅)为“今日何园留芳”，展示“同仁校友忆当年”、“敞开何家门，迎进何家人”、“家谱造新篇，百岁归故里”、“笑迎天下客，何园焕青春”等文字、图片，播放电视宣传片《百年何园》。　(万　平)

■ **茱萸湾风景区建设**　2009年11月～2010年2月，实施门前区景观提升工程，改造面积1万平方米。拆除原有入口设施及围墙，建成临水平台；建成进出口通道，实现出、入口通道分设；建成花架廊、金鱼池、防腐木平台，完成压印及石材铺装等。改造门前区地形，采用生态化、自然化的空间布局和乔木、灌木、草坪相结合的手法，绿化停车场及入口道路两侧。游客服务中心门前建成金鱼广场。

2009年12月～2010年2月，实施原招待所改造提升工程。该工程位于景区北部，为仿古建筑风格，占地面积2000平方米，保留部分厅馆，在局部区域新建馆舍、连廊、水榭。

2～3月，实施芍药园景观改造提升工程。该工程占地面积5200平方米。改建茱萸郁，新建赏芍亭、芍药池，调整原有道路，配植朴树、桂花、榔榆、海桐、草坪等，建成长200米、宽4.8米的柏油路面主干道和长400米、宽1.5米的压印艺术地坪(混凝土表面压印造型)游园步道。

4月12日～5月12日，实施北部区域景观改造提升工程。该工程位于芍药园以北，面积1.5万平方米。改造茱萸轩厅馆，改建灯塔平台，对聆奕馆和六角亭进行落地大修，改造地形，提升绿化景观。扩大北部水系，调整原有道路，铺设长300米、宽1.8米的透水沥青路面道路。

4月，实施烧烤区西移工程。新建花架廊，新设坐凳、石条桌等，面积约1000平方米。

基建维修。维修出新凌波桥、食草区遮雨亭、珍稀动物馆防腐木平台，加固动物展区木栈道，维修园内破损道路等。改造原鳄鱼馆及食草区北门入口处绿化，栽植乔、灌木1000株；增补动物展区内草坪，混播面积1万平方米；调整芍药园区域，栽植芍药2万株；配合烧烤区改造，调整周边绿化，栽植女贞80株、金边黄杨120平方米、马尼拉草坪1000平方米、美人蕉500余塘，混播黑麦草、狗牙根1600平方米；在茱萸轩南侧栽植黄金条、茱萸等；更新重要节点花卉，布置草花约4万盆。

引进、自繁动物品种。引进松鼠猴12只、羊驼2只、火烈鸟20只，签订9种鹤类和10种雉鸡类动物引进协议；繁殖成活斑马1只、东北虎15只、棕熊4只。　(万　平)

旅游营销

■ **景点宣传促销**　扬州旅游景区营销中心发挥营销宣传职能，策划旅游推介活动，提升扬州旅游景区形象和市场知名度，瘦西湖、个园、何园等景区、景点全年接待购票游客量近320万人次，销售门票1.8亿元，经营收入5500万元，分别比上年增长15%、20%、38%；经营性收入占比23.5%，比上年提高5个百分点。

常规宣传。分别在春节、三八妇女节、清明节、“扬州的夏日”、五一节、端午节、国庆节、中秋节、重阳节及“烟花三月”节等节日开展宣传活动。全年在扬州市及周边平面媒体、电视累计宣传2000余次。

网络宣传。建立和完善扬州旅游景区营销中心网站，加入百度排名，加强网络化旅游形象宣传和旅游线路推广，建立各市场区域网络宣传营销体系。利用乐途网、腾讯网等大型旅游网站推广扬州景区。“世界生态旅游小姐”与瘦西湖船娘互动的视频被各大网站转载，扩大以瘦西湖为龙头的扬州主要景点知名度；通过乐途网、腾讯网专家访谈，让更多网友认

2010年扬州市假日旅游情况表

假日名称	游客接待量(万人次)	比上年增长(%)	旅游收入(亿元)	比上年增长(%)
春节黄金周	91.17	15.86	9.62	26.08
“五一”小长假	160.87	20.50	16.30	23.90
“十一”黄金周	257.77	20.58	22.67	21.49

(陈　实)

2010 年扬州市游客接待量前 20 名旅游景区一览表

名次	景 区 名 称	接待量(万人次)	比上年增长(%)
1	扬州瘦西湖风景区	344.33	-12.83
2	京华城休闲旅游区	274.00	18.61
3	扬州五亭龙国际玩具礼品城	271.30	—
4	个园	106.39	3.42
5	扬州双博馆	93.51	91.03
6	何园	68.91	10.26
7	大明寺	62.23	-1.22
8	茱萸湾风景区	55.59	-12.76
9	凤凰岛生态旅游区	54.26	25.83
10	宝应纵棹园	51.62	-5.53
11	宝应革命烈士纪念馆	47.19	—
12	仪征博物馆	45.90	95.32
13	宝应宁国寺	45.86	43.31
14	宝应白鹿岛生态旅游区	45.31	18.30
15	宝应射阳湖荷园生态旅游区	24.01	0.04
16	江都朴园	23.28	132.80
17	高邮文游台	19.37	—
18	汉广陵王墓博物馆	13.21	-42.41
19	江都现代花木产业园	12.37	-34.55
20	江都邵伯湖旅游区	11.69	-16.50

（陈　实）

识、了解扬州；通过驴妈妈“看完世博去哪里？——2010 最佳世博游特色景区 TOP10”网络评选活动，为景区赢得口碑。

媒体合作。与扬州电视台、南京电视台、江苏交通台、浙江交通台、扬州网等多家媒体达成长期合作协议；与乐途网、腾讯旅游网等媒体合作，免费在其网站上设置景区形象宣传及领导访谈活动；与扬州报业传媒集团和盐城、南通、苏州等多个重点城市报社合作，获得高性价比的广告位。

活动策划。参加厦门元宵灯展、2010 年营销中心奖励大会、世博会期间扬州景区展示等活动，全年累计策划、组织宣传营销活动 24 次、旅游企业联合营销活动 17 次，组织采风活动 5 次。

客源市场拓展。推广旅行社线路补贴，开通旅游直通车，提升江苏、浙江、上海传统客源市场，开拓山东、安徽、北京、河南等客源市场，山东市场团队份额从 5%提高到 20%。拓展日韩、欧美等国际市场。参加各项旅游推介活动 20 余次，与国内上航、大通、青岛康辉、北京中商、武汉大华等多个客源市场旅行社建立合作关系。

旅游产业化运作。整合扬州旅游资源，实施景点联营策略。瘦西湖接管汉陵苑、唐城遗址、八怪纪念馆 10 年门票经营权，个园接管史可法纪念馆 10 年门票经营权。个园、谢馥春馥园、汪氏小苑和史可法纪念馆形成古城旅游精品线路，推进扬州“大旅游”发展。（万　平）

■园事活动　瘦西湖风景区举办中国扬州万花会、“瘦西湖之夏”荷花节、金秋赏花游园会、迎春花卉展、民俗特色表演、水上曲艺表演、木偶表演、扬剧沙龙、门票展览、清曲表演、非物质文化遗产现场展示、“花开富贵”专场歌舞表演、扬州八怪真人雕塑表演、蹴鞠、茶道表演、花车巡游等活动，推出瘦西湖、天沐温泉套票。结合万花园提升工程，购置 22 辆观光车，推出观光车游览线路。设计制作《裁云剪水赋天章》扬派盆景画册和扬派盆景明信片，出版《五亭风韵》风光画册等。增设晴云轩美食苑和地方风物特产中心。联合《扬州晚报》举办“盆景大讲堂”、“花艺讲坛”、“花卉养护讲座”、“情定万花园·玫瑰婚典”。

世界动物之窗联合《扬州日报》举办“小记者闹元宵”、成语故事邮票发行仪式等活动。

宋夹城考古遗址公园举办“走进宋夹城，体验宋文化”、“瘦西湖杯”2010 年扬州文化博览城建设有奖知识大赛等。

何园开展“虎虎生威”、“牡丹

4 月 25 日，何园牡丹节开幕　　赵　军／摄

节"、"何氏大学堂"、"海宝端午何园行"等特色活动。围绕"何家千金"品牌,开展"扬州古城文明游义务讲解"、"何家千金温情圣诞节"公益活动。围绕"何家宴"打造精致餐饮。调整园内游览线路,增加经营服务项目。

个园举办"龙腾虎跃闹新春"、扬州弹词表演、抛绣球表演、元宵灯会、"名园携名街,共创文明城"文艺晚会、民俗忆端午、书画展、第二届竹文化节及民风民俗、艺术收藏、民间工艺等展示活动。编印《个园·扬州古城旅游指南》册页,免费向游客发放。发售个园、汪氏小苑、馥园三园联票,推荐"古城文化体验游"、"盐商文化名园游"、"竹韵文化休闲游"3条古城精品旅游线路。编撰"双东"历史街区讲解词,注册"个园竹语坊"商标,邀请朱自清长孙朱小涛担任"个园·古城旅游"形象大使。"个园盐商生活馆"开馆。

汪氏小苑举办扬州古乐合奏表演等活动。

茱萸湾风景区开展"虎年看虎"、"虎妞见面会"等大型动物展和斗鸡表演、"茱萸湾赢大奖,淘喜宝向前冲"等活动,创新娱乐项目和自助式观光游览方式。 (万 平)

■"烟花三月下扬州"旅游推介活动 3月14日,扬州市在北京举行2010"烟花三月下扬州"旅游推介会,介绍扬州历史文化、名胜风景、基础设施和社会经济发展情况,展示扬州旅游资源和生态环境。 (程嘉同)

■宁镇扬马联合促销活动 5月18～20日,由南京、镇江、扬州、马鞍山四市组成的联合促销团先后在深圳、珠海、广州举行南京都市圈旅游产品说明会。南京都市圈四城市以"对接世博、迎接青奥"为主题,借助上海世博会和南京2014年第二届青年夏季奥运会,面向三地200多家重点旅行商、近30家主流媒体推介旅游资源和深度游产品,宣传优惠政策和奖励措施。活动期间,南京、镇江、扬州、马鞍山四市与深圳、珠海、广州三市旅游主管部门分别签署《品质旅游保障合作协议》,促进双方在旅游信息交换、旅游质检协作、旅游突发事件应急处置等多个领域展开合作交流。 (吕 优)

■扬州旅游推介会在奈良举行 5月22日,扬州市在日本奈良市日航酒店举行"中国扬州(奈良)旅游推介会",介绍中日交往和友谊、扬州历史文化、风景名胜及对接上海世博旅游的相关情况。 (程嘉同)

■扬州旅游世博主题推介会 6月2日,扬州市在上海举办"相约世博、体验扬州"扬州旅游世博主题推介会,向日本、韩国国家旅游局驻沪官员、上海入境游旅行社及跨国公司高管派发扬州对接世博旅游"一本通",向组织"世博游客"到扬州旅游的旅行社宣传世博旅游优惠政策。

(程嘉同)

■扬州旅游推介团赴港澳推介 7月4～10日,扬州市运河名城扬州旅游推介团到香港和澳门进行友好访问和旅游推介。7月6日,推介团在香港港岛海逸君绰酒店举行"名城扬州 精致休闲"扬州旅游(香港)推介会,推出一系列精品旅游线路。7月8日,推介团在澳门举行"名城扬州 精致休闲"扬州旅游(澳门)餐叙会,共话两地旅游交流与合作。 (程嘉同)

■扬州(台北)旅游说明会 9月4日,扬州(台北)旅游说明会在台北亚太会馆举行,介绍扬州的历史文化、风景名胜以及对接上海世博旅游的相关情况,围绕"吃、住、行、游、购、娱"六大要素推介扬州旅游。

(程嘉同)

■"扬州的夏日"营销活动 7月1日～8月31日,扬州市举办"扬州的夏日"营销活动,主题是乡村游。活动期间,各县(市)旅游景区(点)对扬州市民实行五折优惠。

开辟乡村游专栏。在《扬州晚报》上刊出宝应、高邮、江都、仪征、邗江《美丽乡村》专栏,集中展示相关县(市、区)主要乡村游景点。

推荐乡村游景点、线路。推出凤凰岛生态旅游区、白鹿岛生态旅游区、登月湖农业旅游区、江苏东湖湿地公园、邵伯湖风景旅游区等29个"扬州的夏日"乡村游活动景点。策划包装东线乡村游、西线乡村游等6条乡村游活动线路。

推进乡村旅游。市旅游局设计制作《扬州乡村游旅游地图》,为扬州市民提供乡村游景点介绍、推荐线路、服务电话等基本信息。 (陈 实)

■古运河花船巡游 9月25日,2010中国扬州世界运河名城博览会古运河花船巡游活动首航仪式在徐凝门桥码头举行。参加巡游的16艘花船从徐凝门大桥游船码头出发,至古运河大王庙段后返回南门遗址码头。此次运博会巡游花船紧扣低碳主题,设计制作上注重反映全市低碳产业、低碳生活、低碳旅游等方面成果。花船装饰兼顾日游和夜游两种效果,注重声光电结合和动静结合,采用内透光光源。16艘花船分别由各县(市、区)和扬州经济技术开发区、新城西区、蜀冈—瘦西湖风景名胜区、化学工业园、市城乡建设局、市交通运输局、市水利局、市城建投资控股公司、扬子江集团制作。花船巡游活动历时1个月,吸引观众170万人次。11月20日,2010古运河花船巡游活动评选结果揭晓,"城控号"获特等奖;"幸福扬州号"获一等奖;"江淮之都号"、"春江花月号"获二等奖;"天下珍馐号"、"为民交通号"、"潮涌广陵号"、"明月星辉号"、"印象扬州号"获三等奖;"水润扬州号"、"有风来仪号"、"八宝献瑞号"、"东方邮都"、"竹西佳处号"、"开发号"、"化工园区号"获优秀奖。 (陈 实)

■参加2010中国旅游产业节 10月14～17日,国家旅游局和天津市人民政府共同主办的"2010中国旅游产业节"在天津梅江会展中心举行。江苏省扬州市商务高等职业学校参展的"全国教育系统先进集体"奖牌及相关照片,《"三把刀"系列教材》、《烹饪专业课程改革系列教材》、《创业教育系列教材》受到高度评价。

(程嘉同)

旅游管理

旅游市场监管 2010年，扬州市旅游监察支队接受旅游咨询800多人次，单独执法6次，联合执法18次，检查旅游企业216家，行政处罚11家企业26人次；开展社区服务活动2次，发放宣传资料5000多份，现场接受咨询200多人次。全年受理各类旅游投诉67起，结案率和满意率100%，追回补偿费2380元，检查导游人员服务规范36人次。

（陈　实）

行业管理 扬州中国国际旅行社获出境游资质，成为扬州市第三家具有组织出境游资质的旅行社。引进江苏舜天海外旅游公司进驻扬城。2010年底，全市有109家旅行社。其中，出境社3家、非出境社106家；市区77家、仪征9家、江都12家、高邮6家、宝应5家。完善行政执法手续，理顺旅游行政处罚内部流程和投诉处理程序。市旅游局首次作为省旅游行业标准的起草单位，向省旅游局和省质量技术监督局申报江苏省地方标准《旅游餐饮服务规范》项目。

（程嘉同）

绿色饭店创建 开展绿色饭店创建，以"打造绿色客房、创建绿色餐厅、提供绿色服务"为主要内容，推进酒店行业绿色管理体系。建立并执行节能、降耗、减排、低碳的各项管理制度，开展环保主题活动，推进绿色饭店创建。2010年，京华大酒店、铁道宾馆、广源丁山大酒店、仪征黎明大酒店、仪征和平大酒店、江都雄都饭店等6家饭店创成"银叶级"绿色饭店。

（程嘉同）

2010年扬州市营业收入前10名旅行社一览表

单位：万元

名次	单　位　名　称	营业收入
1	扬州中国青年旅行社有限公司	10192.00
2	扬州市中国旅行社有限责任公司	2761.03
3	扬州市旅游集散中心有限公司	2373.70
4	扬州苏之旅国际旅行社有限公司	1776.63
5	扬州市邮驿国际旅行社有限公司	1549.80
6	江都市中原国际旅行社有限公司	1238.45
7	江都市阳光国际旅行社有限公司	1219.49
8	扬州康辉假期旅行社有限公司	1070.16
9	扬州金阳光国际旅行社有限公司	1031.91
10	扬州中国国际旅行社	786.70

（陈　实）

导游队伍建设 至2010年底，全市有导游3118人，比上年增长11.9%。其中，高级导游1人、中级导游151人、初级导游2966人，外语导游382人、普通话导游2736人。男女导游比例为1∶5.1。全年培训导游2200人，举办3期导游员岗前培训班、4期导游员资格考试考前培训班、3期饭店工作英语考核培训班。举办迎世博扬州市首届导游词创作比赛和2010年全省导游大赛扬州选拔赛。

（陈　实）

旅游学会成立 5月9日，扬州市旅游学会第一届会员大会暨成立大会在扬州职业大学举行。会议审议通过《扬州市旅游学会章程》；选举扬州市旅游学会第一届理事会理事和常务理事，扬州职业大学党委副书记许金如当选会长。学会吸收机关部门、知名学者、旅游院校专家教授等100多名会员。2010年，旅游学会举办扬州市第一届优秀旅游学术成果评选、旅游课题立项申报等活动。

（陈　实）

2010年接待入境旅游者和接待旅游者总数前10名星级旅游饭店一览表

单位：人次

名次	单　位　名　称	入境游客接待量	单　位　名　称	游客接待量
1	扬州市京华大酒店	6637	扬州鸿翔大酒店	59494
2	扬州金陵大饭店	4327	扬州迎宾馆	53166
3	扬州市远锦国际大酒店	3525	扬州新世纪大酒店	51853
4	扬州新世纪大酒店	3366	江都大酒店	50727
5	扬州华美达凯莎酒店	2932	扬州宾馆	42813
6	扬州花园国际大酒店	1796	扬州石塔宾馆	40415
7	扬州怡景半岛酒店	1757	扬州花园国际大酒店	40251
8	扬州汇金玄武饭店	1272	扬州人家国际大酒店	37452
9	扬州迎宾馆	1108	扬州恒春缘大酒店	34547
10	扬州人家国际大酒店	990	扬州西园大酒店	32635

（陈　实）

金融业

Jinrongye

本栏责任编辑　李全权

银行业

■概述　2010年末，全市本外币贷款余额1514.9亿元，比年初增加278.7亿元，同比少增55.2亿元；余额同比增长22.6%，增速同比下降14.5个百分点，高于江苏省平均水平2.7个百分点。本外币存款余额2472亿元，比年初增加370.8亿元，同比少增147.5亿元；余额同比增长17.6%，增速同比下降15.1个百分点，低于江苏省平均水平3.4个百分点。

（人　行）

■人民币贷款业务　2010年，全市新增人民币贷款273.3亿元，同比少增50亿元。剔除胥浦工商银行票据融资净下降14.2亿元的影响，全年实际新增人民币贷款287.5亿元，同比增长24.1%；人民币贷款增速22.5%，高于江苏省平均水平3.2个百分点；人民币贷款增速在全省列第八位。新增短期贷款144.6亿元，同比多增37.9亿元；新增中长期贷款180.4亿元，同比少增51.7亿元；新增中长期贷款与新增短期贷款的比例由上年的2.17∶1下降到1.25∶1。受规模管控、贴现利率上行等因素影响，2010年票据贴现净下降51.4亿元，同比多降36.1亿元。

中小企业贷款增长突出。2010年末，全市中小企业贷款余额767.6亿元，同比增长25.7%，高于企业贷款增速0.6个百分点，高于全部贷款增速3.2个百分点；新增中小企业贷款154.5亿元，占全部企业新增贷款的83.9%；中小企业贷款同比增长37.8%，高于企业贷款增速12.7个百分点，高于全部贷款增速15.3个百分点。

制造业贷款增长较快。2010年末，全市制造业贷款余额377.8亿元，比年初增加88.2亿元，同比增长30.5%；占全市新增非个人贷款的38.6%，比上年末提高1.8个百分点。

房地产类贷款压降幅度较大。2010年末，全市自营房地产贷款余额394.6亿元，比年初增加86.6亿元，同比少增35.8亿元；余额同比增长28.1%，增速比上年低37.8个百分点。房地产开发贷款明显减少。年末，全市房地产开发贷款余额84.4亿元，比年初增加0.7亿元，同比少增27.8亿元。剔除农业银行等统计口径调整因素，房地产开发贷款实际比年初增加6.8亿元，同比少增21.7亿元。个人住房贷款全年增长平稳，年末余额276.9亿元，比年初增加82.1亿元，同比少增8.2亿元。

政府投融资平台贷款受限。2010年，国家出台针对政府投融资平台贷款的政策措施，控制地方融资规模，明确财政不再对融资提供担保。各金融机构加大政府投融资平台贷款的清理力度，限制续贷项目以外的新项目贷款，平台贷款投入明显减少。至年末，人民银行列统的55家投融资平台各项贷款余额159.8亿元，比年初增加20.6亿元，同比少增54亿元。（人　行）

■人民币存款业务　2010年，人民币存款增长明显放缓。全年新增人民币存款363.4亿元，同比少增151.8亿元。其中，上半年增加270.3亿元，下半年增加93.1亿元。年末，全市人民币存款余额2430.6亿元，同比增长17.6%，增速同比下降15.6个百分点。

储蓄存款增长平稳。年末，储蓄存款余额1252.4亿元，比年初增加157.1亿元，同比少增39.1亿元；余额同比增长14.3%，增速同比下降7.5个百分点。其中，活期储蓄余额381.9亿元，比年初增加77亿元，同比少增3亿元；定期储蓄余额870.5亿元，比年初增加80.1亿元，同比少增36.1亿元。活期储蓄占储蓄存款的比例30.5%，同比提高2.6个百分点。

企业存款增长缓慢。年末，全市企业存款余额628.0亿元，比年初增加32.8亿元，同比少增163.5亿元。其中，活期存款增加41.8亿元，定期存款比年初减少9亿元。

（人　行）

■外汇存、贷款业务　2010年末，全市外汇存款余额6.25亿美元，比年初增加1.26亿美元，同比多增0.82亿美元。其中单位活期存款增长较多，比年初增加1.60亿美元；单位定期存款、居民外汇储蓄存款较年初均为负增长。

年末，全市外汇贷款余额4.35亿美元，比年初增加0.92亿美元，同比少增0.63亿美元。从进出口贸易融资看，企业外汇融资需求较旺。年末，全市进出口贸易融资余额3.42亿美元，比年初增加1.05亿美元，同比少增0.27亿美元。（人　行）

2010 年扬州市全金融机构人民币信贷分地区资金运用表

单位:亿元

项目名称	扬州市	市　区	宝应县	仪征市	高邮市	江都市
资金运用总计	**2340.53**	**1300.32**	**189.58**	**132.03**	**219.12**	**499.47**
一、各项贷款	**1486.06**	871.08	116.42	127.96	122.55	248.06
(一)境内贷款	**1486.06**	871.08	116.42	127.96	122.55	248.06
1.短期贷款	**700.35**	360.90	60.40	66.37	74.89	137.79
(1)个人贷款及透支	**114.39**	44.96	9.38	25.26	10.32	24.48
其中:个人消费贷款	**12.38**	10.04	0.22	0.98	0.27	0.86
(2)单位贷款及透支	**554.51**	300.63	47.55	38.88	61.72	105.73
其中:经营贷款	**551.84**	298.71	47.19	38.88	61.32	105.73
固定资产贷款	**2.47**	1.72	0.36		0.39	
(3)普通并购贷款						
(4)银团贷款	**0.65**	0.26		0.39		
(5)贸易融资	**30.79**	15.05	3.47	1.84	2.86	7.58
2.中长期贷款	**736.78**	488.47	50.19	55.63	44.01	98.49
(1)个人贷款	**344.85**	215.36	31.66	24.39	26.22	47.22
其中:个人消费贷款	**295.56**	188.86	27.38	16.71	21.52	41.09
(2)单位贷款	**380.58**	265.73	18.52	30.98	16.95	48.40
其中:经营贷款	**90.60**	62.22	3.91	8.15	3.76	12.56
固定资产贷款	**289.98**	203.50	14.62	22.83	13.19	35.84
(3)普通并购贷款						
(4)银团贷款	**11.35**	7.38		0.25	0.85	2.87
(5)贸易融资						
3.信托贷款						
4.融资租赁						
5.委托贷款						
6.票据融资	**48.66**	21.48	5.83	5.92	3.64	11.78
其中:贴现	**48.66**	21.48	5.83	5.92	3.64	11.78
7.各项垫款	**0.28**	0.24		0.04		
(二)境外贷款						
二、有价证券及投资	**41.17**	11.26	4.51	0.20	1.85	23.36
三、应收及预付款	**8.94**	2.08	1.46	0.95	2.00	2.46
其中:应收利息	**3.72**	1.99	0.31	0.41	0.24	0.77
四、同业往来(运用方)	**0.97**	0.85				0.12
其中:境外同业往来						
五、行内资金往来(运用方)	**761.47**	387.95	64.36		89.66	219.50
六、金银占款						
七、外汇占款	**0.91**	0.91	0.00	0.00		0.00
八、固定资产	**28.55**	20.32	1.35	1.63	1.39	3.86
九、库存现金	**12.45**	5.87	1.49	1.30	1.67	2.11
十、投资性房地产						

(人　行)

2010 年扬州市全金融机构人民币信贷分地区资金来源表

单位:亿元

项目名称	扬州市	市　区	宝应县	仪征市	高邮市	江都市
资金来源总计	**2340.53**	**1300.32**	**189.58**	**132.03**	**219.12**	**499.47**
一、各项存款	**2430.55**	1268.30	188.40	258.35	228.04	487.46
1. 企业存款	**627.96**	417.75	22.97	67.03	31.46	88.75
(1)活期存款	**444.46**	307.38	18.86	33.68	27.61	56.93
(2)定期存款	**183.49**	110.37	4.11	33.34	3.85	31.82
2. 财政存款	**17.87**	11.49	0.78	1.03	3.08	1.49
3. 机关团体存款	**269.63**	156.79	23.64	24.35	27.14	37.72
4. 储蓄存款	**1252.39**	524.63	126.26	136.36	151.59	313.56
(1)活期储蓄	**381.94**	172.74	43.03	37.15	49.36	79.67
(2)定期储蓄	**870.45**	351.89	83.23	99.22	102.23	233.89
5. 农业存款	**68.40**	23.72	5.80	16.30	9.43	13.16
6. 信托存款						
7. 委托存款	**16.81**	13.20	0.02	0.63	0.08	2.89
8. 其他存款	**177.48**	120.73	8.94	12.66	5.26	29.89
二、金融债券						
三、应付及暂收款	**40.85**	20.92	2.48	4.63	4.75	8.07
其中:应付利息	**23.47**	11.62	1.78	2.65	2.04	5.39
四、同业往来(来源方)	**2.06**	1.85	0.20	0.00	0.00	0.01
其中:境外同业往来						
五、行内资金往来(来源方)		-0.54		0.54		
六、各项准备	**29.12**	14.19	2.06	3.86	3.59	5.43
其中:贷款损失准备	**28.68**	13.82	2.06	3.78	3.59	5.42
七、所有者权益	**47.96**	18.68	4.56	6.72	4.36	13.65
其中:实收资本	**13.87**	5.10	1.50	1.36	0.61	5.30
八、其他	**-210.02**	-23.08	-8.12	-142.07	-21.61	-15.14

(人　行)

银行业监督管理

■概述　2010 年，扬州银监分局执行贷款新规，规范融资平台贷款，加快农村金融改革，控制各类银行风险，保证辖内银行业平稳发展。组织开展“贷款新规制度执行年”活动，召开辖内银行机构贯彻贷款新规动员大会，组织各银行机构签订《执行“三个办法一个指引”承诺书》，举办贷款新规知识竞赛。对贷款新规执行情况按月进行统计，开展新规执行情况督查，指导辖内银行机构贯彻落实新规。推动银团贷款工作，协调处置公路收费中心等大额风险；以客户风险监测信息为依据，以银行业协会专业委员会为平台，建立潜在行业风险和大客户风险信息共享交流制度，增强各行风险管理的前瞻性。

推进农村金融改革。至年末，辖内 2 家农村合作金融机构改制为农村商业银行，1 家获准改制。村镇银行开业 2 家，启动筹建 2 家；异地农村商业银行到扬州设立分支机构 2 家。鼓励实施小企业专营服务，开展小企业金融服务考核，制定《扬州市创新型经济金融助推意见》，鼓励银行机构加强科技型小企业金融服务。

(赵　毅)

■大额授信风险监管　强化新增贷款的风险监控。建立 5000 万元以上大额贷款户定期监测制度，对新发生 1000 万元以上不良贷款逐笔、逐户剖析原因并跟踪处置。指导银行业协会落实《实施银团贷款的约定》，全年组建银团贷款 10 个、贷款项目 20 个，授信总额人民币 17 亿元、美元 3 亿元，项目数和授信总额分别比上年增长 300%和 350%。

开展存量大额风险处置工作，掌握公路收费中心财政补贴、琼花集团重组、江苏顺大集团贷款等风险变化情况，协调各方利益、推动化解风险。

提高风险分类准确性。开展贷款分类偏离度检查，缩减大额授信客户行际间分类差异，推行合作金融机构资产风险十级分类，促进贷款精细化管理。

促进大额客户风险监测信息共享。搜集辖内大客户潜在风险信息，依托银行业协会专业委员会平台，通报潜在行业风险和大客户风险信息。至年末，辖内银行业金融机构不良贷款余额41.17亿元，比年初增加1.68亿元；不良贷款比例2.72%，比年初下降0.47个百分点。农村中小金融机构不良贷款余额10.34亿元，比年初减少1.94亿元；不良贷款比例3.85%，比年初下降1.98个百分点。（赵 毅）

■小企业金融服务 2010年，扬州银监分局加强小企业金融服务的宣传引导与指标考核，支持银行机构实施小企业专营服务。开展小企业金融服务考核，召开经验交流和总结会议，提出全年小企业金融服务的具体目标和措施；总结推广中国银行小企业业务中心服务经验，加强典型引导；与市金融办、人民银行扬州市中心支行制定《扬州市创新型经济金融助推意见》，鼓励银行机构加强科技型小企业金融服务。至年末，扬州市辖内有7家小企业专营服务中心建成并投入运营，办理中小企业贷款业务759亿元，比年初增加145.8亿元、增长23.78%，高于同期全部贷款增幅0.57个百分点。（赵 毅）

■"三农"金融服务 下发《关于加快推进扬州市农村中小金融机构阳光信贷工作的实施意见》，推动阳光信贷工作。各县（市）农村金融机构结合区域特点实行"四包一挂"（包发放、包管理、包收回、包赔偿，与绩效挂钩）、内外结合、分组审批、依托村官、程序筛查等措施。宝应信用联社聘任大学生村官作为兼职农村金融信息员，解决阳光信贷工作人员不足、社农信息不对称等问题，得到政府支持。至年底，农村合作金融机构涉农贷款余额214.59亿元，比年初增加50.14亿元，占全部贷款增量的101.79%；涉农贷款增长30.49%，高于全部贷款增幅7.04个百分点；涉农贷款余额占全部贷款的82.75%，比上年提高4.46个百分点。（赵 毅）

4月18日，南京银行扬州分行开业　　李斯尔／摄

■银行业改革 2010年，扬州银监分局推进农村金融改革，完善农村金融服务体系。推进农村合作金融机构改革进程，指导江都信用联社、市区信用联社和高邮信用联社开展农商行组建工作，督促各联社科学设置组织架构和业务流程，改革和完善授信管理模式，提升经营管理水平。引进具有农村金融服务经验的金融机构在县域设立村镇银行，招引优质异地农村金融机构到扬州设立分支机构。推动宝应信用联社与常熟农村商业银行明确10项具体合作意向，提升宝应信用联社经营管理水平。至年末，辖内有5家农村中小金融机构开业，1家获准筹建。其中，农村商业银行2家开业、1家获准筹建。2家异地农村商业银行在扬分支机构开业。

引进全国性股份制银行机构。4月18日，南京银行扬州分行开业。至年末，扬州市有各类银行业金融机构22家。（赵 毅）

■贯彻落实贷款新规 2010年，中国银行业监督管理委员会（简称银监会）出台《固定资产贷款管理办法》、《流动资金贷款管理办法》、《个人贷款管理办法》和《项目融资业务指引》（简称"三个办法一个指引"）等文件。扬州银监分局召集辖内银行机构高管240多人参加贯彻贷款新规推进动员大会，组织各银行机构签订《执行"三个办法一个指引"承诺书》；召开银行企业客户财务负责人会议，组织开展"三个办法一个指引"知识竞赛，提高贷款新规在银行从业人员中的熟知度和社会各界的认知度。组织专题调研，开展执行情况检查，指导解决执行中存在的问题和困难；开展专题走访，指导农村中小法人机构结合自身经营及风险状况制定实施细则，整合、修改信贷管理制度和合同文本，梳理、优化信贷流程。配合新规推广，建立"三个办法一个指引"执行情况统计月报制度。通过推动银行机构落实贷款新规，提高信贷管理的精细化水平，保证银行机构将信贷资金用于实体经济发展。至年末，全市已发放贷款中执行受托支付的比例为33%。（赵 毅）

■清理规范政府融资平台贷款 扬州银监分局逐户排查全市银行机构大额平台贷款，防止对政府融资平台过度授信并提前制定风险预案。深入平台企业开展调研、宣传，协调政府解决清理规范工作中的问题和矛盾；召开平台贷款牵头行座谈会，细化政策要求，交流工作经验，督促银行机构加大整改力度，完善贷款合规性手续，确保清理规范工作达到银监会工作要求。至年末，辖内平台贷款余额137亿元，占全部银行贷款的8.96%；总体抵押率50%左右，风险较低；全年收回平台贷款20.2亿元，风险总体可控。（赵 毅）

中国人民银行扬州市中心支行

落实货币政策 2010年，中国人民银行扬州市中心支行(简称扬州人行)结合辖区实际，加强政策引导。开展金融政策宣传，通过新闻通气会、经济金融形势分析会、社会化宣传活动等，向政府有关部门、全市金融机构和社会各界传递宏观政策解读和金融形势分析信息，宣讲适度宽松货币政策的科学内涵，引导金融机构准确执行适度宽松的货币政策，优化信贷投向，把握投放节奏，保持货币信贷总量适度均衡增长，支持全市经济发展的合理信贷需求。2010年末，全市本外币贷款余额1514.9亿元，比年初增加278.7亿元，同比少增55.2亿元;余额同比增长22.6%，增速同比下降14.5个百分点。本外币存款余额2472亿元，比年初增加370.8亿元，同比少增147.5亿元;余额同比增长17.6%，增速同比下降15.1个百分点。（朱苏世）

促进银企、银保合作 加强与政府部门协调，推动地方政府实施扬州市创新型经济金融助推计划。引导金融机构加大对新兴产业和生产型服务业的支持，加大对龙头型、基地型、创新型大项目的资金跟踪服务，加大对中小企业、“三农”(农业、农村、农民)、消费、民生等方面的信贷支持。通过加大信贷投入、优化信贷结构、加快金融产品创新等措施，扩大创新型企业融资渠道，营造创新型经济发展的良好环境。组织金融机构集中展示创新产品和服务，促进银企、银保沟通。组织银行与创新型企业合作，全年银行与企业签约222亿元、银行与保险公司签约96亿元。

（朱苏世）

推介债务融资工具 拓宽企业融资渠道，加强政策宣传，先后到扬州大洋造船公司等行业龙头企业、股份制商业银行和中小企业进行政策推介。发行江苏省首只科技创新型中小企业集合信托债权基金。江苏扬农化工集团有限公司发行3亿元短期融资券。扬州汇银家电(控股)有限公司(简称汇银家电)在香港上市，募集资金3.75亿港元。帮助江苏峰业电力环保集团在境外设立特殊目的公司。

（朱苏世）

中小企业和“三农”融资 启动扬州市中小企业融资培育工程，建立中小企业库，为823户企业提供专业化、精细化和个性化服务。推动市政府出台《关于改善企业房地产抵押贷款登记评估服务的办法》，降低抵押贷款融资成本，减轻企业融资负担，提高抵押融资效率。引入信用担保机制，优先支持商业承兑汇票再贴现，全年办理商业承兑汇票再贴现4.2亿元。推广应收账款质押融资业务，指导开展中小企业应收账款质押融资业务。创办农村金融信息服务平台，构建金融支持“三农”发展的信息传媒和资讯平台。在省内率先开发农户及农村合作经济组织信用信息系统，批量采集农户及农村合作经济组织的基本信息、信贷信息、参保信息等500多万条。引导农村金融机构充分利用信用信息系统融资培育、信用评价等功能，加大对有信用、有贷款需求、有偿还能力的农村青年信用示范户、信用农户和优质农村合作经济组织的信贷支持。各农村金融机构向农户及农村合作经济组织授信141.5亿元，农户贷款余额59.66亿元，同比增长43.4%。（朱苏世）

民生金融 宣传金融知识，开展县域行、社区行、园区行和民企行活动，专题开展“金融知识进乡村”春天行动和金秋行动，构建县乡联动、全面辐射的金融宣传网络，培育和优化金融服务软环境。与市委组织部、市财政局等部门联合，在江苏省首创大学生村官贷款券，通过地方财政提供贷款担保，政府给予全额贴息，银行优化信贷流程，发放贷款180.8万元。扩展下岗失业人员小额贷款的政策内涵及借款人范围，发挥小额担保贷款在促进就业中的作用;下岗失业人员小额贷款余额7729万元，比年初增加2520万元。鼓励妇女创业，妇女小额贷款发放对象拓展至城乡所有有自主创业愿望的妇女，累计发放妇女创业小额贷款2413.5万元。

（朱苏世）

外汇管理 实施进口付汇核销改革试点，简化企业进口付汇手续，降低企业成本，保证合规企业的正常业务活动顺畅进行。转变外商投资企业外汇年检方式，简化年检手续，加快年检进度，实现外汇年检办理电子化。全辖有1478家企业通过直接投资业务系统上报外汇年检数，其中有1294家企业委托会计师事务所报送，年检率100%。推进跨境贸易人民币结算试点工作，帮助企业规避汇率风险，降低汇兑成本。建立健全跨境

8月28日，江苏省首只科技创新型企业集合信托债权基金——荷塘月色正式发行 李斯尔/摄

贸易人民币结算试点相关工作机制，通过企业座谈会、专场培训、调查问卷等形式，协调、推动跨境人民币金融业务发展。拓宽外汇融资渠道，提高外汇资金使用效益。支持境内企业开展境外上市融资，为境内居民在境外设立特殊目的的公司进行境外融资提供政策帮助和跟踪服务，提高业务处理效率。开展政策服务，支持境内企业通过提供对外担保、境外放款和内保外贷等方式对境外投资企业进行后续融资。（朱苏世）

■金融改革 关注辖区农业银行特别是“三农”金融事业部改革和邮政储蓄银行改革进展情况，加强对其改革效果和改革中出现的新情况、新问题的监测评估。配合地方政府、金融监管部门推进地方金融体系改革，深化农村信用社治理机构改革，推进村镇银行、小额贷款公司等新型金融组织发展，促进农村金融服务体系的完善。2010 年，扬州市区农村信用联社、江都农村信用联社改制为农村商业银行，江都吉银村镇银行、昆山农商行广陵支行成立，高邮市、江都市、宝应县新设 4 家农村小额贷款公司。（朱苏世）

■金融风险监测和预警 加强调研监测分析，跟踪政策和形势动向，从宏观和总量层面把握全市金融运行的基本态势。整合金融信息资源，拓宽金融分析覆盖面。通过实地走访调查、召开金融机构分管负责人专题座谈会等形式，把握金融风险监测的方向和重点，增强监测分析的科学性、针对性、前瞻性和有效性。与市中小企业局、扬州银监分局配合，对担保公司风险开展实地走访、摸底调查，调查顺大公司股权重组对落实银行债权的影响，协调处置突发事件。提高金融风险监测工作效率。优化、升级法人金融风险监测系统，录入全省 90 家法人金融机构的历史数据，并在全省推广使用。完善和运行民间借贷监测分析系统，强化民间借贷分析功能。强化制度建设，完善扬州市保险业机构、证券业机构和非法人银行业机构风险及改革监测制度，推进风险监测工作的开展。（朱苏世）

■金融信用体系建设 完善与地方政府、金融监管部门的工作协调机制。推动金融生态创建，辖区内 4 个县（市）全部建成金融生态达标县。加强金融投资者教育，构建安全网。组织开展信用乡镇评选和担保机构、借款企业评级工作，推动农村信用体系建设。全年评选 55 个信用乡镇，比上年增加 18 个；完成 718 家企业和 27 家担保机构信用评级，分别比上年多增 455 家和 15 家。启动中小企业信用体系试验区建设，试验区范围覆盖全市，信息报送机构覆盖辖内所有金融机构，信息采集对象覆盖全市所有企业。做好中小企业信用档案征集、梳理和核查工作，采集中小企业非银行信息。全市建立中小企业信用档案 5.66 万份，采集银行信息 48.35 万条，采集非银行信息 6767 条。（朱苏世）

■依法行政 2010 年，扬州人行打击违法、违规行为，开展应对、打击资本项下“热钱”专项行动和外汇指定银行外汇业务专项检查，加强异常跨境资金流动监管。加强反洗钱监管，与市公安局、检察院等协作，推动涉案金额 85 亿元的何家财特大地下钱庄案件的审理和判决。开展网络赌球案的协查工作，查询账户 864 个、交易金额 8.9 亿元。配合扬州海关开展“9518 走私案”协查工作，涉案金额 256 万元。强化征信监督管理，组织开展个人征信业务现场检查、企业和个人征信数据质量核查以及县（市）支行贷款卡行政许可和个人征信查询检查，维护信息主体权益。组织开展对商业银行、信用社代理国库业务和国库集中收付业务的检查。全年各执法部门开展执法检查 24 项，制发法律文书 104 件。全辖办结行政处罚案件 16 件，罚款 417.5 万元。（朱苏世）

■银行业机构管理与服务 扬州人行加强对新设银行业机构管理与服务，整合内部审批职能，进行流程再造，对新设机构提出的申请实行集中审核、一次性批复，简化和规范内部操作规程。开展金融机构执行人民银行政策情况总体评价相关工作，出台《扬州市银行业金融机构执行人民银行政策情况评价办法（试行）》、《扬州市银行业金融机构执行人民银行政策情况评价工作内部操作规程（试行）》，整合内部职能部门管理资源，加强金融管理和风险防控，维护辖区金融稳定与安全。（朱苏世）

■支付体系建设 推进“快通工程”建设，完善农村金融基础设施建设，改善农村支付环境。推广“苏汇通”等支付新业务，搭建金融协作平台、金融产品展台和金融服务赛台。组织刷卡无障碍示范街区和刷卡无障碍示范乡镇创建活动。开辟资金清算“绿色通道”，拓展农村地区结算渠道。督促金融机构规范服务行为、创新服务载体、优化服务环境。推进世博支付环境建设。制定《扬州市世博支付环境建设 60 天行动计划》，合理布放自动柜员机、销售点终端机（POS 机）等，设立世博支付服务专线，制作《扬州市世博支付服务指南》等，改善世博支付服务软环境。优化银行卡用卡环境，开展严厉打击银行卡犯罪专项行动，改善辖区银行卡受理环境，构筑起银行卡案件联合防控网络。开展“迎世博，树品牌”、“优化用卡环境”、“安全用卡惠民生”等主题活动，促进银行卡产业发展。（朱苏世）

■国库管理 加强国库会计基础工作，提高国库核算质量，确保国库资金安全完整。做好推广运行全国财税库银横向联网系统（TIPS）的宣传工作，推进 POS 机刷卡缴税，提高税款入库效率，拓宽非现金税款收缴渠道。推广办理国库直接支付业务，减少涉农补贴等民生专项资金在途时间，实现辖区市、县、乡三级国库直接支付业务全覆盖和部分国库直接支付业务常态化管理，业务量比上年增长 22 倍。开发退库业务批量处理系统，优化工作流程，减少国库部门处理退库业务操作环节，实现退税资金 1 小时办结，缩短资金在途时间，提高企业资金使用效率。（朱苏世）

银行工作人员参加业务技能练兵活动

日报／供稿

■ **人民币管理** 创新发行业务操作方式，改变传统的发行业务“一笔一清”操作流程，制定同时办理多家金融机构存款业务操作流程的改进方案。开展回笼券先入钞票处理中心处理业务试点和已清分完整券直接办理发行基金调拨业务试点，减少发行基金实物流转环节，缩短调拨时间，降低操作风险，提高工作效率。组织实施人民币流通满意工程，邀请市民代表、市人大代表团参观扬州钞票处理中心；开展满意工程落实情况的现场检查、巡查和执法检查，指导和督促银行业机构执行人民币流通的各项管理规定；开展岗位练兵活动，提高业务技能，提高人民币现金服务水平。加强反假货币队伍建设，组织反假货币岗位培训、反假货币识别师考试和反假货币知识宣传。加大钞票处理力度，建立“统一领导、分类管理、分级负责、班组为主”的清分场地管理机制，明确协调联动处理工作细节，规范操作管理，统筹合理安排；做好残损人民币复点和销毁工作，提升清分工作水平。全年清分钞票148万捆，比上年多清分5.58万捆；复点、抽查、再抽查钞票122.36万捆531.64亿元；机械销毁1180吨488.48亿元，设备运行时间987小时。（朱苏世）

政策性银行

■ **中国农业发展银行扬州市分行** 2010年末，中国农业发展银行扬州市分行（简称农发行）各项存款余额12.28亿元，其中企事业单位存款11.16亿元，比年初增加2.35亿元。各项贷款余额77.29亿元，比年初增加12.39亿元，增长19%。其中，政策性贷款49.23亿元，比年初减少1.75亿元；准政策性贷款19.37亿元，比年初增加12.72亿元；商业性贷款8.68亿元，比年初增加1.42亿元。全年发放贷款57.60亿元，其中政策性贷款19.53亿元、准政策性贷款31.67亿元、商业性贷款6.40亿元。实现中间业务收入204万元。全年无考核不良贷款、无欠息、无逾期。至年末，实现账面利润1.66亿元，比上年同期增加3231万元。

满足粮食储备贷款需求，坚持以信用方式发放中央储备粮贷款；对地方储备粮贷款，适当放宽企业信用等级、贷款期限和贷款方式。全年投放粮油储备贷款9527万元，年末各项储备贷款余额4.17亿元。支持粮棉油企业自主经营。由于2010年粮食市场价格高于国家最低收购价，国家未启动最低收购价政策。农发行发放准政策性贷款支持企业开展自营收购和调销业务，支持本地粮棉油购销企业、加工企业和农业产业化龙头企业收购或从外地调入粮食，全年累计发放准政策性贷款31.67亿元，同比增加12.34亿元。

商业性贷款业务。发展农业基础设施和农业综合开发贷款业务。全年支持中长期项目15个，发放贷款16.31亿元，比上年增加8亿元。至2010年末，农发行中长期项目贷款余额34.4亿元，支持项目32个。支持农业产业化龙头企业，加大对农药、化肥、棉纺企业的贷款支持力度。至年末，发放商业性短期流动资金贷款5.84亿元，同比增加1.06亿元；余额8.68亿元，比年初增加1.42亿元。

中间业务。通过开办国际结算类业务和咨询顾问类业务拓展中间业务收入渠道，全年实现中间业务收入204万元，同比增加55万元。

（戴启平　朱　江）

国有及国有控股银行

■ **中国工商银行股份有限公司扬州分行** 2010年，中国工商银行股份有限公司扬州分行（简称工商银行扬州分行）完成考核利润6.13亿元（含胥浦工商银行），同比增加1.58亿元。各项存款新增42.35亿元，市场份额上升到30.85%。其中，对公存款新增28.64亿元、市场份额45.73%，储蓄存款新增13.71亿元。各项贷款新增31.5亿元，增量市场份额25.49%。其中，新增流动资金贷款12.28亿元（小企业贷款10.8亿元），新增项目贷款1.42亿元、房地产贷款1.99亿元、个人类贷款15.61亿元。实现票据贴现19.8亿元。实现中间业务收入2.23亿元，同比增加7463万元、增长50.26%。全年清收不良贷款1.01亿元，退出及转化潜在风险贷款4.81亿元，无重大差错、无重大违纪、无违法犯罪案件发生。

2010年，工商银行扬州分行把握信贷投向和贷款投放节奏，推进业务创新、产品创新、流程创新，增强服务实体经济的主动性，加大对支柱产业、现代服务业、“三新”产业及医院、学校、大型商贸市场、经济适用房、廉租房等公益性及民生项目的信贷投放，为重点招商项目、万顷良田建设工程、中小企业等提供金融服务。全年累计发放制造业贷款86亿元，其中新增专项技改贷款等10亿元；为多个省级以上重点招商项目投放贷款12亿元；累计发放小企业贷款50亿元，净增10.6亿元；为万顷良田建设工程投放贷款1.2亿元。

推广运用各类新业务、新产品。通过运用固定资产融资、“信托＋理财”、贸易融资、网贷通、未来货权商品融资、小企业经营型物业贷款以及个人船舶贷款、货运商用车消费信贷、应收账款池融资贷款、个人项目经理贷款等新型融资业务，满足客户和市场的金融需求；通过运用分期付款、银商通、基金及保险等代理业务、各类国际业务新产品、现金管理业务等,拓宽业务收入新渠道。

应对信贷规模调控形势,将信贷规模资源与新增客户、行业投向、产品投向挂钩,既做大贷款流量,又严格控制贷款规模,推进信贷结构调整。至年末,新增个人贷款占比48.9%;新增小企业贷款占比34.59%,较年初提高21.83个百分点。公司客户中,AA⁻级以上客户贷款余额71.88亿元,新增17.9亿元。贸易融资业务占一般流动资金贷款的41.76%,较年初提高19个百分点。三大表外业务余额8.35亿元,贷款结构逐步趋于优化。（王 群 季晓明）

中国农业银行股份有限公司扬州分行 2010年末,中国农业银行股份有限公司扬州分行各项存款余额380.95亿元,比年初增加25.87亿元;各项贷款余额181.44亿元,比年初增加26.35亿元;清收自营不良贷款本息1.84亿元、委托不良资产3789万元,全行不良贷款余额占比3.73%,比年初上升0.15个百分点;新增个人电子银行客户28.38万户、企业电子银行客户1866户、信用卡客户3.47万户、惠农卡28.56万张,电子银行金融性交易量占比68.37%;销售法人客户金融资产15.28亿元、个人客户金融资产46.34亿元;办理国际结算业务31.7亿美元;实现中间业务收入2.17亿元;拨备前利润5.51亿元,拨备后利润4.65亿元。

负债业务。开展"新农保"(新型农村社会养老保险)、"新农合"(新型农村合作医疗)代理业务,全年"新农保"业务发放惠农卡26万张,全市代理份额50%;开展企业(客户)基本存款账户、外币资本金账户营销;推行非税代理业务。至年末,储蓄存款和对公存款分别较年初增加24.57亿元和1.3亿元。

资产业务。全年实体贷款增加34.88亿元;实体贷款占比99.69%,比年初增加5.58个百分点。

个人贷款业务。至年末,全行个人贷款余额71.82亿元,比年初增加17.02亿元。

"三农"业务。至年末,对8家省级农业产业化龙头企业授信2.48亿元,比年初增加0.72亿元。全行新增惠农卡28.56万张,新增授信2444户,新增农户小额贷款1.06亿元。开展发放涉农贷款奖励补偿资金申报工作,全年确认并按规定入账涉农贷款增量财政奖励补偿191.34万元。

国际业务。全年新开资本金账户103户,到账资本金6.88亿美元,资本金账户开户率、资本金到账率分别为40.23%和38.02%。全年实现国际结算31.7亿美元,发放贸易融资贷款1.98亿美元。

新产品和新业务。组织开展首开水晶城二期协定一标段商品房开发牵头银团项目的申报审批工作。完成扬农集团3亿元短期融资券发行。开展中小企业自助结算套餐销售推广活动,为有电子化资金管理需求的中小型企业客户开通客户端服务。至年末,现金管理客户(账户)比年初增加146户。开展第三方存管和银期转账业务,全年新增第三方存管客户7149户、银期转账客户794户。加强企业年金和养老金托管业务营销,全年养老金(企业年金)新增保管规模5400万元,新增企业年金托管户3户。

信贷结构调整。全年退出潜在风险客户15户,涉及资金7410万元;全行法人客户到期贷款现金收回率99.5%;累计编发信贷风险预警26期,累计预警风险贷款1051笔,至年末,收回风险贷款和风险信号解除897笔;清收自营不良贷款本息1.84亿元。

委托资产清收。开展委托资产尽职调查核查488户,形成委托资产尽职调查报告197份、核查报告138份,填制尽职调查表551份;明确38户法人客户作为清收重点,落实重点清收金额4000万元;抓好8个大户的重点清收,收回委托资产3213万元。全年发出时效催收通知书567笔,涉及金额人民币1.92亿元;清收委托资产3789万元。

风险管理。至年末,共计提拨备5.73亿元,比上年增加8618万元,贷款拨备覆盖率84.64%;确定授信3000万元以上77户法人客户作为市分行直接监管信贷客户,对6户政府融资平台贷款客户逐户解包分析;全行存量存贷比47.63%。

网点经营转型。全年开工建设33个网点建设项目,其中16个项目建成并投入运营;新增17个网点建设项目,其中15个项目基本通过施工图和改造预算审批。至年末,全行有自助银行设备220台,比年初增加54台;自助设备正常运行率99.67%;完成90个网点标志更换和LED显示屏安装。（吕元兆）

中国银行股份有限公司扬州分行 2010年,中国银行股份有限公司扬州分行本外币一般性存款总量268亿元,比年初增加36.45亿元、增长15.74%。本外币贷款总量182.45亿元,比年初增加30.23亿元,增长19.85%。实现中间业务净收入2.24亿元,同比增加3718万元,增长20%;其中个金板块实现净收入1.01亿元,同比增加3616万元,增长56%。实现账面拨备前利润5.5亿元,同比增长26.4%;实现账面营业净收入9.08亿元,同比增长20.4%。清收不良资产1.47亿元,不良资产比率2.12%,比年初下降0.86个百分点。

优先满足地方重大建设项目和招商引资重点客户的资金需求,支持地方产业结构调整。投向重大基础设施和招商引资项目的资金占信贷规模的50%以上,新增"三新"产业贷款5.1亿元;新增宝胜集团等循环经济示范项目贷款1.9亿元。推进业务转型和产品创新。开展协议付款、资产出让等业务,腾出规模保证地方经济发展需要。拓宽企业融资渠道,加强与海外分行联系,通过参与海外行银团、海外代付等方式,解决客户资金需求,支持扬州企业"走出去"。

与富登担保有限公司合作打造中银富登融资快速通道,为中小企业提供最高240%的担保融资额度。整合组织架构,改造业务流程,形成以"流程银行"为核心的运营方式,中小企业授信审批时间最短仅需1天。先后6次组织中小企业园区行、乡镇行活动,上门服务中小企业客户。2010年,新增中小企业贷款5.4亿元。

办理跨境人民币结算业务1.5

亿元，占全市95%的份额；贸易融资业务新增7.2亿元。

（王洪涛　袁　庆）

■中国建设银行股份有限公司扬州分行　2010年，中国建设银行股份有限公司扬州分行完成中间业务收入2.89亿元，比上年增长27.5%；新增各项贷款35.5亿元；新增一般性存款32亿元，年末存款余额371亿元；实现利润6.6亿元，比上年多盈利1.1亿元。净息差、成本收入比、经济资本回报率等财务指标表现良好。

推进中间业务。组织发行集合信托计划私募融资顾问项目——江都燃气股权收益权集合信托产品，创造中间业务收入1000万元。扩大信贷投放。全年通过办理转贴现3.3亿元和压缩到期贴现，腾出贷款规模5.7亿元。提高金融服务水平。争取到长青农化募集资金2亿元，营销土地拍卖资金21亿元。

优化业务结构。中间业务收入占主营净收入的比重比上年提升1.8个百分点，提升主营业务之间的协调性，发展小企业业务、国际业务、电子银行业务、信用卡业务等战略性业务。

促进信贷结构调整。重点支持建筑业、制造业和从事保障型住房建设项目的房地产业，3个行业合计新增贷款占非贴贷款新增总额的90%。拓展小企业业务，全年小企业新增贷款占全部公司非贴贷款新增总额的55%。

调整客户结构。新增对公结算户2153户；新增国际收支申报口径外汇客户22户，其中结算量3000万美元以上客户3户；新增AUM（客户在建行的存款和通过建行购买的各种投资产品等个人金融资产）50万～300万元个人高端客户近4000户。

调整渠道结构。新装修4个网点，新建3个附行式自助银行，完成11个网点二代转型。

加强产品创新。与扬州广播电视总台合作，推出A计划数字龙卡；办理远期结售汇业务1.3亿美元，比上年增长98%；开立首个境外机构境内账户（NRA账户）。

推进对公经营职能整合，成立贷后管理中心。市区申报授信客户从11月起全部采用新模式。各县（市）支行均成立小企业分中心。

加强主动负债管理。吸收低成本的活期存款，分流期限长、成本高的定期存款。全年一般性存款付息率比上年下降0.29个百分点，减少利息支出1亿元。推进成本管理，保证业务发展所需投入，压缩行政性、非生产性支出。成本收入比比上年下降0.91个百分点。（黄克义）

其他商业银行

■交通银行股份有限公司扬州分行　2010年末，交通银行股份有限公司扬州分行资产总额118.37亿元，人民币存款余额107.12亿元，全年实现经营利润2.42亿元，推进中间业务，全年新增年金托管客户2户、托管金额710万元，完成蕴通账户4户、蕴通供应链链属企业15户，新增发行贷记卡4.51万张，实现基金销售1.48亿元，拓展领汇财富高端客户2户，实现国际结算15.77亿美元。3月，联合交通银行香港分行，为汇银家电IPO（Initial Public Offerings的缩写，即首次公开募股）项目境外上市服务。

开展信贷业务检查，加大问题贷款清收处置力度，确保资产分类准确、贷款管理精细、资产质量稳定。年末，全行不良贷款余额7731万元，比年初下降3380万元；不良贷款占比0.78%，比年初下降0.48个百分点；全年累计清收处置存量不良贷款4012万元，化解监察名单贷款4060万元。

信贷规模平稳增长。年末，全行人民币贷款余额97.67亿元，比年初增加12.81亿元，增长15.10%。零售信贷余额较年初增加12.19亿元，增长69.34%。调整信贷结构，全年加大对扬州市实体经济中具有较强竞争力的企业、具有良好成长性和可持续经营能力的中小企业及县域经济重点投入，分别新增贷款7.06亿元、4.6亿元和3.11亿元。做好房地产业、政府融资平台和产能过剩等重点风险领域客户减持加固工作。（盛　郊）

■中信银行股份有限公司扬州分行　至2010年底，中信银行股份有限公司扬州分行人民币一般性存款余额135.27亿元，比年初增加27.34亿元，比上年同期多增7.39亿元；市场占比7.52%，比年初上升0.56个百分点。其中，对公存款余额102.46亿元，比年初增加21.78亿元，市场占比10.39%，比年初上升0.69个百分点；储蓄存款余额32.81亿元，比年初增加5.56亿元，市场占比4.03%，比年初上升0.24个百分点；外币存款余额1210万美元，比年初减少1715万美元；人民币贷款余额109.95亿元，比年初增加16.81亿元，比上年同期多增12.42亿元；月末存贷比81.28%，日均存贷比83.85%；不良资产率0.2%，比年初下降0.18个百分点；贷款利息回收率99.88%，较年初下降0.12个百分点；外汇总收支5.35亿美元，比上年同期增加1.98亿美元；资产利润率2.17%；实现中间业务收入2538万元；全辖实现税前利润2.82亿元，比上年同期增加9116万元。（纪　刚）

■招商银行股份有限公司扬州分行　2010年，招商银行股份有限公司扬州分行建成开发区支行，新增2家离行式自助银行。至年末，全行下辖5家营业机构，有24小时在行式自助银行5家、离行式自助银行9家、离行式自动柜员机2台。

2010年末，全行自营存款余额55亿元；自营贷款余额53亿元，其中中小企业授信户数144户，占授信客户总数的60%。全行有单位结算户1867户、公司授信客户240户，一卡通发卡量逾8万张，信用卡客户逾3万户。（高　翔）

■中国邮政储蓄银行扬州市分行　2010年，中国邮政储蓄银行扬州市分行信贷业务、公司业务收入占比由上年的28.2%提高至49.2%。至年末，银行存款余额192.3亿元，其中活期存款余额57.6亿元，占比29.98%；全年存款余额净增16.83亿元，其中活期存款余额净增7.72亿元。全年发放贷款19亿元。全区信贷逾期率

0.24%,不良贷款率0.23%。

谋划发展小额信贷业务,以乡镇中小企业、个体经营户、种植(养殖)大户为重点对象,到社区、村组开展市场调查。推进信用村镇建设,开展“贷款进社区”活动,全年建成信用村(镇、市场)近300个。全年开展网点常规检查1597次,网点检查覆盖率100%,组织专项审计检查90次。年内启动11个网点迁址改造和扩建,累计增加营业面积1800平方米。

(李　辉)

■江苏银行股份有限公司扬州分行 2010年末,江苏银行股份有限公司扬州分行本外币存款余额167亿元,比年初增加34亿元,增长25.82%;本外币贷款余额99亿元,比上年增加14亿元,增长17.27%;实现账面净利润2.1亿元,增长76.44%;不良贷款率1.59%,比年初下降0.1个百分点。

(骆君华)

■扬州农村商业银行 1月,扬州市区农村信用联社召开社员代表大会,履行法定程序,成立扬州农村商业银行筹建工作小组。经过清产核资与整体资产评估,通过江苏银监局验收并完成整改,完成净资产确认与分配,确定发起人并签订发起人协议书。8月,扬州农村商业银行筹建申请材料报送银监会。10月20日,银监会批复同意筹建扬州农村商业银行。

11月20日,筹建工作小组召开江苏扬州农村商业银行股份有限公司创立大会暨第一次股东大会,选举产生第一届董事会和监事会成员,并召开第一届董(监)事会第一次会议,选举产生董(监)事长,聘任行长、副行长等。12月14日,江苏银监局批准扬州农村商业银行开业申请,并核准董事、监事和高级管理人员任职资格。12月25日,扬州农村商业银行正式开业。

2010年末,扬州农村商业银行各项存款余额91.11亿元,比年初增加18.52亿元,增长25.51%,同比多增2.34亿元。其中,储蓄存款56.36亿元,比年初增加9.21亿元;对公存款34.75亿元,比年初增加9.31亿元。各项贷款(含贴现)余额69.20亿元,比年初增加14.12亿元,增长25.64%,同比多增1亿元。不良贷款余额2.15亿元,比年初减少5321万元;不良贷款占比3.1%,比年初下降1.76个百分点。各项收入5.59亿元,比上年增加1.17亿元;各项支出4.97亿元,比上年增加0.83亿元;账面利润6263万元,比上年增加3403万元。净收入4.05亿元,比上年增加7427万元;净收入增长率22.45%,比上年上升3.08个百分点。实现净利润4674.85万元,比上年增加1875.58万元。资产利润率0.60%,比上年上升0.25个百分点。

2010年,扬州农村商业银行推广“阳光信贷——惠民宝”业务,加大支农投入。至年末,涉农贷款余额49.07亿元,比年初增加10.04亿元,比上年多增4137万元;涉农贷款余额增长25.72%,比全年各项贷款增幅高0.08个百分点;占各项贷款比重70.91%,比上年提高0.05个百分点。全辖各支行对7.55万户农户进行入户调查,筛选出有效客户4.35万户,全部建档;对1.71万户授信,授信金额18.11亿元,其中无担保信用授信金额1.81亿元;已用信户1739户,用信金额3.24亿元。

加大不良贷款清收力度,优化资产质量。重点抓大额贷款清收盘活工作,现金收回两笔近2000万元不良贷款。

(聂新宝　包　婷)

■南京银行扬州分行 4月18日,南京银行扬州分行开业,从事经银监会批准并经总行授权的业务。南京银行成立于1996年2月,是国内首批上市的城市商业银行,净资产超100亿元。至2010年末,南京银行扬州分行拥有对公客户530多户、对私客户4000多户,存款余额28亿元,投放贷款17亿元,实现当年开业当年盈利。

(南　银)

■江都吉银村镇银行 11月28日,江都吉银村镇银行开业。江都吉银村镇银行经中国银行业监督管理委员会批准,由吉林银行联合江苏省部分企业及自然人共同出资组建,注册资本1.8亿元,是江苏省内注册资本最多的村镇银行。江都吉银村镇银行是其发起行和控股行吉林银行跨地区设立的首家投资控股银行,具有“机制灵活、决策高效、地域专一、服务快捷”的优势。作为独立的法人金融机构,江都吉银村镇银行业务范围包括吸收公众存款,发放短期、中期和长期贷款,办理国内结算、票据承兑与贴现,从事同行业拆借和借记卡业务,代理发行、兑付和承销政府债券,代理收付款项及保险业务,经银监部门批准的其他金融业务等。

(江　吉)

■昆山农村商业银行广陵支行 12月15日,昆山农村商业银行广陵支行在广陵区开业。昆山农村商业银行是经银监会批准改制成立的股份制商业银行,2004年12月成立,前身为昆山市农村信用合作社联合社,是全国农村信用社改革试点中首批成立的农村商业银行,以立足区域,服务“三农”,服务中小企业和个人客户为市场定位。

(吴　广)

保险业

■概述 2010年,全市保险业实现保费收入65.98亿元,比上年净增保费11.91亿元,增长22%。其中财产险公司实现保费收入13.95亿元,比上年净增保费3.54亿元,增长34%;寿险公司实现保费收入52.03亿元,比上年净增保费8.37亿元,增长19%。

2010年,全市保险业支付赔款7.96亿元,比上年增加0.55亿元,增长7.5%。其中,财产险支付赔款6.32亿元,比上年增加0.58亿元,增长10.1%,赔付率45%;寿险支付赔款1.63亿元,比上年减少0.03亿元,赔付率3%,短期寿险赔付率49%。

至2010年底,全市有52家保险公司,其中财产保险公司24家、人寿保险公司28家。保险行业协会有会员单位53家,其中保险公司48家(财产险公司24家、寿险公司24家)、保险专业中介机构5家。全市保险业有从业人员1.6万人,其中保险营销员1.2万人。

(倪　亮)

■**修订保险行业自律公约** 加强行业自律，修订完善机动车辆保险和非车财产险自律公约，组织签订《扬州市机动车辆保险行业自律公约2009版补充协定》、《扬州市机动车辆保险行业自律公约2009版补充协定(二)》和《扬州市非车财产险“见费出单”行业自律公约》。 (倪 亮)

■**保险行业自律专项检查** 市保险行业协会对全市财产保险公司财产险业务进行自律检查，发现优惠系数使用不准确、经营费用数据不真实等问题，按照行业自律公约对违约公司作出违约处理。引入独立第三方介入行业自律检查，提高自律检查的权威性与公正性，弥补监管不足的缺陷。

11月9～13日，组织对全市各人寿保险公司银行保险业务进行自律检查。检查结果表明，全市银保市场秩序基本良好，销售误导、夸大收益等违规行为得到遏制。 (倪 亮)

■**中介行业自律** 扬州市成立保险行业协会中介专业委员会，领导中介会员开展自律工作。9月27日，组织签订《扬州市保险专业中介机构自律公约》，要求中介机构按照规定向保险公司开具《保险中介服务统一发票》、不得为保险公司虚开《保险中介服务统一发票》等相关自律规范，并制定违约处理细则，规范专业中介市场秩序。 (倪 亮)

■**协调处理摩托车交强险投保问题** 召开产险公司总经理联席会议，从1月25日起对全市摩托车交强险实行按市场份额比例承保。7月1日起，扬州市调整摩托车交强险承保方案，将全市辖区分为6个区域集中承保，由业务规模较大的6家公司负责承办，其他公司按照市场份额分配承保数量，由各公司在柜面自行承保。

(倪 亮)

■**中国人民财产保险股份有限公司扬州市分公司** 2010年，中国人民财产保险股份有限公司扬州市分公司为全市2.79万家(名)单位和个人提供保险服务，承担5000多亿元的风险保障，实现保费收入6.27亿元，比上年增长30%，占45%的市场份额。全年处理各类赔案3.74万件，支付各类赔款2.87亿元。

创新发展保险业务。发展各开发园区重点项目的财产保险和工程保险业务，扩大船建险、船舶险业务；拓展货运保险、物流责任保险业务；支持机场、道路等大型市政工程项目的建设；推进行业性责任保险，承保全市医疗责任险、校园方责任险、船舶油污责任险等。

承保全市政策性农业保险，承担风险责任14.7亿元，实现保费收入9100万元，赔付4000多万元，是农民自缴保费的1.6倍。在稳固水稻、小麦、油菜、棉花、能繁母猪等8个险种的基础上，开展肉用仔鹅保险等特色高效农业保险创新工作；开展农业保险示范县创建活动，加大对农村网点建设的投入，促进适农、惠农保险业务的发展。

2010年，中国人民财产保险股份有限公司扬州市分公司承保中石化旗下缅甸油井井控费用保险和责任险、加拿大油砂项目财产险等海外项目，开创扬州非寿险业海外业务发展先例。 (史美祖 王 纬)

■**中国人寿保险股份有限公司扬州市分公司** 2010年，中国人寿保险股份有限公司扬州市分公司实现总保费收入24.3亿元，比上年增长8.69%，占扬州市寿险市场48.6%的份额。其中，首年保费12.78亿元，首年期交保费4.13亿元，10年期及以上首年期交保费2.07亿元，短险保费9031.91万元。全年处理赔案3.34万件，赔付8285万元。 (徐开国)

证券业

■**概述** 2010年，全市有仪征化纤、亚星客车、扬农化工、联环药业、宝胜股份、江苏琼花、长青股份等7家上市公司。7家上市公司全年累计实现营业收入255.96亿元，净利润15.2亿元；另有汇银家电(控股)有限公司在香港联交所主板上市。全市9家证券公司营业部开设资金账户25.98万户，比年初增加2.3万户；保证金余额26.14亿元，比上年减少3.91亿元；当年净流入股市资金27.46亿元，比上年减少5.98亿元。全年实现证券交易额3029.5亿元，比上年减少18.66亿元。其中，股票2942.7亿元，减少119.41亿元；基金30.33亿元，减少6.49亿元。 (杨 志)

■**汇银家电在香港联交所上市** 3月25日，汇银家电(控股)有限公司在香港联交所主板挂牌上市，成为扬州市第一家在资本市场上市的商贸企业。汇银家电(控股)有限公司是家用电器及电子消费品综合零售连锁营运商及分销商，总部设于扬州，业务范围覆盖27个城市，拥有250家门店、360个网点。汇银家电挂牌交易首日，以2.44港元收盘，较1.69港元的招股价上涨44.38%，当日成交5.17亿股，成交额约12.6亿港元。

(汇 银)

2010年扬州市上市公司经营业绩一览表

上市公司(简称)	营业收入(万元)	净利润(万元)	基本每股收益(元/股)	每股净资产(元/股)
仪征化纤	1634837	122654	0.307	2.078
亚星客车	66734	659	0.03	1.00
扬农化工	156692	13406	0.779	9.651
联环药业	28944	2033	0.17	2.64
宝胜股份	576587	9413	0.60	6.72
江苏琼花	20304	-6814	-0.4083	0.5332
长青股份	75543	10665	0.74	9.99

(栾 宇)

扬农化工发行短期融资券 3月29日，江苏扬农化工集团有限公司发行3亿元366天期无担保短期融资券。起息日为3月30日，上市流通日为3月31日，到期兑付日为2012年3月30日。募集资金中，2亿元用于补充子公司瑞祥化工的流动资金需求，1亿元用于偿还银行贷款。中国农业银行股份有限公司为融资券发行的主承销商。（胡 岩）

长青股份在深圳证券交易所上市 4月16日，江苏长青农化股份有限公司人民币普通股股票在深圳证券交易所上市，证券简称为“长青股份”，证券代码为“002391”。公司人民币普通股股份总数为9892万股，其中首次上网定价公开发行的2000万股股票自上市之日起上市交易。

公司主营业务为化学农药的生产、销售，产品包括除草剂、杀虫剂、杀菌剂等三大系列18种原药、69种制剂，是国内主要农药生产商之一。股票发行募集的资金将用于年产1200吨氟磺胺草醚原药项目、年产1200吨吡虫啉原药项目、年产300吨烟嘧磺隆原药项目、年产500吨烯草酮原药项目和年产500吨稻瘟酰胺原药项目，总投资2.37亿元。（胡 岩）

华泰证券扬州文昌中路营业部 华泰证券扬州文昌中路营业部位于扬州市文昌中路406号。至2010年末，华泰证券营业部开设资金账户4.15万户，保证金余额4.30亿元，当年净流入股市资金2.37亿元，累计实现证券交易额491.58亿元，其中股票479.27亿元、基金8.46亿元。（杨 志）

海通证券扬州汶河南路营业部 海通证券扬州汶河南路营业部位于扬州市区汶河南路69号。至2010年末，海通证券扬州营业部开设资金账户2.05万户，保证金余额3.85亿元，当年净流入股市资金5.84亿元，累计实现证券交易额316.36亿元，其中股票306.43亿元、基金1.82亿元。（杨 志）

申银万国证券股份有限公司扬州营业部 申银万国证券股份有限公司扬州营业部位于扬州市邗江北路68号。至2010年末，申银万国营业部开设资金账户2.93万户，保证金余额2.19亿元，当年净流入股市资金-0.41亿元，累计实现证券交易额339.65亿元，其中股票335.16亿元、基金1.02亿元。（杨 志）

中国建银投资证券有限责任公司扬州证券营业部 中国建银投资证券有限责任公司(中投证券)在扬州市共开设3家营业部，即位于扬州市汶河北路19号的扬州汶河北路证券营业部、位于江都市龙城路19号的扬州江都证券营业部和位于仪征市大庆北路99号的扬州仪征证券营业部。至2010年末，中投证券扬州各营业部开设资金账户6.74万户，保证金余额6.10亿元，当年净流入股市资金10.30亿元，累计实现证券交易额678.77亿元，其中股票663.99亿元、基金3.93亿元。（杨 志）

招商证券股份有限公司扬州汶河北路证券营业部 招商证券股份有限公司扬州汶河北路证券营业部2001年9月成立，位于扬州市汶河北路38号。至2010年末，招商证券营业部开设资金账户2.76万户，保证金余额3.06亿元，当年净流入股市资金1.55亿元，累计实现证券交易额310.16亿元，其中股票288.86亿元、基金6.73亿元。（杨 志）

新时代证券有限责任公司扬州文汇南路证券营业部 新时代证券扬州营业部位于维扬路112号。至2010年末，新时代证券营业部开设资金账户0.82万户，保证金余额0.96亿元，当年净流入股市资金1.53亿元，累计实现证券交易额172.53亿元，其中股票170.30亿元、基金0.36亿元。（杨 志）

华泰联合证券扬州文昌西路证券营业部 华泰联合证券扬州文昌西路证券营业部位于文昌西路公元国际大厦。至2010年末，联合证券营业部开设资金账户5.32万户，保证金余额4.22亿元，当年净流入股市资金4.55亿元，累计证券交易额480.28亿元，其中股票469.69亿元、基金2.70亿元。（杨 志）

中国银河证券扬州营业部 中国银河证券扬州营业部位于扬州市文昌中路561号。至年末，银河证券营业部开设资金账户1.05万户，保证金余额1.22亿元，当年净流入股市资金1.30亿元，累计实现证券交易额200.87亿元，其中股票190.79亿元、基金5.23亿元。（杨 志）

太平洋证券股份有限公司扬州运河西路证券营业部 太平洋证券股份有限公司扬州运河西路证券营业部位于扬州市运河西路185号东城国际大厦。至年末，太平洋营业部开设资金账户0.16万户，保证金余额0.25亿元，当年净流入股市资金0.43亿元，累计实现证券交易额39.27亿元，其中股票38.20亿元、基金0.09亿元。（杨 志）

财政 税务

Caizheng Shuiwu

本栏责任编辑　杨文才

财政

■概述　2010年，全市财政总收入完成400.88亿元，比上年增加90.79亿元，增长29.3%。其中，一般预算收入完成167.78亿元，比上年增加39.7亿元，增长31.0%。市区财政总收入完成221.84亿元，增长29%。其中，一般预算收入完成91.61亿元，增长24%。县域财政总收入完成179.04亿元，增长29.6%。其中，一般预算收入完成76.17亿元，增长40.5%。全市一般预算支出201.68亿元，比上年增加42.68亿元，增长26.8%；政府性基金支出90.99亿元，增长41.8%；社会保险基金支出37.23亿元，增长11.2%。（杨建民　张英明）

■收入征管　2010年，全市一般预算收入超额完成市人代会确定的增长18%的预算目标。年初，扬州市将收入任务下达到各县（市、区）和各征收机关，细化项目，落实单位，按月、按季加强督查考核。推进社会综合治税，涉税信息采集范围由市区延伸到县级，全面掌握税源动态。组织开展市级税源调查，建立市本级纳税户名录。制定《扬州市级非税收入征收管理考核暂行办法》，激励各执收单位依法强化非税收入组织，市级全年非税收入完成46.7亿元。建立扬州、盐城、泰州、南通和镇江五市财政国库部门联席会议制度，加强收入调研分析和预测。4月1日起，将耕地占用税和契税征管职能划归地税部门。（杨建民　张英明）

■支持创新型经济发展　全市各级财政部门支持产业结构转型升级。市本级通过整合存量、加大增量，科技创新专项资金总量增加至4亿元，重点扶持“三新”（新能源、新光源、新材料）产业发展，促进产业园区转型升级，鼓励科技攻关、科技成果转化以及人才引进；支持物流服务、信息服务、金融服务等现代服务业发展和旅游业调整结构；制定“八大产业”（石油及化工、汽车船舶、机械装备、新能源、新光源、智能电网、软件与信息服务、现代物流）振兴、“绿扬金凤计划”（引才计划）等6个专项资金管理办法，按制度审核拨付资金。争取上级资金，市区全年争取上级财政有关重大项目、产业发展、科技成果转化、节能减排、农业和农村发展等专项资金12亿元。支持金融担保体系建设。支持股份制商业银行到扬州开设分支机构，对金融机构放大贷款规模实施奖补政策，发放省、市奖补资金1635万元；安排3000万元增加市担保中心和润扬担保公司资本金，发放省、市担保机构奖补资金300万元；市担保中心累计担保额突破13亿元，在保企业96家。优化财政服务。市财政局参加市政府“政策服务县（市）行”活动，开展“财政宣传月”活动，将财政政策送到企业和基层；开展专题税收调研，帮助实友化工（扬州）有限公司落实消费税政策，节约税收成本；参与重点企业资产重组工作，支持企业改革发展；做好“家电下乡”、“汽车摩托车下乡”以及家电、汽车以旧换新工作，支持扩大内需。（杨建民　张英明）

■加大基本公共服务投入　完善就业和社会保障体系。落实就业再就业各项政策，市财政筹集5520万元支持就业、创业；推行新型农村社会养

市财政加大公共服务投入，完善义务教育经费保障机制。开学第一天，小学生领到了免费新课本　郭义富／摄

老保险制度,全市参保覆盖率99.7%;落实企业退休人员基本养老金调资政策,人均月增加养老金145元;支持落实城乡低保、老年服务、临时救助、住房保障、新型农村合作医疗等政策。促进社会事业发展。落实教育优先政策,完善义务教育经费保障机制,所有县(市、区)生均公用经费均达省定标准;健全困难学生资助体系,落实中等职业学校助学金、普通高中助学金等助学政策,免除特殊教育学校学生伙食费。支持文化博览城建设,文化艺术中心投入使用,文化产业健康有序发展。推动医药卫生体制改革,市财政安排3000万元提高基本公共卫生经费标准,支持重大公共卫生服务项目和基层医疗卫生机构建设,推进基本药物制度实施和公立医院改革试点。推进公共卫生和基层医疗卫生事业单位收入分配制度改革。支持提升城市功能。安排专项资金1750万元,支持扬州市创建全国文明城市、国家森林城市、国家生态市和申报世界文化遗产工作;支持苏中江都机场建设,筹措机场公司注册资本金8000万元,做好机场拆迁和扬州旧机场置换补偿相关工作;支持古城保护建设,加大对老城区、老小区、老宿舍、老宅子、老街巷、老市场、老庄台和老厂区建设、改造投入;安排城市公交发展资金1.35亿元,支持更新公交车辆,落实居民乘车优惠政策。推进城乡统筹发展。市财政安排1.34亿元支持城乡统筹和新农村建设,推进重点中心镇建设;扩大村级公益事业"一事一议"财政奖补工作试点;落实强农惠农政策,发放水稻直补、良种补贴和农资综合补贴资金3.69亿元。调度资金,完成四川绵竹九龙镇的援建任务,启动新疆新源县援建工作。(杨建民 张英明)

■推进财政改革创新 加强财政预算管理。出台《关于推进财政预算科学化精细化管理的意见》,确立"先有预算,后有使用"、"有预算不超支,无预算不开支"、"先有使用办法,后有资金安排"等原则,建立1000万元以上专项资金预评估论证制度。深化部门预算改革。完善部门预算编制办法,推进全口径预算管理,试编国有资本经营预算,提高政府预算的完整性;细化公用定额标准,调整、压缩公用经费,编制非税收入征收计划。完善国库集中支付制度。推进公务卡结算方式,市级全年公务卡结算公务支出1767万元;全市大部分乡镇实施国库集中收付制度改革。推进非税收入管理制度改革。全面实施乡镇非税收入收缴管理制度改革,全市建立全面、真实、透明和规范的非税收入管理体系。完善政府采购预算制度。强化政府采购预算编制工作,列入政府集中采购目录的货物、工程和服务支出均编制政府采购预算;全年市级政府采购成交金额2.98亿元,比预算节约资金6600多万元。

(杨建民 张英明)

■专项监督与绩效管理 加强日常监管和绩效评价。开展"小金库"专项治理工作,将治理范围延伸到社会团体和国有企业。市级国有企业自查自纠"小金库"9个、金额1641万元;检查33家社团和国有企业,查出违规资金3.3亿元。组织部门预算、专项资金、会计信息质量检查,查处违规资金8968万元。组织强农惠农专项资金清查。加强政府投资项目管理,对体育公园体育场工程和国际展览中心二期工程试行代建制,对文昌东路东延段两座大桥委派财政现场代表。加强对政府融资平台资金监管,摸清债务情况,确保资金安全使用。组织开展财政重点支出绩效评价工作,创新绩效评价模式。

加强行政事业单位国有资产管理。建立市级行政事业单位公房出租信息数据库,加强资产有偿使用管理。组织市级公有房屋招租工作,招租收入6813万元全部纳入部门预算,实行"收支两条线"管理。

加强会计和注册会计师行业监管。坚持以健全基础管理工作、提高会计信息质量、规范会计秩序为目标,强化会计和注册会计师队伍建设,提升会计管理工作水平。实施会计人员继续教育网络培训。

落实厉行节约各项措施,压缩公款出国(境)经费、车辆购置及运行、公务接待、会议经费等一般性支出。

(杨建民 张英明)

国家税务

■概述 2010年,扬州市国税系统推进风险管理,深化征管基础建设,提高征管质效,组织国税总收入138.67亿元;贯彻落实各项结构性减税措施,办理各项税收优惠72.98亿元。市国税局被省国税局评为2010年度目标管理先进单位。市国税系统被评为2007～2009年度江苏省文明行业,5家单位被评为2007～2009年度江苏省文明单位,13家单位被评为2007～2009年度江苏省精神文明建设工作先进单位,2家单位被命名为全省国税系统"五好"和谐基层建设示范点。

(殷天成 管冬军)

■国税收入 2010年,全市组织入库各项国税收入138.67亿元,比上年增长24.05%,完成省国税局下达计划的113.85%。其中,政府口径收入127.45亿元,比上年增长1.92%,

2010年扬州市国税收入情况表

税 种	2010年(万元)	占收入总额百分比(%)	2009年(万元)	增加额(万元)	比上年增长(%)
合 计	**1386710**	**100**	**1117823**	**268887**	**24.05**
增值税	966559	69.70	863595	102964	11.92
消费税	53043	3.83	44752	8291	18.53
企业所得税	302746	21.83	169913	132833	78.18
利息税	1752	0.13	7563	-5811	-76.83
车辆购置税	62610	4.51	32000	30610	95.66

(殷天成 王家俊)

完成政府年初下达计划的 100.59%。完成一般预算收入 34.36 亿元,比上年增长 26.92%,完成政府年初下达计划的 105.03%。

(殷天成　管冬军)

■落实结构性减税措施　2010 年,全市继续实施增值税转型改革,办理固定资产进项抵扣税金 12.3 亿元,比上年增长 80.88%。加快出口退税进度,办理出口退税 38 亿元,比上年增长 52.73%,办理调库 9.75 亿元。兑现企业所得税优惠政策,累计为涉农、资源综合利用、高新技术等企业办理所得税优惠 15.38 亿元。调低小规模纳税人征收率,减征税款 2 亿元。执行小排量汽车减征车购税政策,减征 2.7 万辆汽车税款 0.52 亿元,免征 301 辆汽车税款 0.35 亿元。办理促进残疾人就业、软件企业、资源综合利用等增值税"先征收、后返还"税款 4.84 亿元。(殷天成　管冬军)

■支持成长性企业　3 月,市国税局制定《扬州市国税局支持全市成长性企业发展实施意见》,遴选第一批 60 家企业为支持对象。5 月,举办首届"支持成长性企业发展论坛"。7 月,市国税局向市人大报告服务成长性企业情况。各级国税机关落实三级挂钩制度,全年走访企业 194 家次,解决涉税问题近 100 个。2010 年,全市第一批 60 家成长性企业实现销售收入 394.15 亿元,比上年增长 70%;入库增值税 4.44 亿元;实现利润 36.54 亿元;入库企业所得税 9.13 亿元,比上年增长 49%。

(殷天成　王家俊)

■征管基础建设　2010 年,市国税局开展"征管基础建设深化年"活动,出台《关于进一步深化税收征管基础建设的意见》,制订《征管基础建设深化年主要活动安排》,分解《深化征管基础建设的重点项目》。通过定期联席会议、半年工作推进会、专题简报等方式,推广好做法,通报存在问题,部署各阶段工作。各税源管理单位加强征管基础建设,强化日常征管环节控制。落实巡查制度,做好各税种的申报审核工作。深化各类征管信息平台的运用,以评(查)前分析、评(查)后复查为重点,提高评估和稽查的质量,消除税收执法隐患,防范税收执法风险。(殷天成　伍凯文)

■执法过错追究　2010 年,市国税局制定《税收执法问责追究暂行办法》,明确问责追究的主体、程序、范围以及资料要求,加大对过错执法行为的经济惩戒力度。召开问责追究培训推进会,增强规范执法、依法行政理念。市国税局将问责追究情况列入执法检查内容,责令各单位追究执法检查中发现的问题。11 月,市国税局法规、人事、监察等部门联合对各单位问责追究情况进行巡视检查,指出存在问题,督促追究到位,对个别错误性质严重的人员,进行诫勉谈话。全年追究 334 人次,其中批评教育 175 人次、责令作出书面检查 148 人次、通报批评 11 人次,经济处罚 3.21 万元。(殷天成　伍凯文)

■支持非核心业务分离　2010 年,市国税局落实政府关于支持企业非核心业务分离的要求,出台文件支持相关行业非核心业务分离工作。到相关企业调研、辅导,引导企业规范操作,帮助企业化解涉税风险。提供全市运费抵扣大户详细情况,为地税部门和政府开展非核心业务分离工作提供依据。(殷天成　姚云鹏)

■税源专业化管理　2010 年,市国税局组织开展"税收风险管理完善年"活动,推进税源专业化管理。市国税局成立专业化管理团队,县(市)局实行"县(市)局部分实体化+分局内部专业化"模式。市直税源管理单位统一采用内部专业化的税源专业化管理模式,全市建立专业化管理团队 20 个,人员 254 人。建立健全专业化管理制度,构建各成员单位之间、机关与基层之间齐抓共管、减负增效的格局。全年组织企业所得税收入 30.27 亿元,比上年增长 78.18%;整合实施风险应对企业 1.49 万家,增加税收 5.86 亿元。

(殷天成　舒永新)

■非居民税收管理　2010 年,市国税局加强非居民税收管理基础建设,规范税收征管流程和间接转让股权行为。5 月 18 日,成功征收诚德钢管有限公司外方股东在香港间接转让股权交易非居民企业所得税 1.73 亿元。2010 年,全市入库非居民企业所得税 2.53 亿元,比上年增长373%。

(殷天成　陆建棋)

■第三方信息运用　2010 年,市国税局加强第三方信息应用工作,发挥第三方信息在完善税收风险管理、提升税源管理水平、促进收入组织工作中的作用。2010 年,全系统依托综合治税平台,利用各类第三方信息,评估企业 6243 家次,累计增加税收 2.1 亿元。(殷天成　陈继泉)

■整顿税收秩序　2010 年,市国税局对重点房地产企业、电子设备制造和销售业、商品混凝土生产业、药品经销行业等进行专项检查,检查企业 3243 家,查补入库税款 1.91 亿元。全年查处 40 万元以上的大要案件 23 件,比上年增长 122%。开展打击发票违法犯罪活动,全年受理举报 147 件。2010 年,市国税局稽查局获评"2009 年度全国打击发票违法犯罪活动工作成绩突出的单位"。

(殷天成　周光祥)

■教育培训　2010 年,市国税局邀请扬州税务学院、省税校等单位专家讲授所得税检查技巧、出口退税、中小企业财务及税政业务、利息税等业务知识,840 多人次参训。7 月上中旬,组织全系统 91 名中层以上领导干部到广州暨南大学完成更新知识培训。9 月,参与组织全系统 40 余名骨干到中南财经政法大学参加为期 10 天的所得税高层次业务培训。组织党组成员、各县(市、区)国税局班子成员、管理科长、信息技术人员等参加各类平台应用型培训。

组织开展全系统基层一线干部岗位分类培训、技能达标和"能手"竞赛活动。下发《扬州市国税系统基层一线干部岗位分类培训实施方案》,有 1028 名干部参加基层一线干部岗位分类培训,参训干部全部完成达标作业,872人报名参加全省“五类岗位人员”能手选拔赛,69人入围省级能手决赛,39人获评全省国税系统“五类岗位人员”能手。

（殷天成 顾宏君）

■纳税服务 2月,市国税局成立纳税服务专门机构——纳税服务处,与原办税服务厅合署办公,加挂第三税务分局牌子。各县(市、区)国税局纳税服务职能由征管科承担。召开首次全市国税系统纳税服务工作会议,出台《扬州市国家税务局关于深化纳税服务工作的意见》。加强办税厅规范化建设,完善办税厅内外部标识,推行“一窗通办”全职能窗口,涉税事项同城通办。《全程服务承诺及征管业务流程统计分析监控系统》全面上线,窗口评价器正式使用,服务承诺期限大幅缩短。学习贯彻《纳税人权利与义务公告》,保障纳税人合法权益,制定《扬州市国家税务局市直单位纳税服务投诉工作规程》。强化国税局与地税局合作,实现为地税部门代征门临开票税收;市国、地税外税部门联合成立外资企业“纳税人之家”。

市国税局完善“12366”纳税服务热线,建立“专家解读日”制度,组织专家团队,为纳税人提供咨询服务。4月,开通短信平台,向纳税人发送税收宣传短信。6月,在扬州国税门户网站增加发票查询功能。10月,在《扬州晚报》国税专版中开辟“12366”纳税服务热线专栏,刊载办税指南,提供热点问题解读。全年受理电话2.02万次,平均接听率94.68%。

（殷天成 史宁强）

2010年扬州市地方税收分地区情况表

地 区	2010年(万元)	2009年(万元)	比上年增长(%)
合 计	**874829**	**662701**	**32.01**
市 区	317348	253923	24.98
邗江区	149180	110864	34.56
宝应县	89852	53634	67.53
仪征市	93596	72944	28.31
高邮市	76502	57051	34.09
江都市	148351	114285	29.81

注:表中数据不含2010年4月从财政划转的契税、耕地占用税收入,表中所指市区不含邗江区,仪征市数据含化工园区。（陆元海）

2010年扬州市地方税收分税种情况表

税 种	2010年(万元)	2009年(万元)	增减额(万元)	比上年增长(%)
市、县级税收合计	**874829**	**662701**	**212128**	**32.01**
1. 营业税	366118	285352	80766	28.30
2. 个人所得税	139232	107805	31427	29.15
3. 土地增值税	64488	32571	31917	97.99
4. 城市维护建设税	73552	60823	12729	20.93
5. 车船使用税	6803	5481	1322	24.12
6. 房产税	35402	28676	6726	23.46
7. 资源税	2924	1933	991	51.27
8. 城镇土地使用税	41711	35504	6207	17.48
9. 印花税	15907	11957	3950	33.04
10. 企业所得税	128692	92599	36093	38.98

（陆元海）

2010年扬州市社会保险费征缴情况表

社会保险险 种	2010年征缴计划(万元)	征缴实绩(万元)		增减额(万元)	比上年增 长(%)	征缴率(%)
		2010年	2009年			
合 计	**589116**	**589893**	**505548**	**84345**	**16.68**	**100.13**
养老保险	401392	401800	337410	64390	19.08	100.10
医疗保险	145723	145924	131413	14511	11.04	100.14
失业保险	27766	27845	23689	4156	17.54	100.28
工伤保险	8174	8225	7548	677	8.97	100.62
生育保险	6061	6099	5488	611	11.33	100.63

（陆元海）

地方税务

■概述 2010年,全市地税机关坚持依法治税、信息管税、服务兴税、人才强税,完成年度各项目标任务,组织各项收入171.3亿元,办理税收减免7亿元,获评“市级机关目标管理作风建设先进单位”,在扬州市纠风办、文明办组织的43个部门民主评议行风活动中名列第一。获评国家级文明单位、巾帼示范岗等先进集体3个、先进个人2人,省级先进集体8个、先进个人10人;创成江苏省依法行政示范单位、省级廉政文化示范点。

加强税收政策调研和经济税收关联分析,为各级党委、政府提供有价值的分析报告和决策建议,全市地税系统开展地方融资平台、沿河物流业、“走出去”企业等税收专题调研。

全年有15条建议被国务院办公厅采用,103条建议被国家税务总局、省委、省政府采用,7条建议获国务院和省领导批示;获国家级科调研论文评比奖项5个、省级科调研评比奖项8个。 (陆元海 王长亮)

■**地方税费收入** 2010年,全市地税系统组织各项收入171.3亿元,比上年增长25.3%。其中,税收收入103.99亿元,增长31.8%;地方一般预算收入83.01亿元,增长32%,占财政一般预算收入的49.7%;征收社保费58.99亿元,增长16.7%,征缴率100.1%;征收教育费附加及其他基金(费)8.3亿元,增长16.6%。 (陆元海)

■**税种管理** 加强房地产业、建筑业、货物运输业、旅游业等行业的营业税管理。制定建筑业项目税收清算管理办法,对货物运输业实行"双警戒线"(营业收入"警戒线"的上限和下限)管理。实施企业所得税标准化管理和风险管理。组织开展汇算清缴,汇缴企业8050家,入库税款2.67亿元,比上年增长97.78%。加强高收入者个人所得税征管。重点强化对股权转让、演艺市场、中介机构的管理,创新高收入者个人所得税征收工作宣传形式,编写《"12万"自行申报七字诀》,全年征收个人所得税13.92亿元,增长29%,其中征收股权转让所得个人所得税6300万元。推进土地增值税清算工作。全市清算房地产项目113个,清算税款1.4亿元,全年土地增值税入库6.45亿元,增长97.99%。完成契税、耕地占用税"两税"征管职能划转工作,全系统征收"两税"11.82亿元。 (何春明 邵景鹏)

■**综合治税** 扬州市地税局开发、应用"社会综合治税分析应用平台",与全市42个部门建立涉税数据交换比对机制,补办税务登记1600户,查补税款1.5亿元;建立多部门联动服务的非核心业务分离工作机制,全年分离企业144家,新增税收3367万元;加强国税、地税联合征管,开发个体共管户地方税收委托代征软件,每月根据国税信息系统自动生成应申报的地方税收,实行网上扣款,逐步取消纸质完税证;委托市场管理部门或街道办代征市区33个市场税款,市场个体税收增长近5倍,全市个体税收增长50%。 (徐 志)

■**税务稽查和纳税评估** 开展"阳光稽查",辅导744户纳税人自查,补缴税款1.35亿元;实施房地产业、交通运输业、医疗卫生等行业专项检查。检查纳税人333户,累计查补税款2.44亿元,比上年增长95.2%。开展纳税评估9648户次,发现问题率69%,评估税款贡献率2.32%,评估税款2.21亿元。 (徐 志)

■**税收执法问责** 推行税收执法集体问责制,制定《执法问责集体审议办法》,按照"集体审议、阳光问责、过错追究、结果公开"的思路,在全国税务系统率先开展税收执法集体问责。2010年,集体审议56人73个执法事项,经审议成员记名投票,裁定追究23人26个执法事项,追回纳税人应缴未缴税款3157万元,市委、市政府召开执法问责现场会,推广这一做法;市地税局税收执法集体问责工作经验在国务院法制办"规范行政裁量权和深入推行行政执法责任制工作会议"上交流。 (朱朝平)

■**存量房估价评税系统** 开发、应用"存量房估价评税系统",应用房地产估价技术加强存量房交易税收征管工作,利用系统评估交易存量房680套,调增税款近100万元。该系统填补国内存量房征收管理信息系统的空白,为全国地方税制改革提供科学依据,为堵塞税收漏洞提供技术保障,为保证税收公平提供评税手段。省地税局在扬州召开现场会,推广存量房估价评税做法。 (何春明)

■**纳税服务** 建立健全纳税人权益保护工作机制;加强办税厅标准化建设,深化涉税审批流程改革和后续管理;建立"网上办税服务厅",推行"同城通办"、"影印系统"、CA认证(身份认证)、"免填单"等服务,提高纳税人办税效率,减轻纳税人负担。加大税法和税收业务宣传力度,在电视台《扬州新闻》栏目播放地税节目26档,在《扬州晚报》刊登税法宣传辅导专栏70期;举办政策通报会12场次,集中辅导纳税人3000户;送达电子版《涉税信息月报》4万余户次;受理"12366"电话咨询11万多次。 (任继生)

■**落实地方税收优惠政策** 2010年,全市地税系统发挥地方税收政策"调结构、促转型、惠民生"作用,落实各项税收政策。全年为各类纳税人办理税收减免近7亿元。支持重大项目建设,建立领导挂钩联系制度,推行"勤见面、勤宣传、勤协调"工作机制,帮助重点项目"早落户、早建设、早投产、早见效"。 (任继生)

■**信息化建设** 推广运用行政权力网上公开透明运行系统、勤廉测评系统、办税服务厅公共管理服务系统等三大系统。在全省率先推行网络发票离线开具模式。市地税局信息系统通过国家信息安全二级等级保护测评,成为全省地税系统和全市党政机关第一家达标单位。 (杨 忠)

市地税局建立局领导挂钩联系制度,支持重点项目建设 地税/供稿

经济管理与监督

Jingji Guanli Yu Jiandu

本栏责任编辑　杨文才

经济宏观管理

■**概述**　规划编制。制定《扬州市国民经济和社会发展“十二五”规划基本思路》，结合48项专项规划和8个专题规划课题的研究成果，市发展和改革委员会（简称市发改委）起草《扬州市经济社会发展第十二个五年规划纲要（征求意见稿）》。

加强目标管理。调整计划指标体系，充实、完善计划指标，增加科学发展综合指标等。组织编制2010年度国民经济和社会发展计划。

开展调查研究。加强全市国民经济和社会发展的监测、预测、预警和分析研究，针对经济社会运行发展中的重大问题提出对策和建议。组织开展“十二五”发展环境与目标、“十二五”社会管理策略、宁镇扬同城化、低碳经济、制造业转型升级、创业投资发展、文化创意产业等课题调研。完成《2010年度扬州经济社会发展蓝皮书》经济形势与预测、转变发展方式、生物产业、服务业等7个课题研究报告。开展社会发展评价工作，组织编印《和谐新扬州——2009扬州社会发展报告》。组织全市发改委系统调研成果评比活动，收到参评成果132项。

强化项目管理。推进苏中江都机场等基础设施项目建设。向上争取项目资金，全年争取各项扶持资金3.92亿元。缓解资金困难，出台《关于加快创业投资发展的若干意见》，设立江苏华工、威通投资等创业投资机构。汇银家电、长青农化成功上市。破解土地等要素制约难题，市发改委会同国土资源管理局等部门，为上海大众、德豪润达、璨扬光电、隆耀光电、天威新能源、太极新材料和苏中江都机场路、仪征燃机热电联产工程、扬州铁路货站货场配套工程等项目包装、审批提供服务，全年获省批准点供（指对重点项目给予保证指标的单独性保障性供地）和独立选址项目40个。

加快发展方式转变。推进农业现代化和城乡一体化。至2010年底，全市有农业产业化经营龙头企业350家，其中90家市级以上龙头企业销售收入比上年增长20%以上。全市新增各类农民合作组织631个，累计3127个。开展“统筹城乡发展部门工作日”活动，对市区1100平方千米范围进行全覆盖、科学化、精准性规划，实现产业、用地、建设、环保“四规融合”，推进市区率先统筹城乡发展。推进新兴产业发展。出台《扬州新能源、新光源产业2010～2012年快速发展行动计划》、《2010年“三新”产业发展工作意见》等文件，组织申报省级特色产业基地，获批江苏省智能电网产业基地、江苏省汽车及零部件特色产业基地。“三新”产业实现产值571.2亿元，增长49.6%，增幅高于规模以上工业14.9个百分点。发展现代服务业，完成服务业增加值838.78亿元，增长25.3%。

深化改革开放。创新“并联审批”工作模式，做好投资项目审批、核准、备案工作。全年受理各类审批事项650件，办结650件。指导协调全市改革工作，实施全市行业协会与行政机关脱钩工作，350多名在协会任职或兼职的公务员辞去协会领导职务。推进小城镇综合改革发展工作，评审宝应夏集镇经济社会发展规划，协调申报城乡建设用地增减挂钩等项目。做好市直商贸流通改制企业“回头看”工作，化解社会矛盾。推进扬州琼友工贸公司、扬州金福工贸公司、海口江扬琼友工贸实业有限公司等3家企业改制，完成扬州亚细亚商业总公司破产工作。高邮市发改委做好企业改制扫尾工作，弘盛集团成为真正意义上的企业法人实体和市场竞争主体。推进医改工作。落实基本药物制度，出台《关于实施国家基本药物制度的意见》；推进公立医院改革试点工作，制定扬州市第二人民医院（惠民医院）综合改革试点方案。

加强经济合作。推进区域经济合作。推进长三角区域合作，牵头完成“长三角异地养老合作”课题。参与宁镇扬区域合作，签订《南京都市圈农副产品全面合作协议》，落实《宁镇扬同城化建设合作框架协议》确定的20个重点项目；开展“宁镇扬创新型经济合作示范区”调研，研究战略地位、合作路径、制度突破和体制创新等问题，推进交通、产业、规划、环保、公共服务、制度等6个领域同城化，实现宁镇扬三市“旅游联动”。做好对口支援工作。完成对口支援新疆察布查尔县的扫尾工作；做好支援新疆新源县前期调研、规划、前方指挥部设置挂牌等工作；做好四川九龙项目竣工交接和援建扫尾工作，扬州市累计投资3.1亿元建设的4批19个援建项目全部竣工移交；统筹做好西藏曲水、陕西汉中、湖北秭归等对口支援工作。发挥驻外机构作用，为扬州招商引资、举办重大活动提供服务。

（孙景亮　陶小军）

■ **编制"十二五"规划**　4月，扬州市成立"十二五"规划编制领导小组。9月，市委常委会通过《扬州市国民经济和社会发展"十二五"规划基本思路》（简称"规划思路"）。12月17日，市委五届十次全会通过《中共扬州市委关于制定扬州市国民经济和社会发展第十二个五年规划的建议》（简称"规划建议"）。全市39个部门承担48项专项规划、8项专题规划的编制工作，市发改委在"规划思路"和"规划建议"基础上，吸收专项规划和专题规划研究成果，完成《扬州市经济社会发展第十二个五年规划纲要（草案）》（简称"规划纲要"草案）编制。12月29日，"规划纲要"草案通过专家论证。

"规划纲要"共分为8章39节，提出以坚持科学发展、建设"创新扬州、精致扬州、幸福扬州"为主题，以加快转变经济发展方式、"发展创新型经济、建设创新型城市"为主线，实施创新发展、城镇化、民生幸福、改革开放、可持续发展五大战略，推进创新型城市建设、经济转型升级、城乡一体化进程、民生幸福建设、改革开放和生态文明建设六大主要任务，体现扬州"人文、生态、精致、宜居"特色，突出创新驱动、区域协同发展和推进民生幸福。到2015年，实现全市地区生产总值4500亿元，年均增长12%，人均地区生产总值10万元；财政一般预算收入超过400亿元，年均增长20%；固定资产投资3000亿元以上，年均增长20%；进出口总额年均增长15%；全社会消费品零售总额年均增长14%；居民消费率30%以上；三次产业结构4.4∶50.6∶45.0；全社会研发投入占地区生产总值的2.5%，百亿元地区生产总值专利授权数313件，科技进步贡献率60%；城市化水平62%；城市居民人均可支配收入、农民人均纯收入分别达到3.84万元和1.67万元，年均增长12%。

（赵　亮）

2009年县（市、区）社会发展综合指数分类表

指标 地区	综合指数	人口发展指数	生活水平指数	公共服务指数	生态环境指数	社会和谐指数
邗江区	127.37	24.39	40.89	17.86	33.44	10.79
宝应县	63.17	0	1.94	21.29	22.90	17.03
仪征市	96.72	32.74	17.61	16.80	4.67	24.90
高邮市	82.75	15.71	15.24	12.37	17.84	21.59
江都市	115.79	27.16	24.59	31.59	19.92	12.53

（潘　涵）

2009年县（市、区）社会发展速度指数分类表

指标 地区	综合指数	人口发展指数	生活水平指数	公共服务指数	生态环境指数	社会和谐指数
邗江区	111.06	20.37	21.71	21.80	23.82	23.35
宝应县	106.52	20.24	21.40	19.91	21.93	23.04
仪征市	106.44	19.98	21.89	21.40	22.24	20.92
高邮市	106.33	21.75	21.94	21.21	22.04	19.40
江都市	108.98	20.53	22.39	22.41	22.73	20.92

（潘　涵）

■ **县（市、区）社会发展综合评价**　2010年，市发改委、统计局以及市社会发展评价工作领导小组办公室收集整理、统计测算人口发展、生活水平、公共服务、生态环境、社会和谐等5个领域32项指标，对邗江区、宝应县、高邮市、江都市和仪征市2009年社会发展情况进行综合评价。5个县（市、区）社会发展综合指数分别为邗江区127.37、江都市115.79、仪征市96.72、高邮市82.75、宝应县63.17，社会发展速度指数分别为邗江区111.06、江都市108.98、宝应县106.52、仪征市106.44、高邮市106.33。

从社会发展综合指数来看，2009年5个县（市、区）社会发展水平标准差系数从上年的19.02%上升至23.57%，综合指数最高、最低差异倍数由1.60升至2.01，社会发展水平的差距呈现扩大趋势。　（潘　涵）

■ **重大基础设施建设**　苏中江都机场。2月9日，国务院、中央军委正式

省委书记梁保华、省长罗志军等各级领导为苏中江都民用机场奠基

江都／供稿

批复同意新建苏中江都民用机场；3月18日，扬州、泰州两市人民政府在江都市丁沟镇举行机场奠基仪式；5月下旬，省发改委向国家发改委上报苏中江都机场可行性研究（简称可研）请示；6月23～25日，中咨公司在北京组织专家对苏中江都机场可研报告进行评估，形成评估专家组意见；7月27日，国土资源部出具土地预审批复；7月29日，环保部下发《关于苏中江都机场工程环境影响报告书的批复》；8月19日，中咨公司签发《关于新建苏中江都机场工程项目（可研报告）的咨询评估意见》；11月4日，省政府出具《江苏省人民政府关于安排苏中江都民用机场工程建设配套资金的函》；11月10日，国家民用航空局出具《关于新建苏中江都民用机场工程可行性研究报告的意见》；11月19日，江苏省发改委出具《江苏省发展改革委关于苏中江都机场工程地方出资的承诺函》。至年底，审批可研所需的前置要件全部报送国家发改委。

连淮扬镇铁路。3月中下旬，中铁上海设计院、中铁大桥设计院完成连淮扬镇铁路工程可行性（简称工可）研究的现场踏勘和资料收集，5月中旬完成工可报告编制并上报铁道部。开展过江大桥通航论证各项研究工作。项目建议书文本报铁道部内部会签。

宁扬城际轨道交通。6月，铁道部和上海、江苏、浙江、安徽等一市三省政府联合上报国家发改委《长江三角洲地区城际轨道交通线网规划方案（2010年调整）》，宁通城际（含宁扬城际）铁路被列为2020年前建成项目。省发改委、省铁路建设办公室同意将宁扬城际铁路列入“十二五”省铁路建设规划。

宁启铁路复线及电气化改造工程。完成征地拆迁。全线施工便道基本贯通。9月中旬，完成仪征段既有线换轨任务，仪征龙河双绕地段开始铺轨；10月21日，全线开始架梁。

京沪高速公路扩容、南延及过江工程。省交通运输厅完成京沪高速公路扩容工可研究初稿，开展土地预审、环评等；开展京沪高速公路南延工程预备可行性研究，独立设计京沪高速南延起点正谊枢纽，并将其纳入京沪高速扩容工程先行实施建设。

江六高速公路和江海高速公路。江海高速公路建成通车。江六高速完成投资9.3亿元。

扬州至京沪高速铁路及沪宁城际铁路镇江站快速通道。扬州至沪宁城际铁路镇江站快速通道镇江市北府路和九华山路土建工程建成通车。镇江市完成扬州至京沪高铁镇江站312国道段拓宽改造，由双向四车道拓宽为双向六车道，并在两侧增加非机动车道。9月1日，扬州汽车西站至沪宁城际铁路镇江站客运线路开通。

扬州港扩建工程。扬州港5号泊位项目水工总形象进度累计完成84%，江都港区海昌公用码头项目实施码头平台下横梁、上横梁施工以及纵梁、面板安装，广陵商贸物流园区码头完成二期工程施工图设计；江都港区海螺水泥码头项目岸线获交通运输部批准，初步设计获省发改委批复；仪征港区液体化工码头二期项目岸线获交通运输部批准。

淮河入江水道（扬州段）工程。工程可研报告10月25日获国家发改委批复。城市防洪工程——乌塔沟分洪道工程部分工程量被列入淮河入江水道影响区域整治工程范围，并获补助资金1亿元。11月，工程初步设计通过水利部淮河水利委员会初步审查。

电源电网项目。华电扬州发电公司“上大压小”项目完成项目初可研审查工作并上报国家发改委、能源局，落实项目“压小”容量，完成项目可研报告编制。编制天然气发电项目初步方案，成立江苏华电扬州天然气发电项目筹备处，开展初可研报告编制。江苏国信扬州发电公司三期工程项目初可研报告上报省发改委，相关支撑性文件的报批工作同步开展。12月16日，500千伏扬州西输变电工程获国家发改委核准。 （韩长金）

■**城乡统筹** 2010年，扬州市围绕城乡规划、土地利用、产业布局、就业社保、基础设施、金融服务、社会事业和社会管理等8个方面，制定市区统筹城乡发展年度工作意见和考核办法，开展“统筹城乡部门工作日”活动，加强城乡统筹工作专题调研和宣传，完善城市总体规划和控制性详规，编制村庄建设规划，开展农民集中居住、集体留用地政策、集体建设用地使用权流转、城乡建设用地增减挂钩、“万顷良田建设工程”等试点工作，推进基础设施、社会保障、公共服务等向农村延伸和覆盖。完成《扬州市城市总体规划（2010～2020）》和市区15个控规单元的控制性详细规划。新、改建农村公路302千米，建成区域性供水水厂17座，供水管网通达61个镇区；68个乡镇建成垃圾中转站，67个乡镇建成污水处理设施。市区累计建成乡镇工业集中区11个，入区企业720家，其中投产企业675家；全市累计建成农业园区561个，打造15个农业亮点工程，全年新增设施农业1.17万公顷。开展集体土地权属登记发证和全域土地综合整治；建立占补平衡补充耕地项目库项目214个，总规模1478.4公顷，确认新增耕地1400.4公顷；推进农民集中居住，新建农民新社区240个；市区安排集体留用地18.6公顷，主要用于村集体集中建设标准化厂房；高邮、仪征、邗江、维扬等4个县（市、区）“万顷良田建设工程”规划方案通过省级评审。全年采集就业岗位15.02万个，新增城镇就业8.83万人，年末城镇登记失业率2.72%；新增农村劳动力转移5.59万人；新型农村社会养老保险（简称新农保）参保覆盖率99.69%，基础养老金发放率99.73%；全市城镇企业职工基本养老保险、城镇职工基本医疗保险、失业保险、工伤保险、生育保险参保人数分别为77.1万人、94.7万人、55.85万人、60.6万人、44.6万人；被征地农民基本生活保障覆盖率和“即征即保”率100%，基本保障水平提至每月170～240元；城市低保标准提高到月人均320～340元，农村低保标准提高到月人均210～340元。调整优化中小学校布局，推进维扬中学、邗江中专异地新建工程，建成育才小学西区校和树人学校开发区校区，新招“宏志班”27个，1.5万名外来务工农民工子女100%入学、100%享受“市民待遇”，农村留守儿童关爱行动惠及农村留守儿童0.6万人；市区建成标准化城市社区卫生服务中心24个(其中省级示范中心11个)、城市社区卫生服务站31个、村卫生室112个；初步形成覆盖城乡、连接全市168个职业介绍机构和贯通所有街道（乡镇）、社区的就业组织网络、信息网络、服务网络；新增农村小额贷款公司7家，发放贷款36.6亿元。实施新一轮户籍制度调整、改革工作，放宽城镇居民准入条件和迁移限制，市区落户人口2.11万；建成社区警务室161个，配备社区民警165人；将1161个农村行政村划分成471个警务区，建成农村中心警务室471个，配备驻村民警500人；推进流动人口信息社会化采集系统推广建设工作，全市在用工企业、社区、学校、各类市场、房屋(中介)租赁等单位设置流动人口信息社会化采集点4471个。（韩世来）

■国家“双低”油菜基地建设项目 2010年，扬州市实施“双低”(低芥酸、低硫代葡萄糖苷)油菜生产基地建设项目。该项目是2009年国家第四批扩大内需项目，计划总投资6000万元，其中中央预算内投资3000万元、地方自筹配套投资3000万元。建设“双低”油菜生产基地1万公顷，其中宝应县2733.33公顷、高邮市1966.67公顷、江都市2000公顷、仪征市1300公顷、邗江区2000公顷。新(改)建排灌站114座，新建衬砌渠道169.9千米、农桥208座，建设育种基地6.67公顷、良种繁育基地26.67公顷，建立配套生产技术服务、推广和信息服务、管理体系等。项目建设期两年。至年底，累计投资2910万元，其中中央预算内投资1200万元、省级配套投资320万元。建成的灌溉站和灌水渠工程在年底抗旱中避免经济损失600多万元。

（韩世来）

■聘请经济顾问 2月，市政府决定聘请洪银兴等11名国际、国内知名的企业管理高层和产业经济专家担任市政府经济顾问。4月18日，举行市政府经济顾问聘请仪式，向经济顾问颁发聘书(聘期三年)；举办产业发展咨询会议，洪银兴、石定寰、何寿川、李善同、王益民、李晋闽等围绕“产业创新”主题，分别作“以战略性新兴产业为导向推进产业创新”、“扬州‘三新一网’产业发展建议”、“纸——新纪元的开始”、“经济服务化的世界趋势与扬州服务业发展”、“智能电网发展展望”、“半导体照明产业发展趋势与扬州的机遇”等专题报告。（孙景亮　陶小军）

■医药卫生体制改革 制定《全市医药卫生体制五项重点改革2010年工作安排》，实施《关于实施基本药物制度的意见》、《扬州市实施基本药物制度基层医疗卫生机构经费补助办法》、《扬州市基层医疗卫生服务体系建设与发展规划（2011～2015）》等15份文件，召开全市深化医药卫生体制改革工作推进会，与各县（市、区）政府、扬州经济技术开发区管委会、市人力资源和社会保障局签订医改目标责任书，推进5项重点工作。1.完善基本医疗保障体系。全市城镇职工基本医疗保险参保率、城镇居民基本医疗保险参保率分别为97%和96%，新型农村合作医疗(简称新农合)参合率99.8%。城镇职工医保、城镇居民医保、新农合医疗目录范围内住院报销比例分别提高到80%、60%和60%。2.实施国家基本药物制度。2月28日，广陵区、维扬区、仪征市实施基本药物制度；12月，邗江区、开发区实施国家基本药物制度。3.建设基层卫生服务体系。全市启动县级医院、乡镇中心卫生院和城市社区卫生服务机构建设，建设中央预算内投资项目43个，争取国家扶持资金9088万元。4.推进基本公共卫生服务均等化。免费为城乡居民提供九大类22项基本公共卫生服务。适龄儿童、外来务工者免费预防接种11种疫苗，15岁以下儿童乙肝疫苗补种率97%以上；2万多名农村妇女获分娩补助，农村育龄妇女普遍免费服用叶酸，近3万人接受宫颈癌、乳腺癌免费筛查。5.开展公立医院改革试点。市政府印发《扬州市第二人民医院（市惠民医院）综合改革试点方案》，实施医院内部管理制度、运行机制和收入分配制度改革。编印《医改文件汇编》，举办医改政策宣讲培训班，印发《医改工作信息》19期。（潘　涵）

■行政管理体制改革 改善转变经济发展方式的制度环境，明确经济社会发展的方向、重点和对策措施，建立综合评价体系。推行依法行政，修订并实施政府工作规则和政务公开等规定，完善议事决策机制。优化政府组织结构，完成市级新一轮政府机构改革，理顺政府职责关系。深化行政审批制度改革，清理并公布市级行政许可事项和非行政许可事项，实现市级行政许可事项全部集中受理、80%以上集中办理的目标。深化投资改革，实施鼓励和支持投资的各项政策措施，建立政府投资项目管理办法，落实企业投资项目核准和备案制度，推行投资项目代建制、重大项目联审制等，形成多元投资格局。深化财政投资改革，全面实施非税收入征管和收支分类改革，建立比较规范的预算制度和支出制度，加大新增财力用于民生支出的比例，健全公共财政服务体系框架。（陈　武）

■农村综合配套改革 实施乡镇机构改革，确定乡镇机构设置，分流人员，提升行政服务和社会管理效能。发展农民专业合作、农村土地合作、社区股份合作“三大合作”组织。2010年新建农村“三大合作”组织631个（累计3127个）。开展小城镇发展改革试点，以县城镇和重点中心镇建设为重点、一般镇建设为基础，形成工业、农业、商贸、居住、生态等片区，拓宽农民集中居住和创业就业渠道。推进农村金融改革，江都农村商业银行等一批金融机构建成开业，13家小额贷款公司全年投向“三农”(农业、农村、农民)贷款近40亿元。

（陈　武）

■国有企事业单位改革 制定国有资产经营公司改制重组方案，引进战略投资者，推进增量改革，促进国有资产向高新产业、优势产业集聚。完成亲亲集团、琼友工贸公司、亚细亚商业总公司等企业改革重组和破产清算。组织对改制企业进行“回访”，协调解决企业资产处置、房屋土地资产过户、重点人员劳动关系调整、融资难等问题，化解社会矛盾，促进企业健康发展。实施文化事业单位分类改革。完成广陵书社转企改制；市报业传媒集团、广播电视传媒集团挂牌成立；整合市歌舞团、京剧团、大剧院、音乐厅等资源，组建市歌舞剧院有限公司；推进文化馆、图书馆等12家公益性事业单位人事、分配制度等内部机制改革。（陈 武）

社会事业领域改革 完善鼓励和支持就业、创业的政策体系和公共服务体系。新增城镇就业8.83万人，城镇登记失业率2.72%。健全养老、医疗保障体系。城镇职工基本养老保险参保净增缴费4.4万人，医疗保险参保新增4.42万人，城乡居民最低生活保障标准分别提高到人均每月320～340元和210～340元。深化医疗卫生体制改革，完善基本医疗保障制度，建立基层医疗卫生服务体系，实施基本药物制度，启动公立医院改革。深化教育体制改革。推进城乡优质教育均衡发展，扬州中学教育集团树人学校与开发区合作办学，育才小学西校区建成招生，建立区域内中小学教师定期交流制度，在省实验小学和省示范初中学习的农村学生比例分别提高到58.1%和80.6%；在扬州务工人员子女实现全部入学并同等享受义务教育政策；高职教育形成以市场为导向，就业需求与办学模式相适应的机制。（陈 武）

要素资源市场化改革 汇银家电公司、长青农化公司上市，亚威机床公司、太平洋造船公司、远洋东泽电缆公司上市申请报证监会待审，培育水箱集团公司等30多家上市后备企业。申报发行首期中小企业集合债券、市开发总公司二期企业债券，新设华工创投公司、英飞尼迪扬州基金等创投机构，中科半导体、扬杰电子等多家企业引进股权投资基金，吸引域外资金到扬州投资，扩大企业直接融资规模。土地综合开发和整治形成新优势。推进城乡建设用地增减挂钩，加大土地复垦和综合整治力度，全年新增耕地1400.4公顷，化解城乡建设用地矛盾。引进和开发人才。制订“绿扬金凤引才计划”等政策措施，新引进各类高层次人才、领军人才近100人，产业发展急需专业技术人才近500人。（陈 武）

国土资源管理

概述 至2010年12月31日，全市土地总面积65.91万公顷，其中耕地面积28.43万公顷、园地面积1.33万公顷、林地面积5153.33公顷、草地面积980公顷、城镇村及工矿用地面积10.17万公顷、交通运输用地面积2.70万公顷、水域及水利设施用地面积21.97万公顷、其他土地面积6906.67公顷。

（房崇新 卞大亮）

耕地资源保护 6月，市政府召开全市国土资源工作会议，表彰国土资源目标管理先进单位、耕地占补平衡贡献单位和土地执法模范县（市、区），并与各县（市、区）、省级开发园区管委会签订国土资源工作管理目标责任状。2010年，全市完成挂钩复垦项目347个，新增农用地832.39公顷，比上年增长112.35%。江都市、仪征市、宝应县城乡建设用地增减挂钩新增农用地面积比上年增长1倍以上，其中江都市增长277.2%、仪征市增长217.3%。全年完成耕地占补平衡补充耕地项目库项目214个，新增耕地1400.4公顷。完成10个省以上投资土地整理项目并通过验收，增加耕地617.6公顷。新争取5个省以上投资项目，实施面积3480公顷，争取资金8760万元。2010年，扬州市获评全国“保发展保红线”工程2010行动成效显著单位。

（房崇新 卞大亮）

土地综合整治 推进城乡建设用地增减挂钩、“万顷良田建设工程”试点、全域整治试点、土地复垦整理、“城中村”拆迁改造等五大类综合整治项目建设，以土地整治为平台，促进城镇化建设和统筹城乡发展。高起点编制土地全域整治规划，扬州市成为全国土地综合整治规划第一个试点单位，邗江区公道镇入选国土资源部和财政部支持的江苏省整镇推进农村土地综合整治示范项目区。推进“万顷良田建设工程”试点。江都市、宝应县、仪征市、邗江区、高邮市等地5个试点工程启动建设，实施规模5000多公顷。开展以“城中村”和旧城改造为主体的城市土地整治。全年实施15个“城中村”改造项目，完成11个“城中村”地块改造计划。

（房崇新 卞大亮）

土地征收与供应 2010年，扬州市获省下达新增建设用地计划指标560公顷，其中农用地转用计划指标404公顷。2010年，省批准扬州市征收土地2208.47公顷，其中农用地1640.6公顷（含耕地1338.47公顷）。全市土地征收总面积比上年增长110.83%。

2010年，全市供应各类用地2362.39公顷，比上年增长38%。其中，广陵区、扬州经济技术开发区分别增长17倍、9倍，邗江区增长134%，仪征市增长51%，维扬区增长38%，高邮市增长24%，市直增长19%，宝应县增长14%，江都市下降19%。供地总量中，新征土地与存量土地分别为1782.73公顷、579.67公顷。争取项目点供和独立选址。2010年，全市争取点供项目19个，获省批准用地指标376.53公顷，是上年的3.3倍；21个项目列入省独立选址计划，获新增建设用地计划310.2公顷，是上年的2倍。

2010年，全市供应的各类用地中，商服用地325.95公顷，占供地总量的13.8%；住宅用地678.97公顷，占供地总量的28.7%；工矿仓储用地1119.92公顷，占供地总量的47.4%；公共管理及公共服务用地98.38公顷，占供地总量的4.2%；交通运输及其他用地139.17公顷，占供地总量的5.9%。市区保障性住房及政策性住房实际供地 90.33 公顷。

（房崇新　卞大亮）

土地节约集约利用　开展企业用地“一无四超”（无违法违规行为，投资强度超标准、建筑系数超指标、项目产能超同行、利税产出超平均）活动。2010 年初，市政府评选出海沃机械（扬州）有限公司等 10 家节约集约用地示范企业。10 家示范企业平均固定资产投资达 6870 万元／公顷。

查处闲置土地。组织清理市区 1999 年以来成交的 518 宗 2533.33 公顷经营性房地产出让地块，国土、规划、房管等部门逐宗现场会办协调，督促各项目开工建设，盘活存量土地。2010 年，全市盘活各类存量土地 287.82 公顷，依法收回市区 12 宗土地 86.4 公顷。

严格审批建设用地。落实促进土地节约集约利用的产业、财政、税收、金融政策，严格执行建设用地定额标准。按照国家、省、市规定的土地利用控制指标和定额标准审批项目，以项目注册资本金核定用地规模，形成集约用地机制。2010 年，全市土地开发强度为 18.28%，各工业园项目投资强度提高到每公顷 3000 万元以上，平均容积率 0.7 以上，新增单位 GDP（国内生产总值）耗地量 6.72 公顷／亿元，比上年下降 11.84%。

（房崇新　卞大亮）

土地市场建设　2010 年，全市出让土地 1931.89 公顷，比上年增长 32%，合同出让金 199.33 亿元。其中，招拍挂出让土地 1829.82 公顷，占出让土地的 95%，比上年增长 37%，合同出让金 194.85 亿元。全市出让工业用地 1077.78 公顷，其中市区 479.23 公顷，分别比上年增长 63%、380%。

市区全年出让土地 985.93 公顷，比上年增长 74%，合同出让金 125.35 亿元。其中，招拍挂出让土地 921.95 公顷，增长 79%，合同出让金 122.24 亿元。招拍挂出让土地中，商业、住宅等经营性房地产开发用地 442.72 公顷，增长 7%，合同出让金 112.09 亿元。实际用于开发的商住经营性用地 314.77 公顷，合同出让金 103.07 亿元。全年市区土地二级市场成交 9238 宗，下降 6.3%；土地交易面积 66.43 万平方米，下降 26%。

（房崇新　卞大亮）

基础测绘管理　开展全市测绘持证单位复审换证工作。全市有 32 家测绘单位通过省测绘局的审核，其中 1 家晋升甲级资质、2 家晋升乙级资质、2 家晋升丙级资质。

加强测绘行业建设。召开全市测绘行业发展座谈会、测绘单位文化建设工作座谈会、测绘成果共享应用座谈会，加快扬州市基础测绘和基础地理信息空间框架建设，提高测绘保障能力和服务水平，推进地理信息资源共建共享。开展地理信息市场专项整治。举办测绘行业学法用法有奖征文活动。2010 年，全市有测绘持证单位 34 家（2010 年换证 32 家、免检 2 家）、测绘从业人员 586 人，完成服务总值 4126 万元。扬州市国土资源局被省地理信息市场专项整治工作领导小组评为先进集体。

（房崇新　卞大亮）

土地利用总体规划　根据全市经济社会发展状况、规划期用地需求、耕地和后备资源状况及重大基础设施分布等，分解土地规划指标，统筹协调各类用地，编制土地利用总体规划。至 2010 年底，市级土地利用规划大纲获国土资源部批准，4 个县（市）土地利用规划大纲获省国土资源厅批准。（房崇新　卞大亮）

国土资源基础业务建设　全市发放各类国有土地证书 7.95 万本、各类集体土地证书 1.25 万本。市区发放国有土地使用权分割转让证明 3.43 万本，发放各类国有土地证书 3.04 万本，比上年增加 4417 本、增长 17%。

完成第二次全国土地调查工作，建成调查数据成果、影像数据成果数据库，并实行统一管理。开发、建设城乡一体化地籍（测绘）管理信息系统。推进农村集体土地发证工作。

信息化建设“多级多模式建设用地监管技术集成研究及应用示范”项目获国土资源部、财政部批准入选全国试点。扩容升级土地市场，建成“网上权力公开透明运行系统”、“工业用地网上交易系统”、“土地出让比价管理信息系统”、“违法用地和涉土信访网上跟踪督办平台”。加强地价动态监测和基准地价更新工作。

（房崇新　卞大亮）

国土资源执法监察　开展“土地执法模范县（市、区）”创建活动，落实土地执法责任制，保持土地执法监察高压态势。土地执法巡查发现土地违法案件 154 件，涉及土地 652.11 公顷；立案查处违法用地案件 33 件，拆除建筑物 3 万平方米，行政处罚决定没收构筑物 4.93 万平方米；提出处分建议 11 份，10 人受到党、政纪处分。高邮市、维扬区分别获评全省土地执法模范市、土地执法模范先进区。开展土地卫片执法检查，全市违法用地比例整体控制在 7%以下，实现“零约谈、零问责”目标。

2010 年，全市受理涉土来信 447 件、来访 326 批次，分别比上年下降 25.26%、13.07%。

（房崇新　卞大亮）

矿产资源开发利用　2010 年，扬州市开采的矿产资源主要有石油、砖瓦用黏土、地热和矿泉水等。全市有各类矿山企业 115 家。其中，部发证石油企业 1 家，省发证地热矿泉水企业 5 家，县（市）发证砖瓦企业 109 家；国有矿山 1 家，集体矿山 12 家；外资企业 1 家，私营企业 101 家。扬州境内油田年产石油 95 万吨、砖瓦黏土 198.4 万吨、地热矿泉水 38.6 万吨。矿山企业从业人员 1.65 万人，年销售收入 35.3 亿元。

（殷少美　石　铭）

矿产资源市场管理　2010 年，全市有偿出让采矿权 109 宗，资源量 168 万立方米，收取价款 246.93 万元，价款比上年增长 57%，采矿权有偿出让率 100%。全市矿产资源补偿费征收入库总额 1460.44 万元，其中市以下直接征收 112.44 万元；省国土资源厅返还扬州市矿产资源补偿费508万元。

加强关闭矿山的环境整治工作，仪征捺山石柱林地质遗迹保护与废弃矿山整治项目基本完成，高邮神居山废弃矿山环境整治二期工程获省国土资源厅立项并获补助资金120万元，扬州市土地质量生态地球化学调查和等级评价项目野外调查工作通过省国土资源厅验收。

（殷少美　石　铭）

国有资产监督管理

■概述　2010年，市政府国有资产监督管理委员会（简称市国资委）履行出资人职责的10家资产经营公司（集团）实现营业收入150.28亿元、净利润5.23亿元；年末国有资产总额367.35亿元，增长13.01%，其中国有净资产总额150.55亿元。

完成国有企业负责人2009年经营业绩考核工作，征收入库国资收益1010万元。修订《扬州市市属国有企业负责人经营业绩考核暂行办法》。编制2009年全市国有资产统计年报。截至2009年末，全市有国有及国有控股企业66家，其中市直监管企业10家、非监管企业15家、县(市、区)41家；国有企业资产总额579.86亿元，其中负债372.55亿元、所有者权益207.31亿元；少数股东权益41.20亿元。

推进亚星集团与潍柴集团、金茂化工集团与中化集团、矿务局与央企的合作重组。做好股权转让、收购、置换工作，完成市民卡公司、友谊广场、扬子江百货公司等资产划拨、股权转让工作，规范扬农化工集团、宝胜集团等企业房屋和土地资产的过户及转让。配合亚星集团筹集短期贷款资金。试编企业国有资本经营预算。全年新增国有企业11家，完成国有产权转让项目3个，评估备案项目8个。

制订市属国有企业“十二五”发展战略规划。完成亲亲集团、群鑫粉体材料有限公司、亚细亚商业总公司等企业的改革改制，推进江扬集团和群发化工公司破产清算工作。与市总工会、市人力资源和社会保障局等单位联合开展“和谐劳动关系企业”创建活动。完成城建控股公司、交通产业集团以及扬汽集团等企业投资项目的评估、论证、审查及备案工作。落实企业安全生产责任制，防止发生重特大事故。（徐　敏　赵　蓓）

■国有企业产权管理　截至2010年底，全市有国有产权登记企业233家，其中一级企业120家、二级企业94家、三级企业19家。在111家监管企业中，一级企业15家，国有资本55.81亿元；二级企业80家，国有资本28.78亿元；三级企业16家，国有资本0.96亿元。监管企业国有资本占全部实收资本的88.94%。全年办理资产评估备案项目8个。评估前后资产总额分别为4.49亿元、6.37亿元，增值1.88亿元，增值率41.84%；净资产分别为1.16亿元、3.03亿元，增值1.87亿元，增值率159.81%。全年在市产权交易中心完成各类国有产权交易3宗，转让成交金额1.01亿元，净资产评估值8969.9万元，增值1110.2万元，增值率12.38%。（徐根亮）

■国有资本经营预算编制　12月14日，市国资委与市财政局联合召开市属企业国有资本经营预算编报(试行)布置会。10家一级监管企业首次编制企业国有资本经营预算草案。市国资委经过审核、汇总，编制2011年企业国有资本经营预算建议草案。根据预算建议草案，10家监管企业2011年国有资本经营预算收入1374万元，比上年度增长36%，收益全部来源于企业上交的利润，预算支出559万元。（花　桃）

■工业企业改革　2010年，市国资委牵头，对群鑫粉体材料有限公司实施改革，指导企业制定改制方案和职工安置方案，规范国有资产转让和职工分流安置工作。推进亲亲集团改革重组和退城进园工作。亲亲集团与香港华润集团签订合作重组意向书，完成老厂区设备搬迁工作，广陵产业园新厂区项目通过竣工验收并投入使用。做好群发化工公司管理人破产清算工作，安置职工2005人，支付安置资金9730万元。（陈　惠）

■国有企业“十二五”发展规划编制　2010年初，市国资委下发《关于开展市属企业“十二五”发展战略规划编制工作的通知》，召开规划编制推进座谈会、交流会，帮助企业明确编制“十二五”规划的指导思想、基本框架、主要指标、发展的重点方向和保障措施。各资产经营公司(集团)及重点企业按照战略性、前瞻性、客观性和可操作性的要求，对未来五年发展进行总体规划和顶层设计，完成规划的编制和上报工作。（陈　惠）

■业绩考核　根据《扬州市市属企业负责人经营业绩考核和薪酬管理意见》，市国资委对10家资产经营公司和3家重点企业进行业绩考核。经考核，2009年度A级企业空缺，B级企业7家，C级企业4家，D级企业1家，E级企业1家。根据《江苏省省属企业负责人年度经营业绩考核暂行办法》，再次修订考核办法，主要包括：1.对基薪构成，增加国有资产保值增值率项目，重新划分档差；对基本指标确定，改硬环比为三年加权平均；对分类指标，进行重新优化选择；2.增加综合指标。主要包括税收收缴、国资收益、职工薪酬、安全生产和廉政建设等；3.对从事公共基础设施项目经营和承担政府改革维稳重点任务的企业，利润总额和净资产收益率两项指标权重由70%下调为50%；结合企业特点，增加两项分类指标，分类指标权重由20%上调为40%；4.优化绩效薪酬系数；5.细化视同或扣除项目。指导资产经营公司做好所属企业负责人的业绩考核工作，对资产经营公司及所属企业负责人薪酬进行备案管理。（赵　蓓）

■“小金库”专项治理　7月，市国资委组织开展市属国企“小金库”专项治理工作。制订《扬州市国有及国有控股企业“小金库”专项治理实施方案》，明确“小金库”治理工作要求。在自查自纠阶段，企业按要求填写上报

表;在重点检查阶段,重点检查 11 家企业。（赵 蓓）

工商行政管理

■ 内资企业登记管理 至年底,全市内资企业总数 8752 家,比上年下降 3%。2010 年,全市新增内资企业 449 家,比上年下降 13.4%;新增注册资本 86.30 亿元,每家平均注册资本 1922 万元,比上年增长 3.1 倍。全年注销内资企业 233 家,其中国有企业 19 家、集体企业 66 家、股份合作企业 9 家、公司 133 家、其他企业 6 家。

全市内资企业中,第一产业企业 191 家,占内资企业总数的 2.2%;第二产业企业 1921 家,占内资企业总数的 22.0%;第三产业企业 6640 家,占内资企业总数的 75.8%。第三产业企业在内资企业行业分布上占主导地位。（陈 刚）

■ 私营企业登记管理 全市新增私营企业 1.53 万家,比上年增长 0.6%;新增注册资本 558.03 亿元,比上年增长 19.12%。新开工 5000 万元以上项目 400 个、1 亿元以上项目 112 个。

至年底,全市私营企业总数 5.02 万家,其中有限公司 3.24 万家、个人(合伙)企业 1.76 万家,分别占私营企业总数的 64.49%和 35.12%。私营企业中,第一、二、三产业企业分别为 1551 家、2.36 万家、2.50 万家,各占总数的 3.09%、47.09%、49.82%,从事三产的私营企业发展较快。（陈 刚）

■ 外资企业登记管理 2010 年,全市新增外商投资企业 201 家,投资总额 29.6 亿美元,注册资本 19.2 亿美元,外方认缴额 17.7 亿美元,分别比上年下降 4.7%、12%、14%、14%。至年底,全市有外商投资企业 1617 家,投资总额 200 亿美元,注册资本 119 亿美元,外方认缴额 98 亿美元。

外商投资企业单体规模呈上升趋势。全市新增注册资本 1000 万美元以上企业 70 家,投资总额、注册资本、外方认缴额分别为 21.9 亿美元、13.9 亿美元、12.8 亿美元。其中,新增注册资本 5000 万美元以上大规模企业 7 家,投资总额、注册资本和外方认缴额分别为 7.2 亿美元、5.4 亿美元和 4.8 亿美元,分别比上年增长 75%、56%、48%和 42%。

外商独资化趋势明显。全市新增外商独资企业 157 家,占新增外资企业总数的 78%。

2010 年,全市注销外商投资企业 27 家。14 家外商投资企业办理清算组备案手续,进入企业清算流程。（陈 刚）

■ 商标登记监督管理 2010 年,市政府出台《关于深入实施商标战略促进科学发展的意见》。全市新申请注册商标 2800 余件,商标注册总量 2.05 万件;新认定"优士"、"唯一 UNIQUE"、"快乐 KUAILE"、"沙龙图形"、"富春"、"玉缘"等 6 件驰名商标;新认定省著名商标 27 件、市知名商标 53 件;重新认定省著名商标 50 件、市知名商标 69 件。截至年底,全市有驰名商标 35 件(其中行政认定驰名商标 17 件)、著名商标 179 件、知名商标 349 件。围绕特色产业申报品牌培育基地,杭集日化用品、高邮灯具被认定为"首批江苏省产业集群品牌培育基地"。2010 年,全市工商系统开展世博会标志和亚运会会标保护、重点品牌异地维权、商标印制企业专项检查、打击侵犯知识产权和制售假冒伪劣商品等专项执法活动,查处各类商标违法案件 123 件,收缴和销毁商标标志 2.24 万件。（陈 刚）

■ 广告监督管理 2010 年,全市有广告经营单位 630 家,比上年增长 1.45%,其中国有企业 24 家、国有事业单位 19 家、集体企业 11 家、私营企业 497 家、个体工商户 43 家、其他 36 家。至年底,全市年广告经营额 2.54 亿元,比上年增长 11%。其中,医疗服务广告经营额 4236 万元,占 16.65%;药品广告经营额 3566 万元,占 14.02%;房地产广告经营额 3451 万元,占 13.57%。

全市广告经营单位选送 66 件作品参加江苏省第 16 届优秀广告作品评选,获金奖 1 个、银奖 2 个、铜奖 6 个。

开展农资广告,虚假违法药品、医疗、医疗器械、保健食品广告,招生类广告,广告语言文字,房地产广告等专项整治行动。出动执法人员 3000 余人次,检查农资经营户 1757 家,检查药店、医疗机构等经营单位 175 家,检查广告经营单位 584 家,检查广告 1.26 万条,发放限期改正通知书 238 份。加强对户外广告、特定场所广告发布的动态监管,办理户外广告登记 855 件、特定场所广告备

"富春"被认定为中国驰名商标 程建平／摄

案215件，立案查处户外广告案件37件。

全市查处广告违法案件112件，比上年增长53.42%。违法行为主体主要为广告主和广告发布者，其中广告主违法案件38件、广告发布者违法案件22件，分别占案件总数的33.93%、19.64%。（陈 刚）

■**合同监督管理** 江苏省扬州工商行政管理局（简称扬州工商局）发挥动产抵押登记职能，帮助企业拓宽融资渠道。全年办理动产抵押物登记304件，帮助企业融资15.6亿元，分别比上年下降25%和48%。

加强拍卖企业监管。全年受理22家拍卖企业备案登记185件，备案委托合同201份、成交确认书542份，拍卖成交款3.1亿元。

培育"重合同守信用"企业。新培育各级"重合同守信用"企业121家。至2010年底，全市有"重合同守信用"企业1403家，其中国家级17家、省级89家、市级617家。（陈 刚）

2010年扬州市国家级"重合同守信用"企业

宝胜科技创新股份有限公司
江苏省华扬太阳能有限公司
江苏扬农化工集团有限公司
江苏省水利建设工程有限公司
中国石化集团江苏石油勘探局
江苏江佳电子股份有限公司
江苏省水利勘测设计研究院有限公司
江苏虎豹集团有限公司
江苏长青农化股份有限公司
江苏天雨环保集团有限公司
仪征市润扬动力配件有限公司
江苏江扬电缆有限公司
江苏迎浪科技集团有限公司
江苏通宇钢管集团有限公司
江苏润华电缆股份有限公司
高邮市声光器材厂（陈 刚）

■**公平交易监督管理** 2010年，全市工商系统立案查处各类经济案件488件，比上年增长23%。其中，查处不正当竞争案件132件，占案件总数的27%，比上年增长48%。整顿和规范市场经济秩序，查处商业贿赂案件38件，比上年增长111%，其中工程建设领域案件28件、其他行业案件10件。保护知名商品、知名企业知识产权，全年查处各类假冒伪劣案件98件，案值3868.28万元。开展工商、公安机关打击传销百日联合执法行动，取缔传销窝点47个，解救受害群众9人，遣散传销参与人员506人；配合公安机关抓获传销犯罪嫌疑人24人，刑事拘留19人，劳动教养9人，移送司法件诉8人。（陈 刚）

■**流通环节食品监管** 扬州工商局查处流通环节食品监管各类案件112件，其中包装食品类案件58件，占案件总数的51.79%。全年出动执法人员1.40万人次，捣毁制假售假窝点10个，取缔无照经营135家。处理消费者申诉和举报893件。

重视源头管理。在食品批发企业和区域中等连锁超市推行"一票通"系统，实现批发商和零售商台账登记互联互通，全市食品经营户进货检查验收及记录制度信息化应用率80%以上。全市新发放食品流通许可证9000余份。组织食品抽样检测120批次，其中60批次不合格。

加强食品安全快速检测工作。在7个直属局、分局建立检测室，推广食品快速检测"流动采样、集中检测"模式，提高快速检测效率和准确率。扬州工商局全年对7.51吨食品实施快速检测，抽样不合格率1.24%。抽样地点主要集中在小商铺，占总检测数的49.05%。其中，检测粮食类及其制品561千克，抽样不合格率0.55%；检测水产品类及其制品221千克，抽样不合格率2.69%；检测肉类及其制品653千克，抽样不合格率1.54%；检测豆制品386千克，抽样不合格率1.25%；检测烹调佐料56千克，抽样全部合格；检测干货906千克，抽样不合格率1.18%；检测烘焙食品388千克，抽样全部合格；检测方便食品155千克，抽样全部合格；检测速冻米面制品2千克，抽样全部合格；检测糖果蜜饯439千克，抽样不合格率0.86%；检测酒及饮料类32千克，抽样全部合格；检测罐头制品47千克，抽样不合格率13.46%；检测水果112千克，抽样不合格率0.89%；检测蔬菜类1250千克，抽样不合格率2.35%；检测食用油脂类乳8千克，抽样全部合格；检测乳制品类43千克，抽样全部合格；检测其他食品类2250千克，抽样全部合格。全年实施快速检测8514批次，95批次不合格，其中严重超标的2批次。

（陈 刚）

■**受理消费者申诉** 扬州工商局全年受理消费者申诉2742件，比上年增长6.03%。其中，商品类申诉案件2163件，占总申诉量的78.88%；服务类申诉案件579件，占总申诉量的21.12%。申诉内容以产品质量为主，占总申诉量的56.82%。调解成功2517件，成功率92%。

商品类申诉案件热点集中在通信器材类商品。服务类申诉案件以电信服务类居多。（陈 刚）

■**市场监督管理** 2010年，扬州工商局查处、取缔无照经营案件1055件，比上年增长40.5%；查处商品交易市场违法案件119件，比上年增长19%。推动市区集贸市场升级改造工程，建成运河佳园、施井、联谊瓜果、蒋王、文昌、贵宇等6个市场，改造荷花池、大舞台、新城花园、朴席等4个市场。

成品油市场监管。全年检查加油站1031个次，规范成品油经营秩序。

棉花市场监管。截至2010年底，全市有具备棉花加工资格的企业25家，比上年增加5家。扬州工商局加强对棉花加工企业日常经营行为监管，督促企业建立、完善内部管理制度，促进棉花市场有序运行。

粮食市场监管。截至2010年底，全市有具备粮食收购资格的企业452家，比上年增加84家。其中，国有粮食收购企业148家，占32.74%；其他收购企业304家，占67.26%。全年查处非法收购粮食案件2件，没收、查扣粮食6吨。

农资市场监管。扬州工商局在全市53个基层分局设立"红盾护农工作站"，对全市2344个农资经营网点实施信用分类监管。派出2554人次

工商管理人员运用食品快速检测仪和“放心通”设备强化食品安全管理　　陈仁云／摄

检查全市农资市场，发放宣传资料7468份，查处各类农资案件171件，罚没款105.82万元。

汽车市场监管。加强汽车市场主体准入管理，开展二手车市场综合认定，清理无证、无照“黄牛”交易。全年检查汽车交易市场80个次，检查品牌汽车经销商98家次。

（陈　刚）

■ **经纪人监督管理**　2010年底，全市有经纪人5538户（消费品市场3955户、生产资料市场230户、生产要素市场833户、其他市场520户）、经纪执业人员8595人，全年经纪业务量38.87亿元，其中农业经纪人774户、经纪业务量4.06亿元。扬州工商局规范66户在经营场所未明示的执业经纪人。

（陈　刚）

■ **商品展销会监督管理**　2010年，全市办理商品展销会登记36件，其中企业法人主办34件、其他类型2件；办理商品展销会异地核转4件。

（陈　刚）

价格监督管理

■ **概述**　2010年，市物价局发挥价格工作在服务发展、稳定物价、改善民生等方面作用，保持市场价格总水平基本稳定，实现价格调控目标。11月19日，市物价局贯彻落实国务院常务会议精神，出台《关于开展“稳定市场价格行”活动的通知》，提出落实各级政府价格调控措施、暂缓

2010年扬州市部分商品及服务价格调整情况表

项　　目		执行时间	调前价	调后价	涨幅(%)
稻种销售指导价	全部22个品种均价	2010年2月12日	14.01元／千克	11.40元／千克	不可比
	14个可比品种均价	2010年2月12日	12.64元／千克	12.35元／千克	-2.3
	代表品种丰优香占价格	2010年2月12日	30元／千克	30元／千克	0
麦种零售指导价(17个大田普通用种均价)		2010年10月18日	3.78元／千克	4.40元／千克	16.4
中药饮片销售价格	276个可比较品种	2010年6月10日	1.08元/10克	1.29元/10克	19.4
	269个品种新公布价格	2010年6月10日	—	0.93元/10克	不可比
蒸汽销售价格	威亨公司连续性用汽	2010年2月抄见量起	179元／吨	200元／吨	11.7
	威亨公司非连续性用汽	2010年2月抄见量起	199元／吨	220元／吨	10.6
	港口、东北、华阳公司(中准价)	2010年2月抄见量起	179元／吨	199元／吨	11.2
	威亨公司工业用汽	2010年11月抄见量起	200元／吨	215元／吨	7.5
	威亨公司非工业用汽	2010年11月抄见量起	220元／吨	235元／吨	6.8
	港口公司中准价	2010年11月抄见量起	199元／吨	214元／吨	7.5
大明寺栖灵塔、钟楼门票		2010年5月1日	10元/人+5元/人	20元／人	33.3
扬州中学教育集团树人学校学费		2010年秋学期	6500元／人·学期(初中)	7500元／人·学期(初中)	15.38
		2010年秋学期	7500元／人·学期(高中)	8000元／人·学期(高中)	6.67
扬州世明双语学校学费		2010年秋学期	3000元／人·学期(小学)	3800元／人·学期(小学)	26.67
		2010年秋学期	4100元／人·学期(初中)	4500元／人·学期(初中)	9.76

（周兵兵）

部分价格改革、加强市场价格监测预警、开展主副食品保供稳价情况调研、加大市场民生价格监管力度、密切关注低收入群体生活、注重对社会舆论的正面引导等7条措施。按照市政府《关于稳定消费价格总水平保障群众基本生活的通知》精神，保障重要商品生产和供应，减少农产品流通环节和成本，规范农副产品市场价费秩序，加强生活必需品市场运行监测，强化市场价格监管，落实各项价格临时补贴，审慎出台调价政策，清理、规范收费行为，做好保供稳价宣传工作。11月底，市政府办公室牵头建立市场价格调控联席会议制度，开展农副产品流通环节调查，及时通报市场价格信息和价格调控工作进展情况，研究制订保障供应、稳定市场价格的政策措施，协调解决相关问题。2010年，市区居民消费价格指数(CPI)累计涨幅3.4%，比全省平均涨幅低0.2个百分点，实现涨幅3%左右的调控目标。（周兵兵）

■市场价格监测 扬州市价格监测中心加强对117种主副食品、44种主要日用工业消费品、33种重要工业生产资料、32种常用药品市场价格监测与分析，从12月1日起，启动粮油、蔬菜零售市场价格动态日报制度，在《扬州日报·价格专刊》、市物价局政务网、“数字电视·价格频道”预警预报价格异动情况，引导经营者和消费者价格预期。对六大类1000多个品种民生商品价格，开展“价比三家”活动，全年比对64期，促使商家合理定价和价格自律，引导消费者理性消费，促进市场价格公开、公平、公正，抑制民生商品价格过快上涨。（周兵兵）

■价格行政指导 8月，市物价局开展价格行政指导试点工作。制订《扬州市物价局推行行政指导工作实施方案》，对照行政权力事项，明确13项工作内容，列出三大类35个行政指导项目。开展价格行政指导双月推进活动，改进价格行政执法方式，变“单向监测”为“比价告知”，变“刚性执法”为“柔性指导”，变“定本监审”为“节本辅导”，变“事后变更”为“事前提醒”，丰富市场价格调控、监管手段。至年底，发出35份行政指导函。（周兵兵）

■价格信访举报 2010年，市物价局健全以电话、来访、信件、电子邮件为平台的价格举报网络，坚持“12358”价格举报电话重大节日安排专人值班，8小时外全天候值守。市区受理各类价格咨询、投诉652件，滚动办结回复率100%。实行经济制裁20.20万元，其中罚款7000元、没收多收价款12.31万元、退还多收消费者价款7.19万元，维护消费者合法权益。（周兵兵）

■价格认证服务 2010年，市价格认证中心受理各类财产价格鉴定与认证313件，鉴定金额23.40亿元。财产价格鉴定涉及刑事案件139件、鉴定金额171.85万元，民事案件25件、鉴定金额3804.79万元，行政案件85件、鉴定金额1.02亿元。出具定调价格认证书64件，认证金额21.98亿元。（周兵兵）

■重大工业项目“零收费” 市物价局配合市减负领导小组，对投资额10亿元以上在建或新开工工业项目以及获省重大科技成果转化、国家科技支撑计划、国家科技重大专项及国家高技术产业化专项等资助的工业项目，免收从投资项目核准、备案到竣工投产实施过程中的所有行政、事业性规费和基金的地方留成部分，公布《重大工业项目“零收费”目录》，明确对15个部门42个收费项目实行免收优惠。2010年，11家企业获“零收费”证书，减免规费2500万元。（周兵兵）

■减轻企业和社会收费负担 2008年、2009年国家、省政府取消、停止征收费用的228个收费项目全部执行到位，其中涉企收费项目108个，比上年减少收费8600万元。中介(经营)服务性收费项目取消32个，比上年减少收费5640.2万元；免收和降低收费标准33个，比上年减少收费1732.5万元。建立100个市级行政事业性收费监察联系点，查处各类违法违规收费行为。市物价局对112家企业负担情况问卷调查结果显示，企业对减负工作满意或基本满意率98.2%。（周兵兵）

■行政事业性收费年审 3月，市物价局对市直300多家行政事业性收费单位实施年审。全面梳理市级机关各部门收费项目，汇编《扬州市直行政事业性收费项目目录》。（周兵兵）

■涉农收费规范化乡镇创建 市物价局与市委农村工作办公室联合开展“涉农收费规范化乡镇”创建活动。制定涉农收费管理考核标准，召开全市涉农收费创建活动现场推进会，梳理2006年以来部分涉农收费项目取消、减免、降低收费标准情况，清理规范涉农收费项目与标准，公布涉农收费目录，落实乡镇、村价费公示率与准确率，发放涉农收费政策宣传资料与农民负担监督卡，检查政策落实情况，减轻农民负担。（周兵兵）

■运用价格杠杆促进经济转型发展 市物价局印发《关于运用价格杠杆促进经济发展方式转变的意见》。加大差别电价和惩罚性电价政策实施力度，扶持可再生能源、新能源产业发展，帮助7家企业落实差别电价政策，更换淘汰设备，降低能耗。江都新马机械模具有限公司年减负310万元。实施燃煤电厂、热电企业脱硫电价补贴政策，削减二氧化硫排放量1.2万吨。（周兵兵）

■元旦、春节“稳价惠民十大行动” 12月，市物价局出台《元旦、春节“稳价惠民十大行动”方案》，提出强化价格监测预警、开展基地成本调查、落实绿色通道政策、规范市场收费行为、组织市场价格巡查、开展“价比三家”进社区活动、推进价格行政指导、做好清费减负工作、提高应急处置能力、搞好保供稳价宣传等10项措施，向经营者发公开信，市、县联动开展广场价格宣传咨询活动，组织市场价

元旦期间，扬州市区农贸市场货源充足，价格稳定　　郭义富／摄

格巡检，保证节日市场价格基本稳定。（周兵兵）

■世博会期间价格监管　上海世界博览会期间，全市价格系统加强通胀预期管理，除国家、省政府统一部署的价格改革措施外，从严控制政府定价项目出台。调查低收入群众实际生活状况，采取措施缓解低收入群众生活困难。突出对吃、住、行、游商品和服务价格的监测，关注米、肉、蔬菜等主副食品，旅馆、餐饮、景点门票和商业零售等商品和服务价格变动情况，建立景点门票、长途客运、旅馆酒店价格每旬监测报告公布制度。组织世博会期间"旅游行业明码标价整顿规范月"活动，重点巡查旅馆住宿、交通客运、旅游服务、商业零售、餐饮服务、旅游景点、停车场、加油站等行业明码标价情况及市场价格。建立价格突发事件应急处置机制，依法从快打击哄抬价格、价格欺诈等违法行为，曝光典型案件。（周兵兵）

■困难群众价格补贴　市物价局联合民政局、财政局和总工会提请市财政三次启动物价上涨动态补贴机制，向全市城乡低保对象、特困职工、农村"五保"对象、重点优抚对象、孤儿等困难群众发放价格补贴1700多万元，其中市区近327万元，帮助困难群众缓解物价上涨带来的生活压力，维护社会稳定。（周兵兵）

■"双满意"创建活动　市物价局配合市纠正部门和行业不正之风领导小组办公室（简称市纠风办）等部门开展2010～2012年创建"群众满意学校、群众满意医院"活动，采取主题创建、社会评议、统一考核、评选表彰的方法，以群众满意为最终目标，把群众对学校、医院收费、服务、行风和惠民工作的满意度作为评判的主要标准。2010年为"双满意"创建活动巩固成果规范年，市物价局等部门要求各学校、医院以群众满意为标准，以规范收费和优质服务为抓手，以师德师风和医德医风建设为重点，以民主评议行风为平台，以促进教育、医疗资源均衡为根本开展创建活动，建立防治不正之风的长效机制，发挥先进典型的示范引导作用。（周兵兵）

■基本药物零差率销售　市物价局联合市纠风办、卫生局等部门，在广陵区、维扬区、邗江区、扬州经济技术开发区和仪征市53家基层医疗卫生机构推行国家基本药物制度，实行零差率销售。与国家零售指导价相比，基本药物价格平均降幅42.6%；门急诊费用从82.8元／人次降至77.5元／人次，降幅7%；药占比从55.7%降至49.2%，比上年下降6.6个百分点。（周兵兵）

■市区中小学食堂伙食费管理　市物价局、教育局出台《关于加强市区中小学食堂伙食费管理的通知》，加强中小学食堂财务管理，压缩不必要开支，统一招标采购米、面、油、肉类及蔬菜，适当补贴食堂亏损，规范学校食堂收支行为。在秋季大米、食油等食堂原辅材料价格大幅上扬的情况下，学校食堂未上调菜价。（周兵兵）

■普通住宅商品房价格备案　2010年，市物价局实施普通住宅商品房价格备案制度，要求房地产开发企业在领取商品房销售许可证前提供真实有效的相关成本资料进行价格备案，并公示备案后的平均价格和每套商品住房价格，备案价格作为最高价格严格执行。市物价局全年对市区44个普通商品房楼盘进行价格备案，审核面积116.71万平方米，剔除不合理因素551.03元／平方米，核减总金额6.43亿元。（周兵兵）

■政策性保障住房价格管理　市物价局依据按成本价销售的要求，严格审核经济适用房、解危安置房、拆迁安置房建设成本。经市政府同意，确定杉湾花园四期解危安置房和经济适用房价格为多层2615元／平方米、中高层2895元／平方米；拆迁安置房产权交换安置230平方米内及靠户型10平方米内安置房价格为框架结构820元／平方米、砖混一等700元／平方米，跨户型超面积部分安置房价格为多层3200元／平方米、中高层3400元／平方米。佳家花园一期解危安置房和经济适用房价格为多层2445元／平方米、中高层2625元／平方米；拆迁安置房价格为多层3300元／平方米、中高层3500元／平方米。（周兵兵）

■存量房计税价格认定　2月，市价格认证中心牵头采集市区存量房价格信息，建立主要住宅小区普通房价格数据库，确定影响价格相关因素修正系数，会商、审核、分析价格信息数据，制定房地产价值认定技术标准，明确存量房交易计税价格认定工作流程，逐个认定"电子数据"以下计税价格，基本解决存量房计税批量价格

问题。4月1日起，市价格认证中心逐个认证“计税价格政策底线”以下的存量房交易。至年底，累计受理存量房交易认证102件，标的额2.4亿元，核增3841.87万元，增缴税款330万元，遏制存量房交易“阴阳合同”与恶意逃税现象。（周兵兵）

■价格诚信单位创建活动 市物价局组织开展2009～2010年度“江苏省价格诚信单位”创建活动，在各县（市、区）推荐54家单位基础上，坚持标准，严格筛选，统一考核，全市有32家单位获江苏省“2009～2010价格诚信单位”称号。（周兵兵）

■“明码实价示范店”创建 3月起，市物价局在全省价格系统率先组织开展市区“明码实价示范店”创建活动。经过现场调研、制定标准、宣传发动、行政指导以及组织社会各界暗访测评、物价部门专业考评，表彰“明码实价示范店”12家，以倡导全市经营者诚信守法经营，营造放心的旅游、投资、消费环境。（周兵兵）

■农贸市场明码标价 市物价局制定《扬州市农贸市场明码标价办法》，开展明码标价综合整治。根据农贸市场生肉、水产、家禽、蔬菜、南北货各经营区域条件，确定统一的价目表内容和格式，发放标价签近5万张，规范农贸市场明码标价行为。市区农贸市场明码标价率超过90%。（周兵兵）

■制止价格串通行为 2010年，扬州市物价局针对市餐饮协会草拟《扬州市餐饮行业“自带酒水服务费”收费标准》和部分汽车驾驶员培训学校集体涨价的问题，紧急约见餐饮协会、驾校负责人和主流媒体记者，通报情况，宣传价格法律法规，制止价格串通行为。要求各类行业协会加强行业自律，鼓励消费者举报违反价格法行为。（周兵兵）

安全生产监督管理

■概述 2010年，扬州市安全生产监督管理局（简称市安监局）开展“安全生产年”活动，建立安全生产责任保险制度，推动企业落实安全生产主体责任；强化安全生产监管监察，深化隐患排查治理；推行安全管理标准化，提高企业安全度；开展重点行业（领域）专项整治，有效防范较大以上事故；组织安全生产宣传教育培训，推进安全文化建设；加强安全生产专家队伍建设，发挥安全生产专家的技术支撑作用。2010年，全市发生各类安全生产事故1089起，死亡404人、重伤703人，分别比上年下降14%、1.7%、22%；经济损失2214.7万元，比上年上升7%。其中，工矿商贸企业事故死亡27人，占省年度控制指标的96.4%。全市各类生产安全事故低于省安委会下达的年度控制指标，扬州市第六年获全省年度安全生产目标管理考核优秀等次。（焦同林）

■安全生产责任制建设 2010年初，市政府召开全市安全生产工作大会，总结2009年安全生产情况，部署2010年工作。江都市政府等42家2009年度安全生产目标管理优秀单位、市公安局等7家2009年度安全生产专项整治先进单位受到市政府表彰，市监察局等60家2009年度安全生产先进单位和97名2009年度安全生产先进个人受到市安全生产委员会（简称市安委会）表彰。市政府与7个县（市、区）政府、4个园区管委会、20家市直部门（公司）、18家驻扬单位签订2010年度安全生产目标管理责任书，印发《扬州市2010年度安全生产目标管理考核细则》。2010年，市政府先后召开4次政府常务会议，研究部署加强开发区及基层安监机构建设、关闭烟花爆竹生产企业、化工企业“退城进园”等工作。分管市领导每月听取安全生产工作汇报，研究解决具体问题。6月8日，市政府第30次常务会议讨论通过《扬州市安全生产责任保险实施办法》，8月1日起实施。市安监局制定《扬州市船舶修造企业安全生产规范》及考核细则、《扬州市企业安全生产标准化评审定级实施办法（暂行）》，推进全市船舶、危险化学品、烟花爆竹、冶金等行业安全生产标准化建设。面向全市所有企业开展安全生产标准化评审定级工作，评审结果作为企业信用等级的重要依据。全市12家烟花爆竹生产企业、7家批发企业分别向市、县两级安监部门提交烟花爆竹安全生产、经营承诺书。市安监局和市总工会按照省安委办的要求，采取制定实施意见、召开推进会、举办专题培训班、编发工作指南等措施，在全市推进“1+3”安全监控体系（事故隐患和职业危害监控加动态管理机制、系统评价机制、持续改进机制）建设，安全监控体系建设工作覆盖全市所有重点企业。2010年底，市安委会组成3个考核组，对各县（市、区）政府、园区管委会和市有关部门、重点企业年度安全生产目标责任落实情况进行考核，严格实施安全生产“一票否决制”。（焦同林）

8月3日，扬州市组织检查化工企业安全生产工作 安监局/供稿

■安全生产监督检查 市安监局制定2010年度安全生产监管执法计划，依法组织开展各类安全生产监督检查活动。明确40家重点企业和164家日常监管对象，根据企业规模、行业危险性、作业特点等因素，实行分级监察。市安监局、卫生局、人力资源和社会保障局、总工会建立联席会议机制，研究部署全市作业场所职

业危害监管工作，启动企业作业场所职业危害申报登记工作，联合开展粉尘与高毒职业危害专项检查。市安监局制定重大节日、重要活动期间安全检查方案，检查重点企业、重点场所136家次。南京“7·28”管道爆炸事故、上海静安区胶州公寓“11·5”特别重大火灾事故发生后，组织相关部门开展全市地下管道安全、建筑施工安全专项检查。2010年，全市有5.12万家生产经营单位查出各类安全生产事故隐患13.75万条，完成整改13.45万条，整改率97.8%，其中21条重大事故隐患均按期整改，累计投入整改资金2.62亿元。市安全生产监察支队全年对199家企业进行安全监察467家次；按照分级监察的要求，对20家A类企业监察45家次，对其他企业全部监察1次；组织开展职业危害等4个专项监察。监察支队全年制作各类执法文书864份，对1502条事故隐患下达责令改正指令书216份；依法查处安全生产违法违规行为45起，其中一般程序案件15起、简易程序案件30起，全部按期结案。（焦同林）

■安全生产宣传教育 市安监局组织开展全国第九个“安全生产月”活动，向企业发放《国务院关于进一步加强企业安全生产工作的通知》单行本1万余本。5月3日，市安监局到五里庙社区开展“播撒文明火种、唱响安全发展”宣传活动，发放烟花爆竹、燃气、交通、消防等方面的安全宣传资料近千份。6月13日，市委宣传部和市安监局、公安局、文广新局、总工会、团市委、妇联等7个部门联合在汽车西站门前广场举办以“安全发展、预防为主”为主题的全国第九个“安全生产月”集中咨询日活动。举行“安全示范公交车”命名表彰仪式，命名“安全示范公交车”32辆，奖励驾驶员32人；市领导与有关部门负责人、公交车驾驶员代表和市民群众在“安全牢记心中、幸福常伴左右、共创文明城市”的条幅上签名；市监局等14个部门和单位联合设置安全生产宣传咨询台，发放安全宣传资料，接受群众现场咨询。“安全生产月”期间，扬州市创作的5首安全生产主题歌曲在江苏地区预选活动中获奖，其中3首歌曲被推荐参加全国安全生产歌曲大赛。扬州市获国家安监总局、全国总工会安全生产应急知识竞赛优秀奖。7月7日，市安监局在扬州大洋造船公司组织开展全市特种作业人员安全技能比赛，各县（市、区）、市直主管部门和驻扬单位电工、焊工、建筑架子工等组成10个代表队参加比赛。经专家测试评比，邗江区代表队获一等奖。扬州市连续两年获评全国“安全生产月”活动优秀单位。2010年，全市累计培训企业负责人、安全生产管理人员和特种作业人员3.25万人，其中市直企业负责人和安全管理人员1169人、特种作业人员6126人。市安全生产科学技术学会全年印发《扬州安全生产》内部季刊3600多册，配合宣传安全生产法律法规和安全管理知识，推进企业安全文化建设。（焦同林）

■安全生产专家工作 市安监局落实《扬州市安全生产专家工作制度（试行）》，按照“政府推动、社团运作、专家履职、企业参与”的安全生产专家工作模式，推进专家制度的运行。7月13日，市政府召开扬州市安全生产专家工作会议暨“百千万”（选百名专家、进千家企业、查万条隐患）活动启动仪式。全市石油化工、烟花爆竹、矿山冶金、机械电力、船舶修造、职业卫生、交通运输、建筑施工、火灾消防、特种设备等10个重点行业领域的191名专家被选任为扬州市首批市级安全生产专家。编发《安全生产专家活动手册》，明确专家服务内容、服务流程、过程监督、效果反馈等要求，指导专家开展服务。“百千万”活动期间，市、县两级安全生产专家近3000人次参加安全检查和指导咨询，帮助1400多家企业排查、整改事故隐患8500多条，企业对专家服务活动的满意率达99.6%。国家安监总局充分肯定安全生产专家工作“扬州模式”。（焦同林）

■安全生产应急演练 11月13日上午，扬州市举行重大危险化学品泄漏事故应急处理演练。演练假设市区某路段发生车辆相撞事故，造成装载液氯的钢瓶泄漏，市公安部门先期处置后，迅速启动应急预案。市应急办牵头组织市安监局、消防支队、交巡警支队、环保局、气象局等部门和单位参加应急救援，1个小时排除“突发险情”。12月18日上午，扬州市再次组织模拟因道路交通事故造成车载危险化学品泄漏重大事故应急处理演练，市公安、消防、安监、卫生、环保、气象、民政、供水、供电、燃气等部门和单位按照分工协同处置，1个小时内消除险情，完成演习任务。（焦同林）

■生产安全事故案例 1月9日下午18时左右，位于扬州市邗江区邗上街道的彩虹苑建筑工地7号楼11层卸料平台倾覆，造成3名建筑工人坠落，其中2人当场死亡、1人经抢救无效死亡。6月24日上午10时20分左右，江都市红珍船厂发生一起爆炸事故，造成3人当场死亡、5人受伤，其中2名受伤人员经抢救无效于当日死亡。8月12日11时左右，扬州经济技术开发区施桥镇沿江高等级公路附近，江苏华泰道路桥梁工程有限公司在污水管道维修施工中，派人下井开启管道阀门，4人发生不同程度的昏迷，经送医院抢救，其中3人死亡。（焦同林）

质量技术监督

■质量管理 2010年，扬州市开展质量振兴活动，引导企业走质量效益型发展道路。完善质量目标考核细则，评选质量工作先进单位，推动各项质量技术监督工作。1月，市政府印发《扬州市市长质量奖管理办法》，组织首届市长质量奖评审，有14家企业提交申报材料，经过专家现场审核、评审委员会审定、市政府常务会讨论、社会公示，江苏亚威机床股份有限公司、仪征双环活塞环有限公司获首届扬州市市长质量奖。各县（市、区）开展县（市、区）长质量奖评审工作。推广卓越绩效管理模式，帮助企业争创各级质量奖。森萨塔科技（宝应）公司获2010年度卓越绩效管理奖,江苏三笑集团有限公司获评江苏省质量管理先进企业,江苏华伦化工有限公司等7家企业获江苏省质量奖。构建质量信用体系,按照《江苏省工业企业质量信用评价办法》要求,在全市省级名牌企业启动质量信用评价工作,全年有75家企业申请信用评价。开展优质产品示范区创建工作,邗江区洗漱用品产业集群获“江苏省优质产品生产示范区”称号。 (彭金山 杜建武 聂恒进)

2010年获江苏省质量奖企业

森萨塔科技(宝应)有限公司(卓越绩效管理奖)

江苏亚威机床股份有限公司

江苏华伦化工有限公司

仪征双环活塞环有限公司

中国石化仪征化纤股份有限公司

中国联合网络通信有限公司扬州市分公司

中国移动通信集团江苏有限公司扬州分公司

(彭金山 杜建武 聂恒进)

■深化名牌战略 加大名牌培育力度,加强对名牌产品生产企业生产经营及质量水平跟踪管理和日常监督。做好名牌宣传工作,扩大名牌效应,提高名牌产品的知名度和影响力,提高扬州名牌产品的市场占有率。2010年,全市新增江苏省名牌产品21个,江苏宏信商贸股份有限公司和扬州陆琴脚艺三把刀发展有限公司获评江苏省服务业名牌。至年底,全市累计有中国名牌产品18个、省名牌产品144个、扬州市名牌产品229个,名牌战略对地方经济发展的贡献率初步显现。

(彭金山 杜建武 聂恒进)

2010年扬州市新增江苏省名牌产品一览表

产品名称	生产企业名称
新感觉牌牙刷	江苏五星刷业有限公司
仙娥牌羽绒被	扬州市仙娥羽绒制品有限公司
苏灵牌25%咪鲜胺乳油、10%吡虫啉可湿性粉剂	扬州市苏灵农药化工有限公司
江江牌混凝土外加剂(高效减水剂)	江苏海润化工有限公司
双顺牌全自动升芯挤压振动制管设备	江苏华光双顺机械制造有限公司
魅拓牌气雾剂灌装机	扬州美达灌装机械有限公司
清溢牌平面格栅除污机	江苏清溢环保设备有限公司
图形(“新光华”)牌摩托车方向器	江都市新光华机械制造有限公司
勇龙牌高电压电器零部件(均压环)	江苏勇龙电气有限公司
裕成牌低压成套开关设备和控制设备	裕成电器有限公司
金沓来牌安全鞋(胶粘类皮鞋、注射类皮鞋)	扬州市油田金达实业有限公司
四力牌羽、网球拍	扬州四力体育用品有限公司
波星牌健身器材	江苏纵横体育用品有限公司
好光景牌道路与街路照明灯具	扬州市伏特钢杆照明有限公司
WPDJ牌直流电动机	江苏王牌直流电机制造有限公司
波达牌复合绝缘子	扬州市双宝电力设备有限公司
新奇特牌高阻燃包带	扬州新奇特电缆材料有限公司
扬工牌汽车散热器	江苏扬工动力机械有限公司
江鹤牌钢铝滑线	江苏江鹤滑线电气有限公司
安宜牌电线电缆用塑料	江苏宝源高新电工有限公司
尼尔牌MC尼龙电梯传动轮	扬州尼尔工程塑料有限公司

(彭金山 杜建武 聂恒进)

■实施技术标准战略 推进企业标准化工作。扬州质量技术监督局(简称扬州质监局)全年帮助企业制定、备案各类产品标准246项,推动企业主导或参与制定、修订国家标准和行业标准27项。有22家企业成为江苏省标准化良好行为试点企业。获准成立全国标准化技术委员会、分技术委员会和工作组11个。农业标准化工作成效明显。获批立项省级农业地方标准项目17个,设立江苏省农业标准化示范区3个,仪征市食用菌农业标准化示范区被推荐为国家农业标准化示范区项目,江都市园艺标准化示范区为全国唯一园艺标准化示范区,江苏省克氏原螯虾繁育及规模养殖标准化示范区、宝应有机中华鳖养殖标准化示范区通过省级验收。组织江都盆景、高邮鸭蛋和宝应荷藕参加全国农业标准化成果展。制定服务标准9项,《市民卡服务规范》获江苏省地方服务标准项目立项,4家企业获批省级服务标准化试点。市政府批准《关于加快推进扬州市技术标准战略的实施意见(2011~2015年度)》。

(彭金山 杜建武 聂恒进)

■计量监管 2010年,扬州质监局开展计量惠民行动,免费检定全市集贸市场、村级卫生室、社会福利院、敬老院和计划生育指导站的1.56万台(件)计量器具。开展计量监督检查。在春节计量专项监督检查中,检查29家大型超市572台电子秤,受检率85.5%,检定合格率100%;检查超市预包装商品302批次,合格296批次,合格率98%;检查27家餐饮饭店在用计量器具38台,受检率69.1%,合格率94.7%;检查零售商品34批次,合格32批次,合格率94.1%。在春耕农用物资类定量包装商品计量监督检查中,全市各级计量监督部门出动75人次,检查行政辖区内尤其是农村地区销售的种子、农药、化肥、农膜等4类农用物资类定量包装商品160批次,抽查65批次。制定《“推进诚信计量、建设和谐城乡”行动方案》,开展省级诚信计量示范集贸市场、加油站,市级诚信计量示范集贸市场、商店和眼镜店创建活动,9家集贸市场、10家加油站获评江苏省2010年度诚信计量示范集贸市场(加油站)。开展节能示范企业创建活动和公共场所节能行动,深化能源计量工作。(彭金山 杜建武 聂恒进)

■食品安全监管 加强食品质量安全监管,落实食品企业质量安全主体责任。制定《食品加工小作坊生产条件符合性核查办法》,解决新办小作坊及营业执照到期小作坊领照难题。开展食品添加剂整治,出动执法人员3046人次,检查食品生产加工企业505家、添加剂生产企业6家、食品生产加工小作坊424家。推进食品企业分类分级分等监管工作,至年底,全市"三分"监管工作全面完成。

(彭金山 杜建武 聂恒进)

■特种设备安全监管 严格特种设备使用登记要求,履行告知责任,落实使用单位主体责任。制定《扬州市特种设备使用单位分类监管指导意见》,推行标准化管理。开展专项整治,实行气瓶使用登记,完成全市冶金起重机械使用、整治情况的再次梳理,建立一台一档。开展现场安全检查,督促整改事故隐患。全年出动899人次,检查特种设备使用单位490家,其中重点场所24处、重点设备64台;开展重大节庆活动专项检查、重点工程项目专项检查和投诉举报事件专项检查。开展特种设备节能降耗工作。对全市320台锅炉开展安全、节能双达标工作,213台通过验收;组织对160台锅炉进行能效测试,出具诊断报告。通过节能达标活动,全市节约用煤8000余吨。

(彭金山 杜建武 聂恒进)

■打假治劣 重点开展产品质量安全和食品安全方面打假工作,从源头上打击和防范制假售假违法活动。2010年,全市质监稽查部门出动执法人员9038人次,检查生产、销售单位2734家,立案查处质量违法案件380件(其中货值金额15万元或销售5万元以上大要案87件),查获假冒伪劣商品标值6978.26万元,实现罚没收入1417.94万元,移送司法机关涉嫌犯罪案件25件。扬州质监局"12365"举报投诉中心受理举报、投诉、申诉、咨询560件,其中34件申诉案件全部办结,维护企业和消费者合法权益。

(彭金山 杜建武 聂恒进)

■载体和装备建设 省皮革橡塑制品质量监督检验中心建成运行,省有机食品质量监督检验中心通过初审验收。省液压机械质检中心经省质监局批准筹建,省道路照明灯具质检中心进入立项审批程序,省光电仪器计量中心进入申报阶段。扬州质监局在广陵产业园征用土地2.33公顷,建设扬州市质量技术监督检验检测中心;在新城西区行政商务中心购置7400平方米办公用房,建设市技术标准战略服务平台。

(彭金山 杜建武 聂恒进)

■特种设备节能减排 扬州质监局推进特种设备节能减排工作。全年培训、考核司炉工997人;组织开展锅炉安全节能双达标活动,213台锅炉通过达标验收;完成160台锅炉能效测试,出具节能诊断报告160份;组织2家钢铁企业、1家纺织企业开展单位产品能耗限额标准对标活动,完成能效对标评价报告;组织对7台重点耗能设备进行能效测试,帮助企业实施节能降耗技术改造,提出技术改造方案7套。通过安全节能双达标活动和锅炉能效测试活动,帮助企业节煤8859吨;通过企业能效对标活动开展,帮助企业计量节煤6883吨。12月,扬州质监局2010年节能减排工作通过省考核验收。(杨 俭)

食品药品监督管理

■落实食品药品安全责任 市政府多次召开专题会议,明确机构改革到位前相关部门食品安全监管职责。市人大出台《关于加强流通环节食用农产品质量安全管理的决议》。市食品药品监督管理局(简称市食品药品监督局)参与起草出台《扬州市关于明确当前食品生产加工小作坊及保健食品生产销售有关监管职责的通知》,配合市政协、各民主党派开展食品安全法贯彻执行情况民主评议活动,督促相关部门落实各民主党派反馈的建议、意见。宝应县、邗江区开展第三批全省食品安全示范县创建工作,并通过考核验收。

(洪 昊 杨国屏)

■食品安全整顿 扬州市推进食品安全整顿工作,开展问题乳粉清查行动和一次性塑料餐盒、学校食堂、建筑工地食堂等专项整治行动,检查食品生产经营单位4.77万家次,抽检6507批次,合格率96.1%,查处各类食品违法案件618件。组织开展食用油脂专项整治工作,市政府采纳市食品药品监督局建议,将"建立地沟油整治长效机制,规划建设地沟油集中处理设施或装置"列入关注民生建设项目。扬州市食品安全工作综合评价获省优秀等次。组织开展全市保健食品生产企业监督检查,督促整改存在的缺陷。市食品药品监督部门协助卫生部门发放餐饮服务许可证2804份。(洪 昊 杨国屏)

■基本药物质量监督管理 市食品药品监督局与全市基本药物生产、配送和试点使用单位签订质量安全责任书,落实企业主体责任。建立全市10家基本药物生产企业79个中标品种药物质量管理体系,开展基本药物生产企业原辅料、生产过程、产品可追溯性和检验室等专项督查,逐一建立品种监管档案,监督检查覆盖率100%。全市6家企业累计配送基本药物价值近2500万元,覆盖135个基层医疗机构。27个试点基层医疗机构开通药品不良反应监测网上直报系统。全年抽验国家基本药物目录及省增补目录药品2321批次,合格率98.4%。(洪 昊 杨国屏)

■药品生产监督管理 宣传、贯彻2010版《中国药典》。加强药品生产源头监督检查,引导药品生产企业对药品生产质量进行自查,消除产品安全隐患;对高风险企业、高风险品种、特殊药品进行监督检查,检查覆盖率100%,督促整改缺陷项目419个。全市

2010年扬州市药品及包装材料生产企业一览表

单位:家

地　区	制药企业				药用包装材料生产企业	医院制剂室
	小计	制药	医用氧气	药用辅料		
合　计	**18**	**14**	**3**	**1**	**18**	**9**
市　区	**7**	6	1	0	6	3
宝应县	**1**	1	0	0	3	3
仪征市	**0**	0	0	0	3	0
高邮市	**5**	4	0	1	3	2
江都市	**5**	3	2	0	3	1

(乔　虹)

2010年扬州市医疗器械生产企业分布情况一览表

单位:家

地　区	小计	一类企业	二类企业	三类企业
合　计	**130**	**23**	**75**	**32**
市　区	**98**	15	55	28
宝应县	**6**	0	5	1
仪征市	**4**	2	2	0
高邮市	**6**	2	4	0
江都市	**16**	4	9	3

(周　进)

2010年扬州市药品、医疗器械经营企业一览表

单位:家

地　区	药品经营企业					医疗器械经营企业		
	小计	批发企业	零售企业	连锁总店	连锁门店	小计	批发企业	零售企业
合　计	**1199**	**14**	**1060**	**4**	**121**	**685**	**170**	**515**
市　区	**397**	8	317	3	69	**460**	130	330
宝应县	**161**	3	148	0	10	**33**	12	21
仪征市	**138**	1	109	1	27	**79**	12	67
高邮市	**219**	1	204	0	14	**16**	2	14
江都市	**284**	1	282	0	1	**97**	14	83

(尹成雷　张绪利)

17家药品生产企业、9个医疗机构完成许可证换证工作,4家企业3种原料药、4种制剂通过GMP(药品生产质量管理规范)认证检查,6家企业10种药品新品通过研发生产现场核查。全市上报药品不良反应报表3677份,其中新的、严重的不良反应报表占22.7%。

春晖集团在江都市投资1.4亿美元的生物制药项目正式签约。总投资1.5亿元的扬州联澳生物医药有限公司取得药品生产许可证。国药控股江苏物流中心在扬州公铁水物流集聚区正式动工。全市医药工业总产值达46亿元。(洪　昊　杨国屏)

■**医疗器械生产经营监督管理**　市食品药品监督局全年审核注册医疗器械产品标准152份,完成137种产品注册,变更18种产品注册证。新登记和变更登记一类医疗器械生产企业各9家。办理企业产品出口销售证明32份。加强对全市31家重点监控医疗器械生产企业监督检查,检查覆盖率100%;实施质量体系考核和许可现场检查,一次通过率58%。加强医疗器械风险管理,督促企业建立风险管理档案。开展整治变相出租出借证照、产品使用说明书和包装标志、工艺用水、义齿生产基本条件等专项检查。宣传、贯彻《医疗器械生产质量管理规范》,指导企业做好实施准备工作。加强医疗器械不良事件监测,建立全市监测网络,开展医用缝合线、血液透析装置等重点品种监测工作。制定《扬州市医疗器械生产企业检验人员考核管理办法》、《扬州市医疗器械产品抽验不合格处置程序规定》等制度,规范产品质检行为。完成全市110家医疗器械生产企业信用等级评定工作。加强医疗器械经营企业监管,突出植入(介入)类产品、诊断试剂、角膜接触镜等重点产品经营企业的监督检查。

(洪　昊　杨国屏)

■**药品市场监督管理**　实施药品经营许可和GSP(药品经营质量管理规范)认证检查工作,全市新开办药品零售企业139家,其中单体药店120家、连锁总店1家、连锁门店18家,114家药品零售企业换领许可证。全市所有县城以上和农村地区条件较好的1004家零售药店实现远程监控数据互联互通。加强流通秩序整治,重点打击挂靠经营、超范围经营等违法行为,严格药品类易制毒化学品、麻黄碱类复方制剂、冷链药品等特殊管理药品经营使用管理。加强互联网药品信息监管和网上购药消费警示发布工作。贯彻落实《江苏省医疗机构药品使用质量管理规范》,4所三级医院通过省食品药品监督管理局评定验收,全市184个一级以上医疗机构"规范药房"和763家村卫生室及社区卫生服务站"合格药房"创建合格率分别为98%、98.6%。广陵区、维扬区、扬州经济技术开发区创成全省

2010 年扬州市药品市场专项整治情况一览表

项 目	单位	合计	市区	宝应县	仪征市	高邮市	江都市
出动执法人员	人次	**6184**	2426	955	745	850	1208
检查单位	家	**2079**	784	294	246	401	354
查处案件数	件	**244**	85	50	47	17	45
案值	万元	**107.9**	26.6	41.50	6.25	14.89	18.66
没收物品标值	万元	**25.47**	8.89	3.53	1.24	6.47	5.34
没收违法所得	万元	**75.63**	18.52	32.63	4.84	7.25	12.39
取缔无证经营	家	**7**	0	2	2	0	3
捣毁制假窝点	个	**1**	1	0	0	0	0
移送司法部门	件	**9**	7	1	0	0	1
移送其他部门	件	**23**	6	0	4	6	7

（周国凤）

城市社区药品监督网和供应网（“两网”）建设示范区，建立基层药品安全工作站、信息点 185 个，聘请协管员和信息员 189 人；药品供应网络覆盖率 100%。（洪 昊 杨国屏）

■药品市场专项整治 组织实施《扬州市药品安全专项整治工作方案》，在全市范围内开展药品安全整治打假行动，组织疫苗产品、医用氧、非药品冒充药品、借世博会制售假劣药、打击侵犯知识产权和制售假冒伪劣商品等 12 项专项检查。全系统出动执法人员 6184 人次，检查涉药单位 2079 家次，查处制售假劣药品、医疗器械案件 244 件，取缔无证经营户 7 家，捣毁制假窝点 1 个，移送司法机关处理涉嫌犯罪案件 9 件。查获扬州某医院涉嫌配制假药祛癣灵胶囊案(刑拘 4 人)、维扬区某门诊部无证配制中药制剂案、宝应县邹某无证经营白蛋白案、江都市姜某无证经营疫苗案等影响较大的案件。

（洪 昊 杨国屏）

■基础设施及药品技术支撑体系建设 加大市、县两级食品药品监督局基础设施建设投入力度，扬州市、江都市食品药品检验检测中心建成，仪征市食品药品检验检测中心获批立项。

市药检所投入 160 万元，添置高效液相色谱仪、原子吸收分光光度计等大型精密仪器，完善药品技术监督装备。全年完成药品抽验 2839 批次，比上年增长近 1 倍，合格率 97.3%，全检率 90%以上。

（洪 昊 杨国屏）

■执业药师管理 2010 年，全市 481 人报考执业药师，43 人合格；160 人完成执业药师注册登记。举办执业药师、从业药师继续教育培训班 3 期，1032 人接受教育，其中面授 681 人、网络培训 351 人。经省、市药学专业技术评审委员会评审，3 人获药学高级专业技术任职资格、9 人获中级专业技术任职资格、172 人获初级专业技术任职资格。

（洪 昊 杨国屏）

审计

■概述 2010 年，全市审计机关审计和审计调查单位 377 家，审计经济责任人 90 人，查出违规金额 5.19 亿元、损失浪费金额 2062 万元、损益(收支)不实金额 12.29 亿元。审计处理处罚后，增收节支 1.29 亿元，核减投资(结算)额 3.08 亿元，挽回(避免)损失 3917 万元。上报的审计报告、信息被各级党委、政府批示、采用 796 篇次，审计建议被采纳 801 条，促进被审计单位制定整改措施 37 项，向社会公布审计结果 22 篇。

全市审计机关开展“绩效审计普及年”活动，实施独立型绩效审计项目 78 个、结合型绩效审计项目 179 个，分别为上年的 13 倍和 15 倍，绩效审计工作量占全部审计工作量的 82.64%。市审计局出台《扬州市审计机关绩效审计操作指南》和部门预算执行绩效审计、国有企业绩效审计、经济责任绩效审计、政府投资项目绩效审计、专项资金绩效审计等 5 个分项的绩效审计操作指南。全市审计机关将绩效审计和信息系统审计有机结合，开展 19 个部门和单位的计算机信息系统审计，试点开展 9 个计算机信息系统绩效审计项目。截至 2010 年底，全市 61 人通过审计署计算机中级考试。普及 AO(现场审计实施系统）审计软件和 OA（办公自动化)办公软件，全市 143 篇 AO 应用实例、68 篇计算机审计方法被省以上采用。（杨道龙）

■财政预算执行审计 全市审计机关审计本级财税部门和预算执行单位 33 家，审计出的违规金额上缴财政 1.06 亿元。市审计局深化财政预算执行审计，完善财政审计大格局，制定大财政审计工作方案，审计市级财政预算执行、地方税收征收管理、部门预算执行、专项资金收支管理以及其他财政财务收支情况，掌握总体情况，揭示共性问题，解剖个别现象，深入剖析原因，促进规范管理，提升使用效益。审计市财政局、扬州经济技术开发区财政局预算执行情况，延伸审计相关部门、单位的预算执行和专项资金的使用管理情况；审计市地税局地方税收、非税收入和政府基金征管情况，延伸审计24个纳税户税费申报缴纳情况；结合经济责任审计工作，审计高邮市、江都市2009年度财政决算，全面掌握各地财政收支状况和发展趋势，揭示各地财政管理方面存在的问题，处理和纠正各类违规违纪问题。各地财政部门及有关单位采纳审计建议并进行整改。市财政局制定和完善相关制度，加强财政预算管理，整合各项资金4.03亿元支持科技创新发展。扬州经济技术开发区财政局加强科技项目实施和专项资金管理，出台管理办法。市地税局在审计决定下达前后追缴税费765万元，并开展企业所得税征收方式清理工作，专项评估和检查经济鉴证类社会中介机构税收缴纳情况。

（杨道龙）

■**经济责任审计** 2010年，全市对90名领导干部和企事业单位负责人实施经济责任审计，涉及地方党政领导39人、部门党政领导48人、国有及国有控股企业负责人1人、高校负责人2人，对其中50名领导干部实施选人用人责任、机构编制责任和任期经济责任"三责联审"。市审计局创新经济责任审计工作，全面推开"三责联审"，在年初确定的12个经济责任审计项目中，首次配合市机构编制委员会办公室、市委组织部对10名党政负责人实施"三责联审"。探索党政领导干部经济责任同步审计新模式，对高邮市委书记、市长和扬州环境资源职业技术学院院长、书记实施经济责任同步审计。将经济责任审计与其他审计相结合，在对江都市、高邮市、市水利局、市物价局、市农开局、亚星客车集团、新城西区管委会等部门和企事业单位的负责人开展经济责任审计时，同时开展部门预算执行审计、企业资产负债损益审计、财政财务收支审计、财政决算审计和有关专题绩效审计，提高经济责任审计工作水平和审计效率。加强对下级审计机关主要负责人经济责任审计，对邗江区审计局主要负责人实施离任经济责任审计。开展授权经济责任审计，经省审计厅授权，对扬州环境资源职业技术学院院长、书记实施经济责任同步审计。

（杨道龙）

■**民生资金审计** 2010年，市审计局完成民生资金审计项目11个。关注民生政策落实情况。在新型农村合作医疗基金、新型农村社会养老保险基金专项审计调查中，了解群众需求和政府有关政策，反映有关部门职责履行情况和民生政策落实情况。关注民生资金使用绩效情况。对政策性农业保险资金、房屋维修资金、城市维护建设费等专项资金实施专题绩效审计，将环保专项资金使用管理绩效审计作为全市绩效审计样板项目，从经济性、效率性和效果性方面进行评价，提出针对性建议，促进专项资金使用绩效的提高。关注民生项目实际效果。实施政府投资保障性住房审计调查、玉树地震抗震救灾资金物资跟踪审计、世行贷款中国农村卫生发展项目公证审计等项目，加强项目建设事先、事中、事后监督，确保有关部门把好事实事做好做实，发挥民生项目在保障民生、服务民生方面的作用。

（杨道龙）

■**专项审计和审计调查** 2010年，市审计局实施专项审计和审计调查项目13个。开展地方政府性债务专项审计调查，摸清地方政府性债务规模、结构、资金投向、管理现状等情况，分析地方政府性债务的偿债责任归属，分类评价政府性债务的偿债风险，提出加强和规范地方政府性债务管理、防范和化解债务风险、维护财政安全的审计建议，为宏观决策提供依据。对全市涉及主权外债贷款的5个项目实施审计调查，分析扬州市外债总体规模不大、未建立主权外债还贷准备金等情况及其原因，提出争取更多外债资金、促进经济社会发展的建议。在全市工程领域突出问题专项治理跟踪审计、邗江区土地出让金审计调查、省级产业调整和振兴专项引导资金审计调查中，注重专项审计调查与其他审计方式互相结合与转换，利用专项审计调查覆盖面广的优势，解决审计面过窄的问题，缩小审计监督的空白点，同时，对专项审计调查中发现的违反国家财经法规的问题，按照法定的审计职权和程序实施专项审计。

（杨道龙）

■**企业审计** 全市完成企业审计和审计调查项目17个，其中市审计局完成企业审计项目7个。市审计局结合经济责任审计，对江苏亚星汽车集团有限公司实施资产负债损益审计，同时对扬州亚星客车股份有限公司实施资产负债损益审计和专题经营绩效审计，并将其作为全市绩效审计样板项目之一。结合蜀冈—瘦西湖风景名胜区管委会财政收支审计，对瘦西湖旅游发展有限责任公司开展资产负债损益审计，提出理顺管理体制和建立相应机制的建议。受省审计厅委托，开展蒙特利尔多边基金环保赠款项目公证审计，对江苏扬农化工集团有限公司（简称扬农集团）四氯化碳生产和助剂消费二期（CTC/PAⅡ）行业消耗臭氧层物质淘汰项目实施审计，分析拆除企业CTC使用工段的得与失，为企业转型提升把脉问诊。组织各县（市、区）审计部门成立调查组，随机选定16家新能源重点企业，对其投入、产销、利税以及制约发展等因素开展专项审计调查，促进扬州市加快6个太阳能光电建筑应用示范项目实施进度。对全市电力、钢铁、水泥、污水处理等行业或企业节能减排政策执行情况开展审计调查，揭露节能减排政策执行、产业结构调整、主要污染物减排、专项资金管理使用等方面存在的突出问题。

（杨道龙）

■**固定资产投资审计** 2010年，全市审计固定资产投资项目单位115家，审计项目投资总额25.73亿元，审计核减投资额（工程款）3.08亿元。开展工程跟踪审计。2009～2010年，市审计局组织8批次49人次到地震灾区，全过程跟踪审计支援绵竹市九龙镇灾后恢复重建16个项目，审计投资额2.09亿元，核减工程款3400多万元，纠正工程质量方面的不规范事项，消除工程质量隐患，帮助制定项目管理、资金管理、工程质量安全监督管理制度；跟踪审计全市中小学校舍安全工程，揭露和纠正中小学校舍安全工程建设资金在项目立项、计划执行和资金拨付、管理、使用以及项目实施过程中存在的问题，对工程实施的时效和质量进行评价，促进有关部门和单位加强资金和项目管理，提高资金使用效益。开展工程竣工决算审计。对扬州汽车东站、扬州市地方税务局办公楼项目工程实施竣工决算审计，查出超概算等问题，纠正项目工程资料整理归档、工程合同管理及造价管理等方面存在的问题。开展工程绩效审计。对汤汪污水处理厂二期工程实施专题绩效审计。

（杨道龙）

■**行政事业审计** 全市完成行政事业审计和审计调查项目119个。市审计局完成行政事业审计项目7个。对市水利局、房管局、物价局2009年度部门预算执行情况以及新城西区管委会2009年度部门预算和财政收支情况实施审计，加大对项目执行单位的延伸审计力度和对二、三级预算单位的审计力度，促进市级部门、单位加强自身及其所属单位的管理。对蜀冈—瘦西湖风景名胜区管委会、市仲裁委员会财政收支情况实施审计，查找影响公共财政体系建设的体制性、机制性问题，促进宏观调控措施的落实。对扬州大学附属中学2009年度财务收支情况实施审计，重点审查学校收费情况、预算执行情况、预算外资金管理情况和内控制度及财务管理情况，促进学校依法理财、控制支出、勤俭办学，提高经费使用效益。

（杨道龙）

■**内部审计** 2010年，全市113个内部审计机构完成各类审计项目5895个，查出损失浪费金额1183万元；促进增加效益9601万元；提出的建议、意见被采纳1516条；发现大案要案线索2条。全市各内审机构开展建设工程竣工决算和跟踪审计项目3726个、经济责任审计项目205个、财务审计项目453个、专项审计和审计调查项目152个、内控制度评审项目35个和经济效益审计项目91个。全市110名内部审计人员全部通过省内部审计协会组织的内部审计岗位资格考试，750名内审人员参加省内审协会举办的2009～2010年度内审后续工作教育培训，46人参加国际注册内部审计师(CIA)考试(其中8人通过)。

（杨道龙）

统计

■**概述** 2010年，全市统计调查部门在统计服务、基层基础建设、业务建设、法制建设及信息化建设等方面取得进展。能源统计、贸易外经统计、核算统计、财务工作等31项工作在上级组织的专项评比中获奖。全年有20篇次课题成果在省、市评比中获奖。

统计服务。2010年，市统计局、扬州调查队完成统计分析110篇、经济信息299篇、政务信息639篇，组织开展公众对城市环境保护满意率调查、“幸福扬州”专题调查、法治创建先进县(市、区)调查、城市管理工作民意调查、市民公共文明指数模拟测评等22项专项调查。选取50个经济普查研究课题面向全市公开招标，评选出获奖课题成果21篇。《服务业抽样调查中存在问题的浅析与探讨》获2010年度全省服务业抽样调查论文评选一等奖，《低碳经济视角下的扬州节能降耗与经济转型解析》获2010年度全省能源统计优秀分析报告评比一等奖。

统计法制建设。全市统计调查部门检查333家单位，发现统计违法行为165起(含统计无证上岗)，立案查处47起，通报典型案件24起。2010年，市统计局实现行政权力网上公开运行。市统计调查部门在全市开展统计法和《统计违法违纪行为处分规定》宣传进社区、进党校活动以及“中国统计开放日”、“世界统计日”宣传活动。统计“五五”普法工作通过市检查验收。全市999人参加统计人员从业资格培训与考试，173人参加统计职称考试。

统计改革。根据国家统一核算地区生产总值的方案，规范地区分行业增加值核算方法。推进贸易统计改革。改革以社会消费品零售总额为核心的贸易统计调查体系，建立以批发和零售业、住宿和餐饮业销售额(营业额)等为主的行业统计调查体系；执行新的城乡划分标准和限额以上贸易企业全面报表统计范围，按照规定调整社会消费品零售总额统计范围，将全面报表统计范围扩大到达到统计规模标准的个体户。建立重点商品购销存统计制度，规范和完善限额以下单位和个体户抽样调查。

统计基层基础建设。完成全市统计信息综合数据库建设前期准备工作。建立全市农村、城市统计信息工作网络，聘请41名信息联络员。8月，市政府办公室下发《关于进一步加强部门统计工作的意见》以及《扬州市部门统计工作考核评比办法》，推进部门统计规范化管理。

（杨　勇）

■**第六次全国人口普查** 根据国务院《关于开展第六次全国人口普查的通知》，扬州市开展第六次全国人口普查，主要调查人口和住户的基本情况，内容包括性别、年龄、民族、受教育程度、行业、职业、迁移流动、社会保障、婚姻生育、死亡、住房情况等，普查的标准时点是2010年11月1日零时。1月11日，市政府发出《关于认真做好第六次全国人口普查工作的通知》，成立市第六次全国人口普查领导小组。扬州市人口普查分准备阶段、普查登记复查阶段、数据整理和发布阶段等三个阶段进行。2010年主要开展普查机构、人员、经费落实，普查指导员和普查员选调与业务培训，普查小区划分与地图绘制，普查宣传以及普查物资准备，普查登记，普查数据处理等工作。全市建立市、县(市、区)、乡镇(街道)普查工作机构，选调2.6万名普查人员，划分2万个普查小区，举办业务培训114批次近3万人次，发送宣传短信300万条次。扬州市开发“人口普查网上申报系统”，采取网上申报为主，个人主动申报为辅，以提高普查登记率。3月，市人口普查办公室在邗江区邗上街道贾桥社区开展人口普查流动人口普查试点；5月，在江都市仙女镇龙川社区开展人口普查市级综合试点；7月，市公安部门在全市开展人口普查户口整顿；10月，市人口普查办公室联合《扬州日报》、《扬州晚报》、电视台、电台等媒体在全市开展“人口普查宣传月”活动。

（杨　勇）

■统计执法大检查　5～9月，扬州市开展统计法和《统计违法违纪行为处分规定》贯彻执行情况大检查，重点检查2009年年报和2010年1～5月的统计数据质量，检查、抽查县(市、区)工业、投资、贸易等专业统计和部分市级部门、乡镇及企事业单位依法开展统计工作情况以及统计基础建设工作。根据实地检查，截至2010年6月，全市有71个乡镇统计工作经费纳入本级财政预算，有乡镇(街道)综合统计人员329人(其中兼职人员110人)、综合统计专用计算机223台；全市企业有专职统计人员2038人、兼职统计人员1.09万人。

（杨　勇）

■“幸福扬州”专题调查　1月，国家统计局扬州调查队在市区开展建设“幸福扬州”专题调查，样本量250份，内容涉及工作、住房、医疗、教育、物价、社会诚信等方面，邀请市民给自己的幸福感打分，征集市民对建设“幸福扬州”的意见、建议。调查结果显示，全体被访者的幸福感平均得分87.52分，城市居民、农村居民的幸福感分别为86.66分、91分。92%的被访者对自身工作岗位总体满意率为92%，对事业取得成就的总体满意率为86.8%。（杨　勇）

■第二次R&D资源清查　2010年，扬州市做好第二次R&D(研究与试验发展)资源清查的数据录入、数据审核及汇总上报等工作。经省反馈，扬州市主要清查2009年全市开展R&D活动的规模以上工业企业530家、人员1.64万人、经费30.15亿元、项目1549个、研究开发机构380个。经清查，全市2009年R&D活动总经费33.42亿元、项目2717个、研究开发机构448个，1.85万人参与R&D活动。（杨　勇）

2010年扬州市第二次R&D资源清查规模以上工业分行业R&D经费情况表

行业名称	R&D经费内部支出合计(万元)	投入强度(%)
采矿业	13738.3	2.34
煤炭开采和洗选业	0	0.00
石油和天然气开采业	13738.3	3.08
黑色金属矿采选业	0	0.00
制造业	287736.8	0.69
农副食品加工业	493.8	0.07
食品制造业	151.9	0.12
饮料制造业	0	0.00
纺织业	2018.7	0.14
纺织服装、鞋、帽制造业	241.5	0.01
皮革、毛皮、羽毛(绒)及其制品业	112	0.01
木材加工及木、竹、藤、棕、草制品业	88	0.04
家具制造业	0	0.00
造纸及纸制品业	1774.8	0.38
印刷业和记录媒介的复制	32.5	0.05
文教体育用品制造业	900.7	0.10
石油加工、炼焦及核燃料加工业	879.1	0.50
化学原料及化学制品制造业	55340	1.02
医药制造业	3750.1	0.82
化学纤维制造业	2006.9	0.59
橡胶制品业	2723.7	0.85
塑料制品业	3711.2	0.39
非金属矿物制品业	4696	0.39
黑色金属冶炼及压延加工业	10082.3	0.65
有色金属冶炼及压延加工业	8049.1	0.67
金属制品业	6492.7	0.46
通用设备制造业	16851.5	0.70
专用设备制造业	18296.1	0.87
交通运输设备制造业	24801.2	0.46
电气机械及器材制造业	72641.5	1.08
通信设备、计算机及其他电子设备制造业	15643.2	0.99
仪器仪表及文化、办公用机械制造业	32147.8	1.75
工艺品及其他制造业	3810.5	0.34
废弃资源和废旧材料回收加工业	0	0.00
电力、燃气及水的生产和供应业	13.5	0.01
电力、热力的生产和供应业	13.5	0.01
燃气生产和供应业	0	0.00
水的生产和供应业	0	0.00

（杨　勇）

2010年扬州市第二次R&D资源清查全社会分行业R&D经费情况表

行业名称	R&D经费内部支出合计(万元)	比重(%)	R&D人员折合全时当量(人年)	比重(%)
总　计	**334232.9**	**100.00**	**13143.9**	**100.00**
农、林、牧、渔业	2630.8	0.79	124	0.94
采矿业	13738.3	4.11	329	2.50
制造业	287736.8	86.09	11437	87.07
电力、燃气及水的生产和供应业	13.5	0.00	4	0.03
建筑业	3204.9	0.96	130	0.99
交通运输、仓储和邮政业	0	0.00	0	0.00
信息传输、计算机服务和软件业	478.2	0.14	26	0.20
批发和零售业	0	0.00	0	0.00
租赁和商务服务业	20.3	0.01	8	0.06
科学研究、技术服务和地质勘察业	10926.1	3.27	256	1.95
水利、环境和公共设施管理业	181.2	0.05	22	0.17
教育	12785	3.83	561.9	4.27
卫生、社会保障和社会福利业	2517.8	0.75	246	1.87
其他行业	0	0.00	0	0.00

（杨　勇）

■市民公共文明指数模拟测评　受市委、市政府委托，国家统计局扬州调查队根据国家文明城市测评方案，开展市民公共文明指数模拟测评。全年组织开展7次模拟测评、1次暗访考察，累计动员测评人员223人次，完成入户问卷1700份、实地考察卡片575张，撰写测评结果报告8份。

（杨　勇）

出入境检验检疫

■概述　2010年，扬州出入境检验检疫局（简称扬州检验检疫局）检验检疫出入境货物7.69万批，货值31.28亿美元，分别比上年增长19.6%、36.1%。其中，出境货物7.24万批，货值23.59亿美元；入境货物0.45万批，货值7.69亿美元。完成法检收入3741.66万元，比上年增长36.3%。对1.16万人次出入境人员实施健康体检，查验出入境船舶361艘次、出入境集装箱7.43万标箱，签发各类证单9.57万份。检出不合格商品316批，货值1.03亿美元；截获各类病、虫、草293种2527批。

2010年，扬州检验检疫局开展"质量提升"活动，向市委、市政府上报进出口产品质量情况蓝皮书和质量分析报告6份；与地方政府、外经贸部门、行业协会联合举办玩具、服装、机电出口企业质量工作会议暨质量监督员培训班，免费培训企业质量监督员；联合有关部门和企业，探索建立服装、鞋类、玩具、电线电缆、电动工具、冲压机床六大"检验与认证监管示范基地"。（施　军　孔祥婷）

■服务企业　扬州检验检疫局落实长效服务机制，实行"统一派工"服务，推出"专项服务"、"专员服务"、"专窗服务"，对顺大集团、晶澳公司、尚德公司等"三新"企业，阿波罗蓄电池公司、虎豹集团、快乐集团、永丰余集团、恒基达鑫码头等传统和基础产业，中海江苏造船基地、大洋造船有限公司等大型企业提供上门服务，帮助排忧解难。研究扬州出口加工区新增叠加保税物流功能政策，完成保税物流货物的开检工作。以技术服务和信息服务为重点，帮助江苏九龙汽车制造有限公司向南非出口汽车2000辆。对埃伯斯电子（上海）有限公司宝应分公司实施"一企一策"快速检验放行服务，出口产品检验放行速度由1～2天提至半小时。对省重点项目玛切嘉利公司进口旧机电项目给予全过程技术支持。对出口荷藕示范区内产品质量好、诚信度高的企业，采取减少基地原料和成品农药残留检

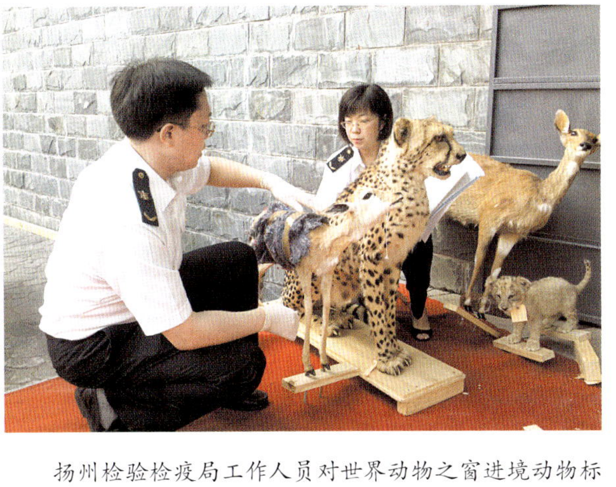

扬州检验检疫局工作人员对世界动物之窗进境动物标本进行检疫　　检验检疫局／供稿

测抽样数等便利措施，为企业节省费用近 10 万元。

通过"国检 E 通"、短信平台、致企业书、宣传报道、电视广播等形式，开展产地证政策推广宣传系列活动。（施 军 孔祥婷）

■实施检验监管新办法 2010 年，扬州检验检疫局确立"抽批检验、监督管理、产品检测、能力保证、周期评估"五个检验与监管环节，形成环环相扣的检验与监管机制；设立特别监管、严密监管、一般监管、验证监管、信用监管"五管齐转"监管模式，推进五种监管方式的实施，形成"分得准、管得住、放得快、打得狠"的分类管理工作机制。（施 军 孔祥婷）

■光伏检测实验室通过 CBTL 评审 11 月，光伏检测实验室通过 IECEE（国际电工委员会电工产品合格测试与认证组织）组织的 CBTL（国际电工产品安全测试报告互认体系实验室）现场评审，成为全国第一家通过 CBTL 国际评审的光伏检测国家实验室、国际权威光伏检测机构。光伏检测实验室通过评审后，其检测服务水平和效率得到提高。中国企业获得 CB（电工产品合格测试与认证）证书后，其产品的附加值得到提升。（施 军 孔祥婷）

海关监管

■概述 2010 年，扬州海关监管进出口货物 569.82 万吨，增长 23.4%；监管货物总值 53.37 亿美元，增长 45.0%；监管进出口集装箱 9.29 万标箱，增长 23.90%；监管进出境船舶 899 艘次，增长 6.90%；监管 1.87 万人次进出境人员行李物品，增长 16.30%。征收关税和进口环节税 18.56 亿元，增长 21.00%；办理减免税收手续 499 笔，增长 34.50%；减免关税和进口环节税 1.31 亿元，增长 89.99%。办理加工贸易合同备案 1398 份，下降 2.60%，备案金额 9.70 亿美元，增长 3.60%。

2010 年，扬州海关缉私分局立案侦查走私犯罪案件 1 件，抓获犯罪嫌疑人 7 人，案值 131.99 万元，涉税 37.98 万元；移送起诉、判决 1 件；移交北京海关缉私局和天津海关缉私局案件线索各 1 条。行政案件立案 27 件，案值 283.61 万元，涉税 25.47 万元；审结案件 24 件，入库罚没款 62.55 万元，补税 21.05 万元。（杨 南）

■大监管体系建设 扬州海关落实海关总署大监管工作会议精神，提升整体监管功能。开展"科室日志评比"、"业务文件学习周"等活动，加强业务基础建设。规范申报管理，加强对监管场所、进出境运输工具的巡视监管和船舶装卸环节的实时监控，加大对应税进出口商品的查验力度，提高查验率。强化综合治税工作。加强审价、归类、现场查验、内销征税、稽查征税、以打促税等基础工作，定期召开关企座谈会，落实税收定期报告制度、业务形势分析会制度，履行税收征管职责。提升风险管理能力。运用风险分析成果，加强对辖区内高风险行业、企业和商品的稽查、核查。加强对减免税设备和享受便利优惠措施企业的后续监管，全年在后续监管环节查获违规案件 10 件，案值 1200 万元。运用风险管理手段，加强风险分析，提高布控有效率，全年在现场查验环节查获违规案件 12 件，案值 1240 万元。（杨 南）

■支持出口加工区发展 扬州海关帮助扬州出口加工区用好用足国家优惠政策，拓展保税物流叠加功能，新增维修、检测业务，促进业务增长。全年进出区货物总额 7.93 亿美元，比上年增长 1.5 倍。区内 3 家企业增资近 2000 万美元。（杨 南）

■服务进出口企业 扬州海关推广"属地申报，口岸验放"通关模式，宣传海关服务措施，鼓励企业选择本地口岸，降低通关成本，提高通关效率。2010 年，中集通华专用车有限公司、森萨塔科技有限公司、海沃机械等企业获准适用区域通关便利模式。为重点企业、重点项目提供跟踪服务，参与上汽大众 30 万台整车项目、天威太阳能、尚德太阳能、晶澳太阳能等引资项目谈判，为落户项目提供配套服务；支持新能源产业、低碳产业、仪征石化物流产业等重点产业发展，促进全市产业转型升级。

2 月，扬州海关参与中美海关重点合作项目——C-TPAT（海关—商贸反恐贸易伙伴）项目。帮助扬州星汉玻璃工艺品有限公司在集装箱安全、人员安全和实地安全等 8 个方面 26 个项目上达到 C-TPAT 的安全标准，获中美海关联合验证组最终确认，成为扬州市首家通过中美海关 C-TPAT 联合验证企业，获对美贸易美方通关便利等优惠待遇。（杨 南）

扬州海关工作人员到生产企业进行现场监管 海关／供稿

城乡建设与管理

Chengxiang Jianshe Yu Guanli

本栏责任编辑　戴淑敏

综述

■**概况**　2010年，扬州市区完成城市建设投资116亿元，其中基础设施建设投入40亿元；全市完成村镇建设投资54.65亿元。

城市规划。加大规划编制力度，开展精致扬州建设规划调研和概念规划研究，推进城市总体规划、控制性详细规划、交通专项规划、乡镇总规及村庄建设规划、历史街区规划编制和城市设计及景观设计。加强规划管理，修订市规划委员会议事规则，创新管理手段和方式，提高依法行政水平。市规划局全年受理各类审批许可项目1383件，办结1042件。东关历史文化街区保护整治工程获江苏省人居环境范例奖。

城市基础设施建设。完善城市路网体系。扬州市区先后建成北环路、占立路、鉴真路、马太路、海德南路、五台山东路、蜀冈路一期、花园北路等12条道路，启动文昌路东延、江都路延伸、扬天路和廖家沟大桥、芒稻河大桥等重大项目建设，新城西区、广陵新城、港口工业园、广陵产业园等新区、园区道路建设同步推进。提升城市形象。完成二道沟整治、荷花池路改造，贯通市区古运河至二道河、瘦西湖水上游览线，启动古运河大王庙以东段环境整治工程；推进“双东”（东关街、东圈门）历史街区整治工作。增强城市配套功能。第五水厂一期、六圩污水处理厂二期、城北客运中心等重大功能性设施建成并投入运营，城市规划展览馆和市民中心等项目有序推进，新铺、改造供水管道64千米、污水管网62千米、天然气管道249千米。方便市民日常生活。市区翻建街巷66条。

发展城市公用事业。加强城市照明和道路、河道、桥梁等市政设施养护管理，做好供水、供电、供气工作。市第五水厂一期工程建成投产，日供水量增加20万吨；完成市区区域供水全覆盖目标。全年完成新建、改建电网项目16个，新增主变容量191万千伏安；全市完成全社会用电量151.09亿千瓦时；4个县（市）全部建成电气化县。

开展国家森林城市创建活动，全市完成造林1.08万公顷，新增城市绿地467万平方米，全市森林覆盖率20.2%。

村镇建设与管理。市委、市政府召开全市城镇化工作会议，印发《大力推进城镇化的意见》。出台《扬州市重点中心镇城镇化专项资金补助办法》，给予全市11个重点中心镇各1000万元专项补助。完成全市村庄布局规划，新建农民新社区240个。完成13个村庄环境整治、18个村庄污水处理设施建设和19个乡镇垃圾中转站建设任务，建成省康居示范村4个。至年底，全市有68个乡镇建成垃圾中转站，67个乡镇建成污水处理设施，59个乡镇通过国家生态乡镇考核或命名，创成生态村824个。

城市管理。创新数字化城管机制，推行市容环卫责任区制度，开展市容环境综合整治。扬州市获评全国“城市管理人民满意城市”、首批“江苏省优秀管理城市”，城管工作获评全国“最成功的城市管理实践案例”。

（张福明　卞海波　杨　俭）

■**城建监察**　市城建监察支队开展市区在建项目拉网式检查2次，配合相关职能部门开展工程检查4次、燃气安全检查4次、综合检查22次。抽查市区气瓶经营企业17家，没收不合格液化气钢瓶97只，取缔无证照经营户9户；立案查处各类违法违规案件256件；下达处罚决定书174份；受理举报案件234件。加大对市政工程、市政设施的监察执法力度。照明执法大队查处路灯照明设施案件65件，追缴赔偿金31万元；配合公安机关查处偷窃照明和亮化设施电缆、灯具等案件18件，查处废品收购站点非法收购电缆、灯具等案件6件，抓获犯罪嫌疑人15人。市政设施执法大队查处案件27件，立案20件，追缴规费18.2万元，督办道路挖掘许可证4份。涵闸河道（排水）执法大队检查企业125家，立案42件，催缴河道设施损毁赔偿金27.35万元、排水管网接入工程补偿金3.1万元，促使排水户领取排水许可证61份、缴纳污水检测费21万元。联合公安部门开展城建执法案件调查，查处假冒伪劣建材用胶案件。中国扬州“烟花三月”国际经贸旅游节（简称“烟花三月”节）期间，拆除市区98条主次干道400多座违章坡台，清理被占用盲道86处32千米。市城建监察支队获评全省住房和城乡建设系统行政执法队伍规范化建设“三星级单位”、2007～2009年度江苏省文明单位。

（朱桂英）

9 月 28 日，扬州市召开城市建设和环境提升总结表彰暨迎接建城 2500 年动员大会。图为市领导向受表彰的建设功臣颁奖　　王　卓／摄

■城市建设和环境提升总结表彰暨迎接建城 2500 年动员大会　9 月 28 日，市委、市政府在广陵新城召开城市建设和环境提升总结表彰暨迎接建城 2500 年动员大会。副市长陈扬主持会议，市委书记王燕文、市长谢正义讲话，市委常委、常务副市长张爱军宣读表彰决定。

谢正义全面回顾和总结过去 3 年扬州市城市建设所取得的成就，部署未来几年城市建设和环境提升的重点工作，要求基本形成清晰合理、富有效率的城市发展布局，增强城市的基础和基本承载能力，突出提升城市的关键线路、重要方面的形象和品质，彰显古代文化与现代文明交相辉映的城市个性，加大力度提高城市的安居水平和宜居品质。

王燕文强调，全市上下要以科学发展观为指引，以建设面向未来、人民满意的精致城市为追求，推进城市建设转型升级，完善城市功能，提升城市品质，做靓城市形象，向 2014 年扬州建城 2500 年献礼。

会议表彰过去 3 年里在城市建设和环境提升工作中涌现出的 33 个先进单位、10 名建设功臣和 92 名先进个人。　（杨　诚）

城乡规划

■概述　2010年，扬州市规划部门办理行政许可、行政审批、行政处罚以及其他权力事项 603 件，公示规划编制成果 16 项、建设项目 306 个。开展工程建设领域突出问题专项治理，排查市级投资 3000 万元以上的国资项目 168 个、非国资项目 49 个，发现规划手续不全、未批先建等问题项目 77 个，督促 63 个项目完成整改，整改率 82%。开展专项治理课题调研。参加市政府组织的建设精致扬州综合调研，提出建设精致扬州的相关规划技术指标。“构建便捷交通、提升城市品质”、“打造精美宜人空间，建设人文精致扬州”、“扬州城市空间发展战略研究”等课题研究取得成效，《基于 GIS 技术的古城资源保护与利用信息系统应用》课题成果获江苏省测绘系统 2010 年科技进步三等奖。市规划局全年办结人大代表建议、政协委员提案 114 件，其中主办 50 件、协办 64 件；回复“书记信箱”留言 13 条、《寄语市长》留言 900 多条、“市长公开电话”留言 6 条、规划网站留言 1400 多条。提高依法行政水平。推进“阳光执法”、文明执法，推行说理式文书，健全社会公众参与、监督机制；建立执法案卷评查制度，自检自查 2010 年 26 件行政处罚案件、806 件行政许可案件、1 件行政复议案件执法案卷，执法卷宗质量获省住房和城乡建设厅（简称省住建厅）表彰。完成四川省绵竹市九龙镇地震灾后援建工作。参与援建新疆伊犁州新源县，完成两轮规划方案对接，开展深化设计。　（朱静涛）

■规划编制　城市总体规划。按照“政府组织、专家领衔、部门合作、公众参与、科学决策”原则，推进新一轮总体规划修编工作。总体规划成果（包括 21 个专项规划、8 项专题研究成果）4 月和 8 月分别通过住房和城乡建设部、省住建厅组织的纲要论证和成果论证，9 月 28 日通过市人大常委会审议。结合扬州市“十二五”发展规划编制，完成城市近期建设规划编制工作。

控制性详细规划。2010 年，扬州市 15 个中心城区及外围拓展区控规单元的控制性详细规划通过市规划委员会审查，向社会公示；12 个控规单元以及老城区 3 号、4 号、6 号街坊控制性详细规划形成控规成果。

交通专项规划。市规划部门委托南京市城市与交通规划设计研究院有限公司（简称南京城交院）同步编制《扬州都市区轨道交通规划》、《宁镇扬轨道交通衔接研究》，超前谋划“一体两翼”（扬州中心城区及江都、仪征城区）都市区轨道交通发展网络，预控轨道交通发展廊道，对接研究宁镇扬三市国家铁路、城际轨道以及城市轨道网络和过江通道方案。《扬州都市区轨道交通规划》形成初步规划成果，《宁镇扬轨道交通衔接研究》形成正式成果。委托江苏省交通规划设计院和南京城交院开展“扬州市老城区及周边地区交通综合改善规划”、“瘦西湖地下隧道工程可行性方案研究”及“江阳路快速化改造工程可行性方案研究”，相关规划成果提交项目建设单位组织实施，应对老城区交通拥堵问题，缓解城市东西向交通压力。

乡镇总体规划及村庄建设规划。梳理、汇总 11 个重点中心镇规划编制情况，明确各镇 2010 年及 2011 年镇总体规划、控制性详细规划及重点地段城市设计的编制要求和时间安排。市规划局组织规划分局编制和修编李典、沙头、头桥、杭集、泰安、杨庙、公道、方巷、杨寿、槐泗等 10 个镇镇区总体规划。推进市区城乡统筹，加快邗江区各镇规划建设。完成公道镇、头桥镇、方巷镇等镇区控制性详细规划编制。完成扬州市村庄建设规划成果汇编，编制《扬州市重点中心镇发展研究》。

城市设计及景观设计。组织开展东部分区城市设计、古运河沿线规划研究及重要节点城市设计、文昌中路两侧街景改造、友谊路（迎宾馆至北绕城槐泗出口）两侧景观改造、宁通公路东出口（廖家沟至江都新都路）两侧景观改造、扬子江中路两侧街景改造、盐阜路旅游精品线、古运河（大王庙至茱萸湾）两侧景观改造、扬州环城高速公路两侧环境整治改造等项目规划设计工作，相关设计成果提交项目建设单位组织实施。

概念规划研究。邀请中国城市规划设计研究院上海分院编制《苏中江都机场概念性规划》，提出适宜苏中江都机场地区发展的功能定位和开发战略，形成正式成果。完成《扬州东部地区规划研究》编制，构建扬州“一体两翼”城市空间格局，强化扬州中心城区与江都城区之间的空间互动和联系，加快扬州东部地区发展建设。

历史街区规划及历史建筑保护。按照“整体控制、积极保护、合理保留、全面改善”的原则，推进古城保护与利用、改造与复兴，完善以5.09平方千米明清古城为重点的古城保护体系。梳理南河下历史文化资源，初步完成《南河下历史文化街区保护规划》编制。市规划局与扬州大学水利与建工学院合作开展扬州市历史建筑调研、认定和保护研究，对湾子街、甘泉路、灯笼巷等80多处历史建筑进行摸底普查、筛选整理，召开专家咨询研讨会，拟写《扬州历史建筑认定办法》初稿，初步建立扬州历史建筑名录。做好广陵路、甘泉路整治规划工作。7月，《新华内参》刊登扬州市名湖名城保护的经验做法；8月，省住建厅在扬州召开江苏省名湖名城保护现场经验交流会。

（朱静涛）

■ 规划管理 2010年，市规划局受理各类审批许可事项1383件，办结1042件。核发选址意见书151份，选址面积1063.97公顷；核发建设用地规划许可证244份，用地面积1434.68公顷；核发建设工程规划许可证1595份，建筑面积704.29万平方米。

修订市规划委员会议事规则。完善专家咨询和评审制度、规划公示等制度。优化项目办理流程，更新规划服务手册。建立和完善规划项目预审制度，对重点项目，在取得土地等相关手续前，提前介入项目设计方案预审，缩短项目审批时间。编制完成太阳能热水器与建筑屋面一体化设计的实施指导手册，推广、规范太阳能光热和光电技术在建筑领域的应用。

创新工作手段和方式，提升规划管理水平。提高规划决策能力，推进三维景观决策系统信息化建设，工作成果在全省规划学会新技术应用委员会年会上作交流介绍；提高建设项目方案设计水平和审批工作效率，制定《关于推进“大家名师”设计工程的实施意见》，鼓励资质高、社会责任感强的设计单位参与扬州市城乡规划和建筑设计，吸纳先进的规划理念和设计方法，高起点规划、设计、建设。三湾生态公园、扬州科技教育馆等设计方案实施国际招标。加强建设项目批后管理。印发《关于加强规划督查工作的意见》，建立集中巡查制度，每周或每两周集中巡查主次干道建设项目，编发督查情况通报。市规划局全年组织竣工核实51次，对31起违规行为实施行政处罚，发放建设项目整改通知书10份、停工（核查）通知书12份，收缴罚没款451万元，追缴政府规费400多万元，补缴土地出让金5000多万元。

服务民生城建。制定老企业搬迁方案。调查市区42.8平方千米区域占地1公顷以上的老工业企业，研究搬迁及改造方案，提出2011年和2011～2013年改造搬迁计划。推进旧城及城中村改造。根据《主城区旧城及城中村改造实施计划》，制订2010年实施计划，明确10个地块的改造范围、用地性质和容积率等规划经济技术指标；研究总体规划确定的21.5平方千米范围以及扩大的第二圈层22.19平方千米范围内旧城改造地区地块整理工作。服务安置小区及保障性住房建设。配合各区做好拆迁安置房的选址工作，重点推进商贸物流园、古运新苑、杉湾花园和翠月嘉南苑等4个安置小区（总建筑面积27万多平方米）建设；引导农民住房向城镇和新型社区集中，优先保障全市政策性保障住房的选址，落实“十二五”期间政策性保障住房用地选址。服务菜篮子工程。推进市、区农贸市场规划建设，对10个农贸市场的内部提升和改造提出规划建议，下达设计条件。推进公交停车场及首末站建设。建成江海学院公交首末站、邗江蒋王公交首末站、动物之窗公交首末站、文昌花园公交首末站、汽车东站公交停车场、运河北路公交停车场。

提高规划服务效能。服务招商引资、重大项目建设。开展用地布局研究，科学下达设计条件。超前研究、分析市区相关地块，科学、集约利用土地，做好经营性用地出让工作。年初、年中、年底分批次编制76宗地块规划设计条件，总用地面积1014.58公顷；市规划局直接下达14宗划拨用地规划设计条件，用地面积171公顷；划定22个地块土地征收红线，用地面积277.47公顷。服务全市重大项目选址，推进重点项目实施。完成苏中江都机场、充电示范站、固废填埋场、工人疗养院、海事局等重点项目选址，推进建设大厦、体育公园体育场、南门遗址公园等重点项目实施。服务“三新”（新能源、新光源、新材料）企业，开辟规划服务“绿色通道”。对重点项目特事特办，提前介入，确保晶澳、潍柴、嘉和奥特汽车、江苏太极以及亚星等重大工业项目的选址和建设，全年帮助办理点供（对重点项目给予保证指标的单独性、保障性供地）和独立选址项目18个，用地面积359.08公顷；市规划局会同各分局下达工业项目设计条件82份。

（朱静涛）

城建重点工程

■ 新城西区建设 2010年，新城西区投入20多亿元，完成体育公园游泳跳水馆、新盛花苑农民安置区、京华城西路、扬溧高速扬州西出入口与文昌西路绿化景观提升、京华城商业项目(德馨大厦、亚太大厦、京格酒店)等5项重点工程建设;新开工建设国际会展中心二期、体育公园体育场、真州路北延、京华梅岭中学、文昌西路沿线绿化亮化等5项重点工程,重新启动香格里拉酒店建设工程。新城西区10平方千米区域基础设施建设基本完成,4.2平方千米拓展区开发建设启动。

扬溧高速扬州西出入口景观工程总面积8万多平方米,栽植大型苗木、灌木、乔木、竹等2万多株,铺设草坪1万多平方米,设置"绿杨城郭是扬州"浮雕文字小品。工程总投资700多万元,3月8日开工,4月8日竣工,获评扬州市城市建设十大精品工程。

京华城西路为京华城路西延伸段,东起站南路,西至西北绕城高速东侧规划路,道路全长670米,道路红线宽24米,其中混合车道15米、两侧人行道各4.5米。项目总投资690万元,6月28日开工,9月底竣工。

京华城德馨大厦、亚太大厦、京格酒店位于京华城全生活广场西侧,2006年12月同期开工,2010年底竣工并投入使用。德馨大厦为5A级写字楼,建筑面积3.6万平方米。亚太大厦为现代化精装SOHO(家居办公)公寓,总建筑面积1.65万平方米。京格酒店规划为四星级酒店,总投资3.5亿元,有各类客房249间。

国际会展中心二期工程位于明月湖北侧,紧邻国际会展中心一期,规划用地2.2公顷,总建筑面积6.4万平方米,其中地上5万平方米、地下1.4万平方米,规划建设会展配套区、会展区、滨水景观区。项目总投资4.5亿元,9月24日开工。

扬州市体育公园体育场位于体育公园东部,占地6公顷,总建筑面积4万平方米,其中辅助用房1.37万平方米、商业用房3500平方米。项目总投资3.5亿元,9月24日开工。

真州路(原西三环路)北延工程南起真州路宁启铁路立交桥,北至扬冶路,总用地面积8.2公顷,道路全长1600米,红线总宽50米,按城市主干道一级标准设计建设。项目总投资1亿元,12月16日开工。

(赵洪波)

■扬州文化艺术中心工程 扬州文化艺术中心工程2009年2月10日开工,2010年10月落成开放,总投资约4亿元,占地面积3.6公顷,总建筑面积4.83万平方米,包括图书馆新馆、美术馆、音乐厅等建筑。文化艺术中心采用树状钢结构玻璃顶,将"两馆一厅"与扬州双博馆融为一体,建筑设计尽可能自然采光,中央空调采用水源热泵节能技术,整体实现全智能控制、数字化管理。图书馆新馆有读者座位800个,设计藏书量200万册;音乐厅有观众座位664个;美术馆设5个独立展厅、1个坡道展厅。

(刘文献)

■体育公园游泳跳水馆工程 体育公园游泳跳水馆位于体育公园南侧,南临文昌西路,依地势而建,主体大部分位于地面以下,利用土壤保温,降低能源损耗;屋面顶部采用透光膜结构设计,保证室内自然通风与采光效果。

游泳跳水馆总建筑面积2.15万平方米,其中地上1.7万平方米、地下0.45万平方米,总投资2亿元,2008年7月开工,2009年完成土建工程,2010年4月竣工并投入试运营。游泳跳水馆分游泳比赛区和跳水比赛区,设有标准比赛池、跳水训练池、儿童戏水造浪池以及休闲区域,有观众坐席1847个,能满足省综合性运动会和全国游泳、跳水、花样游泳、水球等项目比赛要求以及市民游泳健身、休闲娱乐需要。

(赵洪波)

■第五水厂一期工程 扬州市第五水厂项目2007年4月经省发展和改革委员会批准立项,工程总规模日供水40万立方米,分两期实施。一期工程位于邗江区头桥镇,总占地15.08公顷,建设规模日供水20万立方米,主要建设原水厂1座、净水厂1座、浑水管线5千米、清水管线34.9千米,工程概算总投资3.87亿元。工程于2008年5月30日动工,2010年5月29日建成供水。

第五水厂三江营原水厂位于九圣村长江大堤内侧,占地1.63公顷,原水取自长江三江营段主航道,取水口位于三江营夹江口上游1500米。原水厂取水口设计日取水60万吨,厂区南侧布置取水泵房及变电所,东侧布置高锰酸钾预处理和粉末活性炭应急处理设施,原水流量、耗氧量、氨氮、浊度等水质指标全部实现在线检测。

第五水厂净水厂位于安贴村,占地13.45公顷。厂区建筑布置按功能分区,绿化、环保、建筑风格达到园林式水厂要求,并合理预留发展用地。第五水厂净化工艺采用"机械混合+折板絮凝平流沉淀池+V型滤池+氯消毒,并预留深度处理"工艺流程,具有出水水质好、运行稳定、构筑物少、结构相对简单、维护量少、投资省等优点;整个生产过程自动化程度高,流量、压力、浊度、酸碱度、余氯、溶解氯等各类指标全部实现在线监控;出厂水水质执行GB 5749-2006全部106项标准,各项水质指标均达到或优于标准。 (邹 杨)

第五水厂沉淀池 张孔生/摄

六圩污水处理厂二期工程初沉池　　城控公司／供稿

■ **六圩污水处理厂二期工程**　扬州市六圩污水处理厂二期工程设计污水处理规模10万吨／日，采用改良型A2/O污水处理工艺，处理后的尾水执行国家环境评价要求一级A标准，服务范围包括扬州经济技术开发区、邗江工业园区、新城西区、北洲功能区以及维扬经济开发区部分区域，收水面积146.26平方千米。工程概算总投资3.67亿元。该工程2008年10月开工，2010年11月建成，总处理规模15万吨／日。（王　恬）

■ **扬州工艺坊工程**　扬州工艺坊位于个园北侧，毗邻北护城河。该项目分为A、B、C三个地块，总投资近4亿元，地上总建筑面积6.2万平方米，其中A区建筑面积4.5万平方米、B区地下车库面积1.74万平方米、C区建筑面积1.7万平方米，分为全国品牌工艺品、旅游纪念品、漆器、珠宝玉器等10个功能区域。该工程2009年4月开工，2010年9月建成。（沈亚蓉）

■ **城北客运总站一期工程**　城北客运总站位于维扬经济开发区，项目规划用地11.3公顷，规划建设首末站、公交回车场、货运场站、综合楼及配套商业设施等，设加油站、加气站各1座。该项目一期工程建设首末站、公交回车场、公交修理厂、加气站等项目。首末站规划用地3.65公顷，建筑面积1.2万平方米，建设地下室1200平方米、站前广场4216平方米、发车位14个、站内停车场6400平方米、社会停车场4400平方米、道路和绿化等1.3万平方米；公交站场规划用地2.77公顷，建筑面积4956平方米。城北客运总站一期工程2008年7月28日开工，至2010年底基本建成。其中，加气站2009年1月投入运营，公交场站及车辆保养厂2010年1月投入运营。

（刘　艳）

市政公用事业

■ **道路桥梁建设**　施井路西段（东花园东路至江阳东路）拓宽改造工程。道路全长390米，路幅宽22米。2009年10月开工，2010年3月底竣工。工程总投资1560万元。

东花园东路（七里河至施井路）拓宽改造工程。道路全长570米，路幅宽22米。2009年10月开工，2010年3月底竣工。工程总投资2706万元。

占立路（扬天公路至甘八线）新建工程。道路全长3000米，宽40米。新建桥梁2座、箱涵1座。2009年8月开工，2010年3月底竣工。工程总投资6777万元。

黄金坝北路（平山堂东路至北环路）拓宽改造工程。道路全长1768米，路幅宽35米。2009年7月开工，2010年3月竣工。工程总投资4290万元。

荷花池路翻建工程。汶河南路原二道沟涵洞改建成10米梁桥，翻建两侧引道228米（宽33米），建设雨污水管道，改造强弱电管线。4月开工，9月竣工。工程总投资850万元。

海德南路（新城河至邗江北路）新建工程。道路全长366米，路幅宽16～20米。3月开工，6月竣工。工程总投资280万元。

鉴真路（扬子江路至鉴真佛学院）新建工程。道路全长350米，路幅宽28米。6月开工，11月竣工。工程总投资550万元。

花园北路（安康路至五台山路）新建工程。道路全长800米，宽22米。3月开工，11月竣工。工程总投资1730万元。（刘婧婷）

■ **城市照明管理**　全年完成沙湾路、沙北路、马港河延伸、玉带河路、大明寺西侧小道、鉴真路、五台山路以及九龙湖北路、南路、纵一路、纵二路等新、改建路灯工程，完成产值7680万元。全年改造、安装市区小街巷路灯811盏、线路17.19千米。推广应用城市照明新光源，改造LED（发光二极管）路灯1.54万盏，北环路、司徒庙路、江都南路等6项照明工程入围国家发展和改革委员会、住房和城乡建设部、交通运输部“半导体照明产品应用示范工程”。杨柳青路、竹西路和双塘路照明工程获评市“琼花杯”优质工程，其中竹西路和双塘路照明工程获评省“市政示范工程”。全年照明工程合格率100%，优良率70%以上。提高监管水平，完善、升级路灯控制系统，加大照明设施巡查和维护力度，开展照明设施防盗、防损活动，保持亮灯率98%以上、设备完好率95%以上。

（张福明　卞海波）

■ **市政设施养护管理**　全年维修养护各类路面6.6万平方米，疏通下水道416千米，打捞窨井、雨水井4万余次，清理河道垃圾9300立方米，维修河道设施150处，维修出新桥梁35座，道路挖掘恢复率100%。汛期前，改造四望亭路、江阳东路、江都路等积水严重路段，疏浚淮海路（苏北医院段）、维扬路（海关向北段）、邗江北路等易积水路段。编制市区15处主要积水路段改造方案,逐步实施整改。结合沿山河管涵施工,解决平山堂西路蜀冈西峰、农科所段雨季积水问题。检查市区主要桥梁,完成江阳大桥、通扬桥、念泗桥、蒿草河桥、梁家楼桥、北水关桥粉刷出新。

(张福明 卞海波)

■**排水管理** 市排水管理处全年核发排水许可证61份,向17家自备水源用户征收污水处理费105万元。协调排水管网对接工作,新建工程排水许可证发放率90%。加强主城区污水管网工程质量监督,审查规划、方案、施工图,监管施工过程。全年审查16个小区的室外排水图纸、35条市政道路管网、6个公交站室外配套管网、7座商务综合楼及厂区配套管网和4项驳岸、箱涵工程以及2所医院、1所中学的室外管网,提出意见200多条。加强对污水处理厂的监管。全市审核汤汪、六圩污水处理厂污泥焚烧量1.83万吨,比上年增长5.0%。出台《关于新(改)建居住建筑增设阳台污水收集系统的通知》。扬州市申报"城市水环境改善和饮用水安全保障示范城市"。 (袁晓丽)

■**市区河道整治** 完成古运河—瘦西湖水上游览线贯通工程。工程东起二道沟河口、西至荷花池公园,新建二道沟船闸,工程累计投资2400万元。

实施沿山河东段及八卦塘水系综合整治工程,铺设直径1500毫米钢筋混凝土管道900米。实施杨庄河管涵维修工程,将直径600毫米管道改建成长140米、宽2米的方涵,拆除与恢复四季园小学场地等。

(张福明 卞海波)

■**供电** 截至2010年底,扬州供电公司有基层供电所73个、营业客户195.98万户。全市有35千伏~500千伏变电站146座,变电总容量1356万千伏安;35千伏及以上输电线路300条3726千米。有20千伏配变160台,总容量4.28万千伏安,配电线路总长114千米;10千伏配变2.11万台,总容量456.38万千伏安,配电线路总长1.10千米。

2010年扬州市电网规模一览表

电压等级	变电站(座)	主变容量(万千伏安)	线路条数(条)	线路长度(千米)
合 计	**146**	**1356**	**300**	**3726**
500千伏	1	125	8	410
220千伏	18	516	46	960
110千伏	69	615	118	1267
35千伏	58	100	128	1089

(尤中华 丁 俊)

2010年,扬州市全社会用电量151.09亿千瓦时,比上年增长16.98%。其中,工业用电109.96亿千瓦时,增长17.33%;城乡居民用电21.75亿千瓦时,增长19.11%。全市最高用电负荷273万千瓦,增长21.6%。业扩报装申请客户7.88万户,增加容量154.05万千伏安,净增容量117.26万千伏安。

电网建设。全市完成电网建设投资13.6亿元(不含500千伏扬州西输变电工程投资),完成220千伏电网建设项目5个(其中新建2个、扩建3个)、110千伏电网建设项目11个(其中新建变电站5个、扩建变电站4个、新建线路2条)。500千伏扬州西输变电工程获国家发改委核准,配套工程开工建设。开展"配电管理提升年"活动,投入配电网建设与改造工程建设资金3.34亿元,完成配电网迎峰度夏新建与改造项目2976个,缓解低电压矛盾。2010年迎峰度夏期间,全市低电压投诉比上年同期下降29.93%。推进新农村电气化建设,完成农网项目投资3.47亿元,建成1个电气化县(宝应县)、14个电气化乡镇和119个电气化村。截至2010年底,全市4县(市)全部建成电气化县。服务智能电网产业发展。建成吴州路电动汽车充电站,完成扬州"智谷"智能电网展示厅布展,开工建设国家电网公司智能电网试点项目——110千伏何桥智能化变电站工程,完成31万户用电信息采集系统建设任务。建成京华城荟景苑智能电网示范小区,建设项目包括实现各种常用家电智慧控制的样板房和255户电力光纤到户支撑电信、广电、互联网"三网融合"项目。

8月28日,220千伏维扬变电站进入电气安装阶段 濮良平/摄

供电安全。扬州供电公司落实各级安全生产责任制,加强现场安全监督,开展安全检查活动。加强系统应急体系建设,开展电网反事故演习和迎峰度夏有序用电等应急演练,增强应急处置能力。制定、落实电网安全迎峰度夏有序用电方案和电力供应应急预案,电网运行稳定,电力供应可靠。推进警企联动,打击盗窃、破坏电力设施行为。加大对客户端安全隐患排查和督促整改力度,保证客户用电安全可靠。截至12月31日,扬州供电公司实现连续安全生产2989天。

扬州供电公司全年完成重大(重要)活动保电82次,动用发电车30

4月19日,吴州路电动汽车充电站建成投运　　日报/供稿

次、发电机12次。2010年,扬州供电公司获评国家电网公司先进集体、省供电公司“文明单位标兵”。
(尤中华　丁　俊)

■ **吴州路电动汽车充电站建成投运**　4月19日,江苏省首座典型设计大型电动汽车充电站——吴州路电动汽车充电站投入运营,扬州50路电动公交示范线同时开通。该充电站由扬州供电公司建设,3月8日开工,建有3台大型直流充电机、4台中型直流充电机、10个交流充电桩,具备快、慢两种充电方式,可提供各种车型充电服务和供电营业服务。
(尤中华　丁　俊)

■ **城市供水**　2010年,扬州市区售水量1.07亿吨,比上年增长11.2%。管网水质综合合格率100%,管网水压综合合格率100%。铺设供水干管107.43千米。新发展用户2万多户,累计用户52.8万户。

扬州自来水有限责任公司水质检测中心新增检测项目通过省质量技术监督局扩项评审验收,获实验室资质认定证书;水质检测能力增至162项,包括新的生活饮用水卫生标准全部106项指标、地表水环境质量标准109项指标中的102项。公司与河海大学联合研发的《扬州市城市供水突发性污染应急水处理技术》获江苏省科技进步二等奖。8月,公司出厂水水质在无锡国家级水质监测站突击抽样检测中,106项指标全面达标并优于水质新标准。

扬州自来水有限责任公司开展“精致服务提升年”主题活动。供水服务中心大厅完善客服中心制度,落实“周一点评”工作机制;增添、维修助残设施,方便残疾人用户办理涉水业务;“盲文版供水服务指南”获评“扬州市十佳服务行为”。公司在客服系统中增加“小李服务热线”,为用户提供供水管道义务检漏、测漏,内部供水设施故障排除,内部供水设施安装指导,帮助军烈属等特殊群体养护内部供水设施等服务。客服中心全年接听用户热线电话5.34万个,下达任务单7425份。
(吕　屹)

■ **区域供水**　2010年,湾头镇、沙头镇、瓜洲镇、杭集镇实现并网供水,实现市区区域供水全覆盖目标。年初,扬州自来水有限责任公司与高邮市政府签订协议,将高邮湖西天山、菱塘、郭集、送桥等4个乡镇纳入扬州市区区域供水范围,成立扬州高邮湖西供水公司,铺设供水管道43千米,完成工程投资6000多万元,实现天山、菱塘、郭集、送桥水厂并网供水。
(吕　屹)

■ **燃气供应和管理**　2010年,市区新增天然气居民用户1.77万户、商业用户38户,新增天然气出租车700辆、公交车90辆。市区累计有天然气居民用户14.98万户、商业用户420户、工业用户5户,天然气出租车2300辆、公交车300辆。全年新建燃气中压管网15.6千米、低压管网219千米,完成燃气管道穿越京杭大运河工程,实现对广陵产业园住宅片区管输供气,改造老旧主干管道和16个老小区燃气管网13.8千米;新核发瓶装燃气供应许可证2份,新增燃气燃烧器具安装维修企业3家,市区新增6家瓶装液化气供应站点。排查治理燃气安全隐患,全年组织检查167场次,发现隐患170处,发出检查记录80份、隐患整改通知书37份,隐患整改率100%。开展地下燃气管线、燃气场站集中专项整治,全市排查地下燃气管线1100千米。加强入户安全检查管理,市区入户检查5.10万户,发现问题2545户,处理率100%。强化燃气安全宣传教育,举办6期各县(市)液化气供应站点负责人、送气服务人员及全市液化气企业管理人员岗位培训班,培训345人。全年发放燃气行业工作手册90本,推行液化气钢瓶随瓶宣传帖18万张,发放燃气安全宣传光盘200张,通过媒体、网站等发布安全管理信息57次,贴置楼道宣传牌4000块。　(顾勇军)

■ **节约用水和计划用水**　2010年,市区节水3227.6万吨(其中自来水1077.9万吨、地下水215.3万吨、自备地表水1934.4万吨),工业用水重复利用量1.82亿吨,重复利用率82.5%。加强对月取水500吨以上工业用水大户管理,非居民生活用水管理率99%。投资300万元实施节水技改工程,年节水450万吨。(周　青)

■ **节水型城市建设**　2010年,江苏江扬电缆有限公司等2家单位、扬州南浦花园等4个小区分别通过省住建厅节水型企业(单位)、节水型小区创建达标验收,获江苏省节水型企业(单位)、节水型小区称号。扬州大学附属中学等5家单位通过省节水型企业(单位)复查验收。扬州市城市供水节水管理办公室获评全国城市节水先进集体,京华大酒店、江苏开元江隆酒店获评全国节水示范宾馆(酒店)。
(周　青)

绿化

■**概述** 2010年，扬州市委、市政府提出创建国家森林城市目标。全市完成造林1.08万公顷，其中成片造林6933.33公顷，新建、完善农田林网2.6万公顷，四旁植树1068万株。全市城镇绿化新增绿地467万平方米，其中公园绿地197.5万平方米；扬州市区城市绿化新增城市绿地154.75万平方米，其中公园绿地67.51万平方米。全年建成绿色通道931.3千米，造林绿化面积1214公顷。建设县级以上党政领导绿化工程32项。 （吴建华）

■**城市森林建设** 2010年，扬州市建设以城区8个出入口、节点、高速匝道等重点绿化工程为代表的森林城市建设工程。实行统一规划论证，明确实施主体，分区组织实施，通过拆房建绿、租地建绿、全民建绿等方式，加快城市森林建设，提升城市森林建设品位。城区全年新增森林面积1300多公顷，新(改、扩)建绿地面积263.05公顷。通过加宽、加高、加密、多树种栽植等措施，提升文昌路、扬子江路绿化品质。

（孙羊林　赵景奎）

■**城市绿化** 2010年，扬州市区新增绿地面积154.75万平方米，其中扬州西北绕城高速公路槐泗出入口绿化工程绿地面积4.5万平方米、扬州西北绕城扬州北出入口绿化工程绿地面积4.4万平方米、西北绕城高速公路扬州西出入口绿化景观工程绿地面积6.3万平方米、宁通高速公路扬州西蒋王出入口绿化工程绿地面积3000平方米、扬州南绕城高速公路扬州南出入口绿化提升工程B标段绿地面积1万平方米、南绕城互通立交区绿化工程绿地面积2.5万平方米、安大路红绿灯处节点绿化工程绿地面积2000平方米、宝应大道高速出入口绿化工程绿地面积3万平方米、占立路绿化工程绿地面积5.26万平方米、黄金坝北路延伸段绿化工程绿地面积3856平方米、东花园东路拓宽改造绿化工程绿地面积1020平方米、国际友好园景观提升绿化工程绿地面积7016平方米、新星小区北侧沿街景观绿化工程绿地面积2.02万平方米、新甘泉路绿化工程绿地面积1.67万平方米、五台山东路翻建改造绿化工程绿地面积1064平方米、蜀冈路延伸段绿化工程绿地面积1471平方米、海德南路绿化工程绿地面积1.34万平方米、国防园绿化提升工程绿地面积2.3万平方米、迎宾馆绿化提升工程绿地面积1.5万平方米、警示教育基地绿化提升工程绿地面积1.2万平方米、迎接“烟花三月”节扬州市区绿化景观提升工程绿地面积6万平方米、鉴真图书馆绿化提升工程绿地面积1.1万平方米、扬州军分区绿化提升工程绿地面积3500平方米、琼花园绿化提升工程绿地面积2000平方米、古运河东岸(柳叶桥、便益门桥周边)绿化提升工程绿地面积5000平方米、市区河道绿化提升工程绿地面积5万平方米、沿山河东延绿化景观提升工程绿地面积1.8万平方米、南门遗址广场绿化工程绿地面积4000平方米、二道沟绿化工程绿地面积5000平方米、新星拆迁安置小区景观工程绿地面积4.5万平方米、杉湾花园三期绿化景观工程绿地面积2.1万平方米、黄金苑绿化整治工程绿地面积1.2万平方米、市社会福利中心景观改造工程绿地面积1.1万平方米、百祥路绿化工程绿地面积3500平方米、文昌西路绿化提升工程绿地面积12万平方米、体育运动学校绿化工程绿地面积1.5万平方米、玉器街景观绿化工程绿地面积3000平方米。市区建成区绿化覆盖面积3574.56公顷，绿化覆盖率43.59%；绿地面积3370.58公顷，绿地率41.10%；市区人均公园绿地13.2平方米，建成区人均公园绿地19.98平方米。 （万　平）

宋夹城绿化景观　　丁春晴／摄

■**义务植树** 市绿化委员会办公室建立义务植树登记卡制度和义务植树任务通知书制度。推行义务植树属地管理，完善义务植树检查验收与考核奖惩制度，加强义务植树统筹费、绿化费的征收和使用管理。全市有226.9万人参加义务植树(劳动)，其中38万人以其他方式完成义务植树任务，植树959.7万株，义务植树尽责率83.9%。 （吴建华）

■**义务植树纪念林建设** 市绿化委员会组织市级机关部门建设义务植树纪念林。2010年，市区建设市纪委“清风林”、扬州军分区“国防林”、市委组织部“大学生村官林”、妇女联合会“巾帼林”、共青团“青春林”、四川绵竹九龙镇“感恩林”以及外国友人“友谊林”、“思源之樱林” 等12处义务植树纪念林，总面积约26公顷。

高邮市将义务植树与创新造林投资机制相结合，全市机关干部投资300多万元，在21个乡镇建设30多个“机关林”，造林130多公顷。

（吴建华）

园林式单位和园林式居住区创建 11月16日，扬州市南浦花园、帝景蓝湾花园等14个居住区获批第七批江苏省园林式居住区；江苏省盐邵船闸管理所、江都市地方税务局、江都市市委市政府会议中心等7家单位获批第七批江苏省园林式单位。

12月16日，扬州市命名广陵区扬州大学附属中学东部分校、开发区扬州保来得科技实业有限公司、仪征市天盛城市建设开发有限公司等13家单位为扬州市第六批园林式单位，命名开发区新港名兴花园、邗江区月亮园、邗江区香格里拉庄园等12个居住区为扬州市第六批园林式居住区。（万　平）

扬州园艺获奖 2009年9月22日～2010年5月8日，第七届中国（济南）国际园林花卉博览会（简称第七届园博会）在济南国际园林花卉博览园举行。扬州市人民政府参展的“扬州园”获第七届园博会室外展园综合奖金奖、设计奖优秀奖、施工奖优秀奖、建筑小品奖优秀奖；扬州市瘦西湖风景区管理处送展的盆景“探海”获盆景奖金奖，盆景“翠林秀水”、“云海蛟龙”获盆景奖铜奖；扬州市城市绿化养护管理处获评先进集体，赵御龙、姚江潮、冯文祥、孙桂平获评先进工作者，扬州市获优秀组织奖。

4月9～11日，江苏省第五届蕙兰展在太仓市南园举行。扬州市兰花协会组织13个品种34盆蕙兰参展，其中“关顶”获金奖、“南阳梅”获银奖、“赛海鸥”获铜奖，扬州市兰花协会获最佳组织奖。

4月28日～5月20日，第四届中国月季花展暨2010世界月季联合会区域性大会在常州市紫荆公园举行。扬州市园林管理局参展的“竹西芳径”获月季（景点）造景艺术奖银奖；扬州市瘦西湖风景区管理处选送的“归”和“和”获月季插花艺术奖金奖，“窃窃私语”、“竹西佳处”获月季插花艺术奖银奖。

7月3日～9月3日，第24届全国荷花展在合肥植物园举行。扬州市荷花池公园选送的2盆“红灯笼”和扬州市城市绿化养护管理处选送的2盆“小玉楼”均获碗莲栽培技术评比一等奖。

10月1～7日，中国盆景精品邀请展暨盆景创作比赛在上海植物园举行。扬州市瘦西湖风景区管理处选送的盆景“探海”获展览特别荣誉奖，盆景“清溪松影”获展览银奖，盆景“清泉入翠”获展览铜奖；扬派盆景博物馆的盆景“灿云”、“飞天伎乐”获展览精品奖。杜晓波获创作比赛B组创作金奖，陆春富获创作比赛A组最佳创作奖，孟广陵获创作比赛B组最佳创作奖。

10月18日～11月18日，第十届中国菊花展览会在开封市举行。扬州市制作的室外展台获“展台布置艺术奖”金奖、“百菊赛奖”一等奖，“花好月圆”获“插花艺术奖”自由命题评比银奖。

10月28～30日，江苏省第15届盆景艺术展在如皋市举行。扬州市参展的作品中，扬州龙川盆景艺苑的黑松盆景和雀梅盆景、扬州市许世界的五针松盆景、瘦西湖风景区管理处孟广陵的五针松盆景获金奖，另有6件作品获银奖、8件作品获铜奖。扬州市林业站获优秀组织奖。

11月10～27日，2010年广州国际盆景邀请展在广州中山纪念堂举行。扬州市扬派盆景博物馆选送的黄杨盆景“飘云”获金奖，五针松盆景“探海”、“清溪松影”获银奖。（万　平）

村镇建设

概述 2010年，扬州市完成村镇建设投资54.65亿元，其中住宅建设投资21.46亿元、公共建筑建设投资3.93亿元、生产性建筑建设投资13.21亿元、基础设施建设投资16.05亿元。全年住宅建筑竣工面积152.20万平方米，公共建筑竣工面积31.14万平方米，生产性建筑竣工面积138.03万平方米。全市有1.45万户村镇住户迁入新居。全年新增村镇供水管道1958.82千米，自来水受益人口累计311.94万；新增村镇道路518.94千米410.29万平方米；新增排水管道244.87千米。全市小城镇绿地覆盖面积2104.00公顷，人均公园绿地面积3.73平方米；有城镇路灯4.55万盏、小城镇桥梁883座。仪征市马集镇金营村、高邮市车逻镇泰丰村、邗江区方巷镇钱冲村、宝应县安宜镇渔场村创成江苏省康居示范村。（雎春广）

重点中心镇建设 市委、市政府召开全市城镇化大会，出台《关于大力推进城镇化的意见》，明确对曹甸、射阳湖、范水、临泽、三垛、菱塘、小纪、邵伯、郭村、大仪、谢集等11个市级重点中心镇城镇化工作给予1.1亿元奖补。2010年，11个重点中心镇开工建设基础设施、社会服务设施等项目105个，投资6.86亿元。市城乡建设局制订《扬州市重点中心镇精致化建设技术措施（2010）》，为规范重点中心镇基础设施和环境提升提供参考。（雎春广）

村庄环境整治 全市13个试点村投入606.94万元用于村庄环境整治。全年新铺村庄道路27.8千米，村内主要道路基本实现硬质化；新建排水管、沟40.91千米；新建垃圾箱（池）560个，添置垃圾收运车16辆，建立垃圾收集处理制度；新建道路绿化和绿地2.20万平方米；新建公共厕所9座；清理乱搭乱建4588平方米、乱堆乱放1002处、露天粪坑708座，建筑物出新1.51万平方米。（雎春广）

农民集中居住点建设 2010年，全市在建农民集中居住点260个，规划户数7.35万户，其中已建成2.74万户，占规划总户数的37.23%。市城乡建设局编制《扬州市农村康居住宅通用施工图集（2010）》，供农民免费使用。（雎春广）

城市管理

概述 2010年，扬州市创新数字化城管五大机制，全面推行市容环卫责任区制度，开展市容环境综合整治，查处各类案件5000多件，集中拆除市区主要道路沿街楼顶广告、大型屋顶标牌、立柱广告牌、店招等560多块；取缔15处流动摊群和大范围占道经营等,完成“小贩中心”选址工作,设立一批摊贩临时疏导点;累计拆除各类违法建设20多万平方米;清除各类“牛皮癣”、乱贴乱画30多万处;更新公共电话亭等“城市家具”460多个;督促市区主要道路两侧沿街38家单位清洗破损标牌、霓虹灯、墙体,改善城市环境。2010年,扬州市获评全国“城市管理人民满意城市”、首批“江苏省优秀管理城市”,市城市管理局“道路清扫、绿化保洁、‘牛皮癣’清除‘三位一体’市场化综合运作”和“市容管理路段承包责任制”获评全国“最成功的城市管理实践案例”。（张华中）

■落实市容环卫责任区制度 6月13日,市政府颁布《扬州市市区市容环卫责任区管理办法》,明确街道、社区、单位和居民的市容环卫管理责任,将传统的“门前四包”制度由民约上升到法制层面。市区城管部门向沿街单位和商家发放1.2万份《扬州市市容环卫责任告知书》,与主次干道沿街居民、商家、单位逐一签订市容环卫责任状,全年处罚违反市容环卫责任区管理办法的单位和个人27家(人)。（张华中）

■创新数字化城管五大机制 一是数字化城管监督员“一岗双责”机制。在保证信息采集的基础上,250多名监督员分布于25个路段、40个点,在市容问题多发时段,实行定岗定点,协助管理流动摊点,增强城市管理效果。二是信息处置员绩效挂钩机制。从工作量、群众评议和工作表现三方面考核数字化城管信息员,考核结果与奖金挂钩;对考核结果连续3次居末位者,予以辞退。三是“两员”定级管理机制。在信息处置员和监督员基本工资以外,增设5个等级的级别工资,择优定级、按级定薪,调动工作积极性,稳定工作队伍,形成良性竞争机制。四是机关干部巡查机制。数字化城管监督办公室全体机关干部分组上路,与市城管局机关巡察组共同督查监督员信息采集、核查情况和定岗定点履职情况,督查结果分别与监督员和巡查人员奖金、年终评先评优等挂钩,形成倒逼机制,强化管理效果。五是数字化城市管理综合考评机制。推行城市管理保证金制度,各区政府和园区管委会以及23个市直部门分别缴纳一定数额的城市管理保证金;市考核小组分月度和年度考核各单位城市管理情况,年底根据综合考核得分进行奖惩,强化各区、各部门城市管理责任,提高数字化城管质量和效率。2010年底,市区数字化城管系统覆盖106平方千米,实现市区建成区全覆盖。全年立案、派遣案件13.81万件,结案13.28万件,结案率96.14%。（张华中）

■推进环卫保洁市场化 市政府下发《关于进一步加强背街小巷环境卫生保洁工作的通知》。街巷清扫保洁职责划归各区环卫办公室,实行专业队伍“一家管”;各区环卫办公室将辖区街巷环卫清扫保洁工作推向市场,实行市场化运作;市、区城管部门加大对作业企业的考核力度,考核结果与作业单位的经济效益及资质挂钩。2010年,市区600多条70多万平方米街巷保洁实现市场化,占市区街巷的85%,其中维扬区街巷保洁市场化率100%,街巷环境卫生状况显著改善。推进主次干道道路清扫、绿化保洁、“牛皮癣”清除“三位一体”市场化保洁工作,新增江阳路、运河北路、开发路等62条道路实行“三位一体”综合运作,市区市场化保洁道路累计159条700多万平方米,占市区道路总面积的85%。（张华中）

■整治城市管理突出问题 集中清理毓贤街至阮家祠堂、徐凝门路沿线等处广告店招、灯箱等78个,拆除汶河路、文昌路等市区主要道路沿街楼顶广告、大型屋顶标牌、立柱广告牌123块,统一设置渡江南路、梅岭东路等地350多户商家户外广告牌。按照“严控主干道、规范支干道、自治背街小巷”的原则,取缔徐凝门路旧货市场、四望亭路“蒙古包”等13处占道经营;设立49个西瓜临时销售点。制定《城市“牛皮癣”专项整治方案》,清除主次干道、街巷、物业管理小区、老小区、农民庄台、单位大院内部“牛皮癣”30多万处。成立市建筑垃圾管理办公室,实行渣土运输公司化管理,市城管、公安、交通部门加大对渣土运输车辆的查处力度,确保交通安全和百姓生命财产安全。拆除京华城等地200多处私自搭建的披棚、院子以及湾头镇万福村等地1200余处5万多平方米违法建设,维护城市规划秩序。（张华中）

■城市基础设施建设 2010年,市环卫部门新(改)建、修缮公厕34座、垃圾中转站等12座,配置果壳箱675只(套)、垃圾桶等2163只。市环卫部门制定市区公厕管理办法,所有直管公厕免费开放;修缮、改造和增设市区20多座公厕的无障碍设施。所有新(改)建公厕、垃圾中转站设施配套齐全、设备先进、性能可靠,符合环保要求。生活垃圾焚烧发电厂全面建成,进入试运行阶段。市城管部门牵头统一整治“城市家具”,全年更换出租车停靠牌200多块、公共电话亭150多个、配电箱柜110个。（张华中）

■扬州市获评“城市管理人民满意城市” 7月19日,中国城市科学发展市民满意度调查研究成果暨中国城市科学发展高层论坛在全国人大会议中心闭幕,扬州市获评“城市管理人民满意城市”。中国城市科学发展市民满意度调查研究由民政部社会工作研究中心、新华社《经济参考报》、北京大学中国持续发展研究中心、清华大学区域与城市发展研究中心和中国环境科学学会等单位联合主办,历时3个多月,征集到全国各地4000多万人的网络投票和问卷调查,通过比对分析近3年城市的环境、卫生等方面63项统计数据,结合城市人居环境、公共服务和城市管理等5个方面的发展情况,最终评选出“人民满意城市”、“城市管理人民满意城市”、“中国绿色经济十佳城市”3个奖项。扬州市成为全国7个“城市管理人民满意城市”之一。（杨诚）

历史文化名城保护

Lishi Wenhua Mingcheng Baohu

本栏责任编辑　戴淑敏

古城保护与利用

■概述　加强文物建筑保护利用。完成《广陵路、甘泉路、彩衣街综合整治方案》及《南河下历史文化街区保护规划》等古城保护方案编制。审查、批准丁氏、马氏住宅，愿生寺，四岸公所门楼等5处文保单位的维修方案，指导、监督梅花书院、愿生寺、高邮王氏父子故居和宋代城墙等维修工程。推进“双东”(东关街、东圈门)历史街区整治，东关街入选十大“中国历史文化名街”。完成宋城东门城楼复建，街南书屋和丁氏、马氏盐商住宅主体修缮；搬迁三和四美酱品厂；推进东关街美食文化广场（原艺蕾小学地块)建设工程。启动老城区甘泉路、广陵路街景整治，完成匏庐修缮。建成阮家祠堂奉恩楼和西第对厅，整治毓贤街及周边环境；建成南门遗址保护展示馆、皮市街小吃中心、运河名城家园北苑主体工程。修缮古城传统民居122户。完成壶园、武当行宫、吴道台宅第等项目招商。提升文昌路、盐阜路等道路沿线街景，改造文昌中路绿园宾馆沿街楼宇和扬州生活科技学校西北侧绿化，协调古城区风貌。阮家祠堂、仪征盛氏兄弟故居等江苏省名人故居抢救保护工程项目通过省委宣传部、省文物局验收。

（张福明　卞海波）

中国历史文化名街——东关街　　丁春晴／摄

■东关街入选“中国历史文化名街”　7月6日，扬州市举行东关街“中国历史文化名街”揭牌仪式。国家文物局局长单霁翔出席仪式。东关街有1200年历史，是扬州城发展演变的历史见证，也是扬州运河文化与盐商文化的发祥地和展示窗口。早在唐代至元代时期，东关街就有坚固的城垣、独具特色的民居和设施齐全的浴室；清代，东关街集中了大量盐商住宅以及园林别业；清末民初，扬州近代工商业开始启蒙，东关街成为众多商业老字号的发祥地。东关街拥有比较完整的明清建筑群及“鱼骨状”街巷体系，保持和沿袭明清时期的传统风貌特色，延续保留31条历史名巷，有50多处名人故居、盐商大宅、寺庙园林、古树老井等重要历史遗存，其中国家级文保单位2处、省级文保单位2处、市级文保单位21处，堪称中国大运河沿线城市中保存最为完好的商业古街。　（邱正锋　杨　俭）

■古城保护专家库建立　为汇集古城保护专家、学者智慧，做好古城保护工作，市古城保护办公室首次建立古城保护专家库。5月11日，在扬州市古城保护专家座谈会上，顾风、晏炳森等28名专家被市古城保护办公室聘为扬州市古城保护专家库成员。首批受聘的28名专家库成员多为文史、文物、建设、规划、园林等领域的专家，其职责是向政府部门、市民介绍国内外古城保护经验，培训、指导公众保护古城，提出古城保护工作建议，并参与研究古城保护政策、制订古城保护方案。　（陈　成）

■岭南会馆维修工程　岭南会馆位于新仓巷(旧名仓巷)4～16号，为清代广东盐商在扬州议事聚集、联络乡谊的场所。岭南会馆是省级文物保护单位，2010年入选首批江苏省大运河沿线重点文物抢救保护工程项目。10月，扬州市文物局组织实施岭南会馆中轴线砖雕门楼、照厅、二厅维修工程。按照“不改变文物原状”的原则，更换风化严重的屋面小瓦，恢复

阮元家庙东庑、西庑　　杜宗军 / 摄

青瓦，加铺防水层；恢复清水墙面，修补严重酥碱和腐蚀的墙面；加固梁、柱、桁条等木构架，更换、剔除部分腐朽严重、失去承载能力的木构件；恢复古式长窗和槅窗；铲除水泥地面，恢复方砖铺地。重新制作内檐装修，恢复东山墙廊架处的侧门，保护嵌入墙体的石碑等。按照遗留的柱础、墙体等痕迹，恢复照厅与大厅、大厅与二厅之间两侧廊房，重新制作单坡立帖木构架、木桁条、半圆荷包椽、飞椽等木构架。拆除砼块料地面，铺设方砖地面，整修原石阶沿，制作安装通间槅窗。所有木构件及地面均实施白蚁防治。年底，维修工程主体基本竣工。　　（樊余祥　王文静）

■ 丁氏、马氏盐商住宅修缮工程　丁氏、马氏盐商住宅分别位于地官第12号、10号，为市级文保单位。8月10日，丁氏、马氏盐商住宅修缮与复建工程启动。至年底，修缮工程和复建部分主体建筑完工，修缮原住宅建筑面积3700平方米，恢复园林景观1325平方米，总投资4000万元。修缮过程中，坚持按原式样、形制、风格、工艺修缮，保存和延续文物建筑的真实历史信息和价值，拆除不属于原建筑的披屋等建筑物以及建筑物内部增加和改变的墙体、装修。

（付元宁）

■ 阮家祠堂复建二期工程　2010年，阮家祠堂复建二期工程基本完成，建成隋文选楼、西第等建筑，并建成4组二层仿古建筑，总建筑面积4750平方米；完善和提升阮家祠堂家庙部分周边建筑风貌。　　（付元宁）

■ 匏庐修缮工程　匏庐位于老城区甘泉路211号，为省级文物保护单位。匏庐修缮工程项目总用地面积2076.89平方米，总投资1100万元，按照“修旧如旧”的原则，原样恢复匏庐的制式、建筑、庭院、假山等。该工程3月启动，年底完工。　　（付元宁）

■ 梅花书院修缮工程　梅花书院位于广陵路248号，有400多年的历史，是一所“专课举人”的书院，也是扬州唯一尚存的书院遗迹。所存旧屋包括楠木大厅、厅前三面回廊、厅后接二进二层木楼，皆面阔三间，前后主房三进处于同一中轴线上。此次修缮最大限度地恢复书院原貌。前三进建筑以修缮为主，保留前厅、前楼及后楼，进行局部修缮；拆除后楼与前楼之间东侧楼梯，增建两层连廊；增建前楼与前厅之间东侧楼梯。保留19间连廊，进行局部修缮。对最后一进现代建筑进行翻建，拆除原三层楼房及前面楼梯，保留东、西、北三面外墙，在原址增建两层与书院原有建筑相协调的楼房。　　（陈　成）

文化遗产保护

■ 概述　加强扬州城遗址整体保护，推进《扬州城遗址保护规划》编制，中期成果通过省文物局专家组论证。宋夹城考古遗址公园、南门遗址保护展示馆建成开放，扬州城遗址列入国家考古遗址公园立项名单。全面审核第三次全国文物普查数据，编辑出版《扬州市第三次全国文物普查新成果汇编》，完成《扬州文物事业“十二五”规划》及项目库的编制。增补盐宗庙申报第七批全国重点文保单位，推荐43处文物古迹申报第七批省级文物保护单位。完善大明寺、高邮当铺等第六批国家重点文保单位的“四有”（有保护范围、有标志说明、有记录档案、有专门机构或专人管理）档案。重新设计、制作并更换市级文保单位标志牌228块，其中市区143块、高邮市

扬州市第三批省级非物质文化遗产代表性传承人一览表

姓　名	性别	工作单位或住地	“非遗”项目名称
杨明坤	男	扬州市曲艺团	扬州评话
沈荫彭	女	扬州市曲艺团	扬州评话
吴吉太	男	扬州工艺美术行业协会	扬州牙刻
吴玉林	男	扬州古典园林建设有限公司	扬州园林营造技艺
方　惠	男	扬州市	扬州园林营造技艺
任芳贵	男	扬州工艺厂有限公司	扬州装裱技艺
芮名扬	男	扬州中国雕版印刷博物馆	雕版印刷技艺
石庆鹏	男	江都市国画笔厂	扬州毛笔制作技艺
朱才林	男	扬州人家国际大酒店	扬州“三把刀”（修脚技艺）
王邦龙	男	扬州世纪星玉浴公司	扬州“三把刀”（修脚技艺）

（闻　华）

85块。

加大非物质文化遗产（简称“非遗”）保护和传承力度。“扬州毛笔制作技艺”入选第三批国家级“非遗”项目推荐名录，杨明坤等10人入选第三批省级“非遗”代表性传承人。扬州市第二批“非遗”项目名录公布。开展“非遗”宣传展示活动，展示“非遗”保护成果。 （刘文献）

文物安全 建立与公安、消防部门协作机制，重视重大节日、重大活动和日常安全检查，及时排查、消除安全隐患。落实安全措施，组织人员演练各项安全应急预案。汉广陵王墓博物馆完成监控、周界报警安全系统建设；唐城遗址博物馆安装避雷系统，解决延和阁、门阙安全问题。

（樊余祥 王文静）

文物行政执法 开展全市文物行政执法巡查。对上海证大商旅发展有限公司在教场二期整治工程中擅自拆毁文物建筑行为，实施行政罚款30万元。查处仪征市新城镇官胜村、马集镇、新集镇及市区瘦西湖新苑三期等建设工地盗掘、破坏古墓葬事件8起，追缴一批出土文物，抓获犯罪嫌疑人20余人。

（樊余祥 王文静）

完成第三次全国文物普查 推动第三次全国文物普查第三阶段工作。市文物局开展文物普查验收，规范文物普查数据。针对少数普查点的定名、年代认定不够准确、现状描述不够完善、图文信息前后不一致以及图纸、照片不规范等问题，召开数据整改会议，抽调业务骨干到宝应县、江都市蹲点扶持、现场校对，确保文物普查数据质量。11月下旬，完成GPS（全球定位系统）数据修正，定点上图。实地调查成果通过国家文物局专家组的抽查验收，仪征市文物普查组获“第三次全国文物普查实地文物调查阶段突出贡献集体奖”。巩固普查成果，从新发现文物普查点中遴选、公布一批市、县级文保单位，其中仪征市17处、高邮市50处、邗江区8处；宝应县划定、公布21处新发现文物点“两线”（保护范围线、建设控制地带线）。编辑出版《扬州市第三次全国文物普查新发现》，收录新发现不可移动文物近200处。

（樊余祥 王文静）

第二批市级“非遗”项目名录公布 6月10日，扬州市公布第二批市级“非遗”项目名录，包括民间文学等9个类别36个项目；同时公布第一批市级“非遗”扩展项目名录，包括传统音乐等5个类别13个项目。

（陈 成）

扬州市第二批市级非物质文化遗产项目名录

类别	项目名称
民间文学	伍子胥传说
	小白龙传说
	秦王赶山填海传说
	捺山传说
	大仪大捷故事
	船村故事
	阮元传说
	黄金坝传说
	史可法传说
	苏东坡传说
	神居山传说
	仙女庙传说
	扬州盐商故事
	打坐堂
传统音乐（民间音乐）	古筝艺术
传统舞蹈	狮舞（临泽狮盘犰舞）
传统戏剧	淮剧
传统体育、游艺与杂技（杂技与竞技）	月塘玩石锁
传统美术	纸扎（西湖纸扎）
传统技艺（传统手工技艺）	宝应全藕席烹饪技艺
	大仪全牛宴烹饪技艺
	新坝河豚烹制技艺
	共和春小吃制作技艺
	萧美人糕点制作技艺
	宝应德和酱油制作技艺
	扬州茶制作技艺
	扬州金鱼培殖技艺
	新集周氏铁具制作技艺
传统医药	“臣”字门儿科中医术
	顾氏内科中医术
	仪征姚氏中医肝胃病诊疗法
	大仪王氏妇科中医术
	扬州夏氏喉科中医术
	扬州任氏内科中医术
民俗	宝应水乡婚俗
	陈集建房习俗

（陈 成）

31处文物点成省文物普查“新发现” 1月18日，《江苏省第三次全

扬州市第一批市级非物质文化遗产扩展项目名录

类　别	项　目　名　称
传统音乐(民间音乐)	扬州民歌(宝应民歌)
	扬州民歌(大仪劳动号子)
	扬州民歌(月塘民歌)
传统舞蹈(民间舞蹈)	龙舞(西安丰龙舞)
	龙舞(板凳龙舞)
传统美术(民间美术)	扬州叠石(王氏叠石)
传统技艺(传统手工技艺)	扬式糕点制作技艺(三垛方酥制作技艺)
	扬式糕点制作技艺(泾河大糕制作技艺)
	扬州豆腐制品技艺(范水素鸡制作技艺)
	扬州豆腐制品技艺(十二圩五香茶干制作技艺)
	扬州豆腐制品技艺(谢集臭干制作技艺)
	扬州烧饼制作技艺(宝应卢记烧饼制作技艺)
民俗	庙会(曹甸古塔庙会)

(陈　成)

国文物普查——新发现》首发式在南京举行。扬州市31处新发现文物点被列入全省“新发现”,其中古遗址类7处、古建筑类9处、近现代重要史迹及代表性建筑15处。31处文物点分别是扬州建隆寺遗址、扬州平山堂城遗址、仪征东门水门遗址、高邮左家庄遗址、高邮吴家跳遗址、高邮陶河遗址、宝应双琚遗址、扬州洒金桥、扬州三义阁、高邮中山路居氏宅、高邮百岁巷砖雕门楼、江都大桥镇塌扒街、江都刘厚宅、宝应蒲松龄宅、宝应刘氏五之堂、宝应同松药店、扬州永宁泉浴室、扬州美汉中学旧址、扬州丁宁故居、扬州湾头陈氏宅、扬州蚕种场旧址、扬州万福闸、扬州瓜洲水利枢纽、仪征两淮盐务总栈旧址、仪征盛白沙故居、高邮救生港水闸、高邮孙子明烈士纪念碑、江都邵伯粮库、江都水利枢纽工程、江苏油田真武真6井、宝应毛家当铺。(陈　成)

■扬州城遗址入选国家考古遗址公园立项名单　扬州城遗址是中国唯一现代化城市和古代城市遗址大部重叠、整体列为全国重点文物保护单位的古城址。考古遗址公园是一种大遗址保护展示的新方式,以重要考古遗址及其背景环境为主体,具有科研、教育、游憩等功能,在考古遗址保护和展示方面具有全国性示范意义的特定公共空间。扬州市通过发掘、展示城门遗址,建设遗址公园、遗址广场等方式,加强对扬州城遗址的保护和利用。经专家多方论证和现场考核,10月,扬州城遗址被国家文物局列入第一批国家考古遗址公园立项名单。(樊余祥　王文静)

■珍贵古籍保护　6月12日,第三批国家珍贵古籍名录和第三批全国古籍重点保护单位名单公布,扬州市图书馆成为全国古籍重点保护单位,扬州市17部古籍入选国家珍贵古籍名录,其中扬州市图书馆10部、扬州大学图书馆5部、扬州博物馆1部、宝应县图书馆1部。(闻　华)

■“中国文化遗产日”活动　6月12日是第五个“中国文化遗产日”,主题是“文化遗产,在我身边”、“非遗保护,人人参与”。当天上午,由市文化广电新闻出版局(简称市文广新局)、文物局主办,市文管会办公室、文化馆承办的纪念“中国文化遗产日”系列活动在个园花局里举行。活动现场举行第二批市级“非遗”项目保护单位授牌仪式,展示琴箫合奏《梅花三弄》、木偶表演《扇子舞》等10个“非遗”项目,举办文化博览城建设成果展,组织文物专家为市民免费鉴定收藏品。此次活动展示的大多是省级以上“非遗”项目,表演者不仅有大师级传承人,还有民间艺术爱好者。(闻　华)

■《国宝档案·扬州文物瑰宝》　4月起,扬州市与中央电视台中文国际频道《国宝档案》栏目组和权威文博专家进行多次研究论证,确定分4个系列拍摄宣传扬州历史文化的专题片:以大运河为主的大遗址保护系列,以史可法、鉴真、扬州八怪、隋炀帝等为主的名人系列,以个园、何园、莲花桥和白塔为主的江南园林系列,以扬州博物馆馆藏文物为主的国宝系列。9～12月,《大明寺与鉴真》、《扬州海上贸易瓷》、《石涛与扬州画派》、《扬州八怪》等《国宝档案·扬州文物瑰宝》28集专题片在中央电视台中文国际频道滚动播出9次。(樊余祥　王文静)

6月12日,扬州市举办纪念“中国文化遗产日”系列活动,展示“非遗”项目　　王　卓/摄

■《雕版印刷技艺扬州地方标准》审定　11月19日，由扬州市发展和改革委员会、扬州报业传媒集团、扬州广陵古籍刻印社、市产品质量监督检验所起草的《雕版印刷技艺扬州地方标准（草案）》通过专家评审。2009年，以扬州广陵古籍刻印社为主体申报的“中国雕版印刷技艺”入选联合国“人类非物质文化遗产”。《雕版印刷技艺扬州地方标准》参照国家有关标准和规定，详细规定雕版印刷的术语和定义、要求、试验方法、检验规则、包装、运输以及贮存，且适用于在扬州市行政区域内以人工雕刻、凸印的雕版印刷制品。（陈　成）

■《扬州清曲经典套曲》出版发行　1月，由6张DVD光碟组成的《扬州清曲经典套曲》出版发行。扬州清曲是首批国家级非物质文化遗产。《扬州清曲经典套曲》收录16个清曲曲目，演唱艺人包括周锡侯、王万青、马福如、陈淦卿、郭怀忠、芦国才、聂峰等清曲名家，曲目内容有《黛玉葬花》、《水漫金山》、《华容道》等经典唱段。（陈　成）

■首批政府资助扬剧班学员毕业　2007年10月，扬州文化艺术学校恢复扬剧、曲艺班，15名学员通过公开招考，进入由江都市政府出资的戏曲专业江都班免费学习扬剧。2010年7月5日，学校戏曲专业江都班学员举行毕业汇报演出，表演《催租》、《闯宫》、《断太后》等传统剧目以及《扈家庄》、《单下山》、《游园》等19出折子戏，展示扎实的基本功和稳健的舞台表现力。（闻　华）

■131名民间艺人首获职称　经扬州市民间工艺美术人员专业技术资格评审委员会评审（认定），扬州市专业技术职称工作领导小组下发《关于公布朱庆生等131人具备民间工艺中、初级专业技术资格的通知》。这是扬州市首次为民间艺人评定职称。首批获得职称的131名民间艺人分别从事琴筝制造和刺绣行业，其中工艺美术师76人、助理工艺美术师26人、工艺美术员29人。（陈　成）

申报世界文化遗产

■概述　2010年，扬州市申报世界文化遗产（简称“申遗”）工作以编制“申遗”文本和组织遗产价值研究为中心，推进扬州盐商历史遗迹“申遗”项目，开展大运河联合“申遗”工作。夯实“申遗”基础工作。完成四岸公所等10处盐商建筑补充测绘工作，收集盐宗庙等33处盐商遗迹测绘图纸；编制大运河（扬州段）数字管理平台建设方案；初步完成扬州盐商历史遗迹与大运河关系研究；“扬州瘦西湖文化景观价值研究”课题中期研究报告通过验收。开展扬州遗产点遴选，参与大运河遗产点遴选。初步确定扬州盐商历史遗迹遗产点9个13处，明确扬州盐商历史遗迹维修保护具体要求和措施。发挥大运河“申遗”牵头城市作用，参与大运河山东段、河南段遗产点考察遴选。开展“申遗”宣传工作。主办《流淌的文明——大运河‘申遗’图片展》，承办2010年大运河保护和“申遗”工作会议、“文化遗产管理规划”国际培训班、大运河保护学术研讨会以及“大地与水——景观美的认知”国际学术研讨会，扩大扬州“申遗”项目在国际遗产界的影响和知名度。（樊余祥　王文静）

■瘦西湖及扬州历史城区“申遗”　2月9日，瘦西湖及扬州历史城区申报世界文化遗产办公室（简称市申遗办）与中国建筑设计研究院历史研究所就编制《扬州申遗文本》和《扬州申遗项目保护管理规划纲要》签订协议，并确定“扬州盐商历史遗迹”为扬州“申遗”主打线路。

3月20日，市申遗办与同济大学签订“扬州瘦西湖文化景观价值研究”课题合约，旨在以文化景观理论及世界遗产文化景观的评估方法梳理扬州瘦西湖价值，带动地方遗产管理和研究的长远能力建设，了解国际上对世界遗产文化景观的认知，填补瘦西湖研究的空白。

2010年，市申遗办与中国建筑设计研究院建筑历史研究所共同承担的“盐商历史遗迹突出普遍价值研究”初步成果得到文化景观国际研讨会认可，同济大学承担的“瘦西湖文化景观价值研究”完成中期报告，地方专家承担的“扬州盐商历史遗迹价值研究”结题。（刘尚杰　韦艾佳）

■大运河扬州段“申遗”　6月，市申遗办初步确定大运河扬州段研究课题及内容，聘请扬州水利专家加入地方专家团队，启动大运河扬州段基础价值研究工作。研究课题包括遗产基础资料搜集整理及遗产价值提炼。至年底，大运河扬州段基础资料收集整理工作基本完成。扬州盐商历史遗迹和大运河扬州段11项45个遗产点经大运河“申遗”专家现场考察、价值论证，被列入大运河申报世界文化遗产预备遗产点名单。

（刘尚杰　韦艾佳）

■大运河“申遗”图片展　9月27日～10月7日，由市申遗办主办的“流淌的文明——大运河‘申遗’图片展”在大运河畔龙头关开展。此次展览分“悠悠千载运河水”、“点点星光运河城”、“绵绵文脉运河魂”、“孜孜求索运河梦”等4个部分，以文字描述、图片展示、实物陈列等方式，全方位、多角度展示大运河独特魅力和辉煌历史，宣传大运河遗产价值和保护理念。（刘尚杰　韦艾佳）

流淌的文明——大运河“申遗”图片展　李斯尔／摄

■大运河保护和"申遗"工作会议在扬州召开 7月6日，2010年大运河保护和"申遗"工作会议在扬州召开。此次会议由国家文物局主办、大运河联合申报世界文化遗产办公室承办，大运河保护和"申遗"省部际会商小组各成员单位、大运河沿线8个省(直辖市)35个城市以及参与大运河遗产保护的科研单位代表130多人参加会议。国家文物局局长单霁翔出席会议并讲话。（刘尚杰 韦艾佳）

文化博览城建设

■概述 2010年，扬州市文化博览城建设确定宋夹城考古遗址公园、南门遗址保护展示馆、扬州学派纪念馆等10个重点项目和鉴真史料陈列馆、盐商文化生活展等9个推进项目。全年建成重点项目6个，宋夹城考古遗址公园、扬州工艺坊、扬州文化艺术中心以及南门遗址保护展示馆、扬州学派纪念馆一期陈展工程对外开放，扬州书院博物馆完成布展；马可·波罗纪念馆、熊成基故居、街南书屋等3个重点项目建设、修复工程抓紧实施。推进项目中，鉴真史料陈列馆、盐商生活文化展和匏庐维修等工程完工，丁氏、马氏住宅和胡笔江故居北宅等项目按序推进。

组织"瘦西湖杯"第二届文化博览城知识大赛、文化博览城建设成果巡礼图片展、"走进文博馆，触摸城市魂"全市中小学生征文大赛等宣传活动，营造全社会关心、支持、参与文化博览城建设的氛围。（闻 华）

9月16日，扬州工艺坊漆艺精品厅对外开放 沈扬生/摄

■博物馆 扬州博物馆、扬州中国雕版印刷博物馆(简称双博馆)等7座博物馆(纪念馆)继续免费开放，全年接待参观者130余万人次，比上年增长30%。扬州博物馆、扬州八怪纪念馆等单位先后举办54次临时展览，扩大馆际交流与对外合作。依托馆藏资源，推出中学生现场作文竞赛、剪纸培训班、"童眼看家乡" 摄影夏令营、"考古小奇兵"等活动，发挥博物馆社会功能。江都博物馆展示服务水平提升工程完成并通过省文物局验收，原江都人文陈列改造提升为江都历史文化陈列，10月1日对外开放。推进博物馆经营模式改革。汉广陵王墓博物馆、唐城遗址博物馆、扬州八怪纪念馆和史可法纪念馆等4家文博景点与市园林局签订合作经营协议，扩大文博景点的知名度和影响力。

（樊余祥 王文静）

■馆藏文物数据库建设 扬州博物馆、唐城遗址博物馆、汉广陵王墓博物馆等9家单位参与馆藏文物数据库管理系统项目建设。7月，全市完成3161件馆藏珍贵文物数据上报，其中一级文物112件、二级文物604件、三级文物2445件。项目通过验收后，市文物管理委员会办公室与《扬州晚报》联合推出9期《扬州馆藏珍品》系列报道，专题介绍馆藏玉器、陶器、瓷器、金银器、铜镜等精品文物。在全省馆藏珍贵文物数据库建设工作评比中，扬州市文物管理委员会办公室获优秀组织奖，扬州博物馆、仪征市博物馆获先进单位奖。（樊余祥 王文静）

南门遗址保护展示馆一角 王 卓/摄

■南门遗址保护展示馆建成开放 9月26日，南门遗址保护展示馆建成并对外开放。南门遗址保护展示馆以科学保护和合理展示遗址本体为目标，清理覆盖在遗址本体上层的600吨石英砂保护层，规整考古探方，全面揭露和展现唐代以来多个时期的城门遗存，并对重要遗迹进行解读，凸显其科学技术价值和文化艺术魅力。展示馆采用周边落地的大跨度钢结构形式，呈现菱形交叉的编织状，建筑主体东西长约76米，南北跨度29～40米，总建筑面积2660平方米。展示馆东侧陈列室举办展览"不朽的年轮——扬州城遗址巡礼"，利用模型、文献和多媒体演示等方式，从多个角度解读"中国的城门通史"。

（樊余祥 王文静）

■宋夹城考古遗址公园建成开放 4月18日，宋夹城考古遗址公园初步建成开放，展示东西瓮城、北城门及角楼、兵营、十字街等历史遗迹，恢复护城河、城门、城墙等重要历史记忆。（樊余祥 王文静）

■扬州玉器博物馆开馆、升级 3月，扬州玉器博物馆开馆。博物馆建筑面积2875平方米，分古代玉器、玉器工艺、现代玉器等3个展区，采用彩色雕塑模型、沙盘、古玉、现代玉器精品、玉石材料及仿古件等实物、图片形式，展示丰富多彩的玉器文化。6月，经中国工艺美术协会理事长扩大会议讨论同意，扬州玉器博物馆被命名为"中国玉器博物馆"。（陈 成）

■ **中国淮扬菜博物馆主馆试开馆** 1月15日，中国淮扬菜博物馆主馆展示区试开馆。该馆由扬子江投资发展集团筹建，建筑面积7048平方米。主馆展示区设在康山文化园6号楼，分“饮食德和 根在扬州”、“玉盘珍馐 惠风和畅”、“挹古扬今 再展辉煌”三部分，展出淮扬菜系发展各个时期、各个阶段的代表性食器物品，通过场景、模型、陶塑、绘画等多种展示方式再现历史。博物馆还运用现代信息技术，设置“扬州的一日五餐”幻影成像、“红楼宴”互动餐桌、“淮扬菜趣味问答”互动游戏和扬州餐饮企业触摸屏，播放“博大精深的淮扬菜”、“教你做淮扬菜”视频。副馆体验区位于卢氏老宅，以体验盐商文化为主题，让参观者有机会品尝淮扬菜。

（陈　成）

■ **雕版印刷技艺展示馆开馆** 10月12日，位于广陵古籍刻印社内的雕版印刷技艺展示馆开馆。展示馆展出介绍扬州雕版印刷史、广陵古籍刻印社发展情况和雕版印刷组织形式的展板以及泥、木、铜、锡、瓷活字丁；展示写样、雕刻、印刷、装订等生产工艺流程，古雕版《梦溪笔谈》、清代佛经雕版等版片，雕版印刷线装书《李翰林集》、《楚辞集注》和清代扬州诗局雕版印刷的线装书《全唐诗》，广陵古籍刻印社复制的唐代雕版印刷品《金刚经》等，其中历时20年刻成的《里堂道听录》版是新中国成立之后广陵古籍刻印社组织制作的最大一部雕版。（陈　成）

扬州雕版印刷技艺展示馆展示的《里堂道听录》

王　卓／摄

■ **文化博览城建设成果图片展** 4月17日，由市建设局、市文广新局、市文化博览城建设领导小组办公室共同策划、主办的文化博览城建设成果图片展在双博馆开幕。该展览通过近200幅照片，从遗址保护、文物建筑保护、文化旅游景点、民间艺术传承等4个方面，全方位展示扬州市文化博览城建设成果。（闻　华）

■ **文化博览城知识大赛** 8月2日，由扬州文化博览城建设领导小组、扬州市委宣传部、蜀冈—瘦西湖风景名胜区管理委员会、市园林管理局共同主办的2010年扬州文化博览城建设知识大赛在宋夹城考古遗址公园启动。在第一阶段个人赛中，《扬州日报》、《扬州晚报》、《扬州广播电视报》、解放牛网、名城扬州网以及扬州旅游网刊登大赛试题，扬州电视台《今日生活》和扬州人民广播电台交通台《一路上有你》专辟“每日文博一题”节目，1.36万人通过网络、报纸参与答题，产生幸福奖5个、幸运奖150个。广陵区、维扬区、扬州职业大学、“1035”爱心车队等12支代表队参加第二阶段团体赛。9月20日，团体赛决赛在扬州广电中心举行，市房管局代表队获一等奖，市教育局代表队获二等奖，扬州职业大学代表队和市文广新局代表队获三等奖。

（樊余祥　王文静）

■ **文房雅韵——扬州古代文玩迎春特展** 2月4日，由扬州博物馆、扬州文物商店主办的“文房雅韵——扬州古代文玩迎春特展”在扬州博物馆一楼临展厅开幕。此次展览展出160余件（套）文房器物，品类繁多、造型别致，展现古代文人雅士博学、清雅之风骨和能工巧匠精巧创新之灵气。

（闻　华）

■ **胡若思旧藏古琴名家演奏会** 9月12日，由中国古琴学会、扬州市文物局主办，史可法纪念馆、广陵琴派史料陈列馆承办的胡若思旧藏古琴名家演奏会在广陵琴派史料陈列馆举办。活动期间，举办广陵琴派古琴艺术发展讨论会、名家名琴演奏会。

（樊余祥　王文静）

■ **走进韩国——韩国风情图片展** 10月15日，由扬州市文物局、韩国驻上海总领事馆文化处主办，崔致远纪念馆承办的“走进韩国——韩国风情图片展”在崔志远纪念馆开幕。展览通过大量图片，展示韩国工艺美术、音乐、舞蹈、体育、节日、传统文化与服饰、饮食、建筑等传统文化、风土人情和自然风光。

（樊余祥　王文静）

考古发掘

■ **概述** 配合基本建设，做好地下文物保护工作。2010年，配合江六高速公路、西气东输等国家重点工程建设，在江都、仪征境内全线62千米范围内开展考古调查，抢救性发掘汉代至明清古墓葬20座，出土较完整文物10余件；配合城市发展建设，在扬州文昌乐都汇、汇金玄武饭店二期扩建、二道沟疏浚等工程中，勘探城址面积2万平方米，发掘城址面积3600平方米，发现宋代吊桥和挡军楼南墙等重要遗迹，出土文物标本50余件；配合佳家花园二期、运河一品等建设工程，勘探4万平方米，抢救性发掘汉代以来古墓葬227座，清理汉代古井36口，出土文物400件（套）。仪征博物馆配合基本建设，全年考古调查、勘探6.95万平方米，抢救性发掘古墓葬34座，出土文物398件（套）。

出版发行《扬州城——1987～1998年考古发掘报告》，扬州城遗址考古项目结项。（樊余祥　束家平）

■ **二道沟宋代吊桥遗址考古** 7月7日，扬州城南二道沟发现古代木桩及城砖。7月7～11日，扬州市考古队通过抢救发掘，确认其为横跨二道沟的宋代吊桥遗迹。吊桥总长 20 米以上,桥墩下东西宽 15 米左右,桥墩残高不到 4 米,砖筑下为石砌基础。桥墩中间填土为一层瓦砾一层黄黏土,有并排加固的木桩。河中心有大量加固桥墩、桥基础和驳岸的木桩,呈外“八”字形错列分布,整齐而有规律。扬州二道沟吊桥遗址史书无载,此次考古发现和发掘可补史阙,为研究扬州宋代历史提供重要实物资料。

(闻 华)

■ **《扬州城——1987~1998 年考古发掘报告》出版** 1987 年起,中国社会科学院考古研究所、南京博物院和扬州市文化局组成扬州城考古队,全面、系统考古勘探和发掘扬州城遗址。2010 年 11 月 13 日,扬州市首部翔实记载扬州城址考古情况的书籍《扬州城——1987~1998 年考古发掘报告》面世。该书图文并茂,客观、真实记载 1987~1998 年间考古部门对扬州城的考古勘探和发掘成果,包括 700 多件具有一定价值和历史意义的出土文物,再现春秋战国至明清时期扬州城的历史沿革,为扬州城遗址的学术研究、考古发掘、保护展示和可持续发展提供科学依据,对中国城市考古,特别是重叠式城市遗址的考古工作具有借鉴作用。

(樊余祥 束家平)

名城研究

■ **《历代帝王咏扬州》出版** 5 月 17 日,《历代帝王咏扬州》首发式在扬州举行。《历代帝王咏扬州》是 2009 年扬州文化博览城建设计划项目,由扬州市文化博览城建设领导小组办公室承办,扬州市文化博览城建设领导小组副组长洪军主编,华艺出版社出版。《历代帝王咏扬州》辑录《扬州历代诗词》、《四库全书》及扬州各县(市)、金湖等地诗歌文集中历史上 9 位皇帝题咏扬州的 222 首诗作,诗文所涉内容遍及扬州所属各县市。

(邱正锋 杨 俭)

■ **第二届竹西文化高峰论坛** 7 月 19 日,扬州第二届竹西文化高峰论坛在竹西公园举行。市规划局、发改委、民宗局、旅游局、国土局、申遗办、鉴真书画院、市政协城乡委、维扬区和广陵书社、扬州大学等单位 60 余人围绕“保护和利用隋唐文化”展开研讨,提出挖掘、再现竹西景区隋都故宫、大云佛境、竹西佳处、禅智山光、十里长街和锦绣蜀冈等六大板块的建议。论坛期间,举行唐大云寺故址揭幕仪式。

(邱正锋 杨 俭)

■ **《扬城旧影》出版** 9 月 25 日,由扬州市城建档案馆、扬州市历史文化名城研究院主编的《扬州旧影》正式出版。2009 年 6 月,扬州市城建档案馆、扬州市历史文化名城研究院(中国名城杂志社)共同发起征集老照片活动,历时一年多,征集到老照片近 1000 张。市城建档案馆从中选取 500 多张反映清末民初至 20 世纪 80 年代初扬州市区城市变迁和人们生活变化的黑白老照片,按“运河情缘”、“街巷寻踪”、“楼宇记忆”、“名胜古迹”、“玉轴琵琶”、“民俗风情”和“往事印痕”七大类,辑成《扬州旧影》,由广陵书社出版,展示扬州百年沧桑变化。

(邱正锋)

■ **《扬州城市品质内涵及其提升》获奖** 由扬州市名城研究院院长王骏主持完成的科研成果《扬州城市品质内涵及其提升》从对城市品质研究的再认识、扬州城市品质研究和对扬州城市品质提升的建议三个层面阐述提升城市品质的科学方法。该成果获江苏省 2010 年度“社科应用研究精品工程”二等奖。

(邱正锋)

■ **《中国名城》出版发行** 2010 年,中国名城杂志社以名城保护与建设的难点、热点、焦点为重点,以高水平文章为支撑,杂志编辑、发行步入正轨。先后有多篇文章被《新华文摘》、《中国文物报》、《名城报》等报刊转载。与南京大学合作编辑的精品文集《中国城市评论》第五辑由南京大学出版社出版。加强与《中国核心期刊(遴选)数据库》、《中国学术期刊(光盘版)》、《中国学术期刊综合评价数据库》、中国知网(CNKI)、龙源期刊网、万方数据、数字化期刊等权威期刊数据库联系,做好杂志推广工作。2010 年,《中国名城》有中国知网用户 4334 个,分布在 8 个国家和地区。杂志社成立北京工作站,完善专家库,扩充版面,提升办刊水平。实施《中国名城》品牌创建与产业提升项目,获 2010 年度江苏省文化产业引导资金 50 万元。全年采访国家文物局古建筑专家组组长罗哲文、中国工程院院士张锦秋、清华大学教授朱自煊等知名学者、专家 15 人,刊登与扬州有关的文章 8 篇,有 7 名扬州籍作者单独或与他人合作发表《旅行游览活动的历史考察——以 6~19 世纪扬州为例》(陈肖静 / 侯兵)、《历史文化名城保护与复兴析论》(郑路 / 吕凯)、《旅游国际化的城市特色——以崔致远纪念馆开拓对韩旅游为例》(董学芳)、《论战略转型期的文化旅游产业化发展——以名城扬州为例》(王玉新)、《论城建档案的文化属性及其开发利用》(冯汉国 / 张蕴)、《三看大同》(丁家桐)等文章。

(邱正锋)

■ **“精致扬州”礼品书盒** “精致扬州”礼品书盒由扬州市历史文化名城研究院策划、制作,采用楠木雕刻而成,盒内有郑板桥的《竹石图》雕版、朱砂拓片、多宝楠木盒、点螺漆盒、“见日之光”透光铜镜、存有广陵琴派古琴曲的 U 盘、扬州画派画卷、《精致扬州》纪念邮册等珍品,件件精致且富有扬州特色,展示扬州文化积淀的典雅与精致。西汉“五铢钱”反映刘濞在扬州“煮盐造钱”的历史;扬州出土文物中多铜镜,透光铜镜折射扬州悠久历史;扬州雕版、广陵琴派古琴曲、扬州画派画卷反映扬州丰厚的文化底蕴;北京奥运会奖牌“金镶玉”工艺的运用和点螺漆盒等,反映扬州精湛的工艺水平;《精致扬州》纪念邮册用简练的文字、精美的图片和珍贵的邮票,介绍扬州的历史、文化和艺术,集中体现扬州城市精神和人文底蕴。“烟花三月”节期间,“精致扬州”礼品书盒作为城市礼品,由扬州市政府赠送给参会城市嘉宾。

(邱正锋 杨 俭)

环境保护

Huanjing Baohu

本栏责任编辑　陈永华

综述

■概况　2010年，全市全社会各类环境保护投入75.50亿元，占地区生产总值的3.4%。扬州市本级财政环保资金投入6200万元，争取上级支持资金2.14亿元，争取项目67个。截至年底，扬州市完成"十一五"污染减排和淮河流域水污染防治任务，全市生态环境状况和农村环境质量良好，小康社会环境质量综合指数省级考核得分87.5分，超过小康社会综合考评分值7.5分。（杨　怀）

■国家生态市创建　6月11日，扬州市召开全市创建国家生态市推进会。市、县、乡三级政府及其相关职能部门成立创建领导小组和专门工作班子。市政府印发《扬州市生态市建设行动计划(2010～2012)》，出台奖励和问责办法、目标保证金制度、督查制度等。实施"绿满扬州"、"百万人清洁家园大行动"等创建活动，推动各地建立健全"四位一体"(农村公路养护、河道管护、村庄保洁及绿化植树四个方面工作纳入一体化管理)的农村环境长效管护机制。推进乡镇污水、垃圾处理设施建设，强化农村环境综合治理，改善农村生态人居环境。全年30个乡镇通过国家生态乡镇验收(累计59个)，创成省级生态村15个、市级生态村213个，江都市、邗江区分别通过创建国家生态县(市、区)省级考核验收和省级技术评估。2010年，有32个乡镇新建或改造污水处理设施，71个涉农乡镇中累计有67个乡镇建成污水处理设施，垃圾中转站实现全覆盖。江都市、邗江区所有乡镇全部通过生态乡镇考核，宝应县80%的乡镇通过生态乡镇考核。（陈相辉　张素玲）

■环境风险防范　加快饮用水水源地隐患整治工作，挂牌督办5个重点水源地保护区环境问题，关闭市第五水厂水源地保护区内2家造船厂，在新划定的市直饮用水水源地保护区范围规范竖立40多块标志牌；淮河泄洪及蓝藻易繁殖期间，实行每天现场检查水源地，保证全市饮水安全。完善环境应急机制，市环保局、扬州经济技术开发区、扬州化工园区及20家重点企业完成突发环境事件应急预案编制。开展对重点区域、重点行业、重点企业的环境隐患排查，督促676家企业建立、完善环境风险源基础台账和应急设施。组织危险化学品泄漏演练等3次应急演练，处置江都盐邵河硫酸运输船沉没等8件突发环境事件。（朱健荣）

■循环经济建设　推动传统产业的生态转型。扬州经济技术开发区8月31日通过国家生态工业示范园区建设领导小组办公室组织的现场验收，11月29日获批国家级生态工业示范园区。维扬经济开发区、扬州化工园区和邗江经济开发区启动省级生态工业园区创建工作。江苏华伦化工有限公司等12家单位开展循环经济试点建设。全市50多家企业通过ISO 14000环境管理体系认证，126家企业通过清洁生产审核。全年稻麦秸秆全量还田示范面积6.67万公顷。（孙　江）

6月11日，扬州市召开创建国家生态市推进大会　王　卓/摄

■**建设项目环境管理** 全年依法审批建设项目188个，其中35个特殊项目通过“绿色通道”快速完成审批，审批速度全省领先。依法否决、劝阻污染严重或选址不当的项目30多个。实施规划环境影响评价(简称环评)工作，完成扬州环保产业园、维扬经济开发区、江都经济开发区等规划环评。扬州经济技术开发区创成苏中、苏北地区第一家国家级生态工业示范园区。（陈相辉）

■**环境保护执法** 扬州市环境监察支队加强现场监督检查，强化环境监管。严格污染源现场监察制度、留单制度、调查取证制度，全市现场监督检查1.02万次，检查单位4233家，对109件环境违法行为实施行政处罚，提请市政府挂牌督办10件重点环境整治事项。开展违法排污企业整治、涉铅生产企业专项整治、环境安全百日专项行动等活动，查处超标排污环境违法行为，责令22家企业限产停产、11家企业限期治理。全市依法立案查处环境违法案件45件。对163家重点污染源、125家重金属企业、185家畜禽养殖场、市区22条主要河道开展现场检查，督促整改。建设环境科学监管体系，首批49家企业建成污染防治设施和排污口视频监控系统。（朱健荣）

■**环境信访调处** 全年组织2次市、县环保局长大接访活动，开展重信、重访排查化解等活动。全年受理各类环境信访4032件，处理率、办结率、反馈率均达100%，化解18件重信、重访件，省、市交办越级信访量比上年下降18.52%。全年未发生由环境纠纷引发的赴京访、去省重复访和群体性事件。（陈相辉）

■**环保能力建设** 加强环境科学监管体系建设。全市实现对8座水质自动监测站、12座大气自动监测站、49个重点污染源、7家机动车尾气检测场和20个辐射源的远程视频和数据监控。加大环境监测和科研力度。全年取得各类环境监测数据10万个。完成综合监测分析报告10余份，定期向社会公布环境质量年报、月报、周报和日报；组织开展12项市级环境科研课题攻关，《麦秸机械还田治理环境污染技术集成与应用》获环境保护部环境保护科学技术三等奖；《秸秆还田治理农村环境污染技术集成与应用》和《利用无动力调控生物反应器实现养殖有机固废资源化的技术体系》分获江苏省环境保护科学技术二、三等奖。（陈相辉）

■**环保宣传教育** 加大环保宣传力度。利用主流媒体，宣传环保理念、环保知识和环保工作动态，在《扬州日报》、《扬州晚报》、《扬州时报》刊发新闻、通讯50多篇，评论员文章10篇，刊发《扬州日报·绿满扬州》专版11期、《扬州晚报·绿色家园》专版4期，扬州电视台《今日生活》栏目播出《小六子说环保》53期，联合《今日生活》开展“绿色家庭——搜、搜、搜”活动35期，《扬州人大》刊登环保专栏5期。

提升环保宣传活动公众参与度。开展“世界环境日”“低碳生活从我做起”主题宣传活动，组织100多名自行车爱好者和200多名环保志愿者到社区、学校、商场、医院等场所宣传低碳生活方式；组织参加江苏省固体废物污染防治知识竞赛；开展以“低碳生活，绿色未来”为主题的2010年新丝路模特大赛、“地球一小时”活动和无车日活动。以“绿满扬州”为主题，开展绿色学校、绿色社区、绿色家庭等七大系列创建活动，全年创成省级绿色学校16所、省级绿色社区3个、省级绿色家庭2个。（陈相辉）

环境质量

■**空气环境质量** 2010年，扬州市大气质量指数均值为0.650，空气质量总体属于“轻污染”级，各县(市、区)大气质量指数在0.493～0.756之间，其中高邮市空气质量较好，扬州市区空气质量相对较差。全市各城区空气中二氧化硫浓度年均值在0.021～0.033毫克/立方米范围内，二氧化氮浓度年均值在0.015～0.034毫克/立方米范围内，可吸入颗粒物浓度年均值在0.058～0.096毫克/立方米范围内，符合《环境空气质量标准》二级标准限值要求。扬州市区、江都市、仪征市、高邮市、宝应县城区空气污染指数小于100的天数均大于300天，空气质量优良率分别为87.9%、87.4%、93.4%、97.5%和96.4%。全市8个典型乡镇大气环

扬州化工园区生态“绿肺” 化工园区/供稿

境质量日均值均符合二级标准，空气质量良好。

扬州市区空气质量达标天数为321天。市区大气中二氧化硫、二氧化氮、可吸入颗粒物浓度年均值分别为每立方米0.033毫克、0.023毫克、0.096毫克，均达国家《环境空气质量标准》二级标准限值要求；降尘年均值为11.8吨/平方千米·月，符合扬州市环境质量要求。二氧化硫、二氧化氮、可吸入颗粒物浓度和降尘年均值均比上年略有上升。市区大气环境主要污染物为可吸入颗粒物和降尘。市区硫酸盐化速率年均值0.371毫克三氧化硫/100平方厘米碱片·日，超过国家标准值。

市区降水pH(酸碱度)值分布范围为4.09～8.36，pH均值5.09；酸雨发生频率32.9%，全年酸雨pH均值4.69，酸雨类型为硫酸型。酸雨发生频率、酸度均高于上年。市区8月、10月酸雨频率高于50%，其中pH值最低为4.09、酸雨频率最高为86.7%，均出现在8月；1月、6月、12月未发生酸雨污染；11月未降雨。仪征市酸雨发生频率49.3%，江都市、高邮市、宝应县未监测到酸雨。

扬州市环境空气的主要污染物是可吸入颗粒物，污染负荷比52.4%；其次为二氧化硫，污染负荷比30.1%。各县(市)可吸入颗粒物污染负荷比在45.3%～59.4%之间。

市区空气中二氧化硫、二氧化氮浓度最大月均值出现在12月，可吸入颗粒物浓度最大月均值出现在11月；二氧化硫、可吸入颗粒物浓度最小月均值出现在9月。冬季污染最重，夏末秋初污染较轻。市区4个测点中，城东财政所测点污染物浓度总体高于其他测点。（李　晖）

■ **水环境质量**　饮用水水源地水质。2010年，全市8个城市集中式生活饮用水水源地水质状况为优，江都市2个水源地水质各项指标年均值均符合Ⅱ类水质标准，其余水源地水质各项指标年均值均符合Ⅲ类水质标准。全市各集中式饮用水水源地水质毒性物质(如重金属、细菌类、有机物等)各项目年均值均符合《地表水环境质量标准》限值，达标率100%。市区3个水源地发光菌急性毒性试验测试结果均为低毒水平；长江四水厂和廖家沟万福闸水厂水源地2个断面底栖动物监测均未检出寡毛类个体，水质清洁。全市乡镇集中式饮用水水源地水质综合达标率91.32%，比上年提高5.12个百分点。其中，地表水水源地水质达标率95.04%，比上年提高8.94个百分点，超标项目为氟化物、溶解氧、总磷；地下水水源地水质达标率87.6%，比上年提高1.3个百分点，超标项目为氨氮、总硬度和总大肠菌群。

古运河环境优美，水质良好　　新　农／摄

重点流域水质。长江流域考核断面水质综合达标率66.7%。长江干流水质优，符合地表水Ⅱ类标准，水质达标率100%。入江支流5个考核断面中，3个断面水质达标；沿山河新中桥断面水质年度达标率50.0%，超标项目为氨氮、挥发酚、石油类；古运河生资码头断面水质达标率25.0%，超标项目为氨氮、挥发酚。淮河流域考核断面水质综合达标率88.9%。其中，9个考核断面水质达标；古运河新开河口西断面水质达标率66.7%，超标项目为氨氮。南水北调(扬州段)2个断面水质均符合地表水Ⅲ类标准，水质达标率100%。长江扬州段断面水质均达到Ⅱ类，水质状况优；主要污染因子为石油类，超标率1.9%。

主要河流水质。全市主评价的17条河流60个断面中，符合水域功能要求的河流13条，占76.5%；达标断面50个，达标率83.3%。水质状况达到Ⅲ类水质标准的河流7条，达到Ⅳ类水质标准的河流5条，达到Ⅴ类水质标准的河流3条，劣于Ⅴ类水质标准的河流2条。京杭大运河宝应至高邮段5个断面水质为Ⅲ类，江都段断面水质为Ⅱ类，市区段断面水质为Ⅳ类，Ⅱ类、Ⅲ类断面比例92.3%，水质状况为优；全段污染负荷分担率氟化物最大(19.3%)，其次是生化需氧量(17.3%)。古运河7个监测断面中，4个断面水质为Ⅴ类，达标率57.1%；劣Ⅴ类断面比例42.9%，水质状况为重度污染。古运河全段水质为Ⅴ类；以有机污染为主，阴离子表面活性剂污染负荷分担率最大(22.7%)，其次为氨氮(21.8%)；毒物指标及重金属指标均未检出。三阳河江都至高邮段各监测项目年均值符合Ⅲ类标准，水质为优；以有机污染为主，江都段溶解氧全年超标率33.3%，高邮段溶解氧、生化需氧量全年超标率均为16.7%。宝射河水质状况为轻度污染，上游水质年均值符合Ⅳ类水标准，下游水质为Ⅲ类。北澄子河水质状况为轻度污染，河口大桥、三垛西大桥断面水质均为Ⅲ类，一沟大桥断面水质为Ⅳ类，符合功能区要求。新通扬运河江都段水质状况为优，整体水质符合Ⅲ类水标准，4个断面水质均符合相应的水域功能标准。通扬运河水质状况为轻度污染，化肥厂东断面和宜陵西断面水质为Ⅴ类，大寨桥断面水质为Ⅲ类，其中宜陵西断面水质未达到功能要求。芒稻河水质状况为优，3个断面水质均为Ⅱ类。胥浦河水质状况为轻度污染，清水桥和管桥断面水质和整体水质均为Ⅳ类，毒理学及重金属指标均未检出，达到水域功能要求。沿山河水质为Ⅴ类。扬州市区内城河水质状况为重度污染，整体水质为劣Ⅴ类，溶解氧、高锰酸盐指数、生化需氧量、氨氮年均值超标率分别为24.1%、10.3%、17.2%和37.9%。其中，水污染综合指数新开河最高，污染负荷比为38.0%；其次为七里河，污染负荷比为27.6%。内城河污染分担率中，氨氮最高（30.1%），溶解氧次之（15.8%），以有机污染为主。

主要湖泊水质。全市列入监测的3个湖泊中，高邮湖、邵伯湖为轻度富营养化。瘦西湖水质为Ⅲ类，加总磷、总氮分析指标后水质为Ⅴ类。3个断面均未检出毒性指标及重金属。钓鱼台、大虹桥和二十四桥3个断面总氮超标率分别为50.0%、50.0%和66.7%，总磷超标率均为100%。高邮湖水质为Ⅱ类，加总磷、总氮分析指标后水质为Ⅳ类。3个断面均未检出中毒性指标。近大汕退水闸断面总磷超标率50.0%，其余断面总磷超标率均为33.3%。邵伯湖水质为Ⅱ类，加总磷、总氮分析指标后水质为劣Ⅴ类。邵伯湖水体未检出中毒性指标，总氮和总磷超标率均为100%。

农村河流水质。全市监测农村地表水断面1203个，水质综合达标率90.1%，比上年提高17.2个百分点，其中农村地表水环境功能区河流达标率79.6%、镇级河流达标率93.9%、村级河流达标率90.7%。

地下水水质。市区监测地下水井10眼，其中构造裂隙井2眼、松散岩类承压井4眼、松散岩类潜水浅井4眼。市区地下水23项监测分析指标中，毒物指标及重金属指标未检出，氨氮、细菌总数、总大肠菌群等项目检出率较高。市区构造裂隙井地下水埋藏较深，水质综合评价F分值为2.15，水质良好（Ⅳ类），首要污染物是总大肠菌群。承压井含水层较深，有隔水层与上层潜水相隔，水质综合评价F分值为7.16，水质较差（Ⅴ类），主要污染物是总大肠菌群、氨氮。潜水浅井多为老城区民用井，水质综合评价F分值为4.39，水质较差（Ⅴ类），总大肠菌群超标率100%，氨氮超标率37.5%。 （李　晖）

■声环境质量　2010年，扬州市城市区域声环境昼间平均等效声级值均低于55分贝。与上年相比，宝应县平均等效声级值降低1.6分贝，污染程度减轻；其他各市平均等效声级值变化不大，污染程度稳定。2010年，除仪征市城市区域声环境质量等级由上年的二级上升为一级、质量由较好上升为好外，其他各市（县）城市区域声环境质量保持二级水平，质量较好。

2010年，扬州市区城市区域噪声在声源构成上以生活类为主，占46.3%，其次为工业、交通，分别占21.9%、19.4%。从声源构成上看，各市（县）在城市区域声环境质量影响范围中占主导地位的均为生活噪声，其次为交通噪声和工业噪声；从声级值上看，交通噪声和工业噪声仍起主导作用。

2010年，扬州市区大部分路段的声级值分布在60～70分贝范围内，噪声强度在一、二级的路段占97.9%，噪声强度三级以上的路段占2.1%，未出现75～80分贝的高强度噪声路段，与上年相差不大。各市（县）的城市道路交通噪声昼间平均等效声级值均在68分贝以下，噪声强度等级均为一级，质量好。与上年相比，宝应县平均等效声级值降低1.9分贝，污染程度减轻；高邮市平均等效声级值升高1.2分贝，污染程度加重；其他各市（县）平均等效声级值变化不大，污染程度稳定。宝应县、江都市均无噪声强度三级以上路段，与上年相比有所好转；仪征市、高邮市噪声强度三级以上路段分别占监测总路段长度的8.4%、11.0%。

（李　晖）

环境监测

■概述　2010年，扬州市环境监测中心站（简称市环境监测站）完成市区地表水、地下水、环境空气、噪声、放射性、环境生物等各项监测任务，做好国控重点污染源监督性监测、小康社会环境指标监测和减排项目核查监测，取得各类数据10万个。编制《2010年度扬州市区环境质量报告书》、《扬州市环境质量通报》、《扬州市国控重点污染源监测报告》、《2006～2010年扬州市有毒有害有机污染物监测调查报告》、《2010年度生态环境状况评价报告》等综合分析报告10余份，编制建设项目竣工验收报告书及报告表27份，形成《关于扬州市国控重点流域监测断面调整情况的报告》。制定《扬州市环保科学监管体系建设——监测预警机信息化建设规划（2010～2015）》。推进环境监测装备建设，添置气相色谱仪（2台）、顶空进样器、紫外光度计等分析仪器，新增越野监测车1辆，全年能力建设投入350余万元。 （李　晖）

■沿江沿河环境监测　市环境监测站组织按季度监测全市沿江沿河化工企业有毒有害物质排放及排入城镇排水系统的工业废水排放，编制完成《2010年扬州地区排入城镇排水系统工业废水水质监测报告》及《沿江沿河化工企业有毒有害物质排放监测报告》。开展沿江4千米×4千米土壤加密监测工作，主要涉及扬州市区、江都市和仪征市200个点，分析项目包括pH值、容重和“六六六”、“滴滴涕”、多环芳烃、酞酸酯、石油烃及部分金属含量等。3月，沿江地区土壤调查监测工作全部结束，形成《2009年扬州市土壤调查结果表》。

（李　晖）

■服务环境管理　市环境监测站配合全市环境整治、环保执法、环境创建等工作，提供环境监测服务。在全市污染源普查动态更新调查中，组织现场监测，提供相关企业废水排放量、化学需氧量、氨氮等相关指标的监测数据；在涉铅生产企业环境专项整治活动中，对市区2家涉铅企业排污状况及其周围敏感区域环境质量开展监督监测，为环境管理提供数据支撑；参与打击违法排污专项行动，突出对重点区域、重点行业和重点企业排污监督检查，为污染减排、环境优美乡镇建设、小康县（市）验收等中心工作提供监测支持。指导和评估市区河道整治工作，6月起，对市区22条城市河流实施月度巡测，监测项目包括酸碱度、化学需氧量、高锰酸盐指数、氨氮等，及时发布水质信息，为改善城市水环境提供技术服务。夏秋收割时期，市环境监测站安排人员参加巡查行动，发布大气污染监测快报，研究秸秆禁烧对环境空气质量的影响。 （李　晖）

■**环境监测能力建设** 加强环境监测信息化建设，市环境监测站投入近50余万元，建成物理分隔的内外网系统，启动环境监测信息管理平台建设，整合监测业务、数据管理、文件控制等模块，提高数据成果处理能力和实验室管理水平。完成环境质量自动监测系统建设，全市空气、水质自动监测数据实现联网和远程视频监控。指导县级饮用水水源地水质自动监测能力建设，6月底前，仪征、江都、宝应、高邮4县(市)的水质自动监测站全部建成并投入试运行。推进办公自动化，年度环境质量公报、环境质量月报、空气质量日报和预报、饮用水水源地水质周报等环境信息通过适当渠道向社会公开发布。

制定2010年度全市环境监测质量管理工作计划，加强人员培训、岗位管理、实验室比对及能力验证工作，提升监测技术人员专业技能。11月，举办环境监测技术交流会，探讨监测分析中常见问题、监测分析过程中应注意的问题和方法比对方面的内容。组织全市环境监测系统环境监测人员参加上岗理论考试，通过率97.8%。举办2010年全市环境监测技术大比武、全市环境监测系统实验室比对等活动。贯彻扬州市《环境监测质量管理三年行动计划（2009～2011年）》、《扬州市环境监测质量管理三年行动计划(2009～2011年)实施方案》，对仪征市、高邮市和宝应县进行专项检查。

环境监测研究工作新增市级课题1项，延续上年国家、省、市级课题7项。12月，《水中氯苯酚类的快速测定方法研究》、《扬州市区地表水重金属含量调查与评价》通过鉴定。环境保护部课题“土壤—可交换酸度的测定 氯化钡法”标准通过初步审核，“土壤—阳离子交换容量的测定 乙酸铵法和氯化钡法”课题10月开题。

（李 晖）

污染防治

■**污染减排** 挖掘减排潜力，扩大减排面，全年实施化学需氧量减排项目60个，减排量1.03万吨；实施二氧化硫减排项目26个，减排量1.85万吨。建立健全通报、公示和预警制、月度进展督查和报告制、数据规范台账制度、专项奖励等多个减排工作制度，实行“月月考”制度，挂牌督办十大重点减排项目。制定减排监测体系建设规划，对全市所有国控重点污染源开展监督性监测和在线监控设备的比对监测。“十一五”期间，全市累计完成二氧化硫减排量7.21万吨，削减化学需氧量2.71万吨。2010年，扬州市二氧化硫排放量7.03万吨，与2005年相比削减29.7%，空气中二氧化硫浓度比2005年降低17.6%；化学需氧量5.09万吨，与2005年相比削减18.6%。经环保部现场核查确认，扬州市完成“十一五”减排目标。

（陈相辉）

■**淮河流域水污染防治** 扬州市落实淮河流域水污染防治“十一五”规划，实施11个污染治理项目，提升5个控制断面水质。整治高邮黑液塘污水，实施生态修复，流域水环境质量明显提升。至年底，扬州市全面完成淮河流域水污染防治任务，11个治污项目全部通过验收，5个控制断面达到国家考核要求。（孙 华）

■**城乡环境综合整治** 保护饮用水水源地水质。开展集中式饮用水水源地专项整治行动，挂牌督办5个重点水源地保护区环境问题，依法取缔或搬迁码头、造船厂、垃圾填埋场等环境隐患，竖立40多块警示标志牌。城市饮用水水源水质达标率100%，南水北调源头及长江干流水质保持Ⅱ类水质。

开展大气环境专项整治。完成市区423台(套)小型燃煤锅炉整治工作。推进机动车尾气污染防治工作，全市建成7座尾气检测站14条检测线，核发环保标志8.95万张。市区酸雨发生频率32.9%，全年空气质量优良天数321天。

加强核与固体废物监管。建立重点行业和重点企业固体废物档案库，核发危险废物经营许可证24份。全市工业固体废物产生量357.52万吨、处置量8.78万吨、贮存量0.41吨、综合利用量348.33万吨，综合利用率97.43%；工业固体废物中危险废物产生量10.18万吨、处置量1.83万吨、贮存量2911.83吨、综合利用量8.07万吨，综合利用率79.27%。加强对全市涉及放射源和射线装置单位人员培训，调处辖区内辐射污染信访纠纷，督促涉源单位按照要求回收处置闲置、废弃放射源，完成20家重点放射源单位的在线监控管理系统建设。全市154家涉及放射源和重点射线装置单位检查率100%、辐射安全许可证发证率100%。

加大农村环境整治力度。全市疏浚县乡河道、河塘3070万立方米，新建无害化卫生户厕9.24万座，新建“一池三改”沼气池9200座。全市农村“四位一体”环境长效管护机制逐步完善。维扬区西湖镇、江都市樊川镇开展农村环保试点工作。加大秸秆禁烧巡查力度，夏、秋两季未发现连片焚烧现象，市区未出现因焚烧

新建的蜀冈西路延伸段用上了低碳环保的LED照明路灯 濮良平/摄

2010年扬州市城市环境综合整治定量考核结果一览表

考 核 项 目	单 位	2010年	2009年
API(空气污染指数)低于100的天数占全年比例	%	87.95	92.88
集中式饮用水水源地水质达标率	%	100	100
地表水环境功能区水质达标率	%	100	100
区域环境噪声平均值	分贝	53.8	53.9
交通干线噪声平均值	分贝	66.5	66.3
清洁能源使用率	%	87.93	81.74
机动车环保定期检测率	%	83.75	98.42
工业固体废物处置利用率	%	98.26	98.85
工业危险废物处置率	%	97.14	100
医疗废物集中处置率	%	100	100
工业废水排放达标率	%	98.3	98.48
工业烟尘排放达标率	%	99.43	98.89
工业二氧化硫排放达标率	%	99.95	99.51
工业粉尘排放达标率	%	100	100
万元工业增加值废水排放强度	吨/万元	6.522	7.917
万元工业增加值化学需氧量排放强度	吨/万元	0.001199	0.001204
万元工业增加值烟尘排放强度	吨/万元	0.000561	0.000945
万元工业增加值二氧化硫排放强度	吨/万元	0.004751	0.007333
生活污水集中处理率	%	89.08	87.49
生活垃圾无害化处理率	%	100	100
建成区绿化覆盖率	%	43.6	43.51
环境保护机构建设率	%	100	100
公众对城市环境保护的满意率	%	74.28	83.51

（孙　华）

秸秆导致的严重烟霾污染天气。

实施环境质量"说得清"工程。完成饮用水水源地有毒有害有机污染物监测、土壤污染状况调查、沿江沿河化工企业有毒有害物质监测、排入城镇排水系统工业废水监测、农村地表水1223个断面水质监测。

（陈相辉）

扬州市加大农村环境整治力度。图为整治后的杭集镇双隆村大庄河　　李斯尔/摄

■**重点污染源防治**　全市有列入监测的国控、省控重点污染源37家，其中废水类18家、废气类11家、污水处理厂8家。废水类重点污染源达标排放率89.4%，化学需氧量和氨氮单项达标率分别为90%和99%；废气类重点污染源达标排放率90.9%，二氧化硫和烟尘单项达标率均为98.0%；污水处理厂达标排放率较低。　（杨　怀）

■**黑臭河流专项整治**　跟踪督办12条黑臭河流整治工作。至年底，市区6条河流整治工作全部完成；县(市)6条河流中，4条(高邮市2条、江都市1条、仪征市1条）完成整治，1条(仪征市沿山河)实施整治，1条(宝应县二引河)待整治。

（孙　华）

水利

Shuili

本栏责任编辑　李全权

综述

■ **概况**　全市水利建设完成投资10亿元。续建南水北调东线工程，实施乌塔沟分洪道工程，推进中小河流治理工程，基本完成水利血防工程。抓住国务院召开治淮工作会议的机遇，做好扬州市淮河入江水道治理的前期工作。10月25日，国家发改委批复淮河入江水道工程可行性研究报告，扬州境内工程投资18亿元。农村河道疏浚整治工程、农村饮水安全及区域供水工程、大中型灌区节水改造和节水示范工程、小型农田水利工程等农村水利建设取得成效；推进农村水利专项规划编制。完成防汛抗旱工作。推进水利工程管理、水利政策法规、水资源管理和水政管理工作，水利对经济社会发展的基础保障功能得到增强。（史　建）

■ **水利规划与项目前期工作**　组织编制《扬州市水利发展"十二五"规划》，形成初稿并与城市总体规划（2010～2020）进行衔接。

推动扬州市城市水系规划编制工作。城市水系水工程测量调查形成初步成果，城市水系规划水环境保护专项规划的编制、城区水系数据基础图的绘制工作稳步推进。

推动扬州市城市防洪规划的修编工作，并与城市总体规划（2010～2020）、淮河流域综合规划修编进行衔接。

编制完成中小河流治理二期规划。

配合江苏省水利厅完成入江水道整治项目的报审工作，项目可行性研究报告获国家发改委批复，初步设计通过水利部审查。

完成仪扬河、泗源沟、向阳河、芦范河等4个中小河流治理项目初步设计的报审工作，获得批复。

完成杭集圩骨干排水河道整治一期、仪征红旗河综合整治等2项地方基建及区域治理竞争立项项目的报审工作，获得公示。

开展大众港城市防洪工程的报批立项工作；进行新砂滩、扇子圩河口等2项水利血防工程的报审工作。（傅桂明）

水利工程建设

■ **南水北调东线工程**　高水河整治工程初步设计报告获国务院南水北调工程建设委员会办公室（简称国调办）批复。工程概算投资1.46亿元，建设工期2年。10月28日，工程开工建设；至年底，完成投资6600万元。

9月，里下河水源调整工程获国调办批复。工程概算投资5.25亿元，包括江都卤汀河工程、宝应大三王河工程、宝应灌区调整工程和高邮灌区调整工程等。至年底，卤汀河工程和宝应灌区调整工程均完成相应前期准备工作和招投标工作，开工建设；宝应大三王河工程和高邮灌区调整工程启动征地拆迁和招标设计等前期准备工作。（傅桂明）

■ **乌塔沟分洪道工程**　全面实施乌塔沟分洪道工程。工程概算总投资5.8亿元，2010年完成投资1.3亿元，累计完成投资3.28亿元。完成1.95千米河道试挖段工程，5.45千米河

建设中的乌塔沟分洪道工程　　水利局／供稿

2010 年扬州市水利建设目标任务完成情况表

类别	项目名称	年度投资（万元）
合　计		**124773**
区域治理	乌塔沟分洪道工程	13500
淮河整治	淮河入江水道整治	20000
水资源管理	水资源管理信息系统一期工程	332
水库除险	小水库除险加固	4459
防汛急办及补助等	防汛急办及补助等	1456
	县乡河道疏浚	7500
	村庄河塘整治	4500
	农村饮水安全	2048
农村水利	区域供水工程	17666
	小型农田公益	5162
	中央财政新增农资小型农田水利	5249
	水土保持	300
	高邮灌区（高邮片）改造	1657
	高邮灌区（宝应片）改造	1500
灌区节水	江都沿运灌区改造	1158
	仪征塘田灌区改造	2431
	江都吴桥节水示范	300
	高水河整治	6000
南水北调	里下河水源调整	8000
	金宝航道整治	3000
	高邮北澄子河整治	2656
中小河流治理	宝应宝射河整治	2690
	老通扬运河整治	2986
	仪扬河整治	2800
城市防洪	城市防洪	3000
地方基建	地方基建	1817
水利血防	军桥港水利血防	877
	仪征通江河道	1729

（傅桂明）

道主体工程段、5 座跨河桥梁、16 座影响工程以及分洪道闸工程在建。

（傅桂明）

■中小河流治理工程　2010 年，中小河流治理工程完成投资 8000 万元。高邮北澄子河治理工程、江都老通扬运河治理工程基本完成；宝应宝射河治理工程完成 70%的工作量。

（傅桂明）

■水利血防工程　2010 年，扬州市归江河道水利血防工程通过验收并投入使用；军桥港水利血防工程和仪征市通江河道水利血防工程基本完成，验收准备工作有序进行。

（傅桂明）

■水利工程建设管理　2010 年，扬州市加大水利工程招投标监管力度，水利项目施工、监理招标、投标率 100%。全市累计招标项目 40 个，完成工程开工申请许可 8 件。

加强工程设计变更的管理，高邮北澄子河治理工程设计变更获得批复；加强施工图设计审查，审查高邮北澄子河、江都老通扬运河、宝应宝射河、仪征通江河道水利血防工程和南水北调高水河整治工程、江都卤汀河工程、宝应灌区调整工程的施工图；加强工程验收，完成扬州城市防洪沿山河综合整治工程、仪征月塘水库工程、江苏省淮河流域 2007 年灾后重建入江水道除险加固工程（高邮薛尖段）、子婴河整治工程、高邮区域治理北澄子河工程和南水北调江都截污导流工程等的竣工验收，完成归江河道水利血防工程和仪征市 8 座小水库工程等的投入使用验收。

制定《扬州市招标报告审查制度》、《扬州市招标文件核查制度》、《扬州市评标过程监管制度》和《扬州市水利工程项目实施管理考核办法》，规范招、投标市场和水利工程建设市场。

加强监督检查力度。全年对中小河流治理工程、军桥港水利血防工程、仪征通江河道水利血防工程进行多次检查；成立考核小组，对水利基本建设工程、农村水利工程等进行考核；组织对全市在建水利工程进行巡查督查 15 项次。　（傅桂明）

农村水利

■大中型灌区节水改造和节水示范工程　2010 年，宝应、高邮、江都大型灌区节水改造和江都吴桥节水示范项目完成总投资 4615 万元。其中，高邮灌区高邮片投资 1657 万元，高邮灌区宝应片投资 1500 万元，江都沿运灌区投资 1158 万元，江都吴桥节水示范项目投资 300 万元。完成干（支）渠防渗衬砌 28.25 千米，配套建筑物 85 座。仪征塘田中型灌区节水改造工程投资 2431 万元，至年底完成 70%工程量。　（傅桂明）

■小型农田水利工程　2010 年，高邮、江都、仪征、邗江中央财政小型农田水利工程建设补助专项资金项目

清杂后的龙河　　仪征／供稿

和宝应小型农田水利重点县建设项目全部建成，完成总投资5162万元。中央财政新增农资小型农田水利项目涉及宝应县、高邮市、江都市、仪征市和邗江区，总投资5249万元，全部建成。（傅桂明）

■**农村水利专项规划编制**　2010年，全市完成以县为单位的《县级农田水利规划》和《2011～2012年农村河道疏浚整治规划》、《2010～2013年农村饮水安全工程规划》等编制。（傅桂明）

■**农村河道疏浚整治**　2010年，全市疏浚县乡河道371条1185.6千米，完成土方1945.4万立方米；整治村庄河塘2356条（口），完成土方1126.5万立方米。宝应县、仪征市、广陵区、维扬区和扬州经济技术开发区完成"十一五"规划任务，全市农村河道疏浚"十一五"规划任务全面完成。（傅桂明）

■**农村饮水安全及区域供水工程**　2010年，全市解决11.34万农村居民饮水安全问题。其中，宝应县投资3585万元，解决7.15万农村居民饮水安全问题；仪征市投资2048万元，解决4.19万农村居民饮水安全问题。至年末，完成省政府部署的3年解决49.66万农村居民饮水安全问题的任务。仪征市、高邮市、宝应县区域供水工程总投资3.05亿元，67.48万人受益。（傅桂明）

防汛防旱

■**概述**　2010年，长江长时间、大流量、高水位行洪，淮河多次行洪。7月12日，扬州市沿江地区、丘陵山区及市区普降大暴雨、局部有特大暴雨，扬州城区和沿江圩区内涝严重。9月10日，第10号台风"莫兰蒂"外围影响扬州。市防汛防旱指挥部办公室汛前做好各项防汛防旱准备工作；汛期优化水利工程调度，主动采取应急措施，应对江淮洪水、城区内涝和台风影响等灾情。利用淮河过境客水资源，为古运河、仪扬河换水，改善城区河道水质，保障全市各项重大活动顺利进行。（傅桂明）

■**汛前准备**　召开全市防汛防旱指挥部办公室主任会议和全市县区水利（务）局长防汛工作座谈会，部署防汛防旱工作；组织开展水工程安全排查，加大险工患段除险加固督查力度；落实以行政首长负责制为核心的各项防汛防旱工作责任制，修订完善各类防汛防旱工作预案；强化防汛演练，落实防汛物资和抢险队伍，保证防汛应急抢险需要；进入汛期以后，实行24小时值班制度，关注雨情、水情、工情和天气变化情况，做好灾情、险情等信息上报工作。（傅桂明）

■**长江防汛抗洪**　及时启动防洪预案，部署沿江地区进行长江水下地形监测、堤防巡查防守、病险涵闸泵站值守等防洪预案措施；加强对沿江县（市、区）防汛防旱指挥部指导，有效处置邗江头桥镇九圣村东昇船厂内长江外江小堤坍塌等9起险情；组织工作组到各地检查指导防汛抗洪工作，重点督查防汛责任制和汛前检查发现的险工隐患度汛措施落实情况。（傅桂明）

■**应对"7·12"大暴雨**　7月12日，扬州市出现大暴雨。市防汛防旱指挥部办公室及时布置瓜洲闸、泗源沟闸趁长江低潮抢排；针对江潮顶托、排水困难的情况，调度扬州闸开闸向淮河入江水道排水；提请省防汛防旱指挥部打开万福闸，降低邵伯湖及京杭运河水位，为扬州闸加速排水创造条件；降低古运河、仪扬河水位，减轻城区排涝压力。部署沿江各闸24小时值班，水文报汛站每小时测报一次水位。至14日8时，瓜洲闸、泗源沟闸及扬州闸共排水4500多万立方米。（傅桂明）

■**防御台风"莫兰蒂"**　9月，防御可能影响扬州市的第10号台风"莫兰蒂"。发出紧急通知提醒各有关县（市、区）、部门做好防御工作；部署丘陵山区水库提前泄洪，为接纳可能发生的强降雨腾出库容，确保水库安全度汛；掌握古运河、仪扬河等骨干河道水位，预防台风可能带来的强降雨影响，保障城区安全。（傅桂明）

水资源管理

■**取水许可监督管理**　2010年，扬州市按照取用水"五个明确"（即许可取水量明确、年度取水计划明确、取水计量设施明确、节水目标明确、退水水质明确）的要求，通过检查和核实用水户、摸清各地的取用水现状、健全和完善用水户档案，为实现总量控制和定额管理提供基础依据。按照省水利厅下达的年度取用水计划，结合各地实际，分解下达取用水计划，地下水用水计划下达率100%。强化取水许可监督管理，加强行政审批的后续监管和执法监督，定期组织县（市、区）水资源管理业务骨干监督检

仪征市月塘水库是扬州市境内唯一的中型水库，担负着仪征市西部农田输水灌溉和月塘乡居民生活饮用水功能，也是仪征市市区备用生活饮用水水源地 缪宜江/摄

查各地取用水户的取水设施运行状况、台账资料、计划用水和退水情况等，及时通报并督促整改存在的问题。（傅桂明）

■地下水和水功能区管理 开展浅层地下水专项整治行动。在城郊接合部和重点区域开展浅层地下水专项整治活动；针对水产批发市场以及各大菜场经营需要，主动上门服务，将浅层地下水的开采纳入管理，简化办理程序，发给取水许可证；对不符合取水规定的，依法进行封填，全市各地封填浅层地下水井70多眼。

严格控制并逐年压缩地下水开采量，每月对各地地下水位和水质进行监测。开展扬州城区地下水调查评价工作，对实施区域供水后停用的农村水厂水源井进行调查分析，制定保护方案。规范地热水的开发利用行为。11月，市政府出台《关于扬州市地热资源开发利用的意见》，为规范开采和管理深层地热水资源提供依据。

强化水功能区管理，定期对全市重点水功能区进行水质监测，汛期和重要时段适时增加监测频次，及时发布水质简报。组织对全市68个水功能区的77个水质监测断面实施全覆盖监测，形成水功能区监测报告，为水功能区管理提供技术支撑。

严格入河排污口审批和管理，建立入河排污口登记备案制度。全市各地对主要河道干流和支流上的排污口进行普查登记，为入河排污口的监督管理提供依据。（傅桂明）

■饮用水源地保护 至年底，宝应县、高邮市、江都市、仪征市和邗江区基本完成集中式饮用水源地一级保护区内的集中整治任务。市水利部门对饮用水源地重新确界立牌，明确管理要求和禁止行为，设立禁止标志。高邮市、宝应县等开展集中式饮用水源地二级保护区及部分乡镇饮用水源地的整治。

开展饮用水源地达标建设，编制完成《饮用水源地达标建设实施方案》；高邮市、江都市编制完成《饮用水源地安全保障规划》，经当地政府批准后实施；实施高邮市高邮湖备用水源地建设、仪征市月塘水库备用水源地建设。（傅桂明）

■节水型社会建设 5月，下发《2010年节水型社会建设目标任务的通知》，全市各地按要求加强领导、增加投入，节水型社会建设取得成效。高邮市作为省级节水型社会建设试点单位，完成相关规划和制度建设，初步构建节水型社会制度体系。年初，高邮市政府出台《高邮市节约用水管理办法》，开展载体创建工作；全年累计投入节水技改资金1261万元，回收循环水955.6万吨，节减地下水用量40万吨，节水创建工作取得显著经济效益和社会效益。

2010年，全市22家单位完成载体创建任务，其中节水型企业5家、节水型学校7家、节水型社区9家、节水灌区1家；完成省级节水技改项目4个、市级节水技改项目8个。载体创建和节水技改项目全部通过市级考评。（傅桂明）

■水政执法 2010年，全市出动执法人员8318人次，纠正各类水事违法行为293起，立案查处各类水事案件96件，依法铲除违章种植2.67公顷，拆除违章建筑4476.4平方米，拆除违章圈圩4处240公顷，制止违章取土4起。

打击长江河道非法采砂。全年出动执法艇304航次、执法车327辆次、执法人员2409人次，查获违法采（运）砂船30条次。（傅桂明）

■扬州市水资源协会成立 5月28日，扬州市水资源协会成立并召开第一次会员代表大会。协会由扬州市节约用水办公室、扬州市水利物资储运站、扬州市水利资产经营管理处等3家单位联合倡议并申请筹建，是行业非营利性社会组织，首批会员单位71家，其中用水大户37个、自来水厂16家、污水处理厂3家、高校及科研院所2家、各级水资源管理单位13家。（傅桂明）

科学技术 社会科学

Kexuejishu Shehuikexue

本栏责任编辑 陈永华

综述

■**概况** 2010年，全市获批省级以上科技计划项目688个，获得上级科技资金2.2亿元。实现高新技术产业产值2224亿元，比上年增长43.5%，占规模以上工业总产值的37.9%，比上年提高7个百分点，高于省平均水平4.9个百分点。专利申请9980件，比上年增长33.8%。其中，发明申请2066件，比上年增长78.9%。专利授权3790件，比上年增长50.2%。主持和参与的项目中，有16项成果获国家和省科技进步奖。

2010年，扬州市被科技部批准为"国家火炬计划扬州智能电网特色产业基地"，江都市入选全省首批创新型试点城市，江都市武坚镇获评省首批创新型乡镇，有8个创新人才团队入选省创新团队培养计划。

扬州市气象部门做好全年天气预报和服务工作，开展气象为农服务和气象服务示范点建设，修订气象行政权力、行政处罚裁量标准，编制和发布《扬州市气象探测环境和设施保护办法》，依法履行执法监督职责，加强公众气象服务工作。

全市各级水文部门做好水文测报工作，推进扬州水文基础设施建设，加强对南水北调水源地、输水干线、饮用水水源地的监测。扬州水文分局发送水情报文3.78万份，录入人工类报文3506份，发送水情短信2.14万份，编制《水情简报》12期和《专题水情分析》4份。

扬州市地震局加强地震监测，新增6个地震宏观观测点。编印《依法行政制度手册》、《扬州市地震局行政处罚自由裁量标准》和《扬州地震行政处罚自由裁量权实施办法》。建设地震应急避难场所，形成全社会共同参与的地震灾害应对网络。开展防震减灾宣传，推进地震安全示范社区建设。

扬州市成立扬州市社会科学院，有29项社科课题研究结项，组织编写《2010年度扬州经济社会发展蓝皮书》。市哲学社会科学界联合会召开第五次代表大会，举办社科学术年会、第七届社科普及宣传周等活动。

（张　磊　陈　实）

■**科技进步统计监测** 2009年度扬州市科技进步状况综合评价得分80.54分，列全省第七位。全市高新技术产业对工业产值增长的贡献率70.33%，列全省第二位；高新技术产业销售收入1472.42亿元，列全省第六位；高新技术产业出口额占销售收入的12.21%，列全省第七位；高新技术产业利税率6.48%，列全省第12位；每十万人口专利申请数166.12件，列全省第七位；每十万人口专利授权数56.15件，列全省第八位；发明专利占专利授权数的6.62%，列全省第六位。（张　磊）

■**科技进步奖励** 2010年，全市16项科技成果获国家和省科学技术奖，其中国家一等奖1个、省一等奖3个、省二等奖6个、省三等奖6个。

全年155个项目申报扬州市科学技术奖，82个项目获奖，其中特等奖2个、一等奖10个、二等奖20个、三等奖50个。江苏华伦化工有限公司的"环保型醇醚及酯类新技术的产业化"项目和江苏华富控股集团有限公司的"智能型大容量多元混合胶体太阳能（风能）储能蓄电池"项目获特等奖。2010年，扬州市科技进步奖首次使用网上评审系统，实行网络申报和网络专业评审。在评审标准上，坚持水平和效益并重，在重视技术创新水平的同时，加强科技成果对全市经济社会发展贡献份额的评价；在支持重大基础科学研究的同时，加大对全市重点新兴产业和特色优势产业核心技术的支持力度，鼓励运用高新技术改造和提升传统产业所取得的科技成果；突出自主创新，把是否取得自主知识产权作为评价的重要指标，加大对获得发明专利、编制技术标准的科技成果的支持力度。同时，鼓励市内外高校的科技成果转化，激励高校院所的科技成果更多地在扬州实施转化和产业化。在获奖项目中，面向应用的科技成果61项；新能源、新光源、智能电网、软件与信息服务等新兴产业创新成果20项，石油及化工、汽车船舶、机械装备等主导产业创新成果28项；由企业牵头或参与完成的科技创新成果51项，驻扬单位主要牵头或参与完成的科技成果20项，其中10项与企业进行产学研合作联合完成。全市企业、高校院所重视知识产权的申请和保护，82个项目获得授权发明专利32件、实用新型专利182件。（张　磊）

■**产学研合作** 4月18日，中国扬

2010 年度江苏省科学技术奖扬州市获奖项目情况表

获奖等次	项目名称	主要完成单位	主要完成人
一等奖	大型水泵液压调节关键技术研究与应用	南水北调东线江苏水源有限责任公司、江苏省南水北调三阳河潼河宝应站工程建设局、江苏省水利勘测设计研究院有限公司、无锡市锡泵制造有限公司、天津市天骄水电成套设备有限公司	邓东升 陆永泉 刘 军 张仁田 马志华 白传贞 徐忠阳 田晋生 高盘林 朱泉荣 邢学征 汤正军 陆林广
	绿色高效肥料的创制及其应用	中国科学院南京土壤研究所、南京市土壤肥料站、溧水县土壤肥料站、南京市浦口区土壤肥料站、仪征多科特水性化学品有限责任公司	周健民 杜昌文 马宏卫 孔国顺 袁灿生 王火焰 陈小琴 何建桥 陈晶中 程雅梅 刘天仪 刘 军 宋圣吉
	水稻丰产精确定量栽培技术研究与应用	扬州大学、南京农业大学、江苏省农业科学院、江苏省作物栽培技术指导站、兴化市农业技术推广中心、武进区作物栽培技术指导站、东海县农业技术推广中心、姜堰市农业技术推广中心、丹阳市农业技术推广中心	张洪程 丁艳锋 凌启鸿 仲维功 邓建平 戴其根 王绍华 张瑞宏 周有炎 邵建国 徐宗进 肖跃成 吴金书
二等奖	超超临界锅炉用大口径无缝钢管新技术产业化	扬州诚德钢管有限公司	张怀德 王如军 徐国荣 苏 俊 陈志发 王允刚 刘海春 卢灿彬
	高技术陶瓷材料工程中的纳微米粉体应用技术	南京工业大学、江苏乐园新材料集团有限公司、宜兴摩根热陶瓷有限公司、扬州市飞鹰电子科技有限公司	郭露村 陈 涵 朱立起 殷 骏 蒋仁会 陶连斌 殷 波 顾小芳 王晓莉 顾海涛
	功能性壳聚糖精深加工关键技术研究与柔性制造	中华全国供销合作总社南京野生植物综合利用研究院、扬州日兴生物科技股份有限公司	张卫明 孙达峰 张 和 史劲松 戚善龙 张 超 朱昌玲 张 洁 顾龚平 施存葆
	饮用水突发水污染应急水处理技术与保障体系	河海大学、扬州自来水有限责任公司	陈 卫 林 涛 陆光华 周克梅 周 平 孙 敏 刘 成 葛仁凯 陶 辉 张放明 郑晓英 许 航
	发酵肉制品加工关键技术研究	扬州大学、江苏长寿集团有限公司、徐州汉戌堂食品有限公司、江苏畜牧兽医职业技术学院	汪志君 于 海 席 军 赵保雷 葛兆宏 蒋云升 葛庆丰 金昌海 方维明 毛传生 许慧卿 陆敬刚 吴华俊
	对苯二甲酸的毒性、健康效应与卫生标准研究	南京医科大学、江苏省疾病预防控制中心、中国石化仪征化纤股份有限公司、中国石化扬子石油化工有限公司	王心如 崔仑标 王守林 夏彦恺 王豫安 陈 俊 姚宏伟 李俊杰 施爱民 戴贵东 石 远 张恒东 刘美霞
三等奖	国家一类新药爱普列特及片剂的研发与产业化	江苏联环药业股份有限公司、中国药科大学	廖清江 唐精桥 黄丽群 田伟生 陈钟华 王莉华 朱 臻 李国庆
	AMCP 型汽车大梁数控冲孔生产线	江苏金方圆数控机床有限公司	吴宏祥 王爱民 李 强 徐 成 王其柱 陈宏星 卢 峰
	精密高效金属板材加工技术及成套系统	江苏亚威机床股份有限公司、东南大学	冷志斌 史惊东 王金荣 叶 兵 朱 蔚 樊夕涛 孙东贵 肖 军 周英温 杨建军 蔡 诚 倪中华 汤文成
	聚合物—无机纳米复合材料的绿色制备及应用	扬州大学	朱爱萍 吴德峰 张 明 谢四海 严长浩 王景清
	二氟苯甲酰胺产品的研制及产业化	扬州天辰精细化工有限公司、江苏大学	陈国云 谢吉民 王 瑛 王 晨 朱建军 刘润兴 潘明生 沈忠诚 王正军 许 聘 周卫华
	下丘脑室旁核镇痛机理的研究	江苏省苏北人民医院(扬州大学临床医学院)、新乡医学院、湖南康普医药研究院、第二军医大学	杨 俊 王大新 闫福林 郝 芳 林葆城 李雪萍

(张 磊)

州“科技创新·产业合作”推介会暨项目签约仪式在扬州市迎宾馆举行。扬州市政府与中国矿业大学等单位签订36个合作项目协议。2010中国扬州“烟花三月”国际经贸旅游节期间，全市落实产学研合作和内外资项目278个。其中，产学研合作项目60个；协议外资2000万美元以上的外资项目102个，协议注册外资38亿美元；注册资本金3000万元以上的民资项目116个，注册资本金102亿元。

6月10～11日，扬州市在武汉市开展“科技创新·产业合作”推介活动。在11日下午举行的2010中国扬州“科技创新·产业合作”(武汉)推介会上，签订42项科技合作和人才引进协议。其中，扬州市政府与武汉理工大学签署地—校全面合作协议，维扬区政府分别与武汉科技大学、湖北工业大学签署地—校全面合作协议，江苏扬力数控机床有限公司、扬州精湛光电仪器有限公司等22家企业分别与华中科技大学、武汉大学等10家科研院校所签订22项产学研合作协议，14家企业与17名博士签订人才引进协议。

8月20日，2010中国扬州“科技创新·产业合作”(合肥)推介会在中科院合肥物质科学研究院举行。扬州奥力威传感器有限公司、扬州恒星精密机械有限公司、可瑞尔科技(扬州)有限公司等企业与中科院合肥物质科学研究院签订合作协议。活动期间共签订意向协议60项。

9月15～16日，扬州市在成都市举办“科技创新·产业合作”推介活动。16日下午，2010中国扬州“科技创新·产业合作”(成都)推介会在四川成都香格里拉大酒店举行，介绍扬州的投资环境、优惠政策和产学研合作成果，重点推介扬州汽车船舶、机械装备、石油化工等三大支柱产业和太阳能光伏、半导体照明、智能电网等新兴产业以及软件和信息服务、物流等现代服务业。23家企业与8家科研院校所签订科技合作协议24项，16家企业与20名博士签订人才引进协议20项；扬州市政府分别与四川大学、西南交通大学签订全面合作协议。推介活动期间，扬州企业与当地科研院所签订各类合作协议50余项。

4月18日，扬州市举行“科技创新·产业合作”推介会暨项目签约仪式

李斯尔／摄

11月12日，扬州市在上海市举办“科技创新·产业合作”推介活动。重点展示扬州在太阳能光伏、半导体照明、智能电网等新兴产业发展情况。88个外资、科技和人才引进项目签约，其中70个协议注册外资2000万美元以上项目协议外资总额近20亿美元。

6月23日，扬州市举行2010年扬州市产学研合作推介会暨签约仪式。扬州大学各理工科学院、农科所、七二三研究所、扬州工业职业技术学院、扬州环境资源职业技术学院、江海职业技术学院、扬州职业大学等在扬院校和科研院所的专家出席推介会。推介会上，2家院校(所)代表和2家企业代表分别作科研成果推介和发言，扬州大学、扬州环境资源职业技术学院、扬州工业职业技术学院、扬州中科半导体照明研发中心、南京大学—扬州化学化工研究院等院校与企业签订产学研合作项目46项。

(张　磊)

国际科技合作与人才交流　2010年，扬州市获批科技部国际科技合作专题调研项目，获拨款500万元。全市获批省国际科技合作项目2个，获拨款16万元。扬州市对外科技交流中心成为江苏省跨国技术转移中心扬州分中心。百家丽(中国)照明电器有限公司技术中心被认定为省外资研发机构。11月12日，扬州市参加中国·江苏第二届国际产学研合作论

2010年扬州市新增省级产学研类项目情况表

单位：万元

序号	计划类别	项目名称	主持单位	拨款
1	重大创新载体建设	江苏省(扬州)数控机床研究院建设	扬州数控机床研究院	1000
2	产学研前瞻性联合研究项目	系列旋耕复合作业型耕作机械研制	扬州大学	50
3	产学研前瞻性联合研究项目	高温超导材料制备技术	宝胜科技创新股份有限公司	800
4	高校技术转移中心建设	江苏省高校技术转移中心建设	扬州大学	100

(张　磊)

坛暨跨国技术转移大会，与以色列签订2项合作协议，邗江国辰光电公司、华扬太阳能公司分别就"原材料丰富的太阳能光伏板涂层"和"海水淡化"项目与IBM公司达成合作意向。

全市120人申报省高层次创新创业人才引进计划项目，其中创业人才24人，有26人获批，资助总额1850万元。全市有8家企业入选省首批100个科技创新团队培育建设名单。（张　磊）

■科技信息网络建设　2010年，扬州市科技文献公共服务平台增加"中国国家标准及行业标准全文数据库"和"万方知识服务平台"索引库及中华医学会数字期刊全文系统，新增用户100家（累计2000多家），文献下载量27万篇。开办文献检索技术免费培训班105期，培训1442人次。全年完成查新业务200项，论文、专利、标准等文献检索服务96项475篇。12月，扬州市级科技计划项目管理系统建成并投入运行。（张　磊）

科技创新

■创新政策环境　2010年，扬州市加快发展创新型经济、建设创新型城市。出台《扬州市知识产权战略纲要》，完善《扬州市科学技术奖励办法》，印发《扬州市"八大产业"科技攻关与成果转化专项资金管理试行办法》，加大对科技创新的扶持力度，市本级财政科技投入3.79亿元，比上年增长84.58%。

制定《扬州市百名科技政策辅导员服务千企活动方案》，开展"政策服务县（市）行"活动，组织政策解读团到各县（市、区）解读科技、经济、产业等政策，发放《"政策服务县（市）行"资料汇编》和《2010年度江苏省科技计划项目申报文件汇编》各500本。（张　磊）

■科技创新体系建设　全市新认定省级以上"两站两中心"（院士工作站、博士后工作站、工程技术研究中心、技术中心）94家，其中省级院士工作站7家、省级工程技术研究中心62家。扬州国家级光电检验检测重点实验室成为首家获得CBTL（国际电工产品测试证书互认体系实验室）认可的光伏检测国家实验室。扬州光电科技创新园获批江苏省首批"十大创新型园区"。由邗江区政府联合清华大学等4家高校和科研院所发起成立的江苏省（扬州）数控机床研究院被省科技厅列入江苏省首批重大产业研究院建设计划。研究院占地1.2万平方米，建有数控系统与技术研发中心、先进激光制造与装备研发中心、先进板材加工设备研发中心、智能化控制技术研发中心、机器人技术研发中心等5个研究机构。宝应县与上海高校国家技术转移中心合作共建扬州分中心，启动宝应县工业设计中心建设。（张　磊）

4月17日，扬州市举行电子书产业发展战略研讨会　李斯尔/摄

2010年扬州市新增省级企业院士工作站

扬州宏福铝业有限公司
江苏荣能集团有限公司
扬州庆松化工设备有限公司
扬州万方电子技术有限责任公司
扬州腾飞电缆电器材料有限公司
江苏绿科生物技术有限公司
江苏中惠医疗科技股份有限公司

（张　磊）

■高新技术产业　2010年，全市获批国家"863"项目2个，获拨款1996万元；国家科技型中小企业技术创新基金项目25个，获拨款1960万元；省工业科技支撑项目17个，获拨款1300万元；省科技型中小企业技术创新资金项目9个，获拨款225万元；国家火炬计划40个，其中5个重点项目获批资金187.5万元；国家重点新产品计划项目21个，其中5个重点项目获批资金87.5万元。新认定国家高新技术企业64家、国家创新型试点企业1家、省创新型企业66家、省高成长型中小企业4家。全市规模以上企业研发投入占销售收入比重约1%，新认定省以上高新技术产品589个。新能源、新光源、新材料、智能电网、软件与信息服务业、节能环保等新兴产业实现产值1500亿元，比上年增长31%，占规模以上工业总产值的25%以上。集聚一批规模较大的生产企业，其中有年产值10亿元以上企业近20家。晶澳太阳能科技有限公司晶硅电池光电转化率达18.5%，力铼光电科技有限公司薄膜电池光电转化效率12%。中科半导体照明研发中心大功率蓝光外延片发光效率突破120l流明/瓦，乾照光电有限公司红黄光外延片芯片亮度600毫堪德拉。（张　磊）

■特色产业基地建设　扬州汽车及零部件产业基地。2010年，基地有规模以上企业133家。其中，高新技术企业23家，重点火炬高新技术企业7家，省创新型企业10家，基地骨干企业11家；上市企业1家；收入超1

2010 年扬州市新增国家高新技术企业一览表

序号	企 业 名 称	序号	企 业 名 称
1	扬州市飞鹰电子科技有限公司	33	扬州万事通通讯电子发展有限公司
2	宝应县润华静电涂装工程有限公司	34	扬州博斯达精密机床有限公司
3	扬州三友合成化工有限公司	35	宝应仁恒实业有限公司
4	江苏长城电缆有限公司	36	江苏中油天工机械有限公司
5	扬州市新港电机有限公司	37	扬州神州风力发电机有限公司
6	江苏金飞达电动工具有限公司	38	江苏扬州合力橡胶制品有限公司
7	江苏科凌医疗器械有限公司	39	扬州冶金机械有限公司
8	扬州保来得科技实业有限公司	40	江苏新天鸿集团有限公司
9	扬州五亭桥缸套有限公司	41	扬州三得利化工有限公司
10	江苏中显集团有限公司	42	江都立德粉末冶金有限公司
11	江苏中凌高科技有限公司	43	江苏捷凯电力器材有限公司
12	仪征市茂瑞化工有限公司	44	扬州中材机器制造有限公司
13	扬州市海力精密机械制造有限公司	45	江苏江扬建材机械有限公司
14	江苏普斯新能源科技有限公司	46	建业庆松集团有限公司
15	扬州广菱电子有限公司	47	扬州永信计算机有限公司
16	扬州东方吊架有限公司	48	江苏润华电缆股份有限公司
17	扬州市华通橡塑实业公司	49	扬州和益电动工具有限公司
18	扬州大洋造船有限公司	50	江苏扬工动力机械有限公司
19	扬州龙川钢管有限公司	51	扬州赛尔达尼龙制造有限公司
20	江苏邦威机械制造有限公司	52	江苏银大科技有限公司
21	江苏中天水力设备有限公司	53	江苏长宏铝业有限公司
22	江苏华光双顺机械制造有限公司	54	扬州峰明金属制品有限公司
23	江苏江佳电子有限公司	55	扬州市天平化工厂有限公司
24	江苏华厦电力成套设备有限公司	56	扬州天禾科技实业有限公司
25	扬州精湛光电仪器有限公司	57	扬州三源机械有限公司
26	宝宏(扬州)制鞋有限公司	58	扬州庆松化工设备有限公司
27	扬州新菱电器有限公司	59	仪征申迪实业发展有限公司
28	扬州三叶散热器有限公司	60	江苏嘉德光电科技有限公司
29	江苏远洋东泽电缆股份有限公司	61	江苏省仪征市海润纺织机械有限公司
30	江苏辛普森新能源有限公司	62	扬州中科半导体照明有限公司
31	扬州威奥重工机械有限公司	63	帝豪电子(扬州)有限公司
32	江苏华富控股集团有限公司	64	扬州曙光光电自控有限公司

（张 磊）

亿元企业 40 家。从业人员近 4 万人。全年实现工业总产值 320 亿元，比上年增长 26.5%；销售收入 312 亿元，比上年增长 27.34%；实现利税 32.5 亿元，比上年增长 16.1%；出口创汇 3.2 亿美元，比上年增长 10.7%。18 家企业的 43 个技术开发项目获技术开发费用备案确认，技术开发费用预算总额 3.24 亿元，占全市技术开发费用备案预算总额的 27%以上。25 家企业的 25 个项目获申请省科技成果转化风险补偿专项资金贷款项目资格，其中涉及汽车产业的项目 4 个，贷款额 800 万元，占全市贷款总额的 16%以上。

7 月，上海大众汽车有限公司 30 万辆整车项目落户扬州，计划投资 80 亿元，2012 年实现投产。

扬州"智谷"研发中心 王　卓／摄

扬州智能电网产业基地。2010年,基地有智能电网工业企业10余家,其中销售收入1亿元以上重点企业3家,集聚江苏国电南自电力自动化有限公司、江苏西电南自智能电力设备有限公司、江苏国电南自海吉科技有限公司、中能智谷电网科技(扬州)有限公司、扬州北辰电气设备有限公司、扬州阿波罗蓄电池有限公司、群硕软件开发(上海)有限公司等智能电网核心企业，产品覆盖智能配电、智能终端、新能源接入、系统集成等产业环节。4月19日,全省第一家试点电动汽车充电站在基地内建成并投入运营。

扬州绿色新能源特色产业基地。2010年，基地绿色新能源产业实现产值212亿元，比上年增长95%,其中太阳能光伏产业产值120亿元、新能源汽车产业产值50亿元、其他相关配套产业产值42亿元；入驻新能源企业38家,其中规模以上企业15家。以亚星集团为龙头的新能源汽车产业研发具有自主知识产权的纯电动汽车、混合动力汽车整车及零部件,2010年实现产值50亿元。其他新能源产业主要发展与新能源产业相关的新能源发电系统集成,建筑一

2010年扬州市新增国家重点新产品计划项目情况表

序号	项　目　名　称	主　持　单　位
1	环保型柔性阳极保护电缆	宝胜科技创新股份有限公司
2	特高压电极箔	扬州宏远电子有限公司
3	环氧氯丙烷(甘油法)	江苏扬农化工集团有限公司
4	ZS-JL36A-400T型电机和发电机硅钢片数控冲压自动化生产线	扬州捷迈锻压机械有限公司
5	API螺纹三维增强耐高温高强度井下油管	扬州新扬科技发展产业有限公司
6	SY5100TSL型清洗扫路车	扬州三源机械有限公司
7	2,6-二氟苯甲酰胺	扬州天辰精细化工有限公司
8	MYJM90×2营养米双螺杆挤压机	江苏牧羊集团有限公司
9	600YGC-45集成电路基片高速冲压自动化成套设备	扬州锻压机床集团有限公司
10	聚四亚甲基醚二醇	大连化工(江苏)有限公司
11	QCYY悬挂挤压纤维过滤器	扬州澄露环境工程有限公司
12	T44QK-12×2000数控板料开卷校平剪切线	江苏亚威机床股份有限公司
13	超超临界锅炉用P91大口径无缝钢管	扬州诚德钢管有限公司
14	1200KV/500MA特高压双极直流发生器成套装置	江苏雷宇高电压设备有限公司
15	新型杀虫、杀螨剂—丁醚脲原药及制剂	江苏长青农化股份有限公司
16	BXBJ-30 30米重型数控板材刨铣柔性机床	江苏一重数控机床有限公司
17	NP-5200L回转式电子多臂开口装置	江苏牛牌纺织机械有限公司
18	智能型多功能高电压超大功率直流稳定电源	扬州双鸿电子有限公司
19	应用三腔体结构设计的LED路灯(120×1W)	江苏史福特光电科技有限公司
20	四氟型氟碳树脂Heflon-100	江苏华奥高科技发展有限公司
21	聚羧酸系改进型混凝土保坍剂(RJ-9)	江苏荣能集团扬州新型建材有限公司

(张　磊)

2010 年扬州市新增国家科技型中小企业技术创新基金项目情况表

单位:万元

序号	项 目 名 称	主 持 单 位	拨款
1	机器人码垛全自动包装生产线	扬州市创新包装有限公司	140
2	核电站用 1E 级耐辐射控制电缆	扬州市新曙光实业有限公司	100
3	高效全自动啤酒饮料玻璃瓶清洗整理回收装置	扬州润明轻工机械有限公司	80
4	直拉硅单晶用 28 英寸国产石英涂层坩埚	扬州华尔光电子材料有限公司	60
5	U 型高效节能灯管高速自动生产线	江苏浩明光电科技股份有限公司	60
6	功率 MOS-D 二极管	扬州扬杰电子科技有限公司	140
7	节能型高效等离子喷涂陶瓷电加热辊	扬州瘦西湖仪表有限公司	90
8	矿用钢绳芯输送带横断监测装置	扬州三鑫矿山成套设备有限公司	60
9	二巯基酯甲基锡稳定剂及其制备方法	扬州哈泰克材料有限公司	60
10	基于 IEC61000-4-30 A 级标准的电能质量在线监测终端	江苏中凌高科技有限公司	60
11	长寿命梯度化复合涂层数控冲压模具	扬州恒德模具有限公司	80
12	基于 SOI 技术汽车用 MEMS 集成传感器	扬州奥力威传感器有限公司	70
13	经济型智能钣金折弯系统	扬州恒佳机械有限公司	70
14	P2M 高性能数控铣钻床研发	扬州欧普兄弟机械工具有限公司	70
15	基于离子交换和萃取分离的废水回收苯甲酸和对苯二甲酸	仪征市茂瑞化工有限公司	90
16	循环再生瓶片纺制环保型涤纶长丝	江苏菲霖纤维科技有限公司	80
17	三阶非线性光学多金属氧酸盐基纳米材料	仪征市森泰化工有限公司	70
18	新型水泥工业用高效节能煤粉燃烧器	扬州新建水泥技术装备有限公司	90
19	基于无线传感器网络的光伏阵列监测与诊断系统	扬州贝尔斯通科技有限公司	70
20	功率器件通用控制 SOC	扬州扬智电子科技有限公司	50
21	特高压新型小型化 GIS 壳体开发及产业化	江苏勇龙电气有限公司	90
22	高效固液分离装备(振动式斜板沉降分级浓缩装备)	江苏恒业机械有限公司	80
23	特种电缆用高温高阻燃环保型轻质纳米填充材料	扬州腾飞电缆电器材料有限公司	80
24	高强度超耐磨耐高温铸型尼龙滑轮的研制	扬州赛尔达尼龙制造有限公司	60
25	基于安全 P2PSIP 的实时通信系统	扬州紫瑜科技有限公司	60

(张 磊)

体化和充放电控制器、逆变器,集中和远程监控等调度技术和产品以及储能电池生产等辅助材料产品。基地实现宽带接入率 100%,强制性清洁生产审核实施率 100%,研发投入占销售收入的 2.3%,工业建筑容积率 0.75,单位土地平均投资强度 3765 万元/公顷,单位土地平均产出7099 万元/公顷。

邗江数控金属板材加工设备产业基地。2010 年底,基地内有企业 46 家,其中骨干企业 6 家、国家高新技术企业 7 家、各类研发机构 28 家、销售收入 1 亿元以上企业 8 家,有从业人员 1.19 万人,全年实现工业总产值 132 亿元、工业增加值 28.5亿元、总收入 129 亿元、出口创汇 0.47 亿美元、净利润 9 亿元,上交税收 5 亿元。2010 年,基地特色产业国内市场占有率 16.8%,基地内企业与济南铸锻机械研究所、大连组合机床研究所、清华大学、浙江大学、东南大学、南京航空航天大学、中科院沈阳自动化研究所、中科院沈阳计算机研究所、中科院电工研究所、扬州大学、江苏大学等高校和科研院所建立技术合作关系。基地内建有省级工程技术研究中心 4 家、省级技术中心 3 家、市级工程技术研究中心 6 家;有大专以上科技人员 2180 人,占企业人员总数的 18.4%,其中博士生 12 人、硕士生 70 人、留学归国人员 3 人;基地企业研发人员比重为 8.1%。江苏金方圆数控机床有限公司的“高速电伺服主传动数控转塔冲床”获批国家“高档数控机床与基础制造装备”科技重大专项,获立项资金 397 万元。至 2010 年底,基地内有 2 家企业 3 个项目获国家数控重大专项支持,获支持资金 2067 万元。扬力集团、金方圆数控机床有限公司、江苏国力锻压机床有限公司的“大型数控成形装备开放式数控系统研发”、“3千瓦全固态高功率激光器开发及其应用技术研究”、“大型汽车覆盖件液压机柔性生产线关键技术研究”等3个项目获江苏省工业科技支撑计划立项，获支持资金220万元。扬州捷迈锻压机械有限公司的“YJ28E型数控框架式双动薄板拉深液压机”等3个项目获国家火炬计划立项，获支持资金135万元。江苏国力锻压机床有限公司的“QC11Y-20×3200液压闸式剪板机”等6个产品被认定为江苏省高新技术产品。至2010年底，基地内企业有中国名牌产品1个、江苏省名牌产品2个。（张 磊）

■科技孵化器建设 全市8个省级以上高新技术创业服务中心申请专利563件，授权专利296件，其中发明专利49件；毕业企业29家（累计120家）；在孵企业379家，有从业人员9726人（其中大专以上学历6446人），全年总收入14.69亿元。邗江高新技术创业服务中心被认定为国家级高新技术创业服务中心。仪征市、高邮市、邗江区建设大学生创业实习基地，仪征市大学生村官创业实习基地被科技部认定为国家级大学生科技创业见习基地。

扬州高新技术创业服务中心有孵化用房6.5万平方米，进驻企业100家，2010年毕业企业5家（累计42家），有在孵企业职工1200多人（其中本科以上学历近600人）。进驻企业主要从事“三新一网”（新能源、新材料、新光源和智能电网）等产品项目的技术研究和开发，注册总资本3.02亿元。2010年，在孵企业实现工业总产值3亿元，上缴税金1400多万元。3月，半导体照明专业孵化器通过江苏省发展和改革委员会验收，为扬州中科半导体照明研发中心、南京大学—扬州光电研究院等企业提供专业研究的孵化场地。在孵和毕业企业共申请知识产权62件，获批知识产权38件，其中发明25件、软件著作权13件。（张 磊）

科技项目和成果

■科技成果转化 2010年，全市获批省科技成果转化专项资金项目10个，总投资9.10亿元，获资助资金6800万元，其中拨款资助4050万元、有偿资助300万元、贷款贴息2450万元。

全市往年立项的33个省重大科技成果转化专项资金项目完成总投入40.02亿元，新增销售额147.54亿元，新增利税30.35亿元。2010年，江苏华奥高科技发展有限公司“年产1000吨高性能氟塑料FS-40G的产业化”、江苏华扬新能源有限公司“高效节能太阳能热泵热水器”、江苏顺大半导体发展有限公司“太阳能级多晶硅料制备的关键技术开发及规模产业化”、江苏亚威集团有限公司“精密高效金属板材加工技术及成套系统”、江苏中惠医疗科技股份有限公司“全数字化彩色多普勒三维超声影像诊断系统”、宝胜集团有限公司“轨道交通动力牵引系统用特种电缆及智能化C-GIS开关设备研发与产业化”、江苏金土地种业有限公司“稻麦新品种扬麦15、扬麦16、扬辐粳8号、扬粳4038产业化”等7个项目通过验收，全市累计有14个项目通过验收。（张 磊）

■自然科学与社会发展科技项目 全年获批国家自然科学基金项目87个，获拨款2294.2万元。其中，扬州大学主持的项目85个，获拨款2232.2万元；扬州市第一人民医院

2010年扬州市新增省科技成果转化资金项目情况表

单位：万元

序号	项目名称	主持单位	拨款
1	中高能双光子医用直线加速器研发及产业化	江苏海明医疗器械有限公司	1000
2	面向物流装备物联网的应用系统	扬州中集通华专用车有限公司	800
3	面向传感网应用的MEMS系列传感器的研发及产业化	扬州奥力威传感器有限公司	600
4	高性能碳纤维织物和预浸料的开发及产业化	扬州新扬科技发展产业有限公司	600
5	大型平板显示终端金属部件高速高精成套冲压模具开发及产业化	扬州广菱电子有限公司	800
6	特高压铝电解电容器用高性能电极箔材料的关键技术研发及产业化	扬州宏远电子有限公司	600
7	电动汽车用新型无镉高能铅蓄电池研发及产业化	江苏华富控股集团有限公司	600
8	4MW高效生物质固定床气化发电成套技术开发及关键设备产业化	高邮市林源科技开发有限公司	600
9	玉米淀粉一步法合成糖苷系列生物质表面活性剂关键技术开发及产业化	扬州晨化科技集团有限公司	600
10	半导体照明外延材料及芯片设计产业化	扬州中科半导体照明有限公司	600

（张 磊）

2010年扬州市新增省自然科学基金项目情况表

单位：万元

序号	项目名称	主持单位	拨款
1	大运河湿地生态修复中的滨水植物配置技术研究与示范	扬州大学	30
2	基于TLR5配体H5亚型禽流感新型黏膜疫苗的分子设计及其免疫特性研究	扬州大学	20
3	可生物降解高分子合金研究	扬州大学	20
4	扬州市饮用水备用水源地农田面源污染控制技术研究与应用	扬州大学	30
5	一个水稻新型叶色突变体基因(gwg1)的图位克隆	江苏里下河地区农业科学研究所	9
6	Bt染色体重组PuGV-Ps增效蛋白基因的表达及其增效作用研究	江苏里下河地区农业科学研究所	8
7	TLRs与鸡肠炎沙门氏菌病抗性相关性的研究	江苏省家禽科学研究所	9
8	鸡Toll样受体与空肠弯曲杆菌感染关系的研究	江苏省家禽科学研究所	8
9	利用MHC监测与探索地方鸡种新型保种方法	江苏省家禽科学研究所	9
10	基于免疫亲和层析的三聚氰胺检测方法研究	江苏省家禽科学研究所	8
11	钙蛋白酶Capn4促进肝癌侵袭转移机制的研究	江苏省苏北人民医院	8
12	自组装聚电解质—无机纳米粒子复合造影材料的构筑	南京大学—扬州化学化工研究院	9
13	基于卟啉—纳米复合物的非电活性分子光电化学检测	南京大学—扬州化学化工研究院	9
14	树枝状聚合物共价修饰碳纳米管的合成及其药物输送性能的研究	南京大学—扬州化学化工研究院	10
15	合成气高选择性制低碳烯烃碳基纳米催化材料的构筑与表征	南京大学—扬州化学化工研究院	9
16	水稻PGIP LRR区单氨基酸替换对其抗纹枯病效应的影响	扬州大学	9
17	Ndfip1对MPP+诱导的帕金森病细胞模型损伤的保护作用及其分子机制研究	扬州大学	8
18	离子液体型软物质的构筑及其在农药控制释放中的应用	扬州大学	9
19	“DNA/糖基表面活性剂”囊泡的生成规律及其在基因传递中的效应	扬州大学	9
20	Banach空间中算子广义逆扰动理论及其在非线性分析中的应用	扬州大学	8
21	线粒体DNA编码的细胞色素氧化酶对桃果实乙烯合成作用研究	扬州大学	9
22	动态网络环境下的Web服务自适应协同技术研究	扬州大学	10
23	小麦赤霉病主效抗性基因的精细定位、等位变异及其效应分析	扬州大学	9
24	有向复杂网络动力学同步研究以及在保密通信中的应用	扬州大学	10
25	烟气携带煤粉与空气协同喷入再燃脱硝机理研究	扬州大学	9
26	高效扩增IKDC抗结肠癌的实验研究	扬州大学	8
27	基于通行效率的城市道路交叉口时空资源配置研究	扬州大学	9
28	猪主要精浆蛋白基因在成熟精子中mRNA表达的生物学功能研究	扬州大学	9
29	图上随机游走学习的理论研究及应用	扬州大学	10
30	一株产脂肪酶米酒乳杆菌风味调控基因的遗传筛选	扬州大学	9
31	利用关联分析研究茄子黄萎病抗性相关QTL及其关键分子标记	扬州大学	10
32	环丙基联烯在有机合成中的应用	扬州大学	9
33	信号阻断物质对污损动物幼虫附着变态的抑制及其在海洋抗污损中的应用	扬州大学	9
34	仿生蠕动爬行机器人机理分析与控制策略研究	扬州大学	9
35	转化生长因子β抑制心脏成纤维细胞PPARγ表达的转录调控分子机制及意义	扬州市第一人民医院	8

（张　磊）

主持的项目1个，获拨款32万元；江苏里下河地区农业科学研究所主持的项目1个，获拨款30万元。获批省自然科学基金项目35个，获拨款376万元；省社会发展科技支撑项目6个，获拨款146万元。

扬州大学“科技金融创新促进江苏重点高新技术产业发展研究”获批国家级软科学研究项目，获拨款10万元；扬州大学“农民秸秆焚烧关键影响因素分析及其对策研究”、中共扬州市纪律检查委员会“农村‘大监督’机制探究——扬州地区农村党风廉政建设创新实践解析”获批省软科学研究计划项目，获拨款4万元。

（张　磊）

■农业科技　全年获批国家农业科技成果转化资金项目4个，获拨款450万元；国家星火计划项目24个，获拨款30万元；国家重点基础研究发展计划项目5个，获拨款365万元；省农业科技支撑计划项目17个，获拨款535万元；江苏省农业科技型企业7家；江苏农村科技服务超市分

2010年扬州市新增省社会发展科技支撑项目情况表

单位：万元

序号	项　目　名　称	主　持　单　位	拨款
1	芯片电泳在低密度脂蛋白亚型检测中的应用研究	扬州大学	20
2	生物可降解纳米载药缓释宫内节育系统的构建及性能评价	扬州大学	16
3	建筑节能一体化技术在公共建筑中的应用示范	扬州大学	30
4	真空玻璃、地源热泵、真空绝热板节能技术在建筑上集成应用研究	扬州根源光热科技有限公司	30
5	太阳能热电联产绿色建筑集成技术	扬州集福新能源科技有限公司	30
6	扬派叠石技艺的传承与发展研究	扬州园林叠石研究所	20

（张　磊）

2010年扬州市新增省农业科技支撑计划项目情况表

单位：万元

序号	项　目　名　称	主　持　单　位	拨款
1	江苏沿海国产啤麦麦芽精制关键技术研究与开发	扬州大学	30
2	耐盐啤酒大麦机械化高产优质轻简栽培技术集成与产业化开发	扬州大学	30
3	优质特色地方肉鹅品系与配套系选育	江苏省家禽科学研究所	50
4	优质节粮型蛋鸡配套系的研究	江苏省家禽科学研究所	40
5	苏太猪免疫应答评价体系建立及抗逆型配套系的培育	扬州大学	50
6	嵌合型猪圆环病毒(PCV1-2)活疫苗与灭活疫苗的研制	扬州大学	30
7	家禽健康养殖关键技术在专业合作社模式中集成与示范	江苏省家禽科学研究所	30
8	扬州大学养猪专业合作社科技服务专项	扬州大学	25
9	扬州大学科技型茶叶专业合作社科技服务专项	扬州大学	25
10	扬州大学服务水生蔬菜科技型合作社科技专项	扬州大学	25
11	江苏沿海滩涂中度盐碱地耐盐能源作物蓖麻生态高效种植及综合应用	扬州大学	30
12	金花菜产业技术集成创新与示范应用	扬州市现代农业特种作物专业合作社	20
13	基于蚯蚓处理生物质固废产物为原料的花木专用生物肥料研发	扬州杨农肥料有限公司	30
14	优质彩叶地被高效栽培技术集成创新示范	江都市花木公司	30
15	丘陵地区特色优质印度南瓜高效栽培技术集成与示范	扬州康大枣林湾生态农庄有限公司	30
16	有机水稻生产技术集成创新与应用	江苏宝应湖有机农业开发有限责任公司	30
17	罗氏沼虾即食调理食品关键技术研究与产业化	高邮市秦邮蛋品有限公司	30

（张　磊）

店、便利店12家。扬州优邦生物制药有限公司“高致病性猪蓝耳病灭活疫苗的产业化”获批国家重点星火计划项目。仪征市多科特水性化学品有限责任公司“基于水基反应成膜技术的聚合物包膜控释肥料的研制及其产业化”获评首届中国农业科技创新创业大赛优秀项目，入选科技部“十二五”农村领域科技计划预备项目库初创项目。

江苏省家禽科学研究所、江苏牧羊集团分别组织成立江苏省家禽产业技术创新战略联盟、江苏省饲料加工装备产业技术创新战略联盟。

开展“送科技下乡 促农民增收”活动。全年建立新品种、新技术、新产品、新模式等示范基点300余个，原种场3个、父母代种苗示范场10个。江苏省家禽科学研究所和江苏里下河地区农业科学研究所获评“科技富民突出贡献单位”。 （张 磊）

2010年扬州市新增国家星火项目情况表

序号	项 目 名 称	主 持 单 位
1	高致病性猪蓝耳病灭活疫苗的产业化	扬州优邦生物制药有限公司
2	优质花木新品种、新技术集成开发与规模化应用	扬州雅典娜园艺科技开发有限公司
3	麦套稻秸秆全量自然还田技术推广	扬州春雨农资有限公司
4	JWYS/11-01 移动式垃圾压缩设备	扬州市金威机械有限公司
5	液体菌种在食用菌工厂化种植中的应用	扬州碧阳菌业有限公司
6	农作物秸秆后发酵生产食用菌培养料技术研究及产业化开发	扬州天润吴记高效生态农业有限公司
7	富含微量元素无花果、珍稀食用菌循环链产业化开发	扬州西区高新农业科技开发有限公司
8	蛋鸭规模化生态健康养殖技术及产业化	扬州双赢生态养殖有限公司
9	规模养殖场粪便污染及综合利用	宝应县夏集镇庭余有机农业产销专业合作社
10	莲藕加工废弃物综合利用技术开发及产业化	扬州天成食品有限公司
11	河蟹重大流行性病害诊断与防治技术集成与应用	江苏水仙实业有限公司
12	江苏省宝应荷藕产业公共服务体系建设	宝应县荷藕行业协会
13	玉米胚芽油精炼成套设备	江苏牧羊迈安德食品机械有限公司
14	微孔曝气增氧装置	扬州特安科技有限公司
15	秸秆等农林三剩物致密加工成型技术及生物质固体燃料生产	扬州市鼎盛炭业有限公司
16	智能化光电水果分选设备	扬州福尔喜果蔬汁机械有限公司
17	扬州鹅绿色保健型香肠专用发酵剂的研制与产品开发	扬州明月食品有限公司
18	邗江植保专业化服务体系建设项目	扬州市邗江区农作物技术推广中心
19	农业灌溉混凝土水渠滑模摊铺机	江苏四明工程机械有限公司
20	病毒增强型生物农药的产业化和应用	扬州绿源生物化工有限公司
21	蜂帽软胶囊GMP生产线建设及产品市场推广	扬州三邦生物工程有限公司
22	野生梅花鹿驯养繁殖及鹿副产品开发与产业化	江苏省华广鹿业酒业有限公司
23	淡水龙虾优质苗种规模化繁育与生态高效养殖	宝应宝利隆水产养殖有限公司
24	高效氟吡甲禾灵	江苏东宝农药化工有限公司

（张 磊）

2010年扬州市新增省工业科技支撑项目情况表

单位：万元

序号	项 目 名 称	主 持 单 位	拨款
1	PHEV动力系统构型与控制技术的研究	扬州飞驰动力科技有限公司	200
2	基于弹性云服务的通用Web软件开发平台	江苏南开之星软件技术有限公司	60
3	复杂曲面可控力磨削技术及六轴联动数控砂带磨床研究	扬州铭诚机床有限公司	60
4	7N以上高纯砷和超细粉研发	扬州高能新材料有限公司	60

（张 磊）

2010年扬州市新增省工业科技支撑项目情况表(续表)

单位:万元

序号	项目名称	主持单位	拨款
5	新型激光汽车防撞雷达	江苏罗思韦尔电气有限公司	80
6	碳纤维工程化制备中多纺位蒸汽牵伸和定型工艺研制	中科院山西煤化所扬州碳纤维工程技术中心	80
7	3kW全固态高功率激光器开发及其应用技术研究	江苏金方圆数控机床有限公司	80
8	大型数控成形装备开放式数控系统研发	江苏扬力集团有限公司	80
9	高性能镍基导电浆料的研究开发	扬州天辰精细化工有限公司	60
10	大型汽车覆盖件液压机柔性生产线关键技术研究	江苏国力锻压机床有限公司	60
11	功能化离子液体增强的吸收液及碳捕获过程的关键技术研发	南京大学—扬州化学化工研究院	60
12	智能化循环式高效澄清工艺装备及其产业化	扬州大学	60
13	道路照明用LED灯具标准	扬州市产品质量监督检验所	100
14	纳米级耐高温陶瓷化硅胶的研发	扬州亚光电缆有限公司	60
15	超临界水堆核电站主管道用高等级钛合金管材的制造成形技术研究	扬州龙川钢管有限公司	60
16	城镇污水处理厂污水污泥炭化技术及配套集成反应器	扬州澄露环境工程有限公司	80
17	高性能耐高温改性聚全氟乙丙烯	江苏华睿科技发展有限公司	60

(张　磊)

科研院所

江苏里下河地区农科所

■课题立项　2010年,江苏里下河地区农业科学研究所(简称农科所)新立项各类课题49项,新增合同经费1826万元。全年实际到账经费2573.07万元。农科所主报的"江淮地区弱、中、强筋小麦新品种的中试与示范"获批国家农业科技成果转化资金项目立项,合同经费300万元。农科所与中国农业大学、中国农业科学院等单位合作,获批承担国家转基因生物新品种培育重大专项中的9个子课题项目。农科所国家产业技术体系小麦功能研究室、水稻及油菜扬州综合试验站通过评估,新增设沿海小麦综合试验站。"小麦抗白粉病种质创新和新品种培育"和"长江下游优质弱筋小麦品种育种、繁育及精深加工"获批列入科技部"十二五"农村领域科技计划首批预备项目。微生物"杀蚊幼制剂"入选科技部"科技援外行动计划"项目。生物农药学科获得国家和省级自然科学基金资助。

(王守红　汤红东)

■科研成果　2010年,农科所获得各级科技成果奖11项。其中,由农科所主持的项目"麦秸机械还田治理环境污染技术集成与应用"获国家环境保护科学技术三等奖和江苏省环境保护科技二等奖,"优质甘蓝型油菜'扬油5号'的选育与应用"获扬州市科技进步一等奖,"粘虫颗粒体病毒对苏云金杆菌增强作用及应用"、"克氏原螯虾工厂化繁育及标准化养殖示范推广"分别获扬州市科技进步二等奖、三等奖;农科所作为第二完成单位的项目"水稻无盘旱育抛秧技术集成与推广"、"克氏原螯虾养殖关键技术集成推广"均获全国农牧渔业丰收一等奖;农科所作为第五完成单位的项目"抗条纹叶枯病粳稻新品种选育及应用"获国家科学技术进步奖通用项目一等奖。有7个新品种通过审定定名。其中,"扬06-164"定名为"扬麦20";"扬籼优68"通过国家审定;"扬椒1号"、"扬椒2号"、"扬籼优68"、"扬籼6A"、"扬糯麦1号"等5个品种通过江苏省审定;"扬粳4038"通过上海市审定,被农业部认定为超级稻。"扬粳4038"、"扬两优013"被列入农业部农业主导品种。"克氏原螯虾工厂化繁育及生态健康标准化养殖技术"、"全量麦秸机械还田轻简稻作技术"被列入农业部主推技术。制定、发布6项省级地方标准。"扬粳4038"、"扬辐麦3号"、"扬辐麦4号"、"扬优8号"等4个新品种获植物品种权证书。"直播、套播稻田杂草稻及杂草的防除方法"、"药肥缓释保水育秧专用肥"获得国家专利授权。生物农药"8000IU/mg苏云金杆菌悬浮剂"获得农药"三证"(生产许可证或者农药生产批准文件、农药标准和农药登记证)。"扬麦"商标获国家商标局批准注册。农科所科技人员全年发表研究论文39篇。

(王守红　汤红东)

■科技创新　2010年,农科所有42个农作物新品系、新组合参加国家、省级区域试验或生产试验。"扬辐麦5242"通过安徽省小麦生产试验,"扬辐麦6008"通过江苏省大麦生产试验。转基因小麦新品种选育进展顺利，育成“08G35”、“08G150”等一批稳定抗病的新品系。小麦育种自动化、信息化进程加快，完成种质基因库管理和田间育种信息系统构建。“扬粳805”在迟熟中粳区域试验中增产8.5%，名列第一；“扬粳806”在早熟晚粳区域试验中增产7%。水稻黑条矮缩病遗传研究取得进展，创制出一批抗病种质材料。常规油菜新组合“扬J6711”进入国家生产试验；油菜新组合“优735”完成上海市两年区域试验，进入生产试验；杂交油菜“优735”、“优7310”参加江苏省第二年区域试验。由农科所研发的生物农药“16000ITU/mg Bti扩散剂”、“200ITU/mg Bti颗粒剂”以及农科所与中国农科院茶叶所合作研制的茶叶专用生物农药“茶毛虫病毒Bt制剂”报农业部申请农药临时登记。开展生物有机肥、种衣剂研究以及特色风味禽肉制品的辐照保鲜工艺研究。农科所研发的热缩用CPE（氯化聚乙烯）材料批量投产。“低烟、低卤耐高压连续热收缩材料及其制造方法”研究成果申请国家发明专利。

选育兰花新品种4个。极早熟辣椒新组合“扬椒7065”、小果型黄瓤西瓜新组合“扬7808”、中果型红瓤西瓜新组合“扬225”参加江苏省区域试验。无籽西瓜新组合“扬610”通过江苏省生产试验。江苏省认定的豇豆新品种“金扬豇3号”表现较好。开展小龙虾虾苗对不同生存环境的适应性研究和自相残食特性及人工繁育中的关键技术等研究，解决小龙虾人工繁育的技术难题。“克氏原螯虾工厂化繁育及标准化养殖示范推广”通过成果鉴定。针对小龙虾产业受横纹肌溶解症冲击的报道，开展清洁生产研究。（王守红　汤红东）

人才建设　2010年，农科所获批设立国家级和江苏省博士后科研工作站。其中，高德荣获国务院特殊津贴，李爱宏获评江苏省有突出贡献的中青年专家，刘广青获全国技术能手称号。顾克礼、张永泰获江苏省优秀科技特派员称号，张家宏、徐健获江苏省“特派员创业先进个人”称号，陈秀兰获扬州市十大女杰称号。

（王守红　汤红东）

科技人员在邗江区头桥镇庆丰村指导银杏间作麦冬草坪技术

曹　宏／摄

江苏省家禽科学研究所

课题立项　2010年，江苏省家禽科学研究所（简称家禽所）承担在研科研项目（课题）57个，其中延续课题30个、新增课题27个。获批立项新增科研项目（课题）包括国家2010年度公益性行业（农业）科研专项课题2个、农业部农财项目2个、国家农业科技成果转化资金项目1个、国家肉鸡产业体系项目2个、国家蛋鸡产业体系项目1个、省农业科技自主创新资金项目1个、省农业三项工程项目2个、省高效农业项目1个、省农业委员会挂县强农富民工程项目1个、省农业支撑项目3个、省自然科学基金项目4个、省地方标准项目4个、省畜禽技术改进项目1个、省引智项目1个、市引智项目1个。此外，承担国家“863”计划项目子课题、国家科技支撑项目子课题及农业部农业公益性行业科研专项子课题等项目7个。全年争取科研经费2708.0万元，实际到账经费1160.5万元，其中新增课题、项目到账经费909万元。（仇　俊）

学科研究　品种资源评价。2010年，家禽所完成31个鸡种保种工作。继代繁殖31个鸡种（培育品系2个）。对引进新品种进行种质测定，对汶上芦花鸡、大围山微型鸡和瓢鸡进行遗传评价。与美国德州农工大学合作研究“利用功能基因组学探索与建立新型保种方法”。

品种繁育研究。开展品系的继代选育及素材群的保种工作。选育优质肉用型品系7个，有其他育种素材品系3个。选育邵伯鸡配套系的父系（Y）、母系（S2），矮小型黄羽青脚品系（S3），黄羽青脚型父本（F系）。开展江苏省畜禽品种创新工程项目研究，培育加工型优质型肉鸡“苏禽3号”。

水禽研究。完成国家科技支撑项目“水禽高产品种培育及产业化示范”研究。与江苏高邮鸭集团联合主持培育的中国第一个国家级蛋鸭配套系（“苏邮1号”蛋鸭）通过国家畜禽遗传资源家禽专业委员会现场审定。开展优质特色地方肉鹅品系与配套系选育，完成第三世代家系、近交系和生产群繁殖及杂交组合试验。

质量安全研究。承担农业部种禽质量和省禽产品质量安全监测任务，测定6个蛋鸡商品代和4个肉鸡商品代的生产性能。完成农业部2010年种畜禽质量安全监督检验建设项目。承担江苏省农委农产品质量安全监管局主要农产品预警性监测任务，监测扬州、南通和泰州3个地区120个养殖场、60个农贸批发市场和60家超市的禽蛋。家禽所农业部家禽品质监督检验测试中心（扬州）通过农业部专家评审组

“2＋1”（农产品质量安全检验机构考核、机构审查认可、国家计量认证）评审，承检能力增加至5类14个产品146个检测参数。

生物技术研究。江苏省家禽遗传育种重点实验室通过2010年省高技术研究重点实验室绩效评估。开展转基因研究，探讨TLRs信号转导通路对鸡肠炎沙门氏菌病抗性的影响，启动抗病育种工作。（仇 俊）

■科研成果 家禽所主持完成的“中国家禽业信息体系的构建与应用”获中国农业科学院科技成果二等奖，与江西省农业科学院、中国农业科学院、江西省种畜种禽管理站合作完成的“江西家禽种质资源测定、评价与创新利用”获江西省科技进步二等奖，与扬州翔龙禽业发展有限公司合作完成的“蛋鸡高效规模养殖技术集成与推广”获农业部农牧渔业丰收二等奖。家禽所培育的“苏邮1号”蛋鸭配套系通过国家畜禽遗传资源委员会审定。全年申请发明专利12件（实用新型专利4件、发明专利5件、软件著作权专利3件），其中10件通过审查、2件通过初审。家禽所科技人员全年发表论文510篇，出版专著4部。（仇 俊）

■科技合作交流 2010年，家禽所科技人员参与东台市农林局的挂县强农富民工程、安徽省宣城市农委的科技下乡、南京森楠生物技术研究有限公司研发基地建设及泗洪县农林局的标准化建设。全年为400多户养殖户、2000余人提供技术咨询服务，为30多家企业提供技术支持，与东台市养禽技术人员合作编印《2010挂县强农富民工程家禽科技读本》。家禽所获评江苏省“送科技下乡 促农民增收”活动“科技富民突出贡献单位”、扬州市“百名科技专家兴农富民工程”活动优秀组织单位。开展与国内外研究机构、学术团体的学术交流活动。全年举办学术讲座7次；举办全所科技人员论文交流会，交流论文36篇。（仇 俊）

■人才建设 2010年，家禽所5人晋升研究员，4人晋升副研究员。李慧芳获评江苏省有突出贡献的中青年专家，入选江苏政府留学奖学金项目。全年新招收博士生2人、硕士生6人。（仇 俊）

知识产权保护

■概述 2010年，扬州市专利申请9980件，比上年增长33.8%；专利授权3790件，比上年增长50.2%。8月，扬州市成为国家知识产权局、工业和信息化部“中小企业知识产权战略推进工程首批实施单位”。9月30日，《扬州市知识产权战略纲要》颁布实施。11月，全市108个优秀专利项目参加在无锡市举办的第七届中国国际专利与名牌博览会，4个项目获得金奖，扬州金鼎电子有限公司获最佳布展奖，扬州市知识产权局获最佳组团奖。加强知识产权行政执法工作，开展“正版正货”示范街区创建工作。扬州市知识产权局获评2010年度江苏省知识产权工作先进集体。（张 磊）

■知识产权宣传教育 4月，开展扬州市“知识产权宣传月”活动。倡导“恪守正版正货承诺，杜绝知识产权违法行为”。4月26日，扬州市利用扬州政务电子专网短信平台发送“世界知识产权日”宣传短信。

9月，市级知识产权工程师培训基地在江海学院设立，同时举办江苏省知识产权工程师培训班，培训109人，其中105人通过考试获得省级知识产权工程师培训结业证书。12月，开展全市知识产权工程师中级职称的申报、评审，15人通过评审。（张 磊）

■知识产权行政执法 开展“雷雨”、“天网”专项执法行动，针对家电行业，普及专利保护知识，传授专利产品检索技能，指导企业建立健全知识产权管理制度，建立专利产品分类登记台账。省、市、区三级知识产权局联动，重点检查广陵区五星电器扬州卖场和扬州汇银家电公司专利产品113件，未发现假冒专利情况，对少数专利产品宣传、专利标注、专利号印刷等问题提出整改意见。

打击侵犯知识产权和制售假冒伪劣商品行为。11月24日，扬州市下发《扬州市打击侵犯知识产权和制售假冒伪劣商品专项行动实施方案》，遴选170家制造业企业进行专利自查，抽检仪征、江都等地21家制造业企业，指导企业规范标注和自主知识产权管理；对华富蓄电池公司、飞鹰电子公司、富欣通信器材有限公司等10多家企业开展知识产权保护指导或维权援助。对全市210家商贸流通企业开展拉网式检查，登记标注带有专利标记的商品，抽查近30家企业，未发现假冒专利行为。11月30日，开展省、市、区三级知识产权系统联合执法专项行动，抽查苏宁电器扬州公司、扬州金鹰国际商场、扬州大德生药房186件家用电器、玩具、家纺、医疗器械等商品，未发现假冒专利情况。（张 磊）

■知识产权项目建设 扬州市获批成为国家级“中小企业知识产权战略推进工程”首批实施单位，江苏牧羊集团成为第二批全国企事业知识产权示范创建单位，6家企业获批省企业知识产权战略推进计划项目，1家企业获批省专利实施计划项目，40家企业成为省知识产权管理标准化示范创建单位，7家企业获评省知识产权管理标准化优秀单位。

9月，扬州市启动“百家企业个性化专利数据库”建设工作，提升企业知识产权运用和保护能力。（张 磊）

科学知识普及

■科普宣传 2010年，扬州市科技协会（简称市科协）突出“低碳生活”主题，开展“科普宣传周”、“全国科普日”活动，先后组织科普知识有奖问答、科普教育基地行、科普大讲堂、青少年科普知识竞赛等活动，30万人受益。全市有11.5万名中小学生参加“国际科学与和平周”全国中小学生“金钥匙”科技竞赛，获省特等奖74个；由高邮市组成的扬州市代表队获全国中小学（江苏地区）“金钥匙”团体竞赛特等奖。市科协与扬州电视台联合开办《科普大篷车》、《科技五分钟》栏目，全年共播出730期，与扬州日报社、扬州人民广播电台、中国移动江苏扬州分公司和中国电信扬州分公司联合开设《科普之窗》、《科普之声》、《科普之屏》等栏目。《科普之窗》全年刊出3期；《科普之声》保持每天播出两档，全年播出730期；《科普之屏》累计发送短信10万余条。市科协联合市人口和计划生育委员会、市残疾人联合会开展“百台科普传播机到基层”活动。（李佳坤）

■科普基地建设 7月，扬州市青少年素质教育基地（科协厅）建成。2010年，全市新增15家市级科普教育基地和科技教育特色学校。邗江区承担国家“县级青少年学生校外活动场所共建共享”试点工作。华硕科普图书室落户宝应县安宜镇。（李佳坤）

■公民基本科学素养提高 扬州市作为中国科技协会（简称中国科协）《全民科学素质行动计划纲要》督查地市级试点单位，在省内率先通过督查。2月起，市科协联合国家统计局扬州调查队开展扬州市首届公民科学素养调查，按照中国科协2010年公民科学素养调查标准和数据处理方法，采用1200个样本总量，调查对象涵盖全市7个县（市、区）的120个社区（村）、乡镇（街道）。调查结果显示，2010年扬州市公民具备基本科学素养的比例为8.3%，高于中国东部地区4.59%的比例。（李佳坤）

8月25日，市科协与《扬州日报》共同举办“青少年农业科技夏令营”。图为江苏里下河农科所农业专家向青少年介绍水稻繁殖技术 郭义富／摄

气象

■概述 2010年，扬州市气象部门做好天气预报和服务工作。向市委、市政府发送《重要天气报告》31份、《决策气象服务专报》62份，通过短信平台发送常规周报51次、重要天气预警信息26次，为农业生产提供《生态与农业气象服务专报》52份、农业气象旬报和月报等服务材料48份。市气象部门全年各项业务考核指标均超过江苏省气象局和扬州市政府下达的目标。

在江苏省气象局组织的全省测报业务抽查考核和全省测报业务竞赛中，市气象局代表队分获团体第二名、第一名。开展气象为农服务“一县一品牌”和气象服务“五进”（进机关、学校、企业、社区、农村）示范点建设；坚持依法行政，修订气象行政权力、行政处罚裁量标准，编制和发布《扬州市气象探测环境和设施保护办法》；与市卫生局联合制定、发布《扬州市高温中暑事件卫生应急预案》，加强公众气象服务工作；行政许可项目实行网上运行，行政处罚实现网上试运行。依法履行执法监督职责，开展对市区新建、扩建、改建的建筑物防雷装置竣工验收行政许可制度执行情况专项整治，立案处罚违法行为；做好防雷和施放气球等有关岗位资格证书年检（换证）工作，加强气球施放现场安全管理。市气象局获评江苏省2007～2009年度文明行业。

（陈绘卉）

7月28日，扬州市第七届“爱我家乡，欢乐暑假”少儿科技文化节暨第12届少儿图书交换节在市图书馆开幕。图为孩子们在现场制作模型 郭义富／摄

■重要天气气候事件 2010年，扬州市重大灾害性天气有暴雨、雷电、雷雨大风、大雾等，全市2.36万人受灾，5人死亡（雷击），7人受伤；损坏房屋757间，倒塌房屋2间；农作物受灾面积1.22万公顷，成灾面积7503.3公顷，绝收面积12.3公顷。灾害造成农业经济损失2.79亿元，直接经济损失2.86亿元。

1.冷空气和寒潮

2009年12月～2010年11月，全市出现4次寒潮过程，分别为2009年12月24～26日，2010年1月3～5日、11～14日和20～24日。其中,2010 年 1 月 20～22 日 48 小时最低气温普遍下降 10℃以上,过程最低气温 -1.7℃～-2.8℃,部分地区出现冰冻,20～21 日陆上平均偏北风力 5 级,阵风 6 级。

4 次寒潮过程对部分农作物和蔬菜造成冻害。

2. 大雾及霾、烟

全年大雾及霾、烟日数 32 天,大雾天气给人们出行、交通航运造成较大影响,同时造成空气污染。

3. 雨雪冰冻

全年出现 5 次雨雪冰冻天气过程,分别为 2 月 10～11 日、14～15 日,3 月 6 日、9 日,4 月 14 日。

4. 暴雨

全市共出现 7 次暴雨过程,多为局地性或单站暴雨,其中 7 月 12 日出现区域性大暴雨(高邮市、江都市、仪征市、扬州市区)。

7 月 12 日、13 日,受冷空气和中低层切变线的共同影响,扬州市南部出现区域性大暴雨,过程雨量达到 150～220 毫米,其中江都昭关加密站降水量最大(248.4 毫米)。全市有 39 个加密站降雨量 50 毫米以上,其中 29 个加密站雨量 100 毫米以上。强降水造成扬州市邗江区 5448 人受灾,农作物受灾面积 841.2 公顷,其中成灾面积 43.3 公顷、绝收面积 12.3 公顷;水产受灾面积 7.8 公顷;倒塌房屋 2 间,损坏房屋 620 间,未出现人员伤亡。全区经济损失约 500.1 万元。暴雨造成江都市 9680 公顷农作物受灾,其中成灾面积 7460 公顷(蔬菜瓜类),总经济损失 2.78 亿元。

5. 梅雨

全市 6 月 17 日入梅,7 月 18 日出梅,梅雨期 32 天。梅雨期内降水分布不均,主要集中在扬州市南部地区。降水呈间歇性、过程性,短时降水强度大。主要降水时段出现在 7 月 3～4 日和 7 月 10～13 日。

6. 强对流

全市出现 7 次强对流天气,主要表现为强雷暴、雷雨大风等天气,其中 2 月 2 次、7 月 1 次、8 月 4 次。

2 月 9 日,维扬区双桥乡武塘村果园组十几户村民房屋遭受雷击,造成家用电器损坏,直接经济损失数万元。2 月 28 日,宝应县出现冰雹。

7 月 12 日,暴雨造成农田受灾　　王　卓/摄

7 月 22 日,扬州市南部地区出现雷阵雨,伴有雷雨大风和雷暴,其中邗江区霍桥村出现 14.6 米/秒的极大风速(7 级)。雷雨大风造成江都市 120 人受灾,邗江区沙头镇 2 人遭雷击受伤;江都市民房损坏 50 间,浦头影剧院、浦头中学宿舍和农贸市场屋面被大风摧毁;农作物受灾面积 13.3 公顷;电线杆损坏 28 根,电力中断 0.5 小时;树木倒损 35 棵。灾害造成直接经济损失 75 万元。

8 月 2 日,高邮市区及部分乡镇遭受飑线袭击,其中高邮市区最大风速 20 米/秒(8 级)。全市 1.8 万人受灾,87 间民房受损,1666.7 公顷秧苗、经济作物倒伏。大风造成 200 余棵大树折倒,电力、通讯设施受损,部分乡镇电力中断 1 小时。大风灾害造成农业经济损失 170 万元,直接经济损失 280 万元。

8 月 15 日,高邮市临泽镇洋汊村 5 人在田间遭雷击,其中 3 人当场死亡、2 人经抢救后脱险。

8 月 23 日,高邮市城区世纪城小区工地一电焊工遭雷击死亡;卸甲镇周邶墩村新华组一农户家遭雷击,直接经济损失 2.78 万元。

8 月 24 日,一外地女子在江都市丁伙镇阚桥村姚庄组田间遭雷击死亡。

7. 高温

全市出现 19 天晴热高温天气。高温天气集中时段分别为 8 月 1～5 日、11～15 日和 20～21 日,其中极端最高气温 38.5℃(8 月 13 日,江都)。

8. 低温

2 月中旬至 4 月中旬,扬州市冷空气频繁,日照偏少,气温偏低。持续低温和阴雨寡照造成小麦生育期推迟,晚霜冻天气造成小麦、油菜、茶、果树、花木和露地蔬菜轻度冻害。

(陈绘卉)

■气象科技　市气象局完成 15 个自主立项项目科研成果的验收评审;自主立项 11 个课题,承担江苏省气象局统筹项目 4 个、扬州市政府研发项目 1 个;新建"基于 MICAPS3(第三代气象信息综合分析处理系统)的市县级现代天气预报智能业务平台"并投入试用。3 篇论文在国家级核心期刊发表;4 篇科研论文参加省级以上业务技术交流;《家用太阳能热水系统防雷技术规范》参加国家气象局标准启动会和汇报会,并由国家气象局法规司上网征求意见;"天气预报业务介绍"多媒体软件获 2006～2009 年度江苏省优秀气象科普作品二等奖。

加强为农气象服务基础设施建设。在市农业展示中心,邗江区沙头镇万亩蔬菜基地,江都市小纪镇、吴

2010年扬州市气象资料表(一)

天气现象	初日	终日	初终间日数(天)
霜	11月3日	4月16日	165
雪	11月16日	4月14日	150
积雪	11月16日	3月9日	114
结冰	11月3日	3月26日	144
最低气温0.0℃及以下	11月17日	3月10日	114

注:本表资料统计时段为2009年9月～2010年5月。 (陈小杰 陈绘卉)

2010年扬州市气象资料表(二)

天气现象	初日	终日	初终间日数(天)
雷暴	2月9日	9月14日	218
无霜期日数(天)	194		

注:本表资料统计时段为2010年1～12月。 (陈小杰 陈绘卉)

桥镇、丁沟镇、仙女镇横沟村,宝应有机农业开发区,高邮市龙虬镇,仪征市捺山等地建成为农服务示范基地,建立自动观测站,配备气象信息电子显示屏、为农服务终端等设备。加强为农气象服务产品研发。参与省气象局“江苏农业气象服务技术研究及应用”项目研究,承担省气象局统筹基金项目“气象为社会主义新农村省示范点、示范村建设”,建设“为农气象服务平台”;研发和改进为农服务天气预报产品,开展以宝应荷藕、高邮罗氏沼虾、江都花木、邗江蔬菜、仪征茶叶为特色的农业气象服务,实现“一县一品”;市、县两级气象部门通过为农服务网站、电子显示屏、传真、天气咨询电话“96121”、手机短信、村小广播、气象信息员等,及时更新为农服务气象信息,发布灾害性天气预警信息。

12月12日,扬州市气象局人工增雨作业小组在仪征市马集镇野山村565炮点完成抗旱人工增雨作业,全市大部分区域雨量达到小到中等以上,其中仪征市及扬州市区降水量普遍达10毫米以上,仪征十二圩站降水量达16毫米。 (陈绘卉)

■**气象服务** 防灾减灾决策服务。7月8日,市气象台向市委、市政府、市防汛防旱指挥部、市应急办等部门发送《重要天气报告》,预报9～11日扬州市阴有阵雨或雷雨,南部雨量较大;建议有关单位做好长江防汛应急准备,防范局部地区强降水可能造成的城市积涝或局部内涝。8日11时30分,全市气象部门进入气象应急服务Ⅲ级应急响应准备状态,10日18时进入Ⅲ级应急响应;12日,先后发布暴雨黄色预警、橙色预警,预报当天全市降水量50毫米以上,建议做好长江、河、湖及城市防汛工作。其间,市气象局及时向市委、市政府及各部门报送天气信息及预报意见,提出防范建议。

7月11日20时～13日08时,扬州城区及沿江降水量150～220毫米,江都昭关降水量248毫米。扬州市区内河水位上涨,其中瓜洲闸超警戒水位0.05米。市区低洼路段积水深度30～50厘米,部分居民家中进水。市气象部门及时报告灾情和雨情,为市委、市政府提供决策服务。依据气象部门准确预报,扬州市通过开闸降低内河水位、疏通城市下水管道、公安交管部门上路疏导交通等措施,减轻雨涝灾害的影响。

为农气象服务。全市新建9个为农气象服务示范村和示范点,其中江都市仙女镇横沟村、邗江区沙头镇两个示范点被定为全省春季农业生产工作会议参观现场。加强为农气象服务新产品研发,各县(市、区)气象部门开设蔬菜、林果、花木、水产养殖等高效特色农业气象服务业务。加强信息员队伍建设,完善900余人的气象信息员队伍,实现全市村村有气象信息员;印发《气象灾害防御手册》,方便气象信息员查阅、了解气象防灾减灾基本知识;明确信息员工作职责,开展群众满意气象信息员评比。在农事关键期,气象部门向农村气象信息员了解农事进度,并通过信息员将适合农事需求的天气预报和农事建议转达给农户,方便农户科学安排农事生产。

科学安排生产服务。2月中旬至4月下旬,冷空气影响频繁,全市多阴雨(雪),出现低温晚霜冻。市气象局发布多期专题农业气象服务材料,通过为农服务网站、短信、电话服务、电子显示屏等方式向市委、市政府和相关部门及农户提供天气预报和生产建议。 (陈绘卉)

水文

■**概述** 2010年,全市各级水文部门做好水文测报工作,通过扬州市境内的水文站网对江河、湖泊、渠道、水库的水位、流量、水质、水温、水下地形和地下水资源及降水量、蒸发量、风暴潮等实施监测、分析与计算,为开发、利用、节约、保护水资源和防灾减灾提供服务。

扬州水文分局发送水情报文3.78万份,其中语音类报文5649份、遥测类报文3.21万份。录入人工类报文3506份;发送水情短信2.14万份;编制《水情简报》12期、《专题水情分析》4份。 (王永东 杨咏梅)

■**水文测报** 地表水水文测验。2010年,全市水文站网观测水位、全潮、水温、降水量、蒸发量和流量等6类49个项目水文数据。流量站施测流量41次,其中排水流量30次、引水流量11次,流量测验满足率100%。全市12个自记水位站和15个自记雨量站观测记录资料完整率100%。

地下水监测。全市有Ⅰ～Ⅳ承压的深层地下水监测井75眼。2010年,Ⅰ承压含水层上升区主要位于高邮市甘垛镇、仪征市马集镇，下降区主要位于仪征市新城镇，其余地区水位埋深基本保持稳定；Ⅱ承压含水层上升区主要位于邗江区甘泉镇，下降区主要位于高邮市城区、临泽镇和宝应县曹甸镇、范水镇及邗江区槐泗镇，其余地区水位埋深保持稳定；Ⅱ+Ⅲ承压混合开采层水位埋深保持稳定；Ⅲ承压含水层上升区主要位于高邮市界首镇、宝应县望直港镇，下降区主要位于高邮市周山镇、马棚镇、三垛镇及邗江区方巷镇，其余地区水位埋深保持稳定；Ⅳ承压含水层水位保持稳定。

全市有浅层地下水监测逐日观测井12眼（含水温观测井5眼）、5日观测井7眼。19眼观测井进行水准复测和透水灵敏度试验。2010年，扬州地区平均地下水位与上年持平，发生的最高水位、最低水位比上年偏低的较多。2010年末，全市地下水位与上年同期相比，除邵伯站上升0.34米外，其他大部分区域地下水位呈下降趋势，其中临泽站降幅最大，下降2.08米。

继续在大运河扬州市与淮安市交界处的泾河镇设立省属市际断面，实测大运河流量，计量考核扬州市里运河沿线各县（市）实时用水。全年施测518次。其中，施测江水109次，最大流量235立方米／秒，全年引江水6.72亿立方米；施测淮水409次，最大流量322立方米／秒，全年排淮水36.45亿立方米。

扬州水情分中心每天对6个站点的遥测数据进行校核记载。省建遥测站在线率和单站实时在线率90%以上。（徐　明　杨咏梅　王丽丽）

■水文服务　2010年，扬州水文分局在江都市吴桥镇设立吴桥水土保持监测站，监测通南高沙地区的水土流失情况。配合扬州大洋造船有限公司航道模型试验，在航道附近水域实施水文测验；在扬州港江都港区圣容作业区3号、4号、5号通用泊位工程区附近长江水域实施水文测验，为工程设计提供基础资料；在鼎衡（江苏）造船有限公司舾装码头工程区附近长江水域实施水文测验，为工程模型试验提供基础资料。

先后编制《扬州天沐温泉地热水水资源论证报告》、《仪征热电厂水资源论证报告》、《扬州第五水厂净水厂排水口设置可行性论证报告》、《仪征市超微小河口港务有限公司物流服务码头扩建工程防洪评价报告》。

6月20日～7月15日，扬州水文分局在大运河江都市境内昭关段和路筋段、高邮市境内子婴段增设3处测流断面，施测大运河县（市）际断面流量26天156次，为扬州市防汛防旱指挥部提供水情信息。

（尹景伟　徐　明）

■雨情水情　2010年，扬州市年降水量与多年均值基本持平，梅雨量少于常年。淮河入江水道有2轮大流量行洪过程，最大流量6310立方米／秒，沿线水位均未超出警戒水位。长江发生较大洪水，沿江潮位短时全线超警戒水位。受降雨和台风影响，里下河腹部地区部分站点水位超出警戒水位。

一、雨情

2010年，全市面平均降水量1045.4毫米，比多年均值偏多6%。降水主要集中在3月、4月、7月、8月和9月。年降水量最大的站点为邗江区瓜洲闸站（1242.3毫米），比常年偏多17%；最小的站点为高邮市三垛站（806.4毫米），比常年偏少19%。2010年扬州市梅雨量比常年偏少近二成，梅雨量最小的站点为宝应县陆庄站（47.7毫米），比常年偏少近八成。

1. 汛期雨情

5月，全市面平均降雨量63.3毫米，比多年均值偏少19%。降雨主要集中在下旬，降雨量除宝应县比多年平均值偏多二成外，其他县（市）比多年平均值偏少二成～五成。最大月降雨量点为宝应县鲁垛站（105.0毫米），比多年平均值偏多44%；最小月降雨量点为瓜洲闸站（33.8毫米），比多年平均值偏少61%。

6月，全市面平均降雨量36.6毫米，比多年平均值偏少75%，降雨主要集中在上旬。最大月降雨量点为仪征市泗源沟闸站（52.6毫米），比多年平均值偏少68%；最小月降雨量点为宝应县陆庄站（21.4毫米），比多年平均值偏少84%。

7月，全市面平均降雨量222.8毫米，比多年平均值偏多6%。降雨主要集中在中旬，占月降雨总量的67%。沿江地区雨量大。最大月降雨量点为邗江区瓜洲闸站（370.0毫米），比多年平均值偏多90%；最小月降雨量点为宝应县陆庄站（109.2毫米），比多年平均值偏少53%。

8月，全市面平均降雨量161.4毫米，比多年平均值偏多13%。降雨主要集中在下旬。最大月降雨量点为高邮市临泽站（210.4毫米），比多年平均值偏多47%，最小月降雨量点为江都市三江营站（71.8毫米），比多年平均值偏少49%。

9月，全市面平均降雨量168.1毫米，比多年平均值偏多94%。降雨主要集中在上旬。北部地区降雨量大于其他地区。最大月降雨量点为宝应县西安丰站（337.5毫米），比多年平均值偏多289%；最小月降雨量点为高邮市三垛站（68.5毫米），比多年平均值偏少14%。

2. 梅雨

全市6月17日入梅，7月18日出梅，梅雨期32天，面平均梅雨量181.4毫米，比常年偏少21%。

2010年，扬州市入梅正常，出梅偏迟，梅期较长。梅雨量北少南多，沿江各站梅雨量较大。扬州市区梅雨量294.5毫米，比常年偏多28%。最大梅雨量点为邗江区瓜洲闸站（336.0毫米），比常年偏多36%；最小梅雨量点为宝应县陆庄站（50.7毫米），比常年偏少78%。

梅雨期内降水呈间歇性、过程性特点，短时降水强度大。梅雨前期雨量较小，以阵雨为主；7月后，出现区域性暴雨过程，其中7月12～13日发生降水强度最大、持续时间最长、降水范围最广的一次降水过程，全市普降大到暴雨，局部地区特大暴雨，累计面平均降雨量110.6毫米。

3. 暴雨

5月21日，受气旋波影响，全市普降中到大雨，局部暴雨，面平均降雨量40.8毫米，其中宝应县鲁垛站日雨量 70.5 毫米、射阳镇站日雨量 69.0 毫米。

7 月 12～13 日，由于副热带高压突然增强和北方冷空气共同作用，全市普降大到暴雨，局部地区特大暴雨，最大 24 小时降水量瓜洲闸站 218.6 毫米、扬州站 208.0 毫米。

8 月 15 日，由于副热带高压减弱，北方冷空气南下，全市普降中到大雨，市区暴雨(扬州站 61.5 毫米)。

9 月 3 日，受第六号台风“狮子山”外围残留的水汽和南下的北方冷空气共同影响，全市普降中到大雨，局部暴雨、大暴雨，面平均降水量 38.5 毫米，其中陆庄站日雨量 114.8 毫米。

9 月 7 日，受北方冷空气和西南暖湿气流影响，扬州市北部地区中到大雨，局部暴雨，日雨量宝应站 96.8 毫米、陆庄站 81.1 毫米、射阳镇站 73.8 毫米。

9 月 10 日，受第 10 号台风“莫兰蒂”倒槽和北方冷空气的共同影响，扬州市区大暴雨，最大 60 分钟降水量 75.0 毫米，最大 90 分钟降水量 83.0 毫米。

二、水情

2010 年，淮河入江水道有 2 轮大流量行洪过程，沿线水位均未超出警戒水位。长江发生较大洪水，扬州市沿江潮位 7 月 13～18 日全线超出警戒水位。受降雨和台风影响，里下河腹部地区部分站点(三垛站、射阳镇站)水位超警戒水位。里运河、扬州城区、月塘水库水位正常。

1. 淮河入江水道

淮河入江水道共有 2 轮大流量行洪过程，三河闸最大流量 6310 立方米 / 秒(9 月 10 日)。入江水道归江控制线万福闸、太平闸、金湾闸先后开闸泄洪，入江水道沿线均未超出警戒水位。

第一轮大流量行洪于 7 月 19 日 8 时开始，8 月 8 日 12 时结束，三河闸平均流量 2440 立方米 / 秒；第二轮大流量行洪于 8 月 30 日 6 时开始，9 月 28 日 11 时结束，三河闸平均流量 3160 立方米 / 秒。

2010 年，蚌埠闸开闸 353 天，泄洪量 319.3 亿立方米；三河闸开闸 130 天，行洪量 145.9 亿立方米；万福闸开闸 169 天，泄洪量 144.4 亿立方米；金湾闸开闸 10 天，泄洪量 4.30 亿立方米；太平闸开闸 10 天，泄洪量 4.46 亿立方米。高邮湖高邮(高)站年最高水位 7.98 米(9 月 15 日)，最低水位 5.76 米(5 月 30 日)；邵伯湖六闸(三)站年最高水位 6.16 米(9 月 14 日)，最低水位 4.42 米(7 月 20 日)。

2. 里下河腹部地区

里下河腹部地区水情较为平稳，汛期有部分站点水位超出警戒水位，分别是三垛站(7 月 13～16 日)、射阳镇站(9 月 5～16 日)。

7 月 12 日起，里下河地区大到暴雨，水位快速上涨，三垛站 7 月 13 日 8 时水位 2.07 米，超出警戒水位 0.07 米。7 月 14 日起，江都抽水站开机抽排里下河涝水，经芒稻闸排往长江，三垛站水位于 7 月 17 日回落至警戒水位以下。

9 月上旬，里下河地区出现连续降雨，9 月 5～16 日，射阳镇站水位连续 12 天超出警戒水位。9 月 3 日起，江都抽水站抽排里下河涝水；9 月 11 日 14 时，高港泵站机组开机排涝。9 月 17 日，射阳镇站水位回落至警戒水位以下，高港抽水站关机；9 月 18 日，江都抽水站关机。

全年经江都东闸引水 24.50 亿立方米，经高港节制闸引水 23.62 亿立方米；江都抽水站抽排里下河腹部地区涝水 5.49 亿立方米，高港抽水站排涝 0.88 亿立方米。

3. 里运河

里运河扬州段沿线用水主要以淮水为主、江水为辅，江水经泾河站北上总量 6.80 亿立方米，淮水经泾河站南下总量 34.37 亿立方米，里运河水位正常。

5 月，淮水经泾河站南下量 4.07 亿立方米，泾河断面淮水实测最大流量 223 立方米 / 秒(1 日)。

6 月，淮水经泾河站南下量 5.05 亿立方米，泾河断面淮水实测最大流量 297 立方米 / 秒(1 日)。

7 月 1～2 日，里运河沿线用淮水，3～15 日用江水，16 日起淮水再次南下。7 月，泾河断面实测淮水最大流量 284 立方米 / 秒(23 日)，淮水南下量 3.03 亿立方米；实测江水最大流量 199 立方米 / 秒(11 日)，江水北上量 1.56 亿立方米。

8 月，淮水经泾河站南下量 4.87 亿立方米，泾河断面淮水实测最大流量 283 立方米 / 秒(17 日)。

9 月，淮水经泾河站南下量 2.17 亿立方米，泾河断面淮水实测最大流量 131 立方米 / 秒(19 日)。

4. 长江来量和沿江潮位

2010 年，长江大通流量最大 6.54 万立方米 / 秒，最小 1.13 万立方米 / 秒，平均流量 3.24 万立方米 / 秒。全年长江大通来量超过 5 万立方米 / 秒的有 58 天，超过 6 万立方米 / 秒的有 36 天。

2010 年，泗源沟闸站、瓜洲闸站、三江营站最高潮位分别为 6.67 米(7 月 15 日)、6.15 米(7 月 15 日)、5.53 米(7 月 15 日)，最低潮位分别为 0.39 米(1 月 13 日)、0.22 米(1 月 13 日)、0.04 米(1 月 13 日)。

5 月 11 日起，长江大通流量快

2010 年扬州市各片水位特征值一览表

单位：米

片　名	站　名	日平均水位		最　高	最　低
		年初	年末		
里下河	兴　化	1.13	1.14	1.93	1.02
	三　垛	1.15	1.14	2.26	1.03
	射阳镇	1.05	1.04	2.38	0.71
仪扬丘陵	月　塘	31.51	30.90	31.70	30.50
入江水道	高　邮	5.83	6.02	7.98	5.76

（徐　明）

速增加。5 月，长江最大流量 5.03 万立方米／秒（27 日）、最小流量 3.13 万立方米／秒(11 日)，月平均流量 4.00 万立方米／秒。5 月，全市沿江潮位较常年偏高。

6 月 21 日起，长江干流来量迅速增加。6 月，长江大通最大流量 6.54 万立方米／秒(30 日)、最小流量 4.28 万立方米／秒(8 日)，月平均流量 5.04 万立方米／秒。6 月，全市沿江潮位持续上涨并接近警戒水位。

7 月，长江大通最大流量 6.43 万立方米／秒(1 日)、最小流量 5.57 万立方米／秒（8 日)，月平均流量 6.14 万立方米／秒，比多年均值偏多 1.13 万立方米／秒。7 月 13 日起，全市沿江潮位全线超过警戒水位，18 日起回落至警戒水位以下。

8 月，长江大通最大流量 6.32 万立方米／秒(1 日)、最小流量 4.19 万立方米／秒(23 日)，月平均流量 5.13 万立方米／秒，比多年均值偏多 6400 立方米／秒。8 月，全市沿江潮位较常年偏高。

9 月，长江大通最大流量 4.37 万立方米／秒(7 日)、最小流量 3.76 万立方米／秒(30 日)，月平均流量 4.19 万立方米／秒。9 月，全市沿江潮位较常年略偏高。

5. 扬州城区与仪六区月塘水库

2010 年，扬州城区与仪六区月塘水库水位基本正常，泗源沟闸(闸上游)、瓜洲闸(闸上游)、月塘水库(坝上）最高水位分别为 6.55 米(7 月 13 日)、5.99 米（7 月 13 日)、31.70 米(2 月 11 日)，最低水位分别为 4.31 米（8 月 27 日)、4.44 米(8 月 13 日)、30.50 米(8 月 22 日)。

7 月 12～13 日，扬州城区降雨量 218.0 毫米，市区多处积水滞涝。古运河、仪扬河等排水干河自排困难，瓜洲闸、泗源沟闸抢长江低潮排水，扬州闸开闸向京杭运河排水，古运河、仪扬运河水位得到控制。月塘水库 13 日 8 时水位 31.46 米，超出汛限水位 0.46 米，溢洪道开启，15 日水位回落至汛限水位以下。

9 月 10 日，扬州城区出现大暴雨，城区不少路段严重积水。瓜洲闸、泗源沟闸加大排水力度。11 日，古运河、仪扬运河水位回落至正常水位。

2010 年，泗源沟闸引水 4 天，引水 0.04 亿立方米；排水 158 天，排水 2.63 亿立方米。瓜洲闸开闸 208 天，排水 3.51 亿立方米。（杨咏梅）

■水质监测 2010 年，加强对南水北调水源地、输水干线、饮用水水源地的监测。全市有地表水定期定点监测站点 81 个，其中国家级控制站 10 个(含国家重点控制站 2 个)、省级控制站 9 个、市级控制站 62 个；有集中式饮用水水源地监测站点 12 个。扬州水文分局对全市所有水功能区进行全覆盖监测，掌握全市 5 个湖泊、1 座水库、47 条河流的水质状况。各站点共监测 1120 次。监测项目包括水量检测、主要化学成分检测、有机物污染检测、有毒有害物质检测和部分重金属检测，获得各类数据 1.79 万个。

全市有深层地下水监测站点 29 个，其中市区监测站点 14 个。全年监测 44 次，获得数据 1140 个。

加强丰水期和枯水期水质监测，全年编制《扬州市水功能区水质通报》12 期。

做好突发性水污染事件应急监测工作，全年编制突发性水污染事故专题通报 8 期。

5 月和 11 月，分别对扬州市淮河流域 27 个入河(湖)排污口进行监测，同步监测水质、水量，推算进入地表水域的排污总量及历年来的变化情况，为进一步治理水环境提供科学依据。

在高邮湖、邵伯湖、宝应湖和白马湖各生态区布设监测站点 13 个，每季度一次监测湖水化学成分、有机物污染、有毒有害物质、微量重金属和富营养化水平等 26 项指标。

（刘 芳）

防震减灾

■概述 2010 年，扬州市地震局加强地震监测基础设施建设，强化台站建设和管理，提高地震监测能力；规范建设工程抗震设防要求和地震安全性评价监督管理，提高城市抗御地震灾害能力；坚持正确的舆论导向，开展防震减灾宣传活动；规范地震行政权力运行，提高依法行政水平，健全和落实地震行政执法各项规章制度。（胡如珺）

■地震活动与监测 2010 年，扬州市地震活动相对平静，未发生 4.0 级以上地震。扬州市数字地震台网运行正常，按月记录、保存地震波形数据，分析地震触发事件，保持地震台网系统稳定和数据通讯线路的畅通。加强各前兆台站产出资料分析，特别加强宝应模拟电磁波观测资料分析，提出有参考价值的分析报告两篇。

推进地震宏观测报网、灾情速报网、宣传网和乡镇防震减灾助理员队伍建设。至年底，全市有地震宏观观测点 99 个，其中 2010 年新增扬州动物园等 6 个地震宏观观测点。

（胡如珺）

■抗震设防管理 市地震局加强建设工程抗震设防管理，制定、完善依法行政各项规章制度，编印《依法行政制度手册》、《扬州市地震局行政处罚自由裁量标准》和《扬州市地震行政处罚自由裁量权实施办法》。将全市建设工程抗震设防工作纳入审批程序，对市区范围内在建重大工程和

2010 年扬州市地震活动情况表

日　期	纬度	经度	震级(ML)	地　点
1 月 6 日	32° 42′	119° 40′	1.6	高邮市汉留镇
2 月 17 日	32° 52′	119° 39′	1.7	高邮市司徒镇
3 月 7 日	33° 18′	119° 16′	1.7	宝应县泾河镇

（胡如珺）

位于地震动参数分界线附近的较大工程开展地震安全性评价。加强政策引导和扶持，组织实施“农村民居地震安全示范工程”，扬州城市周边村镇集中建设的民居全部达到抗震设防要求。（胡如珺）

■地震应急救援 2010年，扬州市启动扬州大学附属中学东部分校、蜀冈西峰生态公园、宋夹城考古遗址公园、南门遗址广场、科技学院（筹）、体育公园等处的地震应急避难场所建设。建设全市地震应急专业救援体系，仪征市、江都市、邗江区、高邮市、宝应县、广陵区成立综合应急救援大队，开展综合实战演练。地震部门依托扬州军分区、扬州预备役师、消防支队、公安、交通、水利、通信、卫生、安监、供电、供水、供气等部门，建成各类地震应急专业队12支，有队员480人，并定期开展演练。全市共有各类地震应急救援队伍88支3124人，形成全社会共同参与的地震灾害应对网络。（胡如珺）

■防震减灾宣传 2010年，扬州市开展防震减灾法律法规和地震科普知识的宣传教育，到社区、学校、机关、企事业单位举办各种地震科普讲座，利用手机短信、交通显示屏、电视专栏、网站等多种形式宣传防震减灾相关法律法规，普及地震基本知识。市地震局编印、发放1.2万本《防震减灾知识手册》；5月12日，市地震局到康乐社区开展“防灾减灾日”宣传活动，设立咨询台、宣传展牌，现场解答居民问题，发放宣传资料600余份，并到居民家中现场指导避震知识。

扬州市推进地震安全示范社区建设，广陵区文昌花园社区、高邮市琵琶社区和仪征市红叶社区达到省级地震安全示范社区标准。

（胡如珺）

哲学与社会科学

■概述 2010年，扬州市加强哲学社会科学研究和社科基础建设。成立扬州市社会科学院（简称社科院）；实施重大课题项目招标工作；开展2010年度社科课题研究，其中29项课题结项；组织编写《2010年度扬州经济社会发展蓝皮书》。市哲学社会科学界联合会（简称市社科联）召开第五次代表大会，加强对各学会的服务与管理，举办社科学术年会，组织全市各学会举办古城保护研讨沙龙、第二届江苏经济论坛、扬图讲堂、第五届苏中地区图书馆发展战略研讨会、江苏农民专业合作社理事长扬州论坛等学术研讨活动和社科普及活动。（孔　悫）

■市社科联四届六次理事会 3月25日，市社科联召开四届六次理事会。市社科联主席董雷代表四届理事会向大会作工作报告。市社科联理事、学会代表以及专家学者100多人参加会议。会议表彰全市第七次社科优秀成果获奖项目和2009年度学会优秀项目，审议、通过市社科联四届理事会工作报告。（孔　悫）

■市社科联第五次代表大会 10月27日，市社科联召开第五次代表大会。大会听取市社科联四届理事会工作报告，通过《关于市社科联第四届理事会工作报告的决议》、《关于〈扬州市哲学社会科学界联合会章程〉的决议》，选举产生新一届领导班子，董雷当选市社科联五届理事会主席。大会开幕式上，举行扬州市社会科学院成立揭牌仪式，省社科院院长刘志彪和扬州市委书记王燕文共同为扬州市社科院揭牌。（孔　悫）

■社科重大课题招标研究 市社科联印发《2010年度社科重大课题招标工作实施方案》，公布“扬州重点中心镇发展研究”、“扬州发展创业、风险投资研究”、“扬州民营（本土）经济做大做强研究”、“扬州加强社会建设和管理研究”等4项招标课题。全市有17个课题组申请应标。经评审，“扬州重点中心镇发展研究”课题由扬州市环境资源职业技术学院（简称环资学院）课题组中标，“扬州加强社会建设和管理研究”课题由市委党校课题组、市政府办公室和南京大学课题组中标。12月8日，市社科联、环资学院召开课题结项会议；12月23日，市社科联、市委党校召开课题结项会议。

（孔　悫）

■《2010年度扬州经济社会发展蓝皮书》 市社科联启动《2010年扬州经济社会发展蓝皮书》（简称“蓝皮书”）编写工作，并与中国社科院社会科学文献出版社合作，将“蓝皮书”列入全国“皮书系列”。8月10日，市政府成立《2010年度扬州经济社会发展蓝皮书》编委会。年内，立项的55个“蓝皮书”课题项目中，有48个项目结项。至年底，《2010年度扬州经济社会发展蓝皮书》完成编写，共收入研究成果51篇，其中综合报告1篇、“三个扬州”（创新扬州、精致扬州、幸福扬州）建设发展报告3篇、经济发展报告28篇、社会发展报告14篇、政治发展报告5篇。（孔　悫）

■年度社科课题研究 5月，市社科联发布扬州市2010年度社科研究课题指南。全市申报课题148项，经评审，70项课题立项。至年底，29项课题结项。（孔　悫）

■哲学社会科学学术年会 市社科联扬州市第二届哲学社会科学学术年会（简称年会）设主会场和3个分会场。10月25日，年会县（市、区）分会在江都市召开；11月5日，年会学会分会在市地税局召开；12月6日，年会暨高校、党校分会在扬州大学召开。年会共收到论文312篇，评出获奖论文90篇。（孔　悫）

■“盛清社会与扬州”高端学术研讨会 10月23～24日，由扬州市政府主办，北京市社会科学院、南开大学中国社会史研究中心和扬州大学等单位协办的“盛清社会与扬州”高端学术研讨会在长乐客栈举行。北京市社会科学院教授阎崇年、台湾大学名誉教授陈捷先、南开大学中国社会史研究中心教授冯尔康等50多名海内外清史研究领域专家、学者参加会议，就盛清时期扬州的社

《2010 年度扬州经济社会发展蓝皮书》课题结项项目一览表

序号	课题名称	课题组成员	承办单位
1	扬州经济社会发展形势分析与预测	李忠盛 孙景亮 陶小军 董道梅	市发展和改革委员会
2	扬州转变经济发展方式的路径和对策	李忠盛 赵 亮 胡新林 韩冰宇	市发展和改革委员会
3	扬州市新兴产业发展报告	市创新办、政府办联合调研组	市经济和信息化委员会
4	扬州市生产率与经济增长质量实证分析	伏 波 符宇忠 王 斌 刘 波 张 峰 刘铁红 李友林	创新社会科学咨询中心
5	扬州市高新技术产业发展报告	申忠民	市科技局
6	“十一五”期间扬州市开发区产业转型升级与创新模式	陈 耀 生步兵	扬州大学 扬州经济技术开发区
7	扬州发展现代农业的路径选择	朱柏兴	市农业委员会
8	扬州推进城乡一体化发展对策	李士清 阚成法 张 影	市人大常委会
9	扬州“双置换”改革试点对策	单启宁 陈五湖	市委农村工作办公室
10	扬州新农村建设实践探索	陈晓明 吴兆明	市委农村工作办公室
11	扬州农村集体建设用地流转研究	徐洪喜	市国土资源局
12	扬州农村水利现状与对策	李春国 李章林 傅桂明 魏 军	市水利局
13	扬州民营经济做大做强报告	苏 明 刘正良 桑光淇 杨 宇	市工商学会
14	扬州创业投资发展报告	张曙升 臧 斌	市发展和改革委员会
15	扬州市城乡交通现状及对策	市交通局课题组	市交通局
16	扬州外商投资企业发展现状分析及展望	方 震 周启立	市工商学会
17	扬州“大商务”经济发展报告	市商务局课题组	市商务局
18	扬州市财政引导重点产业发展报告	范天恩	市财政局
19	扬州地方税收发展形势分析与预测	市地税局课题组	市地税局
20	扬州成长性企业发展与税收政策支持报告	市国税局课题组	市国税局
21	税收政策促进扬州中小企业发展的实证研究	翁进进 朱朝平 徐 平 林 燕 魏海乐 陈建华 梁 俊	市地方税务局
22	扬州经济社会发展的金融支持研究	仲 彬	人民银行扬州市中心支行
23	扬州物价情况报告	潘建民 沈洪林 卢之才 王瑞青	市物价局
24	扬州环境保护与污染控制分析及对策	金秋芬 陈修道 陈锡根 华迎春	市环境保护局
25	扬州城镇化建设状况	周 晗	扬州日报社
26	扬州市低碳经济发展报告	董兆芝	市发展和改革委员会
27	扬州生物产业发展报告	蒋 珊 王 峰 杨 波 张 媛	市发展和改革委员会
28	扬州服务业发展报告	吉爱平 赵 明	市发展和改革委员会
29	扬州房地产业的现状与发展	张曙升	市发展和改革委员会
30	扬州城市品质内涵及其提升	王 骏 高永青 邱正锋	市历史文化名城研究院
31	扬州城市空间发展战略	盛长元 徐莉君 徐菊芬	城市规划编制研究中心
32	扬州文化产业发展报告	丁 毅 丁新伯 夏 峰 曹素霞 崔道锋	市委宣传部

（孔 悫）

《2010年度扬州经济社会发展蓝皮书》课题结项项目一览表(续表)

序号	课 题 名 称	课题组成员	工作单位
33	扬州公共文化服务体系发展报告	市文化局课题组	市文化局
34	扬州“十一五”教育事业发展报告	余如进	市教育局
35	扬州做大做强旅游业对策	汤天波 许金如 李 芸 董广智 程嘉同	市旅游局
36	扬州职业教育的现状与对策	杨阿喜 李德才	扬州环境资源职业技术学院
37	扬州社会保障事业发展报告	人力资源和社会保障局课题组	市人社局
38	扬州城乡养老和医疗保障状况分析	赵南军	市政协
39	扬州人口和计划生育事业发展报告	刘焕琴 李 桦 戴 浩 周 云	市人口和计划生育委员会
40	扬州卫生事业改革发展对策	潘 惠	市卫生局
41	扬州体育事业发展报告	王建台	市体育局
42	关于住房公积金制度支持低收入家庭解决住房困难的调查报告	杨 云 茅于龙 杨传林 徐建国 殷文兵	市住房公积金管理中心
43	扬州社会保障事业发展报告	市民政局课题组	市民政局
44	扬州基层党建工作现状与对策	市委组织部课题组	市委组织部
45	扬州行政问责工作分析	市纪委、监察局课题组	市纪委、监察局
46	关于维护社会安全与稳定的对策研究	市委政法委课题组	市委政法委
47	扬州政府法制现状与形势预测	市法制办课题组	市法制办
48	大学生“村官”工作长效机制探究	殷 荣 赵 军 钱 玮 杨芹芹 姚学林 王 燕 陈 燕 蒋 超	市人大常委会

(孔 悫)

会生活、社会治理、思想学术、多面扬州等议题进行深入研讨。会议收到论文及摘要40篇。在研讨会开幕式上，由中国第一历史档案馆和扬州市档案局共同编纂，被列入国家清史工程的《清宫扬州御档》举行首发式。 (孔 悫)

■社科普及宣传周 9月17日，由扬州市委宣传部、市哲学社会科学联合会主办的扬州市第七届社科普及宣传周“创建文明城市 社科与您同行”主题活动启动。市社科联所属各学会代表及市民群众400多人参加开幕式。开幕式上，举行“社科学堂”标志启用仪式，并向5个社区图书馆赠送社科类书籍。“社会科学与您同行”大型咨询活动同步举行，全市20多个学会的社科工作者围绕税收政策、公积金政策、工商法规、金融理财、道德礼仪、地方文化等社科知识接受群众现场咨询。社科普及宣传周至月底结束，其间，举办“生态文明低碳生活”征文，“文明扬州”摄影展，“社科学堂”进社区、进学校、进企业等活动。 (孔 悫)

扬州市第七届社科普及宣传周活动期间，市金融学会向市民宣传假币辨别方法 王 卓/摄

教育

Jiaoyu

本栏责任编辑　陈永华

综述

■**概况**　2010年，全市学前三年幼儿入园率93.75%；小学入学率、巩固率100%；初中入学率100%，巩固率99.84%；三类残疾儿童少年入学率98.80%，比上年提高0.3个百分点；高中阶段毛入学率99.80%，比上年提高0.3个百分点；中等职业学校和技术学校共招收新生3.02万人，普通高中与职业学校招生比和事业规模大体相当；高等教育毛入学率45.3%。

加强学前教育。制定《关于进一步加强全市学前教育工作的意见》，召开全市学前教育工作会议。集中清理整顿无证幼儿园，收并34所、关停22所，向整改达标的4所幼儿园颁发许可证。抽查各县(市、区)幼儿园房屋安全状况，落实安全隐患整改措施。全市新创省优质幼儿园20所，创办幼儿教育研究基地9个，培训幼儿教师1500多人次。

均衡推进义务教育。督导7个县级政府教育工作，制定《扬州市义务教育优质均衡建设实施方案》，启动义务教育优质均衡示范区、先行区、样板区建设。邗江区创建省标义务教育优质均衡改革发展示范区。扬州中学教育集团树人学校到开发区办学，育才小学到新城西区办学，新城西区京华中学开工建设。全市151所小学组成城乡学校发展共同体，有100所城乡学校、2200多名教师通过网上一体化备课、一体化教研、一体化听(评)课、一体化培训等方式结对共建。广陵区有14所学校组团办学，制定20所义务教育改制学校清理规范方案。深化义务教育小班化教学实验。

市长谢正义为"宏志班"题词　　教育局/供稿

提升高中教育质量。召开全市高中教育教学工作会议，提出提高高中教育质量的措施与办法。专项督导全市四星级普通高中实施素质教育和体育、卫生、艺术教育工作；组织高中教学视导和行政督查，举办高中教学视导68次、各科质量分析和教学研讨会53次；制订"突破重点、难点"高考系列指导方案，推出模拟试卷230份，修订3个层次"基础百题"35万字和重点、难点指示电子稿近10万字。全市高中毕业生高考本二上线13992人，比上年净增1215人；本二万人上线率30.43。启动特色高中建设，高考体艺类本二上线4950人。

优化职业教育。完成11个省级实训基地建设规划编制，新创16个省级示范专业、5个省级课改点和3个省级课改实验学校。全市27所职业学校与115家重点企业签署56项校企合作协议。加强职业学校教学研究，选聘193名优秀教师分别承担各学科教研工作。组织课堂教学竞赛、技能大赛集训、技能大比武等活动。职校学生在全国、全省技能大赛中获奖牌123枚，在全省中等职业学校"文明风采"大赛和职业教育创新大赛中获奖项1003个。全市中等职业学校毕业生对口单招本专科上线率93%，比上年提高24个百分点。强化"做学合一、工学交替"教学模式，适应就业需求，毕业生就业率98%以上。

推进教育现代化。广陵区、邗江区创成江苏省教育现代化建设先进区。改善办学条件，优化学校布局，建设优质学校。全市投入1.28亿元,完成450万平方米中小学校舍抗震鉴定,拆除旧校舍6.62万平方米,新建校舍7.9万平方米;农村中小学落实办学条件改善工程项目35个,新建、扩建校舍13万平方米;全市撤并中小学62所,新创省级优质学校25所、“数字化校园”35个,新增网上优质教育资源、特色课程资源1000余节。在教育教学中推广使用信息化技术和多媒体课件,全市中小学在省级以上信息技术应用大赛中获奖项300多个。

强化教育民生工作。市教育局完成10项教育民生重点工作、10件惠民实事。全市义务教育免除学杂费8770万元、课本费6720万元,补助家庭经济困难寄宿生生活费470多万元;发放普通高中助学金960多万元、中等职业学校助学金5747万元。全市特殊教育学校学生享受免费教育,市特殊教育学校义务教育阶段学生免缴伙食费。全市新招“宏志班”27个,其中市区14个。市区15个社区中小学生学习辅导站节假日提供免费辅导,惠及学生1万多人。全年募集“爱心助成才”善款200万元。市区1.5万名外来务工人员子女入学享受“市民待遇”。重新确认、公布45所具有招生资格的普通高中,热点高中50%招生指标定向分解到划区就近入学的初中学校。开展创建“教育收费规范示范学校”活动,宝应县、江都市创成“江苏省规范教育收费示范县(市)”。全市学校安全建设投入1500万元,97所学校创成“平安校园”。组织115家民办非学历教育机构参加年检,责令整改13家,注销2家。(杨林山)

■ **师资队伍建设** 2010年,全市实施师德建设“百千万工程”(百名机关干部下基层进学校推进教育质量提升、千名教师进社区家访关爱学生成长、万名教师立师德扬师风提升师德素养)。推介、学习“身边的好老师”,评选表彰20名“师德标兵”。优秀教师先进事迹报告团举办巡回报告会9场,宣传8名教师和1个教师群体的先进事迹。评选“2010年度教育十大新闻人物”,营造尊师重教社会环境。

维扬区文教体局、梅岭小学共同举办“课堂:给学生带得走的能力”主题教育论坛 汪 武/摄

扩大师能建设“百千万工程”(百名校长有效引领学科备课、千名教师课堂风采展示、万名青年教师优秀教学设计评比)活动覆盖面。全市有800余名校长展示听课笔记和评课案例,40名校长参加市级公开评课展示,1500余名骨干教师提交教学设计,2000余名教师观摩骨干教师公开课和校示范评课,青年教师教学课件设计大展示活动覆盖中小学所有学段39个科目。

开展师资培训活动。举办校长暑期培训班、骨干教师高级研修班、名师大讲堂等业务培训30余次,培训教师2万余人。启动“校长书架工程”和“教师阅读工程”。举办新教师“两字一话”(钢笔字、粉笔字和普通话)比赛和课堂教学竞赛,培养青年教学能手。

加强骨干教师培养选拔和考核。对全市1092名骨干教师实施新一轮业务考核,12名不合格人员被亮红牌。全年评选市级各类骨干教师219人,其中23人获评省特级教师、11人获评省教授级中学高级教师;评选市级名校长48人;1640人获评高一级职称,其中中学一级教师773人、讲师174人、中学高级教师693人。实施义务教育阶段学校校长绩效考核和教师奖励性绩效考核,实行工作绩效和工资待遇挂钩。

(杨林山 朱 江 姜师传)

2010年扬州市
新获评江苏省特级教师名单

于 扬 江苏省扬州中学
陈国林 江苏省扬州中学
曹茂昌 江苏省邗江中学
卢廷顺 扬州大学附属中学
郜雨春 翔宇集团宝应县中学
王桂喜 宝应县曹甸高级中学
赵浩岭 江苏省扬州中学
陈国兵 高邮市界首中学
朱雪梅 扬州市教育局教研室
陈桂珍 江苏省扬州中学
郭如松 江苏省高邮中学
赵 华 扬州市教育局教研室
鞠东胜 江苏省扬州中学
陈宝定 江苏省邗江中学
滕家庆 邗江区教育局教研室
白震宇 扬州中学树人学校
孙厚琴 邗江区美琪学校
张明凤 仪征市育才中心小学
张宏军 宝应县范水镇中心小学
冷 颖 仪征市真州小学
韦波富 扬州市东关小学
王兆正 翔宇集团宝应县实验小学
沐文扬 扬州市机关第三幼儿园

(杨林山 朱 江)

■ **招生考试** 2010年,全市有3.25万人报名参加普通高校招生考试(简称高考),比上年增加727人;3.25万人参加高考;2.83万人被各类高校录取,其中本科1.59万人、专科1.23万人,录取率86.95%,比上年提高 0.81 个百分点。

全市 1.20 万人报名参加成人高校招生考试，9297 人被录取。

全市普通高中 3.64 万名学生参加学业水平测试。913 名中等职业学校学生报名参加普通高考对口单招考试，本、专科上线 718 人，上线率 93%，比上年提高 24 个百分点，其中本科上线 196 人；678 人被录取，其中本科 171 人、专科 507 人。

（杨林山　吴晓寅　杨广斌）

■教育督导　2010 年，市政府教育督导办公室和各县（市、区）教育督导机构开展推进区域教育现代化督导、义务教育阶段学校推进素质教育督导、中小学办学条件改善工程督导、农村幼儿园评估督导以及各县（市、区）政府教育工作督导评估和考核。

推进区域教育现代化建设。督查各县（市、区）和乡镇推进教育现代化和校舍安全工程实施方案和措施；组织全市督学和有关专家逐项评估各地教育现代化水平，指导、协调工作；专项督查全市各县域和学校现代化技术装备工作，公布督查结果，提出改进要求。

推进素质教育，规范中小学办学行为。督查违规学校，建立月报制和通报制，编印规范办学行为专项简报。上半年，市直 2 所学校校长被诫勉谈话，3 所学校校长作出违规书面检查，县（市）3 所学校受查处。下半年，全市督导核查 21 起违规办学事件。全市 11 所四星级普通高中接受素质教育督导评估，其中 10 所学校获评扬州市素质教育先进学校，扬州新华中学获省政府教育督导评估优秀等级。

启动对农村幼儿园的督导评估工作。制定《扬州市农村幼儿园督导评估方案》，抽查 56 所幼儿园房屋安全状况，落实整改措施，关停 20 余所不合格幼儿园。（杨林山　崔柏君）

■教育科研　2010 年，市教育科研部门整合全市城乡教科研专家培养对象，组成 10 个合作项目研究团队，对重点课题进行集体攻关；搭建全市首批城乡联动 12 个网络结对学校互助教研平台；形成 35 个与省级名师对接的个人课题研究共同体。全年评选年度教科研优秀成果奖 60 个、“十一五”教育科学优秀成果奖 100 个。

开展课堂教学研究和改革。创新有效教学课例。全年组织 160 节次课堂教学改革专题讲座，推出中小学各学科 205 节创新有效教学课例。加强全市中小学教学视导。市教研室对 68 所中学进行有效课堂教学专项视导，查阅教师教案和学生作业 3600 余本，抽测学生 8100 人次，听课 2600 余节，发放学生调查问卷 5560 份，并根据教学视导情况研讨改革和改进方案。推进城乡中小学教学水平均衡发展。面向农村推出“百节示范好课、百场专家讲座”活动，组织城区名师和教学能手向农村中小学送教 126 节，举办课堂教学专家讲座 108 场，覆盖农村中小学教师 6350 人、学生 6.8 万人。

开展教育科研。《初中语文学科女性教师专业发展研究》成果在《中学语文教学》杂志发表，国家级课题“亲近母语儿童教育”研究情况在第六届中国儿童阅读教育论坛上作专题介绍。2010 年，扬州市创建幼儿园教学研究基地 9 个，依托 9 所幼儿园成立 9 个科研小组，吸纳核心成员 58 人，启动全省幼儿教育重点课题“基于行动的园本教研”研究，形成 31 个子课题。　（杨林山　辜伟节）

■教育信息化　参见第 177 页

■体育、卫生和艺术教育　全市中小学实施《江苏省学生体质健康促进条例》，开展专项督查 6 次、随机抽查 10 次，建立《国家学生体质健康标准》测试报告书制度，对 60 万名中小学生开展体质状况调研测试。全市义务教育阶段学生开展大课间活动。

心理健康教育。全市义务教育阶段学校开设“快乐成长”心理健康教育课，高中（职业学校）开设心理访谈辅导，编辑《扬州市中小学师生心理健康教育百问手册》，组织 99 场“心理教育专家进校园”访谈活动。举办全市中小学教师心理健康教育专业培训班，培训教师 400 余人。启动对普通学校、职业学校、特殊学校、“宏志班”农村留守儿童心理健康教育课题研究。

艺术和体育类特长生培养。2010 年，全市高考体育艺术类考生文化、专业双达本科线 4950 人，有 4686 人被各类高校录取。全年培养 26 名国家一级运动员、129 名国家二级运动员。启动第四批 6 所市艺术教育特级学校、20 所市级艺术教育特色学校创建工作，2 所学校创建全国中华文化传承学校。全市有 60 余所学校体

4 月 11 日，第三届“运河情”扬州市中小学生体育艺术节在高邮职业教育中心校举行。图为高邮市第一小学表演的团体操《千古风流》

季　帅、何瑞林／摄

育、卫生、艺术教育工作受到省级以上表彰。（杨林山　高　虹）

学科竞赛获奖　2010年，扬州市中小学教师参加全国和省级学科教学竞赛，8人获全国教师学科素养大赛和优质课大赛一等奖；43人获省级中小学各学科竞赛一、二等奖，其中18人获一等奖；52人获省中学优秀课竞赛一、二等奖，其中20人获一等奖。

扬州市中学生参加全省高中数学、物理、化学、生物、地理竞赛，95人获一等奖，342人获二等奖，450人获三等奖。（杨林山　杨志才）

语言文字工作　市语言文字工作委员会办公室（简称市语委办）培训普通话测试员635人，全市1.12万人参加普通话测试。

开展规范用语用字宣传，向不规范用字商家、企业送达不规范语言文字整改通知书，联合市文明办、城管局等单位整治不规范社会用字。

推进学校语言文字规范化。组织全市中小学生参加市、省及全国汉字书法大赛，组织青年教师参加钢笔字、粉笔字、普通话比赛，将普通话和汉字书法列入教师基本功考核内容。32所学校获评语言文字规范化示范校，19所学校创建省级规范汉字书写教育特色学校。

扬州方言采录工作通过国家验收。扬州市语委获“中国语言资源有声数据库建设江苏第二批试点”贡献奖。

扬州市4个县级城区被列入第三批方言调查点。

（杨林山　余可夫）

社会力量办学　2010年，全市有基础教育阶段民办学校（幼儿园）144所。其中，民办幼儿园117所，占全市幼儿园总数的43.49%；民办小学5所，占全市小学总数的2.21%；民办中学22所（高中11所、初中11所），占全市中学总数的12.4%。另有民办中等职业技术学校3所、民办高等职业技术学校1所。全市民办幼儿园在园幼儿总数3.74万人，占在园幼儿总数的37.55%；民办小学在校生总数1.37万人，占小学在校生总数的6.01%；民办初中在校生数2.60万人，占初中生总数的20.00%；民办中等职业学校在校生总数2420人，占中等职业学校在校生总数的4.31%；民办高等职业学校在校生7585人，占高职院校在校生总数的19.98%。

全市民办学校有教师5902人，其中幼儿园教师1993人、小学教师826人、初中教师1460人、高中教师1185人、中等职业技术学校教师81人、高等职业技术院校教师357人。

市教育行政部门制定全市义务教育阶段改制（公办民营）学校清理规范方案。全市列入清理规范的19所义务教育阶段改制学校中，6所由国家收回改为公办，12所规范为民办，1所停办。

加强对社会力量办学机构的管理和监督，规范民办非学历教育机构办学行为。3～4月，市教育局及各县（市、区）教育局分别组织检查全市教育部门主管的115家非学历民办教育机构。全市115家民办非学历教育机构参加年检，100家合格，13家被责令整改，2家被注销。

（杨林山　沈新华）

教育经费　2010年，全市教育经费总额为53.66亿元，比上年增加12.37亿元。其中，财政拨款33.72亿元，比上年增加9.26亿元；教育费附加3.29亿元，比上年增加9882万元；教育事业收入13.23亿元，比上年增加2.16亿元；各项教育捐资收入6146.9万元，比上年增加561.2万元；其他收入2.79亿元，比上年减少547.7万元。

市直教育系统（含市属高等学

2010年扬州市中小学、幼儿园社会力量办学情况表

地区	学校（幼儿园）数（所）				班级数（个）				学生数（人）				专任教师数（人）			
	幼儿园	小学	初中	高中	幼儿园	小学	初中	高中	幼儿园	小学	初中	高中	幼儿园	小学	初中	高中
合计	**117**	**5**	**11**	**11**	**2728**	**328**	**539**	**383**	**37374**	**13677**	**26009**	**17884**	**1993**	**826**	**1460**	**1185**
市直	—	—	1	5	—	—	131	127	—	—	5784	6324	—	—	3222	329
广陵区	11	2	3	—	333	194	39	26	3884	7290	1342	—	220	482	102	92
维扬区	8	1	1	1	249	16	28	18	3622	629	1226	715	211	39	96	61
邗江区	21	—	—	1	307	—	48	16	7342	—	2395	835	421	—	145	56
开发区	6	—	—	1	87	—	3	15	2131	—	73	—	126	—	5	38
宝应县	2	1	1	1	481	67	63	94	1632	3793	3709	5604	3	180	228	341
仪征市	25	1	2	1	315	18	74	52	6942	472	3666	2405	384	44	212	138
高邮市	18	—	2	—	443	—	75	—	4514	—	3741	—	264	—	114	—
江都市	26	—	1	1	518	33	78	35	7307	1493	4073	2001	364	81	236	130

注：初中学校含九年制学校，高中学校含完全中学。（杨林山　房　磊）

校)经费总额 10.00 亿元,比上年增加 6106 万元。其中,财政拨款 3.76 亿元,比上年增加 1079.5 万元;教育费附加 9904.2 万元,比上年增加 1326.2 万元;预算外收入(含民办教育收入)5.25 亿元,比上年增加 4200.3 万元。 (杨林山 赵春喜)

■中小学素质教育实践基地 8 月 22 日,由扬州报业传媒集团建设的"扬州市中小学素质教育实践基地"、"扬州市未成年人社会实践基地"挂牌成立。基地位于邗江区杨寿镇,总面积 11 万平方米,建有 23 个实践教室、11个科技互动展馆,4 组 26 个拓展训练项目,有 1200 多张床位以及配套的食堂、浴室和医务室等,是扬州市第一个供青少年学生参加军训和社会实践活动的规范化场所。

(杨林山)

■留守儿童关爱行动 2010 年,市教育局建立健全留守儿童"一对一"帮扶机制,发动中小学教师、乡村干部、"五老"人员与留守儿童"一对一"结对,为全市 5 万名留守儿童每人安排一名"爱心妈妈",落实班主任和"爱心妈妈"协同管理的"双管理"制度。2 月 3 日,市教育局举行全市"爱心妈妈"结对仪式,市委学习实践科学发展观活动办公室和市教育局向"爱心妈妈"代表赠送图书,表彰一批优秀留守儿童。 (杨林山)

社区辅导站首创"名师坐堂"助学方式 教育局/供稿

■市区校外辅导站挂牌 2010 年暑期,市区 117 家校外辅导站在各主要社区分别挂牌。各辅导站设有活动室、文体活动器材等,由社区"五老"(老干部、老教师、老战士、老专家、老模范)和大学生村官、教师、大学生志愿者担任校外辅导员,开展思想道德建设、法制教育、文化辅导等活动。市区中小学生课余可到辅导站学习钢琴、古筝、手工、书画技艺,接受文化课学习辅导或释疑解难,参加文体活动。 (杨林山 基教办)

幼儿教育

■概述 2010 年,全市有成型幼儿园 269 所,比上年增加 7 所,其中城镇幼儿园 119 所、农村幼儿园 150 所;有非成型幼儿园(幼儿园办学点)116 所。全市在园幼儿 9.95 万人,比上年减少 7935 人,其中城镇幼儿园在园幼儿 4.93 万人、农村幼儿园在园幼儿 5.03 万人。

全市有省、市级优质幼儿园 239 所,其中省优质园 166 所、市优质园 73 所。全市在省优质幼儿园就学的幼儿 7.38 万人,占在园幼儿总数的 74.2%。

全市有幼儿园教职工 7402 人,比上年增加 374 人,其中城镇幼儿园教职工 3947 人、农村幼儿园教职工 3455 人;有专任教师 4626 人,比上年增加 154 人,其中城镇幼儿园专任教师 2504 人、农村幼儿园专任教师 2122 人。

2010 年,市教育行政部门制定《关于进一步加强全市学前教育工作的意见》,召开全市学前教育工作会议,推动城乡幼儿教育事业的改革、管理和发展。全市集中清理整顿 125 所无证幼儿园,全年规范不达标幼儿园 38 所(其中整改达标 4 所、收并 34 所),关停无证幼儿园 22 所。清理整顿幼儿教育师资队伍,清退一批不合格代课教师。全市培训在职幼儿教师 1500 多人次,举办幼儿骨干教师研修班、"二分明月"幼儿教育论坛,组织评选幼儿教育优秀论文,创办 9 个市级幼儿教育科研实验基地。保障

学生在青少年素质教育基地军训 郭义富/摄

2010年扬州市幼儿教育情况表

地　区	幼儿园数（所）	教　育部门办	班级数（个）	教　育部门办	在园幼儿数（人）	教　育部门办	教职工数（人）	专任教师
合　计	**269**	**84**	**2728**	**924**	**99536**	**33275**	**7402**	**4626**
广陵区	30	7	333	88	11463	3266	1039	661
维扬区	17	3	244	41	8601	1483	836	501
邗江区	32	3	307	25	11101	819	1156	619
开发区	8	1	87	16	2959	578	271	172
宝应县	41	33	481	250	19000	13772	270	203
仪征市	35	8	315	100	11207	3409	962	587
高邮市	48	26	443	255	13897	8068	1229	824
江都市	58	3	518	49	21308	1880	1639	1059

（杨林山　维扬教）

幼儿教师权益。至年底，全市有4264名幼儿教师参加养老保险，2928名幼儿教师参加医疗和失业保险，分别占专任教师总数的92.17%、63.29%。

推动农村合格幼儿园建设，“十一五”期间，全市筹措资金2.1亿元，易地新建幼儿园33所、园舍面积8.81万平方米，改建、扩建幼儿园73所、园舍面积6.64万平方米。截至2010年底，全市完成农村合格幼儿园建设任务。年内，组织抽查全市幼儿园房屋安全，逐一落实危房隐患整改措施。（杨林山　陈月明）

■ 幼儿教师队伍建设　2010年，全市幼儿教师学历达标率99.60%。专任教师中，具备大专以上学历的3032人，占67.79%；大专在读1184人，占26.47%；已取得国家教师资格的2535人，占56.68%。全市90%以上的幼儿园园长通过培训、考核获得园长岗位证书。全市有省学前教育特级教师2人、扬州市名园长6人、扬州市幼教学科带头人28人；1名园长受聘担任省教科研特级研究员，2名骨干教师被选派到香港担任幼儿教育指导，16位骨干教师受聘担任江苏省教育评估院评估专家。

（杨林山　陈月明）

■ 幼儿园“发展共同体”建立　维扬区将区内17所幼儿园分4组结为“发展共同体”，以明月幼儿园、机关第三幼儿园、扬大第一幼儿园、金太阳幼儿园等4所知名的省级优质幼儿园为领头园，帮助组内其他幼儿园规范教学秩序，提升管理水平；通过网络平台建立组内幼儿园“资源共享库”，展示各园办学理念、办园特色、工作方案、教学成果。组内幼儿园开展幼儿教育科研活动，组建科研项目小组，以优秀项目为引领，开展项目合作和科研实验；以领头园为中心开展蹲点学习，对口辅导；教研组长之间、骨干之间跟班交流、沟通和帮扶，促进幼儿教师成长，提高薄弱幼儿园办园水平。（杨林山　维扬教）

小学教育

■ 概述　2010年，全市有小学226所，比上年减少45所；有教学班级5194个，比上年减少95个；在校生22.74万人，比上年减少1900人；招收新生3.82万人，比上年增加1410人；毕业班学生3.77万人，比上年减少1434人。全市学龄儿童入学率100%，毕业生升学率100%。

全市有小学教职工1.61万人，比上年减少584人；有专任教师1.36万人，比上年减少52人。小学专任教师学历达标率100%，其中具备大专及以上学历的专任教师占83.38%，比上年提高1.91个百分点。

全年撤并小学45所，小学校均覆盖人口由2009年的1.66万提高至2.04万。（杨林山　陈月明）

■ 实施小学素质教育“五大工程”　制订、实施《全市小学素质教育“五大工程”实施方案》。优质课堂工程。开展万名小学教师“一人一课”活动，进行新课改实践探索，优选千例课堂教学实录，制成“百节智慧课”教学实况录像在全市交流。学校共同体工程。启动小学“城乡学校发展共同体”建设工程，全市151所小学分别以契约、组团、网络等形式结成45个共同体。百佳社团工程。9月28日，扬州市举行全市小学生社团建设启动仪式，倡导学校有目的、有组织地开展各种课外社团活动，实现学生“人人有爱好，个个有特长”。年终组织评选小学生“百佳社团”。养成教育工程。强化养成教育，重点强化行为规范、文明礼仪习惯培养。3月，全市小学开展“文明礼仪月”专题教育活动；5～6月，组织市区小学生文明交通专项督查。特色文化工程。8月，召开市区学生文明行为工作推进会，培植100所养成教育和文明礼仪特色学校，打造10所文明礼仪、感恩励志、弘扬教德、生命

2010 年扬州市小学教育情况表

地 区	学校数（所）	班级数（个）	在校学生数（人）	毕业班学生数（人）	教职工数（人）	专任教师
合 计	**226**	**5194**	**227382**	**37686**	**16091**	**13579**
广陵区	15	599	26038	4255	1668	1561
维扬区	8	318	14669	2221	807	752
邗江区	12	557	24316	4047	1739	1454
开发区	7	172	7836	1129	405	400
新城西区	1	15	602	0	34	27
宝应县	40	965	42460	6941	2838	2553
仪征市	37	622	24913	4208	2210	1687
高邮市	50	859	36225	6431	2578	2108
江都市	56	1087	50323	8454	3812	3037

注：表中教职工数不含校办厂（场）人员 4 人。（杨林山　房　磊）

健康教育品牌学校。

（杨林山　基教办）

■小学招生改革　2010 年，扬州市出台市区小学招生新规定。推进“班额建设”，每班招生人数不得超过 45 人。免试入学，禁办实验班。学校不得以任何名义、任何形式进行招生测试，不得以竞赛获奖证书作为“择优”依据，不得以举办“实验班”、“双语班”等名义分快慢班。扩大“宏志班”招生规模。困难家庭学生凭民政部门证明材料，向所在区教育局提出申请到所属小学“宏志班”就读，不受名额限制；学校根据学生家庭实际情况给予一定资助。确保外来人员子女和残疾儿童 100%入学。将外来创业、务工人员子女教育纳入义务教育事业规划，确保外来人员子女入学享受“市民待遇”；适龄残疾儿童要求在普通小学就读的，一律安排在施教区内学校就读，任何学校不得拒收。

（杨林山　基教办）

中学教育

■概述　2010 年，全市有普通中学 177 所。其中，高中 42 所（含完全中学），比上年减少 3 所；初中 135 所（含九年一贯制学校），比上年减少 6 所。有高中班级 1831 个，比上年减少 56 个；初中班级 2901 个，比上年减少 102 个。中学生在校学生总数 22.25 万人，比上年减少 1.36 万人。其中，高中生 9.24 万人，比上年减少 2065 人；初中生 13.00 万人，比上年减少 9535 人。中学毕业生总数 8.13 万人。其中，高中毕业生 3.13 万人，比上年增加 734 人；初中毕业生 5.01 万人，比上年减少 4159 人。中学招收新生 6.96 万人。其中，高中招生 2.84 万人，比上年减少 3850 人；初中招生 4.12 万人，比上年减少 1314 人。

初中毕业生升学率 99.10%，比上年提高 0.17 个百分点；高中阶段教育毛入学率 99.80%，比上年提高 0.30 个百分点。初中毕业班学生毕业率 99.63%，比上年提高 0.15 个百分点；初中在校生年巩固率 99.84%，比上年提高 0.01 个百分点。

全市有中学教职工 2.02 万人，比上年减少 640 人，其中教育部门办学人员 1.70 万人、社会力量办学人员 3267 人、校办厂（场）人员 18 人。全市中学有专任教师 1.71 万人，比上年减少 469 人。其中，高中教师 6444 人，比上年减少 162 人；初中教师 1.06 万人，比上年减少 307 人。全市高中教师学历达标率 99.13%，比上年提高 1.04 个百分点。其中，研究生学历教师占 5.80%，比上年提高 1.12 个百分点。初中教师学历达标率 99.70%，比上年提高 0.33 个百分点。其中，本科及以上学历教师占 81.80%，比上年提高 7.21 个百分点。

全年创建 3 所省三星级以上高中。全市在省三星级以上高中就读的学生占高中生总数的 80.6%，比上年提高 0.6 个百分点；在省示范初中就读的学生占初中生总数的 86.4%，比上年提高 6.5 个百分点。

（杨林山　徐永泰）

■督查四星级高中学生体质状况　11 月，市教育局对全市 11 所四星级以上高中进行体质调研和督查。每校随机抽查 40 名 2011 届学生进行 4 个项目的现场测试和问卷调查。调查显示：80%的学生在一节体育课上实际锻炼时间 20 分钟以上，58%的学生每天实际体育锻炼时间 1 小时，50%的学生对选项课程的内容设置非常感兴趣。调查结果表明，市四星级以上高中学校按要求将体育课纳入教学计划，开齐、开足每周 2 节体育课，重视大课间活动，学校学生体质状况良好。（杨林山　高　虹）

■翠岗中学推行“3015”课堂教学模式　2010 年，市区翠岗中学推行

2010年扬州市普通中学情况表

地　区	学校数(所)		班级数(个)		在校学生数(人)		初中毕业生升学率(%)	教职工数(人)	
	初中	高中	初中	高中	初中	高中			专任教师
合　计	**135**	**42**	**2901**	**1831**	**130033**	**92427**	**99.10**	**20229**	**17057**
市　直	7	9	336	298	16611	14878	—	2459	2112
广陵区	6	0	66	26	2311	0	—	492	318
维扬区	4	2	71	52	2821	2245	—	535	418
邗江区	17	6	363	232	14806	12116	97.60	2488	2142
开发区	2	1	41	15	1562	0	—	239	200
新城西区	1	0	4	0	94	0	—	11	11
宝应县	22	5	538	348	24657	18472	97.50	3822	3268
仪征市	18	5	354	224	14984	11300	97.34	2645	2157
高邮市	26	8	506	333	24036	16831	97.40	3301	2818
江都市	32	6	592	303	28151	16585	97.50	4237	3613

注:1.初中含九年一贯制学校,高中含完全中学;
2.市区(不含邗江区)初中毕业升入高一级学校为100%;
3.教职工总数中不含校办厂(场)人员18人。

(杨林山　房　磊)

2010年扬州市普通高校报考、录取情况表

地　区	报考人数(人)	录取人数(人)			录取率(%)
		合　计	本科录取人数	专科录取人数	
合　计	**32497**	**28257**	**15931**	**12326**	**86.95**
市　区	5263	4500	2820	1680	85.50
邗江区	3737	3283	1660	1623	87.85
宝应县	6961	6029	3620	2409	86.61
仪征市	4340	3898	2236	1662	89.81
高邮市	5955	5076	2430	2646	85.24
江都市	6241	5471	3165	2306	87.66

注:表中市区不含邗江区。

(杨林山　房　磊)

"3015"新课堂教学模式,要求每节课45分钟中,30分钟为教师讲授时间,15分钟安排学生自主学习,改变过去每节课都由教师讲授的满堂灌状况。该课堂模式要求教师在"教"的30分钟内讲解精练准确,启发学生思考;在"学"的15分钟内,要求学生进行自主、合作、探究的学习活动,采用笔头、口头、表演等练习和监测方法对学习情况进行检查与反馈。新的课堂模式强调学生课前预习及有效的作业训练。

新的教学模式推广后,教师课堂讲解突出重点难点,学生听课比较专注;每节课学生有自学、消化和练习巩固时间,突出教学活动中学生的主体意识,受到学生欢迎。

(杨林山　翠岗办)

■树人学校语言拓展课程改革试行等级考试　9月起,扬州中学教育集团树人学校在语言拓展课程改革中试行语文和英语等级考试,引导学生分等级学习和考试,激发学生学习语言的兴趣和动力。学校选编的英语学科教材《英文经典诵读》收录60篇英文美文经典文章,按难度分为初级、中级、高级三个等级逐级递进;语文学科教材《古诗文经典诵读》挑选100首古诗词,按难度逐级递进。学生通过逐级诵读学习,定期参加学校等级考试,合格者获相关等级证书。

等级考试的方式除试卷外,设置英文诵读、背诵、歌曲演唱,古诗词运用、古诗词专题训练等。等级考试与学生期中、期末考试不挂钩。

(杨林山　树人教办)

特殊教育

概述　2010年,全市有特殊教育学校7所(盲、聋哑学校4所,培智辅读学校3所),有特殊教育班级72个;有在校生2633人,比上年减少182人;毕业学生544人,比上年增加52人;招收新生395人。全市残疾儿童、少年入学率98.8%,比上年提高0.30个百分点。

全市有特殊教育学校教职工207人(不含普通学校附设特殊教育班的任课教师),比上年减少1人。其中,专任教师171人,比上年增加2人。

2010年,全市特殊教育学校学生全部享受免费教育,其中市特殊教育学校(简称扬州特校)义务教育阶段学生免缴伙食费。

6月3日,扬州特校6名学生被中国残疾人艺术团录取。

9月15日,扬州特校盲生王虹蕾被南京中医药大学录取,成为扬州特校毕业生中第一个被大学录取的盲生。　(杨林山　陈月明)

特校教师培训和竞赛　2010年,扬州市特校教师培训班在扬州特校举办。全市特校近百名骨干教师参加培训。扬州市"十佳班主任"梅亚娣、广陵区教研员朱彤、省特级教师韦波富等分别作《如何做好班级管理工作》、《小学语文教材解读与教学设计》和《关于数学课堂教学有效性的思考》专题讲座。参训老师开展案例讨论和教学设计等实践活动。举行青年教师课件大赛,扬州、宝应、江都、高邮等地4所特校16名教师参赛,8人获一等奖,8人获二等奖。

(杨林山　倪宗鹏)

开展"做中学、做中乐"教育科研　2010年,扬州培智学校参与东南大学汉博教育培训中心的科研课题"做中学、做中乐"实践研究。在教学活动中引导智障学生通过眼看、手摸、嘴尝,研究自然界变化的各种"秘密",增长认知能力。(杨林山　培智校)

中等职业教育

概述　2010年,全市有中等职业教育类学校16所,其中普通中专10所、职业高中6所;另有其他中等职业技术教育培训机构(培训点)5个。中等职业学校(机构)有各类学生7.71万人,比上年增加8218人,其中普通中专生4.93万人、职业高中生6860人。毕业学生1.91万人,比上年减少2299人,其中普通中专毕业生1.46万人、职业高中毕业生4477人;另有2.33万名培训生从职业教育学校或培训机构结业。招收新生1.90万人,比上年减少3200人,其中普通中专招生1.69万人、职业高中招生2058人。

全市各类中等职业学校(机构)有教职工2744人,其中专任教师2235人。教职工总数中,普通中专校教职工1831人,其中专任教师1480人;职业高中教职工753人,其中专任教师633人;其他办学机构教职工160人,其中专任教师122人。此外,各类中等职业学校(机构)聘请校外教师224人,其中普通中专校聘请214人、职业高中聘请10人。全市中等职业教育专任教师中,具有正高级

2010年扬州市特殊教育情况表

地　区	学校数(所)	班级数(个)	毕业生数(人)	招生数(人)	在校学生数(人)	教职工数(人)	专任教师
合　计	**7**	**72**	**544**	**395**	**2633**	**207**	**171**
市　直	1	25	43	50	255	77	60
广陵区	1	9	14	11	95	14	14
维扬区	0	0	4	0	24	0	0
邗江区	1	4	2	10	47	8	8
开发区	0	0	0	1	2	0	0
宝应县	1	8	192	184	923	28	25
仪征市	1	5	65	23	231	19	17
高邮市	1	7	83	45	341	19	16
江都市	1	14	141	66	715	42	31

注:维扬区、开发区无特殊教育学校,表中所列特教在校生为在普通学校就学的残障学生。　(杨林山　房　磊)

2010 年扬州市部分中等职业学校情况表

单位：人

学校名称	毕业生数	招生数	在校生数	教职工数	专任教师数
扬州高等职业技术学校	2055	2273	7241	301	249
江苏扬州旅游商贸学校	791	1299	3174	120	110
江苏扬州商务高等学校	1975	3236	9273	343	266
扬州生活科技学校	524	1038	2816	120	60
江苏扬州体育运动学校	43	64	202	63	53
扬州文化艺术学校	159	146	708	36	29
扬州天海职业技术学校	370	709	1848	64	26
扬州润扬职业技术学校	145	267	572	17	13
扬州邗江中等专业学校	1435	1224	3664	188	166
江苏省宝应职业教育中心校	1105	1065	3921	130	125
宝应职业教育集团	1022	1461	5413	192	144
江苏省仪征职业教育中心校	1207	729	2961	250	236
江苏省高邮职业教育中心校	4333	1983	4873	258	208
高邮菱塘民族职业高级中学	619	305	801	48	41
江苏省江都职业教育中心校	2672	2140	8444	449	382

（杨林山　房　磊）

职称、副高级职称、中级职称、初级职称的分别为 9 人、398 人、834 人、890 人，具有高、中级职称的教师占专任教师的 55.52%，比上年提高 4.32 个百分点。

2010 年，全市中等职业学校在校生按专业分类，农林牧渔类 4174 人，土木水利类 2265 人，加工制造类 1.54 万人，石油化工类 397 人，轻纺食品类 349 人，交通运输类 1798 人，信息技术类 1.21 万人，医药卫生类 637 人，休闲娱乐类 692 人，财经商贸类 7822 人，旅游服务类 5712 人，文化艺术类 2705 人，体育与健身类 202 人，教育类 3203 人，公共管理与服务类 34 人，其他类 1393 人。

全市有技工学校及技师学院 13 所(其中有 2 所与中专校合一，一校两牌)，技工类学校在校生总数 2.83 万人，比上年减少 2849 人；招生总数 1.12 万人，比上年增加 70 人。全市各类中等职业学校和技工类学校在校生总数 10.55 万人(含培训生)，比上年增加 6369 人。中等职业学校和技工学校招生总数 3.02 万人。

（杨林山　杜稼锋）

骨干学校和骨干专业建设　2010 年，扬州高等职业技术学校、扬州旅游商贸学校加强校园建设、专业建设和文化建设。江都职业教育中心校、扬州生活科技学校分别通过江苏省四星级、三星级中等职业学校评估验收，高邮职业教育中心校接受四星级职校评估。截至 2010 年底，扬州市省重点以上 12 所职业学校全部达到三星级以上职业学校标准。

全市职业学校 16 个专业通过江

4 月 17 日，仪征技师学院揭牌　　王　卓／摄

2010年扬州市中等职业学校各类学生数一览表

单位:人

项目	毕业生数	获得职业资格证书的毕业生	招生数	初中毕业生	应届毕业生	在校学生数	一年级	二年级	三年级	四年级及以上
合计	**19092**	**14898**	**18985**	**18745**	**18270**	**56158**	**18985**	**16977**	**14987**	**5209**
普通中专	14615	11745	16927	16690	16245	49298	16927	14080	13082	5209
职业高中	4477	3153	2058	2055	2025	6860	2058	2897	1905	—

注:以上职业教育学校不包括各类技工院校,培训机构培训生18204人、结业生23291人未列入统计。

(杨林山　房　磊)

苏省职业学校示范专业验收,5个课改实验点、3所课改实验学校通过省级验收,1个国家级实训基地、2个中央国债项目和3所省级实训基地通过省级视导认可。

(杨林山　韩国志)

■**培养"双师型"教师队伍**　全市培养既有专业职称、又有技术等级证书的"双师型"教师。选派31名教师出国培训,选派19名教师参加国家级骨干教师培训,选派163名教师参加省级各类培训,组织300名教师暑期进企业实践。举行全市教师技能大赛、课堂教学竞赛,制定并落实职业学校骨干教师"六个一"(一颗爱心、一门绝活、一项发明、一个课题、一篇论文、一本教材)培养计划。加强专业带头人的培养,评选出21名专业带头人、38名专业教学骨干、38名专业教学能手,组成职业教育名师工作室。加强教科研工作,聘请193名优秀教师担任市职教科研中心组成员,组成学生管理、德育课程、文化课程和专业课程等4类16个组别,选定课题,开展教科研活动。

(杨林山　韩国志)

■**校企结合**　2010年,市职教部门、市发展和改革委员会、市人力资源和社会保障局等部门调研32所高职和中职院校、72家重点企业,各类职业院校根据经济和社会需求制订招生计划,调整专业结构。各职业学校创新校企合作方式,组织学生到企业"做学合一、工学交替"顶岗实习,聘请企业工程技术人员现场授课,派教师到企业参加集中面授和基础理论考核。6月,市教育局、市人力资源和社会保障局举办扬州市校企合作洽谈会,全市27所职业院校和115家重点企业参加洽谈,签署56项校企合作协议,达成1.3万人的用工意向。

(杨林山　韩国志)

扬州市职业学校学生参加职业技能大赛　　教育局/供稿

■**职业学校技能大赛获佳绩**　2010年,全市有11所职业学校93名师生参加全国、省职业学校职业技能大赛12个项目比赛。在全省职业学校技能大赛中,扬州代表队获金牌10枚、银牌23枚、铜牌85枚;在全国职业学校技能大赛中,扬州代表队获金牌2枚、银牌2枚、铜牌1枚。

(杨林山　杨广斌)

高等教育

■**概述**　2010年,扬州有普通高等学校6所。其中,市属高等学校2所,分别是扬州职业大学、扬州环境资源职业技术学院,有在校普通专科生2.29万人(含五年制高职后两年学生)、教职工1615人(不含举办普通大专班的成人高校教育学院的教职工数);驻扬省属高校4所,分别是扬州大学、扬州工业职业技术学院、民办江海职业技术学院及独立设置的扬州大学广陵学院。除扬州大学外,其他3所驻扬省属高校在校普通本专科生总数2.57万人,教职工总数1422人。

2010年,市委教工委制定《扬州市高等院校思想政治教育工作考核指标及评分标准》,开展大学生思想

2010年扬州市普通高等教育情况表

学校名称	普通本专科学生数(人)			教职工总数(人)	专任教师总数(人)	正高职称教师	副高职称教师
	毕业生数	招生数	在校生数				
总　计	**23758**	**22518**	**73338**	**6842**	**4233**	**431**	**1446**
扬州大学	5480	6136	24760	3805	1993	358	769
扬州市职业大学(电大、教育学院)	6047	5340	15031	973	695	28	209
扬州环境资源职业技术学院	3479	2813	7830	642	481	7	119
江海职业技术学院	2920	2525	7585	539	357	11	99
扬州工业职业技术学院	3516	2775	8269	501	410	8	122
扬州大学广陵学院	2316	2929	9863	382	297	19	128

注:1.扬州教育学院为成人高校举办普通专科教育院校,师资未列入普通高校统计;
2.专任教师总数中包括中、初级职称及无职称教师;
3.表格数字按江苏省教育厅统计口径填报。

(杨林山　房　磊)

政治工作互查交流。制定《关于加强扬州高校党建工作规范化条例》。加强对校外教学点的检查和管理,对全市62个普通高校成人教育校外教学点开展年审,规范成人高等教育教学服务和教学行为。全市受理1572人生源地信用助学贷款申请,发放贷款855.6万元,获省学生资助管理中心奖励经费56万元。

(杨林山　陈珊银)

扬州大学

■概述　扬州大学是江苏省属重点综合性大学,有8个校区,校园占地面积280多公顷,校舍建筑面积122万平方米。全校固定资产总值18.12亿元,教学科研仪器设备总值6.03亿元,图书馆藏书334万册,有实验工厂、实验农牧场、动物医院、附属中学等教学、科研、实习基地及临床医学院。

学校设有文学院、社会发展学院、法学院、教育科学学院(师范学院)、新闻与传媒学院、外国语学院、数学科学学院、物理科学与技术学院、化学化工学院、体育学院、机械工程学院、信息工程学院、建筑科学与工程学院、水利科学与工程学院、能源与动力工程学院、环境科学与工程学院、农学院、园艺与植物保护学院、动物科学与技术学院、兽医学院、生物科学与技术学院、医学院、商学院、旅游烹饪学院(食品科学与工程学院)、艺术学院和公有民办的广陵学院等26个学院、101个本科专业,涵盖哲学、经济学、法学、教育学、文学、历史学、理学、工学、农学、医学、管理学等11个大学科门类。2010年,新招本科生6136人、全日制研究生1561人;本专科毕业5480人,研究生毕业1140人。

学校有教职工3805人(其中专任教师1993人),1127人具有副高以上职称;有中国工程院院士1人,享受政府特殊津贴人员35人,国家级、省级有突出贡献的中青年专家29人,博、硕士生导师1430多人。学校有博士后流动站7个,博士点34个、硕士点135个,博、硕士专业学位14种;拥有国家级重点学科2个、国家级重点(培育)学科1个,部、省级重点学科11个,部、省级重点(建设)实验室14个,部、省工程技术研究中心、公共技术服务中心和省级研究院10个,科学研究机构84个,教学实验室(中心)36个。2010年,学校承担各级各类科研项目2020多个,全校年科技经费2.56亿元。获批立项的国家自然科学基金面上项目数量居全国高校前40名。2010年底,学校有普通全日制本科生2.48万人,各类博、硕士研究生7400人,成人学历教育学生1.1万人。

2010年,扬州大学扬子津校区完成路、桥、湖、河和主要建筑物命名、标志工作,昭文图书馆开馆试运行。分步实施校区调整、搬迁工作,建筑科学与工程学院、广陵学院新生调整、搬迁到位。1月6日、5月22日,扬州大学苏中发展研究院分别举办"苏中生物技术和新医药发展论坛"和"苏中传媒论坛"。

2010年,扬州大学建成教育部部级科技查新工作站,获评全国大学生心理健康教育工作先进集体、全国绿化模范单位、江苏省高等学校信息化建设先进单位、江苏省文明单位、江苏省高校思想政治教育工作先进集体,获全国高校校园文化建设优秀成果二等奖1项;社会发展学院获评"全国志愿助残示范基地";黄鹂获评"全国大学生自强之星标兵"。

(林　刚)

■教学"质量工程"建设　新增1个国家级特色专业建设点、1个国家级教学团队、4门国家精品课程、1门国家双语教学示范课程,学校有6个国家级特色专业、3个国家级教学团队、14门国家精品课程、1门国家双语教学示范课程、1个国家级实验教学示范中心、2个国家级人才培养创新模式实验区、29个省品牌特色专

业、11 个省级基础课实验教学示范中心、20 个中央与地方共建实验室。国家级质量工程项目数保持省属高校前列。（林　刚）

■学科建设　6 个一级学科博士点和 21 个一级学科硕士点进入审批。新增生物工程、法语、交通工程和营养学等 4 个专业学士学位。至 2010 年底，101 个本科专业中，有 92 个专业获学士学位评审权。专业学位种类累计 14 种。18 个项目获批“中央财政支持地方高校发展专项资金项目”，其中特色重点学科类项目 2 个、省级重点学科建设类项目 7 个。自 2010 年起，面向扬州大学普教大学生试办自学考试助学专业本科学历教育（自学考试本科第二学历教育），开设秘书学（行政秘书方向）、经济法学、经贸英语、应用化学（分析技术与环境监测方向）、财务管理、计算机科学与技术（网络与维护方向）专业。

（林　刚）

■科研工作　全年新增各级各类科研项目 1500 多个，其中国家级项目 130 个、国家自然科学基金项目 82 个、国家社科基金项目 6 个。7 项科研成果获部、省级以上奖励（其中一等奖 2 项），科技项目到账经费 1.9 亿元。“淮扬文化研究中心”获批“江苏高校哲学社会科学重点研究基地”。学校获评江苏科技工作先进高校、2010 年省挂县强农富民工程先进单位。6 月 11 日，扬州大学与扬州市共建的沿江农业科技有限公司博士后科研工作站成立。学校成为教育部部级科技查新站。（林　刚）

■师资队伍建设　全年引进博士以上人才 45 人。“动物疫病病原分子致病机制及控制研究”团队入选教育部“长江学者与创新团队发展计划”创新团队，“家禽遗传资源评价与种质创新”团队入选省科技创新团队，14 人入选省“青蓝工程”，5 人入选省“六大人才高峰”项目；2 人入选省“333 高层次人才培养工程”，1 人获评省有突出贡献中青年专家，1 人获江苏省五一劳动奖章。全年有 113 人

2010 年扬州大学国家级、部省级学科及科研基地一览表

类　别		学科、科研基地名称
重点学科	国家级重点学科	预防兽医学
		作物栽培学与耕作学
		动物遗传育种与繁殖
	江苏省一级学科	作物学
		兽医学
	江苏省国家级重点学科培育点	物理化学（含化学物理）
	江苏省一级学科重点学科	作物学
		畜牧学
		兽医学
	江苏省重点学科	文艺学
		基础数学
		水利水电工程
		作物遗传育种
		农产品安全与环境
		临床兽医学
		中西医结合临床
重　点实验室	教育部	教育部植物功能基因组学重点实验室
		教育部禽类预防医学重点实验室（部省共建）
	农业部	农业部畜禽传染病学重点开放实验室
		农业部长江中下游作物生理生态重点开放实验室
		农业部食品安全监测重点开放实验室
	江苏省	江苏省作物遗传生理国家重点实验室培育建设点
		江苏省植物功能基因组学重点实验室
		江苏省作物栽培生理重点实验室
		江苏省动物预防医学重点实验室
		江苏省动物遗传繁育与分子设计重点实验室
		江苏省人兽共患病学重点实验室
		江苏省环境材料与环境工程重点实验室
		江苏省水利动力工程重点实验室
		江苏省乳品生物技术与安全控制重点实验室
工程中心（研究院）	教育部	教育部新型兽用疫苗工程研究中心
	农业部	农业部长江中下游稻作技术创新中心
	江苏省	江苏省转基因动物制药工程技术研究中心
		江苏省扬州现代乳业加工服务中心
		江苏省扬州农业环境安全技术服务中心
		江苏省扬州 LED 新光源材料测试技术服务中心
		江苏扬州规模猪场高效健康养殖公共技术服务中心
		苏中发展研究院
		淮扬文化研究中心
		江苏高校技术转移中心（扬州大学）

（林　刚）

2010 年扬州大学鉴定科研成果一览表

成果名称	成果水平	组织鉴定单位	完成人员
水稻高产与水分养分高效利用栽培技术的研究与应用	国际先进水平	江苏省教育厅	杨建昌 杜永林 张建华 邓建平 刘立军 王志琴 李　刚 童　敏 杜　永 杨洪建 陈新红 徐国伟 张亚洁 刘建国 董明辉 张祖建 郎有忠 王　维 袁莉民 王学明 杨　成 谢成林 李育娟 袁彩勇 赵步洪 刘　凯 张茂学 常二华 张　耗 张自常
非露地越冬区烟粉虱的成灾机制及可持续控制技术研究与应用	国内领先水平	江苏省教育厅	周福才 朱铖培 杨益众 李　瑛 王风良 周泽华 陈永明 王　勇 赵　斌 李传明 林付根 梁文斌 钱爱林 林双喜
南蛇藤总萜抗癌物质基础及作用机制的研究	国际先进水平	江苏省中医药局	刘延庆 王　强 孙　云 钱亚云 张　华 张　舰 戴小军 王维民 陈高阳 杨庆伟 员　林 侯　莹
生物抗氧化剂调控奶牛围产期代谢应激的研究与应用	国内领先水平	扬州市科技局	刘宗平 付志新 卞建春 刘学忠 熊桂林 尹召华 朱家桥 顾建红 袁　燕 曹随忠 鞠辉明 王　怡 刘俊栋 刘海霞

（林　刚）

2010 年扬州大学获省部级及以上奖励科研成果一览表

成果名称	获奖种类	获奖人员
水稻高产与水分养分高效利用栽培技术的研究与应用	教育部高等学校科学研究优秀成果奖科学技术进步一等奖	杨建昌 杜永林 张建华 邓建平 刘立军 王志琴 李　刚 童　敏 杜　永 杨洪建 陈新红 徐国伟 张亚洁 刘建国 董明辉 张祖建 郎有忠 王　维 袁莉民 王学明 张　耗 李育娟
水稻丰产精确定量栽培技术研究与应用	江苏省科学技术奖一等奖	张洪程 丁艳锋 凌启鸿 仲维功 邓建平 戴其根 王绍华 张瑞宏 周有炎 邵建国 徐宗进 肖跃成 吴金书
高品质液态乳加工关键技术研究与新产品开发	中国商业联合会科学技术奖全国商业科技进步奖一等奖	顾瑞霞 陈　霞 黄玉军 徐　寅 曹　斌 杨振泉 印伯星 张少君 周　坤 徐粉林 郭　胜 鲁茂林 肖丽霞 顾文静 张在金
鸡遗传资源评价与种质创新利用	教育部高等学校科学研究优秀成果奖科学技术进步二等奖	陈国宏 常国斌 徐　琪 李碧春 吴信生 程立力 张康宁 焦库华 吴圣龙 赵文明 包文斌 袁青妍 许盛海 宋成义 吉　挺 张依裕 王　伟 侯庆文 叶敬礼 张海波
发酵肉制品加工关键技术研究	江苏省科学技术奖二等奖	汪志君 于　海 席　军 赵保雷 葛兆宏 蒋云升 葛庆丰 金昌海 方维明 毛传生 许慧卿 陆敬刚 吴华俊
特色花卉扬州芍药种质资源研究与利用	中国商业联合会科学技术奖全国商业科技进步奖二等奖	何小弟 唐红军 冯文祥 王　莉 赵　明 黄永高 孟家松 田跃萍 金　飚 王　扬

（林　刚）

2010年扬州大学获省部级及以上奖励科研成果一览表(续)

成果名称	获奖种类	获奖人员
普通高等教育"十一五"国家级烹饪系列规划教材	中国烹饪协会中餐科技进步奖二等奖	路新国 马健鹰 朱云龙 周晓燕 赵　廉 陈忠明 丁应林 周明扬 李祥睿 章海风
农田水分高效利用理论及技术研究与应用	水利部农业节水科技奖三等奖	周明耀 钱晓晴 徐　茂 刘群昌 徐　英 盛海君 钱群一 刘立军 尹广德 赵瑞龙 汤建熙 夏继红 吴惠盐 秦立举 李章林 陈汉新 赵步洪 柏彦超 陈红卫 徐华平 余长洪 嵇庆才 薛亚锋 张凤翔 周春林 顾太义 荆　昊 林昭娣 武　鹏
聚合物—无机纳米复合材料的绿色制备及应用	江苏省科学技术奖三等奖	朱爱萍 吴德峰 张　明 谢四海 严长浩 王景清
下丘脑室旁核镇痛机理的研究	江苏省科学技术奖三等奖	杨　俊 王大新 闫福林 郝　芳 林葆城 李雪萍
戒毒基本理论与中西医结合防治实践	中国商业联合会科学技术奖全国商业科技进步奖三等奖	卜　平 严晓萍 张　跃 鞠永熙 李国利 葛晓群 张　育 顾小莲 李湘鸣
中国扬州园林	中国商业联合会科学技术奖全国商业科技进步奖三等奖	何小弟 边卫明 肖　洁 汪清香
中医饮食保健学	中国商业联合会科学技术奖全国商业科技进步奖三等奖	路新国 刘　煜 郭海英 章海风 姚　颖 陆红梅
园林树木景观建植与赏析	中国商业联合会科学技术奖全国商业科技进步奖三等奖	何小弟 冯文祥 许　超
论主导价值观	江苏省第十一届哲学社会科学优秀成果奖	陈章龙
《广雅疏证》导读	江苏省第十一届哲学社会科学优秀成果奖	张其昀
中华大典·文学典·魏晋南北朝文学分典	江苏省第十一届哲学社会科学优秀成果奖	黄进德
学校道德生活的教育叙事	江苏省第十一届哲学社会科学优秀成果奖	薛晓阳
"祛魅"与"返魅"——科学现代性的历史建构及后现代转向	江苏省第十一届哲学社会科学优秀成果奖	熊登榜
泰州学派美学思想史	江苏省第十一届哲学社会科学优秀成果奖	姚文放
丝织锦绣与文学审美关系初探	江苏省第十一届哲学社会科学优秀成果奖	古　风
六朝家族	江苏省第十一届哲学社会科学优秀成果奖	王永平
公司章程"另有规定"检讨	江苏省第十一届哲学社会科学优秀成果奖	钱玉林
跨国直接投资公司所得税激励法律制优化研究	江苏省第十一届哲学社会科学优秀成果奖	王　逸

（林　刚）

出国研修,2人获国家留学基金资助,9人获江苏省政府留学基金资助。学校获评江苏省师资队伍建设先进高校,扬州大学教授焦新安获评全国优秀科技工作者。（林　刚）

研究生培养　全年录取各类研究生2617人（包括专业学位硕士生),有各类在校研究生7400人,2000多人取得学位。首批44名西藏农牧系统在职研究生获硕士专业学位。46个项目获江苏省研究生培养创新工程立项,其中省优秀博士学位论文2篇、优秀硕士学位论文5篇、省研究生科研创新计划28项。2篇博士论文获全国优秀博士论文提名。新增34个省级企业研究生工作站。（林　刚）

国际合作与留学生教育　扬州大学注重开展国际学术交流活动,与30多个国家(地区)的高校和研究机构建立合作交流关系。入选教育部"中非高校20+20合作计划",实施"苏丹高校农业教师培训班"项目。与印度尼西亚玛琅国立大学合作举办"联合培养数学教育硕士"项目。学校获"1+2+1中美人才培养计划"贡献奖,承办的澳大利亚昆士兰科技大学孔子学院获评全球孔子学院先进集体。学校具有招收外国留学生(包括接受政府奖学金外国留学生)和港、澳、台学生的资格。海外学生总数653人。学校获评江苏省来华留学生教育先进集体。（林 刚）

■毕业生就业 2010年，扬州大学毕业生年底就业率97%,大学生创新创业培训中心获批江苏省首批创业培训定点机构,学校第六次获评江苏省高校毕业生就业工作先进集体。学校选送的2件作品均获第七届“挑战杯”中国大学生创业计划竞赛银奖。

12月22日,学校在扬子津校区举行首届扬州市高校创业教育交流研讨会,扬州职业大学、扬州工业职业技术学院、扬州环境资源学院、江海学院等高校,扬州人才服务中心和扬州经济技术开发区外经贸局等单位20多人参加会议。（林 刚）

■体育工作 2010年，扬州大学代表队获第16届全国大学生乒乓球锦标赛丙组男子单打和双打第二名,获江苏省第17届运动会高校部田径比赛男子200米和男子铁饼第一名、田径比赛团体总分第八名、武术团体总分第三名,获首届全国大学生阳光体育乒乓球邀请赛三等奖、第五届中国扬州鉴真半程马拉松赛高校组亚军;1人获杭州国际马拉松赛冠军。学校获评2008～2009年度江苏省体育工作先进学校。（林 刚）

■医学院设立吴登云奖学金 11月,医学院设立“吴登云奖学金”,分设吴登云医学奖学金和吴登云“服务西部”奖学金两个奖项,用于奖励德才兼备、品学兼优的医学院二年级以上全日制在籍本科生。（林 刚）

■医学院设立瑞兴奖学金 4月,苏州瑞兴医院集团有限公司在扬州大学医学院设立“瑞兴奖学金”。自2010年起，该公司每年资助扬州大学医学院4名本科生（每人每年5000元）和1名硕士生（每年资助9000元），受资助学生完成学业后，优先到该公司所属医院就业。（林 刚）

2010年12月,扬州大学园艺与植物保护学院举办2011届毕业生专业人才市场,为毕业生提供就业服务　扬大/供稿

■承办第三届计算、通信、控制和管理国际会议 8月21～22日，第三届计算、通信、控制和管理国际会议(CCCM2010)和2010年智能信息处理国际会议(ISIIP2010)在扬州大学召开。此次会议由美国电气和电子工程师协会(IEEE)主办,扬州大学信息工程学院承办,国际智能信息技术应用研究学会(香港)、江苏省计算机学会和扬州市科学技术协会协办。出席会议的国内外近400名专家、学者围绕知识发现与数据挖掘、系统分析与控制、高性能计算与优化、信号图像识别处理、网络通信与安全、信息管理等15个专题进行研讨。特邀德国、西班牙、美国等国家和台湾、香港地区的6位专家作大会报告。（林 刚）

■丰益国际烹饪研究院成立 9月8日,扬州大学举行旅游烹饪学院丰益国际烹饪研究院成立仪式。研究院由扬州大学与国内食用油行业龙头企业益海嘉里集团共建,是培养烹饪专业人才的孵化基地,以全日制本科教育为基础、以短期培训烹饪高级人才为特色，构建中国顶级厨师提高、交流和学习的平台。全年举办两期培训班。（林 刚）

其他高校

■扬州职业大学 扬州职业大学(简称扬州职大)主校区占地面积73公顷,校舍建筑面积42万平方米。有教职工973人,其中专任教师695人。有基础课和专业课实验室40多个,教学仪器设备总值1亿元。建有校内工程实训基地4个、校外实习基地150个。学校图书馆有藏书85万册、电子图书90万种、各类报刊杂志约1000种。学校学科门类齐全,设有81个专业和专业方向,有全日制在校生近1.50万人、成人业余和开放教育在校生9000余人。

2010年，扬州职大计划招生5300人,截至8月20日,全部按计划录满。受扬州市委托,扬州职大高邮学院当年招收五年制师范免费定向生90人。

2010年，学校组织各级课题申报工作,中标29项,其中国家级重点课题1项,省级立项课题10项、市级立项课题15项。周胜的《服装教材应用》和吴汉强的《计算机组装与维护》获评2010年江苏省高等学校精品课程。学校获批省“青蓝工程”学术带头人培养对象2人、优秀骨干教师培养对象3人,“服装设计”专业团队获评2010年江苏省优秀教学团队。

（职 大）

■扬州职大师生获奖 2010年,在第四届全国高职高专艺术设计类专业优秀毕业设计作品展暨“优秀毕业设计奖”、“优秀指导教师奖”评选中,

江杉、吴建松指导的《漆艺乐器设计》获工艺设计类金奖。

10月23日，“达利杯”2010全国第三届高职高专师生服装设计技能大赛决赛在杭州举行。纺织服装系成月华设计的作品《宁静》获教师组金奖；梁晓龙、曹帆设计的作品《花岸》获学生组银奖和最佳时尚面料奖。

11月13日，以“动手创造未来”为主题的2010年第11届“未来伙伴杯”中国智能机器人大赛在厦门市集美大学举行，扬州职大汽电系代表队获大学组全国一等奖1项、全国二等奖2项。

12月3～5日，由商务部全国商务秘书考试中心和中国人民大学出版社联合主办的首届商务秘书职业技能大赛在江苏省南京市城市职业学院举行。扬州职大代表队获团体一等奖，曹月慧、项弟获个人一等奖，张莉、杨宏豪获个人二等奖。

2010年，9名教师获评江苏省高职院校优秀辅导员和班主任，16人获评江苏省三好学生和优秀学生干部，19人获国家奖学金，6个班级获评江苏省先进班集体；54人获评扬州市三好学生和优秀学生干部，12个班级获评扬州市先进班集体。

（职 大）

■ **扬州职大推行“双化”教学改革**

2010年，扬州职大机械工程学院全面推行“课堂工场化、工场课堂化”教学改革。“课堂工场化”是指在课堂教学中创设工场氛围，教师以岗位技能要求为前提组建课程模块，以实物或模型操作为载体，理解专业理论，用师傅的思维、实践方法，通过语言直观、模像直观或实物直观，最大限度趋近实际操作氛围。“工场课堂化”是指工场师傅以教师的视角组织和指导实际操作。“双化”教学在程序上由预备、导入新课、讲授知识、理解巩固、综合应用等阶段组成，要求教师既有理论知识又有实际操作能力，要求师傅具有教师的理论水平与讲授能力，促进教学工作由单一模式向多种模式融合转变，从侧重“教”向注重“学”转变，从注重讲说性向注重可操作性转变，从注重学生知识、技能的发展向注重学生综合职业素质提高转变。（杨林山 职大宣）

■ **扬州环境资源职业技术学院**

2010年，扬州环境资源职业技术学院（简称扬州环资学院）入学新生2813人，年底有在校专科生7830人。设有37个专业，其中2010年新增药学、软件技术、产品造型设计（玩具设计）、中加合作环境监测与治理技术（水和废水系统处理）、生物技术及应用日语海外本科直通车、计算机应用技术日语海外本科直通车、旅游管理英语海外本科直通车等7个专业。学院加入“海外本科直通车”高校联盟，3个专业开展“海外本科直通车”项目招生。学院有专任教师481人，其中正高职称7人、副高职称119人，副高以上职称人员占教师总数的30.7%。

2010年，学院新增2个省级工程中心（江苏省养殖环境生态修复工程技术研究中心、江苏省农业安全生产与环境保护工程技术研究开发中心）。水污染控制与农业环境保护团队获批省高校“青蓝工程”科技创新团队，2名教师入选省“青蓝工程”中青年学术带头人培养对象，3名教师入选省“青蓝工程”优秀青年骨干教师培养对象。学院获批教育部高职高专英语类专业教学指导委员会精品课程1门、省教育厅成人教育精品课程1门；获中国职业安全健康协会“神华杯”科学技术二等奖1项，《土地资源动态监测综合技术应用研究》获国土资源职工教育研究会、国土资源职业教育研究会课题一等奖，《绿色教育引领下的测绘类人才培养模式创新研究》获第一届全国高职高专测绘类专业教学科研成果奖二等奖；“工程测量技术”通过省级特色专业验收，“园艺技术”获省级特色专业建设立项，国土勘测规划实训基地通过省级实训基地验收。

扬州环资学院参加扬州市2010年度社科重大课题招标，6月7日与扬州市社科联签订“扬州市重点中心镇发展研究”立项协议书。

学院获评江苏省科技工作先进高校、全国高职院校心理健康教育工作先进集体、江苏省高校毕业生就业工作先进集体。（李 颖）

2010年，扬州职业大学面向全国16个省招生，招生人数居全省同类高校之首 张孔生／摄

■ **国家税务总局扬州税务进修学院**

2010年，学校承办国家税务总局举办的司局级、县处级党员领导干部进修班，司局级、处级领导干部任职培训班，中青年后备干部培训班，各种类型、各种专业的知识更新培训班和专门业务培训班；接受全国各省、市国家、地方税务系统有关单位委托，举办各种类型的税收专门业务培训班；与经济合作与发展组织等国际组织合作举办涉外国际税收培训班。全年实施各类培训项目367个，培训学员2.4万人次，比上年增长11.25%。

推动交流合作。选派21名教师

到台湾省和法国接受“培训者培训”。扩大与中国注册税务师协会的教育培训合作，并与广东、北京等地的中介机构合作实施25个合作项目，培训1.55万人·天；与扬州市地方税务局签订教学科研与税务管理合作协议，在行政问责与执法问责、企业所得税风险管理、税务稽查等11个领域开展合作；与广州市国家税务局开展纳税服务合作；策划启动与苏州市地方税务局、扬州市国家税务局的合作计划。

2010年，全校教职工在国内外公开刊物发表学术论文133篇；完成中国税务学会“优化纳税服务”课题研究，完成国家税务总局课题24项。参加“2010年中国税官论税制改革”有奖征文活动，17篇论文入选。

11月，学校主办的《扬州大学税务学院学报》更名为《税收经济研究》。

学校获评“中共中央党校分校办学先进单位”、中共中央党校国家机关分校2006～2010年度“优秀办学单位”。（田金辉）

■江海职业技术学院 江海职业技术学院（简称江海学院）始建于1999年5月，是经江苏省人民政府批准建立的具有独立颁发国家学历文凭资格的民办全日制高职院校。

学院占地面积69.4公顷，建筑面积22万平方米，其中教学用房14万平方米，建有教学楼、实验实训楼、实训工厂、计算机中心、培训中心、多媒体教室、图书馆、体育馆、运动场等教学基础设施，教学仪器设备总值近5000万元，图书馆藏纸质图书近45万册。学院设有信息工程、土木工程、机电工程、工商管理、经济贸易、应用艺术、外语等7个系和基础部，开设24个专业、34个专业方向。

学院有教职工539人，其中专任教师357人；有教授11人、副教授99人、“双师型”（有专业职称、技术等级证书）教师76人，174人具有研究生学历和硕士学位，近200名专家、教授、高级工程师、高级经济师、高级工艺师、高级园艺师等受聘于各专业指导委员会。

2010年，学院录取新生3000人；实际报到新生2525人，报到率84.17%，年底有在校生7585人。推进成人教育规范化。成人教育院内班有学生228人；专接本班开设4个专业，有学生109人。组织新一轮成人高考，院内班录取率97%。与美国、澳大利亚、韩国、英国、马来西亚、印度尼西亚等国高校开展合作交流，与韩国汉阳大学签订“专升本”合作协议。

学院实行“校企合作”、“工学结合”的办学模式，25家企业为学生提供实训基地。开展课程改革，会计专业按职业岗位要求实施技能教学，“电子设计自动化”课程项目教学取得初步成效，建筑施工技术、现代推销学、运输管理实务实训成为项目课程。改革教学方法，机电工程系测量、数控加工、模具设计等课程“教学做一体化”内容占20%～30%。加强专业、课程和实验实训条件建设。应用电子专业和会计电算化专业成为校级特色专业，会计电算化专业获批省特色专业建设点；新增光电子专业、会计与审计专业、投资与理财专业，申报现代信息服务技术专业。单片机原理、中级财务会计入选校级精品课程，《会计岗位技能实务》、《计算机网络技术》、《实用英语翻译》获省精品教材项目立项；各系自编或与企业合编出版教材30多部，信息系3本教材获评教育部计算机教学指导委员会优秀教材，《会计岗位技能实务》入选高教出版社21世纪财会专业系列教材。增加维修电工实训室、多媒体教室、会计综合实验室等实验实训设施，增添数控车床和测量仪器；信息系建立生产型实训基地。改革人才培养模式，信息系与精湛光电仪器公司共建光电子技术专业，实施订单培养；应用电子专业、自动化专业和旅游专业推进顶岗实习，经贸系学生300多人参加第六次人口普查。提高教学质量，2007级、2008级学生英语B级通过率分别为82%、83%，2007级计算机一级通过率97%，2007级英语四级通过率超过90%。

2010年，全院2678人参加年度职业技能鉴定，通过率96.66%。学生参加各类知识技能大赛，获省级以上奖项27个，其中获全国性奖项17个。毕业生就业率99.42%，其中签约率90.88%，学院获评全省就业工作先进单位。

2010年，学院设立200万元特别帮扶基金。全年发放国家奖、助学金315万元，学校奖学金59万元，国家助学贷款203万元；支付勤工俭学帮扶经费130万元。

（姚其立　赵　军）

■江海学院推行“双证制”培养模式 江海学院确立“专业知识＋专业技能＋双证制”的人才培养模式，学生毕业时获两本证书（国家专科毕业证书和国家专业技能证书）。毕业生就业率一直保持在98%左右。

江海学院实行的“双证制”，推动“基本素质模块＋专业素质模块＋拓展素质模块”教学内容的“新三块”体系，并实施“教学做一体化”的教学模式。新的教学模式重在培养学生的动手操作能力。江海学院建有信息工程、土木工程、机电工程等29个专业实验实训室和校内外实验实训基地，保证“教学做一体化”教学的顺利进行，提高学生的动手实践能力。该院设立国家职业技能鉴定所，具备计算机维修、数控车铣、模具设计制造等32个职业（工种）职业技能鉴定资格。江海学院90%以上的学生获得职业技能证书。（杨林山　文　啸）

成人教育

■概述 2010年，扬州市有市属成人高校1所（扬州教育学院），另有扬州大学、扬州职业大学、扬州环资学院、江海学院、扬州工业职业技术学校招收成人本、专科生。2010年，全市成人高校招生5838人，比上年减少79人；毕业学生5431人，比上年增加302人；有在校生1.77万人，比上年增加345人。全市有独立建制的成人教育系列高校教职工181人，其中专任教师105人。专任教师中，具有副高级职称、中级职称、初级职称的分别为24人、34人、23人。

全市成人中专教育由中等职业学校承担。2010年，全市招收非全日制成人中专生 2780 人。

（杨林山　杜稼峰）

■ **成人高考**　2010 年，全市 1.20 万人报名参加成人高考，比上年减少 131 人。其中，高中起点升专科 6979 人，高中起点升本科 1406 人，专科起点升本科 3664 人。

全市 9297 人被各类成人高校录取，录取率 77.16%，比上年提高 0.56 个百分点。（杨林山　姜志祥）

■ **成人教育服务新农村建设**　实施服务新农村建设的"五项行动"（百名农民上大学、千名农民出国、万名农民进工厂、十万农民学技术、百万农民受教育）。2010 年，全市职业学校和成人学校开设高等学历班 39 个，430 名农民完成高等教育学业取得毕业证书；开展出国培训 1738 人次，1680 名农民出国打工；开展劳动力转移培训 3.28 万人次，1.58 万名农民进工厂就业；开展农村实用技术培训 23 万人次；75%以上乡镇开展社区教育实验工作，全市有百万农民享受社区教育。（杨林山　韩国志）

■ **提升社区教育品质**　2010 年，全市有 4 个省级乡镇社区教育中心项目、2 个省级农科教结合示范基地项目、4 个省级社区教育示范乡镇（街道）项目、1 个省级社区教育实验区、2 个省级社区培训学院通过验收。全年创建市级特色乡镇成人教育中心校 15 所、市级乡镇（街道）社区教育中心 14 个、市级乡镇农科教结合示范基地 1 个。

开展"全民终身学习活动周"活动，举办送书下社区、社区一日教育、关注弱势群体学习、学习进万家、"老少乐"、"学习需求"问卷调查等活动。

（杨林山　韩国志）

■ **自学考试**　2010 年，全市累计有 13.91 万人报名参加各类自学考试。其中，学历考试报名人数 5.60 万人，比上年减少 2503 人；非学历考试报名人数 8.30 万人，比上年增加 6382 人。

全市非学历证书自学考试报名人员主要分为：全国计算机等级考试（NCRE）2.88 万人，成人全国计算机应用技术证书考试（NIT）3363 人，少儿全国计算机应用技术证书考试（NIT）2406 人，剑桥英语考试 391 人，全国英语等级考试（PETS）4570 人，职业餐饮经理人考试 604 人，书法等级考试 3.98 万人，物流职业经理资格证书考试 63 人，教师资格考试 2990 人。

全市 5.29 万课次通过学历自学考试，占实考课次的 55.80%；6 万多人获非学历考试各类证书，占报考总人数的 73%。（杨林山　吴晓寅）

2010 年扬州市成人高等教育情况表

学校名称	成人本专科学生数（人）			教职工数（人）	
	毕业生数	招生数	在校生数		专任教师
总　计	**5431**	**5838**	**17684**	**181**	**105**
扬州教育学院	787	998	3289	181	105
扬州大学	3879	3827	11421	—	—
扬州职业大学	301	554	1429	—	—
扬州环境资源职业技术学院	202	187	752	—	—
江海职业技术学院	262	28	528	—	—
扬州工业职业技术学院	—	244	265	—	—

注：表中成人高等教育学校除扬州教育学院属成人高教系列外，其他皆为普通高校成人教育机构举办的成人本、专科教育，学校教职工数不作统计。（杨林山　房　磊）

2010 年扬州市自学教育学历考试情况表

单位：课次

项　目	总　计	1 月份考试	4 月份考试	7 月份考试	10 月份考试
报考课次	**132323**	31397	36736	26697	37493
实考课次	**94709**	28014	23110	22772	20813
合格课次	**52853**	17248	12030	12756	10819

（杨林山　房　磊）

文化

Wenhua

本栏责任编辑　戴淑敏

新闻出版

■概述　2010年，全市有出版社1家、报纸5种、期刊16种、内部资料性出版物32种、只读类光盘生产企业1家、可录类光盘生产企业1家、出版物发行企业817家、印刷复(打)印企业736家、音像制品发行单位221家，初步形成以古籍出版、印装和现代高科技光盘生产为特色的新闻出版产业格局。　(钟　芸)

■扬州报业传媒集团　探索"政治家办报，企业化管理，公司化运作，市场化经营，集团化发展"新路。9月18日，扬州报业传媒集团(简称报业集团)揭牌，集团下属9个公司，实行企业化管理和运作。集团继续推行用工合同制、干部竞聘制、薪酬绩效制；深化、完善二级核算责任制，加强预决算管理；培育市场主体，实行公司化运作，在报社发行中心的基础上改制成立集团发行投递公司。

新闻宣传。2010年，报业集团加强中心工作及重大活动报道、重大会议及重大节庆宣传。宣传"扬州好人"，全年推出152名好人典型，其中13人入选"中国好人榜"、21人被中央和省级媒体报道。《扬州晚报》获评"中国品牌媒体百强——地市晚报品牌十强"、《中国名牌》"中国报业最具竞争力名牌"。

产业经营。2010年，报业集团巩固报纸广告、发行、印刷等传统产业，发展新媒体、古籍刻印、会展、演艺、拓展培训、户外站台广告等产业项目，全年广告经营收入和销售总额稳中有升。《扬州日报》广告收入突破2000万元，《扬州晚报》、《扬州时报》广告利润创历史新高；《扬州日报》、《扬州晚报》、《扬州时报》发行量分别超过6万份、10万份、4万份；印刷有限公司全年销售收入、利润创历史新高；扬州网超额完成经营指标；公交站台广告发展势头良好；广陵古籍刻印社全年销售收入比上年增长50%；扬州市中小学素质教育实践基地7月投入运行，全年接待学生军训5267人次、社会实践7465人次；集团小记者会员超过1万人，全年开展小记者活动92次，1.38万人(次)参加小记者活动或发表文章。

集团举办"首届朱自清散文奖颁奖典礼"；牵头参与拍摄、放映电影《徐兆华》；开展"运河名城·精致扬州"国际摄影大展，组织8名外国摄影家到扬州采风；主办"五国马戏世家经典·中国巡演扬州站"演出、"广陵古籍刻印社成立50周年"大型文艺晚会、新年音乐会等演艺活动。

(胡克明)

■《扬州日报》　围绕"三个扬州"(创新扬州、精致扬州、幸福扬州)建设、全国文明城市创建、"扬州好人"宣传、人大和政协"两会"、中国扬州"烟花三月"国际经贸旅游节(简称"烟花三月"节)、中国扬州世界运河名城博览会(简称运博会)等中心工作和重大活动，开展规模化、系列化、深度化宣传报道。

中共扬州市委五届九次会议后，《扬州日报》连续刊发9篇特约评论员文章，论述如何建设"三个扬州"；

1月18日，《扬州日报》《党报在线》栏目与扬州网联合报道市人大、政协"两会"情况。图为"两会"代表参加直播访谈　汪　武/摄

扬州报业传媒集团获 2010 年度江苏省各类优秀作品奖篇目一览表

报刊(网站)名称	篇目(版别)	类别	作者	获奖等次
《扬州日报》	每年省出 10 个瘦西湖	消息	周晗	一等奖
	国粮局长农家侃"惜售"	通讯	周晗	一等奖
	《浮生六记》系列报道	连续报道	王鹏	一等奖
	党报在线	新闻专栏	陈征宇 王晖军	一等奖
	九龙扬州"千里大拜年"	消息	拾景炎 王鹏 虔之 王晖军 胡俭	二等奖
	20 户居民六年"抢扫帚"	通讯	胡俭 燕行奕 超西婧	二等奖
	"扬州好人"相关活动报道	重大主题创新策划	陈征宇(总策划人) 拾景炎 王晖军 胡俭 丁云 姚虔之	二等奖
	鉴真坐像回乡省亲	通讯	王鹏 孔生 吴涛 孔茜 虔之 赵天	三等奖
	宝塔山下的无悔人生	通讯	王晖军	三等奖
	LED 世界难题在扬攻克	消息	邹平 季煜	三等奖
	精致到唯美	新闻评论	毛建国	三等奖
	好人之梯	新闻摄影	王卓	三等奖
	以典型报道彰显媒体力量	新闻论文	陈征宇 拾景炎	三等奖
	"党报系列"的魅力	新闻论文	陈征宇	三等奖
	扬州,大师眷恋的名城	报纸副刊	周保秋 陈跃	一等奖
	8 月 6 日 A1 版	报纸版面	李峰 汤庆彬 詹大云	二等奖
	8 月 2 日 A1 版	报纸版面	李峰 汤庆彬 詹大云	三等奖
	《漫画城市》组画	新闻漫画	王鹏	二等奖
	《漫画城市》组画	新闻漫画编辑奖	徐晔敏	二等奖
《扬州晚报》	大学生村官创业获"贷款券"	消息	赵士勇	二等奖
	扬州"废票新规第一案"昨起诉	通讯	韩丽 吕士杰 邵伟	二等奖
	10 月 11 日 A4~A5 版	报纸版面	张广秀 于彬彬 魏鑫	二等奖
	扬州昨开首条村际免费公交	消息	赵琴	三等奖
	机器人大厨昨"点火炒菜"	通讯	李晓明	三等奖
	谁是高剖腹产率的"幕后推手"?	通讯	杨婉	三等奖
	一条小河关乎一方百姓幸福	新闻评论	王子明	三等奖
	残疾人想洗把澡,真难!	连续报道	罗林林 包闻军 刘冠霖 赵琴	三等奖
	"癌症妈妈"郭雪姣	连续报道	向家富 苏扬 顾潇 马驰骋	三等奖
	"癌症妈妈"郭雪姣昨谢幕"战斗人生"	编辑奖	于彬彬	三等奖
《扬州时报》	为大运河申遗出点子	消息	程邵兰 秦学占	三等奖
	六旬爷爷与脑瘫孙子同桌 7 年	通讯	王蓉	三等奖
	33 个智障儿有了"爱心妈妈"	通讯	唐理想 葛学涛	三等奖
扬州网	"一群好人 满城新风"扬州网寻找、宣传、争做"扬州好人"专题	网络新闻	集体创作	二等奖
	改签火车票遭拒 全国首例网友状告"铁老大"	网络新闻	陈书戈 史康宁 万祖禹	三等奖
	"徐爸爸"当场认下第 70 个孩子	网络新闻	陈书戈 史康宁 万祖禹	三等奖

(胡克明)

特稿述评从理论与实践相结合的高度，揭示建设“三个扬州”的决策过程及其重大意义。策划、报道“扬州好人”品牌活动，推出救援陌生患病老人的“扬州好人群体”、“一生长征”的百岁老红军刘应启，累倒在工作岗位上的“人民公仆”陈小星，见义勇为、英勇献身的浴室老板施玉亮，跳水救人牺牲的大学生耿高鹏，三赴陕北高原、27年奉献老区的扬州好医生陈宏如等“扬州好人”群像。年初全国“两会”期间，《扬州日报》记者到北京参加全程报道，并在京西宾馆江苏代表团审议现场报道审议情况。

推进“党报影响力提升工程”。《扬州日报》《党报观察》、《党报在线》、《党报访谈》等党报系列栏目与《城市／热线》、《社区／网事》等版面相结合，借助新的传播理念和方式，扩大党报优势。《党报观察》栏目把握市委、市政府中心工作，深度解读扬州经济社会发展重大理论和实践问题。《Q言Q语》报网互动栏目反馈《扬州日报》网友声音，加强编读往来；以“社区茶社”活动形式，到社区深挖市民新闻，带动基层读者关注党报。《帮办》栏目使党报更有温情、更具人情味。

推进版面形态创新。树立“精致办报”理念，办有“版面表情”、有“温度”的新型城市党报。2月10日，《城市周刊》编发《虎年春节服务特辑·玩转虎年》，分“购物虎导购”、“美食虎掌勺”、“平安虎出行”、“贪玩虎淘乐”、“逍遥虎出游”、“乖乖虎享闲”等六大板块，刊发大量资讯服务信息，图文并茂；11日，《梅岭周刊》推出《虎年年俗特辑》，介绍扬州年俗15年的变化。3月18日，苏中江都机场奠基，《扬州日报》《飞扬》特刊用4个版面介绍苏中江都机场的起源、申报历程以及扬州交通和经济发展情况；《梅岭周刊》推出专辑《飞天·往事》、《飞天·传奇》，介绍当年从扬州驾机起义的飞行员、扬州西郊机场等历史人物和事件，增加重大新闻报道的文化内涵和历史厚度。“烟花三月”节特刊《“三个扬州”的现代交响》主题鲜明，以4个跨版，突出“新”字，展现扬州新产业、新景观、新亮点。（胡克明）

■《扬州晚报》 2010年，《扬州晚报》重点宣传、报道“三个扬州”建设、“三创一申”（创建全国文明城市、国家生态城市、国家森林城市，申报世界文化遗产）、转型发展、关注民生等中心工作和各级“两会”、市委全委会、“烟花三月”节、运博会、苏中江都机场奠基、中日友好佛教艺术节、“人大代表统一见面日”、“政协界别活动周”、“市民日”、“嫦娥探月”、世博会等重大会议、重大节庆、重大活动情况。7月，《扬州晚报》分3期解读市委关于建设“三个扬州”战略的实施意见，推出《行动起来，建设“三个扬州”》、《“三个扬州”：时代之需百姓之盼》、《“三个扬州”激荡头脑风暴》、《“三个扬州”是行动指南》等深度报道；策划漫画专版，通过漫画主人公“淘喜宝”，通俗、形象地宣传“三个扬州”的具体内容和政策。9月，《扬州晚报》记者走访运河名城苏州、杭州等地，采访保护、利用运河的先进做法，为运博会预热；推出“组合报”式运博会特刊，16个版面分为“水漾扬州”、“水彩运博”两大主题，分别安排在正反两面，各对应4个通版，单独看独立成章，组合起来为一幅巨画，形式新颖。

突出都市报特点，围绕报道策划活动，扩大影响。1月1日，《扬州晚报》承办2010中国扬州大明寺迎新祈福盛典活动。3月，《扬州晚报》牵头成立创建全国文明城市扬州晚报社区宣传队，全年到20家社区举办演出活动；发动社会各界和市民认捐20多万元修建“樱花大道”，迎接鉴真坐像回扬省亲。3月17日，举办扬州市第五届“十大经济人物”颁奖典礼。10月31日，举办2010年扬州市百姓创业项目交流大会，3000多人参加活动，100个参展项目达成336项意向合作协议，意向投资额3341万元。成立“‘扬州好人’事迹宣讲团”，组织“扬州好人”进校园、进社区、进机关活动。晚报“96496帮办热线”推出招募义工活动，吸引8000多人报名。“温暖列车”活动关注弱势群体，举办爱心年夜饭、困难家庭游园等活动。《残疾人想洗把澡，真难！》报道引起市政府领导关注，近千名残疾人享受免费就浴。西南特大旱灾期间，《扬州晚报》与市红十字会联合发起“捐水大行动”，募集读者善款36万元，援建云南红河州金平县营盘乡5个饮水项目17口“博爱甘泉”水窖，5个村、2所学校2122人受益。推出“扬州晚报名人大讲堂”活动，邀请作家舒乙、外交部原副部长徐敦信等高端学者及各界精英讲课。推出“千童诵国学”大型礼乐展演活动，组织2000名儿童展示国学魅力。

抓典型、树典型，宣传“扬州好人”。6月底，启动推荐、宣传、学习、争做“扬州好人”活动，坚持“广泛推、立体宣、深度解、引导做”，全年报道“扬州好人”152人，其中有古树名木“守护神”孙如竹、圆梦义工联盟发起人张德兵、拾到10万元巨款交还失主的“心灵环卫工”龚文凤和21年真情献孤老的冯伯来、刘逸蓉夫妇等。

《扬州晚报》记者程建平拍摄的《老区万只鸭儿扬州“作客”》获第六届国际新闻摄影比赛（华赛）“经济及科技类新闻”单幅银奖　　程建平／摄

癌症妈妈郭雪姣、卖唱妈妈管霞等“扬州好人”事迹通过《扬州晚报》走向全国，其中《黄土高坡的眷恋——记爱洒延河27载的扬州医生陈宏如》让扬州好医生陈宏如的事迹传遍大江南北，中国新闻网、新华网、搜狐、新浪、新华日报网等全国诸多网站转载陈宏如事迹。（胡克明）

■《扬州晚报》获评“地市晚报品牌十强” 11月14日，第三届中国品牌媒体高峰论坛在湖南省张家界市开幕。此次论坛由中国人民大学、复旦大学、北京大学、清华大学、中国传媒大学、武汉大学等10所高校新闻学院联合主办，以“深入文化体制改革，打造一流品牌媒体”为主题，组织专家评审团、数据调研机构，对中国媒体品牌影响力（软实力）进行检测和排行。根据媒体品牌影响力（软实力）指数总排行榜、各类媒体品牌影响力指数和地域性媒体品牌影响力排行榜，对全国1000多家媒体单位进行初选、复选，确定2009～2010年中国品牌媒体百强。经过专家提名、论坛组委会推荐，《扬州晚报》获“中国品牌媒体百强——地市晚报品牌十强”称号。（包 文）

■《扬州时报》 围绕市委、市政府中心工作，贴近百姓、贴近生活、贴近读者，注重与民生相关的重大政策报道、重要经济分析报道。《扬州时报》以《必读新闻》、《第一视点》两个版面为主要阵地，传递和解读国家、省、市各项重要政策，前者强调快速传递，后者强调深度解读。《必读新闻》版每天一期传播和分析涉及百姓生活各个方面的政策。

重大活动报道。做好重要会议和“烟花三月”节、运博会等重大节庆活动报道。宣传全国文明城市创建工作，推出专题报道和栏目。大型系列报道《文明城市怎么评？——〈全国文明城市测评体系〉解读》推出9篇解读报道，从专家解析、主要指标解释、专家建言、市民献策、创建效果等方面，介绍主要测评内容和特色指标，提出努力方向、工作重点，展望创建效果。组建“扬州时报社区文明创建讲读团”。选择市区10多个有代表性的社区，邀请创建专家、社区主任、居民代表对照测评内容，找差距、排问题、讲目标、列计划。在《速读·社区》版开辟《背街小巷看文明》栏目，以漫画形式，每期围绕一项测评内容宣传创建工作。

活动策划。春节过后，《扬州时报》举办“跨省大招工”大型社会公益活动，响应的媒体涉及华东、华中、华北、东北10个省（市），并组织30多家扬州企业到湖南长沙招工。

7月29日，《扬州时报》创办的扬州第一份3D立体报出版，介绍瘦西湖、文昌阁、宋夹城、东关街、个园、何园等扬州文化景点。（胡克明）

■报刊管理 坚持正确的新闻出版舆论导向，通过报刊审读、记者站管理、整治“四假”（假报刊、假记者站、假记者、假新闻）活动，加大对全市报刊出版活动的监管力度。市文化广电新闻出版局（简称市文广新局）编发《报刊审读情况》18期，撰写审读报告、新闻评析等文章25篇。成立扬州报业传媒集团，发挥集团优势，调整、优化报纸刊物出版结构，加强本土文化新闻宣传，彰显各报特色。（钟 芸）

■广陵书社 2010年，广陵书社上报选题134种，出书179种（其中新书140种、重印书39种），生产图书码洋4000万元；实现销售总收入1205万元，比上年增长15%；上缴税金63万元，增长35%；实现利润105万元，增长24%。推出一批高质量图书。在2010年全国古籍优秀图书评奖中，《焦循诗文集》获一等奖，《中国墓葬史》获二等奖；在华东地区优秀古籍图书评奖中，《全唐诗》和《畴人传汇编》获一等奖，《昆剧手抄曲目一百册》、《历代戏曲目录丛刊》、《无锡图书馆馆藏国家珍贵古籍选刊》、《绍兴图书馆馆藏古籍地方书目提要》获二等奖，《扬州艺术丛书》获优秀通俗读物奖。《审刁案》、《扬州水道记》、《扬州名园记》和《书集传》等4个项目获全国古籍整理出版规划领导小组办公室年度出版资助。12月，广陵书社入选扬州市首批文化产业示范基地。（钟 芸）

■扬州广陵古籍刻印社 1月1日，扬州广陵古籍刻印社由市文化局划入扬州报业传媒集团。6月，组织雕版印刷大师到上海世博会展示中国雕版印刷技艺。10月，参加首届中国非物质文化遗产博览会等大型活动，扩大雕版印刷技艺的影响力。刻印社全年图书销售和图书加工收入比上年增长50%。

10月，中国雕版印刷技艺展示馆建成；11月25日，举办建社50周年庆典文艺晚会；11月，刻印社制订的雕版印刷技艺市级质量标准通过审定。

申报建设“国家级非物质文化遗产生产性保护示范基地”和“扬州广陵古籍刻印社传统印刷科普教育基地”；“活字印刷技艺”申报省级非物质文化遗产。

开展“喜迎世博会”图书促销活动，开发《扬州记忆》、《幸福扬州》等新产品；召开“保护、传承和发展雕版印刷技艺”座谈会。（胡克明）

广播影视

■新闻宣传 2010年，扬州广播电视传媒集团（总台）（简称广电集团（总台））推进政治、经济、文化、社会等领域主题宣传。改进“烟花三月”节、运博会的宣传策划和报道形式，扩大宣传规模；宣传创建全国文明城市工作，综合运用动态新闻报道、系列报道、新闻综述、新闻访谈等形式，扩大创建工作影响；开展“扬州好人”专题宣传，累计播出宣传节目100期。大量采用电视连线直播的报道方式，实现“及时新闻传输”向“及时新闻报道”的过渡与转变，保证电视节目的时效性和现场感。中央电视台新闻频道、国际频道、英语新闻频道以及凤凰卫视资讯台在正点新闻中通过扬州电视台提供的卫星信号，先后6次现场连线直播鉴真坐像回扬省亲重大活动。（仲铁成）

■广播电视节目 广电集团（总台）

自办4个广播频率、4个电视频道、2个数字电视频道。电视播出总量超过3.5万小时，年制作节目总量3410小时；广播播出总量2.74万小时，制作节目总量1.90万小时。《扬州新闻》、《关注》、《今日生活》等电视栏目定位准确，特色鲜明。广播新闻节目实行格式化播出，体现快捷特点。交通频率以移动电话使用人群为服务对象，节目特色鲜明；生活频率丰富文化类节目，体现扬州古城文化特点。各类广播电视节目根据自身特点，采用设立专栏、短信互动、在线交流等形式，加强与社区和受众的互动。数字电视发挥双向互动优势，将观众喜爱的节目上载到数字电视平台，延伸播出周期，提高宣传效果。全市新增有线电视用户4.37万户，比上年增长3.85%；数字电视整转10.8万户。（仲铁成）

■节目创优 2010年，广电集团（总台）有12件作品在全省各类节目评比中获一等奖。《市民论谈》、《绿杨茶馆》获第二届全国优秀电视文化（文艺）栏目暨大型特别节目推荐表彰活动优秀电视文化栏目奖，《水韵扬州》获电视金鹰奖优秀文艺节目奖，《白龙梅瓶主人湮没的身世》获中国广播影视报刊协会新闻作品评选通讯一等奖，《童心碰碰车》获批国家广电总局少儿精品发展专项资金及国产动画发展专项资金项目，《密支那之战——扬州亲历者讲述入缅抗战"炮灰"岁月》获中国广播影视报刊协会新闻作品评选通讯二等奖。精品创作带动各类自办节目整体水平提高，央视索福瑞调查显示，扬州电视台电视节目综合收视率保持45%左右。广电集团（总台）获省五一劳动奖章，"扬州好人"宣传报道工作获扬州市工作创新奖。（仲铁成）

■《市民论谈》获优秀栏目奖 12月27日，在国家广电总局召开的第二届全国优秀电视文化（文艺）栏目暨大型特别节目推荐表彰大会上，扬州市送评的《市民论谈》获优秀栏目奖。《市民论谈》是由市委宣传部牵头组织，扬州报业集团、扬州广电集团（总台）旗下各新闻媒体联手打造，市领导和市民共同参与的谈话节目。参与此次评选推荐活动的专家认为，《市民论谈》在节目形态和内容选择上都非常新颖，用新的艺术手法，满足观众审美需求的新变化，融洽政府与百姓之间的关系。（杨　广）

■广播电视科技 广电集团（总台）投入2000多万元，完成电视数字播控系统建设，购置、改造六讯道数字电视转播车、数字化卫星微波传输车，实现广播电视摄制、制作和传输全环节数字化，形成广播电视传输发射立体化格局。数字电视整体转换工作向邗江区各乡镇延伸。扬州有线数字电视按全程、全网、全双向化要求建设，实现广播电视、通讯、计算机"三网合一"传输。全台有5件作品获全省广播电视节目录制技术质量奖评选一等奖，"烟花三月"节电视晚会节目获广电总局文体类电视技术质量三等奖。（仲铁成）

■重大活动 广电集团（总台）举办"烟花三月"节开幕式晚会，与中央文明办联办"道德传承，情暖扬州"全国道德模范与身边好人现场交流活动，与中央电视台联合举办"激情广场大家唱·我们的节日——中秋篇"主题歌会活动。举办扬州人民广播电台开播60周年演唱会、扬州网络电视开播盛典暨全明星演唱会，扩大扬州广播电视影响，活跃扬州演艺市场。（仲铁成）

■产业经营 广电集团（总台）发展广告主产业，巩固本地广告市场，拓展外来广告业务，强化经销商联盟战略合作。利用广播电视媒体资源，延伸产业链，凸显文化产业优势。会展业业务量增长，巩固房产交易会、汽车博览会、家装建材展示会业务，培育电动自行车、人才招聘等新品牌；开拓大型活动市场，提升市场美誉度，收入稳步增长；举办教育培训，制作专题片，扩大影响；丰富网络功能，增强网络经营活力。参与影视创作，拍摄电视剧《潮人》、《刀锋乱世情》等。（仲铁成）

■扬州广播电视传媒集团成立 9月18日，扬州广播电视传媒集团揭牌，实现扬州市直广电体制的重大变革和广电资源的战略性重组。扬州广电集团（总台）按照新闻传媒"一手抓新闻宣传，一手抓产业发展"的要求，成立编辑委员会和集团有限责任公司，完成节目生产机制改革，实行频道、频率制，将频道、频率作为直接面对市场的经营主体，全面负责节目生产、编排播出、收听收视、成本控制、广告创收。深化人事改革，实行频道、频率负责人竞标聘用，职工双向选择、竞争上岗。（仲铁成）

■电影放映 2010年，扬州市区主要影院有世纪电影城、喜满客影城、金逸国际电影城、工人影城等。世纪电影城、金逸国际电影城、工人影城全年放映电影1.86万场次，有观众64.00万人次，票房收入2147.49万元。其中，世纪电影城放映1.24万场次，有观众52.29万人次，票房收入1845.9万元。12月3日，扬州金逸国际电影城开业。（袁　源）

■电影《徐兆华》首映 6月22日，由扬州市委宣传部、市公安局、扬州日报社、扬州中艺传媒有限公司联合投资拍摄的电影《徐兆华》在工人影城举行首映式。这是扬州市第一次尝试运用电影传播手段宣传英雄模范人物，也是扬州市第一次以真人、真事、真景创作的艺术作品。影片从一名实习女警的视角，采用第三人称讲述扬州市维扬公安分局友谊社区民警徐兆华从警13年，扎根基层一线，照顾辖区贫困孤幼的感人事迹。片中所有场景全部取自扬州。（杨　影）

文学和艺术

■概述 2010年，全市文学和艺术创作、表演及理论研究取得新成果。创作扬剧《响九霄》、《白色陷阱》，木偶剧《哆啦A梦》、《我与哈皮共成长》，弹词开篇《扬州曲坛绽奇葩》，扬州评话《与虎共舞》，舞蹈《梅花岭

7 月 30 日，“绿杨清声”李政成扬剧专场演出在扬州大剧院上演

王 卓／摄

上》、《吉祥孔雀》、《两滴水》等节目；完成大学生村官题材扬剧剧目《青春树》剧本初稿。市文广新局组织编辑出版《扬州艺术丛书》（第一辑）。

举办“绿杨清声”李政成扬剧专场演出，承办运博会“绿色旋律”文艺晚会，组织淮扬美食节开幕式演出、“故乡情”主题文艺晚会；举办首届“朱自清散文奖”评选颁奖活动、汪曾祺诞辰 90 周年纪念活动、“春江花月夜”全球华人征歌大赛。扬剧《县长与老板》参加第 12 届上海国际艺术节。

李政成获 2010 年文华表演奖；木偶剧《白雪公主》获第三届“金狮奖”全国木偶皮影剧目大赛剧目金奖；包伟、韦明铧分获第六届中国曲艺牡丹奖表演奖、理论奖；双人舞《两滴水》获第四届华东六省一市专业舞蹈比赛表演、创作一等奖；扬州评话《武松打虎》获法国巴黎中国曲艺节“卢浮”银奖；王巨成《穿过忧伤的花季》获第八届全国优秀儿童文学奖。

整合市歌舞团、市京剧团、扬州大剧院等资源，组建扬州市歌舞剧院有限公司。（刘文献）

扬州市专业剧团优秀剧目展演 2 月 15～21 日，由中共扬州市委宣传部、扬州市文广新局、《扬州日报》、《扬州晚报》联合主办的“扬州之春——扬州市专业剧团优秀剧目展演周”活动在扬州大剧院举行。市各专业剧团和上海红楼越剧团、江苏省长荣京剧院等省内外优秀院团上演扬剧《节义锁》，越剧《玉堂春》、《三看御妹》，京剧《金雁桥》、《龙凤呈祥》等优秀剧（节）目；举办扬州曲艺、木偶经典集锦、歌舞等专场演出。

（闻 华）

百场公益演出 2010 年，扬州市开展“百场公益演出”活动，为市民组织 100 场公益性文艺演出，其中扬剧每月一场、木偶表演每旬一场、曲艺每周一场。全年演出 132 场。其中，市扬剧团在各社区演出 12 场，市木偶剧团在蓝天小学、艺蕾小学、特殊教育学校、民工子弟学校等中小学校演出 36 场，市曲艺团在江都宜陵镇、江都大桥镇、扬州大学、江海学院以及仪征书场演出 79 场，市歌舞剧院与预备役师、市精神文明建设指导委员会办公室等单位合作演出 5 场。

（朱运桃）

“烟花三月”节系列文化活动 4 月 15 日，扬州八怪纪念馆举办“彩墨扬州路——‘烟花三月’扬州国画院作品展”。16 日，扬州佛教博物馆举办“江南塞北绘春秋——‘烟花三月’扬州西宁中国画交流展”。17 日，在第三届淮扬美食节开幕式暨“烟花三月”节招待晚宴上，扬州市文艺团体表演扬剧、木偶、曲艺等节目。18 日，在宋夹城考古遗址公园举行的“烟花三月”节开幕式上，市各专业剧团参加动感小提琴四人组合演奏世界名曲、“蜡像展”与“真人雕塑秀”等节目演出。（刘文献）

运博会文艺演出 9 月 26 日，运博会大型文艺晚会——“绿色旋律”在扬州市体育公园举行。晚会历时 100 分钟，由“生命”、“变奏”、“希望”等 3 个篇章和引子、尾声构成，500 人参与模特表演、杂技、相声、歌舞等节目演出。晚会紧扣运博会“环保、低碳”主题，用艺术的语言，唤起

9 月 26 日，扬州市举办世界运河名城博览会“绿色旋律”文艺晚会

王 卓／摄

人类自觉保护生态环境的意识。国家、省有关部门领导，国内外70个主要运河城市的政府代表、相关专家以及现场4000名观众观看晚会。

（朱运桃）

■《扬州艺术丛书》出版发行 1月16日，市文广新局在新世纪大酒店举行《扬州艺术丛书》首发式。《扬州艺术丛书》分《维扬一枝花——扬州扬剧艺术》、《笑谈古今事——扬州评话艺术》、《弦歌不了情——扬州弹词艺术》、《拔根芦柴花——扬州民歌艺术》、《傀儡演真情——扬州木偶艺术》、《笔墨写新异——扬州绘画艺术》等6个专辑，详尽介绍扬剧、评话、弹词、民歌、木偶、绘画等6门艺术的形成历史、形态特征、艺术特色、名剧名作名曲、艺术流派风格和杰出艺术家。丛书配发14张音像资料光盘，其中包括50多支扬剧曲牌和王少堂的评话《武松打虎》等珍贵资料。

（闻　华）

■扬州曲艺获3项"牡丹奖" 10月23日，第六届中国曲艺牡丹奖颁奖晚会在南京奥体中心举行。扬州市获3项"牡丹奖"。其中，扬州曲艺团包伟凭借弹词《秀才遇见兵》获表演奖，韦明铧《一曲道情山水远》获理论奖，王丽堂获终身成就奖。（闻　华）

■《穿过忧伤的花季》获奖 10月29日～11月1日，中国作家协会举行第八届全国优秀儿童文学奖评选活动。终评委员会通过无记名投票，产生20部(篇)获奖作品。扬州市作家王巨成创作的小说《穿过忧伤的花季》获全国优秀儿童文学奖。

王巨成从1991年开始发表作品，曾获江苏省紫金山文学奖、冰心儿童文学奖、陈伯吹儿童文学奖等。《穿过忧伤的花季》以贫瘠的山村和普通的乡镇中学为背景，讲述一群农村留守少年的花季故事，真实而全面地展现农村留守少年生活画卷。

（肖剑锋）

■王克诚获首届全国戏剧文化奖 10月23日，由中国戏剧文学学会主办的首届全国戏剧文化奖在北京揭晓，市文广新局剧作家王克诚创作的现代实验戏曲作品《生死无人岛》在1000多部参评作品中脱颖而出，获大型剧本金奖第一名。《生死无人岛》讲述的是3个"80后"青年在一座无人小岛上，从黄昏到第二天拂晓经历的从生到死、又从死到生儿度轮回的故事，极富张力的戏剧情节，充满生死、爱情、欲望的冲突，显现出人性的崇高与卑微。

全国戏剧文化奖前身是由中国戏剧文学学会主办的"中国戏剧文学奖"。（闻　华）

■朱自清散文奖 1月22日，"朱自清散文奖"新闻发布会在扬州日报社举行。经中国作协批准设立，由人民文学杂志社与扬州市委宣传部共同主办，扬州日报社、扬州市文联承办的朱自清散文奖正式启动。朱自清散文奖为纪念现代散文家朱自清而设，颁奖地永久设在朱自清的家乡扬州。朱自清散文奖逢双年颁发，奖励评奖期内在中国大陆公开出版的散文作品、在汉语写作中获得卓越成就的散文家和有出色才华的散文新人，评奖名额为3～5名。5月17日，首届朱自清散文奖颁奖典礼在扬州市迎宾馆国际会议厅举行。中国作家协会主席铁凝，首届朱自清散文奖评委李敬泽、孔庆东、毕飞宇等为获奖作者张承志、阎连科、龚鹏程、王小妮、蒋方舟颁奖。（闻　华）

■扬州市曲艺团 2010年，市曲艺团演出913场，其中上级指令性演出70场、自行组织的曲艺专场和综艺演出30场、公益免费演出79场，演出总收入约100万元。

全年组织整理、创作节目21个，其中包括扬州弹词开篇《扬州曲坛绽奇葩》，扬州评话《与虎共舞》、《三国·智激周瑜》、《武松·杀嫂祭兄》，扬州弹词《雪地会凤》，扬州清曲《虞美人·听雨》、《春华秋实丛中笑》、《挑战死神写传奇》、《法制文化名城写风流》，群口评话《金色盾牌热血铸》、《争当志愿者》、《老师您辛苦了》、《防空洞里的婚礼》及综艺类节目《彩票风波》、《这方水土这方人》，移植苏州评弹书目《牡丹缘》、《秋海棠》，改编扬州评话《国画》等。

5月，陆建荣参加由中国文联、中国曲艺家协会举办的首届巴黎中国曲艺节卢浮金杯大赛，获银奖；在第六届中国曲艺牡丹奖评选活动中，包伟凭借扬州弹词《秀才遇到兵》获表演奖，马伟(扬州评话《武松·十字坡打店》)、谭敏(扬州评话《福海捕金蟾》)获新人奖提名奖，赵松艳(扬州弹词《破镜重圆》)获新人奖入围奖。

剧团先后参加扬州市直专业剧团优秀剧目展演周活动、"烟花三月"节系列活动、"市民日"活动、运博会

5月17日，首届"朱自清散文奖"颁奖典礼在扬州举行　郭义富／摄

扬州曲艺团青年演员马伟表演扬州评话《武松·十字坡打店》

王　鑫／摄

系列活动等演出及“牡丹奖”系列演出活动、“上海戏曲广播会”扬州曲艺专场演出。主办扬州市曲艺团建团50周年曲艺专场文艺演出。承办第三届中国曲艺团长高峰(扬州)论坛。马伟应邀到瑞典、苏格兰、法国表演扬州评话，开展文化交流。(曲艺团)

■扬州市扬剧团　2010年，扬州市扬剧团组织获奖剧目现代扬剧《县长与老板》全市巡演，演出20场，演出收入90万元。全年在农村演出30场。

创作、排练扬剧《响九霄》，完成大学生村官题材扬剧剧目《青春树》剧本初稿，创作扬剧表演唱《老街记忆》、《朝南的房间》等节目，恢复排演扬剧《大义夫人》，新排移植剧目《李三娘》。

开展“周周看扬剧”品牌活动，全年组织“周周看扬剧”演出24场，推出新剧目2部；参加“百场公益演出”活动，全年免费演出12场；扬剧《节义锁》参加扬州市专业剧团优秀剧目展演周演出；组织现代扬剧《县长与老板》扬州巡回演出；承办“绿杨清声”李政成扬剧专场演出以及“绿杨清声”李政成扬剧专场汇报演出；参加“烟花三月”节招待演出、“故乡情”接待演出、上海“世博会”系列演出等指令性演出49场。李政成参加省戏剧协会组织的“朵朵梅花进校园”活动以及“情暖深秋春满台”江苏省中青年优秀演艺人才汇报慰问演出。10月15日，《县长与老板》参加第12届上海国际艺术节演出。10月16～18日，在上海艺海剧院展演《孟丽君》(上、下)、《野猪林》。

创新扬剧宣传平台，扬剧网成为扬剧最大的信息资料库、最主要的交流阵地、最权威的发布平台。

李政成被评为全国劳动模范、江苏省有突出贡献的中青年专家，获2010年中国文化艺术政府奖——文华表演奖。　(扬剧团)

■扬州市歌舞剧院有限公司　扬州市歌舞剧院有限公司7月19日成立，11月在扬州大剧院组织10场大型演出。全年完成各类演出111场，总收入1353万元。

创作舞蹈《梅花岭上》、《两滴水》、《秋水红叶》、《希望》、《走向复兴》等节目50个，移植《吉祥孔雀》、《爱情玫瑰》、《一片羽毛》等舞蹈节目20个。

6月，参加第四届华东六省一市舞蹈大赛，双人舞《两滴水》获表演、创作两个一等奖，独舞《秋水红叶》获优秀表演奖；10月，参加第三届江苏省新人新作歌舞大赛，新创作的群舞《渴泉》获创作二等奖(一等奖空缺)、表演二等奖，群舞《希望》获创作三等奖、优秀表演奖。

全年完成重大接待演出活动30场。2月，举办“扬州之春”精品节目展演歌舞专场演出。参加“百场公益演出”活动，免费演出5场。参加“烟花三月”节招待晚会暨淮扬美食节开幕式文艺演出、“故乡情”接待演出、“激情广场·我们的节日——中秋篇”主题歌会大型广场演出。元旦、春节期间，组织到江都市、仪征市等地开展3次以歌舞节目为主的送文化下乡活动。

10月28日，隶属歌舞剧院有限公司的扬州市音乐厅投入使用。全年举办首场招待演出、庆祝鉴真大和尚善像回扬省亲专场音乐会、2011扬州新年音乐会等演出5场。

(歌舞剧院)

■扬州市木偶剧团　2010年，扬州市木偶剧团与日本动漫公司上海分公司联合推出动漫人偶剧《哆啦A梦》；与江苏广电集团动漫有限公司合作，创作、排演创意美术剧《哈皮父子》；与武汉团市委联合改编、创作《小时候的小八戒》。

在第三届“金狮奖”全国木偶皮影剧目大赛上，扬州市木偶剧团经过重新加工、排演的《白雪公主》获剧目金奖、表演奖、制作奖等奖项。在第三届“金狮奖”全国木偶皮影中青年技艺大赛上，扬州市木偶剧团梁苏荣、骆燕获最佳表演奖，郭江、王江、沈酝明3人获5个表演奖(其中郭江、王江参加《戏耍佛珠》、《智斗》演出，同获表演奖)，华美霞、颜育获指导老师奖。2010年，扬州市木偶剧团获联合国教科文组织国际木偶联合会中国中心、中国木偶皮影艺术学会颁发的“传承和发展贡献奖”，《天女散花》参加颁奖晚会演出。

开拓演出市场。剧团全年完成演出570场，其中剧场演出85场、公益演出36场。扬州市木偶剧团组织4个演出队，到浙江、江苏、安徽、上海、北京、福建、湖北、河南等地10个城市的剧场、校园、幼儿园、旅游景点等场所举办各类商业性演出活动。在与武汉团市委联合运作的“小时候·百场公益性演出”活动中，《小时候的小八戒》演出100场；在上海世博会上，先后参加扬州馆、江苏馆、欧洲馆演出。剧团全年随扬州市政府代表团到

日本和中国香港、澳门、台湾参加访问演出。 （木偶剧团）

■扬州文化艺术学校 2010年，扬州文化艺术学校招收六年制中国舞表演、器乐演奏，三年制音乐表演、电脑美术设计等专业学生160名，当年毕业生一次性就业率95%。

学校音乐表演专业创建成江苏省示范专业，中国舞表演专业创建成江苏省职业教育课程改革专业实验点。《品牌引领 提升内涵 科学发展》课题研究成果经中国教育学会“十一五”科研规划重点课题《学校文化建设与策划》总课题组同意结题，并获优秀研究成果奖。学校在扬州市职业学校课程改革课堂教学竞赛中获银奖1个、铜奖1个、优秀奖1个。

全年2000人次参加江苏省“五个一”工程奖颁奖晚会、央视“3·15”晚会、“烟花三月”节开幕式庆典活动、无锡《太湖传说》音乐舞蹈剧、扬州市接待活动、中国农民艺术节、世博会扬州馆古筝演出、央视“激情广场·我们的节日——中秋篇”主题歌会、运博会“绿色旋律”大型文艺晚会、第六届中国曲艺牡丹奖颁奖晚会、鉴真坐像回扬省亲庆典活动等校外实训演出活动100场。

组织参加江苏省教育厅主办的全省职校学生才艺大赛，获舞蹈、声乐银奖2个、铜奖1个、优秀指导老师奖4个；参加江苏省第三届少儿曲艺大赛，扬州评话、扬州弹词表演获金奖1个、银奖1个、铜奖2个；参加江苏省第三届新人新作大赛，舞蹈《盒音情涩》获剧目创作铜奖；参加“中韩魅力风采国际艺术展演”活动，丁蓉获钢琴专业青年A组金奖，学校获优秀组织奖；参加扬州市“琼花奖”舞蹈大赛，获最佳演出奖3个、优秀演出奖4个、演出奖5个、“舞蹈之星”奖3个；参加扬州市职业学校技能大赛，获金奖3个、银奖4个、铜奖1个。

市政府非物质文化遗产传承人培养重点工程——扬剧、曲艺专业取得阶段性办学成果。举办曲艺班、江都扬剧班教学汇报演出，首批戏曲专业学生进入实习阶段，扬州扬剧班教学进入剧目学习阶段。学校聘请不同剧种名师，加大剧目教学比重，提高剧目教学难度，通过分组、分角色教学等办法，提高学生剧目表演能力。

（艺 校）

■市国画院建院50周年 扬州市国画院创建于1960年，是新中国最早建立的画院之一。12月10日，纪念扬州市国画院成立50周年特展开幕式在扬州市美术馆举行。国家画院美术馆馆长舒建新、中国美术学院副院长王赞等出席开幕式。此次画展展出曾在扬州市国画院工作过的画家作品、扬州市国画院在职画家作品以及有关专家、美术馆、画院祝贺作品等，共展出花鸟、山水、人物与书法作品170多幅。展览开幕当日，举办扬州市国画院建院50周年座谈会；会后举行书画联谊会，市国画院老中青三代画家与社会书画名家共同挥毫泼墨，为画院成立50周年留下珍贵记忆。 （闻 华）

1月26日，扬州文化艺术学校举办扬剧班学生公开汇报演出

郭义富／摄

■扬州市文学艺术界联合会 2010年，扬州市文学艺术界联合会(简称市文联)组织编印出版精品书画作品集《诗画扬州》(名城·名人·名作卷)；创办彩色报纸《文艺家》，报道扬州文艺界活动情况；出版文学作品《传说扬州》、《春泥集》、《三只蝴蝶》、《扬州文史摭拾》，摄影作品集《五亭风韵》，书画作品集《谢崇山画集》等；市文联与上海亚太影视公司联合摄制的儿童故事片《小小新四军》在第19届中国金鸡百花电影节上展映。

市文联先后举办春节“新春书画展”、“爱运河·爱扬州·爱生活——大型摄影图片展”、“亲亲运河——谢继红水墨人物画展”、“扬州的夏日·少儿书画作品展”、“庆祝中国人民解放军建军83周年暨广陵双拥20周年军地作品书画展”、“熊百之师生书画作品联袂展”、“曹生龙油画风景展”、“当代中国实力派画家——郑国定画展”、“中美怡情画展”等展览10余次，并在新加坡举办“中国扬州书画名家联展”。

组织开展特色节庆群众文艺活动。市文联举办第五届“元宵文艺晚会”。市诗词协会举办“清明诗会”，市文联和市音乐家协会共同举办“端午雅集·古琴演奏会”。国庆节前后，市文联与市音乐家协会联合举办第二届“花好月圆广陵潮——迎国庆送文艺进企业联欢晚会”，市舞蹈家协会举办第二届扬州市“红舞献祖国”社区广场舞蹈大赛，市文联组织“中秋拜月”活动、“中秋雅集·音乐晚会”。全年有近1万人次参加市文联组织的各类节庆活动。

组织开展培训研讨采风活动。市作家协会举办青年作者写作培训班，30多人参加培训；市文联与相关协会举办扬州中长篇小说创作研讨会、李景文长篇小说《野宴》研讨会、王虹军摄影艺术研讨会和中华诗词学术研讨会，承办省作协“南京暨苏中片青年作家创作交流会”。市文联与市作家协会联合举办“南浔采风”、“安吉采风”和“淹城采风”活动，100余人次参加活动，发表采风作品近百篇；市摄影家协会组织“皖南采风”、“新疆采风”和“黄山采风”等集体采风活动，向会员提供外地采风信息，鼓励会员参与采风创作。

推进基层文联建设。2010年，高邮市成立4家乡镇文联，市卫生局、市公安局和市检察院成立文联。江都市吴桥镇文联开通“吴桥文化网”。全市基层文联累计成立文艺团体200多个，吸收文艺爱好者5000多人。

全市文艺界人士在各类评奖、比赛、展览中屡获奖项。其中，全国优秀儿童文学奖1个、“长江杯”江苏文学评论奖1个，第二届东方工艺美术之都博览会“迎春花奖”8个，省少儿京剧比赛优秀节目奖2个、新苗奖5个，省第三次新人美术作品展览新人奖2个、佳作奖4个，省第26届电视金凤凰奖特等奖1个、一等奖2个、二等奖2个、三等奖3个，市第二届“琼花奖”舞蹈比赛最佳演出奖11个、优秀演出奖16个、演出奖20个、“舞蹈之星”奖9个。

10月29～30日，市文联召开第五次代表大会，225名文艺界代表、10名外地扬州籍特邀代表参加会议。会议选举产生市文联新一届领导班子，曹永森当选新一届市文联主席。（肖剑锋）

社会文化

概述 健全公共文化服务体系，丰富文化活动。扬州文化艺术中心建成开放。

加快基层公共文化设施建设，城区有14个乡镇、9个街道建成达标文化站。市、县（市）文化信息资源共享工程支中心全部建成；各县（市）和邗江区乡镇（街道）基层服务点基本覆盖，实现与支中心连接；开发区乡镇（街道）基层服务点实现与市支中心连接。举办“红舞献祖国”广场舞蹈比赛、市第四届老年艺术节等群众文化活动。

全市群众文艺在各类比赛中获5个金奖、8个银奖、11个铜奖。在省舞蹈“莲花奖”首届社会舞蹈大赛中，市红十字博爱艺术团《红珊瑚》等4个舞蹈获表演、创作3个金奖、4个银奖。

推进文化馆、图书馆和扬州博物馆、扬州中国雕版印刷博物馆（简称双博馆）等12家公益性事业单位内部机制改革。（郑　妮）

基层文化活动 指导城区125家社区文化室开展各类文化活动。举办全市街道（乡镇）综合文化站站长技能（摄影）赛展和爱岗敬业征文评选活动，评出8幅优秀摄影作品和5篇征文参加省文化厅组织的比赛。举办基层文化干部培训班，聘请专家作文化产业、群众文化活动策划、摄影、合唱排练、编舞、群众文化理论研究等讲座，全市文化馆、文化站基层文化干部110多人参加培训。市文化馆建立社区文化辅导员制度，强化对社区群众文化活动的组织、辅导。评选特色文化乡镇、特色文化团队、特色文化家庭和特色文化标兵52个。举办市区社区广场舞蹈培训、交流及比赛，联合市舞蹈家协会举办8期社区广场舞蹈辅导员免费培训班，教授长绸舞等舞蹈。开展文化惠民工程。全年组织下乡、进社区送电影9270场、送戏616场、送书12.86万册。举办“幸福扬州”社区广场群众文化活动29场。（郑　妮）

“红舞献祖国”广场舞蹈比赛 10月1日，由市文广新局、市舞蹈家协会联合举办的第二届扬州市“红舞献祖国”广场舞蹈比赛在扬州大学中心校区体育场开幕，18支社区广场舞蹈队1500多人参加比赛。比赛项目分规定舞和自选舞，展示2010年全市广场舞蹈创作、培训、指导、管理成果，体现各地广场舞蹈艺术水平和创作特色。（郑　妮）

扬州市第二届“琼花奖”舞蹈比赛 5月22～23日，扬州市举行第二届“琼花奖”舞蹈比赛，65支参赛队伍、800多名选手参加专业组和业余组比赛。扬州文化艺术学校居洁表演的独舞《鱼儿》等4个节目获专业组最佳演出奖，扬州市红十字博爱艺术团表演的群舞《红珊瑚》等4个节目获业余成人组最佳演出奖，久扬幼儿园表演的《团团圆圆》等3个节目获业余少儿组最佳演出奖。各组别分别评出优秀表演奖和优秀演出奖。姜茜等9名选手获“舞蹈之星”奖。（闻　华）

5月23日，第二届“琼花杯”舞蹈大赛开赛　　华　健、赵　军/摄

6 月 13 日，扬州市举办“我们的节日·端午”文艺演出　　王　卓 / 摄

■ 节庆期间群众文化活动　“烟花三月”节期间，32 支群众文艺队伍 1200 人在宋夹城北门至“烟花三月”节开幕式主会场沿途参加表演。运博会期间，在宋夹城月城举办非物质文化遗产经典项目展览、展示活动，通过图片、实物，展示扬州市 40 个省级以上非物质文化遗产项目；组织 800 多人在运河沿线和运博会南门遗址主会场参加群众迎宾表演。

（闻　华）

■ 激情广场·我们的节日——中秋篇主题歌会　9 月 10 日，由中共中央宣传部、中央文明办主办，扬州市委、市政府承办，市文广新局组织的“激情广场·我们的节日——中秋篇主题歌会”在扬州举行。全市 5900 多人参加演出，展示中秋节日特点和扬州文化元素。中央电视台第三套节目 3 次播放此次歌会录像。

（郑　妮）

■ “幸福扬州”广场社区文化活动　“欢乐扬州”广场演出是扬州市品牌文化活动。年初，市文广新局对此项活动主题、内容和形式作出调整，更名为“幸福扬州”广场社区文化活动，包含群众文艺演出、文化活动图片展两项内容。市文广新局全年在市区举办“幸福扬州”广场社区文化活动 29 场，组织群众文艺演出队伍到文昌花园社区、园林社区、宝带社区、春江社区等各大社区开展送文化活动。

（郑　妮）

■ 第四届扬州市老年艺术节　10 月 9～16 日，扬州市举办第四届老年艺术节。此次艺术节由市政府主办，市文广新局、民政局、老干部局联合承办，设音乐、舞蹈、戏剧曲艺、美术、书法、摄影等艺术门类。活动期间，开展老年文艺节目巡回评比、特色文艺团队广场展示、综艺专场汇报演出暨颁奖典礼等近百场专项活动，展示全市老年人文艺风采和热爱生活、积极向上的精神风貌。全市有 220 个(件)节目和作品参赛，评出表演类一等奖 14 个、二等奖 12 个、三等奖 17 个，美术、书法、摄影类一等奖 11 个、二等奖 19 个、三等奖 31 个，优秀组织奖 4 个、组织奖 7 个。（顾中尧）

■ 扬州文化艺术中心建成开放　10 月 28 日，扬州文化艺术中心举行落成开放典礼。年内，美术馆举办“情系大运河”两岸中国画名家作品展、曹俊作品展等展览；图书馆开展图书借阅；音乐厅先后举办张峥、殷承宗、盛中国等音乐名家首场招待演出，庆祝鉴真大和尚善像回扬省亲专场音乐会，2011 扬州新年音乐会等 5 场演出。至年底，文化艺术中心接待参观者 20 万人次。

（闻　华）

■ 扬州市美术馆开馆　9 月 29 日，扬州市美术馆举行开馆仪式，同时举行清代扬州画派作品展、潘玉良作品展、“情系大运河”两岸中国画名家作品展、曹俊作品展等开展仪式。扬州市美术馆建筑面积 1.12 万平方米，展线约 800 米，有 5 个独立展厅、1 个坡道展厅，设置 22 间独立工作室，集收藏、研究、陈列展览、教育、交流、服务等功能于一体，可举办省级美术展览与国家级单项美展。（闻　华）

■ 扬州市图书馆　2010 年，扬州市图书馆各业务窗口全年开放 9 个月，接待读者 23.56 万人次，书刊流通 30.51 万册次；采购图书 3.21 万册；有持证读者 3.14 万人。市图书馆全年培训各类学员 1000 人次。8 月 27 日起，扬州市图书馆实施搬迁，完成 79 万册书籍（含试开馆后搬迁的古籍 13 万册）和办公设备的搬迁工作。9 月 26 日，位于扬州文化艺术中心的扬州市图书馆新馆对外试开放运行；10 月 28 日，市图书馆新馆正式开放运行。

市图书馆围绕“充分发挥公益性电子阅览室作用，积极推进学习型社会建设”主题，举办“‘4·23’世界读书日”活动、社区读书讲座、广场新书推荐、读书沙龙等系列主题活动。市图

扬州市图书馆少儿部一角　　日报 / 供稿

书馆“扬图讲堂”举办各类讲座24场，先后邀请纪连海、郦波等知名学者到扬州讲学，听众累计2万人次。市图书馆获批第三批全国古籍重点保护单位，10种古籍入选第三批国家珍贵古籍名录。（郑　妮）

■ **5家图书馆获评省文明图书馆** 2010年，扬州市图书馆、扬州市少儿图书馆、江都市图书馆、仪征市图书馆、邗江区图书馆获评2006～2009年度江苏省文明图书馆，高邮市图书馆流通部被江苏省文化厅表彰为先进集体。（郑　妮）

■ **红领巾读书征文演讲比赛** 6～7月，市文广新局、教育局联合主办主题为“走进世博、走向世界”的红领巾读书征文、演讲比赛活动，全市7家县（市、区）图书馆及中小学生4万多人参加活动，收到征文稿件4000多篇，220篇征文分获扬州市一、二、三等奖，30篇征文分获江苏省一、二、三等奖。8月24～25日，扬州市承办省红领巾读书征文演讲比赛。扬州市3名参赛演讲选手分获2个一等奖、1个三等奖。（郑　妮）

■ **邗江区图书馆建成首家村分馆** 11月26日，邗江区图书馆金湾分馆在泰安镇金湾村开馆。

金湾图书分馆是邗江区图书馆首家村图书分馆，邗江区文体新局、文化中心出资2万余元，为金湾分馆添置书架和近20个类别1000余册图书，提升金湾村图书室的装备水平和文化服务能力。（闻　华）

■ **农家书屋活动** 3月起，扬州市开展“我的书屋，我的家”农家书屋阅读讲演比赛，仪征市张红梅获一等奖，宝应县新闻出版局获组织奖；仪征市张红梅、宝应县华卉参加全省比赛，分获二等奖和三等奖。4月，扬州市在高邮市召开农家书屋提升工程建设现场会，推广高邮市卸甲镇“四学”（培训学、结对学、轮流学、借阅学）经验。全市开展农家书屋法制文化建设评选活动，江都市仙女镇新和村、邗江区方巷镇花城村获评省级农家书屋法制文化建设示范村。（钟　芸）

文化市场管理

■ **概述** 加大网吧管理力度。评选出市区“文明网吧”10家，网吧服务器在线率95.89%、客户端监控软件安装率84.85%。加大对网吧违规接纳未成年人行为的打击力度，出台有奖举报制度和组合督查制度。开展春、夏、秋、冬四季文化市场专项整治行动、手机网站淫秽及低俗色情信息专项整治行动、迎世博“扫黄打非”和重要节庆时期出版物整治等专项行动，收缴非法出版物6万件。开展净化荧屏声频活动和创建“无小耳朵社区”活动。推进软件正版化，15家大中型企业软件正版化工作通过检查验收。（刘　平）

■ **软件正版化** 推进企业使用正版软件工作，建立大中型企业名单体系。全年有川崎光电（扬州）有限公司、江苏汇银家电有限公司等15家企业完成企业软件正版化工作并通过检查验收。川崎光电（扬州）有限公司获评全国使用正版软件工作示范单位，江苏汇银家电有限公司、扬州锻压机床有限公司获评江苏省使用正版软件工作示范单位。（钟　芸）

文化产业

■ **概述** 制定、实施《扬州市2010年文化产业发展行动方案》。至年底，扬州市有文化经营单位5000多家，从业人员10万多人，形成以文化旅游、工艺美术、文体制造、玩具琴筝、出版印刷等特色行业为主，国有、民营、外资等多种所有制形式并存的产业格局。全市有文化产业项目80多个，其中1亿元以上项目40个、10亿元以上项目4个，总投资250多亿元。4月20日，举办2010中国扬州文化创意产业项目签约会暨扬州“智谷”笛莎动漫文化周活动，11个文化产业项目集中签约，总投资近20亿元。投资40亿元的中国3D科技产业园落户邗江。中央电视台唯一戏曲影视基地永久落户扬州。文化产业发展质态改善。扬州“智谷”被命名为第四批国家文化产业示范基地和江苏省文化产业示范基地。制定《扬州市文化产业示范基地评选命名管理办法》，评选、命名首批24家扬州市文化产业示范基地。拟定文化产业“十二五”规划，把文化产业纳入全市经济、文化、服务业发展总规划。

扬州报业传媒集团、扬州广播电视传媒集团成立，广陵书社完成转企改制，扬州市歌舞剧院有限公司组建。（李相林）

■ **文化产业园区建设** 扬州“智谷”文化创意产业园建设加快，累计入驻企业54家，2010年先后获“江苏省文化产业示范基地”和“国家文化产业示范基地”称号。广陵区提升1912酒吧文化风情街、“双东”（东关街、东圈门）历史街区等休闲旅游街区质态。维扬区加速扬州市文化创意产业园建设，成为央视动画形象毛绒玩具指定基地、扬州市动漫设计衍生产品工程技术研究中心。宝应县加快玻璃水晶工艺研发、贸易和展示中心建设，建成乱针刺绣和教玩具产业园。江都市发挥文体器材、金属工艺和制笔产业优势，建设文化产业特色产业园区。高邮市提升运河西岸生态旅游等文化旅游景区建设水平；仪征市打造集生态观光、休闲旅游为一体的特色文化产业群。（李相林）

首批扬州市文化产业示范基地

扬州报业传媒集团有限责任公司
扬州广播电视传媒集团有限责任公司
扬州电广文化传播有限公司
扬州广陵古籍刻印社
扬州市歌舞剧院有限公司
江苏广陵书社有限公司
扬州民族乐器研制厂有限公司
扬州龙凤（雅韵）琴筝有限公司
扬州市天艺民族乐器厂
扬州市宝映乱针绣品有限公司
扬州盛德工艺品有限公司
扬州市百仕德礼品工艺有限公司
江都京都印务有限公司
扬州江海文化用品有限公司
扬州武坚体育用品有限公司

江苏红山体育健身度假村有限公司
江苏省高老庄文化传媒有限公司
扬州瓜洲古镇国际旅行露营地有限公司
扬州凤凰岛生态旅游实业有限公司
江苏笛莎公主文化创意产业有限公司
扬州一九一二投资顾问有限公司
扬州世纪电影城有限公司
扬州五亭龙国际玩具礼品城有限公司
江苏雨辰华域文化创意投资有限公司

（闻　华）

■8个项目获省文化产业引导资金扶持　11月26日，2010年度江苏省文化产业引导资金项目签约仪式在南京举行。扬州智谷投资管理有限公司扬州智谷文化创意产业发展平台建设项目、扬州工艺美术集团扬州玉文化创意产业园、扬州电广文化传播有限公司扬州手机频道互动媒体升级服务平台等8个项目获省文化产业引导资金800万元。从2007年起，全市累计有17个项目获2175万元省文化产业引导资金扶持。（闻　华）

■图书发行　全市817家出版物发行单位参加年度核验登记，其中二级批发单位6家、零售单位450家、报刊亭361家。全市出版物发行单位经营面积465.73万平方米，从业人员2103人；全年销售收入4.08亿元，其中批发单位销售收入1.76亿元、零售单位销售收入2.32亿元；实现利润4350.6万元。（钟　芸）

■印刷业　全市有出版物印刷企业9家、专项印刷企业7家、包装装潢印刷企业223家、其他印刷企业297家、复(打)印企业200家，其中年产值5000万元以上企业8家。全市印刷企业有从业人员1.52万人，资产总额20.17亿元，全年实现工业总产值31.33亿元、销售收入25.81亿元、利润总额1.55亿元。（钟　芸）

■光盘复制业　2010年，只读类光盘复制生产企业扬州广德信息有限公司生产CD光盘2815.75万片、VCD光盘632.48万片、CD－ROM光盘841.77万片、DVD光盘238.06万片、母盘1028片，销售收入1701万元。

2010年，扬州晋皇科技有限公司成立，填补扬州市可录类光盘产业空白。公司注册资本1.28亿美元，总投资1.40亿美元。全年生产光盘3150万片，实现销售收入3500万元。

（钟　芸）

档案

■概述　2010年，全市档案部门接待查档人员1.70万人次，提供档案资料4.18万卷（件）次。市档案局（馆）与市委宣传部等部门在市档案馆爱国主义教育基地展览厅联合举办“大爱之城——扬州好人先进事迹图片展”。完成2009年度扬州市十件大事评选活动。扬州市档案馆、邗江区档案馆分别晋升为国家一级综合档案馆、国家二级综合档案馆。市档案局(馆)档案管理处查档接待窗口获评2009年度扬州市巾帼文明岗。

市档案局在全市开展“档案服务企业年”活动，国资监管企业、民营企业、园区企业和破产改制企业档案工作取得新成效。开展大学生村官业绩档案建档工作。全市第二批民生档案建档和规范化工作基本完成。全市40家机关、企事业单位档案工作通过目标管理认定，其中6家单位获评五星级。加强档案行政执法工作。市档案局结合年检工作开展档案执法检查，召开全市行政执法工作会议，邀请市人大代表开展全市民生档案工作专项执法检查，与市民政局联合开展婚姻登记档案、收养档案等民政档案执法检查。

加强档案资源建设和开发利用。市档案馆接收文书档案、专门档案1.03万卷、1.32万件，接收5家破产企业档案1万多卷。征集10多名原扬州地、市级老干部个人档案资料，完善老干部档案。完成50名国家级、省级非物质文化遗产代表性传承人档案的征集、整理。编印《清宫扬州御档》(18册)、《宝岛扬州人》、《扬州人——非物质文化遗产代表性传承人》、《扬州市档案馆指南》。全年出刊《扬州大事记》12期。与《扬州时报》联合开办《扬州密档》专栏，不定期解读馆藏档案珍品。推进档案信息化。完成近300万页纸质档案数字化加工和质量检验；开展光盘异质载体二套备份工作，完善档案基础数据库。

（徐国磊）

■档案接收和征集　市档案馆接收市政府办公室等单位文书档案、专门档案1.03万卷、1.32万件，其中包括援建档案、纪监档案、职称档案、公证档案、勘界档案等；接收5家破产企业档案1万多卷。收集、整理2010“烟花三月”节、第四届运博会、第五届中国扬州鉴真国际半程马拉松赛和扬州市参与上海世博会、鉴真坐像回扬省亲等重大活动档案资料，并依照《扬州市重大活动档案管理办法》征集重大活动、重大事件中形成的文书、图片、音像、实物档案。征集到中国人民大学校长纪宝成个人档案资料，完成17名国家级非物质文化遗产代表性传承人、33名省级非物质文化遗产代表性传承人档案的征集、整理工作。（徐国磊）

■档案信息化建设　市档案馆按照国家和省档案局的规范标准，新建和完善各种门类档案的基础数据库，累计建立目录数据201万条，并对6个县(市、区)档案目录数据进行集中备份；整合4个民生工作部门档案数据，探索档案信息资源综合管理新模式。

推进档案数字化。完成近300万页(累计600多万页)纸质档案数字化加工和质量检验任务，累计完成近90%馆藏纸质档案数字化。开展光盘异质载体二套备份工作，累计刻盘700余张。完成近8000盘音像档案数字化，总时长12万分钟，音频时长近1万分钟。更新数字档案管理系统软件，实现档案查询、统计、分析等业务功能网络化管理，提升档案管理工作现代化水平。市档案馆建立档案数字化加工中心，开展县(市、区)档案馆档案数字化工作和录像档案模数转换工作。

推进政务信息公开。启动电子文件中心系统升级工作，采取离线报送与审核的形式，汇集电子政务环境下

11月15日，扬州市档案馆通过国家一级档案馆评审　李斯尔／摄

的电子公文1500余件。

2010年，市档案局完成扬州档案方志网站改版。12月17日，扬州档案方志信息网总浏览量突破300万人次。（徐国磊）

市档案馆晋升国家一级馆　市档案馆年初确定创建国家一级综合档案馆，建立创建工作领导小组，对照《市、县级国家综合档案馆测评办法》，制定创建工作实施方案，分解工作任务。每月召开创建工作会议，考核工作进度，解决困难和问题。11月15日，扬州市档案馆以97.2分通过国家档案局组织的测评，晋升国家一级综合档案馆。（徐国磊）

“档案服务企业年”活动　2010年，全市档案部门开展以指导、监督、检查、培训为主要内容的“档案服务企业年”活动。

年初，市委办、市政府办下发《关于进一步加强企业档案工作的意见》，市档案局印发《关于开展“档案服务企业年”活动的意见》，对国资监管企业、民营企业、园区企业和破产改制企业档案工作提出具体要求。市档案局与市工商联等单位联合印发《关于进一步加强民营企业档案工作的意见》，加大对民营企业档案人员业务知识技能的培训力度；与市国资委联合召开市直国有企业建档和档案规范化建设动员培训会、市直破产改制企业档案工作会议，加大对企业档案工作的指导、监督力度；到扬州经济技术开发区、化工园区、蜀冈—瘦西湖风景名胜区管委会调研、指导园区企业档案工作，为开发区及民营企业举办企业档案业务培训班，培训企业档案人员300多人。

市档案局（馆）组织人员集中整理接收进馆的破产企业档案。到9月底，完成25家破产企业7万多卷档案整理。各地“档案服务企业年”活动各具特色。宝应县将全县改制企业档案接收进馆；高邮市指导开发区重点民营企业档案工作；维扬区着重围绕注册资本1亿元以上的企业开展档案服务工作；邗江区开展全区企业概况摸底调研；广陵区重点服务产值超1亿元的60多家区列统企业；仪征市编印、发放《企业档案工作服务手册》，在《仪征信息》专版刊载《企业档案工作实用知识问答》，宣传企业档案知识。（徐国磊）

建立大学生村官业绩档案　市档案局印发《关于建立大学生村官业绩档案的通知》。各地档案部门推进大学生村官业绩档案建档工作，提供业务指导。至年底，仪征市完成全市大学生村官业绩档案规范化建档工作，形成档案147盒294卷；江都市13个镇规范建立大学生村官业绩档案；广陵区为近150名大学生村官建立业绩档案；其他县（市、区）按计划开展试点，推广大学生村官建档工作。（徐国磊）

推进民生档案工作　市档案局在全市开展第二批民生档案建档和规范化建设工作，先后印发《关于进一步加强民生档案工作的意见》、《关于建立民生档案利用体系的通知》、《关于加强社会保险档案工作的通知》，与市残疾人联合会联合印发《关于加强残疾人保护档案工作的通知》，与市卫生局联合印发《关于加强病案档案工作的通知》。召开市直10多家民生单位建档和档案规范化建设动员会议。至年底，全市第二批民生档案的建档和规范化工作基本完成，档案内容涉及病案、残疾人保护、仲裁、老龄工作、优抚工作、未成年人保护等。（徐国磊）

《清宫扬州御档》出版　2010年，市档案局组织力量整理清代扬州档案，编辑、出版《清宫扬州御档》。8月16日，《清宫扬州御档》获批列入国家清史工程项目。10月，《清宫扬州御档》出版。全书分18册，收录清朝顺治至宣统年间5763件折件。10月23日，在“盛清社会与扬州高端学术

10月23日，《清宫扬州御档》举行首发式　魏怡勤／摄

研讨会”开幕式上举行《清宫扬州御档》首发式。（徐国磊）

城建档案管理 2010 年，市城建档案馆加大档案收集力度，签订档案报送责任书 112 份，组织建设工程档案专项预验收 240 次，参加工程竣工验收 90 次，出具档案接收证明书 138 份，接收各类城建档案 6258 卷，其中规划档案 1194 卷、工程竣工档案 4600 卷、施工许可和竣工备案等业务档案 464 卷。

全年整理工程档案 7280 卷，整理 1988～1991 年工程规划许可证档案 2100 件。全年录入各类城建档案信息条目 1.26 万条，其中工程规划许可证档案条目 4630 条。7 月底，启动馆藏规划许可证档案数字化扫描项目。至 10 月底，完成馆藏 2.19 万卷 15.5 万页规划档案扫描。全年接待查档 673 人次，提供各类城建档案和资料 1923 卷（册），出具证明 108 份。

围绕城建重点工程、重要会议和活动以及古城保护工作，拍摄照片 1800 余张、摄像 152 分钟，丰富声像档案馆藏。与历史文化名城研究院共同编辑出版《扬州旧影》老照片画册，提供老照片 552 张。与名城研究院、名城公司等单位合作编辑《扬州东关街》画册。

2010 年，江都市城建档案馆通过省住房和城乡建设厅组织的省示范馆评审验收，宝应县城建档案馆通过晋升省特级城建档案馆目标考评。（冯汉国　毛一峰）

地方志

概述 2010 年，《扬州市志（1988～2005）》编纂工作进入第五年，市志编纂工作基本完成分纂任务。截至年底，市志各承编单位志稿终审工作完成 78%，分纂志稿篇幅量完成 300 多万字。

县（市、区）二轮修志工作有序推进，大多数转入分纂工作阶段。至年底，仪征、江都、维扬等县（市、区）完成续志总纂篇目审查。

部门志、专业志、乡镇志编纂有序推进，《扬州军事志》、《仪征市水利志》、《高邮军事志》、《扬州市电力工业志》等志稿通过评审验收。

编辑出版《民国扬州旧事》、《扬州通（2010）》、《瓜洲画册》、《难忘的岁月》、《江都籍在外人才名录》等地情书。（侍　琴）

《扬州市志》编纂 年初，市志编纂转入分纂阶段。市地方志办公室制定《扬州市志（1988～2005）》分纂工作方案，把握分纂工作承上启下的特点，确定“齐断限、核史实、统体例、精文字、划交叉、挑疑点”的工作准则，提高志稿质量。一方面继续严把“三读”（略读了解大致框架、细读掌握基本内容、查读寻找基本要项和错漏硬伤）关，做好“三查”（查前志、查年鉴、查网站）、“三审”（初审、复审、终审）工作，及时审阅志稿，指出疏漏，整理修改建议，联系承编单位核实修改；另一方面从篇目设置、时限把握、内容表述、数据引用、资料选取等方面着手，合理编辑、整合志稿内容。做好《扬州市志》（1997 年版）勘误工作。对少数质量较差的志稿，落实人员重新撰写。征集、整理《扬州市志·人物表》人物资料。至年底，市志人物志、大事记、著述目录等自撰稿编写工作基本完成。9 月 26 日，《扬州市志（1988～2005）》总纂篇目在全省地级市中率先通过评审。（侍　琴）

县（市、区）二轮修志 仪征市完成 147.6 万字市志总纂稿，《仪征市志（1988～2006）》总纂篇目通过评审；宝应县完成 50%志稿初审，县志篇目完成送审稿；维扬区完成 25%的分纂任务，《维扬区志（1989～2005）》总纂篇目通过评审；江都市完成 35%的分纂任务，《江都市志（1994～2006）》总纂篇目通过评审。

（侍　琴）

乡镇志、部门（专业）志编纂出版 2010 年，《江都水利志》、《邗江县卫生志》、《仪征农林志》、《宝应县卫生志》等出版发行。《高邮市民政志（1986～2005）》、《仪征市水利志》、《高邮军事志》、《广陵区军事志》、《仪征市军事志》、《扬州市电力工业志》、《邗江县电力工业志》、《邗江区军事志》、《江都市军事志》、《维扬区军事志》等志稿通过评审、验收。

（侍　琴）

年鉴编纂出版 2010 年，扬州市及各县（市、区）出版 8 部地方综合年鉴。

2010 卷《扬州年鉴》约 100 万字，分 32 个类目，设 201 个栏目，收录 2133 个条目和资料，基本反映扬州经济建设和社会发展的全貌。2010 卷《扬州年鉴》完善《历史文化名城保护》、《扬州“三把刀”》等具有扬州特色的类目、栏目，进一步理顺结构，突出扬州地方特色和年度特色。调整卷首图片专栏，按照扬州市年度十件大事编排专栏内容，每件大事条目配以一组跨页连版图片，形象、直观地反映大事的背景和主题，集中展示全市年度大事、要事、新事。（周学年）

年鉴获奖 2010 年，在首届江苏省年鉴奖评选中，扬州市参评的《扬州年鉴》（2009）、《高邮年鉴》（2009）分获特等奖，《广陵年鉴》（2009）获条目编写奖，《江都年鉴》（2009）获装帧设计奖。在中国地方志指导小组、中国地方志协会组织的全国地方志系统第二届年鉴评奖中，《扬州年鉴》（2009）获地市级地方综合年鉴特等奖，《高邮年鉴》（2009）获区县级地方综合年鉴一等奖。（周学年）

卫生

Weisheng

本栏责任编辑　陈永华

综述

■**概况**　2010年末，全市各类卫生机构总数2028个。其中，医院78所、卫生院102所、疗养院1所、城市社区卫生服务中心(站)136个、门诊部83个、妇幼保健机构8个、专科疾病防治所(站)9个、急救中心2个、疾病预防控制中心(卫生防保中心)9个、卫生监督所7个、采供血机构2个、医学在职培训机构3个、诊所358个、卫生所和医务室机构184个、村卫生室1025个、其他卫生机构21个。

全市医疗机构实有床位总数16343张，比上年增加937张，增长6.08%。其中，医院床位11470张，占总床位数的70.18%；卫生院床位3215张，占总床位数的19.67%。平均每千人口拥有医院、卫生院和社区卫生服务中心床位3.55张。

全市有卫生行业从业人员26725人。其中，卫生技术人员22826人，占85.41%；其他技术人员793人，占2.97%；管理人员1373人，占5.13%；工勤人员1733人，占6.48%。全市有执业医师和执业助理医师7881人；注册护士7257人。平均每千人口有卫生技术人员4.96人，其中执业医师和执业助理医师1.72人、注册护士1.58人。

2010年，全市各级医疗机构总诊疗人次1974.58万人次，比上年增长2.17%，其中门（急）诊人次1494.05万人次。各类医疗机构诊疗人次数分别为医院717.70万人次，疗养院0.64万人次，社区卫生服务中心（站）187.14万人次，卫生院315.21万人次，急救中心(站)2.06万人次，门诊部30.72万人次，诊所、卫生所、医务室136.66万人次，妇幼保健院(所)86.58万人次，专科疾病防治院(所、站)17.34万人次。居民年人均接受医疗机构诊疗4.29次，其中门(急)诊3.18次。

全市医疗机构入院人数38.89万人次，比上年增长10.7%，每百总诊疗人次入院人数1.97人次，每百门(急)诊人次入院人数2.66人次。平均每千人口入院人数84.54人次。

全市医疗机构病床使用率77.66%，比上年提高4.01个百分点。各类医疗机构病床使用率分别为：医院87.4%，卫生院48.57%，妇幼保健院（所)90.23%，专科疾病防治院(所)67.57%。

全市医疗机构出院者平均住院日13.2天，比上年减少0.6天，其中医院15.1天、卫生院7.5天。

全市医院平均每诊疗人次费用113.05元。其中，药费61.7元，占54.58%；检查治疗费22.34元，占

2010年扬州市卫生机构情况表

单位：个

类　别	单位数	经济类型				
		国有	集体	联营	私营	其他
合　计	**2028**	**280**	**1130**	**1**	**357**	**260**
医疗卫生机构	325	124	79		84	38
诊所、卫生所、医务室	542	132	93		244	73
社区卫生服务中心(站)	136	23	93	1	4	15
村卫生室	1025	1	865		25	134

（陈东升）

2010年扬州市医疗机构工作量、效率分析表

项　目	总诊疗人次数（万人次）	入院人数（万人次）	病床使用率(%)	平均住院日(天)	每诊疗人次医疗费用(元)	每一出院者医疗费用(元)
2010年	1974.58	38.89	77.66	13.20	113.05	6542.91
2009年	1932.62	35.13	73.65	13.80	105.83	6021.41
增幅(%)	2.17	10.70	5.44	-4.35	6.82	8.66

注："医疗费用"按中国卫生统计调查制度规定填报的综合、中医、专科医院统计数据平均计列。

（陈东升）

19.76%。平均每一出院者住院费用6542.91元。其中,药费3209.9元,占49.06%;检查费363.6元,占5.56%;治疗费813.39元,占12.43%;手术费352.5元,占5.38%;床位费313.14元,占4.78%。社区卫生服务中心(站)平均每诊疗人次费用68.23元,其中药费43.3元,占63.46%;平均每一出院者住院费用3647.61元,其中药费2094.91元,占57.43%。卫生院平均每诊疗人次费用87.15元,其中药费56.06元,占64.33%;平均每一出院者住院费用2835.54元,其中药费1629.71元,占57.47%。

2010年,全市财政对卫生事业(不含驻扬医疗单位)投入4.06亿元。

(陈东升)

■**社区卫生服务** 全市有城乡社区卫生服务中心108个(含部分乡镇卫生院),社区卫生服务站1067个(含部分村卫生室),社区卫生服务机构覆盖率100%。推进城乡社区卫生服务机构标准化建设,争取中央和省扩大内需专项资金6380万元,开展县乡两级医疗卫生机构标准化建设。完成32个社区卫生服务中心标准化建设,全市标准化建设率80%以上,累计建成11个省级示范社区卫生服务中心和8个省级示范乡镇卫生院。居民在社区卫生服务机构就诊率46.51%。(王林 殷洪)

■**新型农村合作医疗** 全市新型农村合作医疗(简称新农合)参保率99.8%,人均筹资标准150元,市区筹资标准172~192元,支付限额超过农民年纯收入的8倍,农民实际补偿比45%,新农合基金使用率90%以上。(王林 殷洪)

■**公共卫生服务** 扬州市免费为城乡居民提供九大类22项基本公共卫生服务,城乡居民健康档案规范化建档率分别为55.38%、51.22%,适龄儿童11种疫苗免费预防接种率99.77%。完成乙肝疫苗查漏补种16.8万人,儿童麻疹疫苗强化免疫14万多人。完善重大传染病疫情、食物中毒和职业中毒预警机制,有效防控艾滋病、结核病、乙肝、手足口病等重点疾病,血吸虫病防治工作实现国家和省中长期规划目标。

全市登记高血压、糖尿病等慢性病患者28.48万人,免费婚检率逐年提高,妇女病普查率91.95%,完成2.86万名农村妇女“两癌”(宫颈癌、乳腺癌)筛查,2.60万名农村妇女获住院分娩补助、2.66万名农村妇女免费补服叶酸。全市孕产妇、婴儿死亡率分别控制在3.15/10万、4.41‰。市妇幼保健院建成三级甲等医院。

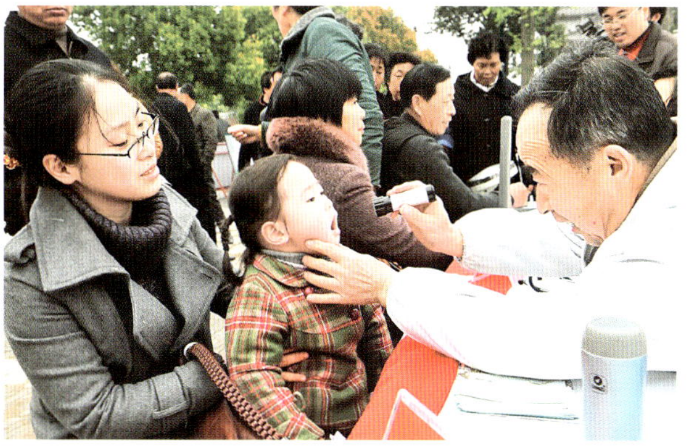

4月11日,扬州市举行“城市化与健康”主题爱国卫生宣传活动,有关医疗单位摆开展位,现场接受市民咨询,开展义诊活动 王卓/摄

加大卫生监督执法力度。开展卫生行政许可,打击非法行医。市卫生监督所通过卫生监督体系标准化建设省级评估。推进餐饮、公共场所等单位卫生监督量化分级管理,组织职业健康监护6.81万人。

开展全市城乡环境卫生整洁行动,新建成省级卫生镇3个、市级卫生镇4个,新(改)建无害化户厕9.24万座,全市无害化户厕普及率57.9%。开展农村饮水水质监测工作。推进“亿万农民健康促进行动”、“健康扬州社区行”及健康促进示范企业和试点村建设活动,组织到社区、农村举办健康知识讲座、咨询和义诊等活动851场。启动全市医疗卫生系统控烟工作。(王林 殷洪)

■**卫生惠民服务** 实施“服务基层,服务群众”卫生惠民便民十项措施。完善医疗单位门诊通用病历、医学检验检查结果互认制度。全市所有二级以上医院推行电话和网上预约挂号、当天出具检查检测报告、专家全日工作制等制度,方便群众就医。市惠民医院及全市医院惠民窗口全年优惠2万多人次,减免费用300多万元。制定城市医院与基层医疗卫生机构对口支援管理方案及考核措施。主城区18个社区卫生服务中心每周有大医院专家坐诊不少于两个半天,全年专家坐诊1000多个工作日;坚持城市医院晋升职称人员到基层工作制度,全市25家市、县级医疗卫生单位安排医疗卫生人员500多人次对口支援136个城乡医疗卫生机构。市直医院对口支援新疆、陕西等医疗机构。开展创建“群众满意医院”活动,落实规范医疗收费自查自纠、“双纠”(纠正医药购销和医疗服务中不正之风)监管、公开评议、考核监督、责任追究等长效监管五项制度。

(王林 殷洪)

■**医药卫生改革** 市政府确定市第二人民医院(惠民医院)为市级公立医院改革试点单位,出台综合改革试点方案,启动改革试点工作。推进基本药物制度改革试点工作。至2010年底,广陵区、维扬区、邗江区和仪征市及扬州经济技术开发区由政府举办的基层医疗机构实施基本药物制度,实行集中采购和统一配送、零差率销售基本药物,建立以服务质量、效率和群众满意度为核心的绩效考核机制。扭转基层医疗卫生机构“以药养医”机制,减轻群众医药费用,基本药物制度实施后,基层医疗卫生机构门诊量比上年同期增长18.5%,医疗费用比上年同期降低30%左右。

(王林 殷洪)

■**科教工作** 开展基层卫生技术人员转岗培训,全年培训9060人;组织

1892 名乡村医生接受中专学历教育，为农村基层定向免费培养大专生 57 人，开展全科医学规范化培训。开展 15 个急诊疾病适宜救治技术分层次培训，全市培训基层医疗骨干 4011 人。2010 年，全市卫生系统 16 个科研项目获市级以上立项，获国家及省科技进步奖和新技术引进奖 3 项、市科技进步奖项目 21 项。25 项成果填补市级以上医学新技术空白。全市建成省重点学科共建单位 2 家、省重点专科 10 个、市重点专科 60 个。市直医院引进和培养博士 96 人、硕士 478 人。（王 林 殷 洪）

■ **卫生行风建设** 开展第 23 届“白求恩杯”竞赛暨创先争优活动，围绕“五赛”（赛培训学习、赛优质服务、赛文明创建、赛争先创优、赛医疗安全）主题，开展竞赛活动。全系统开展向陈宏如学习活动，组织干部职工学习先进典型、争做先进典型，涌现一批医德医风标兵。加强党风廉政和卫生行风建设，市卫生局制定《市直医疗卫生单位主要负责人汇报廉洁从业情况暂行办法》，组织市直属单位党政主要负责人汇报廉洁从业情况。开展“学习‘廉政准则’，争做勤廉表率”主题教育活动及卫生行风巡查工作，评选“医德医风标兵”。实现行政权力网上公开透明运行和电子监察全覆盖，群众对卫生系统行风综合满意度 93.42%。（王 林 殷 洪）

医疗服务

■ **概述** 2010 年底，全市 23 所二级以上医院总诊疗人次 688.51 万人次，比上年增长 20.64%；门诊人次 616.11 万人次，增长 23.24%；急诊人次 69.90 万人次，增长 149.4%；出院 28.07 万人次，增长 11.67%；手术 8.86 万例，增长 5.81%；病床使用率 91.51%，提高 0.53 个百分点；病床周转次数 29.63 次，增长 0.26%；出院者平均住院日 13.51 天，增长0.19%。

全市 23 所二级以上医院平均每诊疗人次医疗费 153.42 元，比上年增长 3.93%；平均每一出院者住院医疗费 6440.30 元，增长 9.55%；平均药品加成率 27.19%，比上年减少 8%；住院药占比 49.11%。

全市 23 所二级以上医院业务收入总额 33.32 亿元，比上年增长 17.1%。其中，门诊收入总额 10.97 亿元，比上年增长 18.1%；住院收入总额 21.87 亿元，比上年增长 21.53%。总支出 33.84 亿元，比上年增长 16.19%。其中，药品支出 13.29 亿元，比上年增长 26.18%；卫生材料支出 4.46 亿元，比上年增长 60.34%；人员支出 7.28 亿元，比上年增长 12.18%；其他支出 8.78 亿元。欠费总额 2.11 亿元，比上年增长 178.26%，其中，病人欠费 0.22 亿元，比上年增长 122.3%。（褚 鸣 陈 长）

■ **医疗质量** 全市 23 所二级以上医院整体质量指标良好，治愈好转率 94.59%，入出院诊断符合率99.84%，手术前后诊断符合率 99.92%，临床病理诊断符合率 99.18%，住院危重病人抢救成功率 90.52%，医院感染率 1.09%，无菌切口感染率 0.04%。开展“坚持改进质量，保障医疗安全”医疗质量万里行活动。专项检查 24 所医院（其中三级医院 2 所、二级医院 18 所、一级医院 4 所）围手术期合理用药和手术室感染管理；组织全市 14 所二级以上医院内科、外科、急诊科、儿科、妇产科、传染科、精神科等医护人员 320 人参加“三基”（基础理论、基本知识、基本技能）抽查考试。（褚 鸣 陈 长）

■ **平安医院创建** 仪征市、江都市、高邮市、宝应县等四县（市）建立医患纠纷人民调解组织，市区医患纠纷人民调解委员会调解纠纷 178 起，调解成功 151 起。全市二级以上医院全部参加医疗责任保险，引导各县（市、区）医疗机构实行集中统一参保，把区属医疗机构纳入市区统一管理。市卫生局联合公安局检查全市 23 所二级以上医院内部安全技术防范建设和医院探视管理情况。加强医患沟通，二级以上医院成立医患沟通中心，制定工作制度，规范工作程序，明确沟通内容；沟通过程由驻警全程见证，录音录像，为妥善处理医患纠纷提供依据。探索医患纠纷预防处置、分析评判、整改惩处等机制，完善医疗纠纷处理应急预案，规范医患纠纷预防处置程序。各医院执行《医院投诉管理办法（试行）》，指定专门部门专人负责医院投诉管理工作，将投诉管理纳入医院质量安全管理体系。（褚 鸣 陈 长）

■ **医疗服务质量** 落实《卫生部开展门诊预约挂号服务的指导意见》，建立“114”信息平台，全市二级以上医院开展预约诊疗服务。完善门诊工作制度，加强门诊一站式服务，分层设立挂号缴费窗口，开设双休日门诊，实行弹性排班，增加专家门诊、专科门诊和专病门诊窗口。加强门诊各科室的协调、配合，做好门诊和辅助科室间的流程控制和衔接。加强急诊绿色通道管理，组织全市乡镇卫生院 376 名医疗技术骨干参加急救技术脱产培训。执行首诊负责制，市区医院与“120”急救中心建立联动协调机制，与社区卫生服务机构、乡镇卫生院建立急诊急救快速转诊服务制度。执行《江苏省电子病历管理暂行规定》，利用信息化技术，提高临床医务人员工作效率和诊疗水平，共享患者诊疗信息。全年市区二级以上医院完成医疗保障 51 次，出动救护保障车辆 101 辆次、医护人员现场服务 400 余人次。全市收住手足口病病人 375 人，其中重症病例 7 人，全部康复出院。在二级以上医院推行“优质护理服务示范工程”试点。全市 12 所医院开展试点，其中综合医院 9 所（含民营医院 3 所）、专科医院 3 所，试点病房总数 41 个。（褚 鸣 陈 长）

■ **医疗技术能力建设** 市卫生局制定《扬州市城市卫生对口支援城乡基层卫生工作实施方案》，各三级医院细化、落实支援内容。加强医院重点专科建设，对全市 60 个市级临床重点专科实行动态管理、年度考核。制定《扬州市卫生局卫生科学技术奖励办法（试行）》，对新增省、市级临床重点专科分别奖励 20 万元、5 万元，对

通过复核评审的省、市级临床重点专科分别奖励5万元、2万元。（褚 鸣 陈 长）

对口支援 实行城市医生晋升主治或副高职称前对口支援城乡基层卫生制度，明确服务时间和计算方式。安排市直医院副高以上职称专家到社区卫生机构服务，市区18个社区卫生服务中心每周至少两个半天有上级医院专家坐诊。全年安排专家坐诊1000多个工作日。做好三甲医院对口支援县级医院和市直医院对口支援社区卫生服务中心工作。支援医院和受援医院互相签订对口支援（受援）协议，明确各自的责任和义务。全年选派455人次进驻县医院，诊治病人1万余人，查房1000余次，讨论疑难重危病例450余次，参与麻醉和手术800余次，传授适宜技术47项，举办讲座241次；接受进修168人。（褚 鸣 陈 长）

临床路径管理 执行卫生部《临床路径试点工作方案》，推广卫生部下发的100多个临床路径，要求三级综合医院选择至少3个专业10个病种，三级专科医院和二甲综合医院至少1～2个专业2个病种开展试点。全市有12家二级以上医院开展临床路径试点，涉及67个专业185个病种，全年进入路径病例数465个、变异数35个，退出路径病例数53个。（陈 长）

质量控制 扬州市建立病历质量、院感管理、药事管理、影像质量、临床检验等5个质量控制中心。临床检验质量控制中心在全市222家医疗机构实验室开展质控品室间质量评价，定期召开全市临床检验质量控制会议；制定全市医疗机构临床实验室（检验科）整改和现场考核验收方案，现场检查、考核全市25家医疗机构临床实验室执业情况。（陈 长）

苏北人民医院 医院在岗职工1850人，其中医学博士近60人、医学硕士213人；卫生专业技术人员1550人，其中高级职称人员300多人，60多名专家在全国或省级学术团体中任职，10人享受政府特殊津贴；20人获评省、市有突出贡献的中青年专家；有省医学重点学科和医学重点人才建设战略工程（“135工程”）、省“333高层次人才培养工程”（“333工程”）培养对象及医学重点人才11人。医院有省级临床重点专科8个、市级临床重点专科17个、国家级药物临床试验科室（专业）9个、国家级内镜诊疗技术培训基地6个，设有扬州市生殖医学中心、血液学研究所等研究机构；有临床教研室13个，医学博士、硕士点20个，博士、硕士研究生导师57人。

医院全年门（急）诊病人、出院病人、手术病人分别为119万人次、5.71万人次、2.22万人，比上年分别上升4.1%、13.2%、16.3%。医疗质量指标稳步提高，出入院诊断符合率96%，手术前后诊断符合率100%，临床诊断与病理诊断符合率100%，住院危重病人抢救成功率92.6%，入院三日确诊率100%。

2010年，医院三期病房楼封顶，医学影像诊断设备64排PET/CT、旋转容积调强图像引导靶向直线加速器投入使用。

加强医院学科建设，成立高血压科、临床心理科，脑卒中中心、微创外科、骨质疏松诊疗中心、健康管理中心并投入运行。与江苏省人民医院、上海华山医院、湘雅二附院、韩国建国大学医疗中心等结为友好医院。医院主持国家自然科学基金项目2个，获批省卫生厅面上项目2个、省卫生厅预防医学项目3个、省科技厅自然科学基金项目1个、省科技厅社会发展项目2个。

开展优质护理服务示范工程创建工作。全院护理综合满意度96.4%，试点病房综合满意度99.2%。

推出无缝延时门诊，推行“专科护师协同专家出诊”新模式，成立疑难病会诊中心，设置入院处置中心，方便群众看病就医。

开展回报社会系列活动，完成与新疆维吾尔自治区伊犁州、陕西省铜川市等5个市（县）医院和10多个社区服务中心的对口支援任务。关注社会弱势群体，向贫困地区基层医疗单位捐赠仪器设备和药品。（毛向阳）

扬州市第一人民医院 全院总建筑面积15.5万平方米；有在职员工1642人，其中医学博士36人、硕士生导师30人；有高级技术职称专家320人，其中“333工程”学术带头人6人、有突出贡献中青年专家14人、享受政府特殊津贴的专家4人；设有扬州大学内科学、外科学、影像医学及核医学硕士点3个。医院有固定资产12.1亿元，先进诊疗设备3000余台（套），包括国内首台德国西门子128层螺旋CT、3.0T短磁体核磁共振和SPECT、大平板数字减影血管照影机、美国瓦里安直线加速器、奥林巴斯超细内镜、超声内镜等。2010年，医院实际开放床位1550张，年门诊量90万人次、收治住院病人4.1万人次。

注重专科内涵建设。心血管内科、消化内科、影像科为省级临床重点专科，神经内科、呼吸内科、普外科、骨科、妇产科、儿内科、耳鼻喉科、口腔科、麻醉科、医学检验科为扬州市临床重点专科。主动脉夹层（夹层动脉瘤）EVAR术、弓部病变及升主动脉远端病变复合手术、深静脉血栓形成及肺栓塞的国际规范化治疗、面中份凹陷假体植入修复术、颧弓颧骨成形术达国内先进水平；冠状动脉左主干内支架植入术、大血管覆膜支架植入术、脑血管病介入治疗、胃镜下黏膜下肿瘤切除术（ESD）、规范化无痛胃肠镜检查及管理、颈动脉狭窄症的颈动脉内膜剥脱术（CEA）及脑保护伞下颈动脉支架植入术（CAS）、颈动脉瘤的开放手术及腔内修复术（EVAR）、颈动脉体瘤切除术（或剥除术）及人工血管间置术、肾血管性高血压的EVAR术及人工血管旁路术、下肢动脉硬化闭塞症的EVAR术或血管旁路术、糖尿病足的医药综合外科治疗、下肢穿通静脉瓣膜功能不全的内镜深筋膜下穿通静脉离断术（SEPS）、妇科内窥镜治疗恶性肿瘤和鼻内镜下经鼻腔、蝶窦垂体肿瘤切除术等达到省内先进水平。2010年，医院获批国家

扬州市中医院发挥中医药特色优势，吸引众多患者就诊。图为调剂师正在配药　郭义富/摄

自然科学基金项目2个、省自然科学基金项目3个。（戴春阳）

■**扬州市中医院**　2010年，全院有在职职工470人;有享受国务院特殊津贴的专家，省、市名中医，医学和药学硕士、博士等高级中西医技术专家60多人。全年门(急)诊总诊疗人次40.22万人次，出院6863人次，平均住院日16.7天，病床使用率105%；住院病历甲级率94%，门诊病历合格率91%，处方合格率98%，入院三日确诊率99.3%；传染病报告率100%，传染病报告及时率98%以上，开设肠道门诊检索率大于10%。全年获批国家自然科学基金资助项目1个、省中医药管理局项目4个、市级科研项目6个。获市卫生系统2010年“白求恩杯”赛、医疗质量万里行、平安医院创建、“中医院医院管理年”等活动一等奖。创成“无烟医院”。

6月12日，门(急)诊医技病房综合楼主体结构封顶。12月，针灸科、脾胃病科通过市级中医重点专科评审。12月26日，医院启动扬州市首届中医医师师承教育工作，通过动员部署、鼓励推荐、双向选择、审核确认等过程，12名指导老师结对12名继承人。医院承担全市中医全科医师培训工作，分两批培训学员271人。

发挥中医药特色优势。门诊大厅设置中医舌象辨识图谱和凹面镜，帮助患者自我辨识疾病。制定《扬州市中医院发挥中医药特色优势专项考核奖励方案》。新建中药煎药室和膏方制作间各1间。举办“首届膏方养生节”系列活动，为市民“量身定制”膏方。改革中药房服务模式，提高中药房调剂效率，减少病人候药时间。7月17日起，启用小包装中药饮片，缩短病人配药时间，提高中药饮片质量，净化中药房环境，提高中药配置准确性。中药房、煎药间等通过省中医药管理局验收。（中医院）

妇幼保健

■**概述**　全市卫生系统加强妇幼保健体系建设，实行妇幼卫生全行业监管，开展以提高生命质量为目的的各项妇幼卫生活动，完善城乡妇幼卫生服务体系。2010年，孕产妇死亡率3.15/10万，孕产妇保健管理率95.06%，妇女病普查率91.83%，婴儿死亡率4.41‰，7岁以下儿童保健管理率98.34%，出生缺陷发生率7.08‰，新生儿血片筛查率92.90%，新生儿听力筛查率91.76%。（林　萍）

■**规范妇产科工作**　2010年，扬州市组织455名助产技术人员和22名计划生育技术服务人员参加相关技术培训和考核换证。技能和理论考试均合格人员和免试人员获得《母婴保健技术服务考核合格证书》，无证人员不得从事助产和计划生育相关技术服务工作。下发《关于进一步加强产科质量管理的通知》，各级医疗保健机构实行剖宫产术审批制，降低剖宫产率；加强基层医疗保健机构产科软硬件的达标建设，强化高危妊娠分级管理，规范基层一级医疗机构管理。（林　萍）

■**医疗保健机构年度校验和“爱婴医院”复查**　11～12月，市卫生局组织对市区和各县(市)二级以上医疗保健机构中从事计划生育技术服务、助产、结扎终止妊娠的医疗保健机构进行年度校验和“爱婴医院”复查。全年检查42家单位。其中，具有“爱婴医院”称号的医疗机构25个，合格23个；进行助产技术服务项目年度校验、换证的医疗机构30个，合格25个；进行计划生育技术服务项目年度校验、换证的医疗机构42个，合格31个。检查合格率97%。5个婚前医学检查机构通过换证评审。（林　萍）

■**控制出生缺陷发生率**　2010年，全市婚检率58.22%，宝应县达到90.44%。推行婚姻登记、婚前检查、叶酸发放等生殖健康集中服务模式，促进提高婚检率。推行产前筛查二级预防干预措施，做好以苯丙酮尿症、甲状腺功能低下和听力筛查为主的

2009～2010年扬州市区儿童健康体检抽样调查情况表

指　标		2010年		2009年	
		受检人数(人)	15271	受检人数(人)	14394
		受检率(%)	99.03	受检率(%)	98.84
患缺点率(%)		41.32		40.82	
体重达标率(%)		75.19		72.00	
身高达标率(%)		76.99		74.00	
乳牙龋齿发生率(%)		37.22		37.40	
患病率	肥胖儿发生率(%)	8.56		6.90	
	低体重发生率(%)	0.25		0.22	
	发育迟缓发生率(%)	0.16		0.24	
	消瘦发生率(%)	0.21		0.17	

（董　雷）

新生儿疾病筛查三级干预工作。全市新生儿疾病血清筛查率 92.90%，比上年提高 7.41 个百分点；新生儿听力筛查率 91.76%，比上年提高16.45个百分点；产前筛查率 65.19%，比上年提高 15.19 个百分点。下发《关于贯彻〈2010 年江苏省农村孕产妇住院分娩补助项目管理方案〉的实施意见》。全市推行住院分娩、出院即补、医院垫付、定期结算工作流程，有 2.57 万人享受住院分娩补助，项目任务完成率 95.33%。2.66 万人口服叶酸，完成率 98.62%。（林 萍）

■ 妇女病普查 2010 年，扬州市完成 2.86 万人“两癌”筛查，完成率 100%。全市妇女病普查普治率 91.83%，疾病患病率 27.13%，其中乳腺癌患病率降至 5.35/10 万、宫颈癌患病率降至 9.48/10 万。（林 萍）

中医中药

■ 农村和社区中医药服务 开展中医药进农村、进社区活动，推广 30 项中医药适宜技术，县、乡、村三级医疗机构培训推广覆盖率分别为 100%、98%、99%，县、乡、村三级医疗机构中医药人员中医药适宜技术拓展推广培训率分别为 100%、100%、99.7%。全市所有城乡社区卫生服务中心、98% 的城乡社区卫生服务站均能提供 5 种以上中医药治疗方法。高邮市郭集镇、邗江区瓜洲镇社区卫生服务中心入选第五批江苏省中医药特色社区卫生服务中心建设单位，12 家单位获评第二批扬州市中医药特色社区卫生服务中心。（田华萍 常 艳）

■ 中医药服务能力建设 建成 5 个市级中医临床重点专科。仪征市、江都市中医院入选 2010 年全国农村医疗机构针灸理疗康复特色专科建设项目单位。扬州市中医院、仪征市中医院被确定为第二批江苏省中医院中药房建设项目单位。（田华萍 常 艳）

■ 中医药人才培养 继承名、老中医药专家经验。扬州市中医院举办首届中医师承拜师典礼，12 名老师结对 12 名继承人。抓好 30 名江苏省优秀农村中医培养对象培养工作，签订师承协议，开展结对临床师承培训。督导省级名、老中医药师承单位师徒签订协议，组织师承人员参加省中医药典研修班。督导全国第四批名、老中医学术经验师承工作。组织全市 273 名中医类别全科医师参加岗位培训和临床实践、社区实习。实施中医药科普知识宣传普及项目管理，建立中医药信息表彰机制，组织修订《扬州市中医药工作年报表》。举办扬州市首届膏方养生节。编纂、出版、宣传《中医养生保健与家庭保健》科普手册。（田华萍 常 艳）

医政管理

■ 医疗市场监督管理 实施《医疗机构管理条例》及《医疗机构设置规划》，做好行政服务工作。市卫生局全年受理医疗机构设置申请 19 件，召开医疗机构设置例会 8 次，下发会议纪要 8 份；全市新设医疗机构 12 个、备案 2 个，2 个医疗机构变更地址。受理和办理医疗机构注册登记申请 27 件、年度校验申请 73 件、变更申请 39 件。组织医疗机构执业登记前现场评审 4 次，开展现场校验 73 次，下发监督意见书 28 份。对全市 10 个登记开展医疗美容服务的医疗机构（三级医院除外）进行专项检查，其中设有医疗美容科（室）的医疗机构 8 个、医疗美容医院 1 所、医疗美容诊所 1 个，抽查门诊病历 30 份、住院病历 20 份、处方 140 张。对全市 12 个登记开展健康体检服务的医疗机构进行专项检查，其中设有健康体检科（室）的医疗机构 11 个、健康体检专业机构 1 个，抽查体检档案（表）50 份、从业人员 110 人次。

开展市卫生局发证的二级医院和市区一级民营医院现场集中校验。现场检查医疗卫生单位 73 家，抽查门诊病历 200 份、住院病历 600 份、处方 2500 多张，抽查医护人员操作技能 60 人次，核查从业人员执业资质 1800 人次。注销医疗机构 3 个，注销无注册人员的诊疗科目 27 个，规范医护人员注册 40 余人次，下发整改通知 50 余份。开展首批二、三类医疗技术临床应用能力审核，20 所医院申请临床应用二、三类医疗技术 159 项，其中 133 项二类医疗技术、12 项三类医疗技术通过初审，由市卫生局报省医院管理协会终评。

开展医疗广告专项整治行动，加强对平面媒体医疗广告监测，在扬州卫生监督信息网公示违法医疗广告 15 条，对违法发布医疗广告的 7 个医疗机构和省卫生厅暗访通报的 17 个医疗机构依法给予警告行政处罚。全市出动卫生监督人员 756 次、车辆 269 车次，组织暗访 2 次，参加暗访 27 人次；查处非法行医 239 起，立案 81 起，罚款 19.54 万元，没收非法所得 5.82 万元，没收药品器械 244 件（箱），取缔非法行医 81 起，向公安部门移送非法行医案件 15 起。

（褚 鸣 陈 长）

■ 医院院感、药事及技术管理 市卫生局举办 2010 扬州市院感工作会暨院感管理知识培训班。实行血透室执业登记管理，督查医院血液净化技术，全市 12 所医院血透室和 1 个培训基地通过省卫生厅验收。开展血液净化病例上报工作，落实《江苏省医院血液净化技术从业医务人员培训方案》要求，制定血透培训方案，培训 110 人。专项检查全市 24 所医院手术室管理工作，下发检查通报及整改意见。联合市环保局开展医疗废物管理专项执法检查，对村卫生室医疗废物管理提出实施意见。审核全市 196 家医疗机构印鉴卡，完善麻醉药品和第一类精神药品网络直报系统，推动海洛因成瘾者社区药物维护治疗，五台山医院“美沙酮门诊”通过省专家组复查。全市 13 所二、三级医院 42 名医师获得除四级妇科内镜手术以外的妇科内镜诊疗技术临床应用资质。全年办理护士注册 600 人，变更注册 410 人。（褚 鸣 陈 长）

■ 医师资格考试 全市受理 2010 年国家医师资格考试网上报名 1177 人，现场审核 1156 人，符合报考条件者 1032 人，其中 744 人报考执业医

扬州大学毕业生集体参加义务献血　王　卓/摄

师、288人报考执业助理医师，实践技能考试合格率86.53%。893人参加医学综合笔试，合格率48.7%。受理执业医师注册125人次，变更注册88人次。（褚　鸣　陈　长）

无偿献血　全市3.88万人次参加无偿献血，献血量1292.46万毫升，1533人次参加机采成分献血，采集血小板2664个治疗量、血浆6.93万毫升。临床用血6.74万单位，成分输血率99.94%，医疗临床用血100%来自公民自愿无偿献血。全年1758人参加互助献血，街头自愿献血率和一次献血400毫升率大幅提高。全市有固定献血志愿队成员1.21万人、稀有血型献血志愿队成员295人、机采成分献血志愿队成员1867人、无偿献血志愿者服务队成员991人。

（褚　鸣　陈　长）

征兵体检　2010年，全市对5975名应征青年进行体检，3370人合格，合格率56.4%，组织市中心体检组检查各县（市、区）体检站，实施心理测试，完成征兵体检任务。

（褚　鸣　陈　长）

疾病预防与控制

概述　2010年，全市共报告甲、乙类传染病17种6508例，死亡17例，报告发病率135.10/10万，死亡率0.35/10万，病死率0.26%。报告丙类传染病6种7153例，无死亡病例，发病率148.59/10万。

人感染高致病性禽流感防治。指定4所综合性医院为人禽流感监测点，对发热呼吸道病人进行长期监测，实行周报制。全年监测门诊病例77.89万人，其中发热呼吸道病例2.68万人、发热肺炎病例4889人，无非典型性肺炎及禽流感预警病例。全市3所国家级流感监测哨点医院对流感性病例实施症状监测和登记报告。市疾控中心（国家级流感检测点）检测送检标本2799份，451份呈阳性，阳性率16.11%。（扬疾控）

艾滋病防治　全年接受艾滋病防治咨询4769人，检测4763人，完成率108.3%。新增4个VCT（艾滋病自愿咨询检测）门诊点，全市累计有门诊点20个，干预覆盖率超过70%。全市月均干预1942人，月均覆盖率72.1%。完成5个哨点、1个羁押场所、20个VCT门诊点重点人群和自愿咨询检测9366人次。启动全球基金艾滋病项目，推进国家科技重大课题"防治性病对预防艾滋病的作用研究"项目，加强示范区和高危人群干预。推进广陵区"中央与省共建艾滋病综合防治示范区"建设。（扬疾控）

肠道传染病防治　全市登记腹泻病人4.45万人，检索7170人，检索率16.10%。总人口检索率1.5‰，无霍乱病例发生。制定手足口病防控方案，实行疫情日报制，全年报告病例6378例，其中出现聚集性疫情55起、重症病例5例，无死亡病例。

（扬疾控）

慢性病综合防治　全市报告"慢五病"7.15万例，其中高血压1.98万例、肿瘤1.60万例、脑卒中1.32万例、冠心病1.00万例、糖尿病1.24万例。全市建立慢病病人规范化档案29.66万份，慢病病人规范管理率97.95%。（扬疾控）

计划免疫　推行中国儿童预防接种信息管理系统；12月龄儿童"五苗"（基础免疫卡介苗、脊髓灰质炎疫苗、百白破混合制剂、麻疹疫苗、乙型肝炎疫苗）覆盖率常住儿童98.43%、流动儿童96.25%，脊髓灰质炎糖丸强化免疫服苗率98.63%。扬州市免疫规划获2010年度全省免疫规划工作综合评估一等奖、免疫规划相关疾病监测质量评估单项一等奖。

（扬疾控）

结核病防治　全市非住院肺结核患者监督化学治疗覆盖率100%。全年新发涂阳肺结核病人发现率83.87%，治愈率94.35%。医疗机构结核病登记报告率99.97%，转诊率100%，追踪到位率100%，系统管理率99.96%。（扬疾控）

血吸虫病防治　全市组织查螺专业队251支、查螺队员4415人，对55个流行乡497个流行村及5个非流行乡61个非流行村开展查螺工作，使用查螺工日3.89万个，查螺面积155.5平方千米，其中有螺面积275.1万平方米。全市有165个村9.77万人接受血吸虫病检查，查出病人9人。其中，血清学检查9.66万人，查出阳性951人；粪检1.40万人，粪检阳性2人。全市救助晚期血吸虫病

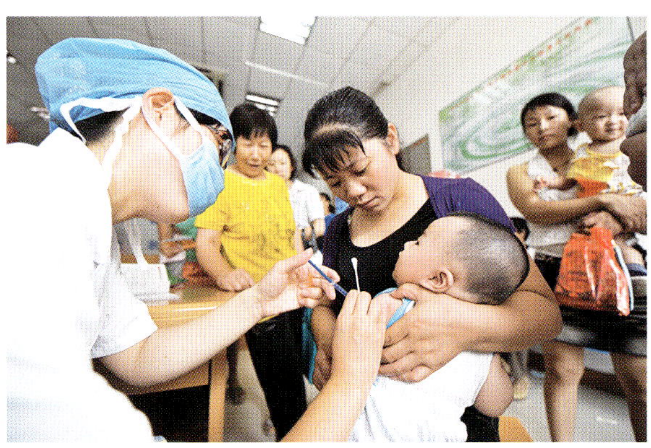

社区医生为适龄儿童接种疫苗　王　卓/摄

患者48人。开展船员查病试点研究，建立健全血吸虫感染预警机制。邗江区达到血吸虫病传播控制标准。（扬疾控）

■麻风病、性病防治 全市有现症麻风病人17例。全市共报告麻风病疑似病例38例，疑似病例报告覆盖率100%。麻风病联代覆盖率、方案符合率、规则治疗率、神经炎监测率均达100%。全市列入国家首批麻风村改造计划的3所麻风村完成改建。全年报告性病62例。（扬疾控）

■卫生监测与检验 市疾病控制中心全年采集3家市政水厂的水源水、出厂水和9个管网末梢水水样256份，其中6份水样不合格，水质合格率97.32%，主要不合格项目为菌落总数、游离性余氯；建立全市37家二次供水单位、96家高层变频加压单位电子管理档案。

全年采集餐具消毒样品1510份，合格率97.2%；采集食品、熟食样品1146份，合格率分别为96.5%、90.3%；出具各类食品卫生检测报告2111份，其中监测结果为不合格的报告68份。

对251家公共场所单位开展公共用品、用具卫生质量监测和卫生学评价，监测覆盖率100%，采集样品1.29万份，合格率91.2%。

对9个市直管医疗机构实施2次消毒质量监测，采集样品590份，合格565份，加权合格率98.4%；对5个县级医疗机构实施1次消毒质量监测，采集样品123份，合格115份，合格率93.0%。

对66家有毒有害作业企业实施现场卫生监测81家次，监测率95.65%；有害作业人员健康监护体检率94.3%。对全市1453名放射工作人员每两个月作一次个人放射剂量监测。（扬疾控）

卫生监督

■概述 2010年，全市卫生监督部门开展学校、餐饮业、饮用水、化妆品、公共场所、消毒产品卫生监督和职业卫生监督、放射卫生监督、传染病防治卫生监督、医疗卫生监督。全市发放卫生许可证7326份，其中公共场所卫生许可证6851份、生活饮用水卫生许可证210份、放射诊疗许可证265份；监测公共场所卫生用品1.16万件，合格率85.42%；检测生活饮用水样品1094件，合格率88.85%。

卫生监督人员正在检测蔬菜卫生情况　王　卓／摄

全市实施食品卫生行政处罚148次，罚款55.03万元；实施公共场所卫生行政处罚21次，罚款1.73万元；实施传染病防治卫生行政处罚44次，罚款8.7万元；实施对医疗机构卫生行政处罚133次，罚款32.45万元；实施非法行医卫生行政处罚94次，没收违法所得8.05万元，罚款25.22万元，强制执行案件6次；实施职业卫生行政处罚4次，罚款0.9万元。（扬卫监）

■学校卫生监督 市卫生监督部门强化学校食品、饮用水安全监管，健全学校食品、饮用水安全管理制度，落实校长（园长）负责制，加强集中式供水水质、桶装饮用水及饮水机等涉水产品卫生许可批件的监督检查，全市各类学校未发生水性疾病。检查学校食堂食品安全管理、餐饮服务许可证、环境卫生、健康证明、索证索票管理、加工制作管理制度、餐（饮）具清洗消毒、食品添加剂使用以及学生奶供应情况。执行传染病防治法、《学校和托幼机构传染病疫情报告工作规范（试行）》，在学校和托幼机构开展传染病防控、疫情监测与报告相关知识宣传与培训，强化手足口病、甲型H1N1流感等传染病疫情防控。开展学校教学卫生和生活设施卫生监督，联合教育部门加强对全市学校校舍、教学设施、生活设施、卫生保健室等基本卫生条件和教室建筑、环境噪声、室内微小气候、采光、照明以及黑板、课桌椅等教学卫生环境开展监督检查，督促学校按《国家学校体育卫生条件试行基本标准》完善教学卫生、生活设施。加强学校突发公共卫生事件应急工作卫生监督，督促学校加强应急体系机制建设、拟定和完善应急预案，开展突发公共卫生事件应急知识和技能宣传培训。（扬卫监）

■餐饮业卫生监督 举办食品安全法及其配套法规专题培训班36期，培训4000多人。开展餐饮业食品卫生信誉等级评定。全市9471家餐饮单位中有9092家完成等级评定，全年新增A级餐饮单位13家，餐饮业卫生监督量化分级管理实施率100%。强化日常监督管理，开展卫生监督检查和技术指导，餐饮业卫生监督覆盖率100%，监督户次率200%。开展餐饮业食用油专项整治、乳制品清查专项行动、打击违法添加非食用物质和滥用食品添加剂专项整治、无证无照专项整治、餐具消毒卫生专项整治、一次性餐饮具专项监督检查、节日餐饮食品安全专项整治、农村餐饮食品安全专项整治、学校和建筑工地食堂食品安全专项整治行动等餐饮消费环节食品安全专项整治行动，出动执法人员6543人次、执法车辆2059车次，现场检查餐饮服务单位2.30万家次，立案查处餐饮单位违法案件168件，罚没款55.03万元，取缔无证经营149家，没收、销毁不合格食品580千克。监督检查自制熟食卤味、冷菜等食品和餐具消毒等环节，全市采集各类样品3038份，合格率88.05%。其中，餐具采样2545份，

合格率87.07%;食品采样493份,合格率93.10%。（扬卫监）

■**饮用水卫生监督** 2010年,全市有集中式供水单位441家。其中,市区市政水厂3家,实际日供水量30万立方米,实际供水人口61.03万;县(市)政府所在地市政水厂5家,实际日供水量22万立方米,实际供水人口80.5万;单位自建水厂1家,实际日供水量10万立方米,实际供水人口5万;农村集中式供水单位432家。有二次供水单位65家,其中市区42家、宝应县7家、高邮市5家、江都市7家、仪征市4家。42家二次供水单位纳入卫生许可管理。

全市监督检查农村水厂432家,采集水样1750份,监督监测覆盖率100%。（扬卫监）

■**化妆品卫生监督** 2010年,全市有正常生产经营的化妆品生产企业45家。其中,大部分企业生产宾馆使用的洗发液、沐浴液等旅游用品,2家企业生产染发、烫发用特殊用途化妆品。全年检查化妆品生产单位130家次,监督覆盖率100%。（扬卫监）

■**消毒产品卫生监督** 全市有消毒产品生产企业36家。全年检查消毒产品生产单位26家、使用单位10家、经销单位21家,处罚标签、说明书不符合规定的经销单位9家,罚款2.4万元。（扬卫监）

■**公共场所卫生监督** 2010年,市区有公共场所监管单位255家。市卫生监督所全年检查公共场所单位610家次,监督覆盖率100%。开展公共场所量化分级、游泳场所监督监测、集中式空调通风系统监督监测。全市有卫生许可登记在册的住宿、游泳、美容美发、沐浴公共场所单位2563家。全市18家游泳场所量化分级管理实施率100%,其中A级单位6家、B级单位8家、C级单位4家;739家住宿场所量化分级管理实施率99%,其中A级单位31家、B级单位162家、C级单位538家;601家沐浴场所量化分级管理实施率67%,其中A级单位8家、B级单位46家、C级单位349家;1205家美容美发场所量化分级管理实施率65%,其中A级单位9家、B级单位65家、C级单位706家。（扬卫监）

爱国卫生运动

■**城乡环境卫生整洁行动** 围绕“清洁家园、减少疾病、促进健康”主题,市政府印发《扬州市城乡环境卫生整洁行动(2010～2012)实施方案》,召开专题会议,组织全市开展卫生突击整治。扬州市区组织万人上街大扫除。维扬区234条背街小巷实行市场化综合保洁。广陵区开展街巷环境卫生检查评比。市城管局整治占道经营、乱设摊点、“牛皮癣”、环卫设施等问题,市公安局加强交通秩序管理。仪征市政府印发《农村环境综合整治及长效管护工作意见》。宝应县开展“‘共建幸福家园、共创美好未来’党员志愿者在行动”主题活动。高邮市开展爱国卫生及环境整洁行动专项检查,并通报检查结果。扬州市政府在维扬区西湖镇金槐村广场举行城乡环境卫生整洁行动联合推进活动,并组织开展“百万人日清洁家园大行动”。（吉华祥）

■**农村改厕** 全市农村新增无害化卫生户厕9.05万座,其中卫生改厕8.02万座、新建房配套0.43万座、沼气改厕0.60万座。全市累计建设卫生厕所96.8万座,普及率92.9%,其中无害化60.4万座,普及率57.9%。建成扬州市改厕普及镇5个。（丁昊骏）

■**卫生创建** 仪征市创建国家卫生城市工作通过国家暗访和技术评估。邗江区李典镇、方巷镇、头桥镇建成省级卫生镇。仪征市刘集镇、江都市樊川镇、宝应县黄塍镇、高邮市周山镇建成扬州市卫生镇。维扬区平山乡雷塘村等51个村建成省级卫生村,仪征市真州镇万年村等42个村建成扬州市卫生村。开展创建爱国卫生先进单位和“清洁家园”、“清洁街巷”、“清洁小区”检查评比。复查2002年前命名的扬州市级爱国卫生先进、模范单位,297家单位通过复查;16家单位获评2010年度扬州市爱国卫生先进单位。（丁昊骏）

■**除“四害”** 各地各部门开展以治理环境卫生、清除孳生地为重点的除“四害”(老鼠、苍蝇、蚊子、蟑螂)活动。市区投放灭鼠药4.5万千克、粘鼠板1.2万块,设置毒饵站1000个。市爱卫会分发价值10多万元的灭蝇灭蟑药物器械,控制“四害”密度。（丁昊骏）

■**健康教育** 2010年,全市组织开展“健康扬州社区行”活动851场次。其中,开展健康知识讲座509场,受众4.78万人次;开展咨询、义诊活动342场,服务7.34万人次;发放健康教育宣传资料、宣传册58.23万份,投入健康教育和医疗卫生专家2428人次。加强农村健康教育阵地建设,入户发放健康教育资料,邗江区创成“亿万农民健康促进行动”省级示范区。推进医疗卫生单位控烟工作,举行全市医疗卫生系统禁烟启动仪式暨第23个“世界无烟日”宣传活动。全市80%以上医疗卫生机构达到“无烟卫生单位”标准。开展健康村试点建设。高邮市国家级“健康村”试点建设通过验收考核。全市建成“健康试点村”10个,“健康促进示范企业”4家,“健康促进学校”31所。（吉华祥）

■**农村饮水安全** 2010年,全市农村自来水普及率99.81%。加强农村饮用水安全监测,对全市432家农村水厂实行枯、丰水期全覆盖监测,监测水样数1750份,合格率79.1%。（吉华祥）

体育

Tiyu

本栏责任编辑 陈永华

综述

■**概况** 2010年,扬州市有89个乡镇(街道)级、1348个社区(村)级健身工程(点)。其中,邗江区汊河体育公园、仪征市青山镇体育健身中心获评国家体育总局“国家全民健身工程示范项目”,新城西区七里甸健身广场、邗江区李典健身广场等获评省级健身工程。全市有社会体育指导员9000多人,每万人有社会体育指导员18人。第九届全民健身体育节期间,举办足球联赛、篮球联赛、体育舞蹈大赛、网球赛、千人健身球操、千人彩穗操、千人太极拳扇、社区运动会、中小学生运动会、职工运动会、老年人体育节等近100项比赛(活动),100多万人参与。组队参加省“沿江体育带”全国运河名城乒乓球赛等10多项省级以上群众体育赛事。推广假日体育健身活动,国庆节期间组织三人广场篮球、健美等11项比赛活动。完成第三次全国国民体质监测,测试样本3000多个,国民体质合格率92%。扬州市体育局获全国全民健身活动优秀组织奖,宝应县文体局、广陵区体育局等11家单位受国家体育总局和省体育局表彰。在全省群众体育先进表彰大会上,扬州市10家单位获评江苏省群众体育先进单位,5人获评江苏省群众体育先进个人。

全市新注册运动员215人。确认710名运动员参加江苏省第17届运动会(简称省运会)注册。跟踪服务重点项目重点运动员,定期开展常规检测。全年服务运动队近20支,检测运动员血常规、尿常规500多人次,指导运动员食补及用药。扬州市在省运会上获金牌55.5枚、总分1577.75分,金牌数和总分均列全省第七位,扬州代表团获突出贡献奖和体育道德风尚奖。全年向上级运动队输送运动员近40人。扬州市输送的运动员薛丰获第16届广州亚运会赛艇男子八人单桨有舵手比赛冠军。举办全市田径、网球、乒乓球、足球、排球、羽毛球、跆拳道、健美操、武术(套路、散手)、风筝等10个项目的裁判员培训班。全市新增2家省级奥林匹克青少年体育俱乐部,2所县级业余体校获评三星级业余体校。

承办第五届扬州鉴真国际半程马拉松赛(简称鉴真马拉松赛)及江苏省“省长杯”女子乙组足球比赛、省县级篮球比赛、省中学生田径锦标赛,其中鉴真马拉松赛获评国际田联“国际半程马拉松银标赛事”、中国首

5月2日,“全民健身 你我同行”扬州市第九届全民健身体育节暨第五届老年人体育节开幕　　郭义富/摄

届体育旅游精品项目、全国最佳赛区。承办第五届江苏省业余篮球联赛,扬州队获联赛冠军。

加快体育基础设施建设。2010年,完成市体校和中长跑竞走项目训练基地迁建工程建设。该项目2009年4月19日开工,项目设计总建筑面积2.78万平方米,总投资7500万元。体育中心游泳跳水馆竣工、体育场项目开工建设。市体校二期工程项目建议书获市发改委批复。

全市体育彩票销售额3.87亿元,比上年增长22.64%。体育公园场馆全年承接大型活动12场、小型活动9场。（黎志刚）

■**开放体育场馆** 7月30日，市体育局召开新闻发布会,向市民开放市体育中心与体育公园健身设施。市体育局对现有设施进行更新改造,增设功能用房等,采取免费开放和办理健身卡两种方式，保证体育场馆有序开放。（黎志刚）

■**健身工程点管理** 开展1999～2005年期间利用彩票公益金捐建的健身工程点大普查。市体育局制订健身器材维修和更新计划,全年投入近100万元，维修健身器材150件(组)、更新23套。督促健身点健全专人管理制度、安全使用制度、维护维修制度，强化受赠单位具体管护责任。（黎志刚）

■**群众体育工作获省表彰** 10月12日，江苏省群众体育先进表彰大会在常州举行，表彰和奖励第16届省运会以来在群众体育工作中作出突出贡献的先进集体和先进个人。扬州市老年人体育协会、扬州晚报社、仪征市青山镇人民政府、仪征市供电公司、高邮镇人民政府、邗江区人民政府、江都市大桥镇人民政府、扬州市教育局、扬州经济技术开发区文汇街道春江社区、中国银行扬州分行等10家单位被授予“江苏省群众体育先进单位”称号;周鸣、毛姮、王秋林、刘广圣、迟恒麟等5人被授予“江苏省群众体育先进个人”称号。（陈　体）

■**优秀社会体育指导员受表彰** 12月,在2010年度全省社会体育指导员表彰大会上，扬州市健美协会石弘当选首批江苏省“十佳社会体育指导员”，全市有55人获评江苏省“群众喜爱的社会体育指导员”。（黎志刚）

■**江苏青年女足落户扬州** 5月24日,省体育局在南京仙林训练基地举行江苏省篮、排、足三大球青年组联合办队签约仪式，承担第12届全国运动会比赛任务的江苏省青年女子足球队落户宝应翔宇教育集团。翔宇教育集团为球队提供训练经费以及后勤保障，并负责队员的文化学习；队员学籍全部转入翔宇教育集团。（黎志刚）

■**扬州体育公园体育场开工建设** 9月24日,扬州体育公园体育场开工建设。体育公园体育场工程是政府投资建设的大型公共服务项目,占地面积6公顷,规划投资4.5亿元,可容纳观众3万人。项目建成后,将成为扬州市面积最大、功能最完善、设施最先进的体育场,可举办省级综合运动会及全国单项锦标赛。（黎志刚）

群众体育

■**元旦万人长跑** 1月1日上午,扬州市举办“全民健身 你我同行”迎新年“国缘杯”万人健身长跑活动。市级机关、学校、市老年体协等上万人组成近80个方阵，从体育公园东广场出发,经文昌西路,到达终点来鹤台广场,全长4.5千米。此次活动首次在7个县(市、区)设立分会场,全市有近10万市民参加长跑活动。（黎志刚）

■**中日韩青少年足球交流比赛扬州队卫冕** 3月26日,2010年中日韩青少年足球交流比赛在扬州结束。由北京新东方扬州外国语学校组成的扬州队以一胜一平的成绩卫冕。扬州和韩国大田、日本筑波等3支青少年足球队参加比赛。（黎志刚）

■**扬州乒乓球精英赛** 1月1～3日,“梅兰春杯”南通、淮安、泰州、扬州四市领导干部暨扬州乒乓球精英赛在扬州汉胜乒乓球俱乐部举行。南通市沈振新、淮安市俞军分获四市领导干部组冠、亚军,蔡宝林、柏小明分获乒乓球精英赛冠、亚军。（黎志刚）

■**市第四届乒乓球联赛** 11月28日,“体育彩票杯”扬州市第九届全民健身体育节扬州市第四届乒乓球联赛在市体育中心体育馆结束。全市19家单位27支男女代表队138名运动员参加团体赛。在预选赛中,扬州环境资源职业技术学院队获市属

元旦万人长跑现场　　王　卓/摄

扬州市第九届全民健身体育节主要活动一览表

活动名称	开赛时间	地点	参加者情况	备注
全民健身体育节暨第五届老年人体育节启动仪式	5月2日	市体育中心	1万多人参加	举行万人健身演示和江苏省全民健身环省行活动，包括围棋千人大赛、市级机关千人广播操比赛、千人健身球操、千人广场舞演示、抖空竹等
足球锦标赛	5月15日	市体育中心足球场	12支代表队参赛	分小组赛、1/4决赛、半决赛、决赛
风筝比赛	5月30日	运河博览会会址	近100人参赛	设7个比赛项目
健身健美比赛	6月4日	高邮市大剧院	9支代表队70名选手参赛	设健美、健身小姐2个组别，青年组、成年组、元老组等5个项目
体育舞蹈比赛	6月5日	市体育中心体育馆	全省33支队伍600多名选手参赛	设少儿、青年和成人项目
武术比赛	6月5日	扬州市训练中心	10个代表队100余人参赛	设213个项次
处级干部乒乓球比赛	6月19日	仪征市新集镇西郊花园	12支代表队70多名选手参赛	设男女团体、单打
第三届社区运动会	6月26日	1912广场	500多名选手参赛	主会场5个项目，展示区域19个项目
"全民健身日"健身展示活动	8月8日	市体育场、来鹤台广场	3000人参与	举行健步走、体育舞蹈、太极拳、健身操等活动
游泳比赛	8月11日	扬州大学游泳池	50余人参赛	分18个组别
市级机关乒乓球比赛	9月26日	翠岗中学体育馆	31家单位144人参赛	设男女团体、单打
网球比赛	10月4日	体育公园网球活动中心	100多名选手参赛	设单打、男子青年组双打、中老年组双打、混合双打项目
羽毛球竞赛	10月16日	扬州市体育馆	近100人参赛	分6个组别
肚皮舞大赛	10月24日	扬州工人影城	近100人参赛	设集体规定舞、个人独舞2个组别

（黎志刚）

高校部第一名，金融系统队获行业系统部第一名，江都队获县（市、区）部第一名。金融系统队和高邮队分获总决赛男女团体冠军。（黎志刚）

■中小学生武术比赛 7月19～21日，第三届"运河情"扬州市中小学生体育艺术节中小学生武术（套路）比赛在高邮体育馆举行。7个县（市、区）代表队95名运动员参加3个组别18个单项比赛。广陵区、邗江区、高邮市分获团体总分前三名。（黎志刚）

■围棋千人大赛 5月2～3日，扬州市围棋千人大赛在市体育中心体育馆举行。1200多名棋手参加定级（段）组、升段组、市民组、机关组和大学生组比赛。宋腾、周翌和邱志荣分获市民组前三名，扬州日报社代表队获机关组团体和个人冠军，281人获升段、定段资格，200多人获定级。（黎志刚）

■6名小棋手晋升5段 8月10日，扬州市20名选手参加江苏省少儿围棋段位赛，卢宇道、蔡韫睿、郭子扬、荀扬、王一童和李龙等6人晋升5段，同时获二级运动员证书。（黎志刚）

围棋千人大赛现场　　王　卓/摄

全国儿童象棋赛扬州棋手夺两金 8月16日,全国儿童象棋赛结束。扬州市5名参赛棋手中,沈思凡获女子儿童B组冠军,吴巍获男子儿童C组冠军。（黎志刚）

少儿围棋精英赛 8月20日,扬州市少儿围棋精英赛在仪征棋院结束,全市有64名4段、5段少儿棋手参赛。经过8轮比赛,杨元培、刘汤颢同为7胜1负。通过抽签,杨元培获冠军,刘汤颢获亚军。（黎志刚）

第四届跆拳道赛 8月22日,扬州市第四届跆拳道赛在市体育中心体育馆举行,近千名选手参加比赛。韩国选手朴英宣获品式太极八章冠军。（黎志刚）

苏浙皖城市象棋邀请赛 8月29～31日,“龙坤杯”苏浙皖城市象棋邀请赛在扬州收枰。江苏、浙江和安徽三省46支队伍近200名选手参加此次比赛。芜湖队、南京一队、徐州队分获团体前三名,无锡二队李济拯、泰州队吴平、铜陵队刘磊分获个人前三名。（黎志刚）

扬州选手获省太极拳(剑)赛25枚金牌 8月27～29日,2010年江苏省“周市杯”太极拳(剑)赛在昆山市周市镇举行。扬州市有4支代表队48名运动员参赛,获85个奖项,其中金牌25枚、银牌19枚、铜牌20枚。（黎志刚）

全国运河城市桥牌邀请赛 9月19～21日,“南京银行杯”全国运河城市桥牌邀请赛在扬州举行,天津、河北、山东、河南、江苏、浙江6个省(市)27支代表队200多名选手参赛,其中包括聂卫平及戴建明、赵杰、杨立新等现役国手。由杨立新和张邦祥领军的扬州队获第一名,苏州队、南京银行(红)队和焦作队分获第二名至第四名。（黎志刚）

市级机关乒乓球赛 9月26～27日,扬州市举行市级机关乒乓球比赛。地税局一队、财政局一队分获男子团体甲组冠、亚军,司法局代表队、文化广电新闻出版局代表队分获男子团体乙组冠、亚军,财政局代表队、国税局代表队分获女子团体甲组冠、亚军,人力资源和社会保障局代表队、国土局代表队分获女子团体乙组冠、亚军;张晓翔、姜涛分获男子单打冠、亚军,丁岚、姜志红分获女子单打冠、亚军。（黎志刚）

扬州队获省健身气功交流比赛二等奖 10月23～24日,全省第二届健身气功交流比赛在连云港灌南县举行。扬州代表队有9名运动员参赛,获健身气功集体项目易筋经二等奖、八段锦表演奖。（黎志刚）

市桥牌系列双人赛 2010扬州市桥牌系列双人赛经过12次分站赛,12月19日举行总决赛。王学全/钟建生获东西组冠军,并蝉联总冠军;霍晓筱/陈军获南北组冠军。（黎志刚）

承办省运会职工部大众体育比赛 6月11～15日,江苏省第17届运动会职工部大众体育比赛在扬州体育场举行。全省20支代表队350多名运动员和教练员参加百米呼啦圈、袋鼠跳、摸石头过河、挥锹投石等4个男女个人项目,拾贝、二龙戏珠、四足移动等3个混合双人项目,时代列车、拔河等2个混合集体项目的比赛。（黎志刚）

竞技体育

男子花剑世界分站赛朱俊获奖牌 扬州籍选手朱俊在2月7日结束的2010年男子花剑世界杯A级赛西班牙站比赛中获1枚金牌,在3月4日结束的男子花剑世界杯德国站比赛中获1枚铜牌。（黎志刚）

扬州选手获国际传统武术比赛45枚金牌 7月9～12日,2010年第七届国际传统武术比赛在杭州市举行。扬州武术协会派出4支代表队60名运动员参赛,获奖牌118枚,其中金牌45枚、银牌48枚、铜牌25枚,并获少儿集体项目第一名、幼儿组个人全能第一名。（杨 体）

第五届中国扬州鉴真国际半程马拉松赛暨2010年全国半程马拉松锦标赛 4月25日,“中国海运杯”第五届鉴真国际半程马拉松赛暨2010年全国半程马拉松锦标赛在扬州市举行,37个国家和地区、100多所境内外高校、近200个社会团体的6500多名选手参加比赛,其中外籍选手351人。扬州市1.4万多人参加同时举行的4.2千米迷你马拉松赛。

省第17届运动会职工部大众体育比赛拔河比赛 总工会/供稿

4月25日，第五届鉴真国际半程马拉松赛暨2010年全国半程马拉松锦标赛在扬州市区文昌阁起跑　　王　卓/摄

此次马拉松赛起点设在文昌阁，由汶河路向南至南通西路，沿古运河向北到达迷你马拉松赛终点东关古渡；再向北经五台山大桥至大王庙、邗沟路、友谊路、平山堂东路、扬子江北路、文昌西路、中心东路、同泰路、中心西路、文昌西路，终点设在双博岗向西100米处，线路设计突出体现景观体育理念。摩洛哥选手阿·贝蒂以1小时01分48秒获国际半程马拉松赛男子组冠军并打破男子赛会纪录，两名肯尼亚选手尼古拉斯·迈扎、约翰·瓦布分获男子组第二名、第三名；新西兰选手妮娜·利尔斯通以1小时11分08秒获女子组冠军，北京石油化工学院选手金玲玲和肯尼亚选手杰奎兰分获女子组第二名、第三名，扬州中长跑竞走基地选手郝晓帆以1小时12分43秒获女子组第四名；北京石油化工学院、扬州大学、北京大学分获高校团体前三名。在2010年全国半程马拉松锦标赛中，温兴隆、沈建东、马学君分获男子前三名，罗川、李芳、张美霞分获女子前三名，河北队、辽宁队、云南队分获女子团体前三名。（黎志刚）

■东北亚乒乓球锦标赛扬州选手成绩突出　8月24日，2010年东北亚乒乓球锦标赛在韩国济州道闭幕。扬州选手蔡宝林获成人组男子单打第一名，嵇雨秋、王浩宇分获儿童组女子单打第一名、男子单打第二名，扬州队获男子团体第三名。（黎志刚）

■江苏省县级篮球比赛　5月28日～6月3日，由江苏省体育局、江苏省教育厅主办，邗江区政府和扬州市体育局承办的2010年江苏省县级篮球比赛在邗江中学、蒋王中学体育馆举行，丰县、常熟、金坛、溧阳、铜山、灌云、吴江、邗江等11个县（市、区）的8支男队、4支女队近200名教练员、运动员参赛。代表邗江区参赛的蒋王中学队五战全胜获男子组冠军，溧阳市少体校女子篮球队获女子组冠军。（黎志刚）

■扬州运动员省残运会夺金　8月16日，在江苏省第八届残疾人运动会首日比赛中，扬州运动员窦春莺、王宏婵先后获女子举重40公斤级、56公斤级冠军。17日，叶华获女子花剑和重剑B级两个项目冠军。（黎志刚）

■扬州代表团省运会金牌数全省第七　10月18日，江苏省第17届运动会闭幕。扬州市代表团420多人参加田径、足球、艺术体操等23个大项的比赛，获金牌55.5枚、银牌28.5枚、铜牌23枚，总分1577.75分，金牌数和总分均列全省第七位。扬州代表团同时获青少年部体育道德风尚奖、突出贡献奖第七名以及人才输送奖第八名。（黎志刚）

■中小学生篮球赛　10月31日，“运河情”扬州市第三届中小学生体育艺术节暨阳光体育中小学生篮球赛在邗江区蒋王中学结束。全市11支代表队参加3天近20场比赛，邗江区实验小学获小学组冠军，邗江区蒋王中学获初中组和高中组冠军。（黎志刚）

■扬州队获江苏省业余篮球联赛冠军　11月9日，第五届江苏省业余篮球联赛在江都市结束，南京、苏州、无锡、常州、扬州等市12支球队参赛。由扬州工商行政管理局和蒋王中学组成的扬州队在小组赛中四战全胜晋级淘汰赛，并在决赛中战胜南京队获冠军。（黎志刚）

■省第八届中学生田径锦标赛　11月6～7日，2010年“多威杯”江苏省第八届中学生田径锦标赛在扬州中学举行。96个代表队828名教练员和运动员参赛。邗江中学的毛雨嘉、史大强分获女子1500米和男子800米第一名；扬州中学的张俊获男子100米和男子200米冠军，扬州中学的李治、陶曦鸣分获男子标枪、女子400米栏冠军；扬大附中东部分校的骆梦辰和瓜洲中学的王佳丹分获女子标枪和女子跳远金牌。（黎志刚）

■亚运会薛丰夺金　11月19日，扬州运动员薛丰在第16届亚运会赛艇比赛中获男子八人单桨有舵手比赛金牌。这是扬州选手在第16届亚运会上获得的首枚金牌。（黎志刚）

■亚洲残运会扬州运动员夺两金　12月，在广州举行的亚洲残疾人运动会上，扬州运动员叶华获女子重剑团体赛金牌和轮椅击剑女子花剑B级、重剑B级铜牌，王宏婵获女子举重52公斤级比赛金牌。（黎志刚）

扬州市获江苏省第17届运动会金牌情况一览表

项目	组 别	级别(小项)	名次	金牌数(枚)	运动员姓名
田径	男子少年乙组	5000米	第一名	1	张 伟
	男子少年乙组	10000米	第一名	1	张 伟
	女子少年乙组	5000米	第一名	1	钟小溪
	女子少年乙组	5000米竞走	第一名	1	王 丹
	女子少年乙组	10000米竞走	第一名	1	王 丹
	男子少年甲组	10000米竞走	第一名	1	杨旭林
	女子少年甲组	五项全能	第一名	1	王佳丹
	男子青年组	3000米障碍	第一名	1	朴忠浩
	男子青年组	5000米	第一名	1	朴忠浩
	女子青年组	跳高	第一名	1	苏文佩
	女子青年组	1500米	第一名	1	胥秋子
	女子青年组	5000米	第一名	1	胥秋子
击剑	男子儿童组	佩剑个人	第一名	1	周梓秋
	男子少年甲组	花剑个人	第一名	1	陈滕书伟
摔跤	女子乙组	自由式49公斤级	第一名	1	崔 丽
	女子乙组	自由式65公斤级	第一名	1	王 娇
	男子甲组	古典式55公斤级	第一名	0.5	王旭龙
	男子自由式带入	自由式带入	第四名	0.3	扬州市
	男子自由式带入	自由式带入	第四名	1.2	扬州市
柔道	男子少年甲组	60公斤级	第一名	1	陶照新
拳击	男子少年组	70公斤级	第一名	1	徐佳佳
散手	男子少年甲组	75公斤以上级	第一名	1	王 帅
篮球	男子少年甲组		第四名	0.5	扬州队
乒乓球	男子少年乙组	单打	第一名	1	朱 诚
	男子少年乙组	双打	第一名	1	朱 诚 黄富天
跳水	女子儿童甲组	一米板	第一名	1	王韦洁
	女子儿童甲组	五米跳台	第一名	1	王韦洁
	女子儿童甲组	全能	第一名	1	王韦洁
体操	男子丙组	鞍马	第一名	1	倪佳诚
艺术体操	女子丙组	团体	第一名	1	孙 彦 陈雨嫣 王雅文 杨欣瑶
	女子乙组	团体	第一名	1	金珂冰 姜斯玥 王若琦
	女子乙组	个人全能	第一名	1	姜斯玥
	女子乙组	身材优秀组	第一名	1	金珂冰
棒球	男子少年乙组		第三名	1	扬州队
	男子少年甲组		第三名	1	扬州队
垒球	女子乙组		第四名	0.5	扬州队
	女子甲组		第四名	0.5	扬州队

（黎志刚）

社会民生

Shehui Minsheng

本栏责任编辑　戴淑敏

人民生活

市区居民收入　2010年，扬州市区居民人均家庭总收入23816元，比上年增长12.5%，其中人均可支配收入21766元，增长12.1%，增幅比上年提高0.5个百分点。

市区居民全年人均工资性收入14699元，增长12.5%，拉动家庭总收入增长7.7个百分点。工资性收入增长的主要因素有：企业经济效益持续向好，就业岗位增多，平均每户居民家庭就业面54.4%，比上年提高1.2个百分点；市政府与各县（市、区）及有关单位签订增资目标责任状，建立健全企业职工工资正常增长机制；在岗职工最低工资标准提高；义务教育阶段教师执行绩效工资。

2010年扬州市区居民家庭人均收入表

指　　标	单　位	平均水平
调查户数	户	200.00
平均每户家庭人口	人	2.94
平均每户就业人口	人	1.60
一、家庭总收入	元/人	23816.41
#可支配收入	元/人	21766.22
(一)工薪收入	元/人	14698.81
1.工资及补贴收入	元/人	14616.49
2.其他劳动收入	元/人	82.32
(二)经营净收入	元/人	2489.32
(三)财产性收入	元/人	386.69
#利息收入	元/人	42.28
(四)转移性收入	元/人	6241.58
#1.养老金或离退休金	元/人	5676.90
#2.赡养收入	元/人	89.44
#3.捐赠收入	元/人	243.50
二、出售财物收入	元/人	3.25
三、借贷收入	元/人	2293.64
#(一)提取储蓄存款	元/人	2155.91
(二)借入款	元/人	10.20

（陈丽华）

市区居民人均经营净收入2489元，增长18.9%，拉动家庭总收入增长1.9个百分点。反映扬州市经济企稳回升趋势明显，经营环境改善，个私经济发展态势良好，经营利润增加。

市区居民人均财产性收入387元，增长24.1%。其中，居民人均出租房屋收入增长56.8%，居民人均股息与红利收入增加34元。

市区居民人均转移性收入6242元，增长9.6%，其中人均养老金或离退休金5677元，增长13.0%。年初，扬州市上调企业退休人员基本养老金，拉动转移性收入增长。

市区社会各阶层居民收入水平普遍提高。抽样调查资料显示，居民家庭按相对收入等距五分组中，20%低收入组家庭人均家庭总收入12726元、增长13.0%，20%较低收入组家庭人均家庭总收入16883元、增长7.8%，20%中间收入组家庭人均家庭总收入20718元、增长11.1%，20%较高收入组家庭人均家庭总收入26283元、增长14.8%，20%高收入组家庭人均家庭总收入36361元、增长7.2%。　（陈丽华）

市区居民消费支出　2010年，扬州市区居民人均消费性支出13679元，比上年增长6.1%，增幅比上年回落5.4个百分点。

从构成消费性支出的八大项看，市区居民人均食品支出5192元，增长10.7%，拉动消费支出增长3.9个百分点；人均家庭设备用品及服务支

2010 年扬州市区居民家庭消费支出表

单位：元／人

指　　标	平均水平
消费支出	**13678.99**
#服务性消费支出	3474.67
一、食品	5191.93
1. 粮油类	615.55
2. 肉禽蛋水产品类	1718.53
3. 蔬菜类	638.85
4. 调味品	56.45
5. 糖烟酒饮料类	539.73
6. 干鲜瓜果类	306.82
7. 糕点、奶及奶制品	301.88
8. 其他食品	162.51
9. 饮食服务	851.61
二、衣着	1527.16
1. 服装	1130.33
2. 衣着材料	20.68
3. 鞋类	317.60
4. 其他衣着用品	47.21
5. 衣着加工服务费	11.33
三、家庭设备用品及服务	922.86
#1. 耐用消费品	403.13
2. 家庭日用杂品	337.25
四、医疗保健	599.13
#1. 药品费	249.42
2. 医疗费	156.91
五、交通和通信	1399.91
1. 交通	675.45
2. 通信	724.46
六、教育文化娱乐服务	2502.18
1. 文化娱乐用品	839.15
2. 文化娱乐服务	779.58
3. 教育	883.45
七、居住	1110.88
1. 住房	382.30
2. 水电燃料及其他	667.52
3. 居住服务费	61.07
八、杂项商品和服务	424.93
1. 杂项商品	273.72
2. 服务	151.21

（陈丽华）

出 923 元，增长 19.7%，拉动消费支出增长 1.2 个百分点；人均教育文化娱乐服务支出 2502 元，增长 6.3%，拉动消费支出增长 1.1 个百分点；人均衣着支出 1527 元，增长 5.3%，拉动消费支出增长 0.6 个百分点；人均交通和通信支出 1400 元，增长 5.0%，拉动消费支出增长0.5 个百分点；人均杂项商品和服务支出 425 元，增长 0.5%；人均居住支出 1111 元，增长 0.2%；人均医疗保健支出 599 元，下降 20.8%。（陈丽华）

■市区居民消费支出特点　食品消费支出增长。受食品价格因素影响，市区居民恩格尔系数(食品消费支出占生活消费支出的比例)38.0%，比上年上升 1.6 个百分点。居民食品消费结构发生变化，吃好、吃精、注重营养、追求方便的趋向成为时尚，方便、营养、健康的绿色食品受青睐，营养、无污染食品成为食品消费主流。市区居民人均食品支出 5192 元，增长 10.7%，其中鲜菜、干鲜瓜果类、茶叶、水产品、鲜乳品及酸奶等人均消费 592 元、307 元、38 元、415 元、201 元，分别增长 21.3%、17.7%、13.9%、9.5%、7.5%。

家电更新升级加快。大屏幕液晶彩电、数码相机、数码摄像机、健身器材、全自动滚筒洗衣机、大容量节能冰箱、变频空调等产品成为消费热点。市区居民人均文化娱乐用品支出 839 元，增长 23.2%；人均家庭耐用消费品支出 403 元，增长 18.5%。

校外教育成为热点。市区居民家庭用于子女上培训班的校外教育支出快速增长。居民人均培训班支出 211 元，增长 22.8%。

家庭信息化步伐加快。2010 年末，市区居民平均每百户家庭拥有家用电脑 85.5 台，比上年增加 6 台；其中接入互联网的电脑 66.5 台，比上年增加 4 台；人均互联网使用费 170 元，增长 1.6 倍。平均每百户家庭拥有移动电话 186 部，其中接入互联网的移动电话 13 部，分别比上年增加 12.5 部、7 部。（陈丽华）

■农村居民收入　2010 年，全市农村居民人均纯收入 9462 元，比上年增长 14.1%，比市区居民人均可支配收入增幅高 2 个百分点，是 1999 年以来第一次超过城市居民收入增幅。

工资性收入 5984 元，增加 811 元，比上年增长 15.7%。工资性收入占纯收入的 63.2%，比上年提高 0.8 个百分点，对农村居民收入增长的贡献率 69.5%，拉动收入增长 9.8 个百分点。

家庭经营收入 2966 元，增加 285 元，增长 10.6%。家庭经营收入占纯收入的 31.3%，比上年下降 1 个百分点，对农村居民收入增长贡献率 24.4%，拉动收入增长 3.4 个百分点。

财产性收入 117 元，增加 18 元，增长 17.6%，对农村居民收入增长的贡献率 1.5%，拉动收入增长 0.2 个

2010 年末扬州市区百户居民家庭耐用消费品拥有量表

指　标	单位	数　量	指　标	单位	数　量
摩托车	辆	40.0	照相机	架	48.5
助力车	辆	111.5	钢琴	架	2.0
家用汽车	辆	10.5	微波炉	台	98.0
洗衣机	台	104.0	空调器	台	173.5
电冰箱	台	103.0	沐浴热水器	台	104.5
彩色电视机	台	183.0	消毒碗柜	台	5.0
家用电脑	台	85.5	健身器材	套	5.5
组合音响	套	31.0	固定电话	部	120.0
摄像机	台	12.5	移动电话	部	186.0

（陈丽华）

2001～2010 年扬州市农村居民人均纯收入和增幅图

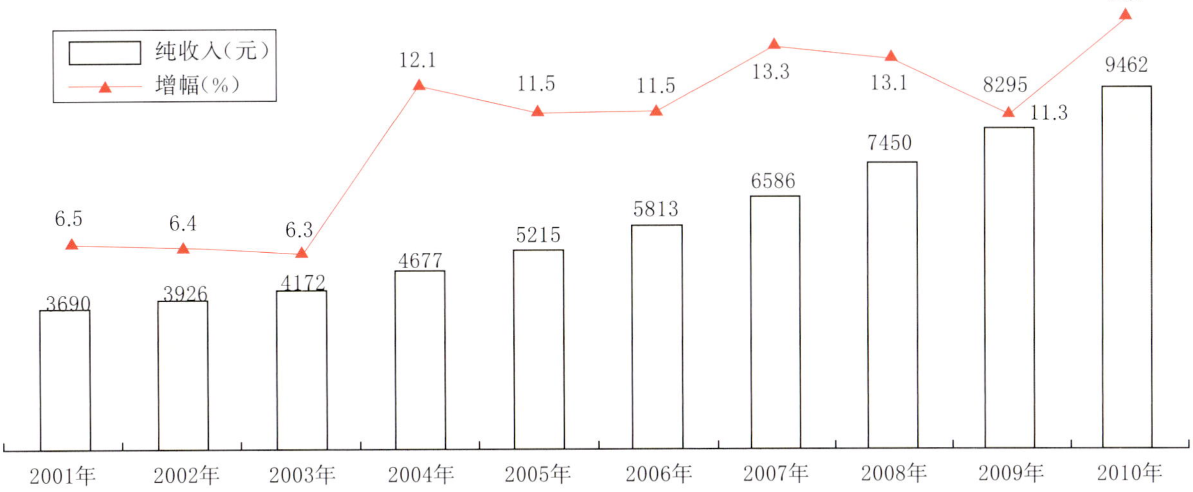

（牛子勇）

百分点。

转移性收入 395 元，增加 54 元，增长 15.7%，对农村居民收入增长的贡献率 4.6%，拉动收入增长 0.7 个百分点。（牛子勇）

2010 年扬州市农村居民人均纯收入构成表

单位：元

指标名称	2010 年	2009 年	增幅(%)
农民人均纯收入	**9462.42**	**8295.29**	**14.1**
一、工资性收入	5984.37	5173.01	15.7
(一)在非企业组织中劳动得到收入	568.23	488.46	16.3
(二)在本乡地域内劳动得到收入	2848.84	2468.51	15.4
(三)外出从业得到收入	2567.30	2216.04	15.9
二、家庭经营纯收入	2965.73	2681.24	10.6
(一)第一产业纯收入	1872.57	1722.53	8.7
1. 农业收入	1601.53	1407.59	13.8
2. 林业收入	17.02	12.83	32.6
3. 牧业收入	100.79	125.45	-19.7
4. 渔业收入	153.23	176.65	-13.3
(二)非农产业纯收入	1093.16	958.72	14.0
1. 第二产业纯收入	505.86	441.17	14.7
(1)工业收入	224.62	196.66	14.2
(2)建筑业收入	281.25	244.51	15.0
2. 第三产业纯收入	587.30	517.54	13.5
(1)交通、运输、邮电业收入	215.76	169.03	27.6
(2)批零贸易业、饮食业收入	247.86	225.12	10.1
(3)社会服务业收入	82.77	74.25	11.5
(4)文教卫生业收入	19.37	28.87	-32.9
(5)其他行业收入	21.54	20.28	6.3
三、财产性纯收入	116.89	99.38	17.6
四、转移性纯收入	395.44	341.66	15.7

（牛子勇）

■ **农村居民生活消费支出** 全市农村居民人均生活消费支出 6782 元，增长 14.4%，当年新增收入的 73.1%用于增加生活消费。

教育投资加大，文化生活多样。农民消费观念发生变化，生活消费中发展和享受型消费比重逐年上升。人均文教娱乐消费支出 1217 元，增长 18%，占生活消费支出的 17.9%，是八大类消费中最大支出项目。其中，旅游消费支出增长 88.9%，休闲娱乐消费支出增长 23.1%，托儿费、幼儿园赞助费支出增长 32%，学杂费、入学赞助费和私立学校就读费支出下降 17%，成人培训费支出增长 127.7%，文教娱乐用品支出下降 7.8%，其他文化、体育、娱乐服务性支出和消费服务性支出增长 4.3%。

健康意识增强。人均医疗保健消费支出 386 元，增长 6.6%，占生活消费支出的 5.7%。其中，药品、医疗及用品等疾病治疗费用支出 379 元，增长 6.9%；保健类药品、保健器材支出 7 元，与上年持平。

交通通信用品和服务支出增长。人均交通和通信支出 649 元，增长 18.8%，占生活消费支出的 9.6%。其中，购买交通工具支出 132 元，增长 33.2%；交通工具用燃料支出 60 元，增长 12.6%；外出交通费 93 元，增长 26.7%；通信费支出 267 元，增长 23.8%；购买通信工具支出 42 元，下降 22.5%。2010 年末，每百户农村居民家庭拥有摩托车 63 辆、移动电话 210 部。

中高档耐用家电支出增加。人均购买家庭设备和用品支出389元,增长17.6%,占生活消费支出的5.7%。其中,购买日用品支出122元,增长24.3%;购买床上用品支出27元,增长16.3%;购买机电设备支出147元,增长17.7%。2010年末,每百户农村居民家庭拥有彩色电视机151台、电冰箱90台、空调71台、抽油烟机30台、洗衣机100台、热水器89台、家用电脑40台。

其他商品和服务消费支出继续走高。人均其他商品和服务消费支出184元,增长12.6%,占生活消费支出的2.7%。其中,购买化妆品支出增长24.3%,购买美容美发用品支出增长17.3%,购买迷信、宗教用品支出增长13.5%,旅馆住宿费支出增长136.4%,其他商品和服务消费支出增长33.0%。（牛子勇）

农村居民生活质量提高 农村居民收入连续增长,消费信心增强,消费理念提升,生活质量明显提高。

饮食习惯健康化。农村居民人均食品消费支出2577元,比上年增长12.3%;恩格尔系数38.0%,比上年下降0.7个百分点。食品消费中,主食(谷物、薯类)消费支出412元,增长12.5%,占食品消费支出总额的16.0%,下降0.2个百分点;副食(蔬菜及制品、肉禽蛋奶及制品、水产品及制品)消费支出1442元,增长12.7%,占食品消费支出的55.9%,增长3.4个百分点;其他食品消费支出288元,增长12.2%,占食品消费支出的11.2%。副食品消费支出增幅高于主食和其他食品消费支出,农民饮食习惯向更健康、更合理的方向发展。此外,农村居民在外就餐次数增多,人均在外饮食支出424元,增长10.7%,占食品消费支出的16.5%,比上年提高9.1个百分点。

衣着消费城市化。农村居民人均衣着消费支出470元,增长20.0%,占生活消费支出的6.9%。其中,服装类支出362元,增长22.8%;鞋类支出90元,增长6.2%;其他衣着消费品支出16元,增长33.8%。农村居民衣着消费从低档、耐用型向高档、成衣转变,服饰品种、规格更加齐全。

居住条件现代化。农村居民人均居住消费支出910元,增长12.7%,占生活消费支出的13.4%。其中,购买生活用房支出159元,增长114%;建筑、维修、装修生活用房材料支出351元,与上年持平;其他居住消费支出中,生活用燃料支出增长3.8%,房租支出增长115.9%,生活用水支出增长6.8%,生活用电支出增长19.5%。2010年末,扬州市农村居民人均居住面积42.2平方米,比上年增长0.4%;楼房户比例为61.6%。（牛子勇）

市区居民消费价格 2010年,扬州市区居民消费价格指数103.4%,上涨3.4个百分点。列入统计的八大类消费品中,食品类价格上涨6.9%,拉动总指数上升2.0个百分点;烟酒及用品、医疗保健和个人用品、交通和通信、娱乐教育文化用品及服务、居住类价格分别上涨2.7%、2.7%、0.1%、0.5%和6.0%,合计拉动总指数上升1.5个百分点;家庭设备用品及维修服务价格下降0.8%,影响总指数下降0.1个百分点;衣着类全年价格与上年基本持平。

全市物价走势前低后高,上半年平均涨幅1.8%,下半年平均涨幅4.9%。其中,6～12月连续7个月涨幅超越3.0%的警戒线,10月、11月、12月同比涨幅分别为5.0%、6.3%、5.3%。

食品价格大幅上涨,拉动物价总水平上升2.0个百分点,对指数上拉程度为59%。16类商品中有15类价格上涨,价格变动显著、影响较大的有粮食、菜、糖、液体乳及乳制品等。粮食价格上涨12.2%,拉动总指数上升0.2个百分点,其中大米、面粉、粮食制品价格分别上涨15.2%、13.3%、3.4%。干豆价格上涨40.6%,其中8月同比涨幅70.8%。鲜菜价格上涨23.6%,影响总指数上升0.7个百分点。涨幅较大的有大白菜(上涨51%)、卷心菜(上涨32%)、青菜(上涨27%)、萝卜(上涨23%)、茄子(上涨26%)、豆芽(上涨39%)、洋葱(上涨36%)。另外,生姜价格上涨近1倍,大蒜头价格上涨2.5倍。肉禽及其制品价格上涨4.3%。其中,食用畜肉及副产品价格上涨3.3%,家禽价格上涨8.3%。2010年,扬州市场肉禽及其制品价格环比平均上涨0.8%。糖价上涨8.3%。其中,食糖价格上涨15.1%,糖果价格上涨8.6%。在外用膳价格上涨4.8%,其中米饭、面条、包子等价格上涨明显。

工业消费品及服务价格相对平稳。烟酒及用品价格上涨2.7%。其中,烟草持平,酒上涨6.5%,吸烟饮酒用品上涨7.2%。医疗保健和个人用品价格上涨2.7%,拉动总指数上涨0.2个百分点,其中首饰价格上涨28.4%。交通和通信类价格上涨0.1%。其中,交通类价格上涨1.5%,通信价格下降1.3%。重点商品价格汽油上涨14.8%、柴油上涨15.5%、出租汽车上涨5.7%。娱乐教育文化用品及服务价格上涨0.5%。其中,文娱用耐用消费品及服务价格下降8.5%,旅游价格上涨2.7%。

居住价格逐步走高。建房及装修材料价格上涨2.9%。其中,木材上涨6.9%,水泥上涨6.9%,其他材料上涨7.5%。租房价格上涨7.5%,7月、8月、9月房租环比分别上涨3.3%、1.6%、1.6%。自有住房价格上涨3.1%。其中,房贷利率调高2.0%,维护修理费用上涨13.9%。水、电、燃料价格上涨4.5%。其中,水价上涨7.1%,液化石油气价上涨33.0%,其他燃料价格上涨4.1%。（解国元）

劳动就业

概述 2010年,全市采集就业岗位15.02万个,城镇新增就业8.83万人,推荐就业5.65万人,其中下岗失业人员再就业3.39万人。全市7.53万人接受农村劳动力就业培训,新增农村劳动力转移5.59万人。2010年底,全市城镇登记失业率2.72%。加强就业管理与服务,鼓励自主创业。发挥劳动监察职能和工资分配制度宏观调控作用。开展劳动技能培训和职业技能鉴定。12月11日,1.15万平方米的新人力资源市场启用。（居乃军 高 展）

2010年扬州市最低工资标准调整情况表

地　区	工资标准类别	最低月工资(元/月)		最低小时工资(元/小时)	
		调整前	调整后	调整前	调整后
市　区	省二类地区	700	790	5.9	6.4
宝应县	省三类地区	590	670	5.0	5.4
仪征市	省三类地区	590	670	5.0	5.4
高邮市	省三类地区	590	670	5.0	5.4
江都市	省三类地区	590	670	5.0	5.4

(任　保)

■ **劳动工资**　加大工资分配制度宏观管理,发挥最低工资标准、企业工资增长指导线和人力资源市场指导价位的调控作用,推进工资集体协商,建立工资支付保障机制和正常增长机制,引导企业根据经营效益提高职工工资待遇。2月1日起,扬州市执行新的最低工资标准。　(居乃军　高　展)

■ **高校毕业生就业**　出台《扬州市高校毕业生就业见习基地管理办法》,完善高校毕业生就业工作协调机制和联席会议制度,提升高校毕业生就业服务工作质态。截至2010年底,全市建立各级高校毕业生就业见习基地96家,全年677名高校毕业生参加就业见习,其中459人就业。加强与清华大学、浙江大学、上海交通大学等5所高校的联系与合作,组织54名研究生到扬州进行暑期社会实践。研究生社会实践扬州基地获"清华大学基地建设工作奖"。发展网上招聘平台,3320家企业通过扬州人才网发布7812个岗位需求信息,新增在线登记个人简历4.83万份。全年组织400多家用人单位到武汉、合肥、南京等地高校招聘。全市接收高校毕业生1.70万人就业,比上年增长12%,其中博士研究生人数增长150%。　(居乃军　高　展)

■ **就业管理与服务**　2010年,扬州市出台统筹城乡就业、基层平台建设、农村就业服务等政策性文件。全市举办"送政策、送岗位、送技能"关爱农民工温暖大行动、"迎'三八'架金桥"女性就业援助、庆"七一"为党争光辉等273场各类专场招聘活动,其中包括首次举办的女性专场和化工、机械、船舶、汽车等工业企业专场。2010年,全市采集就业岗位15.02万个(其中市区5.58万个),推荐就业5.65万人(其中市区2.89万人),新增城镇就业8.83万人(其中市区4.32万人);年末城镇登记失业率2.72%,低于省定目标1.28个百分点;新增农村劳动力转移5.59万人(其中市区0.92万人)。　(居乃军　高　展)

■ **创业服务**　依托公共就业服务体系,加强创业服务平台建设,支持、指导高校毕业生、下岗失业人员、返乡农民工、大学生村官等重点群体自主创业。全市认定江苏信息产业园、LED(发光二极管)产业基地、玉器工艺湾头培训基地、五亭龙玩具城等20个创业孵化基地。全年培训有创业愿望的各类人员1.20万人,印发创业宣传手册1万份,树立创业典型30人,征集创业项目358个,汇编、宣传推广优秀创业项目200个。全市3339人实现创业计划,带动就业1.49万人。　(居乃军　高　展)

■ **企业用工服务**　推广"资源储备一批,培训鉴定一批,市外基地一批,就业上岗一批"工作模式,健全用工服务快速反应机制,确保园区重点企业正常生产。2010年,举办校企合作活动12场,1.32万名职(技)校毕业生与538家企业签订就业协议;走访陕西西安、湖南长沙及河南商丘、焦作等地58个劳务基地,推介扬州投资环境和用工环境,联系招工事宜,签订合作用工意向96份,达成3.5万人的岗位用工协议。全年为园区各类企业招引劳动力3万人。　(居乃军　高　展)

■ **就业困难群体帮扶**　综合运用免费培训补贴、社会保险补贴等优惠政策,鼓励用人单位吸纳就业困难人员。全年发放职业介绍补贴824.39万元(市区337.81万元)、培训补贴1780.71万元(市区506.38万元)、社会保障补贴5956.81万元(市区2866.33万元)、购岗补贴646.56万元(市区357.86万元),发放小额担保贷款5584万元(市区3847万元),下岗失业人员3.39万人(市区1.82万人)实现再就业,其中就业困难人员1.1万人(市区0.53万人)。完善困难群体就业援助机制,帮扶

2月7日,2010年春季人才智力交流大会在市体育公园开幕,270家用人单位提供6500个岗位,吸引万名求职者进场　王　卓/摄

"零就业家庭"、特困家庭高校毕业生、长期失业人员、一户多残家庭实现就业和再就业。全年帮扶347户"零就业家庭"372人实现再就业，实现"零就业家庭"连续40个月动态清零；帮助8名登记特困家庭高校毕业生实现就业。（居乃军　高　展）

■**劳动关系监察**　2010年，全市劳动关系监察部门指导用人单位调整、规范规章制度1338件，发放劳动保障监察建议书848件。至年底，全市劳动合同和集体合同签订率分别为99%、98%。打击拖欠工资等侵害职工合法权益的违法行为，追讨工资3067.3万元（市区636.77万元），主动监察用人单位5276户；受理举报投诉案件1964件，其中立案1148件，按期结案率100%；受理劳动人事仲裁案件1751件，结案率95%。

（居乃军　高　展）

■**高技能人才队伍建设**　健全高技能人才培养网络，动员社会力量开展高技能人才培养工作，举办化学检验工、修脚师、电线电缆检验工、焊工等"示范性、高水平"职工职业技能竞赛。推进技工院校发展，确立"质量立校"理念。全市评选市级技工院校重点专业49个，获评省级技工院校重点专业29个，其中扬州技师学院获评省级重点专业16个。推行学生技能等级逐级考核制度，开展"十校百企"双向对接活动，促进技能人才培养与扬州产业发展"无缝对接"。2010年，全市13所技工院校共招生1.12万人，毕业7331人，毕业生就业率99.03%。全市新增高技能人才（高级工以上）1.00万人，其中新增技师、高级技师2310人（市区1105人）。

（居乃军　高　展）

■**职业技能培训鉴定**　适应地方经济、产业结构调整对技能人才的需求，统筹开展各级各类人员技能培训。开展职工在岗、转岗和技能提升培训，做好农村劳动力就业培训工作，依托技工院校开展退役士兵免费职业技能培训，公共就业训练中心开展就业前预备制培训。2010年，全市5.38万人（市区2.77万人）参加就业再就业培训，培训农村劳动力7.53万人（市区1.8万人），组织职业技能鉴定9.24万人次（市区5.07万人次）；7.17万人（市区3.81万人）取得职业资格证书。全市持有职业资格证书的人数累计超过60万人，初、中、高级以上持证比例日趋合理。

（居乃军　高　展）

社会保障

■**概述**　2010年底，全市城镇企业职工基本养老保险、城镇职工基本医疗保险、失业保险、工伤保险、生育保险等五大险种参保人数分别为77.1万人（市区33.5万人）、94.7万人（市区48.9万人）、55.85万人（市区30.27万人）、60.6万人（市区27.5万人）、44.6万人（市区21.9万人），新型农村社会养老保险（简称新农保）参保人数105.2万人，城镇居民基本医疗保险参保人数56.1万人，大学生医疗保险参保人数7.7万人。

（居乃军　高　展）

■**城乡养老保障**　2010年，全市城镇企业职工基本养老保险基金总收入38.8亿元，支出34.6亿元，当期结余4.2亿元。调整服务流程，保障养老保险关系异地转移接续顺畅。市区全年办理养老保险关系异地转移7677人次，其中转入3873人次。推进新农保。8月3日，扬州市印发《扬州市区新型农村社会养老保险制度实施办法》。全市新农保新增参保54.9万人，参保覆盖率99.69%，基础养老金发放率99.73%。

（居乃军　高　展）

■**医疗保险**　推进中小型用人单位和城镇居民参加医疗保险。2010年，全市城镇职工基本医疗保险新增参保4.4万人（市区1.75万人），城镇居民基本医疗保险参保覆盖率95%以上。推动落实基本药物零差率制度，将599种基本药物、1945个品规的药物全部纳入基本医保药品目录。3月，11个基层医疗卫生机构开通基本医保药品目录系统。城镇职工基本医疗保险参保人员全年发生新一轮零差率药品费用490万元，医保门诊统筹基金补偿147万元。做好沪扬异地就医结算工作，累计报销参保人员医疗费用310万元；开通省内异地就医联网结算系统，实现与南京市双向结算。11月，扬州市获评"长三角异地就医结算先进城市"。做好大学生医保服务工作，完成7.7万名参保大学生医保证制作、发放和报销结算工作，全年统筹支付642名大学生医疗费用210万元。（居乃军　高　展）

■**失业、工伤、生育保险**　2010年，扬州市调整失业金发放标准上下限，扩大失业保险基金使用范围，加大企业失业保险法定义务和参保优越性宣传力度，调动企业和职工参保积极性。全市失业保险扩面2.76万人。

完善工伤保险配套政策体系，初

2006～2010年扬州市直企业退休人员平均月养老金变化情况

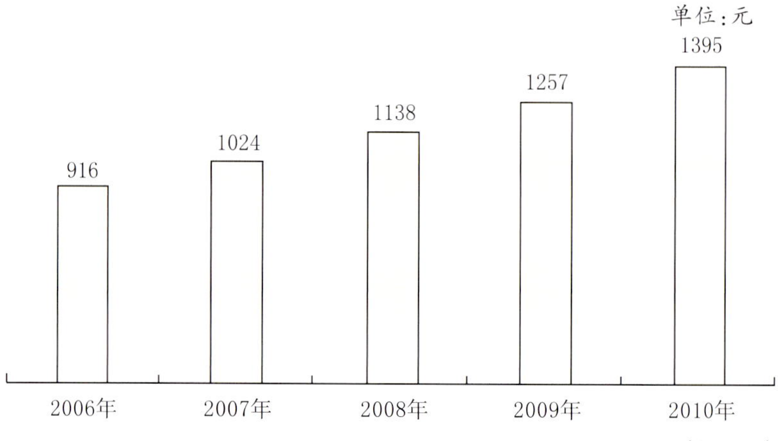

（任　保）

步形成工伤预防、经济补偿、工伤康复三位一体制度框架；制订“老工伤”人员纳入工伤保险统筹管理经办流程，借助多种形式开展“老工伤”人员摸底调查，建立“老工伤”人员数据库。至年底，工伤保险基金累计结余 2.08 亿元；全年工伤保险新增参保 4.44 万人，6178 人享受工伤医疗待遇，基本解决“老工伤”人员保障问题。

完善生育保险制度，扩大生育保险支付范围，提高生育保险待遇水平。生育保险基金征缴收入超额完成省定目标。（居乃军 高 展）

■机关事业单位养老保险 2010 年 1 月起，市直机关事业单位养老保险从“差额缴拨”改为“全额缴拨”，实行全收全付，完善收缴支付流程。拟订市直机关事业单位养老保险调整方案，调整缴费基数，改浮动比例为固定比例。至 2010 年底，全市机关事业单位养老保险基金征缴率、机关事业单位养老保险实地稽核率均超额完成省定目标。（居乃军 高 展）

■失地农民基本生活保障 推进被征地农民基本生活保障工作，新增建设用地补偿费及时到账、及时解缴，维护被征地农民权益。2010 年，全市核定参加被征地农民基本生活保障人数 2.68 万人，社保账户资金到账 7.03 亿元。（房崇新 卞大亮）

计划生育

■概述 2010 年，市人口和计划生育委员会(简称市人口计生委)开展人口协调发展创建工作，完成“十一五”人口计生工作终期评估，推进“计生民生牵手工程”。全市出生 2.48 万人，人口出生率 5.37‰，人口自然增长率 -1.04‰。全市计划生育率 99.31%，出生人口男女性别比 109.97。

开展纪念党中央《关于控制我国人口增长问题致全体共产党员、共青团员的公开信》发表 30 周年系列活动。市人口计生委与市文明办、扬州报业传媒集团、扬州广电总台、市摄影家协会等 8 个部门和单位联合举办“扬州人·文明风”人口与幸福摄影大赛，编辑《摄影大赛优秀作品集》、《“十一五”人口理论研讨优秀论文集》、《“十一五”省级以上刊物发表的理论文章、宣传报道选编》，举办人口计生专题电视文艺晚会，《扬州日报》刊发纪念专版，介绍扬州市人口计生工作 30 年历程。7 个县(市、区)分别制作“十一五”人口计生工作纪实片。（朱 谨）

■实施“十一五”人口计生工作终期评估 7～8 月，扬州市采取与省级督查、县级自查同步实施的办法，组织开展“十一五”人口和计划生育目标管理责任制终期评估及人口协调发展先进县(市、区)评审市级复核。全市通过召开座谈会、实地考察、资料检查、信息抽查和个别访谈，复核县级单位 9 家、乡级单位 43 家；通过实地考察、资料检查和入户调查，复核村级单位 44 家。市级复核结果，全市 7 个县(市、区)全面完成“十一五”人口和计划生育各项工作任务；人口协调发展先进县(市、区)8 项考评指标中，除个别县(市、区)出生人口性别比略高外，其他指标全部达到或超过省定标准；9 项参考指标全部达标。扬州经济技术开发区、蜀冈—瘦西湖风景名胜区全面完成“十一五”人口计生目标管理责任制各项任务，8 项考评指标全部达到或超过省定标准。（朱 谨）

■实现城乡优质服务体系全覆盖 4 月底，全市完成 1453 个人口计生服务机构改造(其中市级 1 个、县级 5 个、乡级 84 个、村级 1363 个)，覆盖率 100%，全部通过国家和省验收。改造后的服务机构为群众提供优生优育、生殖健康、家庭保健等 6 项服务，市、县两级服务机构承接 27 个国家和省项目，服务机构年业务量提高 20%以上，群众满意度由 87%提升至 97%。2010 年，全市 1 个县级计生服务站、4 个乡镇计生服务站获评国家级示范站，2 个县级站、25 个乡镇站获评省级示范站。（朱 谨）

■持证退休企业职工一次性奖励 下发《市政府关于对持独生子女父母光荣证退休的企业职工实行一次性奖励的实施意见》，启动一次性奖励发放工作。全市登记符合奖励条件的退休企业职工 5.74 万人，其中市区 2.98 万人、宝应县 6500 人、仪征市 7952 人、高邮市 6266 人、江都市 6970 人。全市兑现奖金 1.8 亿元，其中市级财政安排专项资金 7000 万元用于市属企业持证退休职工一次性奖励。（朱 谨）

■拓展人口计生公共服务免费项目 9 月，市人口计生委联合市人力资源和社会保障局、残疾人联合会、财政局，围绕扩大生育保险支付范围，推进育龄群众人人享有优生优育、生殖

人口和计划生育公共服务中心设有人口文化屋，为年轻妈妈学习早期教育知识提供方便　　新 龙／摄

健康、家庭保健免费服务进行调研。启动孕前优生健康检查,围产期出生缺陷干预筛查,女性生殖健康普查,宫颈癌、乳腺癌筛查等4个免费项目。服务对象包括孕前、孕中和育龄期妇女,服务项目包括优生优育、生殖健康的主要检查和筛查项目,降低出生缺陷风险,提高出生人口素质。

(朱　谨)

■ 打造社会化人口宣传服务网络 数字电视"人口计生"电视频道新增3个栏目,开辟专家讲堂,突出服务功能,月平均点击率15万人次。加强"扬州人口"网站维护,建立网络发言人制度,及时更新各类信息,答复网民提问。制作、赠送新型人口文化传播机,开发集政策性、知识性、实用性、趣味性于一体的内容植入传播机,赠送覆盖面扩大到城区85%的社区。开通"12356"服务热线,通过语音服务和人工服务,24小时提供咨询、预约、查询、投诉、告知、随访、信息发布、满意度调查等8项服务,同时建立限时办结制,提高监督维权实效。

(朱　谨)

■ 编发人口计生事业统计数据集 2010年,市人口计生委编发新版《扬州市人口和计划生育事业统计数据集》(简称"数据集")。"数据集"数据来源于统计、公安、卫生、教育、民政等9个部门,数据内容包括人口数量、人口增长、人口结构、人口教育、人口健康、人口计生公共服务、人口与经济社会资源环境、人口计生事业投入保障等8个部分。新版"数据集"利用全员人口信息系统数据,绘制全市常住人口金字塔,数据表现更直观;统计口径采用常住地统计口径与户籍地统计口径相结合,有利于数据对比分析;数据主要指标包括当年发生数、"十五"或"十一五"以来的数据、累计发生数,方便查阅和进行比对性研究。(朱　谨)

■ 生育关怀 市计生协会调查全市计生困难家庭,分类建立困难家庭档案。采取党员干部结对帮扶、经济能人技术帮扶、企业老板照顾就业、社会团体捐款救助、机关部门助学助医,逐步建立结对帮扶机制、群团联动机制、保险投入机制。全年累计筹集181.92万元,帮扶计生困难家庭6635户,帮助49名唇腭裂患儿免费实施修复手术。新启动妇女发展项目98个,11.28万人参与项目实施。

(朱　谨)

基层自治组织建设

■ 社区服务中心建设 2010年,市区新建成15个社区服务中心。其中,广陵区5个(彩衣街、荷花池、沙南、八大家、九龙湾社区)、维扬区6个(虹桥、便益门、广储、凤凰桥、荷叶、鸿福社区)、扬州经济技术开发区3个(崇文苑、宝带、花园社区)、邗江区1个(和月社区)。新建成的15个社区服务中心经市民政局、市财政局验收合格后,各获奖补资金10万元。至2010年底,全市通过验收达标的社区服务中心有36个。(王平安)

■ 社区工作站建设 扬州市推进社区工作站建设,构建以社区党组织为核心、以居民自治组织为主体、以社区工作站为纽带、以社区便民服务中心为重点的"四位一体"社区治理模式。市城乡和谐社区建设指导委员会下发《关于加强社区工作站建设的意见》,明确社区工作站建设的基本原则、职责任务、工作要求等。各地制定《推进社区工作站建设工作实施意见》等文件。至年底,全市建立社区工作站101个,其中广陵区50个、维扬区25个、邗江区10个、扬州经济技术开发区13个、蜀冈—瘦西湖风景名胜区3个。"四位一体"社区治理模式获市委、市政府年度"工作创新创优奖"。(王平安)

■ 和谐示范社区创建 2010年,广陵区汶河街道四望亭社区、维扬区梅岭街道便益门社区、邗江区汊河街道许庄社区、扬州经济技术开发区施桥镇滨江社区、宝应县安宜镇城中社区、高邮经济开发区高沙园社区、江都市宜陵镇北陵社区、仪征市真州镇大市社区、维扬区双桥街道卜桥社区、宝应县安宜镇东门社区、宝应县安宜镇铁桥社区、宝应县望直港镇兴港社区等12个社区被命名为"江苏省和谐示范社区"。

(王平安)

■ 村民自治模范单位创建 2010年,邗江区瓜洲镇建华村、维扬区城北乡瓦窑村、广陵区广陵产业园大众村、宝应县广洋湖镇蒯家村、高邮市城南经济新区浩芝村、江都市邵伯镇渌洋湖村、仪征市十二圩办事处越江村、宝应县泾河镇陈东村等8个村被命名为"江苏省管理民主示范村"。

(王平安)

■ 村民委员会和社区居委会换届选举 2010年,全市有1138个村委会和345个社区居委会需依法换届选举。10月16日,市委、市政府成立市村(居)民委员会换届选举工作指导小组,市委、市政府两办下发《关于认真做好全市第九届村民委员会换届选举工作的实施意见》,明确村委会换届选举程序。10月18日,市委、市政府召开村(居)民委员会换届选举工作会议。全市第九届村委会换届选举工作10月启动,分选举准备、选民登记、提名确定候选人、投票选举、建章立制和总结检查验收6个阶段进行,全市村委会换届选举日为12月8～21日。至年底,除2个村经同意缓选外,1136个村全部依法完成换届选举,选举成功率100%,其中实行无候选人一次直选的村89个。全市登记选民2634948人,参加投票的选民2526317人,参选率99.6%;选举产生村委会班子成员5902人,其中女性1690人,占当选人员的28.63%,221名村党支部书记、村委会主任实现党政"一肩挑";选举产生新一届村民代表68106人。第四届社区居委会换届选举工作2010年第四季度启动。(王平安)

■ 村务公开和民主管理 宝应县村务公开工作领导小组下发《关于做好2010年村务公开工作指导意见》,每季度抽查村务公开、民主管理工作。高邮市下发《村务公开和民主管理示范村考评办法》和《关于在全市开展村务公开和民主管理示范村创建活动的实施意见》。邗江区将村民自治和农村党风廉政建设相结合，将村务公开、民主决策和民主管理部分内容列入农村党风廉政示范单位考核验收内容。江都市会同纪检、监察、农工、司法等部门检查全市各镇村务公开、民主管理工作情况和民主法治示范村建设情况。仪征市开展2次村务公开、民主管理工作专项督查。市村务公开工作领导小组办公室下发《关于上报村务公开和民主管理“薄弱村”台账、综合分析报告和治理方案的通知》。各地制定“薄弱村”治理方案。高邮市、宝应县26个“薄弱村”经过治理全部达标。（王平安）

■社区考核评比 建立、完善以居民满意度为主要指标的评价激励机制。制定《扬州市社区管理服务奖励考核办法》，对市区行政区域范围内的社区进行年度考核。对年度考核结果为优秀、良好、合格的社区，每年安排工作经费，发挥考核奖励导向作用。组织开展全市首届“十佳社区”和“十佳社区领袖”评选活动。广陵区曲江街道文昌花园社区、东关街道琼花观社区、汶河街道荷花池社区、文峰街道宝塔社区、维扬区城北乡安平社区、双桥街道康乐社区、邗江区邗上街道五里社区、扬州经济技术开发区文汇街道春江社区、宝应县安宜镇世纪园社区、高邮市高邮镇琵琶社区等10个社区获评全市首届“十佳社区”。广陵区汶河街道四望亭社区党委书记、主任刘宝珠，广陵产业园运东社区党总支书记、主任丁小琴，东关街道皮市街社区主任鲍锦珍，维扬区梅岭街道锦旺社区党委书记戴军，城北乡竹西社区党总支书记黄晓香，双桥街道文苑社区党委书记赵玉昌，邗江区邗上街道翠岗花园社区党总支书记厉华媛，扬州经济技术开发区文汇街道崇文苑社区党支部书记陈佳，江都市仙女镇禹王宫社区党总支书记徐正英，仪征市真州镇大市社区党支部书记、主任邓慧艳等10人获评全市首届“十佳社区工作者”。（王平安）

区划地名

■行政区域界线管理 开展行政区域界线联合检查工作。组织完成扬(扬州)泰(泰州)线、盐(盐城)扬(扬州)线等2条市际界线和扬(邗江)高(高邮)线、扬(邗江)江(江都)线等2条县际界线联合检查工作。推进平安边界建设。印发《关于开展平安边界创建示范线活动的通知》，年底对各地平安边界创建示范线活动进行考评。（佘义海）

■地名标志牌管理 全年制作、安装道路地名标志牌327块、楼栋牌105块，维护道路地名标志牌157块，除锈、刷新道路地名标志牌540块。（佘义海）

■地名命名、更名 2010年，扬州市区命名24条道路、1座桥梁、45个居民住宅区和7座建筑物。（佘义海）

2010年扬州市区新命名的道路、桥梁一览表

名　称	地理位置（起讫点）
锦绣路	位于锦苑中段、海德庄园南，东西向，东起扬子江北路，西至润扬北路。
板桥路	位于广陵产业园内，南起高罗河，北至运河东路。
金韵路	位于广陵产业园内，南起扬霍路，北至运河东路。
滨河路	位于广陵产业园内，南起迎春路，北至运河东路。
明发路	位于广陵产业园内，南起嘉苑路，北至运河东路。
京杭南路	位于广陵产业园内，南起迎春路，北至运河东路。
秦邮南路	位于广陵产业园内，南起迎春路，北至运河东路。
海沃路	位于广陵产业园内，东起沙湾南路，西至扬霍路。
元辰路	位于广陵产业园内，东起桃园路，西至明发路。
创业路	位于广陵产业园内，东起沙湾南路，西至滨河路。
大众港路	位于广陵产业园内，东起扬霍路，西至滨河路。
东盛路	位于广陵产业园内，东起沙湾南路，西至滨河路。
迎春路	位于广陵产业园内，沿迎春河，东起扬霍路，西至京杭大运河。
江海路	位于施桥镇境内，江海学院南端东西向道路，东起望江路，西至扬子江北路。
江都南路	南起开发东路，北至运河西路。
黄金坝路	南起竹西路，北至江平东路。
通运路	东起运河南路，西至江都南路。
京杭中路	南起运河东路，北至文昌东路。
京杭北路	南起文昌东路，北至万福路。
甘杨路	扬州殡仪馆门前东西向道路鹤祥路更名为甘杨路。东起扬天公路，西至杨庙镇花瓶路。
依人路	位于依云城邦花园南北院之间，东起古运河，西至扬子江南路。
云霞路	位于依云城邦花园东侧，南起吴州东路，北至华扬东路。
观潮路	古运新苑、扬州高级职业技术学校东侧南北向道路，南起解放北路，北至古运河风光带。
鉴真路	位于蜀冈之上、平山乡政府南面，东起平山路，西至扬子江北路。
利民桥	位于广陵产业园内，跨沙河，连接沙湾南路和董庄路。

（佘义海）

2010 年扬州市区新命名的住宅区、商用建筑物一览表

名 称	地 理 位 置
大众新村	位于甘泉街道境内，东至香巷路，西至甘泉居委会大众组，南至新扬天公路，北至七泉路。
九龙湾润园	位于扬子江南路西侧、毓秀路南侧，南至邗江河北路（暂用名），西至开发区实验中学，北至毓秀路，东至一规划支路。
西华苑	位于平山乡境内，东至平山村小星组农田，西至平山路，南至平山村朱庄组，北至平山村小星组。
翠月南苑	位于广陵产业园内，东至秦邮南路，西至京杭南路，南至南绕城，北至嘉苑路。
运河人家	位于广陵产业园内，东至京杭南路，西至滨河路，南至一规划道路，北至大众港。
运河一品臻邸	位于古运河东侧，东至洼字东街，西至古运河，南至水岸华邑，北至安康路。
朴园	位于朴席镇范围，东至巷道，西至线缆厂，南至仪扬河，北至供销大厦。
运河东郡公馆	位于广陵新城南部，东至秦邮路，西至京杭中路，南至运河东路，北至一规划道路（健民路）。
君悦蓝庭	位于开发东路东段南侧，东至现状小路，西至七里河一支流，南至连运中路，北至开发东路。
骏和国际公馆	位于扬州经济技术开发区“蝶湖”南，东至维扬路，西至祥和路，南至一规划道路，北至一规划道路。
金域蓝湾公馆	位于邗江中路南段西侧，东至邗江中路，西至顺达路，南至开发西路，北至康桥花园。
蜀冈锦宸	位于西湖镇境内，东至一规划道路，西至邗江路，南至西湖路，北至司徒庙路。
利豪沁园	位于大学北路与文汇东路交叉口东北角，东至二道河，西至大学北路，南临文汇东路，北至苏农二村。
九龙花园	位于汤汪乡九龙村境内，东起长岗河，西至一规划道路，南起跃进河，北至一规划支路。九龙花园以连运西路为中心分南北两区，北区由东向西分为飞龙苑、腾龙苑、祥龙苑和吉龙苑 4 个组团，南部以小区道路分为福龙苑、瑞龙苑、旺龙苑、安龙苑和康龙苑 5 个组团。
吉龙苑	九龙花园组团之一。
祥龙苑	九龙花园组团之一。
腾龙苑	九龙花园组团之一。
飞龙苑	九龙花园组团之一。
福龙苑	九龙花园组团之一。
瑞龙苑	九龙花园组团之一。
旺龙苑	九龙花园组团之一。
安龙苑	九龙花园组团之一。
康龙苑	九龙花园组团之一。
品墅	位于江都南路西侧，东、南至武警医院住宅区，西至城东路一支路，北至城东路。
印象花园	位于扬天公路东侧，东至大姚庄农田，西至大官人家，南至小钱庄，北至大姚庄。
世家	锦苑组团之一，位于锦苑南部，东至邗江北路，西至扬大奶牛场，南至翠岗河，北至锦绣路。
天宝物华家园	位于维扬路南段西侧，东至维扬路，西至帝景蓝湾花园，南至一规划道路，北至欧尚超市。
紫金文昌园	位于文昌西路与维扬路交叉口东北角，东至府西巷，西至维扬路，南至文昌西路，北至市档案局、顺水楼一线。
春辉苑	位于邗江区邗上街道南部，北至幸福河，东至彩弘苑，西至上林苑酒店公寓，南至武庄小区。该项目为拆迁安置小区。
左岸商务广场	位于广陵区文峰街道范围，东至渡江南路，西至文峰机械厂，南至文峰村委会，北至七里河。
华信沁园	位于史可法路东侧，南至梅岭东路农业银行办公楼以北一线，东至窦庄巷 7 号楼原邗江粮食局宿舍一线，北至漕河东路沿街住宅楼一线，西至史可法路。
江阳佳园	位于平山乡雷塘组，东至一规划道路，南至宁启铁路北侧一规划道路，西至一规划道路，北至槐泗河南侧一规划道路。

（佘义海）

2010 年扬州市区新命名的住宅区、商用建筑物一览表(续)

名　称	地 理 位 置
施井农贸市场	位于曲江街道施井村,东至江都南路,西、南至施井村庄台,北至一现状道路。
品尊国际花园	位于新城西区,东至博物馆路,南至明月湖路,西至沿山河,北至文昌西路。
运河印象庄园	位于扬子江南路与吴州东路交叉口东北侧,东至古运河,西至云霞路,南至一便道,北至依人路。
瘦西湖名苑	位于城北乡,东至规划中的江都北路,南至鸿福路,西至黄金坝路,北至一规划道路。
瘦西湖鼎苑	位于城北乡,东至规划中的江都北路,南至上方寺路,西至黄金坝路,北至鸿福路。
御龙湾花园	位于城北乡竹西公园西侧,东至一区间道路,南至竹西路,西至黄金坝路,北至上方寺路。
古运花苑	位于曲江街办北部,东至太平村及群发小区,南至五台山路,西至观潮路,北至一规划道路。
古运北苑	位于曲江街办北部,东至太平村,南至一规划道路,西至观潮路,北至古运河风光带。
运河城市广场	位于曲江公园东北角,东至运河北路,南、西至曲江公园,北至文昌东路。
西湖印象华府	位于西湖镇境内,东至邗江北路,西至山水路,南至西湖路,北至司徒庙路。
城西雅墅	位于杨庙镇境内,东至甘八路(暂用名),西至双颉村蒋巷组农田,南至蒋巷组庄台及农田,北至现状河流。
幸福新村	位于邗上街道范围,东至新城河路,西至香格里拉小区,南至逸境雅墅,北至得祥园。
明仁坊	位于汉河街道范围,东至徐集路(暂用名),西至徐秦路(暂用名),南至规划中的横五路,北至徐集村板桥组。
崇文欧美商务中心	位于崇文苑北部,北至文汇东路,西至扬子江中路。
太和广场	位于四望亭路中段南侧,东至宝带河,西至双桥乡宿舍楼,南至扬大师院宿舍,北至四望亭路。
东方国际食品城	位于汤汪乡东部,东至一规划道路,西至江都南路向南延伸段,南至开发东路,北至七里河。
百祥商务楼	位于百祥路与翠岗路交叉口西南侧,东至百祥路,西至花瓶苑,南至名城花园,北至翠岗路。
绿地商业生活广场	位于润扬南路与江阳西路交叉口东南侧,东至如家快捷酒店,西至润扬南路,南至一规划道路,北至江阳西路。
吉安商务楼	位于吉安公寓西北侧,东、南至吉安公寓,西至吉安路,北至开发西路。
星座国际商务中心	位于邗江中路与兴城西路交叉口西南侧,东至邗江中路,西至邗江实验学校,南至邗江区建筑工程总公司,北至邗江区交通局。

(佘义海)

社会事务管理

婚姻登记 2010 年，全市婚姻登记机构办理婚姻登记 45186 对,其中初婚登记 80775 人、再婚登记 9597 人;办理离婚登记 5951 对。婚姻登记实现“零差错”和无有效投诉,登记合格率 100%。(张　彬)

社会组织管理 培育发展社会组织。支持社会力量举办民办社会事业、公益慈善类、互益类组织和城乡基层社区服务组织。加大慈善类社会组织的培育发展力度。规范发展行业协会、学术性社团。至年底,全市有各级、各类社团 1273 个(其中市级 321 个)、民办非企业单位 822 家(其中市级 110 家)。建设扬州市行业协会(商会)培育发展中心等社会组织孵化器(培育发展基地)。

社会组织监督管理。健全社会组织监管机制，由重入口登记向兼重准入和日常管理转变。在 2009 年度年检中，采取分类年检与重点监管相结合的办法,健全以规范行为为重点的相关管理制度。引入社会监督,及时向新闻媒体和社会公布社会组织管理政策和动态,注重舆论监督的社会效果,拓展政府监管方式。加强与业务主管单位合作,建立社会组织执法协作机制，及时向业务主管单位和外事、公安等部门通报社会组织违法违纪信息和非法组织信息,加大对违法违纪社会组织和非法组织的查处力度。

市机动车驾驶员协会和扬州市温州商会获评全国先进社会组织。

(张绍华)

社会组织党建工作 市民政局配合市委组织部抓好重点领域社会组织中党组织的有效覆盖和管理,出台《扬州市社会组织党建工作的指导意见》，明确各部门职责，确定行业协会、民办非企业单位、基层社会组织为党建工作重点领域,确定首批社会组织党建工作试点单位。建立、完善“双推双报”制度,社会组织登记申报时推动建立党组织,年检年报时推动党组织发挥作用。

市民政局指导全市社会组织党组织和党员开展创先争优活动,引导行业自律、提升诚信服务水平,加强带头人队伍建设,初步形成党组织发挥引领功能、社会组织发挥服务功能、党员发挥表率作用的党建工作新格局。扬州市作为江苏省唯一地级市代表参加全国社会组织创优争先经验交流会并作书面交流发言。

（张绍华）

■行业协会与行政机关脱钩 市政府办公室转发市发展和改革委员会、市纠正部门和行业不正之风领导小组办公室、民政局等部门《关于行业协会与政府部门脱钩的实施意见》，明确规定行业协会机构必须与政府部门分设，不得合署办公；现职机关公务人员不得在行业协会兼职，并在5月底前辞去协会或政府部门的职务；财务与资产以2009会计年度为界进行划分。同时，调整行业协会职能和结构，鼓励政府部门将适合由行业协会行使的职能移交给行业协会。至5月底，市直21个部门主管的行业协会中，有54个协会完成脱钩工作；市级机关有146名干部退出行业协会；协会在财务、资产、办公场所方面完成分设，各协会设立独立账号，与政府部门分开办公。（张绍华）

■社会团体“小金库”专项治理 市民政局与市财政、纪检、审计等部门开展社会团体“小金库”专项治理工作。11月中旬，社会团体“小金库”重点检查基本结束。针对重点检查发现的疑似“小金库”以及违反财经纪律等问题，统一处理、处罚、处分标准和尺度，依纪依法处理“小金库”问题，严肃追究责任，要求有关社团强化源头治理，完善制度，建立防治“小金库”长效机制。（张绍华）

■收养登记 2010年，全市各级收养登记机关办理收养登记189例，其中市区32例、宝应县43例、仪征市15例、高邮市65例、江都市34例。被收养人中，由社会福利机构抚养的孤儿、弃婴2例，查找不到生父母的社会弃婴35例，父母无力抚养的142例，属于其他情况的10例。

（张　彬）

■殡葬管理 2010年，全市各殡仪馆火化遗体3.35万具，其中市直4880具、宝应县6399具、高邮市6793具、江都市7472具、仪征市3414具、邗江区4541具。全市经营性墓园安葬（安放）骨灰1885穴，其中市直507穴、宝应县430穴、高邮市402穴、江都市247穴、邗江区299穴。（张　彬）

■西屏山殡仪馆工程 西屏山殡仪馆工程是市政府2008年为民办实事项目之一。一期工程建设中部殡仪业务区、西部景观休闲区，占地7.33公顷，2008年11月16日奠基，2010年3月落成并投入使用，总建筑面积2.4万平方米，总投资1.22亿元，集遗体接运、整容、告别、火化等多功能为一体，设计年火化量1.5万具。二期工程为东部墓葬区，占地6公顷，分为地面树葬和地下骨灰安放陵。6月开工，12月基本完工，总投资1.31亿元。地面树葬区占地4.4公顷，设计安葬1.6万穴。地下骨灰安放陵为地下二层建筑，占地1.34公顷，总建筑面积2.16万平方米，设计安葬2.6万穴。（张　彬）

■流浪乞讨人员救助 扬州市加强救助管理机构规范化建设，切实维护流浪乞讨人员、流浪未成年人的基本生活权益和基本生存权利，对流浪乞讨人员中的危重病人和精神病人实行“先治疗后结算、先救治后救助”，维护社会治安环境和城市文明形象。全年救助各类救助对象3650人，其中精神病人58人、智障人员36人、残疾人员87人。（张　彬）

社会救助与福利

■城乡居民最低生活保障 扬州市实施城市低保第九次提标，城市低保标准调至月人均320～340元，农村低保标准调至月人均210～340元，市区（不含邗江区）实现低保标准城乡一体化。全市保障城乡低保对象8.69万人（城市2万人、农村6.69万人），落实城乡低保资金1亿多元。提升社会救助工作规范化水平。

（曹伟伟）

■市区低收入居民家庭经济状况信息比对 5月，市政府成立市区低收入居民家庭经济状况信息比对工作领导小组，建立市区低收入居民家庭经济状况信息比对制度，由市民政、房管、公安、人力资源和社会保障、住房公积金管理等部门对调查对象的房产交易及出租、车辆及运输、就业和社会保险费缴纳及领取等资料信息进行比对。市区全年比对申请低保人员和在册低保对象1000多人次，采集信息5000多条。年底，市民政局与市经济和信息化委员会完成“扬州市区低收入居民家庭经济状况信息比对管理系统平台建设方案”编制。2010年，全市累计1万多人次退出城乡低保，其中市区1600多人次，比上年多退出400多人次，提高惠民政策“命中率”，避免社会保障资金流失。（曹伟伟）

■农村“五保”供养 全市保障农村“五保”（保吃、保住、保穿、保医、保葬（孤儿保教））对象1.68万人，全年落实供养资金6500万元。集中供养标准提至3600～6840元，分散供养标准提至3200～5440元。实施农村敬老院“关爱工程”、“夕阳工程”，全年新（改、扩）建农村敬老院20所，新增床位1000多张。全市“五保”老人集中供养率保持80%。（曹伟伟）

■医疗救助 6月，市民政局、财政局等四部门印发《关于进一步完善城乡医疗救助制度的意见》。1.救助对象。将城乡最低生活保障对象，农村“五保”对象，临时生活救助对象中的大、重病患者以及享受民政部门定期定量生活补助费的60年代精减退职职工，重点优抚对象，市、县总工会核定的特困职工和符合救助条件的参核退役人员等困难群众纳入医疗救助范围；将其他低收入经济困难家庭中大、重病患者以及当地政府规定的特殊困难人员逐步纳入医疗救助范围。2.救助方式。根据《扬州市区困难群众医疗救助实施细则》，对市区符合条件的城市低保对象、特困职工等困难群体实施参保救助、医前救助、慢性病救助、即时救助、大病救助和按实救助。完善市区“四季系民生”、“爱心送万家”等应急性临时救助制度，及时救助因病致贫的特困群众。各县（市）参照市区完善城乡医疗救助制度，确保救助对象100%纳入城镇居民（职工）基本医疗保险或新型农村合作医疗（简称新农合），并按规定给予救助。3.补助方案。逐步降低或取消医疗救助起付线，合理设定封顶线和补助比例，向患大病的救助对象倾斜。救助对象个人承担的医疗费用补助比例不低于当地城乡居民医疗保险补偿后个人自付费用的30%。4.救助服务内容。坚持住院救助、普通门诊、特殊门诊（癌症、透析、放化疗等）、需要长期药物维持医疗等诊疗项目统筹兼顾。严格执行基本医疗保险药品目录和诊疗服务项目相关规定。建立、完善医保参保、续保救助机制。落实国有、集体困难企业退休人员进入职工医疗保险。推动已签订劳动合同的农民工参加职工基本医疗保险。5.建立同步结算平台。在居民医保和新农合信息管理系统上搭建医疗救助同步结算平台，全面实行医疗减免、医疗救助与个人自付“一站式（一单清）”结算服务，实行救助补助与城乡医保、新农合同步结算。6.健全基金结算机制。民政部门会同财政、卫生、人力资源和社会保障部门及基金管理机构做好医疗救助基金的使用管理，建立与医疗机构直接结算机制。7.实行便捷就医程序。推行社区首诊、分级医疗和双向转诊机制，实行住院、普通门诊、特殊门诊、长期用药等统筹兼顾的医疗救助。2010年，全市实施医疗救助12万人次，支出医疗救助资金2400多万元。各县（市、区）建立城乡（城市）医疗救助同步结算平台，为救助对象提供“一站式”即时救助。

市社会福利中心全年为50多名“三无”（无劳动能力，无生活来源，无法定赡养人、抚养人、抚养义务人）对象办理医保卡。全市所有“三无”对象均纳入城市居民医疗保险。

（曹伟伟　潘　勤）

■农村住房救助　各县（市、区）落实农村危房改造动态管理机制，投入200万元专项资金，及时改造新出现的农村危房。全市筹集专项改造资金489.8万元，其中政府投入94.8万元，改造农村危、旧房屋253户715间。

（曹伟伟）

特困职工领到了补助金　　王　卓／摄

■临时救助　全市救助低保对象、低保边缘对象和其他临时困难群众9000人次近300万元；实施重残救助，救助重残对象1.4万人2800多万元；3次启动物价上涨动态补贴机制，向全市城乡低保对象、农村“五保”对象、重点优抚对象、城市“三无”人员、孤儿和特困职工等12万名困难群众发放物价补贴近1700万元。（曹伟伟）

■扶贫济困送温暖　春节前，市政府安排专项资金，分类慰问市区城乡低保对象、农村“五保”对象、重点优抚对象、低保边缘对象等特困群体，慰问标准为（含实物）：城市低保一人户300元、二人户400元、三人及三人以上户500元，农村低保对象每户300元，“五保”户、重点优抚对象每户400元，低保边缘对象每户200元。全市各级民政部门组成120多个慰问小组，走访慰问全市低保对象、“五保”对象、重点优抚对象、临时困难对象、特困大病对象等困难群众8万多户，发放各类资金1600万元。

1月下旬，市领导分成7个组，分别慰问困难乡镇、村，农村敬老院和部分城乡低保对象、“五保”对象、优抚对象、老党员等特困对象，发放慰问金80多万元。（曹伟伟）

■残疾儿童康复　扬州市儿童福利院（市社会福利中心）与海内外基金会合作，利用“海星计划”、“明天计划”等，解决残疾儿童康复难题。全年19名儿童完成唇腭裂修补、耳廓畸形再造、眼球缺如再造等康复手术。市儿童福利院22名残疾儿童接受康复训练。（潘　勤）

■收养儿童　全年完成儿童涉外送养11人、国内送养1人，其中绝大多数为残疾儿童。（潘　勤）

■福利中心建设　2010年，市社会福利中心投资4600多万元，完成颐和养老康复服务中心土建工程、景观一期改造、连廊加接与外立面改造、连廊门厅内装饰、紫藤楼防护、净化池重建、内庭院景观、电力增容等项目工程。（潘　勤）

■爱心访亲活动　8月，扬州市友好代表团到荷兰、瑞典两国探访收养家庭，邀请11个家庭近40人参与在鹿特丹举办的收养扬州儿童家庭聚会。此次活动是对2009年3月“同一份爱，同一个家”活动的回访，让走进国外家庭的孩子们感受家乡对他们的关爱，感受乡情、亲情、友情，了解中国、了解扬州、了解故乡。（潘　勤）

■福利彩票销售　全市福利彩票实现年销售额3.11亿元，比上年增长42.0%，为扬州市筹集福彩公益金3658万元，其中市直完成销售6266万元（电脑票4557万元、“刮刮乐”913万元、“中福在线”796万元），增长36.1%。按票种分，销售电脑票2.18亿元、“刮刮乐”即开票6060万元、“中福在线”即开票3303万元。2010年底，全市有福彩电脑票投注站596个，比上年底增加42个。（谌　镕）

救灾应急响应

■灾害救助　2月，宝应县、仪征市遭受低温冷冻灾害，800人受灾；农作物受灾面积20公顷，其中绝收面积20公顷；造成直接经济损失278万元，其中农业直接经济损失277万元。6～8月，邗江区、维扬区、仪征市、高邮市和江都市发生洪涝灾害，5.2万人受灾；农作物受灾面积4300公顷，其中绝收面积500公顷；居民住房因灾倒塌8户14间；直接经济损失2044万元，其中农业直接经济损失1506万元。8月，高邮市遭受风雹灾，1.87万人受灾，其中因遭受雷击死亡4人；农作物受灾面积1200公顷，其中绝收面积10公顷，直接经济损失280万元，其中农业直接经济损失170万元。

灾情发生后，全市各级民政部门启动应急预案，及时安排救灾物资和资金，帮助受灾群众解决基本生活困难。全市累计安排救济粮79吨、衣被1.03万件(条)，恢复居民住房14间，投入救灾物资和资金274万元，救济1.30万人次。其中，邗江区安排救济粮1吨、衣被1000件(条)，恢复居民住房14间，投入救灾物资和资金30万元，救济6900人次；维扬区安排救济粮8吨、衣被300件(条)，投入救灾物资和资金10万元，救济400人次；宝应县安排救济粮12吨，投入救灾物资和资金4.57万元，救济802人次；仪征市安排救济粮58吨、衣被9000件(条)，投入救灾物资和资金50.3万元，救济2551人次；高邮市投入救灾物资和资金128.19万元，救济1613人次；江都市投入救灾物资和资金51万元，救济740人次。

（曹伟伟）

■防灾减灾体系建设 5月，市政府下发《关于成立扬州市减灾委员会的通知》。市民政局建立、推广基层灾害信息员制度，市及各县（市、区）、乡镇(街道)、居(村)委会共配备灾害信息员1575人。建立灾害信息员“县(市、区)互动、片区内调动、大市联动”机制，按照“无灾区支援受灾区，轻灾区支援重灾区”的原则，统一调度辖区内的灾害信息员参加灾害救助和报告工作。

（曹伟伟）

■市救灾物资储备中心启用 10月，扬州市救灾物资储备中心启用。该中心是省民政厅设在扬州市的救灾物资中转仓库，承担扬州市7个县(市、区)以及苏中、苏北地区抢险救灾物资储备职能。中心建筑面积2000平方米，配备先进的防火、防盗、防潮、防水等设施，拥有供2万人使用的救灾物资储备能力，可实际救助安置7000人。 （曹伟伟）

拥军优属

■概述 2010年，围绕创建全国双拥模范城目标，扬州市印发《2010年双拥和国防教育工作要点》，学习贯彻《全国双拥模范城(县)创建命名管理办法》和《全国双拥模范城(县)考评标准》；对2009年初命名的13个市级双拥模范乡镇和单位进行抽查，加快双拥社会化进程。开展“双拥月”活动、“八一”纪念活动、“全民国防教育日”活动。《扬州日报》每月刊登1期《国防苑》专版，宣传双拥和国防教育动态及先进典型，增强全民国防观念。市委、市政府领导走访慰问江苏省军区、南京军区空军和扬州军分区、预备役高炮二师、武警各部队及抗日老战士。筹集30多万元，到射阳靶场慰问预备役高炮二师机关和一师四团官兵；投入30万元，帮助预备役高炮四团完善新团部办公自动化和文化娱乐设施。8月23日，下发《关于换发军人和随军家属子女医疗优待证的通知》，全市办理医疗优待证500多份，落实各级政府主办医院对功臣、军人和随军家属及子女的优待政策。5月18日，在全省国防教育大会上，扬州市教育局、扬州日报社和夏增忠、陈庆翔、周以山、蒋德厚分别被表彰为先进单位和先进个人。7月28日，仪征市、江都市、维扬区、邗江区、高邮市被省委、省政府、省军区评为省级双拥模范城(县、区)，广陵区人民政府、宝应县人武部、宝应县职业教育中心校被评为双拥模范单位，扬州市双拥办顾秋华、仪征市政府办公室梁尚晋、宝应县双拥办徐有华、武警扬州边防检查站宰学飞被评为双拥先进个人。21年奉养孤寡老人的驻扬某军代室军代表冯伯来夫妇、冲破世俗偏见嫁给残疾军人的农家姑娘孙云凤等双拥典型入选中国文明网“中国好人榜”。

（袁德鹏 周梅红）

■“双拥月”活动 1月20日～2月20日，扬州市开展第19个“双拥月”活动。市、县(市、区)领导带队慰问驻地部队和重点双拥优待对象，送去慰问金(品)130万元。“双拥月”期间，市、县刊(播)发双拥工作报刊新闻64篇、广播稿80篇、电视新闻68条，基层编发黑板报、墙报双拥专辑550余期，举办军地联欢联谊、双拥知识竞赛、文艺演出和影视展播活动180多场。全市向4200人次义务兵家属发放优待金2300万元、年画5800幅，走访、慰问双拥优待对象1.53万户，为双拥优待对象办实事580件，向在外服役的扬州籍军人发出慰问信6.5万封。

（袁德鹏 周梅红）

■“全民国防教育日”活动 9月18日前后，扬州市以“富国强军、共筑长城”为主题，开展“五个一”(举办一次广场宣传咨询、参观一次国防教育基地、观看一部优秀国防教育影片、组织一次国防知识竞赛、写一篇国防教育征文)国防教育活动。市委常委会组织“军营一日”活动，到空军某部参观新装备演示，体验实弹射击。组织县(市、区)党委书记履行党管武装述职、讲评，提出后备力量建设、军事斗争准备以及军转干部安置等目标要求。全市利用宣传栏、公益广告栏等阵地张贴(挂)标语820多条、横幅160多条、国防教育挂图480张，发送手机短信60万条。电视、广播、报纸、网络宣传国防教育信息3000余条。各地通过报纸、网络及试卷形式，组织国防教育知识竞赛，36人获奖。组织国防教育征文、书画和演讲比赛等活动，收到征文2000余篇、书法和绘画作品800余幅，举办演讲比赛60多场次，邀请老红军和现役军人作国防教育主题报告50多场。举办广场咨询活动，发放国防教育宣传资料，展示国防教育宣传标语。放映《血战台儿庄》、《闪闪的红星》等红色电影 30 余部 250 多场，5 万多人观看。举办红色收藏书画展，展出作品近百件。到校园展出“国防教育日”宣传展板，培养青少年爱军尚武意识。全市 3 万多名大专院校和中学新生集中开展军训。 （袁德鹏　周梅红）

■ **建设青少年国防教育基地**　市国防教育办公室在市青少年素质教育基地展出坦克、火炮等兵器装备，并投入 10 多万元建设基地“国防教育馆”，展出 200 多块展板和部分高科技兵器模型，接待青少年 2 万多人。扬州市投入近 5 亿元，恢复宋末扬州保卫战发生地宋夹城，建成宋夹城遗址公园，还原宋代军营帐篷和抛石机等兵器及战场风貌，丰富国防教育基地资源。扬州革命烈士陵园晋升为全国重点烈士纪念建筑物保护单位。

（袁德鹏　周梅红）

优抚安置

■ **发放抚恤定补优待金**　7 月，市民政局、财政局出台《关于确定 2010 年全市优抚对象抚恤、定补、优待最低标准的通知》，从 7 月 1 日起提高优抚对象的抚恤、定补、优待标准。在乡残疾军人抚恤标准、“三属”(烈士家属、因公牺牲军人家属、病故军人家属)定期抚恤金标准、城镇户口在乡复员军人定补标准提高 12%以上，农村户口在乡复员军人和带病回乡退伍军人定补标准提高 11%以上。在乡老复员军人配偶生活补助标准随城镇低保标准相应提高。2010 年，扬州市向 1.6 万名重点优抚对象发放抚恤补助金 8000 多万元，其中残疾抚恤金 2700 万元、“三属”定期抚恤金 1500 多万元、老复员军人定期生活补助 2600 万元、带病回乡退伍军人定期生活补助 800 多万元、参战涉核退役人员生活补助 400 多万元；向 4600 多户义务兵家庭发放优待金 2600 多万元，发放大学生入伍奖励金 20 多万元；向 3000 多名老复员军人遗属发放生活补助金 1200 万元。

（吴耀祖）

■ **重点优抚对象医疗优待**　全市 1.6 万名重点优抚对象中，参加职工医疗保险的占 10.5%，参加新型农村合作医疗的占 85%，参加城镇居民医疗保险的占 4.5%。为参加新型农村合作医疗和城镇居民医疗保险的重点优抚对象投保住院医疗保险，对不能报销的医疗费用按规定给予补助。2010 年，全市投入 195 万元为 9777 名重点优抚对象投保住院医疗保险，全年获理赔金 196 万多元；投入 500 多万元为优抚对象提供医疗补助和大病救助。 （吴耀祖）

■ **慰问重点优抚对象**　为纪念抗战胜利 65 周年，扬州市走访、慰问全市抗日战争时期入伍的 172 名在乡残疾军人、292 名在乡老复员军人、108 名抗日战争时期牺牲烈士的遗属以及抗战军休干部，发放慰问金和补助金 86 万元。9 月底，每人 1500 元的慰问金全部发放到位。10 月，向抗日战争时期入伍的在乡抗日老战士发放每人 3000 元的一次性生活补助 139 万多元。春节、“八一”节期间，慰问全市 1.6 万名重点优抚对象，发放各类慰问金 500 多万元。 （吴耀祖）

■ **退役士兵安置**　推行退役士兵安置市场化，全市退役士兵自谋职业率 95%以上。推进退役士兵安置城乡一体化改革，维扬区、蜀冈—瘦西湖风景名胜区、邗江区、仪征市、江都市、广陵区、扬州经济技术开发区、高邮市推行退役士兵安置城乡一体化。

（吕抒怡）

■ **军休干部接收安置**　2010 年，扬州市接收军队退休干部 17 人、退休士官 1 人，接收安置率 100%。

（吕抒怡）

■ **革命烈士陵园建设**　慰烈工程。2010 年，高邮市、宝应县、仪征市完成散葬烈士骨灰集中安葬工作。全市慰烈工程累计投入 600 多万元，将 831 座散葬烈士墓中的 634 座迁入乡镇级以上烈士陵园保护，其余 197 座实行原地保护。

扬州革命烈士陵园建设。扬州革命烈士陵园纪念馆升级改造工程 2009 年开工，2010 年清明节前完工。改造后的纪念馆面积从 1000 平方米扩大到 1800 多平方米，设 12 个展厅、1 个多媒体厅、1 个服务厅。3 月 16 日，市委、市政府在扬州革命烈士陵园举行全国重点烈士纪念建筑物保护单位揭碑暨纪念馆开馆仪式。

清明节期间，扬州市辖区内各革命烈士陵园、烈士墓等烈士纪念建筑物接待参加祭扫的社会各界人士 40 多万人次。 （吴耀祖）

慈善事业

■ **慈善资金募集和使用**　2010 年，全市募集慈善资金 9497.6 万元(其中现金 5597.6 万元、认捐 3900 万元)，使用资助资金 4161.29 万元，近 10 万人次受益。市本级募集慈善资金 1663.5 万元(其中现金 1563.5 万元、认捐 100 万元)，使用资助资金 1261.5 万元（其中向青海玉树灾区捐赠 661 万元)，近 1.5 万人次受益。

（潘　勤）

■ **“‘5·19’慈善一日捐”活动**　5 月，市慈善总会开展全市第九个“‘5·19’慈善一日捐”活动。全市到账现金 3000 多万元，获合同认捐 3900 万元；市本级到账现金 713 万元，获合同认捐 100 万元。 （潘　勤）

■ **“慈心奉献爱，善行暖人心”十大救助行动**　1.“情暖扬州”春节慰问资助困难家庭行动。春节前，在省慈善总会资助的基础上，在市区东关古渡广场举行物资发放仪式，按每户 200 元标准，向 2000 户困难家庭发放价值 40 万元的大米、食用油。2.“未来助学”行动。全年资助贫困家庭学生 1817 人次 168 万元。其中，资助高校新入学的困难家庭大学生 49 人 14.7 万元，“关注”、“扬大少数民族大学生”、“困难职工帮扶”、“新能源”等 4 个助学工作委员会资助困难学生 1368 人 153.3 万元。3.“慈济血透”行动。城区低保对象中的尿毒症患者凭扬州市血透患者救助卡，每季度可到指定医院接受 15 次免费血透治疗(费用由市政府负担50%、医保中心负担30%、市慈善总会负担20%)。全年资助385人46.2万元。4.“骨髓移植、肾移植、癌症手术救助”行动。对全市范围内白血病、肾病患者给予骨髓移植、肾移植手术资助,每例资助1万元。对市区低保或低保边缘家庭癌症患者给予手术资助,每例资助5000元。全年资助骨髓移植手术13例、肾移植手术5例、癌症手术14例,加上定向大病救助款,共计资助63万元。5.“药品资助”行动。广陵区、维扬区、开发区、蜀冈—瘦西湖风景名胜区、新城西区所有低保对象,每人每月可凭药品救助卡在指定药店领取价值30元的常见病常用药。全年资助871人25.5万元。6.“慈善超市生活用品救助”行动。对建成后运转规范、正常的慈善超市,经验收合格后,给予1万元资助。全年资助46家慈善超市20.5万元。7.“爱心大放送”行动。依托扬州电视台《关注》栏目,市慈善总会、市民政局工作人员与《关注》记者每周上门看望受助家庭,送上“爱心救助金”1000元。全年资助155户重大疾病患者家庭15.5万元。8.“天使救助1+1”儿童大病救助项目。该项目7月1日启动,为市、县(市、区)共同资助项目,资助对象为低保家庭、特困职工家庭患有白血病、先天性心脏病、尿毒症、再生障碍性贫血、恶性肿瘤等5种大病之一的18周岁以下未成年人,资助标准每人1.5万元。全年资助75名患病儿童112.5万元。9.“关爱空巢老人”助老项目。全年资助市文明办志愿服务行动启动资金50万元,推进城区“关爱空巢老人”助老活动。10.“农村扶贫救助”行动。通过“农村扶贫慈善基金”,扶持、救助农村贫困村。累计到账扶贫基金521.6万元,2010年资助48个扶贫项目,下拨资金500.8万元。

(潘　勤)

红十字事业

■概述　至2010年底,全市有基层红十字会组织357个、团体会员单位215个、社区红十字服务站73个,有成人会员4.00万人、青少年会员20.82万人;有注册志愿者队伍9支、红十字志愿者4169人。市红十字会本级募集款物913.92万元,拨发救灾救助款物674.71万元;红十字备灾救助基金余额1197万元、项目资金455万元;收缴会费4.82万元;其他收入480万元。全市3.76万人次参加无偿献血,14万人次参加救护培训,4.61万人次接受预防艾滋病宣传教育,9.22万人次接受救护防病知识普及宣传教育。至2010年底,全市累计实现遗体捐献28人(遗体捐献登记35人)、造血干细胞捐献5人、眼角膜捐献4人。在江苏省红十字会2010年度工作考核中,扬州市红十字会“开设博爱免费门诊”、“开通救护培训视频教学系统”两项工作获突出贡献奖,“建设遗体捐献纪念碑(博爱园)”获工作创新奖。　(程　宸)

7月23日,市慈善总会举行“天使救助1+1”大病救助启动仪式,33名患儿各获得1.5万元救助金　刘惠宇/摄

■灾害救助　年内完成对口支援四川省九龙镇灾区的卫生院、福利院、自来水厂等恢复重建项目,累计捐款1700万元;完成支援陕西省汉中灾区桔园镇卫生院重建项目,捐款100万元;完成援建云南省金平县营盘乡水塘村和罗戈塘小学饮水工程项目;向青海玉树地震灾区捐款246万元。

3月25日,市红十字会与《扬州晚报》联合发出“‘捐水’大行动,请您献爱心”倡议,呼吁全市人民向西南旱灾地区伸出援助之手。至4月中旬,募集捐款38.15万元。至6月中旬,累计向云南省金平县红十字会拨发20万元救灾款和99箱价值17.05万元的物资,援建云南省红河州金平县营盘乡水塘村水窖和罗戈塘小学饮水工程项目。

4月下旬,市红十字会与扬州广电总台在文昌广场举行“扬州·玉树在一起”大型公益演出活动,为青海玉树地震灾区募得善款21.79万元。

8月10日,仪征市红十字会发起“情系舟曲,捐款救灾”为甘肃舟曲特大泥石流灾区捐赠活动。至8月底,募集捐款近10万元。8月13～14日,江都市红十字会与江都中学红十字青少年志愿者开展为甘肃、四川灾区义卖募捐活动,募集善款近5000元。11月中旬,市红十字会启动甘肃省舟曲泥石流灾区博爱小学援建项目,拨发舟曲县崖后头小学重建经费27万元。12月14日,市红十字会向新疆伊犁州新源县红十字会捐赠价值17万元的救助物资,包括电饭煲396只、服装604件、毛纺面料31卷。

7月15日,市红十字会向遭受水灾的高邮、仪征等地及市区有关社区红十字服务站拨发价值10多万元的棉被、服装、运动鞋等救灾物资,支持当地开展救灾工作。　(程　宸)

■社会救助　1月15日,市红十字会参加文化、科技、卫生“三下乡”活动，捐赠4万元款物，其中定向救助江都樊川镇困难群众2万元。1月20日，与市光彩事业促进会联合开展“爱心助困”活动，向市区30户特困家庭赠送大米、食用油等救助物资。1月31日，到宝应县麻风病休养院慰问，捐赠救助款1.5万元、防寒服43件。元旦、春节前后，全市各地红十字会开展“博爱送万家”活动，转发省红十字会救助物资价值64.59万元、政府配套款4.7万元，自筹救助款物价值55.68万元，全市2164户家庭6851人受益。2月3～10日，市红十字会与市双拥办联合开展复员、退伍军人生活困难家庭专项救助工作，向60名困难老兵提供5万元救助款。2月9日，市红十字会在仪征市新城中心小学启动“关爱留守儿童，共享和谐家园”活动，向新城中心小学105名留守儿童发放5000元慰问金和价值4200元的慰问品。2月10日，与扬州广电总台举办“今日生活·博爱助学金”发放仪式，向市第一中学“宏志班”30名困难家庭学生发放助学金3万元。5月16日，市红十字会与市残疾人联合会联合开展“家电圆梦行动”，向全市重度残疾人困难家庭赠送家用电饭锅1000只。7月7日，市红十字会向宝应县红十字会拨发价值8万多元的救助物资。9月14日，市红十字会在仪征新集镇中心小学开展“博爱助学1+1”活动，向9名特困学生发放5100元助学金及书包、课外书籍等学习用品。12月27日，扬州市红十字会2011年“博爱送万家”活动启动仪式在市红十字会备灾救灾中心举行，向市区困难群众发放首批价值近10万元的救助款物。

（程　宸）

■**救护培训**　2010年，扬州市红十字会救护培训中心在各县(市、区)设立11个培训点，专职从事救护培训工作，全年培训14万人次。

市红十字会利用暑假开展青少年学生救护知识培训，举办青少年自护夏令营。年内，市红十字会多次到市区学校举办救护知识讲座。9月11日，市红十字会在扬州大学举行市区学校红十字青少年急救技能大型广场演练比赛活动，19所大中小学350名红十字青少年参加演练比赛。11月6日，市红十字会与市园林局、广陵区消防大队联合组织市园林系统职工救护技能比赛。年内，市红十字会多次到市区学校、市图书馆、广播电台等单位举办专题讲座，普及急救知识与技能。

（程　宸）

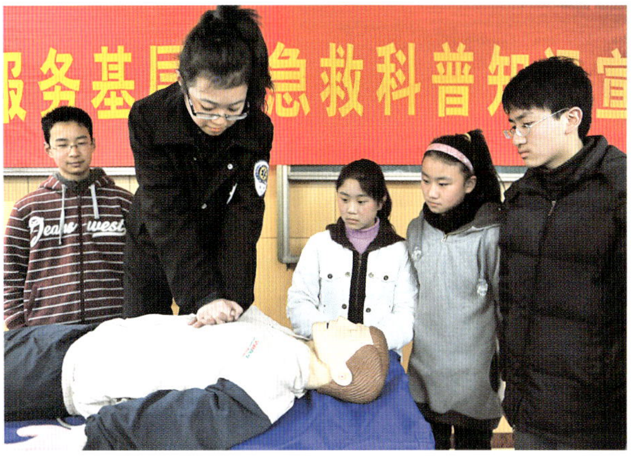

市红十字会举办急救科普知识宣传活动

王　卓/摄

■**红十字青少年工作**　4月，扬州环境资源职业技术学院建立红十字会。至年底，全市有257所学校建立红十字会，13所学校建成“江苏省红十字示范学校”。年内，宝应县41所学校全部建立红十字会。扬州市文津中学设立“爱心储蓄箱”，定向资助残疾学生。邗江区红十字会在全区设立100个“爱心回收箱”，资助困难学生。

（程　宸）

■**首家“留守儿童活动中心”揭牌**　5月29日，市红十字会在高邮市卸甲镇中心小学举行“迎六一·为留守儿童送关爱”暨扬州市首家“留守儿童活动中心”揭牌仪式，向中心捐款10万元，向留守儿童赠送价值5000多元的慰问品，聘请当地4名大学生村官担任中心校外辅导员。该中心设有留守儿童亲情互动中心（QQ视频聊天室、电话聊天室）、留守儿童俱乐部、爱心书屋等。

（程　宸）

老龄工作

■**老龄人口**　2010年末，扬州市有60岁及以上老年人88.21万人，占总人口的19.21%；65岁及以上老年人57.40万人，占总人口的12.50%。全市有80岁及以上老年人11.44万人，占60岁及以上老年人口的12.97%；100岁及以上老年人127人。全市60岁及以上老年人口中，城镇老年人口

2010年扬州市百岁老人分布情况一览表

单位：人

地　区	合　计	男性百岁老人	女性百岁老人
合　计	**127**	**26**	**101**
广陵区	**23**	3	20
维扬区	**10**	6	4
邗江区	**19**	3	16
开发区	**7**	2	5
宝应县	**10**	2	8
仪征市	**11**	4	7
高邮市	**10**	0	10
江都市	**37**	6	31

（顾中尧）

占 37%,农村老年人口占 63%。根据扬州市部分社区(村)老年人口抽样调查结果,全市有 60 岁及以上"空巢老人"42.40 万人,占老年人口的 49.68%,其中独居老人占"空巢老人"的 30%以上;有高龄(80 岁以上)和生活困难"空巢老人"1.8 万人。

(顾中尧)

■出台《扬州市加快发展养老服务业的意见》 1 月 31 日,市政府印发《扬州市加快发展养老服务业的意见》,提出 2010~2012 年养老服务业发展的主要任务:一是发展社会养老机构,要求养老床位数保持年均增长 10%以上,到 2012 年,养老机构床位数达到老年人总数的 3%左右;二是建设社区养老服务设施,要求全市 90%以上街道(乡镇)建成集托老、日间照料、居家养老服务等多种功能于一体的综合性老年服务中心,全市城市社区基本建立起多形式、全覆盖的居家养老服务网络,农村社区(村)综合性老年服务中心(站)建成比例 35%以上;三是培育老年服务队伍,要求享受政府扶持政策的养老机构和居家养老服务组织从业人员持证上岗率 100%。市政府加大对养老服务业的资金投入。对市区按标准建设、依规定运营的新增社会养老机构床位,市财政给予每张床位 1000 元建设补贴;对市区已开业的社会养老机构和公建民营养老机构,按实际入住老年人数,市财政给予每年每人 500 元补贴。对市区新建的社区托老所等养老设施,市财政按每家 1 万元的标准给予建设补贴;对新建、改建、扩建的农村敬老院,市财政给予每张新增床位 500 元的资金补贴。 (顾中尧)

■社区居家养老服务中心(站)建设 2010 年,全市新建社区居家养老服务中心(站)244 个,累计建成社区居家养老服务中心(站)494 个,其中 5 个社区居家养老服务中心(站)通过省级示范性社区居家养老服务中心(站)验收。 (顾中尧)

■提高"尊老金"标准 市民政局、市财政局联合下发《关于增加百岁老人"尊老金"的通知》,百岁及百岁以上老人"尊老金"由每人每月 150 元提高到 300 元,重阳节再发给慰问金每人 500 元。全市 90~99 岁老人"尊老金"发放工作全部落实到位。

(顾中尧)

■离退休人员管理服务 2010 年春节前,扬州市上调养老金发放标准。2010 年,全市企业退休人员月均养老金 1282.3 元(市区 1395 元)。开展企业退休人员"五心"(政治上关心、感情上贴心、生活上热心、管理上耐心、服务上细心)服务活动,慰问企业退休人员 2274 人次,发放慰问金(品)40 万元;慰问死亡企业退休人员家属 755 户,发放吊唁金及物品 13.7 万元;12 万人办理公园优待证及游园贴花。2010 年底,全市企业退休人员社区管理服务率、档案接收率、退休人员周期体检率均为 100%。完善离休干部医疗统筹管理,开展网络适时检查、门诊病历抽查、住院病案抽查、家庭病案检查,纠正违规服务行为。全年 910 人次离休干部结算住院费用 278.41 万元。

(居乃军 高 展)

■组织退休人员活动 按照"社区每月有活动,街道每季有活动,市区每年有活动"的要求,各地组织退休人员开展多种文体活动。仪征市开展棋牌类竞赛、广场文艺晚会、退休人员健身舞(操)展演等活动,邗江区开展"退管杯"武术健身交流大会等。至年底,全市退休人员管理机构组织 7.7 万人次(其中市区 5.6 万人次)参加文体活动,组织 1.6 万人次(其中市区 1.3 万人次)外出参观,组织 29.2 万人次(其中市区 4.5 万人次)参加市内活动,1.4 万人次(其中市区 8600 人次)参加老年大学学习。

重阳节期间,各地组织退休人员参加钓鱼、风筝、棋牌等系列比赛和才艺表演活动。 (聂士翔)

■第四届扬州市老年艺术节 参见第 325 页

■开展百岁老人生活情况调查活动 市民政局、市财政局、扬州大学社会发展学院联合开展百岁老人生活情况调查活动,探索健康的生活方式,挖掘经济社会发展与健康长寿关系,形成 7 篇调查报告。其中主题报告《何止于米 相期以茶》从百岁老人的基本情况、自我评价、生活方式、个人背景及家庭结构、社会保障、结语等 6 个方面阐述全市百岁老人生活情况。 (顾中尧)

■扬州老年大学 2010 年,扬州老年大学设文史外语、书画、音乐舞蹈、计算机、体育保健、家政 6 个系科,开

11 月 2 日,扬州市举行"永远的长征——老红军刘应启百岁寿辰庆典"。少先队员向刘应启献花 王 卓/摄

办84个教学班,新增学员673人,全年注册学员3839人、单科学员5676人次。培育第二课堂,组织学员参与社会实践。4月,扬州老年大学博远山水画研究会在扬州美术馆举办作品展,展出作品70余幅;扬州老年大学与市关心下一代工作委员会(简称市关工委)、美琪学校联合举办"老少共创文明城"书画作品展,展出作品100余幅。9月10日,老年大学成立门球联谊会。 (翁广琪)

市关工委和扬州日报社等单位建立城市"小候鸟"爱心基地,关心外来务工人员子女 卓 君、汪 武/摄

■关心下一代 2010年,市关工委开展创建"五有"(有组织、有队伍、有制度、有活动、有效果)合格村(社区)和"五好"(领导班子建设好、"五老"作用发挥好、制度健全执行好、活动经常效果好、探索创新成果好)先进村(社区)活动。全市1432个村和社区全部建立关工委组织。推进民营企业关工委组织建设。到年底,全市1078家规模民营企业中,有1063家组建关工委,覆盖率98.6%。4月,扬州市7所高校新建"高校关心下一代工作研究会"。全市关工委开展"五老"(离退休老干部、老党员、老工人、老农民、老知识分子)志愿者注册登记工作,登记注册志愿者2.48万人。高邮市关工委获评全国关心下一代工作先进集体,江都市关工委沈仰佑、仪征市关工委丁在禄、扬州经济技术开发区关工委陈丽华获评全国关心下一代工作先进工作者,市关工委获评全国关心下一代宣传工作先进单位。

开展主题教育。市关工委等七部门联合开展"创建文明城,做好小主人"和"学双百,争三好"主题教育活动。全市400多个报告团2600多名"五老"宣讲员参加宣讲活动,编写宣讲材料940多篇,举办各类展览、文艺演出、征文比赛、演讲比赛等活动2200多次,64万人次接受教育。

开展帮教活动。全市544名法制副校长和1060名法制报告团"五老"成员为青少年举办法制讲座和报告会1243场,88.6万人次接受教育。全市864个帮教小组2865名"五老"帮教员结对帮教1143名青少年。配合妇联、教育部门关爱留守儿童、外来务工人员子女和孤残儿童。全市帮助3万多名留守儿童落实代理家长,帮助1.19万人安排寄宿。全市各级关工委筹集助学助困资金826万元,帮扶贫困生1.9万人,救助孤残儿童2510人。

网吧义务监督。市关工委与市教育局、文化广电新闻出版局等单位开展全市中小学生"远离网吧,从我做起"签名承诺活动和市区"文明网吧"创建活动。全市1100多名"五老"义务监督员参加对网吧的经常性监督工作。

建设校外辅导站。6月,市关工委会同市文明办召开十部门联席会议,下发《关于进一步加强全市城乡社区校外教育辅导站建设的实施意见》。至年底,全市1432个村和社区建立校外教育辅导站1395个,覆盖率97.4%。

建设市青少年校外教育基地。市关工委加强市少儿图书馆建设,开辟心理咨询中心和盲文图书阅览室,向省文明办争取到20万元资金和价值60万元的图书,指导少儿图书馆在城区12个社区建立分馆。7月和11月,中央文明办组织的"名博"采风团和中央媒体两次到少儿图书馆采访、报道。8月22日,市关工委牵头筹办的扬州市未成年人素质教育基地在邗江区杨寿镇揭牌。该基地总面积约11万平方米,是苏中、苏北地区规模最大、功能最全的青少年素质教育和社会实践的基地。

深化"学科技,奔小康"活动。各地关工委开展科技宣讲活动1186场,培训青年20.2万人。市关工委、市农业委员会等部门在宝应县建立6个市级"学科技,奔小康"示范基地,将全市212名种植(养殖)大户作为首批科技信息服务对象,纳入"农信通"服务网络,及时提供实用技术、市场供求等信息服务。

(翁广琪 练瑞芳)

残疾人事业

■概述 2010年,扬州市完善残疾人社会保障制度和残疾人服务体系,促进残疾人就业,维护残疾人合法权益,改善残疾人生存和生活质量。市残疾人联合会(简称市残联)和市财政、民政、教育等部门先后实施"低保残疾人增发20%低保金"、"16岁以上双无重残人员护理补贴"、"特殊教育学校学生生活补贴"、"高中残疾学生免费教育"等政策和"教育专项补贴"配套政策以及残疾人保险补贴优惠政策。全市89个乡镇(街道)、753个村、246个社区配备残疾人专职委员,残疾人康复中心、公办托养机构和康复室建设加快。开展多种形式的就业培训和就业援助活动,全市帮扶1320名残疾人实现就业。广陵区被确定为全省首批残疾人就业研究基地。 (杨 俭)

市残联和工商部门特事特办，帮助残疾人上门办理营业执照

郭义富／摄

■**残疾人服务体系建设** 建设残疾人康复中心。扬州市残疾人康复中心改造工程开工；高邮市残疾人康复中心投入使用，江都市、宝应县、邗江区残疾人康复中心完成内部装饰，广陵区、维扬区残疾人康复中心进入装修阶段，仪征市残疾人康复中心抓紧实施开工前期准备工作。建设公办残疾人示范托养机构。扬州市残疾人托养中心完成项目立项、规划选址、抗震检测等工作；高邮市、江都市托养中心进入装修阶段，宝应县托养中心开工建设，仪征市托养中心进入施工设计阶段；31 个乡级托养中心完成规范化建设。市残联投资 200 万元在邗江区头桥镇新建集托养服务、农疗、扶贫于一体的“关爱家园”农疗站。全市有 673 人进入各级托养机构。加快盲人按摩指导中心建设。扬州市盲人按摩指导服务中心揭牌并开展培训，全市新增 12 个市级盲人按摩示范机构。至年底，全市有盲人按摩示范机构 45 个，其中省级示范机构 2 个、三星级机构 2 个。（万潇潇）

■**扶贫助残** 元旦、春节期间，全市各级残联走访慰问重残户、多残户、6 岁以下残疾儿童贫困户、残疾人自强模范、专职委员、托养机构、康复机构等，向 2514 户残疾人困难家庭发放慰问金、慰问品 109.27 万元。2010 年助残日，全市开展向重度残疾人送护理补贴卡、向残疾人送公交免费卡、向贫困残疾儿童送爱心救助卡、向农村特困残疾人家庭送电饭锅、向重残和贫困肢残家庭送轮椅、向盲人按摩所送治疗仪活动，通过“家电圆梦”活动、“仁林助残基金”救助、社会化救助等方式，解决农村贫困残疾人生活、创业、康复等难题。市残联表彰 9 名自强创业的残疾人。开展扶贫基地创建活动。全年推进 50 个县级残疾人扶贫基地规范化建设，帮助 1000 余名残疾人脱贫。市残联、市财政局出台残疾学生考学奖励、教育补贴配套政策，向全市 198 名残疾学生发放教育专项补贴 21.6 万元，向 427 名残疾学生和贫困残疾人家庭子女发放助学、奖学金 57 万元。

（万潇潇）

■**残疾人培训就业** 举办盲人按摩、足疗、GYB（产生你的企业想法）创业、缝纫、裱画、档案装订等培训班和第五届残疾人技能培训班，选送 30 余名残疾人参加省残联组织的技能培训。全年培训残疾人 1939 人。开展“就业援助月”系列招聘会、“阳光助残”就业、残疾大学生“就业圆梦”活动，为残疾人找岗、选岗、送岗、定岗，确保残疾大学生实现就业，为“零就业”和特困残疾人家庭提供就业援助。全市帮扶 1320 名残疾人就业。落实政府购岗政策，为残疾人购买物业、环卫、残疾人专职委员等公益性岗位 90 个。做好残疾人就业保障金征缴工作，市政府残疾人工作委员会表彰按比例安置残疾人工作和残疾人就业保障金缴纳工作先进单位 26 家、先进个人 25 人。（万潇潇）

■**康复服务进家庭活动** 市残联开展残疾预防、康复指导、康复医疗、康复器具“四进家庭”活动。加强残疾预防工作。建立出生缺陷预防控制机制和新生儿疾病筛查机制。举行残疾预防宣传咨询活动，制作残疾预防宣传光盘及宣传戗牌，在 100 个社区推广残疾预防宣传电子屏，举办残疾预防摄影比赛。推进康复室规范化建设。新建乡镇康复室 49 个、社区康复室 107 个。至年底，全市累计建成康复

市残疾人职业技能培训基地开展缝纫技能培训　　残联／供稿

室655个,其中乡镇(街道)康复室58个、社区(村)康复室597个。开展6岁以下残疾儿童康复训练。全市529名6岁以下残疾儿童接受康复训练,32名残疾儿童接受免费矫治手术,20名听力残疾儿童装配助听器40只。开展"无障碍进家庭"活动。全年完成2700户残疾人家庭无障碍改造任务。创建白内障无障碍市。扬州市和各县(市、区)分别创成国家级白内障无障碍市、县(市)区,扬州市被全国残疾人康复工作办公室授予"全国白内障无障碍市"称号。开展助听、助明、助行、精神病免费给药"三助一给"助残工作,实施白内障手术521例,捐赠轮椅2000辆、盲杖1000根,装配假肢46例、矫形器50例,向2400名精神病患者免费给药。

(万潇潇)

■残疾人维权 宣传残疾人保障法,做好信访维权工作。市残联投入15万元与市司法局联合建立残疾人法律救助工作站,全市受理残疾人各类信访案件80余件。市残联与扬州大学建立助残志愿者总队和20个社区分队,与康乐社区结成10个帮扶对子,成为全国文明办、团中央、中残联"扶残助残示范基地"。全年城区未发生侵犯残疾人合法权益事件。

(万潇潇)

消费者权益保护

■概述 2010年,扬州市消费者协会(简称市消协)系统开展"倡导争议和解,对接文明创建"活动;参与建立"全省诚信经营放心消费企业联盟",发展入盟企业1000家;在全市各地开展"三送"(送知识、送技能、送服务)下乡活动,提升消协组织公益形象。建立人民调解员等级认证制度,开展"承诺与践行"专项调查,在江都市试点实施"农村消费维权教育体系工程",在高邮市试点建立人大代表联系制度,邀请市民体验消费投诉调处工作,吸引社会各界关注消费维权事业。全系统受理投诉2667件,成功调解2440件,调解成功率91.5%,挽回经济损失430多万元,其中涉及欺诈行为的13件投诉案件当事人获加倍赔偿2.45万元;接待来电、来访咨询5915人次。各级消协运用人民调解程序调解消费纠纷45件,为消费者挽回经济损失22.37万元。企业监督站自行和解消费纠纷1.02万件。

市消协获评中消协"消费与发展年"主题宣传先进集体;市消协和宝应消协获评全省诉调对接先进集体,多人获评全省诉调对接先进个人、全省优秀人民调解员、全省消协系统调解能手。

(戴 蓉)

■消费者投诉 2010年,扬州市消协系统受理消费者投诉2667件。投诉量占前三位的是家用电子电器类投诉、百货类投诉、服务类投诉,占投诉总量的65.7%。从投诉性质看,质量问题类投诉1540件,占57.7%;营销合同类投诉520件,占19.5%;计量类投诉125件,占4.7%;价格类投诉77件,占2.9%;虚假品质表示类投诉39件,占1.5%;广告类投诉19件,占0.7%;人格尊严类投诉5件,占0.2%;假冒类投诉4件,占0.1%;安全类投诉2件,占0.1%;其他类投诉336件,占12.6%。

(戴 蓉)

■消费维权体系建设 加强调解队伍建设。市消协与市司法局协作,建立人民调解员等级认证制度,解决调解员队伍流动性大、人员素质参差不齐、身份缺乏法律效力等难题。10月29日,市消协开展全系统业务培训,提高基层调解员政治素养、业务素质、组织观念和应急能力。

整合原专家维权志愿团,新聘17名专业法律工作者,组建消费维权法律工作者志愿团;面向社会公开征集"消协调解员体验者",让普通市民参与消费纠纷调处。

改革"一会三站"(消协分会,投诉站、监督站、联络站)维权网络模式,与省"一会两站"(消协分会,投诉站、监督站)模式接轨。市消协指导各地在骨干乡镇、村建立站点,以点带面,逐步扩大基层维权网络覆盖范围。在原有监督站基础上,全市建立企业监督站259个。

(戴 蓉)

■人民调解员等级认证制度建立 市消协与司法局联合建立人民调解员等级认证制度,通过考试,将调解员分成4个等级。调解员依照不同等级分别受理简单、一般、重大等不同类型的消费纠纷案件。5月,扬州市举行调解员等级认证考试,117人获四级调解员资质。

(戴 蓉)

■消费维权宣传教育 市消协与报纸、广播电视、网络等媒体联手开展消费教育,全年发布新闻报道消息624条。"3·15"期间,市消协与扬州电视台《关注》栏目联办4期"十佳服务行为"、"十大霸王行为"征集专题节目,与《新闻女生组》栏目联合制作"3·15"维权人物专访和调解员体验专题节目,参与电台《行风热线》专题访谈,作客《扬州晚报》"96496"热线受理咨询、投诉。《扬州日报》全年刊出《消费周刊》41期,刊登有关消费者权益保护的文章400余篇,发布消

2010年扬州市各级消协受理商品投诉情况表

类 别	投诉量(件)	比上年增减(%)	占投诉总量比例(%)
合 计	**2667**	**6.9**	**100**
家用电子电器类	618	6.4	23.2
百货类	583	7.8	21.9
服务类	550	-5.0	20.6
房屋及建材类	129	0.8	4.8
家用机械类	90	-17.4	3.4
农用生产资料类	26	-10.3	1.0
其他商品类	671	27.1	25.2

(杨 俭)

费典型案例55例。“3·15”期间，免费散发《“3·15”年度报告》10万份。

组织开展“3·15”系列纪念活动，突出“消费与服务”主题，宣传服务理念，强调服务精神，细化服务措施。3月11日，市消协召开大会，表彰280家市级诚信单位和24家省级诚信单位。14日，市消协举行大型咨询服务活动，40多个民生部门在主会场接受消费者咨询和投诉，城区设立3个分会场。15日，各县(市)分别举行咨询服务活动，部分消协分会在当地乡镇设立咨询服务点。活动期间，全市设立宣传咨询服务点131个，开展咨询服务活动93场次；现场受理投诉368件、办结197件，为消费者挽回经济损失24.19万元；接待咨询6771人次；605名志愿者、420名专业人士参与现场咨询服务活动，发放宣传材料19.67万份。

加强重点群体教育。开展青少年暑期消费教育系列活动。市消协与团市委、电视台联合制作《做一个智慧的消费者》电视节目；组队参加全省青少年消费安全夏令营，获最佳竞技奖；各地组织青少年参观知名企业、参加讲座，引导养成科学、文明的消费习惯。市消协筹备编撰《农村消费教育读本》，到高邮市、江都市农村开展消费调研活动；江都市消协实施“农村消费维权教育体系工程”，引导农民树立健康、科学、理性的消费观念。市消协与扬州电信分公司联合举办“天翼杯”消费知识短信竞赛，近万名手机用户参与答题。（戴 蓉）

■消费维权监督 树立社会监督权威，反对侵权规则。“3·15”期间，市消协开展“十佳服务行为”、“十大霸王行为”征集活动，医疗服务进社区、盲文供水指南等10个服务项目当选“十佳服务行为”，“快递先签字后验货”、“出租车强制拼车”等10种做法被列入“十大霸王行为”。组织开展汽车4S店捆绑销售、娱乐休闲场所存放酒水等行业规则调查，向有关企业反馈调查结果，督促改进；与物价部门联合叫停市区餐饮行业收取“开瓶费”联盟协议。

拓展社会监督手段。开展计量器具比较试验。5月，市消协联合扬州质量技术监督局对城区4家大型超市和5家农贸市场计量器具使用和管理情况进行比较试验，发出敦促整改建议函。开展客服电话比较试验。统计、比对全市31个客服电话有无人工服务、有无植入广告、资费标准、等待时长等情况。扬州经济技术开发区消协组织理事代表、志愿者、消费者代表开展“你经营，我监督”超市体验活动，了解超市进货来源、食品安全等管理机制，增强消费信心。

突出社会监督重点，开展专项调查。市消协采用问卷调查、消费体察、个案调查、条款点评、座谈等方法，在全市范围内开展物业服务、通信行业消费者评议活动。4月起，市消协与各县(市、区)消协联动，开展通信、医疗、供水、供电、燃气、邮政、金融、保险、教育、公共交通等11个行业的服务承诺及践行状况专题调查。各地对指定行业开展问卷调查、消费体察等活动，感受服务品质，揭批实际问题。启动妈妈老师维权志愿行动，招募4名志愿者调研、体察未成年人消费问题，揭批侵权现象。（戴 蓉）

■消费维权服务 畅通投诉渠道，妥善处置各类消费纠纷。推广争议和解制度。市消协与市文明办联合在市区商贸企业、公共服务业、通信服务业和家电销售企业中开展“倡导争议和解、对接文明创建”活动。广陵区消协动员文昌商圈企业参加活动，指导企业落实争议和解制度，设立便于消费者投诉的协商和解点，建立消费争议和解台账，指导和培训企业客服人员。参加活动的36家企业全部按照要求落实争议和解制度，累计解决消费争议7700件。发挥城乡各地投诉受理网点作用，就近处理消费者投诉，降低消费维权成本。在重大节假日期间和“3·15”前后，各地安排人员轮值受理投诉，确保投诉渠道畅通。市消协重视重大投诉及涉农投诉，跟踪调查邗江区霍桥镇特大虾苗死亡案件，派专人到无锡、泰州、镇江等地检测和调解，提供证据材料，支持受害人提起司法诉讼。

整合维权资源，加强对外协作。配合处理异地投诉。协助盐城、南京、菏泽等地消协调解热水袋烫伤投诉和通信运营商计费系统有误投诉；落实苏、港、澳三地维权合作协议，宣传协议内容，按照协议做好异地投诉的受理和在扬投诉的异地移交；做好世博会期间消费维权工作，招募5名外语志愿者，方便境外消费者涉外投诉调解。市消协与邮政部门建立投诉和解对接工作机制，与邮政局、快递行业龙头企业共同制定《快递行业消费争议解决办法》。深化诉调对接机制。市消协及广陵区消协4人担任广陵区人民陪审员，实现诉调双向对接，区法院可委托消协先行调解诉讼案件，担任人民陪审员的消协工作人员可参与法院庭审。宝应县消协引进“特约调解员”机制，分别从法院、司法局、质量技术监督局等单位聘请10名特约调解员，受理并调处涉及出国劳务、医疗服务、商品房、大型农业机械等消费投诉案件15件。

推进流动维权服务。市消协配合“三送”下乡活动，依托消协流动服务站开展消费教育，向农村消费者发放6000枚专用邮资封，介绍农机国家补贴标准和农机具操作维护、销售维修网点联系方式等。全市“三送”下乡活动共举办知识讲座50余场次，发放材料、书籍1万余册，3万多名农村消费者接受知识普及；解答咨询432件，受理投诉116起，现场解决投诉43起；免费检修电器近100台。（戴 蓉）

区县市

Qu Xian Shi

本栏责任编辑　李全权

广陵区

■概述　广陵区下辖湾头镇、汤汪乡和曲江、文峰、东关、汶河4个街道，有行政村24个、居民委员会50个，总面积78平方千米。广陵区总人口31.8万，其中女性人口15.97万，占50.22%；人口出生率5.92‰，人口自然增长率1.33‰。

全年实现地区生产总值169.83亿元，比上年增长19.33%；全社会固定资产投资98.46亿元，增长26.1%；实现财政总收入33.52亿元，其中一般预算收入18.25亿元，分别增长27.4%、34.5%。全区城镇居民人均可支配收入21766元，农民人均纯收入12980元，分别增长12.1%、10.4%。（李跃中）

■农业　推进农产品质量建设，加强畜禽防疫、检疫，健全农产品质量安全检测体系，全面推行农产品质量安全市场准入制度，确保城乡居民“菜篮子”安全。新组建农村“三大合作”经济组织（土地股份合作社、社区股份合作社、农民专业合作社）16家，村级便民服务中心实现全覆盖，政策性农业保险承保率100%；清理村庄河塘28条（口），疏浚河道7条。开展国家森林城市、国家生态市创建工作，完成成片造林213.33公顷，创成省级绿化示范村2个、绿色学校9所。（李跃中）

■工业和建筑业　全区规模工业完成产值268.68亿元，增长30.9%。全区有产值1亿元以上企业38家，其产值占规模工业总量的70%以上。精密机械产业、汽车零部件产业、电子信息产业等主导产业增速均超40%，完成产值123亿元，占规模工业总量的60%以上。建筑业完成总产值173.16亿元。（李跃中）

■商贸服务业　全区实现社会消费品零售总额138.27亿元，增长18.33%。第三产业实现增加值96.79亿元，增长27.62%；占地区生产总值的56.99%，上升3.69个百分点。江苏信息服务产业基地入驻企业近70家，有5000个坐席正式运营。全年接待游客940万人次，实现旅游总收入80多亿元。（李跃中）

■科技创新　全年新建企业院士工作站1家，新批省级工程技术研究中心7家，扬农股份公司加入国家级农药产业技术创新战略联盟；获批省级以上各类科技项目12个，落实科技扶持奖励资金3500万元。申请专利805件，其中发明专利150件。成功发行全省首支中小企业集合信托债权基金（首期名为“荷塘月色”），为5家创新型企业发展提供支持。（李跃中）

■招商引资　2010年，广陵区以“科技创新、产业合作”为主题，举办精密机械、液压产业基地、信息服务产业等系列专题招商活动。全年合同利用外资6.6亿美元，实际利用外资1.80亿美元，新增民资注册资本76亿元。（李跃中）

■招才引智　全年引进高层次领军人才15人、创业创新人才20人、支柱产业急需专业技术人才140人，其中国家“千人计划”（海外高层次人才引进计划）学者1人。获批省“双创”（创新、创业）人才项目3个、市“绿扬

广陵区新建的商业中心——珍园广场　　海　华／摄

金凤计划"项目4个，入围省企业博士集聚计划项目6个。（李跃中）

■**产业园区建设** 广陵新城完善循环路网，沙湾路、健民西路、文昌东路三期建成通车，文昌路东延工程在建，广陵产业园南部区域8条道路开工建设。实施功能项目，信息大厦投入使用，18万平方米的信息产业基地二期工程封顶；商业水街一期工程启动；"京杭之心"挡洪闸、景观桥竣工，实现开坝引水。玛切嘉利项目投产；太极新材料一期竣工投产；奔多新材料一期厂房封顶，投入试产；一重科技基建工程开工建设；明发商业广场A、B区营业用房全部建成，部分投入运营。总投资10亿元的青岛啤酒项目入驻食品工业园，香港锦通食品、亲亲集团、扬大乳业等10个项目投产，形成规模企业7家，实现产值超10亿元、利税1亿元。商贸物流园东方国际食品城一期建成，运河港二期主体竣工，亚联农副产品交易中心蔬菜区、运河港三期、汽车博览城等6个项目启动实施。（李跃中）

■**城市建设与综合治理** 全年实施江六高速等35个重点拆迁项目，面积200多万平方米。开工建设古运新苑二期、商贸物流园安置小区二期、运河人家一期等安置房近100万平方米。文昌花园公交首末站、商贸物流园货运停车场建成使用，综合改造新农豆食厂等6个城中村地块，整治大草小区等7个老小区，翻建街巷41条，新（改）建垃圾中转站6座、公厕24座，新建（改造）农贸市场5个，建成社区邻里中心5个。开展市容环境集中整治行动60多次，取缔占道流动摊点6000多个，查处各类违法案件2000多件，拆除违法建设3万多平方米，处置数字化城管案件8万多件。推进环卫运行机制改革，主次干道市场化保洁覆盖率80%以上，古城区域道路、街巷市场化保洁实现全覆盖。完成区域旅游发展规划、商贸物流园二期城市设计及控制性详规、食品工业园拓展区控制性详规编制，开展广陵新城两河两路、中央商务区及其周边区域控制性详规、东部分区城市设计等编制。获批各类项目用地31宗241公顷，获批"点供"（指对重点项目给予保证指标的单独性保障性供地）项目用地计划63.2公顷。上市出让经营性用地8宗46.53公顷、工业用地26宗125.07公顷。（李跃中）

■**社会保障** 实施"新农保"（新型农村社会养老保险）试点工作，1.2万人参保。城镇职工养老保险扩面6700人，新增参保2950人，医疗保险新增参保1230人。居民医疗保险、失业保险分别新增参保9040人、1360人。被征地农民实现即征即保，参保覆盖率100%。企业退休人员养老金标准提高，月人均养老金增加120元。养老金、失业保险金按时发放率100%。推进就业援助工程，构建创业就业辅导载体，建成充分就业社区50个，培育创业孵化基地2个、培训基地6个。开展就业技能培训，培训企业职工4800人、下岗人员4100人、农村劳动力1800人。开办创业技能培训班28期，培训1300人，培育创业典型2人。开展就业援助行动，采集就业岗位1万多个，推荐就业4000多人，其中下岗人员再就业2775人。农村劳动力新增转移就业780人、输出就业355人。完善低保制度，建立自然增长机制，全年发放低保金1000多万元。首创困难群众大病医疗"医前救助"新模式，实现城乡一体化、全覆盖。（李跃中）

2010年广陵区经济社会发展主要指标一览表

项 目	单 位	数 量	比上年增长(%)
地区生产总值	亿元	169.83	19.33
规模以上工业产值	亿元	268.68	30.9
全社会固定资产投资总额	亿元	98.46	26.1
自营出口总额	亿美元	4.34	29.2
合同利用外资	亿美元	6.60	26.3
实际利用外资	亿美元	1.80	-3.4
社会消费品零售总额	亿元	138.27	18.33
商贸业营业额	亿元	182.16	27.5
市场集贸成交额	亿元	390.67	24.8
财政总收入	亿元	33.52	27.4
财政一般预算收入	亿元	18.25	34.5
城镇居民人均可支配收入	元	21766	12.1
农村居民人均纯收入	元	12980	10.4

（李跃中）

■**社会事业** 举办第六届"扬州市民日"广陵区大型歌会、第14届社区文艺节、文昌商圈首届文化艺术节等文化活动10余场，"幸福广陵·周末剧场"公益性社区巡演30多场。广场舞蹈《杨柳青》等4件文艺作品获江苏省五星工程奖，小品《三秀探亲》获省戏剧奖4个单项奖。实施组团办学，开办育才小学西区校。强化素质教育，构建小学生综合素质评价体系，被省教育厅在全省推广。创成省优质幼儿园1所，省和谐校园3所、"数字化校园"2所。实施基本药物制度，实现公共卫生服务全覆盖，创成省城市社区药品"两网"（监督网、供应网）示范区、省社区卫生服务先进区。举办"活力社区"、"阳光体育"全民健身系列活动，4万多人次参加。向省少儿体校输送后备人才4人。在第17届省运会上获金牌9枚，总分187分，居全市各县（市、区）之首。公共服务中心（室）实现全覆盖，免费为新婚夫妇进行优生筛查，计划生育率98.98%，计生优质服务率、群众满意率95%，通过省人口协调发展先进区验收。（李跃中）

维扬区

■概述 维扬区辖西湖、平山、城北、双桥4个乡镇和瘦西湖、梅岭、甘泉3个街道,有8个行政村、44个居民委员会,总面积111平方千米,人口22.96万。

2010年,全区实现地区生产总值139.48亿元,比上年增长21.15%;财政总收入25.7亿元,一般预算收入13.3亿元,分别比上年增长26.2%和34.4%;完成全社会固定资产投资104.45亿元,增长26.7%;实现社会消费品零售总额57.63亿元,增长19.7%。全区城镇居民人均可支配收入21528元,农民人均纯收入13000元。 (施旭东)

2010年维扬区经济社会发展主要指标一览表

项　目	单 位	数 量	比上年增长(%)
地区生产总值	亿元	139.48	21.15
第一产业增加值	亿元	2.75	5.36
第二产业增加值	亿元	64.98	14.9
第三产业增加值	亿元	71.75	19.9
工业总产值	亿元	296.47	32.4
农业总产值	亿元	5.03	5.6
全社会固定资产投资总额	亿元	104.45	26.7
社会消费品零售总额	亿元	57.63	19.7
财政总收入	亿元	25.7	26.2
财政总支出	亿元	12.63	42.6
城镇居民人均可支配收入	元	21528	12.1
农村居民人均纯收入	元	13000	13.1

(施旭东)

■产业经济发展 2010年,维扬区实现工业总产值296.47亿元,地方规模工业产值233.07亿元,利税增长55%,购进设备抵税额1.3亿元,增长246%。初步形成以机械装备制造、优质轻工和新能源、新材料、新医药为主的产业体系。全年完成工业技改投入68亿元,增长42%;新增产值1亿元以上企业8家,其中产值5亿元以上企业3家。全年服务业实现增加值71.75亿元。房地产业稳步发展,全年施工面积155万平方米,销售面积逾30万平方米。 (施旭东)

■项目建设与招商引资 举办"烟花三月"投资环境推介会、金秋(杭州)投资推介会,组织开展汽车电子、科技研发、现代物流、高端地产等专题招商活动,全年实际到账外资9623万美元,新增民资注册资本金63.8亿元,增长25.6%。

4月17日,维扬区举行"烟花三月"投资环境推介会暨项目签约仪式。有56个项目签约,总投资近80亿元,注册资本金46.2亿元。其中,外资项目18个,协议利用外资4.2亿美元;民资项目28个,注册资本金16.7亿元;科技合作项目10个。

9月28日,维扬区在杭州举行金秋(杭州)投资推介会暨项目签约仪式,有26个项目签约,总投资110亿元,注册资本金33亿元。

全年引进注册外资2000万美元以上项目5个。全年实施1亿元以上工业项目38个,比上年增加14个。总投资1亿美元或10亿元以上的重大工业项目建设实现新突破,顶津饮品二期、五亭桥工程机械缸套、扬杰电子芯片等项目建成投产,荣镁汽车轮毂、嘉捷特种车辆等项目开工建设,柳工机械产业园、维普医药产业园等项目签约。全年实施重点服务业项目55个,税友软件、罗思韦尔研发中心、南大苏富特科技园等科技研发项目先后落户,五亭龙商务广场、医药物流等商贸项目开工建设,国际汽车城、建材物流城、工艺美术城等服务业集聚区初具规模,万科集团、中星集团等地产企业入驻维扬区,工艺坊建成开业。文化创意产业发展初见成效。举办第五届中国毛绒玩具礼品节。影视制作服务外包基地开工建设。8家企业进驻文化创意产业孵化基地。 (施旭东)

■城乡建设与管理 2010年,实施五大类50项城建项目。推进北环路、扬天路拓宽改造等16条道路建设工程。实施动迁项目34个,拆迁面积120.4万平方米。基本完成扬子江北路东侧地块和崔庄、安南、安北等10

9月20日,扬州工艺坊建成开业　　王　卓/摄

个“城中村”改造任务。14宗商住用地挂牌上市。新建山水锦城二期、扬城北苑二期、月明苑三期和四期等安置房,面积79万平方米。完成3个老小区改造任务。翻建街巷28条,新、改建垃圾中转站4座、公厕5座。以社区为单位,开展专项整治,提升文明城市创建知晓率、支持率和满意率。打造梅岭东路和四望亭路示范路段。巩固47条主次干道市场化保洁成效,实施城区234条小街巷市场化保洁。探索在无物业管理的老小区推行基本物业服务,对零散庄台开展基本保洁服务。实施扬子江路北出入口、扬菱路绿化美化提升工程,完成维扬路老飞机场等综合整治,启动古运河沿线综合整治。数字化城管案件处置率99%。完成绿化造林面积400万平方米,新增公共绿地面积10万平方米。对20条重点河道实行长效管理,整治河塘83条(口),清淤土方45万立方米。西湖镇创成国家级生态镇。全年实际削减化学需氧量3.66%、削减二氧化硫排放量3.7%。（施旭东）

■ **科技创新** 全区高新技术产业实现产值62亿元,比上年增长45.2%,占地方规模工业产值的26.6%。新认定国家高新技术企业7家、江苏省创新型企业7家,新增省以上高新技术产品38个。维扬经济开发区建成省高新技术产业服务中心。新增市级以上研发机构8个,省、市级院士工作站4个。建成产学研合作联合体36个。引进高层次领军人才14人,引进支柱产业发展急需的专业技术人才95人。企业自主创新能力提升,全年申请专利600件,其中发明专利70件;获得专利授权260件,其中发明专利授权16件。（施旭东）

■ **劳动和社会保障** 2010年,全区实施创业带动就业工程,扶持420人自主创业,新增就业岗位3703个,城镇登记失业率控制在3%以内。全年城镇居民人均可支配收入21528元,农民人均纯收入13000元。城镇职工养老保险参保率98%、医疗保险参保率95%;新农保新增参保人数1.39万人;新型农村合作医疗实现即看即报,人均筹资标准提高至160元;城乡居民最低生活保障标准提高至340元。加大城乡医疗救助、临时生活困难救助力度,创成全国白内障无障碍区。（施旭东）

■ **教育** 2010年,全区启动新一轮学校布局调整,实施维扬中学新校区建设工程,撤并果园小学、蓝天学校、平山中心小学。改善办学条件,完成梅岭小学柏苑楼翻建工程,改造、提升工人子弟小学、四季园小学校园,改造竹西小学地下管网。对照省二类标准,升级教育装备,9所学校创成扬州市“数字化校园”。推进学校管理规范化、科学化、精致化,出台《扬州市维扬区中小学教育装备管理规范(试行)》,制定七大类29项制度,加强教育装备管理和使用。实施新校园文化建设工程,各中小学、幼儿园结合自身特色,整体设计校园文化,提升学校的软环境。加强社区教育工作,完善6个乡镇(街道)社区教育中心,全区有4个社区教育中心被命名为市级社区教育中心。（施旭东）

■ **文化、体育和卫生** 2010年,举办第八届社区文化体育活动巡展、老年艺术节等群众性文体活动。结合文明城市创建工作,完善三级公共文化服务网络,各乡镇(街道)落实文化站建设计划。9月,城北文化站开工建设;年底,平山新文化站建成。双桥、梅岭、平山等3家社区卫生服务中心实行基本药物制度。全区6家社区卫生服务中心组建33个责任医生团队,为社区居民提供预防、保健、健康教育服务。推进新型农村合作医疗工作,全区5.82万人参合,参合率99.9%。（施旭东）

■ **司法行政** 9月,维扬区聘请6名律师成立区政府法律顾问团。组织法律工作者走访重点企业和顾问单位,帮助解决合同纠纷、拆迁征地纠纷以及融资困难等问题。开展“社区矫正监管安全年”活动,成立区、乡镇(街道)、村(社区)三级帮教安置网络,为刑释解教回归人员配备帮教小组。建立社区矫正移动信息管理平台,为符合条件的14名社区矫正对象提供定位手机,强化管控。（施旭东）

■ **维扬中学新校区开工** 5月18日,维扬中学新校区项目开工建设。新校区占地4.67万平方米,地上建筑面积2.85万平方米,地下停车场面积6500平方米,计划总投资近1亿元。规划建设教学楼2座、专用教室36个、实验楼1座、图书阅览和行政办公楼及学生食堂、标准田径场等。（施旭东）

邗江区

■ **概述** 邗江区辖11个镇、4个街道,有32个居民委员会、140个行政村,总面积699平方千米,总人口50.16万。

2010年,全区实现地区生产总值400.58亿元,比上年增长15.1%,人均地区生产总值突破1万美元。实现财政收入50.23亿元,其中一般预算收入24.75亿元,分别增长36.8%和38.7%;完成全社会固定资产投资193.05亿元,增长26.8%。规模以上工业实现产值1173亿元,大洋造船有限公司成为扬州市第二家、邗江区首家规模过100亿元的企业,大洋造船有限公司、扬州完美日用品有限公司、扬力集团税收均超过1亿元。新成立的江苏(扬州)数控机床研究院被列为江苏省“十二五”重点扶持产业技术研究院。区高新技术创业服务中心创成国家级创业服务中心。槐泗镇推进万顷良田建设工程项目,544户农民一次性搬迁进镇。通过“全国诗词之乡”验收。连续6年获评江苏省社会治安安全区,被省委、省政府表彰为全市唯一的2006～2010年全省社会治安综合治理工作先进集体。（曹茂生）

■ **农业** 2010年,全区实现农业增加值16.52亿元,增长5.9%;粮食总产量24.76万吨,比上年增长1.5%;收购入库粮食15万吨;小麦、水稻每公顷产量分别为4800千克和8250千克。粮食增产促进农民增收,农民人均纯收入10617元，比上年增长14%。全年发放主要农作物直接补贴、水稻良种补贴、新型农机具购置补贴、农资增支综合补贴等各类支农惠农补贴4000多万元。新增高效农(渔)业园区面积1693公顷，其中设施农(渔)业面积1200公顷。沿江、沿湖生态高效农业板块建设取得阶段性成效，沙头镇、公道镇核心区完成道路框架、水利设施和生产配套设施投入2000多万元，扬州现代农业展示中心、公道水产生态示范园被评为扬州市首批现代农业亮点工程。杨寿特种水产品产业园、杭集韭菜园、李典水生蔬菜园等重点农业园区加大项目建设力度。开展农产品质量和品牌建设，全区26个农贸市场全面推行市场准入制度，新认证“三品”(无公害农产品、绿色食品、有机农产品)品牌22个。培植生产规模大、产品档次高、带动能力强的农业龙头企业，全区有区级以上农业龙头企业25家，其中2010年新增12家。引进内、外资项目64个，实际利用外资4252.3万美元，到账民资11.75亿元。全年争取市级以上项目投入1.27亿元。推进农业生态建设，建成槐泗、杨庙、瓜洲、开发区4个城市出入口和杭集匝道口节点绿化提升工程，新增造林绿化面积1567公顷，其中成片造林1073公顷，全区森林覆盖率23%；完成集体林权制度改革主体任务。秸秆禁烧实现“零火点、零罚单”，秸秆机械化全量还田率逾74%。推进新农村建设示范村创建工程，创成省级新农村建设先进村3个、市级新农村建设示范村6个。实施脱贫攻坚工程，完成22个集体经济薄弱村三年帮扶目标。实施农村环境综合整治，推行农村环境综合整治“四位一体”长效管护机制，疏浚区镇级河道57条、完成土方240.5万立方米，整治村庄河塘462条(口)、完成土方180万立方米，新建户用沼气池1500座，完成农村改厕2.6万座，所有镇全部创成市级农村环境综合整治达标镇。新(改)建农村通组道路300千米，杭集镇、建华村启动“村村通公交”工程试点；区、镇、村三级公共文体设施网络基本建成，镇(街道)级综合文体中心全部达标；村级便民服务中心基本实现全覆盖。组织实施国家级、省级农业开发项目10个，改造中低产田2067公顷。新组建农村“三大合作”经济组织136个，累计329个。其中，农民专业合作社126个，带动6.9万人；土地股份合作社84个，入股土地5993公顷；社区股份合作社119个，量化净资产3.89亿元。全年新增农业适度规模经营面积2000公顷，累计1.47万公顷，其中土地集中型1800公顷、合作经营型7800公顷、统一服务型5067公顷。农村集体资产清查核实、产权界定和台账登记等工作基本完成。全区水稻、小麦、油菜、能繁母猪和奶牛等参保率均达100%。

(曹茂生)

2010年邗江区经济社会发展主要指标一览表

项　目	单 位	数 量	比上年增长(%)
地区生产总值	亿元	400.58	15.1
第一产业增加值	亿元	16.52	5.9
第二产业增加值	亿元	220.57	15.6
#工业增加值	亿元	191.19	16.6
第三产业增加值	亿元	163.49	15.3
人均地区生产总值	元	74044	15
工业总产值	亿元	1453.01	28.5
农业总产值	亿元	30.45	13.5
粮食总产量	万吨	24.76	1.5
全社会固定资产投资总额	亿元	193.05	26.8
外贸自营出口总额	亿美元	17.64	55.4
合同利用外资	亿美元	7.44	8.9
实际利用外资	亿美元	3.20	15.23
社会消费品零售总额	亿元	87.69	17.32
财政总收入	亿元	50.23	36.8
财政总支出	亿元	31.79	42
城镇居民人均可支配收入	元	22635	12.2
职工年平均工资	元	34649	12.9
农村居民人均纯收入	元	10617	14

(曹茂生)

■**工业**　2010年，全区实现全部工业产值1453.01亿元、规模以上工业产值1173亿元，分别增长28.5%和36%。机电装备、车船重工、旅游日化、服装服饰等主导产业保持平稳增长，分别实现产值209.3亿元、189.4亿元、151.9亿元、169.8亿元。车船重工、机械装备产业增速逾50%。全区有产值过1亿元企业260家、产值过10亿元企业15家；35家重点企业完成工业产值389.7亿元。完成协议注册外资7.44亿美元，注册外资实际到账3.20亿美元，分别增长8.9%、15.23%。实现自营出口17.64亿美元，增长55.4%。全年新增私营企业注册资本金106.8亿元，增长16.3%；新增注册资金1000万元以上企业148家，比上年增加18个。全年完成工业投资272.3亿元，增长30.3%；实施1亿元以上项目100个，其中10亿元以上项目6个；江城重工、泰达垃圾发电等项目建成投产，德豪润达项目、总投资20亿美元的新日能薄膜电池项目等开工建设，亚星新能源汽车、三维成像科技产业园、西城船用薄板等项目签约落户、开工建设。

(曹茂生)

■**科技** 2010年，全区实现高新技术产业产值400亿元，占规模以上工业产值的34.1%，比上年提高4.5个百分点。新组建的江苏(扬州)数控机床研究院被列为江苏省"十二五"重点扶持产业技术研究院。新增国家级高新技术企业13家；企业研发投入占销售收入的1.8%；申请专利1600件，其中发明专利320件；新认定市级以上研发机构22个，引进高层次领军人才20人，引进支柱产业发展急需的专业技术人才225人，签订产学研合作项目60个；新创省级以上品牌8个。长宏铝业公司、辛普森公司等13家企业被认定为国家高新技术企业，华扬公司等10家企业被认定为省创新型试点企业；全年组织申报省级以上高新技术产品102个，6个产品被认定为国家重点新产品，31个产品被认定为省高新技术产品。天辰化工公司"粉煤灰气相法制备纳米二氧化硅的方法"项目被列入省专利产业化计划。威克生物公司等22家企业引进多家高校院所60余项专利技术用于产业化，研发出20多个新产品。(曹茂生)

■**财政** 2010年，全区实现财政收入50.23亿元，比上年增长36.8%。其中，地方财政一般预算收入24.75亿元，增长38.7%。全区地方可用财力29.22亿元，合计可用财力36.42亿元。全年财政支出31.79亿元，除结转下年度使用4.54亿元外，财政净结余718万元。(曹茂生)

■**服务业** 2010年，完成服务业增加值163.49亿元，增长25.75%，占地区生产总值的40%以上。实现社会消费品零售总额87.69亿元，增长17.32%。推进企业非核心业务分离工作，分离并新设立生产性服务业企业19家。扬州粮食加工储运中心、力宝广场等一批重点项目投入运营，星座国际、天润国际等商务楼开工建设。上海浦东发展银行扬州分行签约落户邗江。房地产业平稳发展，全区房地产销售面积76万平方米。游客接待量突破100万人次，全区实现旅游综合收入9.4亿元，比上年增长66.6%。举办第二届乡村旅游节，新建农家乐示范点20个，凤凰岛生态旅游区创成江苏省四星级乡村旅游点和湿地公园，太阳岛运动休闲、国际露营地、高老庄大舞台等休闲旅游项目相继建成。(曹茂生)

■**园区建设** 邗江经济开发区启动创富工场建设，创成国家级文化产业示范基地、省级新型工业化示范基地。北洲功能区环洲大道建成通车。杭集工业园完善污水管网，曙光北路开工建设，国家优质洗漱用品生产示范区创建通过省级验收。杨庙环保科技产业园发展框架初步构建。启动建设北山工业园，建成"一纵两横"道路，1平方千米的核心启动区框架全面拉开。

各镇工业集中区和创业园建成标准化厂房逾10万平方米。邗江经济开发区实现地区生产总值76亿元、工业总产值251亿元、规模以上工业总产值236亿元、服务业增加值16.8亿元、入库税收7.78亿元，分别比上年增长34.5%、30.7%、31.8%、65.4%、32.3%。有产值1亿元以上企业56家。其中，虎豹集团、扬锻集团、荣能集团、柏泰集团等7家企业产值超10亿元，牧羊集团产值超30亿元。有年纳税超1000万元企业17家，纳税总额占开发区全部入库税收的56.7%。新增私营企业注册资本金106.8亿元，增长16.3%；新注册1000万元以上企业148个，比上年增加18个。(曹茂生)

来鹤台广场成为扬州西区商业中心之一 韩 志/摄

■**城镇建设** 完成邗上片区、蒋王核心区等重点区域城市设计，城区实现控制性规划全覆盖。完成百祥路、望月路、同泰路改造工程，实施引潮河活水工程和蒋王中心河开挖工程。完成文昌西路街景美化工程，实施幸福河、府后广场、来鹤台广场、玉盛公园等景观工程。建成文昌、蒋王农贸市场，新世纪花园等老小区整治及五里北街、紫阳巷等背街小巷改造完工，蒋王公交首末站、垃圾中转站交付使用。建设安置房60万平方米。邗江经济开发区青年公寓开工建设，成为全市第一家公共租赁房示范工程。出台《关于推进全区农民集中居住的实施意见》及配套政策，启动方巷镇、槐泗镇、沙头镇、头桥镇等集中居住区试点。(曹茂生)

■**基础设施与生态环境建设** 推进文昌路东延工程，建成蒋王站南路、兴城西路、西三环路和瓜洲翠屏路。优化交通路网，新、改建通组道路300千米，"村村通公交"工程启动杭集镇、建华村试点，泰李高公路暨田桥大桥在建，江六高速、宁启铁路复线完成征地拆迁。杭集镇、瓜洲镇实现与市区并网供水。改善农业基础设施，完成碧水工程土方420万立方米，完成李岗水库除险加固、军桥港水利血防工程,新增排涝流量9.6立方米/秒,乌塔沟分洪道工程邗江安置区加快建设。改造中低产田2067公顷。加大城乡建设用地增减挂钩力度,新增建设用地指标68公顷。全年征收土地229公顷,争取"点供"土地指标31公顷,盘活存量土地57公顷。落实节能减排指标,完成重点节能改造项目12个,实施循环经济项目2个,淘汰落后设备250台(套),关闭"五小"(小钢铁、小电镀、小水泥、小印染、小化工)企业57家。新建7座镇级污水处理设施,创成国家生态镇8个、绿色社区2个、绿色学校15所,新增清洁生产企业5家,通过国家生态区省级技术评估。新增绿化造林面积1567公顷,建成槐泗、杨庙、瓜洲、蒋王等4个城市出入口节点绿化工程。完成集体林权制度改革主体任务。提高秸秆综合利用率,秸秆禁烧实现"零火点、零罚单"。关闭水源保护地小船厂2家,搬迁瓜洲天辰化工厂。完成区级土地利用总体规划修编,槐泗镇万顷良田建设工程成效显著,公道镇全域整治示范项目总体建设方案通过省政府批准。实施土地开发整理项目4个,新增耕地114公顷。

（曹茂生）

■ **人力资源和社会保障** 2010年采集就业岗位1.5万个,新增就业再就业8964人,培训劳动力2.3万人次,完成农村劳动力转移就业9711人。实施城镇居民养老保险,城镇职工基本养老、医疗、生育、工伤、失业五大保险扩面征缴1万人次以上。新型农村社会养老保险覆盖率98.7%,7.6万人享受老年补贴。新增被征地农民参保人数3100人,新型农村合作医疗住院报销补助比例45%。城镇低保提高到每人每月340元,农村低保供养标准提高到每人每年2520元。归集住房公积金1.6亿元,发放公积金贷款1.2亿元。建成区残疾人康复中心。

（曹茂生）

■ **社会事业** 推进教育优质均衡发展,基本实现高中及义务教育省级以上优质学校全覆盖,创成省级师资队伍建设先进区。加强城乡学校标准化建设,新建瓜洲实验小学、公道中学教学楼等一批校舍工程。完善基层文体设施,新建镇村文体广场30个,创成星级文体中心14个。举办区首届综合运动会,邗江籍运动员在省第17届运动会上获8枚金牌。获评全省群众体育先进单位。创成全国"诗词之乡"。区档案馆创成国家二级综合档案馆。深化医药卫生体制改革,实施国家基本药物制度,599种基本药物实行零差价销售。落实新增公共卫生服务项目,为2.6万名老年人提供免费体检,新建示范社区卫生服务站23家,创成省新型农村合作医疗管理先进区。开展爱国卫生运动,新创省级卫生镇3个,完成农村改厕2.6万座,达到国家血吸虫病传播控制标准,通过"亿万农民健康促进行动"省级示范区验收。实施人口计生惠民实事工程,创成省级示范世代服务中心6个,获评全国计划生育优质服务先进区。完成第六次全国人口普查主要工作。

（曹茂生）

■ **民政工作** 2010年,农村低保提高到每人每年2520元,城镇低保提高到每人每月340元;农村"五保"(保吃、保穿、保住、保医、保葬(孤儿保教))标准提高到每人每年4200元;重点优抚对象定补增加到每人每年6431元;残疾军人优抚金增加到每人每年10064元;重点优抚对象医疗赔付20.85万元,比上年增长3.5%;60年代精简下放老职工定补提高到每人每月450元。救助贫困学生3088人入学,资助总额249.34万元,比上年增长139%;实施大病救助209人,资助总额98.1万元,比上年增长15.2%。向城乡低保户、"五保"户和重点优抚对象发放物价补贴199.12万元。在邗上街道5个社区建立爱心超市。投入300万元改(扩)建杭集、李典、公道3家敬老院。杭集敬老院通过国家级文明敬老院验收,方巷、沙头、李典敬老院通过省级文明敬老院验收。建成40家居家养老服务中心。建成瓜洲公益性墓园。办理婚姻登记5758对。开展村(居)委会换届选举,村民参选率98%,成功率100%。加强社团管理监督,清理整顿127个社团,重点审计20个社团和民办非企业单位,检查6个社团小金库,促进社团运转规范化。全区73个福利企业全部通过年检。推进"三个一百工程"(支助100个贫困生就学,帮助100名贫困人员就业,扶持100户贫困户发展种植、养殖业)。

（曹茂生）

宝应县

■ **概述** 宝应县辖14个镇,有57个居委会、224个行政村,总面积1462平方千米,年末总人口91.38万。

2010年,全县实现地区生产总值242.86亿元,比上年增长21.86%,是"十五"期末的2.5倍。其中,第一产业增加值43.17亿元,增长11.38%;第二产业增加值116.58亿元,增长15.7%;第三产业增加值83.11亿元,增长23.14%。三次产业比例为17.8∶48∶34.2。全年完成固定资产投资141.79亿元,增长26.5%。城镇居民人均可支配收入14328元,农村居民人均纯收入8715元,分别增长14.0%和13.6%。年末城乡居民储蓄存款余额126.26亿元,增长14.0%。新增私营企业1750家,新增民资注册资本88亿元。有6家融资性担保公司,注册资金3.7亿元。城镇登记失业率2.78%。

（潘加林）

■ **农业** 落实强农惠农政策,各级财政支农资金及国资项目投入3.64亿元。宝应县再次获评全国粮食生产先进县。新(扩)建高效农(渔)业园区137个,新增高效农(渔)业面积9600公顷、有机食品基地面积1800公顷、设施农业面积1667公顷,畜禽规模养殖比例提高5.1个百分点。新增农民经济合作组织139个,新增农业适度规模经营面积7333公顷。年末农业机械总动力43.11万千瓦,农业机械化综合水平85.8%。引进滕头花木公司、山水食品公司等企业,新增市级以上龙头企业2家,农业产业化龙头企业销售收入增长30%。实施农业"三资"(民资、外资、工商资本)项目218个。新增农业"三品"品牌119个(其中有机食品品牌16个)、

2010年宝应县经济社会发展主要指标一览表

项　目	单　位	数　量	比上年增长(%)
地区生产总值	亿元	242.86	21.86
第一产业增加值	亿元	43.17	11.38
第二产业增加值	亿元	116.58	15.7
#工业增加值	亿元	94.76	16.6
第三产业增加值	亿元	83.11	23.14
全部工业产值	亿元	802.62	33.3
全部工业开票销售收入	亿元	283.77	48.9
农业总产值	亿元	42.75	10.3
粮食总产量	万吨	86.43	3.1
全社会固定资产投资总额	亿元	141.79	26.5
外贸自营出口总额	亿美元	3.24	26.8
实际利用外资	亿美元	1.41	17.68
社会消费品零售总额	亿元	79.46	17.91
财政总收入	亿元	30.6	37.5
地方财政一般预算收入	亿元	15.68	61.0
财政总支出	亿元	32.51	23.0
职工年平均工资	元	29456	22.8
农村居民人均纯收入	元	8715	13.6
城镇居民人均可支配收入	元	14328	14.0
年末存款余额	亿元	188.40	19.9
年末贷款余额	亿元	116.42	41.4

(潘加林)

省级名牌农产品1个。“宝应湖”中华鳖获评首届“中国名鳖”，“宝应湖”大闸蟹蝉联“中国十大名蟹”。

(姚从彬)

■工业和建筑业　全年实现工业总产值802.62亿元，比上年增长33.3%。至年末，全县有列统规模企业579家，规模以上工业完成总产值538.57亿元，比上年增长34.1%。规模以上高新技术产业完成产值245.31亿元，占规模工业产值的45.6%。全部工业实现销售收入284亿元，增长48.9%。宝应县创成江苏省输变电装备产业示范基地和泵阀管件产业制造基地。全年新增产值1亿元以上企业20家、规模企业78家。宝胜集团再次入选中国企业500强和中国制造业500强。全县续建、新建1亿元以上工业项目48个，计划投资1亿美元的宝胜普睿司曼超高压电缆项目进展顺利，计划投资15亿元的康源纺织项目开工建设。

全县建筑业完成施工产值199亿元，比上年增长17.7%；竣工产值176.96亿元，比上年增长16.6%。房屋建筑施工面积2679万平方米，当年新开工面积1586万平方米。

(朱庆瑶)

■国内贸易　全年实现社会消费品零售总额79.46亿元，比上年增长18.0%。按行业分，批发零售业实现零售额74.27亿元，增长18.9%；住宿餐饮业实现零售额4.90亿元，增长6.0%。全年居民消费价格指数上涨3.2%，涨幅比上年上升2.9个百分点。

(朱　雨)

■对外经贸　全年自营进出口总额4.43亿美元，其中自营出口3.24亿美元，分别比上年增长28.6%、26.8%。宝应县获评省优秀农副产品出口基地。全年在中国进出口商品交易会、中国华东进出口商品交易会等重点展会设展位70多个，参展期间完成销售额逾5000万美元。14家企业开展海外注册，近170家企业有出口实绩。规范对外劳务市场，与10多家国内知名企业签订合作协议，实现外经营业额545万美元，获批国家级外经经营权1项、省对外劳务合作服务平台1个。

(朱　雨)

■交通、邮政和供电　全年公路客运量1010万人次、公路货运量595万吨、水上货运量586万吨。332省道全线建成通车。安大公路331省道以南建成通车，331省道至泾安线全面贯通。237省道二期基本实现路基贯通，宝射河大桥完成70%工作量。建成干线公路30多千米，完成投资5.25亿元。新建、改建恒黄公路下水段公路、永安干渠公路、郭夏公路等农村公路20多千米，建成通村公路108.6千米，改造危桥89座，完成农村公路投资1.5亿元。推进客运站(亭)建设，新汽车客运总站投入运营，10座农村客运站投入使用。

全年邮政通信业完成业务收入4.38亿元，比上年增长6.8%。年末电话用户72.91万户，其中移动电话用户50.74万户，增长15.4%；互联网用户6.53万户，比上年增加1.21万户，增长22.7%。

全年完成供电量11.80亿千瓦时，比上年增长20.62%；最高负荷27.11万千瓦，比上年上升18.75%。通过新农村电气化县验收。

(潘加林)

■财政和金融　全年实现财政总收入30.6亿元，其中一般预算收入15.68亿元，分别增长37.5%和61.0%。财政总收入中，国税完成10.09亿元，增长38.6%；地税完成9.58亿元，增长64.3%；财政完成10.93亿元，增长19.6%。全年财政总支出32.51亿元，增长23.0%。其中，一般预算支出26.36亿元，增长36.6%。

金融机构年末存款余额188.4亿元，增长19.9%；年末贷款余额

116.42亿元，增长41.4%。新增贷款投向主要集中于工业企业、个人房贷、政府融资平台以及基础设施建设。新组建农村小额贷款公司2家、担保公司1家。保险业实现保费收入8.36亿元，比上年增长35%。

（周安平）

■ **经济管理** 落实物价监管措施，优化消费环境，创成省级放心消费城市。新增省名牌产品7个、市名牌产品15个，省著名商标3件、市知名商标9件。森萨塔公司获省质量奖。启动县长质量奖评选。国家有机食品质量监督检验中心投入试运行。完成集体林权制度改革，启动土地承包经营权登记试点。提高农业保险标准，开展高效农业保险试点。推进企业重组，新组建生产性企业集团4家。完成宝应县建筑工程管理局政企分开、天宇公司改革重组。（周安平）

■ **人力资源和社会保障** 全年引进高层次领军人才18人、支柱产业专业技术人才178人、储备性人才1896人。统筹推进城乡就业，采集就业岗位3.2万个，介绍6100人就业。培训农村劳动力1万人次；新增农村劳动力转移1万人，累计转移人数33.5万人；获评全国农村劳动力转移就业工作示范县。帮扶困难群体就业，向107名下岗失业人员发放小额担保贷款342.9万元；向188名下岗失业人员提供再就业援助，发放岗位补贴和社保补贴111万元。

年末城镇企业职工基本养老保险参保8.59万人，参保率96.0%；城镇职工基本医疗保险参保9.56万人，参保率97.6%；城镇失业保险参保5.01万人，参保率96.0%；新农保参保30.6万人，13.5万人领取基础养老金。调整养老金标准，2.03万名退休职工月人均养老金增加128元。最低工资标准由每月590元调整为670元。（潘加林）

■ **城乡建设和环境保护** 实施宝应大道改造提升工程。启动邗沟路改造、北河路建设等城市道路工程。实施绿化升级改造，新增城市绿化55.6万平方米。完成叶挺路、苏中路沿街立面改造5.6千米。推进棚户区及旧城改造。推进万顷良田建设工程、村庄整治工程等。实施小型农田水利重点县建设、灌区续建与节水改造等国家级项目，宝射河治理工程开工建设。全县城乡建设总投入49.11亿元，其中城市建设投入40.81亿元、镇村建设投入8.3亿元。

全年化学需氧量、二氧化硫排放量分别削减488.64吨和56吨，万元地区生产总值能耗下降4.6%。西安丰镇、射阳湖镇、鲁垛镇、广洋湖镇、小官庄镇等通过国家级生态镇省级考核验收。大气环境质量符合国家环境空气质量二级标准天数352天。集中式饮用水水源地水质达标率100%，县域内大运河、宝应湖和其他主要河流水质基本符合国家地表水III类标准，区域环境噪声符合各功能区域要求。建成县饮用水水源自动监测站和机动车尾气排放检测站。

（姚从彬）

■ **科学技术** 新增国家级高新技术企业7家、省高新技术产品58个，开发新产品230个，落实产学研合作项目40个。获批省重大成果转化项目2个。引进高层次创新创业人才18人。建成9个省级工程技术研究中心、39个市级工程技术研究中心、1个博士后工作站。申请专利1108件，其中发明专利108件；获专利授权280件，其中发明专利授权8件。

（王　萌）

■ **教育** 2010年，全县新建、改造校舍3.7万平方米，开发区国际学校开工建设，县青少年宫建成。新增省绿色学校5所、市绿色学校21所、市“数字化校园”6个、市“优美校园”5个。义务教育阶段学校教育装备达省二类标准，新增省四星级高中1所、省优质幼儿园2所。连续四年获评扬州市教育工作先进县。

（王　萌）

新拓宽的宝应大道　　宝应/供稿

■卫生 全县新型农村合作医疗筹资标准提高到人均150元,60.8万人参合,参合率99.2%。统一实施九大类22项基本公共卫生服务,农村基本公共卫生服务项目完成率100%。新增市卫生镇1个、省卫生村7个、市卫生村10个。完成县人民医院应急救治综合楼改建、妇幼保健院扩建、皮肤病防治院麻风村改建、县第三人民医院病房楼改建等卫生重点项目建设。县中医院通过二级甲等医院复审。创成省食品安全示范县。（王　萌）

■文化和体育 完成县文化馆改造,建成14个文化信息资源共享工程点,实现农家书屋全覆盖。全年送戏、送电影下乡2522场。全县有有线电视用户20.66万户,其中2010年新增1.02万户;完成有线电视数字化整体转换2000户。举办县第12届运动会、全民健身体育节。宝应籍选手参加省运会、亚洲残疾人运动会,各获2枚金牌。宝应县获评全国阳光体育先进县。（王　萌）

■法制 全年受理法律援助案件910件;接待来电来访2800多人次,满意率100%。建立个人调解工作室302家,受理矛盾纠纷3300多起,调解成功率99%。推进社区矫正考评机制和保证金(保证人)制度,全县社区矫正对象入矫率100%。全年发生刑事案件2746起,破获现行刑事案件1505起,查处治安案件1.05万起,发生交通事故1015起、火灾事故49起。全年办理行政复议案件20件,处理行政执法投诉15件。"五五"普法工作通过省验收。（朱　雨）

■社会生活 全县出生8313人,出生率9.09‰;死亡1.19万人,死亡率12.97‰;人口自然增长率-3.89‰。城镇居民人均住房建筑面积31.2平方米,农村居民人均钢筋、砖木结构住房面积41.9平方米。城乡低保实现应保尽保,保障9997户1.79万人。"五保"集中和分散供养标准分别提高到每人每年3400元和2500元。安置2349名残疾人就业。按城乡低保标准救助1779名重残人员。全年办理婚姻登记1.36万对,比上年增长28.7%;办理收养登记43对。县老年公寓一期主体工程竣工。全县281个村(居)委会,除1个经批准缓选外,全部一次完成换届选举。全年销售福利彩票3332.6万元,比上年增加734.6万元。（潘加林）

■2010中国宝应荷藕节 8月8日,2010中国宝应荷藕节开幕。香港、台湾、浙江、广东、上海等地客商近200人参加投资洽谈活动。活动期间,集中签约1亿元或1000万美元以上项目20个,计划总投资32.54亿元。其中,5亿元或5000万美元以上项目2个,计划总投资13亿元。（朱庆瑶）

■宝应县获评全国粮食生产先进县 2010年,宝应县麦油生产连续第七年获得丰收,水稻连续第六年获得丰收,被农业部授予全国粮食生产先进县称号。全县普及使用优良品种,推广机插秧等轻简栽培技术,加快推进植保专业化、社会化服务,提升粮食综合生产能力。全县小麦播种总面积5.62万公顷,平均每公顷产量6495千克,单产连续第二年列全省第二位。小麦总产量36.35万吨,比上年增加3万吨。油菜种植面积7667公顷,平均每公顷产量2490千克。水稻种植总面积5.81万公顷,平均每公顷产量8760千克,总产量51万吨。全县粮食总产量87.35万吨,创历史新高。（姚从彬）

■宝应县获批中国水鲜美食之乡 宝应县有耕地6万公顷、水面滩地4.87万公顷,其中水产养殖面积3.47万公顷。水产品年产量15万吨,以宝应湖大闸蟹为主的特种水产品年产量6万吨。全县莲藕种植面积1.33万公顷,年产量30多万吨。全县有绿色食品品牌32个、有机食品品牌18个,涵盖稻米、荷藕、畜禽、瓜果、水产等五大类12个品种。宝应县重视水鲜美食的挖掘、培育和创新发展,研制成功全藕席、水乡生态全鱼宴、水乡慈姑宴、绿色农家宴等水鲜宴席。5月,宝应县被中国烹饪协会命名为中国水鲜美食之乡。（朱　雨）

■宝胜集团再次入选中国企业500强和中国制造业500强 9月4日,中国企业联合会、中国企业家协会在安徽省合肥市公布中国企业500强暨中国制造业500强名单,江苏宝胜集团再次入围中国企业500强和中国制造业500强,成为扬州市唯一入围双500强的企业。（朱庆瑶）

■森萨塔公司获评江苏省质量奖 森萨塔科技(宝应)公司是亚洲最大的热保护器生产基地,年产热保护器、恒温器等各类元器件3亿多只。江苏省质量奖是省内质量领域最高奖,2010年有200多家企业参加评选,15家企业成功入选。森萨塔科技(宝应)公司以总分第一的成绩获评江苏省质量奖,成为宝应县继宝胜集团后第二家获此奖项的企业。（朱庆瑶）

仪征市

■概述 仪征市辖8个镇、2个乡、2个办事处,总面积857平方千米,总人口56.52万。

2010年,全市实现地区生产总值280.70亿元,增长23.5%。其中,第一产业增加值15.13亿元,增长15.94%;第二产业增加值168.63亿元,增长15.8%;第三产业增加值96.94亿元,增长25.95%。三次产业结构比5.4∶60.1∶34.5。剔除仪征化纤、扬州化学工业园区,仪征市辖(下同)实现生产总值209.8亿元,占全市经济总量的75.4%。（孙云润）

■农业和农村工作 2010年,全市实现农林牧渔业总产值26.8亿元,增长14.4%。粮食连续第七年增产,总产量30.4万吨,增长1.9%。新增高效农业面积1866.67公顷,总面积2.2万公顷。引进农业"三资"项目154个,利用民资和工商资本17.05亿元、外资5672.5万美元。新增农民合作经济组织126个。新开工建设农

2010 年仪征市经济社会发展主要指标一览表

项　目	单　位	数　量	比上年增长(%)
地区生产总值	亿元	280.70	23.50
第一产业增加值	亿元	15.13	15.94
第二产业增加值	亿元	168.63	15.8
#工业增加值	亿元	149.83	16.3
第三产业增加值	亿元	96.94	25.95
粮食总产量	万吨	30.4	1.9
全社会固定资产投资总额	亿元	193.64	26.9
外贸自营出口总额	亿美元	3.08	37
实际利用外资	亿美元	1.59	-39.02
社会消费品零售总额	亿元	85.67	18.8
财政总收入	亿元	50.01	28
财政总支出	亿元	35.72	32.56
城镇居民人均可支配收入	元	20147	12.8
农村居民人均纯收入	元	9136	14.1
邮电业务总量	亿元	4.84	12
年末存款余额	亿元	258.35	19.1
年末贷款余额	亿元	127.96	7.8

（仪　统）

民集中居住区 58 个，建房 5686 户。完成 11 座小水库除险加固，21 座小水库在建。新建农村沼气池 2200 座，完成农村改厕 1.5 万户。创成扬州市环境整治与“四位一体”(农村公路养护、河道管护、村庄保洁以及绿化植树)长效管护达标乡镇 5 个，创建新农村示范村 12 个，所有村均创成全面小康村。（孙云润）

■工业和建筑业　2010 年，全市完成工业总产值 1044.9 亿元、仪征市辖工业总产值 682.2 亿元，分别比上年增长 25.8%和 22%；规模以上工业实现产值 829.83 亿元、仪征市辖规模以上工业产值 485.14 亿元，分别增长 32.2%和 33.7%。规模以上工业产值中，私营企业实现产值 228.8 亿元，农村工业实现产值 249.4 亿元，分别增长 27.1%和 30.9%。全市规模以上工业企业实现主营业务收入 796.71 亿元、利税 64.56 亿元，分别增长 31.2%和 62.7%；仪征市辖规模以上工业企业实现主营业务收入 455.63 亿元、利税 36.72 亿元，分别增长 31.8%和42.5%。全年全社会用电量 22.41 亿千瓦时，增长 14.6%。其中，工业用电量 18.36 亿千瓦时，增长 13.9%。全年实现建筑业总产值 184.08 亿元，增长 18.07%。建筑企业房屋建筑施工面积 1723 万平方米，增长 24.76%；房屋建筑竣工面积 755 万平方米，增长 13.19%。（孙云润）

■固定资产投资　全市完成全社会固定资产投资 193.64 亿元，比上年增长 26.9%。其中，规模以上项目投资 169.46 亿元，增长 23%；规模以下项目投资 24.18 亿元，增长 63%。规模以上项目投资中，城镇固定资产投资 93.62 亿元，增长 24.5%；农村固定资产投资 65.76 亿元，增长 21%。全社会固定资产投资完成额中，第一产业投资 4.51 亿元，增长 44.4%；第二产业投资 136.27 亿元，增长 13.3%；第三产业投资 52.86 亿元，增长 24.7%。汽车工业园完成区域内农户搬迁 1082 户，整车项目区内场地平整、管线迁移等工程完工。仪征经济开发区新建锦华路、三益大道等，建成沙河安置小区一期和二期工程、国裕船舶生活区工程等。枣林湾生态园完成路网规划修编，十五里墩互通工程竣工通车。乡镇工业集中区建成标准厂房 43.6 万平方米，新增进区企业 180 家。（孙云润）

■国内贸易　2010 年，全市实现社会消费品零售额 85.67 亿元，增长 18.53%。分行业看，批发零售贸易业零售额 76.39 亿元，增长 17.23%；住宿餐饮业零售额 8.42 亿元，增长 34.65%。个体私营经济完成的社会

9 月 15 日，仪征市环球造船公司建造的 11000 吨化品船、油轮进入长江水道　郭义富／摄

消费品零售总额占全市消费品零售总额的63.4%。（孙云润）

■**对外经贸** 2010年，全市协议注册外资7.64亿美元，注册外资实际到账1.59亿美元。剔除扬州化学工业园区，全年地方协议注册外资6.51亿美元，与上年持平。全年进出口总额5.92亿美元，增长6.2%，其中出口3.08亿美元，增长37%。（孙云润）

■**交通和邮政** 2010年，全市完成旅客运输量1118.9万人次（其中公路客运量1103.4万人次）、货物运输量810.9万吨（其中公路货运量404万吨），完成港口货物吞吐量205.1万吨。年末，全市有民用汽车2.17万辆，其中私人汽车1.56万辆。全年实现邮政业务总量4.84亿元，增长12%。年末，全市有本地电话用户19.75万户、移动电话用户49.75万户、互联网用户7.27万户。（孙云润）

■**财政和金融** 2010年，全市实现财政总收入50.01亿元、地方一般预算收入19.22亿元，分别比上年增长28%和30%。年末金融机构各项存款余额258.35亿元，比年初增加41.35亿元（其中储蓄存款136.36亿元，比年初增加18.96亿元）；各项贷款余额127.96亿元，比年初增加9.27亿元。保险业全年实现保费收入6.46亿元，增长16.6%。其中，财产险收入1.52亿元，增长21.4%；人寿险收入4.94亿元，增长15.2%。（孙云润）

■**科技和教育** 2010年，全市新增国家高新技术企业8家、省以上高新技术产品63个，实现高新技术产业产值351亿元。新认定扬州市级以上研发机构31家，康能生物公司建成扬州市首家企业院士工作站，史福特公司设立省级博士后工作站。科技创业园新增建筑面积3.7万平方米，新增入驻企业10家。促成产学研合作项目54个，引进高层次人才23名。设立市长质量奖。创成省名牌产品、江苏省著名商标4个（件）。南师大二附中创成省四星级高中。原市技师学院、电大、工业学校合并组建新的技师学院。实施校舍安全工程，新建、改造校舍7.4万平方米。初中毕业生升学率98.1%，小学净入学率100%。年末，全市有高中5所，在校生1.13万人；初中18所，在校生1.50万人；小学37所，在校生2.49万人；职业高中1所，在校生3344人（含中专生）；幼儿园35所，在园幼儿1.12万人。（孙云润）

■**文化、体育和卫生** 2010年，文物普查工作通过国家验收。城区数字电视实现整体转换，农村有线电视入户率90%。完成盛氏故居修缮工程。在扬州市辖县（市）中建成首家数码影院。乡镇标准文化中心覆盖率100%，所有行政村均建成农家书屋。举办第九届全民健身节，体育强市创建工作通过省级验收。深化医药卫生体制改革，乡镇卫生院基本药物全部零差价销售。市人民医院、南京医科大学第三附属医院病房楼主体工程完工。儿童计划免疫接种率98%以上。发放持证退休企业职工计划生育一次性奖励金。创成国家计生优质服务先进市。（孙云润）

■**环境保护** 2010年，全市新建乡镇污水处理厂4家，铺设污水管网47.6千米。新增造林2227公顷，其中成片林1693公顷，森林覆盖率25.2%。实施松材线虫病三年整体除治工程，更新松林1000公顷。开展秸秆禁烧和综合利用工作。2个乡镇通过国家级生态乡镇考核，创成省级生态村3个、绿化合格村33个。环境质量综合指数86。（孙云润）

■**社会民生** 2010年，全市城镇居民人均可支配收入20147元、农民人均纯收入9136元，分别增长12.8%、14.1%。全市企业职工养老保险、城镇基本医疗保险、失业保险参保人数分别为11.73万人、13.86万人和8.30万人；保险覆盖率分别为97.6%、97.5%和97%。新型农村合作医疗参合人数33.1万人，新型农村社会养老保险参保人数10.9万人。新增转移农村劳动力8000人，新增城镇就业5000人，年末城镇登记失业率2.88%。上调企业职工养老、医疗、失业等社保费征缴基数，提高新型农村合作医疗筹资、农村“五保”供养、城乡居民低保、失地农民保障标准。建设32个居家养老服务中心（站）。全市各类福利院有床位2026个。城乡居民1.18万人享受最低生活保障，实现应保尽保。（孙云润）

■**全面小康社会建成** 2010年，仪征市采用多种方式，宣传小康社会知识，提升群众知晓率。加大工作力度，提高达标水平，提升指标巩固率。围绕年初确定的为民办实事项目，集中财力、物力，推进老城区改造提升、农村环境综合整治、农村饮用水安全工程、保障性住房建设等，提升市民满意率。江苏省政府正式认定仪征市为全面小康社会县（市）。（孙云润）

■**国家卫生城市创建工作通过国家评估** 2010年，仪征市对照创建国家卫生城市标准，排查薄弱环节，建成粪便无害化处理厂、建筑垃圾弃置场，改造老旧住宅小区5个、巷道20条、城区公厕48座，新建、改造垃圾中转站2座，添置垃圾运输车、道路冲洗车等环卫装备。开展农贸市场、老旧小区、臭水沟塘、城中村和城郊接合部环境整治，深化市容市貌、食品安全、交通秩序等管理，全市环境卫生状况明显改善。（孙云润）

■**大众汽车有限公司江苏仪征项目签约** 7月15日，规划产能为30万辆整车的上海大众汽车有限公司江苏仪征项目签约，成为仪征市历史上最大的工业投资项目。至年底，该项目油漆、冲压、车身、总装车间在建，50余家汽车零部件、物流及销售等相关企业相继落户扬州（仪征）汽车工业园区。（孙云润）

■**滨江新城建设启动** 2010年，仪征市在城市东部区域规划建设12.4平方千米的滨江新城，建设以行政办公、金融服务、生活居住和休闲娱乐为主的城市新区。仪征市成立专门机构和专业团队，统一协调运作滨江新城开发；推进区域内房屋搬迁，总投资3.37亿元的5个重点项目竣工，总投资25.1亿元的10项重点工程开工建设。（孙云润）

■区域供水实现全覆盖 2010年，仪征市区域供水实现全覆盖，仪征中后山区农村居民的饮用水安全得到保障。仪征市区域供水工作2007年启动，全市累计铺设一级主干管网35.4千米、二级管网124千米、三级支管网2496千米，回购小水厂103家，新建区域供水加压泵站4座。工程结束后，落实专人负责，完善长效管护体制，确保区域供水工程长久发挥作用。（戴兴春　陈佳佳）

■河塘清杂清淤 2010年，仪征市抓住创建生态市的契机，在全市范围内实施河塘清淤、清杂工程。市政府成立清理河塘指挥部，与各乡镇签订责任状，召开现场督查推进会。至年底，完成所有河塘清杂工作，河塘清淤工作完成总工程量的80%。

（戴建明　栾永仁）

高邮市

■概述 高邮市辖19个镇、1个回族乡，有278个行政村、52个居民委员会，总面积1922平方千米，年末户籍人口82.08万。

2010年，全市实现地区生产总值255.81亿元，增长19.96%。其中，第一产业增加值44.38亿元、第二产业增加值127.54亿元、第三产业增加值83.89亿元，分别增长9.31%、18.1%、26.36%。三次产业结构为17.3：49.9：32.8。全市完成全社会固定资产投资172.7亿元，比上年增长26.9%。入选2010年度全国中小城市综合实力百强和全国最具投资潜力中小城市百强。（刘春龙）

■农业和农村工作 2010年，高邮市实现农林牧渔业现价总产值78.08亿元（不含农民家庭兼营商品性工业），增长9.6%。其中，农业产值31.98亿元、林业产值1.22亿元、牧业产值12.86亿元、渔业产值27.76亿元、农林牧渔服务业产值4.26亿元，分别增长18.6%、3.1%、1.7%、5.4%、4%。粮食、棉花、油菜、蔬菜种植面积分别为11.16万公顷、0.30万公顷、0.78万公顷、1.15万公顷，实现粮食总产量79.97万吨、棉花总产量0.39万吨、油菜籽总产量2.14万吨、蔬菜总产量26.78万吨，分别增长0.9%、19.7%、3.7%、13.5%；生猪出栏量29.57万头、家禽出栏量1014.84万只、水产品产量17.86万吨。新建现代高效农业面积1.23万公顷，其中高效种植业面积0.9万公顷、高效渔业面积0.33万公顷，累计面积5.28万公顷。八桥现代农业产业园、高邮鸭产业园被列入扬州市农业亮点工程。高邮市再次获评全省发展高效设施农业先进县（市）。农业产业化经营持续发展，20家扬州市级以上农业龙头企业实现销售45亿元、利税2.6亿元，分别增长20%、21%。新增农业适度规模经营面积8100公顷，累计4.49万公顷。全市新增农村合作经济组织187个，累计824个。全市土地股份合作工商登记率63.3%、专业合作工商登记率98.5%、社区股份合作工商登记率21%，新增合作社入社成员工商登记数6.18万人。全年发放惠农资金1.02亿元。水稻、小麦等政策性农业保险基本实现全覆盖，支付理赔金501.7万元。投入帮扶资金566.64万元，有72个经济薄弱村、2124户低收入农村家庭实现脱贫。实施农村土地复垦、开发、整理，新增耕地1533.3公顷。新建乡村公路62.9千米，改造危桥64座。推广新型水稻插秧机574台（套），创成全省水稻种植机械化示范市。全市农机总动力57.63万千瓦。实施灌区节水改造九期工程，疏浚市、乡河道46条，整治村庄河塘460条（口），联并5个圩口，农田水利建设完成土方775.3万立方米，新、改建挡排建筑物125座。新建农村户用沼气池2200座、中小型沼气工程5处，新建无害化卫生户厕1.90万座，创成省级村庄整治示范村3个。新创扬州市级新农村建设示范村8个，建成全面小康乡镇11个、全面小康村56个。（刘春龙）

■工业 2010年，全市630家规模以上企业完成现价产值603.4亿元、销售收入587.9亿元、利税总额

2010年高邮市经济社会发展主要指标一览表

项　目	单　位	数　量	比上年增长(%)
地区生产总值	亿元	255.81	19.96
第一产业增加值	亿元	44.38	9.31
第二产业增加值	亿元	127.54	18.1
#工业增加值	亿元	105.50	19.3
第三产业增加值	亿元	83.89	26.36
农业总产值	亿元	78.08	9.6
全社会固定资产投资总额	亿元	172.70	26.9
外贸进出口总额	亿美元	3.51	17.34
注册外资实际到账额	亿美元	0.9	30.52
社会消费品零售总额	亿元	82.35	18.11
财政收入	亿元	35.06	31.1
财政支出	亿元	33.17	24.8
职工年平均工资	元	33532	20.0
农民人均纯收入	元	8825	14.3
年末存款余额	亿元	228.04	14.9
年末贷款余额	亿元	122.55	38.6

（刘春龙）

56.2亿元、利润29亿元,分别增长35.9%、36.5%、41.8%和45.6%。规模以上工业企业产销率97.8%,比上年下降0.1个百分点。全市实现工业增加值105.5亿元,按可比价计算,比上年增长19.3%。工业增加值占地区生产总值的41.5%。工业投入166.8亿元,增长35.5%。实施投资额1000万元以上项目423个,其中1亿元以上项目67个。项目平均投资额由上年的3138万元提高至3340万元。在建项目中,上年结转续建项目25个,计划投资62.9亿元,累计投入47.7亿元,当年投入20.3亿元;新开工1亿元以上项目42个,计划投资90.3亿元,当年投入30.3亿元。至年底,全市竣工1亿元以上项目25个,计划总投资41.8亿元,实际完成投资40.5亿元,当年投入20.5亿元。全年新型照明器具、新能源、机电制造、电线电缆、纺织服装等产业分别实现产值37.8亿元、70.4亿元、148.9亿元、109.9亿元和100.9亿元,合计占全部工业产值的46.3%。重点企业的支撑带动作用增强,新增产值1亿元以上企业36家、纳税过1000万元企业4家,累计分别为126家、14家。完成30家重点耗能企业的节能监察,淘汰落后用能设备322台(套),关停高能耗企业18家。在55家重点工业企业开展新一轮清洁生产审核工作,实施项目362个,总投资5250万元。全年实施节能评估和审查项目76个,总投资36.23亿元。实施节能改造项目16个、循环经济项目3个。化学需氧量、二氧化硫排放量分别削减1166吨、258吨,单位地区生产总值能耗下降4.61%。新增国家高新技术企业16家,新增省以上高新技术产品100个,新认定市级以上研发机构36家,签约产学研合作项目50个。全年实现高新技术产业产值265.2亿元,增长44.9%,占规模以上工业总产值的44%。"沙龙"商标被认定为中国驰名商标。 (刘春龙)

高邮亿泰纺织公司生产车间一角　　陆学智/摄

■ **建筑业**　全年建筑资质企业新增承接施工面积2694万平方米,竣工面积1589万平方米,分别增长28.9%、22.6%。完成建筑业企业总产值276.7亿元、增加值22.04亿元,分别增长35.49%、11.4%。有30家建筑安装企业产值过1亿元。全年获扬州市级以上优质工程奖56个。全年新增建筑资质企业30家,累计189家。建筑行业平均从业人数13万人。 (刘春龙)

■ **旅游业**　全年接待国内游客157.17万人次,旅游收入7.33亿元。全市有旅行社6家。镇国寺、文游台创建成国家AAA级旅游景区。全市宾馆入住率80%以上,加州阳光大酒店、景轩·皇冠精致酒店分别创建成四星级、三星级旅游饭店。开通苏州—高邮、无锡—高邮的旅游专线。 (刘春龙)

■ **国内贸易**　全年实现社会消费品零售总额82.35亿元,增长18.11%。分行业看,批发和零售业实现零售额72.34亿元,增长17.6%;住宿和餐饮业实现零售额9.69亿元,增长22.9%。新建"万村千乡市场工程"农家店38个,"家电下乡"销售额在扬州市各县(市、区)中列第二。 (刘春龙)

■ **对外经贸**　全年新批外商投资项目34个,协议利用外资3.6亿美元;注册外资实际到账9040万美元。全年实现进出口总额3.51亿美元,其中出口额3.21亿美元,分别增长34.6%、36.2%。 (刘春龙)

■ **固定资产投资**　全市完成全社会固定资产投资172.7亿元,增长26.9%。其中,城镇规模以上项目投资99.1亿元,增长25.8%;农村规模以上项目投资48.16亿元,增长15.8%。全社会固定资产投资中,第一产业投资1.31亿元,下降55.7%;第二产业投资120.17亿元,其中工业投资120.17亿元,分别增长28.1%和29.8%;第三产业投资51.2亿元,增长30.2%。完成房地产投资14.46亿元,新开工商品房65.9万平方米,分别增长70.2%、58.1%。 (刘春龙)

■ **交通、邮电和供电**　237省道高邮段工程开工,新民滩特大桥跨京杭运河主桥合龙。全年投资5.6亿元,新、改建乡通村公路46条61.06千米,改造危桥60座。新建农村客运站8座。有省市际长途营运线62条、省市际班车114辆,农村公交营运线路14条、班车171辆,城市公交营运线路5条、公交车44辆,出租公司4家、出租车337辆。

全年完成邮政业务总收入6817.76万元,电信业务收入4.27亿元。至年底,有固定电话用户17.94万户,其中城区4.39万户、农村13.55万户;移动通信累计用户56.8万户。城乡固定电话普及率22部/百人。电信和移动宽带网络在市区、20个乡镇政府所在地和12个非乡镇政府所在地集镇实现全覆盖。

累计投资1.21亿元，新增变电容量18.74万千伏安，新建和改造110千伏及以上线路64.8千米。220千伏秦邮变电所扩建工程竣工。全年完成供电量18.30亿千瓦时、售电量16.79亿千瓦时，分别增长20.12%、20.97%。（刘春龙）

■财政和金融 全年实现财政收入35.06亿元，其中地方财政一般预算收入14.42亿元，分别增长31.1%、40.1%。人均财政收入由上年的3261元提高到4271元。财政收入占地区生产总值的13.7%，比上年提高1.2个百分点。地方财政一般预算支出23.2亿元，增长24.6%。

年末金融机构各项存款余额228.04亿元，其中居民储蓄存款151.59亿元，比年初分别增加34.8亿元、18.49亿元；各项贷款余额122.55亿元，比年初增加34.15亿元。全年新增工业贷款8.86亿元。全年市内2个保险机构实现保费收入3.8亿元，支付赔偿4159.96万元。（刘春龙）

■劳动和社会保障 全年举办13次劳动力招聘会，采集就业岗位4.71万个，推荐就业6080人，其中下岗失业人员再就业1588人、就业困难人员再就业2213人；新增农村劳动力转移1.39万人。年末城镇登记失业率控制在2.8%以内。新建劳务协作基地6个，帮助企业到外地招工2000多人。全年为147名自谋职业、自主创业的失业人员发放小额担保贷款1068万元。组织各类职业技能培训班158期、培训1.14万人，核发初、中级资格证书8775份。6572人参加就业再就业培训，1.65万人参加农村劳动力培训。全市有2431家企业与12.75万名职工签订劳动合同，劳动合同签订率99%；有612家建立工会的企业与职工签订集体合同和工资协议，合同、协议签订率97%。企业在岗职工最低工资由每月590元调整到每月670元，最低小时工资标准由每小时5.0元调整为每小时5.4元。全市处理劳动争议案件902件，其中案外调解500件、立案受理402件，涉及职工1000多人。处理集体争议案件6件，其中30人以上集体争议案件4件。劳动合同鉴证1200人（各乡镇劳动所鉴证的未统计），鉴证解除劳动关系50人，劳动合同鉴证率90%以上。

全市新增养老保险参保人员6296人，累计9.87万人；征收基金4.22亿元。新增城镇职工基本医疗保险参保人员1.33万人，累计9.54万人，征收基金1.71亿元；城镇居民参加医疗保险人员4.3万人，征收基金731万元。参加失业保险人数6万人，征收失业保险基金1986万元。参加工伤保险人数7万人，征收工伤保险基金893万元。参加生育保险人数4.99万人，征收生育保险基金632万元。全面启动实施新型农村社会养老保险制度，参保总人数21.96万人，其中新增参保人员11.8万人；累计征收农保基金1.6亿元。调整全市企业退休人员养老金标准。（刘春龙）

■科技和教育 培育新标准高新技术企业10家、国家火炬计划重点高新技术企业4家、省以上高新技术产品71个，25个项目列入省重点技术创新计划。获批省以上科技项目65个，其中国家创新基金项目5个、国家火炬计划项目13个，获无偿资金2554万元。举办“百家企业进高校”活动，签订产学研合作协议34项。市科技创业中心孵化面积9万平方米，入驻企业42家，江苏国际技术转移中心在高邮经济开发区设立分中心。全年申请专利1200件，获专利授权523件。设立4000万元的人才基金，引进高层次领军人才11人、产业发展急需专业技术人才112人，申报13个企业博士创新项目。全社会研发投入占地区生产总值的1.5%，比上年提高0.38个百分点。江苏绿科生物技术有限公司分别建成江苏省企业院士工作站、研究生工作站，龙腾照明集团有限公司建成江苏省研究生工作站。

区域教育现代化建设步伐加快，市第二中学创成省三星级高中，市职教中心通过省四星级职中验收。建成青少年活动中心。加强素质教育，初中毕业生升学率97.49%，高中阶段毛入学率稳定在98%以上，高考录取率85.2%。（刘春龙）

■文化、卫生和体育 公共文化服务体系、文化市场体系建设取得新进展。文化信息资源共享工程基层点实现全覆盖，组织各类文化惠民活动3546场。新增“神居山的传说”等3个扬州市级非物质文化遗产项目。新增市级以上文保单位85处。修缮宋城墙、王氏纪念馆和文游台。全年新增有线电视用户8015户，城区有线数字电视整体转换2万户。

推进医疗卫生体制改革，落实基本公共卫生服务。新型农村合作医疗参合率100%，人均筹资标准提高到每年150元，工作模式在全国推广。实施医疗救助2406人次，支出救助资金556.2万元。全面完成社区卫生服务体系建设。省人口协调发展先进市创建工作通过验收，计生世代服务体系实现全覆盖。

举办全民健身体育节，完成市体育场田径场改造，创成省体育强市。（刘春龙）

■城乡建设和环境保护 实施第十轮城建十大工程。投资1.8亿元，建成城市东入口、文游广场和大小淖河等水系综合整治项目。通湖大桥竣工通车。完成养丰闸、钱家巷等15条街巷整治。开工建设朱家垃圾填埋场扩容工程。建设北澄子河风光带、新河两岸绿化带，新增城市绿地50万平方米。加强规划管理，拆除违法建设2.3万平方米。创成省级园林城市。

全年房地产施工面积127.33万平方米，其中住宅施工面积110.09万平方米。全年市区新建商品房合同成交6780套、面积77.58万平方米，分别增长20.4%、17%。市区商品房合同成交平均价3641.4元/平方米，其中新建商品住宅合同成交平均价3569.6元/平方米、商业营业用房合同成交平均价4330.6元/平方米。

加强国家生态市创建工作。投资1300多万元，新建横泾、汉留等10

个乡镇生活污水处理设施，建成压缩式垃圾中转站15个，乡镇垃圾中转站实现全覆盖。高邮镇等8个镇创建国家级生态乡镇工作通过省级验收。湖西污水处理厂主体工程竣工；市海潮污水处理厂第二期工程投入运营，日处理污水能力增至5万吨。全面推进秸秆禁烧、还田和综合利用工作，创成省秸秆还田示范市。全年空气质量良好天数占比98.9%，全市环境质量综合指数86.9。（刘春龙）

■公安和法制 全年发生刑事案件2905起，破获1322起；受理治安案件5552起，查处5552起；发生交通事故56起、火灾事故27起，分别下降1.3%、3.6%。

市人民法院全年受理各类案件4790件，其中刑事案件307件、民商事案件3326件、行政诉讼案件20件、执行案件1113件。审执结4674件，其中刑事案件审结304件、民商事案件审结3225件、行政诉讼案件审结20件、执行案件执结1101件。审执标的额7.6亿元。

市检察院立案查处贪污贿赂案件12件、渎职侵权案件1件，挽回经济损失200余万元；批准逮捕323人，提起公诉421人。对未成年人犯罪、过失犯罪以及因民事纠纷引发的轻微刑事犯罪先后作出不逮捕决定93人，作出相对不起诉决定3人；全年追捕8人，追诉7人。全年派员出庭支持公诉247次，其中检察长出庭3次；依法对17件不服法院民事判决或行政裁定申诉案件进行立案审查。先后对看守所进所735人、出所698人实施法律监督，杜绝超期羁押现象；依法审查市看守所提请减刑、假释的27件案件和5名罪犯留所服刑事项。

全年受理法律援助案件722件，接待来访、来电、网上咨询2950件。评选出“首席调解员”34人，在各村（社区）建立司法站330个。市、乡两级调处服务中心全年受理矛盾纠纷2473件，调处成功率98.9%。全市有社区矫正对象460人，衔接率100%；帮教安置对象926人，安置率98%。全年办理公证4459件，其中涉外公证284件。律师、法律工作者走访企业875家，为企业答疑会诊1097次，完善、规范经济合同156份，为企业避免和挽回经济损失4000多万元。（刘春龙）

■人口和社会生活 年末全市总户数26.7万户，户籍人口82.08万，比上年增加0.07万。出生4752人，出生率5.79‰，比上年提高0.71个千分点。死亡6856人，死亡率8.36‰，比上年减少0.17个千分点，人口自然增长率-2.56‰，比上年上升0.89个千分点。年末常住人口74.47万，比上年减少0.53万。年末城市化水平45.8%，比上年提高1.5个百分点。

年末全市城镇集体以上单位在岗职工4.75万人，比上年末减少0.3万人；在岗职工平均工资33532元，增长20%。城镇居民人均可支配收入17073元，增长13.6%；人均生活消费支出12152元，增长16.6%。农民人均纯收入8825元，增长14.3%；人均生活消费支出6336元，增长18.9%。全年居民消费价格指数103.2%，涨幅比上年回落0.8个百分点。其中食品类价格上涨8.8%。城镇居民人均住房建筑面积33.9平方米，农村居民人均钢筋、砖混结构住房面积40.5平方米，比上年分别增加1.1平方米和0.4平方米。

城乡低保实现应保尽保，保障标准分别提高到每人每月320元和210元；农村“五保”集中供养率80.1%，供养标准提高到每人每年3500元；向1313名90岁以上老人按月发放“尊老金”，向970名无固定收入重残人员发放生活救助金，向695名一级重残人员发放护理补贴，累计发放3930.6万元。实施基本生活品物价上涨补贴，累计向城乡低保、“五保”对象发放补贴354.6万元；投入5180万元，解决破产关闭困难企业退休职工医疗保险问题和农具厂退休老职工、乡镇农技服务人员养老问题。建成廉租住房60套，建设惠民花园、利民花苑等保障性住房728套。归集住房公积金1.47亿元，发放公积金贷款1.46亿元。（刘春龙）

■两项目入选国家高技术产业化示范工程 6月9日，江苏高邮鸭集团报送的“高邮鸭良种繁育高技术产业化示范工程”被国家发展和改革委员会评为“生物领域国家高技术产业化示范工程”。11月21日，扬州宏远电子有限公司报送的“高压电极箔产业化项目”被国家发展和改革委员会评为“新材料领域国家高技术产业化示范工程”。（刘春龙）

■4件作品在首届中国农民艺术节获奖 6月18日，在由农业部、文化部和中国文学艺术联合会联合主办的首届中国农民艺术节上，高邮民歌《我的家乡在高邮》、临泽高跷分别获精萃奖、优秀节目奖，杨达生的“薄胎瓷刻”、李峥嵘的“蛋雕”作品获优秀作品奖，高邮市文化局获评最佳组织奖。（刘春龙）

■界首陈华记茶干入选“中华老字号” 8月，界首陈华记茶干食品厂入选“中华老字号”。界首陈华记茶干食品厂创建于1783年。该厂生产的茶干呈扁圆形，似银元大小，色泽酱红，肉质细嫩，清代乾隆年间被列为皇室贡品。2010年，界首陈华记茶干食品厂生产茶干400万块。

（刘春龙）

江都市

■概述 江都市下辖13个镇，有263个行政村、65个居民委员会，总面积1330平方千米，总人口106.65万。

2010年，全市实现地区生产总值488.88亿元，比上年增长21.59%；财政收入63.37亿元，其中一般预算收入26.85亿元，分别增长26.5%、38.5%；全社会固定资产投资300.01亿元，增长26.8%；城镇居民人均可支配收入19869元、农民人均纯收入10111元，分别增长12.8%、14.1%。第十次入选全国县域经济基本竞争力百强县（市），可持续发展能力列全省县级市第九位，被确定为全省首批10家创新型试点城市之一。

（张 晋 周海明）

2010年江都市经济社会发展主要指标一览表

项　目	单　位	数　量	比上年增长(%)
地区生产总值	亿元	488.88	21.59
第一产业增加值	亿元	36.72	12.53
第二产业增加值	亿元	275.86	16.5
#工业增加值	亿元	236.34	17.1
第三产业增加值	亿元	176.30	24.67
农业总产值	亿元	63.8	11.8
粮食总产量	万吨	59.93	0.9
全社会固定资产投资总额	亿元	300.01	26.8
外贸自营出口总额	亿美元	7.35	37.7
实际利用外资	亿美元	2.66	178.6
社会消费品零售总额	亿元	146.23	19.47
财政总收入	亿元	63.37	26.5
财政一般预算收入	亿元	26.85	38.5
职工年平均工资	元	34494	18.6
农民人均纯收入	元	10111	14.1
邮电业务总量	亿元	7.82	5.8
年末存款余额	亿元	487.46	15.7
年末贷款余额	亿元	248.06	24.1

（张　晋）

农业　全年粮食种植面积9.47万公顷，总产量59.93万吨。新增高效农业面积4647公顷，总面积3.86万公顷，其中花木、蔬菜面积各1.4万公顷。新增设施农业面积1340公顷，总面积9613公顷。农业产业化经营进程加快，185家农副产品加工企业中，有扬州市级以上农业龙头企业14家（其中省级3家）。利用民资14.5亿元、外资4200万美元。无公害农产品、绿色农产品和有机农产品总数253个。引进农业新品种40个、新技术20项。全市新增农村“三大合作”组织120个。其中，土地股份合作社30个，入股土地面积3200公顷；农民专业合作社40个，入社农户数2.11万户；社区股份合作社50个，量化集体资产1.2亿元。专业合作社、土地股份合作社、社区股份合作社工商登记率分别为95.5%、68%、41%。完善农村基础设施，实施沿运灌区节水改造五期工程，完成老通扬运河整治和文明河治理，南水北调截污导流工程全面竣工并投入运行，启动实施第三轮农村河道疏浚工程。新建农村公路48.82千米，改造农村道路桥梁9座。新增绿化造林面积2700公顷，新创成扬州市新农村示范村6个。加大农业综合开发力度，争取农业综合开发项目5个，总投资348.65万元。新增各类高新农机具4859台，水稻机械化种植水平85%，夏秋两季秸秆机械化还田率分别为92%、86%，实现农机跨区作业收入2.03亿元。

（张　晋　卢学锋）

工业　2010年，江都市出台工业经济转型升级与推进发展优惠政策意见，专项推进特钢、船舶、汽车、机电、化工等主导产业和智能电网等新兴产业。全年实施1亿元以上项目105个，其中新开工10亿元以上项目4个、20亿元以上项目1个。规模以上工业实现产值1460亿元，增长32%。全市有产值过1亿元企业318家、纳税1000万元以上企业23家。扬州石化公司、中海造船公司、再生资源公司等7家企业利税均突破1亿元。江苏长青农化公司上市。扬州诚德钢管集团公司入选中国民营企业500强，江苏英泰集团、江苏恒远集团入围全省百家优秀民营企业。

（张　晋　杨正军）

建筑业　2010年，江都市完成总

江都市沿江开发蒸蒸日上　　江都／供稿

产值470.7亿元，增长15.91%,其中境外营业额70多亿元;在手施工面积3469万平方米,竣工面积1670万平方米,分别增长12.01%、29.96%。全市有建筑业在册从业人员17.4万人,增长12.2%;有施工产值超5亿元企业13家，其中江都建设工程有限公司产值180亿元。全年创市级以上优质工程118项。江都建设工程有限公司入选中国民营企业500强，列161位。（张 晋 闵家新）

■**服务业** 2010年，江都市制定服务业发展推进奖励办法等政策文件，出台服务业引导资金使用和奖励办法。全市实现服务业增加值176.3亿元，按可比价计算，比上年增长24.67%,占地区生产总值的36.06%。有服务业从业人员21万人，比上年增长6%,占全社会从业人员的36%。服务业完成税收12.08亿元,比上年增长48.5%，占全市税收总额的29.7%。服务业地税收入占一般预算收入的30.7%,比上年提高2.5个百分点。全年实现服务业固定资产投资72.6亿元,比上年增长47%,高于全社会固定资产投资增速20个百分点，其中投资1000万元以上项目75个。乐天玛特购物中心建成开业,汽车城一期工程开工，心怡五星级酒店封顶,海昌、中远、海螺码头等项目顺利推进。提升科技服务质态,新建省级以上工程技术中心11个、院士工作站和博士工作站5个,扬州(江都)软件园获省科技厅批准设立，惠普软件项目落户沿江开发区。全年接待游客205万人次,实现旅游业收入2亿元。全年新增分离企业34家,累计分离企业61家，实现地方税收1300万元。（张 晋 吴争春）

■**国内贸易** 2010年，全市累计实现社会消费品零售总额146.2亿元,比上年增长19.47%。全市批发和零售业实现零售额131.3亿元,比上年增长19.4%;住宿和餐饮业实现零售额13.7亿元,增长22%。热点商品销售势头不减，刚性需求旺盛。2010年,汽车类零售额6.18亿元,比上年增长22.7%;石油及制品类零售额8亿元,比上年增长29.8%;化妆品类零售额0.47亿元，比上年增长45.3%;家用电器和音像器材类零售额3.76亿元,比上年增长11.6%。

推进“万村千乡市场工程”、“家电下乡”和家电以旧换新。全年新建农家店130家,农家店覆盖全市90%以上镇、村。全市“家电下乡”与家电以旧换新销售总额分别为1.5亿元和2.1亿元。（胡 岩）

■**对外经贸** 举办中国江都第八届花卉节,签约项目60个。其中,外资项目20个,计划总投资2.58亿美元;民资项目40个，计划总投资62.48亿元。全年合同利用外资7.99亿美元,实际利用外资2.66亿美元，增长19.51%。实现自营进出口8.43亿美元,其中进口1.08亿美元、出口7.35亿美元,分别增长13.1%、37.7%。新签外经合同额8130万美元，实现外经营业额8006万美元。（张 晋 徐苏勇）

■**交通、邮政和供电** 实施7个重点交通项目和一批政府实事项目,完成总投资22.6亿元。江海高速全面建成通车,累计完成投资14亿元;江六高速工程主线让地全部到位,完成投资3亿元;宁启铁路复线电气化改造工程完成投资7.55亿元；苏中江都机场完成航站楼地下工程,完成投资6亿元;新淮江公路北延工程先导段建成通车。新(改)建农村公路32条48.82千米，改造农路桥梁9座;投入1390万元养护农村公路。邮政业务实现收入9111万元,增长11.07%。电信业务实现收入6.88亿元，增长6.49%。固定电话普及率79.2%，发展宽带用户1.36万户。4座变电所投运；完成全社会用电量24.4亿千瓦时,增长21.2%。（张 晋 杨正军 卢学锋）

■**财税和金融** 全年实现财政收入63.37亿元，其中一般预算收入26.85亿元，分别增长26.5%、38.5%。组织银企对接和专题信贷推介。新建3家农村小额贷款公司。吉银村镇银行开业运营。建成省级金融生态达标市。年末城乡居民储蓄存款余额313.56亿元，比上年增长12.8%；全市年末贷款余额248.06亿元,增长23.9%。保险业务实现保费收入15.19亿元,增长21%。拓宽融资渠道,长青农化成功上市。（张 晋 谢 东）

■**经济管理** 加大市场监管力度,查处各类价格违法、制假售劣等案件250多件。创成中国驰名商标1件、省名牌产品30个、省著名商标5件。国家级优质皮鞋生产示范区通过验收。完成本级财政预算执行、领导干部任期经济责任、行政事业、固定资产投资等50多个审计项目。全面开展第六次人口普查。（张 晋 谢 东）

■**城乡建设和环境保护** 全年实施城市绿化工程39项，新增绿化面积20万平方米，国家园林城市创建工作通过省级评估。推进以村庄、道路、河道、绿化为主的“四位一体”农村环境综合整治,探索长效管护机制。疏浚河道51条、河塘725条(口),新增绿化造林面积2700公顷，新增无害化卫生户厕2.3万座,农村实现垃圾集中收集处理。秸秆禁烧和综合利用取得成效,获评省农作物秸秆综合利用示范市。13个镇全部建成国家生态镇,国家生态市创建工作通过省级考核。（张 晋 杨正军 闵家新）

■**科学技术** 推进政产学研合作,与清华大学、华中科技大学、华北电力大学等合作共建产学研基地。组织企业与高校、科研院所专题对接,实施合作项目56个。新增国家高新技术企业19家，实施省级以上科技计划项目21个，高新产业产值占规模以上工业产值的31%。全社会研发投入占地区生产总值的2%。新建省级以上工程技术中心11个、院士工作站和博士后工作站5个,获批省高层次创新创业人才5人。申请专利1900件。建成全国专业标准化技术委员会分技术委员会1个、省循环经济标准化试点项目1个。省级可持续发展实验区获授牌,扬州(江都)软件园获省

科技厅批准。（张 晋 李 刚）

■**文化和体育** 扬剧艺术中心配套设施基本完工。建成文化资源信息共享基层服务点13个。吴桥镇成立全国首家镇级文化网站。市室内游泳馆和全民健身中心投入使用，“扬州毛笔制作技艺”入选国家非物质文化遗产名录。数字电视开通互动点播和高清电视频道，新增数字电视用户10万户、有线电视用户5280户。

（张 晋 陈 斌）

■**教育和卫生** 调整教育布局，撤并8所小学、3所初中和市第一中学高中部，取缔25家无证幼儿园，成立甘棠高级中学。推进校舍安全工程，职教集团二期工程竣工，北城区小学、郭村镇新镇区初中启动建设。新创8所省优质幼儿园、1个省示范社区教育中心、1个社区培训学院。获评省规范教育收费示范市，教育现代化创建工作通过省评估验收。完善公共卫生服务体系，市脑科医院综合楼建成使用，计生妇幼保健院和滨江人民医院开工建设，完成小纪、邵伯等5个中心卫生院改(扩)建工程，272个村卫生机构达到省标准化要求，社区卫生服务镇村一体化管理率50%以上。健全新型农村合作医疗，人均筹资标准提高到150元，参合率100%，平均住院报销补偿45%以上。完善公共卫生应急机制，有效控制禽流感、手足口病等疫情。加强食品、药品监管，强化源头防范，保障群众饮食用药安全。巩固计划生育“世代服务”建设成果，健全利益导向机制，向2060人发放奖扶、特扶资金820万元，计划生育率98.8%。

（张 晋 陈 斌）

■**劳动和社会保障** 落实就业、再就业政策，全年提供就业岗位3万个，9000多人实现就业，城镇登记失业率2.9%。全年新增转移农村劳动力8000人。扩大社保覆盖面，新增养老保险参保人数2.1万人、医疗保险参保人数6万人、工伤保险参保人数1.8万人、生育保险参保人数0.4万人。养老保险基金积存12亿元，备付能力33个月，有26万人参加新农保，全年发放基础养老金824万元。

（张 晋 谢 东）

■**民营经济** 全市完成民间资本总投入321亿元，增长30%；新发展私营企业2920家，新增注册资金146亿元，增长30.1%。新注册资金1000万元以上企业135家，增长58.7%；累计新开工5000万元以上项目107个，其中1亿元以上项目47个。全市有销售额超1亿元民营企业280多家，12家民营企业获评省创新型企业。民营经济占全市地区生产总值的75.1%，占税收总额的73.4%。

（张 晋 杨正军）

■**法制** “五五”普法工作通过省级验收。加强法律援助工作，司法机关受理各类法律援助案件800件。江都市获评全国法治县(市、区)创建工作先进单位。建立15个社区矫正帮教安置基地，安置率100%、帮教率100%，重新犯罪率低于2%。各级调解组织开展纠纷排查4372次，防止非正常死亡事件33件，防止民转刑案件36件。调解各类纠纷4059件，调解成功3804件，调处成功率93.7%。全市法律服务人员为1015家单位或个人担任常年法律顾问，全年办理各类案件1531件，避免经济损失2.94亿元。办理各类公证业务8000件。（张 晋 吴争春）

■**舜天路拓宽改造工程** 1月2日，舜天路拓宽改造工程开工建设；4月10日，工程竣工通车。舜天路拓宽改造工程东起黄海南路，西至建都路芒稻河大桥并与扬州文昌东路连接，全长4.5千米，总投资1.44亿元，按照双向六车道建设，道路红线宽度53米，路面结构为沥青。整治沿路环境，以通透式围墙取代原有的实体围墙，新增绿化面积4万平方米。

（江 渡）

■**长青股份在深圳证券交易所上市**
参见第216页

■**中国江都第八届花卉节** 4月17日～5月16日，举办中国江都第八届花卉节。其间，举办节庆综合、经济建设、创新发展、龙川文化、特色花卉等五大板块26项活动。4月17日的开幕式上，现场签约工业、农业、三产类项目60个。其中，外资项目20个，计划总投资2.58亿美元；民资项目40个，计划总投资62.48亿元。（江 渡）

■**全国喷射设备标准化技术委员会喷嘴分技术委员会在江都成立** 7月31日，全国喷射设备标准化技术委员会喷嘴分技术委员会在江都市成立，是江都市首个国家级标准化分技术委员会。江都市拥有喷嘴类机械制造企业20多家，龙头企业江苏博际喷雾系统有限公司专业从事喷嘴产品的研发、制造和营销，拥有30多项自主知识产权，产品规格上万种，国内市场占有率50%以上(冶金行业市场占有率75%左右)，产品出口美国、英国等10多个国家和地区。

（江 渡）

■**扬州(江都)软件产业园晋级省级软件园** 12月，扬州(江都)软件产业园获批成为省级软件园。至年底，美国惠普公司、香港易宝公司等10多家软件企业签约落户，软件园有软件开发人员300人。配套建设3万平方米研发大厦、10万平方米人才公寓，可满足2000多人工作、生活需求。（江 渡）

■**南水北调东线江都市截污导流工程通过竣工验收** 12月28日，南水北调东线江都市截污导流工程通过竣工验收。工程于2007年12月10日开工，累计完成投资8125万元，铺设管道23.72千米，新建提升泵站1座、穿河倒虹吸工程22座，实施穿路顶管工程6座，工程日排水规模4万吨。工程主要利用提升泵站和压力管道将江都污水处理厂达标排放的尾水调出，以改善南水北调输水干河三阳河段的水质和沿线水环境，是列入南水北调东线一期工程的25个截污导流项目中第一个全面建成、第一个落实管理单位、第一个正式投入运行的项目。（江 渡）

人物

Renwu

本栏责任编辑 戴淑敏

新任领导

王燕文 女，1960年4月出生，山东莱芜人，省委党校研究生学历，1980年5月加入中国共产党，1977年3月参加工作。

1977年3月参军，任兰州军区某师医院卫生员；1979年5月任南京军区某师医院文书；1981年5月任电子工业部南京1431所党委秘书；1983年9月入南京市委党校理论班学习；1985年7月任电子工业部南京55所党办秘书、团委书记；1991年9月任共青团南京市委副书记（其间，1992年12月～1995年3月参加南京大学国际商学院政治经济学专业研究生课程进修班学习）；1996年4月任共青团南京市委书记、党组书记（其间，1996年8月～1999年7月参加江苏省委党校经济管理专业在职大学学习）；1998年12月任溧水县委副书记、代县长、县长；2000年12月任溧水县委书记、县长；2001年5月任溧水县委书记；2001年11月任南京市委常委、宣传部部长、溧水县委书记；2001年12月任南京市委常委、宣传部部长（其间，2002年9月～2004年1月参加江苏省委党校政治经济学专业在职研究生学习）；2004年7月任扬州市委副书记、代市长；2005年1月任扬州市委副书记、市长；2009年8月任扬州市委书记；2010年1月，在扬州市六届人大三次会议上当选扬州市人大常委会主任。

（孙爱东）

谢正义 男，1968年8月出生，江苏泰兴人，研究生学历，硕士学位，高级工程师，1990年12月加入中国共产党，1992年7月参加工作。

1987年9月入中国矿业大学社科系思想政治教育专业、自动化系计算机科学与应用专业学习；1992年7月任徐州矿务局夹河煤矿采煤二区采煤工；1993年7月任徐州矿务局党政办公室秘书科秘书；1996年9月任徐州矿务局党政办公室秘书科正科级秘书；1996年11月任徐州矿务局通讯计算机处副处长（其间，1996年9月～1999年6月参加中国矿业大学管理科学与工程专业硕士研究生班学习）；2000年1月任徐州矿务集团有限公司通讯计算机处处长（2000年8月获高级工程师职称）；2000年10月任江苏省信息产业厅副厅长、党组成员（其间，2003年9～12月参加江苏省高级管理人才经济研究班赴美国培训）；2006年1月任江苏省信息产业厅厅长、党组书记（其间，2009年4～8月参加江苏省中青年高级管理人才海外研修班赴美国学习）；2009年8月任扬州市委副书记、代市长；2010年1月，在扬州市六届人大三次会议上当选扬州市市长。（孙爱东）

丁 纯 男，1970年10月出生，江苏江阴人，研究生学历，硕士学位，高级工程师，1991年6月加入中国共产党，1995年4月参加工作。

1988年9月入东南大学电气工程系电气技术专业学习；1992年9月入电力自动化研究院电力系统及其自动化专业硕士研究生学习；1995年4月起先后担任电力自动化研究院系统所助理工程师、工程师；1998年12月任电力自动化研究院稳定技术研究所负责人；1999年8月任电力自动化研究院稳定技术研究所副所长、南京南瑞集团公司稳定技术分公司副总经理；2000年12月任电力自动化研究院稳定技术研究所所长、南京南瑞集团公司稳定技术分公司总经理（2002年12月获高级工程师职称）；2003年4月任共青团江苏省委副书记、党组成员（其间，2009年4月～2010年3月参加江苏省中青年高级管理人才海外研修班赴美国学习，获马里兰大学公共管理硕士学位）；2010年10月任中共扬州市委常委、组织部部长；2010年11月兼任扬州市总工会主席。（孙爱东）

先进模范

全国劳动模范

■程晓曦 男，1960年12月出生，江苏扬州人，中共党员，研究生学历，江苏扬农化工集团有限公司董事长、总经理、党委书记，高级工程师。他坚持“重义守信，创新求精”的经营理念，准确把握国家政策导向和产业发展趋势，应对资源结构和经济环境变化，加强自主创新，加快技术进步和产品结构调优升级，发展循环经济，促进可持续发展。坚持以人为本，强化人才集聚，增强企业核心竞争力，为推进企业二次创业，实现“走出运河，融入沿江，跨越发展”的战略转移作出重大贡献。2009年，公司实现销售收入41.3亿元、利润2.9亿元。2007年获江苏省五一劳动奖章。2010年获评全国劳动模范。（蔡安安）

■时庆梅 女，1969年6月出生，江苏扬州人，中共党员，高中学历，扬州玉器厂玉雕工，技师。她立足岗位，刻苦钻研，熟练掌握操作技能，善于在传统玉雕制作中求新求变，“白菜”品种制作技艺处于全国领先地位，创作的“玉白菜”被誉为“白菜王”。她琢制的产品为企业创造直接经济效益2000万元，2003年完工的翡翠《螳螂白菜》博得“亿元白菜”的美名，得到多位党和国家领导人的高度评价。在“师带徒”过程中，她毫无保留地向后辈传授技艺和经验，为企业培养优秀后备技术力量。2006年获评江苏省劳动模范。2010年获评全国劳动模范。（蔡安安）

■张　彤 男，1972年12月出生，江苏扬州人，中共党员，中技学历，江苏省扬州汽车运输集团公司驾驶员，技师。他从事驾驶工作18年，安全行车167万千米；3年节约燃油1.28万升，降低运输成本7.6万元；尽心尽力服务旅客，总结出发车前、迎客时、行驶中、到达后“四段式工作法”；自学全面质量管理知识，《承包车改公营车，规范管理出效果》、《提高班车正点到达率》、《提高旅客途中满意率》等质量管理成果获国家级优秀成果奖；他所在班组连续多年获评全国优秀质量管理小组，2009年获评全国用户满意服务明星班组。2006年获评江苏省劳动模范。2010年获评全国劳动模范。（蔡安安）

■华　伟 男，1971年11月出生，江苏兴化人，中共党员，硕士研究生学历，江苏油田物探技术研究院副主任工程师，高级工程师。他长期从事石油勘探解释综合研究，先后负责和参与苏北盆地高邮地区、徐闻地区、二连盆地以及中石化阿尔及利亚等探区的勘探研究，在复杂构造解剖、综合地质评价和隐蔽油藏勘探研究等方面具有丰富经验，为永安、陈堡、瓦庄、花庄、方巷等油田的发现作出重要贡献。2007～2009年，连续3年获江苏油田勘探开发重大成果一、二等奖。2007年获评江苏油田劳动模范，2008年获评中国石油化工集团公司劳动模范，2009年获评国务院国资委中央企业劳动模范。2010年获评全国劳动模范。（蔡安安）

■陈洪顺 男，1949年7月出生，江苏江都人，中共党员，初中学历，江都市丁伙镇农民，园艺师。上世纪70年代起，他在自家责任田里种植花木。经过多年努力，花木种植面积发展到1400公顷，有固定资产1000多万元，年销售额3000多万元。在他带动下，富桥村成为丁伙镇有名的花木专业村。陈洪顺在发家致富的同时，关心群众和集体事业。他捐资70万元建设村组道路，资助困难群众10多万元，赞助敬老院、学校3万多元。2006年获评江苏省劳动模范。2010年获评全国劳动模范。（蔡安安）

■吴　杰 男，1969年7月出生，江苏扬州人，中共党员，大学学历，扬州市公安局交巡警支队一大队副大队长。他立足交通管理岗位，数年如一日，全心全意为群众服务；自创“早准备、多上岗、频率快、连成网”工作法，查纠违章文明公正，指挥动作精干有力，疏导交通自然得体。他年均加班1200多小时，累计查处交通违法行为1.8万多次，无一次投诉，先后获评扬州市优秀共产党员、扬州市十佳政法干警、全国优秀人民警察、扬州市劳动模范、江苏省先进工作者。他所在的岗获评扬州市“党员示范岗”、“五一文明示范岗”。2006年获评江苏省劳动模范。2010年获评全国劳动模范。（蔡安安）

■李政成 男，1969年3月出生，江苏扬州人，农工民主党党员，大专学历，扬州市扬剧团团长，国家一级演员。他先后主演《史可法》、《野猪林》、《真假二十四小时》、《县长与老板》等20多台扬剧，

获江苏省戏剧节优秀表演奖，第31届世界戏剧节“创新剧目奖”，第11届中国戏剧节优秀剧目奖、优秀表演奖，第21届中国戏剧梅花奖，法国巴黎中国戏曲节塞纳大奖，文华表演奖。2004年获评扬州市有突出贡献中青年专家，2005年获评江苏省德艺双馨文艺工作者，2006年获评江苏省劳动模范，2007年获批江苏省“333高层次人才培养工程”中青年科学技术带头人。2010年获评全国劳动模范，获批江苏省有突出贡献中青年专家。（蔡安安　洪　齐）

■陈巧云　女，1965年7月出生，江苏江都人，中共党员，大学学历，江都市民政局双拥办公室副主任。22年前，她顶着压力与一级残疾军人闫绍田组建家庭。她克服常人难以想象的艰辛，帮助丈夫重新站立起来并走上工作岗位。作为一名双拥工作者，她把爱情、亲情、友情融汇成爱国拥军之情，情系国防，回报社会。2006年获评人事部、民政部“民政先进工作者”，2007年获评全国“三八红旗手”、获“全国道德模范”提名奖，2008年获评江苏省道德模范。2010年获评全国劳动模范。（蔡安安）

2010年度扬州市享受省部级、市级劳模待遇人员情况一览表

单　　位	姓　名	受表彰情况	表彰单位	享受待遇
扬州汽车运输集团公司扬州汽车站	徐美玲	全国交通运输劳动模范	人力资源和社会保障部、交通运输部	省部级劳模
扬州市交通工程质量监督站	冯建勤	全国交通运输先进工作者	人力资源和社会保障部、交通运输部	省部级劳模
扬州市国家税务局	陆建棋	全国税务先进工作者	人力资源和社会保障部、国家税务总局	省部级劳模
维扬区人民检察院	钱晓宝	全省检察机关先进工作者	江苏省人民检察院、江苏省人力资源和社会保障厅	市级劳模
仪征市人民检察院	梁　勇	全省检察机关先进工作者	江苏省人民检察院、江苏省人力资源和社会保障厅	市级劳模
高邮市人民政府法制办公室	腾志云	全省政府法制、行政复议、相对集中行政处罚权工作先进工作者	江苏省人力资源和社会保障厅、江苏省人民政府法制办公室	市级劳模
扬州市残疾人联合会	龚　智	全省自强模范和全省残联系统先进工作者	江苏省人力资源和社会保障厅、江苏省残疾人联合会	市级劳模
仪征市残疾人联合会	高翠美	全省自强模范和全省残联系统先进工作者	江苏省人力资源和社会保障厅、江苏省残疾人联合会	市级劳模
中共扬州市委党史办公室	奚兆坚	全省党史系统先进工作者	中共江苏省委党史工作办公室、江苏省人力资源和社会保障厅	市级劳模
扬州市蜀冈—瘦西湖风景名胜区管理委员会	张福堂	城市建设和环境提升建设功臣	中共扬州市委	市级劳模
扬州市邗江区委	赵华定	城市建设和环境提升建设功臣	中共扬州市委	市级劳模
扬州市住房保障和房产管理局	魏旦晨	城市建设和环境提升建设功臣	中共扬州市委	市级劳模
扬州市维扬区城北乡党委	徐安朝	城市建设和环境提升建设功臣	中共扬州市委	市级劳模
扬州市规划局	曹晓梅	城市建设和环境提升建设功臣	中共扬州市委	市级劳模
扬州市园林管理局	姚江潮	城市建设和环境提升建设功臣	中共扬州市委	市级劳模
扬州自来水有限责任公司	周　平	城市建设和环境提升建设功臣	中共扬州市委	市级劳模
扬州市照明管理处	王士标	城市建设和环境提升建设功臣	中共扬州市委	市级劳模
扬州市广陵区建设局	郭庆禄	城市建设和环境提升建设功臣	中共扬州市委	市级劳模
扬州市名城建设有限公司	梁玉荣	城市建设和环境提升建设功臣	中共扬州市委	市级劳模

（王　晗）

江苏省五一劳动奖章获得者

■蒋跃芳 女，1970年10月出生，江苏江都人，大专学历，江苏银行股份有限公司扬州分行柜员。她长期从事储蓄出纳工作，爱岗敬业、勤勉尽职，真诚为顾客服务。她苦练业务技能，研究新方法，追求高效率，业务水平保持在扬州分行前列，从未发生业务差错，从未与顾客争执，从未有顾客投诉。她将自己的工作经验、训练技巧传授给新员工，帮助他们提高服务技能。10多年来，她先后12次获省、市及金融行业“业务能手”、“先进工作者” 等称号。2004年获扬州市首届点钞技能大赛第一名、扬州市五一劳动奖章，2007年获评江苏省知识型职工标兵。2010年获江苏省五一劳动奖章。

（凌月明）

■顾明如 男，1975年9月出生，江苏滨海人，大学学历，江苏省水利建设工程有限公司总经理助理，工程师，一级建造师。他先后参加和主持船闸、泵站枢纽、船坞、电厂取水泵房等10多项大中型水利工程施工，发表论文多篇。在淮河入海水道滨海立交地涵工程施工中，引进“振动沉模防渗板墙技术”；在省水利系统工程施工中，引进“液压开槽建造地连墙技术”，首次在水工建筑物中大规模掺加15%粉煤灰，提高工效和质量。他负责的工程获中国水利工程优质奖、江苏省“扬子杯”优质工程奖、中国建筑工程鲁班奖等。在江苏靖江新世纪船坞工程施工中，6个月完成4300万元工作量。他先后获评全国水利行业优秀项目经理、江苏省知识型职工标兵。2010年获江苏省五一劳动奖章。

（凌月明）

■田名富 男，1965年10月出生，江苏邗江人，中共党员，大学学历，扬州鑫汇商业管理有限公司销售经理。他业务能力强，工作认真负责，吃苦耐劳，不计较个人得失。他负责的扬州片销售业务占全公司销售总量的半壁江山，多次名列公司个人销售额榜首。2009年，他个人销售业绩300万元，是其他销售人员的5～6倍。2010年获江苏省五一劳动奖章。

（凌月明）

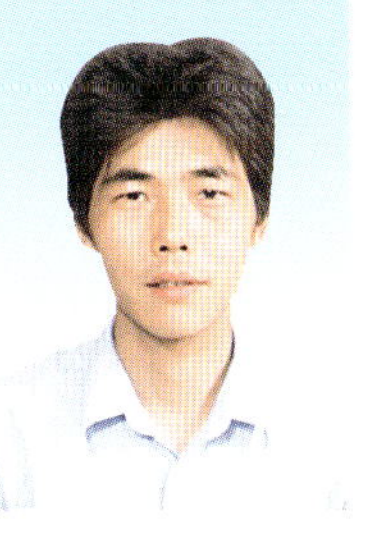

■田小勇 男，1970年7月出生，江苏仪征人，中共党员，高中学历，江苏仪征双环活塞环有限公司工人。他爱岗敬业，勤奋学习，忘我工作，勇于创新。工作中，他严格执行产品加工工艺，加强过程控制。他使用“三把刀”车削代替“两把刀”车削，车锥面效率提高30%；改进倒止口刀具，将一次加工一片改为一次加工两片，效率提高50%。2003～2009年，他连获公司“最佳提案奖”、“热爱公司特别奖”和“质量标兵”等称号。2006年获评扬州市“青年岗位能手”，2007年获扬州市五一劳动奖章。2010年获江苏省五一劳动奖章。

（凌月明）

■胡永全 男，1976年9月出生，江苏扬州人，高中学历，扬州星力机械制造有限公司工人，技术员。他工作认真负责，刻苦钻研技术，很快从学徒工成长为技术过硬、能独当一面的优秀工人、钳工车间班组长。他耐心指导、帮教班组内的年轻人，所在班组成为公司人员最年轻、技术最过硬的班组，生产的J23-16系列压力机质量好、返修率低。他提出的合理化建议多次被公司采纳，为公司节约了成本，多次被公司评为先进个人、优秀班组长。2010年获江苏省五一劳动奖章。

（凌月明）

■杨风雷 男，1961年12月出生，江苏扬州人，中共党员，大专学历，宝应电器厂总工程师，高级工程师。他潜心钻研技术，先后编制6项国家和行业标准，为国产热保护器产品的国际化和走向世界作出重要贡献。他具有强烈的团队精神和务实创新精神，身先士卒，将企业和他人利益放在首位，从不计较个人名利。在他的带领下，企业项目研发小组2007年以来先后开发4个系列军用产品，两年内有10个产品获国家专利。2005年获评宝应县劳动模范。2010年获江苏省五一劳动奖章。

（凌月明）

■陈国宏 男，1963年1月出生，江苏扬州人，中共党员，博士研究生学历，扬州大学动物科学与技术学院院长，教授，博士生导师。他是全国畜牧学科高峰论坛秘书长、全国农业推广硕士专业学位教育指导委员会委员、江苏省畜牧兽医学会副理事长、扬州大学畜牧学博士后流动站负责人，享受国务院政府特殊津贴。他长期致力于动物遗传资源研究，为中国动物资源的评价、保护与利用作出重要贡献。先后主持国家“863”计划、国家自然科学基金、科技部科技成果转化基金等科研项目10余项，在国内外核心刊物发表学术论文100余篇，主编《中国禽类遗传资源》等教材(专著)8部。获部省级科技进步二、三等奖8项。2009年获吴常信院士基金奖，2006年获评江苏

省优秀共产党员,2007年入选江苏省“333高层次人才培养工程”中青年科学技术带头人。2010年获江苏省五一劳动奖章。（凌月明）

■**程　杰**　男,1963年4月出生,江苏南京人,中共党员,大学学历,江苏省华建建设股份有限公司副总经理、总工程师,高级工程师。他2001年担任北京朗琴园项目部项目经理、青年突击队队长,该工程获“北京市文明安全工地”、“北京市结构长城杯”等多项荣誉,青年突击队获评北京市优秀青年突击队。他参与编制的1项工法被建设部批准为2003～2004年度国家级工法。他主抓技术质量两年多时间,公司获中国建筑工程鲁班奖、国家优质工程、全国用户满意工程、全国新技术应用示范工程各1项,省级以上优质工程20余项,获评“全国建筑业科技进步与技术创新先进企业”。他先后获评扬州市有突出贡献的中青年专家、江苏省建筑施工企业优秀项目经理、北京市经济技术创新标兵、江苏省建筑业第二届“十大科技之星”、扬州市优秀共产党员,获扬州市五一劳动奖章。2010年获江苏省五一劳动奖章。（凌月明）

■**蒋世明**　男,1953年9月出生,江苏扬州人,中共党员,研究生学历,江苏大康实业有限公司董事长、总经理、党委书记,高级经济师。他重视企业科技创新工作。公司4年投入技术改造资金3000多万元,先后获批江苏省民营科技企业、江苏省高新技术企业、江苏省技术中心、扬州市聚酯催化剂工程研究中心,2007年通过ISO 9001质量认证,液态醋酸钴锰混合液被认定为江苏省高新技术产品、扬州质量信用产品。2006～2009年,公司实现销售收入近20亿元,利税1.38亿元。2008年获评仪征市劳动模范,2009年获扬州市五一劳动奖章、获扬州市优秀共产党员称号。2010年获江苏省五一劳动奖章。（凌月明）

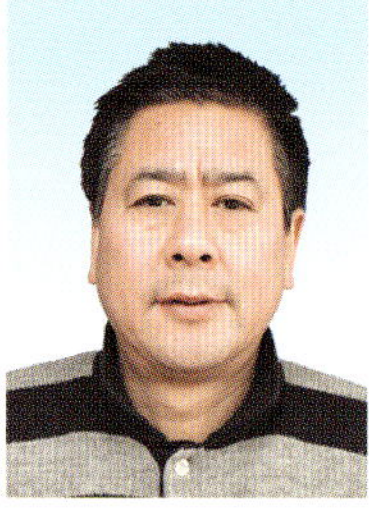

■**顾克荣**　男,1964年9月出生,江苏邗江人,中共党员,大学学历,扬州市邗江区李典镇党委书记。他团结带领一班人,抢抓沿江开发机遇,积极招商引资,推进重大项目建设。大洋造船公司、中铁宝桥公司、环洲材料公司、托尼船业公司、管子中心等龙头企业先后到李典镇发展,总投入70多亿元。2009年,李典镇实现工业产销160亿元,入库税收3.25亿元,获扬州市“争先进位乡镇”第一名和“十强乡镇工业集中区”称号,综合考核列邗江区第一。2010年获江苏省五一劳动奖章。（凌月明）

■**陈小星**　男,1953年8月出生,江苏大丰人,中共党员,原仪征市总工会主席、党组副书记。2009年11月12日,陈小星因病在工作岗位上去世。陈小星是新时期优秀工会干部的杰出代表。在40多年的工作生涯中,他勤勤恳恳,任劳任怨,始终保持顽强拼搏、忘我工作的奉献精神;清正廉洁,克勤克俭,始终保持共产党人的高风亮节;谦和忠厚,胸襟开阔,密切联系群众,关心职工疾苦,深受职工群众的拥护和爱戴。2010年,江苏省总工会追授陈小星江苏省五一劳动奖章。（凌月明）

江苏省五一劳动荣誉奖章获得者

■**吴佩衡**　男,1975年9月出生,台湾省台北市人,硕士研究生学历,峻茂光电(扬州)有限公司总经理。他带领公司员工在金融危机中保持业绩稳步上升,成为扬州LED(发光二极管)产业链中关键而稳定的一环。他注重加强自主创新能力,在稳固显示屏背光源用LED产品市场后,全面介入LED在路灯、室内照明等一般照明领域的应用,开拓新市场,并在扬州市扬子江南路建成LED路灯示范工程。2010年获江苏省五一劳动荣誉奖章。（凌月明）

■**Luciano　Giol(周鲁齐)**　男,1958年4月出生,意大利人,大学学历,玛切嘉利(中国)有限责任公司总经理。2008年3月,玛切嘉利集团与广陵产业园签订投资协议,投资总额4.2亿欧元,注册资本1.43亿欧元,项目占地面积约71公顷,年产约80万吨液压系统缸套等多种高精度钢制品。周鲁齐具有强烈的事业心、责任感和创业精神,有着敢于创新的勇气和胆识。公司起步阶段,他团结带领全体员工锐意进取,内强管理,外拓市场,企业发展取得令人瞩目的成绩。2010年获江苏省五一劳动荣誉奖章。（凌月明）

江苏省有突出贡献中青年专家

■**陈　鹏**　男,1971年9月出生,浙江诸暨人,中共党员,博士研究生学历,南京大学—扬州光电研究院院长,教授。他长期从事半导体材料与器件的前沿创新性研究,主持国际合作项目3个、参加国际合作项目5个,作为第一、第二发明人申请国际发明专利7件(其中

4件获授权），获教育部科技进步三等奖1项。在材料领域国际、国内著名期刊发表论文94篇，其中被《科学引文索引》、《工程索引》、《科学技术会议录索引》收录76篇。近3年，主持“863”计划项目1个，参加“863”计划项目、“973”计划项目、国家自然科学基金重大项目各1个。2008年获批江苏省“333高层次人才培养工程”中青年科学技术带头人。2010年获批江苏省有突出贡献中青年专家。（洪 齐）

■**董宏斌** 男，1966年11月出生，江苏扬州人，中共党员，大学学历，扬州锻压机床集团有限公司总经理，研究员级高级工程师。他一直从事新技术、新产品开发，承担国家科技重大专项计划、省科技成果转化计划等省级以上项目10多个；获省科技进步三等奖3项，市科技进步二等奖3项、三等奖和四等奖各1项。作为主要负责人，近5年开发的多个产品获国家火炬、星火计划项目奖以及国家重点新产品称号；公司获省科技进步二、三等奖各1项，市科技进步二等奖1项、三等奖4项。2000年获江苏省五一劳动奖章，2002年获评扬州市有突出贡献中青年专家，2007年获批江苏省“333高层次人才培养工程”中青年科学技术带头人。2010年获批江苏省有突出贡献中青年专家。（洪 齐）

■**李爱宏** 男，1974年4月出生，江苏泰县(今姜堰)人，中共党员，博士研究生学历，江苏里下河地区农科所研究室副主任，副研究员。他长期从事水稻遗传育种工作，先后参与或主持省级以上科研项目20多个；育成水稻新品种(组合)24个；获国家植物新品种权证书14份，国家科技进步二等奖1项，省科技进步一等奖1项、二等奖2项、三等奖1项，申请国家发明专利3件(获授权1件)。先后获评扬州市有突出贡献中青年专家、江苏省十大青年科技之星，江苏省“333高层次人才培养工程”中青年科学技术带头人。2010年获批江苏省有突出贡献中青年专家。（洪 齐）

■**李政成** 参见第387页

■**束余声** 男，1965年1月出生，江苏仪征人，中共党员，硕士研究生学历，江苏省苏北人民医院副院长，主任医师、副教授。他一直从事胸心外科教科研工作，主持省、市科研课题9项，获市科技进步二等奖2项、三等奖3项，江苏省卫生厅新技术引进二等奖1项，扬州市新技术引进一等奖3项、二等奖2项。获评江苏省医学重点学科建设和人才战略工程重点人才、2004年度扬州市有突出贡献中青年专家。2010年获批江苏省有突出贡献中青年专家。（洪 齐）

■**唐崇健** 男，1965年7月出生，江苏宝应人，中共党员，研究生学历，宝胜科技创新股份有限公司总裁，研究员级高级工程师。他一直从事电线电缆、电气等产品的研究开发和工艺管理、科技进步、质量管理等工作，完成省科技成果转化计划等省级以上项目10个，参与制定国家标准、行业标准20多项，获实用新型专利22件，获部省级科技进步三等奖7项、扬州市科技进步三等奖1项。获评首届江苏省十大杰出专利发明人、2004年度扬州市有突出贡献中青年专家，2007年获批江苏省“333高层次人才培养工程”中青年科学技术带头人。2010年获批江苏省有突出贡献中青年专家。（洪 齐）

■**王如军** 男，1971年3月出生，安徽来安人，中共党员，大学学历，扬州诚德钢管有限公司常务副总经理、总工程师，高级工程师。他从事大口径无缝钢管生产工艺及技术装备研究，主持和参与省重大科技成果转化专项、国家火炬计划等省部级以上科技项目10个，申请发明专利8件，获实用新型专利13件，获中国国际专利与名牌博览会特别金奖、中国技术市场协会金桥奖。主持完成的“高温高压大口径无缝钢管新技术”获江苏省科技进步二等奖、扬州市科技进步一等奖。2008年获批扬州市有突出贡献中青年专家，2009年获批江苏省“333高层次人才培养工程”中青年科学技术带头人。2010年获批江苏省有突出贡献中青年专家。（洪 齐）

■**吴利群** 男，1967年8月出生，安徽黄山人，大学学历，扬州东方吊架有限公司副总经理、总工程师，高级工程师。他一直从事支吊架、电气化铁道零部件等产品研究开发和工艺管理，开发五大类60多个新产品，主持省重大科技成果转化专项等多个省部级项目；获省部级科技进步二等奖1项、三等奖2项，扬州市科技进步特等奖1项；获发明专利1件、实用新型专利4件、外观设计专利1件、软件著作权1项。1998年获批扬州市有突出贡献中青年专家，2007年获批江苏省“333高层次人才培养工程”中青年科学技术带头人。2010年获批江苏省有突出贡献中青年专家。（洪 齐）

新闻人物

扬州市人民政府经济顾问

洪银兴　南京大学党委书记、教授、博士生导师

马蔚华　招商银行执行董事、行长兼首席执行官

石定寰　国务院参事，北京交通大学中国综合交通研究中心主任

何寿川　台湾永丰金融控股股份有限公司董事长

徐旭东　台湾远东企业集团董事长

谭旭光　山东重工集团有限公司董事长、党委书记，潍柴控股集团有限公司董事长、党委书记，潍柴动力股份有限公司董事长兼首席执行官，潍柴重机股份有限公司董事长

李善同（女）　国务院发展研究中心发展战略和区域经济研究部研究员、学术委员会委员，中国发展基金会学术委员会副主任，北京大学光华管理学院教授、博导，清华大学中国发展规划研究中心学术委员会副主任

王益民　国家电网公司智能电网部主任，中国电机工程学会电力系统自动化专业委员会主任委员

李晋闽　中国科学院半导体研究所所长，中国科学院微电子总体专家组成员

梁小雷　太平洋重工集团有限公司董事长兼首席执行官，大洋造船有限公司董事长，春和集团董事长，南通联合重工科技有限公司董事长

汤　姆(Tom Wroe)　美国森萨塔科技有限公司主席兼首席执行官

（孙景亮　陶小军）

2010 年扬州市“城市贵宾”

丁　强　中国兵器装备集团总经理助理、保定天威集团有限公司总经理

马　克(Mark Donegan)　美国 PCC 集团董事长

马蔚华　招商银行执行董事、行长兼首席执行官

王冬明　扬州德豪润达光电有限公司执行董事

王益民　国家电网公司智能电网部主任、中国电机工程学会电力系统自动化专业委员会主任委员

石定寰　国务院参事，北京交通大学中国综合交通研究中心主任、博士生导师

叶安平　江苏兴业投资担保有限公司董事长、仪征市兴业钢材交易市场有限公司董事长

叶垂景　台湾铼德集团执行长

李善同（女）　国务院发展研究中心发展战略和区域经济研究部研究员、学术委员会委员，中国发展基金会学术委员会副主任，北京大学光华管理学院教授、博导，清华大学中国发展规划研究中心学术委员会副主任

陈正达　江苏奔多新材料有限公司董事长

张国荣　香港建滔化工集团董事会主席

宋　林　华润(集团)有限公司董事长

恽相才　江阴市西城钢铁有限公司董事长

洪银兴　南京大学党委书记、教授、博士生导师

洪博培　美国驻中华人民共和国大使

姚树堃　扬州晋皇科技有限公司总经理

顾　斌　江苏太极实业新材料股份有限公司董事长

曹建华　香港怡嘉国际有限公司董事长、江苏波司登制衣有限公司副董事长

谢金明　扬州亿祥投资担保有限公司董事长、扬州闽商置业有限公司监事长

简奉任　台湾璨圆光电股份有限公司董事长、总经理，江苏璨扬光电有限公司执行董事

谭旭光　山东重工集团有限公司董事长、党委书记，潍柴控股集团有限公司董事长、党委书记，潍柴动力股份有限公司董事长兼首席执行官，潍柴重机股份有限公司董事长

魏家福　中国远洋集团公司总裁

（任　武）

2010 年度扬州“十大经济新闻人物”

王俊波　晶澳(扬州)太阳能科技有限公司总经理

李　忠　天威新能源(扬州)有限公司总经理

苏立宏　扬州市润扬畜禽专业合作联社理事长

林明震　川奇光电(扬州)有限公司总经理

周鲁齐(Luciano Giol)　玛切嘉利(中国)有限责任公司总经理

曹宽平　汇银家电董事局主席

郑连元　扬州曙光电缆有限公司董事长兼总经理

陆　琴（女）　陆琴三把刀发展有限公司董事长

梁小雷　大洋造船有限公司董事长

汤　虎　“扬八怪姜糖”创始人

（任　武）

十佳“扬州好人”标兵

■**耿高鹏**　常州机电职业技术学院电气工程系学生。2010 年暑假，耿高鹏回到家乡高邮，帮助照看周边村庄 9 个小学生，并帮他们辅导英语。7 月 8 日，村庄前的灌溉渠周山支渠放水，水流湍急。耿高鹏担心孩子们中午回家时贪玩落水，特意骑着电动车护送 13 岁的王义伟和 10 岁的郁和杰回家。王义伟从田间小路拐弯上灌溉渠大道时，因为车速太快，失控冲进灌溉渠。紧随其后的耿高鹏把电动车扔在一边，不顾自己不会游泳，纵身跳进水里救起王义伟，却献出了自己年仅 21 岁的生命。　（杨晋苏）

■**陈小星**　参见第 390 页

■**王文清**　救助他人是王文清“痴迷的事业”。他为地震灾区捐款，为希

望工程捐款，为艾滋病、白血病患者捐款，为流浪人员、遇到困难的陌生人捐款……扶贫帮困22年，捐助200多人，至少捐出50万元，而他自己一直过着节俭、清贫的生活。12月28日，王文清从江苏高速石油发展有限公司扬州双沟加油站调东台任站长时，几件衣物、40多本义务献血证、数百张汇款收据就是全部行囊。无偿献血是王文清的另一项“痴迷”。10多年累计献血7万多毫升，相当于体内血液的15倍，可挽救70条生命。（杨晋苏）

■管　霞　她父亲中风，母亲患糖尿病，18岁的女儿患病毒性脑炎；她一个月20天时间在外唱戏，每天赶80千米路程，每月收入1200元左右，却要为女儿支付每月1000元的医药费。10月4日晚，管霞在回家的路上捡到一只皮包，包里有2.6万元现金、15万元欠条票据、6张银行卡以及身份证等证件。面对这么多财物，管霞毫不犹豫地向高邮警方报案，并婉言谢绝失主的酬谢。（杨晋苏）

■张梅琴　她刚出生就被生父母送养，14岁时养父半身瘫痪，17岁时养母离家出走。为照顾瘫痪的养父，张梅琴14岁就到村里的鞋厂打工，一天工作近10个小时。在得知自己的身世后，她放弃回到生父母身边，坚持留下照顾养父，承担家庭重任。在南通读大学期间，她每天除了上课就是打工，发传单、做话务员、当服务员，打工挣的钱全部用来给父亲看病。（杨晋苏）

■冯伯来、刘逸蓉夫妇　21年前，曲江邮电支局临时工、20岁的刘逸蓉在投递邮件时，结识了扬州食品公司良种场的门卫谢孝水老人。21年间，冯伯来、刘逸蓉夫妇默默无闻地照顾这位与自己毫无血缘关系的孤寡老人。平时，刘逸蓉常给他洗衣做饭；每到春节，刘逸蓉把他接到自己家中，为老人烧他最爱吃的蹄子汤。在老人生命的最后4个月，夫妇俩轮流到医院守在老人身边，精心伺候，端屎倒尿，为老人擦洗身体；最后，像亲生儿女一样为老人送终。老人在弥留之际立下遗嘱，将4.3万元遗产全部留给他们。冯伯来、刘逸蓉夫妇又将这带着“爱的温度”的4万多元用来资助四川地震灾区孩子和宝应鲁垛镇贫困儿童。（杨晋苏）

■梁隆圣　2002年退休后，梁隆圣开始资助3名学生每人每年1000元。考虑到一个人力量有限，梁隆圣动员自己的孩子和退休教师、社会力量出资助学。他建立校友关爱基金，为学生募集基金20万元，每年利用利息资助学生。他还通过慈善总会，为扬州大学少数民族学生争取助学资金12万元，资助25个少数民族的408名学生。他8年累计募集60万元，资助贫困生数百人。（杨晋苏）

■龚文凤　龚文凤是江都市丁沟镇一名普通环卫女工，每天凌晨打扫集镇卫生，每月收入约600元。7月6日凌晨3点多，她在路上发现一只小黑包，里面有厚厚一叠钞票。经过清点，包里共有1.45万元现金和银行卡、身份证、毕业证书等。她和家人不为巨款所动，拨打“114”查询身份证主人的电话号码，与失主取得联系，最终在派出所民警的见证下将捡到的钱物全部归还失主。（杨晋苏）

■孙云凤　25岁那年，她与军人张永宽订婚。订完婚回到部队的第四天，张永宽在执行现场排哑炮任务时发生意外，双目失明，且失去一只胳膊。就在张永宽最为痛苦的时候，孙云凤走进他的生活，让他过上普通人应有的幸福生活。35年来，他们患难与共，相濡以沫，不弃不离，战胜一切艰难困苦，演绎出一个个感人的真情故事。（杨晋苏）

■陈宏如　毕业于上海第一医学院（现复旦大学医学院）医学系的陈宏如，24岁到只有14万人口的国家重点贫困县延长县，一待就是24个年；36年后，延长县卫生局局长和县医院院长一起到扬州，邀请已退休的陈宏如回延长为百姓看病；42年后，七八个延长农民走进延安市延长县志办，强烈要求把陈宏如写进县志。陈宏如是扬州人，却把最美好的青春奉献给了延安老区，退休后又重返延长坐诊3年，被老区人民尊称为“神医”。（杨晋苏）

逝世人物

■黄　宪　男，浙江大学化学系教授，著名有机化学家、中国科学院（简称中科院）院士，江苏扬州人。1933年12月1日出生于江苏省扬州市，2010年3月6日在杭州逝世，享年78岁。黄宪1951年毕业于江苏省立扬州中学，1958年毕业于南京大学化学系，同年任原杭州大学化学系助教，1981年任副教授，1986年任教授，2003年当选中科院院士。曾任中国化学会理事，国家自然科学基金委员会委员、有机化学学科评审组成员，国家教委高校理科教学指导委员会委员，中科院金属有机化学国家重点实验室、南开大学元素有机化学国家重点实验室和兰州大学功能有机分子国家重点实验室学术委员，中科院有机氟化学开放实验室学术委员，四川省不对称合成与手性技术重点实验室学术委员，《有机化学》和《合成化学》编委。1992年获批享受国务院政府特殊津贴，先后获“全国先进工作者”（全国劳动模范）、“全国优秀教师”等称号。

黄宪是中国有机合成化学的开拓者，长期从事有机合成新反应、新试剂和新方法研究，在国内外重要学术刊物上发表研究论文近400篇，获省部级科技进步奖5项。1983年组织编著出版的《有机合成化学》（2003年出版新编版）成为高等院校及科研人员重要参考书；1992年撰写的中国第一部《有机合成》统编教材获1995年国家教委优秀教材二等奖；“追踪前沿严格要求，提高化学学科博士生质量的探讨和实践”项目获1997年国家级优秀教学成果二等奖。（任　武）

■施履吉　男，细胞生物学家与发育生物学家、中科院资深院士，江苏仪征人。1917年10月26日出生于仪征，2010年12月14日在上海逝世，享年94岁。施履吉1940年毕业于浙江大学，获浙江大学园艺系学士学位。1944年毕业于浙江大学理科研究院，1951年获美国哥伦比亚大学动物系理学博士学位。1955年回国，历任中科院实验生物学研究所、生物物理所、动物所、微生物研究所、遗传所、北京生物学实验中心副研究员、研究员，浙江大学、复旦大学教授等，1980年当选中科院院士(学部委员)。

施履吉主要从事胚胎化学、分子生物学、染色体生物学方面的研究工作。他发现两栖类动物早期胚胎发育中有头尾和背腹两个梯度的存在，结束当时科学家的长时间争论；开展染色质与染色体动态关系和着丝粒结构的研究，是中国转基因动物和生物反应器研究领域的先驱者与奠基者。对创建中国现代生物学实验技术、仪器研制和人才培养等作出了贡献。先后在国内外发表论文40多篇。"哺乳动物个体表达系统的研究"成果获1990年中国科学院科学技术进步一等奖。（任　武）

■**吴英颂**　男，台湾省台北市人，扬州欣欣食品公司原董事长，扬州市台湾同胞投资企业协会创会会长。1990年起，吴英颂先后5次到大陆考察，1991年与当时的扬州食品制造总厂合资成立欣欣食品公司，生产"亲亲"八宝粥，成为改革开放后首批到扬州注册投资的台商之一。1994年，扬州市台湾同胞投资企业协会成立，吴英颂任第一届会长，并连任3届。20年来，他将扬州作为第二故乡，支持和帮助扬州经济建设。2010年9月12日，吴英颂因病在台北逝世，享年70岁。（任　武）

■**郭振华**　男，安徽巢湖人，汉族，1921年2月出生，1944年2月参加革命，1946年10月加入中国共产党，离休前任仪征县供销合作联合社副主任。1983年5月离休，享受副地(局)级待遇。2010年3月逝世。（翁广琪）

■**姜瑞舟**　男，江苏沭阳人，汉族，1916年8月出生，1942年2月参加革命，1947年9月加入中国共产党，离休前任扬州市体育运动委员会副主任。1985年5月离休，享受副地(局)级待遇。2010年3月逝世。（翁广琪）

■**黄云祥**　男，江苏泰兴人，汉族，1914年11月出生，1936年2月参加革命，1938年11月加入中国共产党，离休前任扬州地区行政公署副专员。1983年3月离休，享受副省级医疗和住房待遇。2010年4月逝世。（翁广琪）

■**蔡　俊**　男，江苏江都人，汉族，1921年8月出生，1940年8月参加革命，1941年12月加入中国共产党，离休前任扬州市经济委员会副主任。1983年12月离休，享受副地(局)级待遇。2010年4月逝世。（翁广琪）

■**唐　椿**　男，江苏建湖人，汉族，1929年8月出生，1944年7月加入中国共产党，同年8月参加革命，离休前任扬州市委统战部部长。1989年9月离休，享受副地(局)级待遇。离休后，参与创办扬州江阳学院，任学院董事长、院长。2010年5月逝世。（翁广琪）

■**韦开宽**　男，江苏邗江人，汉族，1915年6月出生，1935年2月参加革命，1938年5月加入中国共产党，离休前任扬州市民政局民政科副科长。1982年8月离休，享受副省级医疗待遇。2010年7月逝世。（翁广琪）

■**杨　风**　男，江苏泰兴人，汉族，1919年9月出生，1943年1月参加革命，同月加入中国共产党，离休前任扬州市人大法律政治委员会副主任。1984年5月离休，享受副地(局)级待遇。2010年8月逝世。（翁广琪）

■**练文根**　男，江苏东台人，汉族，1921年2月出生，1942年5月参加革命，同月加入中国共产党，离休前任扬州市卫生局副局长。1982年12月离休，享受副地(局)级待遇。2010年9月逝世。（翁广琪）

■**刘鹏远**　男，江苏高邮人，汉族，1926年3月出生，1944年7月参加革命，同月加入中国共产党，离休前任高邮县副县长。1987年8月离休，享受副地(局)级待遇。离休后，参与创办高邮县老区经济促进会和扶贫开发协会等。2010年9月逝世。（翁广琪）

纪念人物

■**汪曾祺**(1920～1997)　男，江苏高邮人，当代作家、散文家、戏剧家，京派作家的代表人物。汪曾祺从小受传统文化熏陶，1939年考入西南联大中国文学系，师从沈从文等名家学习写作；历任中学教师、北京市文联干部、《北京文艺》编辑、北京京剧院编辑，在短篇小说创作上颇有成就，被称为"抒情的人道主义者，中国最后一个纯粹的文人，中国最后一个士大夫"。著有小说集《邂逅集》，小说《受戒》、《大淖记事》，散文集《蒲桥集》，大部分作品收录在《汪曾祺全集》中。其作品多写童年、故乡，写记忆里的人和事，在浑朴自然、清淡委婉中表现和谐的意趣。他还写散文、评论和剧本，与他人合作改编、加工的《沙家浜》深受观众喜爱，短篇散文《端午的鸭蛋》入选人教版八年级语文课本。

2010年2月27～28日，江苏省作家协会，高邮市委、市政府等多家单位在高邮举行汪曾祺诞辰90周年纪念活动。（任　武）

附录
Fulu

本栏责任编辑　姚　震

文件选编

关于进一步加强和改善民生工作的意见

扬发〔2010〕1号

为深入贯彻落实科学发展观，让经济社会发展成果更多地普惠于民，不断提高人民群众的生活质量和水平，现就2010年加强和改善民生工作提出如下意见：

2010年全市民生工作的总体思路是：认真贯彻落实党的十七大和十七届三中、四中全会精神，按照省经济工作会议和市委五届八次全会提出的民生工作要求，围绕总体上建成全面小康社会、建设幸福扬州的目标，切实加强和改善民生，进一步扩大就业，完善社会保障体系，加大对低收入群体的帮扶救助力度，推进基本公共服务均等化，改善城乡生产生活环境，不断满足人民群众的物质文化生活需求，促进城乡经济社会快速健康协调发展。

一、实施更加积极的就业政策，努力扩大就业

1.推进城乡劳动者充分就业。积极引导和促进劳动密集型企业、中小企业加快发展，大力发展各种服务业，多渠道扩大就业。继续实施针对特定困难企业的降低部分社会保险费率等减负稳岗政策。全市城镇新增就业4.6万人，其中市区新增2.6万人，建成充分就业社区80个、“就业·创业”示范社区20个，全市城镇登记失业率控制在4%以内。新增农村劳动力转移就业4万人。市本级筹集使用就业再就业资金6000万元以上。重点推进高校毕业生、就业困难人员和农民工就业。积极鼓励高校毕业生到城乡基层、中小企业就业，创造更多的农民工就地就近就业机会。建立困难家庭高校毕业生、城镇“零就业”家庭和农村“零转移”家庭等就业困难群体信息库，实施“一对一”就业帮扶、动态清零。市区新增购买公益性岗位300个，用于促进就业困难人员就业。扩大失业保险基金支出范围，进一步强化失业保险促就业功能，全市失业保险新增参保2万人，其中市区新增1万人。

2.鼓励支持城乡劳动者自主创业。加强创业服务平台建设，依托公共就业服务体系，全市所有街道、乡镇和有条件的村(社区)设立创业指导服务中心，积极扶持高校毕业生等群体创业。建立健全创业项目库，全年推介创业项目200个，新建创业孵化基地15个。强化创业培训，全年培训创业者3600人，培育创业典型25人，扶持1000人自主创业，带动就业6000人。

3.切实加强公共就业服务和职业技能培训。积极开展“就业援助月”、“春风行动”、“高校毕业生就业服务月”和“高校毕业生就业服务周”等公共就业服务专项活动，集中提供针对性强的就业服务。推进公共就业服务机构建设，建成市人力资源市场。积极实施为城乡劳动者和用人单位提供“求职通、招工通”等就业服务的“就业e通”工程，年内覆盖全市80%的行政村。全面提升城乡劳动者技能素质，重点加强对困难企业在职职工、下岗失业人员、农民工以及城乡新成长劳动力的就业技能培训，全年培训城乡劳动者7.6万人，其中就业再就业培训3.6万人，农村劳动力培训4万人，经鉴定后100%取得职业资格证书或专项能力证书。深入实施新技师培养“倍增计划”，全年培养新技师2000人，高级工5500人。

4.落实企业职工工资保障机制。推动企业建立工资集体协商制度，全市劳动合同和集体合同签订率分别达98%、95%以上。完善企业工资指导线制度，落实最低工资标准，在全市建筑行业和年修造船能力20万吨以下的造船企业推行工资保证金制度。依法惩处拖欠工资等侵害职工合法权益的违法行为。

二、不断完善社会保障体系，进一步提高社会保障水平

5.努力完善覆盖城乡的基本养老保障体系。进一步扩大企业职工基本养老保险覆盖面，重点推动商贸流通、餐饮物流、家政服务等行业企业参保，全市城镇企业职工基本养老保险净增缴费3.2万人，参保覆盖率98%以上，市区净增缴费1.7万人。积极推动农民工参加企业职工基本养老保险，全市农民工新增参保缴费1.9万人，其中市区新增1万人。实施养老保险省级统筹后，完善市、区两级核算考核制度。建立健全养老保险关系异地转移接续机制。继续提高企业退休人员养老金发放水平。加快推进新型农村社会养老保险制度，落实参保补助政策，全市参保基本全覆盖。完善被征地农民基本生活保障制度，市区即征即保率达100%。进一步做好农村五保供养工作，按上年度农民人均纯收入的45%调整供养标准。

6.健全人人享有的基本医疗保障制度。全市城镇职工基本医疗保险、城镇居民基本医疗保险参保率达98%以上，其中农民工新增参保1.9万人，大学生参保率保持100%。全市工伤保险新增参保3.2万人，其中农民工新增参保2万人。建立医疗、工伤、生育保险市区统筹，开通省内、市内基本医疗保险异地联网结算，市区实现“统一待遇、统一信息、一卡结算、二级核算”的医保“一卡通”。进一步提高市区城镇基本医疗保险待遇水平，城镇职工、城镇居民基本医疗保险目录范围内人均住院报销比例达80%和60%，建立城镇职工和城镇居民基本医疗保险门诊统筹，实施退休人员补充医疗保险政策。全市新型农村合作医疗参保率稳定在97%以上，人均筹资标准不低于150元，各级财政补助额不低于120元，住院补偿比例比上年提高5个百分点，最高支付限额提高到当地农民年人均纯收入的8倍以上，并实现网络化即看即报。

7.继续提高基本住房保障水平。进一步完善廉租房制度，对市区人均月收入600元及以下、人均住房建筑面积18平方米及以下、具有市区常住户口5年及以上的最低收入住房困难家庭，对其中的低保户、特困户、落私返还房屋腾让户和公房解危腾让户给予实物配租，对其他对象给予租赁补贴。进一步完善经济适用房制度，对市区人均月收入950元及以下、人均住房建筑面积18平方米及以下、具有市区常住户口5年及以上的低收入住房困难家庭给予购买经济适用住房或购房政策性补贴，全年供应经济适用房1000套。努力解决住房保障“夹心层”问题，对市区人均月收入在600～950元之间，且无力购买经济适用房，或申领购房政策性补贴后仍无力购买普通商品房的家庭，给予略低于廉租房租赁补贴标准的租赁补贴。强化住房公积金缴存，加大对中低收入家庭购房支持力度，市区新增公积金缴存职工1.3万人。进一步加大公有住房解危力度，市区公有住房解危6万平方米，其中异地搬迁解危1万平方米。加强农村贫困户危房动态管理，继续实施农村扶贫建房安居工程，对新出现的农村危旧房进行及时改造。

三、加大社会救助力度，保障城乡困难群众基本生活

8.进一步提高城乡低保标准。完善城乡低保标准自然增长机制。市区城市低保标准提高到月人均340元。广陵区、维扬区、开发区、蜀冈—瘦西湖风景名胜区农村低保实现城乡低保标准一体化，其他县(市、区)农村低保标准提高到月人均210元。加强低保动态管理，积极帮扶有劳动能力的低保人员实现就业，通过劳动提高生活水平。

9.积极做好残疾人帮扶工作。全市免费对1600名残疾人进行技能培训，帮扶1000名残疾人实现就业。推进50个县级残疾人扶贫基地规范化建设，帮助1000名残疾人脱贫。推进实施残疾人公益性岗位政府购岗工作，市区所有社区以及县(市)所有乡镇(街道)、50%村(社区)均配备“残疾人专职委员”兼“康复员”，配合残联组织为残疾人提供服务。对低保家庭中的残疾人本人每月增发低保标准金额20%的低保金。对市区16周岁以上无生活来源、无生活自理能力的“双无”重度残疾人实行护理费补贴制度，每人每月补贴100元。加快推进无障碍城市建设，积极推进残疾人托养中心建设，建成市残疾人康复中心。

10.完善司法救助和行政救助体系。进一步加强法律援助工作，全市所有行政村(社区)配备一名法律顾问，村(社区)司法站建成数达到50个。完善大调处机制，畅通人民群众利益诉求渠道，加大行政救助力度。

11.加大临时救助工作力度。加强医疗救助，对市区城市低保对象实行常见病常用药药品资助制度，资助标准为月人均30元。市区继续设立临时救助基金，对患重大疾病和遭受自然灾害、突发性事件的困难对象加大应急救助力度。建成集流浪乞讨人员救助、流浪未成年人救助保护、家庭暴力庇护所、突发性重大灾害临时避难所等功能于一体的扬州市救助中心。大力发展慈善事业，积极发挥各级慈善机构在社会救助中的重要作用。

四、大力兴办社会事业，推进基本公共服务均等化

12.促进城乡、区域教育均衡发展。科学规划和合理调整城区学校布局，推进育才小学到新城西区办学和扬州中学教育集团树人学校在开发区办学。加快区域教育现代化建设，年内江都市、高邮市和维扬区申报省级区域教育现代化建设评估验收。改善办学条件，实施中小学校舍安全工程，对经鉴定不符合要求的校舍进行维修加固。推动城乡优质教育资源共享，选择城乡100所中小学校、组织2000名城乡教师开展结对互助，“百节示范好课、百次专家讲座”覆盖农村5000名中小学教师，加大农村师资培训力度。切实解决好困难家庭子女上学问题，全市新招收宏志班20个，其中市区新招收10个班。来扬务工人员子女保持100%入学、100%享受义务教育政策。对市特殊教育学校义务教育阶段学生免收伙食费。深入实施农村留守儿童关爱工程，促进农村留守儿童身心健康发展。

13.积极提供质优价廉的医疗卫生服务。构建城乡居民15分钟健康圈，城乡社区卫生服务机构覆盖率达100%，标准化率达70%。建立市区大医院与社区卫生服务机构对口援助制度，主城区每个社区卫生服务中心市区大医院专家坐诊每周不少于一个工作日。60岁以上居民健康档案建档率城市达90%以上、农村达80%以上。将符合规定的家庭病床和社区康复纳入基本医疗保险报销范围，使居民医疗卫生问题在社区就诊比例达45%。全面提升公共卫生服务水平，为城乡居民免费实施9大类22项基本公共卫生服务项目。市区人均公共卫生服务经费按城市居民人均20元、农村居民人均15元的标准予以补助。继续实施艾滋病、结核病、血吸虫病等重大疾病预防控制，免费为适龄儿童、外来务工者子女提供11种疫苗预防接种，接种率达96%以上。实行农村孕产妇住院分娩补助政策，每人次补助300元。免费实行15岁以下人群的乙肝疫苗补种及农村妇女的专项卫生检查。加快实施基本药物制度，在广陵区、维扬区和仪征市公办基层医疗卫生机构全面推行基本药物制度，实行零差率销售，基本药物全部纳入医保目录，报销比例明显高于非基本药物，建立相应的补助政策。严格执行药品、耗材集中招标采购制度。完善门诊通用病历、医学检验检查结果互认制度，实施32个单病种限价管理。加快公共医疗机构发展,办好惠民医院,推进惠民医疗服务,确保每门诊人次费用和每住院人次费用比三级医院低30%。积极开展规范收费医院创建活动,严厉打击各种非法行医行为。

14.加快推进公共文化体育设施建设。建成并开放市文化艺术中心图书馆、音乐厅和美术馆。市图书馆实行免费借阅。音乐厅和美术馆定期举办音乐会、美术展。建设市体育公园体育场,建成并启用游泳跳水馆,启动建设青少年活动中心、妇女儿童活动中心。市区街道文化站、社区文化室实现全覆盖,培训配备社区文化辅导员100名。推进全国文化信息资源共享工程县(区)级支中心建设。加强农村公共文化设施建设,年内"农家书屋"覆盖到所有行政村。实施有线电视"户户通"工程,全市新增有线电视用户4万户,入户率达94%以上。推进有线电视数字化转换,全市新发展数字电视用户10万户。

15.构建优质人口计生服务体系。加快城乡1426个人口和计划生育公共服务中心(室)服务站规范化建设，覆盖面达100%。继续推进避孕节育、生殖健康、家庭保健等行动计划,加强对出生人口、育龄妇女、流动人口计生管理服务。

16.大力发展老年福利事业。全市新建社区居家养老服务中心(站)120个,市区40个。完善老年人优待办法,省内外来扬老年人享受本市老年人在游园、乘坐公交车等方面同等优惠待遇。全市百岁以上老年人"尊老金"提高到每人每月300元。

五、着力推进城乡建设,营造文明秀美宜居环境

17.进一步优化生态环境。力争创成全国环境优美乡镇15个、省市级生态村50个。创建国家森林城市,全市新增造林面积1万公顷以上。市区新增绿地100万平方米以上,重点实施城市出入口绿化提升工程;加快推进广陵新城、蜀冈生态区和南部临港新城、蒋王片区等城市片区绿化建设;提升城市沿河绿化景观,实施古运河大王庙至绿杨水泥厂段绿化景观带、运河文化公园、三湾湿地公园、沿山河和京杭大运河绿化风光带建设。整治二道沟等城区支流6条。加快市区污水处理设施建设,新铺改造污水管网60公里,新建江都北路、螺丝湾等6座污水提升泵站,建成投运六圩污水处理厂二期工程,并同步完善管网建设。赵庄垃圾焚烧发电厂完成两座500吨/日的垃圾焚烧炉建设。大力推进乡镇污水处理设施建设,新建乡镇污水处理厂(设施)20个。全面完成"十一五"减排目标,较2005年,化学需氧量削减18.3%以上,二氧化硫排放量削减15.6%以上。全年空气质量优良天数达320天以上。切实抓好秸秆禁烧工作，新建9条机动车尾气简易工况法检测线(站)。

18.着力提升社会文明程度。进一步整治公共环境、整顿公共秩序，重点解决广大市民最为关心和迫切需要解决的问题。进一步开展文化、科技、卫生"三下乡"和科教、文体、卫生、法律"四进社区"活动,规范、丰富城区各类市民广场活动，不断满足人民群众日益增长的精神文化需求。全年举办科技文化知识讲座100场、电影100场,公益演出100场,组织周周看扬剧、"扬州之春"专业剧团优秀剧目展演周、"5·2市民日"和"中国文化遗产日"等活动,举办全市老年艺术节。继续推进"百城万店无假货"和"百家食品企业践行道德承诺"。加强"1+1城乡文明共建工程"建设,组织市级以上文明单位参与社区共建、城乡共建。大力开展净化互联网、网吧等社会文化环境的专项整治。积极开展社会志愿服务和慈善关爱活动,促进全社会文明、和谐。

积极推进申遗工作。精心规划实施南门外街、古运河南岸(通扬桥—徐凝门桥)等沿线地块改造;加快京杭大运河、古运河环境治理和项目建设,充分彰显"运河名城,精致扬州"特色。加快老城区内盐商建筑的有效保护和合理利用,按照申遗要求,在沿南河下、广陵路、东圈门、东关街、护城河一线,整理疏导出一条展现扬州盐商历史遗迹的文化线路。

19.大力开展中心城区环境综合整治。积极实施老小区整治,年内完成东花园(河北片)、大草小区、顾庄新村、桑园北村、荷花池小区、渡江南路大院、四季园新村(春竹苑、夏荷苑、秋桂苑、冬梅苑)、新庄二村、杨庄街坊、新世纪花园、友谊新村等老住宅小区综合整治工作。继续实施历史街区整治工程,修缮"双东"、"南河下"等历史街区传统民居100户以上。加快"城中村"改造步伐,全年改造"城中村"10处以上。进一步改善市容环境,全面推进城市管理向背街小巷延伸，逐步对市区背街小巷卫生保洁及主城区沿街单位门前车辆停放实行物业化管理，切实加大对乱搭乱建、乱停乱放、流动摊点等问题的整治力度。

20.不断提升中心城区城市功能。完善城市路网系统,实施文昌东路东延,新建扬仪路、新328国道,构建一体两翼快速通道。加快推进市区道路联网成环，实施江都路、北环路、西三环路和花园路延伸,五台山路、淮海路、广陵路、甘泉路整治,新建秦邮路、人民路、海德南路、司徒庙路等城区道路建设工程。整治、翻建市区街巷50条以上,改造街巷(区)路灯800盏。新建联谊瓜果、施井、贵宇、运河佳园、蒋王、文昌等6个农贸市场,改造荷花池、大舞台、新城花园和朴席等4个农贸市场。市区新建100个20千伏及以下配电变压器，更新12个老小区燃气管网22公里。全面完成市区垃圾中转站的改造。新改建公共厕所31座,配置垃圾容器600套,所有已实施旱改水的公厕均做到正常免费开放。新建社区服务中心15个。

21.进一步完善城市客运交通。调整、优化公交线路,市区新购公交车400辆,新建公交车停车场4个,新改建公交站棚50座。更新出租汽车100辆。对市区公交车、出租车进行清洁能源改造,新建加气站4座,进一步提高储气调控能力。

22.切实保障城乡居民饮水安全。建成市区第五水厂一期工程,市区和仪征市实现区域供水全覆盖。宝应新增联网供水28万人以上，覆盖率超60%。高邮新增联网供水14万人以上,覆盖率超70%。江都新增联网供水41

万人以上，覆盖率超70%。建设县级以上集中式饮用水源水质自动监测站4个，实现自动监控全覆盖。

23. 持续改善农村生产生活环境。全市农村新建公路200公里、桥梁100座。疏浚县乡骨干河道1500万立方米，整治村庄河塘1000万立方米。浚深丘陵山区当家大塘310个，增加蓄水量300万立方米。更新改造老化失修的小型泵站500座，恢复和提高小型泵站灌排能力。新建“一池三改”户用沼气池1万只、农村无害化卫生户厕6万座。创建省级卫生镇2个、市级卫生镇3个，市级以上卫生村50个。

24. 进一步实施农村脱贫攻坚工程。建立健全农村扶贫投入机制，继续动员党政机关部门、企事业单位积极参与对接帮扶，实现全市253个集体经济薄弱村和尚未脱贫的3.7万低收入农户基本脱贫。

25. 继续推进平安扬州建设。完善社会治安综合治理机制。严厉打击各种犯罪活动，积极化解社会矛盾，加强社会服务管理。加大技防投入，改造市区11个老小区的技防设施，完善城乡主要道路、复杂地区和重要场所部位治安监控网络建设，全市技防入户覆盖率城镇居民达30%以上、农村居民达20%以上。深入推进道路交通综合整治，年内机动车万车死亡率不超过前两年平均水平。加强应急体系建设，完善应急指挥系统，整合应急资源，强化应急处置能力，建成全市救灾物资储备中心。狠抓安全生产，重大事故隐患挂牌督办整改率达100%，安全生产培训2万人以上。完善食品药品安全监管体系，加强食品质量安全监测和生产、流通环节的监管，药品安全专项整治监督检查率100%、投诉举报查处率100%。

中共扬州市委
扬州市人民政府
2010年1月11日

关于推进县域经济“三年跨越、争先进位、创新发展”的意见

扬发〔2010〕10号

县域经济是全市经济发展的支撑、统筹城乡的关键、建设全面小康的基础。为认真贯彻落实市委五届八次全会精神，加快全市“一年总体达小康，三年人均达省均，五年再上新台阶，十年基本现代化”总体目标的实现，现就推进县域经济“三年跨越、争先进位、创新发展”提出如下意见。

一、明确县域经济“三年跨越、争先进位、创新发展”的总体要求

1. 指导思想。坚持以科学发展观为指导，坚持富民强县的核心要求，紧紧围绕“三年跨越、争先进位、创新发展”目标，以开发园区为主阵地，以重大项目为主抓手，以培育支柱产业为主攻方向，以民营经济为主体力量，以开放创新为主要动力，大力推进县域工业化、城市化和人民生活现代化，全面提升全市县域经济综合实力、发展活力和核心竞争力，加快实现县域经济科学发展、转型发展、跨越发展。

2. 基本原则。坚持以人为本，尊重群众首创精神，充分调动各方面的积极性和创造性，不断激发县域经济发展的动力活力；坚持市场导向，推进改革创新，集聚生产要素，不断壮大县域经济发展规模；坚持分类指导，发挥比较优势，努力打造地区集群特色，形成沿江县（市）率先发展、沿河县（市）跨越发展格局；坚持城乡统筹，保持协调发展，推动县（市）经济发展和社会全面进步。

3. 目标任务。未来三年，全市县域经济发展的主要目标任务是“三年跨越、争先进位、创新发展”。

三年跨越，到2012年，宝应、高邮、江都、仪征四县（市）财政一般预算收入、工业开票销售收入、全社会固定资产投资、注册外资实际到账、新增民资注册资本、外贸出口额等六项指标在2009年基础上实现倍增；四县（市）地区生产总值、财政一般预算收入占全市的比重比2009年提高3个百分点以上。

争先进位，宝应结对追赶建湖，高邮结对追赶姜堰，江都结对追赶丹阳，仪征结对追赶溧阳。到2012年，宝应、高邮、江都、仪征四县（市）人均地区生产总值、人均财政一般预算收入、城镇居民人均可支配收入、农民人均纯收入等四项指标全面达到或超过苏中平均水平，其中江都、仪征力争达到全省平均水平；四县（市）地区生产总值、财政一般预算收入、城镇居民人均可支配收入、农民人均纯收入等四项指标在全省县（市）排名各前移2～3位。

创新发展，到2012年，四县（市）省级开发区全面建成省级高新技术园区；四县（市）新增国家级高新技术企业100家，培育市级科技创新型企业200家以上；四县（市）3年累计新开工10亿元以上工业项目40个以上。

二、把握县域经济“三年跨越、争先进位、创新发展”的主攻方向

4. 突出工业率先发展。坚持工业第一方略，以新型工业化为目标，立足各地资源优势，加快产业转型升级步伐，使工业成为支撑带动县域经济发展的主导力量。着力提升产业竞争力，重点围绕全市“八大产业”三年振兴计划，集中优质资源，强化推动引导，做大县域优势产业。着力突破高大新项目建设，牢固树立“项目为王”、“项目为根”的发展理念，重点抓一批先进制造业项目，抓一批补链扩链的龙头型、关键性项目，抓一批高科技含量、高附加值、高投资强度的项目，抓一批央企重大投资和重组项目，抓一批投资50亿元、100亿元的重特大项目。着力做大做强骨干企业，引导重点企业加强发展战略研究，做强主业，做响品牌，拓展资本经营，推进战略重组，走规模化、链式化、集约化发展之路。重视发展建筑业，努力保持和提升建筑业对扩大社会就业、增加农民收入的贡献率。

5. 着力发展现代农业。以海峡两岸（扬州）农业合作试验区为主平台，突出重点区域、特色产业、优质产品，加大农业招商引资力度，大力推进高效农业园区建设。以重

点农业龙头企业为主抓手，大力发展农产品加工业，搞活农产品市场流通，加快形成高效农业区域化布局、专业化生产、产业化经营。进一步发展和提升农村“三大合作”，提高农业发展和农民组织化程度，推进农业适度规模经营，带动农民创业致富。创新农业科技推广体制机制，全面提升农产品质量和标准化水平，加快发展有机生态农业，推进农业现代化。

6. 加快发展现代服务业。大力发展生产性服务业，鼓励和扶持物流企业向集约化、专业化、信息化方向发展。注重有形市场和网络市场的培育，扩大农产品连锁、联合销售规模，鼓励和支持以便民服务为宗旨的农村生产生活资料连锁经营。整合利用本地资源，大力发展以运动、休闲、度假、农业观光等为主题的特色旅游。大力推进金融业的改革和发展，努力创新金融组织和金融产品，加强各级各类信用担保体系建设，尽快形成与经济社会发展相适应的金融服务体系。

7. 大力发展产业园区。优化产业布局，集聚集约利用资源，加快建设工业、高效农业和现代服务业园区，把产业园区建设成先进产业的集聚区、外商投资的密集区、科技创新的先导区、科学发展的示范区。进一步整合园区布局、优化园区发展规划，明确产业特色和主攻方向；加大基础设施投入，推进公共研发和服务平台建设，不断提高园区承载能力；突出项目建设，扩大招商引资，加快投资和产业集聚；强化体制机制创新，强化行政服务支持，不断增强园区的发展动力和活力。

8. 大力发展开放型经济。努力扩大招商引资，把招商引资作为加快资源集聚、培育骨干企业、提升壮大产业，推进县域经济创新发展、跨越发展的关键举措。积极创新招商方式，加强项目开发储备，围绕主导产业和新兴产业发展编制包装产业招商项目，推进“一对一、点对点、面对面、实打实”的产业招商。加强与国内外大企业、行业领军企业的联系沟通，努力引进龙头型、基地型大项目，积极引进配套企业，不断提升支柱产业发展层次。加强对招商引资工作的规划、组织、协调和考核，落实招商引资责任。加大“走出去”步伐，积极发展劳务经济，不断扩大对外出口贸易。

9. 大力发展民营经济。降低市场准入门槛，加强载体建设，鼓励本地投资与吸引外来投资并重，形成全方位发展民营经济的格局。支持民间资本进入经营性基础设施建设和公益性事业领域，支持符合条件的民营企业在境内外上市，激励扶持民营企业“二次”创业。加快培养造就高素质民营企业家队伍，推动民营企业转型升级和管理创新。全面贯彻落实市委、市政府《关于加快推进“全部放开，全民创业，全民致富，全面小康”的政策意见》，扶持农民自主创业，发动乡村党员干部带头创业，鼓励引导本地在外能人、在外务工人员回乡创业。

10. 加快推进科技创新。以实施科技创新“8631”行动计划为抓手，大力推进政产学研合作，加快高新技术创业中心、技术研发中心、留学生创业园、科技企业孵化器、民营科技园等各类创新载体建设。加快公共服务平台建设，进一步完善科技资源共享机制和支撑服务体系，建设一批科技基础设施、大型科学仪器设备共享平台和创新创业综合服务中心。积极设立创业风险投资引导基金、种子基金以及重点产业发展基金，吸引更多的风险投资、社会资本进入科技创新领域。大力实施创新人才培养引进工程，加快培养、引进一批科技领军人物、技术骨干和创新团队。到2012年，四县（市）工业高新技术产业产值占规模以上工业产值的比重提高3个百分点，专利申请数年均增长10%。

11. 加快推进城市化。遵循经济和社会发展规律，按照统筹城乡发展的要求，科学制定县域城镇发展规划，加快建设和形成以县城为龙头、中心镇为重点、村镇为基础的城镇体系，到2012年各县（市）城镇化率比2009年提高3个百分点以上。优先发展县城，不断完善、提升县城综合功能，增强县城的聚集效应和辐射带动效应。加快发展中心集镇，放宽城镇户籍准入、扩大城镇住房保障覆盖、实现养老保险转移接续、解决农民工子女入学、维护农民工合法权益，促进农民工融入城镇。积极推进农民用土地承包经营权置换城镇社保、宅基地和住房置换城镇住房、农民身份置换城镇居民身份，促进人口向城镇集中。

12. 切实改善人民生活。建立健全城乡统一的培训、就业和失业登记制度，让城乡劳动者得到充分培训、实现充分就业。完善社会保障体系，积极推进新型农保制度，探索完善城镇基本养老保险与农民工养老保险、新型农村养老保险的衔接贯通制度，逐步提高农村社会保障水平。落实部门和企业帮扶责任，加强农村扶贫。加快城乡基本公共服务均等化步伐，大力发展农村教育、文化、卫生、体育事业；大力推进农村交通建设，完善干线路网、改造农村危桥、加快农村客运站点建设，不断改善农村交通条件；大力推进城乡联网供水，实现农村区域供水全覆盖；大力推进农村垃圾集中处理和乡镇污水处理设施建设，实现城乡垃圾集中处理全覆盖，提高农村污水集中处理率。

三、提高县域经济“三年跨越、争先进位、创新发展”的组织领导水平

13. 强化组织领导。调整充实由市委、市政府主要领导挂帅、分管领导牵头、各县（市）党政主要领导为主、市相关部门负责人参加的县域经济发展领导小组。继续实施市领导重大项目挂钩联系点制度，加强检查指导，加强组织协调。按照“德才兼备、以德为先”和“以实绩论英雄”的原则，加强对县（市）党政领导班子特别是党政主要领导的考评。

14. 完善考核机制。按照科学发展观的要求，制定科学合理的县域经济发展考核指标体系，重点加强对县域地区生产总值、工业开票销售收入、财政一般预算收入、城镇居民人均可支配收入、农民人均纯收入等经济发展质量指标的考核，实行一季一分析，半年一排队、一年一奖惩。设立全市县域经济“三年跨越奖”、“争先进位奖”和“创新发展奖”，对进入全国百强县（市）行列和在全省综合排名前移的县(市),市委、市政府将给予重奖;对退出全国百强县(市)行列和在全省综合排名位次连续后移或一年后移较大的县(市),将对党政主要领导进行问责。

15.优化发展环境。市直各部门要牢固树立服务基层、服务发展的指导思想,制定和实施支持县域经济“三年跨越、争先进位、创新发展”的具体政策措施,全面贯彻落实市委、市政府《关于优化投资环境、促进各类投资商来扬投资的六项措施》,继续深化行政审批制度改革,进一步清理、废止阻碍县域经济发展的不合理规定,公开和规范办事程序,进一步提高办事效率和透明度。全面加强政府信用、企业信用和个人信用建设,加强社会监督,依法查处“三乱”和各种侵权行为,为县域经济发展创造宽松、文明、安全的社会环境和低成本投资环境。对市直各部门支持县域经济发展的情况进行公开评议和考核奖惩。

中共扬州市委
扬州市人民政府
2010年2月3日

关于建设创新扬州精致扬州幸福扬州的实施意见

扬发〔2010〕46号

为深入贯彻落实科学发展观,大力推进扬州科学发展、转型发展、跨越发展,市委、市政府提出了建设创新扬州、精致扬州、幸福扬州的战略构想。深入推进“三个扬州”建设,对于推进转型发展、传承城市文明、促进社会和谐、提升城市综合竞争力、进一步凝聚民心民力具有重要的现实意义和历史意义。全市上下要进一步增进共识、准确把握、精心组织、统筹推进,以“三个扬州”建设的优异成绩迎接扬州建城2500年。

一、建设创新扬州、精致扬州、幸福扬州的总体要求

(一)指导思想。以邓小平理论和“三个代表”重要思想为指导,深入贯彻落实科学发展观,坚持把建设“三个扬州”作为新时期新阶段扬州经济社会发展的总要求、总目标、总定位,着力以创新理念引领经济发展、推动经济转型升级,以精致理念引领城市建设、推动城市品质提升,以幸福理念引领民生改善、推动社会文明和谐,积极探索和实践具有时代特征、区域特点、扬州特色的发展道路,全面提升城市竞争力、影响力和美誉度。

(二)奋斗目标。在总体全面建成小康社会的基础上,建设具有核心竞争力的创新城市、秀美宜居的精致城市、文明和谐的幸福城市,加速基本实现现代化的进程。到2014年扬州建城2500年时,全市地区生产总值在2009年基础上翻一番,财政一般预算收入占地区生产总值的比重达8%,创成全国文明城市、国家生态市、国家森林城市、世界文化遗产城市,创新活力迸发、城市品质提升、人民生活幸福,成为扬州人自豪、投资者向往、外地人羡慕的创新之城、精致之城、幸福之城。

创新扬州:坚持以创新驱动发展,努力把扬州建成创新产业发达、创新技术领先、创新载体优良、创新人才富集、创新体系健全的创新型城市。到2014年,全社会研发投入占地区生产总值的比重达2.4%,三次产业结构调整到6:52:42,高新技术产业产值占全市规模以上工业产值的比重达38%以上,科技进步对经济增长的贡献率达58%。

精致扬州:坚持精当规划、精心设计,建设城市精品,推进精细管理,实现精明增长,把扬州建设成为布局合理、功能完善的现代开放城市,文化浓郁、形神兼备的世界遗产城市,绿水相依、宁静雅致的秀美宜居城市。到2014年,城市精品建筑比例达到60%,环境质量综合指数85分以上,建成区绿化覆盖率45%,“一体两翼”组团发展的都市区格局基本形成。

幸福扬州:坚持以幸福为导向统领全市经济社会发展全局,更加注重经济社会发展和人的发展相统一,努力把扬州建设成“人人崇文尚德、家家安居乐业、社会公平正义、追求创新创造、充满人文关怀”的幸福城市。到2014年,城乡居民人均收入分别达3.5万元和1.5万元,全市社会保障覆盖率达95%以上,市民平均预期寿命76周岁以上,城乡居民幸福指数不断攀升。

(三)基本原则。一是坚持以人为本,将激发人的创造力、提升人的素质、促进人的发展、关注人的幸福作为“三个扬州”建设的出发点和落脚点,更加注重发挥人民群众建设“三个扬州”的主体作用。二是坚持创新引领,将创新驱动作为建设“三个扬州”的战略途径,创新发展理念、创新发展路径、创新发展目的、创新发展机制,全力增强发展活力,为“三个扬州”建设提供强大动力。三是坚持和谐发展,将统筹协调、促进和谐作为“三个扬州”建设的根本方法和目标追求,统筹三次产业发展、统筹城乡发展、统筹经济社会发展,推动人与人、人与社会、人与自然的和谐相处、共同发展。

二、建设创新扬州

(一)推进产业创新

1.重点培育发展绿色新能源产业。打造“中国光电城”,重点发展以太阳能光伏、半导体照明、电子书和智能电网等为主体的绿色新能源产业。(1)太阳能光伏产业。做强做大电池、电池组件,并在拉长增粗产业链、做大下游发电设备、推动应用上求突破。(2)半导体照明产业。确立并保持我市在外延芯片生产能力、技术水平上的领先地位,加大下游产品、终端产品的引进和开发,加快引进一批研发实力强、技术水平高、带动作用强的企业和项目,迅速提升产业规模和层次。(3)电子书产业。大力推进电子纸生产,吸引更多的电子书生产企业落户扬州,大力推动电子书的推广应用,推进电子书产业与文化、出版、网络等产业融合,做大产业规模。(4)智能电网产业。以太阳能并网发电、智能电表应用示范工程和坚强智能电网改造为切入点,加强与国家电网产业基地的合作,规划建设好扬州经济技术开发区和宝应、高邮、江都、邗江“一主四特”智能电网产业园区，打造国内知名的智能电网产业基地。高度重视新材料产业、环保产业、现代生物技术产业的发展。

2. 加快推进支柱产业转型升级。(1)石油化工产业。做专做强烯烃、芳烃产业链，推动石化产业向系列化、组团化、专用化、精细化方向发展。(2)汽车船舶产业。以节能环保为方向，推进新能源汽车、环保型发动机和核心配套件的开发和生产，打造千亿产业群和全国有影响的品牌轿车生产基地。促进船舶工业做大做强，积极发展海工装备和特种船舶制造。(3)机械装备产业。以突破核心技术为关键，以数控机床、环保机械、水泥机械等行业为重点，促进机械装备产业向智能化、柔性化、集成化、环保化发展。

3. 优先发展壮大现代服务业。(1)软件与信息服务业。以呼叫与信息服务外包为重点，加快发展软件及与物联网、智能电网相配套的现代信息技术服务业。推动江苏省信息产业基地(扬州)建设，加快由呼叫业务向软件和技术设计、工程设计等服务外包拓展。(2)文化休闲旅游服务业。进一步丰富文化旅游内涵，提升文化旅游品质，力争用3～5年时间打造成旅游强市。加大对以古城、古运河、瘦西湖为重点的旅游资源开发力度。加快城市旅游化改造，实施古城功能旅游化转换，规划建设一批特色酒店、特色餐饮名店和地方名小吃特色街，积极培育旅游产品集散中心。加强旅游宣传促销，优化旅游服务，推进与国际国内知名旅游发展公司合作。整合提升旅游资源，加快培育壮大瘦西湖旅游发展公司、名城公司、扬子江集团公司和工艺美术集团等旅游业龙头企业。(3)创意产业。强化重点突破，大力发展工业设计、建筑设计、文化传媒、会展服务等，打造国内外知名的扬州创意品牌。强化载体建设，全力打造江苏省文化产业示范基地和扬州文化创意产业园、玉文化创意产业园、玩具创意中心等，促进集聚发展。(4)现代物流业。适应制造业发展和区域经济一体化需要，大力推动现代物流业的发展，发展壮大扬州港集装箱、江都港散杂货、仪征港石化物流和公铁水商贸物流，推进铁路枢纽和空港物流园区建设，大力发展第三方物流，支持物流企业做大做强。

4. 大力发展现代高效规模农业。坚持用工业化的理念发展现代农业，推进农业发展基地化、规模化、产业化和现代化。继续放大海峡两岸(扬州)农业合作试验区品牌效应，加快建设一批重点现代农业园区和农业科技示范园区，支持农业新品种、新技术的引进、研发和推广应用，促进特色产业向优势产区集聚。深入推进农村“三大合作”，培育现代农业经营主体，促进土地向专业大户、农业经营企业和农民专业合作组织集中。大力推进农业产业化经营，发展壮大农业龙头企业，完善销售网络，发展品牌经营。加大设施农业建设力度，高起点规划建设一批万亩以上、连线连片的现代农业亮点工程，带动农业的转型升级，全面提升农业综合生产能力和综合竞争力。

(二)推进科技创新

1. 打造科技创新平台。规划建成一批国家和省级“两站三中心”(博士后工作站、院士工作站、企业技术中心、企业工程技术中心、工程研发中心)等重点研发机构。推动企业与高等院校、科研机构开展多种形式的合作，共建研发平台，促进一批重大技术攻关和科技成果转化。推进中科院应用技术研发与产业化中心、南大—扬州光电研究院、南大—扬州化工研究院、扬州数控研究院等建设。联合西安交通大学等共建智能电网产业园。加强与扬州大学的合作，共建重点学科、科研院所和重点实验室。加大中央驻扬企业、研究所与地方企业的合作力度。

2. 推动政产学研金合作。创新合作机制。组建政产学研金合作理事会，建立联席会议制度，建立政产学研金合作科技创新体系，努力推动由短期、松散、单项合作向长期、紧密、系统合作转变。创新合作平台。继续深化“科技创新·产业合作”系列活动，合作举办省内外高校·扬州技术产品交易会，整合提升科技信息网络服务水平。创新合作形式。设立产学研合作政府专项资金，确定并支持一批产学研联合示范项目。建立金融市场需求侧服务体系，有针对性地打造银企合作、银技合作平台。支持在扬高校和企业科技人才双向交流，更好地推进成果孵化、转化、产业化。

3. 实施知识产权、技术标准和品牌战略。将培育自主知识产权和自有品牌（“双自”）作为科技创新的核心目标。发挥科技计划导向作用，建立企业“双自”统计监测体系，不断推进科技创新再上新台阶。争创全国知识产权试点城市，加大对企业申请知识产权的奖励力度。推动企业实施标准化战略。加大对新兴产业、优势产业品牌创建的扶持力度，提高名牌产品和驰名商标的市场占有率。

(三)推进载体创新

1. 加快推进扬州经济技术开发区建设创新型先导区。加快推进扬州经济技术开发区转型升级，加快“三新一网一书”产业集聚发展和特色产业基地建设，使开发区成为扬州“中国光电城”的主要生成区。加快创新平台建设，引进、集聚一批重点实验室和大型研发机构，推进“扬州智谷”尽快建成集展示、研发、产业化于一体的创新平台。力争通过3～5年努力，使扬州经济技术开发区跻身全国一流国家级开发区行列。

2. 加快推进省级开发园区建设创新型特色产业园区。巩固深化国家级金属板材加工设备制造基地、国家级汽车及零部件产业基地建设成果，加快建设LED产业园、光伏产业园、创意产业园等特色产业园区，推动其争创国家级或省级特色产业基地。推进科技创业园、留学归国人员创业园、各类产业孵化器等高层次人才创业孵化载体建设。加大生态工业园建设，大力发展循环经济。

3. 加快推进大学科技园建设创新型科教园区。推进与扬州大学等高等院校共建大学科技园。创新科技园运作模式，实施以项目引领、创新基金支持、创新创业基地支撑的创新技术转移转化和创新创业人才培养的校(院)地合作模式，力争把大学科技园打造成我市新兴的、具有活力的科技研发基地、创新创业基地和高新技术产业化基地。

4. 加快推进“千企升级”、“两化融合”建设创新型企业。鼓励引导企业加大各类研发机构、公共技术平台和工程技术研究中心建设，积极创建省级、国家级研发机构。加大对60家创新型企业、300家成长型科技型企业和100家“千企升级”示范企业的扶持力度，组织开展自主创新项目试点活动，支持企业育成科技创新型企业。大力推进工业化、信息化“两化融合”，推动产业园区信息化，建立一批“两化融合”研究中心和重点实验室，进一步提升产业竞争力。

（四）推进人才创新

1. 大力培养人才。推动政府、园区与知名大学在扬合作办学，提升各类专业人才培养的层次和水平。推动与扬州大学围绕战略性新兴产业共建重点学科。优化职业教育学科和专业设置，大力培养适应科技创新型经济需要的高技能人才。全面加大各类专业型人才、技能型人才和新型管理人才的培养力度，为创新型经济发展提供智力支撑。

2. 加快引进人才。以实施“绿扬金凤计划”为抓手，积极争取国家“千人计划”、“江苏省高层次创新创业人才引进计划”支持，每年争取在入围国家“千人计划”项目上有所突破，获批省高层次创新创业人才引进项目不少于15项，引进创业创新领军人才项目申报不少于60项，确保3年内从国内外引进100名创业创新领军人才（团队）、每年引进100名优秀博士人才。创新人才引进载体，改进政府人才服务方式，发挥园区、企业引才主体作用，设立海外引才工作站，为产业发展提供优质的人才服务。完善人才引进工作机制，建立人才引进专家库，加强对引进创新创业人才和重大科技项目的专利、技术可行性、产业化前景的评估和审查。

3. 有效使用人才。健全创新创业人才专业服务体系。根据创新创业项目不同阶段的成长特点，开辟“绿色服务通道”，政府在创业初期当“保姆”，在企业成长期当“导师”，创业成功后当“保安”，为创业者提供专业化、人性化和契约式服务。加大对创新创业活动的支持力度。加大对各类本地自主创新成果奖励力度，并在税费、项目审批、政府采购等方面对自主开发产品给予倾斜。建立以人才基金、天使基金、再担保基金为引导，社会资金、银行资金、非信贷金融产品共同投入的“3+3”高端人才创业金融服务体系，为创新企业发展壮大提供有力的资金支撑。

4. 努力留住人才。加快建设高层次人才居住区和各类人才公寓，兴建适应高层次人才需求的生活、就业、娱乐等公共设施和社区，认真落实对引进人才的住房补贴政策，提供优质、便捷、放心的医疗服务，做好其配偶安置和子女就学工作。建立以业绩和能力为重点的创新型人才评价体系，完善收入分配制度，激发创新人才的内在动力。

（五）推进制度创新

1. 创新产业政策。强化对重点产业的扶持，加大对石油化工、汽车船舶、机械装备等三大主导产业和太阳能光伏、LED、智能电网、电子书、软件与信息服务业、文化休闲旅游业、创意产业、现代物流业等产业的扶持力度。强化对重点产业关键环节的扶持，重点支持产业发展过程中人才引进、科技创新、产业升级、产品市场化和创新平台建设等。强化对太阳能光伏、LED、电子书等产业链应用环节的扶持力度。强化对新兴产业在税费、用地等方面的政策支持，努力降低企业发展成本。

2. 创新投入机制。(1)建立财政对科技投入的稳定增长机制。保持每年新增财政支出中科技支出的比重市级不低于3%、县级不低于2%，逐步提高财政性科技投入占财政支出的比重及财政研发经费投入占财政科技经费投入的比重。引导和促进企业以及其他社会资金投入科技创新活动，推动全社会科技创新经费持续稳步增长，逐步提高全社会研发投入占地区生产总值的比重。(2)创新科技金融投入制度。大力实施“创新型经济金融助推计划”。加大信贷投放力度。建立授信尽职免责和奖励机制，推动信贷向创新型经济发展倾斜。加快发展股权投资基金。大力发展创业（风险）投资产业，制定出台优惠政策吸引创投公司来扬发展，放大政府风投基金功能。加快推动直接融资，完善企业上市扶持激励机制，力争3年内新增10家上市企业。大力发展企业债券和票据融资。完善金融业态。坚持引进与培育并举，加大招行引资力度，组建科技信贷支行，力争将扬州经济技术开发区纳入省科技小贷公司首批试点。组建再担保公司，建立科技担保公司。(3)探索建立技术产权交易市场。推进区域性产权交易中心整合扬州国有资产产权交易中心，设立面向各类中小企业的产权交易中心。

3. 创新服务体系。增强城市创新服务功能，大力发展为创新活动和创意产业发展服务的生产性服务业。加大各类为创新型经济发展服务的中介机构建设力度，完善科技公共设施，逐步健全完善网络化科技信息公共服务平台，形成完善有效的创新服务体系。加大服务平台创新力度，开辟专利申请绿色通道，成立专利收授扬州中心，促进科研成果的认定与保护。

三、建设精致扬州

（一）切实做好城乡规划设计

1. 加快完善城镇建设发展规划。积极呼应长三角一体化发展和宁镇扬同城化战略，加快完成新一轮城市总体规划（2010～2020）修编工作。科学构建城镇体系，依据“一带一轴”城镇发展布局，坚持做优做强中心城市，加快发展4个县城，支持发展重点中心镇，整合提升一般镇，鼓励发展农村新型社区，规划建设科学合理的城镇体系。进一步深化、细化沿江“一体两翼”发展规划，尽快形成扬州中心城市“一体两翼”发展格局。

2. 着力完善中心城区各类专项规划。进一步优化城市综合交通规划，编制扬州都市区轨道交通规划，加强沪泰宁、扬镇城际轨道交通和城市重点交通工程方案研究。加快编制历史文化名城保护规划和重点历史街区保护规划。积极做好地下管网规划和城市视觉规划等专项规划。结合连淮扬镇铁路、综合交通枢纽等重大项目建设，开展对扬州廖家沟东部地区的城市设计研究。

3. 加强城市设计。成立城市设计委员会，加强对城市建设项目功能设计、造型体量、立面色彩、装饰用材等方面的审查。完善规划设计方案优选和听证制度，对城市主要节点、重点区域、重要地段和重大项目，在全球范围进行规划设计招标，提高规划设计水平和城市建设品位。加强对城市规划的实施评估和批后监管，确保规划得到有效实施。

（二）大力建设文化遗产城市

1. 科学保护利用古城。继续推进“双东”、南河下、仁丰里、湾子街等历史街区的保护与改造，加快整治国庆路、渡江路、广陵路、甘泉路等古城干道街景，继续实施老城区盐商建筑的保护利用，重点修缮蔚圃、刘庄、岭南会馆、匏庐等一批古宅名居。充分调动民间投资改造传统民居的积极性，按照统一立面设计、居民自主修缮、政府适当补贴等原则，加快老城区传统民居的修缮。通过改造建设文博场馆、休闲会所、民居式客栈等途径，加强对名居名宅的合理开发利用，使其成为扬州精致文化固态展现的典范。加快打造一批体现扬州人文特色的商业街区，重点提升东关街历史街区、盐阜路旅游休闲特色街区、国庆路老字号一条街等，充分展示古城人文魅力。

2. 全线整治古运河。进一步挖掘和展示扬州深厚的运河文化，改造京杭运河—大王庙沿线景观，提升大王庙—南门广场景观内涵，整治南门广场—三湾两岸环境，2014年前，古运河13.5公里城区段基本整治到位。完成古运河沿线企业搬迁，重点改造南门外街，打通古运河与荷花池水上游览线，整治高旻寺周边环境，建设三湾湿地公园。

3. 推进瘦西湖景区扩容提升。丰富完善万花园、宋夹城文化游览内涵，实施唐子城遗址保护利用工程，建设相别路一线国际休闲度假集聚区、长春路一线文化休闲康体旅游产业带，加快柏联SPA精品酒店、温泉度假村提升等项目建设，开通扬州环城水上游览线，把瘦西湖景区打造成国际著名、国内一流的文化旅游景区。

4. 加强历史文化的传承展示。重视非物质文化遗产的保护与利用，实施老一辈艺术家和工艺大师、园艺大师“师带徒”工程，培养更多的文化传人，创作更多的艺术精品。积极申报世界文化遗产，推动大运河联合申遗和“扬州盐商历史遗迹”的申遗工作。加大对各类具有地域风情、地方特色的民俗文化的挖掘、整理和展示，促进无形文化与休闲旅游的有机融合。继续推进名城解读工程，大力实施文化博览城建设，2014年扬州文博场馆达100座以上。

（三）全面提升城市形象

1. 加快形成“一体两翼”都市区发展格局。建立扬州都市区“一体两翼”发展协调机制，按照一体化发展要求，加强扬州与仪征、江都两市在空间、产业、功能、基础设施等方面的规划对接，统筹推进路桥、供水、排水、供电、供热等基础设施建设。

2. 全力推进城市新区建设。加快推进广陵新城开发建设。高标准规划建设城市CBD，加快建成“京杭之心”、“运博会永久会址”、“商业水街”等一批重点项目，积极推进信息服务业基地建设，进一步完善基础设施和综合服务功能，做优人文生态环境，加快将广陵新城建成传承历史文脉、展示现代风貌的智能型绿色低碳新城区。加快提升新城西区建设水平。按照“功能齐全、环境优美、适宜人居”的要求，抓紧实施新城西区二期4.2平方公里开发建设，继续完善城市功能，重点培育商务会展、休闲文化、体育健身服务业，提升品质、集聚人气。加快推进南部临港新城建设，进一步优化和提升开发区综合配套功能，积极发展科技研发、工业设计等智慧型服务业和企业总部经济，不断提升沿江地区城市功能和产业层次。统筹推进其他片区和周边乡镇建设，加快实施蜀冈生态新区、蒋王片区的开发建设，重点推进瓜洲、湾头、朴席、甘泉、公道、槐泗、李典等一批卫星镇的规划建设，促进市区城乡一体化发展。

3. 加快改造提升旧城。加大“城中村”及老城区危旧房、老小区改造力度，对主城区范围内105个“城中村”全面实施改造，同步实施“退城进园”，同时每年改造危旧房6万平方米以上、老小区10个以上，力争2012年、确保2014年前完成改造任务。进一步完善旧城区市政基础设施，强化环境综合整治，合理规划建设一批城市公共绿地和配套服务设施，着力提升老城形象，切实改善居住环境和生态环境。

4. 有序实施街景整治。按照统筹协调城市风貌的要求，重点加强新老城区交接处、城市出入口、主次干道、河道沿线的景观设计和景观塑造，有重点、分路段逐步改造沿街建筑立面，强化对沿街新建建筑的规划管理。继续实施重点路段、河道、广场、商业集中区的LED亮化改造，进一步提升城市品位。

（四）着力优化城市生态环境

1. 深入开展水环境整治。继续巩固河道整治成果，加快沟通活化扬州城市水系，加快城市污水截流工程建设，加快河道生态系统修复，全面消除水质劣V类河道。加强沿河市民绿地广场建设，增设休闲配套设施，扩展城市沿河景观。加快淮河入江水道、乌塔沟分洪道等重点水利工程建设，加大市、县河道整治力度，通过推进清洁生产、工程治污、水道整治、沿岸美化等综合措施，全面改善城乡河流水质。

2. 继续实施城市森林建设工程。加快推进沿江、沿河、沿路、环山绿化工程，进一步提升城乡绿化覆盖率。加快实施城市绿化提升工程。鼓励机关、企事业单位在庭院门前补绿，引导和鼓励居民在阳台、屋顶养花植草和进行墙面立体绿化，营造绿色城市。合理布局城市街头游园，每年新增街头小游园5～10个，确保市民出行300～500米有休闲绿地。规划建设2～3条融绿化、旅游、休闲、健身等功能于一体的城市绿色廊道，拓展城市绿化功能。市区每年新增城市绿地100万平方米以上，到2014年，累计新增750万平方米，建成区绿化覆盖率达45%，人均公园绿地面积达13平方米以上。

（五）不断增强城市发展承载能力

1.加快优化城市综合交通。畅通对外交通体系。加快实施苏中江都机场、宁启铁路复线及电气化改造、沪陕高速扬州段、扬州港"一港三区"等重大交通基础设施工程,积极推进京沪高速公路扩容、连淮扬镇铁路、扬镇轻轨和沪泰宁城际铁路等建设,构建多层次、立体化的现代城市交通体系。积极完善畅通市区路网,重点实施文昌路东延、扬仪路、328国道连接线工程,建设瘦西湖地下隧道,实施江阳路快速化改造,延伸江都路、运河南路、西三环、北环路等主次干道,规划建设区域间轨道交通。

2.大力推进市政公用设施建设。加快推进第五水厂二期工程建设,到2012年完成供水管网改造和区域供水工程,城乡供水普及率达100%。加强城市污水处理设施的统一规划、建设和管理,建成六圩污水处理厂二期和一批管网、泵站项目,改造完善现有污水管网和提升泵站,提高城市污水收集率和处理率。全面改造城区燃气管网,规划建设一批加气站,燃气普及率达99%以上。扩大城市集中供热范围,鼓励大型公建和住宅小区发展地源热泵。建成赵庄垃圾发电厂,进一步完善城市垃圾中转站、公共厕所、果壳箱等环卫配套设施。开展地下管网普查工作,健全城市地下空间档案,合理开发地下空间资源。在城市新区建设中,积极推行"共同沟"建设,引导各类杆线科学合理下地。

3.积极提升城市公共服务功能。2014年前建成体育公园、科技馆和妇女儿童活动中心、青少年活动中心、城市安全教育中心以及城市规划展览馆、市民中心等重大公共服务设施,今年内建成并开放新图书馆、美术馆、音乐厅。调整优化市区行政、教育、医疗设施布局,使城市功能分布更趋合理。加快各类农贸市场、邻里中心、社区医疗服务中心等便民服务设施建设,进一步方便市民日常生活。优先发展城市公交,加快客运中心、停车场、回车场等公交设施建设,优化调整公交线路,每年新增公交车200辆,2014年城区拥有公交车2000辆以上,万人拥有公交车达15标台,公共交通分担率达19%以上。

(六)深入推进城市精细化管理

1.建立高效的城市管理机制。继续完善提升数字化城管模式,将城市建成区全部纳入网格化管理,扩大数字化城市管理内涵和覆盖范围,强化部门协同和快速反应机制,提高现场处置能力。建立健全"以块为主、重心下移、权责配套、严格考核"的城市管理责任机制,形成统一高效的大城管格局。提高城市管理市场化程度,积极推行街巷保洁和街区物业的市场化,切实解决背街小巷卫生保洁和沿街车辆停放秩序问题,全面提高城市管理水平。鼓励广大市民参与城市管理,支持市民通过市长热线、12319、网络媒体等平台,反映对城市管理的意见和建议,努力形成全民参与、各方支持的城市管理新局面。

2.规范城市服务设施和业态管理。按照成套化、系列化的要求,对公用电话亭、邮政报刊亭、公交站台、治安岗亭、环卫设施、指示路牌等各类城市家具进行统一设计、更新,将供电、电信配电、配线箱、各类杆线等设施布点纳入城市规划管理,改善城市视觉环境。加强城市广告店招管理,统一广告店招的风格设计。加强对沿街、沿路的商业业态管理,积极对商业业态混乱的重点路段实施结构调整,引导和鼓励发展与区域功能定位和周边环境相适应的商贸服务业。加强对流动摊点的管理,结合住宅小区建设和老城区改造,规划建设一批小贩中心、小吃中心,引导摊贩划行入市。

3.强化城市管理制度建设。积极研究有利于实现城市长效管理的规章制度,加快制定《城市沿街建筑定期清洗管理办法》、《城市环卫保洁设备、保洁人员管理办法》、《城市车辆停放管理办法》等规范性文件,使城市管理有章可循。强化城市管理的目标考核,积极实施《城市数字化管理考核办法》,推行城市管理保证金制度,完善评价考核机制,增强城市管理考核工作的权威性和可操作性。健全城市管理投入机制,加大对城市家具添置、工作人员经费保障、市场化外包等的经费投入。加强城管队伍建设,增强城管执法力量,提升城市管理软硬件水平。

四、建设幸福扬州

(一)建设崇文尚德的扬州

1.建设学习之城。推进学习型城市建设。全面推进各类学习型组织建设,健全讲学习、抓学习的责任体系和推进机制,到2014年,力争把扬州初步建成学习资源丰富、学习氛围浓厚、学习条件优越、学习特色鲜明的学习型城市。营造全民学习的良好环境。推进实施市民素质提升工程、知识改善工程,打造扬州讲坛、新知学堂等高端学习平台,支持和推动各级群众学堂建设,广泛开展诵读经典等群众性读书活动。鼓励和推动终身学习。支持各类成人教育和继续教育发展,以各类远程教育和基层党校、社区学校、企业学校、老年大学为载体,努力为广大市民提供灵活、开放、便利的终身教育服务。

2.建设优教之城。优质均衡发展基础教育。坚持素质教育,完善学前教育体系,巩固义务教育发展成果,推动高中教育多样化发展。加快薄弱学校改造,调整优化学校布局,促进城乡优质教育资源共享,提高教育质量,推进教育均衡。优化发展职业教育。实施职业教育提档升级工程,构建与我市经济社会发展相适应、中等职业教育与高等职业教育相衔接、普通教育与职业教育相协调的现代职业教育体系,把扬州打造成长三角地区技能型人才培养培训基地。内涵式发展高等教育。全面提升扬州高等教育发展水平,支持扬州大学做强做大,加快推进扬州科技学院筹建工作;加大与外地高等教育机构合作力度,丰富扬州高等教育资源。

3.建设文化名城。加强公共文化设施建设。加快建设和完善一批高水平城市公共文化功能设施,加强各级文化场馆建设,推动公共文体设施免费开放。活跃群众文化活动。继续举办好年度百场公益文艺演出、周周看扬剧、"5·2市民日"、邻里节、农民艺术节等品牌文化活动,扶持发展业余文艺团队,营造浓厚的群众文化活动氛围。2014年,全国特色文化之乡创建取得突破。繁荣文化艺术创作。鼓励支持艺术团体和艺术家的各类文化艺术创作,加强扬州文化的系统整理和研究，不断推出有份量、有价值的文化研究成果；高度重视艺术人才的培养、引进，继续办好扬州文化艺术学校扬剧班、曲艺班等特色专业。大力发展文化产业。做大做强扬州报业传媒集团和广播电视传媒集团，支持打造一批有规模优势、有品牌影响力的文化企业。

4. 建设文明之城。坚持评选“扬州好人”、“道德模范”、见义勇为、志愿服务等文明公益先进集体、先进个人，引导广大市民树立正确的价值观、荣辱观、是非观。坚持开展以社会公德、职业道德、家庭美德、个人品德建设为主要内容的道德实践活动，促进市民明礼诚信。深入开展文明创建活动，推进“市民素质提升、公共环境优化、城市交通文明、公共服务提升、和谐社区创建、社会关爱倡导”等文明行动，推动城市和市民走向文明优雅，培养文明、健康的生活方式。确保2011年创成全国文明城市。

（二）建设安居乐业的扬州

1. 促进就业增收。把转变发展方式与壮大产业规模有机结合起来，积极引导和促进劳动密集型企业、中小企业、民营经济和各类服务业加快发展，努力增加就业机会。加快构建城乡统一的人力资源市场，实现城乡劳动者就业机会、就业保障、就业培训和就业扶持的均等化。强化失业保险促就业功能，广泛开展就业再就业技能培训，综合运用购买公益性岗位、社会保险补贴等政策鼓励企业吸纳就业困难人员，积极帮扶高校毕业生及有劳动能力的低保人员、残疾人等困难群体实现就业。推动创业带就业，强化创业培训和创业服务，降低城乡居民创业门槛和成本，营造有利于全民创业的环境和氛围。加强收入分配研究，不断提高工薪收入，引导增加财产性收入，积极鼓励经营性收入，认真落实保障性收入。健全完善工资指导线制度，落实最低工资标准；推行进城务工人员工资保证金制度，切实维护进城务工人员的合法权益。

2. 推动住有所居。建立和完善分层次、多渠道、全覆盖的住房保障体系，通过廉租房、经济适用房、公租房和租赁补贴、购房补贴、解危解困等多种途径和形式，实现人人安居。到2014年，市区住房保障对象扩大到中低收入家庭。全面推行和规范小区物业管理，到2014年，住宅小区物业管理覆盖率达90%，物业服务社会公众平均满意度达80%以上，市区老小区全部整治完毕并落实长效管理措施。

3. 优化健康服务。完善基本医疗服务。建立健全以市级医院为龙头、社区卫生服务中心为基础、惠民医院为主要补充的医疗服务体系，完善“15分钟健康服务圈”，全面推行“居民健康卡”服务，建立健全社区卫生服务机构与城市医院信息化管理系统，提高医疗服务水平，确保群众享有方便、价廉、优质的基本医疗服务。提高医疗保障水平。稳步推行医疗、工伤、生育保险市级统筹，逐步提高新型农村合作医疗保障水平，逐步缩小城乡居民医疗保障差距。2014年，市区城镇职工、城镇居民基本医疗保险目录范围内人均住院报销比例分别达90%和80%。加强公共卫生服务。拓展免费公共卫生服务项目，建立全民健康档案和就诊记录信息管理系统，大力开展健康宣传和健康促进工作，开设医院健康咨询中心，开辟媒体养生专栏，推进社会卫生服务从疾病管理向健康管理转变。加强人口计生工作，充分发挥全覆盖改建的计生公共服务机构作用，为广大育龄群众提供良好的优生优育、生殖健康、家庭保健服务。

4. 健全养老保障。完善覆盖城乡的基本养老保险制度，扩大企业职工基本养老保险覆盖面，全面实施新型农村社会养老保险制度。建立健全养老保险关系跨地区转移接续机制，促进人力资源优化配置和合理流动。逐步建立社会化养老服务保障机制，营造浓厚的养老孝亲氛围，加强对退休人员的关爱。2014年，全市养老保险参保覆盖率达98%，全市企业退休人员免费体检率达100%。

5. 加强社会服务和管理。紧紧围绕保障和改善民生，全面加强社会建设。进一步完善网格化服务管理模式，努力扩大社会服务管理的覆盖面。加强社区建设，全面推行和完善社区党组织、社区居委会、社区工作站和社区服务中心“四位一体”的社区治理模式，积极推进政府公共服务进社区。注重加强各类社会组织建设和规范管理，充分发挥居民委员会、行业协会、专业合作组织在社会建设中的重要作用。创新社会服务管理方式方法，注重运用信息化手段加强和改进社会服务管理。推进社会信息化，大力推进信息技术在日常生活中的应用，重点实施区域卫生信息平台、智能交通、智慧旅游等项目建设，打造数字城市，创造数字生活。2010年底，扬州主城区实现“无线上网”全覆盖；2014年，多功能合一的“市民卡”得到广泛普及。扩充12345市长热线公共服务功能，整合社会服务资源，建立直接面向广大市民的呼叫服务中心，为市民提供开放、安全、优质的社会服务。

6. 建设平安扬州。健全社会矛盾排查化解机制，超前落实化解稳控措施，切实把矛盾纠纷化解在基层和萌芽状态。强化安全生产事故防范和风险控制，推进企业安全生产标准化达标工作，坚决杜绝重特大安全生产事故的发生。加强社会治安综合治理，深入开展群防群治活动和专项整治行动，加强专业巡防队伍建设，全面提高技防覆盖率，挤压犯罪空间，净化治安环境；加强校园治安防控体系建设，确保校园安全。坚决打击影响人民群众安全感的各类犯罪行为，完善命案攻坚机制，加大对侵害性、多发性案件的侦破力度。加强危机管理，扩大危机处理中多元社会主体参与的渠道，整合危机应对网络，充分调动各种社会资源共同应对非传统安全危机。

（三）建设公平正义的扬州

1. 发展民主保障民权。坚持党的领导、人民当家作主、依法治市有机统一，进一步健全民主制度，丰富民主形式，拓宽民主渠道，保障公民权利。保障群众知情权。加大政府决策、行政信息、办事流程、基层事务财务的公开力度，提高党委、政府工作透明度、开放度，扩大群众知情面，增强基层党务、政务、村务公开实效。扩大公民有序政治参与。创新参与载体和平台，建立健全民意表达渠道、社会舆情收集管道、矛盾化解平台等，完善市民论谈、书记信箱、寄语市长等民意表达平台，深化人大代表与选民“统一见面日”、政协委员“界别活动周”、重大事项公示听证等制度，引导群众有序参与社会管理和政府决策，提高群众对公共事务管理、决策的参与度。支持人大及其常委会依法开展法律监督、工作监督和人民政协按照章程开展民主监督，加强和改进舆论监督，强化群众监督，积极发挥社会监督的作用。

2. 切实推进依法行政。切实提高各级干部依法行政意识，促进依法决策、民主决策、科学决策。积极推行“阳光政务”，加强行政权力网上公开运行平台和电子监察系统建设，实现权力公开、规范、廉洁、高效运行。全面落实行政执法责任制和执法过错追究制，提高行政执法制度化、规范化水平。积极推进反腐倡廉制度创新，强化权力制约和监督，加大案件查办和专项治理力度，坚决惩治一切腐败行为。

3. 积极维护司法公正。深化司法工作机制改革，规范司法行为，促进司法公开，推进能动司法，加强司法监督，提高司法的权威性和公信力。坚持司法为民的理念，公正负责地对待和处理群众的涉法诉求，保障人民群众对司法的参与权和知情权，增进人民群众对司法的了解和信任。进一步做好律师、公证、基层法律服务和法律援助工作，完善人民调解机制，确保各类群众平等获得司法保护。加强司法人员政治素质、业务能力和职业道德建设。

（四）建设创新创造的扬州

1. 营造创新创造氛围。积极引导广大干部群众克服墨守成规、小富即安思想，大力弘扬创业创新创优精神，倡导敢于突破、勇于创新、崇尚竞争、富有激情的创新文化，努力构建鼓励创新、宽容失败的环境，尊重基层和群众首创精神，积极营造“勇于创新、尊重创新、激励创新”的社会氛围。

2. 培育创新创造能力。强化创新教育，弘扬科学精神，宣传科学思想，推广科学方法，普及科学知识，打造学习型、创新型社会群体和团队。广泛宣传创新创造典型，建立健全企业家俱乐部和各类科技组织、协会，搭建良好的交流载体和平台，培养全社会特别是青少年的创新意识和创新能力。

3. 激发创新创造活力。建立有利于推动创新创造的体制机制，充分调动各个社会阶层和全体劳动者的积极性，激发群众创新创造的勇气和锐气，挖掘创新创造的潜能。激励和激发高校、企业、个人积极投身创新创造活动，使一切有利于社会进步的创造愿望得到支持，创造活动得到鼓励，创造才能得到发挥，创造成果得到肯定。

（五）建设人文关怀的扬州

1. 培育健康心理。加强社会工作者队伍建设，加强心理健康和精神健康建设，注重人文关怀和心理疏导，引导市民开阔心胸、释放压力，以积极乐观的心态面对工作、面对生活，实现人与人、人与社会、人与自然的和谐相处。

2. 构建和谐关系。大力弘扬博爱精神。弘扬和建设博爱文化，树立和宣传“献爱心、讲奉献”的先进典型，放大“扬州好人”效应，引导广大市民友善待人、尊敬好人、争做好事，推动扬州建设博爱之城。积极发展和谐劳动关系。深入开展创建和谐劳动关系企业活动，积极推进工资集体协商制度，依法规范用工行为；健全完善以职代会为基本形式的企业民主管理制度，建立健全劳动争议调解制度，进一步做好困难职工帮扶工作，建设健康和谐劳动关系。努力建设和谐社区。加强社区邻里中心建设，积极开展邻里节、社区节等活动，创造更多的群众沟通交流的机会，促进市民相识相知、互亲互敬。积极开展社区文明创建活动，兴办社区养老服务、社会教育和托管服务、便民利民服务和就业再就业服务等，增强社区服务功能。

3. 建设如家城市。开展爱心互助活动，积极开展“爱心助残”、“希望助学”、“阳光助老”、“真情助困” 等活动，引导和促进社会关爱。广泛推动慈善事业，放大“5·19 慈善日”品牌效应，吸引更多的企业设立专项基金参与慈善事业，弘扬慈善文化，建设“大爱之城”。 大力弘扬志愿精神，广泛普及志愿文化，加强志愿者队伍建设，进一步提高志愿者注册数和志愿服务参与率；引导市民在做好事、献爱心的过程中陶冶情操、提升境界，形成团结互助、平等友爱、共同进步的社会氛围。

五、建设创新扬州、精致扬州、幸福扬州的保障措施

（一）加强组织领导。成立市委、市政府主要领导任组长的“三个扬州”建设领导小组，分别设立创新扬州、精致扬州、幸福扬州建设三个工作小组及办公室，由相关市领导兼任办公室主任，具体承担“三个扬州”建设的宏观指导、部署协调、督查推进和考核评价等职责。结合“三个扬州”建设的重点，聘请国内外产业界、学术界和科研机构的权威专家学者充实政府顾问队伍，通过各种形式，对“三个扬州”建设中的重大事项进行咨询论证，不断提高决策科学化水平。加强干部科技创新、城乡发展、社会建设等方面知识的学习培训，大力推进学习型党组织和学习型领导班子建设，全力提升干部队伍的整体素质，提升各级干部推动“三个扬州”建设的能力和本领。各级党委、政府和市级机关各部门要以“三个扬州”建设统领工作全局，明确目标，落实举措，形成合力，确保“三个扬州”建设顺利推进。

（二）突出项目支撑。“三个扬州”建设领导小组办公室于每年四季度研究出台下一年度的工作目标和项目安排，重点是有计划有步骤地规划和启动建设一批重大支撑项目，落实项目责任部门、责任人和时间节点要求。建立市领导挂钩联系重大项目制度，协调解决项目推进中的重大问题。市有关部门要加大重点项目向上争取力度，积极跟踪研究国家和省产业发展、科技创新、城乡建设、重大基础设施、社会事业发展等相关中长期规划的组织实施情况，积极争取国家和省在扬州配置项目资源，吸引国家和省级重大项目在扬州建设和实施。

（三）优化发展环境。广泛开展“三个扬州”建设主题大讨论活动和宣传教育活动，深化全市人民特别是各级党员干部对“三个扬州”建设的认识，用“三个扬州”建设凝聚人心、集聚智慧、汇聚力量。大力弘扬“开放、创新、精致、优雅”的市民精神，深入实施全民科学素质行动计划，着力培育市民尤其是年轻一代的创新思维、精致意识和幸福追求，努力使创新、精致和幸福的理念深深熔铸到每个扬州人的内心，使勇于创新、追求精致、创造幸福生活成为每个扬州人的自觉行动。

（四）完善考评机制。根据创新扬州、精致扬州、幸福扬州建设的考核评价指标体系，分别制定“三个扬州”建设的考核评价办法，将“三个扬州”建设工作纳入各地、各部门年度工作目标管理。加强对“三个扬州”建设的动态监测和定期评估，每季度公布评估结果，把年度测评结果作为各地、各部门党政领导班子和领导干部政绩考核的重要内容。不断深化对“三个扬州”建设的研究，不断丰富“三个扬州”建设的内涵，引导干部群众参与评价指标体系的完善，始终保持“三个扬州”建设的开放性、科学性和时代性。结合年度综合考评，进一步完善“工作创新创优奖”的评选标准，强化鼓励各地、各部门主动谋划、积极作为的导向，激发各地、各部门和全体机关干部服务“三个扬州”建设的主动性和创造性。

中共扬州市委
扬州市人民政府
2010年8月5日

关于迎接扬州建城2500周年全面提升城市品质议案的决议

（2010年1月22日扬州市第六届人民代表大会第三次会议通过）

扬州市第六届人民代表大会第三次会议，审议了市人大常委会提出的《关于迎接扬州建城2500周年，全面提升城市品质的议案》。会议认为，庆祝扬州建城2500周年是扬州城市发展的重大事项。迎接扬州建城2500周年，必须全面提升城市品质，进一步彰显城市特色，提升城市综合竞争力。这是实现“发展创新型经济，建设创新型城市”奋斗目标和建设“创新扬州、精致扬州、幸福扬州”战略构想的重要内容，是扩大城市影响、提高全市人民幸福感和满意度的重要举措，也是全市人民的共同愿望。

会议明确，提升扬州城市品质的主要目标是，从现在起，用5年时间，进一步发展城市经济，优化城市布局，完善城市功能，彰显城市特色，繁荣城市文化，改善人民生活，全面提升城市品质，在2014年扬州建城2500周年时，建设成全国文明城市、国家生态市、国家森林城市，力争成功申报世界文化遗产。

会议认为，全面提升城市品质，必须坚持以下基本原则：一是以人为本，努力改进公共服务，让扬州市民生活更具幸福感；二是彰显个性，进一步打造精致产业、精致环境、精致生活、精致服务和文明市民的城市特色；三是尊崇文化，精心保护扬州古城和传统人文生态，实现古代文化与现代文明的交相辉映；四是生态优先，把生态效益放在更加突出的位置，实现“经济、社会、生态”效益有机统一、共同提升。

会议要求，全面提升城市品质，必须高举邓小平理论和“三个代表”重要思想伟大旗帜，以科学发展观统领全市经济社会发展全局。市政府要将迎接建城2500周年，全面提升城市品质工作列入政府重要议事日程，加强组织领导，建立工作机构，明确目标责任，落实具体措施，科学推进实施，确保全面提升城市品质的主要目标顺利实现。

一、提升城市产业品质。积极转变经济发展方式，不断优化和调整产业结构，大力发展战略性新兴产业，推动产业向知识密集型、技术密集型、资本密集型跨越；统筹城乡协调发展，大力推进高效规模农业基地建设，发展现代、生态、观光农业；大力发展休闲旅游、现代商贸等消费性服务业和信息、软件、文化创意、金融、总部经济、会展、物流等生产性服务业，重点加快旅游产品的深度开发，加快推进旅游国际化进程，把旅游业发展成国民经济的支柱产业和人民群众更加满意的现代服务业。

二、提升城市建设品质。积极呼应长三角一体化和江苏沿海开发战略，加快融入苏南、接轨上海和建设宁镇扬板块的步伐，推进“一体两翼”规划的实施；保持、发展和创新扬州城市的个性和优势，提升城市建筑设计和建设水平，加强城市精细化管理，实现古城与新城和谐共荣、相得益彰。

三、提升城市环境品质。打造“江、河、湖”相融相生的城市格局，保护和建设人与自然和谐相处的生态环境；加强水环境综合整治和保护开发，加强城市景观建设和基础设施建设，做足做好“水”“绿”文章。

四、提升城市人文品质。繁荣文化事业，发展文化产业；扩大民主政治参与，推进民主科学决策，保障人民群众参与社会管理；建设服务型政府，创新社会管理和公共服务，发展和谐劳动关系，提高社区治理水平，推进“平安扬州”建设；提高市民综合素质，推进文明城市创建工作，大力弘扬“开放、创新、精致、优雅”的市民精神。

五、提升城市生活品质。完善城市功能，整治城市环境，畅通城市交通，为市民创造更好的工作、学习、生活环境；发展社会事业，注重改善民生，完善社会保障体系，提高市民文化生活质量，让人民群众共享发展成果。

提升城市品质是一项系统工程，影响大，要求高，涉及面广。市政府要尽快制定《提升扬州城市品质行动计划》，明确总体目标、实施方案和年度计划，落实具体、可操作的推进举措，扎实工作，分步实施，有序推进，确保实现全面提升城市品质的目标，把扬州建设成为“创新之城、精致之城、幸福之城”，以崭新的城市形象迎接扬州建城2500周年。

本决议的实施情况，市政府要定期向市人大常委会报告。

重要文件目录

市委重要文件

1月10日印发《关于表彰乡镇(街道)党管武装好书记的决定》;

1月11日印发《关于进一步加强和改善民生工作的意见》;

1月16日印发《中共扬州市委关于进一步加强学习型党组织建设的意见》;

1月18日印发《关于印发〈扬州市2010年双拥和国防教育工作要点〉的通知》;

1月28日印发《关于下达2010年全市农业农村工作和新农村建设"十大工程"目标任务的通知》;

1月30日印发《关于表彰2009年度农业农村工作综合考评先进单位的决定》;

1月30日印发《关于表彰2009年度市区统筹城乡发展工作综合考评先进单位的决定》;

1月30日印发《关于命名2009年度社会主义新农村建设市级示范村的决定》;

1月30日印发《关于命名2009年度农村环境综合整治和"四位一体"长效管护达标乡镇的决定》;

2月1日印发《中共扬州市委扬州市人民政府关于推进残疾人事业发展的实施意见》;

2月3日印发《关于推进县域经济"三年跨越、争先进位、创新发展"的意见》;

2月9日印发《关于印发〈扬州市人民政府机构改革实施意见〉的通知》;

2月11日印发《中共扬州市委办公室关于印发〈2010年全市宣传思想工作要点〉的通知》;

2月12日印发《关于表彰扬州市2009年度利用外资、民资先进单位、市级机关部门引荐外资先进单位和招商引资十佳优质服务单位的决定》;

2月12日印发《关于表彰2009年度"法治扬州建设先进县(市、区)""法治扬州建设示范单位"的决定》;

2月12日印发《关于表彰2009年度"社会治安安全乡镇(街道)"的决定》;

2月12日印发《关于表彰2009年度市级机关"目标管理作风建设先进单位"的决定》;

2月12日印发《关于表彰2009年度"工作创新创优奖"的决定》;

2月12日印发《关于给予刘世奇等同志记二等功的决定》;

2月12日印发《关于印发〈扬州市创建全国文明城市2010年行动方案〉的通知》;

2月20日印发《关于印发〈扬州市创建全国文明城市工作问责办法〉的通知》;

2月24日印发《关于表彰2009年度全市信访工作先进县(市、区)先进单位和先进个人的决定》;

3月3日印发《中共扬州市委办公室转发〈扬州市关心下一代工作委员会2010年工作要点〉的通知》;

3月4日印发《关于授予江苏大康实业有限公司等企业"2009年度扬州市和谐劳动关系三星级企业"的决定》;

3月16日印发《关于印发〈2010年全市信访工作要点〉的通知》;

3月16日印发《关于印发〈2010年市委督查工作要点〉的通知》;

3月16日印发《扬州市县域工业"三年跨越、争先进位、创新发展"实施意见》;

3月19日印发《关于印发〈2010年扬州市农村扶贫脱贫攻坚工作指导意见〉的通知》;

3月25日印发《关于印发〈扬州市2010年文化产业发展行动方案〉的通知》;

3月30日印发《中共扬州市委扬州市人民政府关于加快推进统筹城乡发展 进一步强化农业农村发展基础的意见》;

3月30日印发《关于印发〈2010年法治扬州建设工作要点〉的通知》;

3月31日印发《中共扬州市委办公室扬州市人民政府办公室转发〈关于进一步加强和改进志愿者服务工作的意见〉的通知》;

4月9日印发《中共扬州市委扬州市人民政府关于下达2010年度重点工作考评目标的通知》;

4月25日印发《关于印发〈2010年扬州市发展创新型经济工作要点〉的通知》;

4月27日印发《关于印发〈扬州市2010年农业农村工作考核办法〉的通知》;

4月30日印发《中共扬州市委扬州市人民政府关于表彰2008～2009年度扬州市"学法用法优秀机关"的决定》;

4月30日印发《关于印发〈2010年扬州市区统筹城乡发展工作考核办法〉的通知》;

5月16日印发《中共扬州市委扬州市人民政府关于印发〈扬州市维扬区人民政府机构改革方案〉的通知》;

5月16日印发《中共扬州市委扬州市人民政府关于印发〈扬州市广陵区人民政府机构改革方案〉的通知》;

5月16日印发《中共扬州市委扬州市人民政府关于印发〈扬州市邗江区人民政府机构改革方案〉的通知》;

5月16日印发《中共扬州市委扬州市人民政府关于印发〈仪征市人民政府机构改革方案〉的通知》;

5月16日印发《中共扬州市委扬州市人民政府关于印发〈江都市人民政府机构改革方案〉通知》;

5月16日印发《中共扬州市委扬州市人民政府关于印发〈高邮市人民政府机构改革方案〉的通知》;

5月16日印发《中共扬州市委扬州市人民政府关于印发〈宝应县人民政府机构改革方案〉的通知》;

6月3日印发《关于印发〈扬州市部门内控机制建设基本规范(试行)〉的通知》;

6月4日印发《关于转发市财政局、市人力资源和社会保障局、市城乡建设局、市民政局、市监察局〈扬州市部门财政资金内控操作规范(试行)〉等文件的通知》;

6月11日印发《中共扬州市委关于进一步加强新时期科协工作的意见》;

6月11日印发《关于贯彻落实〈江苏省农村土地承包经营权登记试点工作方案〉的通知》;

6月11日印发《关于认真落实省委农村工作领导小组办公室等〈关于开展"五好"农民专业合作社示范社建设行动的通知〉的通知》;

6月23日印发《关于转发市文明委〈扬州市未成年人思想道德建设三年提升行动计划(2010～2012年)〉的通知》;

6月29日印发《关于转发〈市委组织部市委宣传部关于在全市基层党组织和党员中深入开展创先争优活动的实施意见〉的通知》;

7月1日印发《关于组建扬州广播电视传媒集团的通知》;

7月1日印发《关于组建扬州报业传媒集团的通知》;

7月8日印发《关于印发〈扬州市现代农业亮点工程行动计划(2010～2012年)〉的通知》;

7月9日印发《关于做好市人大代表联系选民和市政协"界别活动周"收集意见办理工作的通知》;

7月23日印发《中共扬州市委扬州市人民政府关于大力推进城镇化的意见》;

7月24日印发《关于推进"乡村少年宫"建设的实施意见》;

7月25日印发《关于进一步加强市委主要领导收阅群众来信办理工作的通知》;

7月27日印发《转发〈市创建办、市级机关工委、市公安局关于集中开展机关干部参与文明交通劝导志愿服务实践活动的通知〉的通知》;

8月6日印发《转发〈市创建全国文明城市指挥部关于建立创建工作示范点的通知〉的通知》;

8月5日印发《中共扬州市委扬州市人民政府关于建设创新扬州、精致扬州、幸福扬州的实施意见》;

8月20日印发《关于印发〈关于建立制度廉洁性评估备案机制的暂行办法〉的通知》;

8月24日印发《中共扬州市委关于进一步加强全市法院基层基础建设工作的意见》;

8月24日印发《关于印发〈扬州市加强县处级党政正职监督暂行办法〉的通知》;

8月24日印发《印发〈关于市党政主要负责人汇报廉洁从政情况的暂行办法〉的通知》;

8月31日印发《关于印发〈2010年县处级党政主要负责人向市委汇报廉洁从政情况实施方案〉的通知》;

8月31日印发《关于在全市建立网络发言人制度的意见》;

8月31日印发《关于在全市设立网络发言人的通知》;

9月8日印发《关于县(市、区)主要领导包案处理重点信访事项的通知》;

9月17日印发《关于进一步重视和支持民主党派基层工作的意见》;

9月19日印发《关于给予对口支援绵竹市九龙镇地震灾后恢复重建指挥部记集体二等功的决定》;

9月19日印发《关于印发〈扬州市社会稳定风险评估工作考核办法(暂行)〉的通知》;

9月27日印发《关于表彰城市建设和环境提升先进单位、建设功臣和先进个人的决定》;

11月12日印发《关于印发〈扬州市县(市、区)党政正职考核奖励试行办法〉的通知》;

12月9日印发《中共扬州市委关于进一步做好新形势下人民政协工作的意见》;

12月24日印发《中共扬州市委关于贯彻落实〈中共中央关于加强和改进新形势下党史工作的意见〉的实施意见》;

12月24日印发《关于表彰全市党史系统先进集体和先进工作者的决定》;

12月28日印发《中共扬州市委关于制定扬州市国民经济和社会发展第十二个五年规划的建议》;

12月30日印发《中共扬州市委扬州市人民政府关于贯彻国家和省中长期教育改革和发展规划纲要(2010～2020年)的实施意见》;

12月30日印发《中共扬州市委印发〈关于贯彻〈2010～2020年深化干部人事制度改革规划纲要〉的实施意见〉的通知》。

(童　林)

市政府重要文件

1月1日印发《关于下达2010年为市区人民办实事事项的通知》;

1月5日印发《关于印发〈扬州市重大工业投资项目认定办法〉的通知》;

1月6日印发《关于印发扬州市市区规划管理技术规定的通知》;

1月10日印发《关于授予2009年度扬州市科技进步奖的决定》;

1月12日印发《关于印发〈扬州市工业经济目标管理考核奖励暂行办法〉的通知》;

1月14日印发《关于公布扬州市实施教育现代化工程先进乡镇的通知》;

1月15日印发《关于印发〈扬州市实施八大产业三年振兴(快速发展)行动计划〉及保障措施的通知》;

1月18日印发《关于印发〈2010年市直工业目标管理考核奖励暂行办法〉的通知》;

1月21日印发《关于表彰2009年度质量工作先进单位的决定》;

1月21日印发《关于修订〈扬州市实施"8631"行动计划工作目标管理考核奖励暂行办法〉和下达2010年目标任务的通知》;

1月21日印发《关于印发〈扬州市八大产业振兴发展三年行动计划目标任务分解表〉的通知》；

1月22日印发《关于印发扬州市市长质量奖管理办法的通知》；

1月22日印发《关于印发扬州市市区经营性建设用地容积率管理办法的通知》；

1月22日印发《关于表彰2009年度市直工业目标管理考核先进单位的决定》；

1月22日印发《关于表彰2009年度全市工业目标管理考核先进单位的决定》；

1月22日印发《关于表彰2009年度全市工业优秀（明星）企业家的决定》；

1月22日印发《关于表彰2009年度全市十强乡镇工业集中区的决定》；

1月22日印发《关于表彰2009年度全市工业纳税十佳企业的决定》；

1月22日印发《关于表彰2009年度安全生产目标管理和专项整治先进单位的决定》；

1月22日印发《关于表彰2009年度全市科技创新目标管理考核先进单位的决定》；

1月22日印发《关于印发〈扬州市安全生产目标管理履职保证金机制〉的通知》；

1月30日印发《关于表彰2009年度农业农村工作单项考核、专项评比先进单位的决定》；

2月1日印发《扬州市地下管线管理办法》；

2月1日印发《关于印发〈扬州市加快发展养老服务业的意见〉的通知》；

2月2日印发《关于公布扬州市第七次哲学社会科学优秀成果获奖项目的通知》；

2月3日印发《关于表彰2009年度财政收入增收工作先进单位的决定》；

2月4日印发《关于全面开展农村集体资产清产和确权发证工作的意见》；

2月12日印发《关于表彰2009年度建筑业目标管理获奖单位的决定》；

2月12日印发《关于表彰2009年度全市建筑业先进单位和先进个人的决定》；

2月21日印发《关于印发〈关于实施国家基本药物制度的意见〉的通知》；

2月22日印发《关于促进我市房地产市场平稳健康发展的通知》；

3月2日印发《关于表彰2009年度扬州市商务内贸示范单位的决定》；

3月2日印发《关于表彰2009年度扬州市商贸服务业工作先进单位的决定》；

3月4日印发《关于印发2010年扬州市商务内贸目标管理考核奖励办法的通知》；

3月5日印发《关于2010年推进依法行政工作的意见》；

3月8日印发《关于印发〈扬州市2010年三新产业发展工作意见〉的通知》；

3月12日印发《2010年市政府及工作部门领导干部能力作风建设实施意见》；

3月16日印发《转发市发改委、市纠风办、市民政局〈关于加快推进行业协会与行政机关脱钩的实施意见〉的通知》；

3月16日印发《关于印发〈2010年扬州市民资工作目标和重大项目考核奖励办法〉的通知》；

3月17日印发《转发市财政局关于创新型经济发展专项资金管理办法的通知》；

3月18日印发《关于印发〈扬州市实施基本药物制度基层医疗卫生机构经费补助办法〉的通知》；

3月22日印发《关于印发〈扬州市招商引资十佳优质服务单位评选办法〉的通知》；

3月22日印发《转发市财政局等五部门〈关于完善小额担保贷款财政贴息政策，推动妇女创业就业工作的实施意见〉的通知》；

3月26日印发《关于继续深入开展“安全生产年”活动的通知》；

3月30日印发《关于做好取消政府还贷二级公路收费工作的指导意见》；

3月30日印发《关于印发〈扬州市人民政府工作规则〉的通知》；

3月30日印发《关于明确当前食品生产加工小作坊及保健食品生产销售有关监管职责的通知》；

3月31日印发《关于进一步加强废弃食用油脂管理工作的通知》；

4月1日印发《关于印发2010年食品安全整顿工作实施方案的通知》；

4月6日印发《扬州市人民政府重大行政决策程序规定》；

4月6日印发《关于印发〈扬州市开放型经济考核奖励办法〉的通知》；

4月6日印发《转发市金融办、财政局关于扬州市市级政府融资平台融资资金管理暂行办法的通知》；

4月15日印发《扬州市依法行政考核办法》；

4月15日印发《关于表彰2009年度绿化先进集体、先进工作者和优秀党政领导绿化工程的决定》；

4月16日印发《关于授予丁强等22位中外友好人士扬州市“城市贵宾”称号的决定》；

4月20日印发《关于命名“无毒社区”和表彰“无毒社区”先进单位的通知》；

4月22日印发《印发〈〈关于进一步解决市区低收入家庭住房困难的实施意见〉的补充意见〉的通知》；

4月22日印发《关于印发〈扬州市2010年农业保险试点工作实施方案〉的通知》；

4月26日印发《关于表彰2009年度全市道路交通安全工作先进单位的决定》；

5月4日印发《扬州市市区城市道路管理办法》；

5月5日印发《关于印发〈扬州市贯彻〈江苏省新型农

村社会养老保险制度实施办法〉的实施意见〉的通知》；

5月5日印发《关于印发〈关于深入实施商标战略促进科学发展的意见〉的通知》；

5月7日印发《关于全面推进集体林权制度改革工作的指导意见》；

5月10日印发《关于印发〈扬州市数字化城市管理综合考核办法〉的通知》；

5月20日印发《关于印发〈扬州市粮油市场保供稳价工作方案〉的通知》；

5月24日印发《转发市公安局关于构筑全市社会消防安全防火墙工程的实施意见的通知》；

5月27日印发《关于下达2010年度市区城镇村土地利用计划的通知》；

5月31日印发《关于加强校园安全管理的意见》；

5月31日印发《关于表彰2009年度国土资源工作先进单位的决定》；

6月1日印发《关于表彰2009年度扬州市节能先进单位及个人的决定》；

6月1日印发《关于印发〈扬州市2010年整治违法排污企业保障群众健康环保专项行动工作方案〉的通知》；

6月4日印发《关于印发〈扬州市深入开展化工生产企业专项整治工作实施方案〉的通知》；

6月7日印发《关于对2010年度全市工业经济目标管理考核体系进行修订增补的通知》；

6月10日印发《关于公布第二批市级非物质文化遗产代表名录和第一批市级非物质文化遗产代表作扩展项目名录的通知》；

6月10日印发《关于印发扬州生态市建设目标责任考核奖惩办法的通知》；

6月10日印发《关于印发扬州生态市建设工作奖励暂行办法的通知》；

6月10日印发《关于印发全市医药卫生体制五项重点改革2010年工作安排的通知》；

6月10日印发《转发市财政局〈扬州市市级政府非税收入征收管理考核奖励办法〉(试行)的通知》；

6月11日印发《关于印发〈扬州市旅游产业(2010～2012)三年发展行动计划〉的通知》；

6月13日印发《扬州市市区市容环卫责任管理办法》；

6月22日印发《转发市金融办、人民银行、银监分局关于扬州市创新型经济金融助推计划的通知》；

6月25日印发《关于印发切实加强基层应急队伍建设的实施意见的通知》；

6月29日印发《扬州市安全生产责任保险实施办法》；

6月29日印发《关于进一步加强农产品质量安全工作的意见》；

6月29日印发《关于表彰2009年度先进开发园区的决定》；

6月29日印发《关于印发〈扬州市人民政府常务会议学法制度〉的通知》；

6月29日印发《关于印发〈扬州市开发园区综合考核奖励办法〉的通知》；

7月1日印发《关于转发〈扬州市义务教育优质均衡建设实施方案〉的通知》；

7月6日印发《关于进一步推进全市社会综合治税工作的通知》；

7月9日印发《关于表彰2007～2009年度扬州市企业科技人员“讲创新·比贡献”竞赛活动先进集体和先进个人的决定》；

7月14日印发《关于印发〈扬州市强农惠农资金专项清理和检查工作实施意见〉的通知》；

7月20日印发《关于进一步推进农村信用体系建设的实施意见》；

7月21日印发《关于表彰市区出入口绿化建设工程的决定》；

7月21日印发《转发市城市管理联席会议〈关于扬州市数字化城市管理相关问题处置责任和考核细则〉的通知》；

8月2日印发《关于公布扬州市重大工业项目“零收费”目录的通知》；

8月2日印发《关于对全市2009年度“产业振兴、科技创新”项目奖励的通知》；

8月3日印发《关于印发〈扬州市生态市建设行动计划(2010～2012)〉的通知》；

8月3日印发《关于印发〈扬州市新型农村社会养老保险制度实施办法〉的通知》；

8月6日印发《关于印发〈扬州市乳品和含乳食品集中清查整顿专项行动方案〉通知》；

8月11日印发《关于印发〈扬州市关于集中开展船舶修造业安全生产专项整治实施方案〉的通知》；

8月11日印发《市政府办公室关于印发〈扬州市突发性核事故应急预案〉的通知》；

8月12日印发《关于表彰全市创业明星的决定》；

8月13日印发《关于大力发展市区公共租赁住房的实施意见》；

8月13日印发《关于进一步促进市区房地产市场平稳健康发展的通知》；

8月13日印发《关于加强市区集体土地拆迁安置房建设和管理的意见》；

8月27日印发《关于印发〈扬州市基层医疗卫生服务体系建设与发展规划(2011～2015年)〉的通知》；

9月3日印发《关于鼓励促进软件和信息服务业加快发展的意见》；

9月14日印发《关于进一步加强零散税收委托代征工作的意见》；

9月19日印发《关于进一步加强基层劳动就业社会保障公共服务平台建设意见的通知》；

9月21日印发《关于深入推进二手车市场规范化发展的意见》；

9月29日印发《关于印发〈扬州市知识产权战略纲要〉的通知》；

10月12日印发《转发人民银行扬州市中心支行〈关于推进中小企业信用体系试验区建设的实施意见〉的通知》；

10月29日印发《关于加快创业投资发展的若干意见》；

10月29日印发《关于印发扬州市城乡环境卫生整洁行动(2010～2012年)实施方案的通知》；

11月10日印发《关于加快我市地热资源开发利用的意见》；

11月24日印发《关于公布第四批进入行政办事服务中心集中办理事项的通知》；

11月24日印发《关于印发〈扬州市打击侵犯知识产权和制售伪劣商品专项行动计划实施方案〉的通知》；

11月25日印发《扬州市市区养犬管理暂行办法》；

11月29日印发《关于抓紧组织实施2500年城庆有关城建重点项目和工作的通知》；

11月30日印发《关于印发扬州市气象探测环境和设施保护办法的通知》；

11月30日印发《关于印发〈扬州市城市森林建设总体规划(修编)〉的通知》；

11月30日印发《关于稳定消费价格总水平保障群众基本生活的通知》；

11月30日印发《关于进一步加快金融发展的意见》；

12月1日印发《关于建立扬州市市场价格调控联席会议制度的通知》；

12月7日印发《关于印发〈扬州市科学技术奖励办法〉的通知》；

12月10日印发《关于改善企业房地产抵押借款登记评估服务的通知》；

12月14日印发《关于对持有独生子女父母光荣退休证的企业职工实行一次性奖励的实施意见》；

12月14日印发《关于建立扬州市综合应急救援支队的通知》；

12月20日印发《扬州市古城保护管理办法》；

12月20日印发《关于印发〈扬州市重大工业投资项目认定办法〉的通知》；

12月21日印发《关于表彰奖励参加江苏省第17届运动会贡献突出单位和个人的通知》；

12月22日印发《关于授予顾勇等同志"扬州市见义勇为先进分子"荣誉称号的决定》；

12月22日印发《关于推进财政预算科学化精细化管理的通知》；

12月22日印发《关于印发扬州市银行机构信贷投放考核办法(试行)的通知》；

12月23日印发《关于加快供销合作社改革发展的实施意见》；

12月31日印发《关于印发〈扬州市名牌战略实施纲要(2011～2015)〉的通知》。 (顾友红)

文摘

让幸福成为扬州的名片

全心全意为人民服务是中国共产党的根本宗旨。"满足人民群众过上更好生活新期待"，"让人民生活得更加幸福、更有尊严"，是我们党对全国各族人民作出的庄严承诺。近年来，扬州市坚持贯彻落实科学发展观，坚守以人为本的价值取向，大力推进经济发展提速增效，努力提升城市品质，持之以恒促进"解困民生"向"普惠民生"、"和谐民生"转型升级。站在新世纪又一个10年的起点上，市委市政府又适时提出建设"幸福扬州"的构想。

"幸福扬州"作为经济社会发展的新目标、新任务，反映了460万扬州人民的共同期盼与不懈追求。建设"幸福扬州"是社会主义价值目标和科学发展观"以人为本"理念的高度体现。社会主义的最终目的，就是实现人的全面发展，建设一个幸福、和谐、自由的共产主义社会；坚持"以人为本"，就是要更加注重经济发展和人的发展相统一，更加注重发展指标与幸福指数的同步提升。建设"幸福扬州"也是对经济社会发展方式的根本调整。目的决定实现目的的手段和方式，只有人民群众物质生活富裕、精神生活富足，才能有效扩大内需，促进经济内生增长，实现可持续发展。建设"幸福扬州"还是对经济发展到一定阶段可能面临的"伊斯特林悖论"的自觉破解。上世纪70年代，美国加州大学教授理查德·伊斯特林在对日、美等国经济社会发展情况的研究中发现，当人均GDP达到或超过6000美元时，经济增长与国民幸福并不一致，此前国民幸福感更多地与收入、财富相关，之后则与激励、创造、健康和政治参与等越来越密切。2009年扬州人均GDP已突破6000美元，在此情况下，我们只有在注重发展速度和质量的同时，更加自觉加大对市民的生活品质改善的力度，才能避免"伊斯特林悖论"的出现。

不同时期、不同地域、不同人群对"幸福"有着不同的理解和追求。有着近2500年建城史的文化名城扬州，所要建设的是一个"人人崇文尚德、家家安居乐业、社会公平正义、追求创新创造、充满人文关怀"的幸福扬州。具体而言，"幸福扬州"主要包括以下内容：爱学习、好读书、重品行、讲文明的市民精神得到弘扬；人民群众学有优教、业有所就、病有良医、老有颐养、住有宜居；城市交通便捷、设施齐全、生态良好、社会安宁；政府依法行政、公正执法，社会公平正义得到张扬，社会公共事务的民主参与度不断提高；人们的发展权利得到尊重，多样化的需求得到满足，创业的愿望得到支持，创新的活力充分释放，创造的源泉充分涌流，等等。

"幸福扬州"重在建设，要把工作的重心放到提升市民的幸福指数上来，为此，必须抓好四个方面的工作：

夯实"幸福扬州"的物质基础。始终坚持把发展作为第一要务，牢牢把握发展经济、致富百姓这个中心，加快转变经济发展方式，及早谋划产业转型升级，做大经济总量，做强经济实力，提高发展的质量和效益，为进一步增加居民收入、实现充分就业和满意就业奠定坚实的物质基础。一要优化产业结构。坚持用高新技术改造提升石油化工、汽车船舶、机械装备三大传统支柱产业。以打造“中国光电城”为目标，促进太阳能光伏和半导体照明产业形成产业聚集；以建设国家智能电网产业基地、国家智能电网示范城市为目标，加快推进智能电网产业发展。同时，抢抓国家实施战略性新兴产业重大专项工程的机遇，发挥江苏信息产业基地的优势，加快发展软件、服务外包以及与物联网、智能电网相配套的现代信息技术服务业。二要优化产业布局。坚持以沿江开发、园区建设为龙头，推进工业企业“退城进园”，整合各种资源和生产要素，加快产业集中、集聚、集约发展。三要优化发展路径。坚持在发展中保护环境、节约资源，发展低碳经济、倡导低碳生活，为子孙后代可持续发展预留空间。

凸显“幸福扬州”的文化内涵。通过对扬州深厚文化底蕴的挖掘与弘扬，推动全国文明城市的创建工作，丰富人民群众精神文化生活，增强扬州人民对城市的文化认同感和心灵归属感。牵头做好中国大运河申遗工作，明确把扬州盐商历史遗迹作为瘦西湖与扬州历史城区申遗的主题，力争2013年成为世界文化遗产城市。持续推进文化博览城建设，到2014年将建成包括中国扬州雕版印刷博物馆、扬州工艺美术馆在内的90座文博场馆，从不同视角记载和展示城市独特的文化和发展成就。以创建全国文明城市工作为抓手，倡导文明优雅的生活方式，引导市民与艺术结缘、与经典对话，陶冶性情、颐养身心。

提升“幸福扬州”的生活品位。营造优美、舒适、和谐的生活环境是增强市民幸福感的关键举措。一要完善城市功能。以“精致化”、“人性化”为要求，规划、布局、建设一批功能性基础设施项目，满足城市发展、市民期盼的更高要求。加快建设机场、地铁、城市轻轨，构建立体化、现代化的快速交通体系，发展高端商业、宾馆业、娱乐业和适合大众旅游、休闲的消费场所，建设高品质的图书馆、美术馆、音乐厅等公共文化设施，不断满足人民群众的更高发展需求。二要优化生态环境。彰显绿杨城郭的城市特色，结合人居环境改善，优化城市大型生态绿地布局，高标准建设沿江、沿河、沿路等一批公共绿地，争取每年新增城市绿化面积100万平方米以上。继续做好“水”文章，保护水资源、改善水环境、建设水景观、弘扬水文化。2014年以前，建成全国生态市、全国森林城市。三要大力发展社会事业。加快构建“覆盖城乡、全民共享”的医疗、住房、养老、生活保障体系并不断提高保障标准。优先发展教育事业，促进优质教育资源城乡共享。积极做大文化产业，生产更多健康向上的文化产品。强化和谐社区建设，把城市建成温馨和美的家园。

健全“幸福扬州”的制度保障。建立顺畅的沟通机制，是“幸福扬州”建设稳步、扎实、有效推进的重要保证。要促进市民与党委政府良性互动，充分发挥市委书记信箱、寄语市长、人大代表与选民见面日、政协委员界别活动周、市民论谈等民意表达平台的作用，创造条件让老百姓有话敢说、有话敞开说、说了不白说，真正做到民有所需，我有所应；民有所困，我有所解。要激发创新活力，积极构建创业创新平台，优化创业创新服务体系，促进各类资本、技术、人才竞相发展，激发全社会创新创业创造活力，做到人尽其才、人尽其用。要积极探索量化考核，研究建立具有扬州特色的市民幸福指数评价体系，使人民群众满意不满意、幸福不幸福可量化、可考核，为“幸福扬州”建设提供坚强有力的制度保障。

（作者：王燕文；摘自2010年第9期《求是》杂志）

大力建设创新扬州、精致扬州、幸福扬州

一个重大战略抉择

深入推进“三个扬州”建设，对于传承城市文明、推进转型发展、提升城市综合竞争力、进一步凝聚民心民力具有重要的历史意义和现实意义。建设“三个扬州”是传承文明的历史重任。历史上的扬州既有兴于汉、繁于唐、鼎于清的数度辉煌，也有经济衰退、城市萧条的漫漫沉寂。历史昭示我们：扬州的往昔荣光，固然有坐拥滨江近海、江河交汇之便的自然禀赋因素，更主要是有赖于扬州人的开放包容、创新求变、奋斗不息的精神。在迎接2500周年城庆的关键节点，市委提出建设“三个扬州”的奋斗目标，就是要勇于担当、不断进取，重振名城雄风，这是时代赋予我们每个扬州人的历史重任。建设“三个扬州”是转型发展的现实需要。当前，我们既面临后金融危机时代新一轮科技革命与产业革命浪潮加速兴起、长三角一体化进程加速推进的新机遇，也面临经济增长结构性矛盾突出、资源环境约束加大的新挑战，我们唯有加快转变经济发展方式实现创新发展、加快调整城市发展模式建设精致城市、加快优化发展理念创造幸福生活，才能注入发展新动力，集聚发展新要素，抢占发展制高点。建设“三个扬州”是提升城市竞争力的战略之举。当今时代，工业化、信息化、城镇化、市场化、国际化深入推进，城市发展群雄竞起、百舸争流，建设“三个扬州”有利于我们抢占先机、错位发展，挖掘潜在优势，发挥比较优势，放大现实优势，培植竞争优势，走出一条具有时代特征、区域特点、扬州特色的发展之路。建设“三个扬州”是凝民心聚民力的行动指南。近十年来，按照江泽民同志“把扬州建设成为古代文化与现代文明交相辉映的名城”的题词精神，市委市政府始终坚持发展为了人民，发展依靠人民，发展成果由人民共享，不断加快经济发展，大力传承扬州文化，致力彰显城市特色，持续改善人民生活，经济社会发展取得了显著成效。把建设“三个扬州”作为今后一个时期扬州发展的目标定位和行动指南，就能更好地顺应民意、凝聚民心、集中民智，形成推动科学发展、促进社会和谐、共建幸福家园的强大动力。

把握丰富内涵和基本原则

要准确理解“三个扬州”建设的丰富内涵。建设“三个扬州”，在城市发展路径上，就是要与时俱进、创新创造，

不断构筑扬州区位、产业、人才、体制机制等发展优势，推动先进制造业基地化、现代服务业高端化、高新技术产业特色化、高效农业规模化，建设长三角特色鲜明的创新型城市；在城市发展形态上，就是要做到精益求精、追求完美，使扬州城市格局更加合理，尺度更加宜人，风貌更加雅致，环境更加秀美，彰显扬州不同于其他历史文化名城的独特气质，创成全国文明城市、国家生态市、国家森林城市，确保中国大运河联合申遗或“扬州盐商历史遗迹”申遗成功；在城市发展功用上，就是要强调关注人民生活、注重人文关怀，物质更富足、生态更优良、文化更繁荣、生活更舒适，让“诗意栖居、快乐生活”成为“人生只合扬州居”的最好诠释。“三个扬州”各有侧重、又有机联系，“创新”激发城市活力是关键，“精致”彰显城市品质是个性，“幸福”体现城市价值是目的。在准确理解“三个扬州”丰富内涵的同时，我们还要全面把握以人为本、创新引领、和谐发展的基本原则。坚持以人为本，就是要把激发人的创造、提升人的素质、促进人的发展、关注人的幸福作为“三个扬州”建设的出发点和落脚点，更加注重发挥人民群众的主体作用，让广大干部群众通过创新创造体会幸福、通过精致城市感受幸福、通过经济社会发展享受幸福。坚持创新引领，就是要创新发展理念，既要金色 GDP 又要绿色 GDP；创新发展路径，变“跟随”发展为创新发展；创新发展目标，由注重“惠民”向叠加“幸福”不断提升。坚持和谐发展，就是要把统筹协调三次产业发展、统筹城乡发展、统筹经济社会发展与生态建设结合起来，立足当前、着眼长远，既重速度、更重效益，促进经济的全面升级、社会的全面转型、城市的全面更新，推动经济社会、人与自然的和谐发展。

以创新驱动发展

创新驱动是经济又好又快发展的必然趋势，更是扬州转型发展、争先进位的明智选择。在大变革、大开放、大发展的新时代，不创新就没有出路，不创新就不可能进位。在世界产业分工中，发达国家投入的是创意和科技，如果我们还是靠过度的消耗资源、能源等生产要素，那么我们只能永远处在“微笑曲线”的中端和价值链的低端。国际上将一个国家或地区的社会发展分为资源驱动、资本驱动和创新驱动三类。积极顺应产业演进趋势，使经济发展向创新驱动转变，已经成为我国经济发展的一项重大任务。从我市的发展实践来看，这些年正是得益于创新驱动，才打造出以“三新一网一书”为代表的新兴产业，从而形成了现实增长极，更为未来发展抢占了制高点。因此，我们必须坚持创新驱动发展的方向不动摇，坚持建设创新型城市的目标不动摇。探索创新驱动的路径，既要站得高、看得远，着眼时代发展要求和未来发展大势，又要审时度势、立足现实基础条件和自身比较优势，大胆地试、大胆地闯，让创新的活力充分迸发出来。各地各部门要按照市委五届九次全会的部署，大力推进产业创新，把产业创新作为建设创新型城市的核心，加快构建现代产业体系；大力推进科技创新，把科技创新作为创新扬州建设的主体战略来实施；大力推进载体创新，以创新型园区、创新型企业和大学科技园为主阵地，打造“创新扬州”建设的发展载体；大力推进人才创新，以人才集聚促进产业集聚，以人才结构调整推动产业发展转型；大力推进制度创新，突出抓好产业政策、投入机制和服务体系的创新，为“创新扬州”发展提供有力保障。

精致到唯美

一座能给人留下深刻印象的城市，必定是一座有着独特气质的城市。根据“三个扬州”建设的总体部署，我们在精致扬州的建设中，一定要时时处处本着“唯美”的理念，从精当规划、精心设计入手，增强精品意识，推进精细管理，实现精明增长，努力把扬州建设成为布局合理、功能完善的现代开放城市，文化浓郁、形神兼备的世界遗产城市，绿水相依、宁静雅致的秀美宜居城市。人们之所以向往一座城市，主要是因为这座城市能给人带来唯美的感受和文化体验。精致扬州，物化于一草一木一砖一瓦一路一桥，就是处处能体现精致，能给人带来美的享受。但美的追求又是永无止境的。当代著名学者余秋雨，在为清代李渔《闲情偶寄》重新作序时，提出一个观点：“精致到唯美”。这启示我们：唯美是精致的最高境界。从精致走向唯美，是城市气质的升华，是城市文化魅力的张扬，是城市从里到外个性的彰显。打开扬州地图，瘦西湖景区是城市心脏位置的一片绿海，且绿海的面积在不断长大；对比城市老照片，而今城区天际线竟和 20 年前相差无几，从中可以看出古城保护的显著成效；大力推进文化博览城建设，如今 40 多个文博场馆相继建成开放，从中可以看出扬州文化的繁荣……从精致到唯美，让扬州始终拥有古今一脉相承的文化气息，始终散发着让人流连忘返的独特魅力。从精致到唯美，不是简单的“人无我有，人有我优”，而是通过科学理念、艺术之心、大师之技，把整个城市当作一件艺术品，科学定位、精雕细琢，在城市建设的每一个细节上都能体现出“精致到唯美”的理念。从精致到唯美，也不仅仅是简单的栽几棵树、建几幢楼、修几条路，而是融入文化基因、文明内涵，让城市处处闪耀着古代文化与现代文明交相辉映的光彩。我们要抓住古城保护、旧城改造、新城建设、景区建设、路网优化、功能完善、环境提升、民生改善等核心，切实做好城市规划设计，大力建设文化遗产城市，全面提升城市形象，着力优化城市生态环境，不断完善城市功能，增强城市发展承载能力，深入推进城市精细化管理，让唯美的扬州美不胜收、名扬四海。

城市如家　生活幸福

建设幸福扬州，就是要坚持以“幸福”为导向统领全市经济社会发展全局，更加注重经济社会发展和人的发展相统一，致力于把扬州建设成为“人人崇文尚德、家家安居乐业、社会公平正义、追求创新创造、充满人文关怀”的幸福城市。全市上下要准确把握市委五届九次全会精神，真正让“幸福扬州”成为经济社会发展的主旋律，成为全市人民的共同期盼和共同追求。以幸福为导向，是执政为民理念的生动落实。2002年以来，市委、市政府连续九年出台“一号文件”，部署改善民生工作，经历了从“解困民生”，到“普惠民生”、“和谐民生”，再到“幸福民生”的发展过程。改善民生工作理念的发展和提升，表明了我们把实现好、维护好、发展好人民群众的根本利益，作为全部工作的出发点和落脚点的不懈追求。一个人，若把幸福作为导向，那他的人生将充实而快乐；一座城市，若把幸福作为导向，那她的发展将充满生机和活力。以幸福为导向，能够激励全市上下不断创新发展、争先进位，提升发展水平、增进群众福利；能够激发全市人民的创造力和凝聚力，推动共建共享生动局面的形成。以幸福为导向，就要坚定地用幸福来统领经济社会发展全局。在路径选择上，要坚持文化立市、以德育人，让崇文尚德成为城市的独特气度；坚持富民优先、安民为本，让安居乐业成为发展的根本目标；坚持执政为民、依法治市，让公平正义成为社会和谐的基石；坚持尊重创新、鼓励创造，让创新创造成为与时俱进的不竭动力；坚持友爱互助、无私奉献，让人文关怀成为市民的情感纽带。在具体指标上，确保到2014年，实现城镇居民人均可支配收入3.5万元以上，农民人均纯收入1.5万元以上，年均保持两位数增长；市区人均住房面积39平方米，农民人均住房面积43平方米；全市社会保障覆盖率95%以上；市民平均预期寿命达76岁以上；城乡居民幸福指数不断攀升。这些年来，人民群众已经深切感受到身边发生的巨大变化，城市越来越精致、经济越来越发达、口袋越来越殷实……只要我们真正做到以幸福为导向统领经济社会发展全局，就必定能让幸福成为人民群众的生动表情，从而形成对扬州强烈的认同感和归属感。

（作者：《扬州日报》评论员；摘自2010年7～8月《扬州日报》）

江苏扬州建设大学生“村官”队伍的长效机制纪实

江苏扬州2009年底在全省率先实现“一村一社区一名大学生‘村官’”的目标，如今全市1383个村（社区）共配备大学生“村官”1498名。扬州市通过择优选聘、教育管理、培养使用、创业扶持等措施，探索建设大学生“村官”队伍的长效机制，让青春在新农村舞台激情飞扬。

大学生“村官”需要帮一把、送一程

结对牵手、交友连心，在扬州大学生“村官”心中，是几个特别温暖的字眼。扬州市去年选聘552名大学生“村官”时，就有1000多名志愿者全程帮助他们。这些志愿者中有市领导、有企业家、也有专家学者，他们经常与大学生“村官”通过信函、电话、短信等方式，从工作、生活、创业等方面给予帮助。目前，大学生“村官”人人有了“工作导师”。

扬州市委书记王燕文结对的大学生“村官”是仪征市大仪镇路南村党委书记郑福源，年前，王燕文特意购买了羽绒服和运动鞋送过去。王燕文说：“我们把一些工作经验、思路传授给年轻同志，同时也能从他们身上感受到更年轻的工作激情、创业热情。”

扬州大学农学院教授薛元龙在高邮菱塘回族乡菱塘村创办了结对帮扶大学生“村官”示范基地，年前他为结对的“村官”备了一份“新年大礼包”，包括一个高产粳稻新品种、一个种草养鹅致富农民的项目和一个种养知识培训班。“从校园到田园，大学生要成为好‘村官’，需要帮一把、送一程。”薛元龙说。

为激励大学生“村官”创业，扬州市设立了8000万元的信贷资金和500万元的财政贴息资金，各县（市、区）也相继设立创业扶持资金，帮助大学生“村官”跨过创业之初的资金“门槛”，同时联络一些高等院校、企业家、专家顾问团等为大学生“村官”服务，引导他们顺利走上创业之路。扬州还以政府担保建立风险补偿机制，解决他们创业的“后顾之忧”。

“扬州特有人情味儿，让我有家的感受。”高邮市卸甲镇虎头村委会主任助理邹主东说。来自山东平度的邹主东在生活、衣食住行各方面受到当地各级领导照顾，现在他把老家的父母接过来，准备在当地安心创业。

最好的培养就是使用

去年8月，24岁的女大学生“村官”俞聂玲赴任维扬区甘泉街道公路集村，成为扬州市首个省选聘大学生村支书。面对年集体收入才3万多元的经济薄弱村，她用自己稚嫩的肩膀，担起一副发展富民的重担。

“最好的培养就是使用。”要把大学生“村官”培养好、使用好，就要给他们交任务、压担子。目前，全市已有78名大学生“村官”走上村“两委”正职岗位；1200多名大学生“村官”担任副书记、书记助理、副主任、主任助理；178名大学生“村官”兼任乡镇（街道）团委、妇联、招商办等中层干部；一些政治素质好、有发展潜力、群众认可度高的已被列入乡镇（街道）后备干部培养。

去年4月，宝应县首批15名省选大学生“村官”集体创业，成立了宝应鼎创生态农业开发有限公司，深加工红叶菜。通过他们的开发，红叶菜的亩产量提高了50公斤。他们还对红叶菜进行芽苗培育、提纯复壮培育了新产品——三叶菜，并实现出口。

“跟着这群年轻人干好啊，种的菜都是别人没见过的，不用起早贪黑，还能卖个好价钱。别的村子的人都羡慕我们呢！”大学生“村官”给乡亲们带来的惊喜一个接一个，目前扬州市已有238名大学生“村官”创办了149个项目，涵盖了一产、二产和三产领域，吸收农村剩余劳动力逾千名，增加农民收入近百万元。

探索建立大学生“村官”长效机制

“大学生之所以能够迅速融入基层并发挥积极作用，源于高标准的选拔机制。”扬州市委组织部相关负责人介

绍说，从笔试到面试，再到综合素质考察，程序严格的选拔堪比公务员考试。在扬州大学生“村官”队伍中，本科及本科以上学历1321人，中共党员占80%以上。

“‘村官’驿站”是扬州抓好大学生“村官”教育、培养的一项创新举措。仪征市的“‘村官’驿站”设有图书馆、阅览室、活动室、会议室以及60多个标准间，成为当地147名大学生“村官”在市区内学习交流和免费住宿的场所。目前，扬州市各县(市、区)都已建成“‘村官’驿站”。

为建立大学生“村官”长效机制，扬州市注重在工作实绩、创业富民、和谐稳定等方面的实绩考核，考核结果作为续聘、奖惩、招录公务员等方面的重要依据，并以县为单位，建立大学生“村官”个人档案，加强动态管理。

大学生“村官”黄俊经过不懈努力，将一个贫困落后村变成扬州市小康建设的示范村。去年初，他被破格提拔为江都市仙女镇党委副书记，这在全市大学生“村官”中引起强烈反响——“干得好，就会有好出路！”

目前，扬州市正在制定《2010～2014年大学生“村官”队伍建设规划》，计划从具有基层工作经历的优秀大学生“村官”中招考公务员、招聘事业单位工作人员，每年安排20%以上名额面向大学生“村官”。

(作者：朱旭东、何瑞琳； 摘自2010年3月10日新华网)

一群好人，满城新风

一位母亲进城给孩子看病，却把钱弄丢了。看着焦急的母亲、面对周围人的质疑，的哥拿自己的钱还给了这位母亲，自己却因“捡钱不还”被单位辞退了。孩子病愈后，母亲回到家，发现原来是自己忙中出错把钱落在了家里……

这是根据发生在扬州的一个真实故事改编的电影《江北好人》。

从看“好人”到做好人，一个善意谎言说了12年

《江北好人》在扬州上映后引起轰动，很多观众是攥着纸巾看了一场又一场。

电影中的的哥张维扬为救人说了善意的谎言，而现实中，扬州仪征有一位电工，则把一句善意谎言说了十多年。12年前的一天，仪征新城供电所电工周维忠去沿江村唐有富家拉电，唐家已经连续几个月没交电费了。一进唐家门，周维忠心里凉飕飕的。房屋破旧，一家三口人两个智障，儿子唐久亮和妻子生活都不能自理，唐有富也因年迈无法劳动，全家几无收入来源。看着听着，周维忠鼻子一酸说：“我们有政策，你家的电费免了。”

其实哪有什么优惠政策，是周维忠自己担下了唐家的电费，这一缴就是12年。那以后，每次上门“抄表”，周维忠都要给唐家的“傻儿子”唐久亮买点吃的喝的，逢年过节还给买上里里外外一身新衣新鞋。老实憨厚的唐有富最后还是知道了缘由，哽咽着只说了一句话：“我这辈子没什么报答他，就让好人有好报吧！”

“好人有好报”，扬州很多人心中都揣着这句话，并为之付出行动。江都退伍老兵李彬25年前曾在战场上抬下一名叫樊俊的战士，战士的嘴唇一直微微在动，似乎想说什么，但没说出来就离开了人世。

“他究竟想说什么？”无数个夜晚，李彬一遍遍模仿战士的口型，终于明白，这位战士想说的是“代我去看看我爸妈”。经过多方查找，李彬终于在江都樊川镇找到了樊俊的父亲。这时的樊爸爸已是孤老晚年，“樊爸爸抱着我只是一个劲地哭，战争让他失去了一个儿子，我就给他送去一个儿子。”从那一刻起，李彬就决定去找每一个牺牲战友的爹娘，20多年下来，他跑遍全国各地，陆续找到了11位牺牲战友的亲人，认了12个“爹娘”。他还分批把“爸妈”们带到北京看升国旗，尽一个“儿子”的责任。

在扬州，“好人”的故事几天几夜都说不完。扬州东关街上的逸圃里原来住着一户尚姓人家，他家的隔扇门背后有12块古董瓷板画，曾有人上门出10万元的价格收购，但老两口没答应。两年前逸圃搬迁，尚家夫妇主动把保存完好的瓷板画捐给了国家，经鉴定，这批瓷画是珍贵文物，价值400多万元。

江都市丁沟镇环卫女工龚文凤，扫大街“扫”到一个装有10万元的皮包，面对这笔够她扫一辈子大街的巨款，龚文凤没有心动，而是想方设法找到失主归还，又拒绝了失主的重金酬谢。人们纷纷赞誉她，“不仅是环境的美容师，更是心灵的美容师。”

从电影中虚构的“张维扬”，到现实生活中的周维忠、李彬、龚文凤、尚家夫妇……一个个平凡的面孔，汇聚成了“扬州好人”的群像。

从“好人馆”到“好人柱”，“好人文化”满古城

“好心阿姨，你是谁？”在扬州开发区文汇街道花园社区的大门口，张贴着一幅巨型“寻人启事”海报，大大的“？”透露出找寻者的急切心情。

“好心阿姨”的故事要从去年的一个雨天说起。扬州开发区有对先天脑瘫的孪生兄妹，父母拼命挣钱四处求医，可有一天奶奶又突发脑溢血住院，让这个不幸的家庭雪上加霜。次日下午，一位中年阿姨将3000元现金丢给居委会后转身就走。工作人员追问姓名时，这位阿姨摇摇手说：“我身体不好跑不动，你们就别追别问了。”

“风雨中的来客”究竟是谁，登了报纸、上了电视，但至今无法得知。海报上那个“好心阿姨”在风雨中留下的模糊身影，已成为大家心中公认的“扬州好人”标准像。

扬州自古就有崇文尚德的传统，如今，弘扬“好人文化”，扬州又建立了一整套机制。

乡镇有“好人馆”。邗江方巷镇的“好人馆”里陈列着村民殷武勇为救父“三割头皮”的故事。2007年初，殷武勇的父亲不慎落入了2米多深的沸水池，全身80%三度烫伤，只有通过植皮才能保住性命。殷武勇义无反顾地三割头皮。

社区有“好人柱”。在扬州康乐社区，60根景观柱贴上了好人照片、故事，连在一起成了一条“好人街”。其中一

根“好人柱”上记录了“社区环保形象大使”王树珍的事迹。她把自家的缝纫机搬到社区广场上，现场把收集来的废弃横幅布、旧服装裁剪加工，缝制成了精美别致的购物袋赠送给居民。

街道还有“好人墙”。最近，扬州市首批6位“社区好人”新鲜出炉。他们中有心系贫困山区儿童的扬州姑娘王蓉，有担任社区义务网吧巡逻监督员的老党员王继宗，有多次出面为居民协调输通下水管的热心人李凤珍……市区文峰街道专门辟出荷花池畔的一整面墙，把“好人”的照片放大向公众展出。

“点燃一盏灯，照亮一大片”。今年6月起，扬州在全市开展了推荐、宣传、学习、争做“扬州好人”的系列活动。《扬州日报》打出了“好人榜”，扬州电视台推出了“好人动态”，每天向市民推荐一名“扬州好人”，讲述他们的故事，宣传他们的事迹。

从“扬州美”到“扬州好”，“好人”提升扬州“精气神”

“扬州城里好人多。”这是除“扬州八景”外，很多外地游客在扬州古城留下的美好回忆。

7月23日，扬州城迎来了一批特殊的客人，中国“名博沙龙”的作家组团来扬州采风。其中一位作家汪亚民不小心把手机遗失在火车上。他还没有察觉手机丢了，捡到手机的扬州乘客就照着电话里最后一条通话记录，与他的同事取得联系。作家团刚抵达下榻的宾馆，手机已送还到汪亚民手上。

不断涌现的“扬州好人”，正在潜移默化地凝聚这座古城的“精气神”。在扬州兰庄社区修车师傅程介兵告诉记者，他在修车铺设了个爱心充气点，将路人充气所付的零钱全部捐给社区爱心基金。以前，冷不丁会有人充了气不给钱就走了，可现在很多人跑大老远到他这里来充气，很多人还特地多投几个硬币。

扬州本地的“好人”越来越多，在扬州工作生活的外地人，也在耳濡目染中向“好人”的标准看齐。

扬州电视台的一位记者无意中见证了这一改变。他观察到有个外来民工经常到扬州来鹤台广场看演出，第一次来，他光着膀子，看到大家都看着他，于是不好意思地从人群中退了出来；第二次来，他穿了一身整齐的行头，但接电话时又扯开嗓子聊了起来，直到发现广场上除了戏台上的声音就是自己的嗓音，他赶紧跑到了一旁；第三次，还是这个农民工，散场时发现地上有个饮料瓶，上前随手就拣起来丢进了垃圾桶。记者问他，为什么有这么大变化，这位外地民工憋出一句话：“看多了好人，心里自然也有了标准。”

润物无声文昌雨，一城感动扬州风。前几天的一场暴雨过后，市区文昌东路上满是被大水冲掉的车牌，可第二天车主们路过文昌东路时看到，丢失的车牌都挂在沿街住户的门口等着认领……“好人文化”让扬州人从中收获越来越多的“幸福感”。

（作者：姜圣瑜、刘世领等；摘自2010年8月14日《新华日报》、新华网）

书目

2010年广陵书社出版的部分图书

矢志太湖生态城——无锡市2002～2009城市创建工作的实践与研究／无锡市城市创建工作领导小组办公室编

说吴／庄若江著

曹寅评传·曹寅年谱／方晓伟著

亲历苏州解放／苏州市政协文史委、苏州日报社编

高邮民歌／张秋红主编

江苏文化年鉴(2009)／《江苏文化年鉴》编纂委员会编

中国农业银行深圳市分行银行卡发展历程／黄晓著

中外和战议／(清)王棻著

盛世虎／龚良主编

苏州山水志／张振雄著 苏州地方志办公室编

西津渡观音三十二宝相图／戴敦邦绘

龙威读书录／祁龙威著

西厢记／(元)王实甫著

铁琴铜剑楼研究文献集／吴雍安、曾康、仲伟行编著 仲伟行修订

扬州画舫录／(清)李斗著 陈文和点校

东晋南朝家族文化史论丛／王永平著

烟花三月／广陵书社编

闲情偶寄／(清)李渔著

安素轩石刻精选／朱戢选编

扬中年鉴(2009)／《扬中年鉴》编辑部编

曲江水工程／李宝惠著

国初钞本红楼梦／(清)曹雪芹著

扬州弹词:审刁案／张慧依原著 韦明铧整理

诗画扬州／袁秋年主编

中华民国史史料四编／周光培编

新修岳麓书院志／(清)赵宁纂修

楚辞集注(图文本)／(宋)朱熹集注

五亭风韵／王虹军著

罗聘故居／吉秋炜编著

儒林六都志／吴江市七都镇人民政府、吴江市地方志办公室编

常熟文学史／曹培根、翟振业主编

东山教授／杨维忠、金本福编著

唐诗三百首(图文本)／(清)蘅塘退士编选

投资·融资——资本论文选集／张端著

程镜寰诗文遗稿／程镜寰著

逸经／杨周主编

士礼居黄氏丛书／(清)黄丕烈辑

1+1古筝基础教程／王小平编著

扬州文化丛谈／赵昌智著

经典常谈／朱自清撰著

十一家注孙子 /(春秋)孙武撰 (汉)曹操等注
扬州丛刻 / 陈恒和辑
饮膳正要 /(元)忽思慧撰
韩勇建绝句百首 / 韩勇建著 周启林书
黄帝内经 / 鲍良红点评
玄览堂丛书 / 郑振铎辑
走近佛前——南京博物院藏佛教艺术精品 / 南京博物院编
宜兴紫砂传统手工工艺技法 / 曹婉芬著
仪征农林志 / 仪征农林志编纂委员会编
越风 / 黄萍荪主编
秦邮书法集萃 / 姜文定编著
杜甫诗选 /(唐)杜甫著
和谐世界理论与实践论纲 / 朱凯兵、张远编著
山东济宁博物馆馆藏刻石精粹 / 武健主编
太仓年鉴(2010)/ 太仓市史志办公室编
李白诗选 /(唐)李白著
藏书记(图文本)/(清)杨守敬等著
徐霞客与无锡 / 吕锡生主编
纳兰词 /(清)纳兰性德著
扬州八怪艺术珍品 / 广陵书社编
容斋随笔 /(宋)洪迈撰
仪征年鉴(2010)/ 仪征市地方志办公室编
诗品 词品 /(南朝)钟嵘 (明)杨慎著
历史的记忆 / 中共昆山市委党史研究室编
扬州杂咏(外三种)/ 刘梅先著 赵昌智点校
传习录 /(明)王阳明著
风过骥沙——靖江历史漫笔 / 高峰著
宋本武经七书 /(春秋)孙武等著
民国扬州旧事 / 宗金林主编 扬州市档案局、扬州市方志办编
中医药养生与家庭保健 / 潘惠主编 扬州市卫生局编
扬州旧影 / 扬州旧影编委会编
东坡词 /(宋)苏轼著
江都年鉴(2010)/ 江都市方志办编
无锡集萃 / 汤可可、孙炳卿主编
清宫扬州御档 / 中国第一历史档案馆、扬州市档案馆编
百美新咏图传 /(清)颜希源撰
扬州文化研究论丛·第五辑 / 赵昌智主编
南京卫生年鉴(2010)/ 南京卫生年鉴编辑委员会编
《周礼》饮食制度研究 / 王雪萍著
春秋·左传 /(春秋)左丘明等撰
广陵涛 / 王资鑫著
腾江越海创辉煌——如皋 60 年大事记 / 如皋党史办编
民间日用雕版印刷品图志 / 钱永兴著
泰兴年鉴 2010/ 泰兴市史志档案办公室编纂
感悟修志 / 陈其弟著
重修宣和博古图 /(宋)王黼编纂 牧东整理
邗江年鉴 2010/ 扬州市邗江区地方志编纂委员会编
最新国文教科书 / 顾彩亚、刘宗海、施曙华、冯斌汇编
昆山宋元三志 / 郭秧全主修 陈其弟点校
无锡博物院论文集·第二辑 / 黄浩然主编
五百罗汉 / 刘方明主编 李宗义绘
道光吴江县志汇编 / 吴江市档案局编
使命之旅 心灵之旅——冯仁新援藏摄影作品集 / 冯仁新摄
唐大和尚东征传校注 / 梁明院校注
课程校本发展——理解与分享 / 许光新、王备主编
当代昆山美术作品集 / 昆山市文学艺术界联合会编
广陵年鉴 (2010)/ 扬州市广陵区地方志年鉴编纂委员会编
维扬年鉴(2010)/ 扬州市维扬区年鉴编纂委员会编
扬中年鉴(2010)/《扬中年鉴》编辑部编
乾隆江南通志 /(清)赵弘恩监修 (清)黄之隽等编纂
第八届文选学国际学术研讨会论文集 / 赵昌智、顾农主编
诗情画意写镇江 / 中共镇江市委、镇江市人民政府编
师道如水 / 聂圣哲主编
四书注译 / 钱白平、钱建中、于英注译
百将图传 /(清)丁日昌辑
汉书 /(汉)班固撰
文心雕龙 /(南朝)刘勰著
无锡市城市建设年鉴 2009/ 无锡市建设局主办 无锡市城市建设档案馆编
清朝经世文正续编 /(清)贺长龄、盛康辑
扬州市第三次全国文物普查新发现 / 扬州市文物局编

2010 年扬州市籍作者出版的部分图书

青果 / 顾坚著 / 昆仑出版社
校园诗论(教)与儒学(商)文集 / 孔繁秋著 / 北京出版社
漆艺 / 长北(张燕)著 / 大象出版社
儒学与儒家新论 / 周新国主编 / 社会科学出版社
文献研究 / 高国祥主编 / 学苑出版社
国画花鸟画法 / 吴斌著 / 黑龙江美术出版社
历代帝王咏扬州 / 洪军主编 / 华艺出版社
扬州细节 / 陈跃著 / 台海出版社
中国当代书画名家——徐中 / 徐中著 / 中国文联出版社
向前 向前 向前：七旬夫妇的新征程 / 凡尧著 / 江苏人民出版社
韩非子研究新探 / 王兆麟著 / 中国文联出版社
中国玉文化 / 姚士奇著 / 中国国际广播出版社
投资·融资——资本论文选集 / 张端著 / 广陵书社
扬州市首次大型航拍图集 空中鸟瞰新扬州 / 徐向明主编 / 新华出版社
茶熟香温二集 / 蔡耕著 / 上海三联书店

扬州市第三批国家珍贵古籍名录

朱子成书十卷 (元)黄瑞节辑 元至正元年(1341)日新书堂刻本 扬州市图书馆存

文章正宗二十四卷 (宋)真德秀辑 元至正元年(1341)高仲文刻明修本(卷十三至十八配清抄本) 扬州市图书馆存十九卷(一、三至二十)

二礼集解十二卷 (明)李黼撰 明嘉靖十六年(1537)常州府刻本 扬州市图书馆存六卷(一至六)

左国类函二十四卷 (明)郑元勋、王光鲁辑 明崇祯刻本 扬州大学图书馆存

新刊明本大字孝经一卷 明刻本 扬州市博物馆存九叶

续资治通鉴长编一百八卷 (宋)李焘撰 清抄本 沈石宾跋 扬州市图书馆存

京口三山志十卷 (明)张莱撰 明正德七年(1512)刻本 扬州大学图书馆存

新书十卷 (汉)贾谊撰 附录一卷 明万历程荣刻汉魏丛书本 孙志祖校并跋 扬州大学图书馆存

活幼便览二卷 (明)刘锡撰 明刻本 扬州市图书馆存

采昭堂秘书史拾九种十四卷附四种四卷 (明)钟惺编 明末刻本 扬州市图书馆存

徐公文集三十卷 (宋)徐铉撰 清抄本 朱之赤校并跋 扬州大学图书馆存

西山先生真文忠公文集五十一卷目录二卷 (宋)真德秀撰 明嘉靖三年(1524)书林精舍刻本 扬州市图书馆存四十八卷(一至四十八)

孟晋斋文钞不分卷 (清)陈章撰 稿本 扬州市图书馆存

扶轮续集十五卷 (清)黄传祖、陆朝瑛辑 清顺治八年(1651)刻本 扬州大学图书馆存

高邮张氏遗稿十六卷 (清)张廷枢辑 稿本 扬州市图书馆存

草堂诗余五卷 (明)杨慎评点 明闵暎璧刻朱墨套印本 扬州市图书馆存

国史经籍志六卷 (明)焦竑撰 明万历三十年(1602)陈汝元函三馆刻本 江苏省宝应县图书馆存

题录

经　济

从“扬州鹅”看产业创新 / 张晨 / 新华日报 /2010-01-07

扬州县域产业集聚竞争力提升策略探析 / 王行坤、秦兴方、徐金海、孙明 / 北方经贸 /2010-01-15

古城扬州打造节能新名片 / 刘月月、陈浴宇 / 中国建设报 /2010-01-25

抓好农业综合开发，促进观光农业发展 / 赵琦 / 农业开发与装备 /2010-01-28

中小城市构建城市旅游合作共同体实践性探究——以江苏省镇江、扬州两市为例 / 廖维俊 / 廊坊师范学院学报(自然科学版)/2010-02-20

发展创新型经济 建设创新型城市 / 王燕文 / 群众 / 2010-02-05

对扬州市石化产业集群的发展思考 / 杨文亚 / 消费导刊 /2010-02-08

基于波特五力模型的扬州 LED 产业发展战略 / 姜哲、宋维娜、曾献东 / 北方经贸 /2010-02-15

旅游业的 SWOT 分析和可持续发展研究——以扬州市为例 / 王军 / 经济研究导刊 /2010-02-15

上海世博会与企业的品牌战略互动——以扬州亚星股份有限公司个案分析 / 罗静静、倪楠、陈晓燕 / 现代企业 /2010-02-15

扬州内河造船实现开门红 / 王雪鸿 / 中国交通报 / 2010-02-23

产业集群与区域经济增长的实证分析——以扬州化工园区为案例 / 王云、孟菲 / 中国集体经济 /2010-03-05

扬州电网建设 尽显环保绿色 / 薛世联、濮良平 / 国家电网报 /2010-03-13

关于新形势下农民增收问题的思考和分析——以江苏省扬州市为例 / 俞国 / 扬州职业大学学报/2010-03-30

扬州科技创新型经济发展中的问题与对策 / 刘正良、杨琴 / 扬州职业大学学报 /2010-03-30

“扬州工”面向全国打造产业大观园 / 丁俊 / 江苏经济报 /2010-04-01

扬州大洋造船的创新秘经 / 刘潇 / 中国船检 /2010-04-15

对农民创业行为及其影响因素的研究——基于扬州市 5 县(市、区)495 名创业者的问卷调查 / 崔萌 / 金融纵横 /2010-04-20

电动汽车成为扬州流动风景 / 李爱东、时修艳 / 江苏经济报 /2010-04-21

扬州地区土地利用与景观格局分析 / 蔡春菊、贾宝全、王成 / 东北林业大学学报 /2010-04-25

扬州文化旅游如何长成“产业巨人”/ 吴生锋 / 今日信息报 /2010-04-28

扬州：古城新景观背后的经济转型 / 刘宏奇、刘世领、张晨 / 新华日报 /2010-04-30

加快转变经济发展方式 推进经济社会又好又快发展 / 王燕文、谢正义、洪锦华、王荣平 / 群众 /2010-05-05

雕版印刷：踯躅中寻找光亮 / 汪滢 / 新华日报 / 2010-05-13

加快推进扬州农业产业化的途径 / 郑志明 / 江苏农村经济 /2010-05-15

推进银行中小企业产品创新的路径探导——以扬州地区农业银行为例 / 叶益伟、温桂清、王志军 / 金融纵横 / 2010-05-20

扬州超前规划智能电网 产业集聚效应凸显 / 成吉昌、伏建华、叶步荣、潘增元 / 中国工业报 /2010-06-01

坚持都市型工业和现代服务业双轮驱动发展 / 姚苏华 / 群众 /2010-06-05

旅游国际化的城市特色——以崔致远纪念馆开拓对韩旅游为例 / 董学芳 / 中国名城 /2010-06-05

从“制造之都”迈向“创意之都” 扬州毛绒玩具要走文化创意型产业道路 / 吕春根 / 玩具世界 /2010-06-15

农村专业合作组织的网络推广模式研究——以扬州凤鸣凰特种养殖专业合作社为例 / 黄爱峰、杨美惠 / 商业文化(学术版)/2010-06-25

扬州半导体照明产业发展分析与研究——以扬州经济技术开发区为例 / 何永桂 / 扬州教育学院学报 /2010-06-30

扬州发展休闲农业的优势及对策 / 李芸、毛建明、曹松罗 / 扬州教育学院学报 /2010-06-30

扬州制造业的竞争优势与提升战略——基于江苏背景的比较分析 / 刘正良 / 扬州教育学院学报 /2010-06-30

论战略转型期的文化旅游产业化发展——以名城扬州为例 / 王玉新 / 中国名城 /2010-07-05

跨区域科技对接成江苏扬州经济增长引擎 / 成吉昌、潘增元、陈忠瑶、赵宽安 / 中国工业报 /2010-07-06

扬州玩具业遭遇“苦夏”/ 赵士勇 / 江苏经济报 /2010-07-14

当前扬州市中小企业自主创新的现状、主要问题、对策 / 俞国 / 财经界(学术版)/2010-07-15

推进新型农民合作组织规范化发展 / 单启宁 / 江苏农村经济 /2010-07-15

无处不在 无时不在——“无线扬州” 后接入应用规划与展望 / 王伟 / 信息化建设 /2010-07-15

长三角视域下:扬州零售业发展战略思考 / 施玉梅 / 上海商学院学报 /2010-07-25

扬州石油探索服务新模式 / 徐星、陈新 / 中国石化报 /2010-07-30

扬州启动 OLED 技术研发 / 王月、周莹 / 江苏经济报 / 2010-08-04

扬州市推进城乡统筹发展的思路及启示 / 李忠盛 / 宏观经济管理 /2010-08-08

扬州“智谷”凸现聚合效应 / 铁宝、宋栓伟、李镇风 / 中国经济时报 /2010-08-09

强化信贷支持 拓展服务空间——对扬州市金融服务建筑业发展的调查与思考 / 步腾 / 现代金融 /2010-08-10

合作经济 扬州“六化”并进 / 沈建华、陈家根 / 江苏农村经济 /2010-08-15

扬州合同指导站成为农民和企业“守护者”/ 丁兆平、谈玮、杜颖梅 / 中国工商报 /2010-08-20

扬州打造千亿元级国家智能电网特色产业基地 / 陈黎明、王兴文 / 中国冶金报 /2010-08-24

发展城郊型高效生态农业 走特色农业现代化道路——扬州市邗江区农业发展状况调查报告 / 魏子涵、骆乐、蔡沛、吴迪 / 全国商情(理论研究)/2010-08-28

新形势下产业集群“创转破提”所遇瓶颈及解决路径探析——以扬州市邗江区数控装备产业为例 / 荣菁、黄莺、刘洋、焦晨旭 / 全国商情(理论研究)/2010-08-28

“紫气”四年下扬州 / 王万武、张乐海 / 中国石油报 / 2010-09-01

扬州凤凰岛生态旅游区可持续发展的探讨 / 马燕萍 / 中国商界(上半月)/2010-09-08

浅析开发园区创新发展转型升级——以扬州开发园区为例 / 陈骥江、董书栋 / 中国经贸导刊 /2010-09-15

徐国来:“包” 打天下 / 武淑贤 / 中国食品报 /2010-09-16

扬州市经济增长质量及效益分析 / 王寅 / 全国商情(理论研究)/2010-09-18

加快产业集聚效应的形成 树立区域经济发展新思路——对扬州市邗江区杭集日化工业园的调研报告 / 柳尧、陈宁馨、崔琪、郭佳琳 / 全国商情 (理论研究)/ 2010-09-18

扬州新兴产业崛起 加快经济转型升级 / 何瑞琳、周莹 / 中国高新技术产业导报 /2010-09-20

中小型企业物流现状及解决方案——以扬州明月食品有限公司为例 / 陈亮 / 企业研究 /2010-09-25

“农村信息化”在扬州的实践与思考 / 王军 / 信息化建设 /2010-10-15

践行科学发展 建设森林扬州 / 张松荣 / 中国林业 / 2010-10-20

扬州邗江:放大生态环境竞争力 / 过国忠、戴军 / 科技日报 /2010-10-25

扬州发展绿色物流的瓶颈与对策 / 闫秀峰、田跃、袁亮 / 经济师 /2010-11-05

扬州民营企业薪酬公平性分析及对策研究 / 吴颖岩、陈江 / 商业经济 /2010-11-10

扬州市产业结构和就业结构关联性的实证研究 / 熊庆全 / 现代经济信息 /2010-12-08

社 会

江苏扬州“三走访”送法上门 / 杨检宣 / 检察日报 / 2010-01-03

扬州着力建设城市社区药品 “两网”/ 洪昊 / 中国医药报 /2010-01-09

扬州围绕三项重点谋全局 / 宋晓波、李春艳 / 江苏法制报 /2010-01-14

关于“工人先锋号”创建活动与基层班组建设情况的调查与思考 / 凌月明、李媛 / 中国工运 /2010-02-10

扬州:以“善治”破解城市管理难题 / 杨正福 / 城市管理与科技 /2010-02-15

扬州市: 新提升 新突破 新跨越 / 扬州市民政局 / 社会福利 /2010-02-15

城市“视觉管理”的扬州样本 / 领导决策信息 /2010-03-08

凝聚共建"幸福扬州"强大合力/顾雷鸣/新华日报/2010-03-10

权利均衡、流动的风景与走出城管困境——关于扬州市流动摊贩城管状况的调查与启示/吕燕/理论与改革/2010-03-15

扬州：推广农村食品店最低赔偿制/顾烨/新华每日电讯/2010-03-19

金融危机视角下扬州地区农民工返乡情况及造成的影响/罗双双/中国商界(下半月)/2010-03-23

着力打造社区人口计生"幸福工程"/凌云、封文惠、刘淑芬/中国人口报/2010-03-29

全面提升城市品质——扬州市一项重大事项决议产生前后/李济泰/中国人大/2010-04-10

扬州市水环境生态安全预警评价与分析/吴小伟/中国水利/2010-04-12

扬州支队连带问责制确保机关基层一股劲/张兴国、张为/人民武装警察/2010-04-14

扬州市湿地资源现状及保护、利用对策/王学武、严阳、孙羊林、郝奇林、蔡顺章/江苏林业科技/2010-04-15

扬州百名法官进农村"送法下乡"/王瑞、沈兆明/人民法院报/2010-04-17

扬州市就业结构分析/叶国军/统计科学与实践/2010-04-25

让幸福成为扬州的名片/王燕文/求是/2010-05-01

扬州市扩大保障性住房覆盖面/习延/人民政协报/2010-05-04

扬州生态城市建设刍议/刘志/四川烹饪高等专科学校学报/2010-05-10

城市实践区里诠释宜居扬州/王晖军、吴涛、刘世领/新华日报/2010-05-13

69位孩子的"爱心爸爸"——记民进会员、扬州市爱心壹加壹食品厂厂长徐明峰/孔敏、王晖军、钱存龙/中国统一战线/2010-06-01

面向城乡互动的扬州市域空间结构重组/戴光中/苏州科技学院学报(自然科学版)/2010-06-15

扬州"四张表"实现司法互动/刘俊/人民法院报/2010-06-21

社会主义新农村乡风文明建设现状及对策探究——以扬州为例/刘卫琴、徐开金/学理论/2010-06-30

全力推进"创新扬州、精致扬州、幸福扬州"建设/王燕文、谢正义/新华日报/2010-07-09

扬州鼓励民资参与古城保护工作/刘世领/中国建设报/2010-08-02

扬州实行"四办"机制 化解群众信访问题/张跃进/中国纪检监察报/2010-08-09

扬州市城市废水中主要污染物调查和分析/周为华、盛海君、朱新开/化学工程与装备/2010-08-15

扬州市环境信访情况分析及建议/李晖/污染防治技术/2010-08-20

扬州品质旅游进社区/王琳云、姚宁安/中国旅游报/2010-09-03

以数字化城管为抓手 创新扬州城市管理机制/扬州市城市管理局/城乡建设/2010-09-05

扬州社区建设新政陆续出台/尹大新/团结报/2010-09-21

基于托达罗模型的扬州市农村劳动力就地转移路径分析/仇文利、姚忠/扬州职业大学学报/2010-09-30

扬州：积极探索信访维稳新机制/张跃进/中国监察/2010-10-01

扬州发出首份价格行政指导函/周兵兵、胡林芬/江苏法制报/2010-10-14

"国防园"里树起训练标杆/曹云林、蒋云龙/解放军报/2010-10-16

扬州勾画未来10年城乡统筹蓝图/孙宇河、陈林/人民政协报/2010-10-18

大学生村官创业能力现状的调查与分析——以江苏省扬州市社区为例/陈菲/安徽农业科学/2010-10-20

关于农村残疾人社会保障情况的调查与思考——以江苏省扬州市下属某行政村为例/刘秀红、卞婷/社会工作/2010-10-25

村官创业的信息化之途 江苏扬州移动大力实施村官创业"十百千万工程"/孙小和、程启捷、王纯/通信企业管理/2010-11-01

扬州食品安全监管系统让群众吃上"放心粮"/陈仁云/中国工商报/2010-11-05

从"湿脚"到"灭顶"——江苏省扬州市邗江区开发区原副主任姜巨昌的忏悔/先锋队/2010-11-16

发展富民 文化惠民 宜居安民 互信亲民 全力打造幸福扬州/王燕文/党建/2010-12-01

扬州市电子政务"十二五"规划浅议/程海翔/中国信息界/2010-12-10

扬州康乐小区的"康乐自治"/王晓映、陈月飞、顾敏/新华日报/2010-12-17

文　化

旅行游览活动的历史考察(上)——以6～19世纪扬州为例/陈肖静、侯兵/中国名城/2010-01-05

论隋炀帝陵在扬州的必然性和修复开发的价值/韩隆福/武陵学刊/2010-01-10

扬州八怪:作为中国绘画史上的一种市民文化现象/陈兵/艺术百家/2010-01-15

李鱓家世与交游补证——《兴化李氏族谱》资料的发掘利用/武维春/淮阴师范学院学报(哲学社会科学版)/2010-01-15

创新实干 奋力争先 开创档案事业发展新局面/刘训扬/档案与建设/2010-01-15

论边缘化生存与女性意识的崛起——清代扬州文艺场域主体研究/石艳艳/宁夏大学学报(人文社会科学版)/2010-01-30

旅行游览活动的历史考察(下)——以6～19世纪扬

州为例 / 陈肖静、侯兵 / 中国名城 /2010-02-05

论士商融合思想对石涛晚期商业行为的影响 / 雷涛 / 艺术探索 /2010-02-15

瘦西湖畔梅花香——记优秀剧演员李政成 / 扬然 / 中国戏剧 /2010-02-15

爱莲居艺谭"扬州八怪"琐谈(一)/ 萧平 / 书画艺术 / 2010-02-20

"如君落落似晨星"——扬州八怪与盐商的交往 / 武维春 / 古典文学知识 /2010-03-05

丹青纵横三千里——李鱓花鸟册十二开 / 张恩昌 / 文艺生活(艺术中国)/2010-03-15

江苏扬州西汉刘毋智墓发掘简报 / 薛炳宏、王晓涛、王冰、束家平 / 文物 /2010-03-15

历史时期扬州城址变迁的遥感考古研究 / 阮铮铮、王心源、韩伟光、吴立、何撼东 / 安徽师范大学学报(自然科学版)/2010-03-15

浅析扬州画派的形成及其风格特点 / 丁祥青 / 牡丹江教育学院学报 /2010-03-16

爱莲居艺谭"扬州八怪"琐谈(二)/ 萧平 / 书画艺术 / 2010-04-20

新见民国时期扬州"青溪旧屋"刘氏往来书信 / 李艳凤、巫庆 / 史学月刊 /2010-04-25

千年古城因"旧"而精彩 / 吴向阳 / 深圳特区报 / 2010-05-12

扬州案例：打造"博物馆城"/ 杨健 / 解放日报 / 2010-05-13

中国文人画家的艺术精神与人格魅力——郑板桥笔下的"萧萧竹声"及其现代意蕴解读 / 刘开云 / 江汉论坛 / 2010-05-15

一代青花王 墨迹传千秋——当代青花王陆履峻 / 杨道立 / 收藏 /2010-05-15

扬州铜镜光耀千秋 / 陈晓友 / 收藏 /2010-05-15

隋炀帝"下扬州"相关诗歌考释 / 任晓勇 / 阜阳师范学院学报(社会科学版)/2010-05-20

江苏大运河文化产业带的特色及其实现路径 / 刘怀玉、陈景春 / 扬州大学学报（人文社会科学版)/2010-05-30

非遗保护的"扬州经验"/ 邱春林 / 人民日报海外版 / 2010-06-01

服务工作大局 加强舆论引导 / 袁秋年 / 群众 / 2010-06-05

郑板桥石刻作品的挖掘与保护 / 鞠九江 / 文史春秋 / 2010-06-10

精心编纂地情书刊 服务经济社会发展 / 魏怡勤 / 江苏地方志 /2010-06-10

横陈图史常千架，供养文人过一生——"嘉惠士林"的清代扬州盐商 / 朱宗宙 / 中国文化遗产 /2010-06-28

闲话扬州水井 / 王祖远 / 文史月刊 /2010-07-01

让现场报道活起来——扬州电视台《新闻女生组》节目解读 / 杨华 / 当代电视 /2010-07-01

扬州"八怪"新考 / 刘景 / 文学教育(中)/2010-07-15

扬州水文化产业规划及其产业形态创新 / 刘怀玉、苏迎春、栾虹 / 江苏商论 /2010-07-20

从葭湄园到九峰园——扬州盐商诗人汪玉枢父子考略 / 明光 / 扬州大学学报(人文社会科学版)/2010-07-30

论苏州徽作维扬木器与苏作家具 / 沈勤 / 收藏家 / 2010-08-01

扬州大明寺佛造像的样式与风格 / 孔锦 / 美术观察 / 2010-08-15

明清小说盐商的特征性描写与两淮盐业的现实指向 / 周薇 / 明清小说研究 /2010-08-15

扬州文化产业的 PEST 分析 / 倪晓真、石火培 / 统计科学与实践 /2010-08-25

别具一格的扬州瓜灯(盅)雕刻艺术 / 燕建泉 / 美术大观 /2010-09-08

论"扬州八怪"的时代性及其对后世的影响 / 王小柠 / 美术大观 /2010-09-08

扬州八怪与明清才女画之渊源 / 武维春 / 淮阴师范学院学报(哲学社会科学版)/2010-09-15

张狂怪异与"三绝诗书画"——浅析八大山人和郑板桥的艺术成就 / 冯杰 / 太原师范学院学报（社会科学版)/ 2010-09-15

郑板桥的兰花竹石情 / 严家宽 / 东方收藏 /2010-09-15

"物性"特征对扬州现代漆画的影响 / 李玫 / 文艺争鸣 /2010-09-15

访扬州朱自清故居 / 李之灏 / 源流 /2010-10-01

故臣心照二分月 亡国洒泪点梅花——记扬州史可法纪念馆 / 韩丰 / 民主 /2010-10-10

清中期汪士慎紫端梅花图水洗赏析 / 宾彦红 / 文艺生活(艺术中国)/2010-10-15

扬州评话《火烧赤壁》对《三国演义》的因革 / 魏佳 / 思茅师范高等专科学校学报 /2010-10-28

怪而不怪 艺传百代——扬州八怪之汪士慎、罗聘的绘画艺术 / 马起来 / 江淮文史 /2010-11-01

罗聘《鬼趣图》卷 / 雒三桂 / 收藏家 /2010-11-10

郑燮《和卢雅雨红桥修禊诗》卷 / 唐吟方 / 收藏家 / 2010-11-10

从扬州八怪反思当代艺术教育 / 周雪松 / 文艺争鸣 / 2010-11-15

朱自清审美的文学史观 / 韩娜 / 大众文艺 /2010-11-15

扬州风月小说中男性身份转变浅析 / 耿妍 / 大众文艺 /2010-11-15

从清代扬州务本堂看徽州盐商商儒价值观的内涵 / 李建萍、樊嘉禄 / 安徽史学 /2010-11-15

《老黄说扬州》:方言说文化,雅俗共赏之 / 蔡艺玮 / 视听界 /2010-11-25

"新扬州八怪"——是象征还是变异? / 杨列 / 艺术市场 /2010-12-01

统计资料

扬州市国民经济占全省的比重

项目	单位	江苏省	扬州市	扬州市占全省的比重(%)
年末总人口	万人	7869.34	459.12	5.83
地区生产总值(当年价格)	亿元	41425.48	2229.49	5.38
第一产业	亿元	2540.10	161.37	6.35
第二产业	亿元	21753.93	1229.34	5.65
第三产业	亿元	17131.45	838.78	4.90
全社会固定资产投资	亿元	23186.8	1331.85	5.74
社会消费品零售总额	亿元	13482.32	726.12	5.39
出口总额	亿美元	2705.5	60.57	2.24
注册外资实际到账额	亿美元	284.98	20.56	7.22
财政一般预算收入	亿元	4079.86	167.78	4.11
财政一般预算支出	亿元	4843.84	201.68	4.16
普通高等学校在校学生数	万人	164.94	7.33	4.45
医院、卫生院病床数	万张	24.78	1.47	5.93
卫生技术人员数	万人	32.84	2.28	6.95
#执业(助理)医师数	万人	12.90	0.79	6.11
在岗职工平均工资	元	40505	35429	
农民人均纯收入	元	9118	9462	
城市居民人均可支配收入	元	22944	21766	
金融机构储蓄存款余额	亿元	23533	1252.39	5.32
工农业主要产品产量				
粮食	万吨	3235.1	287.09	8.87
棉花	万吨	26.1	0.54	2.06
油料	万吨	152	8.01	5.27
原煤	万吨	2122.5	45.70	2.15
发电量	亿千瓦时	3359	231.08	6.88
水泥	万吨	15647.5	431.12	2.76
化学纤维	万吨	1027.2	82.95	8.08

地区生产总值

(按当年价格计算)

项目	全市	市区	#广陵区	#维扬区	#邗江区	宝应县	仪征市	高邮市	江都市
地区生产总值(亿元)	**2229.49**	989.48	169.83	139.48	400.58	242.86	280.70	255.81	488.88
第一产业	**161.37**	21.98	1.11	2.75	16.52	43.17	15.13	44.38	36.72
第二产业	**1229.34**	562.68	71.93	64.98	220.57	116.58	168.63	127.54	275.86
工业	**1074.61**	510.13	60.62	59.92	191.19	94.76	149.83	105.50	236.34
建筑业	**154.73**	52.55	11.31	5.06	29.38	21.82	18.80	22.04	39.52
第三产业	**838.78**	404.82	96.79	71.75	163.49	83.11	96.94	83.89	176.30
人均地区生产总值(元/人)	**49786**	71684				30924	50278	34227	48559

人口数及构成

单位:人

地　区	总人口	男		女	
		人口数	比重(%)	人口数	比　重(%)
全　市	**4591150**	**2302037**	**50.14**	**2289113**	**49.86**
市　区	1224833	609520	49.76	615313	50.24
广陵区	318043	158318	49.78	159725	50.22
邗江区	501554	250071	49.86	251483	50.14
维扬区	229555	113715	49.54	115840	50.46
宝应县	913827	461845	50.54	451982	49.46
仪征市	565204	286350	50.66	278854	49.34
高邮市	820766	409267	49.86	411499	50.14
江都市	1066520	535055	50.17	531465	49.83

户数、平均人口及人口密度

地　区	户数(户)	平均每户人数(人)	年平均人口(人)	人口密度 (人/平方千米)
全　市	**1542116**	**2.98**	**4589559**	**696**
市　区	410450	2.98	1206233	1182
广陵区	118350	2.69	316967	
邗江区	156230	3.21	500987	
维扬区	78500	2.92	228000	
宝应县	297750	3.07	914957	626
仪征市	194241	2.91	565609	660
高邮市	267026	3.07	820435	427
江都市	372649	2.86	1066214	802

职工人数

单位:人

地　区	在岗职工人数				离开本单位仍保留劳动关系的职工人数			
	合　计	国有经济	集体经济	其他经济	合　计	国有经济	集体经济	其他经济
全　市	**381601**	**169435**	**27523**	**184643**	**9627**	**4818**	**972**	**3837**
市　区	149687	83710	2092	63885	3458	1645	180	1633
宝应县	74929	20731	6517	47681	534	317	202	15
仪征市	54347	23666	1906	28775	4326	2270	139	1917
高邮市	47462	19023	11056	17383	795	410	229	156
江都市	55176	22305	5952	26919	514	176	222	116

全社会固定资产投资

项　　目	总　计	#城镇规模以上项目	#农村规模以上项目	#房地产开发
一、投资总额(万元)	13318491	7255167	3448701	1651593
#住宅	1643997	252491	19883	1371623
1.按经济类型分				
国有经济	2001867	1817222	87472	97173
集体经济	137120	66007	46425	24688
股份合作	28665	9150	3000	16515
其他有限责任公司	1440347	871164	180370	388813
股份有限公司	465212	385104	24701	55407
私营个体	7176494	2615657	2922749	697774
港澳台商投资	356168	75093	36606	244469
外商投资	720780	543239	50787	126754
其他经济	610687	494380	93591	
2.按构成分				
建筑安装工程	8021836	4258514	1872987	1275305
设备工器具购置	4127164	2458176	1362281	6707
其他费用	1169491	538477	213433	369581
3.按产业分				
第一产业	146400	62054	68713	
第二产业	8952570	5018305	3113828	
第三产业	4219521	2174808	266160	1651593
二、本年资金来源(万元)	14182296	7452818	3454370	2312078
国家预算内资金	195474	142726	52748	
国内贷款	462118	80680	1630	343808
利用外资	418745	354813	16862	11070
自筹投资	5083887	300171	3308682	596004
其他投资	1541272	93628	74448	1361196
三、房屋建筑面积(万平方米)				
施工面积	2449.55	702.31	271.5	1451.74
竣工面积	1122.38	429.23	200	469.15
#住宅	453.32	42.6	14.38	372.34

农林牧渔业分项产值

单位：万元

项　　目	2010年产值(当年价格)	2009年产值(当年价格)
农林牧渔业总产值	**2858880**	**2564228**
一、农业产值	1369777	1147105
1. 谷物及其他作物	781652	629359
# 谷物	673925	535329
棉花	15047	9269
油料	37091	33690
2. 蔬菜园艺作物	543773	474290
# 蔬菜(含菜用瓜)	427896	363024
花卉	9401	10077
3. 水果、坚果、饮料和香料作物	44182	43126
# 水果坚果(含果用瓜)	32847	32788
茶及其他饮料	11335	10338
4. 中药材	170	330
二、林业产值	71694	77213
1. 林木的培养种植	25071	22967
2. 竹木采运	41203	47069
3. 林产品	5420	7177
三、牧业产值	506530	481644
1. 牲畜饲养	11701	9327
# 牛的饲养	3774	3160
羊的饲养	4959	3877
奶产品	2968	2290
牛奶	2968	2290
2. 猪的饲养	185273	188090
3. 家禽	286009	265324
4. 狩猎和捕捉动物		0
5. 其他畜牧业	23547	18903
四、渔业产值	780244	736132
1. 海水产品		0
2. 淡水产品	780244	736132
鱼类	280343	260792
甲壳类	455265	432192
贝类	5632	4792
其他	39004	38356
五、农林牧渔服务业	130635	122134

主要农作物播种面积和产量

项目	2010年			2009年		
	播种面积（千公顷）	单产（千克/公顷）	总产量（吨）	播种面积（千公顷）	单产（千克/公顷）	总产量（吨）
农作物总播种面积	**500.13**			**495.34**		
一、粮食作物总计	410.33	6996	2870861	405.07	6970	2823535
1.夏粮	182.62	5869	1071816	177.87	5855	1041410
小麦	176.46	5922	1045029	171.24	5908	1011755
大麦	3.07	4723	14500	3.44	4610	15857
蚕豌豆	3.09	3976	12287	3.19	4325	13798
2.秋粮	227.71	7901	1799045	227.2	7844	1782125
稻谷	208.19	8213	1709886	208.47	8155	1700161
中稻	208.19	8213	1709886	208.39	8156	1699549
单季晚稻				0.01	10700	107
双季后作稻				0.07	7214	505
玉米	1.99	6301	12538	1.75	6322	11063
其他谷物	0.08	5113	409	0.09	4878	439
豆类	15.26	3881	59229	14.77	3678	54321
薯类	2.19	7755	16983	2.12	7614	16141
二、经济作物						
1.棉花	3.77	1427	5378	3.6	1247	4488
2.油料	31.32	2558	80124	32.16	2578	82899
#花生	0.96	2710	2602	0.89	2649	2358
油菜籽	29.24	2586	75610	30.32	2609	79111
芝麻	1.12	1707	1912	0.95	1505	1430
3.麻类						
#黄麻						
红麻						
苎麻						
4.糖类	0.03	59800	1794	0.05	25200	1260
#甘蔗	0.03	59800	1794	0.05	25200	1260
甜菜						
5.药材	0.02					
6.蔬菜瓜类	47.84	33155	1586120	47.35	324911	1538454
蔬菜	45.56	33498	1526178	45.24	32589	1474327
瓜类	2.28	26290	59942	2.11	30392	64127
三、其他农作物	6.82			7.06		
#青饲料	2.44			2.43		
绿肥	1.71			1.77		

工 业 总 产 值

（规模以上工业企业）

单位：万元

地　区	工业总产值（现行价）	工业销售产值（现行价）	工业增加值（现行价）
全　市	**58728466**	**57628105**	**13887097**
市　区	24407197	24004803	6032028
开发区	7655400	7572935	2152645
广陵区	2686815	2618924	583085
邗江区	11734244	11516133	2684973
维扬区	2330738	2296811	611325
宝应县	5385715	5263512	1287624
仪征市	8298267	8112076	1987882
高邮市	6033574	5898814	1459709
江都市	14603713	14348902	3119853

主 要 工 业 产 品 产 量

（规模以上工业企业）

产品名称	单　位	2010 年	2009 年
原煤	万吨	45.7	86.75
天然原油	万吨	171.01	171.01
天然气	万立方米	5649	5744
发电量	亿千瓦时	231.08	230.78
塑料制品	万吨	43.49	39.17
化学纤维	万吨	82.95	78.07
纱	万吨	15.4	15.47
布	万米	120692.92	91775.78
印染布	万米	1192	726.9
呢绒	万米	779.91	689.63
服装	万件	26294.19	21384.34
皮革鞋靴	万双	3824.74	2890.84
机制纸及纸板	万吨	8.96	8.95
原油加工量	万吨	31.16	31.19
烧碱（折 100%）	万吨	35.8	35.93
农用氮、磷、钾化学肥料总计（折纯）	万吨	0.24	0.25
化学农药原药	吨	53625	41012.24
合成纤维聚合物	万吨	173.69	173.8
化学药品原药	吨	2611.76	2171.06
水泥	万吨	431.12	322.81
钢材	万吨	213.25	169.13
附：用外购国产钢材再加工生产的钢材	万吨	154.68	120.62
电动自行车	辆	70390	91096
不锈钢日用制品	吨	732	421
金属切削机床	台	23036	39799
金属成形机床	台	78012	64994
汽车	辆	2732	2131
金属集装箱	万立方米	549.57	480.15
电力电缆	万千米	38.52	47.41
通信及电子网络用电缆	对千米	2221014	1978843
铅酸蓄电池	千伏安时	1582463	1636407
交流电动机	万千瓦	882.09	625.81
电动手提式工具	万台	303.38	284.04
民用钢质船舶	载重吨	2752303	2446699.3

建筑施工企业主要经济技术指标

项目	单位	全市	市区					宝应县	仪征市	高邮市	江都市
				开发区	广陵区	邗江区	维扬区				
建筑企业单位个数	个	**860**	411	43	159	117	92	53	93	113	190
建筑业总产值	万元	**15534266**	4243379	126551	1731610	1845359	539859	1975812	1840832	2767236	4707007
建筑业增加值	万元	**1547300**	525500	68000	113100	293800	50600	218200	188000	220400	395200
竣工产值	万元	**12994937**	3460376	79484	1315232	1612917	452743	1769631	1248713	2387877	4128340
房屋建筑施工面积	万平方米	**13578**	3013	52	1409	1398	155	2679	1723	2694	3469
房屋建筑竣工面积	万平方米	**6749**	1305	21	356	864	63	1430	755	1589	1670
自有机械设备总台数	台	**167948**	46604	1963	12066	27491	5084	20242	33463	16761	50878
自有机械设备总功率	万千瓦	**399**	89	3	30	45	11	91	59	34	126
自有机械设备净值	万元	**583191**	140414	8935	52524	57477	21478	85305	93493	81265	182714
从业人员平均人数	万人	**76**	22	1	9	9	3	11	9	13	21
全员劳动生产率	元/人	**203906**	191285	138853	186257	204640	182533	179619	204537	212864	224143
固定资产原值	万元	**1239761**	340233	17316	172722	100667	49528	109043	204717	313798	271971
固定资产累计折旧	万元	**359345**	136359	5896	73318	39536	17610	26700	64562	16744	114980
#本年折旧	万元	**59984**	25813	1290	17269	4327	2927	4717	13601	3458	12396
工程结算收入	万元	**8611996**	3128363	105873	1308929	1294138	419423	1122841	946356	627582	2786853
工程结算利润	万元	**706234**	214364	9301	80636	98576	25851	67214	72031	80112	272513
利润总额	万元	**417761**	141849	4870	53487	73431	10062	37548	37654	30066	170644

全社会客货运输量

项目	单位	公路	水路	铁路
客运量	万人	7101	39	136
旅客周转量	万人千米	458222	125	
货运量	万吨	5886	3426	21
货物周转量	万吨千米	703431	1135557	

邮电通信基本情况

项　　目	单　位	全　市	市　区	宝应县	仪征市	高邮市	江都市
邮政局(所)数	处	**197**	51	33	30	35	48
邮路总长度	千米	**2607**	740	471	425	453	518
本地电话用户(含小灵通)	户	**1626181**	595878	221710	197525	227146	383922
＃城市	户	**940727**	540188	94139	89434	80280	136688
住宅电话用户	户	**1032507**	301302	170658	132038	171699	256810
邮政业务收入	万元	**40256**	14787	5312	4228	6818	9111
电信业务收入	万元	**338461**	151828	38455	36695	42673	68810
函件	万件	**4397.25**	2017.94	729.20	369.81	354.70	925.60
机要	万件	**1.89**	1.58	0.05	0.16	0.04	0.06
包裹	万件	**21.09**	11.85	1.27	2.35	2.46	3.17
汇票	万张	**158.55**	86.99	13.08	15.69	16.33	26.47
订销报纸累计份数(进口)	万份	**7408.82**	3575.95	661.34	992.15	553.64	1625.74
订销杂志累计份数(进口)	万份	**556.09**	259.78	30.16	32.05	91.76	142.35
移动电话用户	户	**4094347**	1704425	507411	497498	568400	816613
国际互联网用户	户	**686195**	331818	65299	72707	80145	13622

社会消费品零售总额

单位：万元

地　区	社会消费品零售总额	按行业分				
		批发业	零售业	住宿业	餐饮业	其　他
全　市	**7261249**	**519480**	**5994524**	**77254**	**603569**	**66421**
市　区	3324258	182951	2788380	46563	266862	39502
开发区	488354	18475	429694	7662	28736	3788
广陵区	1382690	68004	1186406	4424	102048	21808
邗江区	876899	80110	673391	20181	97992	5224
维扬区	576315	16362	498889	14296	38086	8681
宝应县	794554	122904	619804	10965	37992	2890
仪征市	856681	37043	726869	7544	76615	8610
高邮市	823465	46831	676563	3716	93156	3199
江都市	1462290	129751	1182907	8466	128944	12221

对外贸易总额

单位：万美元

项　　目	进出口总额	出口额	进口额
总　计	**824056**	**605680**	**218376**
一、按地区分组			
市　区	599313	436570	162743
开发区	284776	162601	122175
广陵区	60288	43422	16866
邗江区	195799	176364	19435
维扬区	58450	54183	4267
宝应县	44276	32409	11867
仪征市	59207	30831	28377
高邮市	35070	32104	2966
江都市	84297	73478	10818
二、按贸易方式分组			
一般贸易	451663	352114	99549
进料加工	288676	223007	65669
来料加工	25274	14518	10756
外商投资设备	14753	0	14753
其他	43688	16040	27648

新签协议注册外资及实际到账情况

地　区	新签合同数(个)	协议注册外资金额(万美元)	注册外资实际到账额(万美元)
全　市	**335**	**554782**	**205645**
市　区	181	333206	110035
开发区	58	154321	50406
广陵区	48	65998	17975
邗江区	41	74381	32031
维扬区	34	38506	9623
宝应县	32	29173	14131
仪征市	53	76441	15904
高邮市	22	36053	9040
江都市	47	79909	26645

财政收入与支出

单位：万元

项　　目	总　计	市　区	# 邗江区	宝应县	仪征市	高邮市	江都市
财政预算内总收入	**4008818**	**2218407**	**502256**	**306000**	**500129**	**350600**	**633682**
中央财政收入	**1075823**	510037	161440	92907	145219	107891	219769
增值税(75%)	**709874**	311440	103259	64306	109124	85238	139766
消费税	**53042**	20351	52	1224	5157	257	26053
企业所得税(60%)	**229367**	129606	44598	20541	22965	16634	39621
个人所得税(60%)	**83540**	48640	13531	6836	7973	5762	14329
地方财政收入	**2932995**	1708370	340816	213093	354910	242709	413913
一般预算收入	**1677818**	916093	247462	156802	192235	144158	268530
税收收入	**1210849**	643950	193114	113808	139033	116092	197966
增值税(25%)	**235491**	103813	34420	21435	36375	28413	45455
营业税	**366118**	197209	60384	37019	35172	32633	64085
企业所得税(40%)	**152911**	86403	29732	13694	15311	11089	26414
个人所得税(40%)	**55693**	32426	9021	4557	5316	3841	9553
财政支出	**3333569**	**1840038**	**317901**	**325109**	**357196**	**331676**	**479550**
一般预算支出	**2016767**	985380	222291	263583	206594	232019	329191
科学支出	**67789**	47916	11951	7506	1912	4201	6254
教育支出	**363446**	132089	48303	59143	40644	48140	83430
医疗卫生支出	**105593**	44160	11637	13866	12983	13897	20687
环境保护支出		34464	3475	5382	6901	7730	12761

金融机构存贷收支情况

单位：万元

项　　目	全　市	市　区	宝应县	仪征市	高邮市	江都市
年末金融机构各项存款余额	**24305499**	**12682994**	**1883993**	**2583547**	**2280388**	**4874577**
企业存款	**6279566**	4177456	229657	670270	314641	887542
城乡居民储蓄	**12523929**	5246281	1262557	1363619	1515854	3135618
定期储蓄	**8704490**	3518896	832255	992152	1022280	2338907
年末金融机构各项贷款余额	**14860633**	**8710766**	**1164201**	**1279571**	**1225460**	**2480635**
其中：中长期贷款	**7367849**	4884652	501858	556262	440141	984936
短期贷款	**7003467**	3608986	604002	663684	748888	1377907
其中：工业贷款	**4350580**	2443293	378186	295709	409930	823462
商业贷款	**4332475**	3044406	249565	292213	173843	572448
农业贷款	**151731**	18870	10720	11345	91621	19175
个人贷款	**4592415**	2603188	410427	496536	365310	716953

教育事业情况

项　目	学校数（所）	毕业生数（人）	招生数（人）	在校学生数（人）	教职工数（人）	#专任教师数
一、普通高等学校	6	23758	22518	73338	6842	4233
二、普通中学	177	81384	69564	222460	20229	17057
高中	42	31293	28376	92427		6444
初中	135	50091	41188	130033		10613
三、中等职业学校	16	19092	18985	56158	2744	2235
四、小学	226	40764	38198	227382	16091	13579
五、特殊教育学校	7	544	395	2633	207	171
六、幼儿园	269	34938	36338	99536	7402	4626
七、技工学校	13	7331	11181	28312		1454

中小学情况

项　目	全　市	市　区	#邗江区	宝应县	仪征市	高邮市	江都市
一、学校数（所）	**403**	98	35	67	60	84	94
1. 小学	**226**	43	12	40	37	50	56
2. 中学	**177**	55	23	27	23	34	38
二、教职工人数（人）	**36320**	10877	4227	6660	4855	5879	8049
1. 小学	**16091**	4653	1739	2838	2210	2578	3812
2. 中学	**20229**	6224	2488	3822	2645	3301	4237
三、专任教师数（人）	**30636**	9395	3596	5821	3844	4926	6650
1. 小学	**13579**	4194	1454	2553	1687	2108	3037
2. 中学	**17057**	5201	2142	3268	2157	2818	3613
#初中	**10631**	3149	1359	1999	1407	1668	2390
四、在校学生数（人）	**449842**	140905	51238	85589	51197	77092	95059
1. 小学	**227382**	73461	24316	42460	24913	36225	50323
2. 中学	**222460**	67444	26922	43129	26284	40867	44736
#高中	**92427**	29239	12116	18472	11300	16831	16585

卫生事业情况

项目	单位	全市	市区	#邗江区	宝应县	仪征市	高邮市	江都市
卫生机构数	个	**2028**	653	278	361	228	277	509
#医院数	所	**78**	31	5	17	5	2	23
卫生院数	所	**102**	18	16	15	17	29	23
卫生机构床位数	张	**16343**	7537	989	1817	1690	1748	3551
#医院床位数	张	**11470**	6079	220	1083	1184	690	2434
卫生院床位数	张	**3215**	570	535	499	415	835	896
卫生技术人员数	人	**22826**	8685	1730	3121	2636	3257	5127
#执业医师、执业助理医师数	人	**7881**	3286	651	950	840	1092	1713
注册护士数	人	**7257**	3441	422	704	838	804	1470

文化事业情况

项目	单位	全市	市区	宝应县	仪征市	高邮市	江都市
艺术表演团体数	个	**10**	6	1	1	1	1
艺术表演团体从业人员数	人	**377**	271	38	19	13	36
艺术表演团体演出场次	场	**2720**	1955	86	124	305	250
艺术表演场馆数	个	**6**	1	2	1	1	1
艺术表演场馆席位数	席	**3108**	226	0	1022	850	1010
艺术表演场馆演出场次	场	**744**	500	0	30	150	64
艺术表演场馆观众人数	千人次	**142**	60	0	29	20	33
公共图书馆数	个	**7**	3	1	1	1	1
公共图书馆藏书量	千册	**2449**	1598	121	285	165	278
#图书藏量	千册	**2232**	1470	107	257	139	259
群艺馆、文化馆数	个	**8**	4	1	1	1	1
文化站数	个	**88**	30	14	10	21	13
文物保护管理机构数	个	**3**	2	1			
博物馆数	个	**10**	5	2	1	1	1

环境保护情况

项目	单位	全市	市区	宝应县	仪征市	高邮市	江都市
工业废水排放量	万吨	**9059**	2769	952	2104	1482	1752
工业废水排放达标量	万吨	**8908**	2638	943	2104	1479	1744
工业废水排放达标率	%	**98.3**	95.3	99.1	100.0	99.8	99.5
工业烟尘去除量	吨	**90981**	38831	2025	46533	183	3410
工业烟尘排放量	吨	**7797**	3339	519	1299	505	2136
工业废气排放量	万标米	**11530742**	8300093	370742	2175006	175716	509185
工业二氧化硫去除量	吨	**141527**	122293	697	18066	353	118
工业二氧化硫排放量	吨	**65994**	47029	2217	10568	2077	4102
工业固体废物产生量	万吨	**358**	253	7	70	5	23
工业固体废物综合利用率	%	**97.4**	97.7	99.9	96.2	98.3	97.0
三废综合利用产品产值	万元	**26693**	17559	125	7636	741	631

市区居民家庭基本情况

项目	单位	1985年	1990年	1995年	2000年	2005年	2010年
一、调查户数	户	100	100	100	100	200	200
二、平均每户家庭人口	人	3.55	3.4	3.13	3.09	2.94	2.94
三、平均每户就业人口	人	2.14	2.15	1.97	1.56	1.43	1.6
四、负担系数	人	1.65	1.58	1.59	1.98	2.06	1.84
五、平均每户就业面	%	60.46	63.2	62.94	50.4	48.64	54.40
六、现住房总建筑面积	平方米/人	11.45	13.44	16.29	18.86	31.11	37.76
七、家庭总收入	元/人	823.34	1775.67	5378.56	6775.22	11932.2	23816.41
#可支配收入	元/人	813.05	1749.75	5378.4	6734.48	11378.74	21766.22
八、借贷收入	元	120.85	281.1	1448.49	1501.21	1586.36	2293.64
#提取储蓄存款	元	92.17	226.22	1147.22	1476.29	1404.44	2155.91
九、在家庭总收入中							
工资性收入	元	742.65	1424.88	4311.92	4232.31	7353.48	14698.81
经营性收入	元		9.85	6.74	216.57	859.11	2489.32
财产性收入	元		16.14	58.86	33.35	141.8	386.69
转移性收入	元	77.91	324.8	1001.04	2292.99	3577.81	6241.58
十、家庭总支出	元	775.29	1667.29	5118.91	6116.7	9375.48	17676.96
#消费性支出	元	725.48	1555.45	4635.91	4989.9	7387.76	13678.99
十一、借贷支出	元	164.95	364.41	1433.05	1340.05	3851.36	8515.47
#存入储蓄款	元	114.87	294.83	1247.25	1212.87	3283.62	8257.22

农民家庭基本情况

项目	单位	1990年	1995年	2000年	2005年	2010年
一、调查户数	户	540	400	500	500	500
二、调查户人口						
1.常住人口	人	2154	1631	1952	1931	1937
2.平均每户常住人口	人	3.99	4.08	3.9	3.86	3.87
3.平均每户整、半劳动力	人	2.68	2.84	2.79	2.72	2.76
4.平均每个劳动力负担人口	人	1.49	1.44	1.4	1.42	1.4
三、平均每人全年收入						
1.总收入	元	1270.81	3171.35	4401.49	6655.29	11340.7
2.纯收入	元	941.48	2390.49	3464.35	5215.18	9462.42
3.现金总收入	元	1038.52	2403.92	3312.51	5917.17	10315.79
四、平均每人全年支出						
1.总支出	元	1129.11	2858.73	3438.08	5296.62	9292.46
#家庭经营性支出	元	249.38	617.63	675.52	1188.43	1601.22
生活消费支出	元	798.13	2020.36	2312.2	3709.68	6782.44
2.现金支出	元	942.96	2101.04	2915.82	4573.68	8561.04
#生产性费用	元	201.71	490.44	731.71	1227.14	1782.04
税费	元	60.96	65.82	98.23	44.13	16.46
生活消费支出	元	519.03	1218.93	1811.41	3074.64	6136.65
储蓄借贷支出	元	89.16	163.56	200.66	203.91	330.66

扬州市主要经济指标与长江三角洲城市对比

地　区	地区生产总值（亿元）	规模以上工业总产值（亿元）	全社会固定资产投资（亿元）	社会消费品零售总额（亿元）	进出口总　额（亿美元）	地方财政一般预算收　入（亿元）	在岗职工平均工资（元／人）	城市居民人均可支配收入（元／人）	农民人均纯收入（元／人）
上海市	16872.42	30003.57	5317.67	6036.86	3688.69	2873.58	48867	31838	13746
南京市	5130.65	8609.50	3306.05	2288.74	456.01	518.80	48780	28312	11128
无锡市	5793.3	12971.08	2985.65	1825.79	612.23	511.89	47006	27750	14002
常州市	3044.89	7396.09	2103.55	1054.39	222.78	286.18	44214	26269	12637
苏州市	9228.91	24651.67	3617.82	2402.02	2740.76	900.55	45566	29219	14657
南通市	3465.67	7383.16	2168.38	1277.07	210.96	290.81	39448	23541	9914
扬州市	**2229.49**	**5872.85**	**1331.85**	**726.12**	**82.41**	**167.78**	**35429**	**21766**	**9462**
镇江市	1987.64	4190.42	1327.08	564.68	81.54	138.10	37675	23075	10874
泰州市	2048.72	4916.08	1538.03	555.35	85.85	170.80	34488	21359	9324
杭州市	5949.17	11079.65	2753.13	2146.08	523.55	671.34	48772	30035	13186
宁波市	5163.00	10618.74	2193.28	1704.45	829.04	530.93	43476	30166	14261
嘉兴市	2300.20	5102.85	1488.26	799.36	228.20	176.83	36319	24815	14365
湖州市	1301.73	2666.53	719.98	516.09	69.28	97.27	36485	25572	13288
绍兴市	2795.20	6797.19	1245.56	852.89	270.16	193.23	35125	27626	13651
舟山市	644.32	979.05	413.84	212.54	107.33	61.04	43642	26242	14265
台州市	2426.45	3630.80	950.24	960.45	170.01	164.88	40562	28583	11307

扬州的一天

项　　目	单　位	1978 年	1985 年	1990 年	1995 年	2000 年	2005 年	2010 年
地区生产总值	万元	394	1125	2440	8197	12935	26909	61082
第一产业	万元	171	353	596	1266	1751	2596	4421
第二产业	万元	160	568	1301	4681	6855	14892	33681
第三产业	万元	63	204	543	2250	4329	9420	22980
粮食产量	吨	5548	6808	6538	6084	6169	6204	7865
棉花产量	吨	36	46	50	73	28	19	15
油料产量	吨	60	145	132	201	341	336	220
水产品产量	吨	42	88	158	338	621	977	1042
社会消费品零售额	万元	180	596	1128	2772	4165	8408	19894
出口总额	万美元					166	522	1659
全社会固定资产投资完成额	万元	27	320	552	2723	3514	11235	36489
财政收入	万元	56	98	182	515	931	3206	10983
财政支出	万元	27	55	135	346	650	2392	9133
客运量	万人	9.23	19.53	15.8	13.59	17.01	22.31	19.93
货运量	万吨	2.4	5.85	5.44	15.67	12.84	16.04	25.57
城乡居民储蓄	万元	16	159	764	3071	7563	16566	34312

索　　引

说　　明

一、本索引采取主题分析法，索引词条按汉语拼音音序排列。
二、类目、栏目标题用黑体字标示。
三、索引词条后的数字表示页码，数字后的字母(a、b、c)表示该页版面从左至右的栏别。
四、空一字起排的款目为上一主题的“附见”。

C

D

E

F

H

M

N

R

Y